令和4年度

学校保健統計
（学校保健統計調査報告書）

文部科学省総合教育政策局調査企画課

ま　え　が　き

　　文部科学省においては，幼児，児童及び生徒の発育及び健康の状態を
明らかにするため，国の基幹統計調査として，毎年「学校保健統計調査」
を行っています。

　　この度，令和4年度に実施した「学校保健統計調査」の調査結果がま
とまりましたので公表します。本調査結果については，この報告書の数
値をもって確定値とします。

　　この報告書が，我が国の学校保健に関する基礎的資料として各方面
において広く活用され，さらに学校保健の充実が図られることを期待し
ます。

　　最後に，この調査の実施に当たって多大な御協力をいただいた都道
府県及び調査実施校に対して深く感謝の意を表します。

令和5年11月

文部科学省総合教育政策局長

望　月　禎

目　　次

I 調査の概要

1 調査の目的
　この調査は，学校における幼児，児童及び生徒の発育及び健康の状態を明らかにすることを目的とする。

2 調査の範囲・対象
① 　調査の範囲は，幼稚園，小学校，中学校，義務教育学校，高等学校，中等教育学校及び幼保連携型認定こども園のうち，文部科学大臣があらかじめ指定する学校（以下「調査実施校」という。）とする。
② 　調査の対象は，調査実施校に在籍する満5歳から17歳（令和4年4月1日現在）までの幼児，児童及び生徒（以下「児童等」という。）の一部とする。

3 調査事項
① 　児童等の発育状態（身長，体重）
② 　児童等の健康状態（栄養状態，脊柱・胸郭・四肢の疾病・異常の有無，視力，聴力，眼の疾病・異常の有無，耳鼻咽頭疾患・皮膚疾患の有無，歯・口腔の疾病・異常の有無，結核の有無，結核に関する検診の結果，心臓の疾病・異常の有無，尿及びその他の疾病・異常の有無）

4 調査の期日及び方法
① 　調査は，学校保健安全法による健康診断の結果に基づき，4月1日から6月30日の間に実施。※　令和4年度に限り、令和4年4月1日から5年3月31日
② 　調査の報告義務者は，調査実施校の長とする。
③ 　調査系統は，次のとおりである。

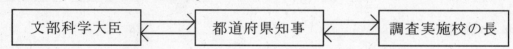

④ 　調査票等の配布及び提出
（a）　文部科学大臣は，都道府県知事を通じ，調査実施校の長に調査票等を配布する。
（b）　調査実施校の長は，都道府県知事の定める期日までに調査票を都道府県知事に提出する。
（c）　都道府県知事は，提出された調査票を整理・審査し，9月30日までに文部科学大臣に提出する。
　　　※令和4年度に限り，都道府県知事は，提出された調査票を整理・審査し、令和5年6月30日までに文部科学大臣に提出する。

5 標本抽出の方法
　標本抽出の方法は，発育状態調査が層化二段無作為抽出法，健康状態調査が層化集落抽出法である。
　標本抽出は，次の（1）から（3）の方法で行う。
（1）各都道府県の児童等数及び学校数に応じ調査実施校数を学校種別に決定する。
（2）次の①から③の方法で調査実施校を決定する。
　　① 都道府県別，学校種別に，児童等数に応じ，学校を層化する。

② 　当該都道府県の調査実施校数を層数で割り，１層当たりの割当学校数を求める。

③ 　各層内で，調査実施校を単純無作為抽出する。

（3）発育状態調査については，年齢別，男女別に系統抽出法により対象児童等を抽出する。
健康状態調査については，調査実施校の在学者全員を対象とする。

なお，標本抽出の結果得られた調査実施校数及び調査対象者数は表Ⅰ～Ⅲのとおりである。

6　集計事項・集計方法及び参考

① 　主な集計事項

(a) 　児童等の身体計測値の平均値と分散度

(b) 　児童等の身長，体重の相関関係

(c) 　児童等の体格の類型

(d) 　児童等の疾病・異常の被患率

② 　集計方法

文部科学省において機械集計の方法によって行う。

③ 　参考

①のほか，以下の事項をホームページにおいて「参考」として公表する。

（a）　身長と体重の相関表及び身長別体重の平均値

（b）　都道府県別　年齢別　疾病・異常被患率等（都道府県ごと）

・「文部科学省のホームページ」(https://www.mext.go.jp/)→「白書・統計・出版物」→
「統計情報」→「学校保健統計調査」→「統計表一覧」→「参考」

・「e-Stat 政府統計の総合窓口」(https://www.e-stat.go.jp/)の「統計データを探す」の
「キーワードで探す」に「学校保健統計調査」と入力して検索

7　利用上の注意

本調査は標本調査のため，統計表の数値（推定値）には標本誤差が含まれている。

標本誤差の大きさを本調査では標準誤差の値で示しており，推定値を中心として，その前後に標準誤差の２倍ずつの幅をとれば，その区間は真の値を約95％の確率で含んでいると考えてよい。

なお，本調査の主な調査項目の標準誤差は統計表の注釈（７，21 ページ）に示すとおりである。

◎　本年度調査の変更点

・調査期間を変更

４月１日から６月30日を，令和４年度に限り，４月１日から３月31日とする。

・提出期限の延長

８月10日を，９月30日に延長。ただし，令和４年度に限り令和５年６月30日までに提出とする。

・確報と速報の一元化

・学校調査番号を学校コードへ変更

・発育状態調査票の変更

調査項目「身長」「体重」の桁数を小数点第１位までに変更する。

表Ⅰ　調査実施校数及び調査対象者数

調査対象者数

区　分	調査実施校数	調査対象者数	
		発育状態	健康状態
幼　稚　園	1,645　（校）	72,380　（人）	76,219　（人）
小　学　校	2,820	270,720	1,303,498
中　学　校	1,880	225,600	816,660
高　等　学　校	1,410	126,900	1,024,034
計	7,755	695,600	3,220,411
抽　出　率		全幼児，児童及び生徒の5.4%を抽出	全幼児，児童及び生徒の24.8%を抽出

（注）1. 発育状態の調査は，調査実施校に在籍する幼児，児童及び生徒のうちから年齢別男女
　　　　別に抽出された者を対象とし，健康状態の調査は，調査実施校の在学者全員を対象と
　　　　している。
　　　2. 幼稚園には幼保連携型認定こども園を，小学校には義務教育学校の第1〜6学年を，
　　　　中学校には中等教育学校の前期課程及び義務教育学校の第7〜9学年を，高等学校に
　　　　は中等教育学校の後期課程をそれぞれ含む（以下同じ）。

表Ⅱ　都道府県別　調査実施割当学校数

（校）

区　分	幼稚園	小学校	中学校	高等学校	計	区　分	幼稚園	小学校	中学校	高等学校	計
北　海　道	44	68	49	46	207	滋　　賀	32	58	37	25	152
青　　森	35	58	39	27	159	京　　都	35	60	40	31	166
岩　　手	31	59	39	28	157	大　　阪	60	67	47	44	218
宮　　城	34	60	40	29	163	兵　　庫	55	64	44	40	203
秋　　田	28	57	38	25	148	奈　　良	32	57	38	26	153
山　　形	29	58	37	26	150	和　歌　山	28	58	38	24	148
福　　島	35	60	40	30	165	鳥　　取	27	56	36	23	142
茨　　城	37	61	41	32	171	島　　根	28	57	37	24	146
栃　　木	31	59	39	27	156	岡　　山	35	60	39	28	162
群　　馬	34	59	39	28	160	広　　島	36	61	41	32	170
埼　　玉	44	65	45	39	193	山　　口	31	59	39	28	157
千　　葉	43	64	44	37	188	徳　　島	30	57	37	24	148
東　　京	55	72	53	63	243	香　　川	31	57	37	24	149
神　奈　川	48	66	46	43	203	愛　　媛	30	58	38	27	153
新　　潟	33	60	40	30	163	高　　知	27	58	38	24	147
富　　山	30	57	37	25	149	福　　岡	39	64	43	36	182
石　　川	31	57	37	25	150	佐　　賀	29	57	37	24	147
福　　井	31	57	37	23	148	長　　崎	31	59	39	28	157
山　　梨	28	57	37	24	146	熊　　本	32	59	39	27	157
長　　野	29	59	40	30	158	大　　分	33	58	38	25	154
岐　　阜	32	59	39	28	158	宮　　崎	32	58	38	25	153
静　　岡	44	61	42	33	180	鹿　児　島	36	61	40	29	166
愛　　知	44	67	45	41	197	沖　　縄	34	58	38	26	156
三　　重	32	59	39	27	157	計	1,645	2,820	1,880	1,410	7,755

表Ⅲ　都道府県別　学校種別　健康状態調査対象者数

(人)

区　　分	幼稚園	小学校	中学校	高等学校
全　　　国	76,219	1,303,498	816,660	1,024,034
北　海　道	2,061	27,624	17,846	27,987
青　　　森	781	19,074	11,622	15,482
岩　　　手	1,240	22,077	13,503	15,475
宮　　　城	2,005	28,375	16,797	21,298
秋　　　田	955	19,984	11,879	12,891
山　　　形	973	20,881	14,284	14,993
福　　　島	1,581	21,937	13,471	18,116
茨　　　城	1,754	27,614	16,458	22,205
栃　　　木	1,879	25,220	17,926	24,181
群　　　馬	1,247	24,858	16,066	20,786
埼　　　玉	2,990	38,827	23,180	38,327
千　　　葉	2,731	36,466	24,167	32,341
東　　　京	3,520	39,468	25,293	52,756
神　奈　川	3,328	41,372	26,980	40,703
新　　　潟	1,207	22,745	14,344	18,857
富　　　山	1,085	22,780	15,134	14,337
石　　　川	1,004	26,242	18,172	19,699
福　　　井	887	21,114	15,389	17,472
山　　　梨	991	20,211	12,931	15,621
長　　　野	1,385	26,459	16,674	19,073
岐　　　阜	1,976	26,781	17,626	20,880
静　　　岡	1,979	32,939	18,364	25,010
愛　　　知	2,862	37,490	27,053	37,202
三　　　重	1,600	23,855	16,575	19,345
滋　　　賀	1,210	32,441	20,088	18,797
京　　　都	1,676	27,621	19,494	25,353
大　　　阪	3,639	36,430	24,448	43,208
兵　　　庫	2,747	37,658	22,807	29,045
奈　　　良	1,229	26,171	17,553	19,535
和　歌　山	1,348	19,840	13,261	15,501
鳥　　　取	1,004	18,784	11,512	12,146
島　　　根	723	21,176	12,546	11,260
岡　　　山	1,339	31,628	19,901	20,878
広　　　島	1,903	31,715	18,626	22,564
山　　　口	1,392	27,842	14,917	14,995
徳　　　島	1,027	21,330	13,136	13,731
香　　　川	1,214	28,128	18,053	16,622
愛　　　媛	1,953	28,300	16,070	20,430
高　　　知	810	20,550	12,204	12,685
福　　　岡	2,316	37,731	22,679	32,566
佐　　　賀	1,209	27,017	13,721	13,956
長　　　崎	1,293	23,648	14,148	17,245
熊　　　本	1,277	28,970	19,036	22,920
大　　　分	1,137	27,612	17,019	16,248
宮　　　崎	822	28,961	14,443	16,949
鹿　児　島	1,398	30,109	17,438	22,024
沖　　　縄	1,532	35,443	21,826	20,339

II 統 計 表

統計表の中の記号は次のように使う

「 ー 」------------ 計数がない場合

「0.00」------------ 計数が単位未満の場合

「 ⋯ 」------------ 調査対象とならなかった場合

「 X 」------------ 標本サイズが小さい，又は標準
誤差が大きいため統計数値を公表
しない場合

1 年齢別 都市階級別 設置者別 身長・体重の平均値及び標準偏差 (10-1)

1 男 (1) 計

区　　分	身　長 (cm)		体　重 (kg)	
	平　均　値	標準偏差	平　均　値	標準偏差
幼稚園 5 歳	111.1	4.88	19.3	2.85
小学校 6 歳	117.0	4.94	21.8	3.57
小学校 7	122.9	5.27	24.6	4.39
小学校 8	128.5	5.42	28.0	5.60
小学校 9	133.9	5.77	31.5	6.85
小学校 10	139.7	6.37	35.7	8.12
小学校 11	146.1	7.37	40.0	9.22
中学校 12 歳	154.0	7.93	45.7	10.31
中学校 13	160.9	7.32	50.6	10.60
中学校 14	165.8	6.43	55.0	10.57
高等学校 15 歳	168.6	5.96	59.1	11.35
高等学校 16	169.9	5.82	60.7	10.98
高等学校 17	170.7	5.80	62.5	10.88
うち公立				
幼稚園 5 歳	110.5	4.85	19.2	3.02
小学校 6 歳	117.0	4.94	21.8	3.58
小学校 7	122.9	5.27	24.6	4.40
小学校 8	128.5	5.42	28.0	5.61
小学校 9	133.9	5.78	31.5	6.87
小学校 10	139.7	6.37	35.7	8.13
小学校 11	146.1	7.38	40.0	9.23
中学校 12 歳	153.9	7.96	45.7	10.35
中学校 13	160.8	7.35	50.5	10.60
中学校 14	165.8	6.44	55.1	10.63
高等学校 15 歳	168.4	5.95	58.8	11.22
高等学校 16	169.8	5.80	60.4	10.97
高等学校 17	170.6	5.80	62.3	10.72
うち私立				
幼稚園 5 歳	111.1	4.87	19.4	2.83
高等学校 15 歳	168.9	5.94	59.5	11.48
高等学校 16	170.2	5.84	61.1	11.01
高等学校 17	170.9	5.80	63.0	11.19

(注) 1. 年齢は, 令和 4 年 4 月 1 日現在の満年齢である。以下の各表において同じ。

2. 全国平均の 5 歳から 17 歳の標準誤差は, 身長0.04〜0.07 cm, 体重0.03 〜 0.11kgである。

3. 幼稚園には幼保連携型認定こども園, 小学校には義務教育学校の第 1〜6 学年, 中学校には中等教育学校の前期課程及び義務教育学校の第 7〜9 学年, 高等学校には中等教育学校の後期課程を含む。以下の各表において同じ。

1　年齢別　都市階級別　設置者別　身長・体重の平均値及び標準偏差（10-2）

1　男　(2)　大都市

区　　分	身　長　(cm)		体　重　(kg)	
	平　均　値	標準偏差	平　均　値	標準偏差
幼稚園 5 歳	111.3	4.92	19.3	2.70
小学校 6 歳	117.2	4.86	21.8	3.29
小学校 7	123.0	5.29	24.5	4.13
小学校 8	128.6	5.33	28.0	5.25
小学校 9	134.2	5.77	31.5	6.57
小学校 10	140.0	6.40	35.9	8.15
小学校 11	146.3	7.24	39.9	8.82
中学校 12 歳	154.4	7.86	45.7	10.05
中学校 13	161.2	7.27	50.6	10.64
中学校 14	166.0	6.42	55.0	10.64
高等学校 15 歳	168.8	5.99	58.7	11.16
高等学校 16	170.2	5.75	60.0	10.25
高等学校 17	170.8	5.73	62.1	10.62
うち公立				
幼稚園 5 歳	111.2	4.84	19.3	2.91
小学校 6 歳	117.2	4.86	21.8	3.30
小学校 7	123.0	5.30	24.5	4.12
小学校 8	128.7	5.33	28.0	5.26
小学校 9	134.2	5.79	31.6	6.60
小学校 10	140.0	6.41	36.0	8.20
小学校 11	146.2	7.30	39.9	8.89
中学校 12 歳	154.3	7.89	45.7	10.12
中学校 13	161.0	7.36	50.5	10.51
中学校 14	166.0	6.42	55.2	10.71
高等学校 15 歳	168.7	6.01	58.8	10.86
高等学校 16	170.2	5.83	60.1	10.19
高等学校 17	170.8	5.68	62.1	10.92
うち私立				
幼稚園 5 歳	111.3	4.93	19.3	2.69
高等学校 15 歳	169.0	6.00	59.1	11.44
高等学校 16	170.3	5.68	60.1	10.32
高等学校 17	170.8	5.78	62.0	10.37

（注）4．都市階級は学校の所在地により，分類基準は次のとおり
　　　である。以下の各表において同じ。
　　　　大都市…政令指定都市・特別区
　　　　中都市…人口15万人以上の市（政令指定都市・特別区を除く）
　　　　小都市…人口15万人未満の市
　　　　町村……町村

1 年齢別 都市階級別 設置者別 身長・体重の平均値及び標準偏差 (10-3)

1 男 (3) 中都市

区 分	身 長 (cm)		体 重 (kg)	
	平 均 値	標準偏差	平 均 値	標準偏差
幼稚園 5 歳	110.9	4.80	19.3	2.80
小学校 6 歳	117.0	4.98	21.7	3.54
小学校 7	123.0	5.24	24.6	4.31
小学校 8	128.6	5.46	28.0	5.71
小学校 9	133.8	5.80	31.4	6.81
小学校 10	139.6	6.46	35.4	7.92
小学校 11	146.1	7.42	39.8	8.99
中学校 12 歳	154.1	8.03	45.5	10.22
中学校 13	160.8	7.36	50.3	10.43
中学校 14	165.7	6.45	54.6	10.26
高等学校 15 歳	168.6	5.97	59.1	11.30
高等学校 16	170.0	5.81	60.7	11.16
高等学校 17	170.8	5.87	62.5	10.81
うち公立				
幼稚園 5 歳	110.5	4.76	19.0	2.94
小学校 6 歳	117.0	4.98	21.7	3.55
小学校 7	122.9	5.24	24.6	4.32
小学校 8	128.5	5.46	28.0	5.72
小学校 9	133.8	5.80	31.4	6.81
小学校 10	139.6	6.46	35.4	7.93
小学校 11	146.0	7.41	39.8	8.99
中学校 12 歳	153.9	8.03	45.5	10.24
中学校 13	160.8	7.38	50.4	10.51
中学校 14	165.7	6.46	54.6	10.30
高等学校 15 歳	168.5	6.01	58.9	10.96
高等学校 16	170.0	5.74	60.2	10.83
高等学校 17	170.7	5.88	61.9	10.43
うち私立				
幼稚園 5 歳	111.0	4.81	19.3	2.79
高等学校 15 歳	168.8	5.81	59.7	11.61
高等学校 16	170.2	5.91	61.7	11.37
高等学校 17	170.9	5.83	63.6	11.29

1　年齢別　都市階級別　設置者別　身長・体重の平均値及び標準偏差（10-4）

1　男　（4）　小都市

区　分	身　長（cm）		体　重（kg）	
	平　均　値	標準偏差	平　均　値	標準偏差
幼稚園 5 歳	111.0	4.91	19.4	2.99
小学校 6 歳	116.9	4.97	21.9	3.76
7	122.8	5.28	24.7	4.56
8	128.5	5.44	28.0	5.65
9	133.8	5.75	31.6	7.03
10	139.5	6.28	35.7	8.14
11	146.0	7.41	40.1	9.50
中学校 12 歳	153.6	7.85	45.6	10.36
13	160.6	7.30	50.8	10.77
14	165.6	6.46	55.2	10.68
高等学校 15 歳	168.4	5.91	59.2	11.50
16	169.7	5.83	61.0	11.10
17	170.7	5.75	62.9	10.82
うち公立				
幼稚園 5 歳	110.3	4.86	19.1	2.94
小学校 6 歳	116.9	4.97	21.9	3.76
7	122.8	5.27	24.7	4.56
8	128.5	5.43	28.0	5.66
9	133.7	5.75	31.6	7.04
10	139.5	6.27	35.7	8.14
11	146.0	7.42	40.1	9.50
中学校 12 歳	153.5	7.98	45.6	10.35
13	160.6	7.31	50.7	10.74
14	165.6	6.42	55.2	10.67
高等学校 15 歳	168.2	5.86	59.0	11.50
16	169.7	5.81	60.8	11.08
17	170.6	5.73	62.6	10.56
うち私立				
幼稚園 5 歳	111.2	4.90	19.5	2.98
高等学校 15 歳	169.0	6.13	59.8	11.22
16	170.1	5.88	62.0	11.25
17	171.1	5.80	63.8	11.82

1 年齢別 都市階級別 設置者別 身長・体重の平均値及び標準偏差 (10-5)

1 男 (5) 町村

区　分	身　長 (cm)		体　重 (kg)	
	平　均　値	標準偏差	平　均　値	標準偏差
幼稚園 5 歳	110.8	4.89	19.5	3.01
小学校 6 歳	116.6	4.86	21.8	3.68
小学校 7	123.0	5.29	25.1	5.02
小学校 8	128.2	5.47	28.5	6.13
小学校 9	133.6	5.85	31.7	7.22
小学校 10	139.6	6.31	36.3	8.42
小学校 11	145.7	7.23	40.6	9.78
中学校 12 歳	153.7	8.17	46.3	11.01
中学校 13	161.0	7.20	51.5	11.13
中学校 14	165.7	6.65	56.1	11.36
高等学校 15 歳	168.2	6.02	59.4	12.29
高等学校 16	169.5	6.02	61.1	11.63
高等学校 17	170.1	6.04	63.0	12.64
うち公立				
幼稚園 5 歳	110.5	5.19	19.4	3.08
小学校 6 歳	116.6	4.86	21.8	3.68
小学校 7	123.0	5.29	25.1	5.02
小学校 8	128.2	5.47	28.5	6.13
小学校 9	133.6	5.85	31.7	7.22
小学校 10	139.6	6.31	36.3	8.42
小学校 11	145.7	7.23	40.6	9.78
中学校 12 歳	153.7	8.17	46.3	11.02
中学校 13	161.0	7.21	51.5	11.17
中学校 14	165.7	6.65	56.1	11.40
高等学校 15 歳	167.9	5.87	59.1	12.01
高等学校 16	169.3	5.91	60.6	11.95
高等学校 17	170.1	5.87	62.6	12.15
うち私立				
幼稚園 5 歳	110.9	4.70	19.5	2.97
高等学校 15 歳	168.9	5.93	60.2	11.79
高等学校 16	170.0	6.33	61.9	10.26
高等学校 17	170.1	6.05	62.7	12.29

1 年齢別　都市階級別　設置者別　身長・体重の平均値及び標準偏差 (10-6)

2 女 (1) 計

区　分	身　長 (cm)		体　重 (kg)	
	平　均　値	標準偏差	平　均　値	標準偏差
幼稚園 5 歳	110.2	4.84	19.0	2.75
小学校 6 歳	116.0	4.96	21.3	3.45
小学校 7	122.0	5.24	24.0	4.19
小学校 8	128.1	5.68	27.3	5.18
小学校 9	134.5	6.44	31.1	6.32
小学校 10	141.4	6.86	35.5	7.41
小学校 11	147.9	6.41	40.5	8.06
中学校 12 歳	152.2	5.73	44.5	8.04
中学校 13	154.9	5.43	47.7	7.84
中学校 14	156.5	5.32	49.9	7.69
高等学校 15 歳	157.2	5.37	51.2	7.92
高等学校 16	157.7	5.45	52.1	7.82
高等学校 17	158.0	5.42	52.5	7.93
うち公立 幼稚園 5 歳	109.8	4.64	18.8	2.70
小学校 6 歳	116.0	4.95	21.3	3.45
小学校 7	121.9	5.23	24.0	4.20
小学校 8	128.1	5.69	27.3	5.20
小学校 9	134.5	6.44	31.1	6.34
小学校 10	141.4	6.86	35.5	7.43
小学校 11	147.9	6.41	40.5	8.05
中学校 12 歳	152.2	5.73	44.6	8.07
中学校 13	154.9	5.45	47.7	7.86
中学校 14	156.5	5.35	50.0	7.75
高等学校 15 歳	157.1	5.34	51.2	8.04
高等学校 16	157.6	5.36	52.1	7.75
高等学校 17	157.9	5.34	52.6	7.93
うち私立 幼稚園 5 歳	110.3	4.87	19.0	2.75
高等学校 15 歳	157.4	5.43	51.2	7.67
高等学校 16	158.0	5.61	52.0	7.93
高等学校 17	158.2	5.59	52.5	7.90

1 年齢別 都市階級別 設置者別 身長・体重の平均値及び標準偏差 (10-7)

2 女 (2) 大都市

区　　分	身　長 (cm)		体　重 (kg)	
	平　均　値	標準偏差	平　均　値	標準偏差
幼稚園 5 歳	110.4	4.95	19.0	2.76
小学校 6 歳	116.1	4.90	21.2	3.27
小学校 7	122.1	5.14	23.9	3.97
小学校 8	128.0	5.64	27.0	4.93
小学校 9	134.6	6.48	30.9	6.19
小学校 10	141.8	6.79	35.5	7.16
小学校 11	148.0	6.33	40.4	7.87
中学校 12 歳	152.4	5.74	44.3	7.89
中学校 13	155.2	5.43	47.7	7.91
中学校 14	156.8	5.36	49.6	7.58
高等学校 15 歳	157.6	5.35	51.0	7.65
高等学校 16	158.2	5.44	51.6	7.27
高等学校 17	158.4	5.52	52.3	7.65
うち公立				
幼稚園 5 歳	110.0	4.65	18.6	2.63
小学校 6 歳	116.1	4.89	21.2	3.27
小学校 7	122.1	5.13	23.9	3.96
小学校 8	128.0	5.64	27.0	4.92
小学校 9	134.6	6.49	30.9	6.22
小学校 10	141.8	6.78	35.5	7.16
小学校 11	148.0	6.30	40.4	7.88
中学校 12 歳	152.4	5.74	44.3	7.90
中学校 13	155.2	5.47	47.8	7.90
中学校 14	156.8	5.42	49.8	7.70
高等学校 15 歳	157.6	5.23	51.1	7.94
高等学校 16	158.2	5.35	51.6	7.13
高等学校 17	158.3	5.37	52.5	7.58
うち私立				
幼稚園 5 歳	110.4	4.97	19.0	2.76
高等学校 15 歳	157.6	5.47	50.9	7.34
高等学校 16	158.2	5.53	51.5	7.50
高等学校 17	158.3	5.71	52.2	7.64

1 年齢別　都市階級別　設置者別　身長・体重の平均値及び標準偏差（10-8）

2 女（3）中都市

区　　分	身　長（cm）		体　重（kg）	
	平　均　値	標準偏差	平　均　値	標準偏差
幼稚園 5 歳	110.1	4.81	18.9	2.68
小学校 6 歳	116.0	5.05	21.2	3.45
小学校 7	121.9	5.12	23.9	4.09
小学校 8	128.2	5.70	27.3	5.17
小学校 9	134.5	6.40	31.0	6.23
小学校 10	141.3	6.78	35.2	7.23
小学校 11	147.9	6.50	40.3	7.93
中学校 12 歳	152.1	5.70	44.2	7.84
中学校 13	154.9	5.40	47.4	7.55
中学校 14	156.4	5.30	49.7	7.56
高等学校 15 歳	157.1	5.35	51.0	7.77
高等学校 16	157.6	5.42	52.1	7.69
高等学校 17	157.9	5.30	52.4	7.69
うち公立 幼稚園 5 歳	109.7	4.71	18.7	2.67
小学校 6 歳	116.0	5.03	21.2	3.45
小学校 7	121.9	5.12	23.9	4.11
小学校 8	128.1	5.70	27.3	5.19
小学校 9	134.5	6.42	31.0	6.24
小学校 10	141.3	6.78	35.2	7.27
小学校 11	147.9	6.50	40.3	7.91
中学校 12 歳	152.1	5.69	44.3	7.86
中学校 13	154.9	5.40	47.5	7.62
中学校 14	156.4	5.30	49.8	7.62
高等学校 15 歳	157.1	5.33	50.9	7.74
高等学校 16	157.6	5.27	52.0	7.38
高等学校 17	157.9	5.20	52.2	7.48
うち私立 幼稚園 5 歳	110.2	4.82	18.9	2.66
高等学校 15 歳	157.2	5.36	51.3	7.80
高等学校 16	157.8	5.72	52.5	8.08
高等学校 17	158.1	5.50	52.7	8.09

1 年齢別 都市階級別 設置者別 身長・体重の平均値及び標準偏差 (10-9)

2 女 (4) 小都市

区 分	身 長 (cm)		体 重 (kg)	
	平 均 値	標準偏差	平 均 値	標準偏差
幼稚園 5 歳	110.3	4.83	19.1	2.85
小学校 6 歳	116.0	4.93	21.3	3.54
小学校 7	121.9	5.43	24.2	4.41
小学校 8	128.1	5.70	27.5	5.37
小学校 9	134.5	6.48	31.1	6.37
小学校 10	141.2	6.97	35.5	7.53
小学校 11	147.7	6.40	40.6	8.13
中学校 12 歳	152.1	5.79	44.9	8.36
中学校 13	154.8	5.48	47.8	8.01
中学校 14	156.4	5.28	50.1	7.77
高等学校 15 歳	157.0	5.34	51.4	8.13
高等学校 16	157.4	5.43	52.4	8.23
高等学校 17	157.8	5.42	52.8	8.33
うち公立				
幼稚園 5 歳	109.7	4.52	18.7	2.68
小学校 6 歳	116.0	4.92	21.3	3.53
小学校 7	121.9	5.43	24.2	4.42
小学校 8	128.0	5.71	27.5	5.38
小学校 9	134.4	6.47	31.1	6.38
小学校 10	141.1	6.97	35.5	7.53
小学校 11	147.7	6.41	40.6	8.13
中学校 12 歳	152.1	5.79	45.0	8.41
中学校 13	154.8	5.58	47.8	8.02
中学校 14	156.4	5.34	50.2	7.73
高等学校 15 歳	156.9	5.33	51.4	8.22
高等学校 16	157.3	5.39	52.4	8.17
高等学校 17	157.7	5.35	52.8	8.34
うち私立				
幼稚園 5 歳	110.4	4.87	19.2	2.87
高等学校 15 歳	157.1	5.30	51.8	7.91
高等学校 16	157.9	5.59	52.4	8.48
高等学校 17	158.3	5.56	52.9	8.26

1 年齢別　都市階級別　設置者別　身長・体重の平均値及び標準偏差（10-10）

2 女 (5) 町村

区　分	身　長（cm）		体　重（kg）	
	平均値	標準偏差	平均値	標準偏差
幼稚園 5 歳	110.1	4.60	19.1	2.83
小学校 6 歳	115.8	4.94	21.4	3.72
7	121.9	5.19	24.2	4.36
8	127.8	5.72	27.5	5.34
9	134.5	6.23	31.6	6.87
10	141.5	6.85	36.1	8.21
11	148.0	6.47	41.3	8.47
中学校 12 歳	152.2	5.53	45.1	8.34
13	154.7	5.29	48.5	8.52
14	156.1	5.44	50.7	8.31
高等学校 15 歳	156.4	5.35	51.9	9.18
16	157.1	5.47	53.1	8.95
17	157.2	5.66	52.5	8.21
うち公立				
幼稚園 5 歳	110.0	4.55	19.1	2.71
小学校 6 歳	115.8	4.94	21.4	3.72
7	121.9	5.19	24.2	4.36
8	127.8	5.72	27.5	5.34
9	134.5	6.23	31.6	6.87
10	141.5	6.85	36.1	8.21
11	148.0	6.47	41.3	8.47
中学校 12 歳	152.2	5.51	45.1	8.41
13	154.7	5.27	48.4	8.50
14	156.0	5.42	50.7	8.36
高等学校 15 歳	156.0	5.30	52.1	9.25
16	156.9	5.47	53.2	9.13
17	157.3	5.67	52.8	8.34
うち私立				
幼稚園 5 歳	110.1	4.58	19.0	2.90
高等学校 15 歳	157.2	5.19	51.2	8.22
16	157.8	5.59	52.4	7.36
17	156.6	5.24	50.9	6.81

2 身長の年齢別分布 （2-1）

1 男　　　　　　　　　　　　　　　　　　　　　　　　　　　　　　　　　　　単位 （‰）

区 分	幼稚園	小	学	校				中	学	校	高	等 学	校
	5歳	6歳	7歳	8歳	9歳	10歳	11歳	12歳	13歳	14歳	15歳	16歳	17歳
計	1000.0	1000.0	1000.0	1000.0	1000.0	1000.0	1000.0	1000.0	1000.0	1000.0	1000.0	1000.0	1000.0
~90.0cm	0.0	0.0	-	-	-	-	-	-	-	-	-	-	-
91.0	-	-	-	-	-	-	-	-	-	-	-	-	-
92.0	-	-	-	-	-	-	-	-	-	-	-	-	-
93.0~	0.2	-	-	-	-	-	-	-	-	-	-	-	-
94.0	0.1	-	-	-	-	-	-	-	-	-	-	-	-
95.0	0.4	-	-	-	-	-	-	-	-	-	-	-	-
96.0	0.5	-	-	-	-	-	-	-	-	-	-	-	-
97.0	0.8	-	-	-	-	-	-	-	-	-	-	-	-
98.0	1.7	0.1	-	-	-	-	-	-	-	-	-	-	-
99.0	2.9	0.0	-	-	-	-	-	-	-	-	-	-	-
100.0	6.0	0.4	-	-	-	-	-	-	-	-	-	-	-
101.0	7.4	0.4	-	-	-	-	-	-	-	-	-	-	-
102.0	14.5	0.8	0.0	-	-	-	-	-	-	-	-	-	-
103.0	20.6	1.4	-	-	-	-	-	-	-	-	-	-	-
104.0	29.2	1.3	0.0	-	-	-	-	-	-	-	-	-	-
105.0	40.1	4.3	0.0	-	-	-	-	-	-	-	-	-	-
106.0	47.7	6.6	0.3	-	-	-	-	-	-	-	-	-	-
107.0	64.9	8.6	0.6	-	-	-	-	-	-	-	-	-	-
108.0	70.9	14.5	1.0	-	-	-	-	-	-	-	-	-	-
109.0	79.2	20.7	1.5	-	-	-	-	-	-	-	-	-	-
110.0	77.8	28.7	3.3	0.2	-	-	-	-	-	-	-	-	-
111.0	76.6	38.2	4.9	0.2	-	-	-	-	-	-	-	-	-
112.0	80.5	55.2	7.9	0.4	-	-	-	-	-	-	-	-	-
113.0	73.9	63.9	13.3	1.0	0.6	-	-	-	-	-	-	-	-
114.0	65.5	73.8	18.8	2.3	0.1	-	-	-	-	-	-	-	-
115.0	57.0	75.3	23.7	3.4	0.0	-	-	-	-	-	-	-	-
116.0	49.4	76.9	35.1	4.3	0.2	-	0.0	-	-	-	-	-	-
117.0	35.0	75.7	41.7	6.4	0.6	-	-	-	-	-	-	-	-
118.0	31.5	78.7	54.1	10.8	1.2	0.0	0.0	-	-	-	-	-	-
119.0	20.9	71.8	56.7	16.7	0.9	0.0	-	-	-	-	-	-	-
120.0	15.2	68.7	67.5	21.8	2.9	0.2	-	-	-	-	-	-	-
121.0	11.5	58.4	74.2	27.8	4.9	0.2	0.0	-	-	-	-	-	-
122.0	6.3	47.5	74.4	32.9	7.7	0.8	0.0	0.0	-	-	-	-	-
123.0	4.1	35.0	71.4	47.4	9.7	1.3	0.1	-	-	-	-	-	-
124.0	2.9	27.4	72.3	54.0	16.5	2.0	0.3	-	-	-	-	-	-
125.0	2.4	22.7	68.0	59.3	21.0	3.7	0.1	0.0	-	-	-	-	-
126.0	1.2	14.1	66.0	73.5	29.8	4.4	0.4	0.1	0.0	-	-	-	-
127.0	0.7	8.5	53.1	70.6	34.9	6.8	0.3	0.0	0.1	-	-	-	-
128.0	0.4	6.9	47.1	74.6	42.8	10.9	1.1	0.2	-	-	-	-	-
129.0	0.1	5.1	37.4	74.9	49.7	15.6	3.6	0.1	-	-	-	-	-
130.0	0.1	3.1	30.7	71.2	58.8	22.2	2.9	0.5	0.1	-	-	-	-
131.0	-	2.0	21.7	65.3	60.4	25.0	4.8	0.6	0.0	-	-	-	-
132.0	0.0	1.1	15.5	56.1	74.7	33.0	6.9	0.7	0.0	-	-	-	-
133.0	-	0.7	11.9	49.2	68.5	35.1	10.4	0.9	0.1	0.0	-	-	-
134.0	-	1.2	8.8	42.6	70.5	47.5	15.0	1.8	0.3	-	-	-	-
135.0	-	0.0	4.9	35.0	66.9	52.5	18.5	2.7	0.2	0.0	-	-	-
136.0	-	0.0	3.8	25.9	59.8	58.8	22.4	4.0	0.4	-	-	-	-
137.0	-	0.0	2.8	20.7	57.7	58.2	28.2	5.8	0.7	-	-	0.0	-
138.0	-	-	2.3	16.2	49.0	63.7	35.4	6.6	0.6	0.0	-	-	-
139.0	-	-	1.1	11.6	47.3	67.4	41.8	8.2	1.3	0.0	0.0	-	-
140.0	-	-	0.9	7.7	39.7	61.2	43.7	11.7	1.2	0.1	-	-	-
141.0	-	-	0.5	4.5	28.9	61.6	45.8	14.6	2.2	0.2	-	-	-
142.0	-	-	0.1	4.5	22.8	56.4	48.4	17.2	2.8	0.3	0.1	-	-
143.0	-	-	0.2	2.7	18.4	52.1	51.5	21.0	4.0	0.2	0.1	0.0	-
144.0	-	-	-	1.7	14.4	45.7	53.4	25.9	5.5	1.1	-	-	-
145.0	-	-	-	1.1	12.2	39.8	54.8	28.4	6.2	0.5	0.0	-	-
146.0	-	-	-	0.5	8.2	37.6	51.0	29.3	8.3	1.6	-	-	-
147.0	-	-	-	0.8	5.3	26.4	54.3	32.5	8.1	1.7	0.3	0.1	0.1
148.0	-	-	-	0.3	4.4	24.8	49.0	39.4	12.0	1.9	0.1	0.1	0.0
149.0	-	-	-	0.2	3.0	19.2	43.7	37.9	12.8	2.3	0.1	0.0	-
150.0	-	-	-	-	1.8	15.2	42.9	42.8	18.2	3.6	0.2	0.2	0.2
151.0	-	-	-	0.0	1.3	10.5	41.7	46.2	19.9	4.5	1.3	0.4	0.0
152.0	-	-	-	-	0.6	8.8	36.6	46.5	24.5	6.2	1.5	1.0	0.5
153.0	-	-	-	-	1.1	6.7	30.9	46.8	26.2	9.7	2.3	1.5	0.3
154.0	-	-	-	-	0.1	6.4	25.3	48.8	30.7	11.3	3.3	1.3	0.9
155.0	-	-	-	0.0	0.5	5.4	23.7	48.9	33.6	12.9	3.9	2.1	2.0
156.0	-	-	-	-	0.1	4.2	20.5	47.0	39.9	18.2	8.3	2.6	2.2
157.0	-	-	-	-	0.1	2.0	18.7	45.3	46.5	22.1	8.8	5.3	4.4
158.0	-	-	-	-	0.1	2.2	16.0	41.9	48.4	26.1	16.0	8.6	5.4
159.0	-	-	-	-	0.0	2.2	13.4	43.0	47.7	32.5	15.8	10.9	8.2
160.0	-	-	-	-	0.2	0.9	10.3	39.7	55.0	40.0	21.2	17.0	12.3
161.0	-	-	-	-	-	0.3	6.9	35.2	54.8	44.4	29.4	22.6	15.4
162.0	-	-	-	-	-	0.1	6.8	31.8	61.4	50.7	38.2	24.0	22.2
163.0	-	-	-	-	-	0.5	5.2	29.5	56.0	58.7	43.1	35.4	29.4
164.0	-	-	-	-	-	0.4	3.4	23.5	53.7	61.2	52.4	38.1	33.9
165.0	-	-	-	-	-	0.0	2.9	20.8	50.9	63.4	55.6	45.2	44.3
166.0	-	-	-	-	-	0.1	1.9	16.3	43.8	66.0	64.1	57.5	52.4
167.0	-	-	-	-	-	0.0	1.8	14.1	40.4	59.4	64.7	59.7	58.7
168.0	-	-	-	-	-	-	1.0	11.1	36.7	60.1	70.1	71.7	62.2
169.0	-	-	-	-	-	-	0.8	8.4	31.8	55.0	63.8	66.2	62.6
170.0	-	-	-	-	-	-	0.7	7.1	26.5	-	66.9	75.2	72.3
171.0	-	-	-	-	-	-	0.0	4.2	22.1	46.4	61.8	63.4	69.3
172.0	-	-	-	-	-	-	0.1	3.2	18.3	39.8	52.7	66.9	69.2
173.0	-	-	-	-	-	-	0.3	2.0	12.6	35.3	50.2	59.4	65.6
174.0	-	-	-	-	-	-	-	2.1	9.7	27.7	45.3	47.1	57.9
175.0	-	-	-	-	-	-	0.1	1.4	6.2	20.2	35.6	48.9	49.9
176.0	-	-	-	-	-	-	0.0	0.7	7.5	18.2	32.5	34.9	40.0
177.0	-	-	-	-	-	-	-	0.6	3.2	11.8	21.3	34.6	36.7
178.0	-	-	-	-	-	-	-	0.4	2.6	10.0	22.1	24.5	30.2
179.0	-	-	-	-	-	-	-	0.2	1.6	5.8	13.4	21.4	23.4
180.0	-	-	-	-	-	-	-	0.2	1.1	3.9	10.7	15.6	19.2
181.0	-	-	-	-	-	-	-	0.3	0.7	3.6	7.5	10.7	13.7
182.0	-	-	-	-	-	-	-	0.0	0.4	2.3	5.6	10.3	10.9
183.0	-	-	-	-	-	-	-	-	0.1	1.7	3.0	5.9	8.0
184.0	-	-	-	-	-	-	-	-	0.1	0.5	2.2	2.8	4.9
185.0	-	-	-	-	-	-	-	0.1	0.0	0.6	2.2	2.2	3.2
186.0	-	-	-	-	-	-	-	-	0.0	0.6	0.9	1.6	3.0
187.0	-	-	-	-	-	-	-	-	-	0.1	0.5	1.1	1.8
188.0	-	-	-	-	-	-	-	-	-	0.0	0.3	1.2	1.2
189.0	-	-	-	-	-	-	-	-	-	0.0	0.4	0.2	1.2
190.0	-	-	-	-	-	-	-	-	-	0.1	0.2	0.1	0.1
191.0	-	-	-	-	-	-	-	-	-	-	0.2	0.2	-
192.0	-	-	-	-	-	-	-	-	-	-	0.0	0.1	0.0
193.0	-	-	-	-	-	-	-	-	-	-	-	-	0.1
194.0	-	-	-	-	-	-	-	-	-	-	-	0.0	0.1
195.0	-	-	-	-	-	-	-	-	-	0.1	0.0	-	0.1
196.0	-	-	-	-	-	-	-	-	-	-	0.0	-	-
197.0	-	-	-	-	-	-	-	-	-	-	-	-	-
198.0	-	-	-	-	-	-	-	-	-	-	-	-	0.1
199.0	-	-	-	-	-	-	-	-	-	-	-	-	-
200.0~	-	-	-	-	-	-	-	-	-	-	-	-	-

（注）　小数点以下第2位を四捨五入したため，計と内訳が一致しない場合がある。以下の各表において同じ。

2 身長の年齢別分布（2-2）

2 女　　　　　　　　　　　　　　　　　　　　　　　　　　　　　　単位（‰）

区分	幼稚園 5歳	小学校 6歳	7歳	8歳	9歳	10歳	11歳	中学校 12歳	13歳	14歳	高等学校 15歳	16歳	17歳
計	1000.0	1000.0	1000.0	1000.0	1000.0	1000.0	1000.0	1000.0	1000.0	1000.0	1000.0	1000.0	1000.0
~90.0cm	0.1	0.1	-	-	-	-	-	-	0.0	-	-	-	-
91.0	0.0	-	-	-	-	-	-	-	-	-	-	-	-
92.0	0.0	-	-	-	-	-	-	-	-	-	-	-	-
93.0	0.2	0.0	-	-	-	-	-	-	-	-	-	-	-
94.0	0.2	-	-	-	-	-	-	-	-	-	-	-	-
95.0	0.6	-	-	-	-	-	-	-	-	-	-	-	-
96.0	0.8	0.0	-	-	-	-	-	-	-	-	-	-	-
97.0	1.9	-	-	-	-	-	-	-	-	-	-	-	-
98.0	2.2	0.0	-	-	-	-	-	-	-	-	-	-	-
99.0	4.6	0.1	0.0	-	-	-	-	-	-	-	-	-	-
100.0	8.4	0.3	0.1	0.1	-	-	-	-	-	-	-	-	-
101.0	12.1	0.6	-	-	-	-	-	-	-	-	-	-	-
102.0	19.8	1.0	0.0	-	-	-	-	-	-	-	-	-	-
103.0	26.5	1.9	-	-	-	-	-	-	-	-	-	-	-
104.0	38.3	3.5	0.1	-	-	-	-	-	-	-	-	-	-
105.0	48.5	6.5	0.2	-	-	-	-	-	-	-	-	-	-
106.0	58.4	9.9	0.3	-	-	-	-	-	-	-	-	-	-
107.0	65.5	14.9	1.2	0.0	-	-	-	-	-	-	-	-	-
108.0	74.8	23.0	2.1	-	0.0	-	-	-	-	-	-	-	-
109.0	82.8	27.8	2.4	0.1	-	-	-	-	-	-	-	-	-
110.0	84.3	39.8	5.1	0.3	-	-	-	-	-	-	-	-	-
111.0	82.2	50.9	6.9	0.5	-	-	-	-	-	-	-	-	-
112.0	77.5	57.7	11.1	0.7	0.0	0.0	-	-	-	-	-	-	-
113.0	66.3	69.6	17.6	1.6	0.2	-	-	-	-	-	-	-	-
114.0	57.1	79.9	23.7	3.1	0.3	0.0	-	-	-	-	-	-	-
115.0	49.7	82.8	32.0	3.4	0.2	0.1	-	0.0	-	-	-	-	-
116.0	39.1	77.3	44.2	6.1	0.6	-	0.0	-	-	-	-	-	-
117.0	30.6	79.5	50.2	9.5	0.3	0.0	-	-	-	-	-	-	-
118.0	21.9	72.8	63.0	14.0	2.0	0.1	0.0	-	-	-	-	-	-
119.0	14.5	65.0	68.1	19.3	1.8	0.2	0.1	-	-	-	-	-	-
120.0	11.8	54.2	74.4	28.1	3.5	0.5	-	-	-	-	-	-	-
121.0	6.5	45.3	72.8	32.3	5.9	0.2	0.0	-	-	-	-	-	-
122.0	5.1	37.7	77.6	43.7	8.5	0.7	0.1	0.0	-	-	-	-	-
123.0	3.8	28.6	69.8	48.7	11.4	1.6	0.1	0.0	-	-	-	-	-
124.0	1.4	23.1	70.1	57.5	16.0	2.4	0.0	0.0	-	-	0.0	-	-
125.0	1.0	15.2	62.2	61.7	20.1	2.3	0.2	-	0.0	-	-	-	-
126.0	0.5	12.4	54.5	69.2	26.1	5.4	0.3	0.0	-	-	-	-	-
127.0	0.4	5.9	44.4	73.3	34.8	5.2	0.8	-	-	-	-	-	-
128.0	0.3	4.9	35.7	69.4	41.5	8.0	0.9	0.0	-	-	-	-	-
129.0	0.5	2.3	31.6	69.1	49.2	12.3	1.1	0.1	0.0	-	-	-	-
130.0	0.1	1.8	24.2	64.9	53.9	16.3	1.6	0.4	0.0	-	-	-	-
131.0	0.1	1.3	17.5	57.9	54.8	17.7	2.5	0.2	0.0	0.2	-	-	-
132.0	-	1.5	12.2	52.1	61.1	22.9	3.8	0.5	0.0	-	-	-	-
133.0	-	0.5	8.8	45.2	61.7	31.3	5.3	1.1	0.1	0.0	-	-	-
134.0	-	0.1	5.4	38.8	62.3	35.3	7.7	0.9	0.1	-	-	-	-
135.0	-	0.1	3.2	28.8	59.9	37.7	10.2	1.4	0.1	0.0	0.1	-	0.0
136.0	-	0.1	2.5	25.0	58.9	43.0	11.0	1.8	0.3	0.1	-	0.1	0.0
137.0	-	-	2.3	20.0	53.2	47.2	14.7	2.2	0.5	0.1	0.2	0.1	0.3
138.0	-	0.0	0.9	16.1	48.0	53.8	17.6	3.9	0.9	0.2	0.1	-	0.1
139.0	-	-	0.6	12.0	47.8	50.6	20.3	5.0	0.8	0.4	0.0	0.1	0.3
140.0	-	-	0.5	8.9	37.3	59.4	30.2	7.5	2.2	0.6	0.4	0.2	0.3
141.0	-	-	0.4	7.6	34.4	54.3	34.1	9.7	2.5	0.8	0.5	0.4	0.4
142.0	-	-	0.0	3.5	30.8	59.5	36.9	12.8	3.7	1.8	1.2	0.8	1.0
143.0	-	-	0.1	2.4	26.1	52.1	42.1	16.8	6.6	2.8	2.4	1.6	1.6
144.0	-	-	0.1	1.6	19.3	52.6	46.5	21.4	8.4	4.4	3.4	2.3	2.0
145.0	-	-	-	1.4	16.1	47.4	53.3	28.6	12.6	7.1	5.8	4.1	3.9
146.0	-	-	-	1.0	13.8	44.5	55.7	37.6	19.0	10.4	8.4	6.6	5.4
147.0	-	-	-	0.4	10.3	41.8	58.3	44.0	24.5	15.3	11.4	9.5	7.6
148.0	-	-	-	0.3	8.1	36.6	63.1	51.6	31.7	19.2	16.9	13.8	13.9
149.0	-	-	-	0.3	5.6	32.8	64.2	58.0	38.0	27.7	21.5	20.5	18.4
150.0	-	-	-	0.0	4.1	28.2	62.5	66.4	48.5	36.3	30.1	27.2	26.2
151.0	-	-	-	0.1	3.6	24.9	61.6	68.7	58.9	46.4	39.8	37.5	34.2
152.0	-	-	-	-	2.5	17.9	56.5	75.1	63.1	52.0	49.4	43.8	37.6
153.0	-	-	-	0.0	1.7	14.4	49.6	69.9	70.0	58.1	55.2	54.8	48.1
154.0	-	-	-	-	1.3	10.7	42.2	67.9	73.6	70.8	65.3	59.9	59.9
155.0	-	-	-	-	0.4	8.8	34.5	66.2	74.3	73.2	68.2	64.4	64.9
156.0	-	-	-	-	0.3	5.9	28.5	57.9	74.9	73.2	74.4	74.2	72.1
157.0	-	-	-	-	0.3	4.7	21.8	48.1	68.5	71.1	75.0	71.7	71.5
158.0	-	-	-	-	0.1	3.0	17.7	42.3	63.7	74.1	71.1	68.6	72.0
159.0	-	-	-	-	0.2	2.5	13.5	34.6	56.1	68.5	67.4	68.2	69.2
160.0	-	-	-	-	0.0	1.2	9.5	27.9	49.5	62.2	66.9	66.5	73.1
161.0	-	-	-	-	-	0.8	7.2	20.8	37.5	53.9	56.1	62.4	62.8
162.0	-	-	-	-	-	0.4	4.9	15.0	31.5	43.0	50.6	54.6	56.2
163.0	-	-	-	-	-	0.4	3.1	12.5	23.0	36.9	41.3	43.9	43.5
164.0	-	-	-	-	-	0.0	1.5	8.7	15.0	24.8	31.9	34.5	39.4
165.0	-	-	-	-	-	0.0	0.9	4.4	13.0	17.7	24.5	29.4	29.2
166.0	-	-	-	-	-	-	0.6	2.8	9.4	14.6	19.3	21.2	25.3
167.0	-	-	-	-	-	-	0.2	1.7	5.3	10.1	12.5	18.4	18.4
168.0	-	-	-	-	-	0.0	0.2	1.5	4.4	8.5	9.3	13.1	12.9
169.0	-	-	-	-	-	-	0.0	1.0	2.7	5.2	6.9	7.9	10.2
170.0	-	-	-	-	-	-	-	0.3	1.8	3.6	4.2	6.3	6.4
171.0	-	-	-	-	-	-	0.0	0.4	1.5	1.7	3.8	4.0	4.0
172.0	-	-	-	-	-	-	-	0.2	0.6	1.7	1.8	2.3	2.7
173.0	-	-	-	-	-	-	-	0.3	0.4	0.4	0.9	1.9	1.6
174.0	-	-	-	-	-	-	-	0.1	0.2	0.2	1.0	1.1	1.2
175.0	-	-	-	-	-	-	-	-	0.3	0.3	0.4	0.5	0.8
176.0	-	-	-	-	-	-	-	-	0.1	0.2	0.2	0.5	0.8
177.0	-	-	-	-	-	-	-	-	0.1	0.1	0.1	0.4	0.2
178.0	-	-	-	-	-	-	-	-	-	0.1	0.1	0.1	0.1
179.0	-	-	-	-	-	-	-	-	-	0.1	0.1	0.4	0.0
180.0	-	-	-	-	-	-	-	-	-	-	0.1	0.0	-
181.0	-	-	-	-	-	-	-	-	-	0.0	0.0	-	-
182.0	-	-	-	-	-	-	-	-	-	-	-	-	0.0
183.0	-	-	-	-	-	-	-	-	-	0.0	-	0.0	-
184.0	-	-	-	-	-	-	-	-	-	-	-	-	-
185.0	-	-	-	-	-	-	-	-	-	-	-	-	-
186.0	-	-	-	-	-	-	-	-	-	-	-	-	-
187.0	-	-	-	-	-	-	-	-	-	-	-	-	-
188.0	-	-	-	-	-	-	-	-	-	-	-	-	-
189.0	-	-	-	-	-	-	-	-	-	-	-	-	-
190.0	-	-	-	-	-	-	-	-	-	-	-	-	-
191.0	-	-	-	-	-	-	-	-	-	-	-	-	-
192.0	-	-	-	-	-	-	-	-	-	-	-	-	-
193.0	-	-	-	-	-	-	-	-	-	-	-	-	-
194.0	-	-	-	-	-	-	-	-	-	-	-	-	-
195.0	-	-	-	-	-	-	-	-	-	-	-	-	-
196.0	-	-	-	-	-	-	-	-	-	-	-	-	-
197.0	-	-	-	-	-	-	-	-	-	-	-	-	-
198.0	-	-	-	-	-	-	-	-	-	-	-	-	-
199.0	-	-	-	-	-	-	-	-	-	-	-	-	-
200.0~	-	-	-	-	-	-	-	-	-	-	-	-	-

1 男

単位 (‰)

区分	幼稚園	小	学		校			中	学	校	高	等 学	校
	5歳	6歳	7歳	8歳	9歳	10歳	11歳	12歳	13歳	14歳	15歳	16歳	17歳
計	1000.0	1000.0	1000.0	1000.0	1000.0	1000.0	1000.0	1000.0	1000.0	1000.0	1000.0	1000.0	1000.0
~11.0kg	-	-	-	-	-	-	-	-	-	-	-	-	-
12.0	0.1	0.0	-	-	-	-	-	-	-	-	-	-	-
13.0	1.5	0.2	0.0	-	-	-	-	-	-	-	-	-	-
14.0	8.4	1.4	0.1	-	-	-	-	-	-	-	-	-	-
15.0	29.8	4.2	0.1	-	-	-	-	-	-	-	-	-	-
16.0	79.1	12.6	1.1	0.2	0.0	-	-	-	-	-	-	-	-
17.0	132.5	36.5	6.0	0.4	0.2	-	-	-	-	-	-	-	-
18.0	167.0	78.4	16.8	1.6	0.1	-	-	-	-	-	-	-	-
19.0	171.0	121.6	37.4	6.7	1.0	0.0	-	-	-	-	-	-	-
20.0	142.1	141.7	68.3	16.6	2.9	0.2	0.0	-	-	-	-	-	-
21.0	99.0	145.2	100.8	31.2	5.9	0.5	0.1	-	-	-	-	-	-
22.0	62.9	121.6	114.2	50.4	14.6	2.6	0.1	0.0	-	-	-	-	-
23.0	37.6	96.3	116.2	72.3	26.3	6.4	1.1	0.2	0.2	-	-	-	-
24.0	22.2	71.9	113.9	89.1	42.6	10.2	2.1	0.1	0.0	-	-	-	-
25.0	15.3	50.7	95.4	103.0	57.2	17.2	3.8	0.9	0.1	-	-	-	-
26.0	10.2	30.9	76.2	101.5	72.0	30.3	7.9	1.1	0.2	0.0	-	-	-
27.0	5.1	23.5	56.0	85.5	79.1	41.4	14.3	2.7	0.6	-	-	-	-
28.0	4.6	16.0	41.6	77.8	86.9	48.9	20.7	4.5	0.5	0.0	-	-	-
29.0	2.9	12.8	34.6	64.6	76.6	60.2	27.3	7.2	1.1	0.1	-	-	-
30.0	2.2	8.2	27.6	50.0	70.5	66.6	33.5	8.4	1.9	0.2	0.1	-	-
31.0	2.1	5.9	20.8	43.9	64.8	63.6	42.8	12.4	2.9	0.3	-	0.1	-
32.0	1.1	5.3	16.8	33.6	59.1	68.5	48.9	16.3	3.4	0.4	-	-	-
33.0	0.9	3.1	11.9	30.1	46.3	60.8	45.2	20.0	6.5	0.8	-	-	0.0
34.0	0.6	2.6	9.7	22.2	38.7	56.7	54.1	25.5	8.3	1.7	0.3	-	-
35.0	0.5	1.8	7.4	20.5	33.8	52.2	57.2	30.6	10.6	1.7	0.3	0.2	-
36.0	0.2	1.6	6.9	17.6	34.3	44.8	52.4	37.6	14.0	3.9	0.5	0.1	-
37.0	0.2	1.5	3.3	15.3	28.2	39.1	50.8	38.4	16.5	4.4	1.5	0.3	-
38.0	0.2	1.3	3.9	11.6	22.7	38.7	49.8	40.2	19.7	6.0	1.4	0.6	0.4
39.0	0.2	0.7	3.3	10.0	20.1	34.7	48.2	46.9	23.5	9.2	2.6	0.5	0.6
40.0	0.1	0.6	1.9	9.0	16.9	32.8	44.9	45.8	28.5	10.5	3.5	1.7	0.6
41.0	0.0	0.4	1.6	6.9	14.5	25.7	38.7	46.9	34.5	14.3	5.6	3.1	0.8
42.0	0.1	0.6	1.5	4.8	11.7	22.4	35.0	44.6	34.8	19.5	7.9	5.0	1.5
43.0	0.0	0.2	0.9	4.4	10.0	22.3	33.2	45.5	40.6	20.7	9.4	5.0	2.8
44.0	0.1	-	1.0	3.3	9.0	18.8	32.8	45.6	45.6	25.9	13.0	7.3	5.1
45.0	-	0.1	0.8	2.9	7.9	16.3	29.0	44.7	45.7	31.3	18.3	12.1	5.4
46.0	0.1	0.2	0.4	2.3	6.3	14.4	23.9	40.1	46.1	35.7	19.0	13.5	9.7
47.0	0.0	0.2	0.3	1.9	5.6	14.3	22.4	37.9	46.9	39.7	26.4	16.3	11.1
48.0	-	0.2	0.3	2.3	5.6	11.7	22.9	34.7	48.1	42.9	27.0	20.1	15.2
49.0	-	0.0	0.3	0.9	3.8	11.3	17.2	31.0	41.4	45.8	34.9	25.9	16.4
50.0	-	-	0.1	0.7	4.7	8.1	16.0	32.9	45.4	49.9	36.8	29.3	20.9
51.0	-	0.1	0.1	0.6	3.3	8.2	13.8	26.2	41.0	46.5	38.9	30.0	28.3
52.0	-	0.1	0.0	1.1	2.5	6.3	12.5	25.3	39.5	49.8	41.4	37.5	30.7
53.0	-	-	0.1	0.7	1.9	6.4	12.6	20.0	36.1	49.5	46.3	43.0	33.4
54.0	-	-	0.0	0.7	2.3	4.5	9.0	17.4	33.9	45.3	45.2	44.1	37.3
55.0	-	-	0.1	0.2	2.0	4.3	8.9	17.1	30.2	43.5	45.3	45.7	39.9
56.0	-	-	-	0.2	1.2	4.8	8.0	14.9	25.9	42.2	45.2	47.0	45.1
57.0	-	-	0.1	0.3	1.6	3.5	7.1	14.6	24.4	36.8	47.3	50.1	40.0
58.0	-	-	-	0.1	0.6	2.4	7.0	13.1	19.9	32.3	41.9	45.8	44.1
59.0	-	-	0.0	0.1	0.8	3.0	5.6	11.3	19.1	29.9	39.2	44.3	44.9
60.0	-	-	-	0.2	0.9	1.4	4.9	9.0	16.2	29.5	40.3	44.7	44.0
61.0	-	-	-	0.2	0.7	2.0	4.5	9.4	15.1	22.1	34.4	42.5	44.2
62.0	-	-	0.0	0.2	0.3	1.6	5.0	8.4	12.5	22.0	29.4	38.0	43.8
63.0	-	-	-	0.1	0.2	1.3	4.0	7.5	12.2	18.1	28.1	33.2	39.4
64.0	-	-	-	0.0	0.2	2.3	3.0	7.3	10.2	16.5	25.8	31.5	40.0
65.0	-	-	-	0.0	0.5	0.9	1.9	6.0	10.3	15.6	23.9	30.6	34.4
66.0	-	-	-	-	-	1.4	1.8	5.5	8.8	14.8	20.7	25.4	32.1
67.0	-	-	0.0	-	0.4	0.8	2.1	4.2	8.2	11.9	19.4	21.2	33.3
68.0	-	-	-	-	0.1	0.7	1.6	4.2	6.7	10.4	19.5	20.8	28.4
69.0	-	-	-	-	0.3	0.4	1.4	4.5	7.2	7.9	15.3	17.8	24.7
70.0	-	-	-	0.2	-	0.4	0.9	3.7	6.1	9.9	13.4	17.8	21.8
71.0	-	-	-	0.0	0.3	0.4	1.0	4.1	6.1	7.1	13.0	15.6	19.1
72.0	-	-	-	0.0	0.0	0.1	0.9	3.1	3.4	8.3	10.6	13.5	17.2
73.0	-	-	-	-	-	0.6	0.7	2.2	3.7	6.3	9.5	12.3	15.5
74.0	-	-	-	-	0.0	0.2	0.8	2.2	3.4	6.1	9.7	10.2	13.5
75.0	-	-	-	-	0.0	0.1	0.5	1.6	3.0	5.0	7.8	9.4	11.9
76.0	-	-	-	-	0.1	0.1	0.7	1.7	3.7	4.4	6.9	7.7	10.1
77.0	-	-	-	-	-	0.0	0.3	1.7	2.5	4.4	6.3	8.3	9.9
78.0	-	-	-	-	-	0.3	0.3	1.1	2.8	3.8	5.2	5.6	6.6
79.0	-	-	-	-	0.0	-	0.4	1.0	2.3	3.2	4.7	6.7	8.6
80.0	-	-	-	-	-	0.1	0.4	1.6	2.0	3.2	6.2	6.0	6.9
81.0	-	-	-	-	0.0	0.0	0.3	1.1	1.3	3.4	5.8	4.8	6.3
82.0	-	-	-	-	-	0.0	0.4	0.7	1.1	2.8	4.5	5.5	6.3
83.0	-	-	-	-	-	-	0.0	1.0	1.3	2.4	3.0	3.4	3.9
84.0	-	-	-	-	0.0	-	0.2	1.0	1.5	2.4	3.1	4.4	5.1
85.0	-	-	-	-	-	0.1	0.3	0.5	1.1	1.8	3.3	3.0	2.7
86.0	-	-	-	-	-	-	0.1	0.3	0.8	1.5	3.4	3.4	2.8
87.0	-	-	-	-	-	-	0.1	0.2	1.5	1.8	2.2	2.1	2.6
88.0	-	-	-	-	-	-	0.1	0.3	0.9	1.3	2.1	1.8	2.6
89.0	-	-	-	-	-	0.1	0.1	0.2	1.0	1.6	2.7	1.9	2.5
90.0	-	-	-	-	-	-	-	0.3	0.6	0.8	1.5	1.8	2.5
91.0	-	-	-	-	-	-	-	0.3	0.5	0.7	1.9	1.3	2.1
92.0	-	-	-	-	-	-	0.1	0.1	0.7	0.7	1.8	2.4	1.9
93.0	-	-	-	-	-	-	0.2	0.2	0.7	0.7	1.6	1.4	1.8
94.0	-	-	-	-	-	-	0.1	0.2	0.3	1.4	1.4	1.1	1.4
95.0	-	-	-	-	-	-	-	0.1	0.3	0.6	1.0	1.4	1.4
96.0	-	-	-	-	-	-	0.1	0.0	0.3	0.5	1.7	1.0	1.0
97.0	-	-	-	-	-	-	-	0.0	0.5	0.2	1.1	1.0	1.6
98.0	-	-	-	-	-	-	-	0.1	0.2	0.5	0.9	0.7	1.5
99.0	-	-	-	-	-	-	-	0.1	0.3	0.4	0.8	0.9	1.1
100.0	-	-	-	-	-	-	0.0	0.1	0.2	0.5	0.9	0.6	0.7
101.0	-	-	-	-	-	-	0.1	0.1	0.1	0.5	0.6	0.7	0.3
102.0	-	-	-	-	-	-	0.0	-	0.4	0.2	0.4	1.0	0.8
103.0	-	-	-	-	-	-	-	0.0	0.1	0.3	0.5	0.7	0.5
104.0	-	-	-	-	-	-	-	0.0	0.1	0.2	0.7	1.1	0.6
105.0	-	-	-	-	-	-	0.0	0.0	0.1	0.3	0.1	0.2	0.7
106.0	-	-	-	-	-	-	-	0.0	-	0.3	0.3	0.2	0.6
107.0	-	-	-	-	-	-	-	-	0.1	0.1	0.4	0.5	0.3
108.0	-	-	-	-	-	-	-	-	0.2	0.1	0.4	0.5	0.4
109.0	-	-	-	-	-	-	-	-	0.0	0.3	0.3	0.2	0.5
110.0	-	-	-	-	-	-	-	-	0.0	0.2	0.4	0.1	0.6
111.0	-	-	-	-	-	-	-	0.1	0.0	0.1	0.3	0.6	0.4
112.0	-	-	-	-	-	-	-	-	0.0	0.0	0.1	0.3	0.2
113.0	-	-	-	-	-	-	-	0.0	0.0	0.0	0.1	0.1	0.1
114.0	-	-	-	-	-	-	-	-	-	0.1	0.1	0.2	0.1
115.0	-	-	-	-	-	-	-	-	-	-	0.1	0.2	0.1
116.0	-	-	-	-	-	-	-	-	-	0.1	0.1	0.4	0.1
117.0	-	-	-	-	-	-	-	-	-	-	0.1	0.2	0.1
118.0	-	-	-	-	-	-	-	0.1	-	0.0	-	0.2	0.1
119.0	-	-	-	-	-	-	-	0.0	0.0	0.1	-	0.1	0.0
120.0	-	-	-	-	-	-	-	-	-	-	0.1	-	0.1
121.0	-	-	-	-	-	-	-	-	-	-	0.1	0.1	0.1
122.0	-	-	-	-	-	-	-	-	0.1	0.0	-	0.1	0.1
123.0	-	-	-	-	-	-	-	-	-	-	0.0	0.1	0.2
124.0	-	-	-	-	-	-	-	-	-	-	0.1	-	0.1
125.0~	-	-	-	-	-	-	-	0.0	0.0	0.3	0.8	0.8	1.0

3　体重の年齢別分布（2-2）

2　女　　　　　　　　　　　　　　　　　　　　　　　　　　　　　　　　　　　　単位　（‰）

区　分	幼稚園	小　学　校						中　学　校			高　等　学　校		
	5歳	6歳	7歳	8歳	9歳	10歳	11歳	12歳	13歳	14歳	15歳	16歳	17歳
計	1000.0	1000.0	1000.0	1000.0	1000.0	1000.0	1000.0	1000.0	1000.0	1000.0	1000.0	1000.0	1000.0
～11.0kg	0.1	-	-	-	-	-	-	-	-	-	-	-	-
12.0	0.5	0.1	-	-	-	-	-	-	-	-	-	-	-
13.0	3.1	0.6	0.0	-	-	-	-	-	0.0	-	-	-	-
14.0	14.5	1.7	0.1	-	-	-	-	-	-	-	-	-	-
15.0	45.8	7.9	0.3	0.0	-	-	-	-	-	-	-	-	-
16.0	93.4	26.1	2.7	0.2	-	-	-	-	-	-	-	-	-
17.0	149.0	56.9	9.3	1.2	0.1	-	-	-	-	-	-	-	-
18.0	170.7	95.4	25.9	3.5	0.4	-	0.0	-	-	-	-	-	-
19.0	159.4	133.2	56.4	9.4	1.3	0.4	-	-	-	-	-	-	-
20.0	126.9	145.0	86.3	23.1	4.0	0.3	0.1	0.0	-	-	-	-	-
21.0	88.9	135.4	106.5	45.5	10.1	1.7	0.0	-	-	-	-	-	-
22.0	55.4	111.9	124.2	62.7	17.8	4.5	0.5	0.1	-	-	-	-	-
23.0	31.9	84.4	121.7	81.8	32.9	7.5	0.8	0.0	-	-	-	-	-
24.0	22.5	58.8	101.2	93.5	45.1	12.3	0.6	0.2	-	-	-	-	-
25.0	13.2	39.7	79.8	95.1	61.3	19.9	3.6	0.8	0.0	-	-	-	-
26.0	8.0	29.6	68.8	96.3	71.0	29.2	6.8	1.2	0.1	-	-	-	0.0
27.0	5.2	21.0	53.2	91.0	71.9	36.7	7.5	0.9	0.3	-	0.0	-	-
28.0	3.9	16.0	38.6	74.4	80.9	46.9	15.6	2.7	0.2	0.1	-	-	-
29.0	2.1	9.6	32.0	60.2	71.6	53.4	19.0	4.1	0.6	0.0	0.1	0.0	-
30.0	2.0	6.5	24.2	48.8	74.6	58.0	24.7	6.8	1.0	0.1	0.0	-	-
31.0	1.0	6.7	15.5	39.1	60.2	62.7	29.9	8.5	1.5	0.4	0.1	-	0.0
32.0	0.5	3.3	11.9	34.1	59.8	59.9	34.7	11.9	2.8	1.0	0.1	0.4	0.1
33.0	0.6	2.6	8.3	26.8	53.0	60.9	39.1	16.8	4.5	1.3	0.6	0.3	0.5
34.0	0.4	2.1	7.2	22.1	44.5	56.9	42.9	21.4	6.2	1.9	1.0	0.4	0.6
35.0	0.3	1.7	5.8	16.9	37.6	58.2	48.8	27.0	9.2	2.8	1.5	1.2	1.4
36.0	0.1	1.2	5.0	14.5	31.7	52.5	50.0	33.1	14.7	5.4	3.0	1.9	2.2
37.0	0.2	0.7	3.6	12.0	26.5	45.6	53.3	38.5	18.8	7.9	4.3	2.7	3.1
38.0	0.0	0.3	2.3	9.0	26.0	40.9	59.3	42.9	27.6	11.8	9.2	5.6	5.1
39.0	0.0	0.7	1.9	8.0	19.5	40.2	57.1	52.0	32.4	14.9	12.8	7.3	6.4
40.0	-	0.3	1.8	6.6	16.2	36.3	53.7	56.5	37.7	21.7	17.4	11.6	8.6
41.0	0.0	0.3	0.9	4.2	13.1	32.0	51.2	58.0	41.6	28.7	21.3	17.4	15.5
42.0	-	0.0	1.4	4.2	10.9	24.8	49.4	58.4	50.8	38.6	28.2	24.9	20.7
43.0	-	0.2	0.8	3.5	10.3	23.2	45.0	57.9	57.2	43.5	33.2	27.8	24.6
44.0	-	0.0	0.7	3.0	9.1	20.0	39.7	55.1	62.2	52.3	43.3	35.6	33.5
45.0	-	0.1	0.4	2.1	7.1	17.5	36.6	52.1	61.6	59.0	49.1	42.6	39.1
46.0	-	0.0	0.5	1.2	5.6	16.6	32.4	49.5	60.4	63.5	57.1	49.8	50.0
47.0	-	-	0.2	1.2	5.0	12.2	29.1	47.1	58.2	62.6	61.4	53.4	52.2
48.0	0.0	-	0.1	0.9	4.2	12.7	24.7	41.1	55.3	61.1	63.1	58.6	54.2
49.0	-	-	0.1	0.9	4.0	9.5	22.3	33.7	51.9	57.9	58.2	55.2	57.7
50.0	-	-	0.0	1.0	2.7	7.3	19.6	33.4	47.1	60.0	57.8	66.7	62.7
51.0	-	-	0.0	0.6	1.6	7.1	15.2	28.1	40.6	51.7	52.2	57.2	59.8
52.0	-	-	0.1	0.4	1.5	4.9	12.6	23.5	35.2	44.9	52.8	58.3	57.0
53.0	-	-	0.1	0.1	1.6	4.5	11.5	19.2	32.1	42.5	52.6	56.4	53.0
54.0	-	-	-	0.3	0.6	4.6	8.8	16.8	26.9	41.0	41.6	48.8	50.4
55.0	-	0.0	-	0.2	0.7	2.8	7.5	15.1	25.6	36.5	41.1	45.3	47.8
56.0	-	-	-	0.0	0.5	2.3	7.2	13.1	21.7	29.4	35.4	40.5	42.4
57.0	-	-	0.0	0.0	1.1	2.4	4.1	11.3	16.7	24.9	29.3	35.2	37.2
58.0	-	-	-	0.0	0.3	2.0	4.9	8.3	14.2	20.7	24.8	29.7	32.7
59.0	-	-	-	-	0.5	1.4	3.1	7.8	11.5	18.3	23.2	25.9	27.0
60.0	-	-	0.0	-	0.4	1.3	3.6	6.6	10.6	13.7	20.4	21.4	25.3
61.0	-	-	-	0.0	0.2	0.8	3.1	5.8	9.0	12.0	14.1	17.9	19.6
62.0	-	-	-	-	0.2	0.6	2.9	4.8	7.6	10.3	14.8	15.6	18.0
63.0	-	-	-	0.0	0.2	0.5	2.3	3.7	6.0	8.5	9.4	11.7	15.8
64.0	-	-	-	0.0	0.1	0.6	2.0	3.2	5.7	6.6	9.2	11.9	11.4
65.0	-	-	-	-	0.1	0.8	1.6	2.7	4.6	5.6	7.6	9.0	9.0
66.0	-	-	-	0.0	0.0	0.4	1.3	2.1	4.3	5.2	6.7	7.6	7.2
67.0	-	-	-	0.0	0.1	0.4	1.2	2.5	3.5	4.7	6.3	6.5	7.0
68.0	-	-	-	0.0	0.0	0.2	1.0	1.8	3.0	3.4	4.6	6.2	5.4
69.0	-	-	-	-	-	0.3	0.9	1.7	2.5	2.9	4.3	4.0	4.8
70.0	-	-	-	-	0.0	0.1	0.8	1.1	1.9	2.7	2.7	3.0	4.3
71.0	-	-	-	-	0.0	0.2	0.6	1.0	1.7	2.2	3.2	3.5	3.8
72.0	-	-	-	-	-	0.3	0.9	1.0	1.0	1.5	2.5	2.1	2.7
73.0	-	-	-	-	-	0.2	0.7	1.4	1.2	1.3	2.1	2.2	1.6
74.0	-	-	-	-	-	0.3	0.3	1.0	0.8	1.8	2.1	2.0	2.8
75.0	-	-	-	-	0.0	-	0.2	0.5	1.2	1.4	2.0	1.8	2.2
76.0	-	-	-	-	-	-	0.3	0.4	0.8	0.9	1.7	1.2	1.7
77.0	-	-	-	-	-	0.0	0.2	0.7	1.1	0.9	1.2	1.5	1.4
78.0	-	-	-	-	-	-	0.3	0.4	0.9	1.1	1.2	0.9	1.0
79.0	-	-	-	-	-	0.0	0.6	0.2	0.3	1.0	0.6	0.7	1.0
80.0	-	-	-	-	-	0.0	0.3	0.4	0.3	0.5	0.7	1.1	1.0
81.0	-	-	-	-	-	-	0.1	0.3	0.3	0.3	1.0	0.9	0.6
82.0	-	-	-	-	-	-	0.0	0.3	0.4	0.6	0.5	0.3	0.8
83.0	-	-	-	-	-	0.1	-	0.2	0.4	0.4	1.0	0.6	0.7
84.0	-	-	-	-	-	-	-	0.2	0.3	0.6	0.4	0.6	0.6
85.0	-	-	-	-	0.1	-	0.0	0.2	0.3	0.6	0.4	0.8	0.3
86.0	-	-	-	-	-	-	0.0	0.2	0.2	0.5	0.3	0.4	0.6
87.0	-	-	-	-	-	-	-	0.1	0.2	0.3	0.2	0.3	0.7
88.0	-	-	-	-	-	-	0.1	0.1	0.2	0.1	0.5	0.3	0.2
89.0	-	-	-	-	-	-	0.0	0.2	0.3	0.3	0.5	0.6	0.8
90.0	-	-	-	-	-	-	0.0	0.1	-	0.1	0.5	0.2	0.3
91.0	-	-	-	-	-	-	0.0	0.1	0.0	0.2	0.2	0.1	0.3
92.0	-	-	-	-	-	-	-	0.1	0.1	0.2	0.2	0.3	0.2
93.0	-	-	-	-	-	-	-	0.1	0.1	0.1	0.2	0.4	0.1
94.0	-	-	-	-	-	-	0.1	0.2	0.1	0.1	0.1	0.3	0.1
95.0	-	-	-	-	-	-	0.0	0.1	0.0	0.2	0.3	0.2	0.2
96.0	-	-	-	-	-	-	-	-	0.0	0.0	0.1	0.3	0.2
97.0	-	-	-	-	-	-	-	-	0.0	0.0	0.1	-	0.1
98.0	-	-	-	-	-	-	-	-	0.1	0.0	-	0.1	0.1
99.0	-	-	-	-	-	-	-	0.0	0.1	0.1	-	0.1	0.1
100.0	-	-	-	-	-	-	-	-	0.1	0.1	0.2	-	0.1
101.0	-	-	-	-	-	-	-	0.0	0.1	0.0	-	-	0.1
102.0	-	-	-	-	-	-	-	-	0.1	0.0	-	-	0.2
103.0	-	-	-	-	-	-	-	-	-	-	-	-	0.0
104.0	-	-	-	-	-	-	-	-	-	-	0.0	-	-
105.0	-	-	-	-	-	-	-	-	-	0.1	-	-	-
106.0	-	-	-	-	-	-	-	-	0.0	0.1	0.1	0.0	-
107.0	-	-	-	-	-	-	-	-	-	0.0	-	-	-
108.0	-	-	-	-	-	-	-	-	0.0	-	-	-	-
109.0	-	-	-	-	-	-	-	-	-	-	-	-	0.1
110.0	-	-	-	-	-	-	-	-	0.0	0.0	-	-	-
111.0	-	-	-	-	-	-	-	-	-	-	-	-	-
112.0	-	-	-	-	-	-	-	-	-	-	-	-	-
113.0	-	-	-	-	-	-	-	-	-	-	-	-	0.0
114.0	-	-	-	-	-	-	-	-	-	-	0.0	0.0	-
115.0	-	-	-	-	-	-	-	-	-	-	0.0	-	0.0
116.0	-	-	-	-	-	-	-	-	-	-	-	-	-
117.0	-	-	-	-	-	-	-	-	-	-	-	-	-
118.0	-	-	-	-	-	-	-	-	-	-	-	-	0.1
119.0	-	-	-	-	-	-	-	-	-	-	-	-	0.0
120.0	-	-	-	-	-	-	-	-	-	-	-	0.0	-
121.0	-	-	-	-	-	-	-	-	-	0.0	0.0	-	-
122.0	-	-	-	-	-	-	-	-	-	-	-	-	-
123.0	-	-	-	-	-	-	-	-	-	-	-	-	-
124.0	-	-	-	-	-	-	-	-	-	-	-	0.0	-
125.0～	-	-	-	-	-	-	-	-	-	-	-	0.0	0.0

4 年齢別 都市階級別 設置者別 疾病・異常被患率等 (15-1)

1 計 (1) 計

単位 (%)

区分	計	裸眼視力 視力非矯正者の裸眼視力 1.0以上	視力非矯正者の裸眼視力 1.0未満 0.7以上	視力非矯正者の裸眼視力 0.7未満 0.3以上	視力非矯正者の裸眼視力 0.3未満	視力矯正者の裸眼視力 1.0以上	視力矯正者の裸眼視力 1.0未満 0.7以上	視力矯正者の裸眼視力 0.7未満 0.3以上	視力矯正者の裸眼視力 0.3未満	裸眼視力 計	1.0未満 0.7以上	0.7未満 0.3以上	0.3未満	眼の疾病・異常	難聴	耳鼻咽頭 耳疾患	鼻・副鼻腔疾患	口腔咽喉頭疾患・異常	歯・口腔 むし歯(う歯) 計	処置完了者	未処置歯のある者	歯列・咬合	顎関節	歯垢の状態	歯肉の状態	その他の疾病・異常
幼稚園 5歳	100.00	74.61	17.40	5.02	0.56	0.44	0.73	0.83	0.41	24.95	18.13	5.85	0.97	1.27	…	2.36	3.03	0.65	24.93	10.05	14.88	4.30	0.09	1.06	0.28	2.21
小学校 計	100.00	61.22	10.92	10.80	5.03	0.90	1.06	3.10	6.96	37.88	11.98	13.90	11.99	5.28	0.49	6.60	11.44	0.71	37.02	19.32	17.70	4.63	0.10	3.15	1.80	6.52
6歳	100.00	76.22	13.61	6.58	1.24	0.58	0.58	0.75	0.44	23.20	14.19	7.33	1.68	5.33	0.60	10.09	11.66	1.10	29.98	12.30	17.68	3.09	0.05	1.29	0.67	5.91
7	100.00	72.01	12.32	9.00	3.01	0.71	0.71	1.11	1.12	27.28	13.03	10.12	4.14	4.78	0.51	6.97	11.15	0.83	37.34	18.05	19.29	4.48	0.08	2.49	1.30	5.25
8	100.00	65.49	11.26	11.39	4.70	0.90	0.91	2.06	3.30	33.62	12.17	13.45	8.00	5.14	0.49	6.51	11.20	0.71	42.77	22.50	20.27	5.32	0.09	3.42	1.87	5.33
9	100.00	57.59	10.59	12.02	6.55	0.99	1.33	3.50	7.44	41.42	11.92	15.52	13.99	5.75	…	5.97	11.99	0.69	44.28	24.40	19.88	4.94	0.10	3.64	1.98	7.14
10	100.00	51.62	9.15	12.82	6.32	1.16	1.28	5.12	12.54	47.22	10.43	17.93	18.85	5.32	0.37	5.81	11.95	0.60	37.99	21.39	16.61	4.88	0.12	3.89	2.32	8.14
11	100.00	45.76	8.82	12.75	8.07	1.05	1.50	5.84	16.21	53.19	10.32	18.59	24.28	5.32	…	4.43	10.71	0.38	29.87	17.15	12.71	5.00	0.18	4.05	2.60	7.24
中学校 計	100.00	37.64	10.86	14.31	7.05	1.11	1.53	6.27	21.23	61.23	12.39	20.58	28.26	4.95	0.33	4.76	10.70	0.35	28.24	16.80	11.43	5.30	0.35	3.97	3.45	3.53
12歳	100.00	43.29	11.24	13.24	6.34	1.07	1.62	5.80	17.41	55.64	12.86	19.04	23.75	5.23	0.35	6.14	11.15	0.42	25.76	15.19	10.56	5.35	0.31	3.75	3.10	4.90
13	100.00	36.69	12.05	13.66	7.37	1.00	1.52	6.59	21.12	62.30	13.56	20.25	28.49	4.90	…	4.40	11.19	0.37	28.20	16.78	11.41	5.25	0.33	4.10	3.52	3.29
14	100.00	33.05	9.32	16.00	7.41	1.25	1.46	6.41	25.10	65.65	10.78	22.41	32.47	4.72	0.31	3.78	9.78	0.25	30.70	18.40	12.31	5.29	0.41	4.06	3.72	2.44
高等学校 計	100.00	28.01	10.38	11.62	6.68	0.43	1.01	6.44	35.43	71.56	11.39	18.06	42.11	3.58	0.26	2.25	8.51	0.28	38.30	23.79	14.51	4.57	0.63	4.23	3.88	1.20
15歳	100.00	23.14	15.07	15.79	6.75	0.32	1.02	6.15	31.77	76.55	16.09	21.94	38.51	4.15	0.24	3.13	9.30	0.25	33.85	20.92	12.92	4.58	0.60	4.14	3.78	1.24
16	100.00	33.96	7.62	9.27	8.14	0.46	1.00	5.71	33.83	65.57	8.62	14.98	41.97	3.24	…	2.01	8.23	0.32	38.15	23.80	14.34	4.72	0.60	4.26	3.90	1.20
17	100.00	27.09	7.97	9.35	4.95	0.51	1.01	7.59	41.54	72.40	8.98	16.93	46.49	3.33	0.28	1.55	7.94	0.28	43.05	26.75	16.30	4.41	0.69	4.28	3.96	1.17
うち公立																										
幼稚園 5歳	100.00	70.97	18.48	7.04	0.75	0.68	0.60	0.71	0.77	28.35	19.08	7.75	1.52	2.51	…	4.73	6.23	0.85	30.90	11.06	19.84	4.62	0.10	1.33	0.32	2.43
小学校 計	100.00	61.30	10.88	10.80	5.01	0.90	1.06	3.10	6.95	37.80	11.94	13.90	11.96	5.27	0.49	6.62	11.55	0.72	37.15	19.32	17.83	4.66	0.10	3.14	1.81	6.52
6歳	100.00	76.40	13.42	6.58	1.24	0.58	0.59	0.75	0.44	23.02	14.01	7.33	1.68	5.35	0.61	10.11	11.73	1.10	30.12	12.27	17.85	3.11	0.05	1.29	0.68	5.90
7	100.00	72.03	12.29	9.02	3.01	0.71	0.71	1.11	1.12	27.26	13.00	10.13	4.13	4.77	0.51	6.98	11.39	0.84	37.49	18.04	19.44	4.52	0.08	2.49	1.31	5.25
8	100.00	65.49	11.24	11.41	4.71	0.89	0.91	2.06	3.29	33.61	12.15	13.47	8.00	5.14	0.49	6.53	11.29	0.73	42.90	22.47	20.43	5.34	0.09	3.40	1.87	5.33
9	100.00	57.66	10.59	12.02	6.54	0.99	1.32	3.49	7.41	41.36	11.91	15.50	13.94	5.75	…	6.00	12.03	0.70	44.37	24.38	19.99	4.97	0.10	3.65	2.00	7.15
10	100.00	51.75	9.12	12.74	6.27	1.17	1.29	5.12	12.52	47.07	10.42	17.86	18.80	5.30	0.37	5.81	12.18	0.61	38.14	21.39	16.75	4.92	0.12	3.89	2.33	8.15
11	100.00	45.83	8.83	12.77	8.03	1.05	1.50	5.83	16.17	53.12	10.33	18.60	24.19	5.32	…	4.47	10.69	0.38	29.98	17.20	12.79	5.02	0.18	4.03	2.60	7.24
中学校 計	100.00	37.94	10.87	14.27	6.99	1.00	1.42	6.17	21.34	61.04	12.30	20.44	28.31	4.94	0.32	4.71	10.79	0.36	28.93	17.02	11.91	5.27	0.29	4.02	3.55	3.67
12歳	100.00	43.62	11.29	13.14	6.33	1.01	1.52	5.77	17.33	55.37	12.81	18.90	23.66	5.20	0.34	6.20	11.23	0.44	26.57	15.48	11.09	5.33	0.24	3.77	3.16	5.12
13	100.00	37.00	12.05	13.73	7.34	0.89	1.40	6.44	21.13	62.11	13.46	20.17	28.48	4.87	…	4.24	11.35	0.37	28.89	17.03	11.86	5.21	0.27	4.19	3.61	3.37
14	100.00	33.29	9.29	15.93	7.28	1.10	1.35	6.28	25.48	65.56	10.64	22.21	32.71	4.76	0.30	3.72	9.80	0.26	31.26	18.51	12.75	5.28	0.36	4.09	3.86	2.54
高等学校 計	100.00	27.88	9.68	10.92	6.36	0.55	0.89	7.01	36.71	71.57	10.58	17.93	43.07	3.98	0.22	2.38	9.61	0.23	38.98	23.94	15.05	4.42	0.46	3.99	3.85	1.16
15歳	100.00	24.05	13.24	13.63	7.03	0.47	0.87	7.08	33.65	75.48	14.10	20.70	40.68	4.69	0.21	3.41	9.72	0.25	34.53	20.89	13.64	4.47	0.47	3.93	3.83	1.20
16	100.00	31.93	8.11	9.24	7.52	0.49	0.90	6.42	35.38	67.58	9.01	15.67	42.90	3.54	…	2.03	9.73	0.29	38.82	23.96	14.86	4.53	0.42	3.99	3.79	1.14
17	100.00	27.81	7.40	9.69	4.36	0.71	0.92	7.55	41.56	71.48	8.32	17.25	45.91	3.68	0.23	1.52	9.38	0.14	43.65	26.99	16.66	4.26	0.48	4.05	3.94	1.13
うち私立																										
幼稚園 5歳	100.00	76.27	16.55	4.36	0.44	0.40	0.76	0.90	0.32	23.33	17.31	5.26	0.76	1.01	…	1.89	2.52	0.65	24.09	9.96	14.13	4.29	0.09	1.01	0.28	2.15
高等学校 計	100.00	30.23	10.22	11.51	7.53	0.35	1.89	6.05	32.23	69.41	12.10	17.56	39.75	2.92	0.33	2.17	7.45	0.36	37.13	23.83	13.30	4.94	0.97	4.64	3.86	1.27
15歳	100.00	28.98	11.14	13.05	8.68	0.16	1.85	6.02	30.11	70.85	13.00	19.07	38.79	3.25	0.30	2.86	8.35	0.27	32.65	21.23	11.42	4.91	0.87	4.52	3.64	1.28
16	100.00	32.60	10.07	11.61	6.67	0.69	1.92	6.00	30.43	66.70	11.99	17.61	37.11	2.75	…	2.02	6.89	0.34	37.00	23.81	13.18	5.14	0.94	4.75	4.02	1.29
17	100.00	29.17	9.34	9.72	7.13	0.20	1.89	6.13	36.43	70.63	11.23	15.84	43.55	2.74	0.37	1.58	7.04	0.49	42.09	26.65	15.44	4.78	1.10	4.67	3.92	1.25

区分	永久歯の1人当り平均むし歯(う歯)等数 計(本)	喪失歯数(本)	むし歯(う歯) 計(本)	処置歯数(本)	未処置歯数(本)	栄養状態	せき柱・胸郭・四肢の状態	皮膚疾患 アトピー性皮膚炎	その他の皮膚疾患	結核の精密検査の対象者	結核	心臓の疾病・異常	心電図異常	蛋白検出の者	尿糖検出の者	その他の疾病・異常 ぜん息	腎臓疾患	言語障害	その他の疾病・異常
幼稚園 5歳	…	…	…	…	…	0.38	0.24	1.62	0.78	…	…	0.28	…	0.87	…	1.11	0.03	0.29	1.22
小学校 計	…	…	…	…	…	2.07	0.84	3.14	0.39	0.10	0.00	0.80	2.55	0.98	0.08	2.85	0.21	0.45	4.76
6歳	…	…	…	…	…	1.03	0.63	2.94	0.50	0.27	0.01	0.94	2.55	0.56	0.05	2.94	0.18	0.66	4.36
7	…	…	…	…	…	1.47	0.61	3.16	0.46	0.08	0.00	0.84	…	0.58	0.05	2.86	0.22	0.65	4.46
8	…	…	…	…	…	2.00	0.75	3.24	0.38	0.06	0.00	0.78	…	0.66	0.06	3.00	0.21	0.51	4.72
9	…	…	…	…	…	2.46	0.80	3.21	0.38	0.06	0.00	0.82	…	0.83	0.06	2.83	0.22	0.36	4.88
10	…	…	…	…	…	2.70	1.07	3.21	0.34	0.07	0.00	0.73	…	1.24	0.10	2.76	0.19	0.28	4.96
11	…	…	…	…	…	2.72	1.16	3.11	0.29	0.06	0.00	0.68	…	1.98	0.13	2.71	0.27	0.24	5.16
中学校 計	0.56	0.01	0.55	0.35	0.20	1.42	1.54	2.96	0.24	0.04	0.00	0.85	3.15	2.90	0.17	2.23	0.24	0.09	4.83
12歳	0.56	0.01	0.55	0.35	0.20	1.52	1.57	3.03	0.28	0.05	0.00	0.90	3.15	2.74	0.13	2.15	0.24	0.10	4.70
13	…	…	…	…	…	1.39	1.52	2.92	0.22	0.04	0.00	0.87	…	3.05	0.18	2.27	0.24	0.10	4.91
14	…	…	…	…	…	1.34	1.53	2.94	0.22	0.04	0.00	0.78	…	2.92	0.19	2.26	0.24	0.08	4.89
高等学校 計	…	…	…	…	…	0.66	1.12	2.68	0.21	…	0.03	0.76	3.03	2.83	0.21	1.71	0.20	0.06	4.30
15歳	…	…	…	…	…	0.72	1.28	2.74	0.23	…	0.03	0.86	3.03	3.51	0.21	1.66	0.18	0.07	4.43
16	…	…	…	…	…	0.65	1.05	2.67	0.20	…	…	0.70	…	2.68	0.21	1.71	0.20	0.05	4.32
17	…	…	…	…	…	0.62	1.04	2.63	0.21	…	…	0.70	…	2.27	0.22	1.75	0.21	0.05	4.15
うち公立																			
幼稚園 5歳	…	…	…	…	…	0.27	0.15	1.55	0.72	…	…	0.29	…	0.52	…	0.90	0.12	0.28	2.26
小学校 計	…	…	…	…	…	2.08	0.84	3.17	0.38	0.10	0.00	0.80	2.51	0.98	0.08	2.86	0.22	0.46	4.76
6歳	…	…	…	…	…	1.04	0.63	2.95	0.49	0.27	0.01	0.95	2.51	0.55	0.05	2.96	0.18	0.67	4.36
7	…	…	…	…	…	1.47	0.61	3.19	0.44	0.08	0.00	0.84	…	0.57	0.05	2.88	0.22	0.66	4.47
8	…	…	…	…	…	2.01	0.74	3.27	0.37	0.06	0.00	0.78	…	0.65	0.06	3.01	0.21	0.52	4.73
9	…	…	…	…	…	2.46	0.81	3.24	0.38	0.06	0.00	0.82	…	0.82	0.06	2.83	0.22	0.37	4.88
10	…	…	…	…	…	2.70	1.07	3.23	0.34	0.07	0.00	0.73	…	1.23	0.10	2.77	0.19	0.28	4.94
11	…	…	…	…	…	2.73	1.17	3.12	0.29	0.06	0.00	0.68	…	1.97	0.14	2.72	0.27	0.24	5.15
中学校 計	0.58	0.01	0.57	0.36	0.21	1.40	1.52	2.99	0.23	0.05	0.00	0.88	3.21	2.87	0.17	2.25	0.25	0.10	4.81
12歳	0.58	0.01	0.57	0.36	0.21	1.54	1.57	3.07	0.27	0.05	0.00	0.94	3.21	2.73	0.13	2.17	0.25	0.11	4.72
13	…	…	…	…	…	1.37	1.50	2.93	0.20	0.04	0.00	0.91	…	2.99	0.19	2.30	0.26	0.10	4.88
14	…	…	…	…	…	1.31	1.49	2.98	0.20	0.05	0.00	0.81	…	2.89	0.20	2.28	0.25	0.09	4.84
高等学校 計	…	…	…	…	…	0.49	0.97	3.01	0.21	…	0.02	0.84	2.90	2.67	0.21	1.84	0.21	0.06	4.63
15歳	…	…	…	…	…	0.57	1.14	3.10	0.22	…	0.02	0.93	2.90	3.31	0.20	1.74	0.19	0.07	4.71
16	…	…	…	…	…	0.47	0.92	2.98	0.20	…	…	0.79	…	2.53	0.21	1.83	0.21	0.05	4.67
17	…	…	…	…	…	0.44	0.85	2.96	0.20	…	…	0.79	…	2.14	0.22	1.94	0.23	0.05	4.50
うち私立																			
幼稚園 5歳	…	…	…	…	…	0.42	0.25	1.65	0.81	…	…	0.27	…	0.97	…	1.14	0.01	0.29	1.03
高等学校 計	…	…	…	…	…	1.01	1.36	2.01	0.22	…	0.04	0.59	3.21	3.10	0.22	1.43	0.18	0.05	3.69
15歳	…	…	…	…	…	1.02	1.49	1.99	0.24	…	0.04	0.70	3.21	3.83	0.23	1.46	0.18	0.06	3.94
16	…	…	…	…	…	1.00	1.25	2.06	0.20	…	…	0.54	…	2.94	0.20	1.44	0.19	0.04	3.62
17	…	…	…	…	…	1.01	1.33	1.97	0.22	…	…	0.53	…	2.47	0.23	1.37	0.18	0.06	3.49

(注) 1．この表は，疾病・異常該当者（疾病・異常に該当する旨健康診断票に記載のあった者）の割合の推定値（小数点第3位以下を四捨五入）を示したものである。以下の各表において同じ。
2．被患率等の標準誤差は，受検者数と得られた被患率等により異なるが，むし歯（計）の被患率の標準誤差は幼稚園で0.46，小学校で0.29，中学校で0.35，高等学校で0.48，裸眼視力では幼稚園で1.34，小学校で0.31，中学校で0.62，高等学校で0.96，ぜん息では幼稚園で0.09，小学校で0.07，中学校で0.07，高等学校で0.06，心臓の疾病・異常では幼稚園で0.04，小学校で0.02，中学校で0.03，高等学校で0.02である。
3．「X」は疾病・異常被患率等の標準誤差が5以上，受検者が100人（5歳は50人）未満，回答校が1校以下又は疾病・異常被患率が100.00%のため統計数値を公表しない。以下の各表において同じ。
4．結核に関する検診の取扱いについては，「学校保健安全法施行規則」の一部改正に伴い，平成24年4月から教育委員会に設置された結核対策委員会からの意見を聞かずに精密検査を行うことができるようになったため，「結核の精密検査の対象者」には，学校医の診察の結果，精密検査が必要と認められた者も含まれる。以下の各表において同じ。

4 年齢別　都市階級別　設置者別　疾病・異常被患率等（15-2）

1 計 (2) 大都市

単位　(%)

区分	計	裸眼視力 視力非矯正者の裸眼視力 1.0以上	1.0未満0.7以上	0.7未満0.3以上	0.3未満	視力矯正者の裸眼視力 1.0以上	1.0未満0.7以上	0.7未満0.3以上	0.3未満	裸眼視力 計	1.0未満0.7以上	0.7未満0.3以上	0.3未満	眼の疾病・異常	難聴	耳鼻咽頭 耳疾患	鼻・副鼻腔疾患	口腔咽喉頭疾患・異常	歯・口腔 むし歯（う歯） 計	処置完了者	未処置歯のある者	歯列・咬合	顎関節	歯垢の状態	歯肉の状態	その他の疾病・異常
幼稚園 5歳	100.00	75.75	15.74	5.11	0.93	0.51	0.70	0.62	0.66	23.74	16.43	5.73	1.58	1.55	…	2.34	2.58	0.36	20.03	8.54	11.49	3.98	0.07	0.83	0.32	2.00
小学校 計	100.00	60.39	10.90	11.15	5.69	0.86	0.99	2.97	7.06	38.75	11.89	14.11	12.75	5.20	0.48	7.82	10.10	0.37	30.80	17.25	13.55	5.17	0.13	3.31	2.01	4.90
6歳	100.00	76.71	13.27	6.52	1.47	0.53	0.49	0.58	0.43	22.76	13.76	7.10	1.90	5.67	0.57	11.24	10.57	0.51	23.82	11.21	12.61	3.42	0.05	1.54	0.91	4.82
7	100.00	71.91	12.05	9.01	3.39	0.58	0.63	1.09	1.33	27.50	12.68	10.10	4.73	5.02	0.50	8.62	10.04	0.45	30.29	16.32	13.96	5.11	0.07	2.53	1.45	3.96
8	100.00	64.61	11.59	11.86	5.02	0.84	0.89	1.86	3.33	34.55	12.48	13.71	8.36	5.22	0.49	7.12	9.56	0.36	36.29	20.27	16.02	5.79	0.09	3.51	1.98	3.83
9	100.00	56.66	11.07	11.80	7.64	1.00	1.42	3.36	7.06	42.34	12.49	15.16	14.70	5.28	…	7.40	10.82	0.33	37.56	21.97	15.59	5.61	0.18	4.02	2.37	5.33
10	100.00	49.60	8.50	14.15	5.95	1.28	1.34	5.51	13.68	49.13	9.84	19.66	19.63	5.18	0.36	7.00	10.59	0.37	31.99	18.73	13.27	5.40	0.17	3.94	2.53	6.01
11	100.00	43.27	8.95	13.48	10.58	0.91	1.17	5.34	16.30	55.82	10.12	18.82	26.87	4.82	…	5.37	8.99	0.18	24.95	15.02	9.93	5.64	0.25	4.31	2.78	5.41
中学校 計	100.00	33.66	11.67	14.68	9.56	1.34	1.67	6.07	21.34	65.00	13.34	20.75	30.90	5.46	0.37	5.58	9.99	0.29	24.97	15.14	9.83	5.37	0.46	4.06	3.55	2.69
12歳	100.00	37.42	13.29	12.59	8.82	1.16	2.01	6.22	18.50	61.42	15.30	18.80	27.32	5.51	0.38	6.53	10.40	0.30	22.11	13.32	8.79	5.47	0.42	3.91	3.30	3.59
13	100.00	35.20	11.24	12.77	10.68	1.34	0.76	6.42	21.60	63.46	12.00	19.19	32.28	5.71	…	5.59	10.27	0.29	25.15	15.24	9.91	5.26	0.43	3.98	3.53	2.59
14	100.00	28.24	10.47	18.80	9.17	1.51	2.27	5.56	23.98	70.24	12.73	24.36	33.15	5.16	0.36	4.58	9.30	0.29	27.62	16.83	10.79	5.39	0.53	4.28	3.81	1.90
高等学校 計	100.00	26.15	12.73	14.47	8.25	0.40	1.02	5.47	31.51	73.45	13.75	19.94	39.76	3.68	0.25	2.66	8.87	0.49	34.44	22.34	12.10	4.23	0.78	3.77	3.27	1.11
15歳	100.00	15.90	21.74	24.57	5.74	0.13	1.02	4.69	26.20	83.96	22.76	29.26	31.94	4.62	0.22	3.26	8.45	0.28	30.23	19.71	10.51	4.34	0.73	3.90	3.27	1.14
16	100.00	40.33	6.56	7.06	12.00	0.63	0.86	4.84	27.71	59.04	7.42	11.90	39.71	3.06	…	2.89	9.30	0.59	34.65	22.48	12.17	4.45	0.73	3.72	3.43	1.06
17	100.00	21.31	7.85	9.72	X	0.46	1.26	7.57	X	78.23	9.11	17.29	51.84	3.28	0.29	1.77	8.91	0.63	38.65	24.95	13.70	3.88	0.88	3.68	3.10	1.13
うち公立																										
幼稚園 5歳	100.00	61.49	25.30	8.09	1.59	0.45	0.82	0.73	1.53	38.07	26.12	8.82	3.12	7.91	…	3.93	5.50	0.28	29.64	10.00	19.65	3.05	0.02	0.62	0.29	1.50
小学校 計	100.00	60.41	10.87	11.17	5.70	0.86	0.99	2.96	7.05	38.73	11.85	14.13	12.75	5.24	0.49	7.83	10.00	0.38	30.71	17.18	13.53	5.23	0.14	3.25	2.03	4.78
6歳	100.00	76.76	13.18	6.55	1.48	0.53	0.49	0.58	0.43	22.71	13.67	7.13	1.91	5.73	0.58	11.32	10.66	0.52	23.83	11.20	12.63	3.50	0.05	1.55	0.92	4.66
7	100.00	71.80	12.08	9.06	3.42	0.59	0.63	1.09	1.33	27.61	12.71	10.15	4.75	5.05	0.51	8.69	10.45	0.46	30.23	16.31	13.92	5.21	0.07	2.54	1.47	3.86
8	100.00	64.57	11.52	11.91	5.06	0.84	0.89	1.85	3.34	34.58	12.41	13.76	8.41	5.29	0.50	7.18	9.47	0.38	36.14	20.14	16.00	5.87	0.09	3.43	2.00	3.72
9	100.00	56.74	11.05	11.79	7.65	0.99	1.41	3.33	7.04	42.27	12.46	15.12	14.69	5.31	…	7.46	10.85	0.34	37.37	21.86	15.51	5.64	0.19	3.94	2.40	5.22
10	100.00	49.69	8.47	14.17	5.93	1.27	1.33	5.50	13.65	49.04	9.80	19.67	19.57	5.22	0.36	6.98	10.49	0.39	31.94	18.60	13.33	5.50	0.17	3.92	2.55	5.90
11	100.00	43.37	8.95	13.49	10.56	0.90	1.17	5.32	16.25	55.73	10.12	18.81	26.80	4.84	…	5.13	8.03	0.18	24.88	15.02	9.86	5.66	0.25	4.12	2.80	5.27
中学校 計	100.00	34.29	11.71	14.67	9.96	1.12	1.54	5.85	20.85	64.59	13.26	20.52	30.81	5.47	0.33	5.39	10.01	0.31	25.68	15.21	10.47	5.15	0.22	4.05	3.71	2.82
12歳	100.00	37.73	13.70	12.22	9.52	1.03	1.90	6.12	17.78	61.24	15.60	18.34	27.30	5.46	0.33	6.65	10.20	0.35	23.03	13.53	9.50	5.18	0.15	3.85	3.40	3.80
13	100.00	36.03	11.27	12.69	11.05	1.09	0.75	6.01	21.11	62.87	12.02	18.70	32.15	5.69	…	5.09	10.54	0.25	25.99	15.42	10.57	4.97	0.19	4.03	3.63	2.61
14	100.00	29.01	10.16	19.19	9.28	1.24	2.01	5.42	23.70	69.75	12.17	24.61	32.97	5.25	0.34	4.37	9.32	0.34	27.99	16.65	11.34	5.30	0.33	4.26	4.09	2.07
高等学校 計	100.00	25.14	11.73	12.67	6.64	0.34	0.74	5.74	37.00	74.52	12.47	18.41	43.64	4.22	0.20	3.09	9.28	0.30	33.45	20.90	12.55	3.33	0.32	2.98	3.16	1.19
15歳	100.00	16.28	20.72	22.71	4.39	0.16	0.77	4.84	30.12	83.57	21.50	27.56	34.51	5.52	0.20	3.98	9.01	0.26	29.31	17.89	11.42	3.51	0.34	3.09	3.30	1.18
16	100.00	38.64	6.02	5.59	10.91	0.39	0.50	5.06	32.88	60.97	6.52	10.66	43.79	3.30	…	3.09	10.37	0.55	33.78	21.03	12.75	3.37	0.28	2.88	3.14	1.13
17	100.00	19.07	6.46	7.78	3.90	0.54	1.02	8.06	53.17	80.39	7.49	15.84	57.06	3.72	0.21	1.79	8.63	0.14	37.35	23.84	13.51	3.10	0.33	2.97	3.03	1.24
うち私立																										
幼稚園 5歳	100.00	79.47	13.23	4.05	0.70	0.55	0.70	0.69	0.61	19.98	13.93	4.74	1.31	0.95	…	2.03	2.24	0.31	19.30	8.27	11.03	4.06	0.08	0.91	0.35	2.01
高等学校 計	100.00	23.92	9.05	11.75	X	0.56	2.15	6.97	X	75.52	11.20	18.72	45.60	3.52	0.29	2.38	7.98	0.60	35.91	24.39	11.52	5.30	1.33	4.52	3.37	0.96
15歳	100.00	22.54	9.37	13.86	X	0.08	2.12	6.33	X	77.38	11.49	20.19	45.70	4.16	0.22	2.97	8.52	0.39	31.57	22.07	9.50	5.38	1.18	4.67	3.25	1.01
16	100.00	26.45	9.28	11.09	X	1.50	2.26	7.76	X	72.05	11.53	18.85	41.67	3.13	…	2.43	7.35	0.52	36.12	24.64	11.48	5.70	1.28	4.55	3.69	0.91
17	100.00	22.78	X	X	X	0.10	X	X	X	77.13	X	X	X	3.22	0.36	1.70	8.03	0.92	40.37	26.62	13.75	4.81	1.54	4.33	3.18	0.96

区分	永久歯の1人当り平均むし歯（う歯）等数 計（本）	喪失歯数（本）	むし歯（う歯） 計（本）	処置歯数（本）	未処置歯数（本）	栄養状態	せき柱・胸郭・四肢の状態	皮膚疾患 アトピー性皮膚炎	その他の皮膚疾患	結核の精密検査の対象者	結核	心臓の疾病・異常	心電図異常	蛋白検出の者	尿糖検出の者	その他の疾病・異常 ぜん息	腎臓疾患	言語障害	その他の疾病・異常
幼稚園 5歳	…	…	…	…	…	0.75	0.24	1.64	0.86	…	…	0.33	…	0.69	…	0.99	0.04	0.29	0.97
小学校 計	…	…	…	…	…	1.77	0.85	3.32	0.53	0.13	0.00	0.80	2.15	0.92	0.08	2.85	0.26	0.32	4.49
6歳	…	…	…	…	…	0.71	0.60	3.12	0.63	0.41	0.00	0.95	2.15	0.49	0.04	2.78	0.21	0.40	4.24
7	…	…	…	…	…	1.16	0.64	3.34	0.68	0.10	-	0.92	…	0.42	0.08	2.77	0.28	0.39	4.18
8	…	…	…	…	…	1.73	0.82	3.36	0.51	0.06	-	0.83	…	0.59	0.03	3.03	0.26	0.42	4.43
9	…	…	…	…	…	2.22	0.78	3.38	0.50	0.06	0.00	0.76	…	0.78	0.08	2.79	0.27	0.28	4.83
10	…	…	…	…	…	2.43	1.07	3.32	0.47	0.10	0.00	0.66	…	1.19	0.10	2.89	0.23	0.22	4.47
11	…	…	…	…	…	2.38	1.18	3.41	0.37	0.08	-	0.69	…	1.99	0.14	2.84	0.29	0.22	4.81
中学校 計	0.46	0.01	0.45	0.29	0.16	1.34	1.67	2.82	0.25	0.06	-	0.77	2.86	2.90	0.18	2.30	0.28	0.08	4.71
12歳	0.46	0.01	0.45	0.29	0.16	1.55	1.63	2.88	0.24	0.07	-	0.84	2.86	2.69	0.16	2.15	0.32	0.08	4.52
13	…	…	…	…	…	1.26	1.65	2.70	0.25	0.05	-	0.75	…	3.09	0.17	2.25	0.27	0.08	4.79
14	…	…	…	…	…	1.22	1.73	2.87	0.26	0.06	-	0.71	…	2.92	0.22	2.48	0.26	0.07	4.83
高等学校 計	…	…	…	…	…	0.89	1.30	2.54	0.21	…	0.03	0.62	2.76	2.83	0.22	1.78	0.18	0.05	4.58
15歳	…	…	…	…	…	0.91	1.46	2.61	0.23	…	0.03	0.78	2.76	3.50	0.25	1.75	0.18	0.07	4.74
16	…	…	…	…	…	0.86	1.18	2.55	0.20	…	…	0.50	…	2.74	0.19	1.74	0.19	0.04	4.57
17	…	…	…	…	…	0.89	1.24	2.44	0.20	…	…	0.57	…	2.22	0.23	1.85	0.19	0.05	4.43
うち公立																			
幼稚園 5歳	…	…	…	…	…	0.73	-	1.01	0.91	…	…	-	…	0.34	…	0.87	0.30	-	3.38
小学校 計	…	…	…	…	…	1.76	0.85	3.33	0.51	0.14	0.00	0.79	2.12	0.93	0.08	2.86	0.26	0.33	4.49
6歳	…	…	…	…	…	0.72	0.59	3.11	0.61	0.41	0.00	0.95	2.12	0.50	0.04	2.81	0.21	0.41	4.26
7	…	…	…	…	…	1.12	0.64	3.38	0.62	0.11	-	0.91	…	0.43	0.08	2.80	0.28	0.40	4.19
8	…	…	…	…	…	1.71	0.82	3.40	0.48	0.06	-	0.83	…	0.60	0.03	3.05	0.26	0.42	4.44
9	…	…	…	…	…	2.20	0.80	3.38	0.48	0.06	0.00	0.75	…	0.78	0.08	2.78	0.27	0.29	4.80
10	…	…	…	…	…	2.41	1.06	3.32	0.47	0.10	0.00	0.66	…	1.20	0.10	2.88	0.24	0.23	4.45
11	…	…	…	…	…	2.36	1.18	3.41	0.38	0.08	-	0.66	…	2.02	0.14	2.84	0.29	0.22	4.80
中学校 計	0.48	0.01	0.47	0.30	0.18	1.33	1.63	2.94	0.23	0.07	-	0.85	2.86	2.73	0.20	2.43	0.31	0.08	4.67
12歳	0.48	0.01	0.47	0.30	0.18	1.57	1.66	2.98	0.23	0.08	-	0.93	2.86	2.56	0.17	2.28	0.36	0.09	4.45
13	…	…	…	…	…	1.26	1.55	2.79	0.22	0.06	-	0.83	…	2.81	0.18	2.38	0.31	0.07	4.76
14	…	…	…	…	…	1.18	1.66	3.03	0.23	0.07	-	0.80	…	2.81	0.24	2.62	0.28	0.07	4.81
高等学校 計	…	…	…	…	…	0.38	0.93	3.24	0.19	…	0.02	0.76	2.41	2.46	0.21	2.16	0.20	0.07	5.79
15歳	…	…	…	…	…	0.38	1.16	3.37	0.21	…	0.02	0.89	2.41	3.13	0.26	2.09	0.18	0.08	5.73
16	…	…	…	…	…	0.32	0.83	3.25	0.20	…	…	0.65	…	2.40	0.17	2.06	0.21	0.06	5.91
17	…	…	…	…	…	0.43	0.80	3.08	0.17	…	…	0.73	…	1.85	0.19	2.34	0.21	0.06	5.74
うち私立																			
幼稚園 5歳	…	…	…	…	…	0.77	0.26	1.70	0.90	…	…	0.34	…	0.70	…	1.04	0.01	0.32	0.84
高等学校 計	…	…	…	…	…	1.37	1.67	1.77	0.23	…	0.04	0.49	3.03	3.01	0.25	1.35	0.15	0.04	3.23
15歳	…	…	…	…	…	1.40	1.76	1.76	0.26	…	0.04	0.65	3.03	3.63	0.25	1.38	0.16	0.05	3.58
16	…	…	…	…	…	1.37	1.55	1.80	0.20	…	…	0.39	…	2.95	0.20	1.37	0.15	0.02	3.13
17	…	…	…	…	…	1.34	1.70	1.76	0.23	…	…	0.43	…	2.41	0.28	1.30	0.15	0.05	2.97

4 年齢別 都市階級別 設置者別 疾病・異常被患率等（15-3）

1 計 (3) 中都市　　　　　　　　　　　　　　　　　　　　　　　　　　　　　　　　　　　　単位 (%)

区分	裸眼視力 計	視力非矯正者の裸眼視力 1.0以上	視力非矯正者の裸眼視力 1.0未満0.7以上	視力非矯正者の裸眼視力 0.7未満0.3以上	視力非矯正者の裸眼視力 0.3未満	視力矯正者の裸眼視力 1.0以上	視力矯正者の裸眼視力 1.0未満0.7以上	視力矯正者の裸眼視力 0.7未満0.3以上	視力矯正者の裸眼視力 0.3未満	裸眼視力 計	裸眼視力 1.0未満0.7以上	裸眼視力 0.7未満0.3以上	裸眼視力 0.3未満	眼の疾病・異常	難聴	耳鼻咽頭 耳疾患	耳鼻咽頭 鼻・副鼻腔疾患	耳鼻咽頭 口腔咽喉頭疾患・異常	歯・口腔 むし歯(う歯) 計	歯・口腔 むし歯(う歯) 処置完了者	歯・口腔 むし歯(う歯) 未処置歯のある者	歯・口腔 歯列・咬合	歯・口腔 顎関節	歯・口腔 歯垢の状態	歯・口腔 歯肉の状態	歯・口腔 その他の疾病・異常
幼稚園 5歳	100.00	75.88	16.47	4.42	0.45	0.45	0.76	1.23	0.34	23.67	17.23	5.65	0.79	1.39	…	2.49	3.59	0.60	25.02	9.95	15.07	4.45	0.09	1.13	0.42	1.94
小学校 計	100.00	61.08	11.03	10.85	5.09	0.99	1.09	3.15	6.71	37.93	12.13	14.00	11.81	5.52	0.57	6.30	11.18	0.67	37.02	19.53	17.50	4.69	0.13	2.93	1.65	6.58
6歳	100.00	75.74	13.99	6.67	1.21	0.66	0.56	0.75	0.42	23.60	14.55	7.43	1.63	5.56	0.71	10.85	12.15	1.21	29.90	12.28	17.63	3.09	0.06	1.15	0.62	6.09
7	100.00	72.32	11.84	9.17	3.10	0.72	0.70	0.99	1.15	26.95	12.54	10.16	4.25	4.73	0.60	5.63	10.65	0.73	37.56	18.10	19.46	4.69	0.11	2.48	1.31	5.67
8	100.00	65.30	11.18	11.66	4.69	0.98	0.81	2.22	3.15	33.72	11.99	13.89	7.85	5.16	0.57	6.28	10.90	0.58	42.87	23.10	19.77	5.71	0.15	3.14	1.75	5.19
9	100.00	57.34	10.16	12.07	6.93	1.05	1.15	3.90	7.39	41.60	11.31	15.97	14.32	6.41	…	5.59	11.55	0.64	44.34	24.72	19.62	4.89	0.09	3.22	1.51	7.03
10	100.00	50.36	9.82	12.83	7.26	1.19	1.44	4.97	12.13	48.45	11.26	17.80	19.39	5.61	0.42	5.96	11.77	0.68	37.89	21.51	16.38	4.82	0.12	3.71	2.17	7.97
11	100.00	45.11	9.21	12.69	7.38	1.35	1.90	6.11	16.26	53.54	11.11	18.79	23.64	5.60	…	3.61	10.05	0.22	29.69	17.30	12.39	4.91	0.23	3.80	2.45	7.40
中学校 計	100.00	35.09	11.66	13.89	6.96	1.13	1.70	6.73	22.84	63.79	13.36	20.62	29.81	4.48	0.32	4.31	10.28	0.28	27.21	16.10	11.11	5.43	0.22	4.07	3.31	3.82
12歳	100.00	40.95	10.70	13.42	6.64	1.31	1.69	6.19	19.09	57.74	12.39	19.62	25.73	4.91	0.35	6.46	10.79	0.35	25.17	14.61	10.56	5.71	0.16	3.93	3.16	5.48
13	100.00	33.33	14.86	13.47	6.62	1.07	1.96	6.73	21.97	65.61	16.81	20.20	28.59	4.29	…	3.39	11.08	0.30	26.72	15.85	10.88	5.46	0.21	4.33	3.43	3.48
14	100.00	30.99	9.44	14.77	7.63	1.00	1.46	7.26	27.46	68.01	10.89	22.03	35.08	4.24	0.28	3.09	8.97	0.18	29.70	17.81	11.89	5.11	0.29	3.94	3.33	2.52
高等学校 計	100.00	25.45	9.57	9.33	5.45	0.51	1.17	7.69	40.83	74.04	10.74	17.02	46.28	3.33	0.24	1.99	6.46	0.12	37.46	23.32	14.14	4.30	0.47	4.17	3.76	1.13
15歳	100.00	25.12	11.23	9.27	7.31	0.50	1.03	8.15	37.39	74.38	12.26	17.42	44.70	4.08	0.22	3.11	7.93	0.20	33.21	20.41	12.80	4.38	0.47	4.08	3.71	1.13
16	100.00	24.06	9.41	10.18	5.31	0.48	1.19	7.89	41.47	75.46	10.60	18.07	46.78	2.95	…	1.41	5.60	0.09	37.32	23.38	13.94	4.27	0.45	4.16	3.72	1.15
17	100.00	27.10	7.91	8.60	3.58	0.56	1.30	7.01	43.94	72.35	9.21	15.61	47.52	2.92	0.26	1.28	5.62	0.07	42.02	26.29	15.73	4.25	0.48	4.26	3.85	1.11
うち公立																										
幼稚園 5歳	100.00	75.27	14.38	5.48	0.76	1.18	0.71	1.38	0.84	23.55	15.09	6.86	1.60	2.21	…	8.06	8.94	1.03	29.43	10.88	18.55	6.94	0.18	1.87	0.75	2.31
小学校 計	100.00	61.21	10.95	10.84	5.06	1.00	1.10	3.15	6.69	37.79	12.05	13.99	11.75	5.45	0.57	6.42	11.29	0.69	37.25	19.51	17.74	4.72	0.13	2.94	1.65	6.65
6歳	100.00	76.12	13.62	6.66	1.20	0.67	0.56	0.76	0.41	23.21	14.18	7.41	1.61	5.54	0.71	10.90	12.10	1.20	30.09	12.21	17.88	3.10	0.06	1.15	0.63	6.15
7	100.00	72.46	11.70	9.21	3.09	0.73	0.70	0.99	1.12	26.82	12.41	10.20	4.21	4.70	0.58	5.57	10.86	0.75	37.78	18.04	19.74	4.74	0.11	2.46	1.31	5.75
8	100.00	65.33	11.18	11.69	4.69	0.98	0.81	2.21	3.12	33.69	11.99	13.90	7.81	5.12	0.57	6.73	11.26	0.64	43.09	23.05	20.05	5.73	0.15	3.15	1.74	5.24
9	100.00	57.41	10.17	12.09	6.89	1.06	1.15	3.89	7.35	41.53	11.32	15.98	14.24	6.33	…	5.71	11.44	0.63	44.55	24.69	19.85	4.92	0.09	3.26	1.52	7.11
10	100.00	50.52	9.77	12.65	7.17	1.25	1.49	5.00	12.16	48.23	11.26	17.65	19.33	5.48	0.42	6.05	11.97	0.72	38.17	21.55	16.62	4.83	0.13	3.70	2.17	8.05
11	100.00	45.16	9.26	12.74	7.35	1.35	1.89	6.08	16.17	53.49	11.15	18.82	23.52	5.54	…	3.61	10.07	0.22	29.94	17.36	12.58	4.94	0.23	3.84	2.46	7.48
中学校 計	100.00	35.24	11.87	14.06	6.72	0.94	1.51	6.64	23.02	63.82	13.38	20.70	29.74	4.67	0.33	4.31	10.57	0.28	27.80	16.27	11.53	5.62	0.23	4.22	3.46	3.97
12歳	100.00	41.33	10.89	13.29	6.43	1.20	1.54	6.16	19.15	57.46	12.43	19.45	25.58	5.15	0.37	6.61	11.07	0.37	25.94	14.92	11.02	5.95	0.17	4.08	3.28	5.74
13	100.00	33.43	15.12	13.88	6.40	0.88	1.70	6.67	21.93	65.69	16.82	20.54	28.32	4.48	…	3.28	11.45	0.29	27.26	16.00	11.26	5.65	0.22	4.52	3.63	3.60
14	100.00	30.89	9.58	15.02	7.36	0.72	1.30	7.10	28.03	68.39	10.88	22.11	35.39	4.40	0.28	3.07	9.20	0.18	30.15	17.86	12.29	5.27	0.30	4.05	3.48	2.61
高等学校 計	100.00	23.47	7.80	8.77	6.23	0.79	0.99	8.65	43.30	75.74	8.79	17.42	49.53	3.52	0.19	2.14	6.40	0.12	37.15	23.48	13.67	4.13	0.36	4.13	3.66	0.90
15歳	100.00	22.90	9.14	9.00	7.86	0.84	0.69	8.87	40.69	76.25	9.83	17.87	48.56	4.45	0.17	3.56	8.65	0.22	33.16	20.42	12.74	4.36	0.35	4.09	3.78	0.98
16	100.00	19.79	8.77	8.26	6.82	0.74	1.13	10.02	44.48	79.48	9.91	18.27	51.30	3.05	…	1.38	4.98	0.09	36.83	23.56	13.27	4.08	0.35	4.09	3.46	0.86
17	100.00	27.29	5.51	8.96	3.94	0.79	1.19	7.23	45.08	71.92	6.70	16.19	49.03	2.94	0.20	1.15	5.04	0.04	41.50	26.49	15.01	3.96	0.39	4.21	3.72	0.86
うち私立																										
幼稚園 5歳	100.00	76.64	16.26	4.17	0.33	0.31	0.68	1.35	0.26	23.05	16.94	5.52	0.59	1.23	…	1.74	3.05	0.58	24.67	9.90	14.77	4.20	0.08	1.03	0.39	1.84
高等学校 計	100.00	32.00	11.19	10.10	6.18	0.65	2.08	5.62	32.19	67.35	13.27	15.72	38.37	2.49	0.33	1.81	6.69	0.13	37.86	23.02	14.84	4.44	0.63	4.12	4.02	1.83
15歳	100.00	30.62	13.06	10.98	8.73	0.64	2.11	5.56	28.30	68.74	15.17	16.54	37.03	2.74	0.31	2.56	6.55	0.14	33.68	20.54	13.15	4.44	0.72	4.12	3.89	1.55
16	100.00	33.93	9.80	10.93	5.29	0.67	1.96	5.65	31.77	65.40	11.76	16.58	37.06	2.35	…	1.44	6.62	0.14	37.77	22.90	14.88	4.41	0.58	4.10	4.08	2.11
17	100.00	31.60	10.41	8.18	4.05	0.64	2.16	5.64	37.31	67.75	12.57	13.82	41.36	2.35	0.35	1.28	6.91	0.11	42.55	25.88	16.67	4.47	0.59	4.14	4.09	1.84

区分	永久歯の1人当り平均むし歯(う歯)等数 計 (本)	喪失歯数 (本)	むし歯(う歯) 計 (本)	むし歯(う歯) 処置歯数 (本)	むし歯(う歯) 未処置歯数 (本)	栄養状態	せき柱・胸郭・四肢の状態	皮膚疾患 アトピー性皮膚炎	皮膚疾患 その他の皮膚疾患	結核検査の対象者(精密)	結核	心臓の疾病・異常	心電図異常	蛋白検出の者	尿糖検出の者	その他の疾病・異常 ぜん息	その他の疾病・異常 腎臓疾患	その他の疾病・異常 言語障害	その他の疾病・異常 その他の疾病・異常
幼稚園 5歳	…	…	…	…	…	0.32	0.26	1.89	0.76	…	…	0.29	…	1.31	…	1.38	0.01	0.24	1.22
小学校 計	…	…	…	…	…	2.04	1.00	2.86	0.34	0.14	0.00	0.87	2.80	0.92	0.07	2.83	0.21	0.34	4.42
6歳	…	…	…	…	…	1.02	0.84	2.73	0.50	0.29	0.00	1.05	2.80	0.54	0.05	2.93	0.18	0.46	4.03
7	…	…	…	…	…	1.42	0.75	2.82	0.35	0.11	0.00	0.77	…	0.55	0.03	2.87	0.22	0.51	4.24
8	…	…	…	…	…	1.98	0.89	3.07	0.33	0.12	-	0.87	…	0.58	0.09	2.88	0.21	0.35	4.40
9	…	…	…	…	…	2.48	0.95	2.99	0.29	0.10	-	0.89	…	0.75	0.05	2.86	0.19	0.32	4.52
10	…	…	…	…	…	2.62	1.21	2.84	0.33	0.10	-	0.86	…	1.15	0.11	2.74	0.19	0.24	4.71
11	…	…	…	…	…	2.68	1.32	2.71	0.28	0.10	0.00	0.77	…	1.87	0.11	2.72	0.25	0.17	4.60
中学校 計	0.52	0.02	0.51	0.32	0.19	1.33	1.78	2.86	0.25	0.05	0.00	0.89	3.17	2.83	0.17	1.99	0.25	0.09	4.64
12歳	0.52	0.02	0.51	0.32	0.19	1.41	1.75	2.91	0.33	0.05	0.00	0.93	3.17	2.72	0.12	1.93	0.22	0.11	4.52
13	…	…	…	…	…	1.33	1.80	2.87	0.19	0.05	-	0.90	…	2.92	0.20	2.03	0.26	0.09	4.67
14	…	…	…	…	…	1.26	1.78	2.80	0.23	0.05	-	0.83	…	2.83	0.19	2.01	0.26	0.07	4.73
高等学校 計	…	…	…	…	…	0.52	1.12	2.67	0.20	…	0.03	0.77	3.04	2.91	0.19	1.65	0.21	0.06	4.05
15歳	…	…	…	…	…	0.57	1.22	2.73	0.20	…	0.03	0.84	3.04	3.69	0.19	1.51	0.20	0.08	4.14
16	…	…	…	…	…	0.51	1.10	2.68	0.20	…	…	0.76	…	2.69	0.18	1.68	0.21	0.05	4.05
17	…	…	…	…	…	0.48	1.02	2.59	0.19	…	…	0.69	…	2.30	0.19	1.77	0.22	0.05	3.97
うち公立																			
幼稚園 5歳	…	…	…	…	…	0.27	0.15	1.39	0.30	…	…	0.34	…	0.55	…	1.31	-	0.17	2.70
小学校 計	…	…	…	…	…	2.06	1.00	2.88	0.34	0.14	0.00	0.87	2.71	0.89	0.07	2.83	0.21	0.35	4.38
6歳	…	…	…	…	…	1.03	0.84	2.74	0.51	0.30	0.00	1.06	2.71	0.52	0.05	2.94	0.18	0.47	3.97
7	…	…	…	…	…	1.43	0.74	2.84	0.35	0.12	0.00	0.78	…	0.53	0.04	2.87	0.22	0.52	4.23
8	…	…	…	…	…	2.00	0.89	3.10	0.34	0.13	-	0.87	…	0.56	0.09	2.89	0.22	0.36	4.39
9	…	…	…	…	…	2.49	0.95	3.02	0.28	0.10	-	0.89	…	0.72	0.05	2.84	0.19	0.33	4.47
10	…	…	…	…	…	2.64	1.21	2.88	0.33	0.11	-	0.87	…	1.12	0.11	2.73	0.19	0.24	4.63
11	…	…	…	…	…	2.71	1.33	2.72	0.26	0.10	0.00	0.76	…	1.81	0.11	2.72	0.25	0.17	4.56
中学校 計	0.54	0.02	0.53	0.33	0.20	1.41	1.74	2.89	0.25	0.05	0.00	0.90	3.25	2.89	0.18	1.98	0.26	0.09	4.65
12歳	0.54	0.02	0.53	0.33	0.20	1.49	1.73	2.96	0.33	0.05	0.00	0.97	3.25	2.81	0.13	1.92	0.23	0.11	4.53
13	…	…	…	…	…	1.42	1.78	2.90	0.19	0.05	-	0.92	…	2.99	0.21	2.02	0.27	0.09	4.67
14	…	…	…	…	…	1.33	1.70	2.81	0.22	0.05	-	0.83	…	2.88	0.19	1.99	0.27	0.08	4.74
高等学校 計	…	…	…	…	…	0.44	1.10	2.90	0.18	…	0.02	0.80	3.02	2.80	0.17	1.79	0.21	0.05	4.17
15歳	…	…	…	…	…	0.52	1.23	3.00	0.20	…	0.02	0.92	3.02	3.54	0.19	1.61	0.21	0.08	4.24
16	…	…	…	…	…	0.43	1.07	2.92	0.19	…	…	0.79	…	2.59	0.17	1.78	0.20	0.04	4.18
17	…	…	…	…	…	0.37	1.01	2.77	0.16	…	…	0.69	…	2.25	0.17	1.97	0.23	0.04	4.07
うち私立																			
幼稚園 5歳	…	…	…	…	…	0.33	0.27	1.94	0.81	…	…	0.28	…	1.40	…	1.38	0.01	0.25	1.02
高等学校 計	…	…	…	…	…	0.76	1.06	2.22	0.21	…	0.04	0.68	3.26	2.94	0.20	1.34	0.20	0.06	4.00
15歳	…	…	…	…	…	0.77	1.16	2.19	0.18	…	0.04	0.67	3.26	3.85	0.21	1.27	0.20	0.06	4.15
16	…	…	…	…	…	0.75	1.05	2.24	0.21	…	…	0.70	…	2.66	0.19	1.40	0.22	0.05	3.90
17	…	…	…	…	…	0.75	0.96	2.23	0.24	…	…	0.68	…	2.22	0.21	1.35	0.19	0.06	3.93

4 年齢別 都市階級別 設置者別 疾病・異常被患率等（15-4）

1 計 (4) 小都市

単位 (%)

区分	裸眼視力 計	視力非矯正者の裸眼視力 1.0以上	視力非矯正者の裸眼視力 1.0未満0.7以上	視力非矯正者の裸眼視力 0.7未満0.3以上	視力非矯正者の裸眼視力 0.3未満	視力矯正者の裸眼視力 1.0以上	視力矯正者の裸眼視力 1.0未満0.7以上	視力矯正者の裸眼視力 0.7未満0.3以上	視力矯正者の裸眼視力 0.3未満	裸眼視力 計	裸眼視力 1.0未満0.7以上	裸眼視力 0.7未満0.3以上	裸眼視力 0.3未満	眼の疾病・異常	難聴	耳鼻咽頭 耳疾患	耳鼻咽頭 鼻・副鼻腔疾患	耳鼻咽頭 口腔咽喉頭疾患・異常	歯・口腔 むし歯（う歯） 計	歯・口腔 むし歯（う歯） 処置完了者	歯・口腔 むし歯（う歯） 未処置歯のある者	歯・口腔 歯列・咬合	歯・口腔 顎関節	歯・口腔 歯垢の状態	歯・口腔 歯肉の状態	歯・口腔 その他の疾病・異常
幼稚園 5歳	100.00	71.91	21.06	4.58	0.52	0.42	0.72	0.62	0.17	27.67	21.77	5.20	0.69	0.95	…	1.90	1.96	0.74	28.86	10.99	17.87	4.42	0.12	1.25	0.17	2.42
小学校 計	100.00	61.72	11.04	10.61	4.52	0.87	1.07	3.09	7.06	37.41	12.12	13.71	11.59	5.05	0.46	5.58	11.11	0.78	40.67	20.48	20.18	4.40	0.06	3.27	1.91	7.44
6歳	100.00	76.34	13.52	6.49	1.13	0.54	0.64	0.87	0.47	23.12	14.17	7.36	1.60	4.68	0.56	8.37	11.10	1.17	33.74	12.96	20.78	2.94	0.05	1.27	0.62	6.50
7	100.00	72.19	12.66	9.01	2.55	0.74	0.68	1.16	1.01	27.07	13.33	10.17	3.56	4.55	0.49	5.89	10.37	0.77	41.66	19.32	22.34	4.16	0.07	2.51	1.32	5.80
8	100.00	65.60	11.14	11.10	4.71	0.85	0.98	2.01	3.61	33.56	12.13	13.11	8.32	5.01	0.45	5.53	11.05	0.80	46.46	23.31	23.15	4.90	0.04	3.63	1.94	6.37
9	100.00	57.51	10.82	12.42	5.79	1.00	1.29	3.33	7.84	41.49	12.11	15.75	13.62	5.48	…	4.91	11.52	0.80	48.46	25.83	22.63	4.68	0.05	3.70	2.21	8.24
10	100.00	53.46	9.47	12.07	6.15	1.02	1.23	5.01	11.59	45.52	10.70	17.08	17.74	5.32	0.35	4.87	11.71	0.63	41.12	22.92	18.20	4.79	0.08	4.19	2.48	9.41
11	100.00	46.96	8.91	12.28	6.51	1.02	1.56	5.85	16.89	52.02	10.48	18.14	23.40	5.19	…	4.08	10.87	0.52	32.71	18.28	14.43	4.81	0.10	4.17	2.77	8.11
中学校 計	100.00	42.29	9.44	12.15	6.39	0.89	1.41	5.75	21.69	56.78	10.85	17.89	28.05	4.68	0.33	4.12	11.16	0.31	31.05	18.56	12.49	4.81	0.38	3.71	3.26	3.97
12歳	100.00	49.56	8.83	12.29	5.43	0.79	1.45	4.98	16.67	49.65	10.28	17.27	22.10	5.15	0.33	5.30	11.41	0.42	28.56	16.94	11.61	4.67	0.34	3.45	2.79	5.48
13	100.00	41.31	10.84	11.63	6.51	0.55	1.35	6.09	21.72	58.13	12.19	17.71	28.23	4.42	…	4.03	11.97	0.29	31.21	18.65	12.55	4.78	0.35	3.84	3.33	3.71
14	100.00	35.53	8.60	12.55	7.29	1.37	1.42	6.20	27.05	63.00	10.02	18.75	34.23	4.48	0.32	3.06	10.13	0.22	33.31	20.03	13.28	4.98	0.44	3.83	3.64	2.77
高等学校 計	100.00	30.53	8.86	11.53	6.79	0.65	1.18	6.44	34.02	68.83	10.04	17.97	40.81	3.40	0.27	1.93	8.99	0.25	40.35	25.30	15.05	4.41	0.51	3.85	3.91	1.26
15歳	100.00	28.35	10.20	11.43	8.72	0.56	1.26	6.75	32.73	71.09	11.46	18.18	41.45	3.62	0.26	2.99	10.90	0.29	35.86	22.33	13.54	4.41	0.54	3.67	3.67	1.31
16	100.00	33.06	7.83	11.21	6.94	0.65	1.23	5.47	33.61	66.29	9.06	16.68	40.55	3.15	…	1.37	8.15	0.24	39.79	25.03	14.76	4.64	0.45	3.93	3.89	1.24
17	100.00	30.32	8.47	11.93	4.68	0.73	1.06	7.07	35.73	68.95	9.53	19.00	40.42	3.41	0.28	1.35	7.82	0.20	45.45	28.57	16.88	4.19	0.53	3.98	4.18	1.22
うち公立																										
幼稚園 5歳	100.00	69.96	20.13	6.94	0.97	0.54	0.61	0.33	0.52	29.51	20.74	7.28	1.49	1.77	…	2.75	5.52	0.56	32.25	10.31	21.94	4.01	0.20	1.37	0.17	2.81
小学校 計	100.00	61.75	11.04	10.61	4.52	0.86	1.08	3.09	7.05	37.39	12.12	13.71	11.57	5.10	0.46	5.56	11.19	0.78	40.79	20.51	20.28	4.41	0.07	3.28	1.93	7.45
6歳	100.00	76.39	13.47	6.49	1.13	0.53	0.65	0.87	0.47	23.08	14.12	7.36	1.60	4.73	0.56	8.35	11.19	1.18	33.86	12.95	20.91	2.93	0.05	1.28	0.62	6.51
7	100.00	72.18	12.69	8.99	2.55	0.74	0.67	1.16	1.02	27.08	13.36	10.15	3.57	4.61	0.49	5.85	10.43	0.77	41.78	19.33	22.46	4.18	0.07	2.51	1.33	5.79
8	100.00	65.64	11.13	11.09	4.71	0.83	0.98	2.01	3.59	33.52	12.12	13.10	8.31	5.06	0.46	5.51	11.13	0.80	46.63	23.33	23.30	4.91	0.04	3.63	1.95	6.38
9	100.00	57.56	10.82	12.42	5.78	0.99	1.29	3.33	7.80	41.44	12.11	15.75	13.59	5.55	…	4.90	11.62	0.81	48.56	25.84	22.71	4.71	0.05	3.71	2.23	8.25
10	100.00	53.50	9.48	12.07	6.14	1.01	1.23	5.02	11.56	45.49	10.71	17.09	17.70	5.38	0.35	4.87	11.79	0.64	41.24	22.94	18.30	4.83	0.08	4.21	2.50	9.43
11	100.00	46.96	8.92	12.30	6.52	1.02	1.57	5.86	16.85	52.02	10.49	18.16	23.36	5.25	…	4.06	10.94	0.52	32.80	18.34	14.46	4.83	0.10	4.18	2.79	8.12
中学校 計	100.00	42.23	9.45	12.16	6.41	0.90	1.42	5.74	21.70	56.84	10.87	17.90	28.08	4.45	0.28	4.33	11.61	0.32	32.04	18.95	13.09	4.61	0.37	3.63	3.18	4.12
12歳	100.00	49.52	8.81	12.30	5.45	0.79	1.47	4.98	16.68	49.69	10.28	17.28	22.14	4.94	0.29	5.83	11.69	0.44	29.39	17.26	12.13	4.56	0.33	3.37	2.72	5.70
13	100.00	41.23	10.89	11.65	6.50	0.56	1.36	6.07	21.75	58.22	12.25	17.72	28.25	4.12	…	3.83	12.54	0.31	32.24	19.14	13.11	4.55	0.34	3.78	3.23	3.80
14	100.00	35.47	8.60	12.55	7.34	1.37	1.43	6.20	27.04	63.05	10.03	18.75	34.27	4.31	0.26	3.37	10.62	0.23	34.40	20.40	14.00	4.73	0.43	3.74	3.57	2.92
高等学校 計	100.00	28.66	8.78	10.86	6.37	0.72	1.01	6.85	36.76	70.62	9.79	17.70	43.13	3.75	0.24	2.18	10.00	0.24	41.08	25.82	15.26	4.77	0.56	3.70	3.87	1.33
15歳	100.00	26.35	10.15	10.69	8.37	0.61	1.03	7.21	35.58	73.04	11.18	17.90	43.95	4.01	0.22	3.16	11.31	0.27	36.47	22.82	13.64	4.77	0.62	3.56	3.66	1.34
16	100.00	31.17	7.75	10.70	6.41	0.72	1.08	5.75	36.43	68.11	8.83	16.45	42.84	3.63	…	1.55	9.23	0.24	40.65	25.58	15.07	5.06	0.51	3.74	3.83	1.30
17	100.00	28.61	8.37	11.17	4.28	0.82	0.94	7.53	38.28	70.56	9.31	18.70	42.56	3.59	0.26	1.56	9.06	0.20	46.13	29.05	17.08	4.49	0.55	3.79	4.11	1.34
うち私立																										
幼稚園 5歳	100.00	72.41	20.99	4.10	0.48	0.44	0.75	0.73	0.09	27.14	21.75	4.83	0.57	0.77	…	1.54	1.41	0.80	28.10	11.28	16.82	4.54	0.10	1.14	0.17	2.40
高等学校 計	100.00	39.59	9.70	13.25	7.80	0.24	2.77	5.14	21.52	60.17	12.47	18.38	29.32	2.20	0.41	1.85	8.03	0.41	36.54	23.40	13.14	3.67	0.37	4.35	3.50	1.50
15歳	100.00	39.27	10.52	14.17	8.60	0.29	2.80	5.87	18.46	60.44	13.32	20.05	27.07	2.37	0.43	2.75	10.02	0.40	31.60	19.98	11.62	3.83	0.36	4.10	3.22	1.70
16	100.00	41.47	9.26	13.18	7.49	0.23	2.69	4.95	20.73	58.30	11.95	18.13	28.22	1.86	…	1.39	7.49	0.39	35.56	23.01	12.55	3.65	0.29	4.41	3.45	1.49
17	100.00	38.05	9.26	12.33	7.26	0.18	2.81	4.54	25.57	61.77	12.07	16.87	32.84	2.35	0.39	1.34	6.42	0.43	42.69	27.36	15.34	3.52	0.46	4.53	3.84	1.32

区分	永久歯の1人当り平均むし歯（う歯）等数 計 (本)	喪失歯数 (本)	むし歯（う歯） 計 (本)	むし歯（う歯） 処置歯数 (本)	むし歯（う歯） 未処置歯数 (本)	栄養状態	せき柱・胸郭・四肢の状態	皮膚疾患 アトピー性皮膚炎	皮膚疾患 その他の皮膚疾患	結核検査の対象者 / 結核の精密検査の対象者	結核	心臓の疾病・異常	心電図異常	蛋白検出の者	尿糖検出の者	その他の疾病・異常 ぜん息	その他の疾病・異常 腎臓疾患	その他の疾病・異常 言語障害	その他の疾病・異常 その他の疾病・異常
幼稚園 5歳	…	…	…	…	…	0.29	0.24	1.36	0.69	…	…	0.22	…	0.66	…	0.94	0.04	0.27	1.36
小学校 計	…	…	…	…	…	2.23	0.71	3.27	0.30	0.06	0.00	0.76	2.51	1.04	0.08	2.99	0.19	0.61	5.37
6歳	…	…	…	…	…	1.22	0.48	3.05	0.36	0.18	0.02	0.94	2.51	0.56	0.06	3.17	0.13	1.07	4.86
7	…	…	…	…	…	1.68	0.49	3.21	0.33	0.04	0.00	0.87	…	0.66	0.05	2.98	0.16	0.92	4.96
8	…	…	…	…	…	2.12	0.57	3.21	0.31	0.03	0.00	0.67	…	0.72	0.06	3.24	0.19	0.71	5.40
9	…	…	…	…	…	2.58	0.67	3.39	0.33	0.03	-	0.80	…	0.89	0.06	2.88	0.20	0.41	5.32
10	…	…	…	…	…	2.79	0.97	3.44	0.25	0.04	0.00	0.68	…	1.27	0.11	2.91	0.17	0.30	5.62
11	…	…	…	…	…	2.87	1.02	3.30	0.20	0.04	0.00	0.62	…	2.04	0.14	2.76	0.28	0.32	6.01
中学校 計	0.64	0.01	0.63	0.41	0.22	1.61	1.30	3.03	0.22	0.03	0.00	0.86	3.33	2.91	0.15	2.28	0.21	0.12	5.19
12歳	0.64	0.01	0.63	0.41	0.22	1.62	1.42	3.14	0.29	0.04	0.00	0.95	3.33	2.71	0.11	2.26	0.19	0.11	5.03
13	…	…	…	…	…	1.63	1.25	2.93	0.18	0.03	0.00	0.90	…	3.06	0.15	2.36	0.20	0.12	5.37
14	…	…	…	…	…	1.58	1.24	3.01	0.19	0.02	0.00	0.72	…	2.95	0.19	2.23	0.24	0.12	5.17
高等学校 計	…	…	…	…	…	0.56	1.03	2.76	0.19	…	0.04	0.87	3.29	2.67	0.23	1.67	0.19	0.06	4.25
15歳	…	…	…	…	…	0.62	1.23	2.77	0.21	…	0.04	0.95	3.29	3.27	0.19	1.65	0.16	0.06	4.37
16	…	…	…	…	…	0.55	0.94	2.78	0.17	…	…	0.81	…	2.58	0.25	1.71	0.20	0.06	4.29
17	…	…	…	…	…	0.50	0.92	2.72	0.20	…	…	0.85	…	2.16	0.25	1.67	0.22	0.06	4.09
うち公立																			
幼稚園 5歳	…	…	…	…	…	0.25	0.13	1.68	0.85	…	…	0.38	…	0.38	…	1.12	0.17	0.65	2.60
小学校 計	…	…	…	…	…	2.25	0.71	3.31	0.29	0.06	0.00	0.77	2.51	1.03	0.08	3.01	0.19	0.62	5.40
6歳	…	…	…	…	…	1.24	0.48	3.10	0.35	0.17	0.02	0.95	2.51	0.56	0.06	3.20	0.14	1.08	4.88
7	…	…	…	…	…	1.71	0.48	3.25	0.33	0.04	0.00	0.88	…	0.65	0.05	2.99	0.17	0.92	4.98
8	…	…	…	…	…	2.14	0.56	3.24	0.30	0.03	0.00	0.67	…	0.72	0.06	3.26	0.19	0.72	5.42
9	…	…	…	…	…	2.59	0.68	3.43	0.33	0.02	-	0.81	…	0.88	0.05	2.92	0.20	0.42	5.35
10	…	…	…	…	…	2.81	0.97	3.48	0.26	0.03	0.00	0.68	…	1.27	0.11	2.93	0.17	0.30	5.66
11	…	…	…	…	…	2.89	1.03	3.34	0.19	0.04	0.00	0.62	…	2.03	0.14	2.78	0.28	0.32	6.04
中学校 計	0.66	0.01	0.65	0.42	0.23	1.34	1.35	2.89	0.19	0.03	0.00	0.86	3.35	2.85	0.16	2.24	0.22	0.13	5.12
12歳	0.66	0.01	0.65	0.42	0.23	1.42	1.47	3.02	0.24	0.04	0.00	0.94	3.35	2.63	0.11	2.19	0.19	0.14	5.09
13	…	…	…	…	…	1.35	1.27	2.75	0.16	0.03	0.00	0.91	…	3.04	0.19	2.32	0.20	0.11	5.29
14	…	…	…	…	…	1.26	1.31	2.90	0.18	0.02	0.00	0.73	…	2.88	0.19	2.20	0.27	0.13	4.98
高等学校 計	…	…	…	…	…	0.54	0.95	2.90	0.20	…	0.03	0.94	3.20	2.57	0.23	1.66	0.19	0.06	4.26
15歳	…	…	…	…	…	0.63	1.16	2.97	0.21	…	0.03	0.99	3.20	3.15	0.18	1.59	0.16	0.06	4.35
16	…	…	…	…	…	0.53	0.89	2.86	0.17	…	…	0.89	…	2.49	0.26	1.70	0.19	0.06	4.27
17	…	…	…	…	…	0.46	0.82	2.87	0.21	…	…	0.95	…	2.06	0.26	1.70	0.23	0.05	4.17
うち私立																			
幼稚園 5歳	…	…	…	…	…	0.27	0.25	1.29	0.66	…	…	0.18	…	0.74	…	0.96	0.02	0.19	1.10
高等学校 計	…	…	…	…	…	0.57	1.09	1.98	0.16	…	0.04	0.61	3.29	3.10	0.24	1.65	0.19	0.05	3.93
15歳	…	…	…	…	…	0.56	1.34	1.83	0.18	…	0.04	0.78	3.29	3.83	0.26	1.78	0.20	0.04	4.17
16	…	…	…	…	…	0.56	0.91	2.15	0.15	…	…	0.51	…	2.98	0.23	1.68	0.17	0.05	3.85
17	…	…	…	…	…	0.61	1.00	1.97	0.14	…	…	0.52	…	2.46	0.22	1.48	0.18	0.07	3.76

4 年齢別 都市階級別 設置者別 疾病・異常被患率等 (15-5)

1 計 (5) 町村

単位 (%)

区分	計	裸眼視力 視力非矯正者の裸眼視力 1.0以上	視力非矯正者 1.0未満0.7以上	視力非矯正者 0.7未満0.3以上	視力非矯正者 0.3未満	視力矯正者の裸眼視力 1.0以上	視力矯正者 1.0未満0.7以上	視力矯正者 0.7未満0.3以上	視力矯正者 0.3未満	裸眼視力 計	1.0未満0.7以上	0.7未満0.3以上	0.3未満	眼の疾病・異常	難聴	耳鼻咽頭 耳疾患	鼻・副鼻腔疾患	口腔咽喉頭疾患・異常	歯・口腔 むし歯(う歯) 計	処置完了者	未処置歯のある者	歯列・咬合	顎関節	歯垢の状態	歯肉の状態	その他の疾病・異常
幼稚園 5歳	100.00	75.43	15.56	7.07	0.42	0.23	0.45	0.53	0.33	24.34	16.01	7.59	0.75	1.24	…	1.93	3.18	0.84	32.52	11.69	20.83	3.82	0.06	0.66	0.03	2.70
小学校 計	100.00	63.07	11.14	9.79	4.05	0.99	1.21	2.85	6.90	35.94	12.35	12.64	10.95	4.93	0.45	4.90	13.05	1.26	43.25	21.34	21.91	4.10	0.06	3.38	1.58	8.12
小学校 6歳	100.00	73.75	15.44	6.83	0.99	0.58	0.90	0.89	0.64	25.68	16.34	7.72	1.62	5.27	0.58	6.86	10.96	1.60	36.69	13.88	22.82	2.87	0.04	1.22	0.38	6.62
小学校 7	100.00	71.55	12.99	7.97	2.97	0.84	1.44	1.32	0.92	27.61	14.43	9.29	3.88	4.20	0.49	6.18	13.99	1.91	44.21	19.00	25.21	3.78	0.01	2.52	0.83	6.03
小学校 8	100.00	66.23	11.61	10.94	4.52	1.01	0.89	2.06	2.75	32.77	12.50	13.00	7.27	4.22	0.39	4.90	12.13	1.38	48.83	25.24	23.59	4.42	0.04	3.77	1.58	6.71
小学校 9	100.00	60.53	9.83	10.81	5.30	1.17	1.47	3.20	7.69	38.30	11.30	14.01	12.98	5.87	…	4.09	14.92	1.12	50.31	26.34	23.97	4.60	0.06	4.16	1.92	9.21
小学校 10	100.00	55.89	9.17	10.83	5.44	1.26	1.05	4.53	11.83	42.85	10.22	15.36	17.27	4.61	0.36	4.82	13.40	0.88	45.17	24.03	21.14	4.38	0.10	4.12	2.25	10.93
小学校 11	100.00	51.29	8.09	11.19	4.95	1.09	1.48	4.92	16.99	47.61	9.56	16.11	21.94	5.39	…	2.69	12.83	0.69	34.44	19.20	15.24	4.47	0.11	4.32	2.39	8.96
中学校 計	100.00	39.09	9.72	12.25	6.00	1.80	1.03	5.57	24.54	59.04	10.75	17.81	30.48	5.88	0.48	4.70	11.67	0.61	33.20	19.13	14.07	5.83	0.28	4.00	4.64	3.93
中学校 12歳	100.00	46.12	8.90	11.89	6.72	0.79	1.00	5.55	19.03	53.09	9.91	17.44	25.74	5.94	0.58	5.50	11.40	0.77	30.21	17.55	12.66	5.64	0.26	3.23	3.95	5.41
中学校 13	100.00	36.49	10.52	13.10	6.62	2.41	0.95	5.37	24.55	61.10	11.46	18.48	31.16	6.41	…	4.20	12.97	0.66	33.23	19.26	13.97	6.18	0.26	4.74	4.66	3.47
中学校 14	100.00	34.86	9.74	11.75	4.71	2.18	1.14	5.77	29.86	62.76	10.88	17.52	34.37	5.31	0.38	4.36	10.78	0.40	36.06	20.54	15.53	5.67	0.31	4.03	5.30	2.94
高等学校 計	100.00	28.25	8.11	10.40	7.28	0.63	1.29	7.71	36.32	71.12	9.40	18.11	43.61	4.28	0.27	2.37	8.40	0.19	47.35	24.63	22.72	5.88	1.18	6.25	5.10	1.64
高等学校 15歳	100.00	27.70	9.40	11.46	9.87	0.70	0.91	7.44	32.51	71.60	10.31	18.90	42.38	3.89	0.28	2.34	7.87	0.28	42.68	22.39	20.29	5.41	0.69	5.76	4.94	1.67
高等学校 16	100.00	29.81	8.12	10.16	7.00	0.10	2.06	4.95	37.80	70.09	10.18	15.11	44.80	4.11	…	2.25	8.14	0.14	47.10	24.65	22.46	5.88	1.42	6.81	5.16	1.76
高等学校 17	100.00	27.26	6.56	9.39	4.48	1.11	0.94	10.96	39.31	71.63	7.49	20.34	43.80	4.83	0.27	2.52	9.31	0.15	52.32	26.89	25.43	6.36	1.45	6.23	5.20	1.51
うち公立																										
幼稚園 5歳	100.00	72.16	18.28	7.22	0.40	0.30	0.51	0.75	0.39	27.54	18.79	7.97	0.79	1.50	…	3.05	3.93	1.78	35.47	12.30	23.16	2.85	-	0.71	0.05	2.49
小学校 計	100.00	63.06	11.15	9.79	4.05	0.99	1.21	2.85	6.90	35.95	12.35	12.64	10.95	4.94	0.45	4.90	13.06	1.26	43.25	21.35	21.90	4.11	0.06	3.39	1.58	8.12
小学校 6歳	100.00	73.74	15.45	6.83	0.99	0.58	0.90	0.89	0.64	25.69	16.34	7.72	1.62	5.28	0.58	6.86	10.97	1.60	36.69	13.88	22.81	2.87	0.04	1.22	0.38	6.62
小学校 7	100.00	71.55	13.00	7.97	2.97	0.84	1.44	1.32	0.92	27.61	14.44	9.29	3.88	4.21	0.49	6.18	14.00	1.91	44.21	19.00	25.21	3.79	0.01	2.52	0.83	6.03
小学校 8	100.00	66.23	11.61	10.94	4.52	1.01	0.89	2.06	2.75	32.77	12.50	13.00	7.27	4.22	0.39	4.90	12.14	1.38	48.82	25.24	23.59	4.42	0.04	3.77	1.58	6.71
小学校 9	100.00	60.54	9.83	10.81	5.29	1.17	1.48	3.20	7.68	38.29	11.30	14.02	12.98	5.88	…	4.09	14.93	1.12	50.29	26.34	23.95	4.60	0.06	4.17	1.92	9.22
小学校 10	100.00	55.89	9.18	10.82	5.43	1.26	1.05	4.53	11.83	42.86	10.23	15.36	17.26	4.61	0.36	4.82	13.41	0.88	45.16	24.04	21.12	4.39	0.10	4.12	2.25	10.93
小学校 11	100.00	51.28	8.09	11.19	4.95	1.10	1.48	4.92	16.99	47.62	9.57	16.12	21.94	5.40	…	2.69	12.85	0.69	34.43	19.20	15.23	4.48	0.11	4.32	2.39	8.97
中学校 計	100.00	39.08	9.74	12.26	5.98	1.80	1.04	5.57	24.54	59.05	10.78	17.83	30.45	5.76	0.47	4.75	11.39	0.58	33.51	19.28	14.24	5.90	0.28	4.06	4.71	4.00
中学校 12歳	100.00	46.15	8.93	11.86	6.65	0.79	1.01	5.56	19.05	53.06	9.94	17.42	25.70	5.85	0.58	5.54	11.11	0.74	30.50	17.73	12.77	5.73	0.27	3.26	4.00	5.50
中学校 13	100.00	36.39	10.50	13.14	6.62	2.44	0.95	5.38	24.58	61.17	11.45	18.52	31.20	6.27	…	4.29	12.74	0.64	33.53	19.42	14.11	6.22	0.26	4.79	4.72	3.55
中学校 14	100.00	34.91	9.78	11.77	4.70	2.15	1.15	5.76	29.78	62.74	10.92	17.53	34.28	5.16	0.37	4.39	10.48	0.38	36.41	20.63	15.78	5.75	0.32	4.12	5.40	2.99
高等学校 計	100.00	27.96	8.11	10.72	7.44	0.71	1.43	7.57	36.06	71.33	9.54	18.29	43.50	4.66	0.26	2.24	9.59	0.24	46.16	23.61	22.55	5.78	0.82	5.09	5.00	1.61
高等学校 15歳	100.00	27.87	9.42	11.72	10.03	0.80	0.98	6.81	32.37	71.33	10.40	18.53	42.40	4.26	0.30	2.39	8.78	0.31	41.55	21.02	20.53	5.85	0.67	5.22	5.06	1.62
高等学校 16	100.00	29.01	8.12	10.45	7.20	0.12	2.32	4.78	38.00	70.87	10.45	15.23	45.19	4.63	…	1.97	9.15	0.19	45.09	23.37	21.72	5.48	0.82	5.17	4.91	1.76
高等学校 17	100.00	27.00	6.57	9.84	4.70	1.22	1.03	11.33	38.33	71.78	7.60	21.16	43.02	5.17	0.22	2.33	11.05	0.20	51.74	26.41	25.34	6.00	0.96	4.89	5.03	1.45
うち私立																										
幼稚園 5歳	100.00	80.92	13.20	4.39	0.38	0.19	0.46	0.34	0.12	18.89	13.66	4.73	0.50	1.33	…	1.29	2.60	0.10	29.79	11.56	18.23	5.04	0.10	0.78	0.01	2.72
高等学校 計	100.00	25.39	7.57	1.85	1.81	-	-	13.32	50.05	74.61	7.57	15.17	51.86	0.73	0.33	2.15	4.39	-	34.47	16.60	17.88	8.58	2.33	8.34	5.92	0.77
高等学校 15歳	100.00	21.32	16.14	3.17	0.79	-	-	6.81	51.78	78.68	16.14	9.97	52.57	0.95	0.25	2.15	4.31	-	29.94	14.75	15.19	6.45	0.73	5.44	4.64	0.83
高等学校 16	100.00	29.78	3.88	0.78	3.10	-	-	16.86	45.61	70.22	3.88	17.64	48.71	0.58	…	1.88	4.69	-	33.94	15.60	18.34	9.52	3.42	10.95	6.83	0.89
高等学校 17	100.00	25.20	2.36	1.57	1.57	-	-	16.54	52.76	74.80	2.36	18.11	54.33	0.63	0.43	2.42	4.18	-	39.86	19.57	20.30	9.93	2.95	8.87	6.37	0.58

区分	永久歯の1人当り平均むし歯(う歯)等数 計 (本)	喪失歯数 (本)	むし歯(う歯) 計 (本)	処置歯数 (本)	未処置歯数 (本)	栄養状態	せき柱・胸郭・四肢の状態	皮膚疾患 アトピー性皮膚炎	その他の皮膚疾患	結核の精密検査の対象者	結核	心臓の疾病・異常	心電図異常	蛋白検出の者	尿糖検出の者	その他の疾病・異常 ぜん息	腎臓疾患	言語障害	その他の疾病・異常
幼稚園 5歳	…	…	…	…	…	0.46	0.13	1.46	1.01	…	…	0.29	…	0.43	…	1.46	0.04	0.59	1.66
小学校 計	…	…	…	…	…	2.58	0.69	3.24	0.49	0.02	0.00	0.77	3.10	1.04	0.08	2.88	0.21	0.74	4.78
小学校 6歳	…	…	…	…	…	1.46	0.40	2.61	0.53	0.06	0.00	0.70	3.10	0.69	0.06	3.18	0.22	1.00	4.48
小学校 7	…	…	…	…	…	1.89	0.60	3.62	0.61	0.06	-	0.85	…	0.80	0.04	3.25	0.28	1.13	4.38
小学校 8	…	…	…	…	…	2.56	0.56	3.85	0.52	-	-	0.85	…	0.68	0.06	3.06	0.14	0.71	4.56
小学校 9	…	…	…	…	…	2.79	0.79	2.91	0.47	0.01	-	0.91	…	0.87	0.03	2.99	0.22	0.66	4.95
小学校 10	…	…	…	…	…	3.40	0.86	3.34	0.37	-	-	0.67	…	1.35	0.08	2.44	0.19	0.62	4.74
小学校 11	…	…	…	…	…	3.25	0.91	3.10	0.46	0.01	-	0.68	…	1.81	0.18	2.44	0.22	0.36	5.52
中学校 計	0.72	0.01	0.71	0.44	0.27	1.93	1.20	4.41	0.25	0.02	-	0.94	3.44	2.81	0.16	2.74	0.17	0.12	6.10
中学校 12歳	0.72	0.01	0.71	0.44	0.27	1.75	1.39	4.45	0.26	0.03	-	0.72	3.44	2.75	0.07	2.38	0.18	0.10	5.80
中学校 13	…	…	…	…	…	1.99	1.16	4.95	0.37	0.00	-	1.00	…	2.88	0.23	3.00	0.15	0.19	6.13
中学校 14	…	…	…	…	…	2.06	1.05	3.83	0.12	0.02	-	1.10	…	2.79	0.18	2.83	0.16	0.06	6.35
高等学校 計	…	…	…	…	…	0.92	0.85	3.05	0.28	…	0.03	0.93	3.17	3.74	0.22	1.90	0.21	0.06	5.61
高等学校 15歳	…	…	…	…	…	1.03	1.08	3.01	0.31	…	0.03	0.89	3.17	4.76	0.18	2.14	0.25	0.05	6.12
高等学校 16	…	…	…	…	…	0.74	0.85	2.81	0.24	…	…	1.23	…	3.41	0.30	1.78	0.23	0.03	5.73
高等学校 17	…	…	…	…	…	0.97	0.61	3.34	0.28	…	…	0.69	…	3.03	0.20	1.79	0.15	0.09	4.98
うち公立																			
幼稚園 5歳	…	…	…	…	…	0.31	0.17	2.17	1.30	…	…	0.23	…	1.06	…	1.04	0.07	0.26	1.53
小学校 計	…	…	…	…	…	2.58	0.69	3.24	0.49	0.02	0.00	0.77	3.10	1.05	0.08	2.88	0.21	0.74	4.78
小学校 6歳	…	…	…	…	…	1.46	0.40	2.61	0.53	0.06	0.00	0.70	3.10	0.69	0.06	3.18	0.22	1.00	4.48
小学校 7	…	…	…	…	…	1.89	0.60	3.62	0.61	0.06	-	0.85	…	0.80	0.04	3.25	0.28	1.13	4.38
小学校 8	…	…	…	…	…	2.57	0.56	3.85	0.52	-	-	0.84	…	0.68	0.06	3.06	0.14	0.71	4.56
小学校 9	…	…	…	…	…	2.79	0.79	2.91	0.47	0.01	-	0.91	…	0.87	0.03	2.99	0.22	0.66	4.95
小学校 10	…	…	…	…	…	3.40	0.86	3.34	0.37	-	-	0.67	…	1.35	0.08	2.44	0.20	0.62	4.74
小学校 11	…	…	…	…	…	3.25	0.91	3.10	0.46	0.01	-	0.68	…	1.81	0.18	2.45	0.22	0.36	5.52
中学校 計	0.73	0.01	0.72	0.44	0.27	1.97	1.24	4.39	0.24	0.02	-	0.93	3.49	2.79	0.16	2.68	0.17	0.12	5.98
中学校 12歳	0.73	0.01	0.72	0.44	0.27	1.79	1.51	4.47	0.24	0.05	-	0.70	3.49	2.77	0.07	2.35	0.18	0.10	5.72
中学校 13	…	…	…	…	…	2.03	1.16	4.89	0.37	0.00	-	0.99	…	2.86	0.23	2.94	0.16	0.19	5.95
中学校 14	…	…	…	…	…	2.10	1.05	3.82	0.12	0.02	-	1.11	…	2.76	0.18	2.75	0.16	0.06	6.27
高等学校 計	…	…	…	…	…	0.76	0.92	3.39	0.32	…	0.03	0.85	2.93	3.16	0.23	2.08	0.24	0.05	5.46
高等学校 15歳	…	…	…	…	…	0.99	1.16	3.39	0.33	…	0.03	0.89	2.93	3.84	0.17	2.25	0.27	0.04	6.18
高等学校 16	…	…	…	…	…	0.68	0.90	3.09	0.31	…	…	0.99	…	3.01	0.30	1.82	0.25	0.03	5.16
高等学校 17	…	…	…	…	…	0.60	0.70	3.68	0.34	…	…	0.68	…	2.64	0.21	2.15	0.19	0.08	5.02
うち私立																			
幼稚園 5歳	…	…	…	…	…	0.59	0.08	1.28	0.90	…	…	0.26	…	0.18	…	1.45	0.06	0.62	1.82
高等学校 計	…	…	…	…	…	0.24	0.42	1.18	0.11	…	-	0.48	4.06	4.08	0.18	0.92	0.14	0.08	2.76
高等学校 15歳	…	…	…	…	…	0.19	0.62	1.41	0.26	…	-	0.42	4.06	4.89	0.29	1.14	0.23	0.11	3.06
高等学校 16	…	…	…	…	…	0.25	0.27	1.31	0.04	…	…	0.50	…	3.80	0.20	0.87	0.11	0.03	2.84
高等学校 17	…	…	…	…	…	0.28	0.34	0.79	0.04	…	…	0.52	…	3.49	0.03	0.72	0.06	0.11	2.34

4 年齢別 都市階級別 設置者別 疾病・異常被患率等（15-6）

2 男 (1) 計

単位 (%)

区分	計	裸眼視力 視力非矯正者の裸眼視力 1.0以上	視力非矯正者 1.0未満0.7以上	視力非矯正者 0.7未満0.3以上	視力非矯正者 0.3未満	視力矯正者の裸眼視力 1.0以上	視力矯正者 1.0未満0.7以上	視力矯正者 0.7未満0.3以上	視力矯正者 0.3未満	裸眼視力 計	1.0未満0.7以上	0.7未満0.3以上	0.3未満	眼の疾病・異常	難聴	耳鼻咽頭 耳疾患	鼻・副鼻腔疾患	口腔咽喉頭疾患・異常	歯・口腔 むし歯（う歯） 計	処置完了者	未処置歯のある者	歯列・咬合	顎関節	歯垢の状態	歯肉の状態	その他の疾病・異常
幼稚園 5歳	100.00	74.55	17.60	5.10	0.45	0.41	0.54	0.94	0.40	25.03	18.14	6.04	0.85	1.30	…	2.39	3.55	0.70	25.88	10.32	15.56	4.06	0.09	1.06	0.31	2.24
小学校 計	100.00	64.05	10.59	10.37	4.41	0.85	0.97	2.68	6.09	35.10	11.55	13.05	10.49	5.65	0.43	6.67	14.08	0.79	38.32	20.05	18.27	4.43	0.09	3.55	1.97	6.37
6歳	100.00	76.93	13.19	6.35	1.30	0.55	0.53	0.69	0.47	22.52	13.72	7.04	1.76	5.66	0.59	9.97	14.42	1.24	31.04	12.89	18.14	2.76	0.04	1.30	0.67	5.62
7	100.00	73.63	11.53	8.53	2.87	0.65	0.66	1.00	1.12	25.71	12.20	9.52	3.99	5.17	0.46	7.11	13.72	0.99	38.39	18.50	19.90	4.03	0.08	2.64	1.33	5.07
8	100.00	68.27	10.58	10.33	4.34	0.86	0.84	1.77	3.03	30.88	11.41	12.09	7.37	5.56	0.37	6.43	13.50	0.79	43.78	23.13	20.65	5.16	0.09	3.81	1.94	5.01
9	100.00	60.58	10.37	11.27	5.64	0.99	1.19	3.15	6.80	38.43	11.57	14.43	12.44	6.13	…	6.08	14.95	0.76	45.65	25.04	20.60	4.79	0.09	4.02	2.17	6.57
10	100.00	55.31	8.93	12.40	5.86	1.08	1.19	4.26	10.96	43.61	10.12	16.66	16.82	5.68	0.31	5.95	15.07	0.59	40.26	22.92	17.34	4.83	0.10	4.49	2.60	8.15
11	100.00	50.76	9.10	13.06	6.23	0.96	1.35	5.02	13.52	48.28	10.45	18.08	19.75	5.71	…	4.66	12.87	0.39	30.86	17.63	13.23	4.92	0.15	4.87	3.01	7.65
中学校 計	100.00	40.18	11.64	15.15	7.37	0.96	1.35	5.35	18.00	58.86	12.99	20.50	25.37	5.57	0.31	5.50	12.39	0.38	26.98	15.64	11.34	5.20	0.32	5.00	4.27	3.88
12歳	100.00	45.82	12.32	13.92	6.41	0.88	1.14	5.46	14.06	53.30	13.46	19.38	20.46	5.85	0.33	6.88	13.22	0.49	24.90	14.29	10.62	5.33	0.30	4.73	3.77	5.42
13	100.00	40.37	12.21	13.26	8.08	0.91	1.28	5.23	18.66	58.72	13.49	18.49	26.74	5.53	…	5.11	12.83	0.37	26.81	15.59	11.22	5.11	0.30	5.04	4.28	3.68
14	100.00	34.46	10.42	18.24	7.62	1.07	1.63	5.35	21.21	64.46	12.05	23.58	28.83	5.34	0.29	4.53	11.14	0.26	29.15	17.00	12.16	5.17	0.37	5.21	4.74	2.58
高等学校 計	100.00	28.78	9.20	15.12	8.52	0.41	0.90	6.26	30.80	70.81	10.10	21.38	39.33	3.97	0.24	2.59	9.06	0.29	36.69	21.80	14.88	4.55	0.56	5.30	4.87	1.26
15歳	100.00	24.32	9.97	22.96	7.58	0.28	0.88	6.25	27.76	75.40	10.85	29.21	35.35	4.63	0.22	3.70	10.34	0.25	32.26	19.12	13.14	4.52	0.54	5.14	4.65	1.28
16	100.00	32.77	8.38	11.30	11.68	0.49	0.85	5.45	29.07	66.73	9.23	16.75	40.75	3.62	…	2.26	8.65	0.31	36.42	21.72	14.70	4.70	0.54	5.36	4.95	1.24
17	100.00	29.55	9.21	10.17	6.10	0.48	0.99	7.18	36.31	69.97	10.20	17.35	42.42	3.63	0.27	1.75	8.11	0.32	41.54	24.66	16.88	4.44	0.61	5.42	5.01	1.27
うち公立																										
幼稚園 5歳	100.00	69.98	20.20	6.41	0.54	0.76	0.53	0.83	0.75	29.26	20.73	7.24	1.29	2.40	…	4.87	7.12	1.09	31.24	10.88	20.37	3.85	0.07	1.49	0.29	2.71
小学校 計	100.00	64.08	10.57	10.37	4.40	0.85	0.97	2.68	6.08	35.07	11.54	13.05	10.48	5.64	0.44	6.69	14.19	0.80	38.44	20.05	18.40	4.45	0.09	3.54	1.97	6.37
6歳	100.00	77.03	13.08	6.37	1.29	0.55	0.53	0.69	0.47	22.42	13.61	7.06	1.75	5.69	0.60	9.99	14.49	1.25	31.17	12.87	18.29	2.78	0.04	1.31	0.68	5.62
7	100.00	73.58	11.54	8.55	2.87	0.66	0.67	1.00	1.13	25.76	12.21	9.55	4.00	5.13	0.47	7.11	13.99	1.02	38.56	18.51	20.05	4.06	0.08	2.64	1.34	5.07
8	100.00	68.22	10.57	10.37	4.35	0.85	0.84	1.77	3.04	30.93	11.41	12.13	7.39	5.57	0.38	6.47	13.62	0.81	43.89	23.09	20.80	5.19	0.09	3.78	1.93	5.02
9	100.00	60.64	10.38	11.26	5.62	0.98	1.19	3.15	6.78	38.37	11.57	14.41	12.40	6.13	…	6.11	14.97	0.76	45.72	25.02	20.70	4.81	0.09	4.03	2.18	6.58
10	100.00	55.43	8.93	12.31	5.81	1.09	1.21	4.27	10.95	43.47	10.13	16.58	16.76	5.65	0.31	5.96	15.31	0.60	40.42	22.93	17.49	4.86	0.11	4.49	2.61	8.15
11	100.00	50.79	9.10	13.06	6.24	0.96	1.35	5.01	13.49	48.25	10.45	18.07	19.73	5.68	…	4.68	12.77	0.39	30.98	17.69	13.30	4.92	0.16	4.85	3.01	7.65
中学校 計	100.00	40.46	11.54	15.13	7.30	0.90	1.26	5.28	18.13	58.65	12.80	20.41	25.43	5.50	0.27	5.46	12.55	0.40	27.44	15.76	11.68	5.15	0.24	5.00	4.33	3.96
12歳	100.00	46.12	12.23	13.88	6.33	0.85	1.10	5.45	14.05	53.03	13.32	19.33	20.39	5.75	0.29	7.01	13.30	0.52	25.49	14.45	11.04	5.24	0.20	4.70	3.80	5.59
13	100.00	40.79	12.01	13.27	8.13	0.86	1.15	5.12	18.68	58.36	13.16	18.39	26.81	5.43	…	4.96	13.11	0.39	27.26	15.74	11.51	5.06	0.22	5.09	4.32	3.70
14	100.00	34.59	10.42	18.19	7.44	0.98	1.52	5.28	21.58	64.43	11.94	23.47	29.02	5.34	0.26	4.46	11.28	0.29	29.51	17.04	12.46	5.16	0.29	5.20	4.86	2.65
高等学校 計	100.00	29.36	8.76	13.91	7.45	0.53	0.88	6.69	32.42	70.10	9.64	20.60	39.87	4.58	0.21	2.98	10.76	0.22	37.42	22.09	15.33	4.51	0.43	5.08	4.87	1.18
15歳	100.00	25.05	9.44	19.18	7.55	0.43	0.72	7.15	30.48	74.52	10.16	26.34	38.03	5.32	0.20	4.18	11.14	0.26	33.09	19.26	13.83	4.49	0.47	4.95	4.77	1.17
16	100.00	32.72	8.61	11.27	9.53	0.45	0.93	5.99	30.50	66.83	9.55	17.26	40.03	4.18	…	2.64	10.93	0.30	37.15	22.06	15.09	4.66	0.39	5.07	4.82	1.14
17	100.00	30.62	8.14	10.80	5.08	0.73	1.00	6.93	36.69	68.65	9.15	17.73	41.77	4.20	0.22	1.91	10.17	0.10	42.11	25.02	17.09	4.39	0.43	5.21	5.04	1.21
うち私立																										
幼稚園 5歳	100.00	76.83	16.28	4.39	0.37	0.31	0.53	1.06	0.23	22.86	16.82	5.45	0.60	1.08	…	1.86	2.97	0.67	25.16	10.29	14.87	4.13	0.09	0.98	0.31	2.15
高等学校 計	100.00	31.90	11.60	12.72	8.52	0.48	1.47	5.81	27.49	67.62	13.07	18.54	36.02	3.01	0.30	2.38	7.63	0.39	35.32	21.59	13.73	4.77	0.82	5.68	4.77	1.39
15歳	100.00	30.91	12.28	14.08	9.17	0.17	1.60	5.96	25.84	68.92	13.87	20.04	35.00	3.45	0.26	3.19	8.76	0.26	30.74	19.18	11.55	4.76	0.69	5.47	4.37	1.42
16	100.00	33.64	11.68	13.57	7.82	1.10	1.29	5.65	25.24	65.25	12.97	19.22	33.06	2.75	…	2.16	7.00	0.33	35.04	21.39	13.65	4.90	0.84	5.87	5.10	1.39
17	100.00	31.17	10.79	10.37	8.56	0.16	1.51	5.82	31.63	68.67	12.30	16.19	40.18	2.80	0.35	1.74	7.03	0.58	40.51	24.38	16.13	4.66	0.94	5.73	4.87	1.37

区分	永久歯の1人当り平均むし歯(う歯)等数 計 (本)	喪失歯数 (本)	むし歯（う歯） 計 (本)	処置歯数 (本)	未処置歯数 (本)	栄養状態	せき柱・胸郭・四肢の状態	皮膚疾患 アトピー性皮膚炎	その他の皮膚疾患	結核の精密検査の対象者	結核	心臓の疾病・異常	心電図異常	蛋白検出の者	尿糖検出の者	その他の疾病・異常 ぜん息	腎臓疾患	言語障害	その他の疾病・異常
幼稚園 5歳	…	…	…	…	…	0.36	0.27	1.75	0.87	…	…	0.29	…	0.72	…	1.41	0.02	0.39	1.49
小学校 計	…	…	…	…	…	2.46	0.83	3.33	0.41	0.10	0.00	0.80	2.97	0.68	0.06	3.43	0.20	0.58	5.70
6歳	…	…	…	…	…	1.08	0.63	3.02	0.53	0.26	0.00	0.96	2.97	0.44	0.05	3.55	0.18	0.84	5.30
7	…	…	…	…	…	1.59	0.69	3.34	0.45	0.08	0.00	0.85	…	0.44	0.04	3.44	0.20	0.86	5.39
8	…	…	…	…	…	2.27	0.80	3.48	0.40	0.06	-	0.78	…	0.42	0.04	3.54	0.19	0.66	5.64
9	…	…	…	…	…	3.03	0.76	3.40	0.45	0.05	0.00	0.84	…	0.45	0.05	3.39	0.22	0.46	5.90
10	…	…	…	…	…	3.42	1.00	3.44	0.35	0.08	0.00	0.76	…	0.69	0.08	3.39	0.18	0.36	5.87
11	…	…	…	…	…	3.29	1.07	3.30	0.30	0.07	0.00	0.65	…	1.60	0.10	3.30	0.23	0.31	6.08
中学校 計	0.50	0.01	0.50	0.31	0.19	1.75	1.32	3.11	0.25	0.05	0.00	0.90	3.51	3.31	0.15	2.60	0.25	0.12	5.29
12歳	0.50	0.01	0.50	0.31	0.19	1.88	1.35	3.18	0.29	0.05	-	0.96	3.51	2.81	0.09	2.56	0.25	0.14	5.31
13	…	…	…	…	…	1.69	1.30	3.09	0.23	0.05	0.00	0.89	…	3.61	0.19	2.62	0.26	0.13	5.35
14	…	…	…	…	…	1.68	1.31	3.07	0.22	0.05	0.00	0.84	…	3.51	0.18	2.62	0.24	0.09	5.21
高等学校 計	…	…	…	…	…	0.80	0.96	2.87	0.21	…	0.03	0.82	3.66	3.24	0.22	1.91	0.22	0.08	4.34
15歳	…	…	…	…	…	0.87	1.08	2.92	0.24	…	0.03	0.94	3.66	4.04	0.20	1.89	0.18	0.09	4.54
16	…	…	…	…	…	0.79	0.91	2.87	0.18	…	…	0.78	…	3.04	0.21	1.91	0.23	0.07	4.36
17	…	…	…	…	…	0.72	0.89	2.80	0.20	…	…	0.75	…	2.59	0.24	1.94	0.25	0.07	4.10
うち公立																			
幼稚園 5歳	…	…	…	…	…	0.21	0.13	1.81	0.66	…	…	0.24	…	0.38	…	1.11	0.02	0.47	3.10
小学校 計	…	…	…	…	…	2.47	0.83	3.35	0.40	0.10	0.00	0.81	2.93	0.68	0.06	3.43	0.20	0.59	5.69
6歳	…	…	…	…	…	1.09	0.62	3.03	0.52	0.26	0.00	0.97	2.93	0.43	0.05	3.57	0.18	0.86	5.29
7	…	…	…	…	…	1.60	0.69	3.37	0.43	0.08	0.00	0.85	…	0.44	0.04	3.45	0.20	0.87	5.40
8	…	…	…	…	…	2.28	0.80	3.52	0.39	0.07	-	0.79	…	0.42	0.04	3.55	0.19	0.67	5.64
9	…	…	…	…	…	3.02	0.76	3.41	0.44	0.05	0.00	0.84	…	0.44	0.05	3.37	0.22	0.47	5.86
10	…	…	…	…	…	3.43	1.00	3.47	0.35	0.08	0.00	0.77	…	0.69	0.08	3.38	0.18	0.36	5.83
11	…	…	…	…	…	3.29	1.07	3.31	0.29	0.07	0.00	0.64	…	1.59	0.11	3.29	0.23	0.32	6.07
中学校 計	0.52	0.01	0.51	0.31	0.20	1.70	1.33	3.14	0.23	0.05	0.00	0.94	3.57	3.26	0.16	2.65	0.26	0.12	5.25
12歳	0.52	0.01	0.51	0.31	0.20	1.88	1.38	3.22	0.28	0.05	-	1.00	3.57	2.78	0.10	2.61	0.27	0.15	5.33
13	…	…	…	…	…	1.61	1.31	3.09	0.22	0.05	0.00	0.93	…	3.52	0.19	2.69	0.27	0.12	5.31
14	…	…	…	…	…	1.63	1.30	3.10	0.20	0.05	0.00	0.89	…	3.46	0.19	2.65	0.25	0.10	5.13
高等学校 計	…	…	…	…	…	0.60	0.84	3.31	0.21	…	0.03	0.91	3.52	3.18	0.22	2.09	0.23	0.09	4.77
15歳	…	…	…	…	…	0.71	0.99	3.43	0.23	…	0.03	1.01	3.52	3.96	0.20	2.01	0.19	0.10	4.91
16	…	…	…	…	…	0.58	0.82	3.29	0.20	…	…	0.89	…	3.00	0.21	2.08	0.24	0.08	4.87
17	…	…	…	…	…	0.51	0.72	3.21	0.20	…	…	0.82	…	2.55	0.25	2.19	0.27	0.08	4.53
うち私立																			
幼稚園 5歳	…	…	…	…	…	0.40	0.31	1.76	0.94	…	…	0.30	…	0.82	…	1.46	0.02	0.36	1.20
高等学校 計	…	…	…	…	…	1.20	1.11	2.00	0.21	…	0.03	0.67	3.84	3.28	0.21	1.53	0.20	0.06	3.56
15歳	…	…	…	…	…	1.22	1.19	1.93	0.26	…	0.03	0.79	3.84	4.11	0.21	1.62	0.17	0.07	3.93
16	…	…	…	…	…	1.19	1.01	2.04	0.17	…	…	0.59	…	3.07	0.21	1.51	0.23	0.05	3.38
17	…	…	…	…	…	1.19	1.14	2.03	0.19	…	…	0.62	…	2.62	0.23	1.46	0.20	0.07	3.35

4 年齢別 都市階級別 設置者別 疾病・異常被患率等（15-7）

2 男 (2) 大都市

単位 (%)

区分	裸眼視力 計	視力非矯正者の裸眼視力 1.0以上	視力非矯正者の裸眼視力 1.0未満0.7以上	視力非矯正者の裸眼視力 0.7未満0.3以上	視力非矯正者の裸眼視力 0.3未満	視力矯正者の裸眼視力 1.0以上	視力矯正者の裸眼視力 1.0未満0.7以上	視力矯正者の裸眼視力 0.7未満0.3以上	視力矯正者の裸眼視力 0.3未満	裸眼視力 計	1.0未満0.7以上	0.7未満0.3以上	0.3未満	眼の疾病・異常	難聴	耳鼻咽頭 耳疾患	鼻・副鼻腔疾患	口腔咽喉頭疾患・異常	歯・口腔 むし歯（う歯） 計	処置完了者	未処置歯のある者	歯列・咬合	顎関節	歯垢の状態	歯肉の状態	その他の疾病・異常
幼稚園 5歳	100.00	75.20	16.79	4.96	0.88	0.27	0.30	0.93	0.67	24.53	17.09	5.89	1.55	1.59	…	2.59	3.20	0.48	20.95	9.09	11.86	3.85	0.09	0.77	0.36	1.86
小学校 計	100.00	63.51	10.65	10.75	4.57	0.80	0.90	2.56	6.25	35.68	11.55	13.31	10.82	5.60	0.39	7.87	12.71	0.39	31.84	17.90	13.94	4.97	0.10	3.59	2.16	4.76
6歳	100.00	77.53	13.01	6.16	1.58	0.44	0.34	0.51	0.44	22.03	13.34	6.67	2.02	6.23	0.47	10.95	13.33	0.59	24.97	11.65	13.33	3.05	0.02	1.55	0.94	4.59
7	100.00	73.88	11.11	8.51	3.17	0.51	0.61	0.95	1.26	25.61	11.72	9.46	4.43	5.37	0.47	9.02	12.46	0.51	30.93	16.58	14.35	4.55	0.05	2.58	1.48	3.67
8	100.00	67.55	10.79	10.51	4.76	0.86	0.75	1.47	3.31	31.60	11.54	11.98	8.07	5.63	0.33	6.89	12.01	0.36	36.97	20.72	16.25	5.66	0.06	3.88	2.12	3.76
9	100.00	59.85	11.53	11.42	5.37	0.92	1.34	2.96	6.61	39.23	12.87	14.38	11.98	5.44	…	7.51	13.36	0.37	38.42	22.50	15.92	5.31	0.11	4.24	2.57	4.58
10	100.00	53.75	8.00	13.06	5.62	1.32	1.13	4.70	12.42	44.94	9.13	17.76	18.05	5.52	0.27	7.31	13.77	0.38	34.22	20.47	13.75	5.43	0.13	4.30	2.68	6.05
11	100.00	48.95	9.53	14.74	6.81	0.78	1.20	4.69	13.29	50.27	10.73	19.44	20.10	5.41	…	5.40	11.27	0.15	25.60	15.50	10.09	5.77	0.21	4.94	3.14	5.87
中学校 計	100.00	35.32	13.70	14.36	9.97	0.83	1.56	5.58	18.68	63.85	15.26	19.93	28.66	6.30	0.38	6.51	11.95	0.28	23.87	14.02	9.84	5.31	0.49	5.23	4.54	3.01
12歳	100.00	38.65	16.58	12.29	8.11	0.89	1.69	5.89	15.89	60.46	18.27	18.18	24.00	6.22	0.39	7.51	12.68	0.37	21.53	12.36	9.17	5.38	0.48	5.10	4.16	3.98
13	100.00	35.60	13.84	11.90	11.32	0.45	0.50	5.12	21.26	63.94	14.34	17.02	32.58	6.57	…	6.26	12.25	0.20	23.67	14.07	9.59	5.11	0.42	5.05	4.37	2.98
14	100.00	31.75	10.70	18.99	10.37	1.16	2.56	5.75	18.72	67.09	13.25	24.74	29.09	6.11	0.37	5.72	10.91	0.27	26.37	15.62	10.75	5.45	0.57	5.55	5.06	2.07
高等学校 計	100.00	24.59	7.37	21.83	12.14	0.48	0.88	5.30	27.40	74.93	8.24	27.14	39.55	3.92	0.26	2.91	8.51	0.52	32.87	20.42	12.46	4.13	0.63	4.67	3.98	1.18
15歳	100.00	16.43	6.68	42.43	5.99	0.10	0.75	4.63	22.98	83.46	7.43	47.07	28.97	5.14	0.22	3.84	9.02	0.30	28.72	18.00	10.72	4.20	0.57	4.72	3.84	1.22
16	100.00	33.96	7.03	8.13	20.98	0.90	0.69	4.54	23.78	65.14	7.72	12.67	44.75	3.17	…	2.98	8.31	0.58	33.19	20.62	12.57	4.32	0.58	4.68	4.24	1.07
17	100.00	23.46	8.93	10.03	X	0.46	1.36	7.47	X	76.08	10.28	17.49	48.30	3.35	0.30	1.81	8.16	0.71	36.91	22.75	14.16	3.86	0.73	4.60	3.88	1.24
うち公立																										
幼稚園 5歳	100.00	X	27.96	7.33	1.78	X	0.12	1.20	1.05	39.44	28.08	8.53	2.83	7.83	…	5.41	6.27	0.53	30.50	10.54	19.96	2.89	-	0.56	-	0.79
小学校 計	100.00	63.44	10.64	10.80	4.59	0.81	0.89	2.55	6.27	35.76	11.54	13.36	10.86	5.65	0.40	7.93	12.43	0.41	31.79	17.86	13.93	5.06	0.10	3.55	2.18	4.67
6歳	100.00	77.49	12.92	6.24	1.60	0.44	0.34	0.52	0.45	22.07	13.26	6.75	2.05	6.35	0.49	11.13	13.44	0.60	24.92	11.58	13.34	3.14	0.02	1.58	0.96	4.53
7	100.00	73.58	11.20	8.62	3.23	0.52	0.62	0.97	1.28	25.91	11.81	9.59	4.51	5.38	0.49	9.04	12.50	0.52	31.00	16.64	14.36	4.66	0.05	2.62	1.51	3.57
8	100.00	67.35	10.75	10.63	4.83	0.87	0.75	1.47	3.36	31.78	11.50	12.10	8.18	5.72	0.35	7.06	11.91	0.38	36.82	20.61	16.20	5.76	0.06	3.72	2.11	3.72
9	100.00	59.88	11.54	11.40	5.37	0.91	1.34	2.94	6.61	39.21	12.88	14.34	11.98	5.48	…	7.72	13.35	0.38	38.28	22.42	15.86	5.42	0.12	4.22	2.63	4.48
10	100.00	53.82	7.97	13.06	5.62	1.31	1.11	4.69	12.42	44.87	9.08	17.74	18.05	5.53	0.28	7.36	13.57	0.41	34.21	20.37	13.84	5.54	0.13	4.31	2.70	5.96
11	100.00	48.96	9.54	14.74	6.84	0.78	1.18	4.67	13.29	50.26	10.72	19.41	20.13	5.43	…	5.11	9.70	0.15	25.58	15.54	10.04	5.79	0.21	4.80	3.15	5.73
中学校 計	100.00	36.02	13.49	14.43	10.45	0.66	1.34	5.33	18.28	63.32	14.83	19.76	28.72	6.15	0.30	6.30	11.74	0.35	24.27	14.02	10.24	5.02	0.16	5.08	4.60	3.02
12歳	100.00	38.83	17.33	11.92	8.51	0.77	1.49	5.77	15.38	60.40	18.82	17.69	23.89	6.04	0.29	7.64	12.02	0.43	22.14	12.45	9.70	5.02	0.11	4.89	4.20	4.09
13	100.00	36.56	12.89	12.09	12.31	0.36	0.45	4.81	20.52	63.07	13.34	16.90	32.83	6.38	…	5.85	12.29	0.20	24.01	14.08	9.93	4.77	0.13	4.94	4.36	2.86
14	100.00	32.69	10.38	19.37	10.35	0.87	2.15	5.47	18.72	66.44	12.53	24.84	29.07	6.03	0.32	5.35	10.94	0.40	26.59	15.51	11.08	5.28	0.24	5.40	5.23	2.14
高等学校 計	100.00	24.07	6.31	19.63	10.23	0.29	0.53	5.59	33.36	75.65	6.83	25.23	43.59	4.80	0.22	3.92	10.12	0.31	31.80	19.23	12.58	3.29	0.25	3.64	3.79	1.16
15歳	100.00	17.18	5.94	39.19	4.89	0.08	0.33	4.66	27.75	82.75	6.27	43.84	32.63	6.54	0.21	5.17	10.01	0.25	27.55	16.31	11.24	3.38	0.28	3.63	3.89	1.09
16	100.00	32.02	6.29	7.04	19.52	0.34	0.33	4.50	29.96	67.64	6.63	11.54	49.48	3.68	…	3.96	11.01	0.59	32.10	19.31	12.79	3.44	0.19	3.53	3.79	1.06
17	100.00	22.97	6.87	8.48	4.89	0.52	1.10	8.57	46.60	76.51	7.97	17.05	51.50	4.05	0.23	2.04	9.41	0.11	35.88	22.14	13.74	3.05	0.28	3.75	3.70	1.33
うち私立																										
幼稚園 5歳	100.00	79.95	13.48	3.88	0.66	0.20	0.30	1.06	0.48	19.86	13.78	4.94	1.14	1.06	…	1.99	2.77	0.37	20.28	8.81	11.47	3.91	0.10	0.85	0.42	1.93
高等学校 計	100.00	25.89	10.37	13.07	X	1.05	1.87	6.64	X	73.06	12.24	19.72	41.10	3.41	0.26	2.47	8.00	0.58	34.21	22.03	12.18	5.15	1.09	5.64	4.09	1.14
15歳	100.00	24.00	9.79	16.06	X	0.11	1.93	6.34	X	75.89	11.72	22.40	41.77	4.07	0.21	3.17	9.17	0.37	30.03	20.00	10.03	5.29	0.91	5.73	3.73	1.25
16	100.00	29.65	10.90	12.58	X	2.89	1.85	7.88	X	67.47	12.76	20.46	34.25	3.17	…	2.45	7.06	0.49	34.69	22.45	12.24	5.33	1.07	5.75	4.55	1.03
17	100.00	23.92	10.42	10.44	X	0.10	1.83	5.65	X	75.98	12.25	16.10	47.63	2.94	0.31	1.72	7.68	0.91	38.22	23.80	14.42	4.83	1.29	5.44	4.01	1.12

区分	永久歯の1人当り平均むし歯（う歯）等数 計 (本)	喪失歯数 (本)	むし歯（う歯） 計 (本)	処置歯数 (本)	未処置歯数 (本)	栄養状態	せき柱・胸郭・四肢の状態	皮膚疾患 アトピー性皮膚炎	その他の皮膚疾患	結核の精密検査の対象者	結核	心臓の疾病・異常	心電図異常	蛋白検出の者	尿糖検出の者	その他の疾病・異常 ぜん息	腎臓疾患	言語障害	その他の疾病・異常
幼稚園 5歳	…	…	…	…	…	0.59	0.27	1.83	1.01	…	…	0.34	…	0.44	…	1.19	0.01	0.41	1.20
小学校 計	…	…	…	…	…	2.13	0.84	3.51	0.52	0.13	0.00	0.79	2.39	0.64	0.06	3.52	0.23	0.42	5.23
6歳	…	…	…	…	…	0.73	0.62	3.11	0.63	0.38	0.00	1.00	2.39	0.42	0.03	3.29	0.17	0.53	4.92
7	…	…	…	…	…	1.24	0.78	3.57	0.66	0.08	-	0.96	…	0.25	0.05	3.46	0.24	0.54	5.00
8	…	…	…	…	…	1.86	0.88	3.56	0.53	0.07	-	0.83	…	0.39	0.02	3.81	0.21	0.50	5.15
9	…	…	…	…	…	2.85	0.71	3.46	0.50	0.08	0.00	0.68	…	0.44	0.06	3.41	0.26	0.36	5.59
10	…	…	…	…	…	3.19	0.99	3.51	0.44	0.11	0.00	0.67	…	0.70	0.09	3.58	0.22	0.27	5.10
11	…	…	…	…	…	2.88	1.08	3.85	0.35	0.09	-	0.60	…	1.62	0.09	3.59	0.27	0.30	5.62
中学校 計	0.41	0.00	0.41	0.25	0.16	1.65	1.26	2.94	0.25	0.06	-	0.84	3.36	3.22	0.15	2.77	0.29	0.10	5.31
12歳	0.41	0.00	0.41	0.25	0.16	2.05	1.29	2.90	0.24	0.06	-	0.94	3.36	2.72	0.12	2.65	0.35	0.12	5.29
13	…	…	…	…	…	1.46	1.16	2.87	0.25	0.07	-	0.83	…	3.54	0.15	2.65	0.27	0.09	5.42
14	…	…	…	…	…	1.44	1.33	3.04	0.27	0.07	-	0.76	…	3.40	0.19	3.00	0.26	0.09	5.21
高等学校 計	…	…	…	…	…	1.01	1.05	2.59	0.17	…	0.02	0.66	3.35	3.10	0.21	1.93	0.20	0.09	4.49
15歳	…	…	…	…	…	1.04	1.13	2.63	0.20	…	0.02	0.84	3.35	3.83	0.21	1.99	0.17	0.11	4.77
16	…	…	…	…	…	0.98	0.99	2.60	0.19	…	…	0.54	…	2.97	0.18	1.82	0.23	0.06	4.39
17	…	…	…	…	…	1.01	1.05	2.53	0.13	…	…	0.61	…	2.46	0.23	1.98	0.20	0.09	4.29
うち公立																			
幼稚園 5歳	…	…	…	…	…	-	-	1.41	1.22	…	…	-	…	-	…	0.66	-	-	5.31
小学校 計	…	…	…	…	…	2.11	0.84	3.50	0.50	0.14	0.00	0.78	2.35	0.65	0.06	3.52	0.23	0.43	5.19
6歳	…	…	…	…	…	0.75	0.62	3.08	0.61	0.38	0.00	0.99	2.35	0.43	0.04	3.31	0.16	0.54	4.93
7	…	…	…	…	…	1.24	0.78	3.60	0.59	0.09	-	0.95	…	0.26	0.05	3.49	0.25	0.56	4.98
8	…	…	…	…	…	1.83	0.86	3.59	0.50	0.07	-	0.85	…	0.39	0.02	3.80	0.21	0.51	5.13
9	…	…	…	…	…	2.81	0.73	3.41	0.48	0.08	0.00	0.66	…	0.44	0.06	3.37	0.27	0.37	5.49
10	…	…	…	…	…	3.15	0.98	3.51	0.44	0.11	0.00	0.67	…	0.71	0.09	3.56	0.23	0.27	5.01
11	…	…	…	…	…	2.84	1.05	3.81	0.36	0.09	-	0.58	…	1.64	0.09	3.58	0.27	0.31	5.59
中学校 計	0.43	0.00	0.43	0.26	0.17	1.65	1.32	3.00	0.22	0.07	-	0.93	3.34	2.94	0.16	2.89	0.32	0.10	5.10
12歳	0.43	0.00	0.43	0.26	0.17	2.14	1.44	2.97	0.24	0.06	-	1.03	3.34	2.49	0.13	2.78	0.39	0.13	5.02
13	…	…	…	…	…	1.45	1.17	2.93	0.23	0.07	-	0.91	…	3.09	0.14	2.82	0.30	0.08	5.27
14	…	…	…	…	…	1.37	1.35	3.11	0.20	0.07	-	0.85	…	3.22	0.21	3.07	0.27	0.10	5.01
高等学校 計	…	…	…	…	…	0.38	0.74	3.36	0.15	…	0.01	0.79	2.91	2.95	0.21	2.45	0.22	0.11	5.77
15歳	…	…	…	…	…	0.34	0.90	3.55	0.16	…	0.01	0.93	2.91	3.75	0.24	2.49	0.18	0.13	5.83
16	…	…	…	…	…	0.34	0.74	3.38	0.22	…	…	0.72	…	2.87	0.15	2.19	0.28	0.09	5.83
17	…	…	…	…	…	0.46	0.56	3.14	0.08	…	…	0.72	…	2.21	0.25	2.66	0.22	0.10	5.66
うち私立																			
幼稚園 5歳	…	…	…	…	…	0.64	0.29	1.89	1.06	…	…	0.37	…	0.48	…	1.28	0.01	0.45	0.97
高等学校 計	…	…	…	…	…	1.53	1.26	1.83	0.20	…	0.02	0.54	3.63	3.15	0.20	1.42	0.16	0.07	3.16
15歳	…	…	…	…	…	1.58	1.27	1.72	0.25	…	0.02	0.70	3.63	3.80	0.19	1.51	0.15	0.09	3.66
16	…	…	…	…	…	1.51	1.12	1.84	0.16	…	…	0.39	…	3.00	0.22	1.44	0.17	0.04	2.92
17	…	…	…	…	…	1.48	1.39	1.92	0.18	…	…	0.53	…	2.60	0.21	1.31	0.18	0.08	2.87

4 年齢別 都市階級別 設置者別 疾病・異常被患率等（15-8）

2 男 (3) 中都市

単位 (%)

区分	裸眼視力 計	視力非矯正者の裸眼視力 1.0以上	視力非矯正者の裸眼視力 1.0未満0.7以上	視力非矯正者の裸眼視力 0.7未満0.3以上	視力非矯正者の裸眼視力 0.3未満	視力矯正者の裸眼視力 1.0以上	視力矯正者の裸眼視力 1.0未満0.7以上	視力矯正者の裸眼視力 0.7未満0.3以上	視力矯正者の裸眼視力 0.3未満	裸眼視力 計	裸眼視力 1.0未満0.7以上	裸眼視力 0.7未満0.3以上	裸眼視力 0.3未満	眼の疾病・異常	難聴	耳鼻咽頭 耳疾患	耳鼻咽頭 鼻・副鼻腔疾患	耳鼻咽頭 口腔咽喉頭疾患・異常	歯・口腔 むし歯（う歯） 計	歯・口腔 むし歯（う歯） 処置完了者	歯・口腔 むし歯（う歯） 未処置歯のある者	歯・口腔 歯列・咬合	歯・口腔 顎関節	歯・口腔 歯垢の状態	歯・口腔 歯肉の状態	歯・口腔 その他の疾病・異常
幼稚園 5歳	100.00	76.34	16.19	4.39	0.19	0.54	0.57	1.45	0.33	23.12	16.76	5.84	0.52	1.41	…	2.43	3.93	0.67	26.29	10.46	15.82	4.14	0.06	1.13	0.48	1.93
小学校 計	100.00	63.73	10.77	10.31	4.70	0.99	0.97	2.69	5.85	35.28	11.74	13.00	10.54	5.95	0.52	6.47	13.74	0.78	38.32	20.14	18.18	4.49	0.13	3.33	1.85	6.45
6歳	100.00	76.42	13.51	6.47	1.27	0.68	0.50	0.69	0.46	22.91	14.01	7.16	1.74	5.82	0.74	10.89	14.90	1.28	30.89	12.77	18.12	2.64	0.05	1.15	0.66	5.83
7	100.00	73.31	11.43	8.84	3.08	0.72	0.61	0.84	1.15	25.97	12.05	9.69	4.23	5.06	0.50	5.86	13.50	0.95	38.51	18.37	20.14	4.19	0.11	2.48	1.32	5.64
8	100.00	68.11	10.69	10.85	4.31	0.95	0.72	1.79	2.58	30.94	11.41	12.63	6.89	5.73	0.45	6.18	13.12	0.76	44.00	23.88	20.12	5.51	0.18	3.60	1.84	4.93
9	100.00	60.34	9.78	11.56	6.27	1.14	1.17	3.45	6.30	38.53	10.95	15.01	12.57	6.82	…	5.84	14.44	0.74	45.82	25.12	20.70	4.86	0.11	3.71	1.78	6.48
10	100.00	54.83	9.92	12.24	6.32	1.13	1.36	4.03	10.17	44.04	11.29	16.27	16.48	6.17	0.38	6.14	14.59	0.71	40.15	22.87	17.28	4.86	0.12	4.42	2.52	8.05
11	100.00	49.10	9.29	11.87	6.93	1.34	1.44	5.40	14.62	49.56	10.73	17.27	21.55	6.10	…	4.07	11.92	0.27	30.67	17.69	12.98	4.81	0.19	4.48	2.86	7.63
中学校 計	100.00	38.75	11.49	14.85	7.38	0.96	1.36	5.58	19.63	60.29	12.85	20.42	27.01	4.98	0.26	5.01	11.99	0.32	25.82	14.88	10.94	5.43	0.19	5.01	4.04	4.13
12歳	100.00	43.89	11.25	14.40	6.88	1.17	0.94	5.84	15.64	54.94	12.19	20.24	22.52	5.45	0.31	7.10	12.93	0.42	24.17	13.75	10.42	5.76	0.12	4.90	3.83	5.93
13	100.00	39.50	12.31	13.81	6.48	1.10	1.75	5.37	19.68	59.41	14.06	19.18	26.17	4.76	…	4.09	12.93	0.32	25.38	14.69	10.69	5.45	0.21	5.13	4.17	3.85
14	100.00	32.88	10.92	16.32	8.76	0.61	1.40	5.52	23.58	66.50	12.32	21.84	32.34	4.74	0.22	3.83	10.13	0.23	27.88	16.17	11.71	5.08	0.24	4.98	4.11	2.64
高等学校 計	100.00	26.65	10.79	11.10	6.69	0.38	0.89	7.57	35.93	72.97	11.68	18.67	42.62	3.83	0.22	2.34	7.37	0.13	35.60	21.23	14.37	4.22	0.41	5.27	4.81	1.22
15歳	100.00	25.08	12.69	9.60	8.51	0.32	0.91	8.96	33.92	74.59	13.60	18.56	42.43	4.69	0.20	3.78	9.22	0.20	31.31	18.47	12.84	4.18	0.47	5.09	4.64	1.16
16	100.00	25.44	10.32	14.47	6.64	0.44	0.76	7.02	34.90	74.11	11.08	21.49	41.54	3.45	…	1.54	6.47	0.10	35.39	21.21	14.18	4.24	0.36	5.29	4.85	1.25
17	100.00	29.48	9.17	9.56	4.74	0.39	0.98	6.58	39.09	70.12	10.15	16.14	43.83	3.31	0.25	1.48	6.12	0.07	40.30	24.15	16.16	4.24	0.40	5.43	4.96	1.23
うち公立																										
幼稚園 5歳	100.00	73.44	16.81	5.03	0.16	1.17	0.70	1.62	1.07	25.39	17.51	6.65	1.24	2.00	…	7.76	10.27	1.29	30.69	11.34	19.36	5.96	0.04	1.76	0.74	2.11
小学校 計	100.00	63.80	10.76	10.29	4.66	1.01	0.98	2.69	5.82	35.19	11.74	12.97	10.48	5.87	0.52	6.57	13.94	0.79	38.53	20.13	18.40	4.48	0.13	3.32	1.83	6.48
6歳	100.00	76.57	13.35	6.52	1.24	0.68	0.50	0.69	0.46	22.75	13.85	7.20	1.70	5.78	0.75	10.83	14.88	1.25	31.11	12.74	18.37	2.63	0.05	1.14	0.67	5.84
7	100.00	73.39	11.37	8.85	3.06	0.72	0.61	0.84	1.14	25.88	11.99	9.69	4.21	4.96	0.50	5.91	13.75	0.97	38.71	18.33	20.38	4.20	0.11	2.44	1.31	5.70
8	100.00	68.13	10.71	10.88	4.30	0.94	0.73	1.77	2.54	30.93	11.44	12.65	6.84	5.68	0.46	6.59	13.71	0.82	44.21	23.84	20.37	5.49	0.18	3.60	1.82	4.96
9	100.00	60.39	9.82	11.58	6.22	1.14	1.16	3.45	6.26	38.47	10.98	15.02	12.47	6.75	…	5.83	14.28	0.74	45.98	25.07	20.91	4.86	0.12	3.71	1.77	6.51
10	100.00	54.97	9.99	11.99	6.21	1.21	1.43	4.05	10.16	43.82	11.42	16.04	16.36	6.05	0.38	6.23	14.90	0.73	40.38	22.91	17.47	4.82	0.12	4.37	2.51	8.10
11	100.00	49.12	9.34	11.89	6.94	1.35	1.44	5.37	14.55	49.53	10.77	17.26	21.49	6.00	…	4.09	12.08	0.28	30.88	17.72	13.16	4.81	0.19	4.51	2.82	7.67
中学校 計	100.00	38.67	11.51	14.93	7.19	0.89	1.26	5.59	19.96	60.44	12.78	20.52	27.15	5.17	0.27	5.05	12.37	0.32	26.20	14.96	11.24	5.56	0.20	5.14	4.19	4.23
12歳	100.00	43.94	11.18	14.36	6.72	1.12	0.93	5.91	15.83	54.93	12.11	20.27	22.55	5.72	0.32	7.33	13.29	0.44	24.69	13.90	10.78	5.93	0.12	5.01	3.93	6.11
13	100.00	39.52	12.39	13.93	6.35	1.08	1.48	5.31	19.94	59.40	13.87	19.24	26.29	4.93	…	3.99	13.38	0.31	25.73	14.79	10.94	5.61	0.20	5.31	4.36	3.92
14	100.00	32.52	10.98	16.51	8.49	0.46	1.37	5.53	24.12	67.02	12.36	22.04	32.62	4.89	0.22	3.84	10.47	0.22	28.13	16.16	11.98	5.16	0.26	5.10	4.26	2.70
高等学校 計	100.00	24.93	8.70	10.84	7.85	0.64	0.89	8.63	37.52	74.43	9.59	19.47	45.37	4.16	0.17	2.72	7.68	0.14	35.55	21.65	13.91	4.20	0.32	5.44	4.87	0.95
15歳	100.00	22.17	10.55	10.48	9.75	0.54	0.41	10.03	36.06	77.29	10.96	20.51	45.81	5.19	0.15	4.45	10.33	0.24	31.53	18.72	12.81	4.35	0.40	5.29	4.89	0.97
16	100.00	23.58	9.03	11.56	7.87	0.70	1.15	8.99	37.11	75.71	10.19	20.55	44.98	3.81	…	1.72	6.17	0.15	35.37	21.73	13.65	4.18	0.27	5.38	4.62	0.94
17	100.00	29.23	6.31	10.59	5.70	0.70	1.21	6.73	39.53	70.07	7.52	17.33	45.23	3.37	0.19	1.58	5.91	0.03	39.86	24.57	15.29	4.08	0.29	5.65	5.10	0.95
うち私立																										
幼稚園 5歳	100.00	77.21	15.63	4.38	0.19	0.32	0.44	1.66	0.17	22.47	16.06	6.05	0.36	1.27	…	1.71	3.28	0.64	25.97	10.43	15.54	3.97	0.06	0.98	0.47	1.89
高等学校 計	100.00	34.62	12.75	10.94	7.21	0.52	1.29	5.03	27.65	64.87	14.04	15.96	34.86	2.56	0.33	1.96	6.66	0.12	35.59	20.57	15.02	4.04	0.53	4.86	4.78	1.92
15歳	100.00	33.74	14.49	9.82	9.74	0.51	1.88	4.62	25.20	65.75	16.37	14.44	34.94	2.90	0.28	2.89	6.67	0.11	31.25	18.28	12.97	3.81	0.58	4.87	4.48	1.58
16	100.00	35.18	11.36	14.54	6.28	0.54	0.77	4.95	26.38	64.29	12.13	19.49	32.66	2.29	…	1.47	6.82	0.11	35.05	20.11	14.94	4.16	0.50	4.93	5.13	2.22
17	100.00	35.07	12.15	8.45	5.20	0.51	1.14	5.59	31.89	64.43	13.29	14.04	37.09	2.46	0.38	1.31	6.49	0.14	40.90	23.55	17.34	4.17	0.51	4.76	4.76	1.99

区分	永久歯の1人当り平均むし歯(う歯)等数 計 (本)	喪失歯数 (本)	むし歯（う歯） 計 (本)	むし歯（う歯） 処置歯数 (本)	むし歯（う歯） 未処置歯数 (本)	栄養状態	せき柱・胸郭・四肢の状態	皮膚疾患 アトピー性皮膚炎	皮膚疾患 その他の皮膚疾患	結核の精密検査の対象者	結核	心臓の疾病・異常	心電図異常	蛋白検出の者	尿糖検出の者	その他の疾病・異常 ぜん息	その他の疾病・異常 腎臓疾患	その他の疾病・異常 言語障害	その他の疾病・異常 その他の疾病・異常
幼稚園 5歳	…	…	…	…	…	0.31	0.31	2.01	0.82	…	…	0.32	…	1.26	…	1.78	0.02	0.32	1.53
小学校 計	…	…	…	…	…	2.42	0.98	3.02	0.37	0.15	0.00	0.89	3.09	0.65	0.06	3.35	0.19	0.45	5.33
6歳	…	…	…	…	…	1.08	0.81	2.82	0.58	0.33	0.00	1.07	3.09	0.44	0.05	3.49	0.19	0.63	4.87
7	…	…	…	…	…	1.60	0.79	3.06	0.37	0.09	-	0.79	…	0.42	0.02	3.39	0.20	0.67	5.01
8	…	…	…	…	…	2.35	1.00	3.28	0.34	0.13	-	0.88	…	0.40	0.05	3.19	0.17	0.47	5.43
9	…	…	…	…	…	2.94	0.95	3.13	0.30	0.07	-	0.97	…	0.37	0.05	3.41	0.21	0.39	5.57
10	…	…	…	…	…	3.29	1.15	3.02	0.39	0.13	-	0.92	…	0.71	0.09	3.38	0.20	0.36	5.66
11	…	…	…	…	…	3.15	1.19	2.83	0.28	0.12	0.01	0.72	…	1.48	0.10	3.27	0.20	0.22	5.38
中学校 計	0.47	0.02	0.45	0.28	0.17	1.58	1.50	2.98	0.23	0.05	-	0.93	3.38	3.25	0.16	2.25	0.25	0.12	4.90
12歳	0.47	0.02	0.45	0.28	0.17	1.67	1.43	3.00	0.29	0.03	-	1.04	3.38	2.84	0.09	2.21	0.22	0.16	4.93
13	…	…	…	…	…	1.55	1.56	3.03	0.23	0.06	-	0.89	…	3.51	0.21	2.32	0.27	0.13	4.81
14	…	…	…	…	…	1.52	1.50	2.93	0.17	0.05	-	0.85	…	3.40	0.18	2.22	0.24	0.08	4.94
高等学校 計	…	…	…	…	…	0.68	0.95	2.88	0.20	…	0.03	0.84	3.62	3.40	0.20	1.86	0.23	0.07	4.07
15歳	…	…	…	…	…	0.74	1.03	2.93	0.22	…	0.03	0.93	3.62	4.29	0.19	1.67	0.22	0.10	4.25
16	…	…	…	…	…	0.67	0.95	2.90	0.18	…	…	0.84	…	3.12	0.20	1.94	0.23	0.06	4.11
17	…	…	…	…	…	0.62	0.87	2.82	0.19	…	…	0.76	…	2.73	0.21	1.99	0.24	0.05	3.86
うち公立																			
幼稚園 5歳	…	…	…	…	…	0.25	0.03	1.64	0.26	…	…	0.44	…	0.28	…	1.56	-	0.33	3.83
小学校 計	…	…	…	…	…	2.43	0.98	3.05	0.37	0.15	0.00	0.89	2.98	0.63	0.06	3.34	0.20	0.46	5.27
6歳	…	…	…	…	…	1.09	0.80	2.84	0.58	0.33	0.00	1.08	2.98	0.41	0.05	3.51	0.19	0.64	4.80
7	…	…	…	…	…	1.60	0.79	3.09	0.37	0.09	-	0.79	…	0.41	0.02	3.40	0.21	0.68	5.04
8	…	…	…	…	…	2.37	1.00	3.32	0.34	0.14	-	0.89	…	0.40	0.05	3.21	0.17	0.48	5.38
9	…	…	…	…	…	2.95	0.94	3.17	0.29	0.07	-	0.98	…	0.37	0.04	3.35	0.20	0.41	5.49
10	…	…	…	…	…	3.31	1.16	3.03	0.40	0.13	-	0.93	…	0.69	0.09	3.35	0.20	0.36	5.56
11	…	…	…	…	…	3.16	1.20	2.85	0.25	0.13	0.01	0.71	…	1.44	0.10	3.26	0.20	0.22	5.34
中学校 計	0.48	0.02	0.46	0.29	0.18	1.68	1.49	3.05	0.24	0.05	-	0.95	3.45	3.30	0.17	2.29	0.26	0.13	4.98
12歳	0.48	0.02	0.46	0.29	0.18	1.77	1.42	3.09	0.31	0.03	-	1.08	3.45	2.89	0.10	2.25	0.23	0.16	5.01
13	…	…	…	…	…	1.65	1.58	3.07	0.23	0.06	-	0.91	…	3.56	0.22	2.37	0.29	0.13	4.90
14	…	…	…	…	…	1.61	1.46	3.00	0.17	0.05	-	0.88	…	3.44	0.18	2.26	0.26	0.08	5.02
高等学校 計	…	…	…	…	…	0.60	0.95	3.30	0.19	…	0.01	0.87	3.57	3.33	0.18	2.06	0.23	0.07	4.29
15歳	…	…	…	…	…	0.70	1.01	3.40	0.23	…	0.01	1.00	3.57	4.20	0.20	1.82	0.22	0.12	4.38
16	…	…	…	…	…	0.57	0.94	3.34	0.17	…	…	0.88	…	3.02	0.19	2.12	0.21	0.05	4.44
17	…	…	…	…	…	0.52	0.91	3.17	0.17	…	…	0.73	…	2.75	0.17	2.25	0.26	0.04	4.05
うち私立																			
幼稚園 5歳	…	…	…	…	…	0.32	0.34	2.06	0.87	…	…	0.30	…	1.38	…	1.80	0.02	0.30	1.22
高等学校 計	…	…	…	…	…	0.95	0.86	2.14	0.20	…	0.06	0.76	4.06	3.44	0.23	1.41	0.23	0.06	3.75
15歳	…	…	…	…	…	0.95	0.98	2.12	0.19	…	0.06	0.75	4.06	4.54	0.18	1.36	0.20	0.05	4.05
16	…	…	…	…	…	0.96	0.85	2.13	0.18	…	…	0.72	…	3.11	0.24	1.46	0.28	0.07	3.52
17	…	…	…	…	…	0.93	0.74	2.19	0.21	…	…	0.80	…	2.57	0.25	1.42	0.21	0.07	3.65

4 年齢別 都市階級別 設置者別 疾病・異常被患率等（15−9）

2 男 (4) 小都市

単位 （%）

区分	裸眼視力 計	視力非矯正者の裸眼視力 1.0以上	視力非矯正者の裸眼視力 1.0未満0.7以上	視力非矯正者の裸眼視力 0.7未満0.3以上	視力非矯正者の裸眼視力 0.3未満	視力矯正者の裸眼視力 1.0以上	視力矯正者の裸眼視力 1.0未満0.7以上	視力矯正者の裸眼視力 0.7未満0.3以上	視力矯正者の裸眼視力 0.3未満	裸眼視力 計	裸眼視力 1.0未満0.7以上	裸眼視力 0.7未満0.3以上	裸眼視力 0.3未満	眼の疾病・異常	難聴	耳鼻咽頭 耳疾患	耳鼻咽頭 鼻・副鼻腔疾患	耳鼻咽頭 口腔咽喉頭疾患・異常	歯・口腔 むし歯（う歯） 計	歯・口腔 むし歯（う歯） 処置完了者	歯・口腔 むし歯（う歯） 未処置歯のある者	歯・口腔 歯列・咬合	歯・口腔 顎関節	歯・口腔 歯垢の状態	歯・口腔 歯肉の状態	歯・口腔 その他の疾病・異常
幼稚園 5歳	100.00	71.54	21.57	4.65	0.43	0.43	0.69	0.48	0.21	28.03	22.26	5.13	0.64	0.91	…	2.08	2.51	0.71	29.35	10.99	18.35	4.01	0.12	1.34	0.20	2.58
小学校 計	100.00	64.55	10.47	10.00	4.19	0.82	0.97	2.79	6.22	34.63	11.43	12.79	10.41	5.34	0.40	5.63	13.45	0.80	42.04	21.28	20.76	4.18	0.06	3.71	2.05	7.24
小学校 6歳	100.00	77.09	12.86	6.38	1.22	0.45	0.67	0.82	0.50	22.45	13.53	7.20	1.72	4.97	0.51	8.17	13.62	1.28	34.87	13.74	21.13	2.75	0.06	1.30	0.56	6.04
小学校 7	100.00	74.22	11.62	8.36	2.38	0.67	0.54	1.18	1.03	25.11	12.16	9.54	3.41	5.00	0.46	5.97	12.57	0.81	42.85	19.99	22.87	3.83	0.09	2.80	1.34	5.56
小学校 8	100.00	67.96	10.54	10.01	4.57	0.76	0.96	1.92	3.29	31.28	11.50	11.92	7.86	5.27	0.32	5.51	13.14	0.82	47.48	23.86	23.62	4.73	0.04	3.92	1.86	5.81
小学校 9	100.00	60.90	10.22	11.08	5.33	1.08	1.20	3.03	7.15	38.01	11.43	14.11	12.48	5.91	…	4.93	14.13	0.82	50.10	26.73	23.37	4.50	0.04	3.99	2.32	7.99
小学校 10	100.00	57.06	8.91	11.35	5.67	0.88	1.14	4.52	10.47	42.06	10.05	15.86	16.15	5.51	0.31	5.00	14.62	0.61	43.19	24.20	18.99	4.55	0.05	4.88	2.77	9.35
小学校 11	100.00	51.59	8.87	12.52	5.69	1.04	1.26	5.00	14.02	47.36	10.13	17.52	19.71	5.34	…	4.35	12.58	0.50	33.89	18.87	15.02	4.64	0.09	5.15	3.26	8.44
中学校 計	100.00	46.02	9.65	12.24	6.61	0.77	1.18	5.03	18.51	53.21	10.83	17.27	25.12	5.27	0.30	4.81	12.73	0.38	29.65	17.36	12.29	4.53	0.29	4.62	3.93	4.39
中学校 12歳	100.00	53.71	8.34	11.84	5.40	0.53	1.19	4.55	14.45	45.76	9.53	16.38	19.85	5.83	0.29	5.97	13.38	0.57	27.47	15.92	11.55	4.60	0.32	4.21	3.27	6.19
中学校 13	100.00	44.12	11.43	11.82	7.30	0.49	1.15	4.95	18.74	55.38	12.57	16.77	26.04	5.03	…	4.87	13.44	0.36	29.70	17.36	12.34	4.40	0.29	4.79	3.95	4.09
中学校 14	100.00	39.60	9.24	13.11	7.22	1.31	1.19	5.64	22.68	59.09	10.43	18.75	29.90	4.97	0.32	3.64	11.39	0.21	31.70	18.74	12.97	4.57	0.28	4.85	4.54	2.95
高等学校 計	100.00	32.79	9.63	12.38	6.75	0.54	1.15	6.50	30.26	66.67	10.78	18.88	37.01	3.87	0.24	2.34	9.70	0.22	38.39	23.09	15.30	4.29	0.51	4.79	4.83	1.28
高等学校 15歳	100.00	30.45	10.99	12.11	8.04	0.46	1.11	6.97	29.87	69.09	12.11	19.07	37.92	4.07	0.21	3.52	12.01	0.28	34.02	20.40	13.62	4.32	0.52	4.53	4.50	1.30
高等学校 16	100.00	35.15	8.46	12.59	7.41	0.52	1.35	5.36	29.17	64.33	9.81	17.95	36.57	3.77	…	1.70	8.77	0.19	37.63	22.58	15.05	4.48	0.49	4.86	4.84	1.26
高等学校 17	100.00	32.94	9.35	12.44	4.79	0.64	1.01	7.12	31.72	66.42	10.36	19.56	36.50	3.77	0.27	1.71	8.17	0.18	43.59	26.33	17.26	4.07	0.51	4.99	5.14	1.27
うち公立																										
幼稚園 5歳	100.00	69.38	20.15	6.86	1.47	0.29	0.62	0.42	0.81	30.33	20.77	7.29	2.27	1.60	…	3.19	6.85	0.49	30.35	9.65	20.70	3.00	0.25	1.74	0.24	3.69
小学校 計	100.00	64.57	10.46	10.00	4.19	0.81	0.97	2.79	6.21	34.61	11.43	12.79	10.39	5.39	0.40	5.60	13.52	0.80	42.17	21.30	20.87	4.21	0.06	3.73	2.06	7.26
小学校 6歳	100.00	77.16	12.80	6.37	1.21	0.45	0.67	0.82	0.51	22.38	13.47	7.19	1.72	5.02	0.51	8.14	13.70	1.29	35.01	13.76	21.25	2.75	0.06	1.31	0.56	6.04
小学校 7	100.00	74.21	11.64	8.35	2.38	0.66	0.54	1.18	1.04	25.13	12.18	9.53	3.42	5.06	0.46	5.94	12.63	0.81	43.00	19.99	23.01	3.85	0.09	2.80	1.35	5.58
小学校 8	100.00	67.99	10.54	10.00	4.56	0.75	0.96	1.92	3.29	31.26	11.50	11.92	7.85	5.33	0.32	5.49	13.23	0.82	47.63	23.85	23.78	4.77	0.04	3.93	1.87	5.83
小学校 9	100.00	60.98	10.22	11.08	5.32	1.07	1.20	3.02	7.11	37.95	11.42	14.10	12.43	5.98	…	4.92	14.22	0.82	50.19	26.73	23.45	4.53	0.04	4.01	2.34	8.03
小学校 10	100.00	57.10	8.93	11.34	5.66	0.87	1.14	4.52	10.44	42.03	10.07	15.87	16.10	5.57	0.30	5.00	14.69	0.62	43.33	24.21	19.12	4.59	0.05	4.91	2.79	9.36
小学校 11	100.00	51.58	8.87	12.53	5.72	1.04	1.27	5.00	13.99	47.39	10.14	17.53	19.72	5.38	…	4.32	12.60	0.51	33.99	18.95	15.05	4.66	0.09	5.18	3.28	8.46
中学校 計	100.00	45.93	9.68	12.29	6.61	0.77	1.19	5.01	18.53	53.31	10.87	17.30	25.14	4.91	0.22	5.11	13.24	0.39	30.55	17.68	12.87	4.44	0.30	4.53	3.84	4.59
中学校 12歳	100.00	53.62	8.36	11.89	5.41	0.53	1.20	4.52	14.46	45.85	9.56	16.41	19.87	5.45	0.23	6.65	13.78	0.59	28.44	16.35	12.09	4.47	0.32	4.13	3.19	6.48
中学校 13	100.00	43.97	11.50	11.90	7.25	0.50	1.16	4.92	18.80	55.54	12.66	16.82	26.05	4.55	…	4.77	14.14	0.38	30.61	17.67	12.93	4.33	0.30	4.74	3.82	4.29
中学校 14	100.00	39.57	9.24	13.12	7.24	1.30	1.20	5.63	22.69	59.13	10.44	18.75	29.93	4.74	0.22	3.96	11.85	0.21	32.54	18.97	13.57	4.53	0.29	4.72	4.48	3.08
高等学校 計	100.00	30.78	9.41	11.60	6.40	0.61	1.16	6.98	33.06	68.61	10.57	18.58	39.46	4.41	0.23	2.75	11.02	0.24	39.12	23.47	15.65	4.65	0.59	4.51	4.72	1.31
高等学校 15歳	100.00	28.63	10.75	11.32	8.08	0.51	1.11	7.12	32.49	70.87	11.86	18.44	40.57	4.54	0.21	3.88	12.87	0.30	34.83	20.77	14.05	4.65	0.61	4.35	4.42	1.29
高等学校 16	100.00	32.85	8.30	12.09	6.75	0.60	1.43	6.03	31.96	66.56	9.73	18.12	38.71	4.48	…	2.00	10.16	0.22	38.38	23.08	15.29	4.94	0.57	4.56	4.74	1.25
高等学校 17	100.00	31.02	9.10	11.42	4.32	0.72	0.95	7.76	34.71	68.25	10.05	19.18	39.03	4.21	0.26	2.01	9.47	0.17	44.20	26.59	17.61	4.38	0.59	4.63	5.00	1.38
うち私立																										
幼稚園 5歳	100.00	72.70	21.18	4.03	0.31	0.48	0.72	0.51	0.07	26.83	21.90	4.55	0.38	0.79	…	1.75	1.93	0.84	29.10	11.42	17.69	4.23	0.09	1.18	0.18	2.45
高等学校 計	100.00	41.69	9.90	14.75	7.76	0.25	2.22	4.85	18.57	58.06	12.13	19.60	26.33	2.38	0.31	2.01	8.21	0.27	34.45	21.59	12.86	3.54	0.33	5.75	4.65	1.57
高等学校 15歳	100.00	41.36	11.09	15.29	7.48	0.34	2.13	7.01	15.31	58.30	13.22	22.30	22.79	2.71	0.27	2.73	9.72	0.27	28.93	18.25	10.67	3.88	0.31	5.32	4.30	1.70
高等学校 16	100.00	42.03	9.63	14.80	8.88	0.19	1.98	3.58	18.91	57.78	11.61	18.38	27.79	2.04	…	1.65	8.13	0.20	33.42	20.67	12.75	3.34	0.34	5.81	4.55	1.64
高等学校 17	100.00	41.68	8.95	14.15	6.95	0.22	2.57	3.88	21.61	58.10	11.52	18.03	28.55	2.37	0.35	1.60	6.69	0.35	41.12	25.92	15.20	3.40	0.35	6.12	5.10	1.37

区分	永久歯の1人当り平均むし歯（う歯）等数 計 (本)	喪失歯数 (本)	むし歯（う歯） 計 (本)	むし歯（う歯） 処置歯数 (本)	むし歯（う歯） 未処置歯数 (本)	栄養状態	せき柱・胸郭・四肢の状態	皮膚疾患 アトピー性皮膚炎	皮膚疾患 その他の皮膚疾患	結核の精密検査の対象者	結核	心臓の疾病・異常	心電図異常	蛋白検出の者	尿糖検出の者	その他の疾病・異常 ぜん息	その他の疾病・異常 腎臓疾患	その他の疾病・異常 言語障害	その他の疾病・異常 その他の疾病・異常
幼稚園 5歳	…	…	…	…	…	0.30	0.30	1.39	0.83	…	…	0.23	…	0.48	…	1.25	0.03	0.40	1.51
小学校 計	…	…	…	…	…	2.65	0.70	3.46	0.32	0.06	0.00	0.78	3.03	0.72	0.06	3.62	0.19	0.79	6.50
小学校 6歳	…	…	…	…	…	1.29	0.52	3.18	0.37	0.15	0.00	0.92	3.03	0.41	0.06	3.99	0.15	1.33	6.08
小学校 7	…	…	…	…	…	1.77	0.58	3.28	0.32	0.07	0.00	0.89	…	0.49	0.05	3.57	0.17	1.19	6.12
小学校 8	…	…	…	…	…	2.35	0.58	3.41	0.31	0.03	-	0.65	…	0.49	0.04	3.78	0.22	0.97	6.46
小学校 9	…	…	…	…	…	3.21	0.64	3.69	0.43	0.03	-	0.83	…	0.51	0.05	3.44	0.21	0.53	6.45
小学校 10	…	…	…	…	…	3.47	0.85	3.80	0.25	0.04	-	0.75	…	0.69	0.07	3.54	0.14	0.34	6.70
小学校 11	…	…	…	…	…	3.64	0.96	3.35	0.23	0.02	0.00	0.63	…	1.65	0.12	3.40	0.24	0.42	7.13
中学校 計	0.58	0.01	0.58	0.37	0.21	2.06	1.20	3.25	0.24	0.04	0.00	0.92	3.69	3.40	0.15	2.69	0.23	0.14	5.74
中学校 12歳	0.58	0.01	0.58	0.37	0.21	1.98	1.28	3.38	0.34	0.06	-	0.97	3.69	2.80	0.07	2.71	0.23	0.16	5.70
中学校 13	…	…	…	…	…	2.11	1.19	3.14	0.15	0.02	0.00	0.97	…	3.73	0.16	2.74	0.23	0.14	5.92
中学校 14	…	…	…	…	…	2.10	1.13	3.22	0.24	0.04	0.00	0.84	…	3.66	0.22	2.61	0.24	0.13	5.61
高等学校 計	…	…	…	…	…	0.67	0.95	3.03	0.21	…	0.03	0.96	4.03	3.03	0.23	1.90	0.22	0.08	4.38
高等学校 15歳	…	…	…	…	…	0.77	1.18	3.03	0.24	…	0.03	1.03	4.03	3.80	0.19	1.93	0.15	0.08	4.60
高等学校 16	…	…	…	…	…	0.66	0.86	3.11	0.15	…	…	0.96	…	2.94	0.25	1.91	0.23	0.08	4.37
高等学校 17	…	…	…	…	…	0.59	0.82	2.94	0.22	…	…	0.88	…	2.34	0.26	1.86	0.29	0.07	4.17
うち公立																			
幼稚園 5歳	…	…	…	…	…	0.25	0.12	1.80	0.99	…	…	0.17	…	0.31	…	1.65	-	1.20	3.61
小学校 計	…	…	…	…	…	2.67	0.70	3.50	0.32	0.05	0.00	0.78	3.03	0.71	0.06	3.64	0.19	0.79	6.54
小学校 6歳	…	…	…	…	…	1.30	0.52	3.22	0.37	0.15	0.00	0.92	3.03	0.41	0.06	4.03	0.15	1.34	6.11
小学校 7	…	…	…	…	…	1.79	0.59	3.32	0.33	0.07	0.00	0.90	…	0.49	0.04	3.58	0.17	1.20	6.17
小学校 8	…	…	…	…	…	2.38	0.56	3.45	0.32	0.03	-	0.65	…	0.49	0.04	3.80	0.22	0.98	6.50
小学校 9	…	…	…	…	…	3.21	0.65	3.74	0.44	0.02	-	0.84	…	0.49	0.05	3.48	0.21	0.53	6.48
小学校 10	…	…	…	…	…	3.49	0.86	3.85	0.25	0.03	-	0.75	…	0.69	0.07	3.57	0.14	0.35	6.73
小学校 11	…	…	…	…	…	3.66	0.97	3.38	0.23	0.03	0.00	0.64	…	1.64	0.12	3.42	0.24	0.42	7.16
中学校 計	0.61	0.01	0.60	0.38	0.22	1.62	1.27	3.06	0.22	0.04	0.00	0.94	3.74	3.34	0.16	2.62	0.26	0.17	5.64
中学校 12歳	0.61	0.01	0.60	0.38	0.22	1.64	1.37	3.19	0.29	0.06	-	0.98	3.74	2.74	0.07	2.62	0.23	0.22	5.84
中学校 13	…	…	…	…	…	1.61	1.26	2.90	0.15	0.02	0.00	0.99	…	3.74	0.20	2.68	0.23	0.11	5.77
中学校 14	…	…	…	…	…	1.60	1.20	3.10	0.23	0.04	0.00	0.85	…	3.52	0.22	2.57	0.31	0.17	5.33
高等学校 計	…	…	…	…	…	0.64	0.86	3.18	0.21	…	0.04	1.03	3.94	3.03	0.24	1.89	0.22	0.08	4.40
高等学校 15歳	…	…	…	…	…	0.77	1.09	3.23	0.23	…	0.04	1.07	3.94	3.78	0.18	1.83	0.14	0.08	4.64
高等学校 16	…	…	…	…	…	0.63	0.78	3.19	0.15	…	…	1.02	…	2.97	0.27	1.94	0.22	0.09	4.35
高等学校 17	…	…	…	…	…	0.51	0.71	3.12	0.23	…	…	0.99	…	2.33	0.26	1.89	0.30	0.07	4.19
うち私立																			
幼稚園 5歳	…	…	…	…	…	0.28	0.32	1.32	0.79	…	…	0.25	…	0.52	…	1.19	0.04	0.29	1.23
高等学校 計	…	…	…	…	…	0.74	0.99	2.17	0.18	…	0.03	0.71	3.95	3.08	0.23	1.92	0.21	0.05	4.05
高等学校 15歳	…	…	…	…	…	0.67	1.20	2.02	0.24	…	0.03	0.93	3.95	3.87	0.25	2.18	0.19	0.06	4.31
高等学校 16	…	…	…	…	…	0.71	0.86	2.32	0.14	…	…	0.62	…	3.02	0.21	1.79	0.19	0.04	3.87
高等学校 17	…	…	…	…	…	0.85	0.89	2.17	0.16	…	…	0.57	…	2.33	0.24	1.78	0.24	0.06	3.96

4 年齢別 都市階級別 設置者別 疾病・異常被患率等（15-10）

2 男 (5) 町村　　　　単位 (%)

区分	計	裸眼視力 視力非矯正者の裸眼視力 1.0以上	視力非矯正者の裸眼視力 1.0未満0.7以上	視力非矯正者の裸眼視力 0.7未満0.3以上	視力非矯正者の裸眼視力 0.3未満	視力矯正者の裸眼視力 1.0以上	視力矯正者の裸眼視力 1.0未満0.7以上	視力矯正者の裸眼視力 0.7未満0.3以上	視力矯正者の裸眼視力 0.3未満	裸眼視力 計	裸眼視力 1.0未満0.7以上	裸眼視力 0.7未満0.3以上	裸眼視力 0.3未満	眼の疾病・異常	難聴	耳鼻咽頭 耳疾患	耳鼻咽頭 鼻・副鼻腔疾患	耳鼻咽頭 口腔咽喉頭疾患・異常	歯・口腔 むし歯（う歯） 計	むし歯（う歯） 処置完了者	むし歯（う歯） 未処置歯のある者	歯列・咬合	顎関節	歯垢の状態	歯肉の状態	その他の疾病・異常
幼稚園 5歳	100.00	77.26	14.67	6.77	0.20	0.22	0.33	0.36	0.19	22.52	15.00	7.13	0.39	1.31	…	1.64	3.24	1.15	33.02	12.28	20.74	3.37	0.12	0.69	0.01	3.28
小学校 計	100.00	65.59	10.86	9.22	3.86	0.91	1.18	2.51	5.88	33.51	12.04	11.72	9.74	5.21	0.47	4.86	16.31	1.54	45.10	22.39	22.71	3.87	0.06	3.95	1.77	7.90
小学校 6歳	100.00	74.11	15.84	6.37	0.93	0.61	0.75	0.86	0.53	25.28	16.59	7.23	1.46	4.98	0.72	6.63	13.38	2.19	37.82	14.45	23.37	2.55	0.02	1.37	0.34	6.34
小学校 7	100.00	73.32	12.04	7.27	2.75	0.64	2.14	0.95	0.90	26.04	14.17	8.22	3.65	4.51	0.61	6.17	15.94	2.60	46.50	19.89	26.61	3.51	-	2.85	0.94	5.76
小学校 8	100.00	69.60	10.55	9.75	4.00	0.79	0.80	2.06	2.45	29.61	11.35	11.81	6.45	4.70	0.32	4.86	14.93	1.60	50.69	26.11	24.58	4.29	0.03	4.36	1.88	6.15
小学校 9	100.00	63.18	9.60	9.69	5.07	1.18	0.89	2.99	7.40	35.64	10.49	12.68	12.47	6.45	…	4.36	20.00	1.30	51.69	27.21	24.48	4.15	0.08	4.70	2.06	8.17
小学校 10	100.00	58.27	9.47	10.91	5.62	1.25	0.87	3.95	9.67	40.49	10.34	14.86	15.29	5.03	0.25	4.31	16.45	0.85	47.84	26.19	21.65	4.58	0.12	4.68	2.47	10.66
小学校 11	100.00	55.53	7.94	11.18	4.65	0.96	1.61	4.12	14.00	43.51	9.55	15.30	18.66	5.55	…	2.95	16.99	0.75	36.14	20.04	16.10	4.02	0.10	5.48	2.78	10.02
中学校 計	100.00	43.67	9.78	13.48	5.80	1.55	0.86	5.23	19.63	54.78	10.64	18.70	25.43	6.38	0.57	5.68	13.21	0.64	32.07	18.08	14.00	5.47	0.27	5.15	5.52	4.40
中学校 12歳	100.00	50.53	8.95	12.92	5.41	0.77	1.01	5.79	14.61	48.70	9.97	18.71	20.02	5.64	0.75	6.43	13.25	0.62	29.76	17.47	12.30	4.92	0.24	4.15	4.37	6.24
中学校 13	100.00	42.23	10.15	13.70	6.39	2.20	0.43	4.37	20.54	55.57	10.58	18.07	26.93	7.46	…	5.33	14.24	0.74	31.67	17.70	13.97	5.83	0.19	5.83	5.50	4.05
中学校 14	100.00	38.48	10.22	13.80	5.60	1.67	1.14	5.52	23.57	59.84	11.36	19.32	29.17	6.07	0.41	5.25	12.26	0.57	34.70	19.04	15.66	5.65	0.37	5.45	6.65	2.99
高等学校 計	100.00	34.41	9.95	11.29	6.84	1.16	1.32	5.50	29.54	64.43	11.26	16.79	36.38	4.89	0.19	2.86	9.47	0.16	46.55	23.43	23.12	6.02	1.26	8.12	6.37	1.74
高等学校 15歳	100.00	31.63	10.97	14.34	9.84	1.27	1.46	4.50	26.00	67.11	12.43	18.84	35.84	4.36	0.22	2.77	9.00	0.21	41.66	21.03	20.63	5.47	0.78	7.61	6.05	1.90
高等学校 16	100.00	40.19	11.09	9.53	5.21	0.14	0.74	3.54	29.56	59.67	11.83	13.07	34.77	4.30	…	2.75	9.13	0.11	45.78	23.29	22.49	6.15	1.44	8.72	6.64	1.70
高等学校 17	100.00	31.70	7.51	9.46	4.92	2.11	1.75	8.76	33.79	66.19	9.27	18.22	38.71	6.01	0.17	3.08	10.38	0.15	52.29	26.03	26.26	6.47	1.56	8.06	6.43	1.62
うち公立 幼稚園 5歳	100.00	73.39	17.61	7.24	0.20	0.39	0.23	0.65	0.30	26.22	17.84	7.89	0.49	1.47	…	2.25	4.41	2.61	36.87	12.02	24.85	1.36	-	0.77	0.02	3.66
小学校 計	100.00	65.58	10.87	9.22	3.85	0.91	1.18	2.51	5.89	33.51	12.05	11.73	9.74	5.22	0.47	4.86	16.32	1.54	45.09	22.39	22.70	3.87	0.06	3.95	1.77	7.90
小学校 6歳	100.00	74.10	15.84	6.38	0.93	0.61	0.75	0.86	0.53	25.29	16.59	7.24	1.46	4.99	0.72	6.62	13.39	2.19	37.82	14.45	23.37	2.56	0.02	1.37	0.34	6.34
小学校 7	100.00	73.32	12.04	7.26	2.75	0.64	2.14	0.95	0.90	26.05	14.18	8.21	3.65	4.51	0.61	6.17	15.97	2.60	46.50	19.89	26.61	3.52	-	2.85	0.94	5.76
小学校 8	100.00	69.61	10.54	9.75	4.00	0.79	0.80	2.06	2.45	29.61	11.35	11.82	6.44	4.71	0.32	4.86	14.94	1.60	50.68	26.11	24.57	4.29	0.03	4.37	1.88	6.15
小学校 9	100.00	63.18	9.60	9.68	5.07	1.18	0.89	2.99	7.40	35.64	10.50	12.68	12.47	6.46	…	4.37	20.02	1.30	51.67	27.22	24.46	4.15	0.08	4.71	2.06	8.17
小学校 10	100.00	58.27	9.47	10.90	5.61	1.25	0.87	3.96	9.67	40.48	10.34	14.86	15.28	5.04	0.25	4.31	16.46	0.85	47.83	26.20	21.63	4.59	0.12	4.68	2.46	10.66
小学校 11	100.00	55.53	7.94	11.18	4.65	0.96	1.61	4.12	14.00	43.51	9.55	15.30	18.65	5.55	…	2.95	17.00	0.75	36.13	20.04	16.08	4.03	0.10	5.48	2.78	10.02
中学校 計	100.00	43.65	9.85	13.49	5.82	1.54	0.87	5.21	19.58	54.81	10.71	18.70	25.40	6.37	0.56	5.64	13.04	0.61	32.38	18.21	14.17	5.52	0.27	5.18	5.59	4.47
中学校 12歳	100.00	50.55	8.99	12.86	5.42	0.75	1.02	5.80	14.61	48.70	10.02	18.66	20.02	5.69	0.73	6.37	13.17	0.57	30.15	17.64	12.50	4.98	0.24	4.19	4.43	6.32
中学校 13	100.00	42.05	10.22	13.73	6.41	2.23	0.43	4.34	20.57	55.72	10.65	18.07	26.99	7.43	…	5.30	14.06	0.72	31.89	17.79	14.11	5.86	0.20	5.86	5.56	4.11
中学校 14	100.00	38.58	10.30	13.87	5.61	1.62	1.15	5.48	23.39	59.80	11.44	19.35	29.01	6.01	0.40	5.22	12.01	0.54	35.01	19.17	15.84	5.71	0.37	5.48	6.75	3.04
高等学校 計	100.00	34.52	9.78	11.47	6.85	1.32	1.47	5.26	29.34	64.15	11.24	16.72	36.19	5.46	0.22	2.84	10.83	0.21	45.09	22.04	23.06	5.89	0.81	6.38	6.28	1.55
高等学校 15歳	100.00	32.38	10.62	14.55	9.99	1.47	1.60	4.11	25.27	66.15	12.22	18.66	35.27	4.86	0.26	2.80	9.81	0.24	40.48	19.99	20.49	5.98	0.75	6.60	6.13	1.65
高等学校 16	100.00	40.41	10.99	9.61	4.87	0.16	0.85	3.02	30.09	59.44	11.84	12.63	34.96	4.95	…	2.75	10.47	0.16	43.61	21.81	21.80	5.60	0.76	6.45	6.30	1.59
高等学校 17	100.00	31.07	7.59	9.79	5.22	2.33	1.94	8.81	33.25	66.60	9.53	18.60	38.47	6.65	0.17	2.98	12.47	0.21	51.16	24.31	26.84	6.08	0.91	6.09	6.42	1.41
うち私立 幼稚園 5歳	100.00	82.14	12.29	4.56	0.22	0.06	0.53	0.11	0.10	17.80	12.82	4.66	0.32	1.11	…	1.32	2.33	-	30.58	11.51	19.07	5.15	0.20	0.77	-	2.80
高等学校 計	100.00	26.37	9.15	2.07	2.02	-	-	14.27	46.12	73.63	9.15	16.34	48.14	0.76	0.19	2.59	5.29	-	34.57	16.16	18.41	8.58	2.34	9.14	6.48	0.94
高等学校 15歳	100.00	23.59	21.68	4.25	1.06	-	-	3.08	46.33	76.41	21.68	7.34	47.40	1.12	0.15	2.69	5.31	-	30.66	13.91	16.74	7.03	0.73	6.54	5.15	1.03
高等学校 16	100.00	27.30	4.08	1.02	4.08	-	-	21.17	42.35	72.70	4.08	22.19	46.43	0.58	…	2.81	6.13	-	33.45	15.39	18.06	9.37	3.17	11.65	7.68	1.03
高等学校 17	100.00	28.16	1.94	0.97	0.97	-	-	18.45	49.51	71.84	1.94	19.42	50.49	0.52	0.23	2.25	4.39	-	39.92	19.36	20.55	9.47	3.24	9.45	6.71	0.77

区分	永久歯の1人当り平均むし歯（う歯）等数 計（本）	喪失歯数（本）	むし歯（う歯） 計（本）	むし歯（う歯） 処置歯数（本）	むし歯（う歯） 未処置歯数（本）	栄養状態	せき柱・胸郭・四肢の状態	皮膚疾患 アトピー性皮膚炎	皮膚疾患 その他の皮膚疾患	結核の精密検査の対象者	結核	心臓の疾病・異常	心電図異常	蛋白検出の者	尿糖検出の者	その他の疾病・異常 ぜん息	腎臓疾患	言語障害	その他の疾病・異常
幼稚園 5歳	…	…	…	…	…	0.56	0.12	1.47	0.82	…	…	0.23	…	0.45	…	1.80	0.06	0.58	2.29
小学校 計	…	…	…	…	…	3.06	0.66	3.70	0.55	0.03	0.00	0.76	4.32	0.69	0.04	3.40	0.22	0.90	5.92
小学校 6歳	…	…	…	…	…	1.56	0.27	2.89	0.58	0.09	0.00	0.78	4.32	0.56	0.02	3.74	0.28	1.21	5.67
小学校 7	…	…	…	…	…	2.03	0.64	4.06	0.55	0.10	-	0.74	…	0.71	0.04	3.79	0.18	1.45	5.37
小学校 8	…	…	…	…	…	3.08	0.56	4.70	0.59	-	-	0.83	…	0.29	0.05	3.89	0.17	0.74	5.39
小学校 9	…	…	…	…	…	3.26	0.72	3.28	0.67	0.01	-	1.03	…	0.51	0.02	3.47	0.22	0.90	6.45
小学校 10	…	…	…	…	…	4.37	0.92	3.69	0.38	-	-	0.60	…	0.51	0.04	3.01	0.24	0.76	5.82
小学校 11	…	…	…	…	…	3.90	0.85	3.59	0.54	0.00	-	0.58	…	1.53	0.11	2.58	0.25	0.40	6.75
中学校 計	0.70	0.01	0.69	0.40	0.29	2.44	1.18	4.50	0.26	0.00	-	0.85	4.06	3.27	0.15	3.17	0.16	0.16	6.92
中学校 12歳	0.70	0.01	0.69	0.40	0.29	1.99	1.50	5.44	0.23	0.00	-	0.65	4.06	2.91	0.05	3.18	0.11	0.11	6.40
中学校 13	…	…	…	…	…	2.40	1.05	4.65	0.50	0.00	-	0.68	…	3.58	0.21	3.49	0.20	0.32	7.13
中学校 14	…	…	…	…	…	2.93	1.01	3.45	0.07	-	-	1.20	…	3.32	0.18	2.85	0.16	0.04	7.21
高等学校 計	…	…	…	…	…	1.19	0.72	3.43	0.29	…	0.05	0.88	3.74	4.24	0.24	2.05	0.22	0.08	6.40
高等学校 15歳	…	…	…	…	…	1.30	0.99	3.62	0.34	…	0.05	1.04	3.74	4.90	0.21	2.15	0.29	0.05	6.72
高等学校 16	…	…	…	…	…	0.93	0.66	3.06	0.27	…	…	0.95	…	4.03	0.26	2.16	0.19	0.04	6.98
高等学校 17	…	…	…	…	…	1.34	0.49	3.58	0.28	…	…	0.65	…	3.77	0.23	1.85	0.17	0.14	5.52
うち公立 幼稚園 5歳	…	…	…	…	…	0.49	0.10	2.55	0.74	…	…	0.09	…	1.51	…	1.16	0.13	0.21	2.35
小学校 計	…	…	…	…	…	3.07	0.66	3.71	0.55	0.03	0.00	0.76	4.32	0.69	0.04	3.40	0.22	0.90	5.92
小学校 6歳	…	…	…	…	…	1.56	0.27	2.89	0.58	0.09	0.00	0.78	4.32	0.56	0.02	3.74	0.28	1.20	5.67
小学校 7	…	…	…	…	…	2.03	0.64	4.06	0.55	0.10	-	0.74	…	0.71	0.04	3.79	0.18	1.45	5.37
小学校 8	…	…	…	…	…	3.08	0.56	4.71	0.59	-	-	0.82	…	0.29	0.05	3.89	0.17	0.73	5.39
小学校 9	…	…	…	…	…	3.27	0.72	3.29	0.67	0.01	-	1.03	…	0.51	0.02	3.47	0.22	0.90	6.45
小学校 10	…	…	…	…	…	4.38	0.92	3.69	0.38	-	-	0.60	…	0.52	0.04	3.01	0.24	0.77	5.82
小学校 11	…	…	…	…	…	3.90	0.84	3.59	0.54	0.00	-	0.58	…	1.53	0.11	2.59	0.25	0.40	6.75
中学校 計	0.71	0.01	0.70	0.40	0.29	2.50	1.17	4.56	0.26	0.00	-	0.85	4.11	3.24	0.15	3.21	0.16	0.16	6.91
中学校 12歳	0.71	0.01	0.70	0.40	0.29	2.03	1.47	5.51	0.22	0.00	-	0.65	4.11	2.88	0.06	3.22	0.11	0.11	6.39
中学校 13	…	…	…	…	…	2.45	1.04	4.71	0.50	0.00	-	0.69	…	3.54	0.21	3.54	0.21	0.32	7.13
中学校 14	…	…	…	…	…	2.99	1.00	3.49	0.07	-	-	1.21	…	3.30	0.18	2.88	0.17	0.04	7.20
高等学校 計	…	…	…	…	…	0.87	0.78	3.83	0.36	…	0.06	0.76	3.78	3.78	0.26	2.22	0.26	0.07	6.10
高等学校 15歳	…	…	…	…	…	1.21	1.02	4.10	0.38	…	0.06	1.00	3.78	4.35	0.23	2.25	0.36	0.04	6.35
高等学校 16	…	…	…	…	…	0.78	0.77	3.32	0.37	…	…	0.61	…	3.58	0.28	2.16	0.18	0.03	6.72
高等学校 17	…	…	…	…	…	0.61	0.54	4.05	0.34	…	…	0.65	…	3.40	0.27	2.24	0.24	0.15	5.26
うち私立 幼稚園 5歳	…	…	…	…	…	0.67	0.10	0.98	1.18	…	…	0.38	…	0.13	…	1.91	-	0.49	2.45
高等学校 計	…	…	…	…	…	0.36	0.40	1.34	0.10	…	-	0.55	3.23	4.36	0.11	0.95	0.13	0.08	3.01
高等学校 15歳	…	…	…	…	…	0.31	0.51	1.57	0.23	…	-	0.49	3.23	5.32	0.21	1.20	0.14	0.10	3.56
高等学校 16	…	…	…	…	…	0.39	0.23	1.62	0.03	…	…	0.54	…	4.10	0.06	0.80	0.17	0.05	3.06
高等学校 17	…	…	…	…	…	0.37	0.46	0.83	0.03	…	…	0.63	…	3.59	0.05	0.82	0.06	0.10	2.37

4 年齢別 都市階級別 設置者別 疾病・異常被患率等（15-11）

3 女 (1) 計

単位 （%）

区分	裸眼視力 計	視力非矯正者の裸眼視力 1.0以上	視力非矯正者の裸眼視力 1.0未満 0.7以上	視力非矯正者の裸眼視力 0.7未満 0.3以上	視力非矯正者の裸眼視力 0.3未満	視力矯正者の裸眼視力 1.0以上	視力矯正者の裸眼視力 1.0未満 0.7以上	視力矯正者の裸眼視力 0.7未満 0.3以上	視力矯正者の裸眼視力 0.3未満	裸眼視力 計	裸眼視力 1.0未満 0.7以上	裸眼視力 0.7未満 0.3以上	裸眼視力 0.3未満	眼の疾病・異常	難聴	耳鼻咽頭 耳疾患	耳鼻咽頭 鼻・副鼻腔疾患	耳鼻咽頭 口腔咽喉頭疾患・異常	歯・口腔 むし歯（う歯） 計	歯・口腔 むし歯（う歯） 処置完了者	歯・口腔 むし歯（う歯） 未処置歯のある者	歯・口腔 歯列・咬合	歯・口腔 顎関節	歯・口腔 歯垢の状態	歯・口腔 歯肉の状態	歯・口腔 その他の疾病・異常
幼稚園 5歳	100.00	74.67	17.19	4.94	0.67	0.46	0.93	0.71	0.42	24.87	18.12	5.66	1.09	1.23	…	2.32	2.48	0.60	23.95	9.77	14.18	4.56	0.10	1.05	0.25	2.18
小学校 計	100.00	58.27	11.28	11.25	5.67	0.96	1.15	3.54	7.88	40.78	12.43	14.79	13.55	4.88	0.55	6.52	8.68	0.64	35.67	18.56	17.11	4.84	0.11	2.73	1.63	6.68
小学校 6歳	100.00	75.47	14.04	6.83	1.17	0.62	0.64	0.81	0.41	23.91	14.68	7.64	1.58	4.98	0.61	10.22	8.79	0.95	28.88	11.67	17.20	3.43	0.06	1.27	0.68	6.22
小学校 7	100.00	70.30	13.15	9.50	3.16	0.77	0.76	1.23	1.13	28.93	13.90	10.74	4.29	4.38	0.56	6.82	8.46	0.65	36.24	17.59	18.65	4.95	0.08	2.34	1.28	5.44
小学校 8	100.00	62.58	11.97	12.51	5.08	0.94	0.99	2.36	3.58	36.49	12.95	14.87	8.66	4.70	0.61	6.58	8.80	0.63	41.72	21.84	19.88	5.48	0.09	3.00	1.80	5.67
小学校 9	100.00	54.45	10.83	12.80	7.51	0.99	1.46	3.86	8.10	44.55	12.29	16.65	15.61	5.36	…	5.85	8.89	0.63	42.85	23.72	19.13	5.11	0.12	3.25	1.79	7.73
小学校 10	100.00	47.76	9.38	13.25	6.79	1.25	1.38	6.01	14.18	50.99	10.76	19.26	20.97	4.94	0.43	5.68	8.69	0.61	35.62	19.78	15.84	4.92	0.14	3.27	2.03	8.12
小学校 11	100.00	40.51	8.53	12.43	10.00	1.14	1.65	6.70	19.04	58.35	10.18	19.13	29.04	4.92	…	4.19	8.43	0.37	28.82	16.65	12.17	5.10	0.20	3.20	2.16	6.80
中学校 計	100.00	34.98	10.04	13.42	6.70	1.27	1.72	7.23	24.62	63.72	11.77	20.65	31.30	4.29	0.36	3.99	8.94	0.31	29.56	18.02	11.54	5.40	0.38	2.90	2.59	3.17
中学校 12歳	100.00	40.62	10.10	12.52	6.28	1.27	2.12	6.16	20.93	58.11	12.23	18.68	27.21	4.58	0.37	5.36	8.99	0.34	26.65	16.14	10.51	5.38	0.31	2.72	2.40	4.36
中学校 13	100.00	32.86	11.87	14.08	6.64	1.09	1.77	8.01	23.68	66.04	13.65	22.09	30.31	4.25	…	3.67	9.48	0.37	29.64	18.02	11.62	5.41	0.36	3.13	2.74	2.89
中学校 14	100.00	31.56	8.17	13.65	7.19	1.45	1.28	7.52	29.19	66.90	9.45	21.17	36.29	4.06	0.34	2.98	8.34	0.23	32.33	19.86	12.47	5.40	0.45	2.85	2.64	2.29
高等学校 計	100.00	27.23	11.61	8.00	4.76	0.44	1.12	6.62	40.22	72.33	12.73	14.62	44.98	3.19	0.27	1.89	7.94	0.28	39.96	25.84	14.12	4.59	0.70	3.11	2.86	1.14
高等学校 15歳	100.00	21.92	20.36	8.37	5.89	0.35	1.16	6.05	35.91	77.73	21.51	14.42	41.79	3.67	0.26	2.54	8.22	0.25	35.49	22.78	12.70	4.65	0.67	3.11	2.88	1.20
高等学校 16	100.00	35.18	6.83	7.17	4.49	0.44	1.17	5.98	38.74	64.38	8.00	13.15	43.23	2.85	…	1.76	7.80	0.33	39.92	25.95	13.97	4.74	0.66	3.12	2.81	1.15
高等学校 17	100.00	24.54	6.68	8.50	3.75	0.54	1.03	8.01	46.95	74.92	7.71	16.51	50.70	3.04	0.29	1.35	7.78	0.25	44.60	28.89	15.72	4.38	0.77	3.11	2.88	1.07
うち公立																										
幼稚園 5歳	100.00	72.02	16.65	7.72	0.97	0.60	0.68	0.57	0.80	27.38	17.32	8.29	1.76	2.63	…	4.59	5.30	0.60	30.53	11.26	19.27	5.43	0.13	1.17	0.34	2.13
小学校 計	100.00	58.38	11.21	11.25	5.65	0.96	1.16	3.54	7.86	40.67	12.36	14.79	13.51	4.89	0.56	6.55	8.78	0.65	35.79	18.55	17.24	4.87	0.12	2.73	1.64	6.68
小学校 6歳	100.00	75.74	13.78	6.80	1.18	0.62	0.65	0.81	0.41	23.64	14.43	7.61	1.60	4.99	0.62	10.25	8.84	0.96	29.02	11.64	17.38	3.45	0.06	1.27	0.68	6.19
小学校 7	100.00	70.39	13.07	9.51	3.15	0.77	0.76	1.23	1.11	28.84	13.83	10.75	4.26	4.40	0.55	6.84	8.65	0.66	36.35	17.55	18.80	5.00	0.07	2.34	1.28	5.45
小学校 8	100.00	62.63	11.94	12.51	5.08	0.93	0.99	2.36	3.56	36.43	12.92	14.87	8.64	4.69	0.62	6.59	8.85	0.65	41.86	21.81	20.05	5.50	0.09	3.01	1.80	5.65
小学校 9	100.00	54.52	10.81	12.81	7.49	0.99	1.46	3.84	8.07	44.49	12.27	16.65	15.56	5.36	…	5.88	8.93	0.64	42.94	23.70	19.24	5.13	0.12	3.24	1.81	7.75
小学校 10	100.00	47.89	9.33	13.18	6.76	1.26	1.39	6.01	14.18	50.84	10.72	19.19	20.93	4.93	0.44	5.67	8.91	0.63	35.75	19.78	15.98	4.98	0.14	3.27	2.04	8.14
小学校 11	100.00	40.59	8.55	12.45	9.92	1.15	1.66	6.70	18.99	58.27	10.21	19.15	28.91	4.94	…	4.25	8.50	0.37	28.93	16.68	12.25	5.13	0.20	3.16	2.18	6.81
中学校 計	100.00	35.26	10.16	13.36	6.65	1.12	1.60	7.11	24.75	63.59	11.76	20.47	31.36	4.35	0.36	3.91	8.92	0.31	30.50	18.36	12.15	5.40	0.34	2.99	2.72	3.35
中学校 12歳	100.00	40.96	10.30	12.35	6.33	1.18	1.96	6.11	20.81	57.86	12.26	18.45	27.14	4.62	0.38	5.35	9.05	0.36	27.72	16.58	11.14	5.43	0.27	2.79	2.48	4.63
中学校 13	100.00	33.01	12.10	14.21	6.52	0.93	1.67	7.84	23.72	66.06	13.77	22.05	30.23	4.28	…	3.48	9.49	0.35	30.61	18.40	12.22	5.37	0.31	3.25	2.87	3.03
中学校 14	100.00	31.90	8.07	13.50	7.12	1.23	1.17	7.36	29.66	66.77	9.24	20.86	36.67	4.14	0.34	2.94	8.24	0.23	33.11	20.06	13.05	5.42	0.43	2.91	2.80	2.42
高等学校 計	100.00	26.35	10.63	7.84	5.24	0.57	0.91	7.33	41.13	73.08	11.54	15.17	46.36	3.36	0.23	1.77	8.44	0.23	40.59	25.83	14.76	4.32	0.48	2.87	2.81	1.14
高等学校 15歳	100.00	23.01	17.18	7.85	6.49	0.51	1.01	7.00	36.95	76.48	18.19	14.85	43.43	4.04	0.22	2.61	8.25	0.25	36.02	22.59	13.44	4.44	0.47	2.86	2.85	1.23
高等学校 16	100.00	31.11	7.59	7.16	5.45	0.54	0.87	6.87	40.41	68.35	8.46	14.03	45.87	2.87	…	1.42	8.51	0.27	40.53	25.91	14.62	4.41	0.46	2.88	2.73	1.14
高等学校 17	100.00	24.95	6.64	8.57	3.62	0.68	0.83	8.19	46.53	74.37	7.47	16.76	50.14	3.15	0.24	1.13	8.58	0.17	45.22	28.99	16.23	4.12	0.52	2.87	2.83	1.05
うち私立																										
幼稚園 5歳	100.00	75.70	16.83	4.33	0.52	0.49	1.00	0.74	0.40	23.82	17.83	5.07	0.92	0.93	…	1.91	2.05	0.63	22.99	9.62	13.37	4.47	0.09	1.03	0.24	2.14
高等学校 計	100.00	28.51	8.78	10.26	6.50	0.22	2.32	6.29	37.13	71.27	11.10	16.55	43.62	2.82	0.37	1.96	7.28	0.34	39.01	26.15	12.85	5.12	1.12	3.57	2.90	1.15
高等学校 15歳	100.00	27.04	10.00	12.00	8.20	0.16	2.11	6.08	34.41	72.80	12.11	18.08	42.61	3.04	0.35	2.52	7.94	0.28	34.62	23.34	11.28	5.07	1.06	3.55	2.88	1.13
高等学校 16	100.00	31.51	8.37	9.54	5.47	0.26	2.58	6.37	35.90	68.23	10.95	15.91	41.37	2.75	…	1.88	6.78	0.35	39.03	26.33	12.70	5.39	1.04	3.58	2.91	1.20
高等学校 17	100.00	27.07	7.83	9.03	5.63	0.25	2.28	6.44	41.47	72.68	10.11	15.48	47.09	2.67	0.39	1.41	7.05	0.40	43.75	29.03	14.71	4.90	1.26	3.57	2.93	1.12

区分	永久歯の1人当り平均むし歯（う歯）等数 計（本）	喪失歯数（本）	むし歯（う歯） 計（本）	むし歯（う歯） 処置歯数（本）	むし歯（う歯） 未処置歯数（本）	栄養状態	せき柱・胸郭・四肢の状態	皮膚疾患 アトピー性皮膚炎	皮膚疾患 その他の皮膚疾患	結核の精密検査の対象者	結核	心臓の疾病・異常	心電図異常	蛋白検出の者	尿糖検出の者	その他の疾病・異常 ぜん息	その他の疾病・異常 腎臓疾患	その他の疾病・異常 言語障害	その他の疾病・異常 その他の疾病・異常
幼稚園 5歳	…	…	…	…	…	0.41	0.20	1.48	0.69	…	…	0.26	…	1.04	…	0.80	0.03	0.19	0.94
小学校 計	…	…	…	…	…	1.66	0.85	2.95	0.37	0.10	0.00	0.79	2.11	1.30	0.09	2.23	0.23	0.31	3.78
小学校 6歳	…	…	…	…	…	0.98	0.64	2.85	0.47	0.27	0.01	0.93	2.11	0.68	0.05	2.30	0.18	0.48	3.39
小学校 7	…	…	…	…	…	1.34	0.53	2.96	0.47	0.08	0.00	0.82	…	0.73	0.07	2.26	0.25	0.44	3.48
小学校 8	…	…	…	…	…	1.72	0.68	2.99	0.37	0.06	0.00	0.79	…	0.91	0.08	2.42	0.23	0.36	3.76
小学校 9	…	…	…	…	…	1.87	0.84	3.02	0.32	0.06	–	0.79	…	1.23	0.07	2.24	0.21	0.26	3.82
小学校 10	…	…	…	…	…	1.94	1.14	2.96	0.33	0.06	0.00	0.69	…	1.81	0.12	2.11	0.20	0.20	4.01
小学校 11	…	…	…	…	…	2.11	1.27	2.90	0.28	0.06	–	0.72	…	2.38	0.16	2.08	0.31	0.16	4.19
中学校 計	0.61	0.01	0.60	0.39	0.21	1.07	1.77	2.81	0.24	0.04	0.00	0.80	2.77	2.48	0.18	1.83	0.23	0.06	4.35
中学校 12歳	0.61	0.01	0.60	0.39	0.21	1.15	1.80	2.87	0.28	0.05	0.00	0.83	2.77	2.66	0.16	1.71	0.22	0.06	4.06
中学校 13	…	…	…	…	…	1.08	1.75	2.75	0.21	0.04	–	0.84	…	2.47	0.18	1.90	0.23	0.07	4.45
中学校 14	…	…	…	…	…	0.98	1.76	2.80	0.22	0.04	–	0.71	…	2.30	0.21	1.88	0.25	0.07	4.55
高等学校 計	…	…	…	…	…	0.53	1.29	2.49	0.21	…	0.03	0.69	2.38	2.40	0.21	1.50	0.18	0.03	4.27
高等学校 15歳	…	…	…	…	…	0.56	1.49	2.55	0.21	…	0.03	0.78	2.38	2.96	0.22	1.42	0.18	0.04	4.32
高等学校 16	…	…	…	…	…	0.51	1.19	2.47	0.21	…	…	0.62	…	2.31	0.21	1.52	0.18	0.03	4.28
高等学校 17	…	…	…	…	…	0.51	1.19	2.46	0.21	…	…	0.65	…	1.93	0.20	1.56	0.17	0.03	4.20
うち公立																			
幼稚園 5歳	…	…	…	…	…	0.35	0.17	1.27	0.79	…	…	0.35	…	0.67	…	0.68	0.22	0.08	1.36
小学校 計	…	…	…	…	…	1.68	0.86	2.97	0.36	0.10	0.00	0.79	2.07	1.29	0.09	2.25	0.23	0.32	3.79
小学校 6歳	…	…	…	…	…	0.99	0.63	2.87	0.46	0.27	0.01	0.94	2.07	0.68	0.05	2.31	0.18	0.48	3.38
小学校 7	…	…	…	…	…	1.33	0.52	2.99	0.44	0.09	0.00	0.83	…	0.71	0.07	2.28	0.25	0.45	3.48
小学校 8	…	…	…	…	…	1.74	0.69	3.01	0.36	0.06	0.00	0.78	…	0.90	0.08	2.44	0.23	0.37	3.77
小学校 9	…	…	…	…	…	1.89	0.85	3.05	0.31	0.06	–	0.80	…	1.21	0.07	2.26	0.21	0.26	3.84
小学校 10	…	…	…	…	…	1.95	1.14	2.98	0.33	0.06	0.00	0.69	…	1.79	0.12	2.12	0.20	0.21	4.01
小学校 11	…	…	…	…	…	2.14	1.28	2.93	0.28	0.06	–	0.72	…	2.36	0.17	2.10	0.31	0.16	4.19
中学校 計	0.64	0.01	0.62	0.40	0.22	1.09	1.71	2.84	0.22	0.05	0.00	0.82	2.83	2.47	0.19	1.83	0.24	0.07	4.35
中学校 12歳	0.64	0.01	0.62	0.40	0.22	1.17	1.76	2.91	0.27	0.06	0.00	0.86	2.83	2.68	0.17	1.71	0.23	0.06	4.07
中学校 13	…	…	…	…	…	1.12	1.69	2.77	0.18	0.04	–	0.88	…	2.44	0.19	1.90	0.24	0.08	4.44
中学校 14	…	…	…	…	…	0.97	1.69	2.85	0.21	0.04	–	0.72	…	2.28	0.20	1.89	0.26	0.07	4.54
高等学校 計	…	…	…	…	…	0.38	1.10	2.71	0.20	…	0.02	0.77	2.27	2.14	0.20	1.58	0.18	0.03	4.49
高等学校 15歳	…	…	…	…	…	0.43	1.29	2.76	0.21	…	0.02	0.85	2.27	2.65	0.20	1.47	0.18	0.04	4.51
高等学校 16	…	…	…	…	…	0.36	1.02	2.66	0.21	…	…	0.70	…	2.05	0.22	1.57	0.19	0.03	4.47
高等学校 17	…	…	…	…	…	0.37	0.97	2.71	0.19	…	…	0.75	…	1.72	0.19	1.68	0.18	0.02	4.48
うち私立																			
幼稚園 5歳	…	…	…	…	…	0.44	0.19	1.53	0.69	…	…	0.23	…	1.12	…	0.82	0.00	0.21	0.84
高等学校 計	…	…	…	…	…	0.82	1.61	2.01	0.23	…	0.05	0.51	2.58	2.91	0.22	1.31	0.16	0.04	3.82
高等学校 15歳	…	…	…	…	…	0.82	1.79	2.05	0.21	…	0.05	0.62	2.58	3.55	0.25	1.30	0.18	0.04	3.95
高等学校 16	…	…	…	…	…	0.81	1.49	2.08	0.23	…	…	0.48	…	2.80	0.18	1.37	0.15	0.02	3.86
高等学校 17	…	…	…	…	…	0.82	1.54	1.90	0.26	…	…	0.43	…	2.32	0.23	1.27	0.15	0.04	3.64

4 年齢別 都市階級別 設置者別 疾病・異常被患率等（15-12）

3 女 (2) 大都市

単位 (%)

区分	計	裸眼視力 視力非矯正者の裸眼視力 1.0以上	1.0未満0.7以上	0.7未満0.3以上	0.3未満	視力矯正者の裸眼視力 1.0以上	1.0未満0.7以上	0.7未満0.3以上	0.3未満	裸眼視力 計	1.0未満0.7以上	0.7未満0.3以上	0.3未満	眼の疾病・異常	難聴	耳鼻咽頭 耳疾患	鼻・副鼻腔疾患	口腔咽喉頭疾患・異常	歯・口腔 むし歯(う歯) 計	処置完了者	未処置歯のある者	歯列・咬合	顎関節	歯垢の状態	歯肉の状態	その他の疾病・異常
幼稚園 5歳	100.00	76.31	14.65	5.25	0.98	0.76	1.10	0.31	0.64	22.93	15.75	5.56	1.61	1.52	…	2.08	1.94	0.23	19.07	7.97	11.10	4.12	0.06	0.89	0.28	2.15
小学校 計	100.00	57.12	11.15	11.56	6.87	0.91	1.09	3.39	7.90	41.97	12.24	14.95	14.78	4.77	0.58	7.77	7.37	0.34	29.71	16.56	13.15	5.37	0.17	3.02	1.85	5.04
6歳	100.00	75.85	13.55	6.89	1.36	0.63	0.64	0.65	0.42	23.52	14.19	7.54	1.78	5.09	0.67	11.54	7.70	0.42	22.62	10.76	11.86	3.81	0.08	1.54	0.88	5.05
7	100.00	69.85	13.04	9.54	3.62	0.66	0.64	1.23	1.41	29.48	13.68	10.77	5.04	4.64	0.53	8.21	7.50	0.39	29.61	16.05	13.56	5.69	0.09	2.48	1.41	4.27
8	100.00	61.52	12.43	13.27	5.30	0.82	1.03	2.26	3.36	37.66	13.47	15.53	8.66	4.78	0.66	7.36	6.99	0.36	35.57	19.79	15.78	5.93	0.12	3.11	1.85	3.90
9	100.00	53.32	10.59	12.19	10.02	1.09	1.49	3.78	7.53	45.60	12.08	15.97	17.55	5.12	…	7.28	8.15	0.29	36.65	21.40	15.25	5.93	0.26	3.80	2.15	6.11
10	100.00	45.25	9.02	15.28	6.29	1.23	1.56	6.37	15.00	53.52	10.58	21.65	21.29	4.82	0.45	6.67	7.24	0.35	29.66	16.90	12.76	5.37	0.21	3.56	2.37	5.97
11	100.00	37.33	8.34	12.17	X	1.03	1.14	6.01	X	61.63	9.49	18.18	33.97	4.20	…	5.34	6.60	0.20	24.27	14.52	9.75	5.50	0.29	3.64	2.40	4.93
中学校 計	100.00	31.85	9.45	15.04	9.12	1.89	1.79	6.62	24.25	66.26	11.24	21.66	33.37	4.59	0.36	4.62	7.96	0.31	26.11	16.29	9.82	5.44	0.43	2.84	2.53	2.36
12歳	100.00	36.16	9.91	12.89	9.54	1.43	2.34	6.55	21.17	62.40	12.25	19.44	30.71	4.78	0.37	5.52	8.05	0.24	22.71	14.31	8.40	5.56	0.35	2.68	2.42	3.19
13	100.00	34.73	8.21	13.78	9.93	2.37	1.05	7.94	21.99	62.91	9.26	21.72	31.93	4.83	…	4.90	8.23	0.38	26.69	16.46	10.23	5.42	0.43	2.88	2.65	2.18
14	100.00	24.39	10.21	18.58	7.85	1.90	1.94	5.36	29.77	73.72	12.16	23.94	37.62	4.16	0.35	3.40	7.62	0.30	28.92	18.09	10.83	5.33	0.49	2.96	2.51	1.73
高等学校 計	100.00	27.63	17.77	7.54	4.59	0.32	1.16	5.62	35.37	72.05	18.94	13.16	39.96	3.44	0.25	2.41	9.22	0.45	35.99	24.24	11.75	4.32	0.93	2.87	2.56	1.04
15歳	100.00	15.40	35.95	7.71	5.51	0.16	1.29	4.75	29.24	84.44	37.24	12.46	34.74	4.10	0.22	2.68	7.88	0.25	31.72	21.41	10.30	4.47	0.88	3.09	2.71	1.06
16	100.00	46.36	6.11	6.05	3.51	0.38	1.03	5.12	31.44	53.26	7.14	11.17	34.94	2.95	…	2.80	10.28	0.59	36.09	24.32	11.77	4.58	0.88	2.76	2.63	1.04
17	100.00	19.30	6.85	9.43	X	0.46	1.17	7.66	X	80.24	8.02	17.09	55.12	3.21	0.28	1.73	9.66	0.54	40.37	27.13	13.25	3.90	1.03	2.76	2.33	1.02
うち公立																										
幼稚園 5歳	100.00	63.47	22.33	8.94	1.38	-	1.61	0.20	2.07	36.53	23.93	9.15	3.45	7.99	…	2.27	4.64	-	28.68	9.39	19.29	3.22	0.04	0.69	0.61	2.30
小学校 計	100.00	57.21	11.10	11.56	6.87	0.91	1.09	3.38	7.87	41.88	12.19	14.95	14.74	4.81	0.58	7.72	7.43	0.35	29.58	16.47	13.11	5.41	0.18	2.94	1.86	4.89
6歳	100.00	75.98	13.45	6.88	1.36	0.63	0.64	0.65	0.42	23.39	14.09	7.53	1.77	5.08	0.68	11.53	7.74	0.44	22.70	10.81	11.89	3.87	0.08	1.52	0.89	4.79
7	100.00	69.93	13.01	9.53	3.61	0.66	0.64	1.22	1.39	29.41	13.65	10.75	5.01	4.69	0.53	8.33	8.28	0.40	29.41	15.96	13.46	5.78	0.09	2.46	1.43	4.17
8	100.00	61.63	12.35	13.26	5.31	0.82	1.03	2.26	3.33	37.56	13.38	15.52	8.65	4.84	0.67	7.30	6.89	0.38	35.43	19.65	15.78	5.99	0.12	3.11	1.88	3.72
9	100.00	53.41	10.54	12.19	10.07	1.08	1.48	3.75	7.49	45.51	12.02	15.94	17.56	5.13	…	7.20	8.19	0.29	36.40	21.26	15.13	5.87	0.26	3.64	2.15	6.01
10	100.00	45.31	9.00	15.35	6.25	1.23	1.57	6.36	14.94	53.46	10.57	21.71	21.19	4.88	0.45	6.59	7.22	0.36	29.53	16.74	12.79	5.46	0.21	3.50	2.39	5.85
11	100.00	37.44	X	X	X	1.03	X	X	X	61.53	X	X	X	4.22	…	5.15	6.26	0.21	24.15	14.47	9.68	5.52	0.29	3.40	2.42	4.79
中学校 計	100.00	32.33	9.69	14.93	9.40	1.64	1.77	6.44	23.78	66.03	11.47	21.38	33.18	4.74	0.36	4.42	8.16	0.28	27.19	16.47	10.72	5.29	0.29	2.95	2.76	2.61
12歳	100.00	36.57	9.87	12.54	10.58	1.30	2.32	6.49	20.33	62.13	12.19	19.03	30.91	4.86	0.37	5.60	8.28	0.26	23.98	14.68	9.30	5.34	0.19	2.75	2.55	3.50
13	100.00	35.39	9.30	13.41	9.51	1.98	1.11	7.48	21.82	62.63	10.41	20.89	31.33	4.95	…	4.28	8.66	0.30	28.09	16.84	11.25	5.19	0.25	3.07	2.86	2.34
14	100.00	24.81	9.90	18.98	8.05	1.66	1.86	5.36	29.38	73.53	11.77	24.34	37.43	4.41	0.36	3.32	7.57	0.28	29.48	17.88	11.61	5.32	0.42	3.04	2.87	1.99
高等学校 計	100.00	26.19	17.08	5.81	3.10	0.40	0.95	5.89	40.58	73.42	18.03	11.70	43.68	3.64	0.18	2.29	8.47	0.30	35.06	22.54	12.52	3.36	0.38	2.34	2.53	1.21
15歳	100.00	15.39	35.24	6.54	3.91	0.24	1.21	5.02	32.45	84.37	36.45	11.56	36.36	4.51	0.18	2.82	8.03	0.26	31.04	19.45	11.59	3.63	0.39	2.56	2.72	1.26
16	100.00	45.19	5.75	4.17	2.39	0.44	0.68	5.62	35.76	54.37	6.42	9.78	38.16	2.93	…	2.24	9.73	0.50	35.44	22.72	12.71	3.31	0.37	2.24	2.50	1.21
17	100.00	15.23	6.06	7.08	2.91	0.57	0.95	7.56	59.63	84.20	7.01	14.65	62.54	3.41	0.19	1.56	7.88	0.17	38.78	25.50	13.29	3.14	0.39	2.20	2.37	1.16
うち私立																										
幼稚園 5歳	100.00	78.98	12.97	4.22	0.74	0.91	1.11	0.31	0.75	20.11	14.08	4.54	1.49	0.84	…	2.06	1.68	0.25	18.29	7.71	10.58	4.21	0.06	0.96	0.28	2.10
高等学校 計	100.00	22.08	7.82	10.52	X	0.10	2.40	7.27	X	77.82	10.23	17.79	49.81	3.63	0.32	2.30	7.96	0.63	37.60	26.74	10.87	5.44	1.57	3.41	2.65	0.79
15歳	100.00	21.23	8.99	11.89	X	0.05	2.29	6.33	X	78.72	11.27	18.22	49.22	4.24	0.24	2.77	7.88	0.42	33.09	24.13	8.96	5.47	1.45	3.62	2.77	0.76
16	100.00	23.37	7.71	9.65	X	0.16	2.64	7.65	X	76.47	10.36	17.30	48.81	3.09	…	2.41	7.64	0.55	37.56	26.83	10.72	6.07	1.48	3.36	2.83	0.80
17	100.00	21.69	X	X	X	0.10	X	X	X	78.21	X	X	X	3.51	0.41	1.67	8.38	0.93	42.54	29.47	13.08	4.78	1.79	3.22	2.34	0.81

区分	永久歯の1人当り平均むし歯(う歯)等数 計 (本)	喪失歯数 (本)	むし歯(う歯) 計 (本)	処置歯数 (本)	未処置歯数 (本)	栄養状態	せき柱・胸郭・四肢の状態	皮膚疾患 アトピー性皮膚炎	その他の皮膚疾患	結核の精密検査の対象者	結核	心臓の疾病・異常	心電図異常	蛋白検出の者	尿糖検出の者	その他の疾病・異常 ぜん息	腎臓疾患	言語障害	その他の疾病・異常
幼稚園 5歳	…	…	…	…	…	0.91	0.22	1.44	0.71	…	…	0.32	…	0.94	…	0.78	0.06	0.18	0.73
小学校 計	…	…	…	…	…	1.40	0.86	3.12	0.54	0.13	0.00	0.82	1.91	1.20	0.10	2.14	0.28	0.22	3.72
6歳	…	…	…	…	…	0.69	0.58	3.12	0.63	0.44	0.00	0.90	1.91	0.57	0.04	2.26	0.25	0.26	3.53
7	…	…	…	…	…	1.07	0.49	3.09	0.71	0.13	-	0.88	…	0.60	0.11	2.05	0.31	0.23	3.32
8	…	…	…	…	…	1.58	0.76	3.15	0.50	0.05	-	0.84	…	0.81	0.04	2.22	0.31	0.33	3.67
9	…	…	…	…	…	1.56	0.85	3.30	0.50	0.04	-	0.85	…	1.13	0.11	2.13	0.28	0.20	4.03
10	…	…	…	…	…	1.65	1.16	3.11	0.49	0.08	-	0.65	…	1.71	0.10	2.17	0.24	0.18	3.81
11	…	…	…	…	…	1.85	1.30	2.96	0.40	0.07	-	0.77	…	2.38	0.19	2.05	0.30	0.13	3.95
中学校 計	0.50	0.01	0.49	0.32	0.17	1.03	2.09	2.70	0.24	0.06	-	0.69	2.34	2.57	0.21	1.81	0.27	0.05	4.10
12歳	0.50	0.01	0.49	0.32	0.17	1.05	1.98	2.87	0.23	0.08	-	0.74	2.34	2.66	0.20	1.63	0.28	0.04	3.74
13	…	…	…	…	…	1.06	2.15	2.53	0.24	0.04	-	0.65	…	2.63	0.19	1.84	0.28	0.07	4.13
14	…	…	…	…	…	0.99	2.15	2.69	0.26	0.06	-	0.67	…	2.41	0.25	1.95	0.26	0.04	4.43
高等学校 計	…	…	…	…	…	0.77	1.54	2.49	0.24	…	0.04	0.57	2.18	2.57	0.23	1.63	0.17	0.02	4.67
15歳	…	…	…	…	…	0.79	1.79	2.59	0.26	…	0.04	0.72	2.18	3.17	0.28	1.51	0.18	0.02	4.70
16	…	…	…	…	…	0.74	1.38	2.51	0.21	…	…	0.46	…	2.52	0.19	1.66	0.15	0.02	4.75
17	…	…	…	…	…	0.78	1.44	2.36	0.26	…	…	0.53	…	1.98	0.23	1.73	0.17	0.01	4.57
うち公立																			
幼稚園 5歳	…	…	…	…	…	1.56	-	0.56	0.56	…	…	-	…	0.73	…	1.11	0.63	-	1.22
小学校 計	…	…	…	…	…	1.39	0.86	3.15	0.52	0.14	0.00	0.81	1.87	1.22	0.10	2.17	0.29	0.22	3.75
6歳	…	…	…	…	…	0.70	0.56	3.14	0.61	0.44	0.00	0.91	1.87	0.58	0.04	2.29	0.25	0.27	3.56
7	…	…	…	…	…	0.99	0.50	3.15	0.65	0.13	-	0.87	…	0.61	0.11	2.08	0.31	0.23	3.36
8	…	…	…	…	…	1.59	0.78	3.19	0.45	0.05	-	0.80	…	0.83	0.04	2.25	0.32	0.33	3.70
9	…	…	…	…	…	1.57	0.87	3.34	0.49	0.04	-	0.86	…	1.14	0.11	2.15	0.28	0.20	4.07
10	…	…	…	…	…	1.62	1.15	3.11	0.50	0.08	-	0.65	…	1.71	0.10	2.17	0.24	0.18	3.86
11	…	…	…	…	…	1.85	1.32	3.00	0.40	0.08	-	0.76	…	2.41	0.20	2.07	0.31	0.13	3.97
中学校 計	0.53	0.01	0.53	0.34	0.19	0.99	1.95	2.86	0.23	0.07	-	0.78	2.36	2.51	0.23	1.94	0.31	0.06	4.22
12歳	0.53	0.01	0.53	0.34	0.19	0.97	1.90	3.00	0.23	0.09	-	0.82	2.36	2.64	0.22	1.75	0.33	0.05	3.85
13	…	…	…	…	…	1.05	1.96	2.65	0.20	0.04	-	0.75	…	2.51	0.22	1.92	0.32	0.07	4.22
14	…	…	…	…	…	0.97	1.98	2.95	0.25	0.07	-	0.75	…	2.37	0.26	2.14	0.29	0.05	4.58
高等学校 計	…	…	…	…	…	0.37	1.12	3.12	0.23	…	0.02	0.73	1.92	1.99	0.21	1.88	0.18	0.03	5.81
15歳	…	…	…	…	…	0.41	1.41	3.20	0.25	…	0.02	0.85	1.92	2.51	0.29	1.69	0.19	0.04	5.62
16	…	…	…	…	…	0.30	0.92	3.13	0.18	…	…	0.58	…	1.93	0.20	1.93	0.15	0.03	6.00
17	…	…	…	…	…	0.40	1.03	3.02	0.25	…	…	0.74	…	1.51	0.13	2.03	0.20	0.01	5.82
うち私立																			
幼稚園 5歳	…	…	…	…	…	0.90	0.24	1.51	0.73	…	…	0.32	…	0.93	…	0.79	-	0.18	0.71
高等学校 計	…	…	…	…	…	1.21	2.08	1.72	0.27	…	0.06	0.44	2.43	2.87	0.29	1.28	0.14	0.01	3.31
15歳	…	…	…	…	…	1.22	2.24	1.80	0.27	…	0.06	0.59	2.43	3.45	0.31	1.26	0.16	0.01	3.50
16	…	…	…	…	…	1.22	1.97	1.75	0.25	…	…	0.38	…	2.90	0.19	1.29	0.13	0.00	3.34
17	…	…	…	…	…	1.20	2.00	1.59	0.29	…	…	0.33	…	2.21	0.36	1.28	0.13	0.01	3.07

4 年齢別 都市階級別 設置者別 疾病・異常被患率等（15-13）

3 女 (3) 中都市

単位 (%)

区分	計	裸眼視力 視力非矯正者の裸眼視力 1.0以上	裸眼視力 視力非矯正者の裸眼視力 1.0未満0.7以上	裸眼視力 視力非矯正者の裸眼視力 0.7未満0.3以上	裸眼視力 視力非矯正者の裸眼視力 0.3未満	裸眼視力 視力矯正者の裸眼視力 1.0以上	裸眼視力 視力矯正者の裸眼視力 1.0未満0.7以上	裸眼視力 視力矯正者の裸眼視力 0.7未満0.3以上	裸眼視力 視力矯正者の裸眼視力 0.3未満	裸眼視力 計	裸眼視力 1.0未満0.7以上	裸眼視力 0.7未満0.3以上	裸眼視力 0.3未満	眼の疾病・異常	難聴	耳鼻咽頭 耳疾患	耳鼻咽頭 鼻・副鼻腔疾患	耳鼻咽頭 口腔咽喉頭疾患・異常	歯・口腔 むし歯（う歯） 計	歯・口腔 むし歯（う歯） 処置完了者	歯・口腔 むし歯（う歯） 未処置歯のある者	歯・口腔 歯列・咬合	歯・口腔 顎関節	歯・口腔 歯垢の状態	歯・口腔 歯肉の状態	歯・口腔 その他の疾病・異常
幼稚園 5歳	100.00	75.40	16.77	4.45	0.72	0.36	0.96	1.00	0.35	24.24	17.72	5.44	1.07	1.37	…	2.56	3.25	0.54	23.71	9.43	14.29	4.78	0.12	1.14	0.35	1.96
小学校 計	100.00	58.31	11.31	11.42	5.51	0.99	1.22	3.63	7.61	40.70	12.53	15.04	13.13	5.06	0.63	6.12	8.49	0.56	35.67	18.88	16.78	4.90	0.13	2.52	1.44	6.71
小学校 6歳	100.00	75.02	14.49	6.88	1.14	0.65	0.61	0.83	0.37	24.32	15.10	7.71	1.51	5.29	0.66	10.81	9.28	1.14	28.87	11.76	17.11	3.55	0.07	1.15	0.58	6.37
小学校 7	100.00	71.29	12.27	9.51	3.12	0.73	0.80	1.14	1.14	27.99	13.07	10.66	4.27	4.39	0.71	5.38	7.65	0.50	36.57	17.82	18.75	5.21	0.11	2.48	1.30	5.70
小学校 8	100.00	62.35	11.68	12.52	5.10	1.02	0.91	2.68	3.75	36.63	12.59	15.20	8.85	4.57	0.69	6.39	8.57	0.40	41.69	22.28	19.41	5.92	0.12	2.66	1.66	5.47
小学校 9	100.00	54.23	10.56	12.59	7.62	0.97	1.12	4.37	8.53	44.80	11.68	16.97	16.15	5.97	…	5.33	8.53	0.52	42.81	24.31	18.50	4.92	0.06	2.72	1.23	7.60
小学校 10	100.00	45.69	9.71	13.44	8.25	1.25	1.53	5.96	14.17	53.06	11.24	19.40	22.42	5.02	0.46	5.78	8.83	0.65	35.54	20.10	15.44	4.77	0.13	2.97	1.79	7.89
小学校 11	100.00	40.92	9.13	13.55	7.86	1.35	2.37	6.84	17.98	57.73	11.50	20.39	25.84	5.08	…	3.14	8.08	0.16	28.65	16.89	11.76	5.00	0.27	3.08	2.03	7.15
中学校 計	100.00	31.25	11.84	12.89	6.53	1.30	2.06	7.93	26.20	67.45	13.90	20.82	32.73	3.95	0.37	3.59	8.49	0.23	28.66	17.38	11.28	5.42	0.25	3.08	2.54	3.49
中学校 12歳	100.00	37.85	10.12	12.40	6.38	1.46	2.49	6.57	22.75	60.70	12.61	18.96	29.12	4.34	0.40	5.78	8.55	0.29	26.22	15.52	10.70	5.66	0.21	2.92	2.46	5.01
中学校 13	100.00	26.96	17.48	13.13	6.77	1.04	2.17	8.13	24.32	72.00	19.65	21.26	31.09	3.80	…	2.67	9.16	0.27	28.11	17.04	11.07	5.46	0.22	3.50	2.65	3.10
中学校 14	100.00	29.00	7.88	13.15	6.44	1.41	1.51	9.09	31.52	69.59	9.39	22.24	37.96	3.73	0.34	2.32	7.76	0.13	31.61	19.54	12.07	5.14	0.33	2.84	2.51	2.39
高等学校 計	100.00	24.21	8.31	7.51	4.19	0.65	1.46	7.82	45.85	75.14	9.77	15.33	50.04	2.81	0.26	1.63	5.53	0.12	39.37	25.46	13.91	4.39	0.52	3.03	2.69	1.04
高等学校 15歳	100.00	25.16	9.73	8.93	6.07	0.69	1.15	7.32	40.95	74.15	10.88	16.25	47.02	3.46	0.25	2.43	6.60	0.19	35.18	22.42	12.76	4.58	0.47	3.03	2.76	1.10
高等学校 16	100.00	22.65	8.48	5.77	3.94	0.52	1.63	8.79	48.23	76.84	10.11	14.56	52.16	2.43	…	1.29	4.73	0.09	39.31	25.61	13.71	4.31	0.54	3.00	2.56	1.04
高等学校 17	100.00	24.66	6.63	7.61	2.39	0.73	1.63	7.46	48.90	74.62	8.26	15.07	51.29	2.53	0.28	1.08	5.12	0.07	43.78	28.47	15.30	4.26	0.56	3.07	2.72	0.98
うち公立																										
幼稚園 5歳	100.00	77.29	11.71	5.97	1.41	1.19	0.72	1.11	0.59	21.52	12.43	7.08	2.01	2.43	…	8.39	7.46	0.75	28.03	10.38	17.65	8.02	0.34	1.99	0.76	2.53
小学校 計	100.00	58.49	11.15	11.42	5.48	1.00	1.23	3.63	7.60	40.51	12.38	15.05	13.08	5.01	0.63	6.26	8.51	0.58	35.91	18.86	17.06	4.97	0.13	2.55	1.45	6.82
小学校 6歳	100.00	75.66	13.91	6.80	1.16	0.66	0.62	0.83	0.36	23.69	14.52	7.64	1.53	5.29	0.68	10.97	9.19	1.15	29.03	11.65	17.38	3.58	0.07	1.15	0.58	6.48
小学校 7	100.00	71.47	12.05	9.59	3.11	0.73	0.80	1.15	1.10	27.80	12.85	10.73	4.22	4.42	0.67	5.22	7.81	0.52	36.81	17.74	19.06	5.30	0.10	2.48	1.31	5.80
小学校 8	100.00	62.38	11.67	12.53	5.10	1.02	0.90	2.67	3.73	36.60	12.57	15.20	8.83	4.52	0.70	6.88	8.69	0.45	41.92	22.21	19.71	5.98	0.12	2.67	1.64	5.55
小学校 9	100.00	54.30	10.54	12.63	7.59	0.97	1.13	4.36	8.49	44.73	11.67	16.98	16.08	5.89	…	5.59	8.47	0.52	43.04	24.29	18.75	4.99	0.07	2.80	1.25	7.74
小学校 10	100.00	45.86	9.53	13.33	8.17	1.29	1.56	6.00	14.26	52.85	11.09	19.33	22.43	4.88	0.47	5.85	8.91	0.70	35.86	20.13	15.73	4.85	0.13	3.00	1.81	7.99
小学校 11	100.00	40.99	9.18	13.63	7.78	1.35	2.37	6.82	17.88	57.66	11.54	20.46	25.66	5.07	…	3.12	7.96	0.16	28.95	16.97	11.97	5.09	0.28	3.13	2.07	7.29
中学校 計	100.00	31.60	12.24	13.13	6.23	0.99	1.78	7.76	26.26	67.41	14.03	20.89	32.50	4.14	0.39	3.53	8.68	0.23	29.49	17.65	11.84	5.68	0.27	3.25	2.70	3.69
中学校 12歳	100.00	38.56	10.58	12.14	6.12	1.29	2.19	6.44	22.69	60.16	12.77	18.58	28.80	4.55	0.43	5.84	8.74	0.30	27.26	15.99	11.28	5.97	0.22	3.10	2.59	5.36
中学校 13	100.00	27.10	17.95	13.83	6.44	0.69	1.93	8.07	23.99	72.22	19.88	21.90	30.43	4.00	…	2.53	9.44	0.27	28.86	17.27	11.60	5.69	0.24	3.69	2.86	3.25
中学校 14	100.00	29.14	8.07	13.41	6.13	1.00	1.22	8.78	32.25	69.87	9.29	22.19	38.38	3.87	0.35	2.25	7.86	0.13	32.29	19.66	12.63	5.38	0.34	2.95	2.65	2.50
高等学校 計	100.00	22.04	6.93	6.75	4.65	0.94	1.08	8.68	48.93	77.02	8.01	15.43	53.58	2.85	0.21	1.54	5.07	0.10	38.80	25.36	13.43	4.06	0.41	2.78	2.40	0.85
高等学校 15歳	100.00	23.64	7.72	7.51	5.97	1.14	0.97	7.71	45.34	75.22	8.69	15.23	51.31	3.67	0.19	2.63	6.89	0.19	34.87	22.20	12.67	4.37	0.30	2.84	2.63	0.99
高等学校 16	100.00	16.05	8.51	5.01	5.78	0.77	1.11	11.02	51.74	83.18	9.63	16.03	57.52	2.28	…	1.04	3.75	0.02	38.35	25.47	12.88	3.99	0.44	2.76	2.26	0.79
高等学校 17	100.00	25.49	4.77	7.44	2.30	0.87	1.17	7.69	50.28	73.64	5.93	15.13	52.58	2.50	0.22	0.71	4.16	0.05	43.17	28.44	14.73	3.83	0.49	2.74	2.30	0.76
うち私立																										
幼稚園 5歳	100.00	76.05	16.91	3.95	0.46	0.30	0.93	1.03	0.36	23.65	17.84	4.98	0.82	1.18	…	1.78	2.82	0.53	23.33	9.34	13.99	4.44	0.10	1.07	0.31	1.79
高等学校 計	100.00	29.45	9.67	9.29	5.17	0.77	2.84	6.19	36.61	69.77	12.51	15.48	41.78	2.42	0.33	1.66	6.71	0.14	40.17	25.51	14.66	4.85	0.74	3.37	3.24	1.73
高等学校 15歳	100.00	27.62	11.69	12.10	7.77	0.75	2.33	6.46	31.28	71.62	14.02	18.56	39.04	2.57	0.33	2.22	6.42	0.17	36.14	22.82	13.32	5.07	0.85	3.36	3.29	1.51
高等学校 16	100.00	32.71	8.27	7.39	4.32	0.80	3.13	6.34	37.05	66.49	11.40	13.73	41.36	2.42	…	1.42	6.44	0.17	40.54	25.73	14.81	4.67	0.68	3.25	3.01	2.01
高等学校 17	100.00	28.22	8.72	7.91	2.92	0.77	3.15	5.69	42.61	71.01	11.87	13.60	45.53	2.24	0.32	1.25	7.33	0.08	44.24	28.26	15.98	4.79	0.67	3.51	3.41	1.70

区分	永久歯の1人当り平均むし歯（う歯）等数 計 (本)	喪失歯数 (本)	むし歯（う歯） 計 (本)	むし歯（う歯） 処置歯数 (本)	むし歯（う歯） 未処置歯数 (本)	栄養状態	せき柱・胸郭・四肢の状態	皮膚疾患 アトピー性皮膚炎	皮膚疾患 その他の皮膚疾患	結核検査の対象者の精密	結核	心臓の疾病・異常	心電図異常	蛋白検出の者	尿糖検出の者	その他の疾病・異常 ぜん息	その他の疾病・異常 腎臓疾患	その他の疾病・異常 言語障害	その他の疾病・異常 その他の疾病・異常
幼稚園 5歳	…	…	…	…	…	0.34	0.20	1.76	0.70	…	…	0.26	…	1.37	…	0.97	0.00	0.17	0.91
小学校 計	…	…	…	…	…	1.65	1.01	2.69	0.31	0.13	0.00	0.85	2.50	1.20	0.09	2.28	0.22	0.22	3.47
小学校 6歳	…	…	…	…	…	0.96	0.88	2.63	0.43	0.25	-	1.03	2.50	0.66	0.04	2.36	0.17	0.29	3.15
小学校 7	…	…	…	…	…	1.23	0.71	2.57	0.33	0.14	0.01	0.76	…	0.69	0.05	2.31	0.23	0.34	3.42
小学校 8	…	…	…	…	…	1.59	0.78	2.86	0.33	0.11	-	0.86	…	0.76	0.12	2.56	0.26	0.22	3.33
小学校 9	…	…	…	…	…	1.99	0.95	2.84	0.28	0.14	-	0.80	…	1.15	0.06	2.29	0.18	0.23	3.42
小学校 10	…	…	…	…	…	1.91	1.27	2.67	0.26	0.08	-	0.81	…	1.61	0.14	2.07	0.18	0.12	3.72
小学校 11	…	…	…	…	…	2.19	1.45	2.57	0.27	0.08	-	0.82	…	2.27	0.12	2.14	0.31	0.12	3.78
中学校 計	0.58	0.02	0.56	0.36	0.20	1.07	2.07	2.74	0.27	0.05	0.00	0.85	2.95	2.38	0.18	1.72	0.25	0.05	4.38
中学校 12歳	0.58	0.02	0.56	0.36	0.20	1.13	2.09	2.82	0.37	0.06	0.00	0.82	2.95	2.59	0.15	1.64	0.23	0.05	4.10
中学校 13	…	…	…	…	…	1.11	2.04	2.72	0.15	0.04	-	0.92	…	2.31	0.18	1.73	0.24	0.05	4.52
中学校 14	…	…	…	…	…	0.98	2.08	2.67	0.29	0.04	-	0.81	…	2.23	0.21	1.79	0.28	0.06	4.51
高等学校 計	…	…	…	…	…	0.36	1.29	2.44	0.20	…	0.03	0.69	2.44	2.40	0.17	1.44	0.19	0.04	4.03
高等学校 15歳	…	…	…	…	…	0.39	1.43	2.52	0.18	…	0.03	0.75	2.44	3.06	0.19	1.34	0.19	0.06	4.02
高等学校 16	…	…	…	…	…	0.35	1.25	2.46	0.22	…	…	0.69	…	2.26	0.15	1.43	0.18	0.03	3.99
高等学校 17	…	…	…	…	…	0.32	1.18	2.35	0.20	…	…	0.62	…	1.87	0.17	1.55	0.20	0.04	4.07
うち公立																			
幼稚園 5歳	…	…	…	…	…	0.29	0.28	1.12	0.36	…	…	0.22	…	0.85	…	1.04	-	-	1.45
小学校 計	…	…	…	…	…	1.68	1.02	2.71	0.32	0.14	0.00	0.85	2.42	1.16	0.09	2.29	0.22	0.23	3.44
小学校 6歳	…	…	…	…	…	0.98	0.89	2.63	0.43	0.26	-	1.05	2.42	0.65	0.04	2.34	0.17	0.29	3.10
小学校 7	…	…	…	…	…	1.25	0.69	2.59	0.33	0.14	0.01	0.77	…	0.65	0.05	2.32	0.23	0.35	3.39
小学校 8	…	…	…	…	…	1.61	0.78	2.87	0.34	0.12	-	0.85	…	0.74	0.12	2.56	0.27	0.23	3.35
小学校 9	…	…	…	…	…	2.02	0.97	2.87	0.27	0.14	-	0.79	…	1.09	0.06	2.30	0.18	0.24	3.40
小学校 10	…	…	…	…	…	1.93	1.27	2.71	0.27	0.08	-	0.82	…	1.57	0.14	2.08	0.18	0.12	3.67
小学校 11	…	…	…	…	…	2.23	1.47	2.58	0.27	0.08	-	0.81	…	2.20	0.12	2.16	0.31	0.13	3.73
中学校 計	0.61	0.02	0.59	0.37	0.22	1.14	2.00	2.72	0.26	0.05	0.00	0.85	3.04	2.46	0.19	1.65	0.26	0.06	4.30
中学校 12歳	0.61	0.02	0.59	0.37	0.22	1.21	2.04	2.83	0.36	0.07	0.00	0.85	3.04	2.72	0.16	1.57	0.23	0.06	4.01
中学校 13	…	…	…	…	…	1.19	1.98	2.72	0.14	0.04	-	0.93	…	2.39	0.19	1.66	0.26	0.05	4.43
中学校 14	…	…	…	…	…	1.02	1.96	2.61	0.27	0.05	-	0.78	…	2.29	0.21	1.70	0.29	0.07	4.45
高等学校 計	…	…	…	…	…	0.27	1.26	2.48	0.18	…	0.02	0.73	2.46	2.25	0.16	1.51	0.20	0.03	4.04
高等学校 15歳	…	…	…	…	…	0.32	1.45	2.59	0.17	…	0.02	0.84	2.46	2.85	0.17	1.40	0.20	0.04	4.10
高等学校 16	…	…	…	…	…	0.28	1.21	2.48	0.21	…	…	0.70	…	2.15	0.15	1.43	0.19	0.03	3.91
高等学校 17	…	…	…	…	…	0.21	1.12	2.36	0.14	…	…	0.65	…	1.74	0.16	1.68	0.20	0.03	4.10
うち私立																			
幼稚園 5歳	…	…	…	…	…	0.33	0.19	1.81	0.74	…	…	0.26	…	1.43	…	0.95	0.01	0.19	0.81
高等学校 計	…	…	…	…	…	0.56	1.26	2.29	0.23	…	0.02	0.61	2.45	2.43	0.18	1.26	0.18	0.05	4.25
高等学校 15歳	…	…	…	…	…	0.58	1.34	2.26	0.18	…	0.02	0.58	2.45	3.15	0.23	1.18	0.19	0.08	4.25
高等学校 16	…	…	…	…	…	0.53	1.26	2.35	0.24	…	…	0.68	…	2.21	0.15	1.34	0.17	0.03	4.28
高等学校 17	…	…	…	…	…	0.58	1.18	2.27	0.27	…	…	0.56	…	1.86	0.17	1.28	0.16	0.04	4.22

4 年齢別 都市階級別 設置者別 疾病・異常被患率等 (15-14)

3 女 (4) 小都市

単位 (%)

区分	計	裸眼視力 視力非矯正者の裸眼視力 1.0以上	視力非矯正者の裸眼視力 1.0未満 0.7以上	視力非矯正者の裸眼視力 0.7未満 0.3以上	視力非矯正者の裸眼視力 0.3未満	視力矯正者の裸眼視力 1.0以上	視力矯正者の裸眼視力 1.0未満 0.7以上	視力矯正者の裸眼視力 0.7未満 0.3以上	視力矯正者の裸眼視力 0.3未満	裸眼視力 計	裸眼視力 1.0未満 0.7以上	裸眼視力 0.7未満 0.3以上	裸眼視力 0.3未満	眼の疾病・異常	難聴	耳鼻咽頭 耳疾患	耳鼻咽頭 鼻・副鼻腔疾患	耳鼻咽頭 口腔咽喉頭疾患・異常	歯・口腔 むし歯(う歯) 計	歯・口腔 むし歯(う歯) 処置完了者	歯・口腔 むし歯(う歯) 未処置歯のある者	歯・口腔 歯列・咬合	歯・口腔 顎関節	歯・口腔 歯垢の状態	歯・口腔 歯肉の状態	歯・口腔 その他の疾病・異常
幼稚園 5歳	100.00	72.29	20.53	4.51	0.62	0.41	0.74	0.76	0.13	27.30	21.27	5.27	0.75	0.99	…	1.70	1.38	0.77	28.35	10.99	17.36	4.84	0.12	1.16	0.14	2.25
小学校 計	100.00	58.77	11.65	11.25	4.88	0.91	1.18	3.41	7.95	40.32	12.83	14.66	12.83	4.74	0.53	5.52	8.66	0.75	39.23	19.65	19.58	4.62	0.07	2.81	1.77	7.65
6歳	100.00	75.55	14.22	6.61	1.04	0.62	0.62	0.91	0.43	23.83	14.83	7.52	1.47	4.38	0.61	8.57	8.48	1.05	32.55	12.14	20.42	3.13	0.04	1.24	0.68	6.99
7	100.00	70.06	13.75	9.69	2.73	0.83	0.82	1.14	0.99	29.11	14.57	10.83	3.72	4.07	0.52	5.80	8.06	0.74	40.41	18.62	21.79	4.52	0.04	2.20	1.31	6.05
8	100.00	63.13	11.77	12.24	4.86	0.94	1.01	2.10	3.94	35.93	12.78	14.34	8.81	4.74	0.59	5.55	8.86	0.78	45.40	22.74	22.66	5.08	0.04	3.33	2.03	6.96
9	100.00	53.96	11.44	13.83	6.26	0.91	1.39	3.65	8.56	45.12	12.83	17.47	14.82	5.03	…	4.89	8.78	0.78	46.74	24.89	21.85	4.87	0.07	3.39	2.10	8.49
10	100.00	49.71	10.06	12.83	6.64	1.16	1.32	5.53	12.75	49.12	11.38	18.35	19.39	5.11	0.40	4.74	8.69	0.66	38.96	21.58	17.38	5.04	0.10	3.47	2.18	9.47
11	100.00	42.08	8.96	12.04	7.38	1.00	1.88	6.75	19.91	56.92	10.84	18.79	27.29	5.04	…	3.79	9.06	0.53	31.48	17.66	13.81	5.00	0.11	3.13	2.26	7.76
中学校 計	100.00	38.40	9.22	12.05	6.16	1.02	1.65	6.49	25.01	60.51	10.87	18.54	31.10	4.06	0.35	3.38	9.52	0.24	32.53	19.83	12.70	5.11	0.47	2.75	2.55	3.52
12歳	100.00	45.05	9.36	12.78	5.47	1.07	1.74	5.46	19.08	53.88	11.10	18.24	24.55	4.42	0.37	4.60	9.33	0.27	29.70	18.02	11.68	4.74	0.36	2.65	2.28	4.74
13	100.00	38.53	10.26	11.44	5.74	0.61	1.55	7.21	24.67	60.86	11.81	18.64	30.41	3.78	…	3.14	10.42	0.22	32.79	20.01	12.78	5.19	0.42	2.85	2.66	3.31
14	100.00	31.23	7.92	11.95	7.36	1.42	1.67	6.79	31.66	67.12	9.58	18.74	38.80	3.97	0.33	2.46	8.80	0.24	35.00	21.39	13.60	5.40	0.62	2.76	2.68	2.58
高等学校 計	100.00	28.12	8.04	10.63	6.84	0.76	1.21	6.38	38.01	71.12	9.25	17.01	44.86	2.90	0.30	1.49	8.25	0.27	42.44	27.65	14.79	4.54	0.50	2.86	2.94	1.23
15歳	100.00	26.11	9.35	10.71	9.44	0.66	1.41	6.52	35.80	73.23	10.76	17.23	45.24	3.14	0.31	2.41	9.71	0.30	37.84	24.40	13.45	4.51	0.57	2.74	2.78	1.33
16	100.00	30.85	7.17	9.74	6.45	0.79	1.11	5.58	38.31	68.36	8.28	15.32	44.76	2.51	…	1.02	7.49	0.29	42.08	27.62	14.46	4.80	0.40	2.93	2.88	1.21
17	100.00	27.53	7.55	11.40	4.57	0.83	1.11	7.01	39.99	71.63	8.66	18.41	44.56	3.04	0.29	0.97	7.46	0.23	47.43	30.96	16.47	4.33	0.54	2.90	3.16	1.16
うち公立																										
幼稚園 5歳	100.00	70.54	20.11	7.02	0.46	0.79	0.60	0.24	0.24	28.67	20.71	7.27	0.70	1.95	…	2.28	4.12	0.64	34.27	11.02	23.25	5.08	0.15	0.98	0.11	1.89
小学校 計	100.00	58.79	11.65	11.25	4.88	0.91	1.19	3.41	7.93	40.30	12.83	14.66	12.80	4.80	0.53	5.51	8.75	0.76	39.35	19.68	19.67	4.63	0.07	2.81	1.78	7.64
6歳	100.00	75.58	14.18	6.62	1.04	0.62	0.62	0.92	0.43	23.81	14.80	7.54	1.47	4.44	0.62	8.57	8.57	1.06	32.65	12.10	20.55	3.11	0.04	1.25	0.69	7.00
7	100.00	70.06	13.78	9.67	2.72	0.83	0.81	1.13	1.00	29.12	14.59	10.80	3.72	4.13	0.52	5.76	8.13	0.74	40.51	18.63	21.88	4.52	0.04	2.21	1.32	6.02
8	100.00	63.19	11.75	12.22	4.88	0.92	1.01	2.11	3.91	35.88	12.76	14.33	8.79	4.79	0.60	5.53	8.93	0.78	45.58	22.79	22.79	5.05	0.04	3.32	2.03	6.95
9	100.00	53.99	11.44	13.82	6.26	0.92	1.39	3.65	8.53	45.09	12.83	17.47	14.79	5.10	…	4.89	8.89	0.79	46.85	24.92	21.94	4.90	0.07	3.40	2.12	8.49
10	100.00	49.74	10.05	12.83	6.64	1.16	1.32	5.53	12.72	49.10	11.38	18.36	19.36	5.19	0.41	4.73	8.77	0.66	39.07	21.62	17.44	5.08	0.10	3.48	2.19	9.51
11	100.00	42.09	8.98	12.06	7.36	1.01	1.89	6.77	19.85	56.90	10.87	18.83	27.21	5.10	…	3.79	9.18	0.52	31.54	17.69	13.85	5.01	0.12	3.13	2.27	7.76
中学校 計	100.00	38.37	9.21	12.03	6.21	1.03	1.66	6.50	25.01	60.53	10.86	18.52	31.14	3.97	0.34	3.50	9.88	0.25	33.61	20.29	13.32	4.79	0.43	2.68	2.49	3.63
12歳	100.00	45.05	9.30	12.75	5.50	1.08	1.75	5.47	19.10	53.87	11.05	18.22	24.60	4.40	0.37	4.96	9.47	0.28	30.40	18.22	12.18	4.66	0.33	2.56	2.22	4.87
13	100.00	38.52	10.29	11.40	5.76	0.62	1.55	7.20	24.67	60.87	11.84	18.60	30.43	3.66	…	2.83	10.87	0.23	33.97	20.67	13.29	4.77	0.39	2.76	2.62	3.29
14	100.00	31.14	7.91	11.95	7.45	1.43	1.68	6.81	31.63	67.20	9.59	18.76	38.85	3.86	0.31	2.75	9.32	0.25	36.35	21.90	14.45	4.94	0.58	2.72	2.62	2.76
高等学校 計	100.00	26.40	8.10	10.06	6.33	0.84	0.86	6.70	40.70	72.76	8.96	16.76	47.03	3.05	0.25	1.59	8.91	0.25	43.15	28.28	14.86	4.89	0.53	2.84	2.98	1.35
15歳	100.00	23.89	9.50	10.02	8.70	0.73	0.94	7.31	38.92	75.39	10.44	17.33	47.62	3.45	0.24	2.38	9.64	0.25	38.22	25.02	13.20	4.90	0.63	2.72	2.86	1.40
16	100.00	29.39	7.16	9.22	6.04	0.86	0.71	5.46	41.16	69.76	7.87	14.68	47.20	2.75	…	1.08	8.26	0.26	43.02	28.19	14.83	5.18	0.45	2.88	2.88	1.35
17	100.00	26.07	7.59	10.91	4.24	0.93	0.93	7.28	42.04	73.00	8.52	18.19	46.29	2.95	0.26	1.08	8.62	0.22	48.14	31.61	16.53	4.60	0.51	2.91	3.19	1.29
うち私立																										
幼稚園 5歳	100.00	72.12	20.80	4.17	0.65	0.41	0.79	0.95	0.11	27.47	21.59	5.12	0.76	0.75	…	1.32	0.87	0.76	27.06	11.13	15.92	4.87	0.11	1.09	0.16	2.36
高等学校 計	100.00	37.27	9.47	11.58	7.85	0.22	3.37	5.46	24.79	62.51	12.84	17.03	32.63	2.00	0.52	1.68	7.84	0.55	38.86	25.40	13.46	3.81	0.41	2.80	2.23	1.43
15歳	100.00	37.03	9.92	12.98	9.81	0.25	3.52	4.65	21.84	62.72	13.44	17.63	31.65	2.00	0.59	2.78	10.35	0.54	34.49	21.85	12.64	3.78	0.41	2.80	2.05	1.70
16	100.00	40.84	8.84	11.36	5.95	0.27	3.49	6.47	22.77	58.89	12.34	17.84	28.71	1.65	…	1.10	6.77	0.60	37.92	25.60	12.32	4.00	0.24	2.88	2.23	1.32
17	100.00	33.88	9.61	10.23	X	0.13	3.09	5.30	X	65.99	12.70	15.54	37.75	2.33	0.45	1.05	6.13	0.52	44.46	28.97	15.49	3.65	0.58	2.74	2.41	1.26

区分	永久歯の1人当り平均むし歯(う歯)等数 計 (本)	喪失歯数 (本)	むし歯(う歯) 計 (本)	むし歯(う歯) 処置歯数 (本)	むし歯(う歯) 未処置歯数 (本)	栄養状態	せき柱・胸郭・四肢の状態	皮膚疾患 アトピー性皮膚炎	皮膚疾患 その他の皮膚疾患	結核の精密検査の対象者	結核	心臓の疾病・異常	心電図異常	蛋白検出の者	尿糖検出の者	その他の疾病・異常 ぜん息	その他の疾病・異常 腎臓疾患	その他の疾病・異常 言語障害	その他の疾病・異常 その他の疾病・異常
幼稚園 5歳	…	…	…	…	…	0.27	0.17	1.32	0.54	…	…	0.20	…	0.85	…	0.62	0.05	0.14	1.20
小学校 計	…	…	…	…	…	1.79	0.72	3.07	0.27	0.06	0.01	0.74	1.97	1.37	0.09	2.33	0.19	0.43	4.20
6歳	…	…	…	…	…	1.16	0.43	2.92	0.35	0.20	0.03	0.97	1.97	0.71	0.07	2.32	0.12	0.79	3.59
7	…	…	…	…	…	1.60	0.38	3.13	0.34	0.01	-	0.85	…	0.83	0.05	2.36	0.16	0.62	3.74
8	…	…	…	…	…	1.88	0.56	3.00	0.30	0.04	0.00	0.68	…	0.97	0.07	2.67	0.16	0.44	4.29
9	…	…	…	…	…	1.92	0.70	3.07	0.22	0.03	-	0.78	…	1.28	0.06	2.30	0.19	0.29	4.14
10	…	…	…	…	…	2.08	1.10	3.06	0.26	0.04	0.00	0.61	…	1.88	0.14	2.25	0.20	0.25	4.51
11	…	…	…	…	…	2.06	1.08	3.25	0.17	0.05	-	0.60	…	2.44	0.17	2.08	0.32	0.21	4.84
中学校 計	0.69	0.01	0.68	0.45	0.23	1.13	1.41	2.80	0.19	0.02	0.00	0.78	2.95	2.39	0.15	1.85	0.18	0.09	4.61
12歳	0.69	0.01	0.68	0.45	0.23	1.25	1.57	2.90	0.24	0.02	0.00	0.92	2.95	2.63	0.15	1.78	0.14	0.06	4.32
13	…	…	…	…	…	1.12	1.30	2.70	0.20	0.03	-	0.83	…	2.36	0.13	1.96	0.16	0.11	4.78
14	…	…	…	…	…	1.03	1.37	2.79	0.13	0.01	-	0.60	…	2.20	0.17	1.82	0.24	0.10	4.70
高等学校 計	…	…	…	…	…	0.43	1.12	2.47	0.18	…	0.04	0.78	2.50	2.29	0.22	1.44	0.16	0.04	4.11
15歳	…	…	…	…	…	0.47	1.29	2.49	0.17	…	0.04	0.86	2.50	2.70	0.19	1.35	0.18	0.04	4.13
16	…	…	…	…	…	0.43	1.02	2.43	0.20	…	…	0.66	…	2.19	0.24	1.50	0.17	0.03	4.20
17	…	…	…	…	…	0.40	1.03	2.49	0.18	…	…	0.81	…	1.97	0.24	1.46	0.14	0.04	4.02
うち公立																			
幼稚園 5歳	…	…	…	…	…	0.25	0.14	1.55	0.71	…	…	0.62	…	0.46	…	0.56	0.35	0.06	1.53
小学校 計	…	…	…	…	…	1.81	0.72	3.12	0.26	0.06	0.01	0.75	1.95	1.37	0.09	2.35	0.20	0.43	4.22
6歳	…	…	…	…	…	1.17	0.44	2.97	0.33	0.20	0.03	0.98	1.95	0.73	0.07	2.34	0.12	0.80	3.60
7	…	…	…	…	…	1.62	0.38	3.17	0.33	0.01	-	0.86	…	0.82	0.05	2.38	0.16	0.63	3.74
8	…	…	…	…	…	1.90	0.56	3.02	0.29	0.04	0.00	0.69	…	0.96	0.07	2.69	0.16	0.44	4.30
9	…	…	…	…	…	1.93	0.71	3.12	0.22	0.03	-	0.78	…	1.29	0.06	2.33	0.19	0.29	4.16
10	…	…	…	…	…	2.09	1.10	3.11	0.26	0.04	0.00	0.61	…	1.86	0.14	2.27	0.21	0.26	4.55
11	…	…	…	…	…	2.08	1.09	3.30	0.15	0.05	-	0.60	…	2.45	0.17	2.09	0.32	0.21	4.87
中学校 計	0.71	0.01	0.70	0.46	0.24	1.06	1.42	2.71	0.16	0.02	0.00	0.77	2.94	2.35	0.16	1.83	0.18	0.09	4.57
12歳	0.71	0.01	0.70	0.46	0.24	1.19	1.57	2.84	0.19	0.02	0.00	0.90	2.94	2.52	0.16	1.73	0.15	0.06	4.30
13	…	…	…	…	…	1.08	1.28	2.60	0.18	0.04	-	0.82	…	2.31	0.18	1.94	0.17	0.11	4.79
14	…	…	…	…	…	0.91	1.43	2.70	0.12	0.01	-	0.60	…	2.22	0.16	1.80	0.23	0.10	4.61
高等学校 計	…	…	…	…	…	0.44	1.05	2.61	0.19	…	0.02	0.86	2.41	2.09	0.22	1.42	0.16	0.03	4.12
15歳	…	…	…	…	…	0.48	1.23	2.68	0.18	…	0.02	0.90	2.41	2.48	0.18	1.33	0.17	0.05	4.04
16	…	…	…	…	…	0.42	1.00	2.52	0.20	…	…	0.74	…	1.99	0.25	1.44	0.16	0.02	4.18
17	…	…	…	…	…	0.41	0.92	2.62	0.18	…	…	0.92	…	1.79	0.25	1.49	0.15	0.03	4.15
うち私立																			
幼稚園 5歳	…	…	…	…	…	0.27	0.18	1.25	0.52	…	…	0.11	…	0.97	…	0.73	-	0.10	0.98
高等学校 計	…	…	…	…	…	0.38	1.20	1.77	0.13	…	0.06	0.50	2.57	3.13	0.24	1.35	0.16	0.05	3.81
15歳	…	…	…	…	…	0.43	1.50	1.62	0.12	…	0.06	0.62	2.57	3.79	0.26	1.35	0.20	0.01	4.02
16	…	…	…	…	…	0.39	0.95	1.95	0.16	…	…	0.39	…	2.94	0.26	1.57	0.16	0.06	3.84
17	…	…	…	…	…	0.32	1.13	1.75	0.12	…	…	0.47	…	2.60	0.20	1.14	0.13	0.08	3.54

4 年齢別 都市階級別 設置者別 疾病・異常被患率等 (15-15)

3 女 (5) 町村 　　　　単位 (%)

区分	裸眼視力 計	視力非矯正者の裸眼視力 1.0以上	視力非矯正者の裸眼視力 1.0未満0.7以上	視力非矯正者の裸眼視力 0.7未満0.3以上	視力非矯正者の裸眼視力 0.3未満	視力矯正者の裸眼視力 1.0以上	視力矯正者の裸眼視力 1.0未満0.7以上	視力矯正者の裸眼視力 0.7未満0.3以上	視力矯正者の裸眼視力 0.3未満	裸眼視力 計	裸眼視力 1.0未満0.7以上	裸眼視力 0.7未満0.3以上	裸眼視力 0.3未満	眼の疾病・異常	難聴	耳鼻咽頭 耳疾患	耳鼻咽頭 鼻・副鼻腔疾患	耳鼻咽頭 口腔咽喉頭疾患・異常	歯・口腔 むし歯(う歯) 計	歯・口腔 むし歯(う歯) 処置完了者	歯・口腔 むし歯(う歯) 未処置歯のある者	歯・口腔 歯列・咬合	歯・口腔 顎関節	歯・口腔 歯垢の状態	歯・口腔 歯肉の状態	歯・口腔 その他の疾病・異常
幼稚園 5歳	100.00	73.54	16.48	7.37	0.64	0.24	0.56	0.70	0.47	26.23	17.05	8.07	1.11	1.16	…	2.24	3.11	0.52	32.00	11.09	20.91	4.28	-	0.62	0.05	2.10
小学校 計	100.00	60.45	11.44	10.38	4.25	1.08	1.23	3.20	7.96	38.47	12.67	13.58	12.21	4.64	0.44	4.94	9.64	0.96	41.32	20.25	21.07	4.35	0.06	2.79	1.38	8.35
6歳	100.00	73.37	15.04	7.31	1.04	0.54	1.05	0.91	0.75	26.09	16.09	8.22	1.79	5.58	0.43	7.11	8.44	0.99	35.52	13.28	22.24	3.20	0.05	1.06	0.42	6.92
7	100.00	69.68	14.00	8.71	3.20	1.05	0.71	1.72	0.94	29.27	14.71	10.43	4.13	3.88	0.37	6.19	11.92	1.19	41.79	18.05	23.74	4.07	0.03	2.16	0.72	6.32
8	100.00	62.71	12.72	12.18	5.07	1.23	0.98	2.06	3.06	36.06	13.69	14.24	8.13	3.72	0.47	4.95	9.22	1.15	46.89	24.32	22.56	4.56	0.05	3.15	1.26	7.28
9	100.00	57.74	10.07	12.00	5.54	1.15	2.09	3.42	7.99	41.11	12.16	15.43	13.52	5.25	…	3.80	9.54	0.93	48.85	25.42	23.43	5.07	0.05	3.59	1.77	10.32
10	100.00	53.49	8.88	10.75	5.25	1.27	1.23	5.11	14.02	45.25	10.11	15.86	19.27	4.16	0.48	5.36	10.23	0.92	42.39	21.79	20.60	4.17	0.08	3.53	2.03	11.21
11	100.00	46.95	8.24	11.20	5.26	1.23	1.34	5.73	20.05	51.82	9.58	16.94	25.30	5.23	…	2.41	8.57	0.63	32.64	18.31	14.33	4.95	0.12	3.09	1.96	7.85
中学校 計	100.00	34.23	9.66	10.94	6.21	2.07	1.21	5.93	29.75	63.56	10.87	16.86	35.83	5.35	0.38	3.66	10.03	0.58	34.39	20.25	14.14	6.21	0.29	2.79	3.72	3.42
12歳	100.00	41.45	8.85	10.81	8.10	0.82	0.99	5.29	23.69	57.73	9.84	16.10	31.79	6.26	0.40	4.51	9.43	0.94	30.68	17.64	13.04	6.39	0.29	2.25	3.51	4.54
13	100.00	30.42	10.90	12.47	6.86	2.63	1.50	6.44	28.78	66.95	12.40	18.91	35.64	5.31	…	3.01	11.64	0.58	34.86	20.90	13.96	6.54	0.33	3.60	3.78	2.87
14	100.00	30.99	9.22	9.55	3.75	2.72	1.14	6.04	36.59	65.88	10.36	15.59	39.93	4.50	0.36	3.40	9.19	0.22	37.52	22.14	15.39	5.70	0.26	2.51	3.85	2.88
高等学校 計	100.00	21.65	6.14	9.44	7.76	0.06	1.27	10.08	43.59	78.28	7.41	19.52	51.35	3.60	0.36	1.82	7.22	0.23	48.22	25.94	22.28	5.72	1.10	4.21	3.71	1.54
15歳	100.00	23.41	7.68	8.31	9.91	0.09	0.32	10.66	39.63	76.51	8.00	18.97	49.54	3.38	0.34	1.85	6.61	0.36	43.81	23.90	19.91	5.34	0.59	3.70	3.72	1.41
16	100.00	18.96	5.01	10.81	8.87	0.07	3.44	6.43	46.41	80.97	8.44	17.24	55.29	3.91	…	1.71	7.07	0.16	48.53	26.11	22.42	5.59	1.39	4.73	3.56	1.83
17	100.00	22.48	5.53	9.31	4.01	0.03	0.06	13.33	45.26	77.49	5.59	22.63	49.27	3.53	0.38	1.89	8.12	0.14	52.35	27.82	24.54	6.24	1.33	4.23	3.85	1.38
うち公立																										
幼稚園 5歳	100.00	70.95	18.94	7.20	0.60	0.21	0.78	0.85	0.47	28.84	19.71	8.05	1.08	1.53	…	3.84	3.46	0.95	34.07	12.58	21.49	4.33	-	0.66	0.07	1.33
小学校 計	100.00	60.44	11.44	10.39	4.25	1.09	1.23	3.20	7.96	38.47	12.67	13.59	12.21	4.64	0.44	4.94	9.65	0.96	41.32	20.25	21.07	4.36	0.06	2.79	1.38	8.35
6歳	100.00	73.35	15.04	7.31	1.04	0.54	1.05	0.91	0.75	26.10	16.09	8.22	1.79	5.59	0.43	7.12	8.45	0.99	35.52	13.29	22.24	3.20	0.05	1.07	0.42	6.92
7	100.00	69.68	14.00	8.71	3.20	1.05	0.70	1.72	0.94	29.27	14.71	10.43	4.13	3.89	0.37	6.19	11.93	1.19	41.79	18.05	23.74	4.07	0.03	2.16	0.72	6.32
8	100.00	62.70	12.72	12.18	5.07	1.24	0.98	2.06	3.06	36.06	13.70	14.24	8.12	3.72	0.47	4.95	9.22	1.15	46.89	24.33	22.56	4.56	0.05	3.15	1.26	7.29
9	100.00	57.75	10.06	12.01	5.53	1.16	2.09	3.43	7.98	41.10	12.15	15.43	13.51	5.26	…	3.80	9.54	0.93	48.83	25.41	23.42	5.08	0.05	3.59	1.78	10.33
10	100.00	53.48	8.89	10.74	5.25	1.27	1.23	5.12	14.03	45.25	10.12	15.86	19.27	4.17	0.48	5.36	10.23	0.92	42.38	21.79	20.59	4.18	0.08	3.53	2.03	11.21
11	100.00	46.92	8.24	11.21	5.25	1.24	1.34	5.74	20.06	51.84	9.58	16.95	25.31	5.23	…	2.41	8.59	0.63	32.64	18.32	14.33	4.96	0.12	3.09	1.96	7.85
中学校 計	100.00	34.26	9.63	10.95	6.15	2.08	1.22	5.95	29.77	63.52	10.84	16.90	35.78	5.11	0.37	3.82	9.65	0.55	34.71	20.40	14.30	6.31	0.30	2.88	3.78	3.50
12歳	100.00	41.52	8.86	10.81	7.94	0.82	1.00	5.31	23.74	57.66	9.86	16.11	31.69	6.02	0.42	4.67	8.92	0.91	30.86	17.82	13.05	6.53	0.29	2.27	3.55	4.63
13	100.00	30.44	10.79	12.52	6.84	2.66	1.50	6.47	28.78	66.90	12.29	18.99	35.62	5.07	…	3.23	11.37	0.55	35.24	21.13	14.10	6.60	0.33	3.68	3.84	2.96
14	100.00	31.01	9.23	9.55	3.73	2.72	1.15	6.06	36.56	65.86	10.37	15.60	39.89	4.26	0.33	3.51	8.84	0.21	37.91	22.19	15.72	5.81	0.26	2.68	3.96	2.93
高等学校 計	100.00	21.11	6.36	9.94	8.06	0.07	1.39	9.99	43.07	78.82	7.75	19.93	51.13	3.85	0.30	1.62	8.31	0.27	47.24	25.21	22.03	5.67	0.82	3.78	3.70	1.67
15歳	100.00	23.15	8.16	8.76	10.06	0.10	0.34	9.63	39.80	76.75	8.50	18.39	49.86	3.63	0.34	1.95	7.72	0.38	42.65	22.08	20.57	5.70	0.58	3.79	3.97	1.59
16	100.00	17.40	5.21	11.30	9.56	0.08	3.82	6.58	46.05	82.53	9.03	17.88	55.61	4.31	…	1.17	7.80	0.22	46.59	24.95	21.64	5.37	0.89	3.87	3.49	1.93
17	100.00	22.65	5.48	9.89	4.14	0.03	0.06	14.01	43.75	77.32	5.54	23.90	47.88	3.65	0.27	1.65	9.56	0.19	52.33	28.51	23.82	5.92	1.01	3.69	3.64	1.50
うち私立																										
幼稚園 5歳	100.00	79.65	14.14	4.21	0.55	0.33	0.39	0.58	0.15	20.02	14.53	4.79	0.69	1.55	…	1.25	2.88	0.21	28.97	11.61	17.35	4.92	-	0.79	0.03	2.63
高等学校 計	100.00	22.10	2.25	1.12	1.12	-	-	10.11	63.30	77.90	2.25	11.24	64.42	0.69	0.57	1.53	3.13	-	34.32	17.30	17.02	8.57	2.31	7.05	5.00	0.48
15歳	100.00	14.71	-	-	-	-	-	17.65	67.65	85.29	-	17.65	67.65	0.70	0.41	1.40	2.92	-	28.78	16.11	12.67	5.51	0.73	3.64	3.82	0.51
16	100.00	37.63	3.23	-	-	-	-	3.23	55.91	62.37	3.23	3.23	55.91	0.57	…	0.53	2.59	-	34.73	15.93	18.80	9.76	3.83	9.80	5.44	0.66
17	100.00	12.50	4.17	4.17	4.17	-	-	8.33	66.67	87.50	4.17	12.50	70.83	0.78	0.74	2.65	3.90	-	39.78	19.90	19.89	10.65	2.48	7.96	5.83	0.27

区分	永久歯の1人当り平均むし歯(う歯)等数 計 (本)	喪失歯数 (本)	むし歯(う歯) 計 (本)	むし歯(う歯) 処置歯数 (本)	むし歯(う歯) 未処置歯数 (本)	栄養状態	せき柱・胸郭・四肢の状態	皮膚疾患 アトピー性皮膚炎	皮膚疾患 その他の皮膚疾患	結核の精密検査の対象者	結核	心臓の疾病・異常	心電図異常	蛋白検出の者	尿糖検出の者	その他の疾病・異常 ぜん息	その他の疾病・異常 腎臓疾患	その他の疾病・異常 言語障害	その他の疾病・異常 その他の疾病・異常
幼稚園 5歳	…	…	…	…	…	0.36	0.13	1.45	1.21	…	…	0.34	…	0.42	…	1.11	0.02	0.60	1.02
小学校 計	…	…	…	…	…	2.07	0.72	2.75	0.43	0.01	-	0.79	1.83	1.41	0.11	2.34	0.20	0.57	3.59
6歳	…	…	…	…	…	1.36	0.54	2.32	0.48	0.03	-	0.61	1.83	0.82	0.10	2.60	0.15	0.79	3.25
7	…	…	…	…	…	1.74	0.56	3.15	0.68	0.01	-	0.97	…	0.90	0.05	2.68	0.39	0.80	3.33
8	…	…	…	…	…	2.02	0.55	2.96	0.46	-	-	0.87	…	1.09	0.08	2.19	0.11	0.69	3.70
9	…	…	…	…	…	2.28	0.86	2.51	0.26	0.02	-	0.77	…	1.25	0.04	2.49	0.22	0.40	3.37
10	…	…	…	…	…	2.38	0.80	2.98	0.37	-	-	0.75	…	2.21	0.13	1.85	0.14	0.47	3.61
11	…	…	…	…	…	2.56	0.98	2.58	0.38	0.01	-	0.78	…	2.10	0.26	2.30	0.19	0.31	4.21
中学校 計	0.74	0.01	0.73	0.48	0.25	1.39	1.22	4.31	0.23	0.03	-	1.04	2.79	2.31	0.17	2.28	0.17	0.08	5.23
12歳	0.74	0.01	0.73	0.48	0.25	1.50	1.27	3.41	0.30	0.05	-	0.81	2.79	2.58	0.09	1.53	0.26	0.09	5.18
13	…	…	…	…	…	1.56	1.27	5.26	0.23	-	-	1.34	…	2.13	0.25	2.47	0.10	0.06	5.08
14	…	…	…	…	…	1.12	1.10	4.23	0.17	0.04	-	0.98	…	2.22	0.17	2.81	0.16	0.08	5.43
高等学校 計	…	…	…	…	…	0.62	0.99	2.64	0.26	…	0.00	0.99	2.53	3.19	0.21	1.74	0.20	0.03	4.75
15歳	…	…	…	…	…	0.74	1.19	2.33	0.29	…	0.00	0.72	2.53	4.59	0.14	2.12	0.20	0.05	5.46
16	…	…	…	…	…	0.53	1.05	2.52	0.21	…	…	1.54	…	2.74	0.34	1.37	0.27	0.02	4.37
17	…	…	…	…	…	0.58	0.75	3.08	0.29	…	…	0.73	…	2.22	0.16	1.72	0.13	0.03	4.40
うち公立																			
幼稚園 5歳	…	…	…	…	…	0.12	0.24	1.79	1.86	…	…	0.37	…	0.61	…	0.91	-	0.31	0.72
小学校 計	…	…	…	…	…	2.07	0.72	2.75	0.43	0.01	-	0.79	1.83	1.41	0.11	2.34	0.20	0.57	3.59
6歳	…	…	…	…	…	1.36	0.54	2.32	0.48	0.03	-	0.61	1.83	0.83	0.10	2.60	0.15	0.79	3.25
7	…	…	…	…	…	1.74	0.56	3.15	0.68	0.01	-	0.97	…	0.90	0.05	2.67	0.38	0.80	3.33
8	…	…	…	…	…	2.03	0.55	2.96	0.46	-	-	0.86	…	1.09	0.07	2.19	0.11	0.68	3.70
9	…	…	…	…	…	2.29	0.86	2.51	0.26	0.02	-	0.77	…	1.25	0.04	2.49	0.22	0.40	3.37
10	…	…	…	…	…	2.38	0.80	2.98	0.37	-	-	0.75	…	2.21	0.13	1.85	0.14	0.47	3.61
11	…	…	…	…	…	2.56	0.98	2.59	0.38	0.01	-	0.78	…	2.11	0.26	2.30	0.19	0.32	4.21
中学校 計	0.75	0.01	0.74	0.49	0.25	1.42	1.31	4.21	0.22	0.04	-	1.02	2.82	2.32	0.17	2.13	0.17	0.08	5.00
12歳	0.75	0.01	0.74	0.49	0.25	1.54	1.54	3.36	0.25	0.10	-	0.75	2.82	2.65	0.09	1.43	0.26	0.09	5.00
13	…	…	…	…	…	1.59	1.28	5.07	0.24	-	-	1.31	…	2.14	0.25	2.31	0.10	0.06	4.72
14	…	…	…	…	…	1.14	1.10	4.17	0.18	0.04	-	0.99	…	2.18	0.17	2.61	0.16	0.08	5.27
高等学校 計	…	…	…	…	…	0.64	1.06	2.94	0.29	…	0.01	0.95	2.04	2.53	0.19	1.93	0.21	0.02	4.80
15歳	…	…	…	…	…	0.76	1.30	2.65	0.27	…	0.01	0.77	2.04	3.30	0.10	2.25	0.18	0.04	6.00
16	…	…	…	…	…	0.58	1.03	2.85	0.25	…	…	1.37	…	2.43	0.32	1.47	0.32	0.02	3.58
17	…	…	…	…	…	0.58	0.86	3.32	0.33	…	…	0.72	…	1.89	0.16	2.06	0.14	0.02	4.78
うち私立																			
幼稚園 5歳	…	…	…	…	…	0.50	0.06	1.60	0.62	…	…	0.14	…	0.22	…	0.98	0.12	0.75	1.17
高等学校 計	…	…	…	…	…	0.05	0.44	0.91	0.14	…	-	0.36	5.42	3.63	0.29	0.87	0.15	0.09	2.34
15歳	…	…	…	…	…	-	0.82	1.15	0.32	…	-	0.30	5.42	4.18	0.42	1.03	0.37	0.13	2.26
16	…	…	…	…	…	-	0.35	0.82	0.05	…	…	0.44	…	3.32	0.44	1.00	-	-	2.49
17	…	…	…	…	…	0.15	0.13	0.73	0.05	…	…	0.34	…	3.34	-	0.56	0.06	0.13	2.29

5 都道府県別　身長・体重の平均値及び標準偏差（13-1）

5歳

区　分	男				女			
	身　長　（cm）		体　重　（kg）		身　長　（cm）		体　重　（kg）	
	平均値	標準偏差	平均値	標準偏差	平均値	標準偏差	平均値	標準偏差
全　　　国	111.1	4.88	19.3	2.85	110.2	4.84	19.0	2.75
北　海　道	111.1	5.05	19.5	3.22	110.9	5.33	19.3	3.17
青　　　森	111.9	5.29	20.1	3.26	111.4	4.36	20.0	3.56
岩　　　手	111.7	4.90	20.0	3.73	111.2	4.60	19.6	2.87
宮　　　城	111.4	5.02	19.8	3.30	110.4	4.91	19.3	3.03
秋　　　田	111.6	4.76	19.6	3.11	111.6	5.30	19.6	3.40
山　　　形	111.1	4.94	19.5	2.90	110.8	4.97	19.4	2.92
福　　　島	110.7	4.63	19.6	3.01	110.0	4.45	19.4	2.86
茨　　　城	111.3	5.06	19.7	3.36	110.2	4.85	19.1	2.98
栃　　　木	111.0	5.19	19.6	3.20	110.6	5.35	19.3	3.06
群　　　馬	111.4	4.59	19.9	3.33	110.2	4.68	19.0	2.71
埼　　　玉	110.8	4.87	19.3	2.79	110.0	4.77	18.9	2.56
千　　　葉	110.9	4.77	19.4	2.77	109.9	4.90	18.9	2.71
東　　　京	111.6	4.75	19.4	2.78	110.5	4.89	19.0	2.60
神　奈　川	110.9	4.82	19.2	2.53	109.9	4.66	18.8	2.55
新　　　潟	112.3	4.77	19.7	2.63	110.8	5.04	19.1	2.85
富　　　山	112.7	4.82	19.9	2.85	111.4	4.92	19.4	3.02
石　　　川	111.9	4.82	19.5	2.70	111.5	5.32	19.2	2.91
福　　　井	111.7	5.07	19.5	3.06	110.8	4.93	19.1	2.93
山　　　梨	110.3	4.66	19.0	3.00	110.3	4.77	18.9	2.56
長　　　野	110.8	4.94	19.0	2.75	110.0	4.63	18.6	2.43
岐　　　阜	111.1	4.81	19.3	2.91	110.2	4.81	19.1	2.72
静　　　岡	111.1	4.99	19.4	2.98	110.4	4.77	18.9	2.60
愛　　　知	110.8	4.78	19.0	2.54	110.2	4.71	18.8	2.57
三　　　重	110.7	5.21	19.1	2.95	110.3	4.79	18.8	2.63
滋　　　賀	111.0	4.76	19.1	3.09	110.1	4.85	18.8	2.77
京　　　都	111.6	4.93	19.2	2.67	110.6	4.68	18.9	2.70
大　　　阪	111.0	4.97	19.2	2.63	110.2	4.66	18.8	2.61
兵　　　庫	111.1	4.53	19.3	2.67	110.7	5.06	19.2	2.92
奈　　　良	110.8	4.92	19.1	2.67	109.9	5.00	18.7	2.53
和　歌　山	110.5	4.91	19.2	2.72	110.1	4.53	18.9	2.53
鳥　　　取	110.9	4.86	19.1	2.62	110.1	5.06	18.6	2.32
島　　　根	111.0	4.42	19.2	2.25	110.0	4.12	18.8	2.68
岡　　　山	110.6	4.95	19.1	3.03	110.4	4.98	18.9	2.91
広　　　島	110.2	4.88	19.0	2.64	109.5	5.11	18.8	2.90
山　　　口	110.4	4.62	19.3	2.84	109.5	4.88	18.8	2.77
徳　　　島	111.3	5.07	19.9	3.58	110.0	4.81	19.3	2.75
香　　　川	110.0	4.72	18.9	2.61	109.6	4.61	18.9	2.55
愛　　　媛	110.9	4.44	19.2	2.92	110.1	4.70	19.1	2.85
高　　　知	110.7	5.25	19.1	3.20	109.7	4.54	18.7	2.26
福　　　岡	111.1	4.83	19.5	2.74	109.8	4.83	19.1	2.88
佐　　　賀	111.0	4.86	19.5	2.74	109.4	4.73	18.6	2.15
長　　　崎	110.1	4.46	18.8	2.78	110.1	4.27	18.9	2.31
熊　　　本	111.1	4.69	19.4	2.57	110.0	4.53	18.8	2.52
大　　　分	110.4	4.96	19.3	3.08	109.7	4.71	18.8	2.60
宮　　　崎	111.1	4.93	19.5	2.66	109.8	4.84	18.8	2.70
鹿　児　島	111.2	5.25	19.7	3.20	109.8	4.75	19.1	3.04
沖　　　縄	110.6	5.20	19.2	2.97	109.7	4.69	18.7	2.68
1県あたり 調査対象者数 （人）	291～1111		291～1111		318～1086		318～1086	

5 都道府県別 身長・体重の平均値及び標準偏差 (13-2)

6歳

区　分	男				女			
	身長 (cm)		体重 (kg)		身長 (cm)		体重 (kg)	
	平均値	標準偏差	平均値	標準偏差	平均値	標準偏差	平均値	標準偏差
全　国	117.0	4.94	21.8	3.57	116.0	4.96	21.3	3.45
北　海　道	117.3	4.94	22.3	4.00	116.2	4.83	21.6	3.79
青　森	117.9	5.10	22.6	4.01	116.7	5.04	21.9	3.80
岩　手	117.4	4.63	22.5	3.96	116.6	5.07	22.0	3.86
宮　城	117.6	5.11	22.1	3.84	116.3	4.71	21.4	3.53
秋　田	117.7	5.11	22.4	4.49	116.8	4.83	22.0	3.86
山　形	116.9	4.77	22.0	3.68	116.4	4.75	21.8	3.45
福　島	117.4	5.22	22.8	4.53	116.2	4.99	21.6	3.68
茨　城	117.3	5.11	22.1	3.94	116.3	5.11	21.8	3.74
栃　木	116.5	5.10	21.8	4.02	115.7	4.91	21.4	3.69
群　馬	117.0	5.18	22.0	3.40	115.7	5.01	21.5	3.59
埼　玉	116.9	4.82	21.8	3.58	116.1	5.04	21.3	3.53
千　葉	116.9	4.66	21.8	3.38	116.3	5.22	21.7	3.59
東　京	117.3	5.00	21.7	3.16	116.3	4.95	21.3	3.32
神　奈　川	117.4	4.92	21.8	3.25	116.2	4.44	21.0	2.85
新　潟	117.5	4.70	21.8	3.34	116.4	5.34	21.5	3.81
富　山	116.9	4.75	21.8	3.32	116.4	4.92	21.5	3.40
石　川	118.0	4.52	22.0	3.27	115.9	4.63	21.2	3.15
福　井	116.9	5.00	21.8	3.64	116.2	5.09	21.3	3.39
山　梨	117.2	4.87	22.2	3.86	115.5	4.97	21.3	3.62
長　野	116.7	5.04	21.8	3.85	115.4	4.74	20.9	3.41
岐　阜	117.1	4.52	21.7	3.28	115.9	4.74	21.0	3.03
静　岡	116.1	4.84	21.2	3.33	115.9	5.02	20.9	3.09
愛　知	116.7	5.04	21.6	3.45	116.0	5.01	21.1	3.44
三　重	116.7	4.84	21.5	3.27	115.8	4.98	21.0	3.04
滋　賀	116.8	5.14	21.5	3.47	115.8	4.81	21.0	3.41
京　都	116.8	4.76	21.3	3.14	115.5	4.59	20.9	3.14
大　阪	117.2	5.07	21.8	3.60	116.1	5.08	21.2	3.47
兵　庫	117.6	4.95	22.1	3.44	116.1	4.93	21.2	3.48
奈　良	117.1	4.97	21.8	3.71	116.2	4.83	21.3	3.41
和　歌　山	117.0	5.27	21.7	3.64	115.5	5.10	21.1	3.51
鳥　取	116.5	4.99	21.6	3.71	115.6	4.71	21.0	3.09
島　根	116.4	4.78	21.7	3.43	116.0	4.92	21.6	3.58
岡　山	116.6	4.93	21.9	3.73	115.2	5.05	21.1	3.50
広　島	115.5	4.84	21.2	3.36	115.1	4.95	20.8	3.17
山　口	115.9	4.60	21.3	3.62	115.8	4.95	21.1	3.37
徳　島	116.9	5.07	21.8	3.60	115.8	4.92	21.4	3.70
香　川	117.2	5.13	22.0	3.70	115.6	4.93	21.3	3.46
愛　媛	116.1	4.80	21.3	3.54	115.4	5.06	21.0	3.43
高　知	116.3	5.41	21.4	3.52	115.8	5.15	21.2	3.55
福　岡	116.8	4.73	21.9	3.72	116.0	5.26	21.3	3.67
佐　賀	116.9	4.46	21.8	3.66	115.8	4.87	21.3	3.32
長　崎	116.5	4.37	21.6	3.17	116.2	4.71	21.4	3.24
熊　本	116.5	5.22	22.0	3.96	115.9	5.20	21.6	3.76
大　分	116.6	5.15	21.8	3.78	116.0	5.20	21.4	3.67
宮　崎	116.3	4.83	21.7	3.57	115.9	4.74	21.7	3.76
鹿　児　島	116.8	4.71	22.0	4.22	115.2	5.11	21.0	3.35
沖　縄	116.2	5.01	21.7	4.01	115.9	4.89	21.4	3.35
1県あたり調査対象者数 (人)	429〜568		429〜568		419〜558		419〜558	

5 都道府県別 身長・体重の平均値及び標準偏差 (13-3)

7歳

区　分	男				女			
	身　長　(cm)		体　重　(kg)		身　長　(cm)		体　重　(kg)	
	平均値	標準偏差	平均値	標準偏差	平均値	標準偏差	平均値	標準偏差
全　　国	122.9	5.27	24.6	4.39	122.0	5.24	24.0	4.19
北　海　道	123.2	5.02	25.2	5.01	121.9	5.20	24.0	4.62
青　　森	123.3	5.32	25.4	5.04	122.8	4.91	25.0	4.64
岩　　手	123.6	5.17	25.8	5.30	122.9	5.18	24.9	4.63
宮　　城	123.6	5.51	25.4	4.76	122.5	5.71	24.5	5.02
秋　　田	123.9	5.63	26.0	6.36	122.6	4.93	24.7	4.68
山　　形	123.7	5.41	25.4	4.53	122.5	5.09	24.6	4.77
福　　島	122.9	5.10	24.9	4.62	122.0	5.15	24.3	4.55
茨　　城	123.1	5.14	25.0	4.48	122.2	5.50	24.6	4.81
栃　　木	122.6	5.00	24.7	4.27	121.9	5.44	24.5	4.39
群　　馬	123.3	5.61	25.2	4.97	121.7	5.26	24.3	4.54
埼　　玉	123.3	5.68	24.8	4.66	122.0	5.59	24.1	4.26
千　　葉	123.1	5.24	25.0	4.69	122.5	5.35	24.2	4.56
東　　京	123.4	5.55	24.6	4.08	122.6	5.13	24.1	3.95
神　奈　川	122.6	5.16	24.2	3.79	121.8	5.18	23.7	3.78
新　　潟	123.5	5.19	25.0	4.80	122.3	5.23	23.9	4.14
富　　山	123.0	4.91	24.7	4.09	122.0	5.03	24.1	4.04
石　　川	123.2	4.93	24.7	4.09	122.2	5.26	24.1	4.38
福　　井	122.6	5.11	24.5	4.17	122.6	5.14	24.4	4.11
山　　梨	122.5	5.20	24.8	4.68	121.6	5.44	24.2	4.40
長　　野	123.3	4.90	24.6	3.87	122.0	5.23	23.9	3.91
岐　　阜	123.1	5.17	24.7	4.51	121.6	5.34	23.6	4.07
静　　岡	122.6	5.29	24.2	4.39	121.3	4.98	23.6	3.96
愛　　知	122.8	5.46	24.5	4.34	121.4	5.21	23.5	4.04
三　　重	122.5	4.96	24.2	3.83	121.8	5.30	23.9	4.21
滋　　賀	123.0	5.11	24.4	4.23	122.4	5.00	24.1	3.79
京　　都	122.7	4.96	24.3	4.70	121.8	5.27	23.8	4.06
大　　阪	122.8	5.20	24.3	3.98	122.1	5.01	23.8	4.05
兵　　庫	123.1	5.09	24.7	4.14	121.9	5.15	23.8	3.91
奈　　良	122.5	5.51	24.5	4.40	121.8	5.09	23.9	4.14
和　歌　山	122.9	5.12	24.3	4.46	122.3	5.37	23.9	3.99
鳥　　取	123.0	5.04	24.7	4.37	122.1	5.07	24.2	4.07
島　　根	122.1	4.88	24.1	3.99	121.5	5.27	23.8	3.94
岡　　山	122.7	5.20	24.6	4.87	122.1	5.02	24.1	4.12
広　　島	121.9	5.01	24.4	4.37	121.2	5.26	23.8	4.17
山　　口	121.7	5.23	23.8	4.16	120.7	5.37	23.3	3.94
徳　　島	122.5	5.20	24.4	4.35	121.1	5.07	23.6	3.69
香　　川	122.4	5.33	24.4	4.46	121.8	5.07	24.1	4.19
愛　　媛	121.9	5.21	24.1	4.20	121.4	5.17	23.7	4.04
高　　知	122.4	5.51	24.4	4.25	121.6	5.38	24.0	4.27
福　　岡	122.7	5.10	24.7	4.16	121.7	5.33	24.0	4.27
佐　　賀	122.2	5.23	24.3	4.15	121.7	4.99	23.8	4.01
長　　崎	122.4	4.76	24.3	3.84	121.6	4.79	23.7	3.63
熊　　本	123.0	5.27	25.0	4.44	121.7	5.28	24.2	4.36
大　　分	123.0	5.24	25.0	4.62	121.7	5.21	23.9	3.90
宮　　崎	122.8	5.14	25.1	4.96	122.1	4.85	24.3	4.13
鹿　児　島	122.0	4.95	24.3	4.30	121.2	5.26	23.9	4.41
沖　　縄	122.4	5.41	24.8	4.95	121.5	5.11	24.2	4.56
1県あたり調査対象者数（人）	427〜568		427〜568		423〜557		423〜557	

5 都道府県別 身長・体重の平均値及び標準偏差 (13-4)

8歳

区分	男				女			
	身長 (cm)		体重 (kg)		身長 (cm)		体重 (kg)	
	平均値	標準偏差	平均値	標準偏差	平均値	標準偏差	平均値	標準偏差
全 国	128.5	5.42	28.0	5.60	128.1	5.68	27.3	5.18
北 海 道	128.8	5.27	28.8	6.09	128.7	5.79	28.2	5.79
青 森	129.3	5.19	29.8	6.55	129.0	6.41	28.5	6.27
岩 手	129.4	5.42	29.2	6.08	128.7	5.80	28.3	5.45
宮 城	128.7	5.36	28.4	5.48	128.5	5.75	28.3	5.65
秋 田	129.7	5.45	29.3	6.37	129.0	6.02	28.5	6.22
山 形	128.6	5.57	29.0	6.16	128.7	5.64	27.7	5.29
福 島	128.5	5.26	28.2	5.56	128.4	6.07	28.1	6.28
茨 城	129.3	5.74	29.4	6.59	128.2	5.68	28.1	5.95
栃 木	127.8	5.63	28.3	6.38	127.7	5.56	27.7	5.29
群 馬	128.1	5.74	28.1	6.04	127.9	5.73	27.6	5.36
埼 玉	129.4	5.56	28.4	5.78	128.4	5.80	27.8	5.48
千 葉	128.5	5.90	28.0	5.68	128.4	5.42	27.7	4.91
東 京	128.7	5.22	28.0	5.21	129.0	5.64	27.3	4.78
神 奈 川	128.7	5.35	28.3	5.67	128.1	5.73	26.9	4.79
新 潟	128.9	5.22	28.4	5.50	129.1	5.67	27.6	5.23
富 山	128.7	5.73	28.1	6.16	128.6	5.70	27.7	4.95
石 川	128.6	5.18	27.9	5.28	128.1	5.45	27.2	5.26
福 井	128.8	5.29	28.2	5.52	128.1	5.87	27.3	5.23
山 梨	128.3	5.34	27.9	5.49	128.5	5.94	27.9	5.66
長 野	128.2	5.50	27.8	5.63	128.2	5.87	27.3	5.39
岐 阜	128.7	5.51	28.1	5.77	127.5	5.31	26.9	4.94
静 岡	128.4	5.49	27.5	5.24	127.9	5.65	27.0	4.90
愛 知	128.3	5.63	27.6	5.52	127.4	5.56	26.6	4.71
三 重	128.2	5.51	27.5	5.39	127.8	5.96	27.3	5.44
滋 賀	128.5	5.24	27.8	5.48	128.0	5.73	26.9	5.10
京 都	128.4	5.30	27.6	5.24	128.1	5.67	27.2	4.84
大 阪	128.5	5.16	27.6	5.10	128.1	5.42	27.0	4.98
兵 庫	128.7	5.19	27.9	5.36	127.4	5.48	26.5	4.64
奈 良	128.3	5.51	27.7	5.37	127.8	5.93	27.1	5.14
和 歌 山	128.7	5.31	27.8	5.13	127.4	5.56	27.0	5.27
鳥 取	128.4	5.08	27.4	4.98	128.1	5.88	27.3	5.08
島 根	127.5	5.33	27.2	5.16	127.6	5.44	27.1	4.93
岡 山	128.5	5.22	27.9	5.55	127.7	5.74	27.0	4.99
広 島	127.3	5.13	27.5	5.07	127.5	5.61	27.4	5.25
山 口	127.9	5.30	27.4	4.90	127.4	5.80	27.2	5.10
徳 島	128.5	5.54	28.8	6.25	128.1	5.40	27.7	5.44
香 川	128.3	5.49	28.2	5.67	127.7	5.63	27.0	5.19
愛 媛	128.0	5.38	27.6	5.12	127.8	5.74	27.1	5.27
高 知	127.9	5.30	27.6	5.56	128.0	5.94	27.5	5.37
福 岡	128.4	5.47	28.0	5.51	127.5	5.47	26.9	5.14
佐 賀	128.2	5.13	27.9	5.69	127.5	5.71	27.0	5.24
長 崎	128.4	5.32	27.9	5.42	127.8	5.38	27.0	4.97
熊 本	128.7	5.28	28.5	5.78	128.2	5.70	27.8	5.38
大 分	127.8	5.64	27.8	5.73	127.5	6.06	27.6	5.79
宮 崎	127.8	5.46	28.2	6.15	127.6	6.01	27.6	5.67
鹿 児 島	127.3	5.24	27.1	5.63	127.3	5.61	27.0	5.19
沖 縄	127.0	5.31	27.5	5.88	127.1	5.74	27.1	5.75
1県あたり 調査対象者数 (人)	431〜567		431〜567		426〜559		426〜559	

5 都道府県別 身長・体重の平均値及び標準偏差 (13-5)

9歳

区　分	男				女			
	身　長　(cm)		体　重　(kg)		身　長　(cm)		体　重　(kg)	
	平均値	標準偏差	平均値	標準偏差	平均値	標準偏差	平均値	標準偏差
全　　　国	133.9	5.77	31.5	6.85	134.5	6.44	31.1	6.32
北　海　道	133.7	6.22	32.4	7.88	134.8	6.22	31.4	6.78
青　　　森	135.0	6.20	33.9	8.17	136.1	6.43	32.9	6.89
岩　　　手	134.3	5.71	32.5	7.19	134.8	6.31	32.1	7.00
宮　　　城	134.5	5.90	33.0	8.02	135.1	6.83	31.7	6.88
秋　　　田	135.2	6.25	33.4	7.80	136.0	6.73	32.5	7.26
山　　　形	134.8	5.67	33.1	6.94	134.7	6.61	31.5	6.37
福　　　島	132.9	5.88	31.7	7.01	134.8	6.27	32.1	6.90
茨　　　城	134.3	5.68	33.1	7.85	135.1	6.58	31.8	6.73
栃　　　木	133.7	5.22	32.0	6.94	134.2	6.25	31.4	6.59
群　　　馬	134.2	5.96	32.4	7.42	134.6	6.49	31.7	6.71
埼　　　玉	133.6	5.72	31.1	6.72	134.8	6.51	31.5	6.16
千　　　葉	134.4	5.78	31.6	6.82	134.7	6.07	31.0	5.96
東　　　京	134.7	5.67	32.0	6.89	135.1	6.42	30.8	5.66
神　奈　川	133.6	5.77	30.5	5.54	135.2	6.56	31.5	6.57
新　　　潟	134.8	5.93	32.5	7.06	134.9	6.22	31.3	6.55
富　　　山	134.3	5.61	32.0	6.38	135.1	6.26	31.2	5.87
石　　　川	134.2	5.51	31.5	6.30	135.2	6.92	31.5	6.96
福　　　井	134.1	5.76	31.6	6.72	134.3	5.85	30.7	5.73
山　　　梨	134.1	5.92	32.1	7.00	134.4	6.70	31.0	6.21
長　　　野	133.9	5.40	31.5	6.84	134.6	6.40	31.2	6.07
岐　　　阜	133.6	5.62	31.6	6.72	134.2	6.39	30.5	6.02
静　　　岡	133.5	5.68	31.1	6.60	134.1	6.38	30.6	6.29
愛　　　知	133.3	5.80	31.0	6.91	134.1	6.22	30.2	6.00
三　　　重	133.5	5.39	31.4	6.32	134.4	6.48	31.0	6.18
滋　　　賀	133.8	5.85	31.1	6.69	134.6	6.38	30.9	6.77
京　　　都	134.0	5.89	31.4	6.75	134.1	6.24	30.6	5.74
大　　　阪	134.0	5.77	31.1	6.55	133.9	6.51	30.7	6.18
兵　　　庫	133.7	5.69	30.6	6.10	134.7	6.37	30.7	6.33
奈　　　良	134.1	5.29	31.5	6.34	134.3	6.42	30.8	5.99
和　歌　山	133.9	5.73	31.5	6.32	133.9	6.05	30.8	5.87
鳥　　　取	133.9	5.87	31.4	6.92	134.1	6.62	31.0	6.95
島　　　根	133.3	5.14	30.7	6.09	134.6	6.57	31.4	6.25
岡　　　山	133.6	5.63	31.4	6.57	133.4	6.35	30.2	5.99
広　　　島	133.4	5.81	31.3	6.42	133.3	6.69	30.8	6.27
山　　　口	133.2	5.83	30.9	6.43	133.3	6.50	30.2	6.07
徳　　　島	133.6	6.11	31.7	6.93	134.5	6.31	31.8	6.73
香　　　川	133.2	5.64	31.2	6.51	134.4	6.36	31.1	6.05
愛　　　媛	133.7	6.12	31.6	6.67	134.3	6.42	31.3	6.53
高　　　知	133.0	5.59	31.1	6.29	134.1	6.29	31.5	6.67
福　　　岡	133.9	5.91	31.6	7.52	134.5	6.47	31.2	6.25
佐　　　賀	133.5	5.84	31.3	6.44	134.0	6.76	30.9	5.97
長　　　崎	133.8	5.50	31.1	5.81	134.8	6.42	31.2	6.03
熊　　　本	134.0	5.76	32.1	7.30	134.3	6.38	31.4	6.67
大　　　分	134.3	5.72	32.0	6.38	133.7	6.69	31.0	6.95
宮　　　崎	133.8	5.84	32.4	7.73	133.9	6.71	31.4	7.01
鹿　児　島	133.4	5.42	31.1	7.09	134.1	6.23	30.4	6.34
沖　　　縄	133.3	5.57	32.0	7.50	134.4	6.55	31.9	7.28
1県あたり調査対象者数（人）	428〜568		428〜568		428〜560		428〜560	

5 都道府県別 身長・体重の平均値及び標準偏差 (13-6)

10歳

区　　分	男				女			
	身　長　(cm)		体　重　(kg)		身　長　(cm)		体　重　(kg)	
	平均値	標準偏差	平均値	標準偏差	平均値	標準偏差	平均値	標準偏差
全　　国	139.7	6.37	35.7	8.12	141.4	6.86	35.5	7.41
北　海　道	140.4	6.61	36.8	9.25	141.9	6.88	36.6	8.43
青　　森	140.5	6.37	37.5	9.39	142.5	6.89	37.5	8.42
岩　　手	140.4	6.69	37.2	8.76	141.9	6.72	36.9	7.64
宮　　城	140.5	6.67	37.5	9.19	141.8	6.96	37.0	8.55
秋　　田	140.8	6.25	37.1	8.25	142.8	6.95	37.0	7.73
山　　形	140.7	6.01	37.1	8.14	142.1	6.73	36.7	7.62
福　　島	139.7	6.60	36.6	8.58	141.2	6.80	35.7	7.72
茨　　城	140.0	5.94	36.9	8.44	141.2	7.11	36.3	8.24
栃　　木	139.7	6.65	36.6	8.89	141.7	6.68	36.2	7.66
群　　馬	139.2	6.87	36.0	8.76	141.1	6.73	35.8	7.63
埼　　玉	140.0	6.02	35.2	7.26	141.5	6.92	35.5	7.46
千　　葉	140.1	6.47	35.9	8.26	141.7	6.89	34.9	6.41
東　　京	140.6	6.55	36.4	8.35	142.1	6.75	35.4	6.94
神　奈　川	139.2	5.92	35.3	7.79	141.8	6.55	35.4	7.05
新　　潟	140.4	6.60	36.4	8.58	142.2	6.78	36.0	7.42
富　　山	140.1	5.96	36.3	7.36	141.7	6.61	35.6	7.29
石　　川	139.7	6.33	35.1	7.55	141.3	6.87	35.2	7.38
福　　井	140.0	6.16	36.1	8.04	141.7	6.96	35.8	7.36
山　　梨	139.8	6.12	36.1	7.87	141.0	7.37	35.8	8.42
長　　野	139.1	6.37	35.9	8.83	140.9	6.80	34.9	7.09
岐　　阜	139.1	6.02	35.4	7.91	140.9	6.96	34.7	7.00
静　　岡	138.8	6.32	34.8	7.51	141.3	6.67	34.9	7.38
愛　　知	140.4	6.47	35.8	8.08	140.5	6.62	34.6	6.94
三　　重	139.3	6.57	34.8	7.54	140.8	6.89	34.8	7.29
滋　　賀	139.5	6.31	34.8	7.35	141.8	6.89	35.3	7.35
京　　都	139.1	6.24	35.0	7.39	142.0	6.95	35.6	7.15
大　　阪	139.6	6.33	35.0	7.65	141.2	7.26	35.4	7.88
兵　　庫	139.2	6.31	35.3	7.81	141.0	6.63	34.9	6.90
奈　　良	139.4	6.04	35.2	7.57	140.8	6.99	35.1	7.63
和　歌　山	139.8	6.38	35.9	8.20	141.2	6.46	34.9	6.57
鳥　　取	139.2	6.23	35.4	7.56	141.5	6.53	35.5	6.56
島　　根	139.2	6.59	35.1	7.42	140.8	6.88	36.0	7.58
岡　　山	139.2	6.42	36.0	8.36	140.8	7.05	34.7	7.06
広　　島	138.7	6.48	35.6	7.77	140.3	6.96	35.0	7.21
山　　口	138.2	5.87	34.8	7.67	140.2	6.97	34.6	7.71
徳　　島	139.2	6.25	35.4	7.84	141.8	6.80	36.8	7.92
香　　川	138.8	6.24	34.4	6.75	140.3	7.01	35.0	7.34
愛　　媛	139.2	6.35	35.5	8.63	140.2	6.83	34.7	6.74
高　　知	138.3	6.23	34.4	7.69	141.4	7.22	35.6	7.27
福　　岡	138.8	6.30	35.3	8.06	141.8	7.09	35.9	8.03
佐　　賀	139.5	6.34	35.1	7.72	140.7	6.60	35.2	7.58
長　　崎	139.1	6.34	35.2	8.13	140.8	6.52	35.1	6.93
熊　　本	138.8	6.27	35.1	7.92	141.7	7.17	36.2	7.82
大　　分	139.2	6.00	35.7	8.40	141.0	6.74	35.7	7.52
宮　　崎	139.5	6.47	36.1	8.07	141.1	6.87	36.0	7.45
鹿　児　島	138.8	6.37	35.1	7.93	140.2	6.25	34.2	6.39
沖　　縄	139.1	6.49	36.3	9.02	141.5	6.64	36.5	7.84
1県あたり調査対象者数（人）	426～568		426～568		429～561		429～561	

5　都道府県別　身長・体重の平均値及び標準偏差（13-7）

11歳

区　分	男 身　長（cm） 平均値	標準偏差	体　重（kg） 平均値	標準偏差	女 身　長（cm） 平均値	標準偏差	体　重（kg） 平均値	標準偏差
全　　国	146.1	7.37	40.0	9.22	147.9	6.41	40.5	8.06
北　海　道	146.5	7.23	41.7	9.24	148.0	6.16	41.2	8.32
青　森	147.7	7.70	43.6	11.51	149.0	6.53	41.8	8.51
岩　手	147.5	7.41	42.5	9.58	148.5	6.29	41.8	8.59
宮　城	147.5	7.62	42.8	10.93	148.5	6.50	41.6	8.34
秋　田	147.2	7.42	41.6	9.40	149.1	6.33	42.2	8.74
山　形	146.5	7.41	41.4	9.14	148.9	5.98	42.0	7.92
福　島	145.8	7.08	40.8	9.69	148.2	6.17	41.9	8.56
茨　城	146.2	7.34	41.0	9.91	147.9	6.39	41.7	8.87
栃　木	145.8	7.33	40.5	8.98	147.6	6.33	40.9	8.15
群　馬	146.0	7.30	40.3	9.78	148.0	6.77	41.2	9.47
埼　玉	146.6	7.60	40.1	9.09	147.7	6.20	40.3	7.83
千　葉	146.6	7.68	40.0	9.26	148.5	6.78	40.7	8.13
東　京	146.7	7.24	40.2	8.88	148.7	6.41	40.7	7.84
神　奈　川	146.1	7.84	39.5	8.99	148.1	6.50	41.1	8.14
新　潟	146.7	7.29	40.2	9.18	149.0	6.37	41.1	8.31
富　山	147.0	6.92	40.8	9.11	148.2	6.37	41.1	8.69
石　川	146.4	7.00	39.9	8.61	148.2	5.89	40.7	7.75
福　井	146.3	7.70	40.2	9.26	147.8	6.49	39.8	7.31
山　梨	146.1	6.87	40.8	9.03	147.7	6.29	40.7	7.75
長　野	145.9	7.27	40.0	9.42	147.3	6.79	40.1	7.97
岐　阜	146.1	7.13	40.3	9.78	147.4	6.56	39.9	8.13
静　岡	145.8	7.28	40.3	9.38	147.5	6.59	39.5	7.45
愛　知	145.7	7.52	39.3	9.55	147.5	6.29	39.7	7.98
三　重	145.6	7.62	39.6	9.24	147.7	6.32	40.5	8.30
滋　賀	146.3	7.35	39.9	8.99	148.2	6.20	40.4	8.13
京　都	145.8	7.05	39.4	8.19	147.8	6.21	40.3	8.06
大　阪	145.8	7.07	39.1	8.24	147.3	6.44	39.2	7.60
兵　庫	145.8	7.08	39.0	9.32	148.0	5.98	39.9	7.04
奈　良	146.2	6.97	39.5	8.72	147.8	6.45	40.6	7.86
和　歌　山	145.9	7.22	39.6	8.86	147.7	6.08	40.4	7.83
鳥　取	145.8	7.65	40.0	10.01	147.9	6.45	40.7	7.83
島　根	145.3	7.30	39.4	8.84	146.7	6.32	39.6	8.11
岡　山	146.3	7.68	40.1	9.65	146.9	6.45	39.7	7.06
広　島	144.6	6.70	38.7	8.31	147.1	6.33	40.4	8.15
山　口	145.4	6.83	39.7	8.77	146.6	6.14	39.5	7.62
徳　島	145.5	7.02	40.1	9.15	147.9	6.72	41.2	9.26
香　川	145.1	7.22	39.3	8.18	147.6	6.99	40.0	7.52
愛　媛	146.1	7.86	40.0	10.29	147.0	6.33	39.9	8.12
高　知	145.2	7.27	39.0	8.96	146.6	6.91	40.0	7.69
福　岡	146.6	7.10	40.1	8.42	147.8	6.38	41.1	8.92
佐　賀	145.3	7.61	39.2	9.18	147.2	6.51	40.4	8.51
長　崎	145.5	7.43	39.8	9.50	148.1	6.22	40.9	7.58
熊　本	145.4	7.37	40.3	9.62	147.5	6.44	40.7	8.33
大　分	145.7	7.37	40.4	9.51	147.3	6.57	40.2	7.63
宮　崎	145.4	7.31	40.5	9.44	147.7	6.54	40.8	7.97
鹿　児　島	145.0	7.11	39.3	8.73	147.1	6.47	39.7	7.42
沖　縄	145.1	7.65	40.2	10.23	147.5	6.45	40.9	7.80
1県あたり 調査対象者数（人）	425～572		425～572		428～562		428～562	

5 都道府県別 身長・体重の平均値及び標準偏差 (13-8)

12歳

区　　分	男				女			
	身　長　(cm)		体　重　(kg)		身　長　(cm)		体　重　(kg)	
	平均値	標準偏差	平均値	標準偏差	平均値	標準偏差	平均値	標準偏差
全　　国	154.0	7.93	45.7	10.31	152.2	5.73	44.5	8.04
北　海　道	154.8	8.11	47.9	12.07	152.9	5.72	46.0	8.74
青　　森	155.9	7.95	48.7	11.40	152.6	5.29	45.6	8.83
岩　　手	154.0	7.61	46.0	10.33	152.3	5.79	46.3	8.86
宮　　城	154.7	8.14	46.8	10.46	152.7	5.88	45.6	8.44
秋　　田	156.1	7.65	48.7	11.63	153.0	5.81	45.4	8.16
山　　形	155.1	8.06	46.8	10.40	152.6	5.73	45.7	8.82
福　　島	154.2	7.58	46.3	10.46	152.0	5.41	45.1	8.18
茨　　城	153.8	7.97	46.4	11.51	152.0	5.85	45.1	8.77
栃　　木	153.9	7.87	46.5	10.28	152.5	5.74	45.6	8.29
群　　馬	154.1	8.20	46.5	11.17	151.8	5.61	44.7	7.87
埼　　玉	154.1	8.26	45.4	10.07	152.4	5.67	44.4	7.91
千　　葉	153.9	8.06	45.0	10.18	152.5	5.67	44.0	7.95
東　　京	154.6	7.29	45.8	10.36	152.8	5.90	44.6	8.13
神　奈　川	154.0	7.98	45.2	10.18	152.6	5.65	44.2	7.63
新　　潟	154.3	7.81	45.0	9.49	152.7	5.52	44.3	7.54
富　　山	155.2	8.07	46.7	11.28	152.9	5.83	44.8	8.13
石　　川	154.4	7.64	45.5	9.41	152.4	5.85	43.9	7.22
福　　井	154.0	7.58	45.7	9.93	152.9	5.82	45.0	7.47
山　　梨	153.5	7.91	46.2	10.61	152.1	5.80	44.8	8.47
長　　野	153.3	8.26	45.8	11.05	152.3	5.58	45.0	7.69
岐　　阜	153.7	7.87	45.2	10.16	152.2	5.95	44.4	7.89
静　　岡	153.7	8.01	45.3	10.96	152.0	5.60	44.3	7.94
愛　　知	154.0	7.96	45.6	9.79	151.8	5.62	43.5	7.43
三　　重	153.6	7.93	45.1	10.07	151.4	5.70	44.0	7.78
滋　　賀	153.6	7.95	44.5	9.63	152.2	5.89	43.7	7.33
京　　都	154.5	7.72	45.7	10.20	152.1	5.56	44.2	7.92
大　　阪	153.8	7.97	45.4	10.16	152.0	5.91	43.7	8.13
兵　　庫	154.1	7.96	45.6	9.29	151.8	5.58	43.5	7.18
奈　　良	153.8	7.94	45.1	9.84	151.9	5.51	43.5	7.68
和　歌　山	153.6	7.86	45.9	11.07	152.0	5.28	44.9	8.98
鳥　　取	153.5	8.32	45.1	9.59	152.1	5.54	44.7	7.90
島　　根	153.4	7.78	44.0	8.78	151.4	5.73	44.0	6.92
岡　　山	153.4	7.78	45.3	9.62	152.3	5.75	44.9	8.31
広　　島	153.0	8.20	45.3	10.11	151.5	5.85	44.5	8.17
山　　口	152.9	8.09	44.4	9.17	151.6	5.69	43.9	7.59
徳　　島	154.3	7.92	47.0	10.32	152.0	5.55	45.2	8.04
香　　川	153.6	7.65	45.8	9.88	151.6	5.72	44.6	8.06
愛　　媛	153.6	7.81	46.2	9.97	151.3	5.64	44.0	7.45
高　　知	153.6	8.00	46.4	10.16	151.4	5.79	44.5	7.52
福　　岡	153.9	7.95	45.4	10.14	152.1	5.78	44.4	8.42
佐　　賀	153.4	7.39	44.9	9.73	151.7	5.42	44.5	7.93
長　　崎	152.9	8.21	45.2	9.79	151.6	5.79	45.0	8.63
熊　　本	153.8	7.94	45.9	9.98	152.2	5.57	45.4	8.12
大　　分	153.8	8.28	46.6	11.13	152.0	5.52	45.0	8.32
宮　　崎	153.6	7.78	46.3	10.24	152.1	5.58	46.3	8.59
鹿　児　島	152.8	7.92	44.6	9.22	152.0	5.89	45.1	8.79
沖　　縄	153.5	7.77	46.1	10.73	151.6	5.62	45.3	8.09
1県あたり調査対象者数 (人)	643〜936		643〜936		648〜998		648〜998	

5 都道府県別 身長・体重の平均値及び標準偏差 (13-9)

13歳

区 分	男				女			
	身 長 (cm)		体 重 (kg)		身 長 (cm)		体 重 (kg)	
	平均値	標準偏差	平均値	標準偏差	平均値	標準偏差	平均値	標準偏差
全 国	160.9	7.32	50.6	10.60	154.9	5.43	47.7	7.84
北 海 道	161.5	7.21	51.9	11.13	155.3	5.56	48.8	8.29
青 森	162.5	6.96	53.6	11.41	155.5	5.01	49.8	8.55
岩 手	161.0	7.33	51.5	10.04	155.3	5.33	48.7	7.86
宮 城	161.6	7.26	52.3	11.69	155.1	5.46	48.4	8.45
秋 田	162.3	7.49	52.2	10.89	156.3	5.48	49.3	8.38
山 形	161.7	7.10	52.2	11.14	155.5	5.28	48.6	8.56
福 島	160.8	6.94	51.3	11.26	155.0	5.41	48.9	8.52
茨 城	160.7	7.58	51.2	12.04	154.7	5.47	47.9	7.85
栃 木	160.7	7.48	51.6	11.25	154.8	5.37	48.8	8.15
群 馬	160.8	6.89	50.7	10.39	154.9	5.64	48.2	8.49
埼 玉	161.1	6.95	51.2	10.69	155.1	5.08	47.7	7.62
千 葉	160.9	7.53	50.1	10.41	155.0	5.81	47.4	7.84
東 京	161.6	7.21	51.2	11.18	155.6	5.51	47.8	8.02
神 奈 川	161.0	7.70	49.5	10.24	155.4	5.47	47.0	7.56
新 潟	161.7	7.30	50.6	9.88	155.3	5.24	47.5	7.40
富 山	162.3	6.88	52.1	10.74	155.4	5.13	47.7	7.36
石 川	160.9	7.16	50.3	10.21	155.4	5.19	47.7	7.60
福 井	161.4	6.88	50.2	9.20	155.5	5.43	48.0	7.47
山 梨	160.4	7.21	51.5	10.98	154.3	5.37	47.5	7.69
長 野	160.5	7.79	50.5	10.35	154.7	5.29	47.5	7.69
岐 阜	160.7	7.40	50.6	11.20	154.6	5.36	47.8	7.98
静 岡	160.8	7.05	50.1	10.08	155.2	5.15	47.8	8.28
愛 知	160.7	7.49	49.9	9.69	154.5	5.48	46.7	7.59
三 重	161.1	7.17	50.3	10.15	155.1	5.43	47.2	7.79
滋 賀	160.8	7.16	49.4	9.60	155.3	5.58	47.1	7.15
京 都	160.6	7.19	50.4	10.56	155.4	5.55	47.3	7.49
大 阪	160.8	7.22	50.3	10.56	155.1	5.41	47.8	7.71
兵 庫	160.1	7.52	49.3	9.95	154.6	5.48	47.0	7.58
奈 良	161.0	7.07	49.8	10.29	155.0	5.14	47.2	8.01
和 歌 山	160.9	6.89	50.7	11.71	154.8	5.09	46.9	7.09
鳥 取	161.5	7.09	50.7	9.61	155.0	5.24	48.3	7.53
島 根	160.5	6.91	50.2	9.71	154.1	5.35	47.4	6.87
岡 山	160.4	7.09	49.9	9.68	154.2	5.43	47.3	7.49
広 島	159.7	7.17	50.1	10.41	154.3	5.08	47.7	7.90
山 口	159.7	7.24	49.5	10.17	154.3	5.14	47.1	7.16
徳 島	160.6	7.34	51.5	11.23	154.9	5.35	48.9	8.52
香 川	160.7	7.26	50.9	10.48	154.3	5.21	47.8	6.92
愛 媛	160.2	7.46	50.6	10.63	153.7	5.28	47.4	7.44
高 知	159.9	7.23	50.5	11.44	154.1	5.35	48.0	7.93
福 岡	160.3	7.11	49.7	10.09	154.6	5.45	47.7	7.78
佐 賀	160.8	7.43	50.9	10.62	154.2	6.56	47.7	7.75
長 崎	159.9	7.83	50.3	10.50	154.7	5.54	48.0	7.99
熊 本	161.0	7.34	51.1	10.82	154.7	5.16	48.1	8.60
大 分	160.7	7.15	51.9	10.62	154.1	5.49	47.9	8.14
宮 崎	160.7	7.20	51.5	11.02	154.7	5.19	48.4	7.85
鹿 児 島	160.0	7.42	49.8	10.53	154.5	5.30	47.5	7.24
沖 縄	160.2	7.28	50.9	10.78	153.7	5.31	47.2	7.82
1県あたり 調査対象者数 (人)	649〜940		649〜940		655〜989		655〜989	

5 都道府県別 身長・体重の平均値及び標準偏差 (13-10)

14歳

区 分	男								女							
	身 長 (cm)		体 重 (kg)		身 長 (cm)		体 重 (kg)	
	平均値	標準偏差	平均値	標準偏差	平均値	標準偏差	平均値	標準偏差
全 国	165.8	6.43	55.0	10.57	156.5	5.32	49.9	7.69
北 海 道	166.3	6.13	56.5	11.42	156.7	5.81	50.9	8.10
青 森	166.7	6.40	57.6	11.85	156.7	5.60	51.6	9.34
岩 手	165.9	6.18	56.7	10.70	156.4	5.15	50.7	8.16
宮 城	166.2	6.35	56.6	11.90	156.8	5.32	50.3	7.37
秋 田	167.2	6.06	57.4	10.53	157.2	5.52	50.8	8.11
山 形	166.5	6.18	56.8	11.10	157.0	5.09	51.1	7.91
福 島	166.1	6.29	56.0	10.76	156.2	5.30	51.0	8.29
茨 城	165.8	6.37	56.0	11.57	156.2	5.06	50.4	7.51
栃 木	165.8	6.44	55.7	10.90	156.3	5.20	50.4	7.98
群 馬	164.9	6.90	54.9	11.90	156.2	5.37	50.2	7.43
埼 玉	165.7	6.26	54.6	10.44	156.1	5.21	49.1	7.10
千 葉	166.1	6.34	54.6	10.36	156.8	5.29	49.5	7.84
東 京	166.1	6.73	55.1	11.04	156.9	5.38	49.7	7.71
神 奈 川	166.1	6.49	54.6	10.34	156.9	5.36	49.3	7.30
新 潟	166.5	6.74	55.3	10.49	157.2	5.20	50.7	7.94
富 山	166.4	6.48	55.7	10.66	157.3	5.45	50.2	6.91
石 川	166.6	6.24	55.3	9.45	157.1	5.12	50.3	7.79
福 井	166.2	6.26	55.5	9.72	157.0	5.14	50.4	7.65
山 梨	165.7	6.21	56.4	11.52	156.1	5.34	50.0	8.31
長 野	165.8	6.72	55.8	11.08	156.1	5.22	50.0	7.49
岐 阜	165.1	6.29	54.9	11.15	156.5	5.23	49.9	7.66
静 岡	165.5	6.50	54.6	11.07	156.4	5.04	49.4	7.57
愛 知	165.7	6.44	54.3	9.92	156.3	5.21	49.3	7.49
三 重	165.6	6.67	54.7	10.42	156.4	5.35	50.1	7.95
滋 賀	166.1	6.36	54.6	10.38	157.0	5.26	49.5	7.12
京 都	166.0	6.57	54.7	10.17	156.8	5.44	49.8	7.74
大 阪	165.5	6.21	54.2	9.81	156.8	5.58	49.6	7.61
兵 庫	165.3	6.25	54.5	10.03	156.6	5.14	50.1	7.76
奈 良	166.0	6.59	54.3	11.17	156.7	5.19	49.7	7.24
和 歌 山	165.6	6.50	55.2	11.03	156.3	5.35	50.0	7.73
鳥 取	165.7	6.87	54.8	10.00	156.5	5.29	50.2	7.52
島 根	165.7	6.14	54.0	8.82	155.8	5.14	49.9	7.25
岡 山	165.0	6.37	53.9	9.69	155.7	5.33	49.7	7.50
広 島	164.9	6.33	54.6	10.27	155.9	5.38	49.7	7.43
山 口	165.4	6.24	54.1	9.58	156.3	5.44	50.2	7.57
徳 島	165.9	5.86	56.5	10.58	156.0	5.30	50.4	7.96
香 川	165.2	6.38	55.8	10.45	156.0	5.20	50.0	7.38
愛 媛	165.4	6.36	54.6	9.79	155.9	5.03	50.0	7.13
高 知	165.1	5.88	55.5	10.73	156.1	5.05	51.0	8.59
福 岡	165.5	6.49	54.9	10.78	156.2	5.30	49.8	8.00
佐 賀	165.1	6.50	54.6	9.51	156.1	5.15	50.5	7.50
長 崎	165.2	6.55	54.8	9.34	156.1	5.35	50.1	7.22
熊 本	165.6	6.62	55.4	10.31	156.2	5.07	49.9	7.95
大 分	165.4	6.09	55.6	10.15	156.1	5.14	51.0	8.26
宮 崎	165.4	5.95	56.1	10.65	155.9	5.17	50.9	7.80
鹿 児 島	165.2	6.45	54.5	10.75	156.1	5.39	50.2	8.20
沖 縄	165.1	6.36	54.8	9.82	155.5	5.10	49.9	7.89
1県あたり 調査対象者数 (人)	652〜930		652〜930		648〜960		648〜960	

5 都道府県別 身長・体重の平均値及び標準偏差 (13-11)

15歳

区　　分	男				女			
	身　長　(cm)		体　重　(kg)		身　長　(cm)		体　重　(kg)	
	平均値	標準偏差	平均値	標準偏差	平均値	標準偏差	平均値	標準偏差
全　　国	168.6	5.96	59.1	11.35	157.2	5.37	51.2	7.92
北　海　道	169.2	5.71	60.6	12.30	157.2	5.19	51.5	8.52
青　　森	170.0	6.08	60.8	11.15	157.1	5.45	52.7	9.03
岩　　手	168.8	6.12	59.6	10.75	156.9	5.13	53.1	7.99
宮　　城	169.4	5.91	59.6	11.20	156.7	5.86	51.6	8.24
秋　　田	169.5	6.39	61.5	10.94	157.9	5.20	53.1	8.07
山　　形	168.8	5.95	59.7	11.92	157.2	5.64	51.9	8.48
福　　島	168.5	5.66	59.6	10.85	156.4	5.50	52.6	9.12
茨　　城	168.6	5.67	59.6	11.83	156.7	4.91	51.3	8.09
栃　　木	168.2	6.00	59.6	10.96	156.9	5.37	51.1	7.72
群　　馬	168.6	5.93	60.8	11.64	157.2	4.94	52.2	7.81
埼　　玉	168.6	6.18	58.1	10.60	157.6	5.37	52.4	8.80
千　　葉	168.7	5.68	59.5	12.93	157.6	5.23	51.7	7.66
東　　京	168.8	5.89	58.2	10.92	157.9	5.62	50.6	6.95
神　奈　川	169.3	6.05	58.5	10.69	157.4	5.62	50.1	7.28
新　　潟	169.4	5.53	59.9	11.84	157.4	5.22	51.2	7.41
富　　山	169.8	6.07	60.4	11.69	157.3	4.97	50.5	7.29
石　　川	168.6	6.54	60.1	12.21	157.9	5.24	51.4	8.38
福　　井	169.5	5.94	60.2	10.90	158.0	5.79	51.3	7.44
山　　梨	168.6	5.82	60.8	11.08	156.8	4.96	51.5	7.43
長　　野	168.3	5.99	58.4	10.43	156.8	5.19	51.1	8.40
岐　　阜	168.4	6.14	58.3	10.43	157.2	5.41	50.6	6.78
静　　岡	168.7	6.01	59.0	10.80	156.9	5.19	50.7	7.43
愛　　知	167.9	5.87	58.8	11.84	156.7	5.45	50.9	8.59
三　　重	168.3	5.75	58.7	12.14	156.7	5.13	51.5	8.42
滋　　賀	168.4	5.73	58.4	10.85	158.0	5.26	50.9	8.09
京　　都	169.1	5.92	58.6	10.72	157.5	5.45	50.9	7.26
大　　阪	168.5	6.05	58.7	11.34	157.6	5.05	51.1	8.10
兵　　庫	168.6	6.09	59.6	12.14	157.0	5.02	50.9	6.93
奈　　良	168.8	5.56	58.2	9.42	156.7	5.27	50.5	7.88
和　歌　山	168.9	6.08	59.8	10.91	157.5	5.36	51.6	9.43
鳥　　取	168.9	5.84	59.2	12.96	156.6	5.46	51.1	7.74
島　　根	169.0	5.76	58.8	9.61	156.2	5.42	51.3	7.19
岡　　山	167.8	6.28	58.5	11.20	156.8	5.22	50.2	6.99
広　　島	167.2	5.78	58.4	11.19	156.6	5.37	51.0	7.81
山　　口	167.6	6.09	58.3	10.28	156.5	4.60	50.5	7.23
徳　　島	168.2	6.39	59.3	11.12	156.9	5.31	52.2	8.16
香　　川	168.7	6.24	60.5	13.35	156.6	5.42	52.3	8.77
愛　　媛	167.5	5.80	58.9	11.29	156.4	5.20	51.4	7.80
高　　知	167.9	6.23	58.1	9.98	156.3	5.02	51.8	8.05
福　　岡	167.9	5.71	58.8	11.65	156.9	5.32	51.2	7.84
佐　　賀	168.4	5.95	60.1	10.68	156.6	5.25	51.9	8.26
長　　崎	168.6	6.14	58.6	9.76	156.9	5.60	51.8	8.15
熊　　本	168.4	5.87	60.5	10.91	158.0	5.81	52.5	8.14
大　　分	168.3	6.05	60.5	12.60	156.5	5.62	51.5	9.28
宮　　崎	168.0	5.68	59.6	10.62	156.8	5.22	51.8	7.71
鹿　児　島	168.1	5.87	59.7	10.81	156.6	5.39	51.5	8.89
沖　　縄	167.7	5.72	59.2	11.86	155.1	5.33	49.7	8.33
1県あたり 調査対象者数 (人)	326〜840		326〜840		339〜925		339〜925	

5 都道府県別 身長・体重の平均値及び標準偏差 (13-12)

16歳

区　分	男				女			
	身　長　（cm）		体　重　（kg）		身　長　（cm）		体　重　（kg）	
	平均値	標準偏差	平均値	標準偏差	平均値	標準偏差	平均値	標準偏差
全　　　国	169.9	5.82	60.7	10.98	157.7	5.45	52.1	7.82
北　海　道	170.5	5.97	62.0	12.18	158.0	5.58	52.9	8.37
青　　　森	170.8	5.63	64.7	12.49	158.2	5.37	54.0	8.55
岩　　　手	170.0	5.64	63.9	12.54	157.7	5.72	53.9	8.90
宮　　　城	170.5	6.03	60.6	10.09	158.0	5.22	52.8	8.26
秋　　　田	170.3	6.36	63.0	11.54	158.6	5.68	53.8	8.66
山　　　形	170.6	5.95	62.7	11.86	158.4	5.19	53.9	9.22
福　　　島	170.1	5.41	60.6	10.49	157.4	5.02	53.1	8.18
茨　　　城	170.1	5.65	61.7	12.01	157.1	5.27	52.4	9.58
栃　　　木	170.1	5.49	61.1	10.93	157.4	4.93	52.5	7.94
群　　　馬	170.0	5.78	61.4	12.46	157.6	5.12	52.6	8.03
埼　　　玉	169.9	5.75	60.5	10.75	157.8	5.61	52.5	8.35
千　　　葉	170.1	6.17	61.7	12.50	157.4	5.10	51.9	7.19
東　　　京	170.3	5.75	60.0	10.10	158.8	5.57	51.2	6.88
神　奈　川	170.3	5.95	60.8	11.69	157.8	5.48	51.3	7.59
新　　　潟	170.6	5.91	61.1	10.27	158.6	5.31	53.1	8.56
富　　　山	170.5	5.65	60.9	11.25	158.0	5.28	52.8	7.96
石　　　川	169.9	5.93	61.2	11.04	158.1	5.03	52.3	6.94
福　　　井	170.7	5.51	60.9	10.91	158.3	5.58	52.5	7.96
山　　　梨	169.7	5.76	60.8	11.34	157.2	5.47	52.0	7.68
長　　　野	169.9	6.00	60.5	10.49	157.5	5.74	52.2	7.64
岐　　　阜	169.6	6.03	59.1	9.23	157.3	5.40	50.4	6.78
静　　　岡	169.7	5.64	60.6	11.54	157.5	5.45	52.2	8.01
愛　　　知	169.1	5.66	59.2	11.14	157.6	5.56	51.8	7.28
三　　　重	169.6	5.50	60.6	11.26	157.5	5.49	51.9	8.40
滋　　　賀	170.0	5.47	59.6	9.28	158.4	5.49	52.2	7.17
京　　　都	170.3	5.84	60.9	9.95	158.2	5.41	51.5	7.19
大　　　阪	169.9	5.81	59.3	9.98	157.9	5.34	52.2	7.84
兵　　　庫	170.5	5.90	60.8	10.19	157.7	5.36	52.3	7.37
奈　　　良	170.2	5.25	60.3	11.47	157.0	5.56	51.3	9.17
和　歌　山	169.2	6.54	59.9	11.73	157.6	5.56	51.7	7.73
鳥　　　取	170.3	5.78	61.1	11.34	157.2	5.07	52.1	7.26
島　　　根	170.0	5.36	60.9	10.06	156.7	5.24	51.7	7.37
岡　　　山	169.6	5.76	60.8	11.10	157.3	5.16	52.4	7.53
広　　　島	169.4	5.72	60.1	11.42	156.2	5.31	51.0	6.89
山　　　口	168.9	6.09	60.8	10.31	157.4	5.80	52.5	7.48
徳　　　島	169.0	5.74	60.9	10.14	157.6	5.30	53.5	9.20
香　　　川	169.2	5.92	61.5	12.06	157.3	5.61	52.6	8.62
愛　　　媛	169.6	5.67	61.3	11.10	157.3	5.63	52.6	8.02
高　　　知	169.5	5.90	60.9	10.26	156.7	5.42	52.0	8.38
福　　　岡	170.0	5.82	60.6	10.48	157.8	5.55	52.6	8.24
佐　　　賀	169.2	5.63	60.6	9.41	157.0	5.17	52.2	7.60
長　　　崎	169.8	5.48	61.8	10.57	156.9	5.20	52.7	7.78
熊　　　本	169.3	5.93	60.8	9.77	157.6	4.98	51.7	7.64
大　　　分	169.3	5.81	61.5	11.13	156.9	5.59	51.8	7.36
宮　　　崎	169.0	5.96	61.4	10.34	156.4	5.10	52.2	7.40
鹿　児　島	169.6	5.70	60.1	10.10	157.1	5.56	51.6	7.81
沖　　　縄	168.5	5.62	60.3	11.80	156.4	5.31	51.5	8.51
1県あたり調査対象者数（人）	326〜840		326〜840		332〜930		332〜930	

5 都道府県別 身長・体重の平均値及び標準偏差 (13-13)

17歳

区 分	男				女			
	身 長 (cm)		体 重 (kg)		身 長 (cm)		体 重 (kg)	
	平均値	標準偏差	平均値	標準偏差	平均値	標準偏差	平均値	標準偏差
全 国	170.7	5.80	62.5	10.88	158.0	5.42	52.5	7.93
北 海 道	170.7	5.80	62.9	11.81	157.7	5.57	52.4	8.18
青 森	171.5	6.05	66.0	12.49	159.0	5.37	54.4	8.85
岩 手	170.6	5.89	64.7	11.34	157.7	5.22	53.7	7.56
宮 城	170.8	5.87	63.4	11.52	158.2	5.21	53.2	8.47
秋 田	171.5	5.42	65.5	10.61	158.6	5.36	54.0	8.65
山 形	171.3	5.25	63.9	11.15	158.1	5.70	54.4	10.04
福 島	170.5	5.96	63.5	10.86	157.7	5.42	54.6	9.39
茨 城	170.8	5.79	64.8	13.63	157.6	5.07	52.8	7.73
栃 木	170.3	5.49	63.2	11.19	157.6	5.37	52.9	7.97
群 馬	170.8	5.87	63.5	11.33	157.5	4.98	53.1	8.25
埼 玉	171.0	6.11	62.2	11.09	158.3	5.18	53.3	8.04
千 葉	171.1	5.66	63.3	11.77	158.1	5.23	52.6	8.38
東 京	170.9	5.92	61.7	10.57	158.8	5.39	52.1	7.36
神 奈 川	171.0	5.53	62.8	10.92	158.3	5.45	52.0	7.92
新 潟	171.6	5.73	63.6	10.16	158.3	5.75	53.5	9.10
富 山	171.4	5.69	63.7	12.62	158.6	5.08	52.2	7.34
石 川	171.7	5.86	64.3	9.97	158.3	5.16	51.7	6.61
福 井	171.2	5.23	62.5	9.32	159.2	5.73	53.8	8.26
山 梨	170.5	5.84	62.9	11.03	157.9	5.22	54.3	9.27
長 野	170.9	5.66	61.5	9.46	157.5	5.69	52.2	8.39
岐 阜	170.6	5.78	61.5	9.75	158.0	5.70	52.2	7.42
静 岡	171.0	5.56	62.4	11.31	157.7	5.25	52.1	6.88
愛 知	170.2	5.60	61.3	10.60	157.9	5.32	52.2	7.57
三 重	171.0	6.10	62.4	10.46	158.1	5.16	52.9	8.05
滋 賀	171.6	6.06	61.7	9.75	158.4	5.35	52.1	6.73
京 都	171.5	5.46	62.5	10.28	158.3	5.19	51.8	6.88
大 阪	170.6	5.84	61.2	9.84	158.1	5.30	52.3	7.84
兵 庫	170.9	5.80	62.3	9.55	158.1	5.61	52.4	7.28
奈 良	171.1	5.94	63.1	11.31	158.3	5.60	52.5	8.41
和 歌 山	171.0	5.43	62.5	9.84	158.0	5.32	53.0	8.07
鳥 取	171.5	5.97	63.5	10.46	158.2	5.43	52.4	7.48
島 根	170.7	5.62	63.3	10.20	157.6	5.46	52.1	7.78
岡 山	170.1	5.89	61.3	10.28	157.8	5.69	52.6	8.25
広 島	169.6	5.67	61.9	11.88	156.9	5.44	52.5	8.50
山 口	170.6	5.81	62.8	9.92	157.3	5.55	51.5	6.96
徳 島	170.4	6.14	63.6	11.34	157.5	5.53	52.9	7.66
香 川	170.1	5.39	63.1	10.37	157.3	5.35	52.2	7.05
愛 媛	169.5	5.88	61.3	11.51	157.2	5.49	52.1	7.77
高 知	170.4	6.12	63.9	11.03	157.3	5.33	53.7	8.69
福 岡	170.2	5.82	62.0	10.57	157.3	5.60	51.8	7.67
佐 賀	170.1	5.49	62.9	10.21	157.3	5.22	52.8	7.55
長 崎	170.0	6.09	62.2	10.97	158.6	5.83	54.0	9.23
熊 本	170.3	5.94	63.1	10.32	157.2	5.50	52.0	7.26
大 分	170.8	6.30	65.2	13.13	157.3	5.50	53.5	9.17
宮 崎	170.6	5.67	64.6	10.57	157.3	5.35	53.5	8.25
鹿 児 島	169.6	5.43	61.9	9.60	157.7	5.42	53.0	7.95
沖 縄	169.2	6.02	60.9	9.72	156.3	5.73	51.3	8.44
1県あたり 調査対象者数 (人)	316〜825		316〜825		339〜924		339〜924	

6 都道府県別 肥満傾向児の出現率（12-1）

1. 計　(1)肥満傾向児　　単位（％）

区　分	幼稚園	小学校						中学校			高等学校		
	5歳	6歳	7歳	8歳	9歳	10歳	11歳	12歳	13歳	14歳	15歳	16歳	17歳
全　　国	3.64	5.62	7.63	10.13	11.41	12.48	12.25	11.43	10.68	9.55	10.13	9.09	9.46
北 海 道	4.42	8.65	10.79	14.09	14.29	15.99	18.21	16.19	13.21	12.52	12.31	11.39	11.31
青　　森	7.37	8.67	11.99	16.13	18.25	19.37	17.32	14.80	15.56	13.99	14.76	15.71	14.98
岩　　手	6.74	8.42	12.32	14.40	15.30	15.76	14.94	16.00	13.01	12.29	12.79	15.45	11.55
宮　　城	6.12	5.98	8.51	13.43	15.06	17.38	17.64	13.25	13.32	11.26	11.29	9.44	11.88
秋　　田	4.95	7.95	11.85	12.95	14.19	13.86	15.08	14.03	11.93	11.57	14.11	13.04	14.78
山　　形	4.82	7.39	9.86	13.38	14.29	15.07	15.45	12.92	12.98	11.75	11.47	13.50	13.76
福　　島	6.02	8.97	10.27	11.92	15.78	14.99	16.16	12.47	13.97	11.21	13.81	11.48	14.69
茨　　城	6.20	6.24	9.97	15.36	16.24	16.98	16.93	13.68	11.88	11.25	11.61	11.47	12.30
栃　　木	5.08	8.09	10.29	14.06	12.57	15.97	14.91	14.20	15.29	11.11	10.40	10.33	12.96
群　　馬	4.97	6.14	9.99	12.31	14.72	14.36	13.96	13.61	12.26	10.71	12.58	9.34	11.13
埼　　玉	3.51	6.19	7.27	11.80	11.95	11.38	11.37	10.22	11.07	7.28	10.49	9.22	8.66
千　　葉	3.65	6.85	8.32	10.07	10.51	10.81	11.89	10.45	9.45	8.65	11.00	10.72	10.83
東　　京	3.14	4.27	7.06	9.16	9.66	11.60	11.27	10.26	10.34	9.59	6.92	6.57	7.59
神 奈 川	2.82	3.94	5.98	9.21	8.52	10.99	11.13	10.52	8.08	8.55	8.46	8.93	8.22
新　　潟	3.83	6.51	7.96	10.56	14.85	12.11	12.68	9.24	9.18	8.89	8.73	9.22	9.87
富　　山	3.62	6.29	7.54	9.37	11.94	13.43	13.68	10.54	9.54	8.28	10.47	9.29	10.42
石　　川	3.50	4.68	7.35	8.10	10.97	10.86	9.56	9.11	9.10	8.52	11.79	7.33	8.27
福　　井	3.24	4.73	7.63	8.91	10.47	11.68	11.33	11.60	7.97	9.57	9.30	7.57	9.09
山　　梨	2.87	7.09	10.73	11.44	13.35	14.96	12.78	14.87	13.71	12.42	11.34	8.38	13.50
長　　野	2.02	6.31	5.90	10.59	12.17	13.10	11.93	11.83	10.69	11.23	10.52	9.21	8.55
岐　　阜	3.13	3.85	6.47	10.04	10.84	12.49	13.10	11.24	12.05	10.32	6.78	5.06	6.69
静　　岡	3.33	4.11	6.59	7.86	10.27	10.77	11.81	11.75	10.33	8.76	9.56	9.26	8.30
愛　　知	2.03	4.36	6.64	6.25	10.65	11.99	10.42	9.59	9.67	8.83	10.58	8.21	7.69
三　　重	3.18	4.11	5.44	10.58	11.56	10.37	12.01	11.60	9.38	10.46	11.43	9.57	8.91
滋　　賀	3.08	3.70	7.11	7.38	10.46	8.76	10.86	9.18	7.67	8.48	8.56	6.23	6.80
京　　都	2.62	4.21	7.19	9.75	9.67	10.81	12.76	10.38	9.25	8.18	8.97	8.00	7.79
大　　阪	2.60	5.40	5.73	8.72	10.40	10.44	9.45	10.88	11.12	8.37	9.41	7.96	8.46
兵　　庫	3.46	5.26	7.47	8.06	8.33	11.86	8.28	9.45	9.14	9.45	9.19	8.51	7.61
奈　　良	3.17	4.56	6.29	9.19	8.95	10.39	10.67	9.99	8.81	8.66	8.88	8.34	9.47
和 歌 山	3.73	5.99	6.27	8.91	11.65	11.43	10.57	13.23	9.75	9.96	10.03	7.99	9.98
鳥　　取	1.32	5.02	7.13	8.79	10.24	10.58	13.78	10.96	10.60	8.99	9.14	10.66	10.04
島　　根	2.69	5.40	6.44	9.03	10.27	12.76	12.30	8.98	9.94	7.21	7.93	8.68	9.92
岡　　山	3.96	6.25	7.87	8.65	11.40	12.37	12.16	11.38	9.71	9.17	9.75	11.60	8.60
広　　島	3.47	5.18	8.82	11.44	11.50	13.57	12.39	13.01	11.72	9.44	12.28	8.66	10.94
山　　口	4.65	4.52	6.59	9.02	9.93	12.33	12.69	10.04	9.67	8.50	8.16	8.90	9.18
徳　　島	4.80	8.38	5.96	14.13	13.85	12.82	13.34	14.13	14.47	12.01	12.21	11.90	11.87
香　　川	4.45	7.20	8.26	9.03	11.78	10.56	10.15	12.61	10.80	9.72	13.85	9.67	10.36
愛　　媛	3.98	5.40	7.08	9.05	12.73	13.15	12.74	12.06	11.66	9.34	11.01	8.84	9.34
高　　知	3.17	4.97	7.53	9.13	13.45	12.79	12.52	15.04	12.36	12.11	10.45	9.21	10.53
福　　岡	5.08	6.39	8.48	10.03	12.19	13.94	12.26	11.04	10.38	9.30	10.49	10.00	8.55
佐　　賀	2.64	6.20	6.67	9.45	11.85	10.99	12.10	10.51	10.94	9.88	11.60	8.25	9.75
長　　崎	2.11	5.40	5.91	10.10	9.28	12.07	11.96	13.42	11.24	9.00	9.22	9.88	11.28
熊　　本	3.81	7.75	8.26	11.84	13.55	13.32	15.08	12.73	10.82	10.22	13.35	8.55	10.81
大　　分	4.52	6.09	7.87	12.43	12.98	14.95	13.48	14.20	13.70	12.21	13.18	9.38	14.51
宮　　崎	3.47	7.75	8.38	11.80	15.10	14.14	15.54	15.03	12.16	11.69	13.47	8.83	14.12
鹿 児 島	5.30	5.71	9.02	10.62	10.52	12.80	11.97	11.61	10.49	9.67	11.29	7.46	9.96
沖　　縄	3.22	6.20	9.16	11.60	14.52	15.75	14.44	13.67	12.63	11.05	10.72	10.98	9.22

（注）　肥満傾向児とは，性別・年齢別・身長別標準体重から肥満度を求め，肥満度が20％以上の者である。
　　　　以下の各表において同じ。
　　　　肥満度＝（実測体重－身長別標準体重）/ 身長別標準体重 × 100 （％）

6 都道府県別 肥満傾向児の出現率 (12-2)

1. 計 (2)軽度肥満傾向児
単位（%）

区 分	幼稚園	小学校						中学校			高等学校		
	5歳	6歳	7歳	8歳	9歳	10歳	11歳	12歳	13歳	14歳	15歳	16歳	17歳
全 国	2.24	3.33	4.44	5.32	5.94	6.73	5.85	5.71	5.25	4.78	4.96	4.68	4.91
北 海 道	2.36	4.32	5.31	6.48	6.40	8.60	9.54	7.23	6.08	6.16	6.14	5.99	6.23
青 森	4.45	3.88	7.05	9.99	8.02	10.03	8.00	6.45	7.84	6.36	6.79	7.18	6.88
岩 手	3.42	4.90	6.92	7.76	8.05	8.51	5.35	8.48	7.02	5.41	6.69	7.22	5.44
宮 城	3.85	3.79	3.94	7.47	6.12	6.42	8.59	5.57	5.03	5.93	5.12	4.75	6.07
秋 田	3.27	4.78	5.76	6.70	5.15	6.14	7.25	6.79	6.13	6.46	7.66	6.18	8.74
山 形	3.00	4.01	5.20	6.56	7.76	7.92	8.55	6.40	5.87	4.67	5.60	5.63	7.16
福 島	2.70	4.51	5.94	6.31	7.20	7.91	7.21	6.46	7.07	4.99	7.36	5.51	6.81
茨 城	3.07	3.51	5.17	6.48	8.98	9.09	8.04	5.38	5.19	5.99	5.81	4.78	6.06
栃 木	3.11	3.87	5.67	7.72	6.01	7.30	6.36	7.25	7.85	5.95	4.45	4.58	7.40
群 馬	2.75	3.25	4.94	6.20	6.48	6.94	6.77	7.10	6.06	4.59	5.42	4.30	4.93
埼 玉	2.12	3.87	4.16	6.03	6.36	6.36	6.22	5.38	5.55	3.11	4.90	4.71	3.71
千 葉	2.11	4.72	3.70	5.90	4.92	6.44	5.63	5.59	4.49	4.34	5.24	5.16	5.65
東 京	2.29	3.05	5.19	5.03	5.49	7.26	5.84	4.84	4.39	4.96	3.66	3.81	3.88
神 奈 川	2.10	2.38	3.34	5.68	4.69	4.84	5.23	5.45	3.89	4.12	4.76	4.83	4.56
新 潟	2.74	4.42	5.57	5.68	7.18	7.12	7.20	4.51	5.10	4.18	4.57	4.82	4.14
富 山	1.64	4.41	4.26	4.74	6.46	7.48	6.09	4.82	5.05	4.55	5.39	4.73	5.89
石 川	1.81	3.18	4.15	3.92	5.96	6.25	4.02	5.37	4.16	4.22	6.16	3.41	4.26
福 井	1.54	2.81	5.33	4.63	5.72	7.15	6.50	6.21	4.33	4.33	4.71	3.22	5.80
山 梨	1.08	3.93	5.78	6.37	7.45	9.22	5.39	7.69	7.39	4.92	4.82	3.19	7.32
長 野	1.27	3.61	3.31	5.83	5.56	6.61	6.03	5.82	5.85	5.52	5.91	4.85	4.55
岐 阜	1.38	2.47	4.13	5.81	6.16	6.70	6.83	5.72	5.83	5.05	3.91	3.14	3.37
静 岡	1.79	2.84	3.70	4.41	5.29	5.47	5.90	6.53	4.97	5.03	4.37	5.10	4.23
愛 知	1.34	2.61	4.14	2.69	6.00	7.62	4.07	4.97	5.60	4.71	4.38	4.42	3.72
三 重	1.90	2.68	2.80	5.72	6.02	6.09	5.67	6.25	4.44	5.67	5.63	4.60	4.08
滋 賀	1.91	1.72	4.36	3.30	5.45	5.03	4.27	4.64	4.37	4.89	4.27	3.47	4.35
京 都	2.04	2.74	4.08	5.95	5.50	5.28	7.12	5.17	4.61	3.92	4.46	4.31	3.55
大 阪	1.59	3.02	3.74	4.65	5.68	5.52	4.61	5.08	5.67	4.06	4.21	4.32	5.02
兵 庫	2.13	2.66	4.62	4.00	4.70	6.70	3.43	5.21	5.01	5.40	5.48	5.16	5.26
奈 良	2.28	2.45	3.70	5.14	4.50	5.09	4.48	6.63	4.79	4.04	5.16	2.88	4.73
和 歌 山	2.38	3.90	3.86	4.80	5.74	6.60	4.64	7.07	4.97	4.83	5.23	3.72	6.01
鳥 取	0.92	2.74	3.77	4.93	4.08	5.30	6.95	5.10	5.92	5.01	4.27	5.73	5.89
島 根	1.90	2.62	3.82	3.99	5.98	7.91	6.43	5.76	5.67	4.36	4.11	5.71	6.31
岡 山	2.27	3.39	4.32	5.44	6.48	5.77	6.13	6.95	5.24	4.18	5.23	6.48	4.12
広 島	2.39	3.13	5.21	5.64	6.80	7.31	5.45	6.15	5.01	4.40	6.24	4.23	5.26
山 口	3.35	1.92	3.81	4.79	4.99	6.68	5.82	5.56	5.05	4.86	4.15	4.33	5.17
徳 島	2.01	5.23	3.41	7.39	8.25	6.01	5.73	6.80	7.49	6.06	6.18	5.82	5.66
香 川	3.32	4.80	4.65	5.14	5.56	5.78	5.52	6.78	6.19	5.14	5.58	3.71	5.93
愛 媛	1.86	2.55	4.69	3.54	6.97	7.79	5.72	5.67	6.05	5.52	4.79	4.99	4.65
高 知	1.78	2.71	4.12	4.36	6.46	7.08	5.87	7.49	5.79	6.38	5.55	3.69	4.91
福 岡	3.23	3.28	5.16	5.53	6.32	7.66	4.51	5.47	5.60	4.53	4.50	5.57	3.93
佐 賀	1.94	3.77	3.81	4.29	7.44	5.84	4.87	4.46	5.23	6.19	4.27	3.64	4.70
長 崎	1.55	3.89	3.86	5.43	5.74	6.61	6.13	6.59	5.05	4.74	4.92	5.56	5.63
熊 本	2.52	4.32	4.36	5.96	6.96	6.45	7.30	6.19	4.22	5.24	7.11	4.35	7.19
大 分	2.93	4.19	5.00	5.05	7.42	7.37	7.20	6.81	6.72	5.62	5.34	4.79	4.65
宮 崎	2.37	5.09	3.83	5.39	8.14	7.82	7.70	6.36	5.05	5.51	7.65	4.51	8.16
鹿 児 島	3.59	2.95	5.20	5.50	4.77	6.20	5.73	6.02	5.55	3.98	5.34	3.42	5.17
沖 縄	1.67	3.72	4.31	4.77	6.00	7.21	7.43	6.60	5.35	5.86	4.31	4.97	4.92

（注） 軽度肥満傾向児とは，性別・年齢別・身長別標準体重から肥満度を求め，肥満度が20%以上30%未満の者である。
　　　以下の各表において同じ。
　　　肥満度＝（実測体重－身長別標準体重）／ 身長別標準体重 × 100（%）

6 都道府県別 肥満傾向児の出現率 (12-3)

1. 計 (3)中等度肥満傾向児 　　　　　　　　　　　　　　　　　　　　　　　　　　　　　単位（%）

区 分	幼稚園 5歳	小学校						中学校			高等学校		
		6歳	7歳	8歳	9歳	10歳	11歳	12歳	13歳	14歳	15歳	16歳	17歳
全 国	1.21	1.95	2.64	4.05	4.43	4.54	5.23	4.30	4.05	3.49	3.70	3.06	3.20
北 海 道	1.51	3.68	4.08	6.11	5.46	4.94	7.08	6.82	5.46	4.38	3.66	3.50	3.81
青 森	2.43	3.90	3.90	4.94	8.66	7.35	6.61	6.10	5.35	4.70	6.47	5.77	5.88
岩 手	2.41	3.42	4.58	5.64	5.97	6.34	7.47	5.30	4.67	5.18	4.87	5.74	4.24
宮 城	1.98	1.71	3.18	5.51	6.69	7.98	7.66	6.38	6.27	3.76	4.87	3.53	4.12
秋 田	1.08	2.30	3.94	4.60	7.08	5.70	6.04	5.44	4.17	3.38	5.07	5.41	3.87
山 形	1.42	3.20	3.95	5.82	5.95	5.99	5.44	4.91	5.29	5.35	4.47	6.09	4.72
福 島	3.00	3.50	3.60	4.61	6.86	5.25	6.80	4.39	5.04	4.87	4.29	5.02	5.98
茨 城	2.61	2.08	4.36	6.80	5.29	6.61	6.31	5.84	5.11	3.32	4.10	3.93	3.21
栃 木	1.52	3.95	4.23	4.89	5.44	6.53	7.49	5.23	5.65	3.65	4.96	4.34	3.68
群 馬	1.82	2.69	4.00	5.25	6.49	6.32	5.35	5.00	4.42	4.52	5.32	3.36	4.56
埼 玉	1.23	1.99	2.52	4.92	4.73	4.27	4.45	3.54	4.00	3.07	3.94	2.87	3.68
千 葉	1.49	2.06	3.64	3.89	4.74	3.53	5.60	3.74	3.57	3.32	3.75	3.81	3.45
東 京	0.78	1.22	1.87	3.63	3.45	3.70	4.77	3.32	4.41	3.19	2.32	2.18	2.92
神 奈 川	0.68	1.49	2.27	2.88	2.92	4.85	5.09	4.00	2.80	3.25	2.95	2.39	1.96
新 潟	0.97	1.93	1.79	4.04	6.88	4.08	4.07	3.63	3.15	3.89	3.54	3.02	4.09
富 山	1.93	1.76	2.97	3.66	5.16	5.07	6.50	4.20	3.14	2.92	3.25	3.19	2.47
石 川	1.51	1.06	2.61	2.82	3.93	3.54	3.86	3.13	3.59	3.05	4.23	3.36	3.50
福 井	1.24	1.64	2.12	3.84	4.20	3.76	4.56	4.18	2.85	3.81	3.27	3.11	2.78
山 梨	1.31	2.37	4.05	4.41	5.26	5.00	6.43	5.86	5.02	6.21	4.07	3.65	4.38
長 野	0.64	1.95	2.25	3.84	5.56	5.29	4.84	4.53	3.76	4.16	3.53	3.46	2.72
岐 阜	1.32	0.99	1.35	3.69	3.75	4.69	4.72	4.44	4.05	3.78	2.00	1.57	2.26
静 岡	1.13	1.27	2.59	3.11	4.36	3.92	5.04	3.85	4.17	2.57	4.09	2.62	2.98
愛 知	0.64	1.25	2.01	2.98	4.09	3.71	5.12	3.80	3.24	3.16	4.44	2.47	2.56
三 重	1.13	1.33	2.06	3.78	4.74	3.45	4.73	4.38	3.70	3.80	3.69	2.81	3.42
滋 賀	0.88	1.66	2.44	3.30	3.50	3.02	4.94	3.26	2.69	2.53	2.73	1.98	1.99
京 都	0.49	1.38	2.58	3.59	3.48	4.71	5.37	3.97	3.24	3.21	3.42	2.97	3.43
大 阪	0.97	2.09	1.74	3.44	4.01	3.83	3.91	4.50	4.56	3.41	3.57	2.71	2.46
兵 庫	1.33	2.30	2.58	3.37	2.85	4.16	3.53	3.41	3.41	2.94	2.28	2.06	1.59
奈 良	0.75	1.55	2.07	3.44	3.44	4.18	5.23	2.54	2.39	3.20	2.86	4.10	3.03
和 歌 山	1.17	1.84	1.86	3.35	4.87	3.91	5.26	4.72	3.33	3.54	3.10	2.84	2.83
鳥 取	0.40	2.05	2.86	3.50	5.24	3.93	5.35	4.94	3.83	3.22	3.26	3.75	2.54
島 根	0.73	2.23	2.43	4.38	3.50	3.61	4.76	2.49	3.03	2.05	3.36	1.76	2.74
岡 山	1.42	2.39	3.02	2.36	3.57	5.19	4.94	3.18	3.78	3.82	3.06	3.91	3.39
広 島	0.77	1.75	2.44	4.96	4.15	4.47	5.72	5.34	4.55	3.60	4.46	3.28	4.05
山 口	1.02	2.04	2.62	4.02	4.23	4.40	5.57	3.50	3.36	2.65	3.23	3.73	3.48
徳 島	2.33	2.88	1.73	6.00	4.51	4.84	5.53	5.19	5.14	4.22	4.99	4.23	4.24
香 川	1.01	2.18	3.15	2.91	5.30	3.64	4.05	4.63	3.31	2.93	6.15	3.85	3.66
愛 媛	1.48	2.45	1.79	4.82	5.00	4.24	5.76	5.07	3.79	2.87	4.42	2.20	3.73
高 知	0.68	2.13	2.58	3.68	5.15	5.11	4.63	6.19	4.65	4.02	4.31	3.86	3.50
福 岡	1.73	2.35	2.74	3.91	4.43	4.32	6.40	4.06	3.71	3.60	3.96	3.01	3.25
佐 賀	0.70	1.98	2.34	4.36	3.46	4.01	5.66	4.53	4.23	2.69	5.75	4.04	3.88
長 崎	0.27	1.03	1.90	4.32	2.97	4.66	4.36	5.18	4.26	2.98	2.95	2.49	3.92
熊 本	1.15	2.32	3.16	5.01	4.88	5.23	5.93	4.97	4.80	3.88	5.01	3.21	2.94
大 分	1.25	1.49	2.47	6.94	4.60	6.22	5.27	5.50	5.18	4.96	5.34	2.95	6.44
宮 崎	0.95	1.96	2.84	4.94	5.36	5.00	5.64	6.45	5.09	4.77	3.83	2.67	4.09
鹿 児 島	1.35	1.77	3.12	3.99	4.92	5.50	5.28	4.47	3.43	4.12	4.46	2.99	3.48
沖 縄	1.39	2.00	3.79	5.05	6.18	6.51	5.37	5.17	5.06	3.74	4.70	4.30	2.77

（注）中等度肥満傾向児とは，性別・年齢別・身長別標準体重から肥満度を求め，肥満度が30%以上50%未満の者である。
　　　以下の各表において同じ。
　　　肥満度＝（実測体重－身長別標準体重）／ 身長別標準体重 × 100（%）

6 都道府県別 肥満傾向児の出現率 (12-4)

1. 計 (4)高度肥満傾向児   単位（%）

区　分	幼稚園	小学校						中学校			高等学校		
	5歳	6歳	7歳	8歳	9歳	10歳	11歳	12歳	13歳	14歳	15歳	16歳	17歳
全　国	0.20	0.35	0.56	0.76	1.04	1.21	1.17	1.42	1.39	1.28	1.47	1.35	1.35
北　海　道	0.56	0.65	1.41	1.50	2.42	2.45	1.59	2.15	1.67	1.98	2.51	1.89	1.26
青　森	0.50	0.89	1.04	1.20	1.58	1.99	2.71	2.25	2.36	2.93	1.51	2.76	2.21
岩　手	0.90	0.09	0.82	0.99	1.28	0.92	2.11	2.23	1.32	1.71	1.23	2.49	1.86
宮　城	0.29	0.48	1.39	0.45	2.25	2.98	1.39	1.29	2.02	1.57	1.30	1.16	1.69
秋　田	0.60	0.88	2.14	1.65	1.96	2.02	1.80	1.79	1.63	1.74	1.38	1.45	2.17
山　形	0.40	0.18	0.71	0.99	0.58	1.16	1.46	1.61	1.83	1.73	1.39	1.78	1.88
福　島	0.31	0.95	0.74	1.00	1.72	1.83	2.15	1.61	1.87	1.34	2.15	0.94	1.89
茨　城	0.52	0.65	0.44	2.08	1.97	1.27	2.58	2.46	1.59	1.94	1.70	2.76	3.03
栃　木	0.44	0.26	0.39	1.45	1.12	2.14	1.06	1.72	1.79	1.51	0.99	1.40	1.88
群　馬	0.39	0.20	1.05	0.86	1.75	1.10	1.84	1.52	1.78	1.61	1.84	1.67	1.64
埼　玉	0.16	0.34	0.58	0.85	0.86	0.75	0.69	1.30	1.52	1.09	1.65	1.64	1.27
千　葉	0.05	0.07	0.98	0.28	0.85	0.84	0.66	1.12	1.39	0.99	2.02	1.74	1.73
東　京	0.07	－	－	0.50	0.71	0.64	0.66	2.10	1.54	1.45	0.95	0.58	0.79
神　奈　川	0.04	0.07	0.37	0.65	0.91	1.30	0.81	1.07	1.40	1.18	0.76	1.71	1.69
新　潟	0.12	0.16	0.59	0.84	0.79	0.91	1.42	1.10	0.93	0.82	0.62	1.38	1.64
富　山	0.06	0.12	0.31	0.97	0.32	0.89	1.08	1.52	1.35	0.81	1.83	1.38	2.06
石　川	0.18	0.43	0.58	1.35	1.08	1.07	1.69	0.61	1.35	1.25	1.41	0.56	0.51
福　井	0.45	0.29	0.18	0.45	0.55	0.78	0.26	1.21	0.79	1.43	1.32	1.24	0.51
山　梨	0.47	0.79	0.90	0.65	0.64	0.73	0.96	1.32	1.29	1.30	2.45	1.53	1.80
長　野	0.11	0.76	0.33	0.93	1.04	1.21	1.06	1.48	1.07	1.55	1.08	0.90	1.28
岐　阜	0.43	0.38	0.99	0.53	0.93	1.11	1.54	1.08	2.17	1.50	0.87	0.35	1.07
静　岡	0.41	－	0.31	0.35	0.62	1.38	0.87	1.36	1.19	1.16	1.11	1.53	1.08
愛　知	0.05	0.50	0.48	0.57	0.56	0.67	1.23	0.83	0.82	0.97	1.75	1.31	1.41
三　重	0.15	0.09	0.57	1.08	0.80	0.83	1.61	0.97	1.24	0.99	2.11	2.15	1.42
滋　賀	0.29	0.33	0.31	0.78	1.51	0.71	1.65	1.28	0.61	1.05	1.56	0.79	0.45
京　都	0.09	0.09	0.53	0.21	0.70	0.82	0.28	1.24	1.40	1.05	1.10	0.71	0.81
大　阪	0.04	0.29	0.25	0.63	0.72	1.09	0.94	1.31	0.89	0.90	1.64	0.93	0.97
兵　庫	－	0.30	0.28	0.69	0.77	1.00	1.32	0.83	0.71	1.11	1.43	1.30	0.76
奈　良	0.15	0.56	0.52	0.61	1.02	1.12	0.96	0.82	1.63	1.43	0.86	1.36	1.70
和　歌　山	0.18	0.25	0.55	0.77	1.04	0.92	0.67	1.44	1.45	1.60	1.70	1.43	1.13
鳥　取	－	0.22	0.49	0.36	0.93	1.35	1.48	0.91	0.85	0.75	1.60	1.17	1.61
島　根	0.06	0.55	0.19	0.66	0.78	1.24	1.11	0.73	1.23	0.80	0.46	1.21	0.88
岡　山	0.27	0.47	0.52	0.86	1.34	1.42	1.10	1.25	0.69	1.17	1.46	1.22	1.09
広　島	0.31	0.29	1.17	0.84	0.55	1.78	1.23	1.52	2.15	1.45	1.58	1.15	1.63
山　口	0.28	0.55	0.16	0.21	0.70	1.26	1.30	0.98	1.26	0.99	0.79	0.85	0.54
徳　島	0.46	0.27	0.82	0.75	1.08	1.97	2.09	2.13	1.85	1.72	1.03	1.85	1.97
香　川	0.11	0.22	0.46	0.98	0.91	1.14	0.58	1.20	1.31	1.66	2.12	2.11	0.76
愛　媛	0.65	0.40	0.60	0.70	0.77	1.12	1.26	1.32	1.82	0.95	1.81	1.64	0.96
高　知	0.72	0.13	0.84	1.09	1.85	0.60	2.01	1.36	1.92	1.71	0.59	1.66	2.11
福　岡	0.12	0.76	0.58	0.59	1.44	1.96	1.36	1.51	1.07	1.17	2.03	1.42	1.37
佐　賀	－	0.44	0.52	0.80	0.94	1.14	1.56	1.52	1.48	1.00	1.58	0.57	1.16
長　崎	0.29	0.48	0.16	0.35	0.58	0.80	1.48	1.65	1.93	1.27	1.35	1.83	1.73
熊　本	0.14	1.11	0.73	0.88	1.70	1.64	1.85	1.57	1.80	1.09	1.23	0.99	0.68
大　分	0.34	0.42	0.39	0.44	0.97	1.36	1.00	1.90	1.80	1.63	2.49	1.63	3.43
宮　崎	0.15	0.71	1.71	1.47	1.60	1.32	2.20	2.22	2.03	1.41	1.98	1.66	1.87
鹿　児　島	0.36	1.00	0.70	1.13	0.83	1.10	0.96	1.12	1.50	1.57	1.49	1.05	1.30
沖　縄	0.17	0.48	1.06	1.78	2.33	2.02	1.64	1.89	2.22	1.45	1.71	1.71	1.53

(注) 高度肥満傾向児とは，性別・年齢別・身長別標準体重から肥満度を求め，肥満度が50%以上の者である。
　　以下の各表において同じ。
　　肥満度＝（実測体重－身長別標準体重）/ 身長別標準体重　× 100（%）

6 都道府県別 肥満傾向児の出現率（12-5）

2. 男 （1）肥満傾向児

単位（%）

区 分	幼稚園	小学校						中学校			高等学校		
	5歳	6歳	7歳	8歳	9歳	10歳	11歳	12歳	13歳	14歳	15歳	16歳	17歳
全 国	3.56	5.74	8.02	11.14	13.17	15.11	13.95	13.27	12.25	11.31	12.51	11.13	11.42
北 海 道	4.25	9.33	12.75	14.87	18.00	17.88	21.78	19.01	14.68	14.54	15.04	13.98	11.92
青 森	5.58	9.97	10.90	19.30	23.24	21.07	22.19	17.76	16.32	15.59	15.62	19.42	17.30
岩 手	8.46	8.73	13.72	16.56	16.27	18.09	17.30	15.22	15.05	13.84	13.90	18.16	14.95
宮 城	6.63	7.00	9.62	11.58	19.72	19.14	19.65	14.23	15.81	14.47	12.13	10.36	14.65
秋 田	4.97	8.77	12.56	14.41	17.79	16.29	16.29	18.57	13.12	13.92	18.20	15.79	18.23
山 形	4.00	7.63	9.10	15.25	19.15	16.16	18.61	13.88	16.08	13.80	12.89	16.20	15.19
福 島	6.66	11.50	11.23	12.44	17.51	17.17	18.70	13.14	15.12	12.69	12.61	10.34	13.35
茨 城	5.77	6.07	9.39	17.59	22.24	21.13	17.47	15.40	14.88	13.10	13.67	14.00	16.37
栃 木	5.91	7.63	9.81	15.40	14.43	17.82	16.88	16.84	16.64	13.09	13.76	12.33	16.28
群 馬	6.21	5.45	9.48	13.55	17.22	18.18	13.66	15.81	14.28	13.24	13.90	10.91	12.47
埼 玉	3.26	5.85	7.05	10.30	14.04	14.07	12.87	12.63	14.10	9.77	11.17	10.87	11.14
千 葉	4.06	6.57	9.63	10.81	12.06	15.01	13.72	11.77	10.15	10.30	13.02	14.81	14.26
東 京	3.18	3.89	7.38	11.28	12.47	15.55	13.20	12.14	12.28	11.70	9.55	9.24	10.11
神 奈 川	2.46	4.71	6.36	11.50	7.89	13.92	11.01	12.07	8.92	11.26	11.00	11.36	10.27
新 潟	2.77	3.60	9.50	12.57	18.11	14.84	14.69	10.47	10.96	9.88	10.34	10.21	11.73
富 山	3.58	6.10	7.36	9.96	14.70	18.38	15.77	11.90	11.91	10.58	14.63	9.63	12.92
石 川	4.37	4.29	6.37	7.81	11.46	13.00	10.07	11.48	10.22	8.34	14.70	9.97	12.31
福 井	3.31	5.45	7.59	9.40	12.98	14.94	14.37	13.60	7.92	11.30	12.94	8.12	9.57
山 梨	3.17	6.41	10.17	10.65	16.04	17.72	15.20	17.71	16.75	15.09	14.15	11.19	14.74
長 野	2.50	7.50	5.79	11.54	13.73	15.28	13.35	14.82	11.49	12.63	12.05	9.82	9.25
岐 阜	2.85	3.19	6.63	10.44	14.18	16.92	16.77	13.23	13.87	12.32	9.24	8.76	7.65
静 岡	3.87	4.82	6.46	9.59	11.80	11.60	16.01	13.40	11.41	10.99	11.36	10.60	9.98
愛 知	2.09	5.21	7.85	7.28	11.39	15.44	13.04	12.48	10.65	10.20	14.25	9.61	9.18
三 重	3.40	4.17	4.87	10.34	12.21	10.97	13.32	12.68	11.13	10.34	13.61	13.56	11.21
滋 賀	2.33	4.07	7.16	8.76	9.85	10.80	10.94	10.80	8.72	10.35	11.41	6.73	8.16
京 都	2.03	4.36	6.37	10.88	10.25	12.49	13.81	12.30	11.90	9.35	11.34	11.02	10.75
大 阪	2.49	5.93	6.42	9.44	11.39	10.75	11.23	13.48	12.54	9.91	12.72	8.55	9.75
兵 庫	3.15	4.68	8.46	8.79	9.31	13.65	9.33	11.90	10.27	10.84	13.70	10.14	8.88
奈 良	3.67	4.41	5.61	9.58	10.69	12.32	10.82	12.17	10.26	10.55	8.21	11.21	11.91
和 歌 山	4.05	4.24	6.27	10.17	11.89	15.94	11.21	14.56	12.35	11.48	13.90	10.43	10.75
鳥 取	1.74	4.21	7.02	8.45	11.34	14.25	16.18	11.12	11.20	10.15	10.31	15.45	11.98
島 根	2.61	3.69	6.79	9.86	11.69	11.95	15.30	9.78	11.35	6.69	9.31	10.02	12.82
岡 山	3.03	6.65	9.67	9.09	13.11	17.53	13.91	13.74	10.78	10.04	13.42	13.75	8.62
広 島	2.86	5.92	8.19	12.38	12.06	16.84	13.59	15.10	14.50	11.72	14.44	12.06	12.08
山 口	4.24	5.28	6.09	10.38	11.55	15.06	14.62	10.89	11.60	9.26	10.97	11.66	12.32
徳 島	4.90	8.65	6.01	16.05	14.65	13.34	13.76	15.59	14.93	12.12	13.14	11.28	14.96
香 川	3.63	6.53	8.32	10.19	13.74	9.36	10.54	14.21	12.12	11.56	13.64	12.72	12.01
愛 媛	4.46	5.65	8.36	9.90	15.34	16.51	15.51	14.79	13.07	10.84	13.50	9.64	11.62
高 知	3.46	4.15	8.30	8.48	15.00	14.75	13.19	17.75	13.32	13.04	9.66	9.75	11.44
福 岡	3.40	6.52	8.58	11.39	14.80	17.14	12.50	11.65	11.09	11.06	12.88	11.83	10.37
佐 賀	3.87	7.33	7.67	11.86	13.72	11.21	12.73	11.77	12.77	10.21	13.72	8.49	10.48
長 崎	1.84	4.42	6.56	11.53	9.99	15.48	13.06	12.29	12.88	9.91	9.56	12.15	12.92
熊 本	4.11	6.80	7.72	12.66	14.85	15.02	18.05	13.43	11.92	12.02	16.50	11.27	13.03
大 分	5.09	6.88	8.39	12.76	13.04	17.65	15.21	16.06	16.02	13.36	16.64	13.21	17.88
宮 崎	2.93	7.25	10.07	13.43	18.21	15.86	18.56	15.42	13.75	12.96	15.25	10.91	15.72
鹿 児 島	5.80	6.21	8.55	11.33	11.37	17.06	13.34	11.27	12.45	11.11	12.52	8.40	10.63
沖 縄	3.36	6.87	8.91	11.95	15.42	17.06	16.86	14.82	14.46	11.85	14.24	12.60	11.27

6 都道府県別 肥満傾向児の出現率 (12-6)

2. 男 (2)軽度肥満傾向児　　　　　　　　　　　　　　　　　　　　　　　　　　　　　　　　　　　　　　　単位 (%)

区　分	幼稚園	小学校						中学校			高等学校		
	5歳	6歳	7歳	8歳	9歳	10歳	11歳	12歳	13歳	14歳	15歳	16歳	17歳
全　　国	2.07	3.28	4.66	5.79	6.39	7.99	6.32	6.05	5.47	5.08	5.67	5.24	5.74
北 海 道	2.53	4.48	6.70	5.99	6.78	9.44	10.91	7.59	6.23	5.92	6.80	7.30	5.49
青　　森	3.14	4.04	6.14	12.45	10.12	10.48	8.55	7.25	7.90	6.42	6.78	7.60	8.51
岩　　手	3.81	4.48	7.66	9.25	8.24	9.58	5.54	7.51	7.82	4.68	6.45	7.16	8.15
宮　　城	4.95	4.96	5.14	6.15	7.53	7.63	7.21	5.01	5.42	6.66	4.25	5.40	8.03
秋　　田	3.11	4.85	5.28	7.21	6.90	6.13	7.79	8.40	6.84	6.88	9.39	6.68	10.17
山　　形	1.49	4.44	4.64	5.88	10.90	7.57	9.75	6.34	7.83	4.42	6.01	6.33	8.25
福　　島	3.61	5.38	6.27	6.25	6.78	8.54	6.83	6.12	6.80	5.55	6.80	3.79	5.71
茨　　城	2.18	3.74	5.32	7.99	10.69	12.23	7.88	5.05	5.75	6.71	5.87	5.73	8.12
栃　　木	3.26	2.92	5.13	6.75	6.08	7.07	6.90	8.31	7.28	6.78	6.27	5.27	8.42
群　　馬	2.83	3.05	4.18	6.50	6.91	8.28	6.80	7.89	7.13	4.62	4.33	4.38	4.85
埼　　玉	1.76	3.32	3.46	4.26	7.16	7.46	6.57	6.13	6.10	3.52	6.28	5.20	4.60
千　　葉	2.07	4.36	4.56	6.79	4.83	8.87	6.81	5.50	4.10	4.92	4.74	5.92	7.80
東　　京	2.11	2.59	5.84	6.28	6.52	9.44	6.48	4.99	4.93	5.10	4.18	4.61	4.93
神 奈 川	1.71	2.97	3.12	7.49	4.19	6.06	5.10	5.31	3.81	5.28	5.34	5.66	6.16
新　　潟	1.69	2.09	6.69	7.57	8.86	8.89	7.32	4.95	5.87	3.99	5.23	5.09	5.17
富　　山	1.84	3.93	4.62	4.53	7.34	10.47	7.36	4.20	5.87	4.75	7.16	4.95	6.14
石　　川	2.36	3.02	3.44	3.35	6.25	7.31	3.97	6.44	4.29	3.56	6.23	3.41	5.55
福　　井	1.70	2.93	4.92	4.49	6.85	9.16	7.51	6.00	3.50	4.60	6.67	2.14	6.41
山　　梨	0.47	3.00	5.41	5.73	8.46	11.22	6.12	7.98	8.72	5.40	4.79	4.83	9.28
長　　野	1.45	4.31	3.44	5.68	5.80	6.86	5.88	7.12	5.57	5.55	6.46	3.66	5.65
岐　　阜	1.41	1.72	3.71	5.61	7.48	7.99	7.74	6.32	5.54	5.57	5.27	6.07	3.68
静　　岡	2.22	2.94	3.96	5.50	4.68	5.73	7.39	6.97	5.40	5.79	3.94	4.79	4.15
愛　　知	1.34	3.35	4.67	3.66	5.23	9.10	5.19	6.28	5.67	4.82	5.98	4.35	4.25
三　　重	1.70	2.43	2.42	5.63	4.78	6.34	6.57	7.41	4.69	5.10	6.65	7.46	5.85
滋　　賀	1.11	1.89	4.36	3.52	5.10	6.61	4.32	4.98	3.92	5.15	6.38	3.70	4.60
京　　都	1.52	2.73	2.32	6.26	5.57	6.15	7.03	6.10	5.38	4.27	5.24	5.75	5.36
大　　阪	1.57	3.45	4.45	4.93	5.93	5.93	5.70	5.62	5.65	4.55	5.70	3.57	5.45
兵　　庫	1.83	2.28	5.26	4.75	5.70	7.68	3.52	5.53	5.00	5.48	7.86	6.28	6.00
奈　　良	2.91	1.99	3.09	5.87	5.74	5.82	3.95	8.00	5.49	4.96	4.68	3.12	5.20
和 歌 山	2.27	3.17	3.65	5.71	4.77	8.60	3.63	7.51	5.48	4.28	9.14	4.29	6.46
鳥　　取	1.12	1.54	2.86	3.44	4.56	6.61	7.86	4.64	5.83	5.65	4.05	8.12	6.35
島　　根	2.37	1.65	4.05	3.55	6.98	7.32	7.66	6.44	5.01	3.49	3.74	6.33	8.35
岡　　山	1.02	2.97	5.20	4.72	7.00	7.82	6.14	8.90	5.42	4.25	6.08	6.45	2.96
広　　島	2.02	3.14	4.87	5.98	7.09	9.14	6.03	7.30	6.19	5.05	6.13	5.47	5.05
山　　口	2.33	1.79	3.12	6.09	6.50	8.00	5.83	5.14	5.30	5.45	5.43	5.36	5.83
徳　　島	2.04	6.05	2.87	8.77	7.93	5.55	6.14	6.78	7.62	5.12	5.80	4.99	6.06
香　　川	2.80	4.62	4.94	5.40	6.11	6.00	5.73	7.06	6.16	4.94	4.73	4.89	5.16
愛　　媛	2.22	1.81	5.63	3.81	8.47	8.74	7.79	6.73	5.99	6.06	5.52	4.15	5.25
高　　知	1.56	2.51	5.09	4.13	7.68	6.98	6.29	6.99	4.81	6.28	4.85	5.19	5.79
福　　岡	2.14	3.53	5.10	6.58	7.30	9.80	4.50	4.83	5.54	4.45	4.83	6.70	4.31
佐　　賀	3.12	4.43	5.28	4.64	7.97	6.47	5.51	4.91	5.51	5.54	4.83	4.17	3.67
長　　崎	1.27	2.71	4.56	5.27	6.48	8.91	5.74	5.04	5.56	5.50	5.36	6.88	7.88
熊　　本	2.62	3.72	4.29	6.21	7.76	7.20	8.86	5.93	4.46	6.82	8.24	5.44	8.50
大　　分	3.04	4.58	4.37	5.61	8.47	8.12	6.86	7.12	7.54	4.38	6.26	6.15	5.48
宮　　崎	1.78	5.18	4.63	5.42	10.20	7.26	8.33	7.35	5.08	4.86	7.65	5.77	8.35
鹿 児 島	4.19	3.23	5.30	5.76	4.22	7.31	4.92	5.68	5.96	4.65	5.56	3.42	4.95
沖　　縄	1.15	3.70	4.55	4.93	5.79	6.92	7.07	5.46	5.12	5.46	5.69	5.41	7.13

6 都道府県別 肥満傾向児の出現率 (12-7)

2. 男 (3)中等度肥満傾向児　　　　　　　　　　　　　　　　　　　　　　　単位（%）

区　分	幼稚園	小学校						中学校			高等学校		
	5歳	6歳	7歳	8歳	9歳	10歳	11歳	12歳	13歳	14歳	15歳	16歳	17歳
全　　国	1.25	2.10	2.73	4.44	5.34	5.57	6.14	5.31	5.00	4.55	4.87	3.99	3.85
北 海 道	1.05	4.23	4.25	6.47	7.44	5.81	8.58	8.29	6.39	5.87	5.07	4.02	4.27
青　　森	2.26	4.52	3.70	5.31	11.00	7.37	9.35	7.82	5.65	6.05	6.77	8.10	5.35
岩　　手	3.07	4.08	4.71	6.43	6.64	7.13	8.91	5.15	5.79	6.81	6.20	8.30	3.56
宮　　城	1.58	1.53	3.18	4.95	9.16	8.27	10.06	7.47	7.72	5.16	6.36	4.24	4.24
秋　　田	1.18	3.07	4.10	5.09	8.11	8.09	6.98	7.21	4.38	4.63	7.24	7.29	5.57
山　　形	2.21	2.84	3.86	7.60	7.12	7.06	7.24	5.96	6.35	6.98	5.11	8.54	5.40
福　　島	2.89	4.84	3.93	5.06	8.91	6.08	9.73	5.16	5.91	5.75	3.00	4.95	5.38
茨　　城	2.57	1.64	4.07	7.39	8.09	6.80	6.71	7.33	6.94	3.73	5.26	4.61	3.18
栃　　木	1.81	4.20	4.33	7.20	6.97	7.40	8.59	6.55	7.39	4.31	5.89	5.91	5.17
群　　馬	2.62	2.21	4.11	6.11	7.64	8.69	4.94	5.79	5.19	6.00	7.06	4.10	5.82
埼　　玉	1.35	2.03	2.64	5.14	6.08	6.26	5.87	4.96	5.63	4.52	3.18	3.69	5.04
千　　葉	1.90	2.21	3.83	3.82	5.92	4.67	5.96	4.69	3.98	4.20	4.72	5.70	4.01
東　　京	0.99	1.30	1.54	4.50	4.55	5.03	5.96	3.95	5.34	4.75	3.76	3.47	3.81
神 奈 川	0.67	1.74	2.72	3.23	3.08	5.63	4.79	5.25	3.54	4.29	4.71	2.93	1.90
新　　潟	1.08	1.50	1.64	3.71	8.36	4.61	5.75	4.51	4.42	5.22	3.90	3.13	5.75
富　　山	1.63	2.17	2.59	3.52	6.74	6.88	7.88	5.92	4.10	4.51	4.96	2.22	3.22
石　　川	1.78	0.82	2.70	2.78	4.29	4.86	3.82	4.15	3.91	3.28	6.87	5.77	5.95
福　　井	1.07	2.29	2.68	4.03	5.53	4.59	6.34	5.63	3.35	4.95	4.17	4.21	2.38
山　　梨	1.75	2.55	3.23	4.05	6.62	5.52	8.16	8.24	5.83	7.78	5.37	4.17	4.30
長　　野	0.83	2.16	2.03	4.33	6.48	6.60	5.79	5.47	4.44	4.81	5.20	4.41	2.91
岐　　阜	1.21	0.89	1.53	4.17	5.02	6.98	7.36	5.00	5.11	4.36	2.24	1.98	2.71
静　　岡	1.32	1.88	2.28	3.91	6.04	3.59	7.09	4.36	4.94	3.59	5.99	4.01	3.83
愛　　知	0.64	1.74	2.84	2.69	5.25	5.64	6.25	5.10	3.95	4.30	6.36	2.99	3.13
三　　重	1.59	1.74	1.95	3.85	6.36	3.89	5.25	4.20	4.69	4.27	4.43	3.72	3.63
滋　　賀	0.79	2.18	2.43	4.26	2.32	2.96	4.81	3.97	3.86	3.62	3.34	2.54	2.92
京　　都	0.33	1.62	3.20	4.20	3.56	5.24	6.78	4.44	4.21	3.78	4.32	4.47	3.93
大　　阪	0.84	2.23	1.64	4.14	4.22	4.12	4.11	5.83	5.93	4.50	5.23	3.97	2.89
兵　　庫	1.32	2.40	3.05	3.05	2.88	4.70	4.14	5.11	4.30	3.99	3.68	1.76	1.80
奈　　良	0.47	1.70	1.69	3.04	3.37	5.02	6.42	3.23	3.13	3.59	2.80	6.20	4.33
和 歌 山	1.42	0.57	1.83	3.89	5.41	5.63	6.63	5.38	4.34	4.80	3.11	4.41	2.73
鳥　　取	0.62	2.25	3.62	4.87	5.93	5.53	6.50	5.50	4.48	3.66	3.65	5.10	3.44
島　　根	0.24	1.33	2.35	5.63	3.46	3.53	6.21	2.83	4.50	2.32	5.02	2.08	3.31
岡　　山	1.63	3.12	3.46	3.23	4.21	7.39	6.07	3.80	4.67	4.62	5.07	5.64	4.66
広　　島	0.71	2.61	2.23	5.38	4.13	5.54	5.37	5.73	5.49	4.50	5.92	4.71	4.59
山　　口	1.54	2.89	2.96	4.04	4.52	4.95	7.15	4.33	4.38	2.48	4.88	5.53	5.96
徳　　島	2.12	2.45	2.05	6.23	5.48	5.67	5.09	6.30	5.56	4.75	5.95	5.28	5.93
香　　川	0.60	1.72	2.65	4.03	6.74	2.48	3.84	5.83	3.82	4.00	5.72	5.04	6.06
愛　　媛	1.90	3.21	1.95	5.17	6.18	6.03	5.55	6.16	4.76	3.49	5.49	3.06	4.94
高　　知	0.46	1.38	2.51	3.02	5.26	7.17	3.17	8.57	5.32	4.44	3.91	3.14	3.28
福　　岡	1.12	1.92	3.06	4.04	5.27	5.30	6.57	4.58	4.44	5.01	5.26	3.19	4.14
佐　　賀	0.75	2.29	1.85	6.30	4.07	3.41	6.16	4.94	5.18	3.31	6.80	3.62	4.91
長　　崎	0.11	1.31	1.68	5.99	3.15	5.38	5.11	5.81	4.66	3.04	2.58	2.91	4.05
熊　　本	1.49	1.72	3.02	5.57	5.67	5.42	7.59	5.97	5.54	3.98	6.80	4.82	3.56
大　　分	1.58	1.95	3.43	6.49	3.54	7.65	6.56	6.77	6.50	7.06	7.23	4.32	8.14
宮　　崎	1.15	1.40	3.30	5.98	5.85	6.81	6.23	6.14	5.80	6.20	4.91	2.62	5.26
鹿 児 島	0.91	1.42	2.75	4.09	5.52	8.38	7.32	4.35	4.17	4.45	5.22	3.68	4.06
沖　　縄	2.21	2.57	2.88	4.85	6.92	7.83	7.19	7.02	6.24	4.72	6.29	4.77	2.53

6 都道府県別 肥満傾向児の出現率（12-8）

2. 男 　(4)高度肥満傾向児　　　　　　　　　　　　　　　　　　　　　　　　　　　　　　　　　　　　　単位（%）

区分	幼稚園	小学校						中学校			高等学校		
	5歳	6歳	7歳	8歳	9歳	10歳	11歳	12歳	13歳	14歳	15歳	16歳	17歳
全 国	0.24	0.35	0.64	0.91	1.44	1.55	1.49	1.92	1.78	1.68	1.96	1.90	1.83
北 海 道	0.68	0.62	1.80	2.41	3.77	2.63	2.29	3.13	2.05	2.75	3.17	2.66	2.16
青 森	0.18	1.41	1.07	1.54	2.12	3.22	4.28	2.69	2.77	3.12	2.07	3.72	3.44
岩 手	1.58	0.18	1.36	0.88	1.38	1.37	2.84	2.55	1.44	2.35	1.25	2.70	3.24
宮 城	0.11	0.51	1.30	0.49	3.02	3.24	2.38	1.75	2.67	2.65	1.52	0.71	2.38
秋 田	0.68	0.85	3.18	2.11	2.79	2.07	1.52	2.97	1.89	2.41	1.57	1.82	2.49
山 形	0.30	0.35	0.60	1.76	1.13	1.54	1.63	1.59	1.90	2.41	1.77	1.34	1.54
福 島	0.16	1.29	1.03	1.13	1.83	2.55	2.14	1.86	2.42	1.40	2.81	1.60	2.26
茨 城	1.02	0.69	-	2.21	3.47	2.10	2.89	3.03	2.19	2.66	2.53	3.66	5.06
栃 木	0.85	0.51	0.35	1.45	1.38	3.35	1.38	1.99	1.97	1.99	1.60	1.15	2.69
群 馬	0.76	0.19	1.19	0.94	2.67	1.21	1.92	2.13	1.96	2.62	2.50	2.43	1.80
埼 玉	0.15	0.50	0.95	0.90	0.79	0.36	0.44	1.54	2.36	1.73	1.70	1.98	1.50
千 葉	0.09	-	1.24	0.20	1.30	1.46	0.95	1.57	2.07	1.18	3.55	3.19	2.45
東 京	0.07	-	-	0.50	1.40	1.08	0.77	3.21	2.00	1.85	1.62	1.17	1.36
神 奈 川	0.08	-	0.53	0.78	0.61	2.23	1.13	1.51	1.56	1.70	0.95	2.76	2.21
新 潟	-	-	1.17	1.28	0.89	1.34	1.63	1.01	0.68	0.67	1.21	1.98	0.81
富 山	0.11	-	0.15	1.90	0.63	1.03	0.53	1.78	1.93	1.32	2.51	2.46	3.56
石 川	0.23	0.45	0.22	1.67	0.92	0.82	2.29	0.90	2.01	1.50	1.60	0.78	0.81
福 井	0.54	0.23	-	0.88	0.60	1.19	0.52	1.98	1.07	1.75	2.10	1.77	0.78
山 梨	0.95	0.86	1.53	0.87	0.97	0.97	0.92	1.50	2.20	1.90	3.98	2.20	1.16
長 野	0.23	1.04	0.32	1.54	1.45	1.81	1.67	2.23	1.48	2.28	0.39	1.75	0.68
岐 阜	0.23	0.58	1.39	0.65	1.68	1.96	1.67	1.90	3.21	2.39	1.73	0.71	1.26
静 岡	0.32	-	0.22	0.18	1.08	2.29	1.53	2.07	1.07	1.62	1.43	1.80	2.00
愛 知	0.11	0.12	0.34	0.93	0.90	0.70	1.59	1.10	1.03	1.08	1.92	2.26	1.80
三 重	0.11	-	0.50	0.86	1.06	0.74	1.51	1.07	1.74	0.97	2.53	2.37	1.73
滋 賀	0.43	-	0.37	0.99	2.43	1.23	1.80	1.85	0.94	1.57	1.69	0.49	0.64
京 都	0.17	-	0.85	0.42	1.12	1.09	-	1.75	2.31	1.31	1.78	0.80	1.46
大 阪	0.08	0.25	0.33	0.37	1.24	0.70	1.43	2.03	0.95	0.85	1.80	1.01	1.42
兵 庫	-	-	0.14	0.99	0.73	1.27	1.67	1.26	0.97	1.37	2.17	2.09	1.08
奈 良	0.29	0.72	0.84	0.66	1.57	1.49	0.45	0.94	1.64	2.01	0.74	1.89	2.39
和 歌 山	0.35	0.50	0.79	0.57	1.70	1.70	0.95	1.66	2.53	2.40	1.65	1.73	1.56
鳥 取	-	0.42	0.53	0.14	0.85	2.12	1.82	0.98	0.88	0.84	2.61	2.23	2.19
島 根	-	0.71	0.38	0.69	1.25	1.10	1.43	0.50	1.84	0.88	0.55	1.61	1.16
岡 山	0.38	0.56	1.02	1.13	1.90	2.32	1.70	1.04	0.69	1.17	2.26	1.66	1.00
広 島	0.13	0.16	1.09	1.02	0.84	2.16	2.19	2.06	2.82	2.17	2.40	1.88	2.45
山 口	0.38	0.60	-	0.25	0.53	2.12	1.64	1.43	1.91	1.33	0.67	0.77	0.53
徳 島	0.74	0.15	1.09	1.06	1.24	2.12	2.53	2.51	1.76	2.26	1.40	1.00	2.97
香 川	0.22	0.19	0.73	0.77	0.90	0.87	0.97	1.33	2.15	2.62	3.19	2.78	0.79
愛 媛	0.35	0.64	0.78	0.92	0.70	1.74	2.17	1.90	2.31	1.29	2.49	2.43	1.43
高 知	1.44	0.26	0.71	1.33	2.06	0.60	3.73	2.20	3.19	2.32	0.90	1.42	2.36
福 岡	0.14	1.07	0.42	0.77	2.23	2.05	1.42	2.24	1.11	1.60	2.79	1.94	1.93
佐 賀	-	0.62	0.54	0.92	1.68	1.33	1.06	1.92	2.08	1.36	2.09	0.70	1.90
長 崎	0.46	0.40	0.32	0.27	0.35	1.20	2.21	1.44	2.67	1.37	1.62	2.35	0.99
熊 本	-	1.36	0.40	0.88	1.43	2.40	1.61	1.53	1.93	1.22	1.46	1.01	0.97
大 分	0.48	0.36	0.59	0.66	1.04	1.89	1.79	2.17	1.98	1.91	3.15	2.74	4.26
宮 崎	-	0.68	2.14	2.04	2.17	1.80	4.00	1.94	2.87	1.90	2.70	2.52	2.11
鹿 児 島	0.70	1.56	0.49	1.48	1.63	1.37	1.10	1.24	2.33	2.01	1.73	1.30	1.61
沖 縄	-	0.59	1.48	2.17	2.72	2.31	2.60	2.34	3.10	1.67	2.25	2.42	1.62

都道府県表

6　都道府県別　肥満傾向児の出現率（12-9）

3.　女　(1)肥満傾向児　　　　　　　　　　　　　　　　　　　　　　　　　　単位（%）

区　分	幼稚園 5歳	小学校						中学校			高等学校		
		6歳	7歳	8歳	9歳	10歳	11歳	12歳	13歳	14歳	15歳	16歳	17歳
全　　国	3.73	5.50	7.23	9.07	9.57	9.74	10.47	9.51	9.05	7.71	7.68	6.98	7.45
北 海 道	4.60	7.95	8.73	13.27	10.43	14.05	14.49	13.21	11.69	10.43	9.45	8.72	10.68
青　　森	9.24	7.34	13.13	12.79	12.88	17.63	12.36	11.77	14.74	12.28	13.90	11.88	12.55
岩　　手	4.83	8.09	10.86	12.15	14.27	13.38	12.50	16.82	10.82	10.58	11.66	12.70	8.06
宮　　城	5.61	4.87	7.33	15.37	10.25	15.58	15.51	12.23	10.74	7.84	10.43	8.49	9.02
秋　　田	4.93	7.09	11.09	11.49	10.46	11.38	13.83	9.28	10.69	9.10	9.86	10.19	11.16
山　　形	5.65	7.13	10.62	11.45	9.17	13.95	12.14	11.90	9.73	9.55	9.99	10.65	12.25
福　　島	5.38	6.42	9.28	11.38	13.89	12.71	13.41	11.76	12.76	9.65	15.03	12.72	16.08
茨　　城	6.66	6.41	10.57	13.02	10.10	12.59	16.37	11.86	8.73	9.32	9.41	8.77	7.97
栃　　木	4.17	8.56	10.79	12.67	10.67	14.00	12.83	11.40	13.85	8.99	6.60	8.08	9.23
群　　馬	3.63	6.82	10.54	10.99	12.19	10.43	14.27	11.24	10.13	8.02	11.23	7.66	9.69
埼　　玉	3.78	6.55	7.49	13.37	9.78	8.54	9.78	7.66	7.88	4.65	9.74	7.46	6.00
千　　葉	3.23	7.15	6.95	9.30	8.89	6.37	9.98	9.03	8.72	6.91	8.89	6.46	7.25
東　　京	3.11	4.67	6.73	6.94	6.73	7.43	9.23	8.32	8.32	7.40	4.32	3.93	5.15
神 奈 川	3.20	3.13	5.58	6.78	9.18	7.92	11.26	8.90	7.20	5.69	5.85	6.44	6.13
新　　潟	4.96	9.54	6.36	8.46	11.44	9.21	10.57	7.99	7.30	7.84	7.05	8.20	7.93
富　　山	3.68	6.48	7.72	8.75	9.06	8.10	11.35	9.16	7.01	5.94	6.05	8.93	7.85
石　　川	2.54	5.09	8.35	8.41	10.46	8.60	9.02	6.65	7.98	8.71	8.77	4.59	4.15
福　　井	3.17	3.96	7.67	8.40	7.81	8.21	8.17	9.47	8.03	7.78	5.53	7.00	8.60
山　　梨	2.57	7.81	11.32	12.24	10.63	12.06	10.25	11.78	10.60	9.63	8.26	5.18	12.08
長　　野	1.54	5.05	6.01	9.61	10.55	10.81	10.45	8.71	9.87	9.75	8.89	8.56	7.80
岐　　阜	3.41	4.54	6.30	9.61	7.42	7.87	9.16	9.16	10.15	8.23	4.30	1.36	5.70
静　　岡	2.78	3.36	6.73	6.07	8.63	9.91	7.42	10.01	9.19	6.44	7.70	7.83	6.51
愛　　知	1.98	3.46	5.36	5.17	9.88	8.38	7.67	6.56	8.63	7.39	6.84	6.79	6.19
三　　重	2.95	4.04	6.04	10.83	10.89	9.74	10.62	10.47	7.56	10.58	9.20	5.58	6.59
滋　　賀	3.86	3.33	7.06	5.91	11.09	6.66	10.79	7.50	6.57	6.51	5.40	5.69	5.37
京　　都	3.24	4.05	8.03	8.57	9.07	9.05	11.65	8.38	6.53	6.98	6.63	4.99	4.88
大　　阪	2.72	4.85	5.00	7.96	9.38	10.11	7.58	8.19	9.63	6.76	6.09	7.37	7.16
兵　　庫	3.77	5.87	6.42	7.31	7.30	10.00	7.18	6.89	7.97	7.96	4.60	6.86	6.36
奈　　良	2.67	4.72	7.00	8.79	7.13	8.39	10.52	7.60	7.30	6.71	9.59	5.40	6.90
和 歌 山	3.39	7.77	6.28	7.61	11.40	7.05	9.92	11.84	7.08	8.37	5.90	5.40	9.15
鳥　　取	0.86	5.88	7.24	9.14	9.11	7.03	11.21	10.79	9.94	7.78	7.89	5.81	8.12
島　　根	2.77	7.35	6.08	8.18	8.72	13.62	9.19	8.14	8.48	7.76	6.41	7.25	6.84
岡　　山	4.91	5.83	5.96	8.19	9.61	6.81	10.33	8.90	8.58	8.22	5.78	9.26	8.58
広　　島	4.11	4.42	9.46	10.45	10.91	10.18	11.14	10.81	8.88	7.06	10.06	5.16	9.79
山　　口	5.06	3.67	7.13	7.59	8.24	9.55	10.70	9.16	7.64	7.71	5.30	6.11	5.95
徳　　島	4.70	8.10	5.90	12.08	13.01	12.26	12.89	12.62	13.98	11.89	11.24	12.52	8.71
香　　川	5.30	7.91	8.19	7.81	9.74	11.82	9.74	10.94	9.41	7.79	14.06	6.72	8.67
愛　　媛	3.50	5.15	5.71	8.13	10.02	9.67	9.81	9.25	10.21	7.76	8.40	8.01	6.97
高　　知	2.89	5.82	6.75	9.81	11.86	10.79	11.80	12.18	11.33	11.15	11.30	8.66	9.57
福　　岡	6.83	6.27	8.37	8.61	9.42	10.59	12.02	10.43	9.66	7.48	8.05	8.16	6.71
佐　　賀	1.26	4.99	5.61	7.01	9.90	10.74	11.42	9.23	9.11	9.53	9.08	7.99	8.96
長　　崎	2.38	6.46	5.26	8.57	8.54	8.54	10.81	14.64	9.47	8.06	8.87	7.41	9.59
熊　　本	3.51	8.73	8.81	10.97	12.14	11.48	11.96	12.02	9.69	8.32	10.01	5.77	8.42
大　　分	3.92	5.28	7.31	12.09	12.91	12.13	11.69	12.31	11.29	10.99	9.62	5.43	10.95
宮　　崎	4.03	8.24	6.59	10.08	11.87	12.37	12.42	14.62	10.57	10.36	11.54	6.64	12.41
鹿 児 島	4.75	5.20	9.52	9.88	9.64	8.39	10.54	11.99	8.43	8.11	9.98	6.46	9.27
沖　　縄	3.07	5.49	9.42	11.25	13.57	14.44	11.94	12.48	10.74	10.20	7.21	9.30	7.15

6 都道府県別 肥満傾向児の出現率 (12-10)

3. 女 (2)軽度肥満傾向児 単位 (%)

区 分	幼稚園	小学校						中学校			高等学校		
	5歳	6歳	7歳	8歳	9歳	10歳	11歳	12歳	13歳	14歳	15歳	16歳	17歳
全 国	2.41	3.37	4.22	4.82	5.48	5.43	5.36	5.36	5.02	4.47	4.23	4.11	4.06
北 海 道	2.19	4.16	3.84	6.99	6.01	7.73	8.11	6.84	5.92	6.40	5.45	4.66	6.99
青 森	5.82	3.72	8.00	7.39	5.75	9.56	7.44	5.64	7.79	6.30	6.79	6.74	5.18
岩 手	3.00	5.35	6.15	6.22	7.83	7.40	5.16	9.47	6.15	6.21	6.93	7.29	2.67
宮 城	2.74	2.53	2.66	8.85	4.66	5.19	10.05	6.16	4.62	5.15	6.03	4.08	4.05
秋 田	3.45	4.70	6.28	6.20	3.35	6.15	6.69	5.12	5.39	6.02	5.86	5.66	7.25
山 形	4.55	3.54	5.76	7.25	4.46	8.29	7.29	6.46	3.81	4.93	5.17	4.89	6.01
福 島	1.80	3.64	5.59	6.37	7.66	7.26	7.62	6.82	7.35	4.41	7.94	7.38	7.96
茨 城	3.99	3.28	5.00	4.90	7.23	5.78	8.21	5.73	4.60	5.24	5.74	3.77	3.86
栃 木	2.96	4.87	6.23	8.72	5.93	7.55	5.80	6.13	8.46	5.05	2.38	3.81	6.25
群 馬	2.66	3.45	5.74	5.87	6.05	5.56	6.74	6.24	4.94	4.55	6.54	4.21	5.02
埼 玉	2.51	4.44	4.90	7.88	5.52	5.22	5.86	4.59	4.96	2.68	3.37	4.17	2.75
千 葉	2.15	5.09	2.80	4.96	5.01	3.86	4.39	5.67	4.90	3.72	5.76	4.37	3.41
東 京	2.48	3.52	4.52	3.72	4.42	4.96	5.16	4.69	3.82	4.82	3.14	3.02	2.86
神 奈 川	2.51	1.75	3.57	3.77	5.21	3.56	5.36	5.60	3.96	2.90	4.16	3.98	2.93
新 潟	3.87	6.84	4.41	3.70	5.42	5.24	7.07	4.06	4.29	4.39	3.88	4.53	3.07
富 山	1.42	4.91	3.89	4.95	5.55	4.25	4.68	5.45	4.17	4.34	3.51	4.49	5.63
石 川	1.20	3.36	4.88	4.54	5.66	5.12	4.07	4.26	4.02	4.90	6.08	3.41	2.95
福 井	1.39	2.67	5.77	4.76	4.52	5.00	5.46	6.43	5.20	4.06	2.68	4.33	5.17
山 梨	1.70	4.91	6.17	7.03	6.42	7.12	4.62	7.39	6.04	4.40	4.85	1.34	5.07
長 野	1.09	2.87	3.18	5.98	5.32	6.35	6.19	4.48	6.15	5.49	5.33	6.09	3.38
岐 阜	1.35	3.26	4.56	6.02	4.82	5.35	5.85	5.09	6.12	4.50	2.55	0.22	3.04
静 岡	1.35	2.74	3.42	3.27	5.94	5.22	4.35	6.07	4.51	4.25	4.81	5.44	4.32
愛 知	1.33	1.84	3.59	1.68	6.81	6.07	2.89	3.58	5.53	4.59	2.76	4.49	3.20
三 重	2.12	2.94	3.20	5.81	7.30	5.82	4.72	5.03	4.19	6.26	4.58	1.75	2.29
滋 賀	2.75	1.55	4.36	3.08	5.82	3.40	4.22	4.29	4.84	4.62	1.93	3.21	4.09
京 都	2.58	2.74	5.90	5.62	5.43	4.35	7.21	4.19	3.81	3.56	3.68	2.88	1.78
大 阪	1.61	2.59	3.00	4.35	5.42	5.09	3.46	4.51	5.68	3.54	2.72	5.09	4.59
兵 庫	2.43	3.05	3.93	3.23	3.66	5.68	3.33	4.87	5.03	5.32	3.06	4.02	4.53
奈 良	1.64	2.93	4.34	4.38	3.19	4.34	5.04	5.13	4.06	3.09	5.67	2.64	4.24
和 歌 山	2.48	4.65	4.06	3.85	6.75	4.66	5.69	6.60	4.45	5.40	1.06	3.12	5.54
鳥 取	0.71	4.04	4.71	6.49	3.57	4.05	5.98	5.58	6.01	4.35	4.50	3.31	5.43
島 根	1.46	3.73	3.57	4.45	4.90	8.53	5.14	5.03	6.35	5.29	4.53	5.04	4.14
岡 山	3.56	3.83	3.40	6.18	5.95	3.55	6.11	4.90	5.06	4.10	4.32	6.50	5.38
広 島	2.77	3.12	5.56	5.28	6.50	5.42	4.84	4.94	3.80	3.71	6.36	2.95	5.47
山 口	4.39	2.05	4.55	3.43	3.42	5.33	5.81	5.98	4.78	4.25	2.84	3.27	4.49
徳 島	1.97	4.39	4.00	5.91	8.59	6.51	5.29	6.82	7.35	6.98	6.58	6.64	5.26
香 川	3.86	4.99	4.34	4.88	4.99	5.54	5.29	6.50	6.21	5.35	6.44	2.56	6.72
愛 媛	1.49	3.31	3.68	3.24	5.41	6.80	3.52	4.58	6.11	4.95	4.01	5.87	4.04
高 知	2.00	2.92	3.14	4.60	5.19	7.19	5.44	8.02	6.84	6.49	6.30	2.15	3.99
福 岡	4.37	3.02	5.23	4.43	5.28	5.42	4.51	6.12	5.66	4.61	4.17	4.43	3.54
佐 賀	0.62	3.08	2.25	3.94	6.89	5.17	4.19	4.01	4.96	6.89	3.62	3.09	5.80
長 崎	1.83	5.15	3.14	5.61	4.95	4.23	6.53	8.28	4.51	3.96	4.46	4.11	3.31
熊 本	2.41	4.94	4.44	5.69	6.11	5.63	5.67	6.47	3.97	3.59	5.91	3.23	5.78
大 分	2.82	3.79	5.67	4.46	6.27	6.59	7.55	6.50	5.87	6.94	4.39	3.39	3.77
宮 崎	2.97	5.00	2.99	5.36	6.01	8.41	7.05	5.34	5.02	6.20	7.66	3.17	7.95
鹿 児 島	2.93	2.65	5.08	5.23	5.33	5.05	6.58	6.40	5.13	3.26	5.10	3.41	5.40
沖 縄	2.22	3.73	4.07	4.61	6.23	7.50	7.81	7.77	5.58	6.27	2.94	4.52	2.70

6 都道府県別 肥満傾向児の出現率 (12-11)

3. 女 (3)中等度肥満傾向児　　　　　　　　　　　　　　　　　　　　　　　　　　　　　　単位 (%)

区　分	幼稚園 5歳	小学校						中学校			高等学校		
		6歳	7歳	8歳	9歳	10歳	11歳	12歳	13歳	14歳	15歳	16歳	17歳
全　　国	1.17	1.78	2.54	3.64	3.48	3.47	4.28	3.26	3.06	2.37	2.49	2.10	2.53
北 海 道	1.98	3.11	3.90	5.73	3.40	4.05	5.53	5.26	4.49	2.84	2.19	2.96	3.34
青　　森	2.61	3.26	4.10	4.55	6.13	7.34	3.82	4.33	5.04	3.25	6.17	3.37	6.43
岩　　手	1.68	2.75	4.45	4.82	5.26	5.52	6.00	5.45	3.47	3.36	3.51	3.13	4.94
宮　　城	2.39	1.91	3.19	6.10	4.13	7.68	5.11	5.25	4.77	2.27	3.33	2.80	4.00
秋　　田	0.97	1.49	3.76	4.11	6.02	3.27	5.05	3.60	3.95	2.06	2.81	3.47	2.09
山　　形	0.61	3.59	4.05	3.99	4.71	4.88	3.57	3.80	4.17	3.61	3.81	3.51	4.01
福　　島	3.11	2.17	3.25	4.14	4.63	4.37	3.63	3.59	4.13	3.95	5.61	5.10	6.62
茨　　城	2.66	2.53	4.66	6.18	2.44	6.42	5.90	4.26	3.18	2.89	2.85	3.21	3.25
栃　　木	1.21	3.69	4.12	2.49	3.88	5.60	6.33	3.83	3.80	2.95	3.91	2.59	2.01
群　　馬	0.97	3.16	3.89	4.34	5.33	3.88	5.78	4.14	3.60	2.94	3.53	2.58	3.21
埼　　玉	1.10	1.95	2.41	4.69	3.33	2.17	2.96	2.04	2.29	1.55	4.78	2.01	2.22
千　　葉	1.08	1.91	3.45	3.97	3.50	2.33	5.22	2.73	3.14	2.39	2.73	1.84	2.86
東　　京	0.56	1.15	2.21	2.72	2.31	2.29	3.52	2.67	3.45	1.56	0.89	0.91	2.06
神 奈 川	0.70	1.22	1.80	2.50	2.76	4.04	5.41	2.70	2.01	2.15	1.13	1.83	2.03
新　　潟	0.86	2.37	1.95	4.39	5.34	3.51	2.31	2.73	1.82	2.48	3.17	2.90	2.36
富　　山	2.25	1.32	3.36	3.80	3.51	3.11	4.98	2.45	2.11	1.30	1.44	4.24	1.70
石　　川	1.22	1.31	2.52	2.87	3.56	2.15	3.90	2.07	3.28	2.82	1.47	0.85	0.99
福　　井	1.42	0.95	1.53	3.64	2.80	2.87	2.72	2.64	2.33	2.62	2.33	1.98	3.20
山　　梨	0.87	2.17	4.93	4.78	3.90	4.46	4.62	3.27	4.20	4.55	2.64	3.07	4.49
長　　野	0.46	1.72	2.48	3.33	4.61	3.90	3.84	3.54	3.07	3.47	1.76	2.48	2.51
岐　　阜	1.44	1.10	1.18	3.19	2.45	2.30	1.90	3.85	2.94	3.16	1.75	1.15	1.79
静　　岡	0.93	0.63	2.91	2.28	2.56	4.25	2.90	3.32	3.38	1.52	2.12	1.14	2.08
愛　　知	0.64	0.73	1.14	3.29	2.87	1.69	3.93	2.43	2.50	1.96	2.49	1.95	1.98
三　　重	0.65	0.91	2.19	3.72	3.06	2.99	4.17	4.57	2.66	3.32	2.94	1.90	3.20
滋　　賀	0.98	1.13	2.46	2.27	4.71	3.09	5.08	2.52	1.47	1.39	2.06	1.36	1.03
京　　都	0.66	1.13	1.93	2.95	3.39	4.17	3.87	3.49	2.24	2.63	2.52	1.48	2.94
大　　阪	1.11	1.95	1.83	2.71	3.78	3.52	3.71	3.12	3.12	2.28	1.91	1.43	2.04
兵　　庫	1.34	2.20	2.07	3.69	2.83	3.60	2.89	1.64	2.50	1.82	0.86	2.36	1.40
奈　　良	1.03	1.39	2.47	3.85	3.50	3.31	4.00	1.79	1.63	2.79	2.92	1.95	1.67
和 歌 山	0.91	3.12	1.90	2.78	4.30	2.23	3.85	4.03	2.30	2.21	3.08	1.17	2.93
鳥　　取	0.16	1.84	2.08	2.07	4.52	2.38	4.12	4.37	3.12	2.77	2.86	2.39	1.65
島　　根	1.20	3.26	2.51	3.09	3.55	3.69	3.26	2.13	1.52	1.75	1.51	1.42	2.13
岡　　山	1.20	1.61	2.57	1.44	2.91	2.81	3.75	2.52	2.84	2.96	0.88	2.02	2.01
広　　島	0.84	0.87	2.66	4.53	4.17	3.37	6.08	4.92	3.60	2.66	2.97	1.82	3.51
山　　口	0.49	1.12	2.25	4.01	3.94	3.85	3.93	2.66	2.29	2.82	1.54	1.90	0.92
徳　　島	2.56	3.31	1.38	5.75	3.50	3.95	5.99	4.06	4.68	3.71	4.00	3.19	2.50
香　　川	1.44	2.67	3.68	1.73	3.82	4.86	4.29	3.38	2.77	1.80	6.59	2.70	1.22
愛　　媛	1.05	1.69	1.62	4.44	3.77	2.39	5.98	3.95	2.79	2.21	3.30	1.32	2.47
高　　知	0.89	2.90	2.65	4.37	5.03	3.00	6.19	3.67	3.93	3.58	4.75	4.60	3.73
福　　岡	2.36	2.80	2.39	3.78	3.55	3.29	6.22	3.54	2.97	2.14	2.63	2.83	2.35
佐　　賀	0.64	1.66	2.86	2.39	2.83	4.65	5.13	4.10	3.27	2.03	4.49	4.47	2.79
長　　崎	0.44	0.72	2.12	2.52	2.77	3.91	3.57	4.49	3.82	2.93	3.34	2.04	3.79
熊　　本	0.81	2.95	3.30	4.41	4.04	5.04	4.18	3.94	4.05	3.78	3.12	1.58	2.28
大　　分	0.90	1.02	1.47	7.41	5.75	4.73	3.95	4.20	3.81	2.72	3.41	1.55	4.63
宮　　崎	0.75	2.51	2.36	3.86	4.85	3.13	5.03	6.78	4.37	3.25	2.66	2.72	2.84
鹿 児 島	1.82	2.13	3.51	3.89	4.30	2.52	3.16	4.60	2.67	3.77	3.65	2.27	2.89
沖　　縄	0.50	1.40	4.75	5.25	5.40	5.20	3.49	3.27	3.84	2.72	3.11	3.81	3.01

6 都道府県別 肥満傾向児の出現率 (12-12)

3. 女 (4)高度肥満傾向児

単位（%）

区 分	幼稚園 5歳	小学校 6歳	7歳	8歳	9歳	10歳	11歳	中学校 12歳	13歳	14歳	高等学校 15歳	16歳	17歳
全 国	0.15	0.34	0.46	0.61	0.62	0.85	0.83	0.90	0.97	0.86	0.96	0.77	0.86
北 海 道	0.43	0.68	0.99	0.55	1.02	2.27	0.85	1.11	1.28	1.19	1.82	1.11	0.36
青 森	0.82	0.36	1.02	0.85	1.00	0.73	1.10	1.80	1.92	2.73	0.94	1.77	0.93
岩 手	0.15	-	0.26	1.11	1.18	0.45	1.35	1.90	1.20	1.01	1.22	2.28	0.45
宮 城	0.48	0.44	1.48	0.42	1.45	2.71	0.34	0.82	1.35	0.42	1.07	1.61	0.97
秋 田	0.51	0.91	1.05	1.19	1.10	1.96	2.09	0.56	1.35	1.03	1.19	1.06	1.83
山 形	0.50	-	0.81	0.20	-	0.77	1.29	1.64	1.75	1.01	1.00	2.26	2.23
福 島	0.46	0.61	0.43	0.87	1.60	1.08	2.16	1.35	1.28	1.28	1.48	0.24	1.50
茨 城	-	0.61	0.91	1.94	0.43	0.40	2.25	1.86	0.95	1.19	0.82	1.80	0.86
栃 木	-	-	0.44	1.46	0.86	0.85	0.71	1.43	1.59	1.00	0.30	1.68	0.96
群 馬	-	0.21	0.90	0.78	0.81	1.00	1.75	0.86	1.59	0.53	1.16	0.86	1.46
埼 玉	0.17	0.16	0.19	0.80	0.93	1.15	0.96	1.04	0.63	0.43	1.59	1.28	1.04
千 葉	-	0.15	0.71	0.37	0.38	0.18	0.36	0.63	0.68	0.80	0.41	0.24	0.98
東 京	0.08	-	-	0.49	-	0.18	0.55	0.96	1.05	1.03	0.29	-	0.23
神 奈 川	-	0.15	0.21	0.51	1.22	0.32	0.48	0.61	1.22	0.64	0.55	0.63	1.17
新 潟	0.24	0.33	-	0.37	0.68	0.46	1.20	1.21	1.19	0.97	-	0.76	2.51
富 山	-	0.25	0.48	-	-	0.73	1.70	1.25	0.73	0.30	1.10	0.20	0.51
石 川	0.13	0.41	0.95	1.00	1.24	1.32	1.04	0.32	0.68	0.99	1.21	0.33	0.21
福 井	0.37	0.34	0.37	-	0.50	0.35	-	0.40	0.50	1.10	0.52	0.69	0.23
山 梨	-	0.72	0.23	0.43	0.31	0.48	1.00	1.13	0.37	0.67	0.76	0.78	2.52
長 野	-	0.46	0.35	0.30	0.62	0.56	0.42	0.69	0.66	0.78	1.80	-	1.91
岐 阜	0.63	0.17	0.57	0.41	0.15	0.22	1.41	0.22	1.09	0.57	-	-	0.87
静 岡	0.50	-	0.40	0.51	0.13	0.44	0.17	0.62	1.30	0.67	0.77	1.24	0.11
愛 知	-	0.89	0.63	0.20	0.20	0.63	0.85	0.54	0.60	0.85	1.59	0.35	1.01
三 重	0.18	0.19	0.65	1.30	0.53	0.92	1.73	0.87	0.71	1.01	1.68	1.93	1.10
滋 賀	0.14	0.66	0.24	0.56	0.56	0.17	1.48	0.69	0.26	0.50	1.41	1.12	0.25
京 都	-	0.18	0.20	-	0.25	0.53	0.57	0.70	0.48	0.79	0.42	0.63	0.17
大 阪	-	0.32	0.16	0.90	0.17	1.50	0.41	0.56	0.83	0.95	1.47	0.85	0.53
兵 庫	-	0.62	0.43	0.39	0.81	0.72	0.96	0.37	0.44	0.82	0.68	0.48	0.44
奈 良	-	0.40	0.19	0.56	0.44	0.74	1.49	0.69	1.62	0.83	0.99	0.81	0.99
和 歌 山	-	-	0.32	0.98	0.34	0.17	0.38	1.21	0.34	0.76	1.76	1.11	0.68
鳥 取	-	-	0.45	0.59	1.02	0.60	1.11	0.84	0.81	0.66	0.52	0.11	1.03
島 根	0.11	0.36	-	0.64	0.28	1.39	0.79	0.98	0.61	0.72	0.37	0.79	0.57
岡 山	0.15	0.39	-	0.57	0.76	0.45	0.46	1.48	0.69	1.16	0.59	0.74	1.19
広 島	0.50	0.42	1.24	0.64	0.24	1.40	0.22	0.95	1.47	0.69	0.74	0.39	0.81
山 口	0.18	0.50	0.33	0.16	0.89	0.38	0.96	0.52	0.57	0.64	0.91	0.93	0.55
徳 島	0.16	0.39	0.51	0.42	0.92	1.81	1.62	1.74	1.95	1.20	0.66	2.69	0.95
香 川	-	0.25	0.17	1.20	0.93	1.42	0.16	1.06	0.42	0.65	1.03	1.46	0.74
愛 媛	0.96	0.15	0.41	0.46	0.84	0.48	0.30	0.71	1.31	0.60	1.09	0.82	0.46
高 知	-	-	0.96	0.84	1.63	0.60	0.18	0.49	0.55	1.08	0.25	1.90	1.85
福 岡	0.11	0.45	0.75	0.40	0.60	1.87	1.29	0.76	1.03	0.74	1.25	0.89	0.81
佐 賀	-	0.26	0.50	0.69	0.18	0.93	2.10	1.11	0.88	0.61	0.97	0.43	0.37
長 崎	0.11	0.58	-	0.44	0.82	0.39	0.70	1.87	1.14	1.17	1.07	1.26	2.49
熊 本	0.28	0.85	1.08	0.87	2.00	0.81	2.11	1.61	1.68	0.95	0.98	0.97	0.37
大 分	0.19	0.47	0.17	0.21	0.90	0.81	0.19	1.62	1.61	1.33	1.82	0.50	2.55
宮 崎	0.31	0.73	1.24	0.87	1.02	0.83	0.35	2.51	1.18	0.90	1.21	0.75	1.62
鹿 児 島	-	0.42	0.92	0.76	-	0.82	0.81	1.00	0.64	1.08	1.23	0.78	0.98
沖 縄	0.35	0.35	0.61	1.39	1.93	1.73	0.64	1.43	1.31	1.22	1.16	0.97	1.44

7 都道府県別 痩身傾向児の出現率 (9-1)

1. 計 (1)痩身傾向児　　　　　　　　　　　　　　　　　　　　　　　　　　単位（%）

区　分	幼稚園 5歳	小　学　校						中　学　校			高　等　学　校		
		6歳	7歳	8歳	9歳	10歳	11歳	12歳	13歳	14歳	15歳	16歳	17歳
全　　国	0.19	0.36	0.44	0.79	1.64	2.44	2.66	3.53	2.93	2.97	3.79	3.33	2.85
北 海 道	0.24	0.47	0.47	1.09	1.96	1.55	2.77	3.30	2.10	2.43	4.72	3.46	3.66
青　　森	-	0.51	0.70	0.60	0.77	2.05	3.08	2.53	2.00	2.12	3.17	1.96	1.99
岩　　手	0.39	0.41	0.09	0.59	1.21	1.98	1.25	3.24	1.80	1.85	2.59	1.71	1.51
宮　　城	0.08	0.23	0.52	0.47	0.99	1.98	3.12	2.96	2.34	2.55	3.23	3.39	3.33
秋　　田	0.11	0.51	0.27	0.68	1.66	1.46	1.92	3.07	2.74	2.50	1.81	1.73	1.89
山　　形	0.09	0.30	0.23	1.42	0.57	2.39	1.86	3.19	3.07	3.19	3.15	3.10	3.90
福　　島	0.05	0.18	0.10	0.45	1.97	2.58	1.83	2.86	2.21	2.07	2.27	3.20	1.88
茨　　城	0.19	0.39	0.33	1.39	0.93	1.93	2.46	3.55	2.67	2.63	4.75	5.15	2.45
栃　　木	0.12	0.48	0.11	0.22	0.86	2.22	1.94	2.48	1.95	2.99	2.33	2.10	2.84
群　　馬	0.07	-	0.19	0.91	0.87	2.45	2.51	2.63	2.98	3.06	2.64	2.09	1.97
埼　　玉	0.20	0.27	0.82	0.76	1.53	2.93	2.74	3.05	3.17	3.37	4.26	3.81	2.90
千　　葉	0.09	-	0.13	0.56	1.88	3.13	3.20	5.55	2.74	3.28	4.37	3.72	3.13
東　　京	0.26	0.32	0.80	1.18	1.96	2.69	2.76	4.08	3.18	3.24	4.10	3.93	3.24
神 奈 川	0.10	0.49	0.69	0.71	2.12	2.63	2.36	4.49	4.12	3.74	5.31	3.60	3.02
新　　潟	0.15	0.87	0.33	1.44	3.44	2.20	2.57	3.06	3.33	3.67	3.61	3.12	1.79
富　　山	0.35	0.41	0.48	0.79	1.27	3.17	2.85	4.00	2.62	2.28	5.29	2.72	4.12
石　　川	0.55	0.60	0.39	0.73	1.78	1.94	2.09	3.01	2.43	3.03	3.66	3.04	2.13
福　　井	0.19	0.38	0.94	0.68	0.82	2.05	2.35	2.77	2.63	2.28	2.66	3.43	2.95
山　　梨	0.08	0.42	0.43	0.57	2.01	2.30	2.74	3.88	2.30	2.81	2.28	3.94	2.69
長　　野	0.20	0.41	0.22	0.93	1.69	2.00	2.56	2.92	3.07	2.99	3.69	2.09	3.99
岐　　阜	0.15	0.28	0.16	0.62	1.39	2.40	2.94	4.03	2.65	3.27	4.06	4.07	2.00
静　　岡	0.28	0.22	0.69	0.38	1.72	2.65	3.24	3.75	3.51	3.09	2.55	2.47	3.22
愛　　知	0.15	0.23	0.22	0.53	2.04	3.53	4.04	3.73	3.86	4.19	4.56	4.31	2.74
三　　重	0.11	0.08	0.44	0.84	1.20	2.99	3.30	3.48	2.81	2.87	3.15	4.44	4.04
滋　　賀	0.44	0.63	0.45	0.36	2.25	2.07	2.16	4.89	2.97	3.64	4.07	2.95	3.21
京　　都	0.59	0.93	0.13	0.62	1.72	2.79	2.82	3.06	2.91	2.75	3.56	3.70	3.83
大　　阪	0.14	0.31	0.17	0.81	1.52	2.43	2.89	3.87	2.61	2.90	4.19	2.83	3.54
兵　　庫	0.14	0.32	0.46	0.92	2.15	1.81	2.87	3.44	2.96	2.58	3.25	2.55	1.94
奈　　良	0.07	0.28	0.34	1.11	1.51	2.92	2.85	4.53	4.73	2.69	3.46	4.73	3.46
和 歌 山	0.38	0.35	0.42	0.75	1.43	3.31	3.19	3.99	2.56	3.50	3.52	4.18	3.47
鳥　　取	0.09	0.28	0.39	1.19	1.62	1.87	2.05	2.38	1.98	2.78	3.62	3.51	2.23
島　　根	0.67	-	0.31	0.55	0.57	1.19	1.92	2.79	2.44	1.90	2.36	1.51	2.25
岡　　山	0.37	0.19	0.87	0.48	1.11	2.15	2.77	2.98	2.55	2.02	4.75	4.42	3.10
広　　島	0.15	0.47	-	0.93	0.56	2.00	2.03	2.45	2.74	2.19	2.99	4.21	2.19
山　　口	0.07	0.71	0.81	0.29	0.99	1.99	1.74	3.46	2.59	2.34	3.43	2.31	2.73
徳　　島	0.08	0.53	0.60	1.15	1.31	2.62	1.92	2.36	2.15	2.51	3.80	2.69	2.56
香　　川	0.22	0.44	0.21	1.17	0.99	2.16	2.72	2.26	1.47	1.36	3.62	3.30	1.30
愛　　媛	0.38	0.45	0.49	0.60	0.94	1.92	3.15	2.65	1.90	1.76	2.37	1.97	3.30
高　　知	0.11	0.42	0.25	0.39	1.83	2.63	1.57	3.09	2.10	2.43	3.78	4.13	0.70
福　　岡	0.07	0.53	0.35	0.74	1.36	2.32	2.18	3.66	3.17	2.98	3.16	3.37	2.63
佐　　賀	0.08	0.23	0.42	1.35	0.75	1.46	2.92	2.78	2.11	1.74	1.68	1.32	1.52
長　　崎	0.08	1.04	0.84	0.80	2.07	1.83	1.25	2.00	2.51	1.16	3.96	1.34	2.34
熊　　本	0.49	0.39	0.24	0.45	1.37	1.52	1.71	3.02	1.99	3.44	1.84	1.41	1.63
大　　分	0.28	0.22	0.53	0.59	1.36	2.50	1.06	2.16	2.04	2.34	3.93	1.64	1.68
宮　　崎	0.10	0.26	0.45	0.64	1.11	1.18	1.85	2.10	1.84	2.14	2.99	2.25	1.76
鹿 児 島	0.10	0.20	0.19	1.43	2.41	2.91	2.94	2.13	3.16	2.60	2.89	3.32	2.62
沖　　縄	0.49	0.48	0.24	0.35	0.81	1.82	1.48	1.80	2.79	3.01	3.70	3.94	2.96

（注）　痩身傾向児とは，性別・年齢別・身長別標準体重から肥満度を求め，肥満度が-20%以下のものである。
　　　　以下の各表において同じ。
　　　　肥満度＝（実測体重－身長別標準体重）／身長別標準体重 × 100 （%）

7　都道府県別　痩身傾向児の出現率（9-2）

1. 計　(2)軽度痩身傾向児

単位（%）

区分	幼稚園 5歳	小学校 6歳	7歳	8歳	9歳	10歳	11歳	中学校 12歳	13歳	14歳	高等学校 15歳	16歳	17歳
全　　国	0.16	0.34	0.42	0.78	1.60	2.39	2.59	3.40	2.83	2.88	3.68	3.18	2.78
北 海 道	0.16	0.47	0.47	1.09	1.96	1.55	2.77	3.26	2.04	2.43	4.41	3.20	3.66
青　　森	-	0.44	0.70	0.60	0.58	1.92	3.08	2.53	1.84	2.12	3.17	1.96	1.99
岩　　手	0.39	0.41	0.09	0.59	1.21	1.89	1.25	3.11	1.80	1.75	2.59	1.50	1.40
宮　　城	0.08	0.23	0.39	0.47	0.89	1.98	3.12	2.75	2.34	2.43	3.23	3.39	2.86
秋　　田	0.11	0.51	0.27	0.68	1.66	1.38	1.84	2.90	2.67	2.37	1.81	1.73	1.89
山　　形	0.09	0.30	0.23	1.42	0.57	2.39	1.86	3.01	2.99	3.05	3.15	3.10	3.65
福　　島	0.05	0.18	0.10	0.45	1.97	2.58	1.83	2.66	2.08	1.83	2.27	3.20	1.88
茨　　城	0.19	0.39	0.33	1.39	0.93	1.93	2.46	3.55	2.67	2.44	4.59	4.82	2.45
栃　　木	0.12	0.39	0.11	0.22	0.76	2.10	1.94	2.40	1.95	2.99	2.33	2.10	2.84
群　　馬	0.07	-	0.19	0.91	0.87	2.35	2.51	2.51	2.93	3.06	2.54	1.66	1.80
埼　　玉	0.20	0.18	0.82	0.76	1.53	2.93	2.74	2.93	3.06	3.18	4.09	3.79	2.90
千　　葉	0.05	-	0.13	0.56	1.84	3.04	3.01	5.11	2.74	3.15	4.01	3.41	3.00
東　　京	0.12	0.32	0.80	1.18	1.88	2.61	2.76	3.90	3.13	3.18	4.04	3.77	3.24
神 奈 川	0.05	0.49	0.69	0.71	2.07	2.42	2.25	4.38	3.95	3.63	5.23	3.42	2.97
新　　潟	0.15	0.87	0.25	1.44	3.44	2.20	2.49	2.90	3.06	3.44	3.38	3.12	1.73
富　　山	0.35	0.41	0.48	0.79	1.16	3.00	2.77	3.94	2.62	2.28	5.06	2.72	4.12
石　　川	0.55	0.60	0.39	0.73	1.78	1.94	2.09	2.86	2.37	3.03	3.63	3.04	1.97
福　　井	0.19	0.38	0.94	0.68	0.75	2.05	2.35	2.53	2.50	2.13	2.66	3.24	2.95
山　　梨	0.08	0.42	0.43	0.45	2.01	2.30	2.65	3.88	2.30	2.75	2.28	3.94	2.56
長　　野	0.20	0.41	0.22	0.93	1.69	2.00	2.56	2.87	2.94	2.94	3.53	1.80	3.83
岐　　阜	0.15	0.28	0.16	0.62	1.31	2.30	2.87	3.96	2.57	3.21	3.96	3.95	1.73
静　　岡	0.28	0.22	0.69	0.38	1.59	2.55	2.94	3.69	3.00	2.92	2.48	2.33	3.09
愛　　知	0.15	0.23	0.15	0.46	2.04	3.53	3.86	3.73	3.75	3.91	4.46	3.82	2.65
三　　重	0.05	0.08	0.44	0.84	1.11	2.99	3.22	3.37	2.73	2.76	3.02	4.21	3.89
滋　　賀	0.44	0.51	0.45	0.36	2.25	2.07	2.16	4.63	2.89	3.44	4.07	2.95	3.21
京　　都	0.59	0.93	0.13	0.62	1.72	2.68	2.52	2.93	2.91	2.68	3.38	3.35	3.83
大　　阪	0.14	0.31	0.17	0.75	1.52	2.35	2.61	3.71	2.46	2.90	4.11	2.83	3.43
兵　　庫	0.14	0.32	0.46	0.92	2.00	1.81	2.87	3.44	2.96	2.58	3.20	2.44	1.88
奈　　良	0.07	0.15	0.34	1.11	1.42	2.92	2.85	4.33	4.46	2.56	2.85	4.73	3.46
和 歌 山	0.31	0.35	0.42	0.75	1.43	3.31	3.19	3.83	2.48	3.41	3.52	3.91	3.47
鳥　　取	0.09	0.12	0.22	1.19	1.62	1.87	2.05	2.38	1.98	2.73	3.27	3.39	2.23
島　　根	0.67	-	0.31	0.55	0.57	1.19	1.92	2.75	2.26	1.88	1.83	1.51	2.25
岡　　山	0.37	0.19	0.77	0.48	1.11	2.15	2.77	2.98	2.34	2.02	4.51	4.42	2.97
広　　島	0.15	0.28	-	0.93	0.56	2.00	2.03	2.31	2.68	2.19	2.92	4.14	2.19
山　　口	0.07	0.71	0.81	0.29	0.99	1.99	1.74	3.46	2.52	2.34	3.21	2.31	2.73
徳　　島	0.08	0.53	0.44	1.15	1.23	2.62	1.92	2.23	2.11	2.44	3.72	2.59	2.49
香　　川	0.22	0.44	0.21	1.17	0.99	2.16	2.60	2.08	1.39	1.19	3.42	3.30	1.30
愛　　媛	0.38	0.45	0.49	0.50	0.94	1.92	3.15	2.65	1.85	1.76	2.37	1.97	3.05
高　　知	0.11	0.42	0.25	0.39	1.83	2.63	1.36	3.02	1.99	2.32	3.69	4.13	0.70
福　　岡	0.07	0.45	0.27	0.74	1.36	2.32	2.18	3.38	3.10	2.98	3.16	3.10	2.58
佐　　賀	0.08	0.23	0.42	1.23	0.75	1.46	2.92	2.62	1.99	1.74	1.68	0.98	1.52
長　　崎	0.08	1.04	0.84	0.72	2.07	1.72	1.25	2.00	2.45	1.16	3.87	1.34	2.08
熊　　本	0.25	0.39	0.24	0.45	1.37	1.52	1.58	3.02	1.87	3.38	1.67	1.28	1.63
大　　分	0.28	0.22	0.53	0.59	1.36	2.50	1.06	2.04	1.96	2.27	3.93	1.64	1.57
宮　　崎	0.10	0.26	0.45	0.64	1.01	1.18	1.85	2.06	1.84	2.07	2.81	2.25	1.61
鹿 児 島	0.10	0.20	0.19	1.43	2.32	2.80	2.94	2.03	3.05	2.60	2.83	3.32	2.62
沖　　縄	0.49	0.48	0.24	0.35	0.81	1.82	1.38	1.74	2.58	2.66	3.70	3.94	2.96

(注)　軽度痩身傾向児とは，性別・年齢別・身長別標準体重から肥満度を求め，肥満度が-20%以下-30%未満のものである。

以下の各表において同じ。

肥満度＝（実測体重－身長別標準体重）／身長別標準体重　×　100　（%）

7 都道府県別 痩身傾向児の出現率 （9-3）

1. 計 （3）高度痩身傾向児　　　　　　　　　　　　　　　　　　　　　　　　　　　　　　　　　　　　　単位（%）

区　　分	幼稚園	小　学　校						中　学　校			高　等　学　校		
	5歳	6歳	7歳	8歳	9歳	10歳	11歳	12歳	13歳	14歳	15歳	16歳	17歳
全　　国	0.03	0.02	0.02	0.01	0.04	0.05	0.07	0.12	0.10	0.09	0.11	0.15	0.07
北　海　道	0.08	-	-	-	-	-	-	0.03	0.06	-	0.32	0.26	-
青　　森	-	0.08	-	-	0.19	0.13	-	-	0.16	-	-	-	-
岩　　手	-	-	-	-	0.09	-	-	0.13	-	0.10	-	0.21	0.11
宮　　城	-	-	0.13	-	0.10	-	-	0.21	-	0.11	-	-	0.47
秋　　田	-	-	-	-	-	0.07	0.07	0.17	0.07	0.12	-	-	-
山　　形	-	-	-	-	-	-	-	0.17	0.08	0.14	-	-	0.25
福　　島	-	-	-	-	-	-	-	0.20	0.13	0.24	-	-	-
茨　　城	-	-	-	-	-	-	-	-	-	0.18	0.16	0.34	-
栃　　木	-	0.10	-	-	0.11	0.12	-	0.08	-	-	-	-	-
群　　馬	-	-	-	-	-	0.10	-	0.12	0.05	-	0.10	0.43	0.18
埼　　玉	-	0.09	-	-	-	-	-	0.12	0.11	0.19	0.17	0.02	-
千　　葉	0.05	-	-	-	-	0.10	0.19	0.44	-	0.13	0.35	0.31	0.12
東　　京	0.14	-	-	-	0.08	0.08	-	0.18	0.04	0.06	0.06	0.15	0.05
神　奈　川	0.06	-	-	-	0.06	0.21	0.11	0.11	0.17	0.11	0.08	0.18	0.05
新　　潟	-	-	0.08	-	-	-	0.08	0.16	0.27	0.23	0.23	-	0.07
富　　山	-	-	-	-	0.11	0.16	0.08	0.06	-	-	0.23	-	-
石　　川	-	-	-	-	-	-	-	0.15	0.06	-	0.03	-	0.17
福　　井	-	-	-	-	0.07	-	-	0.24	0.13	0.15	-	0.19	-
山　　梨	-	-	-	0.12	-	-	0.09	-	-	0.05	-	-	0.14
長　　野	-	-	-	-	-	-	-	0.05	0.13	0.06	0.15	0.28	0.17
岐　　阜	-	-	-	-	0.08	0.10	0.07	0.07	0.08	0.05	0.11	0.12	0.27
静　　岡	-	-	-	-	0.13	0.10	0.30	0.05	0.50	0.17	0.07	0.14	0.13
愛　　知	-	-	0.07	0.08	-	-	0.18	-	0.10	0.27	0.10	0.48	0.08
三　　重	0.06	-	-	-	-	0.10	-	0.12	0.08	0.11	0.13	0.24	0.15
滋　　賀	-	0.12	-	-	-	-	-	0.26	0.08	0.20	-	-	-
京　　都	-	-	-	-	-	0.11	0.30	0.13	-	0.07	0.17	0.35	-
大　　阪	-	-	-	0.06	-	0.08	0.28	0.17	0.15	-	0.08	-	0.12
兵　　庫	-	-	-	-	0.15	-	-	-	-	-	0.05	0.11	0.06
奈　　良	-	0.13	-	-	0.09	-	-	0.20	0.27	0.13	0.61	-	-
和　歌　山	0.07	-	-	-	-	-	-	0.16	0.09	0.09	-	0.26	-
鳥　　取	-	0.16	0.18	-	-	-	-	-	-	0.05	0.35	0.13	-
島　　根	-	-	-	-	-	-	-	0.05	0.19	0.02	0.53	-	-
岡　　山	-	-	0.11	-	-	-	-	-	0.20	-	0.24	-	0.13
広　　島	-	0.19	-	-	-	-	-	0.14	0.06	-	0.06	0.07	-
山　　口	-	-	-	-	-	-	-	-	0.08	-	0.22	-	-
徳　　島	-	-	0.15	-	0.08	-	-	0.13	0.05	0.07	0.08	0.10	0.08
香　　川	-	-	-	-	-	-	0.12	0.18	0.08	0.17	0.20	-	-
愛　　媛	-	-	-	0.10	-	-	-	-	0.05	-	-	-	0.25
高　　知	-	-	-	-	-	-	0.22	0.07	0.11	0.11	0.09	-	-
福　　岡	-	0.08	0.08	-	-	-	-	0.29	0.07	-	-	0.28	0.05
佐　　賀	-	-	-	0.12	-	-	-	0.15	0.12	-	-	0.35	-
長　　崎	-	-	-	0.08	-	0.11	-	-	0.05	-	0.09	-	0.26
熊　　本	0.25	-	-	-	-	-	0.13	-	0.12	0.05	0.17	0.13	-
大　　分	-	-	-	-	-	-	-	0.11	0.08	0.07	-	-	0.11
宮　　崎	-	-	-	-	-	0.10	-	0.04	-	0.07	0.18	-	0.16
鹿　児　島	-	-	-	-	0.10	0.11	-	0.10	0.11	-	0.06	-	-
沖　　縄	-	-	-	-	-	-	0.11	0.06	0.21	0.36	-	-	-

（注）　高度痩身傾向児とは，性別・年齢別・身長別標準体重から肥満度を求め，肥満度が-30%以下の者である。
　　　以下の各表において同じ。
　　　肥満度＝（実測体重－身長別標準体重）／身長別標準体重　×　100　（%）

7　都道府県別　痩身傾向児の出現率（9-4）

2. 男　(1)痩身傾向児　　　　　　　　　　　　　　　　　　　　　　　　　　　　　　　　　　　　　単位（%）

区　分	幼稚園	小　学　校						中　学　校			高　等　学　校		
	5歳	6歳	7歳	8歳	9歳	10歳	11歳	12歳	13歳	14歳	15歳	16歳	17歳
全　国	0.15	0.28	0.41	0.58	1.41	2.36	2.91	3.21	2.59	2.87	4.43	3.71	3.32
北　海　道	0.40	0.32	0.74	0.83	1.51	1.81	2.29	2.95	2.06	2.31	5.09	4.21	4.35
青　森	-	0.53	0.16	-	0.59	2.35	2.81	1.96	1.61	1.75	4.91	2.18	1.45
岩　手	0.41	0.38	0.18	1.15	1.05	1.80	1.14	4.09	1.88	1.35	4.42	2.02	1.74
宮　城	-	0.28	0.24	0.41	0.63	1.95	2.80	2.67	2.00	2.51	3.91	3.65	3.60
秋　田	-	0.55	-	0.75	1.90	1.44	2.32	2.60	2.91	1.92	1.56	1.85	1.20
山　形	0.18	0.19	0.25	0.55	0.52	3.73	1.23	3.14	3.12	3.45	2.96	4.12	4.42
福　島	0.10	0.18	-	0.48	2.14	1.87	2.12	2.65	1.69	1.93	2.26	4.21	2.14
茨　城	-	0.34	0.65	1.24	0.91	2.53	2.94	3.04	2.09	3.14	5.84	4.78	2.28
栃　木	0.23	0.43	0.22	-	0.83	2.45	1.59	2.49	1.85	2.92	1.45	2.97	3.00
群　馬	-	-	0.19	1.23	0.64	2.46	1.44	2.05	3.00	3.04	3.59	2.94	3.15
埼　玉	0.10	0.17	0.99	0.23	2.35	2.47	3.28	2.42	3.36	2.69	5.27	4.17	5.07
千　葉	-	-	0.18	0.44	1.58	3.55	3.96	5.37	2.08	3.29	6.18	4.32	3.45
東　京	0.17	0.33	0.91	0.35	1.22	2.35	3.33	3.68	2.26	3.71	4.92	3.76	3.40
神　奈　川	0.09	0.29	0.64	0.58	1.95	2.32	2.85	4.34	3.50	3.70	6.47	2.98	2.73
新　潟	-	0.41	0.16	1.36	2.97	2.23	2.72	3.64	2.73	4.25	4.77	3.11	2.59
富　山	-	0.21	0.43	1.13	1.17	3.08	3.25	3.31	1.87	2.48	6.12	3.68	6.18
石　川	0.54	0.66	0.42	0.36	2.00	2.51	2.54	2.87	2.02	1.63	2.79	3.90	1.78
福　井	0.14	0.19	0.57	0.13	0.77	2.39	1.90	2.34	2.15	2.47	1.98	2.70	2.93
山　梨	-	0.51	0.50	0.72	1.84	2.19	2.26	3.15	1.39	1.61	3.10	5.83	2.90
長　野	-	0.60	-	0.69	1.83	1.34	2.56	2.76	2.41	2.74	4.64	2.11	3.51
岐　阜	-	0.18	-	0.87	1.35	3.01	3.74	4.55	2.49	3.28	5.02	4.26	2.99
静　岡	0.32	0.23	0.41	0.41	0.76	2.03	2.80	3.88	2.58	2.66	3.02	2.54	4.29
愛　知	-	0.28	-	0.55	1.32	3.70	4.23	3.33	3.51	4.66	6.30	5.82	3.56
三　重	0.11	-	0.16	1.28	1.36	2.15	2.76	4.44	2.86	2.54	2.99	5.39	5.34
滋　賀	0.64	0.40	0.48	0.18	1.47	2.33	1.67	3.45	2.29	3.02	4.64	3.57	3.36
京　都	0.06	1.30	-	0.65	0.69	2.26	2.84	2.56	3.20	2.15	4.64	3.74	4.23
大　阪	0.08	0.17	0.19	0.82	1.24	2.62	3.53	3.83	2.24	2.50	4.05	3.45	4.11
兵　庫	0.27	0.25	0.36	1.19	1.83	1.18	3.51	3.02	2.81	2.37	3.78	2.79	2.10
奈　良	-		0.38	0.97	1.25	3.14	3.34	3.36	4.24	3.14	3.34	5.40	4.37
鳥　取	0.17	0.54	0.42	1.03	1.52	2.51	2.50	2.22	2.07	3.56	5.40	3.86	2.13
島　根	0.12	-	0.15	0.23	0.64	1.10	2.28	3.87	2.14	1.45	3.08	2.11	2.44
岡　山	0.07	-	1.11	0.51	0.41	1.33	3.04	1.83	2.96	2.11	5.66	6.48	4.34
広　島	0.20	0.33	-	0.41	0.81	1.15	2.48	1.84	1.91	2.43	2.78	5.85	2.74
山　口	-	0.49	0.42	0.36	0.77	2.21	1.27	2.75	1.76	2.34	2.54	2.19	2.77
徳　島	0.16	0.44	0.53	1.18	1.57	3.50	2.36	1.92	2.46	1.84	4.91	2.07	3.58
香　川	0.22	0.65	0.22	1.27	0.62	2.75	2.15	1.86	1.24	0.73	5.34	3.55	1.23
愛　媛	0.46	-	0.47	0.42	0.84	2.97	3.41	1.64	1.74	1.77	3.19	1.91	5.35
高　知	0.22	0.11	0.10	0.77	1.73	2.30	1.95	3.24	1.82	2.94	3.76	4.95	0.28
福　岡	0.14	0.32	0.31	0.14	1.85	1.82	2.33	3.14	3.43	2.43	3.39	3.44	2.67
佐　賀	0.14	0.24	0.59	1.34	0.74	1.71	2.81	2.91	1.41	1.33	1.79	1.32	1.70
長　崎	-	0.56	0.40	0.38	1.53	1.94	1.76	1.67	1.62	0.94	3.91	1.17	2.16
熊　本	0.98	-	0.24	-	1.80	1.51	2.28	3.11	1.51	2.21	1.80	0.80	0.99
大　分	0.25	-	0.43	0.63	1.21	2.59	1.58	2.38	1.67	2.07	3.49	1.97	1.68
宮　崎	-	0.36	0.20	0.38	0.89	1.25	1.83	1.54	1.64	2.41	3.70	2.44	1.41
鹿　児　島	0.08	-	0.19	1.01	2.01	3.49	3.73	1.14	3.78	2.26	2.52	3.86	3.66
沖　縄	0.54	0.41	0.26	-	0.95	1.55	1.01	1.19	3.80	2.55	3.26	4.36	3.77

7 都道府県別 痩身傾向児の出現率 （9-5）

2. 男 （2）軽度痩身傾向児　　　　　　　　　　　　　　　　　　　　単位（%）

区　分	幼稚園 5歳	小　学　校 6歳	7歳	8歳	9歳	10歳	11歳	中　学　校 12歳	13歳	14歳	高　等　学　校 15歳	16歳	17歳
全　国	0.14	0.26	0.40	0.57	1.40	2.30	2.81	3.11	2.52	2.78	4.31	3.51	3.26
北　海　道	0.25	0.32	0.74	0.83	1.51	1.81	2.29	2.95	2.06	2.31	4.46	3.99	4.35
青　森	-	0.38	0.16	-	0.59	2.35	2.81	1.96	1.61	1.75	4.91	2.18	1.45
岩　手	0.41	0.38	0.18	1.15	1.05	1.62	1.14	3.82	1.88	1.35	4.42	1.61	1.74
宮　城	-	0.28	0.24	0.41	0.63	1.95	2.80	2.26	2.00	2.39	3.91	3.65	3.46
秋　田	-	0.55	-	0.75	1.90	1.30	2.18	2.60	2.77	1.92	1.56	1.85	1.20
山　形	0.18	0.19	0.25	0.55	0.52	3.73	1.23	3.14	3.12	3.31	2.96	4.12	3.94
福　島	0.10	0.18	-	0.48	2.14	1.87	2.12	2.51	1.69	1.58	2.26	4.21	2.14
茨　城	-	0.34	0.65	1.24	0.91	2.53	2.94	3.04	2.09	2.78	5.62	4.78	2.28
栃　木	0.23	0.43	0.22	-	0.62	2.21	1.59	2.34	1.85	2.92	1.45	2.97	3.00
群　馬	-	-	0.19	1.23	0.64	2.46	1.44	1.93	2.90	3.04	3.39	2.10	3.15
埼　玉	0.10	-	0.99	0.23	2.35	2.47	3.28	2.42	3.25	2.60	4.94	4.17	5.07
千　葉	-	-	0.18	0.44	1.58	3.36	3.58	5.00	2.08	3.16	6.18	3.98	3.45
東　京	0.17	0.33	0.91	0.35	1.22	2.35	3.33	3.50	2.26	3.59	4.82	3.45	3.40
神　奈　川	0.09	0.29	0.64	0.58	1.95	2.07	2.65	4.34	3.40	3.59	6.32	2.62	2.73
新　潟	-	0.41	-	1.36	2.97	2.23	2.72	3.48	2.73	3.95	4.31	3.11	2.46
富　山	-	0.21	0.43	1.13	1.17	2.76	3.25	3.19	1.87	2.48	6.12	3.68	6.18
石　川	0.54	0.66	0.42	0.36	2.00	2.51	2.54	2.87	1.91	1.63	2.79	3.90	1.65
福　井	0.14	0.19	0.57	0.13	0.77	2.39	1.90	1.88	1.90	2.32	1.98	2.32	2.93
山　梨	-	0.51	0.50	0.48	1.84	2.19	2.09	3.15	1.39	1.61	3.10	5.83	2.90
長　野	-	0.60	-	0.69	1.83	1.34	2.56	2.66	2.29	2.74	4.64	1.83	3.51
岐　阜	-	0.18	-	0.87	1.35	2.83	3.60	4.41	2.49	3.17	5.02	4.02	2.63
静　岡	0.32	0.23	0.41	0.41	0.52	1.83	2.45	3.77	2.46	2.44	3.02	2.54	4.29
愛　知	-	0.28	-	0.40	1.32	3.70	3.88	3.33	3.31	4.56	6.30	4.86	3.40
三　重	-	-	0.16	1.28	1.36	2.15	2.61	4.21	2.86	2.43	2.99	4.91	5.34
滋　賀	0.64	0.40	0.48	0.18	1.47	2.33	1.67	3.45	2.29	3.02	4.64	3.57	3.36
京　都	0.06	1.30	-	0.65	0.69	2.26	2.56	2.56	3.20	2.02	4.64	3.48	4.23
大　阪	0.08	0.17	0.19	0.82	1.24	2.46	3.34	3.63	2.05	2.50	4.05	3.45	4.11
兵　庫	0.27	0.25	0.36	1.19	1.83	1.18	3.51	3.02	2.81	2.37	3.67	2.58	1.98
奈　良	-	-	0.38	0.97	1.25	3.14	3.34	3.23	3.95	3.00	3.09	5.40	4.37
和　歌　山	0.38	0.54	0.62	0.23	1.01	3.72	3.48	3.50	1.99	3.75	3.44	5.31	4.03
鳥　取	0.17	0.23	0.42	1.03	1.52	2.51	2.50	2.22	2.07	3.56	5.07	3.86	2.13
島　根	0.12	-	0.15	0.23	0.64	1.10	2.28	3.78	1.77	1.45	2.06	2.11	2.44
岡　山	0.07	-	0.90	0.51	0.41	1.33	3.04	1.83	2.82	2.11	5.20	6.48	4.08
広　島	0.20	0.17	-	0.41	0.81	1.15	2.48	1.84	1.91	2.43	2.78	5.85	2.74
山　口	-	0.49	0.42	0.36	0.77	2.21	1.27	2.75	1.76	2.34	2.11	2.19	2.77
徳　島	0.16	0.44	0.24	1.18	1.57	3.50	2.36	1.92	2.37	1.84	4.76	2.07	3.58
香　川	0.22	0.65	0.22	1.27	0.62	2.75	1.92	1.74	1.24	0.73	4.95	3.55	1.23
愛　媛	0.46	-	0.47	0.42	0.84	2.97	3.41	1.64	1.64	1.77	3.19	1.91	4.86
高　知	0.22	0.11	0.10	0.77	1.73	2.30	1.53	3.16	1.82	2.81	3.76	4.95	0.28
福　岡	0.14	0.32	0.14	0.14	1.85	1.82	2.33	2.83	3.43	2.43	3.39	3.13	2.56
佐　賀	0.14	0.24	0.59	1.10	0.74	1.71	2.81	2.60	1.41	1.33	1.79	1.32	1.70
長　崎	-	0.56	0.40	0.38	1.53	1.72	1.76	1.67	1.62	0.94	3.74	1.17	1.95
熊　本	0.49	-	0.24	-	1.80	1.51	2.03	3.11	1.51	2.11	1.55	0.80	0.99
大　分	0.25	-	0.43	0.63	1.21	2.59	1.58	2.38	1.67	1.94	3.49	1.97	1.68
宮　崎	-	0.36	0.20	0.38	0.89	1.25	1.83	1.54	1.64	2.27	3.35	2.44	1.11
鹿　児　島	0.08	-	0.19	1.01	2.01	3.27	3.73	1.14	3.66	2.26	2.52	3.86	3.66
沖　縄	0.54	0.41	0.26	-	0.95	1.55	1.01	1.07	3.48	2.34	3.26	4.36	3.77

7 都道府県別　痩身傾向児の出現率（9-6）

2. 男　(3)高度痩身傾向児　　　　　　　　　　　　　　　　　　　　　　　　　　　　単位（%）

区　分	幼稚園	小　学　校						中　学　校			高　等　学　校		
	5歳	6歳	7歳	8歳	9歳	10歳	11歳	12歳	13歳	14歳	15歳	16歳	17歳
全　　国	0.01	0.02	0.01	0.01	0.01	0.06	0.10	0.10	0.07	0.08	0.12	0.20	0.05
北　海　道	0.15	–	–	–	–	–	–	–	–	–	0.62	0.22	–
青　　森	–	0.15	–	–	–	–	–	–	–	–	–	–	–
岩　　手	–	–	–	–	–	0.18	–	0.26	–	–	–	0.41	–
宮　　城	–	–	–	–	–	–	–	0.40	–	0.12	–	–	0.14
秋　　田	–	–	–	–	–	0.14	0.14	–	0.14	–	–	–	–
山　　形	–	–	–	–	–	–	–	–	–	0.14	–	–	0.48
福　　島	–	–	–	–	–	–	–	0.14	–	0.35	–	–	–
茨　　城	–	–	–	–	–	–	–	–	–	0.36	0.22	–	–
栃　　木	–	–	–	–	0.21	0.24	–	0.15	–	–	–	–	–
群　　馬	–	–	–	–	–	–	–	0.12	0.10	–	0.20	0.84	–
埼　　玉	–	0.17	–	–	–	–	–	–	0.11	0.10	0.33	–	–
千　　葉	–	–	–	–	–	0.19	0.38	0.36	–	0.13	–	0.34	–
東　　京	–	–	–	–	–	–	–	0.18	–	0.12	0.09	0.31	–
神　奈　川	–	–	–	–	–	0.25	0.21	–	0.10	0.12	0.16	0.36	–
新　　潟	–	–	0.16	–	–	–	–	0.17	–	0.29	0.45	–	0.13
富　　山	–	–	–	–	–	0.32	–	0.11	–	–	–	–	–
石　　川	–	–	–	–	–	–	–	–	0.11	–	–	–	0.13
福　　井	–	–	–	–	–	–	–	0.46	0.25	0.14	–	0.38	–
山　　梨	–	–	–	0.24	–	–	0.17	–	–	–	–	–	–
長　　野	–	–	–	–	–	–	–	0.10	0.12	–	–	0.28	–
岐　　阜	–	–	–	–	–	0.19	0.14	0.14	–	0.11	–	0.23	0.36
静　　岡	–	–	–	–	0.25	0.20	0.35	0.10	0.13	0.22	–	–	–
愛　　知	–	–	–	0.15	–	–	0.36	–	0.20	0.10	–	0.96	0.17
三　　重	0.11	–	–	–	–	–	0.16	0.23	–	0.11	–	0.47	–
滋　　賀	–	–	–	–	–	–	–	–	–	–	–	–	–
京　　都	–	–	–	–	–	–	0.28	–	–	0.14	–	0.26	–
大　　阪	–	–	–	–	–	0.16	0.18	0.20	0.19	–	–	–	–
兵　　庫	–	–	–	–	–	–	–	–	–	–	0.11	0.21	0.12
奈　　良	–	–	–	–	–	–	–	0.13	0.29	0.13	0.24	–	–
和　歌　山	0.15	–	–	–	–	–	–	0.17	0.17	–	–	0.29	–
鳥　　取	–	0.31	–	–	–	–	–	–	–	–	0.34	–	–
島　　根	–	–	–	–	–	–	–	0.09	0.37	–	1.02	–	–
岡　　山	–	–	0.21	–	–	–	–	–	0.14	–	0.46	–	0.26
広　　島	–	0.17	–	–	–	–	–	–	–	–	–	–	–
山　　口	–	–	–	–	–	–	–	–	–	–	0.43	–	–
徳　　島	–	–	0.30	–	–	–	–	–	0.09	–	0.15	–	–
香　　川	–	–	–	–	–	–	0.22	0.12	–	–	0.39	–	–
愛　　媛	–	–	–	–	–	–	–	–	0.10	–	–	–	0.49
高　　知	–	–	–	–	–	–	0.42	0.08	–	0.13	–	–	–
福　　岡	–	–	0.16	–	–	–	–	0.31	–	–	–	0.31	0.11
佐　　賀	–	–	–	0.24	–	–	–	0.31	–	–	–	–	–
長　　崎	–	–	–	–	–	0.22	–	–	–	–	0.17	–	0.21
熊　　本	0.49	–	–	–	–	–	0.25	–	–	0.10	0.25	–	–
大　　分	–	–	–	–	–	–	–	–	–	0.13	–	–	–
宮　　崎	–	–	–	–	–	–	–	–	–	0.14	0.35	–	0.30
鹿　児　島	–	–	–	–	–	0.22	–	–	0.13	–	–	–	–
沖　　縄	–	–	–	–	–	–	–	0.12	0.32	0.22	–	–	–

7 都道府県別 痩身傾向児の出現率 (9-7)

3. 女 (1)痩身傾向児　　　　　　　　　　　　　　　　　　　　　　　　　　　　　　　　　単位 (%)

区　分	幼稚園	小　学　校						中　学　校			高　等　学　校		
	5歳	6歳	7歳	8歳	9歳	10歳	11歳	12歳	13歳	14歳	15歳	16歳	17歳
全　　国	0.23	0.44	0.46	1.01	1.87	2.53	2.40	3.85	3.28	3.09	3.13	2.94	2.38
北　海　道	0.07	0.62	0.18	1.36	2.43	1.28	3.28	3.67	2.13	2.56	4.35	2.69	2.96
青　　森	-	0.50	1.27	1.24	0.97	1.75	3.35	3.11	2.41	2.51	1.42	1.72	2.56
岩　　手	0.37	0.44	-	-	1.38	2.17	1.35	2.37	1.71	2.41	0.71	1.39	1.27
宮　　城	0.16	0.18	0.81	0.53	1.37	2.00	3.46	3.26	2.70	2.58	2.53	3.12	3.04
秋　　田	0.23	0.46	0.56	0.62	1.41	1.47	1.50	3.56	2.56	3.10	2.07	1.60	2.62
山　　形	-	0.43	0.20	2.31	0.62	1.01	2.52	3.24	3.01	2.92	3.35	2.03	3.34
福　　島	-	0.18	0.21	0.41	1.79	3.31	1.53	3.08	2.75	2.21	2.29	2.10	1.61
茨　　城	0.40	0.45	-	1.56	0.95	1.30	1.95	4.09	3.28	2.09	3.57	5.55	2.63
栃　　木	-	0.54	-	0.44	0.90	1.99	2.31	2.46	2.06	3.05	3.32	1.12	2.66
群　　馬	0.14	-	0.18	0.58	1.10	2.43	3.63	3.26	2.96	3.09	1.67	1.19	0.71
埼　　玉	0.31	0.37	0.63	1.31	0.67	3.42	2.18	3.73	2.97	4.09	3.15	3.42	0.59
千　　葉	0.19	-	0.09	0.70	2.20	2.69	2.42	5.74	3.43	3.27	2.47	3.10	2.80
東　　京	0.36	0.31	0.70	2.05	2.74	3.04	2.15	4.50	4.13	2.76	3.30	4.09	3.09
神　奈　川	0.12	0.69	0.73	0.84	2.30	2.96	1.83	4.64	4.76	3.78	4.11	4.23	3.31
新　　潟	0.32	1.35	0.52	1.53	3.92	2.16	2.40	2.47	3.97	3.05	2.42	3.13	0.96
富　　山	0.72	0.62	0.52	0.44	1.36	3.26	2.41	4.70	3.42	2.08	4.41	1.69	1.99
石　　川	0.56	0.54	0.37	1.13	1.56	1.33	1.62	3.16	2.83	4.46	4.56	2.16	2.49
福　　井	0.24	0.60	1.34	1.26	0.87	1.69	2.83	3.23	3.14	2.10	3.36	4.19	2.96
山　　梨	0.15	0.33	0.36	0.41	2.19	2.43	3.24	4.68	3.23	4.06	1.38	1.79	2.46
長　　野	0.40	0.21	0.46	1.18	1.54	2.69	2.56	3.09	3.76	3.26	2.67	2.06	4.51
岐　　阜	0.31	0.40	0.32	0.36	1.44	1.76	2.09	3.49	2.83	3.26	3.10	3.88	0.99
静　　岡	0.25	0.20	1.00	0.35	2.74	3.29	3.69	3.61	4.47	3.54	2.07	2.39	2.09
愛　　知	0.29	0.18	0.46	0.51	2.81	3.36	3.84	4.16	4.22	3.69	2.78	2.78	1.91
三　　重	0.10	0.17	0.74	0.38	1.04	3.87	3.87	2.48	2.75	3.20	3.31	3.50	2.72
滋　　賀	0.24	0.86	0.41	0.56	3.06	1.80	2.70	6.39	3.68	4.28	3.44	2.26	3.05
京　　都	1.14	0.55	0.27	0.60	2.80	3.35	2.79	3.58	2.62	3.36	2.48	3.66	3.44
大　　阪	0.20	0.46	0.15	0.81	1.82	2.24	2.22	3.92	3.00	3.31	4.33	2.19	2.97
兵　　庫	-	0.39	0.58	0.64	2.49	2.46	2.19	3.88	3.10	2.80	2.72	2.31	1.79
奈　　良	0.15	0.58	0.30	1.25	1.78	2.70	2.36	5.81	5.24	2.22	3.58	4.04	2.49
和　歌　山	0.23	0.16	0.21	1.28	1.87	2.92	2.90	4.33	2.98	3.23	3.61	2.66	2.88
鳥　　取	-	-	0.36	1.36	1.72	1.25	1.57	2.56	1.88	1.98	1.71	3.16	2.33
島　　根	1.19	-	0.48	0.87	0.50	1.28	1.55	1.65	2.76	2.38	1.57	0.87	2.04
岡　　山	0.68	0.39	0.62	0.44	1.84	3.03	2.48	4.20	2.11	1.92	3.77	2.16	1.77
広　　島	0.09	0.61	-	1.46	0.30	2.88	1.57	3.09	3.59	1.94	3.20	2.52	1.63
山　　口	0.15	0.95	1.23	0.22	1.22	1.75	2.23	4.18	3.47	2.33	4.33	2.44	2.68
徳　　島	-	0.63	0.67	1.12	1.03	1.70	1.46	2.82	1.82	3.16	2.65	3.31	1.53
香　　川	0.21	0.21	0.20	1.07	1.37	1.54	3.33	2.68	1.70	2.03	1.87	3.06	1.38
愛　　媛	0.30	0.91	0.51	0.79	1.05	0.83	2.88	3.69	2.07	1.74	1.52	2.04	1.17
高　　知	-	0.74	0.39	-	1.93	2.96	1.17	2.93	2.40	1.90	3.79	3.28	1.15
福　　岡	-	0.74	0.40	1.38	0.85	2.85	2.01	4.20	2.91	3.56	2.92	3.30	2.59
佐　　賀	-	0.23	0.24	1.37	0.77	1.19	3.04	2.65	2.80	2.18	1.55	1.33	1.34
長　　崎	0.16	1.57	1.29	1.24	2.63	1.71	0.70	2.36	3.46	1.39	4.01	1.53	2.52
熊　　本	-	0.79	0.24	0.92	0.91	1.54	1.12	2.93	2.49	4.73	1.88	2.03	2.33
大　　分	0.31	0.44	0.63	0.54	1.51	2.40	0.53	1.92	2.42	2.63	4.37	1.31	1.68
宮　　崎	0.20	0.16	0.73	0.90	1.34	1.11	1.88	2.68	2.04	1.86	2.23	2.05	2.15
鹿　児　島	0.11	0.40	0.18	1.87	2.84	2.31	2.11	3.22	2.51	2.96	3.29	2.76	1.56
沖　　縄	0.44	0.56	0.22	0.70	0.66	2.10	1.97	2.44	1.76	3.50	4.14	3.51	2.15

7 都道府県別 痩身傾向児の出現率 (9-8)

3. 女 (2)軽度痩身傾向児　　　　　　　　　　　　　　　　　　　　　　　　　　　　　単位（%）

区　分	幼稚園	小　学　校						中　学　校			高　等　学　校		
	5歳	6歳	7歳	8歳	9歳	10歳	11歳	12歳	13歳	14歳	15歳	16歳	17歳
全　国	0.19	0.42	0.45	0.99	1.81	2.50	2.35	3.71	3.15	2.99	3.02	2.85	2.29
北　海　道	0.07	0.62	0.18	1.36	2.43	1.28	3.28	3.60	2.01	2.56	4.35	2.38	2.96
青　　森	-	0.50	1.27	1.24	0.57	1.49	3.35	3.11	2.08	2.51	1.42	1.72	2.56
岩　　手	0.37	0.44	-	-	1.38	2.17	1.35	2.37	1.71	2.19	0.71	1.39	1.05
宮　　城	0.16	0.18	0.54	0.53	1.17	2.00	3.46	3.26	2.70	2.48	2.53	3.12	2.23
秋　　田	0.23	0.46	0.56	0.62	1.41	1.47	1.50	3.21	2.56	2.84	2.07	1.60	2.62
山　　形	-	0.43	0.20	2.31	0.62	1.01	2.52	2.88	2.86	2.77	3.35	2.03	3.34
福　　島	-	0.18	0.21	0.41	1.79	3.31	1.53	2.81	2.49	2.09	2.29	2.10	1.61
茨　　城	0.40	0.45	-	1.56	0.95	1.30	1.95	4.09	3.28	2.09	3.48	4.85	2.63
栃　　木	-	0.34	-	0.44	0.90	1.99	2.31	2.46	2.06	3.05	3.32	1.12	2.66
群　　馬	0.14	-	0.18	0.58	1.10	2.23	3.63	3.13	2.96	3.09	1.67	1.19	0.35
埼　　玉	0.31	0.37	0.63	1.31	0.67	3.42	2.18	3.47	2.86	3.80	3.15	3.38	0.59
千　　葉	0.10	-	0.09	0.70	2.20	2.69	2.42	5.21	3.43	3.14	1.75	2.83	2.54
東　　京	0.08	0.31	0.70	2.05	2.58	2.88	2.15	4.31	4.04	2.76	3.27	4.09	3.09
神　奈　川	-	0.69	0.73	0.84	2.19	2.79	1.83	4.43	4.52	3.68	4.11	4.23	3.20
新　　潟	0.32	1.35	0.52	1.53	3.92	2.16	2.24	2.31	3.41	2.89	2.42	3.13	0.96
富　　山	0.72	0.62	0.52	0.44	1.15	3.26	2.23	4.70	3.42	2.08	3.94	1.69	1.99
石　　川	0.56	0.54	0.37	1.13	1.56	1.33	1.62	2.84	2.83	4.46	4.50	2.16	2.29
福　　井	0.24	0.60	1.34	1.26	0.72	1.69	2.83	3.23	3.14	1.94	3.36	4.19	2.96
山　　梨	0.15	0.33	0.36	0.41	2.19	2.43	3.24	4.68	3.23	3.95	1.38	1.79	2.17
長　　野	0.40	0.21	0.46	1.18	1.54	2.69	2.56	3.09	3.61	3.15	2.36	1.77	4.17
岐　　阜	0.31	0.40	0.32	0.36	1.27	1.76	2.09	3.49	2.67	3.26	2.88	3.88	0.81
静　　岡	0.25	0.20	1.00	0.35	2.74	3.29	3.44	3.61	3.58	3.42	1.91	2.10	1.82
愛　　知	0.29	0.18	0.31	0.51	2.81	3.36	3.84	4.16	4.22	3.23	2.58	2.78	1.91
三　　重	0.10	0.17	0.74	0.38	0.84	3.87	3.87	2.48	2.59	3.09	3.06	3.50	2.41
滋　　賀	0.24	0.62	0.41	0.56	3.06	1.80	2.70	5.86	3.52	3.88	3.44	2.26	3.05
京　　都	1.14	0.55	0.27	0.60	2.80	3.13	2.48	3.32	2.62	3.36	2.14	3.21	3.44
大　　阪	0.20	0.46	0.15	0.67	1.82	2.24	1.83	3.79	2.90	3.31	4.18	2.19	2.74
兵　　庫	-	0.39	0.58	0.64	2.19	2.46	2.19	3.88	3.10	2.80	2.72	2.31	1.79
奈　　良	0.15	0.31	0.30	1.25	1.59	2.70	2.36	5.53	4.98	2.09	2.59	4.04	2.49
和　歌　山	0.23	0.16	0.21	1.28	1.87	2.92	2.90	4.17	2.98	3.05	3.61	2.43	2.88
鳥　　取	-	-	-	1.36	1.72	1.25	1.57	2.56	1.88	1.88	1.36	2.90	2.33
島　　根	1.19	-	0.48	0.87	0.50	1.28	1.55	1.65	2.76	2.33	1.57	0.87	2.04
岡　　山	0.68	0.39	0.62	0.44	1.84	3.03	2.48	4.20	1.85	1.92	3.77	2.16	1.77
広　　島	0.09	0.40	-	1.46	0.30	2.88	1.57	2.80	3.46	1.94	3.07	2.38	1.63
山　　口	0.15	0.95	1.23	0.22	1.22	1.75	2.23	4.18	3.31	2.33	4.33	2.44	2.68
徳　　島	-	0.63	0.67	1.12	0.87	1.70	1.46	2.55	1.82	3.03	2.65	3.11	1.37
香　　川	0.21	0.21	0.20	1.07	1.37	1.54	3.33	2.44	1.54	1.68	1.87	3.06	1.38
愛　　媛	0.30	0.91	0.51	0.58	1.05	0.83	2.88	3.69	2.07	1.74	1.52	2.04	1.17
高　　知	-	0.74	0.39	-	1.93	2.96	1.17	2.86	2.17	1.82	3.60	3.28	1.15
福　　岡	-	0.57	0.40	1.38	0.85	2.85	2.01	3.93	2.77	3.56	2.92	3.06	2.59
佐　　賀	-	0.23	0.24	1.37	0.77	1.19	3.04	2.65	2.56	2.18	1.55	0.62	1.34
長　　崎	0.16	1.57	1.29	1.07	2.63	1.71	0.70	2.36	3.35	1.39	4.01	1.53	2.21
熊　　本	-	0.79	0.24	0.92	0.91	1.54	1.12	2.93	2.24	4.73	1.79	1.77	2.33
大　　分	0.31	0.44	0.63	0.54	1.51	2.40	0.53	1.69	2.26	2.63	4.37	1.31	1.46
宮　　崎	0.20	0.16	0.73	0.90	1.14	1.11	1.88	2.59	2.04	1.86	2.23	2.05	2.15
鹿　児　島	0.11	0.40	0.18	1.87	2.63	2.31	2.11	3.01	2.42	2.96	3.17	2.76	1.56
沖　　縄	0.44	0.56	0.22	0.70	0.66	2.10	1.75	2.44	1.65	3.00	4.14	3.51	2.15

7 都道府県別 痩身傾向児の出現率 (9-9)

3. 女 (3)高度痩身傾向児　　　　　　　　　　　　　　　　　　　　　　　　　　　　　　単位 (%)

区　分	幼稚園 5歳	小　学　校						中　学　校			高　等　学　校		
	5歳	6歳	7歳	8歳	9歳	10歳	11歳	12歳	13歳	14歳	15歳	16歳	17歳
全　　国	0.04	0.02	0.02	0.01	0.06	0.04	0.05	0.15	0.13	0.10	0.11	0.09	0.09
北　海　道	-	-	-	-	-	-	-	0.07	0.12	-	-	0.31	-
青　　森	-	-	-	-	0.40	0.26	-	-	0.33	-	-	-	-
岩　　手	-	-	-	-	-	-	-	-	-	0.22	-	-	0.23
宮　　城	-	-	0.27	-	0.20	-	-	-	-	0.10	-	-	0.81
秋　　田	-	-	-	-	-	-	-	0.35	-	0.25	-	-	-
山　　形	-	-	-	-	-	-	-	0.36	0.15	0.15	-	-	-
福　　島	-	-	-	-	-	-	-	0.27	0.26	0.12	-	-	-
茨　　城	-	-	-	-	-	-	-	-	-	-	0.09	0.70	-
栃　　木	-	0.20	-	-	-	-	-	-	-	-	-	-	-
群　　馬	-	-	-	-	-	0.20	-	0.13	-	-	-	-	0.36
埼　　玉	-	-	-	-	-	-	-	0.26	0.11	0.29	-	0.04	-
千　　葉	0.10	-	-	-	-	-	-	0.53	-	0.12	0.72	0.27	0.25
東　　京	0.28	-	-	-	0.16	0.16	-	0.18	0.09	-	0.02	-	-
神　奈　川	0.12	-	-	-	0.12	0.17	-	0.21	0.24	0.10	-	-	0.11
新　　潟	-	-	-	-	-	-	0.16	0.16	0.55	0.16	-	-	-
富　　山	-	-	-	-	0.22	-	0.18	-	-	-	0.48	-	-
石　　川	-	-	-	-	-	-	-	0.31	-	-	0.06	-	0.20
福　　井	-	-	-	-	0.15	-	-	-	-	0.16	-	-	-
山　　梨	-	-	-	-	-	-	-	-	-	0.11	-	-	0.29
長　　野	-	-	-	-	-	-	-	-	0.15	0.11	0.31	0.29	0.34
岐　　阜	-	-	-	-	0.17	-	-	0.16	-	-	0.22	-	0.18
静　　岡	-	-	-	-	-	-	0.25	-	0.89	0.12	0.15	0.28	0.27
愛　　知	-	-	0.15	-	-	-	-	-	-	0.46	0.20	-	-
三　　重	-	-	-	-	0.20	-	-	0.16	0.11	-	0.25	-	0.30
滋　　賀	-	0.24	-	-	-	-	-	0.53	0.15	0.41	-	-	-
京　　都	-	-	-	-	-	0.23	0.31	0.27	-	-	0.34	0.45	-
大　　阪	-	-	-	0.13	-	-	0.39	0.13	0.10	-	0.16	-	0.24
兵　　庫	-	-	-	-	0.30	-	-	-	-	-	-	-	-
奈　　良	-	0.27	-	-	0.19	-	-	0.28	0.25	0.12	0.99	-	-
和　歌　山	-	-	-	-	-	-	-	0.16	-	0.19	-	0.24	-
鳥　　取	-	-	0.36	-	-	-	-	-	-	0.11	0.36	0.26	-
島　　根	-	-	-	-	-	-	-	-	-	0.05	-	-	-
岡　　山	-	-	-	-	-	-	-	-	0.27	-	-	-	-
広　　島	-	0.21	-	-	-	-	-	0.29	0.12	-	0.12	0.13	-
山　　口	-	-	-	-	-	-	-	-	0.15	-	-	-	-
徳　　島	-	-	-	-	0.16	-	-	0.27	-	0.13	-	0.20	0.16
香　　川	-	-	-	-	-	-	-	0.25	0.16	0.35	-	-	-
愛　　媛	-	-	-	0.21	-	-	-	-	-	-	-	-	-
高　　知	-	-	-	-	-	-	-	0.06	0.24	0.08	0.19	-	-
福　　岡	-	0.17	-	-	-	-	-	0.27	0.14	-	-	0.24	-
佐　　賀	-	-	-	-	-	-	-	0.24	-	-	-	0.71	-
長　　崎	-	-	-	0.17	-	-	-	0.11	-	-	-	-	0.31
熊　　本	-	-	-	-	-	-	-	0.24	-	-	0.09	0.26	-
大　　分	-	-	-	-	-	-	-	0.23	0.16	-	-	-	0.23
宮　　崎	-	-	-	-	0.20	-	-	0.09	-	-	-	-	-
鹿　児　島	-	-	-	-	0.20	-	-	0.21	0.09	-	0.13	-	-
沖　　縄	-	-	-	-	-	-	0.22	-	0.10	0.50	-	-	-

都道府県表

1　5歳 (1) 計

区分	計	裸眼視力 視力非矯正者 1.0以上	1.0未満0.7以上	0.7未満0.3以上	0.3未満	視力矯正者 1.0以上	1.0未満0.7以上	0.7未満0.3以上	0.3未満	裸眼視力 計	1.0未満0.7以上	0.7未満0.3以上	0.3未満	眼の疾病・異常	難聴	耳疾患	鼻疾・副鼻腔患	口腔咽喉頭疾患異常	むし歯 計	処置完了者	未処置のある歯者	歯列・咬合	顎関節	歯垢の状態	歯肉の状態	その他の疾病・異常
全国	100.00	74.61	17.40	5.02	0.56	0.44	0.73	0.83	0.41	24.95	18.13	5.85	0.97	1.27	…	2.36	3.03	0.65	24.93	10.05	14.88	4.30	0.09	1.06	0.28	2.21
北海道	100.0	81.5	13.2	2.8	0.7	0.7	0.8	-	0.3	17.8	14.0	2.8	0.9	0.6	…	0.1	0.5	-	25.0	12.2	12.8	3.4	0.0	1.1	0.3	2.1
青森	100.0	76.1	16.8	6.0	0.6	0.3	0.1	-	0.1	23.6	16.9	6.0	0.7	0.7	…	-	2.1	-	40.0	12.7	27.3	6.7	-	0.2	-	4.3
岩手	100.0	X	X	X	X	X	X	X	X	X	X	X	X	4.4	…	6.6	9.6	1.3	29.9	10.0	19.8	6.7	0.5	2.9	0.0	3.1
宮城	100.0	X	X	X	X	X	X	X	X	X	X	X	X	1.4	…	2.9	1.1	0.1	28.9	13.1	15.8	4.6	0.2	0.5	0.8	1.8
秋田	100.0	76.2	14.9	7.8	0.7	0.4	-	-	-	23.4	14.9	7.8	0.7	2.1	…	3.0	5.5	0.9	32.3	12.3	20.6	4.4	0.1	1.7	-	1.0
山形	100.0	X	X	X	X	X	X	X	X	X	X	X	X	1.2	…	4.4	4.7	0.2	21.2	6.7	14.5	3.8	-	0.9	1.1	2.1
福島	100.0	X	X	X	X	X	X	X	X	X	X	X	X	2.2	…	0.3	2.7	1.2	32.7	11.8	20.9	3.0	0.0	0.1	0.0	2.9
茨城	100.0	X	X	X	X	X	X	X	X	X	X	X	X	0.8	…	0.4	0.7	1.1	29.4	12.4	16.9	6.3	0.3	2.0	0.1	2.2
栃木	100.0	83.1	12.9	2.8	0.3	0.3	0.3	0.2	0.2	16.6	13.2	2.9	0.6	1.1	…	0.3	1.7	-	24.6	8.5	16.1	5.3	0.1	0.8	0.0	2.0
群馬	100.0	X	X	X	X	X	X	X	X	X	X	X	X	0.5	…	0.7	0.2	-	24.8	10.0	14.8	4.7	-	1.2	-	1.1
埼玉	100.0	X	X	X	X	X	X	X	X	X	X	X	X	0.1	…	0.0	1.2	0.4	20.4	8.0	12.3	2.5	-	0.7	0.0	1.7
千葉	100.0	X	X	X	X	X	X	X	X	X	X	X	X	0.9	…	2.9	2.6	-	19.3	8.8	10.5	2.9	-	0.2	-	2.5
東京	100.0	X	X	X	X	X	X	X	X	X	X	X	X	2.0	…	2.9	3.0	2.2	16.1	6.4	9.8	3.9	0.1	1.3	0.3	3.0
神奈川	100.0	85.0	11.1	2.2	0.1	0.3	0.2	0.7	0.4	14.6	11.3	2.8	0.5	0.4	…	0.0	0.1	0.0	20.2	7.0	13.2	3.4	-	0.3	0.6	2.3
新潟	100.0	79.6	13.1	4.8	0.4	0.3	0.6	0.9	0.3	20.2	13.7	5.7	0.7	0.4	…	2.5	8.2	1.8	25.1	10.6	14.5					
富山	100.0	74.0	16.2	6.5	0.1	0.3	1.4	0.9	0.6	25.8	17.6	7.4	0.8	4.9	…	1.2	3.9	0.3	22.8	9.4	13.4	6.1	-	1.7	-	1.3
石川	100.0	60.7	20.5	12.3	0.6	0.9	1.8	2.2	0.9	38.3	22.4	14.5	1.4	0.1	…	0.2	0.5	0.2	23.9	9.9	14.1	3.7	-	1.7	-	1.4
福井	100.0	X	X	X	X	X	X	X	X	X	X	X	X	0.7	…	-	0.1	-	32.8	10.7	22.1	3.1	-	4.1	-	1.4
山梨	100.0	X	X	X	X	X	X	X	X	X	X	X	X	0.6	…	0.3	1.9	0.6	28.5	12.8	15.7	7.2	0.1	0.4	0.1	3.4
長野	100.0	X	X	X	X	X	X	X	X	X	X	X	X	0.7	…	0.3	3.7	-	17.3	6.6	10.7	7.5	-	0.1	0.1	1.5
岐阜	100.0	70.7	19.0	8.0	0.2	0.2	0.4	1.5	0.1	29.1	19.4	9.4	0.3	1.6	…	3.3	3.6	1.7	27.7	10.3	17.4	6.6	0.1	0.9	0.7	2.4
静岡	100.0	76.0	18.2	3.0	0.3	0.7	0.6	1.2	0.1	23.4	18.8	4.2	0.4	1.0	…	0.3	2.5	-	21.7	9.3	12.5	3.9	0.1	1.3	0.1	1.9
愛知	100.0	73.2	20.2	4.2	0.7	0.1	0.4	0.6	0.5	26.7	20.7	4.8	1.2	0.1	…	-	0.2	0.6	23.5	11.1	12.4	7.4	0.3	2.0	0.7	3.1
三重	100.0	81.7	13.7	2.8	0.1	0.5	0.3	0.8	0.2	17.8	14.0	3.6	0.3	1.4	…	1.7	1.1	3.3	24.0	8.9	15.0	6.8	0.1	1.0	-	4.1
滋賀	100.0	77.8	15.0	4.5	0.2	0.6	0.9		-	21.6	15.5	5.5	0.3	1.2	…				24.1					1.5		0.8
京都	100.0	79.6	12.8	5.0	1.2	0.7	0.5	0.3	0.1	19.7	13.1	5.3	1.3	3.0	…	3.8	2.2	1.6	27.4	11.2	16.2	4.8	-	1.4	0.4	4.4
大阪	100.0	73.6	17.8	5.2	0.3	0.8	1.2	0.9	2.3	26.1	18.7	6.5	0.9	2.3	…	6.1	5.6	0.7	28.9	11.0	17.9	5.1	0.0	0.7	-	2.0
兵庫	100.0	78.5	16.1	2.4		0.8	0.7		-	20.7	16.8	2.9	0.9	1.0	…	8.9	11.3	1.3	24.2	8.4	15.8	3.3	0.1	0.6	0.4	2.1
奈良	100.0	X	X	X	X	X	X	X	X	X	X	X	X	1.0	…	1.0	4.3	-	27.6	9.2	18.4	5.0	-	1.0	0.4	3.0
和歌山	100.0	X	X	X	X	X	X	X	X	X	X	X	X	2.1	…	1.9	0.1	1.1	19.7	6.3	13.4	2.4	-	0.8	-	0.7
鳥取	100.0	81.3	12.2	2.8	0.2	2.0	0.5	1.1	-	16.8	12.7	3.9	0.2	1.8	…	-	0.2	0.4	23.7	9.7	14.0	6.3	0.1	2.4	0.2	2.7
島根	100.0	69.6	X	X		1.2	X	X		29.1	X			3.8	…	9.8	8.1	0.6	32.2	12.5	19.7	2.6	0.1	0.5	-	0.8
岡山	100.0	77.4	16.2	3.0	0.2	-	1.6	0.5	1.1	22.6	17.8	3.5	1.3	5.5	…	3.9	13.7	0.7	22.7	7.7	15.0	7.5	0.2	4.4	1.9	2.4
広島	100.0	X	X	X	X	X	X	X	X	X	X	X	X	0.3	…	3.3	6.0	-	22.1	9.3	12.9	4.7	-	1.4	0.0	0.3
山口	100.0	X	X	X	X	X	X	X	X	X	X	X	X	0.7	…	4.3	1.3	-	23.7	10.7	13.0	4.2	-	0.4	0.1	1.6
徳島	100.0	77.4	14.8	4.6	0.3	1.2	0.2	1.5	-	21.4	15.0	6.1	0.3	1.8	…	9.1	3.8	2.6	26.7	10.8	15.9	7.1	0.8	0.9	-	2.3
香川	100.0	68.1	20.8	7.9	0.2	0.7	0.9	1.3	0.1	31.2	21.7	9.1	0.3	2.4	…	6.0	6.6	-	26.4	10.2	16.2	4.3	0.1	1.2	-	1.8
愛媛	100.0	74.0	17.1	7.0	0.4	-	0.2	0.8	0.0	25.9	17.7	7.8	0.4	1.3	…	1.5	2.5	0.2	27.6	12.1	15.5	3.7	0.3	0.4	-	1.1
高知	100.0	X	X	X	X	X	X	X	X	X	X	X	X	1.8	…	-	1.5	0.6	32.9	14.4	18.5	9.5	-	1.0	0.1	1.3
福岡	100.0	X	X	X	X	X	X	X	X	X	X	X	X	0.7	…	1.3	0.5	-	27.1	14.0	13.1	4.5	0.3	1.2	0.0	1.7
佐賀	100.0													2.1	…	2.1	2.0	-	36.0	15.6	20.4	4.2	-	1.6	0.1	2.3
長崎	100.0	96.7	1.6	0.8	-	-	0.2	0.5	0.2	3.3	1.8	1.3	0.2	0.2	…	-	0.2	0.5	33.6	16.1	17.6	3.0	-	0.7	-	2.9
熊本	100.0	X	16.1	5.3		X	X	1.1		22.8	16.5	6.4		0.2	…	1.3	1.6	0.2	32.3	16.1	16.2	4.1	0.2	2.8	1.9	1.8
大分	100.0	X	X	X	X	X	X	X	X	X	X	X	X	0.6	…	1.3	1.1	-	37.9	15.1	22.7	4.9	-	-	0.9	0.9
宮崎	100.0	X	X	X	X	X	X	X	X	X	X	X	X	0.3	…	-	0.4	-	29.2	7.9	21.3	2.7	-	1.3	1.0	1.1
鹿児島	100.0	74.6	16.2	7.6	0.5	0.3	-	0.8		25.2	16.2	8.4	0.5	0.9	…	1.1	1.6	-	35.7	16.6	19.1	4.1	-	1.4	-	2.5
沖縄	100.0	68.9	20.6	9.1	0.4	-	0.3	0.2	0.5	31.1	20.8	9.3	1.0	0.5	…	3.2	5.4	1.2	41.9	14.7	27.2	1.7	0.2	0.5	0.1	1.0

(注)　1．この表は，疾病・異常該当者（疾病・異常に該当する旨健康診断票に記載のあった者）の割合の推定値を示したものである。以下の各表において同じ。
　　　2．「X」は疾病・異常被患率等の標準誤差が5以上，受検者数が100人（5歳は50人）未満，回答校が1校以下又は疾病・異常被患率が100.0％のため統計数値を公表しない。
　　　　以下の各表において同じ。

異常被患率等（各年齢ごと）（39-1）

単位　（％）

| 永久歯の1人当り平均むし歯（う歯）等数 | | | | | 栄養状態 | せき柱・四肢の状態胸郭・態 | 皮膚疾患 | | 結核検査の対象精密者 | 結核 | 心疾病臓・異常の常 | 心電図異常 | 蛋白検出の者 | 尿糖検出の者 | その他の疾病・異常 | | | | 区分 |
| 計（本） | 喪失歯数（本） | むし歯（う歯） | | | | | アトピー性皮膚炎 | その他の皮膚疾患 | | | | | | | ぜん息 | 腎臓疾患 | 言語障害 | その他の疾病・異常 | |
		計（本）	処置歯数（本）	未処置歯数（本）															
...	...	...	...	...	0.38	0.24	1.62	0.78	...	...	0.28	...	0.87	...	1.11	0.03	0.29	1.22	全　国
...	...	...	...	...	0.4	0.1	2.8	0.4	...	...	0.2	...	0.8	...	1.4	0.0	0.2	1.1	北 海 道
...	...	...	...	...	1.2	0.1	2.8	0.5	...	...	0.2	...	0.3	...	1.2	-	0.5	2.8	青　森
...	...	...	...	...	0.9	0.0	0.2	0.2	...	...	1.0	...	0.3	...	0.9	-	0.3	0.8	岩　手
...	...	...	...	...	0.2	-	2.2	1.7	...	...	0.5	...	0.1	...	0.9	-	0.0	1.8	宮　城
...	...	...	...	...	0.7	0.4	2.0	1.7	...	...	1.1	...	-	...	2.2	0.1	0.4	2.8	秋　田
...	...	...	...	...	0.2	0.2	2.0	1.4	...	...	0.9	...	-	...	0.4	-	0.9	0.7	山　形
...	...	...	...	...	0.8	0.1	1.3	0.9	...	...	0.2	...	0.3	...	1.2	0.1	0.4	1.1	福　島
...	...	...	...	...	0.8	0.4	0.9	1.1	...	...	0.2	...	0.3	...	1.2	-	0.7	0.7	茨　城
...	...	...	...	...	1.0	0.5	2.3	1.2	...	...	0.6	...	1.1	...	0.7	0.1	0.3	1.6	栃　木
...	...	...	...	...	0.1	0.3	0.8	-	...	...	-	...	0.2	...	0.5	-	0.4	0.4	群　馬
...	...	...	...	...	-	0.1	1.1	0.8	...	...	0.2	...	0.9	...	1.2	0.0	0.1	0.1	埼　玉
...	...	...	...	...	0.5	0.5	1.1	0.3	...	...	0.3	...	0.6	...	1.9	-	0.0	0.1	千　葉
...	...	...	...	...	0.0	0.2	0.9	1.1	...	...	0.2	...	1.0	...	1.0	0.1	0.2	0.5	東　京
...	...	...	...	...	0.1	0.4	1.5	0.5	...	...	0.3	...	1.3	...	1.1	0.0	0.3	1.1	神 奈 川
...	...	...	...	...	0.5	-	1.1	0.7	...	...	-	...	5.4	...	1.6	-	0.2	0.0	新　潟
...	...	...	...	...	0.1	0.8	1.3	1.0	...	...	0.3	...	3.4	...	0.9	-	0.7	1.3	富　山
...	...	...	...	...	0.8	0.3	0.7	0.3	...	...	0.3	...	1.5	...	1.4	-	0.3	2.8	石　川
...	...	...	...	...	1.3	0.3	2.3	0.3	...	...	0.3	...	0.1	...	0.2	-	0.5	0.4	福　井
...	...	...	...	...	0.2	0.1	2.4	0.4	...	...	0.3	...	2.4	...	1.7	-	0.8	0.9	山　梨
...	...	...	...	...	0.1	0.9	1.0	-	...	...	0.1	...	-	...	1.0	0.0	-	0.5	長　野
...	...	...	...	...	0.2	0.0	1.4	0.3	...	...	0.3	...	2.4	...	0.8	-	0.6	1.0	岐　阜
...	...	...	...	...	1.8	0.0	1.8	0.5	...	...	0.2	...	0.1	...	1.3	-	0.4	1.6	静　岡
...	...	...	...	...	-	0.5	1.8	0.9	...	...	0.1	...	0.1	...	0.8	-	0.0	1.5	愛　知
...	...	...	...	...	0.5	0.2	1.7	1.0	...	...	1.0	...	0.2	...	1.3	0.1	-	0.1	三　重
...	...	...	...	...	0.5	0.3	2.6	2.4	...	...	0.2	...	-	...	1.7	-	0.7	1.5	滋　賀
...	...	...	...	...	0.1	0.6	2.0	1.7	...	...	0.4	...	0.8	...	0.9	-	-	0.9	京　都
...	...	...	...	...	0.2	0.1	3.7	1.2	...	...	0.1	...	1.0	...	1.5	-	0.2	2.1	大　阪
...	...	...	...	...	0.1	0.0	1.7	0.2	...	...	0.1	...	0.4	...	1.5	0.1	0.3	1.6	兵　庫
...	...	...	...	...	0.1	0.0	0.4	1.2	...	...	0.1	...	0.7	...	0.7	-	0.2	1.7	奈　良
...	...	...	...	...	0.7	0.2	0.7	0.1	...	...	0.4	...	1.7	...	0.3	-	0.6	0.8	和 歌 山
...	...	...	...	...	0.1	-	2.2	1.2	...	...	0.7	...	0.5	...	1.2	-	0.6	2.3	鳥　取
...	...	...	...	...	0.1	0.5	2.0	0.2	...	...	-	...	0.3	...	1.5	-	-	1.6	島　根
...	...	...	...	...	0.9	0.2	2.1	0.3	...	...	0.2	...	0.9	...	1.5	-	1.0	6.2	岡　山
...	...	...	...	...	0.0	0.2	0.8	0.5	...	...	0.1	...	2.8	...	0.3	-	0.1	0.4	広　島
...	...	...	...	...	0.3	0.1	1.4	0.6	...	...	0.3	...	2.6	...	0.5	-	1.5	2.4	山　口
...	...	...	...	...	0.1	-	0.6	1.6	...	...	-	...	0.3	...	1.1	0.3	0.5	0.2	徳　島
...	...	...	...	...	0.6	-	0.3	0.7	...	...	0.1	...	1.2	...	1.1	-	0.5	2.4	香　川
...	...	...	...	...	0.1	0.1	1.5	2.4	...	...	0.1	...	2.0	...	1.0	-	0.2	1.7	愛　媛
...	...	...	...	...	0.6	-	1.2	2.5	...	...	0.2	...	-	...	1.1	-	0.8	4.1	高　知
...	...	...	...	...	2.0	0.2	0.7	0.3	...	...	0.3	...	0.1	...	0.5	-	0.4	1.7	福　岡
...	...	...	...	...	-	-	0.8	0.2	...	...	-	...	0.7	...	0.9	-	0.5	1.3	佐　賀
...	...	...	...	...	-	0.2	1.5	0.1	...	...	-	...	1.2	...	0.4	-	0.4	1.7	長　崎
...	...	...	...	...	0.5	0.7	1.2	1.1	...	...	2.9	...	2.2	...	0.5	0.0	1.1	0.7	熊　本
...	...	...	...	...	-	-	1.2	0.1	...	...	0.1	...	0.7	...	-	-	0.1	2.0	大　分
...	...	...	...	...	-	-	0.7	0.1	...	...	0.9	...	0.5	...	0.4	-	0.5	0.4	宮　崎
...	...	...	...	...	0.1	0.5	0.9	0.3	...	...	0.4	...	0.0	...	0.9	-	0.1	0.3	鹿 児 島
...	...	...	...	...	0.4	0.5	1.7	1.6	...	...	0.6	...	1.1	...	1.0	-	0.3	1.0	沖　縄

3．結核に関する検診の取扱いについては，「学校保健安全法施行規則」の一部改正に伴い，平成24年4月から教育委員会に設置された結核対策委員会からの意見を聞かずに精密検査を行うことができるようになったため，「結核の精密検査の対象者」には，学校医の診察の結果，精密検査が必要と認められたものも含まれる。以下の各表において同じ。

都道府県表

1　6歳 (1) 計

区分	計	視力非矯正者の裸眼視力				視力矯正者の裸眼視力				裸眼視力				眼の疾病・異常	難聴	耳疾患	鼻疾・副鼻腔患	口腔咽喉頭疾患・異常	むし歯（う歯）			歯列・咬合	顎関節	歯垢の状態	歯肉の状態	その他の疾病・異常
		1.0以上	1.0未満0.7以上	0.7未満0.3以上	0.3未満	1.0以上	1.0未満0.7以上	0.7未満0.3以上	0.3未満	計	1.0未満0.7以上	0.7未満0.3以上	0.3未満						計	処置完了者	未処置歯のある者					
全　国	100.00	76.22	13.61	6.58	1.24	0.58	0.58	0.75	0.44	23.20	14.19	7.33	1.68	5.33	0.60	10.09	11.66	1.10	29.98	12.30	17.68	3.09	0.05	1.29	0.67	5.91
北 海 道	100.0	73.1	16.8	7.5	1.1	0.2	0.5	0.5	0.3	26.7	17.3	8.0	1.4	4.9	0.3	12.2	8.6	1.2	34.7	15.8	19.0	2.7	0.1	1.9	1.1	3.7
青　森	100.0	65.7	20.0	9.0	1.7	0.6	0.6	1.7	0.7	33.7	20.6	10.8	2.4	3.9	0.8	8.2	15.7	0.9	45.5	13.2	32.3	3.1	0.0	0.4	0.7	9.0
岩　手	100.0	71.6	16.2	8.6	0.8	0.5	0.8	0.9	0.6	27.9	17.1	9.4	1.4	7.1	0.9	9.7	17.1	1.5	36.0	14.6	21.5	3.6	0.1	0.6	0.3	8.4
宮　城	100.0	73.8	16.0	6.5	1.3	0.5	0.5	0.6	0.7	25.6	16.6	7.1	2.0	5.9	0.5	11.0	9.2	0.2	35.0	13.9	21.1	3.6	-	1.3	0.8	7.4
秋　田	100.0	73.5	19.0	5.9	0.5	0.0	0.2	0.7	0.3	26.5	19.1	6.5	0.8	6.7	0.4	11.3	15.3	2.1	37.6	12.7	24.9	3.5	0.1	0.8	0.2	6.3
山　形	100.0	78.2	10.1	5.0	1.0	1.5	1.6	2.2	0.5	20.3	11.7	7.2	1.4	4.4	0.4	7.5	16.5	2.3	35.2	12.8	22.4	4.5	0.2	2.0	0.9	11.4
福　島	100.0	68.1	18.7	8.5	1.7	0.5	0.5	1.1	0.6	31.4	19.4	9.7	2.4	3.3	0.5	12.8	13.0	1.4	42.9	16.4	26.5	2.1	0.1	1.2	0.5	6.4
茨　城	100.0	75.0	13.6	8.0	1.2	0.5	0.7	0.6	0.4	24.5	14.3	8.6	1.6	17.1	0.6	3.7	23.2	1.3	33.9	11.3	22.6	2.7	-	0.5	0.3	8.3
栃　木	100.0	75.2	13.0	7.9	0.6	0.4	0.4	1.2	0.6	24.1	13.5	9.0	1.5	4.8	0.6	7.9	9.9	0.3	34.7	10.7	24.0		0.1	0.8	-	7.7
群　馬	100.0	78.7	11.0	5.8	0.7	0.8	0.9	1.5	0.5	20.5	11.9	7.3	1.2	5.3	1.2	5.6	6.5	0.3	30.1	12.1	18.1	4.3	0.1	1.2	0.7	6.9
埼　玉	100.0	77.6	11.9	6.8	1.4	0.8	0.6	0.6	0.4	21.6	12.5	7.4	1.8	4.0	0.7	8.6	8.1	0.4	23.4	11.1	12.3	1.7	-	0.5	0.3	5.3
千　葉	100.0	76.1	13.6	6.5	1.0	0.7	0.5	1.0	0.6	23.2	14.1	7.4	1.6	4.9	0.5	11.8	14.7	1.0	25.7	9.6	16.0	3.9	-	2.2	1.2	6.1
東　京	100.0	73.3	16.4	6.7	1.6	0.6	0.5	0.6	0.4	26.1	16.9	7.2	2.0	3.4	0.5	13.0	11.0	2.0	19.1	9.3	9.8	1.4	0.0	1.1	0.7	3.8
神 奈 川	100.0	81.0	10.5	6.8	1.6	-	0.0	0.0	-	19.0	10.5	6.8	1.6	6.3	0.7	14.8	11.8	0.4	23.1	10.5	12.6	3.9	0.0	0.9	0.5	4.5
新　潟	100.0	80.4	11.4	4.9	0.8	0.6	1.0	0.6	0.3	19.0	12.4	5.6	1.1	2.3	1.4	6.0	15.4	0.2	22.5	9.4	13.2	2.8	-	0.8	0.6	7.6
富　山	100.0	79.7	10.9	4.5	0.8	1.4	0.9	1.2	0.7	18.9	11.8	5.7	1.5	9.1	0.4	7.1	10.6	0.7	28.4	13.0	15.4	0.9	-	0.4	0.4	4.8
石　川	100.0	76.6	13.7	4.6	0.7	1.1	0.6	1.8	0.9	22.3	14.3	6.4	1.6	4.0	0.4	7.0	11.4	0.4	27.9	8.8	19.1	1.9	-	2.0	0.9	3.8
福　井	100.0	79.3	9.8	4.3	0.9	2.0	1.4	1.4	0.9	18.7	11.2	5.8	1.7	1.4	0.3	3.3	3.8	0.8	39.1	15.1	24.0		0.1	0.1	0.7	7.4
山　梨	100.0	75.4	12.5	6.9	1.8	0.7	0.8	1.2	0.8	23.9	13.3	8.1	2.5	4.9	0.8	9.6	12.7	0.2	33.6	13.7	19.9	3.6	-	1.2	0.8	9.5
長　野	100.0	77.1	14.4	5.0	0.6	0.5	1.1	1.1	0.3	22.4	15.4	6.1	0.9	3.8	0.2	8.7	5.7	0.3	28.1	12.7	15.4	3.0	-	1.1	0.5	5.9
岐　阜	100.0	73.7	13.8	7.5	1.5	1.1	0.8	1.2	0.4	25.2	14.6	8.8	1.8	3.0	0.7	5.5	13.2	2.7	30.3	11.6	18.7	2.4	0.1	1.4	0.4	6.9
静　岡	100.0	82.5	8.9	4.2	0.9	1.0	0.9	1.1	0.4	16.5	9.8	5.4	1.4	3.4	0.7	10.5	10.1	0.9	26.3	11.6	14.7	3.2	0.0	1.3	0.9	8.8
愛　知	100.0	78.6	11.5	6.0	1.4	0.8	0.6	0.7	0.5	20.6	12.0	6.7	1.9	8.6	0.9	8.8	11.0	2.1	27.6	12.6	14.9	2.9	0.2	1.4	0.5	6.4
三　重	100.0	75.6	16.0	5.4	2.1	0.2	0.4	0.2	-	24.2	16.4	5.7	2.1	5.4	0.5	8.8	11.1	1.1	33.7	11.3	22.4	2.1	0.2	1.0	0.7	6.6
滋　賀	100.0	81.1	11.0	5.8	0.3	0.0	0.6	0.7	0.4	18.9	11.8	6.4	0.7	2.2	0.7	6.2	5.7	1.7	31.0	10.9	20.1	4.4	0.0	1.2	0.7	6.8
京　都	100.0	79.3	12.5	4.9	0.9	0.5	0.9	0.5	0.5	20.2	13.1	5.8	1.4	2.4	0.4	11.2	10.2	1.0	32.5	10.8	21.7	4.9	-	2.5	1.5	5.8
大　阪	100.0	77.1	12.1	7.0	0.4	0.5	0.5	0.8	0.4	22.3	12.6	7.8	1.8	6.7	0.4	12.9	10.7	1.0	34.1	13.6	20.5	4.3	-	1.9	0.9	6.6
兵　庫	100.0	80.1	10.9	6.5	1.1	0.4	0.5	0.8	0.4	19.5	11.1	6.8	1.6	6.0	0.4	11.6	15.5	2.4	29.7	12.5	17.1	6.5	0.0	1.5	0.5	5.4
奈　良	100.0	82.3	10.2	4.3	1.0	0.2	0.4	0.8	0.8	17.4	10.6	5.1	1.8	5.1	0.8	9.8	13.3	1.1	32.0	12.8	19.2	3.3	0.2	1.0	0.6	6.4
和 歌 山	100.0	75.9	11.7	5.7	1.0	1.2	0.9	2.1	1.5	23.0	12.6	7.8	2.5	5.5	0.9	10.5	10.4	2.5	34.6	13.2	21.5	4.8	-	1.4	0.7	6.4
鳥　取	100.0	80.7	10.3	4.9	1.2	0.8	0.9	0.9	0.4	18.4	11.1	5.8	1.6	8.3	0.6	7.1	14.0	0.6	36.9	14.9	22.0	5.5	0.1	2.5	1.6	7.3
島　根	100.0	75.4	13.2	5.4	0.6	1.5	1.8	1.3	0.7	23.1	15.0	6.8	1.4	8.2	0.6	13.0	15.6	2.2	34.2	13.6	20.6	2.1	0.0	1.0	0.7	4.2
岡　山	100.0	72.6	15.4	7.5	1.0	1.0	1.0	1.2	0.2	26.4	16.5	8.7	1.2	4.5	0.3	9.0	18.3	3.3	28.9	11.5	17.4	2.3	-	1.1	0.8	7.9
広　島	100.0	75.0	14.8	6.8	1.0	0.8	0.5	0.6	0.4	24.2	15.4	7.5	1.4	3.6	0.3	6.6	10.7	1.0	29.2	13.1	16.1	3.5	0.0	1.5	1.3	6.1
山　口	100.0	81.6	9.0	6.0	0.8	0.8	0.6	0.9	0.3	17.6	9.6	6.9	1.1	5.6	0.5	10.2	11.8	0.0	36.0	13.0	22.9	4.3	0.0	0.9	0.5	5.7
徳　島	100.0	75.3	14.7	5.7	0.9	0.6	0.8	1.0	0.6	23.8	15.6	6.6	1.5	9.7	0.9	6.3	X	9.4	31.7	12.1	19.6	3.8	0.0	0.8	0.2	8.5
香　川	100.0	79.1	11.2	5.4	0.8	0.6	0.8	1.2	0.8	20.2	12.0	6.6	1.6	3.9	1.0	9.1	13.4	0.2	34.6	13.6	21.0	3.7	-	2.0	0.5	7.4
愛　媛	100.0	73.7	13.8	7.9	1.3	0.8	0.9	0.9	0.7	25.5	14.7	8.8	2.0	7.6	0.4	10.7	11.4	1.8	37.6	16.0	21.6	2.7	0.0	0.6	0.5	5.7
高　知	100.0	77.5	12.5	5.4	1.1	0.7	0.6	1.3	0.5	21.8	13.4	6.8	1.7	0.4	0.6	10.9	8.1	2.5	35.8	10.8	25.0	1.5	0.1	1.0	0.4	8.7
福　岡	100.0	64.4	21.7	9.5	1.3	0.7	0.5	0.9	0.7	34.9	22.5	10.4	2.0	5.2	0.6	10.4	10.8	1.1	34.8	15.8	19.0	1.7	0.1	1.0	0.5	4.8
佐　賀	100.0	72.4	16.8	7.6	1.2	0.6	0.5	0.8	0.1	27.2	17.4	8.4	1.3	2.4	0.3	7.1	8.1	0.4	40.6	13.9	26.7	2.8	0.1	1.9	0.6	10.0
長　崎	100.0	80.6	11.1	5.9	1.2	0.6	0.5	0.6	0.1	19.3	11.6	6.5	1.2	2.8	0.4	8.5	7.9	0.3	37.1	16.1	20.9	1.9	0.0	0.6	0.5	5.9
熊　本	100.0	79.6	11.4	5.6	1.0	0.5	0.7	0.7	0.4	19.9	12.1	6.3	1.5	6.2	0.7	3.1	10.7	1.0	40.9	16.4	24.5	3.0	0.0	1.1	0.8	6.0
大　分	100.0	78.4	14.9	4.2	0.7	0.8	0.5	0.6	0.7	20.9	15.4	4.8	0.7	5.4	0.7	8.2	14.4	3.2	39.1	17.5	21.6	0.3	0.2	2.2	1.3	2.8
宮　崎	100.0	75.2	13.9	6.2	1.0	0.9	1.0	1.6	0.3	23.8	14.9	7.2	1.8	4.0	0.6	11.3	10.9	1.5	38.6	13.0	25.6	3.8	0.1	0.5	0.4	4.8
鹿 児 島	100.0	77.9	13.7	5.8	0.7	0.6	0.4	0.7	0.3	21.9	14.3	6.5	1.1	4.7	1.1	9.4	15.3	1.4	40.9	16.0	24.8	3.2	-	2.0	0.3	5.4
沖　縄	100.0	70.7	18.2	8.1	1.5	0.1	0.4	0.5	0.4	29.3	18.6	8.7	1.9	0.7	0.5	5.1	10.1	1.5	42.9	12.8	30.1	1.3	-	1.2	0.8	5.9

異常被患率等（各年齢ごと）（39-2）

単位（％）

永久歯の1人当り平均むし歯（う歯）等数					栄養状態	せき柱・四肢の状態・胸郭	皮膚疾患		結核の検査の対象者精密	結核	心臓疾病・異常	心電図異常	蛋白検出の者	尿糖検出の者	その他の疾病・異常				区分
計(本)	喪失歯数(本)	むし歯(う歯) 計(本)	処置歯数(本)	未処置歯数(本)			アトピー性皮膚炎	その他の皮膚疾患							ぜん息	腎臓疾患	言語障害	その他の疾病・異常	
…	…	…	…	…	1.03	0.63	2.94	0.50	0.27	0.01	0.94	2.55	0.56	0.05	2.94	0.18	0.66	4.36	全　国
…	…	…	…	…	0.6	0.3	4.4	0.3	0.1	-	0.4	2.2	0.2	0.1	3.9	0.2	0.3	4.1	北 海 道
…	…	…	…	…	2.3	1.2	1.5	0.7	0.1	-	0.3	1.8	0.4	0.0	1.3	0.1	0.4	4.0	青　森
…	…	…	…	…	1.7	0.3	2.1	0.3	-		0.6	1.5	0.7	0.0	1.9	0.1	2.7	5.2	岩　手
…	…	…	…	…	1.5	0.8	3.3	0.5	0.0		0.4	1.0	0.0	0.1	4.0	0.2	1.2	5.3	宮　城
…	…	…	…	…	3.5	2.1	2.7	0.6			1.2	4.5	0.3	0.0	3.7	0.1	0.3	6.6	秋　田
…	…	…	…	…	2.3	1.3	4.3	0.6	0.0		1.3	3.3	0.4	-	4.8	0.2	4.8	9.7	山　形
…	…	…	…	…	2.9	0.9	3.0	1.0	0.1		0.6	2.6	1.4	0.0	3.6	0.2	1.1	6.4	福　島
…	…	…	…	…	2.5	2.1	8.5	0.3	0.5		1.0	3.7	0.4	-	5.5	0.2	0.5	5.3	茨　城
…	…	…	…	…	1.7	1.1	3.3	0.9	0.1		1.2	3.1	2.0	0.0	4.3	0.2	1.0	6.1	栃　木
…	…	…	…	…	0.9	0.8	4.2	0.9	0.3		1.5	2.8	0.1	0.0	4.5	0.2	2.1	6.1	群　馬
…	…	…	…	…	0.4	0.5	2.0	0.5	0.3	0.1	1.2	2.0	1.2	0.1	2.3	0.2	0.3	2.7	埼　玉
…	…	…	…	…	0.7	0.4	3.4	0.2	0.5		0.5	1.2	0.4	0.1	5.2	0.1	1.9	3.8	千　葉
…	…	…	…	…	0.7	0.4	2.7	0.6	0.3		0.9	1.6	0.4	0.0	2.5	0.3	0.2	4.3	東　京
…	…	…	…	…	0.7	0.7	3.0	0.5	0.3		0.3	2.4	0.2	0.0	3.7	0.2	0.2	3.4	神 奈 川
…	…	…	…	…	1.6	0.1	5.1	0.2	0.0		1.6	3.3	0.2	0.2	6.3	0.4	2.0	8.0	新　潟
…	…	…	…	…	1.0	1.2	3.0	0.4	0.3		1.4	2.6	0.9	0.0	2.9	0.1	0.5	5.5	富　山
…	…	…	…	…	0.4	0.2	2.2	0.6	0.2		1.0	2.4	0.4	0.0	1.2	0.1	0.5	3.8	石　川
…	…	…	…	…	1.1	0.4	3.8	0.6	0.0		0.7	2.0	0.8	0.0	2.0	0.2	0.2	5.5	福　井
…	…	…	…	…	1.2	0.7	1.5	0.9	0.1	0.0	0.5	1.8	0.6	0.0	3.5	0.3	0.5	6.3	山　梨
…	…	…	…	…	0.8	0.4	2.4	0.5	0.0		1.4	2.5	0.3	0.0	4.9	0.2	1.1	5.9	長　野
…	…	…	…	…	0.7	0.1	2.7	0.3	0.1		1.2	4.4	0.4	0.0	2.9	0.5	2.0	8.2	岐　阜
…	…	…	…	…	0.9	0.5	2.4	0.3	0.3	0.0	1.0	2.6	0.5	0.0	1.9	0.1	0.6	5.3	静　岡
…	…	…	…	…	1.1	0.7	5.2	0.6	0.5		1.0	2.7	0.6	0.1	3.5	0.2	0.4	5.5	愛　知
…	…	…	…	…	1.2	0.5	2.0	0.3	0.3		1.0	3.2	0.3	0.1	4.0	0.1	0.1	2.8	三　重
…	…	…	…	…	0.3	0.2	1.5	0.3	0.4	0.0	1.4	4.1	0.2	-	1.2	0.2	0.3	3.7	滋　賀
…	…	…	…	…	2.3	0.8	4.0	0.4	0.2	0.0	2.7	4.6	0.3	0.1	2.9	-	1.3	5.5	京　都
…	…	…	…	…	0.1	0.5	1.9	0.6	0.2		0.9	3.5	0.5	0.0	1.7	0.2	0.3	2.9	大　阪
…	…	…	…	…	1.5	0.3	2.2	0.4	0.2		1.6	2.5	0.4	-	2.1	0.1	0.4	2.8	兵　庫
…	…	…	…	…	0.8	0.6	3.6	0.6	0.2		0.7	2.8	2.0	0.1	0.9	0.1	0.6	6.0	奈　良
…	…	…	…	…	0.7	0.6	2.2	0.8	0.1		1.2	2.9	2.0	0.0	1.5	0.2	0.8	5.0	和 歌 山
…	…	…	…	…	1.1	0.5	5.0	0.7	-		1.5	2.2	-	0.1	5.2	0.2	0.2	7.7	鳥　取
…	…	…	…	…	0.9	0.8	5.5	0.5	0.1		0.3	1.3	2.5	-	3.5	0.2	0.2	5.3	島　根
…	…	…	…	…	1.2	0.5	3.1	0.6	0.4		1.0	3.3	0.4	0.0	3.7	0.2	0.9	6.8	岡　山
…	…	…	…	…	0.9	1.2	2.3	0.9	0.2		0.9	3.4	0.8	0.1	2.1	0.0	0.2	4.3	広　島
…	…	…	…	…	1.4	1.1	1.3	0.6	0.2		1.2	2.1	0.6	0.0	1.9	0.2	0.4	5.2	山　口
…	…	…	…	…	1.9	0.3	3.1	0.5	0.0		0.1	2.8	0.2	0.0	1.9	0.2	0.4	5.1	徳　島
…	…	…	…	…	3.1	0.3	2.6	0.4	0.0		0.9	4.6	0.1	0.0	1.9	0.1	0.1	5.0	香　川
…	…	…	…	…	1.4	0.2	1.9	0.6	-		1.8	2.0	0.8	0.0	1.6	0.2	1.7	2.7	愛　媛
…	…	…	…	…	0.6	0.2	1.8	0.8	0.1		0.8	2.3	0.3	-	1.1	0.1	0.9	2.2	高　知
…	…	…	…	…	1.2	1.3	1.3	0.4	0.2		0.9	2.5	0.3	0.0	1.6	0.2	0.3	3.4	福　岡
…	…	…	…	…	1.3	1.0	1.5	0.6	0.0		1.1	6.2	0.1	0.0	2.5	0.1	0.2	7.2	佐　賀
…	…	…	…	…	0.8	0.2	1.9	0.2	0.0		0.8	2.8	0.2	0.0	1.9	0.1	0.4	3.7	長　崎
…	…	…	…	…	2.0	0.3	2.1	0.5	0.0		1.1	2.3	1.5	0.0	1.6	0.1	0.3	2.1	熊　本
…	…	…	…	…	0.6	0.9	1.4	0.4	0.0		0.4	2.3	1.8	0.1	2.7	0.1	0.3	2.6	大　分
…	…	…	…	…	1.3	1.4	2.3	0.3	0.0	0.0	1.3	3.2	0.2	0.0	3.7	0.2	0.8	6.2	宮　崎
…	…	…	…	…	1.0	0.5	1.4	0.1	0.6	0.0	1.4	2.7	0.7	0.0	2.0	0.1	0.5	1.1	鹿 児 島
…	…	…	…	…	0.7	0.5	2.4	0.4	0.0	0.0	0.2	1.8	0.4	0.2	2.1	0.1	0.7	3.6	沖　縄

1　7歳　(1) 計

区分	計	視力非矯正者の裸眼視力 1.0以上	1.0未満0.7以上	0.7未満0.3以上	0.3未満	視力矯正者の裸眼視力 1.0以上	1.0未満0.7以上	0.7未満0.3以上	0.3未満	裸眼視力 計	1.0未満0.7以上	0.7未満0.3以上	0.3未満	眼の疾病・異常	難聴	耳疾患	鼻疾患・副鼻腔患	口腔咽喉頭疾患・異常	むし歯(う歯)計	処置完了者	未処置歯のある者	歯列・咬合	顎関節	歯垢の状態	歯肉の状態	疾病・異常その他の
全　国	100.00	72.01	12.32	9.00	3.01	0.71	0.71	1.11	1.12	27.28	13.03	10.12	4.14	4.78	0.51	6.97	11.15	0.83	37.34	18.05	19.29	4.48	0.08	2.49	1.30	5.25
北 海 道	100.0	66.4	15.6	12.5	2.5	0.8	1.3	0.4	0.5	32.8	16.9	13.0	2.9	3.4	0.5	4.4	X	1.1	43.0	20.8	22.2	4.7	0.5	2.8	1.3	3.6
青　森	100.0	60.7	17.7	12.2	4.0	1.1	0.7	1.9	1.7	38.2	18.5	14.1	5.6	5.4	0.5	5.1	13.7	1.7	52.1	22.1	30.0	2.3	-	0.8	0.6	7.3
岩　手	100.0	68.7	13.8	9.3	2.5	1.0	1.2	2.2	1.4	30.3	14.9	11.5	3.9	7.4	0.3	7.3	20.2	1.3	44.3	21.0	23.4	6.3	-	1.4	1.3	6.3
宮　城	100.0	71.5	11.8	9.1	3.5	1.1	0.6	0.9	1.5	27.4	12.4	10.1	5.0	6.3	0.4	7.7	8.5	0.3	44.2	20.4	23.7	6.1	0.0	4.1	2.7	7.3
秋　田	100.0	73.3	14.0	7.7	2.7	0.2	0.6	1.3	1.2	26.5	14.6	7.9	4.0	6.5	0.4	6.3	13.6	1.1	41.1	18.1	23.0	4.7	0.2	1.7	1.2	7.3
山　形	100.0	72.8	10.1	9.2	2.0	1.5	1.4	1.6	1.4	25.7	11.5	10.8	3.4	5.1	0.4	5.2	17.7	2.2	42.2	19.6	22.6	6.5	-	3.4	1.7	9.2
福　島	100.0	64.7	16.1	10.8	3.2	0.9	0.9	1.5	1.5	34.2	17.1	12.4	4.7	3.5	0.4	2.5	6.7	2.8	45.6	19.6	26.0	2.8	-	1.7	1.3	5.5
茨　城	100.0	70.7	11.8	9.8	2.8	0.9	0.9	1.3	1.8	28.4	12.7	11.1	4.5	16.9	0.6	0.8	22.0	0.6	43.0	18.1	24.9	4.3	0.0	2.4	0.9	6.8
栃　木	100.0	69.7	13.4	9.2	2.9	0.7	0.9	2.1	1.1	29.6	14.3	11.3	4.0	4.6	0.4	5.3	9.4	0.5	42.9	17.2	25.7		0.0	0.9	0.3	6.2
群　馬	100.0	72.7	10.1	9.8	3.1	0.9	0.8	1.6	1.0	26.3	10.9	11.3	4.1	5.8	0.9	6.7	9.1	0.4	38.1	18.4	19.7	7.1	0.3	2.1	1.3	5.5
埼　玉	100.0	74.3	12.0	8.4	2.1	0.7	0.8	1.0	0.6	25.0	12.8	9.4	2.8	3.7	0.5	6.8	8.2	0.2	31.8	17.7	14.1	2.3	0.1	1.4	0.3	5.3
千　葉	100.0	72.6	12.0	8.7	2.4	1.0	0.8	1.1	1.3	26.4	12.8	9.8	3.8	5.0	0.5	2.7	14.4	0.6	31.5	13.8	17.7	3.1	0.1	1.4	1.6	5.4
東　京	100.0	67.8	15.1	9.0	4.0	0.6	0.5	1.3	1.5	31.5	15.6	10.4	5.5	3.8	0.4	11.1	10.6	0.1	25.3	13.8	11.5	2.9	0.0	2.2	0.9	2.8
神 奈 川	100.0	79.1	9.3	8.4	3.2	-	-	0.0	0.0	20.9	9.3	8.4	3.2	5.4	0.7	10.0	10.0	0.7	29.2	14.6	14.7	6.0	0.0	2.0	0.6	4.4
新　潟	100.0	74.1	10.7	8.1	2.4	0.9	0.7	1.6	1.5	25.0	11.5	9.7	3.9	3.4	0.6	5.3	15.8	0.4	31.6	17.0	14.6	2.6	0.0	0.8	0.6	4.0
富　山	100.0	76.0	9.4	6.6	2.8	1.6	0.9	1.7	1.0	22.5	10.3	8.4	3.8	10.0	0.5	4.5	10.3	0.4	40.9	21.3	19.6	2.6	0.2	1.4	1.7	3.2
石　川	100.0	73.2	10.3	8.5	2.0	1.6	1.1	1.8	1.4	25.2	11.4	10.4	3.4	1.1	0.2	-	X	-	33.8	13.1	20.7	2.6	0.1	2.9	2.1	3.6
福　井	100.0	72.2	11.0	8.1	1.9	1.6	2.0	1.3	1.3	26.2	13.0	10.0	3.2	0.9	0.4	2.5	4.0	0.3	47.0	22.2	24.7	3.7	-	1.6	1.2	6.8
山　梨	100.0	70.8	11.3	8.9	3.7	0.9	1.0	1.6	1.8	28.4	12.4	10.5	5.5	3.8	0.7	8.4	12.5	0.5	42.6	20.4	22.3	5.2	0.1	2.1	0.5	8.8
長　野	100.0	72.3	13.1	8.0	2.0	0.8	1.3	1.3	1.2	26.9	14.4	9.3	3.2	3.4	0.6	6.0	7.5	0.2	34.8	18.7	16.1	3.6	0.1	1.8	0.8	6.1
岐　阜	100.0	71.9	11.7	8.9	2.7	0.7	0.9	1.7	1.5	27.4	12.7	10.6	4.2	3.2	0.5	7.3	10.8	1.6	38.8	19.0	19.9	4.5	0.1	3.0	1.2	6.0
静　岡	100.0	77.7	8.9	7.1	1.9	0.9	0.9	1.0		21.4	10.1	8.4	2.9	3.4	0.5	6.7	10.7	1.0	35.8	17.5	18.3	4.4	-	2.6	2.1	7.2
愛　知	100.0	74.7	9.9	8.6	2.9	0.8	0.8	1.3	0.9	24.5	10.8	9.9	3.8	5.9	0.8	7.7	13.8	1.3	33.4	17.9	15.5	3.9	0.1	2.4	1.5	5.2
三　重	100.0	82.1	7.9	6.8	3.0	-	0.1	0.1	-	17.9	8.0	6.9	3.0	3.5	0.5	4.7	9.5	0.2	41.2	17.7	23.6	3.0	0.2	2.8	2.0	6.0
滋　賀	100.0	77.2	10.3	8.0	2.7	-	0.5	0.8	0.5	22.8	10.8	8.7	3.2	1.2	0.4	2.2	3.0	0.1	39.5	17.9	21.6	5.4	0.1	1.9	2.0	5.7
京　都	100.0	74.2	10.5	8.9	2.3	1.0	0.7	1.3	1.1	24.8	11.2	10.2	3.4	6.9	0.4	8.5	10.8	0.5	39.0	17.0	22.0	6.7	0.0	2.3	2.1	4.4
大　阪	100.0	70.7	12.3	10.4	2.9	0.6	0.8	1.1	1.5	28.7	12.8	11.5	4.4	5.1	0.4	8.9	8.5	0.5	41.4	20.4	21.0	6.4	0.0	4.1	1.6	6.6
兵　庫	100.0	74.4	10.3	8.0	4.4		0.7	1.4		25.5	10.5	9.3	5.6	6.7	0.4	6.9	13.3	1.2	37.3	19.5	17.8	8.7	0.1	3.3	1.6	5.0
奈　良	100.0	79.0	8.4	7.3	1.8	1.1	0.9	0.8		19.9	9.0	8.3	2.7	2.0	0.3	3.7	11.9	0.2	39.9	18.5	21.3	3.2	-	2.6	0.4	6.3
和 歌 山	100.0	73.4	10.4	7.7	2.2	1.8	1.0	1.5	2.0	24.8	11.4	9.1	4.2	7.5	0.6	2.6	11.5	0.6	39.4	17.6	21.9	5.8	0.1	3.0	1.1	5.1
鳥　取	100.0	74.5	10.3	7.4	2.2	1.4	1.0	2.0	1.2	24.1	11.4	9.5	3.2	7.2	0.5	9.4	12.3	2.0	39.8	19.5	20.3	6.8	0.1	4.8	2.6	6.3
島　根	100.0	69.9	12.2	8.0	2.4	1.1	1.9	2.0	1.9	29.0	14.0	10.7	4.2	6.2	0.7	8.8	16.6	1.4	42.8	18.7	24.2	3.0	-	2.0	1.3	5.5
岡　山	100.0	69.0	14.5	8.8	3.1	1.0	1.0	1.2	1.4	30.0	15.5	10.0	4.5	4.6	0.4	10.9	17.7	3.4	34.8	16.4	18.4	3.4	0.1	1.3		6.0
広　島	100.0	68.3	13.7	10.0	3.1	0.7	1.0	1.4	2.3	31.0	14.1	11.4	5.4	2.2	0.5	5.0	9.5	0.7	38.9	18.8	20.2	5.4	0.1	2.2	1.3	5.2
山　口	100.0	77.3	8.0	8.1	2.8	0.8	0.9	0.9	1.2	21.9	8.9	9.0	4.0	4.2	0.4	11.4	9.2	0.6	45.6	21.2	24.4	3.6	0.0	1.6	1.4	5.1
徳　島	100.0	70.6	13.4	8.1	3.4	0.8	1.1	1.5	1.1	28.6	14.4	9.6	4.6	7.0	0.5	8.9	21.0	7.2	39.2	18.6	20.6	5.9	0.0	1.8	1.0	7.1
香　川	100.0	72.9	11.0	7.9	2.9	1.2	0.4	1.2	2.5	25.9	11.4	9.1	5.4	4.5	0.8	6.5	12.2	0.8	39.3	17.8	21.5	5.8	0.1	3.4	2.5	7.0
愛　媛	100.0	67.9	13.5	10.1	4.3	1.1	0.7	1.1	1.2	31.0	14.1	11.2	5.7	7.7	0.4	7.4	20.8	0.6	46.2	22.9	23.4	3.5	0.0	2.1	1.3	5.3
高　知	100.0	72.4	9.3	10.9	3.3	1.1	0.9	1.1	1.1	26.5	10.0	12.0	4.5	1.4	0.5	1.8	5.2	1.2	44.1	16.3	27.8	2.7	-	2.8	1.2	7.7
福　岡	100.0	62.5	19.1	10.5	4.3	0.9	0.7	0.9	1.1	36.6	19.8	11.3	5.4	4.0	0.6	7.0	8.2	0.3	42.6	22.1	20.5	2.9	0.1	1.9	1.2	5.2
佐　賀	100.0	68.1	15.8	9.7	3.0	0.7	1.0	1.0	0.8	31.2	16.7	10.7	3.7	2.3	0.5	5.7	7.3	0.4	48.3	20.1	28.2	3.5	0.1	3.6	1.8	8.4
長　崎	100.0	74.8	11.8	9.2	2.8	0.1	0.4	0.7		25.0	12.2	9.4	3.5	0.6	0.6	0.6	0.7		46.0	23.4	22.6	2.3	0.1	1.8	0.8	5.9
熊　本	100.0	74.9	10.7	8.0	1.7	1.0	1.1	1.4		24.1	11.7	9.3	3.0	5.5	0.6	6.3		1.4	49.8	23.6	26.1	4.5	0.1	4.2	2.2	5.3
大　分	100.0	73.8	14.4	7.8	2.2	0.3	0.4	0.6	0.5	25.9	14.7	8.5	2.7	7.5	0.2	7.5	18.1	2.6	49.9	21.2	28.7		0.2	4.7	2.6	2.8
宮　崎	100.0	73.2	12.6	7.6	2.5	1.0	0.9	1.0		25.8	13.5	8.8	3.5	5.0	0.5	9.1	11.7	0.7	45.0	17.5	27.5	5.6	0.1	2.9	1.6	3.7
鹿 児 島	100.0	75.8	12.6	6.7	1.8	0.3	1.3	0.7	0.9	24.0	13.9	7.4	2.7	5.7	0.7	10.1	15.1	1.3	50.5	24.1	26.4	4.9	0.2	2.0	0.5	5.1
沖　縄	100.0	66.7	14.7	11.3	4.9	0.1	0.6	0.7	1.1	33.2	15.3	12.0	6.0	0.8	0.5	4.5	9.2	2.2	50.3	17.0	33.3	2.5	0.0	2.5	1.6	6.7

異常被患率等（各年齢ごと）（39-3）

単位　（%）

計(本)	喪失歯数(本)	計(本)	処置歯数(本)	未処置歯数(本)	栄養状態	せき柱・四肢の状態・胸郭	アトピー性皮膚炎	その他の皮膚疾患	結核検査の対象の精密者	結核	心疾病臓・異常	心電図異常	蛋白検出の者	尿糖検出の者	ぜん息	腎臓疾患	言語障害	その他の疾病・異常	区分
…	…	…	…	…	1.47	0.61	3.16	0.46	0.08	0.00	0.84	…	0.58	0.05	2.86	0.22	0.65	4.46	全　国
…	…	…	…	…	1.0	0.6	5.7	0.1	-	-	0.5	…	0.2	0.1	4.4	0.1	0.2	4.7	北　海　道
…	…	…	…	…	3.3	1.1	1.5	0.4	-	-	0.2	…	0.4	0.0	1.2	0.0	0.5	4.0	青　森
…	…	…	…	…	2.5	0.8	3.4	0.4	-	-	0.3	…	0.9	-	2.5	0.6	1.7	5.1	岩　手
…	…	…	…	…	2.2	0.9	3.1	0.7	0.0	-	0.6	…	0.1	0.0	4.9	0.1	1.6	5.8	宮　城
…	…	…	…	…	5.7	1.6	3.2	0.7	-	-	0.7	…	0.2	0.1	3.0	0.4	0.2	6.2	秋　田
…	…	…	…	…	3.0	1.0	4.5	0.9	-	-	0.5	…	0.3	0.1	3.9	0.1	1.9	11.1	山　形
…	…	…	…	…	3.1	1.1	3.8	1.4	-	-	0.4	…	1.6	-	2.9	0.3	0.9	6.7	福　島
…	…	…	…	…	3.4	1.9	8.8	0.7	0.4	-	1.1	…	0.4	0.0	5.2	0.2	0.7	4.8	茨　城
…	…	…	…	…	2.4	0.9	3.8	0.6	0.0	-	1.2	…	1.8	0.1	4.1	0.2	1.4	5.3	栃　木
…	…	…	…	…	1.6	0.8	3.0	0.3	-	-	1.4	…	0.3	0.1	4.4	0.4	2.7	5.4	群　馬
…	…	…	…	…	0.5	0.2	2.5	0.4	0.1	0.0	0.8	…	0.9	0.0	2.9	0.2	0.7	2.9	埼　玉
…	…	…	…	…	1.2	0.2	3.3	0.2	0.2	-	0.7	…	0.5	-	4.3	0.1	1.7	4.0	千　葉
…	…	…	…	…	0.7	0.4	3.1	0.7	0.1	-	1.0	…	0.6	0.1	2.8	0.2	0.5	4.1	東　京
…	…	…	…	…	1.3	0.6	3.2	0.9	0.1	-	0.6	…	0.2	0.0	3.3	0.1	0.3	3.3	神　奈　川
…	…	…	…	…	1.0	0.1	5.6	0.3	-	-	2.3	…	0.3	0.1	5.3	0.4	2.2	8.0	新　潟
…	…	…	…	…	1.7	1.0	3.3	0.4	0.1	-	1.5	…	0.7	-	3.3	0.2	0.2	4.2	富　山
…	…	…	…	…	0.8	0.5	1.7	0.3	0.2	-	1.0	…	0.3	0.0	1.4	0.2	0.6	3.8	石　川
…	…	…	…	…	1.7	0.4	3.4	0.4	-	-	1.1	…	0.6	0.1	1.7	0.4	0.1	6.2	福　井
…	…	…	…	…	2.5	0.5	2.5	0.7	-	-	0.4	…	0.5	0.0	3.3	0.1	1.3	5.2	山　梨
…	…	…	…	…	1.2	0.4	3.1	0.4	0.1	-	1.1	…	0.2	0.0	4.0	0.1	0.9	6.3	長　野
…	…	…	…	…	1.4	0.4	3.5	0.3	0.1	-	1.4	…	0.4	0.0	2.9	0.1	1.8	10.5	岐　阜
…	…	…	…	…	1.5	0.6	2.9	0.2	0.1	-	0.7	…	0.6	0.0	1.1	0.2	0.8	5.2	静　岡
…	…	…	…	…	1.9	0.4	4.7	0.4	0.1	-	0.7	…	0.5	0.0	3.4	0.2	0.4	5.0	愛　知
…	…	…	…	…	2.2	0.5	3.4	0.4	0.1	-	0.6	…	0.6	0.1	4.2	0.1	0.5	3.5	三　重
…	…	…	…	…	0.4	0.2	1.5	0.3	0.1	-	1.2	…	0.2	0.0	1.2	0.2	0.2	3.6	滋　賀
…	…	…	…	…	3.4	0.9	4.1	0.7	0.0	-	1.9	…	0.4	0.1	2.8	0.2	1.1	5.4	京　都
…	…	…	…	…	0.2	0.5	1.9	0.3	0.0	-	0.1	…	0.4	0.0	1.4	0.1	0.3	3.2	大　阪
…	…	…	…	…	1.7	0.7	1.9	0.4	-	-	1.3	…	0.3	0.1	2.1	0.2	0.3	3.2	兵　庫
…	…	…	…	…	1.4	1.2	3.7	0.7	-	-	0.6	…	1.9	0.0	0.9	-	0.3	4.7	奈　良
…	…	…	…	…	0.8	1.0	2.9	0.4	0.0	-	0.7	…	2.4	-	0.9	0.1	0.5	3.5	和　歌　山
…	…	…	…	…	1.7	0.6	6.3	0.2	-	-	1.4	…	0.1	0.0	5.2	0.2	0.3	8.9	鳥　取
…	…	…	…	…	2.1	0.8	6.4	0.3	0.0	-	0.3	…	2.3	0.0	3.5	0.2	0.4	6.2	島　根
…	…	…	…	…	1.8	0.3	3.3	0.4	0.1	-	1.0	…	0.4	0.1	3.0	0.2	0.5	7.8	岡　山
…	…	…	…	…	1.4	0.22	2.7	0.9	0.08	-	0.5	…	1.1	0.1	1.6	0.22	0.4	5.0	広　島
…	…	…	…	…	1.6	1.2	2.1	0.5	-	-	1.4	…	0.5	0.1	1.9	0.1	0.6	6.3	山　口
…	…	…	…	…	2.4	0.3	2.9	0.2	-	-	0.2	…	0.2	0.1	2.2	0.1	1.3	4.6	徳　島
…	…	…	…	…	3.9	0.2	2.2	0.5	0.0	-	1.4	…	0.4	-	2.9	0.2	0.1	5.3	香　川
…	…	…	…	…	0.6	0.6	1.7	0.1	0.0	-	1.7	…	1.0	0.0	1.9	0.1	0.9	3.1	愛　媛
…	…	…	…	…	1.0	0.2	2.1	0.4	0.0	-	0.6	…	0.3	0.0	1.9	0.1	0.2	3.9	高　知
…	…	…	…	…	1.3	1.4	1.6	0.2	0.1	-	0.8	…	0.5	0.0	1.7	0.3	0.1	2.7	福　岡
…	…	…	…	…	1.5	0.7	1.4	0.4	-	-	0.7	…	0.2	0.2	2.4	0.3	0.3	7.3	佐　賀
…	…	…	…	…	1.3	0.2	2.8	0.2	-	-	1.1	…	0.1	0.1	1.2	0.1	0.8	4.1	長　崎
…	…	…	…	…	2.6	1.0	1.6	0.3	0.0	-	0.4	…	1.9	0.1	1.3	0.2	0.2	3.1	熊　本
…	…	…	…	…	0.9	0.7	2.3	0.2	-	-	0.4	…	2.1	0.1	2.9	0.2	0.2	2.6	大　分
…	…	…	…	…	2.3	1.1	1.3	0.3	0.0	0.1	1.0	…	0.1	0.0	4.3	0.4	1.1	7.5	宮　崎
…	…	…	…	…	1.9	0.3	1.8	0.0	0.2	-	1.5	…	0.4	0.0	3.1	0.2	0.4	1.6	鹿　児　島
…	…	…	…	…	2.0	0.5	2.6	0.6	-	-	0.7	…	0.6	0.1	2.2	0.7	0.6	3.5	沖　縄

都道府県表

1　8歳　(1)　計

区分	計	非矯正1.0以上	非矯正1.0未満0.7以上	非矯正0.7未満0.3以上	非矯正0.3未満	矯正1.0以上	矯正1.0未満0.7以上	矯正0.7未満0.3以上	矯正0.3未満	裸眼計(1.0未満)	1.0未満0.7以上	0.7未満0.3以上	0.3未満	眼の疾病・異常	難聴	耳疾患	鼻疾・副鼻腔患	口腔咽喉頭疾患・異常	むし歯計	処置完了者	未処置歯のある者	歯列・咬合	顎関節	歯垢の状態	歯肉の状態	その他の疾病・異常
全　国	100.00	65.49	11.26	11.39	4.70	0.90	0.91	2.06	3.30	33.62	12.17	13.45	8.00	5.14	0.49	6.51	11.20	0.71	42.77	22.50	20.27	5.32	0.09	3.42	1.87	5.33
北 海 道	100.0	66.5	10.9	13.7	5.8	0.3	0.3	1.1	1.5	33.2	11.2	14.8	7.3	5.4	0.4	5.3	5.9	0.1	48.6	25.5	23.1	6.0	0.0	3.3	2.5	3.6
青　森	100.0	54.0	14.5	14.7	5.9	0.7	1.0	2.8	6.4	45.3	15.5	17.5	12.3	3.3	0.6	4.0	14.4	1.5	58.5	27.3	31.2	2.8	-	2.0	1.1	8.8
岩　手	100.0	61.8	12.3	12.3	5.8	0.7	1.1	2.0	3.9	37.5	13.5	14.3	9.7	8.8	0.3	6.4	17.8	1.1	49.2	26.3	22.9	5.6	0.1	2.8	1.4	6.2
宮　城	100.0	65.1	10.7	10.6	5.6	1.0	0.9	2.4	3.6	33.8	11.7	13.0	9.2	7.5	0.5	7.7	8.2	0.1	48.1	23.8	24.3	6.7	0.0	4.6	2.2	7.0
秋　田	100.0	61.3	14.2	11.7	4.4	1.6	0.6	3.1	3.1	37.2	14.8	14.8	7.6	6.5	0.6	5.7	12.5	1.1	45.7	24.1	21.6	5.3	0.1	3.0	1.4	7.6
山　形	100.0	65.3	8.9	11.8	3.0	1.6	0.9	4.1	4.3	33.1	9.8	15.9	7.3	4.9	0.3	6.2	17.0	1.5	46.4	24.7	21.8	7.3	0.1	4.4	3.3	9.9
福　島	100.0	61.1	14.0	12.2	4.0	1.7	1.5	2.2	3.3	37.2	15.5	14.4	7.3	0.3	0.3	9.0	11.7	1.0	52.5	26.8	25.7	4.2	0.0	2.9	1.6	5.6
茨　城	100.0	65.5	12.2	10.4	4.3	1.1	1.0	1.9	3.6	33.3	13.2	12.3	7.9	15.6	0.5	1.0	21.0	0.9	49.0	22.9	26.1	5.6	-	3.1	1.7	7.2
栃　木	100.0	66.4	11.2	10.7	4.5	0.9	1.1	2.3	2.9	32.7	12.3	12.9	7.4	4.1	0.7	5.6	9.9	0.4	46.0	19.5	26.5	3.4	0.1	2.1	0.6	5.9
群　馬	100.0	67.9	8.0	10.6	4.4	1.8	1.0	3.1	3.1	30.2	9.0	13.7	7.5	5.4	0.5	5.8	7.4	0.3	43.7	21.9	21.7	7.3	0.2	3.1	2.1	5.3
埼　玉	100.0	67.0	10.6	12.2	4.1	1.0	1.0	1.6	2.5	32.0	11.6	13.8	6.6	4.0	0.4	6.1	7.9	0.2	35.9	20.7	15.2	2.6	-	1.8	0.6	4.2
千　葉	100.0	65.4	12.3	10.1	4.3	0.9	1.1	2.6	3.4	33.7	13.4	12.7	7.6	5.0	0.4	6.8	13.9	0.2	37.3	18.2	19.1	8.5	0.4	4.2	4.1	4.5
東　京	100.0	58.7	14.3	12.6	5.8	0.9	0.9	2.2	4.6	40.4	15.2	14.8	10.4	4.3	0.4	9.9	12.6	0.1	32.8	19.3	13.5	3.3	-	1.8	1.4	3.0
神 奈 川	100.0	79.5	6.3	10.7	3.0	-	0.1	0.2	0.1	20.5	6.4	10.9	3.1	5.9	0.5	9.0	10.8	0.8	36.8	20.9	15.9	6.7	0.1	3.5	1.0	3.4
新　潟	100.0	66.4	11.8	11.4	4.1	0.8	1.0	1.9	2.6	32.8	12.8	13.3	6.7	3.1	0.6	3.4	16.7	0.5	36.0	20.4	15.6	3.4	-	2.2	1.5	5.2
富　山	100.0	68.6	9.4	9.7	3.0	2.4	1.7	2.4	2.8	29.0	11.1	12.1	5.8	10.5	0.3	3.5	12.7	0.2	38.1	20.9	17.2	2.4	0.1	1.1	0.8	3.8
石　川	100.0	63.7	11.1	12.8	3.9	1.1	1.3	3.0	3.4	35.2	12.1	15.8	7.3	1.1	0.3	-	X		38.8	16.1	22.7	3.4	0.0	4.4	3.4	3.4
福　井	100.0	62.8	11.0	11.8	4.4	1.3	1.3	3.0	4.3	35.9	12.3	14.9	8.7	1.3	0.2	2.3	5.8	0.5	57.0	27.3	29.7	4.7	0.1	3.8	2.0	5.4
山　梨	100.0	65.4	10.4	10.1	3.9	1.2	1.4	2.7	5.0	33.4	11.8	12.8	8.9	5.5	0.7	7.0	12.9	0.7	50.0	25.3	24.7	4.8	0.0	3.5	1.6	8.3
長　野	100.0	68.7	10.4	9.4	3.9	1.2	1.4	2.6	2.4	30.1	11.8	12.0	6.3	4.5	0.1	4.9	6.5	0.2	43.0	26.3	16.7	4.1	0.0	3.4	1.5	5.4
岐　阜	100.0	63.9	11.2	11.7	5.5	1.2	1.0	1.6	3.8	34.9	12.2	13.4	9.3	3.7	0.6	3.0	14.7	1.5	41.2	22.3	18.9	3.3	0.0	4.2	2.2	5.5
静　岡	100.0	70.5	9.6	9.2	3.5	1.0	0.8	2.3	3.2	28.5	10.4	11.5	6.6	4.0	0.4	6.1	14.1	0.9	41.3	23.3	18.0	4.7	-	3.5	1.9	6.6
愛　知	100.0	67.3	9.0	11.2	3.9	1.3	1.0	2.2	4.1	31.4	10.0	13.4	8.0	5.8	0.7	5.7	9.8	0.7	38.6	22.5	16.1	3.8	0.2	3.4	2.0	5.7
三　重	100.0	73.6	10.7	10.0	4.2	0.3	0.5	0.4	0.3	26.1	11.2	10.4	4.5	3.4	0.7	5.0	10.5	0.7	44.6	19.5	25.1	3.6	0.1	3.6	1.3	6.3
滋　賀	100.0	73.4	7.6	10.0	5.1	0.2	0.2	1.6	2.0	26.4	7.8	11.5	7.1	1.9	0.3	2.8	4.4	0.4	44.6	22.5	22.1	6.1	0.1	3.9	2.1	6.4
京　都	100.0	64.1	13.3	9.6	3.7	1.2	0.9	2.6	4.6	34.8	14.3	12.2	8.4	7.4	0.7	7.5	10.9	1.0	43.6	20.3	23.3	8.4	-	5.6	3.3	5.2
大　阪	100.0	61.9	12.0	12.1	5.4	1.0	0.9	2.5	4.2	37.1	12.9	14.6	9.6	4.5	0.7	7.1	7.8	0.1	44.1	21.5	22.6	8.3	0.1	5.2	1.9	7.3
兵　庫	100.0	67.3	9.6	10.1	4.4	1.0	1.4	2.7	4.2	31.9	10.9	12.8	8.1	0.7	0.6	9.4	15.8	1.7	44.9	25.6	19.3	11.9	-	4.7	1.8	6.2
奈　良	100.0	69.1	9.7	10.5	3.4	1.0	1.0	2.0	3.4	30.3	10.5	13.0	6.7	0.5	0.5	5.8	11.0	0.6	44.5	23.8	20.7	5.3	0.1	3.2	0.8	5.4
和 歌 山	100.0	67.4	9.1	10.2	3.5	1.5	2.0	2.7	3.6	31.1	11.1	12.9	7.1	7.1	0.4	7.0	10.0	1.4	43.7	21.6	22.2	4.8	0.1	2.6	1.1	4.3
鳥　取	100.0	67.0	10.4	10.9	3.7	1.5	1.5	2.6	2.4	31.4	11.9	13.5	6.1	9.4	0.3	1.4			48.4	25.6	22.8	8.7	-	6.6	4.8	4.6
島　根	100.0	64.6	12.9	10.4	4.6	1.0	1.1	2.5	2.8	34.4	14.1	12.9	7.4	6.6	0.5	10.7	17.1	2.6	48.5	24.4	24.1	3.5	0.1	3.1	1.9	4.6
岡　山	100.0	65.1	10.4	11.3	4.6	1.2	1.4	2.6	3.4	33.7	11.8	13.9	8.0	5.8	0.4	6.7	19.5	4.5	42.2	22.2	20.0	2.9	0.0	2.7	2.2	5.4
広　島	100.00	61.0	12.4	11.1	5.4	0.6	1.1	3.4	5.0	38.4	13.5	14.5	10.4	4.0	0.2	5.2	11.0	1.4	41.3	22.6	18.8	5.0	0.1	3.2	2.1	3.8
山　口	100.0	66.4	7.8	12.3	4.8	0.7	0.9	2.7	4.3	32.8	8.7	15.0	9.1	5.1	0.8	7.2	9.9	0.4	48.7	23.3	25.4	4.5	0.1	4.6	4.0	6.0
徳　島	100.0	62.5	12.3	10.7	4.1	1.4	1.7	3.3	4.0	36.1	13.9	14.1	8.1	6.0	0.7	7.4	X	5.5	44.8	24.3	20.5	5.8	0.1	2.2	1.3	7.2
香　川	100.0	62.4	11.6	10.7	4.9	1.0	0.7	2.6	5.9	36.6	12.3	13.5	10.8	4.9	0.5	7.2	15.0	0.9	46.3	24.3	22.0	4.7	0.0	4.5	2.4	6.6
愛　媛	100.0	63.6	11.0	11.5	5.8	1.4	0.9	2.4	4.4	35.0	11.7	13.2	10.1	7.6	0.5	8.3	8.4	0.4	52.0	27.9	24.1	3.9	-	3.2	1.4	6.2
高　知	100.0	68.3	9.0	10.5	4.5	0.7	0.9	3.3	2.7	31.0	9.8	13.9	7.3	3.0	0.6	4.1	4.9	1.5	51.5	24.1	27.4	4.5	-	4.5	1.6	8.1
福　岡	100.0	54.9	15.8	13.4	7.8	1.4	1.0	2.1	3.8	43.7	16.7	15.4	11.5	4.5	0.6	6.8	10.6	0.6	47.0	25.5	21.5	3.9	0.1	2.7	1.7	6.4
佐　賀	100.0	61.7	13.1	12.7	6.2	0.8	0.9	1.1	3.4	37.4	14.0	13.9	9.6	2.6	0.7	6.8	8.2		54.5	23.3	31.2	4.7	0.0	5.3	2.3	9.7
長　崎	100.0	71.4	12.1	10.8	3.1	0.5	0.4	0.9	0.7	28.1	12.5	11.8	3.8	0.6	0.5	5.4	6.1	1.2	50.7	28.6	22.1	2.7	0.1	4.3	2.4	5.5
熊　本	100.0	66.9	11.8	10.6	3.9	1.2	0.8	1.8	2.9	32.9	12.8	12.8	7.2	2.0	0.6	7.5	6.7	1.0	53.5	26.6	26.9	5.6	0.1	5.6	3.9	8.7
大　分	100.0	67.4	11.7	10.8	5.0	0.5	0.5	1.5	2.4	32.0	12.2	12.3	7.4	3.0	0.3	0.1	6.5	2.7	54.5	26.0	28.5	6.3	0.3	3.4	2.5	2.8
宮　崎	100.0	67.6	12.3	9.7	3.8	1.2	0.9	1.5	2.6	31.2	13.5	11.2	6.4	3.8	0.4	9.5	12.2	0.5	50.0	23.7	26.2	5.2	0.1	2.7	1.7	4.0
鹿 児 島	100.0	64.7	13.9	11.1	3.2	0.4	1.0	2.0	3.6	34.9	14.8	13.2	6.9	5.5	0.4	8.7	15.8	0.9	55.1	27.2	27.8	4.2	0.0	4.2	0.9	5.3
沖　縄	100.0	60.1	13.5	13.1	8.8	0.3	0.2	0.9	3.2	39.7	13.7	14.0	12.0	0.6	0.7	5.0	9.9	2.3	55.8	22.2	33.6	2.8	0.0	3.2	2.0	7.3

異常被患率等（各年齢ごと）（39-4）

単位　（%）

計 (本)	喪失歯数 (本)	むし歯（う歯）計 (本)	処置歯数 (本)	未処置歯数 (本)	栄養状態	せき柱・四肢の状態・胸郭・態	アトピー性皮膚炎	その他の皮膚疾患	結核検査の対象の精密者	結核	心疾病臓・異常の常	心電図異常	蛋白検出の者	尿糖検出の者	ぜん息	腎臓疾患	言語障害	その他の疾病・異常	区分
…	…	…	…	…	2.00	0.75	3.24	0.38	0.06	0.00	0.78	…	0.66	0.06	3.00	0.21	0.51	4.72	全　国
…	…	…	…	…	1.5	0.2	4.7	0.3	0.0	-	0.3	…	0.7	0.0	3.6	0.0	0.4	4.4	北 海 道
…	…	…	…	…	4.0	1.6	1.6	0.9	-	-	0.2	…	0.6	0.0	1.5	0.1	0.2	3.0	青　森
…	…	…	…	…	3.6	0.7	2.5	0.6	-	-	0.5	…	1.1	0.1	1.9	0.0	0.7	4.7	岩　手
…	…	…	…	…	3.1	0.7	4.5	0.8	-	-	0.3	…	0.2	0.0	4.9	0.2	1.0	6.1	宮　城
…	…	…	…	…	6.0	2.2	3.4	0.6	-	-	0.7	…	0.1	0.1	2.8	0.3	0.1	8.1	秋　田
…	…	…	…	…	4.7	1.5	4.5	0.9	-	-	0.9	…	1.1	0.1	4.1	0.1	1.2	10.3	山　形
…	…	…	…	…	4.2	1.3	3.9	0.6	-	-	0.2	…	1.1	0.1	2.7	0.5	0.5	6.6	福　島
…	…	…	…	…	4.7	1.7	8.9	0.5	0.1	-	1.1	…	0.3	0.0	7.0	0.2	0.4	5.8	茨　城
…	…	…	…	…	3.7	0.9	3.5	0.6	0.0	-	1.1	…	1.7	0.1	5.0	0.4	0.7	6.8	栃　木
…	…	…	…	…	1.9	1.0	2.7	0.1	-	-	1.3	…	0.3	0.0	3.6	0.3	1.9	6.6	群　馬
…	…	…	…	…	0.9	0.4	3.3	0.2	0.3	-	0.8	…	1.1	0.0	2.8	0.2	0.4	3.0	埼　玉
…	…	…	…	…	1.0	0.5	3.8	0.4	0.1	-	0.5	…	0.3	0.1	5.1	0.3	0.7	3.9	千　葉
…	…	…	…	…	1.9	0.3	2.6	0.4	0.1	-	0.6	…	0.6	0.0	2.9	0.1	0.4	4.2	東　京
…	…	…	…	…	1.5	1.1	2.9	0.8	0.0	-	0.6	…	0.3	0.1	3.5	0.1	0.3	3.7	神 奈 川
…	…	…	…	…	2.3	0.1	5.6	0.3	-	-	1.6	…	0.6	0.1	4.8	0.2	1.5	8.0	新　潟
…	…	…	…	…	2.6	2.0	3.0	0.2	0.0	-	1.1	…	1.1	0.1	3.2	0.1	0.2	5.2	富　山
…	…	…	…	…	1.0	0.4	1.2	0.4	-	-	1.1	…	0.5	0.1	1.2	0.2	0.3	3.9	石　川
…	…	…	…	…	2.0	0.5	3.8	0.5	-	-	1.0	…	0.1	0.1	1.5	0.1	0.1	6.0	福　井
…	…	…	…	…	2.4	0.9	1.8	0.8	0.1	0.0	0.4	…	0.7	0.1	3.6	0.0	0.5	6.1	山　梨
…	…	…	…	…	1.3	0.6	2.2	0.2	-	-	1.4	…	0.4	0.2	4.0	0.2	0.8	5.9	長　野
…	…	…	…	…	1.7	0.3	2.9	0.1	0.1	-	1.5	…	0.4	0.0	2.1	0.3	1.8	11.1	岐　阜
…	…	…	…	…	2.5	0.7	3.1	0.3	0.0	-	0.8	…	0.6	0.0	2.0	0.2	0.8	5.1	静　岡
…	…	…	…	…	1.6	0.9	6.0	0.3	0.1	-	0.9	…	0.5	0.0	3.2	0.2	0.4	5.7	愛　知
…	…	…	…	…	2.5	0.6	2.6	0.0	-	-	0.6	…	0.6	0.1	3.7	0.1	0.4	4.0	三　重
…	…	…	…	…	0.8	0.2	1.7	0.6	0.1	-	1.2	…	0.3	0.1	1.3	0.1	0.3	4.5	滋　賀
…	…	…	…	…	4.3	1.1	4.4	0.4	0.1	-	2.1	…	0.5	0.1	3.1	0.1	0.7	6.6	京　都
…	…	…	…	…	0.5	0.7	2.2	0.3	0.1	-	0.2	…	0.8	0.1	1.9	0.3	0.2	3.5	大　阪
…	…	…	…	…	2.3	0.9	2.3	0.2	0.1	-	1.4	…	0.4	0.1	2.4	0.1	0.2	3.2	兵　庫
…	…	…	…	…	1.9	1.2	3.7	0.4	0.1	-	0.7	…	1.5	-	1.1	0.1	0.4	5.2	奈　良
…	…	…	…	…	1.1	0.7	1.9	0.5	-	-	0.6	…	2.2	0.1	1.4	0.1	0.3	4.8	和 歌 山
…	…	…	…	…	2.5	0.5	5.6	0.4	-	-	1.6	…	0.1	-	4.7	0.3	0.4	9.5	鳥　取
…	…	…	…	…	1.8	0.5	5.4	0.7	0.0	-	0.3	…	2.3	0.1	3.5	0.2	0.4	6.1	島　根
…	…	…	…	…	1.9	0.4	3.3	0.5	0.0	-	1.2	…	0.7	0.0	2.9	0.2	0.2	7.5	岡　山
…	…	…	…	…	2.0	0.8	2.9	0.7	0.0	-	1.1	…	1.2	0.3	1.6	0.1	0.4	4.8	広　島
…	…	…	…	…	1.9	1.5	2.3	0.6	0.0	-	1.0	…	0.4	0.0	2.7	0.4	0.4	5.8	山　口
…	…	…	…	…	4.9	0.4	2.7	0.2	-	-	0.1	…	0.2	0.1	2.0	0.2	0.7	5.4	徳　島
…	…	…	…	…	5.6	0.1	2.2	0.5	-	-	1.3	…	0.6	-	2.2	0.3	0.2	5.2	香　川
…	…	…	…	…	0.7	0.2	1.5	0.0	-	-	1.4	…	1.4	0.1	1.6	0.2	0.6	3.2	愛　媛
…	…	…	…	…	2.0	-	1.3	0.1	0.0	-	0.5	…	0.4	0.1	1.5	0.1	0.3	3.7	高　知
…	…	…	…	…	1.9	1.5	1.5	0.2	0.0	-	0.8	…	0.5	0.1	2.0	0.3	0.3	3.4	福　岡
…	…	…	…	…	2.5	0.7	1.7	0.6	-	-	0.5	…	0.1	0.1	2.9	0.2	0.4	9.5	佐　賀
…	…	…	…	…	1.6	0.4	3.5	0.2	-	-	0.8	…	0.3	0.1	2.0	0.2	0.4	5.0	長　崎
…	…	…	…	…	3.7	0.7	1.7	0.3	-	-	0.3	…	1.9	0.0	1.8	0.1	0.2	2.9	熊　本
…	…	…	…	…	1.4	1.0	2.9	0.4	0.1	-	0.2	…	2.0	0.1	2.6	0.2	0.9	2.2	大　分
…	…	…	…	…	2.8	1.2	2.0	0.2	-	-	1.1	…	0.2	0.0	4.7	0.2	0.6	5.8	宮　崎
…	…	…	…	…	1.2	0.4	2.3	0.1	0.0	-	0.6	…	0.4	0.1	2.8	0.2	0.1	1.3	鹿 児 島
…	…	…	…	…	2.3	0.7	2.3	0.6	-	-	0.5	…	0.9	0.1	2.2	0.1	0.6	4.0	沖　縄

都道府県表

1　9歳 (1) 計

区分	計	裸眼視力 視力非矯正者の裸眼視力 1.0以上	1.0未満0.7以上	0.7未満0.3以上	0.3未満	視力矯正者の裸眼視力 1.0以上	1.0未満0.7以上	0.7未満0.3以上	0.3未満	裸眼視力 計	1.0未満0.7以上	0.7未満0.3以上	0.3未満	眼の疾病・異常	難聴	耳鼻咽頭 耳疾患	鼻疾・副鼻腔患	口腔咽喉頭疾患異常	歯・口腔 むし歯(う歯) 計	処置完了者	未処置歯のある者	歯列・咬合	顎関節	歯垢の状態	歯肉の状態	その他の疾病・異常
全国	100.00	57.59	10.59	12.02	6.55	0.99	1.33	3.50	7.44	41.42	11.92	15.52	13.99	5.75	…	5.97	11.99	0.69	44.28	24.40	19.88	4.94	0.10	3.64	1.98	7.14
北海道	100.0	X	X	X	X	X	X	X	X	X	X	X	X	5.6	…	8.7	10.1	1.0	50.0	26.2	23.8	4.9	0.2	3.9	2.9	4.1
青森	100.0	46.9	12.9	14.5	6.3	1.1	1.5	4.7	12.1	52.0	14.4	19.2	18.4	4.0	…	3.4	13.2	0.3	57.6	29.1	28.6	3.5	0.0	2.7	1.8	12.1
岩手	100.0	54.1	10.7	13.2	6.1	1.1	1.7	3.7	9.4	44.8	12.5	16.9	15.4	8.8	…	4.2	25.3	1.2	51.3	28.7	22.6	7.0	0.1	4.6	2.8	8.5
宮城	100.0	57.2	10.8	13.1	6.0	1.1	1.5	3.5	6.8	41.7	12.4	16.6	12.8	6.9	…	3.1	5.2	-	48.9	27.8	21.1	4.0	0.1	5.7	3.2	8.3
秋田	100.0	61.5	14.6	11.3	1.7	0.8	0.3	3.6	6.2	37.7	14.9	14.9	7.8	7.2	…	8.2	17.9	1.8	50.6	27.4	23.2	6.3	0.1	3.5	1.9	10.5
山形	100.0	60.6	8.9	11.9	4.7	1.7	1.6	3.8	6.8	37.7	10.5	15.7	11.5	5.0	…	5.3	19.3	1.3	48.1	25.6	22.5	6.1	0.2	4.0	3.3	12.4
福島	100.0	54.7	11.7	13.0	7.7	1.1	1.0	3.8	7.0	44.2	12.7	16.9	14.6	2.9	…	2.7	13.0	3.2	53.7	29.7	24.0	4.4	0.1	2.9	1.1	7.3
茨城	100.0	54.5	12.2	12.8	6.6	1.0	1.6	4.0	7.3	44.5	13.8	16.8	13.9	20.0	…	1.9	25.3	1.3	49.9	27.1	22.9	4.9	-	4.0	1.0	10.9
栃木	100.0	60.8	10.4	11.1	4.9	1.2	1.9	3.5	6.1	37.9	12.3	14.6	11.1	3.6	…	4.0	11.0	0.4	47.4	20.9	26.5	4.4	0.0	2.6	0.7	9.2
群馬	100.0	60.9	6.9	12.0	6.5	2.0	1.6	4.1	5.9	37.1	8.5	16.2	12.4	5.9	…	4.2	6.5	0.1	44.7	24.3	20.4	6.8	0.0	4.4	2.2	8.1
埼玉	100.0	60.3	10.1	12.7	3.7	1.0	1.6	4.1	6.8	38.7	11.3	16.9	10.6	4.7	…	5.4	7.2	0.3	37.7	23.2	14.5	2.7	-	2.2	0.6	7.5
千葉	100.0	57.7	10.1	11.7	5.4	1.1	1.7	4.7	7.7	41.1	11.8	16.3	13.0	6.6	…	3.7	15.5	0.8	38.3	21.0	17.3	6.6	0.1	2.3	1.0	7.2
東京	100.0	50.8	12.0	12.6	7.2	1.3	1.7	4.4	9.9	47.9	13.7	17.1	17.1	4.3	…	8.5	12.0	0.2	33.5	19.5	14.0	3.4	0.0	3.0	1.8	4.3
神奈川	100.0	65.1	X	X	X	-	X	X	X	34.9	X	X	X	6.5	…	9.5	12.5	0.2	35.1	20.4	14.7	6.3	0.1	3.2	1.2	5.6
新潟	100.0	56.3	11.9	13.1	6.1	1.0	1.6	3.8	6.0	42.7	13.6	16.9	12.1	3.4	…	3.8	16.2	0.2	37.0	22.3	14.7	2.4	-	2.5	2.2	4.7
富山	100.0	60.1	9.6	12.2	4.3	2.7	1.9	3.6	5.6	37.2	11.5	15.8	10.0	10.4	…	3.5	11.8	0.2	40.7	25.8	14.9	2.8	0.1	2.4	1.8	5.0
石川	100.0	55.5	9.3	13.7	5.0	1.3	1.2	3.9	10.2	43.2	10.5	17.6	15.2	2.8	…	2.4	14.3	-	38.7	19.3	19.3	3.7	0.0	5.1	3.4	4.3
福井	100.0	59.1	9.5	12.9	5.5	1.2	0.9	4.5	6.5	39.7	10.4	17.4	11.9	1.0	…	1.2	5.2	0.2	56.3	28.3	27.9	5.7	0.1	3.9	2.3	8.8
山梨	100.0	59.4	9.7	11.8	4.5	0.6	1.3	3.3	9.5	40.1	11.0	15.1	13.9	5.8	…	6.7	14.4	0.5	46.3	25.2	21.1	5.2	0.0	2.8	1.5	10.4
長野	100.0	60.2	9.7	12.1	4.4	0.8	1.9	4.3	6.6	39.0	11.6	16.4	11.0	4.6	…	4.7	8.9	0.1	44.4	26.7	17.8	3.9	-	2.2	1.6	7.4
岐阜	100.0	59.0	9.7	10.9	6.3	1.7	0.9	3.0	8.3	39.2	10.7	13.9	14.7	4.2	…	4.4	11.9	1.0	42.6	23.9	18.6	2.0	0.1	4.1	2.1	5.8
静岡	100.0	64.5	7.9	10.5	5.4	0.7	1.3	3.6	6.2	34.8	9.2	14.0	11.6	3.5	…	7.3	12.1	0.4	44.5	25.8	18.7	5.9	0.0	3.0	2.9	9.9
愛知	100.0	59.9	9.9	11.3	5.3	1.2	1.3	3.9	7.4	39.0	11.2	15.1	12.6	5.8	…	2.2	10.7	0.8	40.6	24.5	16.1	3.0	0.5	3.8	2.5	7.3
三重	100.0	X	X	X	X	X	X	X	X	X	X	X	X	4.7	…	7.1	16.8	0.5	46.7	22.9	23.9	4.6	0.1	5.1	1.7	7.2
滋賀	100.0	63.8	8.7	10.2	5.5	1.8	0.7	2.2	7.1	34.5	9.4	12.4	12.6	1.4	…	1.8	3.3	0.1	45.6	24.2	21.4	6.1	0.0	2.9	2.4	8.6
京都	100.0	62.9	8.4	11.2	4.9	0.7	1.7	3.2	7.1	36.4	10.1	14.4	11.9	7.9	…	7.2	10.5	0.4	46.6	23.0	23.0	6.0	0.0	3.4		7.0
大阪	100.0	54.9	10.0	13.3	6.6	1.2	1.4	3.8	9.1	43.9	11.4	17.1	15.6	5.5	…	9.3	9.2	0.5	48.0	26.2	21.8	6.0	0.2	5.2	2.3	7.5
兵庫	100.0	59.4	10.5	13.8	6.0	0.3	0.4	3.8	6.9	40.2	10.8	17.6	11.7	9.3	…	8.9	16.0	1.6	47.7	27.4	20.3	8.4	0.1	3.6	1.2	7.0
奈良	100.0	62.2	9.0	10.4	4.0	1.1	1.0	4.6	7.8	36.7	10.0	14.9	11.8	5.2	…	3.1	14.8	-	45.1	24.3	20.8	4.0	0.0	2.7	0.9	8.0
和歌山	100.0	54.9	10.9	11.8	4.5	2.4	2.3	4.0	9.1	42.7	13.2	15.8	13.7	9.1	…	6.0	11.0	1.4	43.9	23.9	20.0	6.0	0.1	2.7	1.4	6.3
鳥取	100.0	59.0	9.5	12.2	5.5	1.8	1.7	4.3	6.0	39.2	11.3	16.5	11.4	11.1	…	1.9	14.0	0.3	50.0	27.0	23.0	7.9	0.0	7.7	4.2	7.1
島根	100.0	60.3	10.8	11.1	5.6	0.9	1.1	3.4	6.8	38.8	11.9	14.6	12.3	7.1	…	10.4	17.8	0.3	49.7	26.8	23.0	3.1	0.1	3.1	1.9	6.4
岡山	100.0	60.4	9.9	10.6	4.3	1.5	1.7	4.6	7.0	38.0	11.6	15.1	11.3	5.7	…	9.6	17.5	2.2	42.5	23.7	18.9	3.2	0.0	4.5	2.4	8.0
広島	100.0	56.2	9.7	12.2	5.7	1.0	1.4	4.3	9.9	43.2	11.1	16.5	15.6	5.3	…	3.9	11.7	0.5	41.9	23.9	18.0	5.6	0.0	3.4	2.4	5.3
山口	100.0	60.5	8.7	12.6	5.5	1.0	0.7	3.1	7.8	38.5	9.4	15.7	13.4	4.6	…	7.6	13.2	0.5	52.4	26.7	25.7	4.4	0.0	3.0	2.0	7.0
徳島	100.0	56.3	11.8	11.9	4.8	2.1	2.3	4.9	5.9	41.6	14.0	16.8	10.7	11.5	…	X	X	11.7	46.0	24.0	22.1	6.3	0.0	3.8	2.3	11.3
香川	100.0	58.6	9.3	10.3	4.8	1.4	1.4	4.3	9.8	40.0	10.7	14.7	14.6	6.3	…	2.1	12.9	0.3	46.0	25.6	20.4	5.4	0.0	5.4	4.0	10.7
愛媛	100.0	54.0	11.7	13.8	7.7	1.4	0.7	3.5	7.2	44.6	12.4	17.3	14.9	6.9	…	2.1	10.2	0.5	48.7	26.4	22.3	3.9	0.0	2.7	1.6	8.2
高知	100.0	56.9	9.5	12.1	6.1	1.0	1.0	3.2	10.2	42.1	10.5	15.3	16.3	0.1	…	4.6	6.4	1.1	52.1	26.9	25.2	4.5	-	4.9	2.0	9.5
福岡	100.0	51.4	12.7	15.1	8.5	0.8	0.9	3.1	7.5	47.9	13.6	18.2	16.1	4.9	…	5.7	8.8	0.4	51.0	26.8	24.2	4.7	0.1	4.4	2.7	7.8
佐賀	100.0	55.3	10.9	13.3	7.7	0.8	1.1	2.9	8.0	43.9	12.1	16.2	15.7	2.4	…	5.8	7.7	0.4	55.1	25.0	30.1	4.9	0.0	4.6	2.2	12.3
長崎	100.0	59.2	16.1	12.8	4.8	0.9	0.7	2.0	3.5	39.9	16.8	14.8	8.3	3.4	…	1.4	2.9	0.3	51.8	31.1	20.6	3.1	0.0	3.1	2.8	7.5
熊本	100.0	59.9	12.3	12.1	4.6	0.9	1.1	3.0	5.8	39.2	13.4	15.1	10.7	3.6	…	2.7	9.0	0.9	55.1	29.5	25.6	4.0	0.0	3.4	3.4	8.1
大分	100.0	60.4	12.6	11.1	6.8	1.0	0.4	2.7	5.0	38.6	12.9	13.8	11.9	5.3	…	5.8	17.1	1.1	54.6	26.2	28.4	8.6	0.3	4.8	2.6	4.9
宮崎	100.0	59.2	10.3	12.9	4.9	1.3	1.2	3.6	6.5	39.5	11.5	16.5	11.4	5.3	…	7.5	11.6	0.4	51.7	24.7	27.0	4.3	0.1	4.5	2.7	5.5
鹿児島	100.0	57.9	11.6	11.6	3.9	0.4	2.2	3.8	8.6	41.6	13.8	15.4	12.5	6.6	…	4.5	15.7	1.0	59.4	31.7	27.6	4.5	-	4.3	1.2	8.9
沖縄	100.0	52.7	11.2	14.7	10.7	0.1	0.7	1.5	8.3	47.2	11.9	16.3	19.0	0.5	…	4.1	11.8	2.1	60.4	24.7	35.8	3.1	0.0	3.5	2.6	9.8

異常被患率等（各年齢ごと）（39-5）

単位　（%）

| 永久歯の1人当り平均むし歯（う歯）等数 | | | | | 栄養状態 | せき柱・四肢の状態・胸郭・態 | 皮膚疾患 | | 結核の検査の対象者・精密・密者 | 結核 | 心疾病臓・異常・の常 | 心電図異常 | 蛋白検出の者 | 尿糖検出の者 | その他の疾病・異常 | | | | 区分 |
計（本）	喪失歯数（本）	むし歯（う歯）計（本）	処置歯数（本）	未処置歯数（本）			アトピー性皮膚炎	その他の皮膚疾患							ぜん息	腎臓疾患	言語障害	疾病・その他・異常	
…	…	…	…	…	2.46	0.80	3.21	0.38	0.06	0.00	0.82	…	0.83	0.06	2.83	0.22	0.36	4.88	全　国
…	…	…	…	…	2.0	0.3	5.4	1.4	0.0	−	0.1	…	0.4	0.1	3.8	0.2	0.4	4.5	北 海 道
…	…	…	…	…	5.4	1.9	1.8	0.6	−	−	0.3	…	0.8	0.1	1.6	0.2	0.2	5.0	青　森
…	…	…	…	…	3.5	1.3	2.0	0.2	−	−	0.9	…	1.2	0.2	3.1	0.2	0.7	5.8	岩　手
…	…	…	…	…	4.0	0.6	2.9	0.6	−	−	0.5	…	0.5	0.0	5.1	0.2	0.5	5.7	宮　城
…	…	…	…	…	7.0	3.2	3.3	0.4	0.0	−	1.0	…	0.3	0.0	3.9	0.3	0.3	9.4	秋　田
…	…	…	…	…	5.0	1.5	4.9	0.7	−	−	0.8	…	1.1	0.1	4.2	0.3	0.4	9.4	山　形
…	…	…	…	…	4.8	1.3	3.0	0.7	−	−	0.5	…	1.2	…	3.3	0.4	0.5	6.6	福　島
…	…	…	…	…	5.2	1.8	9.4	0.5	0.1	−	1.1	…	0.5	−	5.8	0.4	0.4	5.7	茨　城
…	…	…	…	…	4.0	1.7	4.1	0.9	0.0	−	1.7	…	2.5	0.1	4.0	0.1	1.0	7.3	栃　木
…	…	…	…	…	2.9	1.2	2.8	0.2	0.0	−	1.3	…	0.5	0.1	4.3	0.3	1.5	5.8	群　馬
…	…	…	…	…	1.0	0.4	2.1	0.3	0.2	−	0.9	…	1.7	0.1	2.5	0.3	0.2	2.9	埼　玉
…	…	…	…	…	1.2	0.5	4.0	0.3	0.2	−	0.6	…	0.8	0.1	4.7	0.3	0.3	3.1	千　葉
…	…	…	…	…	2.1	0.4	3.2	0.6	0.1	−	0.6	…	0.6	0.1	2.8	0.2	0.5	4.9	東　京
…	…	…	…	…	2.0	1.0	3.1	0.4	0.1	−	0.5	…	0.4	−	3.7	0.2	0.3	3.7	神 奈 川
…	…	…	…	…	3.2	0.1	5.4	0.0	−	−	1.7	…	0.6	0.0	4.4	0.2	0.9	8.2	新　潟
…	…	…	…	…	2.5	2.2	2.9	0.3	0.1	−	1.6	…	0.8	0.2	3.0	0.1	0.0	6.1	富　山
…	…	…	…	…	1.3	0.9	2.0	0.3	0.1	−	1.1	…	0.4	0.1	1.4	0.2	0.8	4.7	石　川
…	…	…	…	…	2.4	0.5	3.9	0.3	0.0	−	1.2	…	0.4	−	2.1	0.2	0.2	6.8	福　井
…	…	…	…	…	2.5	0.7	3.2	1.0	−	−	0.5	…	0.6	0.1	2.1	0.5	0.9	5.2	山　梨
…	…	…	…	…	2.2	0.9	2.8	0.1	−	−	1.2	…	0.3	0.0	3.7	0.0	0.9	7.2	長　野
…	…	…	…	…	1.5	0.3	3.9	0.3	0.1	−	1.8	…	0.7	0.1	2.2	0.3	0.9	9.8	岐　阜
…	…	…	…	…	2.8	0.8	2.6	0.1	0.1	0.0	1.0	…	0.5	0.2	1.3	0.1	0.4	6.5	静　岡
…	…	…	…	…	2.7	0.5	5.0	0.1	0.1	−	0.8	…	0.8	0.1	3.1	0.1	0.2	5.7	愛　知
…	…	…	…	…	3.7	0.6	2.5	0.1	−	−	0.7	…	0.5	0.1	2.7	0.1	0.3	4.1	三　重
…	…	…	…	…	0.6	0.3	1.5	0.3	0.1	−	2.0	…	0.4	0.1	0.7	0.1	0.4	4.4	滋　賀
…	…	…	…	…	5.9	0.8	4.6	0.6	−	−	2.7	…	0.8	0.1	2.8	0.2	0.5	6.4	京　都
…	…	…	…	…	0.5	0.9	2.4	0.3	0.0	−	0.2	…	0.6	0.1	1.5	0.1	0.1	3.7	大　阪
…	…	…	…	…	3.0	0.8	2.6	0.1	−	−	1.0	…	0.7	0.0	2.4	0.2	0.3	3.0	兵　庫
…	…	…	…	…	2.0	0.8	2.9	0.5	−	−	0.4	…	1.9	…	1.2	0.1	0.4	4.6	奈　良
…	…	…	…	…	1.4	0.8	2.1	0.3	0.0	−	0.4	…	2.3	0.0	1.5	0.1	0.4	4.4	和 歌 山
…	…	…	…	…	3.3	0.7	6.2	0.4	−	−	1.3	…	0.5	0.3	3.5	0.3	0.3	10.7	鳥　取
…	…	…	…	…	2.2	0.5	5.5	0.2	0.0	−	0.4	…	3.2	0.1	4.0	0.2	0.6	5.9	島　根
…	…	…	…	…	3.2	0.5	3.2	0.4	0.0	−	0.5	…	0.9	0.2	2.9	0.2	0.4	8.3	岡　山
…	…	…	…	…	1.6	1.0	2.4	0.2	0.0	−	0.8	…	1.2	…	1.8	0.2	0.3	5.7	広　島
…	…	…	…	…	2.6	1.5	2.8	0.6	0.1	−	1.0	…	0.4	0.1	1.5	0.1	0.4	6.6	山　口
…	…	…	…	…	4.7	0.3	2.1	0.2	−	−	0.2	…	0.1	0.0	1.7	0.1	0.3	5.8	徳　島
…	…	…	…	…	6.5	0.2	2.3	0.4	−	−	1.3	…	1.0	0.2	1.8	0.2	0.2	5.2	香　川
…	…	…	…	…	1.3	0.4	1.6	0.1	−	−	1.0	…	1.5	0.0	2.0	0.1	0.1	3.6	愛　媛
…	…	…	…	…	1.3	0.1	3.0	0.7	−	−	1.1	…	0.4	0.0	2.0	0.1	0.1	4.4	高　知
…	…	…	…	…	2.9	1.9	1.3	0.3	−	−	0.6	…	0.5	…	2.2	0.1	0.0	3.3	福　岡
…	…	…	…	…	2.8	1.0	1.5	0.4	−	−	0.5	…	0.3	0.0	2.6	0.1	0.1	8.7	佐　賀
…	…	…	…	…	1.7	0.3	2.1	0.2	−	−	1.0	…	0.3	0.0	1.4	0.2	0.2	5.1	長　崎
…	…	…	…	…	4.3	0.6	2.3	0.3	0.1	−	0.8	…	2.2	0.1	1.5	0.2	0.1	3.5	熊　本
…	…	…	…	…	1.3	0.8	2.2	0.0	−	−	0.5	…	2.4	0.0	3.3	0.1	0.1	2.9	大　分
…	…	…	…	…	3.4	1.5	1.9	0.3	−	−	1.2	…	0.4	0.0	3.4	0.2	0.8	6.2	宮　崎
…	…	…	…	…	1.8	0.2	2.7	0.1	−	−	0.8	…	0.4	0.1	2.1	0.2	0.1	1.6	鹿 児 島
…	…	…	…	…	2.0	0.7	1.7	0.3	−	−	0.4	…	0.6	0.0	1.2	0.1	0.3	3.9	沖　縄

1　10歳 (1) 計

区　分	計	裸眼視力 視力非矯正者の裸眼視力 1.0以上	1.0未満0.7以上	0.7未満0.3以上	0.3未満	視力矯正者の裸眼視力 1.0以上	1.0未満0.7以上	0.7未満0.3以上	0.3未満	裸眼視力 計	1.0未満0.7以上	0.7未満0.3以上	0.3未満	眼の疾病・異常	難聴	耳鼻咽頭 耳疾患	鼻疾・副鼻腔患	口腔咽喉頭疾患・異常	歯・口腔 むし歯（う歯）計	処完了置者	未の処置ある歯者	歯列・咬合	顎関節	歯垢の状態	歯肉の状態	その他の疾病・異常
全　　国	100.00	51.62	9.15	12.82	6.32	1.16	1.28	5.12	12.54	47.22	10.43	17.93	18.85	5.32	0.37	5.81	11.95	0.60	37.99	21.39	16.61	4.88	0.12	3.89	2.32	8.14
北 海 道	100.0	X	X	X	X	X	X	X	X	X	X	X	X	5.0	0.3	3.6	X	0.2	41.6	23.2	18.5	4.5	0.3	4.2	2.6	5.2
青　　森	100.0	41.1	11.0	13.8	7.1	0.7	1.5	5.3	19.5	58.2	12.5	19.1	26.6	4.2	0.3	4.2	14.5	0.5	49.7	25.2	24.5	4.4	0.0	2.2	2.8	12.6
岩　　手	100.0	53.2	10.9	11.4	4.6	0.5	0.7	4.7	13.9	46.2	11.6	16.2	18.5	9.7	0.5	6.2	21.1	0.4	43.2	25.3	17.9	7.0	0.1	4.4	3.5	9.0
宮　　城	100.0	52.0	9.5	12.9	6.8	1.4	1.4	5.3	10.8	46.6	10.9	18.1	17.6	6.7	0.7	7.6	9.9	0.1	44.7	26.2	18.5	6.5	0.0	6.7	3.9	10.3
秋　　田	100.0	51.7	11.4	13.2	5.5	1.5	1.3	4.0	11.4	46.8	12.7	17.2	17.0	7.5	0.3	4.1	13.4	1.1	42.3	24.2	18.1	5.8	0.1	2.7	1.6	12.2
山　　形	100.0	54.0	7.5	13.3	5.8	0.9	1.2	5.5	11.8	45.1	8.7	18.8	17.6	4.6	0.4	17.1	2.2		38.6	23.3	15.4	6.5	−	4.6	4.1	14.9
福　　島	100.0	48.6	13.2	12.7	5.5	1.2	1.4	5.7	11.7	50.2	14.5	18.5	17.2	3.1	0.2	6.4	10.4	0.5	48.4	28.1	20.4	4.8	0.0	2.9	1.4	9.4
茨　　城	100.0	51.2	9.4	11.9	6.7	1.0	1.7	5.0	13.0	47.8	11.1	17.0	19.8	19.1	0.3	0.9	24.4	0.7	44.1	23.2	20.9	5.7	0.0	3.6	1.8	12.4
栃　　木	100.0	53.7	9.4	11.7	6.7	0.8	1.6	6.1	10.1	45.5	11.0	17.7	16.7	3.6	0.2	4.4	10.4	0.2	42.6	21.8	20.9	3.5	0.2	1.9	0.9	9.6
群　　馬	100.0	54.0	8.0	11.4	6.8	1.9	2.7	6.1	9.1	44.1	10.7	17.6	15.9	0.5	0.5	4.8	7.1	0.5	35.4	19.5	15.9	6.4	0.3	4.2	2.4	10.9
埼　　玉	100.0	54.8	8.7	12.6	5.9	1.4	1.6	5.3	9.3	43.8	10.3	18.3	15.2	3.9	0.5	6.1	7.5	0.3	32.0	20.2	11.8	2.7	0.2	2.3	0.9	5.9
千　　葉	100.0	52.1	8.6	12.4	5.4	1.2	1.6	6.3	12.4	46.8	10.3	18.7	17.7	5.3	0.3	7.4	14.7	0.9	32.0	17.5	14.6	6.7	0.2	3.5	2.4	8.5
東　　京	100.0	45.4	11.2	12.5	8.5	1.4	1.1	4.8	15.1	53.2	12.2	17.3	23.6	4.1	0.2	8.2	12.5	0.2	30.1	18.0	12.1	3.5	0.1	2.3	1.7	4.4
神 奈 川	100.0	56.4	2.5	16.3	4.3	−	−	4.2	16.3	43.6	2.5	20.5	20.6	5.8	0.4	6.2	9.1	0.6	31.2	17.6	13.6	6.4	0.1	3.4	1.5	6.8
新　　潟	100.0	49.3	10.0	13.2	6.7	1.2	2.2	6.8	10.6	49.5	12.2	20.0	17.3	3.9	0.5	3.0	19.2	0.1	26.5	14.9	11.5	2.9	0.2	2.9	2.0	7.5
富　　山	100.0	54.2	7.3	12.6	4.7	3.4	3.2	5.1	9.6	42.4	10.5	17.7	14.2	10.0	0.4	2.7	12.6	0.2	33.3	21.6	11.7	2.7	0.1	1.5	2.0	6.0
石　　川	100.0	50.6	9.5	15.0	5.3	0.8	1.8	6.0	10.9	48.5	11.3	21.0	16.3	2.1	0.3		X	−	34.5	16.2	18.3	4.3	0.1	3.3	2.8	6.5
福　　井	100.0	48.9	10.6	12.5	7.4	1.1	1.5	5.3	12.7	50.0	12.1	17.8	20.1	1.4	0.3	2.4	6.1	1.2	51.5	27.8	23.7	6.3	0.0	3.3	2.8	11.0
山　　梨	100.0	56.7	9.4	10.6	4.6	1.5	1.5	4.2	11.6	41.8	10.8	14.8	16.2	6.4	0.5	6.7	15.7	0.2	42.9	23.6	19.3	6.3	0.0	4.5	2.1	10.5
長　　野	100.0	55.1	9.6	12.1	5.0	0.8	1.8	4.9	10.7	44.1	11.4	17.0	15.7	4.3	0.4	5.0	8.0	0.2	34.2	22.4	11.8	5.0	0.1	2.5	1.9	8.2
岐　　阜	100.0	52.5	10.6	12.2	7.2	0.6	0.9	4.7	11.3	46.8	11.4	16.9	18.5	3.1	0.4	3.7	10.5	0.9	35.2	21.5	13.7	3.5	0.5	3.9	2.0	8.3
静　　岡	100.0	58.0	8.7	11.0	4.6	1.4	1.3	4.1	10.9	40.6	10.0	15.2	15.5	3.6	0.4	4.6	11.6	0.6	37.9	23.5	14.4	5.7	0.0	4.9	2.2	12.0
愛　　知	100.0	53.7	8.7	12.3	5.8	1.2	1.5	4.6	12.2	45.1	10.1	16.9	18.0	6.4	0.4	5.5	11.9	0.5	33.8	21.8	12.0	2.7	0.3	3.9	2.6	8.1
三　　重	100.0	X	X	X	X	X	X	X	X	X	X	X	X	5.4	0.6	4.1	11.4	1.0	45.4	22.0	23.4	3.6	0.2	5.4	2.5	9.0
滋　　賀	100.0	56.1	9.5	7.8	5.0	0.9	0.9	5.1	14.6	43.0	10.4	13.0	19.6	2.3	0.2	2.2	4.0	0.2	40.8	22.1	18.6	4.9	−	4.2	2.5	9.3
京　　都	100.0	53.6	11.2	10.8	5.5	1.3	1.7	3.7	12.2	45.0	12.9	14.4	17.7	8.6	0.2	7.4	10.4	0.5	41.4	21.3	20.1	9.0	0.1	3.8	9.1	
大　　阪	100.0	49.8	8.9	11.4	7.1	1.0	1.1	5.3	15.4	49.2	10.0	16.7	22.4	5.9	0.2	7.5	7.2	0.1	39.6	21.0	18.7	5.5	−	4.7	2.5	7.7
兵　　庫	100.0	49.0	7.8	14.4	6.1	0.4	0.8	8.7	12.4	50.6	8.9	23.2	18.5	3.0	0.4	9.0	16.9	1.2	38.7	23.6	15.2	8.0	0.0	5.1	2.9	8.5
奈　　良	100.0	55.6	7.7	10.9	6.2	2.2	1.6	5.3	10.4	42.2	9.3	16.3	16.6	2.7	0.3	4.7	10.5	0.3	38.5	21.0	17.5	5.0	−	4.0	1.9	6.4
和 歌 山	100.0	51.9	10.7	10.8	4.5	2.2	1.5	4.9	13.5	45.9	12.2	15.7	18.0	8.6	0.5	3.4	8.8	1.0	36.4	21.1	15.2	4.3	0.0	2.9	1.0	9.5
鳥　　取	100.0	49.8	10.2	13.4	6.0	2.2	2.4	6.2	9.7	48.0	12.6	19.6	15.8	0.4	1.3	15.1	1.0	44.1	23.1	20.9	8.7	0.3	7.1	5.0	6.8
島　　根	100.0	53.3	9.5	13.1	5.2	1.1	1.0	5.5	11.8	45.6	10.5	18.1	17.0	9.3	0.4	7.2	18.4	1.7	43.9	23.2	20.7	3.9	0.0	4.2	3.0	10.0
岡　　山	100.0	52.4	10.0	10.7	5.2	2.0	2.6	6.7	10.0	45.5	12.6	17.4	15.5	6.4	0.4	6.4	18.3	2.4	39.5	22.9	16.6	3.0	0.0	3.5	2.4	9.0
広　　島	100.0	51.1	8.3	12.4	6.1	0.7	1.6	5.5	14.5	48.2	9.6	17.9	20.6	4.3	0.3	11.0	0.5		34.8	19.6	15.2	5.3	0.3	3.5	1.7	6.7
山　　口	100.0	52.1	7.7	12.0	5.5	0.7	0.7	5.8	15.5	47.2	8.4	17.7	21.0	6.6	0.6	8.6	10.2	0.9	45.3	24.9	20.4	4.7	−	5.3	3.6	8.2
徳　　島	100.0	50.7	10.3	10.9	5.8	2.4	2.3	5.9	11.8	46.9	12.6	16.7	17.6	11.1	0.3	8.7	21.8	4.9	42.6	24.0	18.6	7.2	−	4.5	1.6	9.3
香　　川	100.0	54.2	9.3	11.6	4.2	0.9	1.3	5.2	13.3	44.9	10.6	16.8	17.5	6.4	0.3	6.4	13.7	0.2	44.1	24.7	19.3	5.4	0.0	6.1	2.3	10.9
愛　　媛	100.0	49.6	11.3	13.3	8.3	0.8	1.3	4.0	11.4	49.6	12.7	17.3	19.7	8.7	0.4	4.9	24.7	0.4	40.3	20.3	3.4	0.1	3.4	2.0	9.8	
高　　知	100.0	55.6	7.7	14.3	5.3	1.5	0.7	4.7	10.2	43.0	8.4	19.1	15.5	0.3	4.6	5.7	0.6	35.1	21.1	20.4	3.6	0.0	7.4	4.1	10.6
福　　岡	100.0	43.7	13.0	15.4	8.9	1.4	1.0	4.1	12.5	54.9	14.0	19.5	21.4	0.4	6.6	11.7	0.6	42.9	22.3	20.5	3.9	0.1	4.2	2.5	8.7	
佐　　賀	100.0	52.1	10.1	12.5	8.2	1.1	1.0	3.1	12.0	46.8	11.0	15.6	20.2	3.1	0.4	4.5	9.3	0.5	45.6	22.5	23.1	5.6	−	6.1	2.7	13.2
長　　崎	100.0	64.9	10.7	9.1	3.0	−	0.3	3.8	8.2	35.1	11.1	12.9	11.2	1.3	0.4	5.0	6.8	1.2	46.1	27.7	18.4	3.4	0.1	4.0	2.8	9.5
熊　　本	100.0	56.5	9.1	12.4	7.3	1.3	1.6	3.9	8.8	42.3	10.1	16.0	16.2	5.7	0.2	2.2	10.0	0.5	45.9	24.9	21.0	5.1	0.1	5.7	4.1	10.2
大　　分	100.0	52.2	15.2	10.3	6.9	1.4	1.8	4.4	7.9	46.4	17.0	14.6	14.8	2.1	0.4	6.7	18.1	1.2	48.5	26.2	22.3	8.2	0.2	4.4	4.1	4.8
宮　　崎	100.0	57.7	8.4	11.2	6.9	1.1	1.7	3.4	9.5	41.2	10.1	14.7	16.4	4.6	0.4	6.8	11.0	0.2	43.1	21.7	21.4	4.8	0.1	5.3	4.4	6.3
鹿 児 島	100.0	52.0	10.1	11.3	7.1	1.2	0.9	5.9	11.6	46.8	10.9	17.2	18.7	6.5	0.5	6.2	15.0	0.9	50.6	25.1	25.6	4.2	0.0	3.9	2.0	9.6
沖　　縄	100.0	49.4	8.7	14.3	12.7	0.3	0.5	2.3	11.8	50.3	9.2	16.6	24.5	0.6	0.5	3.5	11.1	1.3	54.4	23.2	31.1	3.2	0.0	3.8	2.7	12.5

異常被患率等（各年齢ごと）（39-6）

単位　（％）

| 永久歯の1人当り平均むし歯（う歯）等数 | | | | | 栄養状態 | せき柱・胸郭・四肢の状態 | 皮膚疾患 | | 結核検査の対象の精密者 | 結核 | 心疾病臓・異常の常 | 心電図異常 | 蛋白検出の者 | 尿糖検出の者 | その他の疾病・異常 | | | | 区分 |
計(本)	喪失歯数(本)	むし歯（う歯）計(本)	処置歯数(本)	未処置歯数(本)			アトピー性皮膚炎	その他の皮膚疾患							ぜん息	腎臓疾患	言語障害	その他の疾病・異常	
…	…	…	…	…	2.70	1.07	3.21	0.34	0.07	0.00	0.73	…	1.24	0.10	2.76	0.19	0.28	4.96	全　国
…	…	…	…	…	2.9	0.5	4.5	0.3	0.0	-	0.2	…	0.6	0.1	3.2	0.2	0.2	5.3	北　海　道
…	…	…	…	…	5.1	3.9	1.3	0.6	-	-	0.5	…	0.7	0.2	1.7	0.1	0.2	3.9	青　森
…	…	…	…	…	4.3	0.8	2.7	0.6	0.0	-	0.4	…	2.3	0.1	2.3	0.1	0.4	6.5	岩　手
…	…	…	…	…	5.2	1.0	4.3	0.5	0.0	-	0.6	…	0.3	0.1	4.1	0.2	0.5	6.3	宮　城
…	…	…	…	…	5.6	2.5	2.8	0.3	0.0	-	0.9	…	0.2	0.1	2.7	0.3	0.2	9.0	秋　田
…	…	…	…	…	4.5	1.1	3.7	0.6	-	-	0.6	…	1.0	0.1	3.5	0.1	0.4	10.7	山　形
…	…	…	…	…	5.5	1.7	4.0	0.8	-	-	0.6	…	1.8	0.0	3.0	0.0	0.3	6.7	福　島
…	…	…	…	…	5.8	2.5	9.2	0.4	0.1	-	0.9	…	0.6	0.0	6.0	0.1	0.2	6.8	茨　城
…	…	…	…	…	4.4	2.0	3.3	0.3	0.1	-	1.2	…	3.2	0.1	5.3	0.2	0.7	6.2	栃　木
…	…	…	…	…	2.4	1.4	3.3	0.1	0.0	-	1.8	…	0.8	0.1	3.8	0.2	0.7	5.5	群　馬
…	…	…	…	…	1.0	0.7	2.4	0.2	0.2	-	0.7	…	1.5	0.2	2.8	0.1	0.2	2.8	埼　玉
…	…	…	…	…	1.1	1.0	3.8	0.2	0.1	-	0.8	…	0.7	0.2	4.5	0.2	0.4	4.4	千　葉
…	…	…	…	…	2.2	0.7	3.0	0.6	0.1	-	0.4	…	1.5	0.1	2.7	0.3	0.3	4.5	東　京
…	…	…	…	…	1.9	1.2	2.9	0.3	0.1	-	0.3	…	0.9	0.1	3.4	0.1	0.1	4.0	神　奈　川
…	…	…	…	…	3.1	0.1	5.3	0.1	-	-	1.5	…	1.1	0.1	3.9	0.3	0.9	8.9	新　潟
…	…	…	…	…	2.8	1.7	2.9	0.4	0.0	-	1.2	…	1.9	0.1	3.0	0.1	0.2	6.5	富　山
…	…	…	…	…	1.0	1.1	1.5	0.5	0.1	-	0.9	…	0.9	0.0	1.3	0.2	0.3	5.7	石　川
…	…	…	…	…	2.3	0.4	3.1	0.6	0.1	-	0.9	…	0.8	0.3	1.7	0.2	0.0	7.4	福　井
…	…	…	…	…	3.8	0.6	2.9	1.0	0.1	-	0.4	…	0.8	0.1	2.9	0.1	0.6	6.0	山　梨
…	…	…	…	…	2.4	0.5	2.6	0.1	0.0	-	1.3	…	0.8	0.2	4.1	0.3	0.7	7.8	長　野
…	…	…	…	…	2.6	1.8	3.9	0.2	0.1	-	2.1	…	0.8	0.0	1.7	0.4	0.8	9.2	岐　阜
…	…	…	…	…	3.6	1.3	3.8	0.3	0.0	-	1.0	…	1.2	0.1	1.3	0.2	0.2	6.0	静　岡
…	…	…	…	…	2.4	0.7	5.6	0.3	0.0	-	0.7	…	1.5	0.1	3.0	0.1	0.1	4.8	愛　知
…	…	…	…	…	3.7	0.7	2.8	0.2	-	-	0.9	…	0.9	0.1	3.1	0.1	0.3	4.9	三　重
…	…	…	…	…	0.8	0.2	2.1	0.2	0.1	-	1.2	…	0.7	0.1	1.1	0.2	0.2	3.1	滋　賀
…	…	…	…	…	5.7	0.8	4.2	0.5	0.0	-	1.7	…	1.3	0.1	3.2	0.2	0.4	7.7	京　都
…	…	…	…	…	0.7	0.9	2.2	0.2	0.1	-	0.2	…	1.1	0.1	2.0	0.2	0.1	3.6	大　阪
…	…	…	…	…	4.0	1.1	2.3	0.5	-	-	1.3	…	0.7	0.1	2.0	0.2	0.3	3.0	兵　庫
…	…	…	…	…	2.0	1.5	3.2	0.4	-	-	0.3	…	2.4	0.1	1.2	0.1	0.2	5.7	奈　良
…	…	…	…	…	1.9	0.9	2.2	0.2	0.0	-	0.9	…	3.4	0.0	1.1	0.1	0.1	4.5	和　歌　山
…	…	…	…	…	3.8	0.2	6.1	0.5	-	-	1.0	…	0.3	0.0	4.0	0.4	0.2	10.3	鳥　取
…	…	…	…	…	3.0	1.0	4.6	0.5	0.1	-	0.3	…	3.6	-	2.7	0.1	0.4	6.0	島　根
…	…	…	…	…	3.8	0.5	3.4	0.5	0.0	0.0	0.9	…	1.4	0.1	2.6	0.2	0.3	7.3	岡　山
…	…	…	…	…	2.2	1.8	2.0	0.2	-	-	0.8	…	2.0	0.1	1.5	0.2	0.1	4.6	広　島
…	…	…	…	…	2.4	1.4	2.2	0.6	-	-	1.2	…	0.7	0.1	1.6	0.3	0.5	8.4	山　口
…	…	…	…	…	4.7	0.5	2.3	0.0	0.1	-	0.2	…	0.7	0.1	2.7	0.1	0.5	5.2	徳　島
…	…	…	…	…	6.8	0.4	1.9	0.4	0.0	0.1	1.1	…	1.1	-	2.3	0.5	0.1	5.6	香　川
…	…	…	…	…	1.1	0.8	1.0	0.2	-	-	0.8	…	2.4	0.0	2.0	0.1	0.5	3.9	愛　媛
…	…	…	…	…	3.0	0.3	2.6	0.5	-	-	0.4	…	0.8	0.1	1.3	0.1	0.1	3.2	高　知
…	…	…	…	…	2.8	2.2	1.7	0.3	-	-	0.7	…	1.3	0.1	2.0	0.1	0.1	3.6	福　岡
…	…	…	…	…	2.4	1.0	1.8	0.7	-	-	0.6	…	0.4	0.1	2.3	0.2	0.2	8.2	佐　賀
…	…	…	…	…	2.1	0.7	3.1	0.1	-	-	0.8	…	0.8	0.0	1.7	0.3	0.6	4.5	長　崎
…	…	…	…	…	5.1	1.5	2.5	0.4	0.0	-	0.2	…	2.7	0.1	1.9	0.1	0.1	3.4	熊　本
…	…	…	…	…	1.2	0.9	1.7	0.1	-	-	0.2	…	2.7	0.1	2.7	0.1	0.1	3.0	大　分
…	…	…	…	…	3.7	2.5	2.3	0.2	0.0	-	1.2	…	0.5	0.1	2.8	0.3	0.6	7.4	宮　崎
…	…	…	…	…	2.1	0.3	1.6	0.0	-	-	0.7	…	1.1	0.5	1.9	0.1	0.1	1.8	鹿　児　島
…	…	…	…	…	3.4	0.9	2.4	0.2	-	-	0.3	…	1.5	0.2	1.7	0.0	0.1	4.2	沖　縄

都道府県表

1　11歳　(1)　計

区分	計	裸眼視力 非矯正 1.0以上	非矯正 1.0未満0.7以上	非矯正 0.7未満0.3以上	非矯正 0.3未満	矯正 1.0以上	矯正 1.0未満0.7以上	矯正 0.7未満0.3以上	矯正 0.3未満	裸眼視力 計	1.0未満0.7以上	0.7未満0.3以上	0.3未満	眼の疾病・異常	難聴	耳疾患	鼻疾患・副鼻腔患	口腔咽喉頭疾患異常	むし歯 計	処置完了者	未処置歯のある者	歯列・咬合	顎関節	歯垢の状態	歯肉の状態	その他の疾病・異常
全国	100.00	45.76	8.82	12.75	8.07	1.05	1.50	5.84	16.21	53.19	10.32	18.59	24.28	5.32	…	4.43	10.71	0.38	29.87	17.15	12.71	5.00	0.18	4.05	2.60	7.24
北海道	100.0	42.6	X	X	X	1.5	X	X	X	55.9	X	X	X	2.9	…	3.7	7.1	-	36.7	18.2	18.6	6.9	0.4	6.0	4.3	4.4
青森	100.0	36.4	10.3	12.4	6.7	1.2	1.7	7.3	24.0	62.4	12.0	19.7	30.7	4.5	…	3.5	13.6	0.4	41.9	22.9	19.1	4.9	0.2	3.6	2.8	10.6
岩手	100.0	43.6	9.8	13.9	3.8	0.5	1.3	6.9	20.2	55.9	11.1	20.8	24.0	8.3	…	4.3	23.1	1.0	34.8	18.6	16.3	5.9	-	4.4	3.3	7.2
宮城	100.0	48.0	8.5	13.4	6.8	1.8	1.6	5.0	14.9	50.2	10.1	18.4	21.7	5.8	…	2.1	5.1	0.1	37.0	22.6	14.4	5.5	0.1	5.9	3.1	9.7
秋田	100.0	50.2	12.0	12.6	5.0	0.8	1.6	4.8	13.1	49.0	13.6	17.3	18.1	7.6	…	4.3	10.9	0.4	31.3	19.1	12.2	6.3	0.1	2.5	1.8	10.7
山形	100.0	45.7	8.0	13.6	6.1	1.3	1.3	6.1	17.1	53.1	9.3	19.7	24.1	4.9	…	4.8	18.4	1.4	31.0	19.4	11.6	6.2	0.3	4.8	5.1	10.7
福島	100.0	44.5	10.4	13.8	6.8	1.2	1.5	6.6	15.3	54.3	11.9	20.5	22.0	2.8	…	3.3	11.0	0.3	38.1	24.2	13.9	4.8	0.2	2.8	1.3	9.1
茨城	100.0	45.3	9.4	13.3	6.9	0.9	1.4	5.8	17.0	53.9	10.8	19.1	23.9	21.3	…	0.8	29.7	0.8	33.6	17.8	15.9	4.2	0.1	4.5	2.3	10.6
栃木	100.0	52.0	9.0	11.4	6.0	1.1	1.7	5.4	13.3	46.9	10.8	16.8	19.3	3.4	…	4.1	10.5	0.4	34.2	16.6	17.6	3.6	0.1	3.0	1.2	9.4
群馬	100.0	46.9	5.9	12.5	6.5	2.1	1.9	9.2	15.0	51.0	7.8	21.7	21.5	5.3	…	2.3	3.8	0.1	29.0	17.0	12.0	5.9	0.4	3.6	3.3	8.1
埼玉	100.0	47.6	8.5	12.8	6.1	1.2	2.5	6.8	14.5	51.2	10.9	19.6	20.6	3.7	…	4.0	5.7	0.2	25.0	16.1	8.9	2.7	0.5	2.5	0.7	6.0
千葉	100.0	45.6	9.3	13.9	5.4	1.4	2.1	6.8	15.5	53.0	11.4	20.7	20.9	7.2	…	2.1	14.0	0.2	27.9	15.7	12.1	6.6	0.2	4.5	2.1	7.3
東京	100.0	40.2	9.6	14.5	7.1	0.9	1.1	6.2	20.3	58.9	10.8	20.7	27.4	3.8	…	7.7	11.7	0.1	22.4	13.8	8.7	3.8	0.1	2.9	1.8	4.8
神奈川	100.0	X	X	X	X	X	X	X	X	X	X	X	X	6.4	…	4.9	7.8	-	25.2	14.5	10.7	6.0	0.1	4.1	1.7	5.7
新潟	100.0	45.9	9.4	11.7	7.5	1.2	2.9	7.6	13.8	52.9	12.3	19.3	21.3	2.8	…	3.6	16.7	0.1	16.9	10.2	6.7	2.3	0.0	2.4	2.2	6.1
富山	100.0	50.7	7.6	12.1	5.2	2.7	2.2	6.8	12.7	46.6	9.8	18.9	17.9	9.7	…	2.8	11.5	0.2	29.3	18.4	10.8	2.9	0.0	3.1	2.5	5.7
石川	100.0	41.4	8.4	17.1	5.4	0.8	1.3	7.3	18.3	57.8	9.7	24.3	23.7	1.2	…	1.0	X	X	28.8	15.2	13.6	4.5	0.1	3.6	3.6	6.9
福井	100.0	46.4	8.8	11.1	7.6	1.0	1.6	6.0	17.5	52.6	10.4	17.1	25.1	1.2	…	1.0	4.6	0.9	40.6	23.2	17.4	3.4	0.1	2.9	3.0	8.8
山梨	100.0	48.1	8.4	12.8	4.9	1.2	1.2	5.5	17.9	50.6	9.6	18.2	22.8	5.7	…	6.5	14.8	0.5	34.6	19.8	14.8	6.3	0.3	5.1	2.6	12.5
長野	100.0	52.0	9.3	11.7	5.6	1.0	1.7	5.8	13.0	47.0	11.0	17.5	18.6	5.2	…	5.2	6.0	0.2	27.1	17.9	9.2	4.6	0.1	2.6	2.6	8.0
岐阜	100.0	48.6	8.8	11.3	8.0	1.0	1.4	5.2	15.7	50.4	10.2	16.5	23.7	3.0	…	2.6	12.1	1.0	25.3	15.4	9.8	4.0	0.6	4.0	3.1	6.5
静岡	100.0	53.4	7.4	10.8	4.9	1.4	1.3	5.9	15.0	45.3	8.7	16.8	19.8	3.3	…	5.4	10.5	0.5	29.9	19.0	10.9	6.7	0.0	5.3	4.0	9.8
愛知	100.0	46.8	9.0	12.8	5.5	1.3	1.7	5.8	17.2	51.9	10.7	18.5	22.6	4.4	…	0.8	12.7	0.1	23.8	14.7	9.1	2.8	0.7	4.2	3.5	7.3
三重	100.0	59.2	11.3	9.9	8.1	1.5	1.9	3.2	4.9	39.3	13.2	13.2	13.0	6.5	…	0.5	X	-	34.1	18.8	15.3	4.2	0.1	4.2	2.5	7.9
滋賀	100.0	X	X	X	X	X	X	X	X	X	X	X	X	1.3	…	1.8	2.7	0.0	30.3	18.1	12.2	5.5	0.1	4.1	3.0	7.2
京都	100.0	47.6	7.7	10.2	8.4	1.6	1.5	6.4	16.4	50.7	9.2	16.7	24.8	7.4	…	6.2	9.0	0.2	28.1	17.9	10.2	5.5	0.0	5.5	3.8	6.6
大阪	100.0	43.6	8.2	12.6	8.2	0.8	1.2	5.8	19.5	55.6	9.5	18.4	27.7	5.1	…	7.2	8.2	0.1	32.4	17.9	14.4	7.0	0.1	4.8	2.9	7.8
兵庫	100.0	46.7	X	X	X	X	X	X	X	53.1	X	X	X	8.3	…	8.3	8.1	0.7	32.8	19.6	13.2	9.1	0.1	4.8	2.9	5.6
奈良	100.0	50.8	6.6	10.8	5.8	1.0	1.4	5.3	18.4	48.2	7.9	16.1	24.2	3.6	…	2.7	9.6	-	28.6	15.8	12.8	3.7	-	3.6	1.9	7.6
和歌山	100.0	47.9	7.3	12.7	6.4	2.1	2.6	6.1	15.1	50.1	9.8	18.7	21.5	10.3	…	5.7	7.7	0.6	25.5	14.6	11.0	5.0	0.2	2.2	1.0	6.7
鳥取	100.0	46.4	9.3	12.9	7.0	2.4	3.1	8.4	10.6	51.2	12.3	21.3	17.5	10.7	…	0.9	14.9	0.2	32.8	17.9	14.9	6.1	0.1	3.5		6.6
島根	100.0	51.1	9.9	12.8	5.7	0.6	1.0	5.6	13.4	48.3	10.8	18.4	19.1	8.6	…	9.6	21.4	1.6	32.6	19.4	13.2	4.2	0.4	3.1	2.4	7.8
岡山	100.0	48.9	9.1	10.0	5.2	2.5	3.5	7.7	13.1	48.6	12.6	17.7	18.3	5.6	…	8.6	16.9	2.0	30.1	16.2	13.9	3.7	0.0	3.6	2.6	8.6
広島	100.0	45.6	7.2	13.4	5.4	0.6	1.7	6.7	19.1	53.8	9.2	20.1	24.5	5.32	…	3.7	9.3	0.4	24.2	15.3	8.9	3.7	0.2	3.1	1.9	6.9
山口	100.0	47.2	7.2	12.5	5.8	0.8	0.6	7.8	18.0	52.0	7.9	20.3	23.9	6.2	…	8.4	9.5	0.4	33.3	18.2	15.0	3.4	0.1	4.2	2.8	8.3
徳島	100.0	46.1	9.3	11.7	5.0	2.7	3.4	7.3	14.6	51.2	12.6	19.0	19.6	X	…	3.9	X	4.2	32.9	17.6	15.2	8.0	0.3	6.5	4.1	11.3
香川	100.0	48.4	7.2	11.0	4.2	1.2	1.6	7.5	18.9	50.4	8.8	18.5	23.1	4.4	…	4.8	11.5	0.2	34.1	20.6	13.5	7.1	0.1	5.3	4.2	10.4
愛媛	100.0	42.2	8.8	15.8	7.6	0.9	1.2	4.8	18.6	56.9	10.0	20.6	26.2	7.4	…	0.9	9.1	0.4	32.2	18.3	13.9	4.7	0.0	3.9	2.1	9.1
高知	100.0	49.4	7.1	17.1	7.0	0.5	1.1	4.9	13.9	50.1	8.2	21.1	20.8		…	0.5	2.0	1.5	34.6	16.8	17.7	3.5	-	2.9	2.6	11.9
福岡	100.0	42.6	10.6	13.5	8.1	1.3	1.2	4.9	17.9	56.1	11.8	18.3	26.0	4.5	…	5.4	7.2	0.5	35.1	19.2	15.9	4.1	0.1	4.1	2.8	7.8
佐賀	100.0	44.2	9.6	13.8	8.6	0.9	1.6	5.2	14.9	54.9	11.2	20.2	23.5	2.5	…	5.4	8.3	0.2	33.6	15.7	17.9	5.9	0.1	6.5	3.1	10.6
長崎	100.0	51.6	7.3	11.9	5.1	0.3	0.3	7.3	16.2	48.0	7.6	19.1	21.3	2.8	…	-	0.1	0.6	33.5	20.6	12.9	3.7	0.0	3.3	2.3	7.8
熊本	100.0	50.5	9.8	12.9	6.2	1.0	1.6	4.8	13.1	48.4	11.4	17.7	19.3	6.0	…	1.5	5.6	0.1	36.0	20.9	15.1	4.3	0.1	5.7	3.8	8.4
大分	100.0	44.7	10.9	13.2	10.8	1.7	1.4	5.1	12.1	53.6	12.3	18.4	22.9	1.4	…	0.6	8.1	1.7	38.7	19.9	18.8	5.5	0.3	6.0	2.9	4.0
宮崎	100.0	51.7	9.0	11.4	5.6	1.3	1.9	4.4	14.8	47.0	10.9	15.8	20.4	6.3	…	7.9	12.4	1.5	33.1	19.4	13.7	4.1	0.3	4.6	3.8	5.9
鹿児島	100.0	47.2	9.9	10.4	5.8	1.9	1.6	7.2	16.6	51.9	11.9	17.6	22.4	5.6	…	5.3	15.4	1.4	45.1	24.3	20.8	3.7	0.1	4.5	2.2	8.9
沖縄	100.0	44.7	9.3	13.8	11.8	0.3	0.7	3.4	16.0	55.0	10.1	17.1	27.8	0.6	…	4.0	8.9	1.5	44.6	19.7	24.9	3.2	0.1	3.9	3.0	9.3

異常被患率等（各年齢ごと）（39-7）

単位　（％）

永久歯の1人当り平均むし歯（う歯）等数					栄養状態	せき柱・四肢の状態・胸郭	皮膚疾患		結核の精密検査の対象密者	結核	心疾病臓・異常	心電図異常	蛋白検出の者	尿糖検出の者	その他の疾病・異常				区分
計（本）	喪失歯数（本）	むし歯（う歯）計（本）	処置歯数（本）	未処置歯数（本）			アトピー性皮膚炎	その他の皮膚疾患							ぜん息	腎臓疾患	言語障害	その他の疾病・異常	
…	…	…	…	…	2.72	1.16	3.11	0.29	0.06	0.00	0.68	…	1.98	0.13	2.71	0.27	0.24	5.16	全国
…	…	…	…	…	2.8	0.6	4.2	0.4	0.0	–	0.3	…	1.7	0.1	3.2	0.3	0.2	5.3	北海道
…	…	…	…	…	5.8	2.2	1.7	0.5		–	0.4	…	2.0	0.1	2.3	0.1	0.1	4.8	青森
…	…	…	…	…	3.8	0.9	2.3	0.3	–	–	0.5	…	3.4	0.1	1.9	0.4	0.4	5.6	岩手
…	…	…	…	…	4.8	1.1	3.7	0.4	0.1	–	0.5	…	0.8	0.1	3.3	0.2	0.2	6.3	宮城
…	…	…	…	…	6.3	3.3	2.3	0.3	–	–	0.6	…	0.5	0.0	2.9	0.1	0.2	8.3	秋田
…	…	…	…	…	5.0	1.6	4.3	0.7	–	–	0.4	…	1.5	0.3	4.6	0.2	0.2	11.9	山形
…	…	…	…	…	5.6	2.5	3.5	1.0	–	–	0.4	…	2.0	0.4	3.3	0.3	0.5	8.0	福島
…	…	…	…	…	6.0	2.7	8.9	0.4	0.0	–	0.7	…	1.3	0.1	5.2	0.3	0.5	6.7	茨城
…	…	…	…	…	4.6	2.7	4.1	0.7	–	–	1.2	…	4.6	0.2	4.1	0.7	0.4	6.7	栃木
…	…	…	…	…	3.0	1.3	3.0	0.3	0.0	–	1.2	…	0.9	0.2	3.8	0.7	0.7	6.9	群馬
…	…	…	…	…	1.1	0.5	2.0	0.0	0.3	0.0	0.8	…	3.7	0.1	2.4	0.1	0.1	3.5	埼玉
…	…	…	…	…	1.5	1.0	4.0	0.2	0.1	–	0.8	…	1.1	0.1	4.1	0.1	0.4	4.0	千葉
…	…	…	…	…	1.9	1.0	2.8	0.4	0.1	–	0.6	…	2.0	0.1	2.7	0.4	0.3	4.6	東京
…	…	…	…	…	2.6	1.2	3.4	0.3	0.0	–	0.4	…	1.4	0.2	3.4	0.2	0.1	4.2	神奈川
…	…	…	…	…	2.8	0.2	5.2	0.2	–	–	0.7	…	0.9	0.2	4.1	0.6	0.4	9.0	新潟
…	…	…	…	…	3.2	2.8	2.6	0.2	0.1	–	1.3	…	2.8	0.1	2.7	0.1	0.2	5.7	富山
…	…	…	…	…	1.5	0.7	1.8	0.3	0.0	–	0.6	…	1.6	0.1	1.3	0.2	0.1	5.3	石川
…	…	…	…	…	2.1	0.7	2.8	0.5	0.0	–	1.1	…	0.6	0.1	1.4	0.5	0.1	6.3	福井
…	…	…	…	…	3.4	1.0	2.5	0.5	0.0	–	0.3	…	1.1	0.1	2.3	0.1	0.4	6.7	山梨
…	…	…	…	…	2.2	1.7	2.2	0.2	0.0	–	1.1	…	1.0	0.2	3.3	0.2	0.4	7.3	長野
…	…	…	…	…	2.7	0.2	2.9	0.4	0.1	–	1.8	…	1.4	0.1	1.9	0.6	0.4	10.1	岐阜
…	…	…	…	…	3.2	1.3	3.0	0.2	0.0	–	0.7	…	2.1	0.1	1.6	0.2	0.1	6.0	静岡
…	…	…	…	…	3.0	0.8	5.7	0.2	0.0	–	0.8	…	1.8	0.1	3.3	0.2	0.4	5.6	愛知
…	…	…	…	…	3.8	0.7	2.2	–	–	–	0.9	…	1.4	0.1	2.7	0.1	0.1	3.6	三重
…	…	…	…	…	0.9	0.8	2.0	0.2	0.1	0.0	1.1	…	1.1	0.0	1.2	0.2	0.2	4.6	滋賀
…	…	…	…	…	6.6	1.2	4.5	0.7	0.0	–	1.6	…	2.4	0.1	3.8	0.2	0.4	7.1	京都
…	…	…	…	…	0.6	0.8	1.8	0.2	0.0	–	0.1	…	1.8	0.1	1.9	0.2	0.1	4.0	大阪
…	…	…	…	…	3.7	1.3	1.9	0.1	–	–	1.1	…	1.6	0.1	2.2	0.2	0.1	3.6	兵庫
…	…	…	…	…	2.0	1.0	3.9	0.4	0.0	–	0.4	…	3.5	0.2	0.9	0.1	0.2	4.6	奈良
…	…	…	…	…	1.5	1.6	1.8	0.3	–	–	0.5	…	4.7	0.0	1.3	0.2	0.1	5.0	和歌山
…	…	…	…	…	3.0	0.8	5.4	0.4		–	1.7	…	0.9	0.1	3.9	0.1	0.3	10.7	鳥取
…	…	…	…	…	3.4	1.5	5.3	0.2	0.0	–	0.3	…	6.4	0.1	3.8	0.2	0.7	8.0	島根
…	…	…	…	…	2.9	0.7	3.2	0.4	0.1	–	0.9	…	1.9	0.1	2.8	0.2	0.2	8.3	岡山
…	…	…	…	…	1.9	1.6	2.2	0.6	0.06	–	0.6	…	2.7	0.2	1.4	0.2	0.1	5.0	広島
…	…	…	…	…	2.4	1.7	2.2	0.3	0.0	–	0.8	…	0.9	0.1	1.4	0.1	0.4	5.3	山口
…	…	…	…	…	3.6	0.5	2.0	0.0		–	0.3	…	1.2	0.4	2.0	0.1	0.1	4.1	徳島
…	…	…	…	…	6.8	0.5	1.9	0.1	0.0	–	0.8	…	2.0	0.1	2.3	0.4	0.1	5.3	香川
…	…	…	…	…	1.3	0.5	1.9	0.0	0.0	–	1.4	…	3.5	0.0	1.5	0.1	0.1	4.2	愛媛
…	…	…	…	…	3.7	0.3	2.2	0.4		–	1.2	…	1.8	0.1	2.2	0.1	0.1	2.9	高知
…	…	…	…	…	2.3	2.6	1.5	0.2	0.1	–	0.5	…	2.3	0.2	2.1	0.2	0.2	3.8	福岡
…	…	…	…	…	2.4	1.8	2.3	0.2		–	0.7	…	0.9	0.1	2.3	0.2	0.2	8.2	佐賀
…	…	…	…	…	2.1	0.6	2.9	0.2		–	0.5	…	0.8	0.1	1.4	0.1	0.2	4.5	長崎
…	…	…	…	…	4.7	0.7	1.8	0.3	0.0	–	0.3	…	4.7	0.0	1.7	0.2	0.3	3.3	熊本
…	…	…	…	…	1.3	1.5	2.0	–		–	0.2	…	4.1	0.2	2.7	0.1	0.1	2.7	大分
…	…	…	…	…	3.7	2.1	2.8	0.1		–	0.8	…	1.7	0.3	3.9	0.2	0.4	8.2	宮崎
…	…	…	…	…	1.3	0.7	2.0	0.1	0.0	–	0.7	…	1.3	0.5	2.1	0.1	0.0	1.9	鹿児島
…	…	…	…	…	3.0	0.8	2.1	0.4	0.0	–	0.5	…	2.0	0.4	1.5	0.1	0.2	4.3	沖縄

1 12歳 (1) 計

区分	計	視力非矯正者 1.0以上	1.0未満0.7以上	0.7未満0.3以上	0.3未満	視力矯正者 1.0以上	1.0未満0.7以上	0.7未満0.3以上	0.3未満	裸眼視力 計	1.0未満0.7以上	0.7未満0.3以上	0.3未満	眼の疾病・異常	難聴	耳疾患	鼻疾患・副鼻腔患	口腔咽喉頭疾患・異常	むし歯 計	処置完了者	未処置歯のある者	歯列・咬合	顎関節	歯垢の状態	歯肉の状態	その他の疾病・異常
全 国	100.00	43.29	11.24	13.24	6.34	1.07	1.62	5.80	17.41	55.64	12.86	19.04	23.75	5.23	0.35	6.14	11.15	0.42	25.76	15.19	10.56	5.35	0.31	3.75	3.10	4.90
北 海 道	100.0	44.5	X	X	X	0.6	X	X	X	54.9	X	X	X	5.3	0.3	5.5	9.1	0.4	34.1	17.6	16.6	6.5	0.5	3.4	3.9	3.5
青 森	100.0	32.5	10.2	11.9	7.5	0.7	1.7	6.8	28.8	66.8	11.8	18.7	36.3	3.6	0.3	4.5	13.4	0.2	37.9	19.6	18.3	5.0	0.2	3.5	4.0	6.6
岩 手	100.0	44.7	8.6	11.1	3.5	0.9	1.9	5.8	23.4	54.3	10.6	16.9	26.8	5.9	0.4	6.4	21.3	1.0	31.8	19.7	12.1	5.8	0.5	3.4	2.6	6.3
宮 城	100.0	37.6	9.8	13.2	7.9	1.2	1.8	7.2	21.4	61.2	11.6	20.4	29.2	7.2	0.2	7.3	12.1	0.1	30.1	17.2	13.0	7.1	0.4	6.7	6.9	4.6
秋 田	100.0	X	X	X	X	X	X	X	X	X	X	X	X	8.7	0.2	6.3	18.2	1.0	21.8	12.9	8.8	6.1	0.3	3.5	2.9	6.9
山 形	100.0	49.0	9.8	12.6	4.6	2.2	2.0	5.4	14.3	48.8	11.8	18.1	18.9	5.3	0.3	5.9	13.8	1.2	22.0	12.2	9.9	5.4	0.2	4.2	3.6	7.0
福 島	100.0	37.5	10.2	12.9	8.0	0.8	1.3	6.2	23.1	61.7	11.5	19.1	31.1	1.6	0.5	8.8	9.1	0.6	36.0	20.4	15.7	8.4	0.0	6.1	5.1	6.9
茨 城	100.0	40.9	10.3	13.5	8.3	0.7	0.9	4.4	21.3	58.6	11.1	17.9	29.6	16.7	0.4	1.1	21.4	0.3	30.8	16.9	13.9	4.5	0.0	3.1	2.2	10.0
栃 木	100.0	45.0	9.7	12.3	6.9	0.6	1.0	5.3	19.3	54.4	10.6	17.6	26.2	3.4	0.2	4.8	7.5	0.7	30.3	18.5	11.7	5.6	0.2	3.2	2.2	4.4
群 馬	100.0	39.1	11.2	11.7	8.8	1.3	1.8	5.5	20.6	59.6	13.0	17.3	29.3	3.9	0.2	5.5	8.0	0.1	31.3	21.4	9.9	5.9	0.4	4.7	5.0	6.0
埼 玉	100.0	X	X	X	X	X	X	X	X	X	X	X	X	3.1	0.4	6.2	8.0	0.1	20.9	12.1	8.9	3.3	0.1	2.9	1.4	2.7
千 葉	100.0	41.6	8.4	14.1	7.8	0.5	1.4	5.3	21.0	57.9	9.8	19.4	28.8	5.7	0.3	5.8	12.8	0.3	22.7	12.4	10.3	6.0	0.2	3.2	2.5	6.5
東 京	100.0	36.7	11.9	13.8	8.6	1.2	2.6	7.3	17.8	62.0	14.5	21.1	26.4	5.8	0.5	6.9	12.5	0.6	22.0	13.9	8.1	4.4	0.6	3.0	2.0	2.5
神 奈 川	100.0	X	X	X	X	X	X	X	X	X	X	X	X	6.7	0.4	7.9	13.2	0.6	21.8	12.7	9.1	7.0	0.2	4.6	3.7	4.6
新 潟	100.0	34.4	8.4	14.2	8.4	1.5	2.6	9.9	20.5	64.1	11.0	24.1	28.9	5.4	0.2	2.2	16.8	0.1	16.8	10.0	6.8	2.1	0.1	2.3	2.9	3.6
富 山	100.0	49.5	4.6	11.6	6.7	2.1	1.9	2.6	21.1	48.4	6.5	14.2	27.7	6.6	0.2	3.8	8.5	0.2	22.6	12.3	10.3	2.8	0.2	2.6	2.1	3.6
石 川	100.0	38.5	9.3	13.5	X	2.5	2.1	7.5	X	59.0	11.4	21.0	26.6	3.3	0.2	4.1	8.5	0.1	27.8	14.6	13.2	4.2	0.0	3.8	3.3	6.0
福 井	100.0	40.7	8.7	10.7	5.6	0.8	1.5	6.2	25.7	58.5	10.2	16.9	31.4	0.7	0.3	3.3	2.9	0.0	31.0	18.3	12.7	3.8	0.0	4.2	2.1	4.7
山 梨	100.0	45.8	7.7	13.0	5.6	0.7	2.0	6.9	18.4	53.5	9.7	19.8	24.0	4.3	0.4	7.3	13.3	0.2	29.3	17.6	11.7	6.2	1.2	5.1	4.3	5.2
長 野	100.0	45.3	8.1	12.9	4.5	0.3	1.0	8.4	19.4	54.4	9.1	21.4	23.9	2.6	0.3	4.8	6.7	0.2	24.3	16.9	7.4	4.6	0.2	3.9	3.3	5.9
岐 阜	100.0	44.4	10.6	11.4	6.1	0.9	0.8	6.0	19.8	54.8	11.4	17.5	25.9	0.4	0.3	5.5	11.2	0.5	18.7	13.1	5.6	2.8	0.2	2.6	2.6	4.1
静 岡	100.0	43.7	9.5	12.1	5.2	0.9	0.8	5.3	22.9	55.8	10.3	17.4	28.1	4.6	0.3	5.6	9.7	0.5	20.4	12.5	7.9	5.6	0.1	4.8	3.4	7.9
愛 知	100.0	44.4	10.2	12.3	6.0	0.4	1.5	7.4	17.9	55.2	11.7	19.7	23.8	4.2	0.3	5.6	9.9	0.3	17.6	12.1	5.6	5.8	0.5	3.3	3.1	4.3
三 重	100.0	X	X	X	X	X	X	X	X	X	X	X	X	5.2	0.4	6.7	13.6	0.4	29.7	15.4	14.2	4.5	0.1	3.1	2.1	6.6
滋 賀	100.0	X	X	X	X	X	X	X	X	X	X	X	X	3.9	0.3	4.1	6.7	0.1	23.7	14.2	9.5	5.5	0.1	2.3	2.1	5.0
京 都	100.0	38.3	12.0	12.3	8.2	0.7	0.5	8.3	19.7	61.0	12.5	20.6	27.9	7.6	0.4	7.6	9.4	0.6	24.6	14.4	9.6	1.4	0.4	4.6	6.0	
大 阪	100.0	43.3	10.4	12.7	5.1	2.5	2.7	9.5	18.9	54.2	13.0	22.3	18.9	7.7	0.3	7.7	9.8	0.3	26.8	18.0	8.8	4.4	0.5	3.0	3.0	4.0
兵 庫	100.0	X	X	X	X	X	X	X	X	X	X	X	X	6.4	0.3	8.1	12.1	0.4	26.0	15.0	11.0	8.8	0.2	6.2	4.8	5.9
奈 良	100.0	49.0	7.5	18.0	3.1	2.5	-	3.7	16.1	48.4	7.5	21.7	19.2	2.3	0.6	5.3	6.9	0.3	27.1	15.0	12.0	5.6	0.6	4.1	2.6	3.2
和 歌 山	100.0	47.5	10.2	11.9	3.8	1.9	2.5	6.6	15.5	50.6	12.7	18.5	19.3	9.4	0.5	6.9	11.5	1.6	24.1	12.3	11.8	6.9	0.5	2.8	4.1	3.5
鳥 取	100.0	41.0	9.7	12.5	5.1	1.0	1.0	6.0	24.7	58.9	10.6	18.5	29.8	9.7	0.1	3.7	20.6	1.0	27.7	18.6	9.1	6.9	0.5	7.2	4.4	5.7
島 根	100.0	47.0	9.7	10.7	6.2	1.0	2.1	4.9	18.4	52.0	11.8	15.6	24.6	7.7	0.4	7.7	16.3	0.7	31.4	16.8	14.6	8.0	0.2	6.2	4.5	7.7
岡 山	100.0	44.3	9.3	10.0	6.4	1.4	3.1	7.0	18.5	54.3	12.4	17.0	24.9	6.0	0.2	6.6	13.0	1.2	21.4	12.8	8.6	3.2	0.1	4.2	4.2	4.2
広 島	100.0	38.8	9.2	15.0	4.1	0.1	0.6	5.6	26.8	61.1	9.7	20.5	30.9	5.5	0.5	4.1	9.8	0.2	22.6	12.3	10.3	6.6	0.0	3.6	2.8	3.6
山 口	100.0	43.2	7.2	12.5	6.7	0.6	1.9	4.0	24.7	56.3	8.4	16.4	31.4	3.9	0.3	6.0	13.0	0.2	25.5	15.8	9.7	5.6	0.2	3.3	2.3	7.6
徳 島	100.0	45.2	8.4	10.9	4.2	5.5	4.5	9.5	11.8	49.3	12.9	20.4	16.0	9.3	0.7	8.2	13.8	4.0	30.2	16.4	13.8	5.6	0.2	4.1	5.9	11.4
香 川	100.0	40.6	X	X	X	2.6	X	X	X	56.9	X	X	X	3.4	0.1	6.8	8.7	0.3	27.4	18.6	8.8	4.8	0.1	6.6	6.4	6.3
愛 媛	100.0	37.5	11.2	15.5	9.4	0.2	1.1	3.7	21.4	62.3	12.3	19.2	30.7	6.6	0.3	9.3	9.5	0.4	31.4	16.7	14.6	4.0	0.1	3.7	1.7	6.2
高 知	100.0	43.6	8.0	8.7	8.0	1.1	0.7	5.8	24.1	55.3	8.7	14.6	32.1	0.7	0.2	5.4	14.6	0.3	27.5	14.9	12.6	6.0	0.4	4.8	4.6	8.1
福 岡	100.0	42.5	10.0	13.5	10.6	0.3	1.7	4.0	17.4	57.1	11.7	17.5	27.9	3.4	0.5	6.1	8.9	0.2	33.6	18.5	15.1	6.0	0.2	3.4	2.8	4.4
佐 賀	100.0	39.7	X	X	X	4.1	X	X	X	56.2	X	X	X	2.1	0.5	8.8	8.7	0.1	25.2	12.4	12.8	4.5	0.3	3.4	2.5	4.9
長 崎	100.0	X	X	X	X	X	X	X	X	X	X	X	X	2.6	0.4	4.8	6.6	1.3	28.3	19.0	9.3	4.7	0.2	3.4	2.7	6.6
熊 本	100.0	39.3	8.3	12.7	6.3	2.2	3.2	7.1	20.8	58.5	11.6	19.9	27.0	6.4	0.3	3.3	16.2	0.2	27.4	15.7	11.7	6.0	0.2	2.1	2.1	6.9
大 分	100.0	X	X	X	X	X	X	X	X	X	X	X	X	3.9	0.3	3.3	11.1	0.1	30.0	16.2	13.8	6.2	0.4	5.8	4.8	2.3
宮 崎	100.0	X	X	X	X	X	X	X	X	X	X	X	X	3.6	0.3	9.3	9.1	0.1	33.6	18.2	15.3	4.4	0.2	3.6	3.4	3.8
鹿 児 島	100.0	47.5	8.5	10.5	5.6	0.1	0.8	3.3	23.7	52.3	9.3	13.8	29.3	4.5	0.5	6.8	14.1	0.9	40.0	23.0	16.9	2.4	0.2	2.0	2.4	7.8
沖 縄	100.0	36.4	8.8	15.1	12.2	0.3	0.7	3.5	23.0	63.3	9.6	18.6	35.1	1.7	0.3	3.1	9.2	1.3	44.1	23.9	20.2	2.0	0.4	2.1	2.5	5.0

異常被患率等（各年齢ごと）（39-8）

単位　（％）

計（本）	喪失歯数（本）	むし歯（う歯）計（本）	処置歯数（本）	未処置歯数（本）	栄養状態	せき柱・四肢の胸郭・状態	アトピー性皮膚炎	その他の皮膚疾患	結核の検査の対象精密者	結核	心疾病臓・異常の常	心電図異常	蛋白検出の者	尿糖検出の者	ぜん息	腎臓疾患	言語障害	その他の疾病・異常	区分
0.56	0.01	0.55	0.35	0.20	1.52	1.57	3.03	0.28	0.05	0.00	0.90	3.15	2.74	0.13	2.15	0.24	0.10	4.70	全　国
0.8	0.0	0.8	0.4	0.4	1.0	0.6	6.1	0.2	-	-	0.6	2.6	1.2	0.1	3.8	0.1	0.2	5.5	北 海 道
1.0	0.0	1.0	0.6	0.4	2.3	2.5	1.1	0.6	-	-	0.5	2.6	2.1	0.2	0.8	0.1	0.0	4.3	青　森
0.7	0.0	0.7	0.5	0.3	2.2	1.2	2.8	0.3	-	-	0.8	3.7	5.8	0.2	2.2	0.4	0.2	9.1	岩　手
0.6	0.0	0.6	0.4	0.2	0.3	1.8	5.2	0.5	0.0	-	0.9	1.4	1.4	0.1	3.2	0.4	0.1	7.6	宮　城
0.5	0.0	0.4	0.3	0.2	4.2	1.9	3.6	0.9	0.0	-	1.2	5.9	1.4	0.1	2.2	0.2	0.1	10.1	秋　田
0.4	0.0	0.4	0.2	0.2	2.2	0.9	3.5	0.1	0.0	-	0.5	5.0	2.3	0.1	1.9	0.1	0.2	10.1	山　形
0.9	0.0	0.9	0.6	0.3	1.6	1.2	1.7	0.1	-	-	0.6	3.1	2.0	0.1	1.8	0.1	0.1	5.7	福　島
0.7	0.0	0.7	0.4	0.3	3.6	1.4	5.6	0.2	0.1	-	1.0	3.6	1.6	0.2	4.2	0.3	0.2	5.0	茨　城
0.7	0.0	0.7	0.5	0.2	1.8	1.1	2.3	0.5	0.0	-	2.3	4.9	8.4	0.3	2.4	0.3	0.1	4.0	栃　木
0.7	0.0	0.7	0.5	0.2	1.8	2.2	3.7	2.7	0.0	0.0	1.4	3.9	0.8	0.2	3.0	0.5	0.7	7.2	群　馬
0.4	0.0	0.4	0.2	0.1	0.1	1.8	2.7	0.2	0.1	-	0.6	2.5	3.4	0.0	1.7	0.1	0.1	3.4	埼　玉
0.5	0.0	0.4	0.3	0.2	0.3	2.5	4.2	0.4	0.1	-	0.7	1.4	1.5	0.2	3.6	0.5	0.1	3.9	千　葉
0.5	0.0	0.4	0.3	0.2	2.0	0.9	3.0	0.2	0.1	-	0.7	2.3	2.6	0.2	1.9	0.3	0.1	3.4	東　京
0.5	0.0	0.5	0.3	0.2	1.7	1.8	3.0	0.3	0.0	-	0.2	2.2	2.2	0.1	2.9	0.2	0.1	3.8	神 奈 川
0.3	0.0	0.3	0.2	0.1	2.9	1.3	6.4	0.3	-	-	1.6	3.2	2.3	0.0	2.9	0.4	0.1	6.9	新　潟
0.5	0.0	0.5	0.3	0.2	3.3	5.4	1.6	0.1	0.0	-	1.2	3.1	3.1	0.0	1.4	0.2	0.1	4.9	富　山
0.6	0.0	0.6	0.4	0.2	0.2	0.8	2.3	0.1	-	-	1.0	3.7	3.4	0.2	1.1	0.2	0.2	3.4	石　川
0.7	0.0	0.7	0.4	0.3	2.5	0.8	2.4	0.1	-	-	0.9	1.4	0.7	0.2	0.9	0.2	0.2	7.5	福　井
0.7	0.0	0.7	0.4	0.2	3.0	0.4	1.9	0.1	0.1	-	0.3	2.3	3.1	0.2	1.7	0.1	0.1	4.7	山　梨
0.5	0.0	0.5	0.3	0.1	1.4	2.2	4.1	0.2	0.0	0.0	1.6	3.7	1.3	0.2	3.0	0.2	0.2	6.4	長　野
0.3	-	0.3	0.2	0.1	0.6	3.6	3.2	0.4	0.1	-	2.0	4.8	2.9	0.1	1.5	0.8	0.2	7.5	岐　阜
0.4	0.0	0.4	0.2	0.1	2.8	2.6	2.0	0.2	0.1	-	1.0	3.3	3.1	0.2	1.2	0.2	0.1	7.5	静　岡
0.3	0.0	0.3	0.2	0.1	2.0	1.5	4.2	0.1	0.1	-	1.1	4.3	3.1	0.1	2.5	0.3	0.1	5.6	愛　知
0.6	0.0	0.6	0.3	0.3	2.2	0.9	4.0	-	0.0	-	0.9	3.5	1.9	0.1	2.4	0.2	0.1	3.9	三　重
0.4	0.0	0.4	0.3	0.2	0.4	0.5	2.3	0.2	0.1	-	2.1	4.3	1.5	0.2	0.4	0.1	0.1	2.3	滋　賀
0.5	0.0	0.5	0.3	0.2	2.8	2.1	3.3	0.2	0.1	-	2.0	5.7	4.9	0.1	2.2	0.2	0.3	7.3	京　都
0.6	0.0	0.6	0.4	0.1	0.4	0.7	2.1	0.1	0.1	-	0.7	2.9	3.0	0.1	1.1	0.3	0.1	4.0	大　阪
0.5	0.0	0.5	0.3	0.2	1.8	3.3	2.6	0.6	-	-	1.2	3.4	1.5	0.1	2.4	0.1	0.1	3.6	兵　庫
0.5	0.0	0.5	0.3	0.2	1.6	2.5	2.5	0.1	0.1	-	0.7	3.8	3.8	0.2	3.3	0.1	0.1	4.3	奈　良
0.5	0.0	0.5	0.3	0.2	0.8	2.2	1.9	0.2	-	-	1.4	3.2	5.9	0.1	0.5	0.1	0.1	1.8	和 歌 山
0.6	0.0	0.6	0.4	0.2	2.3	1.0	4.8	0.2	-	-	1.3	2.0	1.0	0.1	3.4	0.1	0.4	12.7	鳥　取
0.6	0.0	0.6	0.4	0.2	1.1	1.5	2.2	0.1	-	-	0.3	1.7	10.0	0.1	1.8	0.1	0.1	5.3	島　根
0.4	0.0	0.4	0.3	0.1	2.2	0.7	2.9	0.1	-	0.0	1.1	5.7	3.5	0.2	2.4	0.1	0.2	8.2	岡　山
0.5	0.0	0.5	0.3	0.1	1.4	1.4	2.7	0.7	0.1	-	1.0	4.0	3.3	0.1	1.7	0.2	-	5.2	広　島
0.5	0.0	0.5	0.3	0.1	1.3	1.9	1.3	0.1	0.1	-	1.2	2.6	0.9	0.1	1.3	0.2	0.1	5.1	山　口
0.7	0.0	0.7	0.4	0.3	4.5	0.8	2.0	0.1	0.1	-	0.3	4.5	1.4	0.1	1.6	0.2	0.2	4.0	徳　島
0.6	0.0	0.6	0.4	0.2	5.0	0.8	4.3	0.3	0.1	-	1.0	5.2	2.7	0.1	1.9	0.4	0.1	6.2	香　川
0.8	0.0	0.7	0.5	0.3	0.7	1.0	1.0	0.0	0.0	-	1.5	3.0	7.2	0.1	0.7	0.1	0.2	3.3	愛　媛
0.7	0.0	0.7	0.4	0.2	0.8	0.5	2.4	0.1	-	-	1.2	4.8	2.3	0.1	1.3	0.2	0.1	4.0	高　知
0.9	0.0	0.9	0.5	0.4	0.5	1.8	1.4	0.1	0.1	-	0.9	4.1	2.8	0.2	2.1	0.3	0.2	2.9	福　岡
0.5	0.0	0.5	0.3	0.2	2.1	2.3	1.4	0.3	-	-	1.1	2.8	1.2	0.1	1.9	0.2	0.1	7.4	佐　賀
0.6	0.0	0.6	0.4	0.2	1.8	0.8	2.9	0.1	0.1	-	0.4	2.6	1.9	0.1	1.1	0.2	0.1	4.1	長　崎
0.7	0.0	0.7	0.5	0.2	1.5	0.9	2.3	0.1	0.1	-	0.5	1.9	3.7	0.1	0.9	0.1	0.2	2.1	熊　本
0.7	0.0	0.7	0.4	0.2	0.2	2.2	1.3	0.2	-	0.0	0.4	2.0	6.6	0.1	2.0	0.3	0.2	1.6	大　分
0.8	0.0	0.8	0.5	0.3	0.3	1.5	1.2	0.1	-	-	1.1	4.8	1.9	0.2	1.7	0.3	-	4.7	宮　崎
1.1	0.0	1.1	0.7	0.4	0.4	0.6	1.5	0.1	0.0	-	0.4	2.7	2.1	0.0	1.6	0.1	0.1	2.0	鹿 児 島
1.2	0.0	1.2	0.8	0.4	2.6	0.9	1.7	0.5	0.0	-	0.3	1.8	2.9	0.1	0.9	0.1	0.0	3.5	沖　縄

都道府県表

1　13歳　(1)　計

区分	裸眼視力 視力非矯正者の裸眼視力 計	1.0以上	1.0未満0.7以上	0.7未満0.3以上	0.3未満	視力矯正者の裸眼視力 1.0以上	1.0未満0.7以上	0.7未満0.3以上	0.3未満	裸眼視力 計	1.0未満0.7以上	0.7未満0.3以上	0.3未満	眼の疾病・異常	難聴	耳鼻咽頭 耳疾患	鼻疾・副鼻腔患	口腔咽喉頭疾患異常	歯・口腔 むし歯（う歯） 計	処置完了者	未処置のある歯者	歯列・咬合	顎関節	歯垢の状態	歯肉の状態	その他の疾病・異常
全 国	100.00	36.69	12.05	13.66	7.37	1.00	1.52	6.59	21.12	62.30	13.56	20.25	28.49	4.90	···	4.40	11.19	0.37	28.20	16.78	11.41	5.25	0.33	4.10	3.52	3.29
北 海 道	100.0	X	X	X	X	X	X	X	X	X	X	X	X	6.1	···	-	6.4	0.1	36.1	16.3	19.8	6.9	0.6	4.0	4.4	1.8
青 森	100.0	26.9	10.1	11.4	7.8	0.9	1.2	5.7	35.9	72.3	11.4	17.1	43.8	4.0	···	3.7	13.0	0.3	39.6	24.1	15.5	3.7	0.2	4.7	5.8	4.9
岩 手	100.0	37.1	10.5	11.5	6.1	1.0	0.8	5.4	27.7	62.0	11.3	16.8	33.8	6.3	···	5.2	X	2.9	36.4	21.6	14.8	5.1	0.3	3.7	3.1	4.5
宮 城	100.0	32.4	9.1	13.1	9.6	1.6	2.6	6.6	25.2	66.1	11.7	19.6	34.8	6.6	···	-	9.6	-	32.4	19.8	12.6	8.2	0.3	6.1	5.0	3.3
秋 田	100.0	X	X	X	X	X	X	X	X	X	X	X	X	4.8	···	6.0	20.5	0.4	27.5	17.1	10.5	6.5	0.3	2.8	2.2	4.7
山 形	100.0	36.7	10.7	16.9	6.7	1.0	1.2	6.1	20.7	62.3	11.9	23.0	27.3	4.4	···	4.7	13.3	0.7	24.5	14.6	9.9	6.1	0.3	4.0	3.6	5.3
福 島	100.0	28.0	X	X	X	0.7	X	X	X	71.3	X	X	X	2.1	···	1.5	4.3	0.6	36.5	21.5	15.1	9.9	0.4	8.0	6.1	4.2
茨 城	100.0	33.1	9.7	13.1	8.6	0.4	0.7	5.2	29.2	66.5	10.4	18.2	37.8	17.9	···	0.8	25.1	0.4	30.8	15.7	15.1	5.9	0.3	3.9	2.8	5.8
栃 木	100.0	38.6	10.5	11.3	7.0	0.4	2.0	5.2	25.0	61.0	12.5	16.5	32.0	2.5	···	4.7	8.1	0.4	31.2	20.1	11.1	5.4	0.3	2.9	2.7	3.0
群 馬	100.0	31.2	10.2	13.8	7.2	1.3	1.4	7.7	27.3	67.5	11.6	21.5	34.5	3.6	···	2.7	4.4	-	31.5	22.2	9.3	7.6	0.1	5.5	6.4	3.2
埼 玉	100.0	X	X	X	X	X	X	X	X	X	X	X	X	3.3	···	4.7	7.3	0.2	21.9	14.2	7.7	3.3	0.1	2.7	1.3	1.9
千 葉	100.0	34.7	10.4	10.8	8.5	0.2	0.9	7.5	26.9	65.1	11.3	18.3	35.5	3.6	···	9.0	X	1.7	23.5	12.6	10.9	3.3	0.2	2.9	2.7	3.9
東 京	100.0	27.2	X	X	X	2.7	X	X	X	70.1	X	X	X	6.6	···	6.4	12.0	0.1	24.9	15.8	9.1	4.4	0.6	3.2	2.7	1.8
神 奈 川	100.0	X	X	X	X	X	X	X	X	X	X	X	X	5.9	···	3.1	8.0	0.1	25.8	15.0	10.8	7.1	0.2	5.1	4.0	4.5
新 潟	100.0	30.6	11.7	10.3	X	1.0	2.4	8.3	X	68.4	14.1	18.5	35.8	5.7	···	1.6	X	-	17.4	11.9	5.5	2.1	0.1	3.3	4.3	2.2
富 山	-	-	-	-	-	-	-	-	-	-	-	-	-	7.3		1.8	8.6	0.1	24.5	12.8	11.6	2.5	0.5	2.7	1.8	2.2
石 川	100.0	X	X	X	X	X	X	X	X	X	X	X	X	2.5	···	0.9	0.4	-	32.1	16.8	15.3	4.6	0.2	3.8	3.5	2.6
福 井	100.0	36.7	8.4	10.5	6.1	0.5	1.2	8.4	28.2	62.8	9.5	19.0	34.3	0.7	···	0.2	2.4	0.1	33.0	20.5	12.6	4.2	0.4	4.8	4.0	2.2
山 梨	100.0	37.3	13.5	13.0	5.6	0.9	2.9	4.9	22.0	61.9	16.5	17.8	27.6	5.3	···	6.2	13.7	0.1	31.7	16.6	15.1	6.8	0.2	7.6	4.6	4.4
長 野	100.0	39.9	X	X	X	0.2	X	X	X	59.9	X	X	X	2.2	···	3.8	X	0.3	28.4	21.1	7.3	4.3	0.1	4.3	3.3	3.7
岐 阜	100.0	36.0	9.6	14.0	5.5	1.0	1.2	8.3	24.4	63.0	10.8	22.2	30.0	4.5	···	2.9	6.3	0.2	23.0	14.2	8.8	6.7	0.3	3.2	3.5	2.1
静 岡	100.0	39.2	8.5	11.5	5.9	0.8	0.9	7.9	25.3	60.0	9.4	19.4	31.2	5.1	···	5.6	12.8	0.3	22.8	14.2	8.5	5.0	0.2	4.4	3.8	5.4
愛 知	100.0	38.9	9.4	12.4	6.5	0.9	1.5	5.9	24.5	60.3	10.9	18.4	31.0	3.2	···	4.2	8.9	0.1	18.4	13.6	4.8	3.0	0.3	2.8	3.0	2.8
三 重	100.0	X	X	X	X	X	X	X	X	X	X	X	X	3.3	···	5.0	X	-	33.8	18.0	15.8	5.1	0.1	4.0	3.8	4.2
滋 賀	100.0	X	X	X	X	X	X	X	X	X	X	X	X	2.8	···	1.3	3.0	0.1	25.6	14.9	10.7	6.0	0.0	2.4	2.6	3.7
京 都	100.0	42.1	8.0	12.4	5.0	0.2	0.6	5.0	26.6	57.7	8.6	17.4	31.7	7.7	···	6.4	7.1	0.6	27.4	16.0	11.5	10.4	1.4	5.3	3.4	3.4
大 阪	100.0	37.6	10.5	12.5	5.4	1.0	2.8	10.1	20.2	61.4	13.2	22.6	25.7	4.1	···	5.1	9.3	0.1	30.1	18.9	11.1	3.7	0.3	3.6	3.0	2.5
兵 庫	100.0	X	X	X	X	X	X	X	X	X	X	X	X	5.4	···	3.6	13.7	0.3	27.4	15.8	11.6	7.7	0.3	5.4	4.8	2.9
奈 良	100.0	41.1	X	X	X	0.5	X	X	X	58.4	X	X	X	1.4	···	1.2	2.4	0.2	28.0	16.3	11.7	6.2	0.5	5.4	4.0	2.8
和 歌 山	100.0	44.0	9.6	11.9	5.5	2.1	2.6	4.7	19.5	53.8	12.2	16.7	25.0	9.1	···	4.1	11.9	0.2	23.1	13.3	9.8	6.0	1.1	4.4	3.8	1.9
鳥 取	100.0	35.6	9.1	17.6	8.1	0.0	0.5	6.2	22.9	64.3	9.6	23.8	31.0	8.5	···	0.5	17.2	0.2	31.6	22.2	9.4	6.5	0.2	6.8	4.9	3.4
島 根	100.0	40.3	8.9	14.3	6.9	0.5	2.3	5.0	21.8	59.2	11.2	19.2	28.7	7.6	···	8.2	16.4	0.1	30.5	16.7	13.7	9.6	0.2	6.8	6.2	5.4
岡 山	100.0	35.0	7.4	15.5	6.6	0.2	3.8	6.9	24.7	64.8	11.2	22.4	31.2	6.0	···	6.0	9.4	1.1	24.2	14.6	9.5	3.8	0.2	4.3	4.6	3.3
広 島	100.0	36.9	10.6	8.8	5.1	0.2	0.4	6.3	31.6	62.9	11.0	15.2	36.7	5.1	···	3.1	7.6	0.2	24.7	13.5	11.2	7.6	0.3	3.8	2.7	2.0
山 口	100.0	X	X	X	X	X	X	X	X	X	X	X	X	4.2	···	6.2	12.3	0.6	29.9	19.7	10.2	3.9	0.4	3.7	2.9	5.2
徳 島	100.0	35.1	9.8	12.6	5.7	4.3	2.7	9.6	20.1	60.6	12.6	22.2	25.9	10.4	···	1.8	12.7	1.1	32.7	20.2	12.5	5.9	0.7	3.7	5.8	8.6
香 川	100.0	32.2	10.1	13.0	5.3	0.7	0.7	6.4	31.7	67.2	10.8	19.4	37.0	4.8	···	5.9	7.3	0.2	31.8	22.4	9.5	5.4	0.4	10.5	7.9	4.8
愛 媛	100.0	31.0	9.0	10.7	9.1	1.0	1.0	9.2	29.0	68.0	10.0	19.9	38.1	4.2	···	0.8	7.3	0.1	30.5	19.8	10.7	3.6	0.3	3.6	1.9	5.6
高 知	100.0	42.6	9.0	9.3	7.9	2.5	0.4	9.9	18.4	54.9	9.4	19.2	26.3	0.7	···	0.8	8.4	0.2	27.8	15.0	12.8	7.2	0.4	5.4	4.4	4.4
福 岡	100.0	33.2	10.8	15.7	10.6	0.5	0.1	4.1	25.0	66.3	10.9	19.8	35.6	3.4	···	5.5	8.9	0.4	35.7	18.1	17.6	4.9	0.2	4.3	3.4	2.8
佐 賀	100.0	X	X	X	X	X	X	X	X	X	X	X	X	2.3	···	5.2	6.9	0.1	30.7	15.4	15.3	6.2	0.2	4.7	3.6	3.6
長 崎	100.0	X	X	X	X	X	X	X	X	X	X	X	X	1.7	···	2.7	4.3	1.0	33.4	22.6	10.8	3.0	0.5	5.2	2.8	4.5
熊 本	100.0	38.6	8.0	11.2	6.6	1.7	1.7	4.9	27.3	59.7	9.7	16.1	33.9	5.4	···	1.7	6.7	0.2	32.6	19.2	13.5	4.3	0.2	4.2	2.3	7.4
大 分	100.0	X	X	X	X	X	X	X	X	X	X	X	X	2.4	···	8.2	16.1	0.5	37.6	20.0	17.6	5.0	0.3	5.8	5.0	1.9
宮 崎	100.0	X	X	X	X	X	X	X	X	X	X	X	X	2.4	···	11.0	8.6	-	36.5	20.9	15.6	4.1	0.3	2.9	3.0	1.8
鹿 児 島	100.0	42.8	11.6	10.4	4.7	0.0	0.6	4.8	25.0	57.1	12.2	15.2	29.7	5.6	···	5.2	14.8	1.0	44.4	25.8	18.7	2.7	0.3	1.9	2.7	5.0
沖 縄	100.0	35.1	10.3	13.9	11.9	-	0.4	2.6	25.8	64.9	10.7	16.5	37.7	1.4	···	3.7	9.5	1.4	51.0	28.9	22.0	2.6	0.3	3.5	3.2	3.7

異常被患率等（各年齢ごと）（39-9）

単位　（％）

計（本）	喪失歯数（本）	計（本）	処置歯数（本）	未処置歯数（本）	栄養状態	せき柱・胸郭・四肢の状態	アトピー性皮膚炎	その他の皮膚疾患	結核の検査の対象密者	結核	心臓病・異常の常	心電図異常	蛋白検出の者	尿糖検出の者	ぜん息	腎臓疾患	言語障害	その他の疾病・異常	区分
...	...	...	...	...	1.39	1.52	2.92	0.22	0.04	0.00	0.87	...	3.05	0.18	2.27	0.24	0.10	4.91	全国
...	...	...	...	...	0.6	0.5	5.7	0.4	-	-	0.7	...	1.4	0.4	4.5	0.2	0.2	5.0	北海道
...	...	...	...	...	2.3	3.4	0.9	0.7	-	-	0.4	...	2.5	0.2	0.9	0.0	0.1	4.5	青森
...	...	...	...	...	0.9	1.5	2.7	0.1	-	-	0.5	...	6.5	0.1	2.2	0.1	0.0	9.1	岩手
...	...	...	...	...	0.3	1.2	5.0	0.6	0.0	-	0.6	...	1.6	0.3	4.1	0.5	0.1	8.4	宮城
...	...	...	...	...	3.5	1.8	4.2	0.5	-	-	0.9	...	1.6	0.1	1.9	0.5	0.3	10.6	秋田
...	...	...	...	...	2.4	1.0	3.9	0.2	-	-	0.9	...	2.4	0.2	2.2	0.2	0.1	10.4	山形
...	...	...	...	...	1.0	1.5	2.0	0.3	0.0	-	0.4	...	2.2	0.1	1.5	0.1	0.2	6.4	福島
...	...	...	...	...	3.5	2.1	5.6	0.3	0.1	-	1.2	...	1.2	0.1	4.3	0.1	0.3	4.7	茨城
...	...	...	...	...	1.8	1.7	2.6	0.1	0.0	-	2.4	...	8.0	0.3	2.6	0.2	0.1	4.5	栃木
...	...	...	...	...	1.5	2.0	3.3	0.2	0.1	-	1.1	...	1.0	0.1	3.0	0.4	0.1	7.2	群馬
...	...	...	...	...	0.1	0.8	2.4	0.3	0.1	-	0.6	...	3.1	0.1	2.0	0.2	0.2	3.7	埼玉
...	...	...	...	...	0.5	2.3	4.3	0.1	0.1	-	0.7	...	1.5	0.1	3.7	0.5	0.0	4.3	千葉
...	...	...	...	...	1.9	1.5	2.7	0.2	0.1	-	0.7	...	3.3	0.1	1.4	0.2	0.1	3.9	東京
...	...	...	...	...	1.2	1.7	2.6	0.2	0.0	-	0.2	...	2.4	0.1	2.8	0.2	-	4.2	神奈川
...	...	...	...	...	2.4	0.7	6.1	0.2	-	-	1.7	...	2.5	0.1	3.2	0.3	0.3	7.4	新潟
...	...	...	...	...	2.6	5.1	2.3	0.3	0.1	-	1.7	...	4.0	0.1	1.6	0.2	0.1	4.3	富山
...	...	...	...	...	0.2	1.0	2.7	0.1	0.1	-	1.4	...	3.1	0.1	1.1	0.2	0.0	3.5	石川
...	...	...	...	...	1.4	0.5	2.6	0.2	-	-	0.4	...	1.3	0.1	0.7	0.2	0.2	7.1	福井
...	...	...	...	...	2.7	0.5	1.7	0.1	-	-	0.3	...	4.1	0.1	1.8	0.1	0.1	5.8	山梨
...	...	...	...	...	1.4	2.2	4.0	0.1	0.0	-	1.3	...	2.0	0.4	3.0	0.3	0.1	8.3	長野
...	...	...	...	...	0.4	1.0	3.5	0.3	0.1	-	2.4	...	4.4	0.1	1.6	0.7	0.2	8.5	岐阜
...	...	...	...	...	2.2	1.7	2.3	0.5	0.1	-	0.8	...	3.7	0.0	1.3	0.3	0.1	7.2	静岡
...	...	...	...	...	2.6	1.5	4.2	0.1	0.1	-	1.0	...	3.1	0.1	2.9	0.3	0.6	5.1	愛知
...	...	...	...	...	2.1	0.9	3.1	0.0	0.0	-	0.6	...	2.6	0.5	2.8	0.2	0.3	3.3	三重
...	...	...	...	...	0.2	0.3	1.6	0.1	0.1	-	1.7	...	1.7	0.2	0.7	0.2	0.1	2.2	滋賀
...	...	...	...	...	2.7	1.7	3.5	0.1	0.0	0.0	3.5	...	4.9	0.2	2.3	0.2	0.6	8.0	京都
...	...	...	...	...	0.3	1.1	2.0	0.1	0.0	-	0.3	...	3.5	0.1	1.3	0.2	0.1	4.5	大阪
...	...	...	...	...	1.9	2.6	2.7	0.4	0.0	-	1.1	...	1.8	0.3	2.4	0.4	0.2	3.8	兵庫
...	...	...	...	...	1.6	2.2	2.8	0.1	0.1	-	0.9	...	4.6	0.2	4.1	0.1	0.1	3.8	奈良
...	...	...	...	...	0.8	2.2	2.1	0.1	0.0	-	1.3	...	4.8	0.3	0.6	0.1	0.1	2.7	和歌山
...	...	...	...	...	1.8	1.1	3.7	0.3	0.0	-	1.3	...	1.1	0.1	2.5	0.3	0.2	13.0	鳥取
...	...	...	...	...	1.3	2.0	3.3	0.1	-	-	0.3	...	9.2	0.5	2.3	0.3	0.1	7.2	島根
...	...	...	...	...	2.1	0.7	2.2	0.2	0.0	-	0.8	...	4.1	0.3	2.4	0.4	0.1	7.7	岡山
...	...	...	...	...	1.2	2.0	2.6	0.5	0.04	-	0.8	...	5.0	0.1	1.5	0.1	0.1	4.9	広島
...	...	...	...	...	1.0	2.0	1.4	0.2	-	-	1.4	...	0.8	0.0	1.2	0.1	0.1	5.8	山口
...	...	...	...	...	5.5	0.9	2.6	0.0	0.0	-	0.3	...	1.7	0.1	1.9	0.1	0.1	4.8	徳島
...	...	...	...	...	4.0	0.6	3.0	0.2	-	-	1.7	...	2.8	0.1	2.4	0.4	0.0	6.2	香川
...	...	...	...	...	0.5	1.3	1.3	0.1	-	-	1.1	...	8.0	0.1	0.9	0.2	0.1	3.7	愛媛
...	...	...	...	...	0.6	0.9	2.1	0.6	-	-	0.5	...	2.9	0.1	1.5	0.1	0.1	4.2	高知
...	...	...	...	...	0.6	1.5	1.2	0.1	-	-	0.7	...	3.3	0.4	2.7	0.1	0.1	2.6	福岡
...	...	...	...	...	1.9	3.4	1.8	0.0	-	-	0.9	...	1.4	0.0	1.8	0.1	0.5	6.9	佐賀
...	...	...	...	...	1.6	0.9	2.5	0.0	-	-	0.4	...	2.0	0.1	0.8	0.1	0.1	4.6	長崎
...	...	...	...	...	1.3	1.1	1.4	0.1	0.0	-	0.3	...	5.2	0.2	0.6	0.2	0.1	2.2	熊本
...	...	...	...	...	0.1	2.2	1.1	0.2	-	-	2.2	...	7.7	0.1	1.8	0.2	0.1	1.9	大分
...	...	...	...	...	0.7	2.6	1.2	0.1	-	-	1.3	...	2.0	0.3	1.8	0.3	0.1	4.9	宮崎
...	...	...	...	...	0.7	0.4	2.0	0.2	0.0	-	0.5	...	1.9	0.1	2.2	0.2	0.2	2.0	鹿児島
...	...	...	...	...	1.8	0.5	1.5	0.2	-	-	0.4	...	3.1	0.1	1.0	0.1	0.0	3.8	沖縄

1　14歳　(1)　計

区分	計	視力非矯正者の裸眼視力 1.0以上	1.0未満0.7以上	0.7未満0.3以上	0.3未満	視力矯正者の裸眼視力 1.0以上	1.0未満0.7以上	0.7未満0.3以上	0.3未満	裸眼視力 計	1.0未満0.7以上	0.7未満0.3以上	0.3未満	眼の疾病・異常	難聴	耳疾患	鼻・副鼻腔患	口腔咽喉頭疾患・異常	むし歯(う歯) 計	処置完了者	未処置歯のある者	歯列・咬合	顎関節	歯垢の状態	歯肉の状態	その他の疾病・異常
全　国	100.00	33.05	9.32	16.00	7.41	1.25	1.46	6.41	25.10	65.65	10.78	22.41	32.47	4.72	0.31	3.78	9.78	0.25	30.70	18.40	12.31	5.29	0.41	4.06	3.72	2.44
北　海　道	100.0	X	X	X	X	X	X	X	X	63.8	X	X	X	6.1	0.3	0.4	6.5	0.2	39.2	20.0	19.2	8.1	0.9	4.7	5.2	1.7
青　森	100.0	28.5	8.9	9.3	7.4	0.7	0.9	9.0	35.3	70.8	9.8	18.3	42.7	4.0	0.1	3.1	11.8	0.2	42.8	23.8	19.1	5.1	0.6	4.4	5.3	3.1
岩　手	100.0	35.6	8.0	9.4	8.2	0.7	1.6	5.8	30.7	63.7	9.6	15.1	39.0	5.9	0.3	6.1	X	0.7	35.5	21.5	13.9	5.6	0.6	3.2	2.2	2.7
宮　城	100.0	29.1	8.7	13.8	7.8	3.1	3.3	6.7	27.5	67.8	12.0	20.5	35.3	7.0	0.3	7.3	14.4	0.0	37.1	22.6	14.5	8.2	0.6	6.8	6.4	2.8
秋　田	-	-	-	-	-	-	-	-	-	-	-	-	-	7.8	0.4	2.9	12.4	0.3	27.3	14.9	12.4	6.4	0.6	3.6	3.1	4.7
山　形	100.0	X	X	X	X	X	X	X	X	X	X	X	X	3.7		1.4	12.1	0.3	27.9	16.6	11.3	5.1	0.3	3.1	3.1	3.6
福　島	100.0	31.2	8.2	14.5	8.4	0.8	1.0	5.6	30.1	67.9	9.3	20.1	38.6	1.8	0.1	0.4	3.9	0.1	41.5	24.1	17.4	8.4	0.1	6.4	5.2	2.6
茨　城	100.0	33.2	8.8	12.7	6.4	0.7	0.8	5.4	32.2	66.1	9.6	18.0	38.6	17.7	0.1	0.5	23.0	0.5	34.2	18.6	15.6	4.8	0.4	3.4	2.8	4.0
栃　木	100.0	35.0	10.0	11.4	7.8	0.4	0.6	6.3	28.5	61.7	10.6	17.7	33.4	2.7	0.2	4.5	7.9	0.1	34.1	22.5	11.6	5.0	0.1	2.4	2.3	1.5
群　馬	100.0	31.6	9.0	13.5	6.4	1.6	1.9	5.9	30.1	66.8	10.9	19.4	36.5	4.2	0.5	2.9	3.7	-	35.4	24.8	10.6	6.4	0.4	5.0	5.1	2.3
埼　玉	100.0	X	X	X	X	X	X	X	X	X	X	X	X	3.0	0.4		6.2	0.1	21.2	13.7	7.5	2.4	0.2	2.9	1.3	1.2
千　葉	100.0	25.8	9.8	14.0	6.9	0.1	1.1	4.4	36.9	73.1	10.9	18.4	43.8	3.5	0.3	1.7	13.2	0.2	24.8	15.5	9.3	6.7	0.2	4.1	3.3	2.9
東　京	100.0	25.5	X	X	X	X	X	X	X	73.4	X	X	X	5.5	0.5	5.9	11.9	0.0	28.5	17.7	10.8	5.0	0.5	3.5	2.6	1.1
神　奈　川	100.0	X	X	X	X	X	X	X	X	X	X	X	X	5.5	0.4	3.3	7.5	0.6	27.4	16.6	10.7	6.9	0.6	4.7	4.0	4.2
新　潟	100.0	X	X	X	X	X	X	X	X	X	X	X	X	4.8	0.2	1.7	14.0	0.1	17.9	11.8	6.1	2.6	0.2	3.8	5.1	1.5
富　山	100.0	X	X	X	X	X	X	X	X	X	X	X	X	7.0	0.1	1.5	7.6	0.1	27.0	15.0	12.0	3.0	0.3	4.2	2.5	2.2
石　川	100.0	24.2	7.7	12.6	X	0.0	1.0	5.9		75.8	8.7	18.6	48.5	2.6	0.3	0.4	3.4	-	37.0	20.1	16.9	4.0	0.4	5.1	2.5	1.5
福　井	100.0	34.2	6.3	10.5	6.4	1.1	1.3	7.4	32.8	64.7	7.6	18.0	39.2	0.8	0.1	0.7	2.1	0.1	39.9	24.5	15.4	3.0	0.2	5.1	4.8	1.3
山　梨	100.0	29.7	X	X	X	1.2	X	X	X	69.1	X	X	X	4.3	0.5	4.1	13.4	0.2	34.2	20.0	14.1	6.6	0.4	6.3	4.5	3.5
長　野	100.0	41.4	8.9	8.4	3.8	-	0.2	4.9	32.4	58.6	9.1	13.3	36.2	2.2	0.3	3.6	6.0	-	31.0	21.8	9.3	4.9	0.4	5.0	4.0	3.1
岐　阜	100.0	33.0	9.4	13.1	6.2	0.9	0.8	5.0	31.6	66.1	10.2	18.1	37.8	4.9	0.4	2.5	8.1	0.2	25.0	17.0	8.0	7.7	0.1	3.3	3.5	1.8
静　岡	100.0	36.9	8.1	10.1	5.2	0.4	0.8	6.3	31.8	62.7	9.4	16.3	37.0	3.9	0.2	0.9	9.4	0.4	24.6	16.8	7.7	4.5	0.1	4.1	3.2	3.1
愛　知	100.0	32.3	7.4	15.1	6.5	0.7	2.1	7.1	28.9	67.0	9.4	22.2	35.4	3.4	0.2	0.9	11.5	0.1	21.6	15.1	6.4	2.8	0.4	2.2	2.5	1.6
三　重	100.0	X	X	X	X	X	X	X	X	X	X	X	X	6.1	0.2	5.9	14.8	0.1	36.2	19.6	16.6	4.9	0.3	5.1	4.4	3.2
滋　賀	100.0	X	X	X	X	X	X	X	X	X	X	X	X	2.4	0.4	1.4	3.3	-	25.7	14.9	10.8	5.7	0.1	2.9	2.8	1.9
京　都	100.0	X	X	X	X	X	X	X	X	X	X	X	X	7.9	0.1	6.0	7.5	0.3	29.4	16.7	12.6	10.0	1.3	6.2	7.5	2.1
大　阪	100.0	35.1	9.7	14.6	7.1	1.7	2.8	8.2	20.8	63.2	12.5	22.8	27.9	3.3	0.3	5.5	8.8	0.3	31.2	19.9	11.3	3.8	0.3	2.9	3.8	1.9
兵　庫	100.0	34.3	11.1	12.2	6.7	-	0.4	8.9	26.5	65.7	11.5	21.1	33.2	5.6	0.3	6.2	12.6	0.5	32.8	18.4	14.4	7.1	0.2	6.2	5.0	1.8
奈　良	100.0	X	6.4	7.0	X	X		5.4	X	58.0	6.4	12.4	39.2	0.9	0.2	1.4	3.5	0.4	31.7	17.9	13.8	6.1	0.5	5.3	4.5	2.4
和　歌　山	100.0	34.7	10.5	12.1	5.3	4.6	4.1	8.3	20.8	60.6	14.6	20.4	25.5	8.9	0.7	4.2	14.8	1.5	28.5	14.6	13.9	7.2	1.0	5.1	4.0	1.6
鳥　取	100.0	28.7	X	X	X	-	X	X	X	71.3	X	X	X	8.6	0.1	1.6	16.5	0.2	35.8	25.1	10.6	6.4	0.9	4.9	4.9	2.8
島　根	100.0	33.1	9.5	11.7	6.5	1.8	1.4	7.5	28.4	65.0	10.9	19.2	34.9	5.9	0.1	6.1	12.7	0.6	33.4	17.7	15.7	6.7	0.4	4.6	4.6	2.7
岡　山	100.0	32.5	5.7	11.3	5.5	0.5	2.1	9.7	32.7	67.0	7.8	21.0	38.1	2.9	0.1	5.6	11.0	0.2	26.2	15.7	10.4	4.8	0.0	3.9	4.8	2.5
広　島	100.0	28.3	7.6	13.2	6.3	0.3	0.1	3.8	40.4	71.4	7.7	17.0	46.7	5.3	0.1	2.9	8.5	0.2	28.2	14.2	14.0	5.0	0.3	4.6	3.7	1.7
山　口	100.0	X	X	X	X	X	X	X	X	X	X	X	X	5.0	0.4	4.9	13.7	0.4	30.1	18.4	11.7	4.5	0.4	3.5	3.9	3.5
徳　島	100.0	36.9	8.1	10.8	6.9	2.8	2.9	10.0	21.7	60.4	10.9	20.8	28.7	7.2	0.2	2.6	6.9	0.8	38.5	23.1	15.5	7.6	0.8	4.2	3.8	10.2
香　川	100.0	X	X	X	X	X	X	X	X	X	X	X	X	6.5	0.3	4.7	7.9	0.4	36.6	22.9	13.7	6.5	0.5	9.7	8.2	3.6
愛　媛	100.0	36.4	6.6	12.8	X	X	X	X	X	63.6	7.2	16.6	39.8		0.3	4.7	8.5	0.2	34.6	18.8	15.8	4.7	0.1	1.7	3.7	
高　知	100.0	X	X	X	X	X	X	X	X	X	X	X	X	0.6	0.2	1.0	11.0	0.2	34.6	20.1	14.4	7.7	1.0	5.8	6.1	4.7
福　岡	100.0	34.6	X	X	X	0.2	X	X	X	65.2	X	X	X	3.5	0.5	6.1	9.4	0.1	39.0	20.3	18.6	0.5	0.3	3.7	4.6	2.0
佐　賀	100.0	X	X	X	X	X	X	X	X	X	X	X	X	2.9	0.4	6.4	9.3	0.0	30.4	17.3	13.1	6.3	0.2	4.5	3.3	3.1
長　崎	100.0	X	X	X	X	X	X	X	X	X	X	X	X	0.9	0.3	0.9	3.3	-	33.5	23.8	9.7	3.3	0.6	4.5	2.8	3.8
熊　本	100.0	X	X	X	X	X	X	X	X	61.0	X	X	X	4.9	0.4	0.7	3.9	0.2	32.1	19.8	12.3	4.2	0.2	2.6	2.5	6.0
大　分	100.0	X	X	X	X	X	X	X	X	X	X	X	X	1.7	0.1	-	1.6	-	41.4	20.6	20.8	6.7	0.7	6.4	5.2	0.9
宮　崎	100.0	44.2	10.9	8.7	3.4	1.2	-	4.0	27.7	54.7	10.9	12.7	31.0	2.6	0.4	8.0	5.9	0.1	40.0	21.4	18.7	4.5	0.6	3.3	3.8	1.3
鹿　児　島	100.0	37.4	9.7	9.1	4.1	0.5	0.6	5.4	33.1	62.1	10.3	14.6	37.2	5.5	0.4	4.7	14.0	0.1	48.7	26.8	21.9	3.4	0.6	3.8	4.3	6.4
沖　縄	100.0	31.2	8.5	13.9	13.2	0.6	0.1	3.2	29.2	68.2	8.6	17.1	42.4	1.8	0.3	4.5	9.7	0.9	53.1	30.2	22.8	2.6	0.2	3.1	3.1	2.3

異常被患率等（各年齢ごと）（39-10）

単位　（％）

計(本)	喪失歯数(本)	計(本)	処置歯数(本)	未処置歯数(本)	栄養状態	せき柱・四肢の胸郭・状態	アトピー性皮膚炎	その他の皮膚疾患	結核検査の対象の精密者	結核	心疾病臓・異常の常	心電図異常	蛋白検出の者	尿糖検出の者	ぜん息	腎臓疾患	言語障害	疾病その・異常他の常	区分
…	…	…	…	…	1.34	1.53	2.94	0.22	0.04	0.00	0.78	…	2.92	0.19	2.26	0.24	0.08	4.89	全　国
…	…	…	…	…	0.8	0.6	7.3	0.2	-	-	0.5	…	1.3	0.3	4.1	0.1	0.1	4.7	北 海 道
…	…	…	…	…	2.4	2.9	0.8	0.3	-	-	0.4	…	1.6	0.1	0.8	0.1	0.1	3.4	青　森
…	…	…	…	…	1.2	1.8	2.8	0.2	-	-	0.5	…	5.2	0.2	1.7	0.2	0.1	7.3	岩　手
…	…	…	…	…	0.5	1.6	4.7	0.3	-	-	0.5	…	1.3	0.1	3.9	0.3	0.0	7.3	宮　城
…	…	…	…	…	3.4	2.7	4.5	0.6	-	-	1.2	…	1.5	0.2	2.1	0.3	0.3	11.6	秋　田
…	…	…	…	…	2.0	1.3	3.7	0.2	-	-	0.9	…	2.2	0.3	2.4	0.3	0.1	10.0	山　形
…	…	…	…	…	1.5	1.6	2.4	0.2	0.0	-	0.3	…	2.3	0.0	2.0	0.1	0.1	6.3	福　島
…	…	…	…	…	3.2	1.5	6.5	0.6	0.0	-	0.7	…	1.4	0.2	3.1	0.2	0.1	5.7	茨　城
…	…	…	…	…	1.7	1.9	2.6	0.2	0.0	-	2.0	…	7.0	0.3	3.0	0.2	0.1	4.5	栃　木
…	…	…	…	…	1.9	1.7	2.7	0.0	0.1	-	1.4	…	0.9	0.2	3.4	0.5	0.2	7.7	群　馬
…	…	…	…	…	0.2	0.6	2.5	0.4	0.1	-	0.5	…	3.7	0.2	2.2	0.2	0.1	3.6	埼　玉
…	…	…	…	…	0.2	2.2	3.7	0.1	0.0	-	0.7	…	1.5	0.2	3.7	0.5	0.1	4.6	千　葉
…	…	…	…	…	1.6	1.6	2.4	0.2	0.0	-	0.4	…	3.1	0.2	1.9	0.3	0.1	4.1	東　京
…	…	…	…	…	1.4	2.2	2.7	0.3	0.0	-	0.3	…	2.0	0.2	2.6	0.3	0.0	4.3	神 奈 川
…	…	…	…	…	3.0	1.0	6.5	0.1	0.1	-	0.9	…	2.1	0.1	2.9	0.2	0.1	6.9	新　潟
…	…	…	…	…	2.9	6.0	2.3	0.1	0.0	-	1.1	…	3.0	0.2	1.1	0.2	0.1	4.6	富　山
…	…	…	…	…	0.1	1.1	3.1	0.2	0.0	-	1.0	…	3.0	0.1	0.9	0.3	0.1	3.1	石　川
…	…	…	…	…	2.0	0.6	2.3	0.4	-	-	0.8	…	1.1	0.1	0.9	0.3	0.2	8.1	福　井
…	…	…	…	…	2.4	0.5	1.7	0.1	0.0	-	0.4	…	3.4	0.2	1.8	0.1	0.0	5.0	山　梨
…	…	…	…	…	1.7	1.9	4.3	0.1	-	-	1.3	…	1.8	0.2	3.0	0.2	0.0	7.1	長　野
…	…	…	…	…	0.6	0.8	3.5	0.3	0.1	-	1.9	…	3.9	0.2	1.3	0.7	0.3	8.2	岐　阜
…	…	…	…	…	2.5	2.1	1.9	0.3	0.1	-	0.7	…	3.2	0.2	1.1	0.3	0.1	6.4	静　岡
…	…	…	…	…	2.1	1.4	3.7	0.2	0.1	-	0.9	…	3.9	0.2	3.0	0.3	0.1	5.1	愛　知
…	…	…	…	…	1.6	1.3	3.7	0.0	0.1	-	0.5	…	2.3	0.2	2.6	0.3	0.0	4.1	三　重
…	…	…	…	…	0.3	0.5	1.3	0.1	0.1	-	1.5	…	2.2	0.3	0.7	0.4	-	2.4	滋　賀
…	…	…	…	…	2.5	2.4	3.7	0.1	-	-	3.1	…	5.3	0.1	2.3	0.3	0.3	7.6	京　都
…	…	…	…	…	0.2	0.8	1.9	0.3	0.0	-	0.2	…	3.3	0.2	1.3	0.1	0.1	4.5	大　阪
…	…	…	…	…	1.9	2.6	2.5	0.2	0.0	-	1.3	…	1.8	0.2	2.8	0.2	0.1	3.9	兵　庫
…	…	…	…	…	1.8	1.9	2.1	0.2	0.0	-	0.7	…	5.0	0.1	3.9	0.1	0.1	3.9	奈　良
…	…	…	…	…	0.6	1.7	2.0	0.1	-	-	0.9	…	5.1	0.1	0.9	0.1	0.0	2.4	和 歌 山
…	…	…	…	…	2.2	1.2	3.6	0.2	-	-	1.6	…	1.0	0.1	2.7	0.3	0.2	10.8	鳥　取
…	…	…	…	…	1.0	1.9	2.6	0.1	-	-	0.3	…	9.0	0.4	1.8	0.1	0.2	6.0	島　根
…	…	…	…	…	2.3	1.0	2.7	0.2	-	-	1.0	…	3.9	0.2	1.9	0.3	0.1	7.9	岡　山
…	…	…	…	…	1.1	1.8	2.8	0.4	0.1	-	1.0	…	4.6	0.2	1.8	0.1	0.1	5.2	広　島
…	…	…	…	…	0.8	2.3	1.9	0.2	-	-	1.2	…	1.0	0.2	0.8	0.3	0.1	6.5	山　口
…	…	…	…	…	4.3	0.9	3.0	-	0.1	-	0.2	…	1.4	0.1	1.6	0.2	0.2	3.9	徳　島
…	…	…	…	…	3.4	0.7	3.8	0.2	-	-	1.5	…	2.2	0.1	2.2	0.6	0.1	6.2	香　川
…	…	…	…	…	0.5	0.9	1.4	0.1	-	-	0.6	…	5.9	0.2	1.0	0.1	0.1	2.6	愛　媛
…	…	…	…	…	0.5	0.9	2.2	1.0	-	-	0.6	…	2.2	0.3	1.1	0.1	0.1	4.6	高　知
…	…	…	…	…	0.5	1.7	1.5	0.1	0.1	-	0.6	…	3.3	0.2	2.2	0.3	0.1	2.7	福　岡
…	…	…	…	…	1.5	2.4	1.4	0.1	0.0	-	0.8	…	1.2	0.2	2.1	0.1	0.1	7.5	佐　賀
…	…	…	…	…	0.5	0.8	2.3	0.3	-	-	0.4	…	2.0	0.1	0.8	0.1	0.0	4.0	長　崎
…	…	…	…	…	1.3	0.8	1.8	0.1	0.0	-	1.1	…	3.8	0.2	1.2	0.1	0.0	2.4	熊　本
…	…	…	…	…	0.0	2.2	1.4	0.4	-	0.0	1.7	…	6.4	0.1	1.8	0.2	0.0	2.0	大　分
…	…	…	…	…	0.2	1.7	0.9	0.3	-	-	1.3	…	2.0	0.3	1.7	0.3	0.1	5.5	宮　崎
…	…	…	…	…	0.5	0.3	1.5	0.3	0.1	-	0.6	…	2.0	0.1	1.9	0.0	-	1.9	鹿 児 島
…	…	…	…	…	2.4	0.9	1.9	0.3	-	-	0.5	…	2.6	0.1	1.1	0.0	0.0	4.0	沖　縄

都道府県表

1 15歳 (1) 計

区分	裸眼視力 計	非矯正 1.0以上	非矯正 1.0未満0.7以上	非矯正 0.7未満0.3以上	非矯正 0.3未満	矯正 1.0以上	矯正 1.0未満0.7以上	矯正 0.7未満0.3以上	矯正 0.3未満	裸眼視力 計	1.0未満0.7以上	0.7未満0.3以上	0.3未満	眼の疾病・異常	難聴	耳疾患	鼻疾・副鼻腔患	口腔咽喉頭疾患・異常	むし歯 計	処置完了者	未の処置歯ある者	歯列・咬合	顎関節	歯垢の状態	歯肉の状態	その他の疾病・異常
全　国	100.00	23.14	15.07	15.79	6.75	0.32	1.02	6.15	31.77	76.55	16.09	21.94	38.51	4.15	0.24	3.13	9.30	0.25	33.85	20.92	12.92	4.58	0.60	4.14	3.78	1.24
北 海 道	100.0	22.9	X	X	X	0.3	X	X	X	76.9	X	X	X	2.8	0.2	0.4	8.6	0.3	43.3	23.7	19.5	4.7	0.6	3.3	3.5	1.3
青　森	100.0	28.8	8.8	8.6	5.6	0.1	0.3	6.4	41.4	71.1	9.1	15.0	47.0	2.3	0.1	1.5	11.1	0.0	47.0	29.5	17.5	2.7	0.5	2.8	2.8	1.4
岩　手	100.0	25.1	7.8	9.3	3.9	2.5	2.1	7.6	41.6	72.4	10.0	16.9	45.5	3.9	0.1	3.0	16.0	0.3	36.4	23.3	13.0	4.9	0.3	2.5	2.4	0.6
宮　城	100.0	26.3	6.3	11.6	7.5	-	0.7	4.6	42.9	73.7	7.0	16.2	50.4	6.9	0.2	3.7	10.5	0.2	38.0	25.3	12.7	6.7	1.0	5.7	6.6	2.7
秋　田	-	-	-	-	-	-	-	-	-	-	-	-	-	3.9	0.2	3.8	12.3	0.1	27.7	18.3	9.4	4.6	0.2	3.2	2.8	2.6
山　形	100.0	X	X	X	X	X	X	X	X	X	X	X	X	2.7	0.3	3.2	10.7	0.1	29.1	17.6	11.5	2.0	0.5	4.4	5.2	0.6
福　島	100.0	X	X	X	X	X	X	X	X	X	X	X	X	1.4	0.2	0.1	4.5	0.0	45.5	27.3	18.1	5.3	0.6	5.7	7.2	1.5
茨　城	100.0	24.0	8.8	11.8	8.8	0.2	2.4	7.0	37.1	75.8	11.2	18.8	45.9	7.5	0.2	1.9	13.0	0.3	37.9	20.7	17.2	5.7	0.5	2.7	1.7	2.0
栃　木	100.0	22.2	10.3	11.6	12.2	0.1	0.9	5.2	37.4	77.7	11.2	16.8	49.6	3.1	0.2	3.9	8.3	0.2	35.9	22.9	13.0	5.1	0.3	4.3	4.8	0.8
群　馬	100.0	X	X	X	X	X	X	X	X	X	X	X	X	2.8	0.2	4.3	9.1	0.1	33.9	25.6	8.3	5.7	1.3	4.3	5.0	1.1
埼　玉	100.0	17.8	X	X	X	-	X	X	X	82.2	X	X	X	4.5	0.2	4.1	13.3	0.1	31.4	17.2	14.2	0.7	0.4	4.4	3.1	0.7
千　葉	100.0	X	X	X	X	X	X	X	X	X	X	X	X	4.3	0.3	2.0	6.0	0.1	27.0	15.8	11.2	4.7	0.2	3.2	2.4	1.4
東　京	100.0	X	X	X	X	X	X	X	X	X	X	X	X	3.6	0.1	3.9	11.2	0.2	31.2	20.7	10.5	4.8	0.3	4.2		0.8
神 奈 川	-	-	-	-	-	-	-	-	-	-	-	-	-	5.4	0.2	4.8	8.1	0.2	29.1	17.1	12.0	2.5	0.3	2.1	2.7	0.8
新　潟	100.0	39.1	9.7	11.4	5.1	0.2	X	6.9	27.6	60.7	9.7	18.3	32.7	1.3	0.3	3.1	12.8	0.0	16.1	11.1	5.0	1.2	0.1	2.3	2.7	1.5
富　山	-	-	-	-	-	-	-	-	-	-	-	-	-	5.4	0.1	1.7	8.5	0.1	28.9	17.8	11.1	2.4	0.4	4.2	3.6	1.0
石　川	100.0	24.9	X	X	X	X	X	X	X	75.1	X	X	X	0.1	0.2	0.9	0.9	-	33.2	20.7	12.4	3.6	0.8	5.1	4.0	1.0
福　井	100.0	X	X	X	X	X	X	X	X	X	X	X	X	0.2	0.1	1.6	3.9	0.0	45.4	29.8	15.5	0.3	0.1	3.4	2.7	1.0
山　梨	100.0	23.4	X	X	X	-	X	X	X	76.6	X	X	X	4.8	0.3	3.0	10.5	0.1	39.7	26.3	13.4	7.4	0.9	6.8	6.7	1.1
長　野	100.0	X	X	X	X	X	X	X	X	X	X	X	X	3.3	0.1	2.4	5.0	0.1	32.7	20.4	12.4	5.5	0.1	4.0	5.2	0.4
岐　阜	100.0	25.6	7.3	7.4	4.2	0.3	0.7	6.9	47.7	74.1	8.0	14.3	51.8	5.3	0.2	1.9	11.1	0.3	28.5	18.5	10.0	2.6	0.3	2.4	2.6	1.4
静　岡	100.0	26.1	8.3	9.0	6.5	0.3	0.8	6.0	43.0	73.5	9.1	15.0	49.5	1.7	0.3	6.1	9.8	0.1	32.2	21.6	10.5	5.3	0.2	4.1	3.7	2.3
愛　知	100.0	20.7	X	X	X	0.7	X	X	X	78.6	X	X	X	7.8	0.2	3.5	15.3	0.6	29.5	20.9	8.6	2.9	0.5	2.8	3.5	0.7
三　重	-	-	-	-	-	-	-	-	-	-	-	-	-	4.2	0.3	4.1	6.0	0.1	35.8	19.2	16.6	5.4	3.0	4.6	4.3	0.5
滋　賀	-	-	-	-	-	-	-	-	-	-	-	-	-	0.8	0.2	0.4	1.9	0.0	32.0	21.2	10.8	5.6	0.4	3.3	3.4	1.1
京　都	100.0	29.3	7.1	14.3	X	0.1	0.2	6.7	X	70.6	7.3	20.9	42.4	5.0	0.2	5.1	6.6	0.2	29.1	20.5	8.7	2.1	0.5	5.0		1.3
大　阪	100.0	26.5	X	X	X	X	X	X	X	73.4	X	X	X	2.5	0.2	1.9	7.4	0.1	33.2	21.5	11.7	3.4	0.9	3.6	3.9	1.0
兵　庫	-	-	-	-	-	-	-	-	-	-	-	-	-	5.4	0.3	4.6	9.6	0.1	34.3	22.0	12.3	5.8	0.7	3.8	3.5	0.8
奈　良	100.0	X	X	X	X	X	X	X	X	X	X	X	X	3.5	0.5	0.1	0.5	0.0	37.4	21.6	15.8	6.6	0.6	5.6	3.5	0.7
和 歌 山	100.0	X	X	X	X	X	X	X	X	X	X	X	X	4.7	0.3	0.1	5.4	0.1	33.0	20.8	12.1	2.7	0.6	2.9	2.4	1.9
鳥　取	100.0	19.5	X	X	X	0.5	X	X	X	80.0	X	X	X	2.2	0.2	0.3	9.6	-	32.7	20.4	12.3	5.7	0.4	4.7	3.3	2.9
島　根	100.0	30.1	10.2	10.6	5.3	0.3	1.3	6.7	35.5	69.6	11.5	17.3	40.8	6.7	0.2	5.0	15.8	0.2	38.6	24.3	14.3	2.6	0.4	2.3	2.3	1.6
岡　山	100.0	24.3	X	X	X	0.1	X	X	X	75.6	X	X	X	10.7	0.4	2.7	8.2	0.9	29.8	17.8	12.0	3.2	0.2	3.6	4.2	2.3
広　島	100.0	30.9	12.8	5.6	X	-	X	8.7	X	69.1	12.8	14.4	41.9	4.4	0.1	2.6	8.5	0.1	30.1	17.6	12.5	5.3	0.2	4.3	4.8	0.9
山　口	100.0	32.4	X	X	X	0.9	X	X	X	66.8	X	X	X	6.1	0.5	3.5	10.1	0.4	31.7	16.2	15.5	6.0	0.6	10.0	8.7	1.5
徳　島	100.0	22.4	8.1	9.5	4.9	-	1.0	9.0	45.0	77.6	9.1	18.5	49.9	11.4	0.2	5.0	10.4	0.5	34.4	23.2	11.2	2.2		1.4		0.9
香　川	100.0	23.7	10.0	8.9	6.9	0.3	0.6	3.7	45.9	76.0	10.5	12.7	52.8	3.0	0.2	4.0	5.2	0.1	38.5	27.5	11.0	3.5	0.6	1.4		0.9
愛　媛	100.0	32.2	8.1	10.2	3.8	0.5	1.7	6.7	36.9	67.4	9.7	17.0	40.6	2.7	0.2	2.0	14.0	0.2	28.1	18.0	10.1	1.6	0.1	1.4	1.6	0.4
高　知	100.0	28.6	6.6	13.4	11.5	-	0.5	6.6	32.8	71.4	7.1	20.0	44.3	1.0	0.4	6.0	6.4	0.8	34.3	19.3	15.0	4.1	0.3	3.6	5.1	5.1
福　岡	100.0	27.0	9.8	12.4	8.4	0.2	0.5	4.5	37.2	72.8	10.3	16.9	45.6	2.9	0.4	3.9	12.4	0.1	41.6	22.9	18.7	6.7	1.9	6.5	5.3	2.8
佐　賀	100.0	X	X	X	X	X	X	X	X	X	X	X	X	2.1	0.2	4.1	8.8	-	34.3	19.3	15.0	7.1	0.4	6.1	6.0	3.5
長　崎	100.0	X	X	X	X	X	X	X	X	X	X	X	X	3.5	0.2	3.5	5.3	0.4	37.9	26.6	11.3	4.4	0.3	3.8	4.6	1.0
熊　本	100.0	22.5	X	X	X	0.1	X	X	X	77.4	X	X	X	5.5	0.3	2.7	12.5	0.7	38.8	23.9	14.9	4.7	0.3	5.7	4.2	0.8
大　分	-	-	-	-	-	-	-	-	-	-	-	-	-	3.7	0.3	0.1	X	0.4	48.0	26.7	21.2	7.5	1.2	7.0	7.0	1.6
宮　崎	100.0	X	X	X	X	X	X	X	X	X	X	X	X	4.1	0.1	7.2	8.1	0.2	40.1	23.7	16.4	6.4	0.2	5.1	5.3	2.1
鹿 児 島	100.0	X	X	X	X	X	X	X	X	X	X	X	X	3.8	0.2	4.9	17.2	0.2	48.6	29.8	18.9	5.9	0.3	3.8	3.6	1.0
沖　縄	100.0	28.7	7.9	11.8	9.3	0.2	0.5	4.8	36.7	71.0	8.4	16.7	46.0	0.6	0.4	X	3.7	0.6	56.2	28.0	28.2	4.2	0.6	3.8		1.3

異常被患率等（各年齢ごと）（39-11）

単位　（％）

計 (本)	喪失歯数 (本)	むし歯(う歯) 計 (本)	処置歯数 (本)	未処置歯数 (本)	栄養状態	せき柱・胸郭・四肢の状態	アトピー性皮膚炎	その他の皮膚疾患	結核検査の対象者の精密	結核	心臓・疾病・異常	心電図異常	蛋白検出の者	尿糖検出の者	ぜん息	腎臓疾患	言語障害	その他の疾病・異常	区分
…	…	…	…	…	0.72	1.28	2.74	0.23	…	0.03	0.86	3.03	3.51	0.21	1.66	0.18	0.07	4.43	全　国
…	…	…	…	…	0.4	0.4	4.6	0.2	…	0.0	0.6	2.0	2.4	0.3	2.0	0.2	0.1	6.2	北　海　道
…	…	…	…	…	0.2	0.5	2.1	0.2	…	0.1	0.5	1.6	2.6	0.2	0.9	0.1	0.1	4.0	青　森
…	…	…	…	…	0.8	1.4	2.1	0.2	…	0.1	0.9	4.2	4.8	0.3	0.4	0.2	−	4.3	岩　手
…	…	…	…	…	0.4	0.9	4.6	0.3	…	0.0	0.6	1.6	1.5	0.1	1.7	0.2	0.1	4.5	宮　城
…	…	…	…	…	0.6	1.4	3.9	0.3	…	0.0	0.4	2.9	0.9	0.2	1.0	0.1	0.0	5.7	秋　田
…	…	…	…	…	1.5	0.6	3.1	0.2	…	0.0	0.4	5.8	6.2	0.2	1.2	0.1	0.1	8.5	山　形
…	…	…	…	…	2.0	1.0	3.1	0.1	…	0.0	0.7	3.4	1.2	0.1	1.3	0.1	0.1	4.1	福　島
…	…	…	…	…	1.7	0.8	6.3	0.2	…	0.0	1.1	3.6	8.7	0.2	2.5	0.2	0.2	7.0	茨　城
…	…	…	…	…	0.2	3.6	3.3	0.1	…	0.0	2.0	4.7	4.8	0.2	2.7	0.1	0.1	2.4	栃　木
…	…	…	…	…	0.3	2.0	3.2	0.0	…	0.0	1.5	3.9	0.7	0.1	1.9	0.2	0.0	5.3	群　馬
…	…	…	…	…	0.2	0.5	1.5	0.3	…	0.1	0.6	3.2	4.1	0.1	1.0	0.1	0.0	2.5	埼　玉
…	…	…	…	…	0.2	1.9	2.1	0.1	…	0.0	0.6	2.3	3.5	0.2	2.3	0.2	0.1	3.9	千　葉
…	…	…	…	…	1.0	1.9	2.3	0.3	…	0.0	0.7	2.1	2.9	0.1	1.4	0.1	0.1	3.0	東　京
…	…	…	…	…	1.8	1.3	2.0	0.1	…	…	0.5	2.3	3.4	0.2	2.0	0.1	0.1	3.6	神　奈　川
…	…	…	…	…	0.2	0.3	2.9	0.2	…	−	1.1	4.9	2.6	0.1	1.6	0.1	0.1	6.5	新　潟
…	…	…	…	…	0.4	3.7	2.8	0.1	…	0.0	2.5	5.4	1.9	0.3	1.2	0.3	0.0	4.7	富　山
…	…	…	…	…	1.2	0.4	2.2	0.5	…		1.3	2.7	7.0	0.2	1.1	0.3	0.1	2.9	石　川
…	…	…	…	…	1.5	0.8	1.1	0.2	…		0.5	0.8	3.3	0.2	0.3	0.2	0.1	3.2	福　井
…	…	…	…	…	0.4	0.7	2.1	0.2	…	0.1	0.2	3.3	1.3	0.1	0.4	0.1	0.0	3.0	山　梨
…	…	…	…	…	0.1	1.1	2.2	0.3	…	−	0.8	3.4	0.4	0.1	1.2	0.1	0.0	3.9	長　野
…	…	…	…	…	0.7	3.3	2.1	0.2	…	0.0	1.3	4.7	3.7	0.1	1.3	0.5	0.2	4.8	岐　阜
…	…	…	…	…	0.5	1.1	1.2	0.1	…	0.0	0.8	3.0	3.7	0.2	0.9	0.2	0.1	3.2	静　岡
…	…	…	…	…	0.7	0.9	5.5	0.3	…	0.0	0.8	2.5	3.9	0.2	2.2	0.2	0.1	5.4	愛　知
…	…	…	…	…	1.3	0.3	3.2	0.0	…	0.0	1.2	3.1	3.4	0.1	2.5	0.0	0.1	3.2	三　重
…	…	…	…	…	0.2	1.0	1.5	0.1	…	−	2.2	3.1	3.1	0.3	0.4	0.2	0.0	1.9	滋　賀
…	…	…	…	…	1.8	2.1	2.7	0.3	…	0.0	1.2	4.8	4.5	0.2	2.0	0.2	0.1	8.3	京　都
…	…	…	…	…	0.2	0.9	2.9	0.3	…	−	0.6	2.9	3.7	0.3	1.5	0.2	0.1	5.2	大　阪
…	…	…	…	…	0.6	1.4	2.7	0.2	…	0.1	1.3	4.5	3.3	0.2	2.3	0.2	0.1	4.7	兵　庫
…	…	…	…	…	0.7	2.2	2.6	0.2	…	0.1	0.6	3.7	5.1	0.2	1.7	0.1	0.0	1.6	奈　良
…	…	…	…	…	0.0	0.8	1.6	0.2	…		0.6	4.2	5.8	0.3	1.1	−	0.2	4.0	和　歌　山
…	…	…	…	…	0.2	0.8	3.2	0.3	…	−	1.1	3.2	1.6	0.2	1.5	0.3	0.1	9.1	鳥　取
…	…	…	…	…	−	1.3	2.1	0.1	…	0.0	0.4	1.7	4.3	0.3	0.9	0.1	0.1	4.0	島　根
…	…	…	…	…	0.2	0.6	4.2	0.2	…	0.0	1.1	3.0	3.5	0.2	2.6	0.2	0.1	9.2	岡　山
…	…	…	…	…	0.3	1.5	2.7	0.1	…		0.5	3.1	7.1	0.2	1.3	0.2	0.0	3.0	広　島
…	…	…	…	…	0.5	1.0	1.8	0.1	…	0.0	0.5	2.0	0.6	0.2	1.3	0.5	0.1	3.5	山　口
…	…	…	…	…	3.8	0.1	2.3	−	…		1.2	3.8	1.6	0.2	1.5	0.4	0.2	3.5	徳　島
…	…	…	…	…	0.4	0.2	3.5	0.3	…	0.0	1.9	5.4	1.0	0.2	1.6	0.3	0.1	3.8	香　川
…	…	…	…	…	1.4	1.2	3.3	0.4	…		0.8	3.0	3.8	0.2	1.6	0.2	0.1	5.8	愛　媛
…	…	…	…	…	0.7	1.0	2.5	0.4	…		1.3	3.5	1.4	0.1	1.3	0.1	0.1	7.5	高　知
…	…	…	…	…	0.7	2.4	1.9	0.5	…	0.1	1.3	3.0	3.5	0.2	2.7	0.2	0.1	5.8	福　岡
…	…	…	…	…	1.1	1.1	2.0	0.5	…	−	0.6	2.2	2.1	0.2	0.9	0.1	0.2	4.3	佐　賀
…	…	…	…	…	0.5	0.6	2.4	0.2	…	0.1	0.7	2.7	2.8	0.1	1.9	0.1	0.0	5.2	長　崎
…	…	…	…	…	0.4	1.1	0.8	0.3	…		0.5	2.6	2.2	0.3	0.4	0.0	0.0	4.1	熊　本
…	…	…	…	…	0.9	1.5	1.5	0.1	…		1.0	2.7	8.3	0.1	1.8	0.2	0.0	2.5	大　分
…	…	…	…	…	0.4	1.5	1.4	0.4	…	0.1	1.2	5.2	2.6	0.2	1.3	0.1	0.0	4.7	宮　崎
…	…	…	…	…	0.3	0.4	2.6	0.1	…	0.1	1.3	2.9	3.6	0.4	1.5	0.5	0.1	3.4	鹿　児　島
…	…	…	…	…	0.7	0.7	1.4	0.3	…	0.0	0.4	2.9	3.8	0.1	0.8	0.2	0.1	2.8	沖　縄

異常被患率等　（各年齢ごと）

1 16歳 (1) 計

区分	計	非矯正1.0以上	非矯正1.0未満0.7以上	非矯正0.7未満0.3以上	非矯正0.3未満	矯正1.0以上	矯正1.0未満0.7以上	矯正0.7未満0.3以上	矯正0.3未満	裸眼計	裸眼1.0未満0.7以上	裸眼0.7未満0.3以上	裸眼0.3未満	眼の疾病・異常	難聴	耳疾患	鼻疾・副鼻腔患	口腔咽喉頭疾患異常	むし歯計	処置完了者	未処置歯のある者	歯列・咬合	顎関節	歯垢の状態	歯肉の状態	その他の疾病・異常
全国	100.00	33.96	7.62	9.27	8.14	0.46	1.00	5.71	33.83	65.57	8.62	14.98	41.97	3.24	…	2.01	8.23	0.32	38.15	23.80	14.34	4.72	0.60	4.26	3.90	1.20
北海道	100.0	21.0	X	X	X	0.1	X	X	X	78.9	X	X	X	2.9	…	0.1	8.3	0.1	49.4	27.8	21.6	4.7	0.6	3.1	3.5	0.8
青森	100.0	27.7	8.8	8.0	X	0.2	0.4	5.9	X	72.1	9.2	13.9	49.0	5.0	…	1.5	4.8	-	50.2	30.5	19.6	3.5	0.6	3.4	3.5	1.8
岩手	100.0	24.6	6.6	8.0	2.9	0.6	3.3	9.3	44.7	74.8	9.9	17.3	47.6	4.7	…	4.6	X	0.6	40.1	24.9	15.2	5.6	0.3	3.2	3.2	0.8
宮城	100.0	23.6	X	X	X	4.4	X	X	X	72.0	X	X	X	4.8	…	1.7	7.2	-	43.0	26.2	16.7	5.1	1.1	6.1	8.2	1.6
秋田	-	-	-	-	-	-	-	-	-	-	-	-	-	2.1	…	2.4	X	0.3	34.4	22.5	11.9	3.8	0.2	3.0	2.7	2.6
山形	100.0	X	X	X	X	X	X	X	X	X	X	X	X	2.7	…	2.7	8.6	-	31.1	18.6	12.5	3.5	0.5	3.6	3.8	0.4
福島	100.0	X	X	X	X	X	X	X	X	X	X	X	X	1.6	…	0.1	4.7	-	50.4	30.5	19.9	4.8	0.8	5.7	8.8	2.1
茨城	100.0	24.4	7.3	10.6	6.6	0.1	2.8	6.3	41.9	75.5	10.0	16.9	48.5	6.9	…	0.6	12.3	0.3	43.9	25.6	18.2	7.5	0.6	3.4	1.7	1.7
栃木	100.0	24.2	5.2	11.6	9.3	0.1	0.6	4.1	44.9	75.7	5.8	15.7	54.2	3.5	…	3.4	9.1	0.2	40.2	26.8	13.5	5.7	0.2	4.5	5.1	0.8
群馬	100.0	X	X	X	X	X	X	X	X	X	X	X	X	2.7	…	0.5	4.3	-	36.3	26.8	9.5	4.7	0.8	3.9	4.2	0.8
埼玉	100.0	X	X	X	X	X	X	X	X	X	X	X	X	2.6	…	1.3	6.1	0.2	34.4	18.9	15.6	6.4	0.9	3.1	3.1	1.4
千葉	100.0	X	X	X	X	X	X	X	X	X	X	X	X	1.4	…	0.6	3.7	-	31.0	19.7	11.3	5.2	0.2	3.8	3.3	1.3
東京	100.0	X	X	X	X	X	X	X	X	X	X	X	X	3.7	…	3.8	9.7	0.2	35.7	23.4	12.3	5.2	0.2	5.1	4.0	0.9
神奈川	-	-	-	-	-	-	-	-	-	-	-	-	-	1.7	…	3.0	9.1	0.2	34.0	21.5	12.5	3.7	0.2	1.8	2.7	1.2
新潟	100.0	31.1	10.2	7.4	3.7	-	1.6	6.5	39.5	68.9	11.8	13.8	43.2	0.8	…	-	-	-	19.2	12.7	6.6	1.7	-	2.2	2.8	1.8
富山	-	-	-	-	-	-	-	-	-	-	-	-	-	5.4	…	1.7	8.6	0.1	33.5	21.6	11.9	2.3	0.2	4.0	3.6	0.7
石川	100.0	X	X	X	X	X	X	X	X	X	X	X	X	X	…	-	-	-	37.1	22.6	14.5	4.5	1.1	5.6	4.1	0.7
福井	100.0	25.3	9.4	6.8	4.3	-	0.4	3.9	49.8	74.7	9.8	10.7	54.1	0.1	…	0.2	2.8	0.1	50.7	34.5	16.2	4.0	0.2	3.9	3.0	1.3
山梨	100.0	32.6	X	X	X	X	X	X	X	67.4	X	X	X	1.8	…	0.9	9.1	0.1	41.8	27.2	14.5	5.0	1.1	7.2	5.8	1.1
長野	100.0	X	X	X	X	X	X	X	X	X	X	X	X	2.2	…	2.5	3.5	-	36.6	23.0	13.7	5.7	0.0	4.6	4.7	0.2
岐阜	100.0	22.5	9.2	8.4	X	0.2	0.9	7.2	X	77.3	10.1	15.6	51.6	4.1	…	0.1	9.7	0.1	31.7	20.6	11.1	2.5	0.2	3.0	3.0	0.9
静岡	100.0	26.3	8.0	7.8	5.3	0.1	0.4	6.4	45.6	73.6	8.5	14.3	50.9	1.4	…	0.2	0.2	-	38.1	26.2	11.9	5.4	0.2	4.0	3.5	1.9
愛知	100.0	22.5	X	X	X	1.2	X	X	X	76.2	X	X	X	4.3	…	0.6	X	0.7	34.0	23.6	10.4	2.9	0.7	3.0	3.6	0.3
三重	-	-	-	-	-	-	-	-	-	-	-	-	-	3.7	…	0.3	11.1	-	40.5	21.3	19.2	5.8	2.7	4.7	3.7	0.3
滋賀	-	-	-	-	-	-	-	-	-	-	-	-	-	1.0	…	0.4	1.8	0.1	37.6	23.0	14.6	5.6	0.2	5.0	2.7	0.9
京都	100.0	34.7	8.4	13.2	4.5	-	1.0	3.4	34.8	65.3	9.4	16.7	39.3	5.0	…	6.3	5.8	-	32.5	23.2	9.3	6.6	2.4	5.3	5.3	1.0
大阪	100.0	X	X	X	X	X	X	X	X	X	X	X	X	1.5	…	3.8	8.0	1.1	35.5	23.9	11.5	2.0	0.6	3.8	2.3	1.0
兵庫	-	-	-	-	-	-	-	-	-	-	-	-	-	5.3	…	4.3	9.2	0.1	39.1	24.2	14.9	6.7	0.9	4.6	4.6	0.7
奈良	100.0	X	X	X	X	X	X	X	X	X	X	X	X	3.4	…	-	1.7	-	40.9	24.0	16.9	7.5	0.5	9.4	6.8	1.0
和歌山	100.0	29.8	X	X	X	-	X	X	X	70.2	X	X	X	5.7	…	0.2	4.7	0.4	37.7	23.6	14.0	2.9	0.3	3.5	3.2	1.8
鳥取	100.0	21.1	6.6	6.3	2.7	-	0.5	6.8	56.0	78.9	7.1	13.1	58.7	1.8	…	1.1	11.7	-	33.9	21.6	12.3	4.3	0.2	2.9	1.9	0.9
島根	100.0	28.2	9.3	8.6	8.5	0.1	1.7	7.2	36.3	71.7	11.0	15.8	44.8	7.2	…	6.8	10.0	0.6	44.1	26.1	18.0	2.5	0.6	1.8	1.5	1.5
岡山	100.0	X	X	X	X	X	X	X	X	X	X	X	X	14.0	…	0.8	X	0.4	32.9	19.7	13.2	2.8	0.2	3.9	4.2	2.5
広島	100.0	32.6	X	X	X	0.6	X	X	X	66.8	X	X	X	4.3	…	3.3	8.6	0.1	32.2	19.2	13.0	2.9	0.4	4.4	3.7	0.7
山口	100.0	X	X	X	X	X	X	X	X	X	X	X	X	7.8	…	3.6	13.7	0.2	38.4	22.3	16.1	4.4	0.4	8.3	7.6	0.9
徳島	100.0	25.2	5.2	7.1	3.8	0.2	2.2	10.8	45.6	74.6	7.4	17.9	49.4	3.4	…	1.1	3.8	0.2	42.8	27.7	15.1	3.2	0.4	2.6	1.6	0.7
香川	100.0	27.8	6.4	7.1	5.0	X	X	4.5	48.4	72.1	7.0	11.7	53.4	4.2	…	3.4	4.5	-	46.4	33.6	12.8	3.1	0.4	4.9	5.0	0.7
愛媛	100.0	33.9	X	X	X	X	X	X	X	66.0	X	X	X	2.3	…	0.4	13.3	0.6	33.0	20.6	12.4	4.0	0.3	1.6	1.9	0.2
高知	100.0	26.7	X	X	X	0.1	X	X	X	73.2	X	X	X	1.5	…	0.4	6.6	0.5	41.0	24.1	16.9	5.2	0.3	3.4	4.8	4.7
福岡	100.0	31.6	11.5	10.2	6.3	0.3	0.3	5.3	34.5	68.2	11.7	15.6	40.8	2.2	…	0.8	X	0.9	44.9	24.9	20.0	6.4	1.9	7.0	5.6	2.9
佐賀	100.0	X	X	X	X	X	X	X	X	X	X	X	X	2.0	…	1.3	5.6	0.1	41.5	23.8	17.7	7.3	0.5	6.6	6.2	3.9
長崎	100.0	X	X	X	X	X	X	X	X	X	X	X	X	0.6	…	-	2.9	0.4	44.5	30.6	13.9	4.1	0.7	3.6	4.8	1.2
熊本	100.0	19.9	X	X	X	X	X	X	X	79.9	X	X	X	3.0	…	0.4	8.4	1.1	43.9	29.3	14.6	4.6	0.4	5.2	4.0	0.6
大分	-	-	-	-	-	-	-	-	-	-	-	-	-	3.1	…	0.3	X	0.5	53.4	28.9	24.5	6.3	1.4	5.8	7.2	1.3
宮崎	100.0	X	X	X	X	X	X	X	X	X	X	X	X	3.8	…	5.4	7.9	0.1	47.5	29.2	18.2	4.2	0.3	5.1	5.4	2.7
鹿児島	100.0	X	X	X	X	X	X	X	X	X	X	X	X	4.2	…	0.7	X	-	50.4	30.0	20.4	6.3	0.5	3.0	3.7	1.3
沖縄	100.0	30.2	9.2	9.3	6.4	0.1	1.3	6.0	37.6	69.7	10.4	15.2	44.0	0.5	…	0.2	2.7	0.2	61.1	30.6	30.6	0.3	0.3	3.8	3.5	1.2

異常被患率等（各年齢ごと）（39-12）

単位 （%）

計 (本)	喪失歯数 (本)	計 (本)	処置歯数 (本)	未処置歯数 (本)	栄養状態	せき柱・胸郭・四肢の状態	アトピー性皮膚炎	その他の皮膚疾患	結核の検査の対象密者	結核	心臓疾病・異常	心電図異常	蛋白検出の者	尿糖検出の者	ぜん息	腎臓疾患	言語障害	その他の疾病・異常	区分
...	...	...	...	...	0.65	1.05	2.67	0.20	...	...	0.70	...	2.68	0.21	1.71	0.20	0.05	4.32	全 国
...	...	...	...	...	0.4	0.4	4.6	0.1			0.5		1.9	0.3	2.3	0.1	0.0	5.9	北 海 道
...	...	...	...	...	0.2	0.3	1.8	0.1			0.7		2.0	0.3	0.8	0.2	0.0	3.9	青 森
...	...	...	...	...	0.6	1.0	2.6	0.2			0.7		4.9	0.2	0.6	0.2	-	4.5	岩 手
...	...	...	...	...	0.4	0.6	4.0	0.2			0.5		1.0	0.2	1.4	0.1	0.1	4.3	宮 城
...	...	...	...	...	0.2	0.8	2.9	0.2			0.5		0.7	0.2	1.6	0.2	0.1	5.2	秋 田
...	...	...	...	...	1.5	0.7	3.8	0.3			0.4		5.4	0.3	1.9	0.2	0.2	7.1	山 形
...	...	...	...	...	2.1	0.7	4.0	0.3			0.4		1.2	0.3	1.8	0.2	0.0	4.6	福 島
...	...	...	...	...	1.4	0.9	6.2	0.2			0.9		6.5	0.2	3.0	0.1	0.1	6.5	茨 城
...	...	...	...	...	0.3	2.6	2.9	0.0			1.7		3.8	0.1	2.9	0.3	0.0	3.3	栃 木
...	...	...	...	...	0.2	1.8	2.6	0.1			1.3		0.7	0.1	2.0	0.5	0.1	5.1	群 馬
...	...	...	...	...	0.2	0.7	1.4	0.1			0.5		3.0	0.2	1.2	0.1	0.0	2.7	埼 玉
...	...	...	...	...	0.2	1.5	2.3	0.2			0.6		2.5	0.3	2.9	0.3	0.1	4.1	千 葉
...	...	...	...	...	1.1	1.4	2.2	0.3			0.4		2.2	0.2	1.5	0.2	0.1	3.0	東 京
...	...	...	...	...	1.5	1.5	2.1	0.1			0.4		2.5	0.2	1.8	0.2	0.1	3.6	神 奈 川
...	...	...	...	...	0.3	0.2	2.4	0.1			0.8		2.0	0.2	1.6	0.2	0.1	6.2	新 潟
...	...	...	...	...	0.6	4.8	2.9	0.4			2.2		2.0	0.2	1.4	0.2	0.1	4.5	富 山
...	...	...	...	...	0.9	0.3	2.3	0.4			1.6		4.6	0.1	1.3	0.3	0.0	2.8	石 川
...	...	...	...	...	1.9	0.3	1.0	0.2			0.5		2.4	0.1	0.2	0.1	0.0	3.0	福 井
...	...	...	...	...	0.4	0.5	2.1	0.3			0.5		0.9	0.3	0.6	0.0	0.2	3.5	山 梨
...	...	...	...	...	0.3	1.1	1.5	0.1			1.2		0.4	0.1	1.3	0.1	0.0	4.2	長 野
...	...	...	...	...	0.6	1.6	2.7	0.2			1.4		2.9	0.2	1.1	0.6	0.1	4.7	岐 阜
...	...	...	...	...	0.3	0.5	1.2	0.1			0.4		2.6	0.1	0.9	0.2	0.0	3.0	静 岡
...	...	...	...	...	0.6	0.6	5.5	0.2			0.6		2.9	0.2	2.2	0.2	0.0	5.2	愛 知
...	...	...	...	...	1.3	0.1	3.9	-			0.8		2.9	0.6	2.8	0.1	0.0	3.6	三 重
...	...	...	...	...	0.2	0.4	1.1	0.1			2.3		3.0	0.2	0.3	0.2	0.0	2.2	滋 賀
...	...	...	...	...	1.6	1.4	2.3	0.1			1.2		3.5	0.2	1.9	0.2	0.1	7.9	京 都
...	...	...	...	...	0.1	0.8	2.9	0.3			0.3		3.3	0.1	1.7	0.3	0.1	5.6	大 阪
...	...	...	...	...	0.6	1.6	2.2	0.1			1.0		1.9	0.2	2.0	0.4	0.1	4.7	兵 庫
...	...	...	...	...	0.4	2.5	4.1	0.0			0.7		3.5	0.3	2.2	0.2	0.1	1.7	奈 良
...	...	...	...	...	0.1	0.6	1.4	0.1			0.9		4.8	0.3	1.4	0.1	0.0	4.8	和 歌 山
...	...	...	...	...	0.5	1.0	3.5	0.4			1.2		1.4	0.1	1.6	0.3	0.1	9.4	鳥 取
...	...	...	...	...	0.1	1.0	2.1	0.0			0.2		2.8	0.1	1.4	0.0	0.1	3.6	島 根
...	...	...	...	...	0.2	0.7	4.2	0.2			0.8		3.0	0.3	2.1	0.2	0.1	8.8	岡 山
...	...	...	...	...	0.2	1.2	2.7	0.1			0.4		4.8	0.5	1.0	0.1	-	2.4	広 島
...	...	...	...	...	0.4	0.7	1.5	0.1			1.0		0.7	0.2	1.6	0.3	0.0	2.9	山 口
...	...	...	...	...	2.9	0.1	2.1	0.0			1.1		1.1	0.2	1.3	0.2	0.0	3.3	徳 島
...	...	...	...	...	0.4	0.3	3.6	0.2			1.6		0.7	0.1	1.2	0.1	0.1	3.9	香 川
...	...	...	...	...	0.8	0.9	3.1	0.4			1.4		2.6	0.3	2.1	0.1	0.0	5.3	愛 媛
...	...	...	...	...	0.5	0.6	2.8	0.2			1.8		1.1	0.4	1.2	0.1	0.1	6.3	高 知
...	...	...	...	...	0.6	1.6	1.6	0.4			0.5		2.9	0.2	1.8	0.2	0.0	4.3	福 岡
...	...	...	...	...	1.0	1.0	1.9	0.4			0.2		1.7	0.2	1.6	0.4	0.0	3.4	佐 賀
...	...	...	...	...	0.1	0.7	1.8	0.3			0.6		2.0	0.1	1.6	0.1	0.0	4.8	長 崎
...	...	...	...	...	0.6	0.8	0.7	0.3			0.4		2.4	0.2	0.7	0.1	0.0	4.1	熊 本
...	...	...	...	...	1.2	1.7	1.2	0.1			0.7		5.7	0.3	2.0	0.2	0.0	2.7	大 分
...	...	...	...	...	0.3	0.8	1.5	0.5			1.3		2.0	0.1	1.3	0.2	-	3.6	宮 崎
...	...	...	...	...	0.4	0.4	3.1	0.2			1.1		2.7	0.3	1.9	0.2	0.0	3.6	鹿 児 島
...	...	...	...	...	0.2	0.9	1.3	0.2			0.5		3.2	0.2	0.8	0.3	0.1	3.4	沖 縄

異常被患率等（各年齢ごと）（39-2）

1　17歳　(1)　計

区分	計	視力非矯正者の裸眼視力 1.0以上	1.0未満0.7以上	0.7未満0.3以上	0.3未満	視力矯正者の裸眼視力 1.0以上	1.0未満0.7以上	0.7未満0.3以上	0.3未満	裸眼視力 計	1.0未満0.7以上	0.7未満0.3以上	0.3未満	眼の疾病・異常	難聴	耳疾患	鼻疾患・副鼻腔患	口腔咽喉頭異常	むし歯(う歯) 計	処置完了者	未処置歯のある者	歯列・咬合	顎関節	歯垢の状態	歯肉の状態	その他の疾病・異常
全国	100.00	27.09	7.97	9.35	4.95	0.51	1.01	7.59	41.54	72.40	8.98	16.93	46.49	3.33	0.28	1.55	7.94	0.28	43.05	26.75	16.30	4.41	0.69	4.28	3.96	1.17
北海道	100.0	26.1	7.5	9.8	2.2	0.3	1.5	9.8	42.8	73.5	9.0	19.6	45.0	3.5	0.3	0.2	6.6	0.1	55.1	32.1	23.0	4.5	0.9	3.9	3.8	1.2
青森	100.0	25.0	10.3	8.7	2.3	0.2	0.9	6.2	46.3	74.8	11.2	15.0	48.7	3.2	0.3	-	5.3	-	53.5	31.1	22.3	3.0	0.3	3.6	3.5	1.6
岩手	100.0	23.4	6.2	5.7	2.9	3.7	1.4	9.8	46.9	72.8	7.6	15.5	49.7	4.7	0.1	6.8	X	0.1	45.0	25.4	19.6	4.5	0.4	2.0	2.7	0.8
宮城	100.0	22.1	6.9	8.5	6.0	0.1	0.9	5.4	50.1	77.8	7.8	13.9	56.1	6.0	0.1	2.1	8.3	0.1	49.6	29.7	19.9	5.2	2.1	6.3	7.4	1.4
秋田	-	-	-	-	-	-	-	-	-	-	-	-	-	2.5	0.3	2.0	12.5	-	41.8	28.1	13.7	3.9	0.4	2.3	1.6	2.1
山形	100.0	X	X	X	X	X	X	X	X	X	X	X	X	2.8	0.3	3.5	10.8		36.5	22.7	13.9	1.7	0.4	2.7	3.6	1.1
福島	100.0	X	X	X	X	X	X	X	X					0.7	0.3	0.1	5.1	-	59.9	34.2	25.7	4.8	1.0	5.8	9.1	1.3
茨城	100.0	24.2	7.6	10.1	5.7	0.3	3.0	6.9	42.4	75.5	10.5	16.9	48.0	8.2	0.3	0.8	15.2	0.4	49.8	29.3	20.5	5.4	0.3	4.1	2.0	1.7
栃木	100.0	24.3	6.3	9.2	6.7	0.1	0.5	9.0	43.8	75.5	6.9	18.2	50.5	3.5	0.2	2.9	9.1	0.3	44.4	29.6	14.9	5.8	0.3	4.4	4.4	0.7
群馬	100.0	X	X	X	X	X	X	X	X					2.3	0.2	-	5.4	-	41.8	30.0	11.8	5.0	0.8	5.7	5.2	1.0
埼玉	100.0	13.8	X	X	X	0.1	X	X	X	86.1	X	X	X	1.9	0.4	1.3	6.5	0.1	37.8	21.0	16.8	6.0	1.0	4.0	2.7	1.0
千葉	100.0	X	X	X	X	X	X	X	X					1.7	0.3	0.7	4.3	-	36.5	22.6	13.9	5.7	0.5	3.5	4.2	1.5
東京														3.8	0.3	2.9	12.1	0.1	39.2	24.4	14.8	4.8	0.3	5.8	4.4	0.8
神奈川														2.2	0.4	2.9	8.4	0.4	39.7	25.4	14.3	2.4	0.2	1.7	1.4	1.5
新潟	100.0	29.5	8.3	7.4	4.1	-	1.1	9.2	40.3	70.5	9.4	16.6	44.5	1.0	0.1	-			26.1	16.9	9.1	1.5	-	2.6	3.3	1.3
富山														5.2	0.4	1.6	7.9	0.4	39.2	25.6	13.6	2.1	0.1	4.3	3.1	0.5
石川	100.0	X	X	X	X	X	X	X	X	X	X	X	X					-	43.5	27.5	16.0	3.7	1.2	5.9	4.6	0.8
福井	100.0	28.0	4.3	6.4	4.4	-		9.7	47.1	72.0	4.3	16.1	51.6	0.1	-		0.7	0.1	57.5	37.0	20.5	4.2	0.2	4.4	4.1	1.1
山梨	100.0	31.0	X	X	X	1.8	X	X	X	67.3	X	X	X	2.3	0.4	0.6	7.6	0.2	48.0	30.2	17.8	5.4	0.9	7.9	7.6	1.1
長野	100.0	X	X	X	X	X	X	X	X					2.1	0.6	1.6	3.6	0.1	38.1	24.1	14.0	6.3	0.0	4.5	4.8	0.4
岐阜	100.0	X	X	X	X	X	X	X	X					4.3	0.1	0.1	X	-	37.5	25.3	12.2	2.6	0.2	3.4	4.0	1.5
静岡	100.0	25.3	7.8	5.9	4.0	0.1	0.6	6.9	49.3	74.6	8.4	12.8	53.4	1.1	0.3	0.4	1.9	0.0	41.8	29.2	12.6	4.1	0.2	3.9	3.6	1.6
愛知	100.0	23.0	X	X	X	1.1	X	X	X	75.9	X	X	X	4.7	0.3	X		0.4	37.9	26.7	11.2	2.3	0.2	3.8		0.3
三重	-	-	-	-	-	-	-	-	-	-	-	-	-	3.4	0.1	0.3	12.6	-	45.4	23.2	22.2	5.5	2.5	5.1	3.5	0.3
滋賀	-	-	-	-	-	-	-	-	-	-	-	-	-	0.8	0.2	0.1	1.4	0.0	39.8	27.9	11.9	4.9	0.2	4.1	1.4	0.6
京都	100.0	22.7	X	X	X	X	X	X	X	77.3	X	X	X	5.3	0.2	5.2	6.6	0.6	37.3	26.7	10.7	5.2	0.2	5.6	5.1	0.9
大阪	100.0	X	X	X	X	X	X	X	X					2.3	0.2	1.5	6.0	0.2	41.3	28.1	13.1	3.0	1.0	3.6	2.4	1.5
兵庫	-	-	-	-	-	-	-	-	-	-	-	-	-	4.7	0.4	3.5	9.9	0.2	44.0	27.1	16.8	7.1	1.1	4.9	5.4	0.7
奈良	100.0	X	X	X	X	X	X	X	X					3.1	0.4	X	X		43.7	25.4	18.2	5.7	0.9	5.3	3.3	0.4
和歌山	100.0	X	X	X	X	X	X	X	X					5.4	0.3	-	2.9	0.2	42.7	26.0	16.7	2.8	0.4	3.6	3.2	1.4
鳥取	100.0	17.1	4.8	6.1	4.5	-	0.2	8.6	58.8	82.9	5.0	14.7	63.2	1.9	0.1	-	9.5	-	39.2	25.7	13.5	5.5	0.3	3.2	1.5	1.8
島根	100.0	X	X	X	X	X	X	X	X					7.6	0.1	7.3	11.6	0.6	49.5	29.3	20.3	1.6	0.4	3.1	1.5	1.2
岡山	100.0	X	X	X	X	X	X	X	X	78.9	X	X	X	14.0	0.7	-	0.5		38.4	22.4	16.0		0.4	4.0	4.3	2.3
広島	100.0	X	X	X	X	X	X	X	X					3.6	0.3	2.1	9.1	0.5	37.0	22.9	14.1	2.9	0.4	6.6	6.6	0.3
山口	100.0	X	X	X	X	X	X	X	X					7.2	0.3	4.3	10.8	0.7	42.1	22.6	19.5	5.2	0.5	10.7	10.5	1.0
徳島	100.0	25.8	6.8	6.8	3.9	0.4	1.5	7.9	46.9	73.9	8.3	14.7	50.8	4.2	0.4	2.8	5.2	-	49.0	33.0	15.9	2.8	0.2	2.5	1.6	0.6
香川	100.0	29.3	7.0	7.4	3.9	-	0.7	4.5	47.2	70.7	7.6	12.0	51.1	3.9	0.1	2.6	5.2	-	51.0	36.3	14.7	3.0	0.3	4.2	4.6	1.0
愛媛	100.0	32.2	X	X	X	0.1	X	X	X	67.7	X	X	X	3.6	0.1	-	14.0	-	36.9	24.2	12.8	1.2	0.1	5.1	1.6	1.0
高知	100.0	28.2	5.1	6.5	5.8	-	0.2	8.7	45.5	71.8	5.3	15.2	51.3	4.4	0.3	-	6.6	0.3	44.3	25.8	18.4	4.8	0.3	3.6	4.6	4.7
福岡	100.0	28.4	7.7	8.6	5.1	0.2	0.5	5.9	43.6	71.4	8.2	14.5	48.7	2.4	0.3	0.5	X	2.3	49.4	26.5	22.9	6.4	2.5	6.5	5.9	3.0
佐賀	100.0	X	X	X	X	X	X	X	X					3.0	0.2		4.5	0.1	49.4	26.1	23.3	6.6	0.6	6.5	7.9	3.2
長崎	100.0	57.7	15.7	19.0	7.7	-	-	-	-	42.3	15.7	19.0	7.7	0.1	0.5	0.7	2.5	0.1	49.0	33.3	15.7	3.6	0.3	4.0	4.1	0.7
熊本	100.0	21.2	X	X	X	X	X	X	X	78.6	X	X	X	3.8	0.4	0.7	7.8	1.0	51.4	34.4	17.0	5.2	0.5	5.4	4.3	0.5
大分	-	-	-	-	-	-	-	-	-	-	-	-	-	2.3	0.2	-	4.0	0.5	60.6	33.1	27.5	7.0	1.0	6.3	7.2	1.0
宮崎	100.0	X	X	X	X	X	X	X	X					3.6	0.1	5.4	6.3	0.1	51.4	30.0	21.4	4.5	0.2	4.1	3.8	2.3
鹿児島	100.0	X	X	X	X	X	X	X	X					4.4	0.4	2.3	14.2	-	56.5	33.2	23.3	5.8	0.6	3.3	4.2	1.0
沖縄	100.0	27.3	8.0	10.3	4.5	-	1.2	7.5	41.1	72.7	9.2	17.9	45.7	0.7	0.4	0.1	3.1	0.5	66.0	32.8	33.3	3.9	0.3	2.7	3.2	1.0

異常被患率等（各年齢ごと）（39-13）

単位（％）

| 永久歯の1人当り平均むし歯（う歯）等数 | | | | | 栄養状態 | せき柱・四肢の状態・胸郭 | 皮膚疾患 | | 結核の検査の対象者の精密 | 結核 | 心疾病臓・異常 | 心電図異常 | 蛋白検出の者 | 尿糖検出の者 | その他の疾病・異常 | | | | 区分 |
計（本）	喪失歯数（本）	むし歯（う歯）計（本）	処置歯数（本）	未処置歯数（本）			アトピー性皮膚炎	その他の皮膚疾患							ぜん息	腎臓疾患	言語障害	その他の疾病・異常	
…	…	…	…	…	0.62	1.04	2.63	0.21	…	…	0.70	…	2.27	0.22	1.75	0.21	0.05	4.15	全　国
…	…	…	…	…	0.3	0.5	4.8	0.1	…	…	0.4	…	1.4	0.3	3.0	0.1	0.0	5.7	北 海 道
…	…	…	…	…	0.0	0.5	1.7	0.2	…	…	0.6	…	1.3	0.2	1.2	0.1	0.0	4.1	青　森
…	…	…	…	…	0.6	0.9	2.3	0.2	…	…	0.7	…	3.7	0.5	0.4	0.2	−	3.4	岩　手
…	…	…	…	…	0.2	0.7	3.9	0.4	…	…	0.5	…	1.1	0.3	1.8	0.2	0.1	4.1	宮　城
…	…	…	…	…	0.3	0.7	3.0	0.1	…	…	0.4	…	0.6	0.1	1.2	0.2	−	5.0	秋　田
…	…	…	…	…	1.1	0.4	3.6	0.3	…	…	0.4	…	4.8	0.1	1.5	0.2	0.1	6.2	山　形
…	…	…	…	…	1.8	1.0	3.7	0.2	…	…	0.7	…	1.3	0.2	2.0	0.1	0.0	3.4	福　島
…	…	…	…	…	1.4	0.6	6.2	0.1	…	…	0.9	…	6.1	0.2	2.7	0.1	0.1	6.3	茨　城
…	…	…	…	…	0.3	2.5	3.2	0.0	…	…	1.7	…	3.9	0.1	2.9	0.2	0.1	2.8	栃　木
…	…	…	…	…	0.3	1.9	2.5	0.1	…	…	1.1	…	0.6	0.2	2.2	0.4	0.0	3.9	群　馬
…	…	…	…	…	0.1	0.9	1.3	0.2	…	…	0.5	…	2.7	0.2	1.1	0.1	0.0	2.4	埼　玉
…	…	…	…	…	0.2	1.2	2.2	0.1	…	…	0.7	…	2.5	0.3	2.8	0.2	0.0	3.8	千　葉
…	…	…	…	…	1.1	1.7	2.3	0.3	…	…	0.5	…	1.8	0.2	1.7	0.2	0.0	2.8	東　京
…	…	…	…	…	1.4	1.8	2.2	0.2	…	…	0.3	…	2.1	0.3	1.8	0.1	0.0	3.5	神 奈 川
…	…	…	…	…	0.3	0.1	2.5	0.1	…	…	1.0	…	1.5	0.2	1.8	0.2	0.0	6.5	新　潟
…	…	…	…	…	0.5	4.3	2.2	0.1	…	…	2.2	…	1.4	0.4	1.0	0.2	0.1	4.4	富　山
…	…	…	…	…	0.8	0.4	2.4	0.3	…	…	1.0	…	4.3	0.1	1.0	0.4	0.0	3.1	石　川
…	…	…	…	…	1.4	0.5	1.1	0.1	…	…	0.4	…	1.6	0.2	0.3	0.2	0.0	3.4	福　井
…	…	…	…	…	0.7	0.4	2.0	0.1	…	…	0.2	…	0.6	0.1	0.9	0.2	−	3.1	山　梨
…	…	…	…	…	0.1	0.9	2.2	0.1	…	…	1.2	…	0.4	0.1	1.3	0.1	0.0	3.9	長　野
…	…	…	…	…	0.9	1.2	2.5	0.3	…	…	1.4	…	2.4	0.2	1.2	0.5	0.1	4.1	岐　阜
…	…	…	…	…	0.2	0.7	1.2	0.0	…	…	0.4	…	1.9	0.2	0.8	0.2	0.0	2.7	静　岡
…	…	…	…	…	0.6	0.5	5.2	0.4	…	…	0.6	…	2.3	0.2	2.0	0.2	0.0	5.1	愛　知
…	…	…	…	…	0.7	0.2	3.4	0.1	…	…	0.6	…	2.2	0.4	1.6	0.2	0.0	3.5	三　重
…	…	…	…	…	0.0	0.3	1.1	0.0	…	…	2.1	…	2.3	0.1	0.5	0.2	0.0	2.1	滋　賀
…	…	…	…	…	1.7	1.7	2.5	0.2	…	…	1.2	…	2.8	0.5	2.0	0.2	0.1	7.6	京　都
…	…	…	…	…	0.1	0.6	2.7	0.2	…	…	0.3	…	2.3	0.4	2.0	0.3	0.0	5.7	大　阪
…	…	…	…	…	0.6	1.3	2.0	0.1	…	…	1.3	…	2.0	0.3	2.2	0.2	0.0	4.4	兵　庫
…	…	…	…	…	0.6	1.9	2.8	0.1	…	…	0.4	…	3.2	0.1	1.6	0.2	0.0	2.0	奈　良
…	…	…	…	…	0.1	0.6	1.0	0.1	…	…	0.6	…	4.5	0.2	1.2	0.2	0.2	5.4	和 歌 山
…	…	…	…	…	0.2	0.8	3.1	0.3	…	…	1.3	…	1.0	0.3	1.4	0.3	0.1	8.4	鳥　取
…	…	…	…	…	−	1.1	2.1	0.0	…	…	0.2	…	2.9	0.1	1.4	0.2	−	4.1	島　根
…	…	…	…	…	0.4	0.8	4.4	0.1	…	…	1.1	…	2.2	0.2	2.2	0.3	0.1	8.5	岡　山
…	…	…	…	…	0.3	1.1	2.2	0.1	…	…	0.3	…	4.5	0.2	1.4	0.2	0.0	2.3	広　島
…	…	…	…	…	0.4	1.3	1.6	0.2	…	…	0.8	…	0.7	0.2	1.5	0.3	−	3.5	山　口
…	…	…	…	…	2.9	0.1	2.5	0.0	…	…	1.2	…	1.0	0.2	2.5	0.7	0.0	3.6	徳　島
…	…	…	…	…	0.5	0.3	3.9	0.2	…	…	1.1	…	0.7	0.1	2.0	0.1	0.0	3.9	香　川
…	…	…	…	…	1.1	1.0	3.0	0.3	…	…	1.2	…	2.2	0.1	1.6	0.1	0.0	6.2	愛　媛
…	…	…	…	…	0.5	0.9	2.3	0.1	…	…	1.0	…	0.8	0.3	0.8	0.1	0.0	5.5	高　知
…	…	…	…	…	0.6	1.2	1.9	0.3	…	…	0.8	…	2.6	0.2	2.0	0.2	0.0	4.2	福　岡
…	…	…	…	…	0.8	1.1	2.2	0.4	…	…	0.4	…	1.3	0.1	1.3	0.2	0.0	3.7	佐　賀
…	…	…	…	…	0.2	0.6	1.8	0.1	…	…	0.8	…	1.4	0.2	1.3	0.1	0.1	4.9	長　崎
…	…	…	…	…	0.5	0.6	0.5	0.1	…	…	0.4	…	1.4	0.2	0.7	0.2	0.1	4.2	熊　本
…	…	…	…	…	0.9	0.6	1.0	0.1	…	…	0.5	…	4.5	0.2	2.0	0.2	−	2.7	大　分
…	…	…	…	…	0.2	0.5	1.4	0.5	…	…	0.9	…	1.7	0.1	1.1	0.2	0.0	3.5	宮　崎
…	…	…	…	…	0.2	0.3	3.0	0.2	…	…	1.4	…	2.7	0.2	1.8	0.5	0.1	4.1	鹿 児 島
…	…	…	…	…	0.4	0.8	1.2	0.3	…	…	0.4	…	2.9	0.2	0.6	0.2	0.0	2.5	沖　縄

1　5歳 (2) 男

区分	計	非矯正 1.0以上	非矯正 1.0未満 0.7以上	非矯正 0.7未満 0.3以上	非矯正 0.3未満	矯正 1.0以上	矯正 1.0未満 0.7以上	矯正 0.7未満 0.3以上	矯正 0.3未満	計	1.0未満	0.7未満 0.7以上	0.3未満 0.3以上	眼の疾病・異常	難聴	耳疾患	鼻疾・副鼻腔疾患	口腔咽喉頭疾患・異常	むし歯 計	処置完了者	未処置歯のある者	歯列・咬合	顎関節	歯垢の状態	歯肉の状態	その他の疾病・異常
全　国	100.00	74.55	17.60	5.10	0.45	0.41	0.54	0.94	0.40	25.03	18.14	6.04	0.85	1.30	…	2.39	3.55	0.70	25.88	10.32	15.56	4.06	0.09	1.06	0.31	2.24
北 海 道	100.0	82.8	9.3	4.2	1.3	0.5	1.7	-	0.3	16.8	11.0	4.2	1.6	0.9	…	0.1	0.6	-	26.6	13.1	13.5	3.7	0.1	1.4	0.3	1.3
青　森	100.0	77.6	X	X	X	0.2	X	X	X	22.3	X	X	X	-	…	-	4.1	X	X	X	X	5.3	-	0.2	-	3.0
岩　手	100.0	X	X	X	X	X	X	X	X	X	X	X	X	3.3	…	8.7	14.3	1.5	29.6	10.9	18.7	8.4	0.3	2.8	-	3.1
宮　城	100.0	X	X	X	X	X	X	X	X	X	X	X	X	1.7	…	3.3	1.8	-	27.7	14.4	13.3	4.4	0.4	0.7	1.3	2.3
秋　田	100.0	78.1	14.5	6.7	-	0.8	-	-	-	21.2	14.5	6.7	-	2.7	…	2.8	7.5	0.8	32.5	12.4	20.1	4.6	0.2	2.3	-	1.3
山　形	100.0	X	X	X	X	X	X	X	X	X	X	X	X	1.1	…	4.2	6.1	-	22.2	6.7	15.5	4.1	-	0.9	1.1	2.0
福　島	100.0	X	X	X	X	X	X	X	X	X	X	X	X	2.6	…	-	3.3	0.7	35.4	11.6	23.8	3.1	-	0.2	0.1	3.3
茨　城	100.0	X	X	X	X	X	X	X	X	X	X	X	X	0.8	…	0.8	0.5	0.9	28.9	11.4	17.5	5.5	0.1	1.3	0.1	2.2
栃　木	100.0	84.1	12.4	2.6	0.4	0.1	-	0.2	0.2	15.8	12.4	2.8	0.6	1.2	…	0.5	2.0	-	26.1	9.1	17.0	4.4	0.1	0.6	-	2.5
群　馬	100.0	X	X	X	X	X	X	X	X	X	X	X	X	0.9	…	0.4	0.4	-	24.1	9.5	14.6	4.3	-	1.1	-	1.5
埼　玉	100.0	X	X	X	X	X	X	X	X	X	X	X	X	0.1	…	0.1	1.3	0.5	22.0	9.1	12.9	2.6	-	0.7	-	1.9
千　葉	100.0	X	X	X	X	X	X	X	X	X	X	X	X	0.9	…	2.5	2.9	-	19.5	8.2	11.3	2.7	-	0.1	-	3.1
東　京	100.0	X	X	X	X	X	X	X	X	X	X	X	X	2.1	…	3.8	2.8	2.1	16.1	6.5	9.6	3.5	0.1	1.2	-	2.4
神 奈 川	100.0	83.5	12.4	1.7	0.1	0.5	0.1	0.9	0.7	16.0	12.5	2.6	0.8	0.3	…	0.1	0.1	0.1	21.8	7.7	14.0	3.0	-	0.3	0.8	1.8
新　潟	100.0	76.7	16.6	4.0	0.8	0.5	0.5	0.8	0.3	22.8	17.0	4.8	1.0	0.4	…	0.8	9.7	0.8	28.3	12.0	16.3	0.5	-	0.6	0.7	1.0
富　山	100.0	73.2	17.0	7.1	0.2	0.5	0.8	1.0	0.2	26.3	17.8	8.1	0.5	5.7	…	1.3	4.2	-	23.0	10.2	12.8	3.6	-	1.6	-	1.2
石　川	100.0	X	X	X	X	X	X	X	X	X	X	X	X	0.9	…	0.4	0.4	-	24.8	9.3	15.5	3.8	-	1.9	-	1.1
福　井	100.0	X	X	X	X	X	X	X	X	X	X	X	X	0.9	…	-	0.1	-	X	X	X	3.2	-	4.6	-	1.2
山　梨	100.0	X	X	X	X	X	X	X	X	X	X	X	X	0.6	…	0.3	2.1	-	30.3	13.6	16.8	8.3	-	0.7	-	3.3
長　野	100.0	X	X	X	X	X	X	X	X	X	X	X	X	0.3	…	0.2	2.7	0.2	15.8	6.2	9.6	7.0	-	0.2	0.3	0.6
岐　阜	100.0	X	X	X	X	X	X	X	X	X	X	X	X	1.2	…	2.8	4.8	1.9	28.0	9.8	18.2	6.0	0.1	1.2	0.7	2.5
静　岡	100.0	77.3	16.2	3.2	0.1	0.7	0.8	1.7	0.1	22.0	17.0	4.9	0.1	0.9	…	0.5	3.5	0.1	25.8	10.4	15.4	3.4	0.1	1.7	-	2.5
愛　知	100.0	73.8	20.9	3.0	0.6	-	-	0.6	1.0	26.2	20.9	3.6	1.7	-	…	0.1	0.5	-	24.5	11.1	13.4	7.1	0.2	2.5	1.0	3.5
三　重	100.0	81.8	14.2	2.0	0.1	0.3	0.2	0.9	0.4	17.8	14.4	3.0	0.4	1.9	…	2.2	1.2	3.9	24.3	9.1	15.2	6.7	0.1	0.8	-	4.4
滋　賀	100.0	78.4	14.4	4.5	0.2	0.8	0.4	1.2	-	20.8	14.8	5.8	0.2	0.9	…	0.6	2.8	0.7	26.1	7.4	18.7	3.1	-	2.1	0.4	3.4
京　都	100.0	78.8	13.9	4.4	1.5	0.9	0.2	0.1	0.2	20.4	14.2	4.6	1.6	3.3	…	3.3	3.1	-	28.9	11.8	17.1	-	-	0.1	-	4.9
大　阪	100.0	72.7	18.8	5.3	0.2	0.3	0.9	1.4	0.4	27.0	19.7	6.7	0.6	2.7	…	5.7	6.8	0.7	29.5	10.8	18.7	5.8	-	0.4	0.1	2.5
兵　庫	100.0	79.6	14.4	3.7	0.8	0.7	0.1	0.7	-	19.8	14.7	4.3	0.8	2.2	…	8.8	13.0	2.0	25.6	8.5	17.2	2.9	0.1	0.7	0.2	2.0
奈　良	100.0	X	X	X	X	X	X	X	X	X	X	X	X	1.2	…	1.2	5.0	-	31.8	12.3	19.5	4.5	-	1.9	0.2	4.1
和 歌 山	100.0	X	X	X	X	X	X	X	X	X	X	X	X	2.5	…	2.4	0.3	1.9	20.0	6.1	13.9	2.3	-	0.7	-	0.5
鳥　取	100.0	83.5	9.9	3.7	-	0.3	1.0	1.6	-	16.1	10.8	5.3	-	1.3	…	-	0.4	0.2	27.3	12.4	14.8	6.3	-	1.8	-	2.5
島　根	100.0	X	X	X	X	X	X	X	X	X	X	X	X	4.0	…	10.4	11.3	0.7	X	X	X	1.5	-	0.7	-	0.8
岡　山	100.0	80.9	16.0	2.0	0.1	-	0.6	0.4	-	19.1	16.7	2.4	0.1	5.6	…	3.9	X	0.7	22.7	8.0	14.8	5.9	0.1	4.3	1.8	2.9
広　島	100.0	X	X	X	X	X	X	X	X	X	X	X	X		…	4.4	6.1	-	23.0	8.5	14.5	4.4	-	0.3	-	0.3
山　口	100.0	X	X	X	X	X	X	X	X	X	X	X	X	0.5	…	4.0	0.9	-	25.2	11.2	14.1	2.2	-	0.4	0.2	2.3
徳　島	100.0	78.4	15.4	3.9	0.5	0.9	0.1	0.9	-	20.8	15.5	4.8	0.5	1.7	…	9.5	4.6	2.9	30.3	12.5	17.8	5.8	0.8	0.1	-	2.7
香　川	100.0	71.2	19.3	7.9	0.3	0.4	0.4	0.5	-	28.4	19.7	8.4	0.3	3.0	…	6.0	7.4	-	28.8	11.2	17.6	3.8	0.1	1.6	-	2.0
愛　媛	100.0	73.2	20.0	5.4	0.5	0.1	0.2	0.7	-	26.7	20.2	6.1	0.5	1.1	…	1.5	2.7	0.1	28.4	13.7	14.7	2.9	-	0.3	0.2	1.1
高　知	100.0	X	X	X	X	X	X	X	X	X	X	X	X	1.0	…	2.0	1.2	0.9	36.9	15.4	21.5	9.7	-	1.2	-	1.7
福　岡	100.0	X	X	X	X	X	X	X	X	X	X	X	X	1.0	…	1.4	-	-	24.9	12.3	12.5	3.6	0.3	0.3	-	1.7
佐　賀	100.0	X	X	X	X	X	X	X	X	X	X	X	X	1.8	…	1.0	1.6	-	37.1	16.0	21.1	4.0	-	1.4	0.2	1.8
長　崎	100.0	96.8	1.9	0.7	-	-	0.3	-	0.3	3.2	2.2	0.7	0.3	-	…	-	0.3	-	33.5	17.6	15.9	3.0	-	0.5	-	2.5
熊　本	100.0	X	19.3	5.0	-	-	0.9	0.9	-	26.1	20.2	5.9	-	0.8	…	1.7	3.2	2.2	32.9	16.0	16.9	3.4	-	3.5	2.5	2.3
大　分	100.0	X	X	X	X	X	X	X	X	X	X	X	X	1.1	…	-	-	-	38.6	16.5	22.1	4.1	-	0.2	0.1	1.1
宮　崎	100.0	X	X	X	X	X	X	X	X	X	X	X	X	0.6	…	-	0.8	-	32.7	9.7	23.0	2.6	-	1.6	1.3	0.6
鹿 児 島	100.0	X	X	X	X	X	X	X	X	X	X	X	X	0.6	…	0.9	2.1	-	38.1	19.1	19.0	3.4	-	2.2	-	1.6
沖　縄	100.0	69.6	20.0	8.6	0.1	-	0.4	0.2	1.0	30.4	20.4	8.8	1.1	0.6	…	2.5	7.4	2.1	42.3	12.9	29.4	1.4	0.5	0.5	-	0.8

異常被患率等（各年齢ごと）（39-14）

単位　（％）

永久歯の1人当り平均むし歯（う歯）等数					栄養状態	せき柱・四肢の状態・胸郭・態	皮膚疾患		結核の検査の対象の精密者	結核	心疾病臓・異常	心電図異常	蛋白検出の者	尿糖検出の者	その他の疾病・異常				区分
計(本)	喪失歯数(本)	むし歯（う歯）					アトピー性皮膚炎	その他の皮膚疾患							ぜん息	腎臓疾患	言語障害	その疾病・他異常	
		計(本)	処置歯数(本)	未歯処置数(本)															
…	…	…	…	…	0.36	0.27	1.75	0.87	…	…	0.29	…	0.72	…	1.41	0.02	0.39	1.49	全　国
…	…	…	…	…	0.3	0.1	2.7	0.5	…	…	-	…	1.0	…	1.2	0.1	0.3	1.0	北 海 道
…	…	…	…	…	1.0	0.1	1.3	0.5	…	…	0.4	…	-	…	1.0	-	1.0	2.6	青　森
…	…	…	…	…	1.2	0.1	0.1	0.1	…	…	1.6	…	-	…	1.5	-	0.6	1.0	岩　手
…	…	…	…	…	0.2	-	2.7	1.9	…	…	0.5	…	0.2	…	1.5	-	-	1.5	宮　城
…	…	…	…	…	0.6	0.6	2.0	1.8	…	…	2.0	…	-	…	2.9	0.2	0.5	3.9	秋　田
…	…	…	…	…	0.1	0.4	2.0	0.8	…	…	0.7	…	-	…	0.5	-	1.2	1.0	山　形
…	…	…	…	…	1.1	0.1	1.4	1.0	…	…	0.2	…	0.1	…	1.7	0.1	0.4	1.8	福　島
…	…	…	…	…	0.8	0.6	0.7	1.5	…	…	0.5	…	0.3	…	1.7	-	1.1	1.2	茨　城
…	…	…	…	…	0.7	0.6	2.0	1.5	…	…	0.4	…	1.5	…	0.6	0.1	0.6	1.7	栃　木
…	…	…	…	…	0.1	0.6	0.8	-	…	…	-	…	0.2	…	0.8	-	0.5	0.6	群　馬
…	…	…	…	…	-	-	1.2	1.0	…	…	0.2	…	1.0	…	1.7	0.1	0.2	0.1	埼　玉
…	…	…	…	…	0.5	0.6	1.4	0.6	…	…	0.2	…	0.4	…	2.8	-	0.1	0.2	千　葉
…	…	…	…	…	0.0	0.2	1.3	1.4	…	…	0.2	…	1.2	…	1.1	-	0.4	0.7	東　京
…	…	…	…	…	0.2	0.5	1.5	0.5	…	…	0.5	…	0.9	…	1.5	0.0	-	1.4	神 奈 川
…	…	…	…	…	0.7	-	1.1	0.9	…	…	-	…	4.2	…	2.0	-	0.3	1.6	新　潟
…	…	…	…	…	-	1.1	1.5	0.8	…	…	0.3	…	1.9	…	1.0	-	0.9	1.5	富　山
…	…	…	…	…	1.4	0.4	0.9	0.4	…	…	-	…	0.7	…	1.8	-	0.3	3.9	石　川
…	…	…	…	…	0.5	0.2	1.4	0.4	…	…	0.2	…	0.2	…	0.3	-	0.2	0.3	福　井
…	…	…	…	…	0.4	-	2.9	0.2	…	…	0.4	…	3.4	…	1.9	-	1.0	1.0	山　梨
…	…	…	…	…	-	0.3	0.9	0.4	…	…	0.3	…	-	…	1.3	-	-	0.7	長　野
…	…	…	…	…	0.3	0.1	1.2	0.4	…	…	0.2	…	3.3	…	1.0	-	1.1	1.0	岐　阜
…	…	…	…	…	1.5	-	2.3	0.4	…	…	0.1	…	0.2	…	2.1	-	0.5	2.1	静　岡
…	…	…	…	…	-	0.5	1.6	1.1	…	…	0.1	…	-	…	1.0	-	0.1	1.4	愛　知
…	…	…	…	…	0.7	0.3	2.0	0.7	…	…	0.3	…	0.1	…	1.6	0.1	-	0.1	三　重
…	…	…	…	…	0.8	0.3	3.8	3.1	…	…	0.4	…	0.2	…	2.2	-	1.1	1.7	滋　賀
…	…	…	…	…	0.2	0.6	1.8	1.3	…	…	0.4	…	0.6	…	0.6	-	-	1.3	京　都
…	…	…	…	…	0.1	0.1	4.4	1.3	…	…	0.2	…	0.4	…	2.3	-	0.1	2.7	大　阪
…	…	…	…	…	0.2	-	2.2	0.2	…	…	0.1	…	-	…	2.1	-	0.2	2.1	兵　庫
…	…	…	…	…	0.2	0.2	0.5	1.2	…	…	0.1	…	0.4	…	0.4	-	0.4	2.6	奈　良
…	…	…	…	…	0.7	0.5	0.8	0.2	…	…	0.7	…	1.7	…	0.2	-	0.9	1.1	和 歌 山
…	…	…	…	…	-	-	2.1	1.5	…	…	0.3	…	0.3	…	1.9	-	0.5	3.7	鳥　取
…	…	…	…	…	-	-	1.7	-	…	…	-	…	-	…	0.8	-	-	2.4	島　根
…	…	…	…	…	1.0	0.2	2.3	0.5	…	…	0.1	…	-	…	1.2	-	0.6	7.5	岡　山
…	…	…	…	…	0.1	0.27	0.7	0.6	…	…	-	…	2.7	…	0.4	-	0.3	0.3	広　島
…	…	…	…	…	-	0.3	1.7	0.4	…	…	0.2	…	-	…	0.7	-	1.5	3.7	山　口
…	…	…	…	…	0.3	-	1.0	1.0	…	…	-	…	0.2	…	0.8	0.5	0.7	0.1	徳　島
…	…	…	…	…	0.1	-	0.2	1.0	…	…	-	…	1.4	…	1.2	-	0.9	2.5	香　川
…	…	…	…	…	0.2	0.2	1.0	1.9	…	…	0.1	…	1.5	…	1.3	0.3	0.3	2.1	愛　媛
…	…	…	…	…	0.7	-	1.6	0.7	…	…	0.3	…	-	…	1.6	-	1.5	6.0	高　知
…	…	…	…	…	1.5	0.3	0.7	0.4	…	…	0.5	…	-	…	0.6	-	0.4	1.6	福　岡
…	…	…	…	…	-	-	1.0	0.4	…	…	-	…	1.0	…	0.9	-	0.5	2.0	佐　賀
…	…	…	…	…	-	0.5	1.0	0.1	…	…	-	…	0.6	…	0.4	-	0.3	2.4	長　崎
…	…	…	…	…	0.2	0.7	1.0	1.4	…	…	3.3	…	2.1	…	0.7	-	2.2	1.0	熊　本
…	…	…	…	…	-	-	1.2	-	…	…	-	…	1.4	…	-	-	0.1	1.2	大　分
…	…	…	…	…	-	-	1.1	0.1	…	…	1.6	…	0.6	…	0.3	-	0.9	0.6	宮　崎
…	…	…	…	…	-	0.8	0.5	0.4	…	…	0.5	…	-	…	1.6	-	0.1	0.5	鹿 児 島
…	…	…	…	…	0.4	0.2	1.6	1.4	…	…	0.1	…	1.0	…	1.0	0.1	0.4	1.6	沖　縄

都道府県表

1　6歳　(2)　男

区分	計	裸眼視力 視力非矯正者の裸眼視力 1.0以上	1.0未満0.7以上	0.7未満0.3以上	0.3未満	視力矯正者の裸眼視力 1.0以上	1.0未満0.7以上	0.7未満0.3以上	0.3未満	裸眼視力 計	1.0未満0.7以上	0.7未満0.3以上	0.3未満	眼の疾病・異常	難聴	耳疾患	鼻疾・副鼻腔患	口腔咽喉頭異常	むし歯(う歯) 計	処置完了者	未処置歯のある者	歯列・咬合	顎関節	歯垢の状態	歯肉の状態	その他の疾病・異常
全国	100.00	76.93	13.19	6.35	1.30	0.55	0.53	0.69	0.47	22.52	13.72	7.04	1.76	5.66	0.59	9.97	14.42	1.24	31.04	12.89	18.14	2.76	0.04	1.30	0.67	5.62
北海道	100.0	73.0	17.4	7.5	1.2	0.2	0.5	0.4	0.1	26.8	17.6	7.9	1.3	3.8	0.5	12.1	11.1	1.8	35.8	16.3	19.4	2.6	-	2.2	1.2	4.9
青森	100.0	68.0	17.8	8.7	2.0	0.4	0.5	1.5	1.0	31.5	18.3	10.2	3.1	3.6	0.3	7.4	17.8	1.2	47.3	13.1	34.2	1.9	0.0	0.5	0.5	9.3
岩手	100.0	69.2	17.8	9.2	0.7	0.7	1.1	0.8	0.5	30.1	18.9	10.0	1.2	8.0	0.2	7.7	21.0	1.8	37.2	13.4	23.7	2.7	0.0	0.5	0.1	7.3
宮城	100.0	74.6	16.5	5.7	1.1	0.3	0.5	0.5	0.8	25.0	17.0	6.2	1.9	5.5	0.4	11.8	12.1	0.3	35.7	14.5	21.2	3.2	-	1.1	0.8	6.7
秋田	100.0	72.0	19.2	7.5	0.6	-	0.3	0.4	-	28.0	19.5	7.8	0.6	7.5	0.5	10.5	19.8	2.4	38.2	12.4	25.8	3.0	0.0	0.7	0.2	6.6
山形	100.0	77.8	10.6	5.6	1.0	1.1	1.6	1.8	0.5	21.1	12.3	7.4	1.5	5.0	0.4	7.1	21.0		35.9	12.2	23.7	4.3	0.5	1.8	0.7	11.6
福島	100.0	70.8	16.7	7.5	2.2	0.5	0.9	1.0	0.5	28.7	17.5	8.5	2.7	8.0	0.4	11.7	16.6	1.1	45.8	19.7	26.2	2.4	0.1	1.1	0.4	5.2
茨城	100.0	74.0	14.0	9.2	0.9	0.5	0.6	0.4		25.5	14.5	9.8	1.3	18.5	0.5	4.3	25.9	1.2	35.0	12.2	22.8	2.5	-	0.4	0.1	7.0
栃木	100.0	75.0	12.6	8.2	0.9	0.9	0.3	1.3	0.7	24.0	12.9	9.6	1.6	5.4	0.6	7.6	12.5		34.5	9.9	24.5	2.0	0.1	0.7	-	6.7
群馬	100.0	79.3	10.8	5.6	1.0	0.9	1.0	0.9	0.6	19.8	11.8	6.5	1.5	4.9	1.4	5.5	7.9	0.2	32.1	13.4	18.7	3.4	0.1	1.2	0.5	6.7
埼玉	100.0	77.9	12.1	6.7	1.4	0.7	0.4	0.6	0.2	21.4	12.5	7.3	1.5	3.7		8.8	9.6		24.2	12.1	12.2	1.5	-	0.9	0.3	4.9
千葉	100.0	77.0	13.4	5.9	1.2	0.7	0.4	0.6	0.8	22.3	13.8	6.8	1.8	2.6	0.4	12.5	17.9	1.2	27.4	10.6	16.9	3.6	-	2.0	1.2	5.4
東京	100.0	73.5	16.0	6.9	1.7	0.5	0.4	0.5	0.4	26.0	16.4	7.5	2.1	3.7	0.4	12.2	14.4	0.2	18.9	9.8	9.0	1.1	-	0.6	0.6	3.2
神奈川	100.0	83.2	9.2	5.6	1.9	-	0.0	-	-	16.8	9.2	5.6	1.9	7.3	0.8	14.6	14.4	0.4	24.1	10.9	13.2	3.6	0.0	0.9	0.7	4.3
新潟	100.0	79.0	12.1	5.0	1.0	0.2	1.5	0.7	0.4	20.7	13.6	5.7	1.4	2.1	1.4	5.5	18.9	0.3	22.8	9.1	13.6	2.3	-	0.8	0.6	7.7
富山	100.0	79.6	9.7	5.0	1.2	1.7	0.9	1.3	0.7	18.8	10.6	6.3	1.9	3.0	0.3	7.3	14.1	0.2	28.6	13.7	14.9	0.9	-	0.5	0.5	5.8
石川	100.0	76.8	11.8	5.4	0.7	1.0	0.8	2.2	1.3	22.2	12.6	7.7	2.0	4.7	0.2	4.6	14.6	0.2	29.2	9.7	19.6	1.9	-	1.6	0.6	3.9
福井	100.0	78.7	9.8	4.3	1.2	2.6	1.0	1.4	1.0	18.7	10.8	5.7	2.2	1.5	0.3	3.2	4.1	1.1	39.5	14.7	24.7	2.5	0.0	1.4	0.5	7.0
山梨	100.0	77.1	10.9	7.4	1.6	0.4	0.6	0.7	1.1	22.5	11.7	8.1	2.7	5.1	0.9	10.4	14.5	0.6	35.2	13.3	21.9	2.3	-	1.6	0.9	8.7
長野	100.0	78.3	13.4	4.2	0.7	0.5	1.1	1.4	0.4	21.2	14.5	5.6	1.1	4.4	0.2	9.8	7.6	0.2	30.6	14.4	16.2	2.3	-	1.3	0.5	5.7
岐阜	100.0	74.9	12.8	7.4	1.6	1.2	0.7	1.1	0.3	23.9	13.5	8.4	2.0	3.6	0.9	5.3	15.3	4.0	31.2	12.4	18.8	2.5	0.3	1.2	0.4	6.2
静岡	100.0	83.7	8.4	4.2	0.9	0.6	0.9	0.9	0.3	15.6	9.2	5.2	1.2	2.9	0.6	10.2	12.1	0.7	26.4	11.5	14.9	2.7	0.1	0.3	0.6	7.3
愛知	100.0	80.5	10.7	5.4	1.0	0.7	0.6	0.6	0.5	18.8	11.3	6.0	1.5	9.7	0.6	9.2	14.1	2.4	29.5	13.9	15.7	2.6	0.1	1.4	0.4	6.1
三重	100.0	75.0	18.4	4.5	1.8	0.3	-	-		24.7	18.4	4.5	1.8	4.8	0.4	8.4	13.1	1.0	34.2	10.8	23.4	1.9	0.2	1.2	0.5	6.6
滋賀	100.0	83.1	9.5	4.8	0.2	0.1	1.4	0.6	0.3	16.8	10.9	5.4	0.5	2.1	0.4	6.4	7.9	3.1	33.3	11.7	21.6	4.2	0.1	1.4	0.8	6.7
京都	100.0	80.0	11.1	4.9	1.0	0.7	0.9	0.8	0.6	19.3	11.8	5.8	1.7	5.9	0.6	10.9	13.0	1.3	34.8	12.1	22.7	4.3	-	2.2	1.3	5.4
大阪	100.0	78.4	12.0	6.0	1.6	0.7	0.4	0.6	0.6	20.9	12.3	6.4	2.2	7.3	0.4	12.8	13.5	1.1	35.8	14.1	21.7	3.6	-	2.1	1.0	6.1
兵庫	100.0	81.1	9.1	6.8	1.1	0.4	0.4	0.6	0.4	18.6	9.3	7.2	2.1	6.1	0.4	11.3	14.6	0.8	30.1	13.2	16.9	6.0	-	1.1	0.5	5.7
奈良	100.0	84.2	10.5	2.4	1.5	0.6	0.6	0.3		15.7	10.9	3.3	1.5	6.1	0.6	10.1	16.7	1.4	30.6	12.1	18.5	2.6	0.1	0.4	0.3	5.3
和歌山	100.0	76.0	11.2	5.7	1.4	1.0	0.8	2.0	1.8	23.0	12.1	7.8	3.2	5.4	1.2	10.9	11.9	0.5	36.3	14.5	21.9	4.2	-	1.1	0.5	6.7
鳥取	100.0	80.4	9.9	5.1	1.7	0.9	0.9	0.7	0.4	18.8	10.7	5.9	2.2	9.3	0.2	6.9	15.0	0.8	40.0	16.8	23.1	5.2	-	2.9	1.8	6.6
島根	100.0	75.4	14.6	5.3	0.6	1.2	1.4	0.9	0.7	23.4	16.0	6.1	1.3	7.7	0.6	10.5	19.2	2.1	35.5	13.3	22.3	2.1	-	1.1	0.7	3.8
岡山	100.0	71.9	15.7	7.9	1.1	1.1	0.9	1.1	0.3	26.9	16.6	9.0	1.4	4.8	0.2	9.1	23.4	4.3	31.8	13.0	18.8	2.1	-	1.4	0.9	8.8
広島	100.0	76.2	14.6	6.5	1.0	0.7	0.6	0.6	0.4	23.1	14.9	6.8	1.3	4.4	0.2	6.6	12.4	1.1	30.7	14.0	16.7	3.2	-	1.4	1.3	6.0
山口	100.0	84.0	8.2	4.8	0.6	0.6	0.5	1.0	0.3	15.4	8.6	5.8	0.9	6.3	0.5	9.2	14.2	1.1	40.9	14.4	26.5	4.6	-	0.9	0.6	5.9
徳島	100.0	74.1	15.4	5.8	1.2	0.8	1.0	1.4	0.3	25.1	16.4	7.2	1.5	9.7	1.0	8.1	X	13.6	33.2	11.7	21.6	3.9	0.0	0.8	0.2	7.1
香川	100.0	79.2	11.5	5.6	0.8	0.5	0.6	1.1	0.7	20.4	12.1	6.7	1.5	4.1	0.8	9.4	16.3	0.5	35.0	13.6	21.4	3.8	-	2.8	0.6	6.8
愛媛	100.0	74.6	13.6	7.7	1.0	0.8	0.8	0.6	0.7	24.6	14.5	8.3	1.8	7.9	0.4	13.2	13.6	0.6	40.5	16.2	24.3	2.6	-	1.0	0.6	6.0
高知	100.0	78.0	13.2	4.4	1.1	0.6	0.7	1.3	0.7	21.3	13.9	5.7	1.7	0.4	0.6	11.4	9.3	2.1	35.7	10.5	25.2	0.6	-	1.0	0.6	8.5
福岡	100.0	62.5	21.7	10.8	1.6	0.4	0.9	1.1	1.0	37.0	22.5	11.9	2.7	5.2	0.4	9.8	13.1	1.4	34.0	15.2	18.7	1.8	0.1	1.0	0.8	4.7
佐賀	100.0	74.7	16.3	6.2	1.2	0.5	0.5	0.5	0.1	24.9	16.8	6.8	1.3	2.8	0.2	7.7	9.7	0.5	42.6	14.2	28.4	2.3	0.0	1.9	0.6	9.6
長崎	100.0	82.0	11.1	4.4	1.3	0.1	0.6	0.5	-	18.0	11.7	4.9	1.3	2.8	0.3	8.2	9.6	1.2	39.2	17.7	21.5	1.0	-	0.4	0.5	5.5
熊本	100.0	81.7	10.5	4.8	0.9	0.5	0.5	0.6	0.4	17.8	11.1	5.4	1.3	3.4	0.9	3.4	12.7	0.7	42.6	17.5	25.1	1.4	-	1.4	0.9	6.2
大分	100.0	79.3	13.2	4.4	1.8	1.1	0.4	0.7	0.2	19.6	13.7	5.1	0.9	5.7	0.4	8.9	17.8	4.0	40.8	18.3	22.5	3.7	0.2	2.2	1.1	2.2
宮崎	100.0	76.8	11.7	6.7	1.3	1.1	0.9	1.0	0.5	22.1	12.7	7.7	1.8	6.7	0.5	12.6	14.2	1.0	37.6	13.1	24.5	3.5	0.1	1.1	0.6	4.6
鹿児島	100.0	80.4	11.9	5.3	0.5	0.2	0.5	0.5	0.4	19.4	12.5	6.1	0.9	4.8	1.4	8.7	18.4	1.8	41.5	16.6	25.0	2.2	-	2.6	0.2	5.5
沖縄	100.0	70.4	19.3	7.0	1.8	0.1	0.4	0.6	0.4	29.5	19.8	7.6	2.2	0.7	0.6	5.4	13.2	1.8	44.9	13.1	31.8	1.4	-	1.3	0.8	5.7

異常被患率等（各年齢ごと）（39-15）

単位　（％）

計(本)	喪失歯数(本)	計(本)	処置歯数(本)	未処置歯数(本)	栄養状態	せき柱・四肢の状態・胸郭	アトピー性皮膚炎	その他の皮膚疾患	結核検査の対象の精密者	結核	心臓疾病・異常	心電図異常	蛋白検出の者	尿糖検出の者	ぜん息	腎臓疾患	言語障害	その他の疾病・異常	区分
...	...	...	...	...	1.08	0.63	3.02	0.53	0.26	0.00	0.96	2.97	0.44	0.05	3.55	0.18	0.84	5.30	全　　国
...	...	...	...	...	0.7	0.5	5.4	0.1	0.0	－	0.4	3.1	0.1	0.1	4.7	0.1	0.4	5.0	北 海 道
...	...	...	...	...	2.6	1.2	1.4	0.6	－	－	0.2	2.3	0.3	－	1.5	0.1	0.7	4.7	青　　森
...	...	...	...	...	1.4	0.2	1.8	0.5	－	－	0.5	1.6	0.6	－	2.4	0.1	3.2	6.3	岩　　手
...	...	...	...	...	1.9	0.7	4.1	0.6	0.0	－	0.5	1.3	0.1	0.1	4.4	0.2	1.3	6.3	宮　　城
...	...	...	...	...	3.5	1.7	3.4	0.8	－	－	1.3	5.2	0.3	－	4.7	0.0	0.4	8.5	秋　　田
...	...	...	...	...	1.9	1.1	5.0	0.3	－	－	1.7	4.1	0.5	－	5.9	0.2	5.8	12.9	山　　形
...	...	...	...	...	3.0	1.0	3.2	0.9	0.1	－	0.6	2.4	1.2	0.0	4.9	0.2	1.2	7.8	福　　島
...	...	...	...	...	2.1	2.8	9.4	0.2	0.5	－	1.3	4.4	0.3	－	7.4	0.2	0.5	5.9	茨　　城
...	...	...	...	...	1.8	0.8	3.7	0.9	－	－	1.1	3.6	1.6	0.0	4.3	0.2	1.2	8.1	栃　　木
...	...	...	...	...	1.2	1.2	4.8	1.0	0.5	－	1.5	2.6	0.1	－	4.9	0.3	2.7	8.0	群　　馬
...	...	...	...	...	0.4	0.3	2.0	0.6	0.3	－	1.3	2.2	0.9	0.0	2.9	0.2	0.4	3.2	埼　　玉
...	...	...	...	...	0.7	0.4	3.5	0.1	0.4	－	0.4	1.2	0.2	0.1	6.3	0.1	2.5	4.2	千　　葉
...	...	...	...	...	0.8	0.4	2.5	0.7	0.4	－	0.9	1.8	0.2	－	3.1	0.3	0.7	4.8	東　　京
...	...	...	...	...	0.7	0.6	3.0	0.8	0.4	－	0.3	3.1	0.1	0.1	4.5	0.2	0.4	4.0	神 奈 川
...	...	...	...	...	0.8	0.1	4.8	0.2	0.1	－	1.9	3.7	0.3	0.3	7.9	0.2	2.8	10.7	新　　潟
...	...	...	...	...	0.9	1.2	2.4	0.2	0.1	－	1.7	3.3	0.7	－	3.4	0.1	0.4	6.4	富　　山
...	...	...	...	...	0.4	0.2	2.4	0.5	0.3	－	0.8	3.0	0.5	－	1.6	0.1	0.6	3.5	石　　川
...	...	...	...	...	1.2	0.7	3.3	0.7	0.0	0.1	0.6	2.6	0.6	－	2.3	0.5	0.3	5.7	福　　井
...	...	...	...	...	2.0	0.9	1.1	0.7	－	－	0.5	1.9	0.4	－	3.9	0.2	0.5	6.7	山　　梨
...	...	...	...	...	1.0	0.4	2.4	0.5	0.0	－	1.2	2.7	0.3	－	5.7	0.1	1.4	7.1	長　　野
...	...	...	...	...	0.8	0.2	2.5	0.3	0.2	－	1.4	6.2	0.5	－	3.5	0.8	2.4	10.1	岐　　阜
...	...	...	...	...	1.0	0.6	2.4	0.4	0.3	－	0.9	3.0	0.3	0.0	2.5	0.1	0.9	6.9	静　　岡
...	...	...	...	...	1.2	0.6	5.4	0.7	0.6	－	0.9	3.3	0.5	0.2	4.4	0.2	0.6	7.0	愛　　知
...	...	...	...	...	1.0	0.5	2.2	0.2	0.4	－	0.8	3.1	－	0.1	5.0	0.1	0.2	3.3	三　　重
...	...	...	...	...	0.2	0.2	1.9	0.4	0.6	－	1.5	4.2	0.1	－	1.5	0.1	0.4	5.0	滋　　賀
∴	∴	∴	∴	∴	2.4	0.7	3.4	0.5	0.1	0.0	1.8	5.5	0.3	0.1	3.0	0.1	1.4	6.4	京　　都
...	...	...	...	...	0.1	0.6	1.8	0.5	0.2	－	0.9	3.2	0.4	－	1.8	0.2	0.1	3.1	大　　阪
...	...	...	...	...	1.4	0.3	2.2	0.5	0.2	－	2.1	3.2	0.4	－	2.9	0.1	0.4	3.8	兵　　庫
...	...	...	...	...	0.8	0.7	3.4	0.7	0.1	－	0.8	3.8	2.1	－	0.6	0.1	0.4	7.5	奈　　良
...	...	...	...	...	0.8	0.4	2.5	1.3	0.1	－	0.9	3.2	1.9	－	2.0	0.1	1.3	7.2	和 歌 山
...	...	...	...	...	1.0	0.7	5.1	0.7	－	－	1.9	2.7	－	0.0	5.6	0.4	0.4	9.3	鳥　　取
...	...	...	...	...	1.1	0.5	4.5	0.3	0.1	－	0.2	1.5	2.4	－	3.7	0.4	0.2	5.7	島　　根
...	...	...	...	...	1.5	0.6	3.7	0.5	0.4	－	0.9	3.1	0.2	0.0	4.6	0.2	1.2	9.3	岡　　山
...	...	...	...	...	0.9	0.8	2.3	0.8	0.4	－	0.9	4.0	0.6	0.1	2.5	－	0.5	5.7	広　　島
...	...	...	...	...	1.5	1.0	1.0	0.3	0.5	－	0.2	2.4	0.7	－	2.4	0.2	0.4	6.4	山　　口
...	...	...	...	...	1.9	0.3	2.8	0.4	－	－	0.2	3.7	0.2	0.1	4.3	0.1	1.1	5.8	徳　　島
...	...	...	...	...	3.5	0.2	2.8	0.5	－	－	1.1	5.8	0.2	0.0	2.6	0.2	0.1	7.0	香　　川
...	...	...	...	...	2.0	0.2	2.3	1.1	－	－	1.6	2.4	0.7	－	2.0	0.1	2.0	3.3	愛　　媛
...	...	...	...	...	0.7	0.1	1.8	0.5	－	－	0.7	1.9	0.2	－	1.4	0.1	1.6	2.1	高　　知
...	...	...	...	...	1.3	1.4	1.4	0.5	0.1	－	1.0	3.1	0.4	－	1.7	0.1	0.6	4.2	福　　岡
...	...	...	...	...	1.3	1.0	1.9	0.6	0.0	－	1.7	8.0	0.1	0.0	3.1	0.1	0.2	9.9	佐　　賀
...	...	...	...	...	1.0	0.2	2.2	0.2	－	－	0.8	3.5	0.2	－	2.0	0.1	0.8	4.9	長　　崎
...	...	...	...	...	1.7	0.3	2.3	0.5	0.1	－	1.1	2.7	1.6	－	1.7	0.1	0.3	2.5	熊　　本
...	...	...	...	...	0.8	1.1	1.4	0.6	0.1	－	0.5	2.9	1.2	0.1	3.4	0.1	0.3	3.0	大　　分
...	...	...	...	...	1.6	1.5	2.2	0.3	0.1	0.0	1.1	3.8	0.1	－	4.1	0.2	0.7	7.8	宮　　崎
...	...	...	...	...	1.3	0.3	1.9	0.1	0.6	0.0	1.4	3.6	0.4	－	2.1	0.1	0.6	1.1	鹿 児 島
...	...	...	...	...	0.9	0.4	2.5	0.7	0.0	－	0.2	2.4	0.4	0.4	2.6	0.1	1.2	4.3	沖　　縄

1 7歳(2) 男

区分	裸眼視力 計	視力非矯正者の裸眼視力 1.0以上	1.0未満0.7以上	0.7未満0.3以上	0.3未満	視力矯正者の裸眼視力 1.0以上	1.0未満0.7以上	0.7未満0.3以上	0.3未満	裸眼視力 計	1.0未満0.7以上	0.7未満0.3以上	0.3未満	眼の疾病・異常	難聴	耳疾患	鼻・副鼻腔患	口腔咽喉頭疾患・異常	むし歯(う歯) 計	処置完了者	未処置歯のある者	歯列・咬合	顎関節	歯垢の状態	歯肉の状態	その他の疾病・異常
全 国	100.00	73.63	11.53	8.53	2.87	0.65	0.66	1.00	1.12	25.71	12.20	9.52	3.99	5.17	0.46	7.11	13.72	0.99	38.39	18.50	19.90	4.03	0.08	2.64	1.33	5.07
北 海 道	100.0	64.1	15.2	14.4	3.1	1.0	1.6	0.1	0.4	34.9	16.8	14.6	3.5	4.0	0.4	5.7	X	2.0	44.4	20.8	23.6	4.5	0.6	2.9	1.3	4.3
青 森	100.0	62.3	15.9	13.2	3.5	1.1	0.6	1.5	1.9	36.6	16.5	14.7	5.4	5.8	0.4	5.7	16.5	0.6	55.0	22.5	32.5	1.7	-	1.0	0.7	7.1
岩 手	100.0	70.6	13.0	8.5	2.9	1.0	1.2	1.7	1.0	28.4	14.2	10.3	3.9	9.2	0.1	8.0	25.9	1.2	45.6	21.3	24.3	5.1	-	1.7	0.9	6.5
宮 城	100.0	74.0	11.5	8.3	3.2	0.8	0.6	0.8	0.9	25.3	12.1	9.1	4.1	6.8	0.4	7.5	9.8	0.3	46.8	21.5	25.3	6.0	0.0	4.4	2.5	7.3
秋 田	100.0	72.5	13.3	9.1	3.4	0.1	0.4	0.3	1.0	27.5	13.7	9.4	4.4	7.0	0.3	6.2	18.7	1.5	40.9	18.2	22.7	5.2	0.1	1.6	0.9	6.9
山 形	100.0	74.2	9.9	8.7	2.3	1.5	1.5	1.0	0.9	24.3	11.4	9.7	3.3	4.6	0.3	6.0	20.7	2.7	44.2	22.1	22.2	5.2	-	3.2	1.3	9.6
福 島	100.0	66.1	14.9	10.7	2.9	1.1	1.1	1.5	1.3	32.4	16.0	12.2	4.2	4.2	0.3	2.7	8.2	3.3	46.4	21.2	25.2	2.9	-	1.8	1.4	6.1
茨 城	100.0	72.1	10.5	9.8	2.7	0.8	0.8	1.3	2.0	27.2	11.3	11.1	4.8	17.7	0.4	0.8	23.7	0.9	45.3	19.0	26.4	3.6	-	2.6	0.8	7.5
栃 木	100.0	69.7	13.8	8.7	2.9	0.7	0.7	2.3	1.1	29.6	14.5	11.1	4.0	5.2	0.3	5.9	11.2	0.5	43.5	17.6	25.9	2.8	-	0.8	0.1	6.0
群 馬	100.0	74.1	9.7	8.6	3.2	0.8	0.8	1.6	1.1	25.0	10.5	10.3	4.3	6.6	0.9	5.8	12.3	0.2	38.2	18.4	19.8	5.6	0.2	2.1	1.3	5.1
埼 玉	100.0	77.4	10.7	7.3	1.6	0.6	0.8	0.8	0.8	22.0	11.5	8.1	2.4	4.2	0.2	6.3	10.0	0.4	32.8	18.4	14.4	2.3	0.1	1.5	0.4	4.6
千 葉	100.0	73.4	11.0	9.2	2.0	0.9	0.9	1.5	1.0	25.7	11.6	10.7	3.3	4.0	0.4	3.3	16.0	0.6	33.3	14.6	18.6	4.7	0.0	3.5	1.7	4.7
東 京	100.0	70.3	13.8	8.4	3.7	0.6	0.9	1.2	1.5	29.1	14.3	9.6	5.3	4.4	0.4	11.4	13.3	0.2	26.5	14.7	11.8	2.6	-	2.3	0.3	2.5
神 奈 川	100.0	82.4	8.1	7.0	2.4	-	-	0.1	-	17.6	8.1	7.0	2.4	5.9	0.8	10.3	13.2	1.1	29.6	15.0	14.6	5.3	0.0	2.2	0.9	4.4
新 潟	100.0	73.3	11.5	7.6	2.6	0.8	0.9	1.6	1.9	25.9	12.3	9.2	4.4	2.9	0.6	4.8	21.1	0.6	32.7	17.2	15.4	2.4	-	0.9	0.6	3.5
富 山	100.0	76.1	9.3	7.6	1.8	1.7	1.1	1.4	0.9	22.2	10.5	9.0	2.7	10.3	0.4	5.0	13.5	0.5	43.8	21.8	22.0	2.5	0.3	1.8	2.2	3.2
石 川	100.0	73.1	10.3	8.6	2.2	1.5	1.0	1.7	1.5	25.4	11.2	10.4	3.7	1.4	0.2	X	X	X	35.0	12.8	22.2	2.5	0.3	2.2	2.2	3.3
福 井	100.0	72.4	9.8	9.1	1.7	1.9	1.9	1.8	1.4	25.7	11.7	10.9	3.1	1.0	0.7	2.8	4.7	0.2	48.0	22.5	25.5	3.5	-	1.7	0.9	7.4
山 梨	100.0	71.8	10.6	8.8	3.4	0.5	0.9	1.9	2.1	27.7	11.5	10.7	5.5	4.0	0.3	8.2	16.0	0.5	42.6	19.9	22.8	4.4	0.1	2.0	0.7	8.7
長 野	100.0	75.6	12.2	6.5	2.3	0.7	1.0	0.9	0.8	23.6	13.2	7.4	3.1	3.7	0.4	6.3	9.2	0.1	35.7	19.4	16.4	3.1	0.1	2.2	0.8	7.2
岐 阜	100.0	72.2	12.3	8.4	2.9	0.6	0.7	1.3	1.6	27.2	13.0	9.7	4.5	3.4	0.6	8.8	13.2	2.0	40.0	19.2	20.8	4.9	0.2	3.8	1.4	4.6
静 岡	100.0	78.6	8.1	7.3	1.9	0.6	0.9	1.5	1.0	20.8	9.0	8.9	3.0	3.7	0.4	6.9	12.4	1.5	37.4	18.2	19.2	3.4	-	2.7	2.1	7.0
愛 知	100.0	76.2	9.3	8.4	2.8		0.6	1.1	0.9	23.1	10.0	9.5	3.6	3.6	0.9	7.6	16.1	1.3	34.1	18.3	15.8		0.2	2.4	1.3	4.4
三 重	100.0	83.5	8.3	5.8	2.3	-	0.1	-	-	16.5	8.4	5.8	2.3	3.4	0.3	3.5	10.8	0.2	40.4	17.0	23.4	2.9	0.2	2.6	2.1	5.7
滋 賀	100.0	79.1	10.0	6.2	3.5	-	0.6	-	0.7	20.9	10.6	6.2	4.2	1.2	0.3	2.4	3.9	0.1	41.5	19.7	21.8	5.3	0.1	1.9	2.0	5.4
京 都	100.0	75.1	11.3	7.5	2.3	0.8	0.8	1.3	1.0	24.1	12.1	8.7	3.3	7.4	0.3	8.6	13.8	0.2	40.8	17.9	22.9	6.8	-	2.7	2.2	3.8
大 阪	100.0	72.9	10.9	10.6	2.5	0.5	0.5	1.0	1.1	26.6	11.4	11.6	3.5	5.6	0.4	9.2	11.7	0.4	41.6	20.1	21.5	5.7	0.0	3.9	1.7	6.8
兵 庫	100.0	76.1	10.1	6.7	4.4	0.3	-	0.8	1.7	23.7	10.1	7.4	6.1	7.3	0.3	9.2	18.0	1.6	39.3	19.4	20.0	7.5	0.1	3.8	1.9	4.7
奈 良	100.0	80.2	7.8	5.8	2.1					18.0	8.0	6.8	3.1	3.1	0.3	6.3	13.2	0.4	40.5	19.7	20.8	2.5	-	2.8	0.6	5.5
和 歌 山	100.0	75.3	11.2	6.8	2.4	0.9	0.5	1.3	1.5	23.8	11.7	8.2	3.9	8.3	0.6	6.0	15.4	2.0	42.7	19.1	23.6	5.7	0.1	3.7	1.7	5.0
鳥 取	100.0	75.3	9.9	6.9	2.3	1.6	1.2	1.6	1.2	23.1	11.1	8.5	3.5	3.5	0.2	6.0	15.5	1.6	39.3	19.1	20.1	6.2	-	5.0	3.0	6.8
島 根	100.0	70.4	11.1	7.7	2.2	1.1	2.5	2.7	2.2	28.5	13.6	10.4	4.5	6.5	0.7	9.0	20.6	0.8	43.6	18.2	25.4	2.3	-	2.2	1.7	5.2
岡 山	100.0	71.7	12.1	7.9	3.6	1.2	0.8	1.1	1.6	27.1	12.9	9.0	5.2	5.5	0.4	10.4	21.9	4.2	37.5	17.1	20.4	3.3	0.0	1.3	1.3	5.7
広 島	100.0	70.6	12.2	10.2	2.6	0.7	0.8	1.0	2.2	28.8	12.7	11.3	4.8	3.1	0.6	5.0	11.7	0.6	40.0	19.0	21.1	4.1	0.0	3.8	2.8	5.3
山 口	100.0	79.0	8.9	6.2	2.3	0.7	0.9	0.7	1.2	20.2	9.8	7.0	3.5	4.6	0.1	10.2	11.4	0.6	49.3	22.9	26.3	3.6	0.1	1.1	0.9	4.6
徳 島	100.0	71.9	11.3	7.9	3.9	1.0	0.8	1.8	1.3	27.0	12.2	9.7	5.2	6.7	0.3	9.6	26.7	10.3	39.0	19.8	19.2	3.6	-	2.1	1.2	7.1
香 川	100.0	73.6	10.2	7.5	3.7	0.8	0.6	0.8	2.7	25.3	10.6	8.4	6.4	4.9	0.8	7.3	14.6	0.0	40.2	18.8	21.4	5.3	0.0	4.3	3.0	6.6
愛 媛	100.0	69.9	11.4	10.2	4.4	0.8	0.6	1.2	1.5	29.3	12.1	11.3	5.9	5.7	0.4	2.9	11.7	0.0	47.9	24.5	23.5	3.2	0.0	2.7	1.5	5.6
高 知	100.0	74.4	8.5	7.8	2.5	0.9	0.6	1.2	1.4	24.7	9.1	11.3	4.2		0.6	0.8	8.2	1.2	44.5	15.5	28.9		-	3.0	0.8	4.7
福 岡	100.0	63.5	18.8	9.2	4.8	0.8	0.7	1.0	1.3	35.7	19.5	10.2	6.0	4.2	0.5	7.2	10.8	0.3	42.1	21.8	20.3		0.0	1.8	1.0	4.7
佐 賀	100.0	70.8	15.3	8.2	2.5	0.7	1.1	0.6	0.7	28.5	16.4	8.8	3.3	2.4	0.4	7.7	9.6	0.7	49.5	19.9	29.6	3.0	0.1	3.3	1.7	9.2
長 崎	100.0	75.4	12.3	7.8	3.0	0.8	0.7	0.6	0.6	24.5	12.8	8.1	3.6	0.3	1.3	0.7	0.7	0.8	46.7	22.4	24.3	2.1	0.1	2.0	1.0	6.3
熊 本	100.0	76.7	9.1	8.4	1.5	0.4	0.6	1.4	1.6	22.9	10.6	9.2	3.1	6.0	0.6	1.4	7.9	1.8	49.0	23.8	25.2	4.5	0.1	4.4	2.0	4.7
大 分	100.0	75.2	14.0	7.6	1.9					24.5	14.2	8.1	2.2	2.2	0.4	7.1	21.7	3.4	50.1	19.4	30.7	5.9	0.1	5.5	2.4	2.5
宮 崎	100.0	73.6	11.7	8.1	2.5	0.6	0.9	1.4	1.1	25.6	12.6	9.5	3.5	6.4	0.5	9.9	14.7	1.2	45.0	17.8	27.2	5.0	0.0	2.8	1.6	3.2
鹿 児 島	100.0	79.1	10.8	5.6	1.5	0.1	1.3	0.6	0.9	20.8	12.1	6.3	2.4	5.7	0.2	9.8	19.7	1.5	52.2	24.7	27.5	5.1	0.3	2.1	0.7	4.7
沖 縄	100.0	68.4	14.1	10.9	4.5	0.1	0.7	0.5	0.9	31.6	14.8	11.3	5.4	1.1	0.6	4.1	11.0	2.4	51.8	17.9	33.9	2.7	0.1	2.6	1.7	6.7

異常被患率等（各年齢ごと）（39-16）

単位　（％）

計(本)	喪失歯数(本)	計(本)	処置歯数(本)	未処置歯数(本)	栄養状態	せき柱・四肢の状態・胸郭	アトピー性皮膚炎	その他の皮膚疾患	結核の検査の対象密者	結核	心疾病臓・異常の常	心電図異常	蛋白検出の者	尿糖検出の者	ぜん息	腎臓疾患	言語障害	その他の疾病・異常	区分
...	...	...	...	...	1.59	0.69	3.34	0.45	0.08	0.00	0.85	...	0.44	0.04	3.44	0.20	0.86	5.39	全　国
...	...	...	...	...	1.1	0.7	5.8	0.1		-	0.5	...	0.2	-	5.4	0.0	0.4	5.2	北 海 道
...	...	...	...	...	3.5	1.0	1.5	0.4		-	0.4	...	0.3	0.1	1.1	-	0.8	4.6	青　森
...	...	...	...	...	3.5	0.8	3.5	0.4		-	0.4	...	0.6	-	2.8	1.0	2.4	6.7	岩　手
...	...	...	...	...	2.4	1.1	3.1	0.8	0.1	-	0.6	...	0.1	0.0	6.3	0.2	1.6	7.5	宮　城
...	...	...	...	...	6.4	1.4	4.0	0.7		-	0.8	...	0.2	0.2	3.9	0.5	0.2	7.8	秋　田
...	...	...	...	...	2.9	0.9	5.0	1.0		-	0.6	...	0.2	0.1	4.8	0.2	2.3	13.0	山　形
...	...	...	...	...	3.6	0.9	4.2	1.4		-	0.5	...	1.2	-	2.9	0.2	1.1	9.2	福　島
...	...	...	...	...	3.1	2.1	9.3	0.6	0.1	-	1.3	...	0.2	-	5.7	0.2	0.9	4.9	茨　城
...	...	...	...	...	2.2	1.0	3.2	0.4		-	1.3	...	2.0	0.0	5.2	0.2	1.9	6.2	栃　木
...	...	...	...	...	1.9	0.8	3.2	0.4		-	1.3	...	0.3	0.1	3.9	0.4	3.6	5.7	群　馬
...	...	...	...	...	0.7	0.3	2.6	0.4	0.1	-	0.9	...	0.9	-	3.2	0.2	1.0	3.6	埼　玉
...	...	...	...	...	1.4	0.1	3.7	0.1	0.2	-	0.6	...	0.3	-	5.0	0.2	2.2	4.9	千　葉
...	...	...	...	...	0.7	0.5	3.5	0.7	0.1	-	0.9	...	0.5	0.1	3.4	0.1	0.7	4.8	東　京
...	...	...	...	...	1.1	0.8	3.2	0.8	0.1	-	0.7	...	-	0.1	4.3	0.2	0.5	3.8	神 奈 川
...	...	...	...	...	1.4	0.1	7.0	0.3		-	2.8	...	0.2	-	6.0	0.2	2.4	9.8	新　潟
...	...	...	...	...	1.3	0.7	3.6	0.4	0.1	-	1.4	...	0.5	-	4.1	0.1	0.3	5.4	富　山
...	...	...	...	...	0.8	0.7	1.8	0.4	0.2	-	1.0	...	0.2	-	2.0	-	1.1	4.6	石　川
...	...	...	...	...	1.7	0.4	3.5	0.2		-	1.5	...	0.6	0.1	2.4	0.5	0.2	7.4	福　井
...	...	...	...	...	1.4	0.6	2.9	0.9		-	0.4	...	0.2	-	4.0	0.1	1.6	6.5	山　梨
...	...	...	...	...	1.4	0.4	3.2	0.3		-	1.0	...	0.1	-	4.4	0.2	1.1	8.1	長　野
...	...	...	...	...	1.6	0.6	3.8	0.4	0.1	-	1.0	...	0.1	-	3.7	0.1	2.4	13.1	岐　阜
...	...	...	...	...	1.7	0.6	3.1	0.2	0.1	-	0.6	...	0.4	-	1.2	0.2	1.1	6.5	静　岡
...	...	...	...	...	2.2	0.4	4.9	0.3	0.1	-	0.8	...	0.5	-	4.4	0.2	0.4	6.0	愛　知
...	...	...	...	...	2.2	0.4	3.7	0.4	0.2	-	0.4	...	0.3	-	5.2	0.1	0.6	3.5	三　重
...	...	...	...	...	0.5	0.1	1.6	0.3	0.2	-	1.3	...	0.1	0.0	1.7	0.2	0.3	4.3	滋　賀
...	...	...	...	...	3.2	0.9	4.2	0.8		-	1.8	...	0.5	-	3.5	0.2	1.6	6.3	京　都
...	...	...	...	...	0.4	0.7	2.2	0.3	0.1	-	0.1	...	0.3	0.0	1.8	0.2	0.1	3.9	大　阪
...	...	...	...	...	2.4	0.6	2.1	0.4	0.2	-	1.6	...	-0.2	0.0	2.8	0.3	0.2	4.2	兵　庫
...	...	...	...	...	1.3	1.3	3.6	0.9		-	0.7	...	1.1	0.1	1.3	-	0.4	6.3	奈　良
...	...	...	...	...	0.7	1.1	3.1	0.4		-	0.8	...	1.9	-	1.1	0.1	0.7	4.5	和 歌 山
...	...	...	...	...	1.7	1.0	6.5	0.2		-	1.3	...	0.1	-	6.3	0.3	0.5	11.2	鳥　取
...	...	...	...	...	1.2	1.1	6.7	0.1		-	0.2	...	1.8	-	3.6	0.1	0.6	8.9	島　根
...	...	...	...	...	2.3	0.3	3.7	0.4	0.0	-	0.9	...	0.2	0.1	3.8	0.2	0.7	10.0	岡　山
...	...	...	...	...	1.5	0.5	2.5	1.0	0.3	-	0.6	...	1.0	0.1	1.8	0.3	0.6	6.7	広　島
...	...	...	...	...	1.8	1.4	1.5	0.6	0.0	-	1.5	...	0.5	0.0	2.1	0.1	0.8	8.1	山　口
...	...	...	...	...	3.1	0.3	2.7	0.2		-	0.3	...	0.2	0.0	2.4	-	2.2	4.9	徳　島
...	...	...	...	...	3.9	0.2	2.4	0.5		-	2.2	...	0.2	-	3.1	0.2	0.1	6.3	香　川
...	...	...	...	...	0.7	0.7	1.5	0.2	0.0	-	1.7	...	0.7	0.1	2.7	0.1	1.0	3.9	愛　媛
...	...	...	...	...	1.0	0.3	2.3	0.4		-	0.5	...	0.2	-	1.0	0.1	0.6	4.8	高　知
...	...	...	...	...	1.2	1.9	1.4	0.2	0.0	-	0.7	...	0.3	0.0	1.7	0.2	0.1	2.9	福　岡
...	...	...	...	...	1.8	0.7	1.4	0.6		-	0.5	...	0.1	0.0	2.5	0.3	0.4	8.2	佐　賀
...	...	...	...	...	1.6	0.3	2.7	0.1		-	1.1	...	-	0.1	1.1	0.1	1.2	5.4	長　崎
...	...	...	...	...	2.8	1.0	1.9	0.2	0.0	-	0.4	...	1.3	0.2	1.5	-	0.3	3.6	熊　本
...	...	...	...	...	1.1	0.9	3.1	0.1		-	0.5	...	2.6	-	3.6	0.3	0.3	4.8	大　分
...	...	...	...	...	2.7	1.4	1.5	0.4	0.0	0.1	0.8	...	0.1	0.1	5.1	0.1	1.5	8.9	宮　崎
...	...	...	...	...	1.4	0.4	1.8	0.1	0.1	-	1.3	...	0.4	-	4.5	0.1	0.6	2.1	鹿 児 島
...	...	...	...	...	2.4	0.5	2.5	0.6	-	-	0.3	...	0.4	-	2.3	0.1	0.7	4.2	沖　縄

異常被患率等　（各年齢ごと）

1　8歳 (2) 男

区分	計	視力非矯正者の裸眼視力 1.0以上	1.0未満0.7以上	0.7未満0.3以上	0.3未満	視力矯正者の裸眼視力 1.0以上	1.0未満0.7以上	0.7未満0.3以上	0.3未満	裸眼視力 計	1.0未満0.7以上	0.7未満0.3以上	0.3未満	眼の疾病・異常	難聴	耳疾患	鼻疾患・副鼻腔患	口腔咽喉頭異常	むし歯(う歯) 計	処置完了者	未処置歯のある者	歯列・咬合	顎関節	歯垢の状態	歯肉の状態	その他の疾病・異常
全　国	100.00	68.27	10.58	10.33	4.34	0.86	0.84	1.77	3.03	30.88	11.41	12.09	7.37	5.56	0.37	6.43	13.50	0.79	43.78	23.13	20.65	5.16	0.09	3.81	1.94	5.01
北 海 道	100.0	71.0	9.8	11.4	4.3	0.3	-	1.4	1.8	28.7	9.8	12.8	6.1	6.0	0.4	5.7	4.8	0.3	49.2	25.9	23.3	5.7	-	3.9	2.4	3.9
青　森	100.0	55.7	14.0	13.9	5.7	0.4	0.9	2.6	6.8	43.9	14.9	16.5	12.5	3.0	0.6	4.3	17.2	2.2	59.0	26.5	32.5	2.8	-	1.8	0.9	7.9
岩　手	100.0	62.3	11.7	12.8	6.5	0.7	0.5	2.0	3.5	37.0	12.2	14.8	10.0	8.1	0.2	5.9	22.2	0.9	50.7	26.8	24.0	3.8	0.1	3.6	1.5	5.8
宮　城	100.0	67.8	10.4	10.2	5.0	0.7	1.0	1.9	3.0	31.5	11.3	12.1	8.0	9.0	0.5	7.7	10.6	-	50.3	23.9	26.4	6.6	-	5.3	2.7	6.2
秋　田	100.0	63.6	12.8	9.4	4.0	2.2	0.6	3.2	4.2	34.2	13.4	12.6	8.2	5.8	0.2	5.1	14.4	0.6	49.8	25.3	24.1	5.3	0.0	3.6	1.6	8.5
山　形	100.0	68.2	7.7	11.0	2.9	1.1	1.1	4.2	3.7	30.6	8.8	15.1	6.6	4.5	0.2	6.4	23.3	1.9	49.4	26.8	22.6	7.6	0.2	5.2	4.0	8.3
福　島	100.0	62.5	14.4	12.2	3.3	1.4	0.8	1.5	2.9	36.0	16.2	13.7	6.2	3.3	0.4	9.0	14.0	0.3	54.7	28.8	25.9	4.3	-	3.5	1.9	5.0
茨　城	100.0	69.4	10.7	9.4	4.0	1.4	0.9	1.6	2.6	29.3	11.6	11.0	6.7	16.6	0.4	1.1	22.1	0.6	49.9	23.0	27.0	5.7	-	3.8	1.9	6.2
栃　木	100.0	69.9	9.8	9.5	4.6	0.8	1.0	1.9	2.6	29.3	10.7	11.4	7.2	5.3	0.4	6.2	14.0	0.4	47.0	20.2	26.7	3.7	0.1	2.3	0.6	5.3
群　馬	100.0	74.0	7.2	8.7	3.5	1.3	0.7	1.9	2.7	24.7	8.0	10.5	6.2	6.5	0.6	5.2	8.3	0.4	43.8	22.6	21.2	7.8	0.3	3.5	2.4	5.1
埼　玉	100.0	69.9	10.1	11.1	3.4	1.2	1.0	1.1	2.1	28.8	11.1	12.2	5.5	4.2	0.5	5.3	10.3	0.5	36.8	22.3	14.5	2.2	-	2.1	0.6	3.0
千　葉	100.0	67.4	12.0	10.2	3.7	0.9	0.9	2.2	2.7	31.7	12.9	12.4	6.4	7.0	0.3	5.1	15.6	0.2	39.2	19.6	19.6	0.4	0.4	4.5	4.3	4.3
東　京	100.0	62.7	13.1	11.4	5.3	0.8	0.6	1.9	4.1	36.5	13.7	13.4	9.4	4.7	0.3	9.8	16.5	0.2	33.1	19.4	13.7	3.4	-	2.2	1.5	3.1
神 奈 川	100.0	82.9	5.3	9.0	2.5	-	0.1	0.1	0.1	17.1	5.4	9.1	2.6	6.8	0.4	8.6	11.9	1.0	36.7	21.3	15.4	6.3	0.1	3.8	1.2	3.3
新　潟	100.0	68.8	11.5	10.2	4.6	1.0	1.0	1.2	1.9	30.3	12.5	11.3	6.4	3.6	0.6	2.7	19.0	0.6	37.3	20.9	16.4	3.8	-	1.7	1.1	4.1
富　山	100.0	70.8	8.3	8.3	2.9	2.9	0.9	3.2	2.0	26.4	9.9	11.5	4.9	11.2	0.3	3.9	16.8	0.1	39.4	20.7	18.8	2.0	0.1	1.4	0.9	4.1
石　川	100.0	65.5	10.8	12.0	4.2	0.7	0.8	2.8	3.2	33.8	11.6	14.8	7.3	1.4	0.5	X	X	X	36.9	15.4	21.6	3.1	0.0	4.9	3.5	3.2
福　井	100.0	66.3	9.9	11.9	3.6	1.1	0.7	3.1	3.4	32.6	10.6	15.0	7.0	1.5	0.2	2.3	7.3	0.3	58.4	27.9	30.4	4.8	0.2	3.4	1.7	4.7
山　梨	100.0	68.7	9.2	8.8	4.0	1.0	1.3	1.6	5.3	30.3	10.5	10.5	9.3	5.8	0.4	7.2	14.5	1.0	50.0	25.5	24.4	4.8	0.0	3.5	2.0	9.8
長　野	100.0	71.3	9.4	8.7	3.5	1.0	1.3	2.7	2.0	27.7	10.7	11.4	5.5	5.0	0.1	5.1	8.6	0.2	45.6	28.6	16.9	3.5	-	3.8	1.7	5.3
岐　阜	100.0	66.6	10.1	9.9	5.3	1.7	0.8	1.8	3.8	31.8	11.0	11.7	9.1	4.6	0.7	3.6	X	1.3	42.9	22.8	20.1	3.1	0.3	5.2	2.2	4.2
静　岡	100.0	71.1	9.1	9.7	3.8	0.7	0.6	2.1	2.8	28.2	9.7	11.8	6.6	3.0	0.2	6.1	X	0.7	42.4	23.4	19.0	4.7	-	3.6	2.2	5.8
愛　知	100.0	69.6	8.9	9.6	3.9	1.1	1.2	2.1	3.6	29.3	10.1	11.7	7.5	6.7	0.4	6.0	11.0	0.6	38.8	22.2	16.6	3.5	0.3	4.1	2.2	5.5
三　重	100.0	77.5	10.2	8.4	2.8	0.3	0.6	0.3	-	22.2	10.8	8.7	2.8	4.3	0.5	4.1	14.3	0.7	45.7	18.9	26.8	3.4	-	4.4	1.6	6.3
滋　賀	100.0	75.9	5.8	8.7	6.2	0.2	0.1	1.2	2.0	23.9	5.9	9.8	8.2	2.3	0.2	3.1	6.0	0.2	46.2	23.7	22.5	6.1	0.1	3.3	1.5	6.6
京　都	100.0	67.8	12.8	7.9	3.7	0.8	1.0	2.0	4.0	31.3	13.8	9.9	7.7	8.3	0.2	7.1	14.4	0.9	43.3	20.8	22.5	8.1		3.7		5.2
大　阪	100.0	65.4	11.3	11.3	5.0	1.0	1.0	1.9	3.3	33.8	12.3	13.2	8.3	5.3	0.3	7.3	10.5	1.0	44.9	22.7	22.2	8.0	0.2	5.8	1.5	6.8
兵　庫	100.0	67.9	9.7	8.5	3.4	1.2	1.0	1.6	5.7	30.9	11.6	10.2	9.1	8.3	0.4	9.1	18.1	2.4	46.9	26.2	20.7	12.2	-	5.6	2.2	6.7
奈　良	100.0	72.9	9.2	8.6	2.5	1.0	1.2	1.0	3.5	26.4	9.8	10.7	6.0	2.0	0.2	6.4	13.7	0.5	45.8	25.8	20.0	4.2	0.1	2.9	0.7	4.9
和 歌 山	100.0	68.3	8.6	9.5	3.6	1.6	1.8	2.8	3.8	30.0	10.4	12.2	7.4	6.8	0.2	7.5	12.2	1.2	43.8	21.5	22.3	5.0	-	2.6	1.2	3.6
鳥　取	100.0	68.2	10.1	10.1	4.0	1.6	1.3	2.6	2.3	30.3	11.3	12.6	6.3	9.3	-	1.3	12.7	0.9	48.4	26.0	22.4	9.3	-	6.9	5.4	4.3
島　根	100.0	68.4	10.8	10.6	3.7	0.9	0.8	2.3	2.5	30.7	11.6	12.9	6.2	7.6	0.5	10.4	21.5	3.3	48.6	25.2	23.4	2.8	-	3.7	2.2	4.0
岡　山	100.0	66.5	10.6	10.2	5.5	1.1	1.4	1.7	3.0	32.4	11.9	11.9	8.5	6.8	0.4	6.0	24.2	0.9	44.6	24.3	20.4	2.7	0.0	2.5	1.9	4.6
広　島	100.0	64.1	11.6	10.0	5.1	0.6	0.6	3.4	4.7	35.4	12.2	13.4	9.8	4.5	0.2	5.4	14.7	0.5	42.2	22.6	19.6	4.6	-	3.2	1.9	3.6
山　口	100.0	68.8	6.8	11.6	4.0	0.8	0.7	2.9	4.5	30.4	7.5	14.5	8.4	5.1	1.0	7.0	12.5	0.7	49.7	24.3	25.4	4.4	0.1	3.6	2.3	5.7
徳　島	100.0	64.5	10.7	11.3	3.9	1.6	1.5	2.9	3.5	33.9	12.3	14.3	7.4	6.8	0.3	7.7	X	6.8	44.8	23.9	20.9	5.3	-	2.5	1.3	5.9
香　川	100.0	66.0	9.8	9.2	4.9	1.1	0.6	2.5	5.9	32.9	10.4	11.7	10.9	5.1	0.4	7.7	17.9	0.1	47.7	24.3	23.5	4.6	-	4.9	2.9	6.6
愛　媛	100.0	65.2	11.1	11.3	5.7	1.2	0.8	1.2	3.5	33.6	11.9	12.6	9.2	7.1	0.3	6.6	10.0	0.5	54.5	28.3	26.2	4.0	-	4.2	1.6	5.7
高　知	100.0	70.5	7.7	9.9	4.0	0.9	0.9	3.4	2.7	28.5	8.6	13.3	6.6	0.2	0.5	6.1	1.3	0.2	52.4	24.7	27.7	4.0	-	4.3	1.6	6.0
福　岡	100.0	56.7	15.2	12.9	7.5	1.3	0.9	2.1	3.4	41.9	16.1	15.0	10.9	4.9	0.4	6.9	12.5	0.7	48.1	26.1	22.0	3.7	-	3.3	1.9	6.0
佐　賀	100.0	63.6	11.7	12.4	6.6	0.8	0.9	1.5	2.5	35.6	12.5	13.5	9.6	3.1	0.8	6.7	11.6	0.4	56.5	23.8	32.7	4.7	0.1	6.0	1.8	9.2
長　崎	100.0	73.8	11.5	10.7	2.6	0.2	-	0.4	1.0	26.1	11.5	11.0	3.6	0.6	0.6	5.4	7.4	1.6	53.6	29.4	24.2	2.3	0.1	3.9	1.7	5.3
熊　本	100.0	69.1	12.2	8.8	3.5	0.3	1.1	1.9	3.2	30.6	13.3	10.7	6.7	0.4	0.8	1.4	8.8	0.3	54.9	27.5	27.4	5.5	-	5.7	3.5	8.8
大　分	100.0	69.5	13.4	9.0	3.7	0.7	0.6	1.3	1.8	29.8	14.0	10.3	5.5	1.9	0.4	5.5	5.0	0.2	58.1	28.6	29.5	6.9	0.4	3.2	2.3	2.3
宮　崎	100.0	68.9	11.2	8.7	4.2	1.4	1.6	1.3	2.8	29.7	12.8	10.0	6.9	3.7	0.2	9.9	14.4	0.5	51.6	24.6	27.0	4.8	0.1	3.4	2.1	3.9
鹿 児 島	100.0	68.1	14.2	8.7	3.2	0.6	0.5	1.8	2.9	31.3	14.7	10.5	6.1	6.0	0.3	7.7	20.0	0.3	55.7	27.7	28.0	3.5	0.0	4.6	0.9	4.7
沖　縄	100.0	62.3	11.8	12.7	8.2	0.2	0.2	1.0	3.7	37.6	12.0	13.6	11.9	0.5	0.4	5.4	11.2	2.7	57.3	22.9	34.4	2.3	0.1	3.5	2.2	7.4

異常被患率等（各年齢ごと）（39-17）

単位　（％）

計(本)	喪失歯数(本)	むし歯(う歯) 計(本)	処置歯数(本)	未処置歯数(本)	栄養状態	せき柱・胸郭・四肢の状態	アトピー性皮膚炎	その他の皮膚疾患	結核の検査の対象者精密	結核	心臓・疾病の異常	心電図異常	蛋白検出の者	尿糖検出の者	ぜん息	腎臓疾患	言語障害	その他の疾病・異常	区分
...	...	...	...	...	2.27	0.80	3.48	0.40	0.06	-	0.78	...	0.42	0.04	3.54	0.19	0.66	5.64	全　国
...	...	...	...	...	1.7	0.1	5.0	0.3		-	0.2	...	0.1	-	4.4	0.0	0.6	5.0	北 海 道
...	...	...	...	...	4.2	1.9	2.2	0.9	-	-	0.1		0.4	-	2.0	0.2	0.3	4.1	青　森
...	...	...	...	...	4.6	0.7	2.4	0.7	-	-	0.4	...	1.0	0.1	2.1	0.1	0.8	5.2	岩　手
...	...	...	...	...	3.4	0.9	5.0	0.7	-	-	0.5		-	-	5.7	0.2	1.2	5.9	宮　城
...	...	...	...	...	6.8	2.4	3.1	0.8	-	-	0.7		0.2	0.1	4.2	0.4	0.2	9.9	秋　田
...	...	...	...	...	5.5	1.6	4.9	0.6	-	-	1.1		0.8	0.2	5.5	0.1	1.4	14.9	山　形
...	...	...	...	...	4.9	1.4	4.2	0.5	-	-	0.1		0.7	0.0	3.4	0.2	0.7	8.3	福　島
...	...	...	...	...	4.8	1.7	9.7	0.2	0.1	-	0.8		0.2	0.0	7.5	0.3	0.7	7.0	茨　城
...	...	...	...	...	4.4	1.3	4.2	0.6	0.0	-	0.8		1.6	0.0	5.5	0.4	0.8	8.1	栃　木
...	...	...	...	...	1.9	1.2	3.0	0.1	0.0	-	1.3		0.4	-	4.6	0.3	2.6	7.1	群　馬
...	...	...	...	...	1.0	0.4	3.8	0.3	0.3	-	1.0		1.1	-	3.2	0.2	0.7	3.3	埼　玉
...	...	...	...	...	1.1	0.6	4.2	0.5	0.1	-	0.7		0.1	0.0	6.1	0.3	1.0	4.7	千　葉
...	...	...	...	...	2.0	0.3	2.9	0.1	0.1	-	0.4		0.3	0.1	3.5	0.1	0.6	4.8	東　京
...	...	...	...	...	1.8	1.3	2.8	0.8	0.1	-	0.7		0.2	0.1	3.9	0.1	0.4	4.1	神 奈 川
...	...	...	...	...	2.0	0.1	6.5	0.1	-	-	1.7		0.2	0.1	5.8	0.2	2.1	10.2	新　潟
...	...	...	...	...	3.4	2.1	2.7	0.2	-	-	0.9		0.8	-	3.6	0.1	0.2	6.5	富　山
...	...	...	...	...	1.4	0.6	1.1	0.3	0.1	-	0.9		0.3	0.1	1.5	0.3	0.3	5.8	石　川
...	...	...	...	...	2.2	0.4	3.9	0.5	-	-	1.0		0.1	-	1.9	0.2	0.1	7.5	福　井
...	...	...	...	...	1.9	1.1	1.9	0.9	0.1	-	0.4		0.3	0.1	4.8	0.0	0.5	6.7	山　梨
...	...	...	...	...	1.7	0.8	2.2	0.1	-	-	1.3		0.1	0.1	4.3	0.1	1.0	7.4	長　野
...	...	...	...	...	2.1	0.2	3.2	0.1	0.1	-	1.8		0.2	0.1	1.8	0.4	2.0	13.8	岐　阜
...	...	...	...	...	3.0	0.8	3.4	0.2	0.1	-	0.8		0.2	0.0	2.1	0.2	0.8	6.5	静　岡
...	...	...	...	...	2.0	1.1	6.6	0.4	0.0	-	1.2		0.3	-	3.4	0.2	0.4	7.1	愛　知
...	...	...	...	...	2.6	0.6	2.9	0.1	-	-	0.3		0.4	-	4.3	0.1	0.6	4.6	三　重
...	...	...	...	...	1.1	0.2	1.7	0.5	0.1	-	1.2		0.1	0.1	1.9	-	0.4	6.2	滋　賀
...	...	...	...	...	4.9	1.0	4.5	0.4	0.2	-	1.7		0.3	0.1	4.2	0.1	0.9	6.9	京　都
...	...	...	...	...	0.6	0.6	2.4	0.2	0.1	-	0.2		0.5	0.0	2.5	0.3	0.2	3.9	大　阪
...	...	...	...	...	2.6	1.2	2.2	0.2	0.0	-	1.3		0.2	-	3.2	0.1	0.4	4.0	兵　庫
...	...	...	...	...	2.4	1.5	3.9	0.6	0.1	-	0.7		1.0	-	1.3	0.1	0.4	5.9	奈　良
...	...	...	...	...	1.3	0.6	2.4	0.8	-	-	0.8		1.3	0.1	2.0	0.1	0.5	7.2	和 歌 山
...	...	...	...	...	2.7	0.9	6.2	0.6	-	-	1.7		-	-	5.1	0.3	0.4	12.0	鳥　取
...	...	...	...	...	2.2	0.6	7.3	0.9	0.0	-	0.4		2.0	-	3.8	0.3	0.7	8.6	島　根
...	...	...	...	...	2.1	0.5	3.5	0.4	0.0	-	1.6		0.2	0.0	3.6	0.2	0.3	9.5	岡　山
...	...	...	...	...	2.4	0.6	2.9	0.4	-	-	1.2		0.8	0.1	1.8	-	0.5	6.2	広　島
...	...	...	...	...	2.4	1.9	2.1	0.7	-	-	1.1		0.3	0.0	3.1	0.7	0.9	7.2	山　口
...	...	...	...	...	5.3	0.3	2.6	0.0	-	-	0.1		0.2	0.1	1.7	0.3	1.1	6.1	徳　島
...	...	...	...	...	6.6	0.1	2.7	0.5	-	-	1.7		0.5	-	2.4	0.3	0.6	6.0	香　川
...	...	...	...	...	0.7	0.1	1.8	0.1	-	-	0.9		1.1	0.1	2.0	0.2	1.1	4.4	愛　媛
...	...	...	...	...	1.9	-	1.6	0.2	-	-	0.5		0.5	0.0	2.4	-	0.4	5.4	高　知
...	...	...	...	...	2.0	1.6	1.5	0.2	-	-	0.6		0.2	-	2.4	0.3	0.5	3.8	福　岡
...	...	...	...	...	3.6	0.7	2.0	0.7	-	-	0.3		0.1	0.1	3.6	0.3	0.9	11.8	佐　賀
...	...	...	...	...	2.1	0.3	3.0	0.1	0.0	-	0.7		0.1	0.1	1.9	0.3	0.5	6.5	長　崎
...	...	...	...	...	4.7	0.5	1.9	0.4	0.0	-	0.4		1.3	-	2.5	0.1	0.1	3.6	熊　本
...	...	...	...	...	1.5	0.9	3.2	0.6	-	-	0.3		2.2	-	3.1	0.2	1.5	2.5	大　分
...	...	...	...	...	2.9	1.2	1.9	0.3	-	-	1.1		0.1	0.0	5.7	0.3	0.9	7.0	宮　崎
...	...	...	...	...	1.4	0.5	2.9	0.2	0.1	-	0.7		0.2	0.2	3.6	0.1	0.2	1.8	鹿 児 島
...	...	...	...	...	3.1	0.6	2.1	0.8	-	-	0.4		0.4	0.0	2.9	0.0	0.5	4.3	沖　縄

1 9歳(2)男

区分	計	裸眼視力 視力非矯正者の裸眼視力 1.0以上	1.0未満0.7以上	0.7未満0.3以上	0.3未満	視力矯正者の裸眼視力 1.0以上	1.0未満0.7以上	0.7未満0.3以上	0.3未満	裸眼視力 計	1.0未満0.7以上	0.7未満0.3以上	0.3未満	眼の疾病・異常	難聴	耳疾患	鼻疾・副鼻腔患	口腔咽喉頭疾患異常	むし歯(う歯)計	処置完了者	未処置歯のある者	歯列・咬合	顎関節	歯垢の状態	歯肉の状態	その他の疾病・異常
全　国	100.00	60.58	10.37	11.27	5.64	0.99	1.19	3.15	6.80	38.43	11.57	14.43	12.44	6.13	…	6.08	14.95	0.76	45.65	25.04	20.60	4.79	0.09	4.02	2.17	6.57
北 海 道	100.0	X	X	X	X	X	X	X	X	X	X	X	X	5.9	…	8.7	11.7	1.2	50.5	27.0	23.5	4.6	0.2	4.2	3.2	3.6
青　森	100.0	51.1	12.7	14.2	5.1	0.7	0.8	4.2	11.2	48.1	13.4	18.4	16.2	4.2	…	3.9	16.4	0.4	60.6	31.0	29.5	3.6	-	2.8	2.0	11.9
岩　手	100.0	59.5	10.6	14.0	5.1	0.1	0.5	3.2	7.0	40.4	11.1	17.2	12.0	9.3	…	4.4	X	1.5	52.4	29.0	23.4	7.3	0.1	5.1	3.4	8.7
宮　城	100.0	60.7	10.5	10.4	5.1	1.3	1.9	3.3	6.8	38.0	12.4	13.6	12.0	6.9	…	2.7	6.6	-	48.7	27.6	21.1	3.2	0.2	6.1	3.4	7.0
秋　田	100.0	62.2	13.7	8.1	1.8	0.6	0.3	4.5	8.8	37.2	14.0	12.6	10.6	6.2	…	7.1	22.3	1.4	54.7	29.0	25.7	5.5	-	4.0	2.2	9.0
山　形	100.0	61.6	7.8	11.9	5.7	1.7	1.9	4.5	5.7	36.7	9.7	16.4	10.7	5.1	…	5.1	24.4	1.7	49.3	27.2	22.1	4.9	-	3.5	3.0	10.5
福　島	100.0	57.8	11.7	12.8	5.6	0.8	1.1	3.7	6.5	41.4	12.8	16.5	12.1	3.2	…	2.2	X	2.7	54.9	29.5	25.4	5.0	0.1	3.2	1.3	5.9
茨　城	100.0	56.3	12.0	11.5	6.6	1.2	1.9	3.7	6.8	42.5	13.9	15.2	13.4	21.1	…	2.1	28.6	1.1	51.8	29.7	22.1	5.3	-	4.9	1.3	10.2
栃　木	100.0	63.8	10.0	9.9	4.6	1.4	1.2	3.0	5.9	34.7	11.3	12.9	10.5	3.5	…	3.9	13.0	0.5	48.7	20.6	28.1	3.8	0.1	3.1	0.7	8.9
群　馬	100.0	61.8	7.4	11.5	6.6	2.2	1.5	3.6	5.4	36.0	8.9	15.1	12.0	6.2	…	4.7	8.8	0.1	47.2	25.7	21.5	6.9	0.2	2.4	0.7	6.9
埼　玉	100.0	64.0	11.2	12.1	2.7	0.9	0.9	3.4	4.9	35.1	12.0	15.5	7.6	5.7	…	5.3	9.2	0.4	39.1	23.4	15.7	2.7	-	2.8	0.6	6.6
千　葉	100.0	60.6	9.0	11.5	5.0	0.9	1.7	3.7	7.6	38.5	10.7	15.2	12.6	7.3	…	3.4	19.1	0.9	40.3	22.1	18.2	6.3	0.1	2.9	1.2	6.7
東　京	100.0	53.9	11.1	12.6	6.7	1.3	1.3	4.4	8.7	44.8	12.4	16.9	15.4	4.5	…	8.9	14.8	0.3	34.2	19.6	14.6	3.1	-	3.2	2.1	3.8
神 奈 川	100.0	X	X	X	X	X	X	X	X	X	X	X	X	7.1	…	9.5	14.8	0.3	35.2	20.6	14.6	6.1	0.0	3.5	1.5	5.0
新　潟	100.0	58.0	13.0	13.4	6.5	0.6	1.4	2.2	4.9	41.4	14.4	15.6	11.4	4.0	…	4.5	17.8	0.0	41.1	26.2	14.9	2.7	-	2.2	2.1	4.1
富　山	100.0	63.2	8.0	9.5	4.2	2.9	2.8	2.8	6.5	33.9	10.8	12.3	10.8	11.5	…	3.2	14.6	-	40.9	25.9	15.0	3.5	-	3.5	2.5	3.6
石　川	100.0	55.8	9.0	14.7	4.7	1.9	1.1	3.7	9.2	42.4	10.1	18.4	13.9	2.9	…	2.6	X	-	40.2	20.7	19.5	4.0	-	5.5	3.3	3.6
福　井	100.0	61.4	9.4	12.6	5.3	0.9	0.8	3.9	5.7	37.7	10.2	16.5	10.9	1.2	…	1.3	6.5	1.0	55.6	26.9	28.8	5.7	0.2	3.8	2.6	8.1
山　梨	100.0	62.0	9.9	11.1	4.9	0.7	0.9	2.4	8.1	37.3	10.8	13.6	13.0	7.0	…	7.1	17.3	0.6	49.8	27.7	22.1	4.8	0.1	3.2	2.2	9.8
長　野	100.0	65.2	7.3	11.4	4.4	0.8	1.7	3.8	5.3	34.0	9.0	15.3	9.7	4.5	…	5.3	12.2	-	46.6	28.4	18.2	2.8	-	3.1	2.0	6.7
岐　阜	100.0	60.4	9.5	10.6	5.5	2.3	0.9	2.8	8.1	37.2	10.3	13.4	13.5	4.7	…	4.5	14.6	1.1	45.1	25.4	19.7	4.9	0.1	4.9	2.1	5.5
静　岡	100.0	65.7	7.5	10.1	6.0	0.5	1.2	3.4	5.6	33.7	8.7	13.5	11.5	3.4	…	7.9	15.4	0.2	46.5	26.6	19.9	5.6	0.0	4.4	3.0	8.3
愛　知	100.0	62.5	9.5	10.4	4.6	1.5	1.2	3.9	6.4	36.0	10.7	14.2	11.1	5.9	…	2.8	12.6	1.3	41.3	24.5	16.8	3.2	0.4	4.0	2.4	6.7
三　重	100.0	X	X	X	X	X	X	X	X	X	X	X	X	6.3	…	6.3	X	0.7	50.6	24.6	26.1	4.3	0.2	5.9	2.0	6.5
滋　賀	100.0	67.6	7.7	11.2	4.5	2.0	0.8	0.7	5.4	30.4	8.5	12.0	9.9	1.2	…	1.7	4.8	0.2	49.3	26.3	23.1	5.3	0.1	3.1	2.8	8.3
京　都	100.0	66.5	8.6	9.5	4.6	0.6	1.1	2.7	6.4	33.0	9.8	12.2	11.0	9.1	…	6.8	14.7	0.5	48.9	24.0	24.8	8.5	0.1	3.4		5.7
大　阪	100.0	57.4	8.7	14.2	5.4	1.2	1.3	3.4	8.7	41.7	9.9	17.6	14.2	2.0	…	9.1	11.5	0.5	49.2	25.8	23.4	6.7	0.2	5.1	2.7	7.4
兵　庫	100.0	64.9	9.3	9.1	5.6	0.6	0.5	3.7	6.5	34.7	9.8	12.8	12.1	9.6	…	9.5	21.4	0.8	49.8	28.0	21.8	7.9	0.0	4.2	1.3	6.9
奈　良	100.0	65.4	7.8	10.3	3.6	1.0	0.9	3.8	7.2	33.6	8.7	14.1	10.7	5.8	…	4.0	18.5	-	46.1	26.2	20.0	3.2	0.1	2.7	0.9	6.4
和 歌 山	100.0	58.1	11.0	11.6	4.1	2.1	2.7	3.6	6.8	39.9	13.8	15.2	10.9	9.6	…	5.6	13.8	1.8	43.1	21.9	21.2	5.2	0.1	2.6	1.7	5.5
鳥　取	100.0	61.7	10.1	10.8	5.0	1.6	1.4	3.4	6.0	36.7	11.5	14.4	10.8	12.6	…	2.9	23.8	0.1	51.8	28.3	23.4	8.1	-	9.1	5.0	6.8
島　根	100.0	65.2	9.3	9.5	3.8	0.5	1.3	3.5	6.4	34.3	10.6	13.0	10.7	6.8	…	11.9	21.3	0.6	52.6	30.2	22.4	3.8	0.2	3.1	1.9	6.4
岡　山	100.0	63.5	9.0	11.1	3.5	1.4	1.5	3.7	6.3	35.1	10.5	14.8	9.8	6.9	…	9.4	21.9	2.3	43.3	24.1	19.1	3.3	0.0	5.3	2.8	7.6
広　島	100.0	60.0	9.0	10.8	5.6	0.7	1.2	3.8	8.9	39.3	10.3	14.5	14.5	4.8	…	4.0	15.7	0.4	43.5	24.8	18.7	5.8	0.0	3.8	2.6	5.0
山　口	100.0	65.3	8.2	12.3	4.7	0.7	0.5	2.6	5.6	34.0	8.8	14.9	10.3	4.8	…	7.5	16.2	0.6	54.6	27.3	27.3	5.5	0.0	2.7	1.7	7.4
徳　島	100.0	62.0	9.5	10.8	4.5	1.9	2.2	4.4	4.7	36.1	11.7	15.1	9.2	10.9	…	7.2	X	11.4	49.4	25.6	23.8	6.3	-	4.8	1.9	11.4
香　川	100.0	60.6	9.2	9.8	5.1	1.4	1.4	4.2	8.7	38.0	10.6	14.0	13.7	5.4	…	6.9	15.3	0.2	47.6	26.6	21.0	5.1	0.1	6.1	4.5	9.6
愛　媛	100.0	57.6	9.9	13.0	7.6	1.7	0.4	3.8	6.0	40.6	10.3	16.8	13.6	7.8	…	2.5	11.3	0.5	49.9	26.3	23.6	4.1	-	2.9	1.6	8.0
高　知	100.0	60.5	10.8	11.0	5.6	0.8	0.5	2.1	7.9	38.1	11.6	13.1	13.4	0.2	…	4.3	8.4	1.1	53.5	24.9	28.6	4.4	-	4.8	2.2	7.4
福　岡	100.0	54.4	11.7	14.1	8.0	0.8	1.0	2.7	7.4	44.8	12.6	16.8	15.3	4.8	…	6.1	11.7	0.4	51.7	26.9	24.8	4.2	0.2	4.4	2.4	8.0
佐　賀	100.0	58.7	10.9	13.1	6.7	0.8	2.5	2.7	6.7	40.7	11.7	15.5	13.4	2.8	…	5.8	10.2	1.1	57.4	26.7	30.7	4.7	0.0	5.4	2.5	10.9
長　崎	100.0	63.7	11.3	12.1	6.1	0.3	0.7	2.3	4.6	35.9	11.5	13.7	10.7	4.1	…	3.1	12.1	1.1	52.1	32.4	19.7	2.8	-	3.4	3.0	7.4
熊　本	100.0	63.8	9.9	12.3	4.7	0.8	0.8	3.4	4.4	35.5	10.6	15.7	9.1	6.7	…	2.5	11.0	0.5	57.0	31.0	26.0	4.6	-	5.3	3.5	7.5
大　分	100.0	68.8	9.2	9.3	6.4	1.1	0.2	1.9	3.0	30.1	9.4	11.3	9.4	4.9	…	4.8	22.7	1.3	57.1	27.9	29.2	8.0	0.2	6.1	3.0	4.9
宮　崎	100.0	63.1	9.4	11.8	5.1	1.5	0.9	3.4	4.6	35.4	10.6	15.1	9.7	6.8	…	7.4	15.3	0.3	53.9	25.7	28.1	4.0	0.1	5.0	3.1	4.9
鹿 児 島	100.0	63.4	9.4	10.1	4.4	0.4	1.7	3.7	6.9	36.2	11.0	13.8	11.3	7.3	…	4.8	22.0	1.2	59.6	33.9	25.7	4.8	-	5.6	1.8	6.7
沖　縄	100.0	56.0	9.8	14.2	10.7	0.1	0.4	1.4	7.4	43.9	10.2	15.6	18.1	0.4	…	4.3	14.1	2.5	60.7	24.7	35.9	3.1	0.0	3.0	3.0	9.8

異常被患率等（各年齢ごと）（39-18）

単位　（％）

計(本)	喪失歯数(本)	むし歯計(本)	処置歯数(本)	未処置歯数(本)	栄養状態	せき柱・四肢の状態・胸郭	アトピー性皮膚炎	その他の皮膚疾患	結核の検査の対象精密者	結核	心疾病臓・異常	心電図異常	蛋白検出の者	尿糖検出の者	ぜん息	腎臓疾患	言語障害	その他の疾病・異常	区分
…	…	…	…	…	3.03	0.76	3.40	0.45	0.05	0.00	0.84	…	0.45	0.05	3.39	0.22	0.46	5.90	全 国
…	…	…	…	…	2.7	0.3	5.4	2.3	0.0	-	0.1	…	0.2	0.1	4.6	0.2	0.5	4.7	北 海 道
…	…	…	…	…	6.1	1.7	2.4	0.8	-	-	0.2	…	0.3	0.1	2.2	0.3	0.1	6.1	青 森
…	…	…	…	…	4.6	0.6	1.5	0.3	-	-	1.0	…	0.7	0.3	3.8	0.2	1.3	7.8	岩 手
…	…	…	…	…	4.5	0.5	3.0	0.9	-	-	0.5	…	0.3	-	6.4	0.3	0.7	6.0	宮 城
…	…	…	…	…	7.8	3.7	4.0	0.3	0.1	-	1.2	…	0.2	0.0	5.2	0.1	0.4	11.7	秋 田
…	…	…	…	…	7.0	1.1	5.5	0.5	-	-	0.8	…	0.2	-	5.4	0.2	0.4	11.9	山 形
…	…	…	…	…	6.2	1.3	3.0	0.9	-	-	0.7	…	0.7	0.0	4.3	0.7	0.5	8.3	福 島
…	…	…	…	…	7.1	2.2	10.2	0.2	0.1	-	1.2	…	0.3	-	7.0	0.4	0.5	7.0	茨 城
…	…	…	…	…	4.6	2.1	4.8	0.8	0.1	-	1.7	…	1.8	0.0	4.9	0.1	1.0	8.7	栃 木
…	…	…	…	…	3.1	1.7	3.2	0.1	0.1	-	1.2	…	0.3	0.1	5.1	0.2	1.7	7.4	群 馬
…	…	…	…	…	1.2	0.3	2.6	0.5	0.1	-	0.8	…	1.1	0.1	2.6	0.4	0.2	3.3	埼 玉
…	…	…	…	…	1.6	0.5	4.5	0.5	0.1	-	0.5	…	0.2	0.1	5.7	0.1	0.4	3.7	千 葉
…	…	…	…	…	2.8	0.4	3.4	0.7	0.1	-	0.7	…	0.4	-	3.3	0.2	0.5	6.0	東 京
…	…	…	…	…	2.4	0.8	3.2	0.4	0.1	-	0.6	…	0.3	-	4.5	0.2	0.2	3.9	神 奈 川
…	…	…	…	…	3.5	0.0	5.1	0.1	-	-	1.1	…	0.0	0.0	5.2	0.1	1.6	10.0	新 潟
…	…	…	…	…	2.9	1.8	2.9	0.2	0.1	-	1.7	…	0.3	0.1	3.6	0.1	0.0	8.2	富 山
…	…	…	…	…	1.4	1.1	2.1	0.5	0.2	-	0.8	…	0.2	-	2.0	0.2	1.4	5.8	石 川
…	…	…	…	…	3.3	0.2	3.4	0.4	-	-	1.3	…	0.4	-	1.8	0.3	0.2	7.6	福 井
…	…	…	…	…	3.1	0.9	3.3	1.2	-	-	1.1	…	0.5	-	2.5	0.2	1.8	5.4	山 梨
…	…	…	…	…	2.5	0.7	2.7	0.1	-	-	1.3	…	0.1	-	5.0	0.0	1.4	9.1	長 野
…	…	…	…	…	2.2	0.5	4.2	0.4	0.0	-	2.0	…	0.4	0.1	2.6	0.4	1.5	13.2	岐 阜
…	…	…	…	…	3.5	0.7	3.0	0.1	0.1	0.0	1.1	…	0.3	0.2	1.5	0.2	0.7	8.1	静 岡
…	…	…	…	…	3.2	0.5	5.3	0.1	0.1	-	0.6	…	0.4	-	3.6	0.3	0.4	7.5	愛 知
…	…	…	…	…	4.0	0.3	2.5	0.1	-	-	0.6	…	0.1	0.1	2.9	0.1	0.3	4.9	三 重
…	…	…	…	…	0.7	0.3	2.0	0.4	0.1	-	2.3	…	0.2	0.1	0.9	0.1	0.6	5.1	滋 賀
…	…	…	…	…	6.9	1.0	5.0	0.6	-	-	3.5	…	0.3	0.1	3.3	0.2	0.7	7.4	京 都
…	…	…	…	…	0.7	0.7	2.1	0.2	-	-	0.2	…	0.3	-	2.0	0.1	0.1	4.5	大 阪
…	…	…	…	…	3.9	0.9	2.5	0.1	-	-	1.0	…	0.4	0.0	2.9	0.2	0.3	3.3	兵 庫
…	…	…	…	…	2.4	0.8	3.2	0.5	-	-	0.3	…	1.3	0.3	1.2	0.1	0.1	5.1	奈 良
…	…	…	…	…	1.4	0.8	2.0	0.3	-	-	0.4	…	1.3	-	2.0	0.1	0.4	6.4	和 歌 山
…	…	…	…	…	3.6	1.1	6.8	0.4	-	-	1.3	…	0.3	-	4.9	0.4	0.2	13.3	鳥 取
…	…	…	…	…	2.6	0.4	6.2	0.2	-	-	0.2	…	2.5	0.3	5.6	0.2	0.8	6.6	島 根
…	…	…	…	…	3.7	0.5	3.9	0.3	-	-	0.6	…	0.5	0.1	3.6	0.2	0.5	10.7	岡 山
…	…	…	…	…	1.5	0.3	2.2	0.3	-	-	1.0	…	0.5	-	2.2	0.1	0.6	6.8	広 島
…	…	…	…	…	2.4	1.4	2.9	0.6	0.1	-	1.1	…	0.2	0.1	1.3	0.2	0.6	9.0	山 口
…	…	…	…	…	6.3	0.3	2.5	0.1	-	-	0.2	…	0.1	-	2.2	0.2	0.2	6.7	徳 島
…	…	…	…	…	7.8	0.2	2.1	0.5	-	-	1.9	…	0.5	0.2	2.1	0.4	0.0	6.7	香 川
…	…	…	…	…	1.8	0.5	2.5	0.1	-	-	1.3	…	0.8	0.1	1.7	0.1	0.2	4.5	愛 媛
…	…	…	…	…	1.8	0.2	3.4	0.9	0.0	-	1.6	…	0.2	-	1.8	0.0	0.1	5.6	高 知
…	…	…	…	…	4.0	1.8	1.6	0.5	0.1	-	0.6	…	0.1	0.1	2.7	0.2	0.1	3.8	福 岡
…	…	…	…	…	3.7	0.9	1.6	0.4	-	-	0.4	…	0.2	0.0	2.9	0.1	0.2	10.8	佐 賀
…	…	…	…	…	2.3	0.3	2.4	0.2	-	-	1.3	…	-	0.1	1.4	0.2	0.5	7.1	長 崎
…	…	…	…	…	5.3	0.6	2.0	0.1	0.1	-	0.6	…	2.0	0.1	1.6	0.2	0.2	4.2	熊 本
…	…	…	…	…	1.6	0.7	2.4	0.0	-	-	0.4	…	2.2	0.1	3.1	0.4	0.0	3.5	大 分
…	…	…	…	…	3.9	1.5	2.0	0.1	-	-	1.3	…	0.3	-	3.7	0.4	1.0	7.5	宮 崎
…	…	…	…	…	1.9	0.2	3.5	0.1	-	-	0.8	…	0.3	0.1	2.5	0.2	0.2	1.8	鹿 児 島
…	…	…	…	…	2.4	0.8	1.7	0.4	-	-	0.5	…	0.3	0.1	1.5	0.1	0.3	4.2	沖 縄

異常被患率等　（各年齢ごと）

1 10歳 (2) 男

区分	計	裸眼視力 視力非矯正者の裸眼視力				視力矯正者の裸眼視力				裸眼視力				眼の疾病・異常	難聴	耳鼻咽頭 耳疾患	鼻疾・副鼻腔患	口腔咽喉頭疾患異常	歯・口腔 むし歯(う歯) 計	処置完了者	未処置歯のある者	歯列・咬合	顎関節	歯垢の状態	歯肉の状態	その他の疾病・異常
		1.0以上	1.0未満0.7以上	0.7未満0.3以上	0.3未満	1.0以上	1.0未満0.7以上	0.7未満0.3以上	0.3未満	計	1.0未満0.7以上	0.7未満0.3以上	0.3未満													
全 国	100.00	55.31	8.93	12.40	5.86	1.08	1.19	4.26	10.96	43.61	10.12	16.66	16.82	5.68	0.31	5.95	15.07	0.59	40.26	22.92	17.34	4.83	0.10	4.49	2.60	8.15
北 海 道	100.0	X	X	X	X	X	X	X	X	X	X	X	X	4.8	0.1	4.1	X	-	43.3	24.1	19.2	4.6	0.2	4.4	3.0	5.5
青 森	100.0	43.9	10.9	14.6	7.0	0.6	1.1	4.6	17.3	55.5	12.0	19.2	24.3	4.9	0.1	4.3	17.3	0.8	51.8	27.8	24.0	5.6	0.1	2.6	3.5	12.8
岩 手	100.0	56.4	10.7	10.2	3.8	0.3	0.5	4.3	13.9	43.3	11.1	14.5	17.7	10.7	0.2	7.4	26.9	0.4	44.6	26.8	17.8	7.1	0.0	5.0	3.1	8.5
宮 城	100.0	58.0	9.7	12.1	5.2	1.1	1.3	3.3	9.3	40.9	11.0	15.4	14.5	6.6	0.6	7.5	12.7	0.0	46.0	26.6	19.4	6.7	0.1	7.5	4.0	10.0
秋 田	100.0	52.9	10.4	14.5	4.2	1.0	1.2	4.1	11.7	46.0	11.6	18.5	15.9	7.1	0.2	8.8	16.4	1.8	43.8	24.9	18.9	5.2	0.2	3.6	1.6	12.0
山 形	100.0	56.5	7.9	13.3	6.2	0.9	0.9	4.0	10.3	42.6	8.7	17.3	16.6	4.8	0.1	8.4	22.0	1.1	44.5	26.1	18.4	7.5	-	6.1	5.2	16.1
福 島	100.0	56.0	11.3	10.8	4.6	1.2	2.0	4.3	9.8	42.8	13.3	15.1	14.4	3.2	0.1	7.0	12.2	0.4	52.3	30.2	22.1	4.8	0.0	3.5	1.9	9.2
茨 城	100.0	56.5	9.3	11.1	5.6	1.3	1.4	4.5	10.4	42.2	10.7	15.6	16.0	19.8	0.2	0.6	26.6	0.7	47.5	24.3	23.3	5.9	-	4.6	1.8	13.2
栃 木	100.0	57.7	9.0	11.1	6.7	0.6	1.0	5.6	8.3	41.7	9.9	16.8	15.0	4.1	0.2	4.6	13.1	0.2	43.6	21.0	22.6	3.5	-	1.9	0.6	9.3
群 馬	100.0	58.4	7.3	11.4	5.2	2.2	2.4	5.6	7.5	39.4	9.8	16.9	12.8	5.2	0.4	4.9	9.1	0.2	38.7	22.2	16.5	7.5	0.2	4.9	2.8	11.7
埼 玉	100.0	60.0	8.5	11.5	4.2	1.4	1.8	4.9	7.7	38.5	10.2	16.4	11.9	4.3	0.4	6.6	9.9	0.4	34.4	22.0	12.4	2.9	0.1	3.3	1.0	6.1
千 葉	100.0	56.3	8.3	12.5	5.1	0.8	1.8	5.5	9.7	42.9	10.1	18.0	14.8	6.1	0.2	7.8	17.4	0.8	35.8	19.6	16.2	4.3	-	4.3	2.7	8.2
東 京	100.0	49.8	10.9	13.1	7.1	1.0	1.0	4.1	13.2	49.3	11.9	17.2	20.3	4.6	0.2	8.6	15.4	0.2	31.8	19.1	12.7	3.2	-	2.8	1.8	4.9
神 奈 川	100.0	X	X	X	X	X	X	X	X	X	X	X	X	5.8	0.4	6.5	11.5	0.6	33.1	18.8	14.3	6.7	0.1	3.6	1.5	7.1
新 潟	100.0	56.1	10.0	11.0	6.0	0.6	2.2	6.1	8.0	43.3	12.2	17.1	14.1	4.9	0.3	2.8	24.3	0.1	27.7	17.2	10.6	2.9	0.0	3.1	2.4	7.9
富 山	100.0	57.4	7.2	12.3	4.6	2.2	2.4	4.3	9.6	40.4	9.6	16.5	14.3	10.3	0.2	3.2	16.1	0.2	36.0	23.5	12.5	0.0	0.1	1.8	2.1	5.9
石 川	100.0	51.4	9.1	15.1	3.6	0.7	1.8	6.0	11.0	47.9	10.9	21.0	16.0	0.2	0.2	X	X	X	35.6	17.0	18.5	4.0	-	6.5	4.4	6.9
福 井	100.0	51.7	11.8	12.0	6.4	1.0	1.8	5.5	9.9	47.3	13.6	17.4	16.2	2.0	0.4	2.8	7.5	0.2	53.7	28.9	24.8	4.9	0.1	3.8	3.4	11.0
山 梨	100.0	62.2	7.8	10.2	4.0	0.9	1.5	3.8	9.6	36.9	9.3	14.0	13.7	7.4	0.4	6.3	16.9	0.2	43.1	24.3	18.8	5.0	-	5.9	2.5	9.6
長 野	100.0	59.9	8.8	10.4	5.0	0.9	1.5	4.6	9.4	39.6	10.3	15.0	14.3	4.4	0.4	5.3	11.3	0.1	34.8	23.4	11.4	5.0	0.1	2.8	2.1	7.3
岐 阜	100.0	53.7	11.1	12.4	6.6	0.9	1.0	4.7	10.2	46.1	12.1	17.1	16.8	0.5	0.5	3.0	13.0	0.2	35.7	21.3	14.4	3.7	0.6	4.6	2.1	7.6
静 岡	100.0	62.1	6.9	11.2	4.4	1.2	1.2	3.5	9.5	36.8	8.1	14.7	13.9	4.1	0.4	4.0	14.1	0.2	40.9	26.4	14.1	5.5	0.2	5.2	2.3	11.7
愛 知	100.0	58.1	9.1	12.3	5.2	0.9	1.0	3.6	9.7	41.0	10.2	15.9	14.9	4.3	0.4	5.5	15.1	0.6	37.0	23.8	13.1	2.3	0.3	4.4	3.1	7.7
三 重	100.0	X	X	X	X	X	X	X	X	X	X	X	X	5.0	0.5	3.9	15.0	1.4	48.3	21.7	26.6	3.5	0.3	7.0	3.1	9.0
滋 賀	100.0	X	X	X	X	X	X	X	X	X	X	X	X	2.4	0.2	2.5	4.7	0.2	45.3	23.8	21.5	4.4	-	4.7	2.9	9.4
京 都	100.0	55.3	12.8	9.3	5.0	1.3	1.9	3.9	10.6	43.4	14.7	13.2	15.5	9.3	0.2	8.4	13.5	0.2	44.4	24.1	20.3	9.0	-	7.1	4.2	8.6
大 阪	100.0	54.2	8.1	10.6	7.3	0.9	0.8	3.8	13.9	44.8	9.2	14.4	21.2	6.3	0.4	7.6	10.0	0.1	40.6	22.4	18.1	5.7	-	5.0	2.2	7.2
兵 庫	100.0	X	X	X	X	X	X	X	X	X	X	X	X	8.4	0.3	3.9	22.8	1.0	41.9	26.1	15.9	7.5	-	5.8	3.9	8.6
奈 良	100.0	60.6	6.5	10.2	4.9	2.6	0.8	4.6	9.8	36.8	7.3	14.8	14.7	2.5	0.2	5.0	13.4	0.2	40.6	22.3	18.4	4.3	-	4.1	2.4	6.1
和 歌 山	100.0	57.1	10.1	10.1	4.1	0.8	0.6	4.4	12.7	42.1	10.7	14.6	16.8	9.0	0.2	5.2	11.7	1.5	41.4	23.1	18.3	5.0	-	2.5	0.2	11.1
鳥 取	100.0	54.0	9.8	13.5	4.9	2.2	2.3	5.3	8.1	43.8	12.1	18.7	13.0	10.4	0.4	1.2	18.6	0.1	47.0	26.5	20.4	9.6	-	7.7	6.0	8.7
島 根	100.0	54.0	8.5	14.2	5.9	0.8	1.0	4.3	11.2	45.2	9.5	18.6	17.2	11.1	0.5	7.6	24.3	1.2	46.4	24.0	22.4	4.2	-	5.1	4.3	10.4
岡 山	100.0	56.2	10.0	9.7	5.3	2.2	2.3	6.0	8.4	41.7	12.3	15.7	13.7	6.1	0.3	5.3	22.2	0.2	42.8	24.5	18.3	3.2	0.0	3.5	2.5	9.1
広 島	100.0	55.2	7.4	11.6	6.4	0.9	1.4	4.5	12.6	43.9	8.8	16.1	19.0	5.1	0.4	4.5	13.7	0.7	38.3	21.8	16.5	8.4	0.5	4.2	2.0	6.9
山 口	100.0	56.4	8.7	11.1	4.5	0.7	0.7	3.8	14.2	43.0	9.4	14.9	18.7	6.3	0.9	8.7	14.7	0.6	48.3	27.4	20.9	4.7	-	6.5	3.9	8.0
徳 島	100.0	53.2	10.3	10.0	5.4	2.1	2.3	5.8	10.8	44.7	12.7	15.8	16.2	9.3	0.2	8.8	25.2	5.9	42.2	23.4	18.8	8.0	-	6.0	1.2	7.9
香 川	100.0	58.4	9.1	10.2	4.3	1.1	1.2	5.1	10.7	40.5	10.3	15.3	14.9	5.4	0.4	6.7	16.5	0.3	45.0	25.8	19.1	5.7	-	6.2	2.6	10.4
愛 媛	100.0	51.5	12.0	12.5	7.8	1.1	1.2	5.1	10.7	48.0	13.0	17.1	17.9	4.0	0.2	2.7	10.7	0.9	48.4	27.3	21.1	3.8	-	3.7	4.3	9.9
高 知	100.0	62.6	6.9	10.9	4.3	1.8	0.5	3.9	9.1	35.6	7.4	14.8	13.3	0.2	0.6	4.0	8.0	0.6	45.4	22.8	22.5	4.3	0.0	10.8	6.3	10.1
福 岡	100.0	45.3	12.5	16.0	8.4	1.5	1.1	3.6	11.6	53.3	13.6	19.7	20.0	4.7	0.3	6.0	14.0	0.6	44.5	23.3	21.2	4.0	0.2	4.9	2.7	8.6
佐 賀	100.0	53.5	10.1	12.9	7.8	1.3	1.1	2.9	10.4	45.2	11.2	15.8	18.2	4.0	0.3	4.8	12.4	0.4	46.1	22.8	23.3	5.3	-	7.6	2.9	13.2
長 崎	100.0	68.6	9.0	9.0	2.8	-	0.6	3.4	6.6	31.4	9.7	12.4	9.4	1.7	0.5	4.6	7.5	0.9	47.9	28.9	19.0	3.1	0.1	3.6	1.6	10.0
熊 本	100.0	57.9	8.5	14.1	5.8	0.9	1.5	3.7	7.5	41.2	10.1	17.8	13.4	4.2	0.3	3.0	11.5	0.3	49.3	27.7	21.7	5.2	0.1	6.0	4.3	10.0
大 分	100.0	55.4	16.3	8.7	5.9	1.2	2.0	3.6	6.9	43.3	18.3	12.2	12.8	3.2	0.2	6.6	21.4	1.5	49.7	27.3	22.4	7.1	0.2	6.4	5.1	4.6
宮 崎	100.0	64.7	7.2	8.8	5.6	1.2	1.6	2.7	8.1	34.0	8.8	11.5	13.7	5.7	0.4	7.0	14.9	0.3	45.8	23.2	22.6	5.0	0.0	6.3	5.6	6.7
鹿 児 島	100.0	53.6	12.1	10.8	6.0	1.9	0.7	4.7	10.3	44.5	12.8	15.4	16.2	8.4	0.4	6.1	19.5	0.7	51.4	26.8	24.5	4.1	0.0	4.3	2.6	9.6
沖 縄	100.0	53.2	8.9	13.1	12.6	0.2	0.4	1.8	9.7	46.6	9.3	14.9	22.4	0.9	0.3	3.4	13.9	1.6	56.7	24.2	32.5	3.6	0.0	4.6	3.1	13.3

異常被患率等（各年齢ごと）（39-19）

単位　（％）

| 永久歯の1人当り平均むし歯（う歯）等数 | | | | | 栄養状態 | せき柱・四肢の状態・胸郭 | 皮膚疾患 | | 結核の検査の対象の精密者 | 結核 | 心疾病臓・異常の常 | 心電図異常 | 蛋白検出の者 | 尿糖検出の者 | その他の疾病・異常 | | | | 区分 |
計（本）	喪失歯数（本）	むし歯（う歯）計（本）	処置歯数（本）	未処置歯数（本）			アトピー性皮膚炎	その他の皮膚疾患							ぜん息	腎臓疾患	言語障害	その他の疾病・異常	
…	…	…	…	…	3.42	1.00	3.44	0.35	0.08	0.00	0.76	…	0.69	0.08	3.39	0.18	0.36	5.87	全　国
…	…	…	…	…	4.3	0.4	4.7	0.3	－	－	0.3	…	0.5	0.2	3.8	0.2	0.4	6.2	北 海 道
…	…	…	…	…	6.0	3.3	1.8	0.8	－	－	0.5	…	0.5	0.1	2.2	0.1	0.4	4.7	青　森
…	…	…	…	…	6.2	0.6	2.1	0.7	－	－	0.4	…	1.4	0.1	3.1	0.3	0.5	7.8	岩　手
…	…	…	…	…	6.1	0.8	4.1	0.5	0.0	－	0.2	…	0.1	0.2	4.6	0.1	0.5	6.7	宮　城
…	…	…	…	…	7.1	1.8	2.6	0.2	0.1	－	1.3	…	0.1	0.0	3.3	0.3	0.3	11.6	秋　田
…	…	…	…	…	6.2	0.9	3.6	0.5	－	－	0.7	…	0.8	－	4.0	－	0.6	14.0	山　形
…	…	…	…	…	7.4	1.2	4.0	0.8	－	－	0.4	…	1.2	0.0	3.0	0.1	0.1	7.4	福　島
…	…	…	…	…	7.1	2.5	10.3	0.4	0.1	－	1.0	…	0.2	－	7.2	0.2	0.1	8.1	茨　城
…	…	…	…	…	5.8	2.8	3.1	0.4	0.1	－	1.4	…	1.9	0.1	6.4	0.1	0.9	6.3	栃　木
…	…	…	…	…	3.1	1.4	3.5	0.1	－	－	2.2	…	0.2	0.1	4.3	0.1	0.9	5.7	群　馬
…	…	…	…	…	1.3	0.6	2.7	0.3	0.2	－	1.0	…	0.9	0.0	3.5	0.1	0.2	3.4	埼　玉
…	…	…	…	…	1.6	0.8	4.1	0.3	0.1	－	0.6	…	0.3	0.1	5.6	0.1	0.5	5.1	千　葉
…	…	…	…	…	3.0	0.7	3.3	0.6	0.1	－	0.5	…	0.6	0.2	3.5	0.1	0.5	5.1	東　京
…	…	…	…	…	2.6	0.9	3.2	0.3	0.2	－	0.3	…	0.2	－	4.3	0.1	0.1	4.2	神 奈 川
…	…	…	…	…	4.2	0.1	5.5	0.2	－	－	1.5	…	0.8	0.1	4.4	0.3	1.2	10.4	新　潟
…	…	…	…	…	4.0	1.9	3.1	0.6	－	－	1.3	…	1.0	0.2	3.9	0.2	0.6	8.3	富　山
…	…	…	…	…	1.4	1.2	1.8	0.8	0.2	－	0.7	…	0.6	－	1.5	0.2	0.3	6.8	石　川
…	…	…	…	…	2.8	0.4	3.7	0.8	－	－	0.6	…	0.7	0.5	2.1	0.2	－	9.6	福　井
…	…	…	…	…	4.5	0.7	2.9	1.1	－	－	0.5	…	0.4	－	3.8	0.1	0.4	7.6	山　梨
…	…	…	…	…	3.1	0.4	2.9	0.1	－	－	1.3	…	0.2	0.1	5.2	0.1	1.0	9.4	長　野
…	…	…	…	…	4.0	1.8	5.4	0.1	0.1	－	1.9	…	0.2	0.0	2.0	0.5	1.4	11.9	岐　阜
…	…	…	…	…	4.5	1.4	4.4	0.3	0.0	－	1.1	…	0.4	0.1	1.7	0.2	0.3	7.3	静　岡
…	…	…	…	…	3.1	0.8	6.2	0.2	－	－	0.9	…	1.5	－	3.7	0.1	0.2	5.7	愛　知
…	…	…	…	…	4.0	0.6	3.4	0.2	－	－	0.8	…	0.3	0.1	3.7	0.1	0.5	6.2	三　重
…	…	…	…	…	1.0	0.1	2.5	0.2	0.1	－	1.2	…	0.5	0.0	1.1	0.1	0.2	3.5	滋　賀
…	…	…	…	…	6.7	0.6	4.1	0.4	0.1	－	1.7	…	0.8	0.1	3.5	0.2	0.5	8.9	京　都
…	…	…	…	…	0.9	0.7	1.7	0.1	0.2	－	0.0	…	0.7	0.1	2.3	0.3	0.1	3.7	大　阪
…	…	…	…	…	4.7	0.8	2.3	0.5	0.0	－	1.4	…	0.3	0.1	2.4	0.2	0.3	3.9	兵　庫
…	…	…	…	…	2.6	1.6	3.0	0.3	－	－	0.3	…	1.3	0.1	1.7	0.3	0.4	7.4	奈　良
…	…	…	…	…	2.2	0.5	2.6	0.3	－	－	0.9	…	2.1	0.0	1.7	0.1	0.0	5.8	和 歌 山
…	…	…	…	…	4.9	0.4	6.7	0.7	－	－	1.3	…	0.2	0.0	5.2	0.4	0.4	13.1	鳥　取
…	…	…	…	…	3.9	1.2	5.4	0.4	0.1	－	0.1	…	3.2	－	3.0	0.1	0.4	9.1	島　根
…	…	…	…	…	4.9	0.4	3.5	0.4	0.0	0.0	1.2	…	0.5	0.0	3.2	0.1	0.5	9.7	岡　山
…	…	…	…	…	2.7	1.6	2.6	0.3	－	－	0.6	…	1.3	0.1	1.9	0.2	0.2	6.0	広　島
…	…	…	…	…	3.2	1.2	2.6	0.6	－	－	1.7	…	0.2	0.1	2.0	0.2	0.2	10.5	山　口
…	…	…	…	…	5.9	0.2	2.3	0.0	－	－	0.3	…	0.2	0.1	3.9	0.1	0.7	5.6	徳　島
…	…	…	…	…	6.9	0.6	1.7	0.6	0.0	－	1.2	…	0.8	－	2.6	0.5	0.2	7.5	香　川
…	…	…	…	…	1.4	0.5	0.9	0.2	－	－	0.7	…	1.0	0.0	2.3	0.0	0.3	4.2	愛　媛
…	…	…	…	…	4.2	0.4	3.0	0.5	－	－	0.5	…	0.5	0.1	1.6	0.0	0.2	6.2	高　知
…	…	…	…	…	3.4	2.3	1.7	0.4	－	－	0.8	…	0.2	－	2.7	0.0	0.1	4.7	福　岡
…	…	…	…	…	2.7	0.8	2.4	0.7	－	－	0.5	…	0.2	0.1	3.0	0.0	0.3	10.0	佐　賀
…	…	…	…	…	2.5	0.7	3.1	0.2	－	－	0.7	…	0.4	－	2.3	0.2	0.9	5.7	長　崎
…	…	…	…	…	5.5	1.3	2.4	0.4	0.0	－	0.2	…	2.1	－	2.2	0.1	0.1	4.1	熊　本
…	…	…	…	…	1.5	1.1	1.6	0.1	－	－	0.3	…	2.4	－	4.0	0.1	0.1	3.5	大　分
…	…	…	…	…	5.3	2.9	2.5	0.1	－	－	1.5	…	0.2	－	2.8	0.3	0.8	8.5	宮　崎
…	…	…	…	…	3.0	0.2	2.5	0.0	－	－	0.8	…	*0.4	0.2	2.0	0.1	0.1	2.5	鹿 児 島
…	…	…	…	…	3.4	0.9	2.5	0.2	－	－	0.3	…	0.7	0.1	2.7	0.0	0.1	4.9	沖　縄

異常被患率等　（各年齢ごと）

1　11歳　(2)　男

区分	計	視力非矯正者の裸眼視力 1.0以上	1.0未満0.7以上	0.7未満0.3以上	0.3未満	視力矯正者の裸眼視力 1.0以上	1.0未満0.7以上	0.7未満0.3以上	0.3未満	裸眼視力 計	1.0未満0.7以上	0.7未満0.3以上	0.3未満	眼の疾病・異常	難聴	耳疾患	鼻・副鼻腔患	口腔咽喉頭疾患異常	むし歯 計	処置完了者	未処置歯のある者	歯列・咬合	顎関節	歯垢の状態	歯肉の状態	その他の疾病・異常
全　国	100.00	50.76	9.10	13.06	6.23	0.96	1.35	5.02	13.52	48.28	10.45	18.08	19.75	5.71	…	4.66	12.87	0.39	30.86	17.63	13.23	4.92	0.15	4.87	3.01	7.65
北 海 道	100.0	X	X	X	X	X	X	X	X	X	X	X	X	3.0	…	4.4	X	-	37.5	19.0	18.6	7.0	0.5	6.6	4.6	4.8
青　森	100.0	40.2	10.5	12.4	5.4	1.6	1.4	7.5	21.0	58.2	12.0	19.9	26.3	4.6	…	3.3	16.8	0.5	41.5	21.9	19.6	3.6	0.4	4.2	3.0	10.2
岩　手	100.0	48.0	10.7	14.6	3.8	0.6	1.4	5.6	15.1	51.4	12.2	20.3	18.9	9.2	…	5.1	X	0.9	36.6	19.2	17.4	7.2	-	5.8	4.2	6.9
宮　城	100.0	54.9	7.5	12.4	6.0	1.6	1.1	4.3	12.2	43.5	8.6	16.7	18.2	6.9	…	2.0	7.6	0.2	38.4	23.5	14.9	4.4	0.0	7.5	3.8	10.2
秋　田	100.0	56.7	11.3	13.1	4.7	0.6	0.5	3.7	9.4	42.7	11.9	16.8	14.1	8.1	…	4.4	13.5	0.2	33.2	19.7	13.5	6.8	0.1	3.2	2.5	11.9
山　形	100.0	50.7	7.7	12.5	6.3	0.9	1.2	5.4	15.5	48.3	9.0	17.9	21.5	5.3	…	4.4	21.5	1.3	32.6	20.2	12.4	6.7	0.2	6.1	5.9	11.4
福　島	100.0	49.2	11.4	12.3	6.9	1.2	1.5	5.6	11.9	49.7	13.0	17.9	18.8	2.7	…	2.1	13.7	0.3	40.0	26.1	13.9	4.9	0.0	3.3	1.7	9.6
茨　城	100.0	51.0	8.6	12.9	6.9	0.7	0.8	4.7	14.3	48.3	9.5	17.6	21.2	21.0	…	0.7	31.4	1.0	35.1	19.3	15.8	3.6	0.1	5.3	2.6	10.6
栃　木	100.0	58.0	8.6	9.6	5.6	0.9	1.6	4.8	10.9	41.1	10.2	14.4	16.5	3.9	…	5.0	12.9	0.4	35.1	17.4	17.7	4.5	0.2	4.0	1.3	9.8
群　馬	100.0	52.7	5.5	12.3	6.5	1.5	1.9	7.3	12.4	45.8	7.4	19.6	18.8	5.8	…	2.8	5.0	0.1	29.9	16.9	13.0	5.7	0.3	4.2	3.9	8.4
埼　玉	100.0	52.3	9.3	12.8	5.6	0.8	1.7	5.9	11.4	46.8	11.0	18.7	17.1	3.5	…	4.0	7.4	0.2	25.3	16.4	8.9	5.4	0.4	3.1	0.9	6.1
千　葉	100.0	49.9	9.6	14.7	4.9	1.3	1.5	5.2	12.9	48.8	11.1	19.9	17.8	7.0	…	1.9	14.5	0.4	29.0	15.9	13.1	6.3	-	3.2	2.4	8.1
東　京	100.0	43.6	9.4	15.2	6.7	0.8	1.4	5.6	17.3	55.6	10.8	20.8	24.0	4.5	…	7.8	13.5	0.1	22.7	14.1	8.6	3.8	0.0	3.3	2.1	5.0
神 奈 川	100.0	X	X	X	X	X	X	X	X	X	X	X	X	7.3	…	5.5	9.9	-	27.8	16.0	11.8	6.8	0.1	4.5	2.2	5.7
新　潟	100.0	51.3	8.9	10.7	6.7	0.7	2.9	6.3	12.5	48.0	11.8	17.0	19.2	2.8	…	3.7	19.6	0.1	17.5	9.6	7.9	2.2	-	2.6	2.0	6.6
富　山	100.0	52.1	7.8	12.2	5.3	2.9	2.1	6.3	11.3	45.0	9.9	18.5	16.6	10.5	…	2.6	15.4	0.2	29.9	19.2	10.7	2.7	-	3.9	2.6	6.1
石　川	100.0	46.0	7.4	18.3	6.1	0.8	1.2	5.6	14.4	53.2	8.6	23.9	20.7	0.8	…	X	X	-	29.0	15.5	13.5	4.0	0.1	6.1	4.2	8.3
福　井	100.0	47.3	9.1	11.6	7.1	1.0	1.5	5.8	16.6	51.7	10.5	17.4	23.8	1.1	…	1.3	5.5	1.1	41.1	22.4	18.7	3.5	0.2	4.0	3.6	9.2
山　梨	100.0	52.2	9.4	11.4	5.2	1.5	1.4	4.3	14.7	46.3	10.8	15.7	19.9	6.4	…	6.7	16.2	0.0	35.2	19.0	16.2	5.1	0.5	7.3	3.7	13.7
長　野	100.0	56.8	9.7	11.3	4.3	0.7	1.8	4.3	11.0	42.5	11.5	15.6	15.4	5.3	…	6.6	9.4	0.3	29.8	19.2	10.7	4.1	0.1	3.5	2.8	7.6
岐　阜	100.0	52.4	8.2	11.8	7.9	0.9	1.2	4.5	13.0	46.6	9.4	16.4	20.9	3.4	…	2.4	12.6	1.4	27.0	15.7	11.3	4.0	0.4	5.7	4.4	8.1
静　岡	100.0	58.5	7.6	9.7	4.6	1.1	1.1	4.6	12.9	40.4	8.7	14.3	17.4	3.3	…	6.6	11.1	0.4	31.3	19.6	11.7	6.7	-	7.0	4.9	10.8
愛　知	100.0	49.2	9.2	12.5	4.6	1.4	1.6	5.2	16.2	49.3	10.8	17.7	20.8	4.8	…	0.7	13.7	0.1	23.8	14.6	9.2	2.7	0.6	4.9	3.9	7.6
三　重	100.0	X	X	X	X	X	X	X	X	X	X	X	X	7.5	…	0.9	X	-	33.9	17.9	16.0	4.1	0.1	5.2	2.8	7.8
滋　賀	100.0	X	X	X	X	X	X	X	X	X	X	X	X	1.6	…	2.2	3.5	0.0	32.7	19.4	13.3	5.2	0.1	4.9	3.8	7.7
京　都	100.0	56.3	6.8	9.1	7.6	1.6	1.2	5.6	11.8	42.1	8.1	14.6	19.4	8.4	…	6.1	11.8	0.1	29.3	16.0	13.3	6.5	-	4.5	4.5	6.3
大　阪	100.0	47.4	8.4	12.0	7.4	0.7	1.3	4.9	17.8	51.9	9.7	16.9	25.3	5.8	…	7.8	10.1	0.1	33.3	18.2	15.1	7.0	0.0	5.4	2.9	8.1
兵　庫	100.0	51.9								48.1				9.3	…	8.5	20.6	0.8	34.0	20.6	13.4	8.7	0.1	5.7	3.3	6.5
奈　良	100.0	58.6	6.2	9.9	3.9	0.7	1.3	4.7	14.7	40.7	7.5	14.6	18.6	4.0	…	2.6	11.9	-	30.1	16.4	13.7	4.1	-	4.0	1.8	7.7
和 歌 山	100.0	51.2	7.3	12.3	7.2	2.8	1.2	5.5	12.4	46.0	8.6	17.7	19.7	9.3	…	7.2	10.0	0.1	26.3	15.2	11.1	5.2	0.1	2.6	1.1	7.9
鳥　取	100.0	50.4	8.4	12.4	6.9	2.3	3.0	7.5	9.0	47.2	11.4	19.9	15.9	10.4	…	1.0	18.3	0.6	34.7	20.1	14.6	7.6	0.0	6.4	3.4	7.8
島　根	100.0	54.6	9.8	11.6	5.0	0.5	1.0	6.3	11.1	44.9	10.8	17.9	16.1	9.1	…	9.6	25.5	0.5	35.0	21.0	14.0	4.3	0.7	2.6	2.6	8.9
岡　山	100.0	52.9	7.5	9.6	6.3	2.4	3.1	6.3	13.0	44.7	10.6	15.9	18.2	5.9	…	9.5	21.6	2.2	29.8	16.3	13.4	4.1	-	4.9	2.8	9.5
広　島	100.0	50.2	7.3	13.8	4.9	0.2	1.5	6.1	16.0	49.6	8.8	19.9	20.8	5.3	…	4.2	11.8	0.6	25.5	16.3	9.2	3.9	0.3	4.1	2.5	6.9
山　口	100.0	51.3	8.0	11.2	5.6	0.6	0.4	8.9	14.0	48.0	8.4	20.1	19.6	7.3	…	7.3	12.7	0.6	34.4	18.3	16.1	2.6	0.1	5.2	3.2	8.3
徳　島	100.0	49.3	8.7	11.8	4.7	2.0	2.5	6.0	14.9	48.7	11.2	17.8	19.7	X	…	4.0			32.7	16.5	16.2	8.0	0.2	8.1	4.9	11.8
香　川	100.0	52.4	6.8	11.7	4.4	1.6	1.5	6.4	16.0	46.7	8.2	18.1	20.4	5.1	…	5.6	13.6	0.2	35.0	21.5	13.4	7.1	-	6.5	4.0	11.0
愛　媛	100.0	45.2	8.3	18.9	7.1	0.7	1.4	4.0	14.8	54.1	9.4	22.9	21.8	5.6	…	1.1	10.8	0.2	32.5	18.5	14.0	4.9	-	5.3	2.6	9.0
高　知	100.0	52.7	6.8	19.2	7.2	0.6	0.7	3.5	9.3	46.8	7.5	22.8	16.5	0.2	…	0.4	2.4	1.7	38.2	18.0	20.2	2.8	-	X	9.3	13.0
福　岡	100.0	45.7	11.8	12.0	8.5	1.3	1.2	4.2	15.4	53.0	13.0	16.2	23.9	4.7	…	5.4	9.0	0.3	34.6	18.8	15.8	4.0	0.1	5.0	3.3	8.4
佐　賀	100.0	48.4	8.2	14.2	8.7	1.6	1.5	4.9	13.3	50.9	9.7	19.1	22.0	2.8	…	6.8	11.7	0.2	34.5	16.1	18.4	4.6	0.1	7.5	2.7	11.3
長　崎	100.0	X	X	X	X	X	X	X	X	X	X	X	X	3.3	…	-	0.2	0.5	34.4	21.5	12.8	3.5	-	4.1	2.9	7.7
熊　本	100.0	56.6	8.2	11.8	5.6	0.8	1.7	3.8	11.5	42.6	9.9	15.6	17.2	6.3	…	1.1	7.2	0.2	37.3	21.2	16.1	3.9	0.1	4.3	4.3	6.3
大　分	100.0	48.6	11.1	12.0	10.8	2.9	0.8	5.1	8.8	48.6	11.9	17.1	19.5	2.0	…	0.3	8.2	1.4	41.1	21.0	20.1	5.4	0.2	7.2	3.3	3.3
宮　崎	100.0	54.2	8.4	11.5	5.9	1.1	1.9	4.2	12.8	44.7	10.3	15.7	18.7	5.4	…	7.8	17.0	0.5	36.0	20.3	15.7	4.4	0.1	5.7	4.9	6.6
鹿 児 島	100.0	49.1	10.7	10.0	5.2	1.0	2.5	6.7	14.8	49.9	13.2	16.7	20.0	6.7	…	6.5	22.0	0.7	47.4	25.4	22.0	2.7	0.1	6.3	2.4	9.6
沖　縄	100.0	49.6	8.7	13.9	11.3	0.4	0.7	2.4	13.0	50.0	9.5	16.3	24.2	0.7	…	4.1	10.2	1.7	46.6	19.1	27.5	3.4	0.1	4.9	4.0	10.4

異常被患率等（各年齢ごと）（39-20）

単位 （%）

永久歯の1人当り平均むし歯（う歯）等数					栄養状態	せき柱・胸郭・四肢の状態	皮膚疾患		結核の検査の対象者精密	結核	心臓疾病・異常の	心電図異常	蛋白検出の者	尿糖検出の者	その他の疾病・異常				区分
計（本）	喪失歯数（本）	むし歯（う歯）					アトピー性皮膚炎	その他の皮膚疾患							ぜん息	腎臓疾患	言語障害	その他の疾病・異常	
		計（本）	処置歯数（本）	未処置歯数（本）															
...	...	...	...	...	3.29	1.07	3.30	0.30	0.07	0.00	0.65	...	1.60	0.10	3.30	0.23	0.31	6.08	全 国
...	...	...	...	...	3.3	0.5	4.1	0.4	0.0	-	0.3	...	1.1	0.1	3.8	0.2	0.0	6.2	北 海 道
...	...	...	...	...	8.0	1.9	1.7	0.3	-	-	0.6	...	1.9	0.1	2.3	0.1	0.2	5.4	青 森
...	...	...	...	...	5.4	0.4	2.6	0.4	-	-	0.6	...	2.4	0.0	2.5	0.8	0.6	6.9	岩 手
...	...	...	...	...	5.6	1.1	4.1	0.5	0.1	-	0.2	...	0.7	0.1	3.6	0.3	0.1	7.5	宮 城
...	...	...	...	...	7.4	3.0	3.1	0.4	-	-	0.3	...	0.4	0.1	4.1	0.1	0.2	10.7	秋 田
...	...	...	...	...	6.7	1.5	4.8	0.5	-	-	0.4	...	1.5	0.2	5.1	0.1	0.2	14.8	山 形
...	...	...	...	...	7.2	2.3	3.9	1.4	-	-	0.4	...	1.6	0.2	4.2	0.0	0.6	9.8	福 島
...	...	...	...	...	6.6	2.7	9.4	0.5	-	-	0.5	...	0.5	0.3	5.9	0.3	0.6	9.0	茨 城
...	...	...	...	...	6.0	3.3	3.9	0.4	-	-	1.3	...	4.1	0.2	4.6	0.7	0.7	7.9	栃 木
...	...	...	...	...	3.7	1.4	3.3	0.4	0.1	-	1.3	...	0.7	0.0	4.1	0.6	0.8	8.7	群 馬
...	...	...	...	...	1.5	0.5	1.8	0.0	0.4	0.0	0.5	...	3.3	0.0	3.1	0.1	0.1	3.4	埼 玉
...	...	...	...	...	1.5	0.4	4.2	0.1	0.1	-	0.6	...	0.7	0.1	5.0	0.3	0.6	4.4	千 葉
...	...	...	...	...	2.4	0.8	3.1	0.4	0.1	-	0.4	...	1.4	0.1	3.4	0.3	0.4	5.1	東 京
...	...	...	...	...	3.2	1.1	4.0	0.4	-	-	0.3	...	0.9	0.2	4.4	0.2	0.1	5.2	神 奈 川
...	...	...	...	...	3.5	0.2	5.0	0.2	-	-	0.6	...	0.6	0.2	5.4	0.7	0.7	12.3	新 潟
...	...	...	...	...	3.8	2.1	2.5	0.3	0.1	-	1.1	...	2.2	0.1	3.6	0.1	0.1	6.0	富 山
...	...	...	...	...	1.7	0.7	2.5	0.4	-	-	0.6	...	2.1	0.1	1.7	0.1	0.1	6.8	石 川
...	...	...	...	...	2.3	1.0	3.4	0.7	0.0	-	1.2	...	0.5	0.0	1.8	0.3	0.1	7.4	福 井
...	...	...	...	...	4.5	1.0	1.5	0.6	0.0	-	0.4	...	0.8	0.1	2.6	0.1	0.7	6.7	山 梨
...	...	...	...	...	2.7	1.5	2.5	0.2	-	-	0.8	...	0.7	0.2	4.3	0.1	0.7	8.6	長 野
...	...	...	...	...	3.2	0.4	3.1	0.3	0.2	-	1.8	...	1.0	0.1	2.2	0.5	0.6	13.2	岐 阜
...	...	...	...	...	4.2	1.4	3.3	0.3	-	-	0.8	...	2.0	0.1	2.2	0.1	0.3	7.3	静 岡
...	...	...	...	...	3.5	0.9	6.3	0.2	0.1	-	0.7	...	1.8	0.1	2.2	0.2	0.5	6.6	愛 知
...	...	...	...	...	4.9	0.6	2.1	-	-	-	0.6	...	0.9	0.1	3.4	0.1	0.1	4.4	三 重
...	...	...	...	...	1.1	1.1	2.4	0.3	0.2	0.0	1.2	...	1.0	0.0	1.4	0.3	0.2	5.4	滋 賀
...	...	...	...	...	8.1	1.0	4.6	0.6	0.0	-	2.0	...	2.4	0.0	4.7	0.1	0.4	8.0	京 都
...	...	...	...	...	0.6	0.7	2.2	0.1	0.0	-	0.0	...	1.3	-	2.3	0.2	0.2	4.6	大 阪
...	...	...	...	...	4.3	1.1	3.0	0.2	-	-	1.3	...	0.9	0.1	2.5	0.2	0.1	4.4	兵 庫
...	...	...	...	...	2.4	0.9	3.8	0.5	0.4	-	0.6	...	2.7	0.2	1.1	0.1	0.4	6.4	奈 良
...	...	...	...	...	1.8	1.3	1.6	0.3	-	-	0.5	...	4.3	0.0	1.5	0.1	0.3	5.2	和 歌 山
...	...	...	...	...	3.4	1.3	4.9	0.1	-	-	1.4	...	0.5	0.1	4.3	0.1	0.3	12.4	鳥 取
...	...	...	...	...	3.9	1.6	5.7	0.2	0.0	-	0.4	...	5.6	0.0	4.2	0.2	1.1	10.7	島 根
...	...	...	...	...	3.5	0.7	2.8	0.3	-	-	0.7	...	1.8	0.1	3.5	0.3	0.3	9.5	岡 山
...	...	...	...	...	2.0	0.8	2.3	0.7	-	-	0.6	...	2.3	0.2	1.9	0.2	0.2	5.7	広 島
...	...	...	...	...	2.9	1.6	2.5	0.3	-	-	0.7	...	0.9	0.1	1.6	0.2	0.4	6.6	山 口
...	...	...	...	...	3.4	0.4	1.9	0.0	-	-	0.5	...	0.7	0.3	1.9	0.1	0.4	4.4	徳 島
...	...	...	...	...	7.2	0.6	2.1	0.2	-	-	0.8	...	1.7	0.1	2.9	0.7	0.1	6.2	香 川
...	...	...	...	...	1.4	0.4	2.3	0.1	0.0	-	1.9	...	3.8	-	2.1	0.1	0.4	4.9	愛 媛
...	...	...	...	...	4.4	0.2	1.8	0.4	-	-	1.8	...	2.4	0.1	1.6	0.1	0.2	3.6	高 知
...	...	...	...	...	3.2	2.3	1.6	0.2	0.1	-	0.6	...	1.6	0.2	2.3	0.3	0.1	4.0	福 岡
...	...	...	...	...	3.1	1.7	2.1	0.1	-	-	0.4	...	0.5	0.1	2.8	0.3	0.2	10.3	佐 賀
...	...	...	...	...	2.9	0.5	3.4	0.2	-	-	0.5	...	0.7	-	2.0	0.1	0.2	5.4	長 崎
...	...	...	...	...	5.7	0.5	2.0	0.2	0.0	-	0.5	...	4.0	0.0	2.2	0.1	0.4	3.7	熊 本
...	...	...	...	...	1.8	2.2	1.9	-	-	-	0.1	...	4.3	0.1	3.1	0.1	0.1	3.0	大 分
...	...	...	...	...	4.9	2.3	2.4	0.1	-	-	0.8	...	1.5	0.5	3.9	0.3	0.5	9.5	宮 崎
...	...	...	...	...	1.3	1.0	2.6	0.1	0.0	-	0.6	...	0.9	0.3	2.0	0.2	0.1	2.4	鹿 児 島
...	...	...	...	...	3.9	0.9	2.0	0.4	0.0	-	0.5	...	1.8	0.3	1.9	0.1	0.2	4.4	沖 縄

異常被患率等（各年齢ごと）（39-20）

1　12歳　(2)　男

区分	計	視力非矯正者の裸眼視力 1.0以上	1.0未満0.7以上	0.7未満0.3以上	0.3未満	視力矯正者の裸眼視力 1.0以上	1.0未満0.7以上	0.7未満0.3以上	0.3未満	裸眼視力 計	1.0未満0.7以上	0.7未満0.3以上	0.3未満	眼の疾病・異常	難聴	耳疾患	鼻疾・副鼻腔患	口腔咽喉頭疾患異常	むし歯(う歯) 計	処置完了者	未処置歯のある者	歯列・咬合	顎関節	歯垢の状態	歯肉の状態	その他の疾病・異常
全　国	100.00	45.82	12.32	13.92	6.41	0.88	1.14	5.46	14.06	53.30	13.46	19.38	20.46	5.85	0.33	6.88	13.22	0.49	24.90	14.29	10.62	5.33	0.30	4.73	3.77	5.42
北　海　道	100.0	X	X	X	X	X	X	X	X	X	X	X	X	5.1	0.2	6.1	11.8	0.3	34.6	17.7	16.9	6.2	0.5	4.2	4.4	4.2
青　森	100.0	35.0	9.3	14.1	6.9	0.5	1.4	6.7	26.1	64.5	10.7	20.7	33.0	3.8	0.2	3.9	15.2	0.2	37.5	20.0	17.5	4.9	0.2	4.6	5.6	6.6
岩　手	100.0	47.1	10.2	9.9	2.6	0.4	2.2	5.6	22.0	52.5	12.4	15.6	24.6	7.2	0.2	7.1	25.1	0.5	29.3	16.9	12.4	5.5	0.2	4.4	3.6	7.0
宮　城	100.0	39.9	10.1	13.4	8.1	1.0	1.4	7.6	18.5	59.1	11.5	21.0	26.6	8.4	0.2	7.6	14.0	0.1	28.6	15.4	13.2	6.6	0.3	8.3	7.1	5.1
秋　田	100.0	X	X	X	X	X	X	X	X	X	X	X	X	8.8	0.3	7.3	21.4	1.4	20.7	11.9	8.8	5.4	0.2	4.9	3.5	7.1
山　形	100.0	50.5	10.6	14.4	4.8	1.7	0.9	4.5	12.6	47.8	11.5	18.9	17.4	6.5	0.2	5.9	18.0	1.1	21.8	11.8	10.0	5.4	0.0	5.3	4.6	8.0
福　島	100.0	42.5	9.5	13.7	7.4	0.8	1.0	5.3	19.9	56.8	10.6	19.0	27.3	2.0	0.2	9.2	10.0	0.7	34.7	20.0	14.7	8.9	0.0	7.7	6.1	7.6
茨　城	100.0	46.1	10.6	11.6	9.6	0.7	0.6	4.2	16.5	53.1	11.2	15.8	26.1	18.9	0.5	1.2	23.9	0.6	30.9	17.5	13.4	5.2	0.0	3.9	2.9	10.1
栃　木	100.0	48.8	10.7	12.7	5.8	0.6	0.8	3.8	16.8	50.6	11.5	16.5	22.6	4.0	0.1	5.6	9.4	0.8	30.4	18.8	11.6	5.5	0.2	3.8	2.7	5.4
群　馬	100.0	43.1	11.3	11.2	8.8	1.1	1.6	5.6	17.4	55.8	12.8	16.8	26.2	4.5	0.2	5.8	6.2	0.1	30.9	20.2	10.7	6.4	0.1	6.1	6.3	6.8
埼　玉	100.0	X	X	X	X	X	X	X	X	X	X	X	X	3.2	0.2	7.6	9.2	0.1	19.1	11.0	8.1	3.4	0.2	3.7	1.6	3.2
千　葉	100.0	44.7	9.0	14.3	6.4	0.4	0.6	4.3	20.3	55.0	9.6	18.6	26.7	5.9	0.2	6.6	15.0	0.5	22.3	11.9	10.4	6.0	0.2	4.3	3.3	7.8
東　京	100.0	41.0	11.2	13.5	9.4	1.4	2.4	7.7	13.3	57.5	13.6	21.2	22.7	7.1	0.6	7.5	15.3	0.1	21.4	12.5	8.9	4.5	0.8	4.1	2.4	2.8
神　奈　川	100.0	X	X	X	X	X	X	X	X	X	X	X	X	7.2	0.3	9.2	14.8	0.6	21.4	12.0	9.3	6.8	0.2	6.2	4.9	4.6
新　潟	100.0	35.7	9.6	14.3	6.9	0.9	1.8	10.6	20.2	63.4	11.4	24.9	27.1	6.7	0.2	2.8	19.5	0.2	16.0	9.4	6.6	2.0	0.1	3.8	4.3	3.9
富　山	100.0	X	X	X	X	X	X	X	X	X	X	X	X	7.7	0.1	2.8	11.9	0.2	19.8	11.1	8.7	3.3	0.1	3.3	2.6	4.5
石　川	100.0	40.5	9.9	15.5	10.6	1.7	0.2	8.6	12.9	57.8	10.2	24.1	23.5	3.5	0.1	5.2	8.8	0.1	27.1	14.9	12.2	3.6	—	4.1	3.4	6.7
福　井	100.0	44.3	8.9	11.2	5.2	0.7	1.5	6.0	22.3	55.0	10.4	17.1	27.5	0.7	0.2	2.9	3.9	0.2	29.0	16.7	12.3	3.7	0.1	4.5	2.1	5.1
山　梨	100.0	49.1	6.7	14.9	5.7	0.7	1.7	5.9	15.4	50.3	8.5	20.8	21.0	5.1	0.2	7.7	14.9	0.3	28.4	17.7	10.6	5.6	0.9	6.3	5.2	6.1
長　野	100.0	51.5	9.4	13.8	4.3	0.3	1.2	6.3	13.2	48.2	10.6	20.1	17.5	2.5	0.3	5.5	7.7	0.0	22.9	16.0	6.9	4.2	0.2	4.7	4.0	5.9
岐　阜	100.0	49.0	10.9	11.4	6.5	0.8	0.7	4.4	16.4	50.2	11.6	15.8	22.8	6.3	0.2	5.3	13.6	0.2	17.4	11.6	5.8	6.7	0.1	3.3	3.1	4.7
静　岡	100.0	46.7	9.2	12.2	5.5	0.5	0.5	5.0	20.2	52.7	9.7	17.2	25.7	6.1	0.3	6.9	11.2	0.0	19.3	11.0	8.3	5.4	0.0	6.0	4.4	8.4
愛　知	100.0	47.8	10.0	12.4	6.3	0.1	1.1	7.5	14.8	52.1	11.1	19.9	21.1	4.6	0.4	6.3	14.3	0.3	16.7	10.8	5.9	5.1	0.2	3.5	3.4	4.4
三　重	100.0	X	X	X	X	X	X	X	X	X	X	X	X	6.1	0.4	7.7	17.1	0.4	27.1	14.2	12.9	5.3	0.1	4.3	2.9	6.5
滋　賀	100.0	X	X	X	X	X	X	X	X	X	X	X	X	4.0	0.4	5.0	8.8	0.2	22.5	12.9	9.6	5.3	0.0	2.5	2.3	5.2
京　都	100.0	45.4	15.4	7.2	7.2	0.6	0.5	9.4	14.2	54.0	15.9	16.7	21.4	8.8	0.3	8.4	10.8	0.7	21.7	12.8	8.9	9.4	1.3	5.6	4.7	6.8
大　阪	100.0	49.2	8.0	12.1	6.1	1.7	1.9	9.9	12.1	49.1	9.9	21.0	18.2	5.6	0.2	8.3	11.7	0.4	26.8	17.1	9.7	4.0	0.5	3.7	3.7	4.5
兵　庫	100.0	X	X	X	X	X	X	X	X	X	X	X	X	6.5	0.2	8.6	14.4	0.6	24.7	14.1	10.6	8.7	0.1	7.5	5.9	6.9
奈　良	100.0	53.1	X	X	3.6	X	X	X	X	43.2	X	X	X	5.1	0.2	5.1	14.9	0.3	25.7	14.9	10.7	5.5	0.0	5.3	3.2	3.5
和　歌　山	100.0	52.4	9.6	11.9	4.6	1.6	2.7	5.2	12.1	46.0	12.3	17.0	16.7	10.9	0.2	7.9	14.3	1.6	22.6	10.6	12.0	7.7	0.2	4.1	5.0	4.3
鳥　取	100.0	45.4	9.6	10.2	5.3	0.1	1.0	6.6	21.8	54.5	10.5	16.8	27.1	10.1	0.0	4.1	25.6	0.2	28.0	18.0	9.9	4.8	0.3	5.6	4.7	6.8
島　根	100.0	50.0	10.5	10.4	6.0	0.7	1.9	4.9	15.5	49.2	12.4	15.3	21.6	6.4	0.4	8.8	19.0	0.3	31.3	15.7	15.7	7.5	0.1	6.7	4.7	8.5
岡　山	100.0	49.1	9.7	9.5	7.2	0.4	2.1	5.9	16.2	50.5	11.7	15.4	23.4	6.4	0.2	8.2	15.3	1.1	20.9	12.7	8.2	3.0	—	4.8	5.4	4.9
広　島	100.0	45.6	X	X	0.2	X	X	X	X	54.1	X	X	X	6.6	0.2	4.9	11.9	0.3	24.3	12.7	11.6	6.7	0.1	4.5	3.2	4.5
山　口	100.0	46.6	7.2	13.5	7.6	0.6	1.1	2.4	20.9	52.7	8.3	15.9	28.5	4.1	0.1	6.4	16.5	0.5	25.7	16.1	9.6	5.4	0.2	4.6	3.1	4.8
徳　島	100.0	50.0	7.5	9.8	4.9	5.3	1.7	8.9	12.0	44.8	9.2	18.8	16.9	11.1	0.8	8.3	15.6	6.6	28.1	14.5	13.6	6.0	0.0	5.4	6.3	9.8
香　川	100.0	X	X	X	X	X	X	X	X	54.0	X	X	X	3.8	0.1	7.4	10.3	0.4	26.8	18.3	8.5	4.5	0.1	7.7	7.0	6.8
愛　媛	100.0	41.2	11.4	15.5	10.7	0.1	1.4	2.6	17.1	58.7	12.8	18.1	27.8	6.5	0.3	4.6	12.1	0.3	29.0	14.6	14.4	4.3	—	4.5	1.9	6.5
高　知	100.0	47.8	8.0	9.9	5.4	0.6	0.9	7.0	20.5	51.6	8.9	16.8	25.9	6.0	0.0	6.2	14.0	0.2	27.3	13.9	13.4	6.3	0.0	6.8	6.5	9.2
福　岡	100.0	46.1	10.2	12.6	11.0	0.2	1.6	3.0	15.6	53.7	11.5	15.6	26.6	4.0	0.2	7.1	14.9	0.3	32.1	17.2	14.9	3.8	0.2	3.8	3.2	5.1
佐　賀	100.0	43.3	X	X	2.5	X	X	X	X	54.2	X	X	X	2.7	0.3	7.8	10.2	0.3	24.1	11.4	12.7	5.1	0.4	4.4	3.3	5.7
長　崎	100.0	X	X	X	X	X	X	X	X	X	X	X	X	2.4	0.2	5.9	7.9	2.4	29.1	18.6	10.5	3.5	0.2	5.4	3.5	7.3
熊　本	100.0	40.5	8.3	13.4	7.4	2.1	3.6	5.9	18.7	57.4	11.9	19.3	26.1	7.3	0.3	7.1	17.9	1.0	26.4	14.8	11.6	3.5	0.2	2.8	2.5	7.2
大　分	100.0	47.0	14.8	17.0	X	—	—	3.4	X	53.0	14.8	20.4	17.8	4.1	0.2	4.0	13.0	0.2	26.9	13.8	13.1	6.8	0.3	8.8	7.0	2.5
宮　崎	100.0	X	X	X	X	X	X	X	X	X	X	X	X	4.0	0.1	10.6	10.4	0.2	32.0	17.4	14.6	4.0	0.0	4.7	4.4	3.6
鹿　児　島	100.0	50.0	8.7	11.4	4.9	—	1.0	2.7	21.3	50.0	9.7	14.1	26.2	4.6	0.5	8.1	17.4	1.0	38.0	21.0	17.0	2.8	0.0	2.5	3.3	9.5
沖　縄	100.0	43.0	8.8	14.2	11.1	0.4	0.4	2.9	19.2	56.6	9.2	17.1	30.3	2.0	0.2	3.4	9.5	1.0	43.2	22.6	20.6	2.1	0.3	3.6	2.7	5.2

異常被患率等（各年齢ごと）（39-21）

単位　（％）

永久歯の1人当り平均むし歯（う歯）等数					栄養状態	せき柱・胸郭・四肢の状態	皮膚疾患		結核の検査の対象精密者	結核	心疾病臓・異常	心電図異常	蛋白検出の者	尿糖検出の者	その他の疾病・異常				区分
計（本）	喪失歯数（本）	むし歯（う歯）計（本）	処置歯数（本）	未処置歯数（本）			アトピー性皮膚炎	その他の皮膚疾患							ぜん息	腎臓疾患	言語障害	その他の疾病・異常	
0.50	0.01	0.50	0.31	0.19	1.88	1.35	3.18	0.29	0.05	－	0.96	3.51	2.81	0.09	2.56	0.25	0.14	5.31	全　国
0.7	0.0	0.7	0.3	0.4	1.4	0.6	7.0	0.2	－	－	0.6	3.2	1.2	0.1	3.7	0.1	0.3	5.9	北 海 道
0.9	0.0	0.9	0.5	0.4	2.2	2.4	1.3	0.6	－	－	0.8	3.4	2.2	0.1	0.9	0.1	－	5.2	青　森
0.6	0.0	0.6	0.4	0.3	2.7	0.7	3.6	0.1	－	－	1.0	3.6	5.4	0.4	3.5	0.5	0.3	10.1	岩　手
0.5	0.0	0.5	0.3	0.2	0.4	1.3	4.9	0.5	－	－	0.8	1.2	1.8	0.1	3.7	0.3	0.1	8.1	宮　城
0.4	0.0	0.4	0.2	0.2	5.2	1.6	3.5	0.4	－	－	1.0	7.0	1.8	－	3.0	0.1	0.1	10.4	秋　田
0.4	0.0	0.4	0.2	0.2	2.4	0.8	3.5	0.1	－	－	0.6	5.1	2.4	0.1	2.3	0.2	0.2	12.2	山　形
0.8	0.0	0.8	0.5	0.3	1.8	1.4	1.8	0.2	－	－	0.7	3.2	2.3	0.0	2.0	0.2	0.1	6.5	福　島
0.6	0.0	0.6	0.4	0.2	4.5	0.9	6.3	0.3	0.1	－	1.0	3.8	1.6	0.0	5.0	0.3	0.2	4.9	茨　城
0.7	0.0	0.7	0.5	0.2	2.4	1.1	2.1	0.4	0.1	－	2.5	5.0	8.9	0.3	3.0	0.3	0.2	4.7	栃　木
0.7	0.0	0.7	0.5	0.2	2.3	2.2	3.6	2.9	－	－	1.6	4.5	0.6	0.1	3.7	0.7	1.1	7.7	群　馬
0.3	0.0	0.3	0.2	0.1	0.1	2.0	3.2	0.1	－	－	0.5	2.6	3.6	－	1.9	0.1	0.0	4.0	埼　玉
0.4	0.0	0.4	0.2	0.2	0.5	1.5	4.1	0.1	－	－	0.8	1.7	1.5	0.2	4.0	0.5	0.0	3.5	千　葉
0.4	0.0	0.4	0.3	0.2	3.1	0.5	3.0	0.2	－	－	0.7	2.2	2.8	0.1	2.3	0.4	0.1	3.9	東　京
0.4	0.0	0.4	0.3	0.2	2.1	1.2	3.0	0.2	0.1	－	0.3	2.6	1.9	0.0	3.4	0.2	0.1	4.3	神 奈 川
0.3	0.0	0.3	0.1	0.1	3.3	1.0	7.3	0.3	－	－	1.6	3.1	2.8	0.0	3.9	0.3	0.1	7.9	新　潟
0.4	0.0	0.4	0.2	0.2	4.2	5.6	1.8	0.2	－	－	1.4	3.8	3.3	0.0	1.4	0.3	0.0	5.4	富　山
0.6	0.0	0.6	0.4	0.2	0.2	0.9	2.3	0.1	－	－	0.9	3.9	4.1	0.0	1.3	0.1	0.2	3.6	石　川
0.6	0.0	0.6	0.3	0.3	2.9	0.6	2.5	0.3	－	－	1.0	1.9	0.8	0.1	1.1	0.1	0.2	8.9	福　井
0.6	0.0	0.6	0.4	0.2	3.7	0.4	2.1	0.1	－	－	0.3	2.4	3.5	0.2	2.2	0.1	0.1	5.4	山　梨
0.4	0.0	0.4	0.3	0.1	2.1	2.1	4.3	0.2	0.0	－	1.4	4.7	1.3	0.1	3.8	0.2	0.2	7.5	長　野
0.3	－	0.3	0.2	0.1	0.8	3.6	3.6	0.4	0.1	－	2.3	5.6	2.8	0.0	2.1	0.8	0.3	8.9	岐　阜
0.3	0.0	0.3	0.2	0.1	3.0	1.9	1.7	0.1	0.1	－	1.4	3.8	3.3	0.1	1.7	0.2	0.1	9.5	静　岡
0.3	0.0	0.3	0.2	0.1	2.4	1.7	4.0	0.1	－	－	1.3	4.7	3.2	0.0	3.1	0.4	0.1	6.2	愛　知
0.5	0.0	0.5	0.3	0.2	2.2	0.9	4.4	－	0.0	－	1.2	4.8	1.9	0.0	3.1	0.1	0.1	4.0	三　重
0.4	0.0	0.4	0.2	0.2	0.3	0.3	1.9	0.2	0.1	－	2.4	5.2	1.6	0.0	0.5	0.1	0.0	2.5	滋　賀
0.4	0.0	0.4	0.3	0.1	3.4	2.3	3.2	0.1	0.0	－	2.4	7.4	5.4	0.2	3.0	0.2	0.4	7.6	京　都
0.6	0.0	0.6	0.4	0.2	0.5	0.5	2.6	0.1	0.1	－	0.5	2.9	3.0	0.1	1.3	0.3	0.1	4.7	大　阪
0.5	0.0	0.5	0.4	0.2	2.3	3.0	3.0	1.0	0.0	－	1.4	3.7	1.3	0.0	3.0	0.1	0.0	4.3	兵　庫
0.5	0.0	0.5	0.4	0.1	1.4	1.8	3.2	0.2	0.1	－	0.6	4.6	4.4	0.1	0.5	0.2	－	5.0	奈　良
0.5	0.0	0.4	0.3	0.2	1.1	2.3	1.9	0.0	－	－	1.4	3.1	6.8	0.1	0.5	0.2	－	2.0	和 歌 山
0.5	0.0	0.5	0.4	0.2	2.8	0.9	4.9	0.1	－	－	1.1	2.3	0.9	0.1	3.7	0.1	0.5	16.5	鳥　取
0.5	0.0	0.5	0.4	0.1	1.1	1.4	2.4	0.1	－	－	0.3	1.6	11.1	0.0	2.2	0.2	0.2	6.8	島　根
0.4	0.0	0.4	0.3	0.1	2.2	0.5	2.3	0.2	－	－	1.4	6.9	3.7	0.2	2.4	0.1	0.3	9.7	岡　山
0.5	0.0	0.5	0.4	0.2	1.9	1.3	3.4	1.0	0.1	－	1.2	4.8	3.8	0.1	1.9	0.1	－	6.4	広　島
0.5	0.0	0.5	0.4	0.2	1.5	1.7	1.2	0.1	－	－	1.4	2.9	1.1	0.0	1.7	0.4	0.1	5.1	山　口
0.6	0.0	0.6	0.4	0.3	5.2	0.7	1.9	0.0	0.1	－	0.3	5.7	1.4	0.1	2.2	0.2	0.4	5.5	徳　島
0.5	0.0	0.5	0.4	0.1	5.5	0.8	4.4	0.3	0.1	－	1.0	5.8	2.8	0.0	2.6	0.5	0.2	6.5	香　川
0.7	0.0	0.7	0.4	0.3	0.8	0.6	1.2	－	－	－	1.2	3.2	7.9	－	0.9	0.1	0.3	2.9	愛　媛
0.4	0.0	0.4	0.2	0.2	1.2	0.3	2.7	0.4	－	－	1.4	5.9	2.2	0.0	1.9	0.1	0.1	3.9	高　知
0.5	0.0	0.5	0.3	0.2	0.7	1.3				－		4.5	2.6		2.4			3.2	福　岡
0.5	0.0	0.5	0.3	0.2	3.2	2.2	1.6	0.3	－	－	0.9	3.5	1.2	0.1	2.3	0.4	0.3	9.4	佐　賀
0.5	0.0	0.5	0.3	0.2	1.6	0.9	2.4	0.1	－	－	0.4	3.4	2.1	0.1	1.1	0.2	0.1	4.2	長　崎
0.7	0.0	0.7	0.5	0.2	1.7	0.9	2.2	0.1	0.0	－	0.6	2.3	2.9	0.1	1.0	0.1	－	2.8	熊　本
0.6	0.0	0.6	0.3	0.2	0.2	1.8	1.1	0.1	－	－	0.4	2.5	6.1	0.1	2.3	0.2	0.1	1.8	大　分
0.7	0.0	0.7	0.4	0.3	0.4	1.3	1.3	－	－	－	1.2	5.6	2.1	0.2	1.6	0.2	－	5.3	宮　崎
0.9	0.0	0.9	0.6	0.4	0.3	0.7	1.5	0.0	0.1	－	0.5	2.6	1.8	－	1.8	0.0	0.0	2.4	鹿 児 島
1.1	0.0	1.1	0.7	0.4	2.7	1.2	1.9	0.4	－	－	0.3	1.8	3.1	0.1	1.3	0.0	0.0	4.3	沖　縄

1　13歳　(2)　男

区分	裸眼視力 計	視力非矯正者の裸眼視力 1.0以上	1.0未満0.7以上	0.7未満0.3以上	0.3未満	視力矯正者の裸眼視力 1.0以上	1.0未満0.7以上	0.7未満0.3以上	0.3未満	裸眼視力 計	1.0未満0.7以上	0.7未満0.3以上	0.3未満	眼の疾病・異常	難聴	耳疾患	鼻疾患・副鼻腔患	口腔咽喉頭疾患・異常	むし歯(う歯) 計	処置完了者	未処置歯のある者	歯列・咬合	顎関節	歯垢の状態	歯肉の状態	歯・口腔その他の疾病・異常
全国	100.00	40.37	12.21	13.26	8.08	0.91	1.28	5.23	18.66	58.72	13.49	18.49	26.74	5.53	…	5.11	12.83	0.37	26.81	15.59	11.22	5.11	0.30	5.04	4.28	3.68
北海道	100.0	X	X	X	X	X	X	X	X	X	X	X	X	6.4	…	-	8.0	0.1	34.3	14.9	19.4	6.7	0.5	5.3	5.4	1.8
青森	100.0	32.0	11.5	10.7	7.1	0.9	1.4	4.3	31.9	67.1	13.0	15.1	39.0	4.1	…	4.8	14.3	0.3	39.3	22.9	16.4	3.9	-	5.9	6.8	5.0
岩手	100.0	42.0	11.5	13.1	6.1	0.7	0.6	4.5	21.4	57.3	12.2	17.6	27.5	6.7	…	5.9	X	4.2	36.1	20.5	15.5	3.5	0.2	4.3	3.7	4.3
宮城	100.0	36.5	9.8	13.9	9.8	1.5	1.6	6.1	20.8	62.0	11.3	20.0	30.6	7.0	…	X	X	X	30.2	17.6	12.6	7.6	0.2	7.8	5.5	4.0
秋田	100.0	X	X	X	X	X	X	X	X	X	X	X	X	6.1	…	9.0	X	0.7	25.8	16.8	9.1	6.1	0.3	2.7	2.2	4.6
山形	100.0	X	X	X	X	X	X	X	X	X	X	X	X	4.7	…	5.2	16.4	1.0	22.3	12.6	9.7	5.2	0.2	5.0	4.4	5.0
福島	100.0	X	X	X	X	X	X	X	X	X	X	X	X	3.2	…	1.6	5.0	0.1	35.4	20.8	14.6	9.7	0.4	9.6	7.7	4.3
茨城	100.0	39.1	11.1	12.7	9.1	0.2	0.6	4.4	22.8	60.7	11.6	17.1	31.9	18.9	…	1.0	27.0	0.5	29.7	14.8	14.8	5.0	0.4	4.6	3.4	6.2
栃木	100.0	42.9	12.2	12.1	6.9	0.4	1.3	4.5	19.7	56.7	13.5	16.6	26.6	3.0	…	5.8	9.8	0.2	29.8	18.9	10.9	5.4	0.3	4.0	3.5	4.3
群馬	100.0	38.8	9.3	13.4	7.2	1.3	0.4	5.5	24.1	59.9	9.7	18.9	31.3	3.7	…	3.7	4.8	-	29.0	20.5	8.5	7.6	0.1	6.5	7.7	4.4
埼玉	100.0	X	X	X	X	X	X	X	X	X	X	X	X	3.2	…	5.2	8.5	0.1	21.2	13.7	7.4	3.7	0.0	3.2	1.7	2.0
千葉	100.0	38.0	10.2	9.7	8.4	-	0.5	6.5	26.7	62.0	10.7	16.2	35.1	3.9	…	10.1	X	1.5	22.4	11.4	11.0	5.7	0.2	3.4	4.6	
東京	100.0	X	X	X	X	X	X	X	X	X	X	X	X	7.8	…	7.1	13.8	0.1	22.8	13.9	9.0	4.1	0.7	4.1	3.6	2.0
神奈川	100.0	X	X	X	X	X	X	X	X	X	X	X	X	6.5	…	3.7	9.1	-	24.4	13.8	10.7	7.4	0.1	6.3	5.2	5.1
新潟	100.0	32.8	X	X	X	0.1	X	X	X	67.1	X	X	X	6.4	…	2.2	X	-	16.6	10.7	5.9	2.5	0.2	3.4	4.9	2.6
富山	-	-	-	-	-	-	-	-	-	-	-	-	-	8.5	…	1.8	10.7	-	23.5	12.1	11.5	2.2	0.5	3.3	2.3	2.4
石川	100.0	X	X	X	X	X	X	X	X	X	X	X	X	1.8	…	1.7	X		31.0	16.9	14.1	3.6	0.6	5.7	4.6	3.9
福井	100.0	39.0	9.0	12.0	6.6	0.6	0.9	6.0	25.9	60.4	9.9	18.0	32.5	0.7	…	0.1	3.1	0.1	32.1	19.9	12.2	3.6	0.6	5.7	4.6	3.4
山梨	100.0	39.5	15.2	13.8	7.6	0.7	2.8	4.7	15.5	59.8	18.0	18.5	23.2	6.1	…	7.0	14.9	0.2	29.2	15.1	14.0	5.9	0.2	8.0	5.3	5.5
長野	100.0	43.5	11.2	13.8	5.3	-	0.4	5.6	20.1	56.5	11.6	19.4	25.4	2.5	…	5.5	12.6	0.4	27.4	19.6	7.8	5.0	-	5.2	3.8	4.4
岐阜	100.0	42.3	10.1	14.3	6.4	0.7	1.5	5.8	18.9	57.0	11.6	20.1	25.3	5.3	…	2.7	8.3	0.2	21.6	12.8	8.8	6.2	0.2	4.1	4.6	2.1
静岡	100.0	45.0	8.0	11.8	6.3	0.8	0.3	5.6	22.0	54.2	8.3	17.5	28.4	6.1	…	7.8	X	-	20.5	12.5	7.9	4.7	0.2	5.0	4.9	3.4
愛知	100.0	41.6	9.0	13.8	6.0	1.2	1.3	5.1	22.0	57.2	10.3	19.0	28.0	3.5	…	4.4	10.3	0.2	17.0	12.5	4.5	2.6	0.3	3.7	3.6	3.4
三重	100.0	X	X	X	X	X	X	X	X	X	X	X	X	3.0	…	5.9	X	-	31.8	16.5	15.4	5.4	0.1	4.3	4.1	4.3
滋賀	100.0	X	X	X	X	X	X	X	X	X	X	X	X	3.5	…	1.5	3.9	0.1	23.6	13.9	9.7	5.7	0.0	3.0	3.0	4.0
京都	100.0	X	X	X	X	X	X	X	X	X	X	X	X	8.9	…	7.6	8.5	0.7	25.3	14.3	11.0	10.5	1.1	6.7	5.4	3.4
大阪	100.0	38.9	12.0	13.6	6.1	1.1	1.9	9.1	17.4	60.1	13.8	22.7	23.5	5.1	…	5.8	11.4	0.1	29.2	18.1	11.1	3.3	0.3	4.0	3.2	2.7
兵庫	100.0	X	X	X	X	X	X	X	X	X	X	X	X	6.8	…	8.3	16.6	0.2	26.9	15.4	11.5	7.7	0.2	6.8	6.3	3.3
奈良	100.0	X	X	X	X	X	X	X	X	X	X	X	X	1.1	…	1.4	2.8	0.2	27.6	15.8	11.8	5.6	0.6	6.9	4.9	3.1
和歌山	100.0	48.7	6.3	11.6	7.2	2.5	2.3	5.1	16.3	48.8	8.6	16.6	23.5	9.7	…	4.7	12.6	1.2	21.4	12.2	9.2	5.8	0.3	5.3	4.8	1.9
鳥取	100.0	43.4	10.0	17.0	8.6	0.1	0.2	5.0	17.7	56.6	10.2	20.0	26.3	8.8	…	0.6	21.5	0.3	29.2	20.4	8.8	9.4	0.6	9.4	6.6	3.9
島根	100.0	44.7	9.4	14.9	7.3	0.7	1.0	5.0	17.1	54.7	10.4	19.9	24.3	7.8	…	8.6	19.8	1.2	28.6	16.0	12.5	8.7	0.1	8.6	7.3	6.3
岡山	100.0	44.0	7.4	13.5	7.3	0.2	1.9	8.1	17.6	55.8	9.3	21.6	24.9	6.4	…	7.0	11.1	1.4	22.1	13.3	8.8	9.0	0.0	4.9	5.1	3.1
広島	100.0	X	X	X	X	X	X	X	X	X	X	X	X	6.8	…	3.5	8.9	0.4	25.2	13.2	12.0	8.0	0.3	5.9	5.8	3.0
山口	100.0	X	X	X	X	X	X	X	X	X	X	X	X	5.0	…	6.4	15.5	0.4	28.4	19.0	9.4	3.6	0.3	4.8	3.3	6.0
徳島	100.0	38.0	11.1	14.8	X	3.4	2.0	5.8	X	58.7	13.2	20.6	24.9	10.7	…	1.4	16.6	1.4	31.0	18.0	13.1	5.7	0.4	4.0	6.1	7.9
香川	100.0	42.6	9.1	12.0	6.2	1.3	-	4.0	24.8	56.1	9.1	16.0	31.0	5.2	…	7.3	7.9	0.2	30.2	20.7	9.6	5.2	0.7	12.0	8.5	5.2
愛媛	100.0	37.6	X	X	X	1.2	X	X	X	61.2	X	X	X	3.7	…	1.9	9.0	0.2	27.6	16.7	10.9	4.1	0.1	4.1	2.2	5.2
高知	100.0	X	X	X	X	X	X	X	X	X	X	X	X	0.8	…	0.6	6.5	0.4	26.5	13.2	13.2	7.3	0.2	5.9	5.7	4.8
福岡	100.0	36.9	11.8	14.9	10.5	0.1	0.2	1.9	23.7	63.0	12.0	16.8	34.2	4.4	…	6.5	11.7	0.4	34.4	17.0	17.4	4.5	0.1	5.6	3.8	3.5
佐賀	100.0	X	X	X	X	X	X	X	X	X	X	X	X	3.1	…	6.7	8.1	0.2	28.5	13.5	15.0	5.2	0.1	5.7	4.6	4.0
長崎	100.0	X	X	X	X	X	X	X	X	X	X	X	X	2.2	…	2.7	4.3	1.7	35.0	23.2	11.8	3.2	0.5	6.9	3.6	4.9
熊本	100.0	44.2	8.4	10.7	7.0	2.0	2.2	3.9	21.6	53.9	10.6	14.6	28.6	6.2	…	1.6	7.1	0.3	31.0	18.4	12.6	4.6	0.1	4.8	2.6	7.8
大分	100.0	X	X	X	X	X	X	X	X	X	X	X	X	2.7	…	8.7	17.8	0.7	37.2	20.5	16.6	5.4	0.7	7.3	6.2	2.0
宮崎	100.0	X	X	X	X	X	X	X	X	X	X	X	X	2.8	…	12.4	10.0	-	35.2	20.3	14.9	4.3	0.3	3.4	4.2	1.8
鹿児島	100.0	47.1	10.2	10.9	5.6	-	0.5	2.9	22.7	52.9	10.7	13.9	28.3	6.0	…	5.8	17.9	0.6	42.2	23.2	19.0	3.2	0.4	2.9	3.7	6.5
沖縄	100.0	36.5	10.8	15.0	12.3	-	0.5	1.7	23.2	63.5	11.3	16.7	35.5	1.4	…	4.5	10.6	1.5	49.1	26.7	22.4	2.6	0.3	3.9	3.5	3.4

異常被患率等（各年齢ごと）（39-22）

単位 （%）

永久歯の1人当り平均むし歯（う歯）等数		むし歯（う歯）			栄養状態	せき柱・四肢の状態・胸郭	皮膚疾患		結核の検査の対象者（精密検査の対象者）	結核	心臓・疾病・異常	心電図異常	蛋白検出の者	尿糖検出の者	その他の疾病・異常				区分
計（本）	喪失歯数（本）	計（本）	処置歯数（本）	未処置歯数（本）			アトピー性皮膚炎	その他の皮膚疾患							ぜん息	腎臓疾患	言語障害	その他の疾病・異常	
…	…	…	…	…	1.69	1.30	3.09	0.23	0.05	0.00	0.89	…	3.61	0.19	2.62	0.26	0.13	5.35	全 国
…	…	…	…	…	0.7	0.3	6.2	0.3	-		0.6	…	1.4	0.7	5.6	0.3	0.5	5.5	北 海 道
…	…	…	…	…	2.5	3.2	1.0	0.6	-		0.5	…	3.5	0.1	0.9	-	0.1	4.6	青 森
…	…	…	…	…	1.2	1.0	3.2	0.0	-		0.4	…	7.7	0.0	2.3	0.2	0.1	9.4	岩 手
…	…	…	…	…	0.3	1.3	5.4	0.6			0.8	…	2.0	0.1	4.6	0.4	0.2	9.3	宮 城
…	…	…	…	…	3.8	1.4	4.8	0.4	-		0.8	…	1.8	-	2.5	0.4	0.3	11.3	秋 田
…	…	…	…	…	2.3	1.0	4.2	0.3			1.1	…	2.5	0.2	2.6	0.3	0.1	11.7	山 形
…	…	…	…	…	1.3	1.2	1.9	0.1	0.1		0.4	…	2.7	0.3	1.6	0.2	0.1	7.4	福 島
…	…	…	…	…	4.2	1.9	5.7	0.3	0.0		0.9	…	1.2	0.1	5.4	0.1	0.4	5.5	茨 城
…	…	…	…	…	2.2	1.7	3.0	0.1	0.0		2.6	…	10.3	0.3	3.0	0.1		5.0	栃 木
…	…	…	…	…	1.9	2.0	3.0	0.3	0.1		0.8	…	1.2	0.2	3.5	0.4	0.2	6.7	群 馬
…	…	…	…	…	0.1	0.9	2.4	0.2	0.1		0.4	…	3.8	0.2	2.4	0.2	0.3	3.6	埼 玉
…	…	…	…	…	0.7	1.1	4.4	0.1	0.1		0.7	…	1.6	0.0	4.2	0.5	0.0	4.4	千 葉
…	…	…	…	…	2.8	0.9	3.5	0.2	0.1		0.7	…	3.7	0.3	1.8	0.2	0.1	4.8	東 京
…	…	…	…	…	1.3	1.5	2.4	0.2	0.0		0.2	…	2.9	0.1	3.3	0.2	-	4.6	神 奈 川
…	…	…	…	…	2.6	0.5	6.0	0.2	-		1.5	…	2.7	0.1	3.8	0.2	-	8.4	新 潟
…	…	…	…	…	3.1	5.4	2.3	0.2	0.1		1.9	…	4.4	0.3	2.0	0.3	0.1	4.5	富 山
…	…	…	…	…	0.4	1.1	2.6	0.1	0.1		1.5	…	4.7	0.1	1.4	0.1	0.0	3.5	石 川
…	…	…	…	…	1.5	0.4	2.9	0.4	-		0.3	…	1.8	0.1	1.0	0.2	0.1	7.3	福 井
…	…	…	…	…	3.5	0.7	2.2	0.2	0.0		0.3	…	4.9	0.2	1.6	0.1	0.1	6.2	山 梨
…	…	…	…	…	1.8	2.4	4.3	0.2	0.1		1.2	…	2.6	0.5	3.3	0.4	0.2	9.5	長 野
…	…	…	…	…	0.6	1.0	4.1	0.4	0.1		2.6	…	5.3	0.0	2.1	0.5	0.1	10.2	岐 阜
…	…	…	…	…	2.3	1.9	2.0	0.7	0.1		1.0	…	4.5	0.0	1.1	0.2	0.1	7.9	静 岡
…	…	…	…	…	2.8	1.4	4.6	0.1	0.1		0.8	…	3.5	0.1	3.0	0.5	0.1	5.4	愛 知
…	…	…	…	…	2.8	0.8	3.1	-	0.0		0.5	…	3.0	0.6	3.1	0.2	0.1	3.3	三 重
…	…	…	…	…	0.3	0.2	1.6	0.2	0.1		1.7	…	2.2	0.1	0.7	0.2	0.1	2.0	滋 賀
…	…	…	…	…	3.5	1.8	4.0	0.0	0.1	0.0	4.3	…	6.3	0.2	2.7	0.2	0.8	8.8	京 都
…	…	…	…	…	0.4	1.0	2.0	0.1	0.1		0.3	…	4.2	0.1	1.3	0.2	0.2	5.0	大 阪
…	…	…	…	…	2.0	2.2	2.6	0.4	0.1		0.9	…	2.0	0.1	2.7	0.4	-	4.1	兵 庫
…	…	…	…	…	1.4	1.5	2.9	0.1	0.1		0.3	…	5.7	0.3	4.7	0.1	0.1	4.2	奈 良
…	…	…	…	…	1.0	2.2	2.4	0.2	0.0		1.7	…	6.3	0.6	0.8	0.1	-	2.7	和 歌 山
…	…	…	…	…	2.2	1.1	3.6	0.3	0.1		1.3	…	1.5	0.0	2.9	0.4	0.2	14.7	鳥 取
…	…	…	…	…	1.7	1.4	2.8	0.0	-		0.1	…	11.7	0.5	3.0	0.4	0.2	8.8	島 根
…	…	…	…	…	2.8	0.6	2.1	0.2	0.0		1.0	…	4.8	0.3	2.8	0.2	0.2	8.3	岡 山
…	…	…	…	…	1.7	1.8	3.0	0.6			0.8	…	5.8	0.1	2.1	0.0	0.1	4.9	広 島
…	…	…	…	…	1.3	2.0	1.5	0.3	-		1.0	…	1.0	0.1	1.5	0.2	-	6.8	山 口
…	…	…	…	…	5.9	0.9	2.7	0.0	0.0		0.5	…	2.3	0.1	2.4	0.1	0.2	5.4	徳 島
…	…	…	…	…	4.4	0.4	2.8	0.2	-		2.0	…	3.7	0.1	2.6	0.2	0.1	6.5	香 川
…	…	…	…	…	0.6	0.9	1.6	0.1	-		1.4	…	9.4	0.1	1.3	0.2	0.1	3.3	愛 媛
…	…	…	…	…	0.4	0.8	1.5	1.1	-		0.4	…	4.1	0.1	1.9	0.2	0.1	4.2	高 知
…	…	…	…	…	0.6	1.4	1.1	0.1	-		0.9	…	3.7	0.4	3.2	0.4	0.1	2.9	福 岡
…	…	…	…	…	2.6	2.8	2.0	0.1	-		0.8	…	2.2	-	1.9	0.4	0.5	8.2	佐 賀
…	…	…	…	…	1.8	0.5	2.3	0.0	-		0.4	…	2.6	0.1	1.0	0.2	0.1	4.8	長 崎
…	…	…	…	…	1.4	1.4	1.4	0.1	0.1		0.5	…	5.8	0.2	0.7	0.2	0.1	2.5	熊 本
…	…	…	…	…	0.2	2.0	2.0	0.2			4.2	…	8.3	0.1	1.9	0.2	0.1	1.7	大 分
…	…	…	…	…	1.1	2.3	1.4	0.2	-		1.2	…	2.4	0.3	1.7	0.3	0.1	4.9	宮 崎
…	…	…	…	…	1.3	0.4	2.1	0.2	0.0		0.5	…	2.3	0.1	2.7	0.1	-	1.9	鹿 児 島
…	…	…	…	…	2.4	0.5	1.3	0.2	-		0.5	…	3.8	0.1	1.1	0.2	-	4.0	沖 縄

1　14歳　(2)　男

区分	裸眼視力 視力非矯正者の裸眼視力 計	1.0以上	1.0未満0.7以上	0.7未満0.3以上	0.3未満	視力矯正者の裸眼視力 1.0以上	1.0未満0.7以上	0.7未満0.3以上	0.3未満	裸眼視力 計	1.0未満0.7以上	0.7未満0.3以上	0.3未満	眼の疾病・異常	難聴	耳疾患	鼻疾・副鼻腔患	口腔咽喉頭疾患・異常	むし歯（う歯）計	処置完了者	未処置歯のある者	歯列・咬合	顎関節	歯垢の状態	歯肉の状態	その他の疾病・異常
全国	100.00	34.46	10.42	18.24	7.62	1.07	1.63	5.35	21.21	64.46	12.05	23.58	28.83	5.34	0.29	4.53	11.14	0.26	29.15	17.00	12.16	5.17	0.37	5.21	4.74	2.58
北海道	100.0	X	X	X	X	X	X	X	X	X	X	X	X	7.0	0.3	0.4	7.1	0.3	37.6	18.5	19.1	7.8	0.8	6.7	7.1	1.9
青森	100.0	30.5	10.1	10.7	7.3	0.2	1.2	6.4	33.6	69.3	11.3	17.1	40.9	4.2	0.1	4.4	14.1	0.2	40.4	23.3	17.1	4.9	0.4	6.0	6.7	3.2
岩手	100.0	40.4	8.2	8.6	7.0	0.5	1.8	4.2	29.1	59.1	10.0	12.8	36.2	6.9	0.2	4.5	X	0.2	33.8	20.0	13.8	5.3	0.2	4.4	3.3	3.4
宮城	100.0	32.0	9.1	13.4	9.9	4.0	2.1	6.6	22.9	64.0	11.2	20.0	32.8	8.4	0.1	8.4	15.0	0.0	35.9	21.2	14.7	7.8	0.4	8.6	7.6	2.5
秋田	-	-	-	-	-	-	-	-	-	-	-	-	-	8.0	0.1	3.6	12.1	0.2	24.7	12.9	11.8	5.4	0.4	4.7	3.9	4.4
山形	100.0	44.4	10.5	16.2	X	-	1.5	3.9	X	55.6	12.0	20.2	23.3	4.8	0.4	5.2	14.0	0.4	26.5	15.1	11.4	4.9	0.2	4.1	4.0	4.2
福島	100.0	33.1	8.7	19.6	10.7	0.8	0.5	5.1	21.6	66.1	9.1	24.7	32.3	2.5	0.0		4.7	-	39.1	22.5	16.6	8.0	0.1	7.7	6.7	2.4
茨城	100.0	39.2	8.9	13.5	7.1	0.7	0.6	4.4	25.6	60.0	9.5	17.9	32.6	18.2	0.1	0.6	24.1	0.7	32.9	18.2	14.6	4.1	0.3	4.1	3.2	4.2
栃木	100.0	39.4	9.3	13.6	7.3	0.6	0.5	5.8	23.6	60.0	9.8	19.4	30.8	3.6	0.2	5.8	8.9	0.1	32.8	20.9	11.9	5.4	0.1	3.0	3.0	1.6
群馬	100.0	37.2	10.3	13.7	6.7	1.1	2.3	4.8	23.8	61.7	12.7	18.5	30.6	5.6	0.5	4.2	4.6	-	33.8	23.5	10.3	6.0	0.0	6.1	6.4	2.4
埼玉	100.0	X	X	X	X	X	X	X	X	X	X	X	X	3.4	0.3	3.7	6.8	0.1	19.5	12.3	7.1	2.2	0.0	2.9	1.1	1.1
千葉	100.0	27.8	X	X	X	0.7	X	X	X	71.4	X	X	X	4.2	0.3		X	0.1	22.7	13.5	9.2	5.7	0.4	4.8	3.7	3.1
東京	100.0	X	X	X	X	X	X	X	X	X	X	X	X	6.7	0.5	7.3	13.7	0.4	26.5	15.7	10.8	5.4	0.2	5.2	3.9	1.4
神奈川	100.0	X	X	X	X	X	X	X	X	X	X	X	X	6.4	0.3	3.7	8.6	0.5	26.4	15.6	10.8	6.9	0.4	5.9	5.3	4.6
新潟	100.0	X	X	X	X	X	X	X	X	X	X	X	X	5.3	0.3	7.7	16.4	-	16.6	10.4	6.2	2.6	0.2	5.0	6.9	1.7
富山	100.0	X	X	X	X	X	X	X	X	X	X	X	X	6.7	0.0	1.5	8.7	0.2	24.5	12.7	11.9	3.1	0.0	4.7	3.5	1.2
石川	100.0	29.2	10.3	16.4	X	-	1.9	4.8	X	70.8	12.2	21.2	37.3	3.7	0.0	0.7	5.1	-	35.1	18.5	16.6	4.3	0.0	3.6	3.5	1.8
福井	100.0	37.4	6.5	12.6	8.4	0.6	1.8	5.9	26.8	62.0	8.3	18.5	35.2	0.7	0.0		2.6	0.1	37.5	23.5	14.1	2.8	0.1	5.7	5.3	1.3
山梨	100.0	31.1	X	X	X	1.6	X	X	X	67.3	X	X	X	4.9	0.2	6.1	13.9	0.4	32.6	19.4	13.2	6.6	0.1	7.8	6.0	3.5
長野	100.0	46.0	8.9	9.9	5.6	-	0.2	3.3	26.0	54.0	9.1	13.3	31.6	3.2	0.2	5.0	7.8	-	30.2	20.1	10.1	4.5	0.4	6.0	5.2	3.4
岐阜	100.0	35.8	10.4	15.0	7.5	0.5	0.5	4.9	25.3	63.7	10.9	19.9	32.9	5.3	0.3	3.1	8.8	0.3	22.1	14.7	7.5	7.5	0.4	4.2	4.1	1.8
静岡	100.0	41.7	8.7	10.2	6.0	0.8	0.8	4.9	27.3	57.8	9.4	15.1	33.3	4.8	0.1	8.0	9.9	0.4	22.7	14.9	7.8	4.6	0.1	5.5	4.0	3.4
愛知	100.0	35.3	7.1	13.5	7.5	0.9	2.4	8.1	25.6	63.8	9.5	21.7	32.7	4.2	0.2	1.0	12.4	0.0	20.6	13.9	6.7	2.3	0.4	3.1	1.9	1.9
三重	100.0	X	X	X	X	X	X	X	X	X	X	X	X	6.7	0.2	7.8	15.6	0.1	33.3	18.3	15.0	4.9	0.2	7.1	6.0	3.6
滋賀	100.0	X	X	X	X	X	X	X	X	X	X	X	X	3.1	0.4	1.5	3.8	-	23.4	13.3	10.1	5.6	0.0	3.6	3.6	1.8
京都	100.0	X	X	X	X	X	X	X	X	X	X	X	X	8.7	0.1	8.2	16.1	0.3	27.1	15.0	12.1	10.1	0.9	9.6		2.2
大阪	100.0	39.6	11.3	16.1	8.1	1.0	2.8	7.2	13.9	59.3	14.1	23.3	21.9	3.7	0.3	6.0	9.9	0.2	29.0	18.3	10.6	6.4	0.4	5.0	5.0	2.0
兵庫	100.0	35.5	13.4	14.6	X	-	0.4	7.5	X	64.5	13.8	22.1	28.6		0.3	7.6	15.1	0.8	31.8	17.8	14.0	6.7	0.2	7.3	6.6	1.9
奈良	100.0	X	X	X	X	X	X	X	X	X	X	X	X	1.2	0.2	6.8	5.1	0.2	29.8	15.9	13.9	6.7	0.5	5.7		2.1
和歌山	100.0	33.7	11.3	15.4	6.4	2.0	3.4	8.9	18.8	64.4	14.8	24.3	25.2	9.8	0.6	4.0	15.1	1.2	27.2	13.8	13.3	7.3	0.8	6.2	5.2	1.5
鳥取	100.0	32.5	X	X	X	-	X	X	X	67.5	X	X	X	8.0	0.1	16.8	18.7	0.5	35.5	24.1	11.4	9.3		6.7		3.1
島根	100.0	39.3	10.5	12.4	6.2	1.9	1.6	5.0	23.1	58.8	12.1	17.4	29.4	7.1	0.0	7.6	15.2	-	31.7	16.2	15.4	6.3	0.4	7.5	6.4	2.5
岡山	100.0	X	X	X	X	X	X	X	X	X	X	X	X	6.7	0.2	6.8	13.7	1.2	24.9	14.0	10.8	4.8	0.0	4.5	5.6	2.3
広島	100.0	X	X	X	X	X	X	X	X	X	X	X	X	7.0	0.2	3.8	10.1	0.3	27.7	13.0	14.7	5.5	0.4	4.2	4.2	2.3
山口	100.0	X	X	X	X	X	X	X	X	X	X	X	X	5.2	0.4	6.0	15.5	0.3	29.8	18.1	11.7	5.3	0.6	3.4	3.8	4.3
徳島	100.0	40.4	8.6	13.3	7.0	2.0	2.5	9.1	17.0	57.5	11.1	22.4	24.0	5.9	0.3		9.3	0.5	36.1	21.7	14.4	7.3	0.5	5.7	4.7	8.8
香川	100.0	X	X	X	X	X	X	X	X	X	X	X	X	4.3	0.2	7.1	9.5	0.1	35.2	21.4	13.8	6.8	0.3	12.3	11.1	3.9
愛媛	100.0	37.7	X	X	X	-	X	X	X	62.3	X	X	X	4.0	0.5	3.6	10.5	0.6	33.2	18.6	14.6	4.5	-	5.2	2.3	3.7
高知	100.0	X	X	X	X	X	X	X	X	X	X	X	X	5.2	0.2		9.8	0.6	30.8	15.3	15.5	7.6	1.1	7.9	7.6	3.9
福岡	100.0	38.4	X	X	X	0.0	X	X	X	61.6	X	X	X	3.9	0.4	7.2	10.8	0.3	38.3	20.3	18.0	5.5	0.4	4.8	5.7	2.0
佐賀	100.0	X	X	X	X	X	X	X	X	X	X	X	X	4.2	0.5	1.2	10.0	0.1	28.9	16.0	13.0	5.8	0.2	6.1	4.0	3.1
長崎	100.0	X	X	X	X	X	X	X	X	X	X	X	X	1.0	0.2	1.0	3.6	-	34.3	23.2	11.1	4.0	0.5	6.5	4.2	3.3
熊本	100.0	X	X	X	X	X	X	X	X	X	X	X	X	4.9	0.2	1.0	3.7	0.5	31.9	19.2	12.7	4.9	0.2	3.5	3.2	6.0
大分	100.0	X	X	X	X	X	X	X	X	X	X	X	X	2.2	0.1		0.7	-	41.1	21.1	20.0	6.1	0.5	7.6	6.4	1.0
宮崎	100.0	X	X	X	X	X	X	X	X	X	X	X	X	3.2	0.4	11.2	7.1	-	39.2	18.9	20.2	4.2	0.5	4.4	4.9	1.1
鹿児島	100.0	44.7	8.3	8.2	5.1	0.7	0.6	5.1	27.2	54.6	9.0	13.3	32.3	5.2	0.4	5.7	17.4	0.4	46.4	24.2	22.1	3.3	0.4	5.8	5.7	7.8
沖縄	100.0	35.9	7.9	14.8	12.8	0.3	-	2.8	25.4	63.8	7.9	17.6	38.2	2.1	0.3	5.4	10.5	0.9	51.0	27.4	23.6	2.8	0.1	3.7	3.9	2.1

異常被患率等（各年齢ごと）（39-23）

単位 （%）

計 (本)	喪失歯数 (本)	むし歯(う歯) 計 (本)	処置歯数 (本)	未処置歯数 (本)	栄養状態	せき柱・胸郭・四肢の状態	アトピー性皮膚炎	その他の皮膚疾患	結核の検査の対象者(精密)	結核	心疾病・臓異常	心電図異常	蛋白検出の者	尿糖検出の者	ぜん息	腎臓疾患	言語障害	その他の疾病・異常	区分
...	...	...	...	...	1.68	1.31	3.07	0.22	0.05	0.00	0.84	...	3.51	0.18	2.62	0.24	0.09	5.21	全 国
...	...	...	...	...	1.1	0.7	6.9	0.2	-	-	0.4	...	1.4	0.1	5.2	0.1	0.2	4.6	北 海 道
...	...	...	...	...	2.5	2.5	0.8	0.3	-	-	0.2	...	2.1	0.1	0.7	0.1	0.1	3.5	青 森
...	...	...	...	...	1.7	0.7	3.3	0.3	-	-	0.6	...	6.5	0.1	1.9	0.3	0.1	7.7	岩 手
...	...	...	...	...	0.5	1.3	4.9	0.3	-	-	0.5	...	2.0	0.0	4.8	0.3	0.1	7.7	宮 城
...	...	...	...	...	4.0	2.0	4.4	0.9	-	-	1.4	...	2.3	0.1	2.3	0.3	0.2	11.7	秋 田
...	...	...	...	...	2.8	0.9	4.2	0.2	-	-	1.1	...	2.5	0.1	3.2	0.3	0.1	11.0	山 形
...	...	...	...	...	1.7	1.5	1.8	0.0	0.0	-	0.2	...	2.8	0.1	2.3	0.3	0.1	6.9	福 島
...	...	...	...	...	4.0	1.2	7.3	0.4	0.0	-	0.6	...	1.4	0.3	3.5	0.1	0.0	6.2	茨 城
...	...	...	...	...	2.2	1.8	2.4	0.2	0.0	-	2.0	...	8.7	0.2	3.6	0.3	0.1	4.8	栃 木
...	...	...	...	...	3.0	1.8	2.7	0.0	0.1	-	1.6	...	1.0	0.1	3.9	0.4	0.1	8.2	群 馬
...	...	...	...	...	0.3	0.4	2.7	0.5	0.1	-	0.7	...	4.3	0.3	2.6	0.2	0.1	3.8	埼 玉
...	...	...	...	...	0.2	1.4	4.0	0.1	0.1	-	0.8	...	1.6	0.3	4.1	0.6	0.0	4.4	千 葉
...	...	...	...	...	2.3	1.3	2.5	0.1	0.1	-	0.4	...	4.2	0.2	2.3	0.2	0.0	5.3	東 京
...	...	...	...	...	1.5	1.8	2.7	0.3	-	-	0.2	...	2.1	0.1	2.9	0.1	0.0	4.5	神 奈 川
...	...	...	...	...	3.4	0.8	6.4	0.1	0.1	-	0.9	...	2.9	0.2	3.5	0.2	0.0	7.5	新 潟
...	...	...	...	...	4.1	6.1	2.4	0.2	-	-	1.2	...	2.8	0.1	1.6	0.0	0.1	5.6	富 山
...	...	...	...	...	0.1	1.0	2.8	0.1	0.0	-	0.9	...	4.2	0.1	0.9	0.3	0.1	2.9	石 川
...	...	...	...	...	2.5	0.7	2.1	0.4	-	-	0.9	...	1.7	0.2	0.9	0.3	0.2	8.0	福 井
...	...	...	...	...	3.0	0.7	2.4	0.0	0.0	-	0.5	...	4.3	0.2	2.1	0.1	0.0	5.9	山 梨
...	...	...	...	...	2.5	1.8	4.8	0.1	-	-	1.8	...	2.8	0.3	3.2	0.2	0.1	8.1	長 野
...	...	...	...	...	0.7	0.6	2.9	0.4	0.2	-	1.9	...	4.8	0.2	1.6	0.6	0.2	8.7	岐 阜
...	...	...	...	...	3.4	1.8	2.2	0.4	0.1	-	0.9	...	3.8	0.3	1.4	0.2	0.0	7.0	静 岡
...	...	...	...	...	2.5	1.2	4.4	0.3	0.1	-	0.9	...	4.6	0.2	3.2	0.3	0.0	4.9	愛 知
...	...	...	...	...	1.6	1.3	3.5	0.1	-	-	0.3	...	3.0	0.1	3.2	0.3	0.0	4.8	三 重
...	...	...	...	...	0.3	0.3	1.2	0.1	0.1	-	1.8	...	2.1	0.3	0.9	0.5	-	2.5	滋 賀
...	...	...	...	...	3.1	2.8	4.2	0.1	-	-	3.2	...	7.0	0.1	2.7	0.4	0.3	7.4	京 都
...	...	...	...	...	0.4	0.7	2.1	0.2	-	-	0.2	...	3.4	0.2	1.4	0.1	0.1	5.0	大 阪
...	...	...	...	...	2.2	2.3	2.4	0.3	0.0	-	1.3	...	1.7	0.2	3.2	0.2	0.1	3.2	兵 庫
...	...	...	...	...	2.0	1.5	2.0	0.3	-	-	0.3	...	6.2	0.0	4.2	0.0	-	4.2	奈 良
...	...	...	...	...	0.8	0.9	2.0	0.1	-	-	0.9	...	6.5	0.2	1.0	0.1	0.1	2.5	和 歌 山
...	...	...	...	...	2.8	1.1	3.8	0.2	-	-	1.9	...	1.4	0.1	3.3	0.3	0.4	13.5	鳥 取
...	...	...	...	...	1.1	1.6	3.1	0.2	-	-	0.3	...	10.5	0.5	2.4	0.2	0.3	6.8	島 根
...	...	...	...	...	3.0	1.0	3.4	0.1	-	-	1.0	...	4.7	0.3	2.1	0.3	0.1	8.1	岡 山
...	...	...	...	...	1.4	1.3	3.8	0.4	0.1	-	0.9	...	5.7	0.4	2.4	0.1	0.1	5.6	広 島
...	...	...	...	...	0.9	2.3	2.3	0.3	-	-	1.2	...	1.2	0.2	1.0	0.1	0.1	7.3	山 口
...	...	...	...	...	5.0	0.8	3.1	-	0.1	-	0.2	...	1.5	0.2	2.0	0.1	0.1	4.1	徳 島
...	...	...	...	...	3.8	0.4	3.8	0.2	-	-	1.8	...	2.5	0.1	2.7	0.7	0.1	6.8	香 川
...	...	...	...	...	0.6	0.4	1.6	0.1	-	-	0.6	...	7.3	0.2	1.2	0.1	0.1	2.2	愛 媛
...	...	...	...	...	0.6	1.3	2.0	0.9	-	-	0.5	...	3.1	0.1	1.0	0.1	0.5	4.7	高 知
...	...	...	...	...	0.6	1.3	1.4	0.1	0.1	-	0.7	...	3.7	0.2	2.4	0.1	0.0	3.0	福 岡
...	...	...	...	...	1.6	2.1	1.4	0.2	-	-	1.0	...	1.3	0.1	2.7	0.2	0.2	8.5	佐 賀
...	...	...	...	...	0.4	0.5	2.1	0.1	-	-	0.3	...	3.0	0.2	0.9	0.1	0.0	4.4	長 崎
...	...	...	...	...	1.4	0.9	1.3	0.1	0.1	-	2.0	...	4.3	0.3	1.4	0.3	0.0	3.0	熊 本
...	...	...	...	...	0.0	1.7	1.3	0.3	-	0.0	3.3	...	7.8	0.2	2.1	0.1	0.1	1.9	大 分
...	...	...	...	...	0.2	1.8	1.0	0.2	-	-	1.3	...	2.4	0.1	1.9	0.3	0.1	5.1	宮 崎
...	...	...	...	...	0.9	0.3	1.4	0.4	0.2	-	0.8	...	2.4	0.1	2.3	0.0	-	1.7	鹿 児 島
...	...	...	...	...	3.0	1.1	1.8	0.3	-	-	0.4	...	3.0	0.2	1.5	0.0	-	4.0	沖 縄

1　15歳 (2) 男

区分	計	視力非矯正者 1.0以上	視力非矯正者 1.0未満0.7以上	視力非矯正者 0.7未満0.3以上	視力非矯正者 0.3未満	視力矯正者 1.0以上	視力矯正者 1.0未満0.7以上	視力矯正者 0.7未満0.3以上	視力矯正者 0.3未満	裸眼視力 計	1.0未満0.7以上	0.7未満0.3以上	0.3未満	眼の疾病・異常	難聴	耳疾患	鼻疾患・副鼻腔患	口腔咽喉頭疾患・異常	むし歯 計	処置完了者	未処置歯のある者	歯列・咬合	顎関節	歯垢の状態	歯肉の状態	その他の疾病・異常
全国	100.00	24.32	9.97	22.96	7.58	0.28	0.88	6.25	27.76	75.40	10.85	29.21	35.35	4.63	0.22	3.70	10.34	0.25	32.26	19.12	13.14	4.52	0.54	5.14	4.65	1.28
北海道	100.0	25.5	X	X	X	-	X	X	X	74.5	X	X	X	2.8	0.1	0.6	10.5	-	40.4	21.0	19.4	4.2	0.5	4.1	3.9	1.6
青森	100.0	32.0	7.4	9.0	6.7	0.1	0.5	7.1	37.2	67.9	7.9	16.1	44.0	2.9	0.2	1.8	13.1	0.6	45.3	27.9	17.4	2.4	0.1	2.7	2.4	1.9
岩手	100.0	X	X	X	X	X	X	X	X	X	X	X	X	4.2	0.1	3.5	18.5	0.4	37.6	24.2	13.5	4.3	0.3	2.4	2.4	0.8
宮城	100.0	29.6	6.4	12.5	9.3	-	0.4	3.7	38.0	70.4	6.8	16.2	47.4	7.7	0.1	3.5	13.7	-	36.0	23.4	12.5	6.9	0.5	6.4	6.7	2.4
秋田	-	-	-	-	-	-	-	-	-	-	-	-	-	3.6	0.1	4.1	14.9	0.3	28.4	17.7	10.7	5.1	0.2	4.5	3.7	2.3
山形	100.0	X	X	X	X	X	X	X	X	X	X	X	X	3.2	0.2	4.4	13.4	0.1	27.3	15.9	11.4	4.8	0.4	5.0	6.0	0.5
福島	100.0	X	X	X	X	X	X	X	X	X	X	X	X	1.7	0.2	0.2	5.4	0.1	41.6	24.1	17.5	5.6	0.6	7.1	8.0	1.8
茨城	100.0	26.7	9.0	12.8	9.7	0.1	1.7	6.4	33.5	73.2	10.7	19.2	43.2	7.0	0.2	2.2	13.0	0.2	35.8	18.5	17.3	5.7	0.5	3.0	2.1	2.0
栃木	100.0	X	X	X	X	X	X	X	X	X	X	X	X	3.4	0.2	4.9	7.6	0.2	35.5	21.7	13.8	4.9	0.3	5.5	5.1	0.7
群馬	100.0	33.2	X	X	X	X	X	X	X	66.8	X	X	X	3.4	0.3	4.4	10.3	-	28.5	20.6	7.9	4.0	1.4	5.3	6.3	1.3
埼玉	100.0	18.2	X	X	X	X	X	X	X	81.8	X	X	X	5.6	0.3	5.3	14.4	0.3	29.9	16.1	13.8	6.0	0.7	4.8	3.8	0.7
千葉	100.0	34.1	X	X	X	X	X	X	X	65.9	X	X	X	4.5	0.2	2.6	6.6	0.1	24.6	13.9	10.8	4.1	0.2	3.7	2.7	1.5
東京	100.0	X	X	X	X	X	X	X	X	X	X	X	X	4.0	0.1	4.2	12.2	0.1	29.8	19.3	10.5	3.4	0.2	6.4	6.4	0.9
神奈川	-	-	-	-	-	-	-	-	-	-	-	-	-	6.4	0.2	5.5	7.8	0.3	28.7	14.9	13.7	2.6	0.3	2.3	3.2	0.9
新潟	100.0	40.2	X	X	X	0.4	X	X	X	59.4	X	X	X	1.3	0.1	3.7	13.8	0.0	16.2	11.4	4.8	1.1	0.1	2.9	3.6	1.5
富山	-	-	-	-	-	-	-	-	-	-	-	-	-	6.0	0.1	2.2	9.5	0.2	25.4	15.1	10.3	2.5	0.1	6.3	5.1	1.1
石川	100.0	X	X	X	X	X	X	X	X	X	X	X	X	0.3	0.1	0.7	0.7	-	30.9	19.8	11.1	2.8	0.5	4.7	4.0	1.0
福井	100.0	26.4	X	X	X	X	X	X	X	73.6	X	X	X	0.4	0.1	2.3	4.5	-	45.0	29.5	15.4	4.6	0.1	4.2	3.4	1.6
山梨	100.0	X	X	X	X	X	X	X	X	X	X	X	X	6.0	0.3	3.1	11.9	0.1	39.9	27.6	12.3	7.1	0.9	7.6	6.3	1.2
長野	100.0	X	X	X	X	X	X	X	X	X	X	X	X	3.8	0.2	3.0	5.8	0.1	32.6	18.4	14.3	5.3	0.2	5.1	5.8	0.4
岐阜	100.0	X	X	X	X	X	X	X	X	X	X	X	X	6.0	0.3	1.8	11.3	0.3	27.1	16.7	10.4	2.5	0.1	3.2	3.2	1.4
静岡	100.0	29.2	8.9	10.0	9.3	0.3	0.6	5.2	36.6	70.5	9.4	15.2	45.9	2.2	0.3	8.4	11.0	0.2	33.6	22.6	11.0	5.3	0.2	5.5	5.0	2.8
愛知	100.0	23.9	11.7	11.3	X	0.3	1.0	5.1	X	75.7	12.7	16.4	46.6	8.7	0.1	4.3	16.4	0.9	26.7	18.0	8.7	2.6	0.3	3.6	4.3	0.7
三重	-	-	-	-	-	-	-	-	-	-	-	-	-	4.7	0.2	4.9	7.1	0.4	34.1	17.5	16.6	7.0	4.6	6.0	6.4	0.3
滋賀	-	-	-	-	-	-	-	-	-	-	-	-	-	1.0	0.3	0.4	2.4	0.0	31.5	20.0	11.6	6.1	0.4	4.4	4.8	0.8
京都	100.0	27.2	6.5	17.2	X	0.2	0.2	9.2	X	72.6	6.7	26.4	39.6	6.2	0.2	6.2	7.5	0.8	26.9	18.2	8.7	5.1	1.4	6.4	5.2	1.1
大阪	100.0	X	X	X	X	X	X	X	X	X	X	X	X	2.0	0.2	1.4	1.8	0.1	31.1	19.0	12.0	2.8	0.9	3.7	2.3	1.0
兵庫	-	-	-	-	-	-	-	-	-	-	-	-	-	6.5	0.2	5.9	11.0	0.3	33.4	19.6	13.8	4.8	0.5	5.0	4.4	1.2
奈良	100.0	X	X	X	X	X	X	X	X	X	X	X	X	4.7	0.6	0.3	0.9	-	37.1	21.7	15.4	7.1	0.7	8.8	5.4	0.7
和歌山	100.0	X	X	X	X	X	X	X	X	X	X	X	X	5.6	0.3	0.2	6.7	0.1	28.8	17.6	11.2	2.4	0.2	3.4	2.6	1.8
鳥取	100.0	X	X	X	X	X	X	X	X	X	X	X	X	2.4	0.3	-	11.6		32.5	19.7	12.7	5.7	0.4	4.9	3.6	
島根	100.0	X	X	X	X	X	X	X	X	X	X	X	X	7.6	0.1	6.6	15.6	0.2	34.9	21.7	13.2	2.9	0.4	3.0	3.2	1.7
岡山	100.0	17.0	X	X	X	0.2	X	X	X	82.8	X	X	X	11.8	0.5	2.6	8.8	0.8	28.4	17.2	11.2	3.0	0.0	4.3	5.2	2.3
広島	100.0	X	X	X	X	X	X	X	X	X	X	X	X	5.1	0.3	3.1	9.6	0.1	27.8	15.1	12.7	3.7	0.2	5.5	5.8	2.7
山口	100.0	31.1	X	X	X	0.7	X	X	X	68.2	X	X	X	9.0	0.5	4.3	12.9	0.5	29.3	16.2	13.1	3.0	0.3	8.3	7.0	1.1
徳島	100.0	26.2	7.8	12.2	5.4	-	1.3	8.3	38.8	73.8	9.1	20.5	44.2	12.5	0.2	7.0	12.2	0.4	32.9	22.1	10.8	2.9	0.2	3.1	1.6	0.8
香川	100.0	26.3	11.1	11.4	6.9	0.3	0.5	3.5	39.9	73.4	11.7	14.9	46.8	4.0	0.1	5.7	6.2	0.0	36.3	24.7	11.6	3.6	0.6	6.1	6.0	0.5
愛媛	100.0	33.3	X	X	X	X	X	X	X	66.7	X	X	X	2.5	0.2	0.0	16.8		26.7	16.2	10.5	1.7	0.1	1.7	1.7	0.5
高知	100.0	X	X	X	X	X	X	X	X	X	X	X	X	0.6	0.4	0.0	6.1	0.0	32.7	17.4	15.2	4.6	0.6	4.6	6.6	0.1
福岡	100.0	30.3	11.1	13.5	8.5	0.2	0.5	4.0	32.1	69.5	11.5	17.5	40.5	3.3	0.2	4.8	X	X	39.3	20.3	19.0	7.2	2.0	8.9	6.9	2.8
佐賀	100.0	X	X	X	X	X	X	X	X	X	X	X	X	2.4	0.5	4.6	8.4	-	34.1	19.1	15.0	7.0	0.0	7.1	6.4	3.0
長崎	100.0	43.7	15.9	19.5	20.9	-	-	-	-	56.3	15.9	19.5	20.9	2.8	0.4	4.1	5.8	0.2	35.3	23.0	12.2	4.2	0.1	5.7	7.2	0.6
熊本	100.0	X	X	X	X	X	X	X	X	X	X	X	X	3.8	0.3	2.4	12.8	1.1	38.8	24.0	14.8	5.0	0.1	7.8	5.4	0.5
大分	-	-	-	-	-	-	-	-	-	-	-	-	-	4.5	0.2	X		0.2	44.3	24.4	19.9	7.6	0.7	8.8	7.0	1.0
宮崎	100.0	X	X	X	X	X	X	X	X	X	X	X	X	4.2	0.1	8.4	9.6	0.1	38.7	22.0	16.7	6.1	0.3	6.4	6.6	2.0
鹿児島	100.0	X	X	X	X	X	X	X	X	X	X	X	X	4.1	0.2	7.0	21.4	0.3	47.8	28.0	19.8	6.3	0.2	4.8	5.4	0.9
沖縄	100.0	31.1	10.3	13.8	11.2	0.1	0.2	3.9	29.5	68.8	10.5	17.6	40.7	0.6	0.5	0.3	3.8	0.3	56.1	26.8	29.3	4.6	0.4	4.4	4.8	1.3

異常被患率等（各年齢ごと）（39-24）

単位　（%）

計 (本)	喪失歯数 (本)	むし歯（う歯） 計 (本)	処置歯数 (本)	未処置歯数 (本)	栄養状態	せき柱・胸郭・四肢の状態	アトピー性皮膚炎	その他の皮膚疾患	結核検査の対象精密者	結核	心臓・疾病・異常	心電図異常	蛋白検出の者	尿糖検出の者	ぜん息	腎臓疾患	言語障害	その他の疾病・異常	区分
…	…	…	…	…	0.87	1.08	2.92	0.24	…	0.03	0.94	3.66	4.04	0.20	1.89	0.18	0.09	4.54	全 国
…	…	…	…	…	0.4	0.3	4.9	0.1		0.0	0.6	2.6	2.8	0.4	2.2	0.2	0.1	5.7	北 海 道
…	…	…	…	…	0.3	0.2	2.2	0.2		0.2	0.4	2.0	2.6	0.3	0.9	0.2	0.1	4.2	青 森
…	…	…	…	…	0.8	1.1	2.3	0.2		0.1	0.9	5.1	4.7	0.1	0.4	0.3	−	3.9	岩 手
…	…	…	…	…	0.3	0.8	5.1	0.3		0.0	0.6	1.7	2.1	0.1	1.7	0.2	0.1	4.7	宮 城
…	…	…	…	…	0.9	1.6	4.4	0.4		0.1	0.5	4.2	1.1	0.4	1.2	0.1	0.1	4.9	秋 田
…	…	…	…	…	1.8	0.3	3.6	0.2		0.1	0.4	7.7	7.0	0.3	1.3	0.1	0.1	8.8	山 形
…	…	…	…	…	2.3	1.0	3.9	0.2		0.0	0.7	3.7	1.5	0.1	1.4	0.1	0.1	4.9	福 島
…	…	…	…	…	2.1	0.6	6.0	0.3		−	1.5	4.2	10.7	0.3	2.9	0.2	0.3	7.0	茨 城
…	…	…	…	…	0.4	4.9	3.9	0.1		0.0	2.1	5.7	6.4	0.2	3.3	0.2	0.1	2.6	栃 木
…	…	…	…	…	0.5	3.0	3.7	0.0		−	1.3	4.2	0.7	0.1	2.2	0.3	0.0	5.2	群 馬
…	…	…	…	…	0.2	0.4	1.7	0.3		0.0	0.6	3.9	4.8	0.1	0.9	0.1	0.0	2.9	埼 玉
…	…	…	…	…	0.1	1.3	2.2	0.1		−	0.7	2.7	3.2	0.1	2.8	0.2	0.1	3.8	千 葉
…	…	…	…	…	1.0	1.5	2.4	0.4		0.0	0.9	2.6	3.5	0.2	1.8	0.1	0.1	3.2	東 京
…	…	…	…	…	2.5	1.0	2.3	0.1		0.0	0.5	2.9	3.3	0.2	1.9	0.2	0.1	3.4	神 奈 川
…	…	…	…	…	0.3	0.2	2.9	0.3		−	1.1	6.4	3.3	0.0	2.3	0.2	0.1	7.3	新 潟
…	…	…	…	…	0.5	3.0	3.3	0.2		0.0	2.4	6.3	1.8	0.3	1.6	0.3	0.0	4.8	富 山
…	…	…	…	…	1.1	0.3	1.7	0.6		−	1.4	2.8	7.6	0.1	1.1	0.4	0.0	2.3	石 川
…	…	…	…	…	1.3	0.6	1.1	0.1		−	0.3	1.0	4.2	0.2	0.4	0.3	0.1	3.0	福 井
…	…	…	…	…	0.6	0.6	1.9	0.3		0.1	0.2	3.8	1.6	0.2	0.5	0.1	0.0	2.7	山 梨
…	…	…	…	…	0.2	0.6	2.3	0.4		−	0.8	3.9	0.4	0.1	1.2	0.2	0.0	4.5	長 野
…	…	…	…	…	1.0	2.8	2.4	0.3		0.0	1.5	6.1	4.8	0.1	1.6	0.5	0.3	5.4	岐 阜
…	…	…	…	…	0.6	0.8	1.2	0.0		−	0.9	3.8	4.8	0.1	1.1	0.1	0.0	2.3	静 岡
…	…	…	…	…	0.7	0.6	5.5	0.3		−	0.9	3.2	5.0	0.3	2.6	0.3	0.2	5.7	愛 知
…	…	…	…	…	1.6	0.3	3.8	0.0		0.1	1.2	3.9	3.9	0.2	2.9	0.1	0.2	3.5	三 重
…	…	…	…	…	0.3	0.7	1.8	0.2		−	2.3	3.5	3.9	0.2	0.5	0.2	0.0	2.1	滋 賀
…	…	…	…	…	1.8	1.4	2.8	0.3		−	1.3	5.8	5.5	0.2	2.0	0.1	0.2	8.6	京 都
…	…	…	…	…	0.2	0.5	3.1	0.2		−	0.5	3.5	3.5	0.2	1.9	0.2	0.1	5.8	大 阪
…	…	…	…	…	1.0	1.5	2.6	0.1		0.1	1.4	4.8	3.7	0.1	2.7	0.3	0.1	4.6	兵 庫
…	…	…	…	…	1.1	1.5	2.7	0.1		0.2	0.7	4.8	5.3	0.1	1.8	0.3	0.1	1.9	奈 良
…	…	…	…	…	0.0	0.7	1.5	0.3		−	0.8	5.4	6.7	0.3	1.1	−	−	4.5	和 歌 山
…	…	…	…	…	0.3	0.9	3.2	0.2		−	1.3	4.4	2.1	0.0	1.6	0.3	−	11.2	鳥 取
…	…	…	…	…	−	1.3	2.3	0.1		0.0	0.2	1.7	4.2	0.4	1.1	0.1	0.1	4.4	島 根
…	…	…	…	…	0.3	0.7	4.7	0.2		0.0	1.2	3.4	3.7	0.2	3.1	0.3	0.0	10.1	岡 山
…	…	…	…	…	0.4	1.2	3.0	0.1		0.0	0.5	2.6	8.5	0.2	1.4	0.2	0.09	3.1	広 島
…	…	…	…	…	0.9	0.6	2.6	0.1		0.0	0.7	2.7	1.1	0.4	1.5	0.2	−	3.4	山 口
…	…	…	…	…	5.2	0.0	3.0	−		−	1.8	4.7	1.7	0.2	1.8	0.4	0.1	2.7	徳 島
…	…	…	…	…	0.4	0.2	3.9	0.4		−	2.0	6.7	1.2	0.1	1.7	0.3	−	3.3	香 川
…	…	…	…	…	1.7	0.9	3.4	0.4		−	0.8	3.7	3.6	0.2	2.0	0.1	0.1	5.2	愛 媛
…	…	…	…	…	0.7	1.0	2.5	0.4		−	1.9	4.6	1.5	−	1.1	0.1	0.0	5.3	高 知
…	…	…	…	…	1.0	2.6	2.4	0.6		0.1	1.4	3.8	4.0	0.2	3.6	0.2	0.2	6.4	福 岡
…	…	…	…	…	1.2	0.8	1.8	0.5		−	0.7	2.6	3.0	0.1	1.0	0.1	0.4	4.7	佐 賀
…	…	…	…	…	0.8	0.4	2.5	0.2		0.2	0.9	3.7	3.8	0.1	1.7	0.2	−	5.2	長 崎
…	…	…	…	…	0.6	1.1	1.1	0.2		−	0.7	2.7	2.4	0.2	0.4	0.2	−	3.9	熊 本
…	…	…	…	…	1.7	1.3	1.7	0.1		−	1.3	3.7	11.0	0.1	1.6	0.2	−	2.6	大 分
…	…	…	…	…	0.6	0.8	1.5	0.3		0.0	1.4	6.7	3.4	0.2	1.4	0.2	0.0	4.5	宮 崎
…	…	…	…	…	0.3	0.5	2.7	0.1		0.1	1.4	3.8	4.5	0.5	1.4	0.4	−	3.9	鹿 児 島
…	…	…	…	…	0.8	0.5	1.3	0.3		−	0.4	3.4	4.2	0.2	1.0	0.2	0.0	2.7	沖 縄

都道府県表

1 16歳 (2) 男

区分	計	非矯正1.0以上	非矯正1.0未満0.7以上	非矯正0.7未満0.3以上	非矯正0.3未満	矯正1.0以上	矯正1.0未満0.7以上	矯正0.7未満0.3以上	矯正0.3未満	裸眼計	裸眼1.0未満0.7以上	裸眼0.7未満0.3以上	裸眼0.3未満	眼の疾病・異常	難聴	耳疾患	鼻疾患・副鼻腔患	口腔咽喉頭疾患異常	むし歯計	処置完了者	未処置歯者	歯列・咬合	顎関節	歯垢の状態	歯肉の状態	その他の疾病・異常
全 国	100.00	32.77	8.38	11.30	11.68	0.49	0.85	5.45	29.07	66.73	9.23	16.75	40.75	3.62	…	2.26	8.65	0.31	36.42	21.72	14.70	4.70	0.54	5.36	4.95	1.24
北 海 道	100.0	24.8	7.7	8.4	8.9	−	0.2	3.5	46.6	75.2	7.9	11.9	55.5	2.7	…	0.2	9.3	0.0	46.4	24.2	22.2	4.2	0.6	3.3	3.6	0.8
青 森	100.0	33.7	6.8	7.6	7.3	0.3	0.7	6.7	36.7	66.0	7.6	14.3	44.1	6.1	…	X	X	X	49.2	29.2	20.1	3.1	0.2	2.9	3.4	1.8
岩 手	100.0	29.7	X	X	X	0.3	X	X	X	70.0	X	X	X	4.2	…	5.7	X	1.2	40.8	24.2	16.6	4.9	0.2	5.0	4.5	1.2
宮 城	100.0	X	X	X	X	X	X	X	X	X	X	X	X	5.0	…	0.4	X	−	41.8	24.9	16.9	4.2	0.4	7.1	9.2	1.7
秋 田	−	−	−	−	−	−	−	−	−	−	−	−	−	2.1	…	3.5	13.2	−	33.0	20.9	12.1	3.6	0.2	4.6	3.3	2.5
山 形	100.0	X	X	X	X	X	X	X	X	X	X	X	X	3.5	…	3.7	10.5	−	29.3	16.5	12.8	3.6	0.3	4.7	5.6	0.6
福 島	100.0	X	X	X	X	X	X	X	X	X	X	X	X	2.2	…	0.0	6.1	−	46.5	26.8	19.7	4.2	0.5	6.8	10.8	2.7
茨 城	100.0	26.7	8.7	13.4	8.1	0.0	2.7	5.6	34.9	73.3	11.4	18.9	43.0	8.4	…	0.9	13.7	0.1	42.1	23.2	18.9	7.1	0.5	4.3	2.6	1.7
栃 木	100.0	X	X	X	X	X	X	X	X	X	X	X	X	4.0	…	4.3	8.1	0.3	X	X	X	5.3	−	5.6	5.0	1.0
群 馬	100.0	X	X	X	X	X	X	X	X	X	X	X	X	3.3	…	0.8	3.6	−	32.7	23.1	9.7	4.2	0.7	4.5	4.9	0.8
埼 玉	100.0	19.6	X	X	X	0.2	X	X	X	80.3	X	X	X	3.3	…	1.7	6.3	0.1	32.6	17.3	15.3	6.5	0.9	5.7	4.0	1.4
千 葉	100.0	X	X	X	X	X	X	X	X	X	X	X	X	1.5	…	0.8	3.6	−	28.1	17.7	10.4	5.0	0.2	4.3	4.0	1.4
東 京	100.0	X	X	X	X	X	X	X	X	X	X	X	X	3.9	…	4.4	10.1	0.1	34.6	21.7	12.9	6.0	0.2	7.2	6.1	1.0
神 奈 川	−	−	−	−	−	−	−	−	−	−	−	−	−	1.3	…	1.2	4.6	0.0	33.6	19.4	14.2	5.1	0.2	2.4	3.9	1.1
新 潟	100.0	33.6	9.7	7.7	4.2		2.3	5.0	37.4	66.4	12.0	12.8	41.7	1.2	…				18.1	11.6	6.5	2.0		2.3	3.2	1.5
富 山	−	−	−	−	−	−	−	−	−	−	−	−	−	5.9	…	1.9	10.4	0.0	32.5	19.7	12.8	2.5	0.2	5.8	5.4	0.6
石 川	100.0	X	X	X	X	X	X	X	X	X	X	X	X	−	…				34.7	21.5	13.2	3.4	1.0	5.6	5.1	0.7
福 井	100.0	X	X	X	X	X	X	X	X	X	X	X	X	0.1	…	0.1	3.3	−	47.4	30.9	16.5	5.1	0.3	4.9	3.3	1.4
山 梨	100.0	X	X	X	X	X	X	X	X	X	X	X	X	1.4	…	0.6	8.3	−	39.9	25.0	14.9	4.7	1.1	8.3	6.4	1.2
長 野	100.0	X	X	X	X	X	X	X	X	X	X	X	X	2.4	…	2.2	3.9	−	35.5	20.5	15.0	5.0	0.2	5.7	5.4	0.1
岐 阜	100.0	X	X	X	X	X	X	X	X	X	X	X	X	4.7	…	0.1	X	−	32.1	20.2	11.9	2.3	0.2	4.1	4.3	0.6
静 岡	100.0	29.7	8.5	9.1	6.3	0.0	0.3	6.3	39.7	70.2	8.8	15.4	45.9	1.6	…	2.3	0.2	0.2	37.5	25.5	12.0	5.5	0.3	5.6	4.7	1.8
愛 知	100.0	24.9	10.8	9.5	5.9	1.0	0.9	5.9	41.3	74.2	11.7	15.3	47.2	5.9	…	0.9	X	1.0	31.6	21.0	10.5	2.8	0.6	3.6	4.2	0.4
三 重	−	−	−	−	−	−	−	−	−	−	−	−	−	4.2	…	0.6	11.2	−	38.4	19.6	18.8	6.6	4.8	5.5	4.8	0.3
滋 賀	−	−	−	−	−	−	−	−	−	−	−	−	−	1.2	…	0.4	2.4	0.1	36.9	21.6	15.3	6.2	0.2	5.8	3.7	0.8
京 都	100.0	33.2	9.7	16.4	X	−	−	0.9	X	66.8	9.7	17.2	39.8	5.7	…	8.2	7.0	0.8	30.0	21.5	8.5	5.7	1.5	8.0	6.5	1.0
大 阪	100.0	X	X	X	X	X	X	X	X	X	X	X	X	0.7	…	4.2	6.3	1.1	32.9	21.8	11.1	2.3	0.6	3.0	2.4	1.2
兵 庫	−	−	−	−	−	−	−	−	−	−	−	−	−	6.5	…	5.5	11.2	0.2	36.7	21.0	15.7	6.0	0.7	6.2	5.6	1.0
奈 良	100.0	X	X	X	X	X	X	X	X	X	X	X	X	4.7	…	−	1.4	−	41.4	24.3	17.2	7.9	0.5	13.0	9.4	0.8
和 歌 山	100.0	X	X	X	X	X	X	X	X	X	X	X	X	6.1	…	0.1	4.8	0.4	35.2	22.4	12.8	3.0	0.3	4.3	3.8	2.0
鳥 取	100.0	22.8	4.7	7.6	3.1	−	0.4	8.0	53.3	77.2	5.1	15.7	56.5	2.4	…	0.7	14.6	−	30.3	18.6	11.7	4.8	0.1	4.1	2.3	1.0
島 根	100.0	32.0	11.7	9.2	6.8	−	1.2	6.6	32.5	68.0	12.9	15.7	39.3	8.0	…	8.2	X	0.8	42.1	24.3	17.8	2.5	0.2	2.4	2.5	1.6
岡 山	100.0	X	X	X	X	X	X	X	X	X	X	X	X	0.9	…	0.9			30.7	17.3	13.4			5.8	5.2	3.1
広 島	100.0	X	X	X	X	X	X	X	X	X	X	X	X	4.9	…	4.1	9.8	0.2	31.2	17.5	13.7	2.5	0.2	5.9	4.8	0.6
山 口	100.0	X	X	X	X	X	X	X	X	X	X	X	X	4.9	…	4.9	15.5	0.5	36.0	20.6	15.4	3.2	0.2	7.2	6.7	1.0
徳 島	100.0	31.4	5.8	8.2	4.9	0.1	2.0	10.7	36.8	68.5	7.8	18.9	41.8	3.1	…	1.6	5.0	0.2	42.4	26.6	15.8	2.6	0.3	2.3	2.9	0.8
香 川	100.0	29.0	7.8	9.1	6.9	0.2	−	4.8	42.2	70.8	7.8	13.9	49.1	4.6	…	4.3	5.4	−	44.7	31.2	13.5	2.6	0.3	6.1	6.6	0.8
愛 媛	100.0	X	X	X	X	X	X	X	X	X	X	X	X	3.2	…	0.1	16.6	0.6	31.6	18.8	12.9	1.7	0.3	1.8	2.3	0.3
高 知	100.0	27.2	X	X	X	−	X	X	X	72.8	X	X	X	1.2	…	0.3	6.3	0.6	39.7	22.7	17.0	5.1	0.4	5.0	6.8	6.4
福 岡	100.0	34.9	X	X	X	0.4	X	X	X	64.7	X	X	X	2.8	…	1.4	X	1.0	43.7	22.1	21.6	6.9	2.1	10.1	7.8	2.8
佐 賀	100.0	X	X	X	X	X	X	X	X	X	X	X	X	2.1	…	1.7	6.8	0.1	40.9	23.2	17.7	7.7	0.1	7.8	7.4	3.5
長 崎	100.0	X	X	X	X	X	X	X	X	X	X	X	X	0.3	…	−	1.2	−	43.0	28.2	14.9	3.2	0.1	5.9	7.1	1.0
熊 本	100.0	22.4	X	X	X	0.2	X	X	X	77.4	X	X	X	3.8	…	0.3	X	1.1	44.5	28.8	15.7	3.0	0.1	5.8	5.8	0.5
大 分	−	−	−	−	−	−	−	−	−	−	−	−	−	2.1	…		X	0.3	51.4	26.5	24.9	6.6	1.1	7.3	8.4	0.4
宮 崎	100.0	X	X	X	X	X	X	X	X	X	X	X	X	3.9	…	6.5	8.3	−	43.8	25.6	18.2	3.8	0.2	6.9	7.1	2.9
鹿 児 島	100.0	X	X	X	X	X	X	X	X	X	X	X	X	4.0	…	0.9	X	−	49.1	28.2	20.9	6.6	0.4	4.2	5.1	1.4
沖 縄	100.0	34.8	X	X	X	−	X	X	X	65.2	X	X	X	0.7	…	0.0	3.7	0.2	57.4	27.2	30.2	3.4	0.1	5.0	4.4	1.1

異常被患率等（各年齢ごと）（39-25）

単位　（％）

計 (本)	喪失歯数 (本)	計 (本)	処置歯数 (本)	未処置歯数 (本)	栄養状態	せき柱・胸郭・四肢の状態	アトピー性皮膚炎	その他の皮膚疾患	結核検査の対象精密者	結核	心臓・疾病の異常	心電図異常	蛋白検出の者	尿糖検出の者	ぜん息	腎臓疾患	言語障害	その他の疾病・異常	区　分
...	...	...	...	...	0.79	0.91	2.87	0.18	...	...	0.78	...	3.04	0.21	1.91	0.23	0.07	4.36	全　国
...	...	...	...	...	0.6	0.3	5.0	0.1	...	...	0.6	...	1.9	0.4	2.6	0.2	0.0	5.6	北 海 道
...	...	...	...	...	0.2	0.2	2.0	0.1	...	...	0.8	...	2.5	0.3	0.9	0.2	0.0	4.1	青　森
...	...	...	...	...	0.6	1.1	3.1	0.3	...	...	0.7	...	4.2	0.2	0.5	0.3	-	5.5	岩　手
...	...	...	...	...	0.3	0.2	5.0	0.3	...	...	0.6	...	1.4	0.2	1.2	0.1	0.1	5.0	宮　城
...	...	...	...	...	0.4	0.5	2.8	0.1	...	...	0.6	...	0.7	0.2	1.8	0.4	0.0	3.8	秋　田
...	...	...	...	...	1.6	0.6	4.2	0.4	...	...	0.6	...	6.0	0.3	2.0	0.3	0.3	6.9	山　形
...	...	...	...	...	2.3	0.5	4.7	0.0	...	...	0.2	...	1.3	0.3	2.1	0.1	0.0	4.5	福　島
...	...	...	...	...	1.6	0.7	6.4	0.1	...	...	0.8	...	8.2	0.1	3.6	0.1	0.1	6.1	茨　城
...	...	...	...	...	0.4	3.0	3.4	0.0	...	...	1.9	...	4.9	0.2	3.7	0.1	0.1	3.9	栃　木
...	...	...	...	...	0.4	2.5	2.7	0.1	...	...	1.6	...	0.8	0.1	2.4	0.6	0.3	4.5	群　馬
...	...	...	...	...	0.2	0.7	1.6	0.1	...	...	0.4	...	3.6	0.2	1.3	0.1	0.1	2.9	埼　玉
...	...	...	...	...	0.2	1.2	2.3	0.2	...	...	0.6	...	2.0	0.2	3.1	0.4	0.1	4.1	千　葉
...	...	...	...	...	1.1	1.0	2.4	0.2	...	...	0.5	...	2.3	0.1	1.4	0.1	0.0	3.0	東　京
...	...	...	...	...	2.0	1.3	2.4	0.2	...	...	0.4	...	2.5	0.2	1.9	0.1	0.0	2.8	神 奈 川
...	...	...	...	...	0.2	0.1	2.3	0.1	...	...	0.6	...	2.4	0.2	2.3	0.2	0.0	6.4	新　潟
...	...	...	...	...	0.8	4.4	3.3	0.5	...	...	2.5	...	2.5	0.3	1.5	0.3	0.0	4.9	富　山
...	...	...	...	...	1.2	0.2	2.7	0.3	...	...	1.9	...	5.2	0.2	1.4	0.1	-	2.6	石　川
...	...	...	...	...	1.5	0.3	1.1	0.1	...	...	0.4	...	2.8	0.1	0.1	0.3	0.1	3.2	福　井
...	...	...	...	...	0.6	0.6	1.9	0.1	...	...	0.7	...	1.0	0.5	0.6	0.0	0.3	3.5	山　梨
...	...	...	...	...	0.4	1.1	1.5	0.1	...	...	1.2	...	0.4	0.2	1.4	0.1	0.0	4.3	長　野
...	...	...	...	...	0.7	1.1	3.0	0.3	...	...	1.7	...	3.8	0.2	1.4	0.7	0.1	5.2	岐　阜
...	...	...	...	...	0.3	0.4	1.1	0.1	...	...	0.4	...	3.1	0.1	0.6	0.3	0.0	2.9	静　岡
...	...	...	...	...	0.7	0.6	5.8	0.2	...	...	0.7	...	3.1	0.2	2.6	0.2	-	5.5	愛　知
...	...	...	...	...	1.7	0.1	3.2	-	...	...	0.7	...	3.1	0.5	2.9	0.2	0.0	4.0	三　重
...	...	...	...	...	0.2	0.2	1.2	0.0	...	...	3.0	...	3.5	0.1	0.4	0.2	0.0	2.5	滋　賀
...	...	...	...	...	1.6	0.8	2.6	0.1	...	...	1.4	...	4.2	0.3	1.8	0.3	0.1	7.3	京　都
...	...	...	...	...	0.2	0.7	3.0	0.2	...	...	0.3	...	3.8	0.1	2.1	0.5	0.1	5.9	大　阪
...	...	...	...	...	1.1	1.9	2.3	0.2	...	...	1.2	...	2.4	0.2	2.1	0.4	0.0	4.6	兵　庫
...	...	...	...	...	0.4	2.0	4.4	0.0	...	...	0.8	...	3.8	0.4	2.8	0.1	0.0	1.9	奈　良
...	...	...	...	...	0.1	0.4	1.5	0.1	...	...	0.9	...	5.5	0.2	1.9	0.2	0.0	6.7	和 歌 山
...	...	...	...	...	0.4	0.8	4.1	0.3	...	...	1.7	...	1.5	-	1.9	0.4	0.1	10.6	鳥　取
...	...	...	...	...	0.2	0.7	1.9	-	...	...	0.2	...	2.9	0.2	1.8	-	0.1	3.2	島　根
...	...	...	...	...	0.2	0.5	4.6	0.3	...	...	0.9	...	3.9	0.5	2.6	0.2	0.2	10.3	岡　山
...	...	...	...	...	0.3	0.8	2.7	0.1	...	...	0.5	...	5.4	0.4	0.9	0.1	-	2.2	広　島
...	...	...	...	...	0.7	0.3	1.6	0.1	...	...	1.1	...	0.8	0.3	1.5	0.3	0.1	3.3	山　口
...	...	...	...	...	3.5	0.1	3.0	0.0	...	...	1.3	...	1.3	0.2	2.0	0.2	-	3.4	徳　島
...	...	...	...	...	0.5	0.4	4.1	0.0	...	...	2.4	...	0.6	0.2	1.7	0.2	0.0	3.0	香　川
...	...	...	...	...	0.7	0.6	3.6	0.2	...	...	1.3	...	2.9	0.2	2.8	0.2	0.0	5.4	愛　媛
...	...	...	...	...	0.4	0.7	2.8	0.2	...	...	1.8	...	1.4	0.2	1.4	0.1	-	4.5	高　知
...	...	...	...	...	0.9	1.2	1.6	0.4	...	...	0.6	...	3.4	0.3	2.3	0.2	0.1	4.4	福　岡
...	...	...	...	...	1.4	0.9	2.4	0.2	...	...	0.3	...	2.3	0.1	2.0	0.3	0.0	3.9	佐　賀
...	...	...	...	...	0.1	0.8	1.5	0.1	...	...	0.7	...	2.5	0.1	1.8	0.1	0.1	4.6	長　崎
...	...	...	...	...	1.0	1.2	1.0	0.3	...	...	0.4	...	3.0	0.3	2.2	0.1	0.1	4.0	熊　本
...	...	...	...	...	2.3	1.1	1.6	0.2	...	...	0.7	...	7.3	0.3	2.2	0.2	0.0	2.5	大　分
...	...	...	...	...	0.5	0.7	1.6	0.5	...	...	1.2	...	2.1	-	1.4	0.1	0.0	3.6	宮　崎
...	...	...	...	...	0.2	0.4	3.4	0.1	...	...	1.3	...	3.3	0.3	2.4	0.2	0.0	4.2	鹿 児 島
...	...	...	...	...	0.2	0.9	1.2	0.3	...	...	0.6	...	3.7	0.1	0.8	0.2	0.1	3.6	沖　縄

都道府県表

1 17歳 (2) 男

区分	計	非矯正 1.0以上	非矯正 1.0未満0.7以上	非矯正 0.7未満0.3以上	非矯正 0.3未満	矯正 1.0以上	矯正 1.0未満0.7以上	矯正 0.7未満0.3以上	矯正 0.3未満	裸眼 計	裸眼 1.0未満0.7以上	裸眼 0.7未満0.3以上	裸眼 0.3未満	眼の疾病・異常	難聴	耳疾患	鼻疾患・副鼻腔患	口腔咽喉頭疾患異常	むし歯 計	処置完了者	未処置歯のある者	歯列・咬合	顎関節	歯垢の状態	歯肉の状態	その他の疾病・異常
全国	100.00	29.55	9.21	10.17	6.10	0.48	0.99	7.18	36.31	69.97	10.20	17.35	42.42	3.63	0.27	1.75	8.11	0.32	41.54	24.66	16.88	4.44	0.61	5.42	5.01	1.27
北海道	100.0	30.3	X	X	X	-	X	X	X	69.7	X	X	X	4.4	0.2	0.1	7.8	0.0	52.4	28.3	24.0	4.4	0.9	4.4	4.1	1.4
青森	100.0	28.6	6.3	7.6	3.2	-	0.9	7.3	46.2	71.4	7.2	14.9	49.4	4.2	0.4	X	X	X	52.3	30.0	22.3	3.0	0.1	2.9	3.1	1.4
岩手	100.0	X	X	X	X	X	X	X	X	X	X	X	X	4.9	0.1	7.4	X	0.2	44.9	25.1	19.8	4.0	0.5	2.6	3.2	0.7
宮城	100.0	25.7	8.1	9.3	6.3	-	1.6	5.0	44.0	74.3	9.7	14.3	50.3	6.7	0.0	2.1	8.8	0.0	49.5	28.3	21.2	5.6	0.8	7.5	8.9	1.7
秋田	-	-	-	-	-	-	-	-	-	-	-	-	-	2.8	0.4	2.2	11.1	0.2	41.8	26.4	15.4	4.2	0.3	3.4	2.2	1.5
山形	100.0	X	X	X	X	X	X	X	X	X	X	X	X	3.0	0.4	4.6	12.7	-	34.4	20.1	14.3	1.6	0.3	3.2	4.0	1.1
福島	100.0	X	X	X	X	X	X	X	X	X	X	X	X	0.3	0.1	0.1	6.2	-	55.1	29.0	26.2	4.0	0.5	7.6	10.3	1.6
茨城	100.0	26.4	8.6	11.0	6.8	0.4	2.8	7.1	37.0	73.3	11.4	18.1	43.7	9.5	0.2	0.8	15.8	0.1	47.9	26.2	21.8	6.6	0.2	5.3	2.4	1.9
栃木	100.0	X	X	X	X	X	X	X	X	X	X	X	X	4.0	0.2	3.9	9.2	0.4	42.1	26.5	15.6	4.7	0.1	5.3	4.7	0.5
群馬	100.0	X	X	X	X	X	X	X	X	X	X	X	X	3.0	0.2		5.0		37.6	26.2	11.5	4.1	0.5	6.5	6.0	1.4
埼玉	100.0	8.2	10.5	X	X	0.1	0.1	X	X	91.7	10.6	20.5	60.6	2.2	0.4	1.6	6.8	0.1	36.2	20.1	16.1	6.2	1.2	5.0	3.5	1.1
千葉	100.0	X	X	X	X	X	X	X	X	X	X	X	X	2.1	0.2	1.0	5.4	-	35.5	21.8	13.7	5.4	0.4	3.9	5.2	1.7
東京	-	-	-	-	-	-	-	-	-	-	-	-	-	4.0	0.3	3.5	13.0	0.1	38.4	23.6	14.7	5.9	0.2	8.4	7.0	1.2
神奈川	-	-	-	-	-	-	-	-	-	-	-	-	-	1.4	0.5	1.4	4.5	0.2	39.7	22.8	16.9	2.9	0.2	2.2	1.9	1.6
新潟	100.0	32.1	8.9	8.5	X	-	1.8	10.7	X	67.9	10.7	19.2	38.0	0.9	0.1				23.8	14.6	9.2	1.8	-	2.8	3.8	1.2
富山	-	-	-	-	-	-	-	-	-	-	-	-	-	6.2	0.3	2.0	8.2	-	36.8	22.3	14.5	2.3	0.0	6.8	4.1	0.4
石川	100.0	X	X	X	X	X	X	X	X	X	X	X	X	-	0.2				43.0	27.3	15.7	2.9	0.9	6.5	5.8	0.6
福井	100.0	X	X	X	X	X	X	X	X	X	X	X	X	X				0.9	54.5	33.3	21.2	4.3	0.1	5.8	5.5	1.2
山梨	100.0	X	X	X	X	X	X	X	X	X	X	X	X	2.4	0.5	0.9	7.4	0.1	47.3	29.4	17.9	4.5	1.0	8.5	7.5	1.5
長野	100.0	X	X	X	X	X	X	X	X	X	X	X	X	2.5	0.1	2.2	4.1	0.1	36.8	21.5	15.3	6.4	0.0	5.8	5.1	0.4
岐阜	100.0	X	X	X	X	X	X	X	X	X	X	X	X	4.6	0.1	0.1	X	-	36.4	23.1	13.3	2.5	0.1	5.3	5.6	1.6
静岡	100.0	27.5	8.6	6.3	4.7	0.1	0.4	7.3	45.2	72.4	9.0	13.5	49.9	1.3	0.2	0.4	1.9	0.1	42.2	28.5	13.7	4.2	0.1	5.4	5.0	2.0
愛知	100.0	27.3	X	X	X	0.8	X	X	X	71.9	X	X	X	5.9	0.2	X	X	0.7	34.7	22.7	12.0	2.4	0.1	4.1	4.6	0.3
三重	-	-	-	-	-	-	-	-	-	-	-	-	-	4.1	0.0	0.7	9.2	-	44.4	22.7	21.7	5.8	4.1	6.0	4.6	0.3
滋賀	-	-	-	-	-	-	-	-	-	-	-	-	-	1.2	0.2	0.1	1.7	0.0	38.3	26.4	11.8	4.3	0.1	4.4	2.0	0.6
京都	100.0	26.4	6.0	11.9	X	-	0.4	8.4	X	73.6	6.4	20.3	46.9	5.6	0.2	6.5	7.5	0.7	33.3	23.1	10.2	5.3	1.6	7.0	5.7	0.8
大阪	100.0	X	X	X	X	X	X	X	X	X	X	X	X	1.7	0.2	0.4	1.4	0.0	39.2	25.9	13.2	2.7	0.9	4.0	2.7	1.3
兵庫	-	-	-	-	-	-	-	-	-	-	-	-	-	5.0	0.2	4.2	11.7	0.2	43.6	24.8	18.9	6.7	1.0	6.6	6.8	1.1
奈良	100.0	X	X	X	X	X	X	X	X	X	X	X	X	4.2	0.4				42.8	25.3	17.5	4.3	0.9	7.5	4.7	0.6
和歌山	100.0	X	X	X	X	X	X	X	X	X	X	X	X	5.8	0.4		3.6		38.4	22.6	15.8	2.6	0.4	4.2	3.7	1.5
鳥取	100.0	20.2	4.9	7.6	4.6	-	0.4	7.0	55.2	79.8	5.3	14.7	59.8	1.9	0.1		9.5		36.6	23.1	13.5	6.1	0.4	4.5	2.4	2.3
島根	100.0	X	X	X	X	X	X	X	X	X	X	X	X	8.5	0.0	8.9	X	0.5	48.4	26.4	21.9	1.8	0.3	3.9	2.5	1.2
岡山	100.0	X	X	X	X	X	X	X	X	X	X	X	X	12.7	0.3	1.1	7.6	0.5	37.0	20.4	16.6	5.0	0.5	5.4	2.7	0.7
広島	100.0	X	X	X	X	X	X	X	X	X	X	X	X	3.8	0.27	2.7	9.3	-	34.3	20.3	14.1	3.2	0.6	5.7	5.7	0.4
山口	100.0	X	X	X	X	X	X	X	X	X	X	X	X	X	0.5	5.2	12.1	0.9	40.8	23.2	17.6	2.4	0.4	8.8	8.3	0.7
徳島	100.0	31.0	9.5	7.4	4.6	0.4	1.1	8.4	37.7	68.6	10.6	15.8	42.3	2.9	0.3	1.1	6.1	-	47.9	30.0	17.9	2.5	0.1	3.0	1.8	0.4
香川	100.0	31.5	7.7	9.3	4.6	-	0.4	2.7	43.8	68.5	8.1	12.1	48.4	4.2	0.1	4.4	5.8	-	48.3	32.7	15.6	4.0	0.2	4.9	5.8	0.7
愛媛	100.0	X	X	X	X	X	X	X	X	X	X	X	X	3.8	0.1	0.1	17.9	0.5	35.5	20.3	15.1	2.0	1.2	1.6	1.6	0.5
高知	100.0	X	X	X	X	X	X	X	X	X	X	X	X	4.2		X	7.2	0.4	42.2	23.6	18.7	2.6	0.6			
福岡	100.0	32.2	8.3	10.2	6.0	0.2	0.2	6.3	36.6	67.5	8.5	16.4	42.6	2.8	0.3	0.0	X	3.3	48.5	25.1	23.4	6.5	2.4	9.7	8.1	2.7
佐賀	100.0	X	X	X	X	X	X	X	X	X	X	X	X	3.5	0.2	2.5	4.4	0.2	48.5	25.2	23.3	6.6	0.6	7.6	8.9	3.2
長崎	100.0	X	X	X	X	X	X	X	X	X	X	X	X	0.1	0.5	1.3	2.1	-	47.1	31.0	16.1	3.8	0.1	5.8	5.9	0.6
熊本	100.0	20.9	X	X	X	X	X	X	X	79.1	X	X	X	4.1	0.7	0.6	8.6	1.2	51.3	33.3	18.0	5.1	0.2	7.7	6.2	0.4
大分	-	-	-	-	-	-	-	-	-	-	-	-	-	2.7	0.2	-	3.5	0.3	59.7	30.7	28.9	6.3	0.7	8.6	8.6	0.8
宮崎	100.0	X	X	X	X	X	X	X	X	X	X	X	X	4.4	0.1	6.4	6.8	0.0	48.2	26.6	21.6	3.2	0.2	4.8	4.7	2.0
鹿児島	100.0	X	X	X	X	X	X	X	X	X	X	X	X	4.8	0.1	3.7	X	-	55.5	31.5	24.1	6.4	0.3	4.5	6.1	1.0
沖縄	100.0	31.1	9.2	13.5	4.6	-	1.7	6.4	33.5	68.9	10.9	19.9	38.1	0.9	0.6	0.1	3.1	0.4	65.1	30.1	35.0	3.6	0.3	3.1	4.3	1.1

異常被患率等（各年齢ごと）（39-26）

単位　（％）

計(本)	喪失歯数(本)	むし歯(う歯) 計(本)	処置歯数(本)	未処置歯数(本)	栄養状態	せき柱・四肢の状態・胸郭	アトピー性皮膚炎	その他の皮膚疾患	結核の検査の対象者精密	結核	心臓疾病・異常	心電図異常	蛋白検出の者	尿糖検出の者	ぜん息	腎臓疾患	言語障害	その他の疾病・異常	区分
…	…	…	…	…	0.72	0.89	2.80	0.20	…	…	0.75	…	2.59	0.24	1.94	0.25	0.07	4.10	全　国
…	…	…	…	…	0.4	0.5	5.0	0.1	…	…	0.4	…	1.8	0.3	3.1	0.2	0.1	5.4	北　海　道
…	…	…	…	…	-	0.2	2.0	0.3	…	…	0.4	…	1.4	0.2	1.0	0.1	0.1	4.2	青　森
…	…	…	…	…	0.4	0.8	3.0	0.4	…	…	0.9	…	4.5	0.5	0.4	0.4	-	4.1	岩　手
…	…	…	…	…	0.1	0.4	4.5	0.4	…	…	0.6	…	1.7	0.3	2.1	0.3	0.1	3.8	宮　城
…	…	…	…	…	0.4	0.8	2.9	0.0	…	…	0.2	…	0.7	0.1	1.5	0.1	-	4.1	秋　田
…	…	…	…	…	1.4	0.3	3.9	0.4	…	…	0.3	…	5.1	0.1	1.5	0.2	0.2	6.3	山　形
…	…	…	…	…	1.9	0.8	3.5	0.2	…	…	0.6	…	1.3	0.1	2.2	0.1	-	3.5	福　島
…	…	…	…	…	1.6	0.5	6.5	0.1	…	…	0.8	…	7.6	0.3	3.1	0.2	0.2	6.7	茨　城
…	…	…	…	…	0.4	2.4	3.8	-	…	…	1.5	…	4.9	0.2	3.9	0.2	0.1	3.3	栃　木
…	…	…	…	…	0.4	2.7	3.2	0.0	…	…	1.0	…	0.8	0.2	2.4	0.4	-	4.0	群　馬
…	…	…	…	…	0.1	1.1	1.7	0.1	…	…	0.5	…	2.9	0.2	1.2	0.1	0.1	2.5	埼　玉
…	…	…	…	…	0.3	0.7	2.3	0.1	…	…	0.8	…	2.4	0.4	2.9	0.2	0.0	3.7	千　葉
…	…	…	…	…	1.2	1.2	2.3	0.3	…	…	0.5	…	2.3	0.4	2.0	0.2	0.1	2.8	東　京
…	…	…	…	…	1.5	1.8	2.5	0.2	…	…	0.3	…	2.2	0.2	1.8	0.1	0.1	2.9	神　奈　川
…	…	…	…	…	0.4	0.1	3.0	0.1	…	…	1.1	…	1.5	0.3	2.5	0.3	0.1	7.0	新　潟
…	…	…	…	…	0.7	4.3	2.7	0.2	…	…	2.7	…	1.7	0.2	1.1	0.4	0.1	4.6	富　山
…	…	…	…	…	0.9	0.1	2.6	0.4	…	…	1.2	…	4.9	0.2	1.2	0.4	0.0	2.6	石　川
…	…	…	…	…	1.3	0.4	1.3	0.1	…	…	0.4	…	2.1	0.2	0.2	0.3	-	3.6	福　井
…	…	…	…	…	1.0	0.3	1.7	0.2	…	…	0.3	…	0.7	0.1	0.9	0.2	-	2.5	山　梨
…	…	…	…	…	0.1	0.5	2.8	0.1	…	…	1.1	…	0.5	-	1.7	0.2	0.0	4.5	長　野
…	…	…	…	…	1.0	1.2	3.1	0.4	…	…	1.5	…	2.8	0.3	1.2	0.6	0.2	4.5	岐　阜
…	…	…	…	…	0.3	0.5	1.1	0.0	…	…	0.5	…	2.3	0.2	0.8	0.3	0.1	2.1	静　岡
…	…	…	…	…	0.7	0.4	5.5	0.6	…	…	0.7	…	2.7	0.2	2.2	0.2	0.1	5.5	愛　知
…	…	…	…	…	0.6	0.1	3.6	0.1	…	…	0.9	…	2.5	0.4	1.8	0.3	-	3.3	三　重
…	…	…	…	…	0.0	0.2	1.4	-	…	…	2.6	…	2.9	0.1	0.5	0.3	0.0	2.1	滋　賀
…	…	…	…	…	1.9	0.9	2.4	0.2	…	…	1.6	…	3.3	0.6	1.8	0.2	0.1	7.0	京　都
…	…	…	…	…	0.2	0.5	2.7	0.1	…	…	0.3	…	2.3	0.1	2.3	0.4	0.1	5.7	大　阪
…	…	…	…	…	1.0	1.5	2.2	0.1	…	…	1.1	…	2.4	0.1	2.7	0.3	0.1	4.2	兵　庫
…	…	…	…	…	1.1	1.8	2.4	0.2	…	…	0.4	…	2.9	0.1	2.2	0.4	0.2	2.3	奈　良
…	…	…	…	…	0.1	0.3	1.0	0.2	…	…	0.6	…	5.8	0.3	1.1	0.1	0.3	5.0	和　歌　山
…	…	…	…	…	0.2	0.7	3.6	0.3	…	…	1.3	…	1.2	0.5	1.4	0.2	0.2	9.1	鳥　取
…	…	…	…	…	-	0.5	2.1	-	…	…	0.2	…	3.3	0.1	1.1	0.1	-	3.1	島　根
…	…	…	…	…	0.4	0.5	4.8	0.1	…	…	1.3	…	2.4	0.2	2.5	0.2	0.1	9.4	岡　山
…	…	…	…	…	0.4	0.9	1.9	0.1	…	…	0.4	…	5.1	0.1	1.1	0.1	0.0	2.6	広　島
…	…	…	…	…	0.6	0.7	2.4	0.3	…	…	1.1	…	1.1	0.5	1.6	0.4	-	4.1	山　口
…	…	…	…	…	3.7	0.1	3.0	0.0	…	…	1.6	…	1.4	0.3	2.9	0.8	-	3.2	徳　島
…	…	…	…	…	0.7	0.3	3.5	0.1	…	…	1.3	…	0.8	0.1	1.6	0.3	0.1	3.1	香　川
…	…	…	…	…	1.0	0.7	3.5	0.2	…	…	0.7	…	2.5	0.1	2.1	0.1	0.1	5.8	愛　媛
…	…	…	…	…	0.4	0.5	2.1	0.1	…	…	1.3	…	1.1	0.4	0.7	0.0	0.6	4.4	高　知
…	…	…	…	…	0.9	1.0	1.8	0.3	…	…	0.9	…	2.7	0.1	2.5	0.3	0.2	3.7	福　岡
…	…	…	…	…	1.0	1.0	2.4	0.3	…	…	0.6	…	1.6	0.1	1.3	0.1	0.1	4.5	佐　賀
…	…	…	…	…	0.2	0.4	1.8	0.1	…	…	0.8	…	1.8	0.3	1.3	0.2	0.4	4.3	長　崎
…	…	…	…	…	0.4	0.8	0.6	0.1	…	…	0.4	…	1.4	0.2	0.9	0.2	0.1	4.5	熊　本
…	…	…	…	…	1.6	0.6	1.1	0.1	…	…	0.6	…	5.6	0.2	2.3	0.1	-	2.7	大　分
…	…	…	…	…	0.2	0.3	1.7	0.4	…	…	1.2	…	2.3	0.1	1.1	0.3	0.1	3.7	宮　崎
…	…	…	…	…	0.2	0.3	2.9	0.2	…	…	1.2	…	2.9	0.1	1.8	0.8	0.2	3.9	鹿　児　島
…	…	…	…	…	0.3	0.8	1.1	0.3	…	…	0.3	…	3.0	0.2	0.4	0.1	0.0	2.2	沖　縄

異常被患率等　（各年齢ごと）（39-26）

1 5歳 (3) 女

区分	計	視力非矯正者の裸眼視力 1.0以上	1.0未満0.7以上	0.7未満0.3以上	0.3未満	視力矯正者の裸眼視力 1.0以上	1.0未満0.7以上	0.7未満0.3以上	0.3未満	裸眼視力 計	1.0未満0.7以上	0.7未満0.3以上	0.3未満	眼の疾病・異常	難聴	耳疾患	鼻疾・副鼻腔患	口腔咽喉頭疾患異常	むし歯(う歯) 計	処置完了者	未処置歯のある者	歯列・咬合	顎関節	歯垢の状態	歯肉の状態	その他の疾病・異常
全 国	100.00	74.67	17.19	4.94	0.67	0.46	0.93	0.71	0.42	24.87	18.12	5.66	1.09	1.23	…	2.32	2.48	0.60	23.95	9.77	14.18	4.56	0.10	1.05	0.25	2.18
北 海 道	100.0	80.2	17.1	1.5	-	0.9	-	-	0.3	18.8	17.1	1.5	0.3	0.3	…	0.1	0.3	-	23.3	11.4	12.0	3.2	-	0.8	0.3	3.0
青 森	100.0	74.5	20.4	3.5	0.7	0.5	0.2	-	0.2	25.1	20.6	3.5	0.9	1.4	…	-	-	-	X	X	X	8.2	-	0.2	-	5.6
岩 手	100.0	X	X	X	X	X	X	X	X	X	X	X	X	5.7	…	4.3	4.4	1.0	30.2	9.1	21.1	4.7	0.6	3.0	0.1	3.0
宮 城	100.0	X	X	X	X	X	X	X	X	X	X	X	X	1.2	…	2.6	0.5	-	30.1	11.7	18.4	4.7	-	0.3	0.2	1.3
秋 田	100.0	X	X	X	X	X	X	X	X	X	X	X	X	1.5	…	3.1	3.3	0.9	33.2	12.2	21.0	4.2	-	1.1	-	0.7
山 形	100.0	X	X	X	X	X	X	X	X	X	X	X	X	1.4	…	4.6	3.3	0.4	20.1	6.7	13.5	3.4	-	0.9	1.1	2.3
福 島	100.0	X	X	X	X	X	X	X	X	X	X	X	X	1.7	…	0.5	2.0	1.8	30.0	12.0	18.1	2.9	0.1	-	-	2.6
茨 城	100.0	X	X	X	X	X	X	X	X	X	X	X	X	0.8	…	-	0.8	1.2	29.8	13.5	16.4	7.2	0.5	2.8	0.1	2.3
栃 木	100.0	82.0	13.4	2.9	0.2	0.5	0.6	0.1	0.3	17.5	14.0	3.1	0.5	0.9	…	0.2	1.3	-	23.0	7.8	15.2	6.2	-	1.0	-	1.5
群 馬	100.0	X	X	X	X	X	X	X	X	X	X	X	X		…	0.9	-	-	25.6	10.5	15.1	5.1	-	1.3	-	0.6
埼 玉	100.0	X	X	X	X	X	X	X	X	X	X	X	X	0.1	…	-	1.2	0.3	18.7	6.9	11.8	2.3	-	0.8	0.0	1.6
千 葉	100.0	X	X	X	X	X	X	X	X	X	X	X	X	1.0	…	3.3	2.4	-	19.2	9.5	9.7	2.3	-	0.4	-	1.9
東 京	100.0	X	X	X	X	X	X	X	X	X	X	X	X	2.0	…	1.9	3.3	2.4	16.1	6.3	9.9	4.2	0.1	1.5	0.3	3.5
神 奈 川	100.0	86.6	9.7	2.7	0.1	0.1	0.2	0.4	0.1	13.3	9.9	3.1	0.2	0.2	…	-	0.1	-	18.5	6.2	12.3	3.5	-	0.4	0.4	2.8
新 潟	100.0	X	X	X	X	X	X	X	X	X	X	X	X	0.4	…	4.4	6.6	2.9	21.6	9.1	12.6	0.8	-	0.2	0.2	1.7
富 山	100.0	X	X	X	X	X	X	X	X	X	X	X	X	4.2	…	1.1	3.6	-	22.6	8.6	14.0	8.8	-	1.8	-	1.3
石 川	100.0	65.6	18.2	10.0	0.2	1.4	1.5	2.5	0.6	33.0	19.7	12.5	0.8	0.6	…	-	0.5	-	22.9	10.5	12.4	3.1	-	1.5	-	1.8
福 井	100.0	X	X	X	X	X	X	X	X	X	X	X	X	0.6	…	-	-	-	30.0	11.4	18.6	3.1	-	3.6	-	1.5
山 梨	100.0	X	X	X	X	X	X	X	X	X	X	X	X	0.6	…	0.3	1.8	1.2	26.6	12.0	14.6	6.2	0.2	0.1	0.1	3.4
長 野	100.0	X	X	X	X	X	X	X	X	X	X	X	X	0.6	…	0.2	4.6	0.9	18.7	6.9	11.8	8.0	-	-	-	2.5
岐 阜	100.0	X	X	X	X	X	X	X	X	X	X	X	X	2.0	…	3.8	2.3	1.5	27.4	10.7	16.7	7.2	-	0.6	0.8	2.3
静 岡	100.0	74.7	20.3	2.8	0.5	0.6	0.3	0.7	0.1	24.7	20.6	3.5	0.7	1.0	…	0.2	1.5	-	17.7	8.1	9.5	4.5	0.1	0.9	0.3	1.3
愛 知	100.0	X	19.5	5.5	0.7	X	0.9	0.6	-	27.2	20.4	6.1	0.7	2.0	…	-	0.2	0.7	22.5	11.1	11.4	7.7	0.3	0.6	0.3	2.7
三 重	100.0	81.6	13.1	3.6	0.1	0.6	0.5	0.6	-	17.8	13.6	4.1	0.1	0.9	…	1.2	1.0	2.5	23.6	8.8	14.8	6.8	0.1	1.3	-	3.8
滋 賀	100.0	77.2	15.6	4.5	0.4	0.4	1.2	0.7	-	22.4	16.8	5.2	0.4	-	…	0.2	1.3	0.4	25.8	8.8	17.0	3.0	0.1	-	-	2.2
京 都	100.0	80.5	11.7	5.5	0.8	0.5	0.4	0.4	1.0	19.0	12.1	5.9	1.0	2.6	…	4.2	3.2	-	25.8	10.6	15.2	5.0	-	-	-	3.9
大 阪	100.0	74.5	16.9	5.2	0.9	0.3	0.8	1.1	0.4	25.2	17.6	6.2	1.3	1.8	…	6.6	4.3	0.7	28.2	11.1	17.1	4.3	0.1	1.0	-	1.4
兵 庫	100.0	X	17.8	1.0	X	1.2	X	0.3		21.6	19.0	1.5	1.1	1.8	…	9.0	9.4	0.6	22.6	8.3	14.3	3.7	-	0.6	0.7	2.3
奈 良	100.0	X	X	X	X	X	X	X	X	X	X	X	X	0.8	…	0.8	3.6	-	23.3	6.0	17.3	5.4	-	-	0.5	2.0
和 歌 山	100.0	X	X	X	X	X	X	X	X	X	X	X	X	1.8	…	1.3	-	0.3	19.5	6.5	13.0	2.6	-	0.8	-	0.9
鳥 取	100.0	78.8	14.7	1.8	0.4	3.7	-	0.6	-	17.5	14.7	2.4	0.4	2.2	…				19.8	6.6	13.2	6.2	0.2	3.1	0.3	2.9
島 根	100.0	X	X	X	X	X	X	X	X	X	X	X	X	3.6	…	9.4	5.1	-	34.4	12.4	21.9	3.7	0.1	0.8	-	0.7
岡 山	100.0	73.8	16.4	4.0	0.3	-	2.7	0.6	2.2	26.2	19.0	4.7	2.5	5.3	…	3.9	9.5	0.7	22.7	7.5	15.2	9.1	0.3	4.4	2.1	1.8
広 島	100.0	X	X	X	X	X	X	X	X	X	X	X	X	0.8	…	2.2	6.0	-	21.3	10.1	11.2	5.0	-	2.5	0.25	0.3
山 口	100.0	X	X	X	X	X	X	X	X	X	X	X	X	0.9	…	4.6	1.6	-	22.1	10.3	11.9	6.2	-	0.3	-	0.9
徳 島	100.0	76.3	14.1	5.4	0.1	1.6	0.3	2.1	-	22.1	14.4	7.5	0.1	1.4	…	8.6	3.0	2.3	22.8	9.0	13.8	8.4	0.7	1.8	-	1.9
香 川	100.0	64.8	22.4	7.9	0.2	1.1	1.5	2.0	0.2	34.2	23.9	9.9	0.4	1.8	…	1.6	5.8	-	23.9	9.3	14.6	4.7	-	0.7	-	1.1
愛 媛	100.0	X	X	X	X	X	X	X	X	X	X	X	X	1.4	…	1.6			26.8	10.4	16.4	4.5	-	0.2	-	1.1
高 知	100.0	X	X	X	X	X	X	X	X	X	X	X	X	0.7	…	-	1.8	0.2	28.9	13.4	15.5	9.0	-	0.5	-	1.2
福 岡	100.0	X	X	X	X	X	X	X	X	X	X	X	X	0.4	…	1.3	1.1	-	29.5	15.8	13.7	5.4	0.4	2.2	0.0	1.7
佐 賀	100.0	X	X	X	X	X	X	X	X	X	X	X	X		…	3.3	2.4	-	34.8	15.2	19.6	4.4	-	1.8	-	2.7
長 崎	100.0	96.7	1.3	1.0	-	-	-	1.0	-	3.3	1.3	2.0	-	0.2	…	0.2	0.3	-	33.7	14.5	19.2	3.1	0.2	0.9	-	3.3
熊 本	100.0	X	X	X	X	X	X	X	X	X	X	X	X		…	0.9	-	0.2				4.7	0.4	1.3	-	1.2
大 分	100.0	X	X	X	X	X	X	X	X	X	X	X	X	0.3	…	2.1	0.2	-	X	X	X	5.8	-	-	1.6	0.6
宮 崎	100.0	X	X	X	X	X	X	X	X	X	X	X	X	0.6	…	-	-	-	25.6	6.0	19.6	2.9	-	1.0	0.7	1.6
鹿 児 島	100.0	76.1	15.8	5.8	-	0.6	-	1.7	-	23.4	15.8	7.5	-	1.2	…	1.3	0.9	-	33.0	13.9	19.1	4.7	-	0.6	-	3.5
沖 縄	100.0	68.2	21.1	9.6	0.8	-	0.1	0.1	-	31.8	21.2	9.8	0.8	0.4	…	4.0	3.1	0.2	41.6	16.7	24.8	2.0	-	0.4	0.1	1.1

異常被患率等（各年齢ごと）（39-27）

単位（%）

永久歯の1人当り平均むし歯（う歯）等数		むし歯（う歯）			栄養状態	せき柱・四肢の状態・胸郭	皮膚疾患		結核検査の対象の精密者	結核	心疾病臓・異常の常	心電図異常	蛋白検出の者	尿糖検出の者	その他の疾病・異常				区分
計（本）	喪失歯数（本）	計（本）	処置歯数（本）	未処置歯数（本）			アトピー性皮膚炎	その他の皮膚疾患							ぜん息	腎臓疾患	言語障害	その他の疾病・異常	
...	...	...	...	...	0.41	0.20	1.48	0.69	...	...	0.26	...	1.04	...	0.80	0.03	0.19	0.94	全　国
...	...	...	...	...	0.5	0.1	3.0	0.2	...	...	0.4	...	0.5	...	1.6		0.2	1.2	北 海 道
...	...	...	...	...	1.3	−	4.5	0.5	...	...	−	...	0.6	...	1.5		−	3.0	青　森
...	...	...	...	...	0.7	−	0.3	0.4	...	...	0.2	...	0.6	...	0.3		−	0.6	岩　手
...	...	...	...	...	0.3	−	1.8	1.5	...	...	0.5	...	−	...	0.3		0.1	2.1	宮　城
...	...	...	...	...	0.8	0.3	2.1	1.6	...	...	0.2	...	−	...	1.5		0.3	1.7	秋　田
...	...	...	...	...	0.4	0.1	2.0	2.1	...	...	1.2	...	−	...	0.3		0.6	0.4	山　形
...	...	...	...	...	0.6	−	1.3	0.8	...	...	0.1	...	0.5	...	0.8		0.3	0.4	福　島
...	...	...	...	...	0.8	0.3	1.2	0.6	...	...	−	...	0.4	...	0.6		0.2	0.2	茨　城
...	...	...	...	...	1.3	0.2	2.6	0.9	...	...	0.9	...	0.7	...	0.8	0.1	0.1	1.5	栃　木
...	...	...	...	...	0.2	−	0.8	−	...	...	−	...	0.2	...	0.3		0.4	0.1	群　馬
...	...	...	...	...	−	0.2	1.1	0.5	...	...	0.2	...	0.7	...	0.7		0.1	0.0	埼　玉
...	...	...	...	...	0.6	0.4	0.8	0.0	...	...	0.3	...	0.8	...	0.9		−	−	千　葉
...	...	...	...	...	−	0.2	0.5	0.7	...	...	0.1	...	0.8	...	1.0	0.2	0.0	0.3	東　京
...	...	...	...	...	−	0.2	1.5	0.6	...	...	0.2	...	1.8	...	0.7		0.3	0.7	神 奈 川
...	...	...	...	...	0.4	−	1.1	0.5	...	...	−	...	6.7	...	1.2		0.1	0.3	新　潟
...	...	...	...	...	0.3	0.4	1.2	1.1	...	...	0.3	...	4.9	...	0.9		0.5	1.1	富　山
...	...	...	...	...	−	0.2	0.5	0.3	...	...	0.6	...	2.3	...	1.0		0.2	1.5	石　川
...	...	...	...	...	2.2	0.4	3.3	0.2	...	...	0.3	...	0.1	...	−		0.8	0.5	福　井
...	...	...	...	...	0.1	0.1	1.9	0.6	...	...	0.2	...	1.4	...	1.4		0.6	0.9	山　梨
...	...	...	...	...	0.3	1.4	1.1	0.3	...	...	0.1	...	0.4	...	0.7	0.1	−	0.2	長　野
...	...	...	...	...	0.1	−	1.5	0.2	...	...	0.5	...	1.4	...	0.6		0.1	1.0	岐　阜
...	...	...	...	...	2.2	0.1	1.3	0.7	...	...	0.3	...	−	...	0.6		0.2	1.1	静　岡
...	...	...	...	...	−	0.6	1.9	0.6	...	...	0.1	...	0.1	...	0.7		−	1.6	愛　知
...	...	...	...	...	0.2	0.1	1.4	1.3	...	...	1.6	...	0.2	...	1.0		−	0.1	三　重
...	...	...	...	...	0.2	0.2	1.4	1.7	...	...	0.1	...	0.1	...	1.1		0.3	1.2	滋　賀
...	...	...	...	...	−	0.6	2.1	2.2	...	...	0.3	...	1.0	...	1.1		−	0.5	京　都
...	...	...	...	...	0.3	−	2.9	1.2	...	...	0.0	...	1.7	...	0.8		−	1.5	大　阪
...	...	...	...	...	−	0.1	1.3	0.2	...	...	−	...	0.8	...	0.9	0.3	0.2	1.1	兵　庫
...	...	...	...	...	−	0.1	0.4	1.1	...	...	−	...	1.0	...	1.1		−	0.8	奈　良
...	...	...	...	...	0.7	−	0.7	0.1	...	...	0.1	...	1.6	...	0.3		0.4	0.5	和 歌 山
...	...	...	...	...	0.1	−	2.4	1.0	...	...	1.2	...	0.7	...	0.4		0.7	0.7	鳥　取
...	...	...	...	...	0.1	1.0	2.3	0.3	...	...	−	...	0.6	...	2.3		−	0.9	島　根
...	...	...	...	...	0.8	0.2	1.8	0.2	...	...	0.2	...	1.9	...	1.8		1.4	4.9	岡　山
...	...	...	...	...	−	0.4	0.9	0.4	...	...	0.5	...	2.9	...	0.3		−	0.5	広　島
...	...	...	...	...	0.6	−	1.1	0.8	...	...	0.4	...	5.3	...	0.4		1.5	1.2	山　口
...	...	...	...	...	−	−	0.2	2.2	...	...	−	...	0.4	...	1.5		0.4	0.2	徳　島
...	...	...	...	...	1.1	−	0.5	0.4	...	...	0.2	...	1.0	...	1.0		−	2.4	香　川
...	...	...	...	...	−	−	2.1	2.9	...	...	0.0	...	2.6	...	0.8		0.1	1.3	愛　媛
...	...	...	...	...	0.4	−	0.8	4.2	...	...	−	...	−	...	0.7		−	2.2	高　知
...	...	...	...	...	2.5	−	0.6	0.3	...	...	0.1	...	0.2	...	0.5		0.4	1.8	福　岡
...	...	...	...	...	−	−	0.7	0.1	...	...	−	...	0.4	...	1.0		0.5	0.5	佐　賀
...	...	...	...	...	−	−	1.9	−	...	...	−	...	1.8	...	0.4		0.5	0.9	長　崎
...	...	...	...	...	0.8	0.7	1.4	0.7	...	...	2.5	...	2.4	...	0.3	0.1	0.1	0.5	熊　本
...	...	...	...	...	−	−	1.3	0.0	...	...	0.3	...	−	...	−		−	2.9	大　分
...	...	...	...	...	−	−	0.3	−	...	...	0.2	...	0.4	...	0.2		−	0.2	宮　崎
...	...	...	...	...	0.2	0.2	1.3	0.2	...	...	0.3	...	0.1	...	0.2		−	−	鹿 児 島
...	...	...	...	...	0.3	0.8	1.8	1.8	...	...	1.1	...	1.3	...	1.1		0.2	0.3	沖　縄

異常被患率等（各年齢ごと）（39-3）

1　6歳 (3) 女

区分	裸眼視力 視力非矯正者の裸眼視力 計	1.0以上	1.0未満0.7以上	0.7未満0.3以上	0.3未満	視力矯正者の裸眼視力 1.0以上	1.0未満0.7以上	0.7未満0.3以上	0.3未満	裸眼視力 計	1.0未満0.7以上	0.7未満0.3以上	0.3未満	眼の疾病・異常	難聴	耳鼻咽頭 耳疾患	鼻疾・副鼻腔患	口腔咽喉頭疾患異常	歯・口腔 むし歯(う歯) 計	処置完了者	未処置のある歯者	歯列・咬合	顎関節	歯垢の状態	歯肉の状態	疾病・異常その他の
全国	100.00	75.47	14.04	6.83	1.17	0.62	0.64	0.81	0.41	23.91	14.68	7.64	1.58	4.98	0.61	10.22	8.79	0.95	28.88	11.67	17.20	3.43	0.06	1.27	0.68	6.22
北海道	100.0	73.2	16.1	7.5	1.0	0.2	0.8	0.5	0.6	26.6	16.9	8.0	1.6	6.1	0.1	12.4	5.9	0.7	33.6	15.1	18.5	2.8	0.3	1.5	0.9	2.5
青森	100.0	63.3	22.3	9.4	1.4	0.7	0.6	2.0	0.3	35.9	22.9	11.4	1.7	4.2	1.3	9.1	13.6	0.6	43.7	13.2	30.4	4.3	0.0	0.4	0.8	8.6
岩手	100.0	74.0	14.6	7.9	0.8	0.4	0.6	0.9	0.8	25.6	15.2	8.8	1.6	6.2	0.2	11.7	13.1	1.1	34.9	15.7	19.1	4.5	0.3	0.7	0.6	9.5
宮城	100.0	73.0	15.6	7.3	1.5	0.8	0.6	0.8	0.5	26.3	16.2	8.1	2.0	6.3	0.5	10.2	6.1	0.0	34.3	13.2	21.1	4.1	-	1.5	0.8	8.2
秋田	100.0	75.1	18.7	4.1	0.4	0.1	-	1.0	0.6	24.8	18.7	5.1	1.0	5.9	0.4	12.2	10.6	1.7	37.0	13.1	23.9	4.0	0.1	0.8	0.2	5.9
山形	100.0	78.6	9.5	4.5	0.9	2.0	1.5	2.6	0.4	19.4	11.0	7.1	1.3	3.8	0.3	7.9	11.7	2.3	34.5	13.5	20.9	4.7	-	2.3	1.2	11.1
福島	100.0	65.4	20.7	9.6	1.0	0.5	0.5	1.2	0.7	34.2	21.3	10.8	2.0	2.8	0.6	13.8	9.4	1.7	40.0	13.1	26.9	1.7	0.0	1.4	0.5	7.7
茨城	100.0	76.0	13.2	6.8	1.6	0.5	0.6	0.6	0.4	23.4	14.0	7.4	2.0	15.7	0.7	3.0	20.3	1.3	32.8	10.5	22.3	3.0	-	0.7	0.4	9.6
栃木	100.0	75.3	13.5	7.5	1.1	0.6	0.6	1.0	0.4	24.1	14.1	8.5	1.5	4.2	0.5	8.2	7.1	0.8	34.8	11.5	23.4	2.0	0.0	1.0	-	8.8
群馬	100.0	78.1	11.2	6.0	0.5	0.7	0.9	2.1	0.4	21.2	12.1	8.1	0.9	5.6	1.0	6.0	5.2	0.6	28.2	10.8	17.4	5.2	0.1	1.1	0.9	7.1
埼玉	100.0	77.3	11.6	6.9	1.4	0.8	0.5	0.5	0.7	21.9	12.5	7.4	2.0	4.3	0.6	8.4	6.6	0.2	22.5	10.1	12.5	1.9	-	0.8	0.3	5.7
千葉	100.0	75.2	13.8	7.1	1.1	0.7	0.6	1.1	0.3	24.0	14.4	8.2	1.4	4.6	0.6	11.0	11.5	0.7	23.8	8.7	15.2	4.2	-	2.4	1.3	6.8
東京	100.0	73.1	16.9	6.4	1.4	0.6	0.5	0.6	0.5	26.3	17.4	7.0	1.9	3.1	0.7	13.7	7.5	0.2	19.4	8.6	10.7	1.7	0.1	1.1	0.7	4.4
神奈川	100.0	78.8	11.9	8.0	1.3	-	-	0.0	-	21.2	11.9	8.0	1.3	5.4	0.7	14.9	9.2	0.3	22.0	10.0	12.0	4.1	-	0.9	0.3	4.6
新潟	100.0	81.8	10.5	4.8	0.5	0.9	0.6	0.6	0.2	17.3	11.1	5.4	0.7	2.5	1.3	6.4	11.7	0.2	22.3	9.6	12.7	3.4	-	0.8	0.6	7.6
富山	100.0	79.8	12.1	3.9	0.4	1.0	0.4	1.1	0.7	19.1	13.0	5.0	1.1	8.4	0.5	7.0	7.0	0.9	28.2	12.3	15.9	0.9	-	0.2	0.3	3.8
石川	100.0	76.3	15.6	3.7	0.7	1.2	0.4	1.4	0.6	22.5	16.1	5.1	1.3	4.9	0.6	9.6	8.2	0.7	26.5	7.9	18.6	1.9	-	2.4	1.2	3.6
福井	100.0	80.0	9.8	4.4	0.6	1.3	1.8	1.5	0.7	18.7	11.6	5.9	1.2	1.2	0.3	3.5	3.6	0.4	38.7	15.5	23.2	3.5	0.1	1.1	1.0	6.7
山梨	100.0	73.6	14.2	6.3	1.9	0.9	0.9	1.7	0.5	25.4	15.0	8.0	2.4	4.7	0.6	8.8	10.8	0.8	32.0	14.2	17.8	5.1	-	0.7	0.7	10.3
長野	100.0	75.8	15.4	5.9	0.4	0.4	1.0	0.7	0.3	23.7	16.5	6.6	0.7	3.2	0.2	7.6	3.6	0.3	25.4	10.8	14.6	3.6	-	0.8	0.5	6.2
岐阜	100.0	72.5	14.9	7.7	1.3	0.9	0.9	1.3	0.4	26.6	15.8	9.1	1.7	3.0	0.4	5.6	11.0	1.4	29.3	10.6	18.7	2.3	0.3	1.5	0.4	7.5
静岡	100.0	81.1	9.4	4.3	1.0	1.5	0.9	1.2	0.6	17.4	10.3	5.5	1.5	3.2	0.8	10.7	8.1	1.1	26.2	11.7	14.5	3.7	0.0	1.2	1.2	10.4
愛知	100.0	76.5	12.2	6.6	1.9	0.9	0.7	0.8	0.4	22.6	12.9	7.4	2.3	4.7	0.5	7.8	7.8	2.2	25.5	11.3	14.2	0.3	0.1	1.4	0.7	6.7
三重	100.0	76.2	13.5	6.4	2.5	0.2	0.7	0.5	-	23.6	14.2	6.9	2.5	6.0	0.6	9.1	9.0	1.1	33.1	11.7	21.4	2.3	0.1	0.9	1.0	6.6
滋賀	100.0	79.0	12.5	6.7	0.4	-	0.1	0.7	0.6	21.0	12.7	7.4	0.9	2.4	0.9	6.1	3.5	0.4	28.6	10.1	18.5	4.5	-	1.0	0.6	6.9
京都	100.0	78.5	14.0	4.9	0.8	0.3	0.4	0.6	0.3	21.2	14.4	5.7	1.1	6.0	0.4	11.5	7.2	0.2	30.1	9.8	20.6	5.7	-	2.8	1.7	6.3
大阪	100.0	75.8	12.3	8.1	1.2	0.6	0.5	0.7	0.3	23.7	13.0	9.3	1.5	6.0	0.7	13.2	7.8	0.6	32.4	13.1	19.3	4.9	-	1.6	0.8	7.1
兵庫	100.0	79.1	12.8	6.2	0.7	0.4	0.6	1.0	0.3	20.5	13.0	6.4	1.1	5.0	0.6	10.3	11.3	2.7	29.1	11.8	17.3	7.0	0.0	1.4	0.7	5.2
奈良	100.0	80.4	9.8	6.3	1.1	0.4	0.4	0.6	1.0	19.2	10.2	6.9	2.1	4.0	1.0	9.5	9.7	0.9	29.3	13.5	19.9	4.1	0.3	0.9	0.4	7.6
和歌山	100.0	75.7	12.1	5.7	0.7	1.4	1.0	2.1	1.2	22.9	13.1	7.9	1.9	5.6	0.6	10.1	8.9	2.4	32.9	11.8	21.1	5.3	-	1.4	0.7	6.0
鳥取	100.0	81.0	10.8	4.6	0.7	1.0	0.7	1.0	0.3	18.1	11.5	5.6	0.9	7.2	0.4	7.2	12.9	0.6	33.6	12.8	20.7	5.9	0.1	2.0	1.4	8.0
島根	100.0	75.5	11.7	5.6	0.7	1.8	2.2	1.8	0.7	22.8	13.9	7.5	1.4	8.7	0.7	15.7	11.4	2.2	32.6	13.9	18.7	2.0	-	0.8	0.6	4.7
岡山	100.0	73.3	15.2	7.1	1.0	0.9	1.2	1.3	0.1	25.8	16.4	8.3	1.1	4.2	0.3	8.8	13.9	2.2	25.7	9.9	15.8	2.5	-	0.9	0.7	7.0
広島	100.0	73.9	15.0	7.2	1.0	0.6	0.8	0.8	0.2	25.4	15.8	8.2	0.6	4.2	0.6	6.7	8.9	0.9	27.7	12.2	15.5	3.7	0.06	1.5	1.3	6.3
山口	100.0	79.0	9.9	7.3	1.0	1.0	0.7	0.8	0.4	20.0	10.6	8.1	1.4	4.9	0.5	11.4	9.2	0.6	30.6	11.6	19.0	4.0	0.0	0.9	0.5	5.4
徳島	100.0	76.4	14.0	5.5	0.6	1.2	0.8	0.5	1.0	22.4	14.8	6.1	1.5	9.7	0.9	4.4	X	5.0	30.1	12.5	17.6	3.6	-	0.9	0.2	9.8
香川	100.0	79.1	10.8	5.2	0.9	0.8	1.1	0.8	0.8	20.1	11.9	6.5	1.7	3.6	1.2	9.1	10.3	0.2	34.2	13.6	20.6	3.5	-	1.1	0.4	8.0
愛媛	100.0	72.8	14.0	8.1	1.6	0.7	0.6	1.0	0.7	26.5	14.8	9.3	2.3	7.4	0.5	7.7	9.0	1.2	34.6	15.8	18.9	3.1	-	0.8	0.5	5.5
高知	100.0	77.0	11.9	6.5	1.1	0.7	0.6	1.4	0.6	22.4	12.8	7.9	1.6	6.8	0.9	10.2	6.8	2.9	35.9	11.1	24.8	2.3	0.0	1.8	0.8	5.8
福岡	100.0	66.3	21.7	8.1	1.0	0.8	0.6	0.8	0.6	32.7	22.5	8.8	1.4	5.2	0.7	11.0	8.5	1.0	35.7	16.5	19.2	2.5	-	1.0	0.3	4.9
佐賀	100.0	69.9	17.4	9.2	1.3	0.5	0.6	1.0	0.1	29.6	18.0	10.2	1.4	2.0	0.4	6.4	6.3	0.1	38.4	13.6	24.9	3.3	0.1	2.0	1.0	10.3
長崎	100.0	79.1	11.2	7.6	1.0	0.2	0.2	0.7	0.1	20.8	11.4	8.2	1.1	2.1	0.4	8.8	6.0	0.6	34.8	14.4	20.3	2.6	-	0.8	0.4	6.4
熊本	100.0	77.4	12.4	6.4	1.2	0.6	0.4	0.9	0.5	22.1	13.2	7.3	1.6	6.4	0.7	2.7	8.2	0.9	39.1	15.2	23.9	3.1	-	0.8	0.7	5.8
大分	100.0	77.4	16.5	4.0	0.6	0.4	0.5	0.6	-	22.2	17.1	4.5	0.6	4.6	0.4	9.5	10.9	2.3	37.4	16.7	20.8	3.8	0.4	2.2	1.5	3.5
宮崎	100.0	73.7	16.0	5.7	1.3	0.8	1.1	1.0	0.4	25.5	17.1	6.7	1.8	5.3	0.6	10.1	7.7	0.6	39.5	12.9	26.6	4.0	0.0	1.0	0.5	4.9
鹿児島	100.0	75.3	15.6	6.3	0.9	0.3	0.7	0.5	0.3	24.4	16.3	6.9	1.3	4.5	0.7	10.2	12.1	0.9	40.1	15.5	24.7	4.3	-	1.3	0.3	5.2
沖縄	100.0	71.0	17.1	9.4	1.3	0.1	0.4	0.5	0.5	29.0	17.4	9.8	1.7	0.6	0.3	4.7	6.7	1.3	40.8	12.4	28.3	1.3	-	1.1	0.8	6.1

異常被患率等（各年齢ごと）（39-28）

単位 （%）

永久歯の1人当り平均むし歯（う歯）等数					栄養状態	せき柱・胸郭・四肢の状態	皮膚疾患		結核の精密検査の対象者	結核	心臓・疾病・異常	心電図異常	蛋白検出の者	尿糖検出の者	その他の疾病・異常				区分
計（本）	喪失歯数（本）	むし歯（う歯）計（本）	処置歯数（本）	未処置歯数（本）			アトピー性皮膚炎	その他の皮膚疾患							ぜん息	腎臓疾患	言語障害	その他の疾病・異常	
…	…	…	…	…	0.98	0.64	2.85	0.47	0.27	0.01	0.93	2.11	0.68	0.05	2.30	0.18	0.48	3.39	全 国
…	…	…	…	…	0.4	0.1	3.4	0.5	0.2	-	0.4	1.1	0.3	0.1	3.0	0.2	0.2	3.3	北 海 道
…	…	…	…	…	1.9	1.2	1.5	0.8	0.1	-	0.4	1.2	0.5	0.0	1.0	-	0.1	3.3	青 森
…	…	…	…	…	2.0	0.4	2.3	0.1	-	-	0.6	1.3	0.8	0.0	1.4	0.1	2.1	4.0	岩 手
…	…	…	…	…	1.2	1.0	2.5	0.5	0.0	-	0.3	0.7	-	0.1	3.6	0.3	1.0	4.3	宮 城
…	…	…	…	…	3.5	2.5	1.9	0.4	-	-	1.1	3.8	0.2	0.1	2.6	0.2	0.2	4.5	秋 田
…	…	…	…	…	2.8	1.5	3.5	0.9	0.1	-	0.9	2.4	0.2	-	3.5	0.1	3.7	6.3	山 形
…	…	…	…	…	2.8	0.7	2.9	1.2	0.0	-	0.6	2.8	1.7	-	2.3	0.1	1.0	5.0	福 島
…	…	…	…	…	3.0	1.5	7.7	0.3	0.5	-	0.7	3.1	0.6	-	3.6	0.2	0.5	4.7	茨 城
…	…	…	…	…	1.6	1.5	2.9	0.9	0.2	-	1.3	2.6	2.3	0.0	4.2	0.1	0.7	3.9	栃 木
…	…	…	…	…	0.5	0.4	3.6	0.8	0.1	-	1.6	3.0	0.2	0.0	4.0	0.1	1.5	4.3	群 馬
…	…	…	…	…	0.4	0.6	2.1	0.4	0.2	0.1	1.1	1.7	1.5	0.2	1.7	0.2	0.2	2.2	埼 玉
…	…	…	…	…	0.8	0.3	3.3	0.3	0.5	-	0.7	1.2	0.6	0.2	4.0	0.1	1.3	3.4	千 葉
…	…	…	…	…	0.6	0.3	2.8	0.5	0.7	-	0.9	1.4	0.6	0.0	1.9	0.1	0.4	3.8	東 京
…	…	…	…	…	0.6	0.8	3.1	0.5	0.3	-	0.3	1.7	0.2	0.1	2.9	0.1	0.1	2.7	神 奈 川
…	…	…	…	…	2.4	0.1	5.3	0.3	0.0	-	1.2	2.9	0.2	0.0	4.6	0.6	1.2	5.3	新 潟
…	…	…	…	…	1.2	1.3	3.7	0.3	0.5	-	1.2	1.9	1.1	0.2	2.3	0.1	0.5	4.7	富 山
…	…	…	…	…	0.4	0.3	2.0	0.7	0.1	-	1.2	1.7	0.3	0.1	0.9	0.2	0.4	4.2	石 川
…	…	…	…	…	1.1	0.1	4.4	0.5	0.0	-	0.9	1.3	1.0	0.0	1.7	-	0.2	5.2	福 井
…	…	…	…	…	0.5	0.5	1.9	1.1	0.2	0.1	0.4	1.6	0.7	0.1	3.0	0.1	0.4	6.0	山 梨
…	…	…	…	…	0.5	0.5	2.3	0.4	0.0	-	1.6	2.3	0.4	0.0	3.9	0.1	0.7	4.7	長 野
…	…	…	…	…	0.6	0.1	3.0	0.2	0.1	-	1.0	2.5	0.2	0.1	2.2	0.2	1.6	6.3	岐 阜
…	…	…	…	…	0.9	0.5	2.4	0.1	0.4	0.0	1.0	2.2	0.7	-	1.3	0.1	0.3	3.6	静 岡
…	…	…	…	…	1.0	0.7	5.1	0.5	0.4	-	1.1	2.1	0.8	0.0	2.6	0.2	0.2	4.0	愛 知
…	…	…	…	…	1.3	0.6	1.8	0.4	0.3	-	1.2	3.3	0.7	0.0	2.9	0.1	0.1	2.2	三 重
…	…	…	…	…	0.4	0.2	1.1	0.3	0.2	0.0	1.4	3.9	0.4	-	1.0	0.2	0.3	2.5	滋 賀
…	…	…	…	…	2.2	0.8	4.5	0.4	0.2	-	3.8	3.6	0.4	0.1	2.8	0.2	1.1	4.6	京 都
…	…	…	…	…	0.1	0.3	2.0	0.8	0.2	-	0.8	3.8	0.5	0.0	1.6	0.2	0.2	2.7	大 阪
…	…	…	…	…	1.6	0.4	2.1	0.4	0.2	-	1.2	1.8	0.4	-	1.4	0.1	0.4	1.8	兵 庫
…	…	…	…	…	0.9	0.6	3.9	0.5	0.3	-	0.6	1.7	1.8	0.1	1.0	0.1	0.0	4.5	奈 良
…	…	…	…	…	0.6	0.7	1.9	0.2	0.1	-	1.5	2.6	2.2	-	0.9	0.1	0.3	2.8	和 歌 山
…	…	…	…	…	1.2	0.3	4.9	0.6	-	-	1.0	1.6	-	0.1	4.8	0.1	0.0	5.9	鳥 取
…	…	…	…	…	0.7	1.2	6.7	0.7	0.1	-	0.4	1.0	2.7	-	3.2	0.0	0.0	4.8	島 根
…	…	…	…	…	0.9	0.4	2.5	0.8	0.3	-	1.1	3.5	0.6	0.0	2.7	0.2	0.5	4.1	岡 山
…	…	…	…	…	1.0	1.7	2.4	0.4	0.1	-	0.9	2.8	1.0	0.0	1.6	0.1	0.6	2.9	広 島
…	…	…	…	…	1.3	1.1	1.6	0.6	0.1	-	1.1	1.7	0.5	0.0	1.4	0.2	0.1	3.9	山 口
…	…	…	…	…	2.0	0.2	3.5	0.5	0.1	-	0.0	1.8	0.3	0.1	1.7	0.1	0.3	4.4	徳 島
…	…	…	…	…	2.6	0.3	2.3	0.3	0.1	-	0.8	3.2	1.5	0.0	1.2	0.1	0.0	2.8	香 川
…	…	…	…	…	0.7	0.2	1.6	0.1	0.1	-	2.1	1.7	1.0	0.1	1.3	0.0	1.3	2.0	愛 媛
…	…	…	…	…	0.6	0.2	1.9	1.1	0.1	-	1.0	2.7	0.3	-	0.7	0.0	0.2	2.2	高 知
…	…	…	…	…	1.1	1.3	1.2	0.3	0.2	-	0.7	1.9	0.3	0.0	1.4	0.2	0.2	2.6	福 岡
…	…	…	…	…	1.3	1.0	1.0	0.6	0.1	-	0.5	4.3	0.1	0.1	1.9	0.1	0.3	4.3	佐 賀
…	…	…	…	…	0.6	0.1	1.5	0.2	0.0	-	0.8	2.1	0.3	0.0	1.8	0.1	0.0	2.4	長 崎
…	…	…	…	…	2.3	0.3	1.9	0.4	0.2	-	1.1	1.9	1.5	0.0	1.5	0.0	0.1	1.6	熊 本
…	…	…	…	…	0.4	0.7	1.5	0.2	0.0	-	0.8	1.6	2.5	0.2	1.5	0.0	0.2	2.2	大 分
…	…	…	…	…	1.0	1.3	2.4	0.3	-	-	1.6	2.5	0.3	0.0	3.4	0.1	0.2	4.6	宮 崎
…	…	…	…	…	0.6	0.8	0.8	0.1	0.7	-	1.3	1.8	0.9	0.1	1.8	0.1	0.4	1.2	鹿 児 島
…	…	…	…	…	0.6	0.7	2.4	0.2	-	0.0	0.3	1.2	0.4	0.1	1.5	0.1	0.3	3.0	沖 縄

1　7歳　(3)　女

区分	計	裸眼視力 視力非矯正者の裸眼視力 1.0以上	1.0未満0.7以上	0.7未満0.3以上	0.3未満	視力矯正者の裸眼視力 1.0以上	1.0未満0.7以上	0.7未満0.3以上	0.3未満	裸眼視力 計	1.0未満0.7以上	0.7未満0.3以上	0.3未満	眼の疾病・異常	難聴	耳疾患	鼻疾・副鼻腔患	口腔咽喉頭疾患・異常	むし歯(う歯) 計	処置完了者	未処置歯のある者	歯列・咬合	顎関節	歯垢の状態	歯肉の状態	その他の疾病・異常
全国	100.00	70.30	13.15	9.50	3.16	0.77	0.76	1.23	1.13	28.93	13.90	10.74	4.29	4.38	0.56	6.82	8.46	0.65	36.24	17.59	18.65	4.95	0.08	2.34	1.28	5.44
北海道	100.0	68.8	16.0	10.6	1.8	0.6	0.9	0.8	0.6	30.6	16.9	11.3	2.3	2.7	0.6	3.1	X	-	41.6	20.9	20.8	4.9	0.5	2.8	1.3	2.7
青森	100.0	59.1	19.7	11.1	4.5	1.0	0.9	2.3	1.4	39.9	20.6	13.5	5.9	4.9	0.6	4.5	10.8	2.9	49.0	21.6	27.4	3.0	-	0.6	0.6	7.6
岩手	100.0	66.6	14.6	10.1	2.2	1.1	1.2	2.6	1.7	32.3	15.7	12.7	3.9	5.6	0.4	6.6	14.2	1.4	43.0	20.6	22.4	7.5	-	1.0	1.6	6.1
宮城	100.0	68.8	12.1	10.0	3.9	1.5	0.6	1.1	2.1	29.7	12.6	11.1	5.9	5.9	0.5	7.8	7.1	0.3	41.4	19.3	22.1	6.1	0.1	3.8	2.8	7.3
秋田	100.0	74.1	14.8	6.1	2.0	0.5	0.7	0.3	1.5	25.4	15.5	6.4	3.5	5.8	0.5	6.4	8.1	0.8	41.2	18.0	23.2	4.1	0.2	1.8	1.6	7.6
山形	100.0	71.4	10.3	9.8	1.7	1.3	1.3	2.2	1.9	27.1	11.5	12.0	3.6	5.5	0.3	6.4	14.7	1.6	40.1	17.0	23.1	7.9	-	3.6	2.2	8.7
福島	100.0	63.1	17.4	10.9	3.6	0.8	0.8	1.6	1.7	36.1	18.2	12.6	5.3	2.9	0.5	2.3	5.0	2.3	44.8	18.0	26.9	2.6	-	1.7	1.2	4.9
茨城	100.0	69.3	13.1	9.8	2.8	1.1	1.1	1.3	1.5	29.6	14.2	11.1	4.3	15.9	0.8	0.9	20.2	0.4	40.6	17.1	23.4	5.0	0.0	2.1	0.9	6.1
栃木	100.0	69.8	12.9	9.7	2.8	0.6	1.1	1.9	1.2	29.6	14.0	11.6	4.0	4.0	0.5	4.7	7.4	0.5	42.4	16.9	25.5	2.9	0.0	1.1	0.4	6.3
群馬	100.0	71.2	10.4	11.0	2.9	1.1	0.9	1.5	1.0	27.7	11.3	12.5	3.9	5.0	1.0	7.6	5.8	0.6	37.9	18.3	19.6	8.7	0.3	2.2	1.3	5.9
埼玉	100.0	71.1	13.4	9.6	2.7	0.8	0.8	1.2	0.5	28.2	14.2	10.8	3.2	3.2	0.5	7.2	6.2	0.1	30.7	16.9	13.8	2.3	0.1	1.2	0.3	6.1
千葉	100.0	71.8	13.1	8.1	2.9	1.1	0.9	0.7	1.4	27.1	14.0	8.9	4.2	5.1	0.2	2.2	12.8	0.5	29.7	13.0	16.7	5.3	0.3	1.6	0.6	6.2
東京	100.0	65.3	16.5	9.7	4.2	0.7	0.6	1.5	1.6	34.0	17.1	11.2	5.8	3.2	0.4	10.8	7.8	0.1	24.0	12.8	11.2	3.3	0.0	2.0	0.9	3.1
神奈川	100.0	75.6	10.5	9.8	4.1	-	-	-	0.0	24.4	10.5	9.8	4.1	4.9	0.6	9.7	6.6	0.3	28.9	14.1	14.7	6.6	0.1	1.8	0.2	4.4
新潟	100.0	74.9	10.0	8.7	2.2	1.0	0.6	1.5	1.1	24.1	10.6	10.2	3.3	3.5	0.6	5.7	10.2	0.3	30.5	16.8	13.7	2.7	0.0	0.8	0.6	4.4
富山	100.0	75.8	9.4	5.6	3.7	1.4	0.8	2.0	1.2	22.7	10.2	7.7	4.9	9.6	0.5	4.1	6.9	0.4	37.8	20.8	17.0	2.7	-	0.9	1.2	3.3
石川	100.0	73.3	10.4	8.5	1.7	1.8	1.3	1.7	1.0	24.9	11.6	10.3	3.0	0.7	0.2	X	X	X	32.6	13.4	19.2	2.6	0.0	2.6	2.0	3.8
福井	100.0	72.0	12.3	7.1	2.0	1.3	2.0	2.0	1.3	26.8	14.3	9.1	3.3	0.7	0.1	2.3	3.2	0.4	45.8	21.9	23.9	3.9	-	1.5	1.5	6.1
山梨	100.0	69.6	12.1	9.1	4.1	1.2	1.2	1.2	1.5	29.2	13.3	10.3	5.6	3.5	1.2	8.7	8.9	0.2	42.6	20.9	21.7	6.0	0.2	2.2	0.3	8.9
長野	100.0	68.8	14.0	9.6	1.7	0.9	1.6	1.8	1.6	30.3	15.6	11.4	3.3	3.2	0.9	5.8	5.8	0.3	33.7	18.0	15.7	4.0	-	1.5	0.8	4.9
岐阜	100.0	71.5	11.1	9.4	2.5	0.9	1.1	2.2	1.3	27.7	12.2	11.6	3.9	3.0	0.5	5.8	8.3	1.2	37.6	18.7	18.9	4.0	0.0	2.1	1.1	7.5
静岡	100.0	76.7	9.8	6.9	1.8	1.2	1.6	1.1	1.0	22.1	11.4	8.0	2.7	2.5	0.7	6.5	8.9	0.5	34.1	16.7	17.4	5.5	-	2.6	2.1	7.5
愛知	100.0	73.2	10.5	8.8	3.1	0.9	1.0	1.5	0.9	25.8	11.6	10.2	4.0	2.6	0.7	7.7	11.4	1.4	32.7	17.5	15.1	4.7	0.1	1.7	1.0	5.9
三重	100.0	80.7	7.4	7.9	3.8	-	0.2	0.2	-	19.3	7.5	8.0	3.8	3.5	0.6	6.0	8.2	0.2	42.1	18.3	23.8	3.0	0.2	2.9	1.6	6.3
滋賀	100.0	75.3	10.6	9.9	1.9	-	0.5	1.6	0.2	24.7	11.0	11.5	2.2	1.3	0.5	2.0	2.0	0.2	37.4	15.9	21.5	5.5	0.1	1.9	2.0	6.0
京都	100.0	73.3	9.7	10.4	2.3	1.1	0.5	1.4	1.3	25.6	10.2	11.8	3.5	6.3	0.4	8.4	7.3	0.7	37.2	16.1	21.1	3.3	-	2.0	0.9	6.4
大阪	100.0	68.4	13.8	10.2	3.4	0.6	0.5	1.1	1.9	31.0	14.3	11.4	5.3	4.5	0.7	8.5	5.1	0.7	41.2	20.7	20.5	7.1	0.0	4.2	1.6	6.4
兵庫	100.0	72.5	10.5	9.3	4.5	-	-	2.0	0.6	27.5	10.5	11.3	5.2	0.1	0.3	8.8	5.1	0.9	35.2	19.6	15.5	10.1	0.0	2.7	1.3	5.3
奈良	100.0	77.6	9.0	9.0	1.5	-	-	0.6	0.6	22.0	10.0	9.8	2.2	1.7	0.3	3.8	10.5	-	39.2	17.3	21.9	4.0	-	2.4	0.3	7.1
和歌山	100.0	71.4	9.6	8.5	2.0	2.8	1.5	1.6	2.6	25.8	11.1	10.1	4.5	6.6	0.6	7.1	7.6	0.3	36.2	16.1	20.1	5.9	0.1	2.3	0.6	5.3
鳥取	100.0	73.8	10.8	8.0	2.1	1.2	0.9	2.5	0.6	25.0	11.7	10.4	2.9	2.0	0.6	10.1	3.9	0.1	40.3	19.7	20.5	7.3	0.2	4.6	2.2	5.8
島根	100.0	69.4	13.3	8.2	2.5	1.1	1.2	2.8	1.5	29.5	14.5	11.0	4.0	6.0	0.7	8.6	12.5	0.4	42.1	19.1	22.9	3.8	-	1.9	0.9	5.9
岡山	100.0	66.2	17.0	9.8	2.6	1.3	1.0	1.0	1.1	33.1	18.2	11.1	3.7	3.7	0.5	11.4	13.3	2.6	32.0	15.6	16.4	3.1	-	1.4	1.3	6.3
広島	100.0	65.9	15.2	9.8	3.5	0.6	0.5	1.8	2.5	33.3	15.6	11.6	6.0	3.4	0.6	5.2	7.3	0.9	37.8	18.6	19.2	6.2	-	2.3	2.7	5.0
山口	100.0	75.4	7.1	10.2	3.3	0.6	0.9	1.0	1.2	23.7	8.0	11.2	4.5	3.7	0.6	12.7	6.8	0.7	41.6	19.3	22.3	3.6	-	2.1	1.8	5.6
徳島	100.0	69.1	15.6	8.3	2.9	0.5	1.3	1.2	1.0	30.3	17.0	9.5	3.9	7.4	0.7	8.6	14.8	3.8	39.4	17.2	22.2	8.4	0.0	1.5	0.9	7.1
香川	100.0	72.2	11.7	8.3	2.0	1.3	0.5	1.6	2.3	26.5	12.2	10.0	4.3	4.1	0.7	5.7	9.7	0.1	38.4	16.8	21.6	6.2	0.1	2.5	2.0	7.4
愛媛	100.0	65.8	15.7	10.1	4.1	1.3	0.7	1.1	1.2	32.9	16.3	11.2	5.4	5.8	0.4	1.9	6.0	0.2	44.4	21.1	23.3	3.8	-	1.5	1.1	5.1
高知	100.0	70.5	10.0	11.6	2.0	1.0	1.1	1.0	0.8	28.3	11.0	12.7	4.7	2.6	0.7	1.5	2.2	1.3	43.7	17.0	26.7	2.7	-	2.6	1.5	6.2
福岡	100.0	61.4	19.4	11.8	3.8	1.1	0.7	0.8	1.0	37.5	20.1	12.5	4.8	3.7	0.7	6.8	5.5	0.3	43.1	22.5	20.7	3.5	0.1	1.9	1.4	5.7
佐賀	100.0	65.2	16.3	11.3	3.5	0.6	0.5	1.8	0.8	34.1	17.1	12.8	4.3	2.1	0.7	5.6	4.8	0.1	47.0	20.3	26.7	4.0	0.1	3.8	1.8	7.5
長崎	100.0	74.3	11.3	10.6	2.5	0.1	0.3	-	0.8	25.6	11.7	10.6	3.3	1.0	0.3	-	0.6	0.6	45.3	24.4	20.9	2.4	-	1.6	0.5	5.4
熊本	100.0	73.0	12.2	7.6	1.8	1.7	0.9	1.7	1.0	25.3	13.0	9.4	3.0	5.0	0.6	1.7	4.7	1.0	50.6	23.4	27.1	4.5	0.1	4.0	2.3	5.9
大分	100.0	72.4	14.7	8.1	2.6	0.2	0.5	0.8	0.7	27.4	15.3	8.9	3.2	4.8	0.4	8.0	14.2	1.8	49.7	23.1	26.6	7.1	0.4	3.7	2.9	3.1
宮崎	100.0	72.8	13.5	7.0	2.5	1.2	0.9	1.0	1.1	25.9	14.4	8.0	3.5	3.5	0.5	8.3	8.4	0.2	45.1	17.1	28.0	6.0	0.1	2.9	1.6	4.3
鹿児島	100.0	72.2	14.5	7.7	2.0	0.4	0.5	1.1	1.6	27.4	15.8	8.6	5.8	0.6	0.5	10.4	10.2	1.2	48.7	23.5	25.3	4.7	0.2	2.0	0.4	5.5
沖縄	100.0	65.0	15.4	11.7	5.3	0.0	0.4	1.0	1.3	35.0	15.8	12.6	6.5	0.6	0.5	5.0	7.4	2.1	48.6	16.0	32.6	2.4	-	2.5	1.5	6.6

異常被患率等（各年齢ごと）（39-29）

単位　（％）

永久歯の1人当り平均むし歯（う歯）等数		むし歯（う歯）			栄養状態	せき柱・胸郭・四肢の状態	皮膚疾患		結核の検査の対象の精密者	結核	心疾病臓・異常	心電図異常	蛋白検出の者	尿糖検出の者	その他の疾病・異常				区分
計(本)	喪失歯数(本)	計(本)	処置歯数(本)	未処置歯数(本)			アトピー性皮膚炎	その他の皮膚疾患							ぜん息	腎臓疾患	言語障害	その他の疾病・異常	
…	…	…	…	…	1.34	0.53	2.96	0.47	0.08	0.00	0.82	…	0.73	0.07	2.26	0.25	0.44	3.48	全　国
…	…	…	…	…	0.9	0.4	5.5	0.2	-	-	0.5	…	0.2	0.2	3.3	0.1	0.1	4.2	北 海 道
…	…	…	…	…	3.1	1.3	1.5	0.3	-	-	0.1	…	0.6	-	1.3	0.1	0.2	3.3	青　森
…	…	…	…	…	1.6	0.9	3.2	0.4	-	-	0.3	…	1.2	-	2.1	0.2	1.0	3.5	岩　手
…	…	…	…	…	1.9	0.7	3.1	0.6	-	-	0.4	…	0.1	0.1	3.4	0.0	1.5	4.0	宮　城
…	…	…	…	…	4.9	1.8	2.5	0.6	-	-	0.6	…	0.2	0.0	2.1	0.2	0.1	4.4	秋　田
…	…	…	…	…	3.1	1.2	4.0	0.8	-	-	0.3	…	0.5	0.0	2.9	0.1	1.5	9.3	山　形
…	…	…	…	…	2.6	1.3	3.3	1.5	-	-	0.3	…	1.9	-	3.0	0.2	0.7	4.2	福　島
…	…	…	…	…	3.7	1.7	8.4	0.8	0.7	-	0.6	…	0.6	0.0	4.6	0.2	0.3	4.6	茨　城
…	…	…	…	…	2.6	0.7	4.4	0.7	0.1	-	1.0	…	1.6	0.1	2.9	0.2	0.9	4.3	栃　木
…	…	…	…	…	1.3	0.8	2.7	0.2	-	-	1.4	…	0.2	0.1	4.9	0.4	1.8	5.2	群　馬
…	…	…	…	…	0.3	0.1	2.5	0.4	0.1	0.0	0.7	…	1.0	0.0	2.5	0.1	0.4	2.2	埼　玉
…	…	…	…	…	0.9	0.2	2.8	0.3	0.2	-	0.8	…	0.7	-	3.5	0.2	1.1	3.1	千　葉
…	…	…	…	…	0.7	0.2	2.7	0.6	-	-	1.1	…	0.8	0.2	2.2	0.3	0.4	3.4	東　京
…	…	…	…	…	1.5	0.4	3.2	1.0	0.1	-	0.6	…	0.5	-	2.3	0.1	0.1	2.8	神 奈 川
…	…	…	…	…	0.6	0.1	4.1	0.2	-	-	1.8	…	0.4	0.1	4.5	0.6	1.9	6.2	新　潟
…	…	…	…	…	2.1	1.3	3.0	0.4	-	-	1.6	…	0.9	-	2.3	-	0.1	3.1	富　山
…	…	…	…	…	0.8	0.2	1.7	0.1	0.1	-	1.1	…	0.4	0.1	0.8	0.3	0.1	3.0	石　川
…	…	…	…	…	1.7	0.3	3.3	0.7	-	-	0.7	…	0.6	0.1	1.0	0.2	-	5.0	福　井
…	…	…	…	…	3.5	0.4	2.1	0.4	-	-	0.4	…	0.7	0.1	2.6	0.1	0.9	3.7	山　梨
…	…	…	…	…	1.1	0.5	2.9	0.6	0.1	-	1.2	…	0.3	0.1	3.6	0.6	0.7	4.4	長　野
…	…	…	…	…	1.3	0.2	3.3	0.2	0.1	-	1.8	…	0.6	0.1	2.1	0.2	1.2	7.9	岐　阜
…	…	…	…	…	1.4	0.6	2.6	0.2	0.1	-	0.7	…	0.9	0.1	0.9	0.2	0.5	3.8	静　岡
…	…	…	…	…	1.5	0.4	4.4	0.5	0.2	-	0.6	…	0.6	0.0	2.3	0.2	0.4	3.8	愛　知
…	…	…	…	…	2.1	0.6	3.1	0.4	-	-	0.9	…	1.0	0.2	3.2	0.1	0.4	3.5	三　重
…	…	…	…	…	0.4	0.3	1.4	0.4	0.1	-	1.1	…	0.4	0.1	0.7	0.2	0.2	2.9	滋　賀
…	…	…	…	…	3.6	0.8	4.0	0.6	0.0	-	2.0	…	0.4	0.1	2.2	0.3	0.7	4.5	京　都
…	…	…	…	…	0.1	0.4	1.5	0.4	-	-	0.2	…	0.6	0.1	1.0	0.3	0.2	2.4	大　阪
…	…	…	…	…	1.0	0.7	1.7	0.5	-	-	1.0	…	0.4	0.1	1.3	0.2	0.2	2.1	兵　庫
…	…	…	…	…	1.6	1.0	3.9	0.4	-	-	0.5	…	2.7	-	0.5	0.1	0.2	2.9	奈　良
…	…	…	…	…	0.8	0.9	2.8	0.3	0.1	-	0.6	…	2.9	-	0.7	0.1	0.2	2.4	和 歌 山
…	…	…	…	…	1.7	0.3	6.2	0.2	-	-	1.5	…	0.2	0.0	4.0	0.1	0.1	6.6	鳥　取
…	…	…	…	…	3.1	0.4	6.0	0.4	0.0	-	0.3	…	2.7	0.0	3.4	0.3	0.3	3.3	島　根
…	…	…	…	…	1.4	0.4	2.8	0.3	0.1	-	1.2	…	0.6	0.1	2.2	0.2	0.3	5.5	岡　山
…	…	…	…	…	1.2	0.6	2.9	0.8	0.1	-	0.5	…	1.1	-	1.3	0.3	0.2	3.4	広　島
…	…	…	…	…	1.4	1.0	2.8	0.3	0.0	-	1.3	…	0.5	-	1.7	0.1	0.2	4.3	山　口
…	…	…	…	…	1.5	0.3	3.0	0.2	-	-	0.1	…	0.1	0.1	2.0	0.1	0.2	4.3	徳　島
…	…	…	…	…	3.9	0.2	2.0	0.5	-	-	0.5	…	0.6	-	2.8	0.2	0.2	4.2	香　川
…	…	…	…	…	0.4	0.5	1.9	0.1	-	-	1.8	…	1.3	-	1.1	0.1	0.8	2.2	愛　媛
…	…	…	…	…	1.1	0.0	1.8	0.7	0.0	-	0.6	…	0.5	-	1.0	0.2	0.2	3.0	高　知
…	…	…	…	…	1.3	0.9	1.8	0.3	0.1	-	0.8	…	0.7	-	1.8	0.2	0.2	2.4	福　岡
…	…	…	…	…	1.1	0.7	1.5	0.1	-	-	1.0	…	0.3	-	2.3	0.2	0.2	6.3	佐　賀
…	…	…	…	…	0.9	0.1	2.9	0.2	-	-	1.1	…	0.2	-	1.5	0.1	0.4	2.7	長　崎
…	…	…	…	…	2.3	1.0	1.3	0.4	-	-	0.5	…	2.5	-	1.0	0.4	0.1	2.5	熊　本
…	…	…	…	…	0.6	0.5	1.6	0.2	-	-	0.5	…	1.6	0.1	2.1	0.1	-	2.0	大　分
…	…	…	…	…	2.0	0.8	1.0	0.2	-	-	1.2	…	0.2	-	3.3	0.7	0.6	6.0	宮　崎
…	…	…	…	…	2.4	0.1	1.7	0.0	0.2	-	1.7	…	0.5	-	1.7	0.3	0.2	1.1	鹿 児 島
…	…	…	…	…	1.5	0.5	2.7	0.6	-	-	1.1	…	0.9	0.2	2.0	1.2	0.5	2.8	沖　縄

1 8歳 (3) 女

区分	計	視力非矯正者の裸眼視力 1.0以上	1.0未満0.7以上	0.7未満0.3以上	0.3未満	視力矯正者の裸眼視力 1.0以上	1.0未満0.7以上	0.7未満0.3以上	0.3未満	裸眼視力 計	1.0未満0.7以上	0.7未満0.3以上	0.3未満	眼の疾病・異常	難聴	耳疾患	鼻疾・副鼻腔患	口腔咽喉頭疾患異常	むし歯 計	処置完了者	未処置歯のある者	歯列・咬合	顎関節	歯垢の状態	歯肉の状態	その他の疾病・異常
全国	100.00	62.58	11.97	12.51	5.08	0.94	0.99	2.36	3.58	36.49	12.95	14.87	8.66	4.70	0.61	6.58	8.80	0.63	41.72	21.84	19.88	5.48	0.09	3.00	1.80	5.67
北海道	100.0	61.7	12.0	16.1	7.4	0.3	0.6	0.7	1.1	37.9	12.6	16.9	8.5	4.8	0.4	4.9	7.2	-	47.9	25.0	22.9	6.2	0.0	2.8	2.5	3.3
青森	100.0	52.2	14.9	15.6	6.0	0.9	1.2	3.1	6.0	46.8	16.1	18.7	12.1	3.6	0.7	3.6	11.4	0.8	57.9	28.1	29.8	2.7	-	2.1	1.4	9.8
岩手	100.0	61.2	13.0	11.8	5.0	0.8	1.8	2.0	4.4	38.0	14.8	13.8	9.4	9.4	0.4	6.9	13.3	1.3	47.6	25.9	21.7	7.5	0.1	2.0	1.2	6.6
宮城	100.0	62.3	11.1	10.9	6.1	1.4	0.9	2.9	4.3	36.3	12.0	13.8	10.4	5.9	0.5	7.7	5.8	0.3	45.8	23.7	22.1	6.8	0.1	3.9	1.7	7.9
秋田	100.0	58.9	15.6	14.0	4.9	0.9	0.6	3.0	2.0	40.2	16.2	17.0	7.0	7.1	0.9	6.2	10.6	1.7	42.0	23.0	19.0	5.3	0.1	2.4	1.2	6.7
山形	100.0	62.3	10.2	12.6	3.2	2.1	0.7	4.1	4.8	35.4	10.9	16.7	8.0	5.4	0.9	6.1	10.5	1.1	43.4	22.5	20.9	6.9	-	3.6	2.6	11.5
福島	100.0	59.6	13.5	12.1	4.8	2.1	1.3	3.0	3.7	38.4	14.7	15.1	8.5	3.2	0.3	9.0	9.3	1.1	50.1	24.7	25.4	4.0	0.0	2.3	1.3	6.1
茨城	100.0	61.5	13.7	11.4	4.6	0.9	1.1	2.2	4.6	37.6	14.8	13.6	9.2	14.6	0.6	0.9	19.9	1.0	48.1	22.9	25.2	5.6	-	2.3	1.5	8.2
栃木	100.0	62.8	12.6	11.8	4.5	1.1	1.3	2.7	3.1	36.1	14.0	14.5	7.7	2.9	1.0	4.9	5.7	0.4	45.0	18.7	26.3	3.2	0.1	2.0	0.5	6.5
群馬	100.0	61.4	8.8	12.6	5.3	2.5	1.3	4.4	3.6	36.1	10.1	17.0	9.0	4.2	0.5	6.5	6.3	0.3	43.5	21.2	22.3	6.8	0.0	2.6	1.8	5.4
埼玉	100.0	64.0	11.0	13.3	4.8	0.7	1.1	2.2	2.9	35.3	12.1	15.5	7.7	3.7	0.6	7.0	5.3	0.1	34.9	19.0	15.9	2.9	-	1.4	0.5	5.5
千葉	100.0	63.2	12.6	10.0	4.8	0.8	1.0	3.0	4.1	35.9	14.0	13.0	8.9	4.3	0.5	8.2	12.1	0.3	35.2	16.7	18.5	8.5	0.4	3.8	3.9	4.6
東京	100.0	54.5	15.6	13.9	6.4	0.9	1.3	2.4	5.0	44.5	16.8	16.3	11.4	3.9	0.5	9.9	8.6	-	32.4	19.1	13.3	3.3	-	1.4	1.4	2.9
神奈川	100.0	76.0	7.4	12.6	3.6	-	0.1	0.3	-	24.0	7.5	12.9	3.6	5.0	0.6	9.4	9.7	0.6	36.8	20.5	16.3	7.0	0.1	3.1	0.9	3.5
新潟	100.0	63.9	12.1	12.7	3.7	0.6	1.0	2.7	3.4	35.5	13.1	15.4	7.0	2.6	0.6	4.2	14.2	0.6	34.6	19.8	14.8	3.0	-	2.7	2.0	6.3
富山	100.0	66.4	10.5	11.1	3.1	1.8	1.8	1.6	3.6	31.8	12.3	12.7	6.8	9.7	0.2	3.1	8.4	0.3	36.8	21.2	15.6	2.8	0.0	0.8	0.7	3.5
石川	100.0	61.7	11.4	13.7	3.5	1.4	1.4	3.1	3.7	36.8	12.8	16.8	7.3		0.2	X	X	X	40.8	17.0	23.8	3.9	-	3.9		3.7
福井	100.0	59.1	12.2	11.7	5.1	1.6	1.9	3.0	5.3	39.3	14.1	14.7	10.4	1.1	0.1	2.3	4.2	0.7	55.6	26.7	28.9	4.7	0.0	4.2	2.3	6.1
山梨	100.0	61.9	11.6	11.3	3.7	1.5	1.4	3.8	4.7	36.6	13.0	15.1	8.4	5.3	0.9	6.7	11.2	0.4	50.0	25.1	24.9	4.7	-	3.4	1.2	6.7
長野	100.0	66.0	11.4	10.2	4.2	1.3	1.6	2.5	2.8	32.7	13.0	12.6	7.1	4.0	0.2	4.7	4.4	0.1	40.3	23.9	16.4	4.7	0.1	3.1	1.4	5.5
岐阜	100.0	61.1	12.3	13.7	5.8	0.7	1.3	1.4	3.7	38.2	13.5	15.1	9.5	2.8	0.5	2.4	9.8	1.7	39.4	21.7	17.7	3.6	0.3	3.2	2.1	6.9
静岡	100.0	69.8	10.1	8.6	3.2	1.4	1.0	2.5	3.5	28.8	11.1	11.0	6.7	3.2	0.5	6.1	11.0	1.1	40.0	23.1	16.9	4.8	-	3.4	1.7	7.3
愛知	100.0	64.9	9.1	12.8	3.9	0.8	0.8	2.4	4.6	33.6	9.9	15.1	8.6	4.8	1.0	5.4	8.6	0.8	38.3	22.7	15.6	4.2	0.1	2.7	1.7	5.9
三重	100.0	69.5	11.2	11.8	5.7	0.4	0.4	0.4	0.5	30.1	11.7	12.2	6.3	2.4	1.0	5.8	6.6	0.4	43.4	20.1	23.3	3.7	0.1	2.8	0.9	6.4
滋賀	100.0	70.7	9.5	11.3	3.9	0.3	0.3	2.0	1.9	29.0	9.8	13.3	5.8	1.4	0.4	2.5	2.8	0.1	42.8	21.2	21.6	6.1	0.1	4.5	2.8	6.2
京都	100.0	60.1	13.9	11.4	3.8	1.5	0.9	3.2	5.3	38.4	14.8	14.6	9.0	6.6	1.2	7.8	7.1	1.2	43.9	24.1		8.7	-	2.9		5.3
大阪	100.0	58.1	12.8	12.9	5.8	0.8	0.9	3.1	5.1	40.6	13.6	16.1	11.0	6.5	0.5	6.9	5.0	0.2	43.3	20.2	23.1	8.7	0.3	4.5	2.4	7.9
兵庫	100.0	66.6	9.4	11.7	4.4	0.8	0.8	3.1	2.8	32.9	10.2	15.5	7.1	7.6	0.8		13.4	1.1	42.9	25.1	17.8	11.5	-	3.8	1.5	5.8
奈良	100.0	65.2	10.2	12.3	4.3	0.6	1.0	3.1	3.3	34.2	11.2	15.4	7.6	1.9	0.7	5.1	8.2	0.8	43.2	21.7	21.5	6.5	0.0	3.6	0.9	6.0
和歌山	100.0	66.4	9.5	11.0	3.4	1.4	2.2	2.7	3.4	32.2	11.8	13.7	6.7	7.4	0.6	6.4	7.9	0.5	43.7	21.7	22.0	4.7	0.2	2.6	1.1	5.0
鳥取	100.0	65.9	10.8	11.7	3.3	1.5	1.6	2.2	2.5	32.7	12.4	14.4	5.8	1.6		2.6	1.8		48.4	25.2	23.3	8.2	-	6.3	4.2	4.9
島根	100.0	60.6	15.2	10.2	5.5	1.2	1.4	2.8	3.1	38.2	16.6	13.0	8.6	4.5	0.7	11.0	12.5	1.8	48.4	23.6	24.8	4.0	0.1	2.4	1.5	5.2
岡山	100.0	63.6	10.3	12.5	3.7	1.2	1.4	3.5	3.8	35.2	11.7	16.0	7.5	4.7	0.6	1.6	14.6	4.0	39.7	20.1	19.6	3.2	-	3.0	2.5	6.2
広島	100.0	57.9	13.3	12.2	5.7	0.6	1.5	3.5	5.3	41.5	14.8	15.7	11.0	3.6	0.6	5.0	7.1	1.0	40.5	22.6	17.9	5.1	0.1	3.1	2.4	4.1
山口	100.0	63.9	8.9	13.1	5.6	0.7	1.2	2.6	4.1	35.4	10.0	15.6	9.7	5.1	0.6	7.3	7.2	0.5	47.8	22.3	25.5	4.5	-	5.7	5.2	6.3
徳島	100.0	60.4	13.9	10.1	4.4	1.2	1.6	3.8	4.5	38.4	15.7	13.9	8.8	5.1	0.6	6.7	X	4.1	44.8	24.8	20.0	6.4	0.2	1.9	1.2	8.6
香川	100.0	58.5	13.5	12.4	4.9	0.8	0.9	3.1	5.8	40.6	14.4	15.4	10.7	4.7	0.6	6.7	11.9	0.8	44.9	24.4	20.5	4.9	0.0	4.2	1.5	6.7
愛媛	100.0	61.9	11.0	11.8	5.9	1.0	0.7	2.1	5.3	36.6	11.6	13.8	11.2	0.8	0.8	1.9	6.6	2.0	49.4	27.4	21.9	3.8	-	2.2	1.4	6.0
高知	100.0	65.9	10.4	11.2	5.1	0.7	0.7	3.2	2.8	33.5	11.1	14.4	7.9	0.5	0.6	4.3	3.6	1.3	50.7	23.6	27.1	2.9	-	4.8	1.3	10.3
福岡	100.0	53.1	16.4	13.8	8.1	1.4	1.0	2.0	4.1	45.5	17.4	15.9	12.2	4.2	0.8	6.7	8.6	0.4	45.9	24.8	21.0	4.2	0.2	2.1	1.4	6.9
佐賀	100.0	59.8	14.5	13.1	5.7	0.9	0.9	1.2	3.8	39.3	15.5	14.3	9.5	2.2	0.7	6.9	6.1	0.5	52.5	22.7	29.7	4.6	-	4.6	2.7	10.3
長崎	100.0	68.9	12.6	11.1	3.6	0.8	0.8	1.6	0.9	30.2	13.5	12.6	4.1	0.6	0.6	5.4	4.7	0.8	47.6	27.8	19.8	3.1	0.0	2.8	1.4	5.8
熊本	100.0	64.5	11.4	12.4	4.4	0.9	0.8	1.8	3.4	35.2	12.4	15.0	7.8	5.9	1.0	2.7	6.2	0.4	51.9	25.6	26.3	5.8	0.0	5.6	2.6	8.7
大分	100.0	65.2	11.2	12.6	6.4	0.7	0.7	1.8	3.0	34.2	10.5	14.4	9.4	4.2	0.3	-	7.6	2.3	50.7	23.2	27.5	5.7	0.0	3.1	2.7	3.3
宮崎	100.0	66.3	13.4	10.7	3.5	0.9	0.9	1.8	2.5	32.8	14.3	12.6	5.9	4.0	0.6	9.0	9.9	1.5	48.3	22.8	25.4	5.6	0.2	2.0	1.3	4.1
鹿児島	100.0	61.3	13.5	13.6	3.3	0.2	1.5	2.2	4.4	38.5	15.0	15.8	7.7	5.1	0.4	9.6	11.5	1.6	54.4	26.7	27.7	5.0	-	3.8	0.8	5.9
沖縄	100.0	57.8	15.2	13.6	9.3	0.4	0.2	0.8	2.6	41.8	15.4	14.4	12.0	0.6	1.1	4.7	8.5	1.8	54.2	21.4	32.8	3.2	0.0	1.8	0.6	7.1

異常被患率等（各年齢ごと）（39-30）

単位　（％）

計(本)	喪失歯数(本)	むし歯（う歯） 計(本)	処置歯数(本)	未処置歯数(本)	栄養状態	せき柱・四肢の胸郭の状態	アトピー性皮膚炎	その他の皮膚疾患	結核の検査の対象の精密者	結核	心疾病臓・異常の常	心電図異常	蛋白検出の者	尿糖検出の者	ぜん息	腎臓疾患	言語障害	その他の疾病・異常	区分
...	...	...	...	...	1.72	0.68	2.99	0.37	0.06	0.00	0.79	...	0.91	0.08	2.42	0.23	0.36	3.76	全国
...	...	...	...	...	1.3	0.2	4.4	0.3	0.0	-	0.3	...	1.2	0.0	2.8	0.0	0.2	3.8	北海道
...	...	...	...	...	3.7	1.3	1.0	0.9	-	-	0.3	...	0.8	0.0	1.0	0.1	-	1.9	青森
...	...	...	...	...	2.5	0.6	2.6	0.5	-	-	0.7	...	1.3	0.2	1.6	0.0	0.6	4.2	岩手
...	...	...	...	...	2.8	0.6	3.9	0.9	-	-	0.2	...	0.4	0.0	4.0	0.1	0.7	6.3	宮城
...	...	...	...	...	5.1	2.0	3.6	0.5	-	-	0.8	...	0.0	0.0	1.5	0.1	0.1	6.2	秋田
...	...	...	...	...	4.0	1.3	4.2	1.2	-	-	0.8	...	1.4	0.1	2.7	-	1.0	5.6	山形
...	...	...	...	...	3.3	1.1	3.6	0.8	-	-	0.3	...	1.6	-	2.1	0.1	0.3	4.7	福島
...	...	...	...	...	4.6	1.7	8.0	0.7	0.1	-	1.4	...	0.3	0.0	6.4	0.2	0.2	4.4	茨城
...	...	...	...	...	3.0	0.5	2.8	0.7	0.0	-	1.3	...	1.8	0.3	4.6	0.3	0.7	5.4	栃木
...	...	...	...	...	2.0	0.8	2.4	0.1	-	-	1.4	...	0.0	0.0	2.6	0.2	1.2	6.1	群馬
...	...	...	...	...	0.9	0.5	2.8	0.2	0.2	-	0.6	...	1.1	0.0	2.4	0.2	0.2	2.7	埼玉
...	...	...	...	...	1.0	0.4	3.3	0.3	-	-	0.5	...	0.5	0.0	4.0	0.4	0.4	3.1	千葉
...	...	...	...	...	1.7	0.3	2.4	0.5	0.1	-	0.8	...	1.0	-	2.2	0.5	0.7	3.7	東京
...	...	...	...	...	1.2	0.9	3.0	0.7	0.0	-	0.4	...	0.3	0.1	3.1	0.1	1.0	3.2	神奈川
...	...	...	...	...	2.7	0.1	4.6	0.5	-	-	1.6	...	1.1	0.0	3.7	0.3	1.0	5.7	新潟
...	...	...	...	...	1.8	1.9	3.2	0.2	-	-	1.3	...	1.4	0.2	2.8	0.1	0.1	3.8	富山
...	...	...	...	...	0.6	0.3	1.4	0.6	-	-	1.5	...	0.6	0.0	0.9	0.1	0.2	1.9	石川
...	...	...	...	...	1.9	0.6	3.7	0.4	-	-	1.0	...	0.2	0.0	1.2	0.1	-	4.3	福井
...	...	...	...	...	2.9	0.8	1.7	0.7	0.1	0.1	0.4	...	1.1	0.2	2.3	0.0	0.4	5.5	山梨
...	...	...	...	...	0.8	0.4	2.2	0.3	-	-	1.5	...	0.7	0.2	3.6	0.1	0.5	4.3	長野
...	...	...	...	...	1.4	0.4	2.6	0.2	0.0	-	1.2	...	0.7	0.3	2.4	0.3	1.6	8.3	岐阜
...	...	...	...	...	2.0	0.6	2.7	0.3	0.0	-	0.8	...	1.1	0.0	1.9	0.1	0.9	3.8	静岡
...	...	...	...	...	1.3	0.6	5.4	0.1	0.1	-	0.6	...	0.0	0.0	2.9	0.0	0.4	4.2	愛知
...	...	...	...	...	2.3	0.6	2.4	-	-	-	0.9	...	0.8	0.0	3.1	0.2	0.2	3.4	三重
...	...	...	...	...	0.6	0.3	1.6	0.6	0.1	-	1.2	...	0.5	0.0	0.8	0.2	0.2	2.8	滋賀
...	...	...	...	...	3.8	1.2	4.4	0.4	0.0	-	2.4	...	0.6	0.1	2.0	0.1	0.5	6.3	京都
...	...	...	...	...	0.4	0.8	2.1	0.3	0.0	-	0.2	...	1.0	0.2	1.4	0.4	0.1	3.1	大阪
...	...	...	...	...	2.0	0.7	2.5	0.2	-	-	1.5	...	0.7	0.1	1.6	0.2	0.2	2.5	兵庫
...	...	...	...	...	1.3	0.9	3.5	0.2	-	-	0.7	...	2.0	-	0.8	0.2	0.2	4.5	奈良
...	...	...	...	...	1.0	0.8	1.4	0.1	-	-	0.5	...	3.0	0.0	0.8	0.1	0.2	2.4	和歌山
...	...	...	...	...	2.4	0.2	5.0	0.1	-	-	1.5	...	0.3	0.0	4.2	0.3	0.3	6.9	鳥取
...	...	...	...	...	1.3	0.5	3.6	0.4	0.0	-	0.2	...	2.6	0.1	3.1	-	0.2	3.5	島根
...	...	...	...	...	1.8	0.4	3.1	0.6	0.1	-	0.8	...	1.2	0.0	2.3	0.3	0.2	5.5	岡山
...	...	...	...	...	1.6	1.0	2.8	0.7	0.0	-	1.0	...	1.6	0.4	1.3	0.1	0.3	3.4	広島
...	...	...	...	...	1.4	1.2	2.6	0.4	0.0	-	0.8	...	0.6	-	2.3	0.1	0.2	4.3	山口
...	...	...	...	...	4.4	0.5	2.9	0.4	-	-	0.1	...	0.3	0.1	2.2	0.1	0.2	4.6	徳島
...	...	...	...	...	4.6	0.1	1.6	0.4	-	-	0.8	...	0.8	-	1.9	0.4	0.4	4.3	香川
...	...	...	...	...	0.6	0.3	1.1	-	-	-	2.0	...	1.8	0.1	1.2	0.2	0.2	1.8	愛媛
...	...	...	...	...	2.1	-	1.0	0.0	-	-	0.5	...	0.4	-	0.6	0.2	0.2	2.0	高知
...	...	...	...	...	1.7	1.4	1.6	0.3	-	-	1.1	...	0.8	0.1	1.5	0.3	0.1	2.8	福岡
...	...	...	...	...	1.4	0.7	1.4	0.5	-	-	0.8	...	0.2	0.0	2.2	0.1	0.2	7.2	佐賀
...	...	...	...	...	1.1	0.5	4.0	0.3	0.0	-	0.9	...	0.5	-	2.1	0.0	0.3	3.4	長崎
...	...	...	...	...	2.6	0.8	1.5	0.2	0.0	-	0.2	...	2.6	-	1.0	0.2	0.2	2.2	熊本
...	...	...	...	...	1.2	1.1	2.6	0.4	0.2	-	0.7	...	1.9	0.0	2.5	0.1	0.1	2.0	大分
...	...	...	...	...	2.7	1.3	2.1	0.1	-	-	1.0	...	0.3	0.0	3.7	0.1	0.2	4.5	宮崎
...	...	...	...	...	0.9	0.3	1.6	0.0	-	-	0.4	...	0.7	0.1	2.0	0.1	0.0	0.8	鹿児島
...	...	...	...	...	1.5	0.8	2.5	0.5	-	-	0.6	...	1.4	0.1	1.4	0.1	0.7	3.8	沖縄

1 9歳 (3) 女

区分	裸眼視力 計	非矯正 1.0以上	非矯正 1.0未満0.7以上	非矯正 0.7未満0.3以上	非矯正 0.3未満	矯正 1.0以上	矯正 1.0未満0.7以上	矯正 0.7未満0.3以上	矯正 0.3未満	裸眼視力 計	1.0未満0.7以上	0.7未満0.3以上	0.3未満	眼の疾病・異常	難聴 聴	耳疾患	鼻疾・副鼻腔患	口腔咽喉頭疾患異常	むし歯 計	処置完了者	未処置歯のある者	歯列・咬合	顎関節	歯垢の状態	歯肉の状態	その他の疾病・異常
全国	100.00	54.45	10.83	12.80	7.51	0.99	1.46	3.86	8.10	44.55	12.29	16.65	15.61	5.36	…	5.85	8.89	0.63	42.85	23.72	19.13	5.11	0.12	3.25	1.79	7.73
北海道	100.0	X	X	X	X	X	X	X	X	X	X	X	X	5.2	…	8.7	8.4	0.9	49.4	25.3	24.1	5.2	0.2	3.5	2.5	4.5
青森	100.0	42.3	13.2	14.8	7.6	1.5	2.2	5.3	13.1	56.2	15.4	20.1	20.8	3.8	…	2.9	9.8	0.3	54.5	26.9	27.5	3.5	0.0	2.5	1.6	12.2
岩手	100.0	48.3	10.9	12.4	7.1	2.3	3.0	4.2	11.9	49.5	13.9	16.5	19.0	8.3	…	4.0	17.9	0.9	50.1	28.3	21.8	6.6	0.1	4.0	2.2	8.4
宮城	100.0	53.6	11.1	16.0	6.8	0.9	1.1	3.7	6.8	45.5	12.3	19.7	13.6	6.8	…	3.4	3.9	-	49.0	28.0	21.1	4.8	0.0	5.3	3.0	9.7
秋田	100.0	60.7	15.6	14.6	1.5	1.0	0.3	2.8	3.4	38.2	15.9	17.4	4.9	8.2	…	9.3	13.3	2.1	46.4	25.8	20.6	7.1	0.1	3.0	1.7	12.1
山形	100.0	59.5	10.0	11.9	4.3	1.8	1.4	3.1	8.1	38.8	11.4	15.0	12.3	5.0	…	5.6	13.9	0.9	46.8	23.8	23.0	7.5	0.4	4.5	3.6	14.4
福島	100.0	51.4	11.7	13.9	9.9	1.3	1.6	3.9	7.5	47.3	12.7	17.3	17.4	2.5	…	3.2	9.7	3.7	52.3	29.9	22.5	3.8	0.2	2.6	1.0	8.9
茨城	100.0	52.7	12.4	14.1	6.6	0.9	1.3	4.3	7.8	46.5	13.7	18.4	14.4	18.8	…	1.6	22.0	1.5	48.0	24.4	23.6	4.5	-	3.1	0.7	11.7
栃木	100.0	57.7	10.9	12.2	5.2	1.0	2.5	4.0	6.4	41.2	13.4	16.2	11.6	3.8	…	4.1	8.9	0.4	46.0	21.3	24.8	5.1	-	2.0	0.8	9.6
群馬	100.0	59.9	6.5	12.6	6.4	1.9	1.6	4.7	6.4	38.2	8.1	17.3	12.8	5.5	…	3.7	4.1	0.1	42.1	22.9	19.2	6.6	0.1	3.6	2.0	9.3
埼玉	100.0	56.4	9.0	13.4	4.9	1.1	1.5	4.9	8.8	42.5	10.6	18.3	13.7	3.6	…	5.5	5.2	0.2	36.2	23.1	13.2	2.7	-	1.5	0.6	8.4
千葉	100.0	54.7	11.2	11.8	5.7	1.4	1.7	5.7	7.8	43.9	13.0	17.5	13.5	3.6	…	6.0	11.7	0.7	36.1	19.8	16.4	1.7	-	1.7	0.7	7.8
東京	100.0	47.6	13.0	12.7	7.7	1.3	2.1	4.5	11.1	51.1	15.0	17.2	18.8	4.2	…	8.0	9.1	0.2	32.9	19.4	13.5	3.7	0.0	2.7	1.6	4.7
神奈川	100.0	68.1	X	X	X	-	X	X	X	31.9	X	X	X	6.0	…	9.5	10.1	0.2	34.9	20.2	14.7	6.4	0.2	2.9	0.7	6.2
新潟	100.0	54.6	10.8	12.9	5.8	1.5	1.9	5.5	7.1	43.9	12.7	18.3	12.9	2.8	…	3.1	14.4	0.5	32.7	18.2	14.5	2.1	-	2.8	2.4	5.4
富山	100.0	56.8	11.3	14.9	4.4	2.0	0.9	4.6	4.6	40.7	12.2	19.5	9.1	3.8	…	3.8	8.9	0.3	40.6	25.7	14.8	2.6	0.1	1.3	1.0	4.8
石川	100.0	55.1	9.7	12.6	5.3	0.7	1.3	4.0	11.2	44.1	10.9	16.7	16.5	2.0	…	2.3	12.2	-	37.2	18.0	19.1	4.8	0.1	3.5		5.0
福井	100.0	56.7	9.5	13.1	5.7	1.4	1.0	5.2	7.3	41.9	10.5	18.3	13.0	0.7	…	1.2	3.9	0.6	57.0	29.9	27.1	5.6	-	3.9	2.1	9.6
山梨	100.0	56.7	9.4	12.5	4.0	1.5	1.8	4.2	10.9	42.8	11.2	16.7	14.9	4.6	…	6.3	11.4	0.4	42.7	22.6	20.1	5.7	-	2.4	0.7	10.9
長野	100.0	55.0	12.3	12.8	4.4	1.8	2.0	4.8	7.9	44.2	14.3	17.6	12.3	4.7	…	4.1	5.6	0.2	42.2	24.9	17.3	5.0	-	1.4	1.2	8.1
岐阜	100.0	57.6	9.9	11.3	7.2	1.1	1.1	3.1	8.6	41.3	11.0	14.4	15.8	3.6	…	4.2	9.1	1.0	39.9	22.4	17.5	2.6	0.2	3.3	2.2	6.1
静岡	100.0	63.1	8.2	10.9	4.7	0.7	1.5	3.8	6.9	36.0	9.7	14.6	11.7	3.6	…	6.6	8.6	0.3	42.3	24.9	17.4	6.1	-	3.1	2.7	11.7
愛知	100.0	57.1	10.3	12.3	5.9	0.8	1.4	3.8	8.3	42.1	11.7	16.1	14.3	5.1	…	8.5	8.6	0.3	39.8	24.4	15.4	2.8	0.7	3.6	2.7	7.8
三重	100.0	X	X	X	X	X	X	X	X	X	X	X	X	3.1	…	7.8	8.8	0.3	42.7	21.1	21.6	4.9	0.1	4.2	1.3	8.0
滋賀	100.0	59.8	9.8	9.1	6.6	1.5	0.6	3.7	8.9	38.7	10.4	12.8	15.5	1.5	…	1.8	1.9	-	41.8	22.1	19.7	7.0	-	2.7	1.9	8.9
京都	100.0	59.1	8.2	13.1	5.1	0.9	2.2	3.7	7.8	40.1	10.4	16.7	12.9	6.7	…	7.7	6.1	0.7	44.2	23.1	21.1	8.0	0.1	3.4		8.4
大阪	100.0	52.3	11.3	12.3	7.7	1.3	1.5	4.2	9.5	46.3	12.6	16.5	17.2	5.1	…	9.5	6.8	0.2	46.7	26.6	20.1	7.2	0.0	5.1	1.8	7.6
兵庫	100.0	53.7	11.7	18.8	4.0	0.3	1.3	2.9	7.4	46.0	11.9	22.7	11.4	8.9	…	8.4	10.3	1.2	45.5	26.9	18.6	8.9	0.0	3.1	1.0	7.1
奈良	100.0	58.7	10.3	10.4	4.5	1.2	1.2	5.3	8.4	40.1	11.5	15.8	12.8	4.6	…	2.2	10.8	-	44.0	22.3	21.7	2.7	-	2.7		9.7
和歌山	100.0	51.6	10.7	12.1	5.0	2.7	1.9	4.3	11.6	45.6	12.6	16.5	16.5	8.6	…	6.4	8.1	1.1	44.7	26.0	18.7	6.8	0.1	2.7	1.2	7.1
鳥取	100.0	56.2	8.9	13.6	6.0	2.0	2.1	4.2	6.1	41.7	11.0	18.7	12.1	9.6	…	0.9	11.7	0.1	48.2	25.6	22.6	7.6	0.1	6.3	3.5	7.4
島根	100.0	54.9	12.5	13.0	6.9	1.3	0.9	3.3	7.2	43.8	13.4	16.3	14.1	7.4	…	8.7	14.0	0.1	46.6	23.1	23.5	2.9	0.0	3.3	1.8	7.3
岡山	100.0	57.2	10.9	13.0	5.0	1.7	2.5	5.5	7.7	41.1	12.8	15.5	12.7	4.5	…	9.7	13.0	0.1	41.8	23.2	18.6	3.1	-	3.7	2.0	8.3
広島	100.0	52.1	10.5	13.6	5.9	0.5	1.6	4.9	10.9	47.3	12.0	18.5	16.8	5.9	…	3.7	7.5	0.6	40.2	22.9	17.2	5.4	0.0	2.9	2.1	5.5
山口	100.0	55.5	9.2	12.9	6.4	1.2	0.9	3.7	10.2	43.3	10.1	16.6	16.5	4.5	…	7.7	10.0	0.7	50.2	26.0	24.2	3.2	-	3.4	2.3	6.5
徳島	100.0	50.3	14.1	13.1	5.1	2.4	2.3	5.5	7.1	47.3	16.4	18.6	12.3	12.2	…	X	X	X	42.5	22.2	20.2	6.2	0.1	2.8	2.7	11.1
香川	100.0	56.6	9.4	10.9	4.6	1.3	1.4	4.5	10.9	42.1	11.2	15.4	15.5	5.2	…	6.2	10.5	0.5	44.3	24.5	19.7	5.7	-	4.7	3.4	11.8
愛媛	100.0	50.2	13.5	14.7	7.7	1.1	1.1	3.8	8.4	48.7	14.6	17.9	16.1	1.6	…	1.8	9.0	0.4	47.5	26.5	21.0	3.7	0.0	2.5	1.6	8.0
高知	100.0	53.3	8.2	13.2	6.6	0.6	1.1	4.4	12.6	46.2	9.3	17.7	19.2	0.7	…	4.9	4.3	0.1	50.6	28.8	21.8	4.7	-	5.0		11.7
福岡	100.0	48.2	13.8	16.1	9.1	0.7	0.9	3.5	7.7	51.1	14.7	19.6	16.8	5.1	…	5.2	5.8	0.4	50.3	26.6	23.6	6.3	-	4.4	3.0	7.7
佐賀	100.0	51.7	11.0	13.5	8.7	1.5	1.4	3.9	9.3	47.2	12.4	16.8	18.0	2.0	…	5.8	5.1	0.7	52.8	23.3	29.5	5.1	0.1	3.7	1.9	13.8
長崎	100.0	54.4	21.3	14.6	3.4	1.5	1.0	1.9	2.4	44.1	22.3	16.0	5.8	2.7	…	1.4	2.4	0.6	51.3	29.8	21.6	3.4	0.1	2.8	2.6	7.6
熊本	100.0	55.6	14.8	11.9	6.0	1.3	1.4	3.2	7.2	43.1	16.3	14.5	12.3	6.5	…	2.9	6.9	0.7	52.9	27.8	25.1	3.8	0.1	4.6	3.2	8.8
大分	100.0	51.3	16.1	13.0	7.3	0.9	0.6	3.5	7.2	47.8	16.8	16.5	14.5	5.7	…	6.8	11.0	1.0	51.9	24.4	27.5	3.0	0.3	4.6	2.7	8.8
宮崎	100.0	55.3	11.3	14.2	4.7	1.1	1.1	3.9	8.5	43.6	12.4	18.0	13.2	3.8	…	7.6	7.7	0.5	49.4	23.6	25.8	4.7	0.2	3.9	2.3	6.3
鹿児島	100.0	52.3	13.9	13.1	3.4	0.4	2.8	3.9	10.3	47.3	16.6	17.0	13.7	5.8	…	4.2	9.2	1.0	59.1	29.5	29.6	4.2	-	2.9	0.6	11.1
沖縄	100.0	49.3	12.6	15.3	10.6	0.1	1.0	1.7	9.3	50.6	13.7	17.0	19.9	0.5	…	4.0	9.3	1.7	60.1	24.6	35.5	3.0	0.0	3.0	2.3	9.9

異常被患率等（各年齢ごと）（39-31）

単位　（％）

計(本)	喪失歯数(本)	むし歯(う歯)計(本)	処置歯数(本)	未処置歯数(本)	栄養状態	せき柱・四肢の胸郭・状態	アトピー性皮膚炎	その他の皮膚疾患	結核検査の対象の精密者	結核	心疾病臓・異常	心電図異常	蛋白検出の者	尿糖検出の者	ぜん息	腎臓疾患	言語障害	その他の疾病・異常	区分
…	…	…	…	…	1.87	0.84	3.02	0.32	0.06	-	0.79	…	1.23	0.07	2.24	0.21	0.26	3.82	全　国
…	…	…	…	…	1.3	0.3	5.4	0.4	0.0	-	0.2	…	0.7	0.1	3.0	0.1	0.3	4.3	北 海 道
…	…	…	…	…	4.6	2.1	1.1	0.4	-	-	0.3	…	1.5	-	0.8	0.1	0.3	3.7	青　森
…	…	…	…	…	2.4	2.0	2.6	0.1	-	-	0.7	…	1.8	0.2	2.3	0.2	0.1	3.6	岩　手
…	…	…	…	…	3.6	0.7	2.9	0.3	-	-	0.5	…	0.7	0.1	3.7	0.1	0.1	5.3	宮　城
…	…	…	…	…	6.1	2.7	2.5	0.5	-	-	0.8	…	0.3	-	2.6	0.5	0.1	6.9	秋　田
…	…	…	…	…	2.9	2.0	4.3	0.9	0.1	-	0.8	…	2.1	0.1	2.9	0.3	0.5	6.8	山　形
…	…	…	…	…	3.3	1.3	3.1	0.4	-	-	0.3	…	1.7	0.1	2.1	-	0.5	4.7	福　島
…	…	…	…	…	3.3	1.4	8.6	0.7	0.0	-	1.0	…	0.8	-	4.5	0.4	0.3	4.4	茨　城
…	…	…	…	…	3.3	1.3	3.5	0.9	-	-	1.6	…	3.3	0.1	3.0	0.2	1.0	5.8	栃　木
…	…	…	…	…	2.7	0.6	2.5	0.2	-	-	1.5	…	0.7	0.1	3.6	0.5	1.2	4.1	群　馬
…	…	…	…	…	0.8	0.6	1.6	0.1	0.3	-	0.9	…	2.2	0.0	2.4	0.1	0.2	2.6	埼　玉
…	…	…	…	…	0.8	0.6	3.4	0.2	0.2	-	0.6	…	1.4	-	3.7	0.3	0.2	2.5	千　葉
…	…	…	…	…	1.4	0.5	3.0	0.5	0.1	-	1.0	…	1.5	0.1	2.1	0.1	0.4	3.7	東　京
…	…	…	…	…	1.6	1.2	3.1	0.5	0.0	-	0.4	…	0.6	-	2.9	0.1	0.2	3.5	神 奈 川
…	…	…	…	…	2.9	0.1	5.7	-	-	-	2.4	…	1.2	0.1	3.6	0.6	0.3	6.3	新　潟
…	…	…	…	…	2.2	2.6	2.9	0.5	-	-	1.5	…	1.3	0.3	2.4	0.1	0.1	4.0	富　山
…	…	…	…	…	1.3	0.7	2.1	0.2	-	-	1.4	…	0.5	-	0.8	0.2	0.1	3.6	石　川
…	…	…	…	…	1.4	0.9	4.3	0.3	0.0	-	1.2	…	0.4	-	2.3	0.1	0.2	6.0	福　井
…	…	…	…	…	1.8	0.5	3.0	0.8	-	-	0.0	…	0.7	0.1	1.8	0.7	0.1	5.0	山　梨
…	…	…	…	…	1.9	1.1	2.9	-	-	-	1.1	…	0.6	0.1	2.4	0.0	0.3	5.4	長　野
…	…	…	…	…	0.8	0.1	3.7	0.1	0.1	-	1.5	…	1.0	0.0	1.8	0.3	0.3	6.3	岐　阜
…	…	…	…	…	2.1	0.8	2.3	0.1	0.1	-	0.9	…	0.7	0.2	1.1	0.1	0.1	4.7	静　岡
…	…	…	…	…	2.2	0.4	4.7	0.1	0.1	-	0.9	…	1.2	-	2.5	0.4	0.1	3.8	愛　知
…	…	…	…	…	3.4	0.9	2.5	0.1	-	-	0.8	…	0.9	-	2.6	0.0	0.4	3.3	三　重
…	…	…	…	…	0.4	0.4	1.0	0.3	0.1	-	1.7	…	0.5	-	0.6	0.1	0.2	3.8	滋　賀
…	…	…	…	…	4.9	0.6	4.2	0.7	-	-	1.8	…	1.3	0.1	2.3	0.2	0.3	5.3	京　都
…	…	…	…	…	0.2	1.0	2.6	0.4	0.1	-	0.2	…	1.0	0.2	1.0	0.1	0.2	2.9	大　阪
…	…	…	…	…	2.1	0.7	2.6	0.1	-	-	1.0	…	1.0	-	2.6	0.0	0.0	2.6	兵　庫
…	…	…	…	…	1.6	0.8	2.6	0.5	-	-	0.6	…	2.5	0.1	1.1	-	0.2	4.2	奈　良
…	…	…	…	…	1.3	0.7	2.2	0.3	0.1	-	0.4	…	3.4	0.1	1.1	0.1	0.3	2.3	和 歌 山
…	…	…	…	…	3.0	0.3	5.7	0.5	-	-	1.3	…	0.6	0.0	2.1	0.1	0.4	8.0	鳥　取
…	…	…	…	…	1.8	0.7	4.9	0.2	-	-	0.6	…	4.0	-	2.3	0.1	0.5	5.1	島　根
…	…	…	…	…	2.7	0.5	2.6	0.4	0.1	-	0.4	…	1.3	0.3	2.2	0.3	0.2	5.7	岡　山
…	…	…	…	…	1.7	1.8	2.6	0.5	0.06	-	0.6	…	1.9	0.0	1.3	0.1	0.2	4.5	広　島
…	…	…	…	…	2.7	1.5	2.6	0.6	0.0	-	0.8	…	0.5	-	1.7	0.3	0.2	4.2	山　口
…	…	…	…	…	3.1	0.2	1.7	0.1	-	-	0.2	…	0.2	0.0	1.2	-	0.7	4.9	徳　島
…	…	…	…	…	5.0	0.2	2.6	0.2	-	-	0.7	…	1.6	0.3	1.5	0.2	0.4	3.7	香　川
…	…	…	…	…	0.7	0.3	0.8	-	-	-	0.8	…	2.2	-	2.3	0.1	0.1	2.7	愛　媛
…	…	…	…	…	0.9	0.1	2.6	0.6	-	-	0.7	…	0.5	-	0.5	0.2	0.1	4.7	高　知
…	…	…	…	…	1.8	1.9	1.0	0.1	-	-	0.5	…	0.9	0.0	1.7	0.5	0.1	2.7	福　岡
…	…	…	…	…	1.8	1.0	1.4	0.4	-	-	0.5	…	0.3	0.1	2.3	-	0.1	6.5	佐　賀
…	…	…	…	…	1.1	0.3	1.8	0.2	-	-	0.7	…	0.7	-	1.4	0.1	0.2	3.0	長　崎
…	…	…	…	…	3.3	0.6	2.7	0.4	0.1	-	1.0	…	2.4	0.1	1.3	0.1	0.0	2.7	熊　本
…	…	…	…	…	1.0	0.9	1.9	0.1	-	-	0.5	…	2.6	-	3.6	0.2	0.2	2.3	大　分
…	…	…	…	…	2.9	1.5	1.7	0.5	-	-	1.2	…	0.4	0.0	3.1	0.2	0.6	4.8	宮　崎
…	…	…	…	…	1.7	0.2	2.0	0.1	-	-	0.8	…	0.5	-	1.6	0.1	0.1	1.3	鹿 児 島
…	…	…	…	…	1.7	0.6	1.7	0.2	-	-	0.3	…	1.0	0.0	0.9	0.2	0.4	3.5	沖　縄

都道府県表

1　10歳　(3)　女

区分	裸眼視力 視力非矯正者の裸眼視力 計	1.0以上	1.0未満0.7以上	0.7未満0.3以上	0.3未満	視力矯正者の裸眼視力 1.0以上	1.0未満0.7以上	0.7未満0.3以上	0.3未満	裸眼視力 計	1.0未満0.7以上	0.7未満0.3以上	0.3未満	眼の疾病・異常	難聴	耳鼻咽頭 耳疾患	鼻疾・副鼻腔患	口腔咽喉頭疾患・異常	歯・口腔 むし歯(う歯) 計	処置完了者	未処置歯のある者	歯列・咬合	顎関節	歯垢の状態	歯肉の状態	その他の疾病・異常
全　国	100.00	47.76	9.38	13.25	6.79	1.25	1.38	6.01	14.18	50.99	10.76	19.26	20.97	4.94	0.43	5.68	8.69	0.61	35.62	19.78	15.84	4.92	0.14	3.27	2.03	8.12
北 海 道	100.0	X	X	X	X	X	X	X	X	X	X	X	X	5.2	0.5	3.1	9.3	0.4	39.9	22.2	17.7	4.4	0.3	3.9	2.2	4.9
青　森	100.0	38.2	11.1	13.0	7.1	0.8	1.8	6.1	21.8	61.0	12.9	19.1	29.0	3.4	0.5	4.1	11.6	0.2	47.5	22.5	25.0	3.1	0.0	1.9	2.1	12.4
岩　手	100.0	49.9	11.1	12.7	5.4	0.8	1.0	5.1	13.9	49.3	12.1	17.8	19.4	8.7	0.7	5.0	15.2	0.4	41.8	23.7	18.1	6.8	0.1	3.8	4.0	9.5
宮　城	100.0	46.0	9.4	13.6	8.4	1.6	1.4	7.3	12.2	52.4	10.8	20.9	20.6	6.7	0.8	7.7	7.0	0.2	43.3	25.8	17.5	6.4	0.0	5.9	3.7	10.6
秋　田	100.0	50.4	12.4	11.8	6.8	2.0	1.3	4.0	11.2	47.6	13.8	15.8	18.1	7.8	0.5	4.4	10.4	0.3	40.8	23.5	17.3	6.3	0.1	1.7	1.7	12.4
山　形	100.0	51.3	7.2	13.2	5.4	0.9	1.6	7.1	13.4	47.8	8.8	20.3	18.8	3.9	0.4	4.3	12.0	3.0	32.5	20.3	12.2	5.6	-	2.9	3.1	13.7
福　島	100.0	40.8	15.1	14.8	6.4	1.3	0.7	7.2	13.7	57.9	15.8	22.0	20.1	2.9	0.4	5.8	8.6	0.6	44.4	25.9	18.6	4.8	-	2.3	0.8	9.7
茨　城	100.0	45.7	9.4	12.8	8.0	0.7	2.1	5.6	15.8	53.6	11.5	18.4	23.8	18.4	0.3	1.3	22.2	0.0	40.5	22.1	18.4	5.5	0.0	2.6	1.8	11.6
栃　木	100.0	49.5	9.8	12.2	6.6	1.0	2.3	6.5	12.0	49.5	12.1	18.7	18.6	0.3	0.4	4.1	7.5	0.1	41.6	22.6	19.0	3.4	0.3	1.9	1.2	10.0
群　馬	100.0	49.5	8.7	11.5	8.4	1.5	3.0	6.7	10.7	49.0	11.7	18.2	19.1	4.6	0.5	4.7	5.0	0.7	32.1	16.7	15.4	5.2	0.4	3.6	2.0	10.1
埼　玉	100.0	49.3	9.0	13.9	7.7	1.4	1.4	6.5	10.9	49.4	10.4	20.4	18.6	3.4	0.6	5.6	5.0	0.7	29.5	18.2	11.3	2.5	0.3	1.1	0.7	5.7
千　葉	100.0	47.7	9.0	12.3	5.7	1.5	1.5	7.2	15.2	50.8	10.5	19.5	20.9	4.3	0.3	7.0	11.9	1.0	28.1	15.3	12.8	7.4	0.1	2.7	2.1	5.9
東　京	100.0	40.8	11.5	11.9	10.0	1.9	1.1	5.6	17.2	57.3	12.6	17.5	27.2	3.5	0.3	7.8	9.4	0.1	28.3	16.8	11.5	3.8	0.2	1.8	1.6	3.9
神 奈 川	100.0	X	X	X	X	X	X	X	X	X	X	X	X	5.9	0.4	5.9	6.6	0.7	29.3	16.4	12.9	6.1	0.1	3.1	1.4	6.5
新　潟	100.0	42.1	10.0	15.6	7.4	1.9	2.3	7.5	13.3	56.0	12.3	23.1	20.7	2.8	0.6	3.2	13.8	0.0	25.2	12.6	12.6	2.9	0.3	2.6	1.6	7.0
富　山	100.0	50.8	7.3	13.0	4.7	4.7	4.1	5.9	9.5	44.5	11.5	18.9	14.2	9.6	0.6	2.1	8.8	0.2	30.4	19.7	10.8	3.2	0.1	1.3	2.0	6.1
石　川	100.0	49.8	10.0	14.9	5.7	0.9	1.7	6.0	10.9	49.2	11.7	20.9	16.6	0.9	0.4	X	X	X	33.4	15.3	18.1	4.5	0.2	6.2	4.0	6.1
福　井	100.0	45.9	9.3	13.0	8.5	1.3	1.2	5.1	15.8	52.8	10.5	18.2	24.2	0.7	0.1	1.9	4.8	1.5	49.2	26.7	22.6	5.3	-	2.8	2.0	11.0
山　梨	100.0	50.9	11.0	11.0	5.2	2.1	1.5	4.6	13.7	47.0	12.5	15.6	18.9	5.5	0.6	7.2	14.3	1.2	42.7	22.8	19.9	7.7	0.0	2.9	1.6	11.5
長　野	100.0	50.0	10.4	13.9	5.1	1.2	2.2	5.3	12.0	48.8	12.6	19.1	17.1	4.2	0.5	4.8	4.6	0.3	33.7	21.4	12.2	4.9	0.1	2.1	1.7	9.1
岐　阜	100.0	51.3	10.0	12.0	7.9	1.0	0.7	4.7	12.3	47.6	10.7	16.8	20.2	3.1	0.3	4.5	7.9	1.0	34.6	21.7	13.0	3.4	0.3	3.1	1.9	9.0
静　岡	100.0	53.8	10.5	10.9	4.8	1.6	1.4	4.7	12.3	44.5	11.9	15.6	17.1	3.1	0.5	5.3	9.0	0.2	34.8	20.4	14.4	5.9	-	4.7	2.1	12.2
愛　知	100.0	49.1	8.2	12.3	6.5	1.6	1.9	5.6	14.8	49.3	10.1	17.9	21.3	0.5	0.5	5.5	8.6	0.4	30.4	19.6	10.8	3.3	0.4	3.3	2.0	8.5
三　重	100.0	X	X	X	X	X	X	X	X	X	X	X	X	5.9	0.8	4.3	7.6	0.5	42.3	22.3	20.0	3.7	0.0	3.6	2.0	9.0
滋　賀	100.0	52.2	6.7	8.5	6.3	0.7	0.8	6.3	18.6	47.1	7.5	14.8	24.9	2.1	0.3	2.0	3.3	0.1	36.1	20.4	15.7	5.4	-	3.6	2.2	9.2
京　都	100.0	51.9	9.6	12.2	5.9	1.4	1.4	3.5	14.0	46.7	11.0	15.7	20.0	7.8	0.2	6.4	7.2	0.5	38.3	18.5	19.7	8.9	0.0	5.2	3.3	9.7
大　阪	100.0	45.2	9.7	12.2	6.8	1.1	1.2	6.1	16.9	53.7	10.9	19.1	23.7	5.5	0.4	7.3	4.3	0.1	38.7	19.4	19.2	5.3	-	4.5	2.8	8.2
兵　庫	100.0	X	X	X	X	X	X	X	X	X	X	X	X	7.7	0.3	8.9	10.7	1.4	35.4	21.0	14.4	8.9	0.0	4.4	1.8	8.3
奈　良	100.0	50.4	9.0	11.6	7.6	1.8	1.5	6.2	10.9	47.8	11.5	17.8	18.5	2.9	0.4	4.5	7.5	0.1	36.3	19.7	16.6	5.7	-	3.9	1.4	6.7
和 歌 山	100.0	46.9	11.2	11.5	4.9	3.6	2.3	5.3	14.3	49.6	13.6	16.8	19.2	8.3	0.8	5.5	5.9	0.4	31.5	19.2	12.3	3.6	0.1	3.2	1.2	7.9
鳥　取	100.0	45.7	10.6	13.4	7.1	2.3	2.5	7.1	11.3	52.0	13.1	20.5	18.4	0.2	0.4	1.3	11.6	0.0	41.2	19.8	21.4	7.7	0.0	6.6	4.0	8.4
島　根	100.0	52.6	10.6	11.8	4.4	1.4	1.0	5.7	12.5	46.0	11.6	17.5	16.8	7.3	0.4	6.9	12.1	2.2	41.3	22.4	18.9	3.7	0.1	3.3	1.7	9.5
岡　山	100.0	48.4	10.0	11.9	5.8	1.9	2.9	7.5	11.6	49.7	12.9	19.4	17.4	0.2	0.4	7.6	14.0	2.7	35.8	21.1	14.7	2.9	0.0	3.4	2.2	8.9
広　島	100.0	46.8	9.3	13.2	5.9	1.2	1.2	6.6	16.5	52.6	10.5	19.8	22.3	3.9	0.4	4.2	8.2	0.1	31.1	17.3	13.8	5.9	0.1	2.7	1.5	6.5
山　口	100.0	47.7	6.7	12.9	6.6	0.8	0.7	7.7	16.9	51.5	7.4	20.6	23.4	7.0	0.4	8.5	5.5	0.4	42.2	22.4	19.8	4.7	-	4.1	3.4	8.5
徳　島	100.0	48.0	10.2	11.8	6.2	2.7	2.3	5.9	12.8	49.3	12.5	17.7	19.0	13.0	0.6	8.7	18.2	3.9	42.9	24.6	18.3	6.3	-	2.9	1.1	10.9
香　川	100.0	49.8	9.5	13.1	4.2	0.6	1.4	5.4	16.0	49.6	10.9	18.5	20.2	4.6	0.6	6.1	10.7	0.4	43.1	23.5	19.5	5.1	0.0	5.9	2.0	11.5
愛　媛	100.0	47.7	10.7	14.1	8.7	1.0	1.7	4.6	11.5	51.3	12.3	17.5	21.5	9.1	0.4	1.4	6.4	0.2	43.1	21.9	19.4	3.0	0.3	3.1	2.2	10.0
高　知	100.0	48.4	8.5	17.8	6.3	1.1	0.9	5.6	11.4	50.5	9.5	23.4	17.7	0.4	0.2	1.0	5.2	0.3	37.5	19.3	18.2	3.9	-	3.9	1.9	11.0
福　岡	100.0	42.1	13.5	14.7	9.4	1.3	0.9	4.6	13.5	56.6	14.4	19.3	22.8	0.3	0.5	7.1	9.3	0.9	41.2	21.3	19.9	3.7	0.1	3.4	2.3	8.8
佐　賀	100.0	50.5	10.0	12.1	8.5	0.9	0.8	3.4	13.7	48.6	10.8	15.5	22.2	2.1	0.4	4.2	6.0	0.6	45.1	22.2	23.0	6.0	-	4.5	2.6	13.3
長　崎	100.0	X	X	X	X	X	X	X	X	X	X	X	X	1.0	0.6	5.4	6.0	1.6	44.2	26.4	17.9	3.8	0.0	2.9	2.0	8.6
熊　本	100.0	54.9	9.6	10.6	9.0	1.6	0.6	3.5	10.2	43.5	10.2	14.1	19.2	5.2	0.3	1.4	8.3	0.2	42.3	21.9	20.4	4.9	-	5.4	4.0	10.5
大　分	100.0	48.8	14.0	11.9	8.0	1.5	1.5	5.2	8.9	49.6	15.6	17.1	16.9	0.9	0.4	6.8	14.6	0.9	47.3	25.0	22.3	9.3	0.2	3.3	3.0	10.0
宮　崎	100.0	50.5	9.7	13.7	8.2	0.9	1.8	4.2	11.0	48.6	11.5	17.9	19.2	3.4	0.5	6.7	6.9	0.0	40.3	20.2	20.0	4.7	0.2	4.2	3.2	5.9
鹿 児 島	100.0	50.3	8.0	12.0	8.2	0.5	1.0	7.1	13.0	49.2	9.0	19.1	21.2	4.6	0.4	6.0	10.4	1.1	49.9	23.2	26.6	4.2	0.1	3.5	1.4	9.7
沖　縄	100.0	45.5	8.6	15.4	12.7	0.5	0.6	2.8	13.9	54.0	9.2	18.2	26.6	0.4	0.6	3.5	8.2	1.0	52.2	22.4	29.8	2.8	0.1	3.0	2.3	11.7

異常被患率等（各年齢ごと）（39-32）

単位　（％）

| 永久歯の1人当り平均むし歯（う歯）等数 | | | | | 栄養状態 | せき柱・四肢の状態・胸郭 | 皮膚疾患 | | 結核の検査の対象の精密者 | 結核 | 心臓・疾病・異常 | 心電図異常 | 蛋白検出の者 | 尿糖検出の者 | その他の疾病・異常 | | | | 区分 |
計（本）	喪失歯数（本）	むし歯（う歯）計（本）	処置歯数（本）	未処置歯数（本）			アトピー性皮膚炎	その他の皮膚疾患							ぜん息	腎臓疾患	言語障害	その他の疾病・異常	
…	…	…	…	…	1.94	1.14	2.96	0.33	0.06	0.00	0.69	…	1.81	0.12	2.11	0.20	0.20	4.01	全　国
…	…	…	…	…	1.4	0.7	4.4	0.3	0.0	-	0.2	…	0.6	0.1	2.5	0.2	0.0	4.4	北 海 道
…	…	…	…	…	4.2	4.5	0.8	0.3	-	-	0.4	…	0.9	0.2	1.2	0.2	-	3.1	青　森
…	…	…	…	…	2.5	1.0	3.2	0.5	0.1	-	0.3	…	3.2	0.1	1.5	0.0	0.3	5.2	岩　手
…	…	…	…	…	4.3	1.2	4.6	0.5	-	-	0.9	…	0.5	-	3.6	0.3	0.5	5.8	宮　城
…	…	…	…	…	4.1	3.2	3.1	0.4	-	-	0.5	…	0.4	0.1	2.1	0.4	0.1	6.2	秋　田
…	…	…	…	…	2.7	1.3	3.7	0.8		-	0.4	…	1.2	0.1	3.0	0.2	0.3	7.3	山　形
…	…	…	…	…	3.6	2.1	3.9	0.7	-	-	0.8	…	2.4	0.0	3.1	-	0.4	6.0	福　島
…	…	…	…	…	4.3	2.4	8.0	0.4	0.1	-	0.9	…	1.1	0.1	4.7	0.2	0.3	5.3	茨　城
…	…	…	…	…	2.9	1.1	3.4	0.3	0.2	-	0.9	…	4.7	0.2	4.1	0.4	0.5	6.2	栃　木
…	…	…	…	…	1.7	1.5	3.1	0.1	0.0	-	1.4	…	1.4	0.1	3.2	0.2	0.5	5.4	群　馬
…	…	…	…	…	0.6	0.9	2.0	0.2	0.1	-	0.4	…	2.1	0.3	2.1	0.2	0.1	2.1	埼　玉
…	…	…	…	…	0.6	1.1	3.6	0.2	0.0	-	0.9	…	1.1	0.1	3.5	0.1	0.1	3.6	千　葉
…	…	…	…	…	1.4	0.7	2.7	0.6	0.1	-	0.4	…	2.4	0.1	1.9	0.3	0.2	4.0	東　京
…	…	…	…	…	1.3	1.6	2.6	0.3	0.1	-	0.3	…	1.7	0.2	2.4	0.1	0.1	3.8	神 奈 川
…	…	…	…	…	1.9	-	5.1	0.1	-	-	1.4	…	1.5	0.1	3.4	0.2	0.7	7.2	新　潟
…	…	…	…	…	1.6	1.5	2.8	0.3	0.1	-	1.1	…	2.9	0.0	1.9	-	0.2	4.7	富　山
…	…	…	…	…	0.6	0.9	1.1	0.2	0.0	-	1.2	…	1.3	0.1	1.0	0.1	0.2	4.6	石　川
…	…	…	…	…	1.8	0.3	2.4	0.4	0.0	-	1.2	…	0.9	0.1	1.3	0.1	0.1	5.2	福　井
…	…	…	…	…	3.1	0.4	2.8	0.9	0.1	-	0.3	…	1.3	0.2	2.0	0.1	0.8	4.4	山　梨
…	…	…	…	…	1.6	0.7	2.3	0.1	0.1	-	1.3	…	1.5	0.3	2.8	0.4	0.5	6.1	長　野
…	…	…	…	…	1.1	1.9	2.3	0.2	0.2	-	2.3	…	1.3	0.0	1.5	0.4	0.0	6.4	岐　阜
…	…	…	…	…	2.7	1.1	3.2	0.3	0.0	-	0.9	…	2.0	0.1	0.9	0.2	0.1	4.6	静　岡
…	…	…	…	…	1.7	0.6	4.9	0.4	0.1	-	0.6	…	1.6	0.2	2.3	0.2	0.3	3.8	愛　知
…	…	…	…	…	3.3	0.8	2.2	0.1	-	-	1.1	…	1.5	0.1	2.4	0.1	0.2	3.6	三　重
…	…	…	…	…	0.6	0.4	1.7	0.1	0.1	-	1.1	…	1.0	0.1	1.2	0.1	0.1	2.6	滋　賀
…	…	…	…	…	4.6	1.0	4.3	0.6	-	-	1.7	…	1.7	0.1	2.9	0.1	0.3	6.5	京　都
…	…	…	…	…	0.6	1.1	2.7	0.4	-	-	0.3	…	1.7	0.1	1.7	0.1	0.1	3.5	大　阪
…	…	…	…	…	3.2	1.3	2.2	0.4	0.2	-	1.3	…	1.2	0.1	1.5	0.1	0.1	2.1	兵　庫
…	…	…	…	…	1.3	1.4	3.4	0.5	-	-	0.3	…	3.5	0.0	0.7	0.1	0.1	3.8	奈　良
…	…	…	…	…	1.5	1.2	1.9	0.1	0.0	-	1.0	…	4.7	-	0.5	0.1	0.1	3.3	和 歌 山
…	…	…	…	…	2.8	-	5.6	0.3	-	-	0.7	…	0.4	0.0	2.9	0.4	0.1	7.6	鳥　取
…	…	…	…	…	2.1	0.9	3.7	0.5	-	-	0.4	…	4.1	-	2.4	-	0.3	2.8	島　根
…	…	…	…	…	2.7	0.7	3.2	0.5	0.0	-	0.7	…	2.3	0.1	2.0	0.4	0.0	4.7	岡　山
…	…	…	…	…	1.6	2.0	1.4	0.3	-	-	0.9	…	2.7	0.1	1.2	0.2	0.1	2.1	広　島
…	…	…	…	…	1.7	1.7	1.7	0.6	-	-	0.8	…	1.1	0.1	1.1	0.1	0.1	6.1	山　口
…	…	…	…	…	3.5	0.8	2.3	0.1	0.2	-	0.1	…	1.3	0.2	1.4	0.1	0.2	4.7	徳　島
…	…	…	…	…	6.6	0.1	2.1	0.2	-	0.2	0.9	…	1.4	-	1.9	0.4	0.1	3.6	香　川
…	…	…	…	…	0.8	1.1	1.1	0.2	-	-	1.0	…	3.8	0.1	1.7	0.1	0.7	3.7	愛　媛
…	…	…	…	…	1.7	0.2	2.1	0.6	-	-	0.3	…	1.1	0.1	0.9	0.2	-	3.1	高　知
…	…	…	…	…	2.1	2.0	1.7	0.1	-	-	0.7	…	2.1	0.1	1.3	0.1	0.2	2.5	福　岡
…	…	…	…	…	2.1	1.4	1.1	0.7	-	-	0.6	…	0.7	0.2	1.6	0.5	0.2	6.2	佐　賀
…	…	…	…	…	1.7	0.7	3.0	0.1	-	-	0.9	…	1.2	0.1	1.0	0.3	0.4	3.2	長　崎
…	…	…	…	…	4.7	1.7	2.6	0.4	-	-	0.2	…	3.3	0.2	1.6	0.1	0.1	2.6	熊　本
…	…	…	…	…	0.9	0.7	1.8	0.1	-	-	0.2	…	3.1	0.1	2.4	0.3	0.1	2.5	大　分
…	…	…	…	…	2.2	2.1	2.0	0.2	0.0	-	0.9	…	0.8	0.1	2.8	0.4	0.4	6.3	宮　崎
…	…	…	…	…	1.3	0.4	0.8	0.1	-	-	0.6	…	1.8	0.8	1.8	0.2	0.1	1.2	鹿 児 島
…	…	…	…	…	3.3	0.9	2.4	0.1	-	-	0.3	…	2.4	0.3	0.6	0.0	0.1	3.5	沖　縄

1　11歳　(3)　女

区分	計	裸眼視力 視力非矯正者の裸眼視力 1.0以上	1.0未満0.7以上	0.7未満0.3以上	0.3未満	視力矯正者の裸眼視力 1.0以上	1.0未満0.7以上	0.7未満0.3以上	0.3未満	裸眼視力 計	1.0未満	0.7未満0.7以上	0.3未満0.3以上	眼の疾病・異常	難聴	耳疾患	鼻・副鼻腔疾患	口腔咽喉頭疾患・異常	むし歯(う歯) 計	処置完了者	未処置歯のある者	歯列・咬合	顎関節	歯垢の状態	歯肉の状態	その他の疾病・異常
全　国	100.00	40.51	8.53	12.43	10.00	1.14	1.65	6.70	19.04	58.35	10.18	19.13	29.04	4.92	…	4.19	8.43	0.37	28.82	16.65	12.17	5.10	0.20	3.20	2.16	6.80
北 海 道	100.0	X	X	X	X	X	X	X	X	X	X	X	X	2.7	…	3.0	5.1	-	35.9	17.3	18.5	6.9	0.4	5.5	4.0	4.1
青　森	100.0	32.5	10.0	12.4	8.1	0.9	2.1	7.0	27.1	66.7	12.0	19.5	35.2	4.5	…	3.6	10.3	0.2	42.4	23.8	18.6	6.2	-	3.0	2.6	11.1
岩　手	100.0	39.1	8.8	13.1	3.7	0.4	1.2	8.3	25.5	60.5	10.0	21.4	29.2	7.4	…	3.5	12.6	1.1	33.0	17.9	15.1	4.5	-	3.0	2.4	7.5
宮　城	100.0	40.7	9.6	14.4	7.5	2.0	2.2	5.8	17.9	57.3	11.7	20.2	25.4	4.7	…	2.3	2.4	-	35.6	21.7	13.9	6.7	0.1	4.1	2.4	9.1
秋　田	100.0	43.5	12.7	12.0	5.2	1.0	2.7	5.9	17.0	55.5	15.4	17.9	22.2	7.1	…	4.2	8.1	0.2	29.4	18.5	10.9	5.8	0.1	1.8	1.0	9.5
山　形	100.0	40.5	8.3	14.7	8.0	1.5	1.3	6.9	18.8	58.0	9.6	21.6	26.8	4.4	…	5.2	15.1	1.4	29.4	18.6	10.8	5.6	0.5	3.4	4.3	10.0
福　島	100.0	39.4	9.3	15.5	6.6	1.0	1.7	7.8	18.9	59.4	10.6	23.2	25.5	2.9	…	4.6	10.0	0.3	36.0	22.2	13.9	4.7	0.1	0.8	0.8	8.6
茨　城	100.0	39.2	10.2	13.7	7.0	1.0	2.0	7.0	19.8	59.8	12.2	20.7	26.8	21.6	…	0.8	27.9	0.7	32.1	16.2	15.9	4.8	0.1	3.6	2.0	10.7
栃　木	100.0	45.7	9.4	13.2	6.4	1.3	1.8	6.1	15.9	53.0	11.3	19.4	22.3	2.9	…	3.2	7.9	0.4	33.2	15.6	17.6	2.7	0.1	2.1	1.1	8.9
群　馬	100.0	40.8	6.4	12.7	6.6	2.8	1.9	11.2	17.8	56.5	8.3	23.8	24.3	4.7	…	1.8	2.6	-	28.1	17.1	11.1	6.1	0.5	2.9	2.7	7.9
埼　玉	100.0	42.6	7.6	12.8	6.5	1.7	3.3	7.8	17.8	55.7	10.9	20.6	24.3	3.9	…	4.1	3.9	0.2	24.8	15.8	8.9	5.0	0.5	1.9	0.5	5.6
千　葉	100.0	41.2	8.9	13.1	6.0	1.2	2.8	8.5	18.2	57.4	11.7	21.6	24.2	7.5	…	2.3	13.4	0.2	26.7	15.5	11.2	6.9	0.2	2.4	1.8	6.5
東　京	100.0	36.7	9.9	13.7	7.6	1.0	0.9	6.9	23.5	62.4	10.7	20.6	31.1	3.1	…	7.5	9.7	0.2	22.2	13.4	8.8	3.7	0.1	2.4	1.5	4.6
神 奈 川	100.0	X	X	X	X	X	X	X	X	X	X	X	X	5.5	…	4.3	5.6	-	22.4	12.8	9.6	5.1	0.1	3.7	1.1	5.6
新　潟	100.0	40.2	9.9	12.8	8.4	1.8	2.9	9.0	15.1	58.0	12.8	21.8	23.5	2.7	…	3.6	13.5	0.1	16.3	10.8	5.5	2.4	0.0	2.1	2.4	5.5
富　山	100.0	49.1	7.4	11.9	5.1	2.6	2.4	7.4	14.2	48.4	9.8	19.3	19.3	8.8	…	2.9	7.3	0.2	28.6	17.5	11.0	3.2	0.0	2.1	2.5	5.3
石　川	100.0	36.4	9.5	15.7	4.4	0.9	1.4	9.1	22.5	62.7	10.9	24.8	26.9	1.8	…	X	X	X	28.5	14.8	13.7	4.9	0.2	4.7	2.9	5.4
福　井	100.0	45.4	8.6	10.7	8.1	1.1	1.7	6.1	18.3	53.5	10.3	16.8	26.4	1.2	…	0.8	3.5	0.0	40.1	24.0	16.1	3.3	-	1.8	2.0	6.0
山　梨	100.0	43.9	7.4	14.3	4.5	1.0	1.0	6.7	21.3	55.1	8.4	20.9	25.8	4.9	…	6.4	13.3	0.2	33.9	20.6	13.3	7.6	0.0	2.9	1.4	11.3
長　野	100.0	46.9	8.9	12.0	6.9	1.2	1.5	7.4	15.1	51.8	10.4	19.4	22.0	5.0	…	3.7	2.4	-	24.2	16.5	7.7	5.1	0.2	1.7	2.4	8.4
岐　阜	100.0	44.5	9.4	10.7	8.2	1.1	1.6	5.8	18.5	54.3	11.0	16.6	26.7	2.6	…	2.9	11.5	0.6	23.4	15.2	8.3	4.1	0.8	2.3	1.6	4.9
静　岡	100.0	48.0	7.2	12.0	5.3	1.6	1.5	7.3	17.1	50.4	8.7	19.4	22.3	3.4	…	4.2	9.8	0.6	28.5	18.4	10.1	6.7	0.1	3.5	3.1	8.6
愛　知	100.0	44.3	8.8	13.1	6.4	1.0	1.8	6.3	18.2	54.5	10.6	19.4	24.6	4.0	…	0.9	11.5	0.2	23.8	14.8	9.0	4.8	0.3	3.3	3.1	7.0
三　重	100.0	X	X	X	X	X	X	X	X	X	X	X	X	5.3	…	-	7.0		34.4	19.8	14.6	4.4	0.1	3.2	2.1	8.0
滋　賀	100.0	X	X	X	X	X	X	X	X	X	X	X	X	1.0	…	1.3	1.8	0.0	27.8	16.7	11.1	5.8	0.1	3.2	2.3	6.5
京　都	100.0	38.4	8.6	11.5	9.3	1.7	1.9	7.4	21.3	59.9	10.5	18.8	30.6	6.3	…	6.3	6.0	0.3	26.8	16.0	10.9	10.1	-	4.5	3.1	6.7
大　阪	100.0	39.7	8.1	13.2	9.1	0.8	1.2	6.8	21.2	59.5	9.3	20.0	30.2	4.4	…	6.5	6.2	0.2	31.4	17.7	13.7	6.9	-	4.2	2.8	7.5
兵　庫	100.0	41.3	X	X	X	0.4	X	X	7.2	58.3	X	X	X	7.2	…	8.2	10.4	0.6	31.5	18.6	13.0	9.5	0.2	3.8	2.4	4.6
奈　良	100.0	42.8	7.0	11.7	7.7	1.3	1.4	5.9	22.2	55.9	8.4	17.6	29.9	3.3	…	2.7	7.2	-	27.2	15.3	11.9	3.3	-	3.2	2.0	7.6
和 歌 山	100.0	44.4	7.2	13.1	5.5	1.3	3.9	6.7	17.9	54.3	11.1	19.8	23.4	11.4	…	4.2	5.4	0.7	24.8	13.9	10.9	4.8	0.2	1.8	0.8	5.5
鳥　取	100.0	42.2	10.2	13.4	7.1	2.5	3.1	9.3	12.2	55.3	13.3	22.7	19.3	11.1	…	0.7	11.3	0.1	30.7	15.6	15.1	8.4	-	5.9	3.6	5.3
島　根	100.0	47.5	9.9	14.0	6.5	0.6	0.9	4.8	15.7	51.9	10.9	18.8	22.2	8.0	…	9.6	17.2	2.4	30.2	17.7	12.4	4.0	0.1	2.3	2.1	6.7
岡　山	100.0	44.7	10.8	10.4	5.2	2.6	3.9	9.2	13.3	52.7	14.7	19.6	18.4	5.2	…	7.7	12.0	1.8	30.5	16.1	14.3	3.2	0.0	2.3	2.3	7.7
広　島	100.0	40.7	7.7	13.0	6.0	1.0	2.0	7.4	22.3	58.3	9.7	20.3	28.3	5.0	…	3.1	6.5	0.2	22.7	14.2	8.6	3.5	0.0	2.7	1.5	6.8
山　口	100.0	42.8	6.4	13.8	6.1	1.0	0.9	6.7	22.2	56.1	7.3	20.5	28.4	5.0	…	9.4	6.1	0.3	32.1	18.2	13.9	4.2	0.1	3.2	1.5	8.4
徳　島	100.0	42.6	9.9	11.6	5.3	3.6	4.3	8.7	14.2	53.9	14.2	20.3	19.4	9.9	…	3.8	X	2.3	33.1	18.9	14.2	7.9	0.3	4.8	3.2	10.7
香　川	100.0	44.1	7.8	10.2	4.0	1.5	1.7	8.7	22.1	54.4	9.4	18.9	26.1	3.5	…	3.9	9.3	0.2	33.1	19.6	13.6	7.1	0.2	4.0	4.4	9.8
愛　媛	100.0	39.0	9.4	12.6	8.1	1.2	1.6	5.7	22.7	59.8	10.7	18.3	30.8	9.3	…	0.8	7.2	-	31.9	18.1	13.8	4.5	0.0	2.5	1.7	8.9
高　知	100.0	45.9	7.3	14.1	4.5	0.4	1.6	4.5	18.8	53.7	8.9	19.4	25.3	5.0	…	0.5	1.6	1.9	30.7	16.5	14.3	4.5	0.0	2.5	1.7	10.7
福　岡	100.0	39.4	9.3	15.0	7.6	1.2	1.2	5.6	20.6	59.4	10.5	20.7	28.2	4.3	…	5.4	5.2	0.2	35.6	19.6	16.0	4.2	0.2	3.2	2.4	7.1
佐　賀	100.0	39.7	11.0	15.9	8.5	1.1	1.8	5.4	16.6	59.2	12.8	21.3	25.1	2.1	…	3.8	4.6	0.2	32.6	15.3	17.3	7.2	0.1	5.4	3.5	9.8
長　崎	100.0	45.5	5.5	13.6	7.4	0.6	0.6	8.1	18.6	53.9	6.1	21.8	26.0	2.3	…	-	-	0.8	32.6	19.6	13.0	3.9	0.0	2.5	1.7	7.9
熊　本	100.0	44.2	11.5	14.0	6.8	1.1	1.4	5.9	14.8	54.5	12.9	20.0	21.6	5.7	…	1.8	4.0	0.1	34.7	20.6	14.1	4.8	-	4.7	3.3	7.4
大　分	100.0	40.7	10.7	14.5	10.8	0.6	1.4	5.2	15.5	58.7	12.0	19.6	26.3	0.7	…	0.9	X	2.0	36.3	17.6	18.7	5.6	0.4	4.9	2.5	4.8
宮　崎	100.0	49.1	9.6	11.3	5.3	1.5	1.9	4.5	16.8	49.5	11.5	15.8	22.1	7.3	…	8.0	7.6	0.6	30.2	18.5	11.7	3.8	0.6	3.5	2.6	5.1
鹿 児 島	100.0	45.1	9.2	10.8	6.4	0.9	1.3	7.8	18.5	54.0	10.4	18.6	24.9	4.5	…	4.0	8.5	2.2	42.6	23.1	19.6	8.0	0.0	2.7	2.1	8.1
沖　縄	100.0	39.6	10.0	13.7	12.3	0.2	0.7	4.3	19.2	60.3	10.7	18.0	31.5	0.5	…	3.8	7.6	1.3	42.6	20.3	22.3	3.1	0.1	2.8	2.0	8.2

異常被患率等（各年齢ごと）（39-33）

単位　（％）

計(本)	喪失歯数(本)	計(本)	処置歯数(本)	未処置歯数(本)	栄養状態	せき柱・胸郭・四肢の状態	アトピー性皮膚炎	その他の皮膚疾患	結核の検査の対象密者	結核	心疾病臓・異常	心電図異常	蛋白検出の者	尿糖検出の者	ぜん息	腎臓疾患	言語障害	その他の疾病・異常	区分
...	...	...	...	...	2.11	1.27	2.90	0.28	0.06	-	0.72	...	2.38	0.16	2.08	0.31	0.16	4.19	全　国
...	...	...	...	...	2.3	0.7	4.3	0.4	-	-	0.3	...	2.3	0.2	2.6	0.3	0.3	4.3	北 海 道
...	...	...	...	...	3.6	2.6	1.7	0.6	-	-	0.2	...	2.2	0.2	2.3	0.2	-	4.3	青　森
...	...	...	...	...	2.1	1.5	2.1	0.2	-	-	0.4	...	4.5	0.2	1.3	0.0	0.3	4.2	岩　手
...	...	...	...	...	4.0	1.1	3.3	0.4	-	-	0.8	...	1.0	0.1	3.0	0.1	0.4	5.0	宮　城
...	...	...	...	...	5.1	3.6	1.4	0.2	-	-	0.9	...	0.7	-	1.6	0.2	0.2	5.9	秋　田
...	...	...	...	...	3.2	1.7	3.9	0.9	-	-	0.4	...	1.6	0.5	4.0	0.3	0.3	8.8	山　形
...	...	...	...	...	4.0	2.7	3.0	0.6	-	-	0.3	...	2.4	0.5	2.3	0.2	0.2	6.2	福　島
...	...	...	...	...	5.3	2.7	8.3	0.4	0.1	-	0.9	...	2.3	0.2	4.5	0.3	0.4	4.2	茨　城
...	...	...	...	...	3.1	2.0	4.4	1.0	-	-	1.1	...	5.0	0.2	3.6	0.8	0.6	5.5	栃　木
...	...	...	...	...	2.4	1.3	2.7	0.1	-	-	1.1	...	1.0	0.3	3.4	0.8	0.6	5.1	群　馬
...	...	...	...	...	0.7	0.4	2.1	0.0	0.2	-	1.1	...	4.1	0.1	1.6	0.1	0.1	3.6	埼　玉
...	...	...	...	...	1.4	1.6	3.8	0.2	0.1	-	1.0	...	1.5	0.1	3.3	0.1	0.1	3.6	千　葉
...	...	...	...	...	1.4	1.2	2.5	0.4	0.1	-	0.7	...	2.6	0.1	1.9	0.6	0.2	4.1	東　京
...	...	...	...	...	2.0	1.3	2.8	0.3	0.1	-	0.5	...	1.8	0.2	2.4	0.2	0.0	3.1	神 奈 川
...	...	...	...	...	2.2	0.3	5.4	0.2	-	-	0.7	...	1.1	0.2	2.9	0.1	0.1	5.6	新　潟
...	...	...	...	...	2.5	3.6	2.7	0.1	-	-	1.5	...	3.4	0.2	1.6	0.1	0.4	5.4	富　山
...	...	...	...	...	1.2	0.8	1.1	0.2	0.0	-	0.6	...	1.1	0.1	0.9	0.1	0.2	3.7	石　川
...	...	...	...	...	1.9	0.4	2.2	0.3	-	-	1.0	...	0.6	0.2	0.8	0.1	0.1	5.1	福　井
...	...	...	...	...	2.3	0.9	3.6	0.3	-	-	0.1	...	1.3	0.2	2.0	0.1	0.1	6.7	山　梨
...	...	...	...	...	1.7	1.8	2.0	0.1	0.0	-	1.4	...	1.3	0.2	2.2	0.2	0.2	5.8	長　野
...	...	...	...	...	2.1	0.1	2.8	0.5	0.1	-	1.8	...	1.9	0.1	1.6	0.7	0.2	6.8	岐　阜
...	...	...	...	...	2.1	1.3	2.8	0.1	0.0	-	0.7	...	2.2	0.1	1.1	0.3	0.1	4.7	静　岡
...	...	...	...	...	2.6	0.8	5.1	0.2	0.1	-	0.9	...	1.8	0.1	2.3	0.2	0.1	4.5	愛　知
...	...	...	...	...	2.6	0.8	2.2	-	-	-	1.1	...	1.9	0.1	2.1	0.2	0.0	2.7	三　重
...	...	...	...	...	0.7	0.5	1.6	0.1	0.1	-	1.0	...	1.3	0.1	1.0	0.1	0.2	3.7	滋　賀
...	...	...	...	...	5.0	1.4	4.5	0.7	0.0	-	1.1	...	2.4	0.1	2.8	0.2	0.3	6.1	京　都
...	...	...	...	...	0.5	0.8	1.4	0.3	0.1	-	0.1	...	2.3	0.2	1.5	0.2	0.0	3.5	大　阪
...	...	...	...	...	3.1	1.5	1.9	0.1	0.0	-	0.8	...	2.3	0.1	1.9	0.2	0.1	2.8	兵　庫
...	...	...	...	...	1.5	1.1	3.9	0.2	0.0	-	0.2	...	4.4	0.1	0.8	0.1	0.0	2.8	奈　良
...	...	...	...	...	1.1	1.9	2.0	0.2	-	-	0.5	...	5.0	-	1.1	0.3	-	4.9	和 歌 山
...	...	...	...	...	2.5	0.2	5.9	0.7	0.0	-	2.0	...	1.3	-	3.6	0.1	0.3	9.0	鳥　取
...	...	...	...	...	2.8	1.3	4.9	0.3	0.0	-	0.3	...	7.2	0.1	3.3	0.2	0.2	5.3	島　根
...	...	...	...	...	2.3	0.8	3.5	0.5	0.1	-	1.1	...	1.9	0.1	2.1	0.2	0.1	7.1	岡　山
...	...	...	...	...	2.3	2.5	2.2	0.2	0.2	-	0.7	...	3.1	0.2	0.8	0.2	0.1	4.3	広　島
...	...	...	...	...	1.9	1.9	1.8	0.2	0.1	-	0.8	...	0.9	0.1	1.1	0.3	0.1	3.9	山　口
...	...	...	...	...	3.9	0.6	2.0	0.0	-	-	0.2	...	1.6	0.4	2.1	0.2	0.1	3.9	徳　島
...	...	...	...	...	6.3	0.3	1.7	0.1	0.1	-	0.7	...	2.3	0.0	1.6	0.1	0.1	4.5	香　川
...	...	...	...	...	1.2	0.7	1.5	-	-	-	0.8	...	3.2	0.1	0.8	0.2	0.1	3.5	愛　媛
...	...	...	...	...	2.9	0.5	2.7	0.6	-	-	0.4	...	1.2	0.1	1.0	0.2	0.1	2.2	高　知
...	...	...	...	...	1.4	2.8	1.4	0.3	0.1	-	0.4	...	3.1	0.1	1.9	0.4	0.1	3.6	福　岡
...	...	...	...	...	1.8	1.8	2.5	0.3	-	-	1.0	...	1.3	0.0	1.8	0.1	0.2	6.0	佐　賀
...	...	...	...	...	1.2	0.8	2.4	0.2	-	-	0.6	...	0.9	0.1	0.7	0.2	0.2	3.5	長　崎
...	...	...	...	...	3.7	0.9	1.6	0.5	-	-	0.2	...	5.5	0.0	1.2	0.2	0.1	2.9	熊　本
...	...	...	...	...	0.8	0.8	2.2	-	-	-	0.3	...	4.0	0.5	2.3	0.3	-	2.4	大　分
...	...	...	...	...	2.4	2.0	3.3	0.1	-	-	0.8	...	1.9	0.1	3.8	0.2	0.3	6.8	宮　崎
...	...	...	...	...	1.3	0.3	1.5	0.0	0.0	-	0.8	...	1.8	0.7	2.3	0.1	0.0	1.4	鹿 児 島
...	...	...	...	...	2.1	0.7	2.3	0.4	-	-	0.5	...	2.3	0.5	1.2	0.1	0.2	4.2	沖　縄

1　12歳　(3)　女

区分	計	非矯正 1.0以上	非矯正 1.0未満0.7以上	非矯正 0.7未満0.3以上	非矯正 0.3未満	矯正 1.0以上	矯正 1.0未満0.7以上	矯正 0.7未満0.3以上	矯正 0.3未満	裸眼 計	裸眼 1.0未満0.7以上	裸眼 0.7未満0.3以上	裸眼 0.3未満	眼の疾病・異常	難聴	耳疾患	鼻疾・副鼻腔患	口腔咽喉頭疾患・異常	むし歯 計	処置完了者	未処置歯のある者	歯列・咬合	顎関節	歯垢の状態	歯肉の状態	その他の疾病・異常
全　国	100.00	40.62	10.10	12.52	6.28	1.27	2.12	6.16	20.93	58.11	12.23	18.68	27.21	4.58	0.37	5.36	8.99	0.34	26.65	16.14	10.51	5.38	0.31	2.72	2.40	4.36
北 海 道	100.0	40.8	X	X	X	1.2	X	X	X	57.9	X	X	X	5.6	0.4	4.9	6.3	0.5	33.6	17.5	16.2	6.8	0.5	2.7	3.4	2.8
青　森	100.0	30.0	11.1	9.6	8.1	0.9	1.9	6.9	31.6	69.2	12.9	16.5	39.7	3.4	0.5	5.1	11.5	0.1	38.3	19.2	19.2	5.1	0.1	2.3	2.5	6.6
岩　手	100.0	42.3	7.0	12.3	4.4	1.5	1.7	6.0	24.7	56.2	8.7	18.3	29.2	4.6	0.5	5.7	17.4	1.6	34.4	22.7	11.8	6.1	0.9	2.3	1.6	5.6
宮　城	100.0	35.2	9.6	13.0	7.6	1.4	2.1	6.7	24.4	63.4	11.7	19.7	32.0	6.0	0.2	6.9	10.2	0.2	31.7	19.0	12.7	7.6	0.5	5.1	6.7	4.0
秋　田	-	-	-	-	-	-	-	-	-	-	-	-	-	8.5	0.2	5.2	14.8	0.7	22.9	14.1	8.8	6.7	0.2	1.9	2.2	6.7
山　形	100.0	47.4	9.0	10.8	4.4	2.7	3.2	6.3	16.1	49.8	12.2	17.1	20.6	4.0	0.3	5.9	9.3	1.3	22.3	12.6	9.7	5.3	0.2	3.1	2.6	5.9
福　島	100.0	32.2	10.9	12.2	8.6	0.9	1.6	7.1	26.4	66.9	12.6	19.3	35.0	1.2	0.4	8.3	8.1	0.4	37.4	20.8	16.7	7.9	0.1	4.5	4.0	6.2
茨　城	100.0	35.4	10.0	15.5	6.9	0.2	1.1	4.6	26.3	64.4	11.1	20.1	33.3	14.4	0.3	1.0	18.8	0.3	30.7	16.2	14.5	3.7	0.0	2.3	1.5	9.8
栃　木	100.0	40.9	8.6	11.8	8.0	0.7	1.1	6.9	21.9	58.4	9.7	18.7	29.9	2.8	0.4	4.0	5.6	0.6	30.1	18.2	11.9	5.7	0.2	2.6	1.7	3.4
群　馬	100.0	34.8	11.1	12.3	8.7	1.5	2.0	5.5	24.0	63.7	13.2	17.8	32.8	3.2	0.2	5.2	4.3	-	31.7	22.6	9.0	5.3	0.1	3.1	3.5	5.1
埼　玉	100.0	X	X	X	X	X	X	X	X	X	X	X	X	3.0	0.4	4.6	6.4	0.1	22.9	13.2	9.7	3.3	0.1	2.0	1.2	2.2
千　葉	100.0	38.2	7.7	13.8	9.2	0.7	2.2	6.4	21.7	61.1	10.0	20.2	30.9	5.5	0.5		10.4	0.1	23.1	12.8	10.3	6.0	0.2	1.6		5.2
東　京	100.0	32.3	X	X	X	1.0	X	X	X	66.7	X	X	X	4.5	0.3	6.3	9.7	0.1	22.6	15.3	7.3	3.6	0.4	1.9	1.5	2.1
神 奈 川	100.0	X	X	X	X	X	X	X	X	X	X	X	X	6.2	0.5	6.6	11.5	0.5	22.2	13.4	8.8	7.2	0.2	2.9	2.6	4.7
新　潟	100.0	33.1	7.3	14.1	9.8	2.2	3.4	9.2	20.8	64.7	10.7	23.3	30.7	4.1	0.1	1.5	14.0	0.1	17.6	10.7	7.0	2.3	0.1	1.8	1.4	3.3
富　山	100.0	X	X	X	X	X	X	X	X	X	X	X	X	5.5	0.2	2.0	5.8	0.4	25.4	13.4	12.0	2.3	0.2	1.9	1.5	2.6
石　川	100.0	X	X	X	X	X	X	X	X	X	X	X	X	0.3	0.3	3.1	8.9	-	28.5	14.2	14.3	4.8	0.3	3.4	3.1	5.4
福　井	100.0	36.9	8.5	10.3	6.1	0.9	1.5	6.4	29.4	62.2	10.0	16.7	35.5	0.6	0.5	3.7	1.8	0.0	33.1	19.9	13.2	3.9	0.1	3.9	2.1	4.3
山　梨	100.0	42.3	8.8	10.8	5.6	0.7	2.2	7.9	21.7	57.1	11.0	18.8	27.3	3.4	0.6	6.9	11.6	0.4	30.3	17.4	12.8	6.8	1.5	3.9	3.4	4.2
長　野	100.0	38.8	6.7	12.0	4.7	0.3	0.8	10.7	25.9	60.8	7.5	22.7	30.6	2.8	0.2	4.1	5.7	0.3	25.8	17.8	8.0	5.0	0.2	3.0	2.5	5.8
岐　阜	100.0	39.7	10.4	11.4	5.8	0.8	0.8	7.8	23.3	59.5	11.2	19.2	29.1	4.3	0.6	5.7	8.7	-	20.2	14.7	5.5	6.4	0.4	2.3	2.1	3.5
静　岡	100.0	40.4	9.8	11.9	4.8	0.6	1.2	5.6	25.7	59.1	11.0	17.5	30.5	3.1	0.4	8.2	8.2	0.2	21.6	14.1	7.5	5.7	0.2	3.5	2.3	4.3
愛　知	100.0	40.8	10.4	12.2	5.6	0.7	1.9	7.3	21.2	58.5	12.2	19.5	26.7	3.8	0.5	4.9	7.8	0.3	18.6	13.4	5.2	6.6	0.4	2.2	2.7	4.3
三　重	100.0	X	X	X	X	X	X	X	X	X	X	X	X	4.3	0.3	5.6	10.0	0.4	32.4	16.7	15.7	3.7	0.1	1.9	1.4	6.8
滋　賀	100.0	X	X	X	X	X	X	X	X	X	X	X	X	3.8	0.3	3.2	4.4	0.0	24.9	15.5	9.4	5.8	0.2	2.0	1.9	4.8
京　都	100.0	30.9	8.5	17.7	9.3	0.7	0.4	7.1	25.4	68.3	8.9	24.7	34.7	6.3	0.5	6.8	7.8	0.6	27.6	16.0	11.6	9.9	1.5	4.1	4.5	5.1
大　阪	100.0	37.2	12.9	13.4	4.1	3.3	3.5	10.2	15.5	59.5	16.3	23.5	19.6	3.9	0.4	6.9	7.7	0.2	26.8	19.0	7.8	4.8	0.4	2.7	2.2	3.6
兵　庫	100.0	X	X	X	X	X	X	X	X	X	X	X	X	6.3	0.4	7.5	9.7	0.2	27.5	16.0	11.5	8.9	0.1	4.9	5.4	4.8
奈　良	100.0	44.6	10.0	17.3	4.7	1.3	-	2.0	20.1	54.1	10.0	19.3	24.8	1.5	0.7	5.6	4.4	0.3	28.6	15.1	13.5	5.8	0.6	2.8	1.9	2.8
和 歌 山	100.0	42.4	10.8	12.0	2.9	2.3	2.3	8.1	19.1	55.3	13.1	20.1	22.0	7.8	0.5	5.8	8.4	0.5	25.7	14.1	11.6	6.1	0.9	1.4	3.0	3.2
鳥　取	100.0	36.4	9.8	14.8	4.8	0.1	1.0	5.5	27.8	63.5	10.7	20.3	32.5	9.3	0.2	3.4	15.4	0.1	27.5	19.3	8.2	5.7	0.2	2.3	4.0	4.5
島　根	100.0	43.8	9.0	11.0	6.3	1.2	2.3	4.9	21.5	55.0	11.2	15.9	27.8	8.2	0.5	6.5	13.5	1.2	31.6	18.0	13.5		0.3	5.7	4.3	6.7
岡　山	100.0	39.2	9.0	10.5	5.6	2.4	4.2	8.2	20.9	58.4	13.2	18.7	26.6	5.6	0.4	4.9	10.6	1.3	21.9	12.9	8.9	3.5	0.2	3.6	2.9	3.6
広　島	100.0	31.5	9.8	12.8	3.2	-	0.5	5.6	36.5	68.5	10.3	18.5	39.8	4.6	0.2	3.2	7.5	0.1	20.7	11.8	8.8	6.4	0.0	2.7	2.3	2.3
山　口	100.0	39.7	7.2	11.4	5.8	0.5	1.4	5.5	28.6	59.9	8.5	17.0	34.4	3.7	0.2	5.6	9.4	0.4	25.3	15.6	9.7	5.9	0.3	1.9	1.5	6.3
徳　島	100.0	40.2	9.4	12.1	3.5	5.8	7.4	10.0	11.6	54.0	16.8	22.1	15.1	7.4	0.6	8.2	12.1	1.2	32.4	18.3	14.1	5.2	0.4	5.2	5.5	13.1
香　川	100.0	36.7	X	X	X	3.4	X	X	X	59.9	X	X	X	3.0	0.1	5.7	7.1	0.1	28.1	19.0	9.1	5.2	0.1	5.2	5.7	5.8
愛　媛	100.0	33.7	11.0	15.5	8.0	0.9	0.9	4.8	25.8	66.0	11.8	20.3	33.8	5.6	0.4	2.0	6.9	0.5	33.8	19.0	14.8	3.7	0.3	2.3	2.4	6.5
高　知	100.0	39.2	8.0	7.6	10.8	1.5	0.5	4.6	27.8	59.2	8.4	12.2	38.6	0.8	0.4	4.7	11.8		27.7	16.0	11.7	4.8	0.2	2.8	2.7	6.8
福　岡	100.0	38.9	9.7	14.4	10.1	0.5	2.2	5.0	19.1	60.6	11.9	19.4	29.3	2.9	0.5	5.1	7.0	0.3	35.1	19.8	15.4	5.1	0.3	2.9	2.3	3.7
佐　賀	100.0	36.1	X	X	X	5.6	X	X	X	58.3	X	X	X	1.5	0.4	4.0	7.2	0.1	26.4	13.5	12.9	3.1	0.2	2.3	1.7	4.1
長　崎	100.0	X	X	X	X	X	X	X	X	X	X	X	X	2.9	0.4	3.7	5.2	0.1	27.4	19.4	8.0	2.7	0.4	3.1	1.9	5.8
熊　本	100.0	38.0	8.4	12.1	5.1	2.6	2.9	8.4	22.9	59.7	11.2	20.5	28.0	5.4	0.1	2.8	14.5	0.4	28.5	16.6	11.9	4.0	0.1	1.4	1.5	6.5
大　分	100.0	X	X	X	X	X	X	X	X	X	X	X	X	3.7	0.2	2.5	9.2	-	33.3	18.7	14.6	5.5	0.5	2.7	2.5	2.0
宮　崎	100.0	X	X	X	X	X	X	X	X	X	X	X	X	3.2	0.5	8.0	7.7	-	35.2	19.1	16.1	4.4	0.3	2.6	2.4	3.9
鹿 児 島	100.0	X	X	X	X	X	X	X	X	X	X	X	X	4.3	0.6	5.5	10.6	0.9	42.1	25.2	16.9	2.1	0.2	1.5	1.4	6.0
沖　縄	100.0	29.6	8.9	16.0	13.2	0.2	1.1	4.2	26.8	70.2	10.0	20.2	40.1	1.3	0.4	2.9	8.9	1.6	45.1	25.2	19.8	1.9	0.4	2.3	2.3	4.7

異常被患率等（各年齢ごと）（39-34）

単位　（%）

永久歯の1人当り平均むし歯（う歯）等数					栄養状態	せき柱・胸郭・四肢の状態	皮膚疾患		結核の検査の対象密者	結核	心臓病・異常	心電図異常	蛋白検出の者	尿糖検出の者	その他の疾病・異常				区分
計(本)	喪失歯数(本)	むし歯（う歯）計(本)	処置歯数(本)	未処置歯数(本)			アトピー性皮膚炎	その他の皮膚疾患							ぜん息	腎臓疾患	言語障害	その他の疾病・異常	
0.61	0.01	0.60	0.39	0.21	1.15	1.80	2.87	0.28	0.05	0.00	0.83	2.77	2.66	0.16	1.71	0.22	0.06	4.06	全国
0.9	0.0	0.9	0.5	0.4	0.6	0.5	5.2	0.1	-	-	0.6	2.1	1.3	0.2	3.9	0.1	-	5.1	北海道
1.1	0.0	1.1	0.7	0.4	2.4	2.6	0.9	0.7	-	-	0.1	1.7	1.9	0.3	0.6	0.1	0.1	3.4	青森
0.8	0.0	0.8	0.6	0.3	1.7	1.7	2.0	0.5	-	-	0.5	3.9	6.1	0.1	0.9	0.3	0.0	8.2	岩手
0.7	0.0	0.7	0.5	0.3	0.2	2.2	5.5	0.5	0.0	-	0.9	1.6	1.1	0.1	2.8	0.5	0.0	7.1	宮城
0.5	0.0	0.5	0.3	0.2	3.2	2.2	3.6	1.4	0.1	-	1.4	4.8	0.9	0.3	1.3	0.2	0.0	9.8	秋田
0.5	0.0	0.5	0.3	0.2	2.1	1.1	3.5	0.1	-	-	0.4	4.8	2.3	0.1	1.5	0.2	0.3	7.9	山形
1.0	0.0	1.0	0.7	0.3	1.5	1.1	1.5	0.0	-	-	0.6	3.0	1.8	0.1	1.5	0.2	0.1	4.8	福島
0.8	0.0	0.7	0.4	0.3	2.7	1.9	4.9	0.2	0.1	-	0.9	3.3	1.7	0.1	3.4	0.3	0.2	5.0	茨城
0.8	0.0	0.7	0.5	0.2	1.2	1.1	2.4	0.5	-	-	2.2	4.8	7.8	0.3	1.8	0.3	0.1	3.4	栃木
0.8	0.0	0.7	0.6	0.2	1.3	2.2	3.8	2.5	-	0.0	1.2	3.3	1.1	0.2	2.2	0.3	0.2	6.7	群馬
0.4	0.0	0.4	0.3	0.2	0.2	1.6	2.2	0.4	0.1	-	0.7	2.3	3.2	0.0	1.4	0.1	0.0	2.8	埼玉
0.5	0.0	0.5	0.3	0.2	0.1	3.6	4.3	0.3	0.1	-	0.7	1.2	1.4	0.2	3.1	0.5	0.1	4.3	千葉
0.5	0.0	0.5	0.4	0.1	0.9	1.4	3.0	0.1	0.2	-	0.7	2.3	2.4	0.2	1.4	0.1	-	2.8	東京
0.5	0.0	0.5	0.3	0.2	1.4	2.3	3.0	0.3	0.1	-	0.1	1.8	2.5	0.2	2.3	0.2	-	3.4	神奈川
0.3	0.0	0.3	0.2	0.1	2.5	1.6	5.5	0.4	-	-	1.6	3.3	1.8	0.0	1.9	0.3	0.1	6.0	新潟
0.6	0.0	0.5	0.3	0.2	2.3	5.2	1.3	0.1	0.1	-	0.9	2.4	2.9	0.0	1.4	-	0.1	4.3	富山
0.7	0.0	0.7	0.4	0.3	0.1	0.8	2.3	0.1	-	-	1.1	3.5	2.6	0.3	0.9	0.3	-	3.1	石川
0.8	0.0	0.8	0.5	0.2	2.0	1.0	2.0	0.5	-	-	0.9	0.9	0.7	0.3	0.6	0.4	0.1	6.0	福井
0.7	0.0	0.7	0.4	0.3	2.2	0.4	1.6	0.2	0.1	-	0.4	2.1	2.6	0.2	1.3	0.2	0.1	3.8	山梨
0.5	0.0	0.5	0.4	0.1	0.7	2.3	3.8	0.2	-	0.1	1.9	2.7	1.2	0.3	2.1	0.2	0.2	5.4	長野
0.4	-	0.4	0.3	0.1	0.4	3.6	2.8	0.4	0.0	-	1.6	3.8	3.0	0.3	0.9	0.7	0.2	6.0	岐阜
0.5	0.0	0.4	0.3	0.2	2.6	3.4	2.2	0.4	0.0	-	0.7	2.9	2.9	0.2	0.8	0.3	0.1	5.3	静岡
0.3	0.0	0.3	0.2	0.1	1.7	1.4	4.3	0.2	0.1	-	1.0	3.8	3.1	0.2	1.9	0.2	0.1	5.0	愛知
0.7	0.0	0.7	0.4	0.3	2.2	0.9	3.7	-	-	-	0.6	2.2	1.9	0.2	1.7	0.3	0.2	3.9	三重
0.5	0.0	0.5	0.3	0.2	0.4	0.6	2.6	0.2	-	-	1.7	3.4	1.4	0.0	0.3	0.1	0.1	2.2	滋賀
0.6	0.0	0.6	0.4	0.2	2.1	1.9	3.3	0.4	-	-	1.6	4.0	4.5	0.0	1.3	0.2	0.2	7.0	京都
0.6	0.0	0.6	0.5	0.1	0.3	0.9	1.5	0.2	0.1	-	0.8	2.9	3.1	0.1	0.8	0.2	0.1	3.3	大阪
0.5	0.0	0.5	0.3	0.2	1.3	3.6	2.2	0.3	-	-	1.1	3.0	1.6	0.1	1.9	0.2	-	2.8	兵庫
0.6	0.0	0.6	0.4	0.2	1.7	1.8	1.7	-	-	-	0.7	2.9	3.1	0.3	3.2	0.1	-	3.6	奈良
0.5	0.0	0.5	0.3	0.2	0.5	2.0	2.0	0.4	-	-	1.4	3.3	4.9	0.2	0.6	0.1	-	1.6	和歌山
0.6	0.0	0.6	0.4	0.1	1.9	1.0	4.7	0.3	-	-	1.6	1.6	1.0	0.2	3.1	-	0.2	8.8	鳥取
0.7	0.0	0.7	0.4	0.3	1.1	1.6	2.0	0.2	-	-	0.4	1.9	8.9	0.1	1.4	0.2	-	3.8	島根
0.4	0.0	0.4	0.3	0.2	2.1	0.9	3.6	-	0.1	-	0.7	4.5	3.3	0.2	2.5	0.1	0.0	6.6	岡山
0.5	0.0	0.5	0.3	0.2	0.8	1.6	2.0	0.5	-	-	0.8	3.1	2.9	0.0	1.4	0.1	-	3.9	広島
0.5	0.0	0.5	0.4	0.2	1.2	2.1	1.4	0.1	-	-	1.0	2.3	0.8	-	0.8	0.2	-	5.0	山口
0.8	0.0	0.7	0.4	0.3	3.7	0.9	2.0	0.2	0.1	-	0.2	3.4	1.4	0.1	1.1	0.3	0.1	2.5	徳島
0.6	0.0	0.6	0.4	0.2	4.4	0.4	4.3	0.3	0.0	-	1.0	4.6	2.6	0.1	1.2	0.4	0.1	5.9	香川
0.9	0.0	0.8	0.6	0.3	0.5	1.5	0.8	0.1	0.1	-	1.7	2.8	6.5	0.2	0.5	-	-	3.6	愛媛
0.5	0.0	0.5	0.4	0.2	0.4	0.8	2.1	0.8	-	-	0.9	3.6	2.4	0.0	0.9	0.2	-	4.0	高知
1.0	0.0	1.0	0.5	0.4	0.3	2.3	1.6	-	-	-	0.9	3.8	3.0	0.3	1.8	0.3	0.2	2.5	福岡
0.6	0.0	0.6	0.3	0.2	0.9	2.4	1.1	0.4	-	-	1.3	2.1	1.1	0.1	1.4	0.2	-	5.4	佐賀
0.6	0.0	0.6	0.4	0.2	2.0	0.7	3.5	0.3	0.0	-	0.4	1.7	1.7	0.1	1.0	0.2	-	3.9	長崎
0.8	0.0	0.8	0.5	0.3	1.3	0.9	2.3	0.3	-	-	0.5	1.5	4.6	0.2	0.8	0.2	-	1.3	熊本
0.8	0.0	0.8	0.5	0.3	0.3	2.6	1.6	0.3	-	0.0	0.3	1.4	7.2	0.1	1.7	0.3	-	1.4	大分
0.9	0.0	0.9	0.6	0.3	0.2	1.6	1.2	0.2	-	-	0.9	4.0	1.7	0.3	1.7	0.3	-	4.1	宮崎
1.2	0.0	1.2	0.8	0.4	0.4	0.6	1.6	0.2	-	-	0.4	2.9	2.6	0.1	1.3	0.1	0.1	1.6	鹿児島
1.3	0.0	1.3	0.8	0.4	2.5	0.7	1.6	0.7	0.1	-	0.4	1.7	2.7	0.1	0.6	0.1	-	2.7	沖縄

1　13歳　(3)　女

区分	計	視力非矯正者の裸眼視力 1.0以上	1.0未満0.7以上	0.7未満0.3以上	0.3未満	視力矯正者の裸眼視力 1.0以上	1.0未満0.7以上	0.7未満0.3以上	0.3未満	裸眼視力 計	1.0未満0.7以上	0.7未満0.3以上	0.3未満	眼の疾病・異常	難聴	耳疾患	鼻疾患・副鼻腔患	口腔咽喉頭疾患異常	むし歯 計	処置完了者	未処置歯のある者	歯列・咬合	顎関節	歯垢の状態	歯肉の状態	疾病・異常その他の
全国	100.00	32.86	11.87	14.08	6.64	1.09	1.77	8.01	23.68	66.04	13.65	22.09	30.31	4.25	…	3.67	9.48	0.37	29.64	18.02	11.62	5.41	0.36	3.13	2.74	2.89
北海道	100.0	X	X	X	X	X	X	X	X	X	X	X	X	5.9	…	-	4.7	-	38.1	17.7	20.3	7.1	0.6	2.7	3.4	1.8
青森	100.0	21.4	8.6	12.1	8.7	0.8	1.1	7.1	40.2	77.8	9.7	19.2	48.9	4.0	…	2.6	11.7	0.2	39.9	25.4	14.6	3.4	0.3	3.4	4.8	4.7
岩手	100.0	31.7	9.4	9.7	6.1	1.3	1.0	6.3	34.5	67.0	10.5	16.0	40.6	5.7	…	4.4	X	1.6	36.7	22.8	13.9	6.9	0.4	3.1	2.5	4.8
宮城	100.0	28.1	8.4	12.2	9.4	1.6	3.6	7.0	29.7	70.3	12.0	19.3	39.1	6.3	…	X	X	X	34.7	22.1	12.7	8.8	0.4	4.3	4.5	2.8
秋田	100.0	X	X	X	X	X	X	X	X	X	X	X	X	3.4	…	2.9	17.5	0.2	29.3	17.4	11.9	6.9	0.4	2.9	2.2	4.8
山形	100.0	30.0	X	X	X	1.6	X	X	X	68.4	X	X	X	4.0	…	4.2	10.0	0.4	26.9	16.7	10.2	5.0	0.5	2.9	2.8	5.7
福島	100.0	23.4	X	X	X	0.9	X	X	X	75.7	X	X	X	1.0	…	1.4	3.7	0.7	37.8	22.3	15.5	10.1	0.5	6.4	4.4	4.1
茨城	100.0	26.7	8.3	13.5	8.1	0.7	0.9	6.0	35.9	72.6	9.2	19.4	44.0	16.9	…	0.5	23.1	0.3	32.0	16.6	15.4	6.9	0.3	3.1	2.3	5.4
栃木	100.0	33.9	8.6	10.5	7.0	0.5	2.8	5.9	30.8	65.6	11.4	16.4	37.8	1.9	…	3.5	6.3	0.2	32.7	21.4	11.4	5.3	0.3	1.8	1.9	2.6
群馬	100.0	23.1	11.1	14.3	7.1	1.3	2.4	10.0	30.7	75.6	13.5	24.3	37.8	3.5	…	1.6	3.9	-	34.2	24.0	10.2	7.6	0.1	4.4	4.9	2.1
埼玉	100.0	X	X	X	X	X	X	X	X	X	X	X	X	3.4	…	4.1	6.0	0.2	22.8	14.7	8.1	3.0	0.1	2.2	0.9	1.7
千葉	100.0	31.3	10.7	11.8	8.7	0.4	1.3	8.6	27.2	68.3	12.0	20.5	35.8	3.2	…	7.8	X	2.0	24.6	13.9	10.8	5.0	0.4	2.4	1.9	3.1
東京	100.0	X	X	X	X	X	X	X	X	X	X	X	X	5.5	…	5.6	10.1	0.2	27.1	17.8	9.3	4.6	0.3	2.1	1.8	1.5
神奈川	100.0	X	X	X	X	X	X	X	X	X	X	X	X	5.4	…	2.5	6.8	0.2	27.2	16.3	10.9	6.8	0.3	3.8	2.7	3.9
新潟	100.0	28.3	X	X	X	2.0	X	X	X	69.8	X	X	X	4.9	…	0.9	X	-	18.2	13.1	5.1	1.7	0.1	3.2	3.7	1.7
富山	-	-	-	-	-	-	-	-	-	-	-	-	-	6.0	…	1.7	6.3	0.0	25.4	13.7	11.8	2.8	0.5	2.0	1.2	1.9
石川	100.0	X	X	X	X	X	X	X	X	X	X	X	X	3.2	…	-	0.9	-	33.1	16.6	16.5	5.5	0.2	3.2	2.9	2.9
福井	100.0	34.3	7.7	9.0	5.6	0.4	1.4	11.0	30.6	65.3	9.2	20.0	36.2	0.7	…	0.3	1.6	0.1	34.0	21.0	12.9	4.8	0.2	3.8	3.5	2.7
山梨	100.0	35.0	11.8	12.1	3.5	1.0	3.0	5.0	28.6	64.1	14.8	17.1	32.1	4.5	…	5.5	12.4	0.1	34.4	18.2	16.2	7.6	0.1	7.2	4.0	3.3
長野	100.0	X	X	X	X	X	X	X	X	63.3	X	X	X	2.0	…	2.0	X	0.1	29.4	22.5	6.9	3.7	0.1	3.5	2.7	2.9
岐阜	100.0	29.4	9.1	13.6	4.7	1.4	0.8	10.8	30.1	69.2	9.9	24.4	34.9	3.6	…	3.1	4.3	0.2	24.4	15.6	8.8	7.1	0.4	2.2	2.4	2.2
静岡	100.0	33.2	9.0	11.1	5.4	0.8	1.5	10.3	28.7	66.1	10.6	21.4	34.1	4.0	…	3.2	12.1	0.4	25.2	16.0	9.2	5.3	0.2	3.7	2.7	4.7
愛知	100.0	36.0	9.8	11.0	7.1	0.6	1.7	6.8	27.1	63.4	11.5	17.8	34.2	2.8	…	3.9	7.5	0.1	19.9	14.7	5.1	3.4	0.1	1.8	2.3	2.2
三重	100.0	X	X	X	X	X	X	X	X	X	X	X	X	3.5	…	4.1	X	X	35.8	19.7	16.2	4.8	0.1	3.6	3.5	4.1
滋賀	100.0	X	X	X	X	X	X	X	X	X	X	X	X	2.1	…	1.1	2.1	-	27.7	15.9	11.8	6.2	0.0	1.7	2.1	3.3
京都	100.0	X	X	X	X	X	X	X	X	X	X	X	X	6.3	…	5.3	5.7	0.2	29.7	17.7	12.0	10.3	1.7	3.8	4.4	3.4
大阪	100.0	36.3	X	X	X	0.9	X	X	X	62.9	X	X	X	4.0	…	4.3	7.1	0.2	31.0	19.8	11.2	4.2	0.1	3.1	2.8	2.4
兵庫	100.0	38.5	7.3	7.6	5.8	-	0.4	11.1	29.3	61.5	7.7	18.7	35.1	4.0	…	5.4	10.7	0.5	27.8	16.2	11.6	7.7	0.3	4.1	3.1	2.6
奈良	100.0	X	X	X	X	X	X	X	X	X	X	X	X	1.6	…	1.1	1.9	0.5	28.4	16.8	11.6	6.8	0.3	3.1	2.1	2.5
和歌山	100.0	39.3	13.0	12.3	3.8	1.7	2.8	4.4	22.7	59.0	15.8	16.7	26.5	8.4	…	3.5	11.2	1.3	24.9	14.5	10.5	6.2	1.8	3.5	2.7	1.8
鳥取	100.0	27.2	8.1	18.2	7.6	-	0.8	9.6	28.5	72.8	8.9	27.9	36.1	8.1	…	0.4	12.5	X	34.2	24.2	10.0	7.2	0.7	3.9	3.1	2.9
島根	100.0	35.8	8.4	13.6	6.6	0.4	3.6	5.0	26.6	63.8	12.0	18.6	33.2	7.3	…	7.7	12.8	0.2	32.4	17.4	15.0	10.5	0.4	4.9	5.1	4.5
岡山	100.0	25.6	X	17.5	5.8	X	X	5.6	32.1	74.2	13.2	23.1	37.9	5.5	…	4.9	7.7	0.7	26.3	16.0	10.3	4.6	0.0	3.8	4.1	3.4
広島	100.0	X	X	X	X	X	X	X	X	X	X	X	X	2.8	…	2.7	6.4	0.1	24.3	13.8	10.5	7.1	0.2	4.1	3.7	1.0
山口	100.0	X	X	X	X	X	X	X	X	X	X	X	X	3.4	…	5.9	9.0	0.1	31.4	20.3	11.1	4.3	0.4	2.6	2.5	4.3
徳島	100.0	32.0	8.4	10.2	5.6	5.3	3.5	13.7	21.4	62.7	11.9	23.9	26.9	10.0	…	2.2	8.5	0.7	34.5	22.6	11.9	6.0	1.1	3.4	5.6	9.4
香川	100.0	21.2	X	X	X	-	X	X	X	78.8	X	X	X	4.4	…	4.5	6.7	0.2	33.5	24.1	9.4	6.7	0.2	8.9	7.2	4.3
愛媛	100.0	24.2	X	X	X	0.7	X	X	X	75.1	X	X	X	4.6	…	0.4	5.6	0.2	33.4	22.9	10.5	4.5	0.3	3.1	1.6	4.3
高知	100.0	X	X	X	X	X	X	X	X	X	X	X	X	2.8	…	0.1	10.3	X	29.1	16.8	12.3	6.8	0.2	4.9	3.7	4.0
福岡	100.0	29.3	9.7	16.6	X	0.9	0.1	6.3		69.7	9.8	22.9	37.0	2.4	…	4.4	6.0	0.1	37.0	19.2	17.9	5.5	0.2	2.9	3.0	2.1
佐賀	100.0	X	X	X	X	X	X	X	X	X	X	X	X	1.5	…	3.7	5.7	0.1	32.9	17.3	15.6	7.3	0.3	3.7	2.6	3.3
長崎	100.0	X	X	X	X	X	X	X	X	X	X	X	X	1.2	…	2.6	4.2	0.2	31.7	22.0	9.8	2.7	0.5	3.3	1.9	4.0
熊本	100.0	33.0	7.6	11.6	6.3	1.4	1.1	5.9	33.1	65.7	8.7	17.6	39.4	4.6	…	1.8	6.3	0.1	34.3	19.9	14.4	4.0	0.3	3.6	2.0	7.1
大分	100.0	X	X	X	X	X	X	X	X	X	X	X	X	2.1	…	7.7	14.3	X	38.0	19.5	18.6	6.2	0.9	4.3	3.7	1.7
宮崎	100.0	X	X	X	X	X	X	X	X	X	X	X	X	2.0	…	9.6	7.3	-	37.8	21.5	16.3	4.0	0.2	2.4	1.8	1.7
鹿児島	100.0	38.3	13.1	9.9	3.8	0.1	0.6	6.8	27.4	61.6	13.7	16.7	31.2	5.3	…	4.4	11.6	1.2	46.8	28.5	18.3	2.2	0.2	0.7	1.7	3.3
沖縄	100.0	33.7	9.8	12.7	11.6	-	0.3	3.6	28.3	66.3	10.1	16.3	39.9	1.4	…	2.8	8.4	1.2	52.9	31.3	21.6	2.6	0.1	3.2	2.9	4.0

異常被患率等（各年齢ごと）（39-35）

単位　（%）

| 永久歯の1人当り 平均むし歯（う歯）等数 | | むし歯（う歯） | | | 栄養状態 | せき柱・四肢の状態・胸郭 | 皮膚疾患 | | 結核 検査の対象精密者 | 結核 | 心疾病・臓異常 | 心電図異常 | 蛋白検出の者 | 尿糖検出の者 | その他の疾病・異常 | | | | 区分 |
計（本）	喪失歯数（本）	計（本）	処置歯数（本）	未歯処数置置（本）			アトピー性皮膚炎	その他の皮膚疾患							ぜん息	腎臓疾患	言語障害	そ疾の他病の異・常	
…	…	…	…	…	1.08	1.75	2.75	0.21	0.04	−	0.84	…	2.47	0.18	1.90	0.23	0.07	4.45	全　国
…	…	…	…	…	0.5	0.8	5.2	0.5		−	0.7	…	1.3	0.1	3.4	0.1	0.2	4.4	北 海 道
…	…	…	…	…	2.0	3.7	0.7	0.7		−	0.3	…	1.4	0.3	0.9	0.1	0.2	4.3	青　森
…	…	…	…	…	0.7	2.1	2.1	0.3		−	0.7	…	5.2	0.1	2.1	0.0	0.0	8.9	岩　手
…	…	…	…	…	0.2	1.0	4.5	0.5	0.0	−	0.3	…	1.1	0.5	3.5	0.5	0.0	7.5	宮　城
…	…	…	…	…	3.2	2.2	3.5	0.6		−	0.9	…	1.4	0.2	1.4	0.6	0.3	9.9	秋　田
…	…	…	…	…	2.6	1.0	3.7	0.0		−	0.7	…	2.3	0.3	1.9	0.2	0.1	9.1	山　形
…	…	…	…	…	0.6	1.8	2.2	0.4	0.0	−	0.4	…	1.7	0.1	1.5	−	0.2	5.4	福　島
…	…	…	…	…	2.8	2.4	5.4	0.3	0.2	−	1.6	…	1.2	0.1	3.1	0.1	0.0	3.9	茨　城
…	…	…	…	…	1.4	1.8	2.1	0.1		−	2.1	…	5.5	0.2	2.1	0.3	0.0	4.0	栃　木
…	…	…	…	…	1.2	2.1	3.7	−		−	1.4	…	0.8	0.1	2.5	0.4	0.1	7.7	群　馬
…	…	…	…	…	0.2	0.7	2.3	0.3	0.1	−	0.8	…	2.3	0.1	1.6	0.1	0.0	3.7	埼　玉
…	…	…	…	…	0.3	3.6	4.3	0.1	0.1	−	0.7	…	1.5	0.2	3.1	0.6	0.0	4.1	千　葉
…	…	…	…	…	0.2	2.0	1.8	0.1		−	0.7	…	2.8	0.1	1.0	0.1	0.0	3.0	東　京
…	…	…	…	…	1.2	1.9	2.8	0.3		−	0.1	…	2.0	0.2	2.2	0.2	−	3.8	神 奈 川
…	…	…	…	…	2.2	0.8	6.1	0.2		−	1.8	…	2.3	0.1	2.6	0.5	0.5	6.3	新　潟
…	…	…	…	…	2.0	4.8	2.3	0.4		−	1.6	…	3.7	0.2	1.1	0.2	0.1	4.0	富　山
…	…	…	…	…	0.1	1.0	2.8	0.1	0.2	−	1.3	…	1.6	0.1	0.8	0.1	0.1	3.6	石　川
…	…	…	…	…	1.2	0.5	2.2	0.0		−	0.5	…	0.8	0.1	0.4	0.1	0.2	6.8	福　井
…	…	…	…	…	2.0	0.4	1.2	−		−	0.4	…	3.3	0.1	2.0	0.1	−	5.3	山　梨
…	…	…	…	…	0.9	2.1	3.7	0.1	0.0	−	1.4	…	1.4	0.4	2.8	0.3	0.0	7.0	長　野
…	…	…	…	…	0.2	1.0	3.0	0.2	0.1	−	2.3	…	3.5	0.2	1.0	0.8	0.3	6.8	岐　阜
…	…	…	…	…	2.0	1.5	2.6	0.4	0.1	−	0.6	…	2.9	0.0	1.5	0.4	0.1	6.5	静　岡
…	…	…	…	…	2.4	1.7	3.8	0.1	0.0	−	1.2	…	2.7	0.2	2.7	0.1	0.0	4.9	愛　知
…	…	…	…	…	1.3	1.1	3.0	0.1		−	0.6	…	2.2	0.3	2.5	0.1	0.0	3.3	三　重
…	…	…	…	…	0.2	0.4	1.6	0.1	0.1	−	1.7	…	1.2	0.2	2.0	0.1	0.1	2.4	滋　賀
…	…	…	…	…	1.8	1.7	3.0	0.1	0.0	−	2.7	…	3.5	0.2	1.9	0.1	0.4	7.2	京　都
…	…	…	…	…	0.2	1.3	2.1	0.1		−	0.3	…	2.9	0.3	1.3	0.2	0.1	4.0	大　阪
…	…	…	…	…	1.8	3.1	2.8	0.4	0.0	−	1.2	…	1.6	0.3	2.1	0.3	0.0	3.6	兵　庫
…	…	…	…	…	1.7	2.9	2.6	−	0.1	−	1.5	…	3.4	0.2	3.5	0.1	0.0	3.4	奈　良
…	…	…	…	…	0.6	2.2	1.7	0.0		−	0.9	…	3.4	0.1	0.5	0.1	0.2	2.6	和 歌 山
…	…	…	…	…	1.5	1.1	3.9	0.4		−	1.2	…	0.7	0.1	2.2	0.3	0.1	11.1	鳥　取
…	…	…	…	…	0.8	2.5	3.9	0.1		−	0.4	…	6.6	0.4	1.6	0.2	0.0	5.5	島　根
…	…	…	…	…	1.4	0.9	2.4	0.2	0.0	−	0.6	…	3.3	0.2	2.0	0.7	0.1	7.1	岡　山
…	…	…	…	…		2.1	1.9	0.9		−	0.9	…	4.2	0.1	1.9	0.2	0.0	4.8	広　島
…	…	…	…	…	0.7	2.0	1.3	0.2		−	1.8	…	0.7	0.0	0.9		−	4.9	山　口
…	…	…	…	…	5.0	0.9	2.5	0.0		−	0.1	…	1.1	0.0	1.3	0.2	0.4	4.1	徳　島
…	…	…	…	…	3.5	0.7	3.2	0.1		−	1.3	…	1.9	0.1	2.1	0.6	0.0	5.9	香　川
…	…	…	…	…	0.4	1.6	1.0	0.1		−	0.9	…	6.6	0.2	0.5	0.2	−	4.1	愛　媛
…	…	…	…	…	0.8	1.1	2.8	0.2		−	0.6	…	1.6	0.2	2.2	0.1	0.1	4.1	高　知
…	…	…	…	…	0.6	1.7	1.3	0.1	0.0	−	0.4	…	2.9	0.4	2.3	0.1	0.0	2.2	福　岡
…	…	…	…	…	1.1	4.0	1.5	0.0		−	1.1	…	0.6	0.1	1.8	0.1	0.5	5.5	佐　賀
…	…	…	…	…	1.4	1.3	2.8	−		−	0.3	…	1.4	0.1	0.5	0.1	−	4.3	長　崎
…	…	…	…	…	1.2	0.9	1.4	0.0		−	0.2	…	4.5	0.1	0.6	0.4	0.0	2.0	熊　本
…	…	…	…	…	0.1	2.4	1.1	0.1		−	0.0	…	7.1	0.1	1.7	0.2	0.0	2.3	大　分
…	…	…	…	…	0.2	2.8	1.0	0.1		−	1.4	…	1.6	0.2	2.0	0.4	−	4.9	宮　崎
…	…	…	…	…	0.1	0.4	1.8	0.1	0.0	−	0.4	…	1.4	0.2	1.7	0.0	0.0	2.1	鹿 児 島
…	…	…	…	…	1.3	0.4	1.6	0.2		−	0.3	…	2.3	0.2	0.8	0.0	0.0	3.6	沖　縄

1　14歳 (3) 女

区分	計	非矯正 1.0以上	非矯正 1.0未満 0.7以上	非矯正 0.7未満 0.3以上	非矯正 0.3未満	矯正 1.0以上	矯正 1.0未満 0.7以上	矯正 0.7未満 0.3以上	矯正 0.3未満	裸眼 計	裸眼 1.0未満 0.7以上	裸眼 0.7未満 0.3以上	裸眼 0.3未満	眼の疾病・異常	難聴	耳疾患	鼻疾患・副鼻腔患	口腔咽喉頭疾患・異常	むし歯 計	処置完了者	未処置歯のある者	歯列・咬合	顎関節	歯垢の状態	歯肉の状態	その他の疾病・異常
全　国	100.00	31.56	8.17	13.65	7.19	1.45	1.28	7.52	29.19	66.90	9.45	21.17	36.29	4.06	0.34	2.98	8.34	0.23	32.33	19.86	12.47	5.40	0.45	2.85	2.64	2.29
北 海 道	100.0	35.1	X	X	X	1.0	X	X	X	63.9	X	X	X	5.1	0.2	0.5	5.9	-	40.9	21.5	19.4	8.5	0.9	2.6	3.2	1.6
青　森	100.0	26.3	7.6	7.9	7.6	1.3	0.5	11.7	37.0	72.4	8.1	19.6	44.6	3.8	0.2	1.8	9.4	0.1	45.5	24.2	21.2	5.4	0.8	2.7	3.7	3.0
岩　手	100.0	30.3	7.7	10.2	9.5	0.9	1.5	7.5	32.5	68.8	9.1	17.7	42.0	4.8	0.4	7.9	X	1.3	37.3	23.2	14.1	5.9	1.0	1.7	1.0	1.9
宮　城	100.0	26.0	8.3	14.3	5.6	2.0	4.6	6.8	32.4	72.0	12.8	21.1	38.0	5.7	0.5	6.2	13.6	0.0	38.5	24.1	14.3	8.6	0.7	4.9	5.2	3.0
秋　田	-	-	-	-	-	-	-	-	-	-	-	-	-	7.7	0.8	2.3	12.6	0.7	30.0	17.0	13.0	7.5	0.8	2.5	2.2	5.0
山　形	100.0	X	X	X	X	X	X	X	X	X	X	X	X	2.5	0.3	2.9	10.0	0.2	29.4	18.2	11.2	5.4	0.5	2.1	2.2	2.8
福　島	100.0	X	X	X	X	X	X	X	X	X	X	X	X	1.0	0.7	0.7	3.1	0.1	44.0	25.9	18.1	8.9	0.1	4.9	3.6	2.7
茨　城	100.0	26.9	8.6	11.8	5.7	0.6	1.0	6.3	39.1	72.5	9.6	18.1	44.8	17.2	0.1	0.4	21.8	0.3	35.6	18.9	16.7	5.4	0.4	2.6	2.4	3.7
栃　木	100.0	30.3	10.8	9.0	8.3	0.3	0.6	6.8	33.8	63.5	11.4	15.8	36.2	1.7	0.2	3.1	6.8	0.1	35.4	24.2	11.2	4.5	0.1	1.8	1.5	1.5
群　馬	100.0	25.7	X	X	X	2.0	X	X	X	72.2	X	X	X	2.8	0.6	1.5	2.8	-	37.1	26.1	11.0	6.9	0.5	3.7	3.7	2.1
埼　玉	100.0	X	X	X	X	X	X	X	X	X	X	X	X	2.6	0.6	3.3	5.6	0.1	23.0	15.1	7.9	2.7	0.5	3.0	1.4	1.3
千　葉	100.0	23.7	9.6	11.7	X	1.3	1.2	6.8	X	74.9	10.8	18.4	45.8	2.8	0.3	0.7	8.6	0.3	26.9	17.5	9.5	7.7	0.2	3.4	2.9	2.7
東　京	100.0	X	X	X	X	X	X	X	X	X	X	X	X	4.3	0.4	4.3	10.0	0.2	30.5	19.8	10.7	6.5	0.2	1.6	1.4	0.7
神 奈 川	100.0	X	X	X	X	X	X	X	X	X	X	X	X	4.5	0.4	2.9	6.4	0.7	28.4	17.7	10.7	6.8	0.8	3.4	2.6	3.8
新　潟	100.0	X	X	X	X	X	X	X	X	X	X	X	X	4.3	0.1	0.8	11.4	0.2	19.3	13.3	6.0	2.6	0.1	2.5	3.1	1.3
富　山	100.0	X	X	X	X	X	X	X	X	X	X	X	X	7.3	0.2	1.5	6.5	0.1	29.6	17.4	12.1	2.9	0.6	3.6	1.6	3.2
石　川	100.0	19.0	X	X	X	0.1	X	X	X	80.9	X	X	X	1.5	0.4	0.8	1.7	-	39.0	21.8	17.2	3.7	0.4	2.5	3.0	1.3
福　井	100.0	30.8	6.0	8.4	4.3	1.6	0.8	9.0	39.1	67.6	6.8	17.4	43.4	0.9	0.6	0.6	1.6	0.1	42.4	25.6	16.8	3.5	0.3	4.5	4.3	1.3
山　梨	100.0	28.3	X	X	X	0.7	X	X	X	71.0	X	X	X	3.8	0.8	1.9	12.8	0.2	35.8	20.7	15.1	6.6	0.6	4.7	3.0	3.5
長　野	100.0	36.5	8.9	6.8	1.9	-	0.2	6.6	39.1	63.5	9.1	13.4	41.0	1.2	0.5	2.1	4.2	-	31.9	23.6	8.4	5.4	0.4	3.9	2.7	2.7
岐　阜	100.0	30.1	8.4	11.0	4.8	1.3	1.1	5.2	38.1	68.6	9.5	16.2	42.9	4.5	0.4	1.9	7.5	0.2	28.0	19.4	8.6	7.9	0.1	2.4	2.8	1.8
静　岡	100.0	31.8	7.6	9.9	4.3	0.4	1.7	7.7	36.5	67.8	9.3	17.6	40.8	3.0	0.3	6.5	8.8	0.4	26.5	18.9	7.7	4.3	0.1	2.7	2.4	2.8
愛　知	100.0	29.1	X	X	X	0.6	X	X	X	70.4	X	X	X	2.5	0.0	0.8	10.5	0.1	22.6	16.4	6.2	3.3	0.3	1.1	1.8	1.3
三　重	100.0	X	X	X	X	X	X	X	X	X	X	X	X	5.5	0.3	3.9	14.0	0.1	39.2	20.8	18.3	4.9	0.3	3.1	2.8	2.8
滋　賀	100.0	X	X	X	X	X	X	X	X	X	X	X	X	1.7	0.3	1.3	2.7	-	28.2	16.7	11.5	5.7	0.2	2.1	1.9	2.0
京　都	100.0	X	X	X	X	X	X	X	X	X	X	X	X	7.1	0.2	3.7	6.2	0.3	31.8	18.8	13.0	9.9	0.2	4.4	5.4	2.0
大　阪	100.0	30.4	X	X	X	2.4	X	X	X	67.2	X	X	X	3.0	0.4	5.0	7.7	0.4	33.5	21.6	11.9	2.0	0.2	1.8	2.6	1.7
兵　庫	100.0	33.0	X	X	X	X	X	X	X	67.0	X	X	X	5.9	0.3	4.4	9.9	0.2	33.9	19.1	14.8	7.5	0.3	5.0	3.2	1.6
奈　良	100.0	X	X	X	X	X	X	X	X	X	X	X	X	1.0	0.1	1.9	2.0	0.2	38.0	20.0	13.8	5.5	0.5	3.5	3.3	2.7
和 歌 山	100.0	X	X	X	X	X	X	X	X	56.7	X	X	X	8.0	0.7	4.3	14.5	1.9	29.8	15.3	14.5	7.1	1.1	3.8	2.8	1.8
鳥　取	100.0	24.7	X	X	X	-	X	X	X	75.3	X	X	X	9.1	0.2	1.5	14.3	0.2	36.0	26.2	9.8	6.4	0.8	4.2	3.1	2.4
島　根	100.0	26.5	8.4	10.9	6.8	1.8	1.3	10.2	34.1	71.6	9.7	21.1	40.8	4.6	0.1	4.6	10.1	0.4	35.4	19.3	16.1	7.2	0.4	3.6	2.6	2.9
岡　山	100.0	X	X	X	X	X	X	X	X	X	X	X	X	5.7	0.3	4.3	8.1	0.4	27.7	17.6	10.1	4.7	0.3	3.3	4.0	2.8
広　島	100.0	22.9	7.4	10.5	5.1	0.7	0.2	4.9	48.4	76.5	7.6	15.4	53.5	3.5	0.1	2.0	6.9	0.2	28.7	15.4	13.3	4.5	0.5	3.4	4.0	1.1
山　口	100.0	X	X	X	X	X	X	X	X	X	X	X	X	4.9	0.3	3.7	11.8	0.6	30.5	18.7	11.8	3.7	0.2	3.6	4.0	2.6
徳　島	100.0	33.3	7.5	8.2	X	3.5	3.3	10.9	37.0	63.2	10.8	19.1	33.3	8.5	0.2	2.0	6.7	0.7	40.9	24.4	16.5	7.9	1.0	2.7	3.0	11.6
香　川	100.0	X	X	X	X	X	X	X	X	X	X	X	X	3.6	0.4	4.5	6.3	0.0	38.0	24.4	13.6	6.2	0.7	7.1	5.2	3.2
愛　媛	100.0	X	X	X	X	X	X	X	X	X	X	X	X	6.6	0.5	2.1	6.4	0.3	36.2	19.1	17.1	4.9	0.3	3.1	1.0	3.8
高　知	100.0	X	X	X	X	X	X	X	X	X	X	X	X	0.6	0.1	1.4	12.1	0.2	38.5	25.1	13.4	7.7	0.3	3.6	4.0	1.5
福　岡	100.0	30.7	X	X	X	0.3	X	X	X	69.0	X	X	X	3.1	0.0	5.0	7.9	0.2	39.7	20.4	19.3	5.7	0.7	2.7	3.5	2.0
佐　賀	100.0	X	X	X	X	X	X	X	X	X	X	X	X	1.5	0.3	4.5	8.6	0.2	31.9	18.7	13.2	6.9	0.1	2.7	2.5	3.0
長　崎	100.0	X	X	X	X	X	X	X	X	X	X	X	X	0.8	0.2	0.8	2.9	0.2	32.7	24.4	8.2	2.5	0.6	2.5	1.3	4.3
熊　本	100.0	32.0	X	X	X	3.4	X	X	X	64.6	X	X	X	5.0	0.4	3.4	4.0	0.2	32.2	20.4	11.9	3.4	0.1	1.5	1.8	5.9
大　分	100.0	X	X	X	X	X	X	X	X	X	X	X	X	1.2			2.5	-	41.8	20.0	21.7	7.3	0.9	4.9	4.0	0.7
宮　崎	100.0	X	X	X	X	X	X	X	X	X	X	X	X	1.9	0.4	4.6	4.7	X	40.9	23.9	17.0	4.9	0.7	2.2	2.6	1.5
鹿 児 島	100.0	29.4	11.3	10.2	3.0	0.3	0.6	5.8	39.5	70.3	11.9	15.9	42.5	5.8	0.4	3.6	10.2	0.6	X	X	X	3.5	0.7	1.8	2.8	4.9
沖　縄	100.0	26.4	9.1	13.0	13.6	0.9	0.2	3.6	33.3	72.8	9.3	16.6	46.8	1.5	0.3	3.5	8.9	0.9	55.2	33.2	22.0	2.5	0.3	2.5	2.3	2.5

異常被患率等（各年齢ごと）（39-36）

単位　（%）

計（本）	喪失歯数（本）	むし歯（う歯）計（本）	処置歯数（本）	未処置歯数（本）	栄養状態	せき柱・胸郭・四肢の状態	アトピー性皮膚炎	その他の皮膚疾患	結核の精密検査の対象者	結核	心臓・疾病・異常	心電図異常	蛋白検出の者	尿糖検出の者	ぜん息	腎臓疾患	言語障害	その他の疾病・異常	区分
…	…	…	…	…	0.98	1.76	2.80	0.22	0.04	-	0.71	…	2.30	0.21	1.88	0.25	0.07	4.55	全　国
…	…	…	…	…	0.5	0.5	7.7	0.3	-	-	0.5	…	1.2	0.4	2.9	0.1	0.0	4.7	北 海 道
…	…	…	…	…	2.3	3.3	0.7	0.2	-	-	0.6	…	1.1	0.1	0.9	0.0	0.1	3.3	青　森
…	…	…	…	…	0.6	3.0	2.2	0.1	-	-	0.4	…	3.7	0.3	1.4	0.1	0.0	7.0	岩　手
…	…	…	…	…	0.4	1.9	4.5	0.3	-	-	0.5	…	0.7	0.2	2.9	0.2	-	6.9	宮　城
…	…	…	…	…	2.7	3.4	4.7	0.3	-	-	1.1	…	0.6	0.3	1.9	0.3	0.3	11.4	秋　田
…	…	…	…	…	1.1	1.8	3.1	0.2	-	-	0.6	…	1.9	0.3	1.7	0.3	0.1	8.8	山　形
…	…	…	…	…	1.3	1.8	2.9	0.3	-	-	0.4	…	1.7	0.1	1.6	0.1	0.1	5.7	福　島
…	…	…	…	…	2.4	1.9	5.7	0.9	-	-	0.8	…	1.3	0.1	2.6	0.3	0.3	5.2	茨　城
…	…	…	…	…	1.1	2.1	2.8	0.2	0.1	-	1.9	…	5.1	0.4	2.3	0.2	0.1	4.2	栃　木
…	…	…	…	…	0.8	1.5	2.6	-	0.0	-	1.3	…	0.9	0.2	3.0	0.6	0.2	7.1	群　馬
…	…	…	…	…	0.1	0.7	2.4	0.2	0.0	-	0.4	…	3.0	0.2	1.8	0.2	0.1	3.3	埼　玉
…	…	…	…	…	0.2	3.0	3.3	0.2	0.1	-	0.6	…	1.4	0.1	3.3	0.3	0.1	4.8	千　葉
…	…	…	…	…	0.9	1.8	2.3	0.2	0.1	-	1.8	…	1.8	0.1	1.5	0.1	0.1	2.9	東　京
…	…	…	…	…	1.3	2.6	2.8	0.3	0.1	-	0.3	…	1.9	0.4	2.2	0.2	-	4.2	神 奈 川
…	…	…	…	…	2.6	1.3	6.5	0.1	-	-	0.9	…	1.3	0.1	2.3	0.1	0.0	6.3	新　潟
…	…	…	…	…	1.7	5.9	2.1	0.0	-	-	0.9	…	3.2	0.2	0.7	0.1	-	3.7	富　山
…	…	…	…	…	-	1.3	3.4	0.3	-	-	1.1	…	1.9	0.1	1.0	0.3	0.0	3.2	石　川
…	…	…	…	…	1.5	0.5	2.4	0.3	-	-	0.8	…	0.4	0.2	1.0	0.2	0.2	8.2	福　井
…	…	…	…	…	1.7	0.3	1.0	0.1	-	-	0.3	…	2.4	0.2	1.5	0.1	0.0	4.1	山　梨
…	…	…	…	…	0.9	1.9	3.8	-	-	-	0.9	…	0.8	0.1	2.7	0.2	0.0	6.0	長　野
…	…	…	…	…	0.4	0.9	4.1	0.2	0.0	-	1.9	…	2.9	0.1	1.0	0.8	0.3	7.6	岐　阜
…	…	…	…	…	1.6	2.4	1.6	0.3	0.1	-	0.5	…	2.5	0.1	0.9	0.4	0.1	5.8	静　岡
…	…	…	…	…	1.7	1.6	2.9	0.1	0.0	-	0.8	…	3.2	0.2	2.7	0.4	0.1	5.3	愛　知
…	…	…	…	…	1.5	1.2	3.9	0.0	-	-	0.7	…	1.6	0.3	1.9	0.1	0.0	3.4	三　重
…	…	…	…	…	0.2	0.6	1.3	0.0	0.1	-	1.3	…	2.3	0.2	0.4	0.2	-	2.3	滋　賀
…	…	…	…	…	1.8	2.1	3.2	0.2	-	-	3.0	…	3.5	0.1	1.9	0.1	0.3	7.8	京　都
…	…	…	…	…	0.1	0.9	1.8	0.4	0.1	-	0.2	…	3.1	0.3	1.2	0.2	-	3.9	大　阪
…	…	…	…	…	1.5	2.8	2.6	0.2	-	-	1.2	…	1.9	0.1	2.3	0.1	-	4.6	兵　庫
…	…	…	…	…	1.6	2.4	2.3	0.1	0.0	-	1.2	…	3.8	0.2	3.6	0.1	-	3.6	奈　良
…	…	…	…	…	0.4	2.6	1.9	0.0	-	-	0.9	…	3.7	0.1	1.0	0.0	-	2.3	和 歌 山
…	…	…	…	…	1.5	1.4	3.5	0.3	-	-	1.3	…	0.7	0.1	2.2	0.2	0.0	7.9	鳥　取
…	…	…	…	…	0.9	2.2	2.0	0.1	-	-	0.3	…	7.3	0.3	1.2	0.1	0.1	5.1	島　根
…	…	…	…	…	1.4	1.0	1.9	0.3	-	-	0.9	…	3.1	0.1	1.7	0.4	-	7.6	岡　山
…	…	…	…	…	0.8	2.4	1.7	0.4	0.1	-	1.2	…	3.5	0.1	1.2	0.2	-	4.8	広　島
…	…	…	…	…	0.7	2.3	1.5	0.0	-	-	1.3	…	0.8	0.1	0.7	0.3	0.1	5.6	山　口
…	…	…	…	…	3.6	0.9	2.9	-	0.0	-	0.2	…	1.2	0.1	1.2	0.2	0.2	3.6	徳　島
…	…	…	…	…	3.0	1.0	3.9	0.1	-	-	1.1	…	1.9	0.1	1.6	0.5	-	5.6	香　川
…	…	…	…	…	0.4	1.4	1.2	0.0	-	-	0.7	…	4.5	0.1	0.7	0.1	-	2.9	愛　媛
…	…	…	…	…	1.3	0.4	2.3	1.1	-	-	0.7	…	1.3	0.2	1.2	0.1	0.0	4.4	高　知
…	…	…	…	…	0.4	2.1	1.6	0.0	-	-	0.6	…	2.9	0.1	2.0	0.2	0.0	2.5	福　岡
…	…	…	…	…	1.5	2.8	1.3	0.0	0.0	-	0.7	…	1.0	0.3	1.5	0.1	-	6.5	佐　賀
…	…	…	…	…	0.5	1.1	2.5	0.4	-	-	0.4	…	1.1	0.1	0.8	0.1	-	3.5	長　崎
…	…	…	…	…	1.3	0.6	2.4	0.0	-	-	0.1	…	3.3	0.2	1.0	0.1	-	1.9	熊　本
…	…	…	…	…	0.0	2.6	1.5	0.5	-	-	0.1	…	4.9	0.1	1.4	0.0	-	2.1	大　分
…	…	…	…	…	0.2	1.7	0.8	0.5	-	-	1.3	…	1.5	0.4	1.5	0.1	0.1	6.0	宮　崎
…	…	…	…	…	0.2	0.3	1.6	0.2	-	-	0.4	…	1.6	0.1	1.5	0.0	-	2.1	鹿 児 島
…	…	…	…	…	1.8	0.7	1.9	0.4	-	-	0.7	…	2.2	0.0	0.7	0.1	0.1	4.0	沖　縄

1　15歳　(3)　女

区分	計	非矯正 1.0以上	非矯正 1.0未満0.7以上	非矯正 0.7未満0.3以上	非矯正 0.3未満	矯正 1.0以上	矯正 1.0未満0.7以上	矯正 0.7未満0.3以上	矯正 0.3未満	裸眼 計	裸眼 1.0未満0.7以上	裸眼 0.7未満0.3以上	裸眼 0.3未満	眼の疾病・異常	難聴	耳疾患	鼻疾・副鼻腔患	口腔咽喉頭疾患・異常	むし歯 計	処置完了者	未の処置ある歯者	歯列・咬合	顎関節	歯垢の状態	歯肉の状態	その他の疾病・異常
全国	100.00	21.92	20.36	8.37	5.89	0.35	1.16	6.05	35.91	77.73	21.51	14.42	41.79	3.67	0.26	2.54	8.22	0.25	35.49	22.78	12.70	4.65	0.67	3.11	2.88	1.20
北海道	100.0	20.2	X	X	X	0.5	X	X	X	79.3	X	X	X	2.8	0.3	0.2	6.6	0.5	46.2	26.5	19.7	5.1	0.7	2.5	3.0	1.0
青森	100.0	25.5	X	8.2	4.4	0.2	X	5.7	45.7	74.3	10.3	13.9	50.1	1.6	0.1	1.2	9.0	0.1	48.6	31.1	17.6	3.0	0.8	3.0	3.2	0.9
岩手	100.0	22.9	6.6	9.0	3.8	0.3	0.5	8.6	48.4	76.8	7.1	17.6	52.1	3.6	0.1	2.6	13.5	0.1	35.1	22.5	12.6	5.5	0.3	2.6	2.3	0.3
宮城	100.0	22.9	6.2	10.6	5.6	-	1.0	5.6	48.0	77.1	7.2	16.3	53.6	6.1	0.4	3.9	7.2	0.1	40.1	27.2	13.0	6.5	1.6	5.0	6.5	2.9
秋田	-	-	-	-	-	-	-	-	-	-	-	-	-	4.2	0.4	3.5	9.6	0.3	27.0	19.0	8.0	4.1	0.3	1.7	1.9	3.0
山形	100.0	X	X	X	X	X	X	X	X	X	X	X	X	2.2	0.4	1.9	7.9	-	31.1	19.4	11.7	5.6	0.5	3.8	4.4	0.8
福島	100.0	X	X	X	X	X	X	X	X	X	X	X	X	1.1	0.1	0.1	3.6	-	49.4	30.7	18.7	5.0	0.6	4.2	6.3	1.1
茨城	100.0	21.0	8.6	10.6	7.8	-	3.1	7.6	40.9	78.7	11.7	18.3	48.8	8.0	0.2	1.6	13.0	0.5	40.2	23.2	17.0	5.7	0.6	2.3	1.2	2.0
栃木	100.0	16.9	10.1	8.9	10.0	-	1.3	5.2	47.7	83.1	11.4	14.1	57.7	2.6	0.2	2.8	9.1	0.2	36.3	24.2	12.2	5.4	0.4	2.9	4.4	1.0
群馬	100.0	X	X	X	X	X	X	X	X	X	X	X	X	2.2	0.2	4.4	7.8	0.1	39.5	30.7	8.7	7.4	1.1	3.2	3.8	1.0
埼玉	100.0	X	X	X	X	X	X	X	X	X	X	X	X	3.2	0.2	2.7	12.1		33.0	18.5	14.6	6.4	0.7		2.4	0.8
千葉	100.0	X	X	X	X	X	X	X	X	X	X	X	X	4.0	0.4	1.4	5.5	0.1	29.5	17.8	11.7	5.3	0.3	2.6	2.1	1.4
東京	100.0	X	X	X	X	X	X	X	X	X	X	X	X	3.2	0.2	3.5	10.2		32.5	22.1	10.4	4.1	0.3	3.6	2.1	0.7
神奈川	-	-	-	-	-	-	-	-	-	-	-	-	-	4.4	0.2	4.2	8.5	0.2	29.6	19.3	10.3	2.4	0.2	1.8	2.2	0.8
新潟	100.0	X	X	X	X	X	X	X	X	X	X	X	X	1.3	0.5	2.5	11.8	-	16.0	10.9	5.2	1.3	0.1	1.7	1.9	1.5
富山	-	-	-	-	-	-	-	-	-	-	-	-	-	4.8	0.1	1.1	7.6	-	32.7	20.6	12.0	2.2	0.3	2.0	2.0	
石川	100.0	23.7	X	X	X	X	X	X	X	76.3	X	X	X		0.3	1.0	1.0		35.5	21.8	13.7	4.5	1.2	5.5	3.9	1.0
福井	100.0	X	X	X	X	X	X	X	X	X	X	X	X	0.1	0.1	0.9	3.3	-	45.8	30.1	15.6	2.0	0.2	2.7	1.9	1.3
山梨	100.0	X	X	X	X	X	X	X	X	X	X	X	X	3.5	0.3	3.0	9.0	-	39.4	24.8	14.6	7.8	1.0	5.9	7.2	1.0
長野	100.0	X	X	X	X	X	X	X	X	X	X	X	X	2.7	0.1	1.9	4.1	0.0	32.8	22.5	10.4	5.7	0.1	2.8	4.6	0.5
岐阜	100.0	23.4	6.6	6.5	4.0	0.6	0.3	9.1	49.6	76.0	6.9	15.6	53.5	4.6	0.1	2.0	10.8	0.2	30.0	20.4	9.6	2.7	0.5	1.6	2.0	1.4
静岡	100.0	23.0	7.8	7.9	3.6	0.3	1.0	6.9	49.6	76.7	8.8	14.8	53.2	1.3	0.1	3.7	8.5	0.1	30.6	20.6	10.0	5.3	0.2	2.7	2.4	1.8
愛知	100.0	17.4	X	X	X	1.1	X	X	X	81.6	X	X	X	6.9	0.4	2.6	14.3	0.4	32.3	23.9	8.5	3.1	0.8	2.0	2.7	0.7
三重	-	-	-	-	-	-	-	-	-	-	-	-	-	3.6	0.3	3.3	4.9	0.2	37.4	20.9	16.5	3.7	1.2	3.2	2.2	0.6
滋賀	-	-	-	-	-	-	-	-	-	-	-	-	-	0.5	0.1	0.4	1.3	-	32.5	22.5	10.0	5.0	0.5	2.0	1.8	1.3
京都	100.0	31.4	7.7	11.3	5.2	-	0.2	4.2	40.0	68.6	8.0	15.5	45.2	3.8	0.1	3.9	5.6	0.1	31.4	22.8	8.6	6.7	2.8	5.3	4.8	1.5
大阪	100.0	27.7	X	X	X	X	X	X	X	72.3	X	X	X	3.0	0.1	3.4	4.0	0.3	35.4	23.9	11.4	4.0	0.8	3.3	2.3	0.9
兵庫	-	-	-	-	-	-	-	-	-	-	-	-	-	4.4	0.4	3.3	8.3	0.1	35.2	24.4	10.8	6.8	0.9	2.6	2.5	0.4
奈良	100.0	X	X	X	X	X	X	X	X	X	X	X	X	2.3	0.4	0.3	-	0.1	37.7	21.6	16.2	6.0	0.5	2.3	1.4	0.8
和歌山	100.0	X	X	X	X	X	X	X	X	X	X	X	X	3.7	0.3		4.0	-	37.4	24.3	13.2	3.0	1.0	2.3	2.1	2.0
鳥取	100.0	19.2	X	X	X	0.8	X	X	X	80.0	X	X	X	2.0	0.2	0.6	7.6	-	32.9	21.1	11.8	5.8	0.3	3.2	1.6	2.2
島根	100.0	22.4	10.6	10.1	3.5	0.5	2.0	7.6	43.3	77.1	12.5	17.7	46.9	5.7	0.3	3.3	16.0	0.0	42.7	27.1	15.6	2.4	0.4	0.9	1.3	1.5
岡山	100.0	X	X	X	X	X	X	X	X	X	X	X	X	9.6	0.2	2.8	7.5	0.0	31.3	18.3	13.0	3.1	0.3	2.8	3.2	2.3
広島	100.00	30.6	X	X	X	X	X	X	X	69.4	X	X	X	3.7	0.0	2.0	7.3	0.1	32.4	20.2	12.3	2.8	0.1	3.1	3.7	1.0
山口	100.0	X	X	X	X	X	X	X	X	X	X	X	X	3.2	0.4	2.8	7.3	0.4	34.1	16.1	17.9	9.0	0.9	11.8	10.4	1.8
徳島	100.0	18.5	8.4	6.8	4.4	-	0.7	9.7	51.4	81.5	9.1	16.5	55.8	10.2	0.2	2.9	8.6	0.6	35.8	24.3	11.6	2.3	0.2	2.6	1.1	0.9
香川	100.0	21.1	8.9	6.5	6.9	-	0.7	4.0	52.0	78.6	9.3	10.4	58.9	2.8	0.2	0.4	4.2	0.2	40.7	30.3	10.4	3.3	0.6	4.2	3.2	1.2
愛媛	100.0	31.0	X	X	X	1.0	X	X	X	68.0	X	X	X	2.8	0.2	0.4	11.0		29.5	19.8	9.7	1.8	0.6	1.2	1.4	0.2
高知	100.0	22.8	5.9	X	9.9	-	0.8	X	38.7	77.2	6.7	22.0	48.5	1.3	0.3	0.6	6.9	0.5	36.0	21.4	14.6	0.4	0.4	2.4	3.5	4.0
福岡	100.0	23.7	8.5	11.3	8.3	0.3	0.6	5.0	42.4	76.1	9.1	16.3	50.7	2.6	0.6	3.0	7.9	0.0	44.0	25.5	18.5	6.1	1.8	4.0	3.7	2.8
佐賀	100.0	X	X	X	X	X	X	X	X	X	X	X	X	1.7	0.1	3.5	9.4	-	34.6	19.6	14.9	7.2	0.9	5.0	5.6	4.2
長崎	100.0	X	X	X	X	X	X	X	X	X	X	X	X	2.7	0.1	3.0	4.8	0.4	40.7	30.4	10.4	4.6	0.7	1.9	1.9	1.2
熊本	100.0	19.7	X	X	X	X	X	X	X	80.1	X	X	X	7.3	0.2	3.1	12.1	0.0	38.7	23.8	14.9	4.5	0.5	3.5	2.9	1.0
大分	-	-	-	-	-	-	-	-	-	-	-	-	-	2.9	0.4	3.8		0.5	51.8	29.1	22.7	7.3	1.7	5.1	5.2	2.2
宮崎	100.0	X	X	X	X	X	X	X	X	X	X	X	X	3.9	0.1	5.9	6.6	0.3	41.6	25.6	16.0	6.7	0.2	3.7	3.8	2.3
鹿児島	100.0	X	X	X	X	X	X	X	X	X	X	X	X	3.6	0.1	2.7	12.8	-	49.5	31.6	17.8	5.5	0.5	2.7	1.7	1.1
沖縄	100.0	26.3	5.6	9.9	7.3	0.4	0.7	5.8	43.9	73.3	6.3	15.7	51.3	0.7	0.3		3.6	0.8	56.3	29.2	27.1	3.9	0.3	2.7	2.7	1.3

異常被患率等（各年齢ごと）（39-37）

単位 （%）

| 永久歯の1人当り平均むし歯（う歯）等数 | | | | | 栄養状態 | 四肢・せき柱・胸郭の状態 | 皮膚疾患 | | 結核の検査の対象の精密者 | 結核 | 心臓・疾病・異常 | 心電図異常 | 蛋白検出の者 | 尿糖検出の者 | その他の疾病・異常 | | | | 区分 |
計（本）	喪失歯数（本）	むし歯（う歯） 計（本）	処置歯数（本）	未処置歯数（本）			アトピー性皮膚炎	その他の皮膚疾患							ぜん息	腎臓疾患	言語障害	その他の疾病・異常	
…	…	…	…	…	0.56	1.49	2.55	0.21	…	0.03	0.78	2.38	2.96	0.22	1.42	0.18	0.04	4.32	全 国
…	…	…	…	…	0.5	0.6	4.2	0.3	…	0.0	0.5	1.2	1.9	0.2	1.8	0.2	0.0	6.8	北 海 道
…	…	…	…	…	0.1	0.8	2.0	0.2	…	0.0	0.5	1.1	2.7	0.1	0.9	0.1	0.0	3.8	青 森
…	…	…	…	…	0.8	1.7	1.9	0.2	…	0.0	1.0	3.4	4.9	0.5	0.5	0.2	-	4.6	岩 手
…	…	…	…	…	0.5	1.0	4.1	0.4	…	0.0	0.7	1.5	0.8	0.1	1.6	0.1	0.0	4.4	宮 城
…	…	…	…	…	0.3	1.1	3.3	0.2	…	-	0.2	1.4	0.8	-	0.8	0.1	-	6.6	秋 田
…	…	…	…	…	1.2	0.9	2.5	0.1	…	-	0.3	3.9	5.4	0.2	1.1	0.1	0.0	8.2	山 形
…	…	…	…	…	1.6	1.0	2.3	0.1	…	-	0.7	3.1	0.9	0.2	1.1	0.1	0.0	3.2	福 島
…	…	…	…	…	1.3	0.9	6.5	0.2	…	0.0	0.7	2.9	6.5	0.2	2.2	0.2	0.1	7.2	茨 城
…	…	…	…	…	0.1	2.1	2.5	0.1	…		1.9	3.7	3.0	0.1	1.9	0.1	0.0	2.2	栃 木
…	…	…	…	…	0.1	1.1	2.6	-	…	0.1	1.7	3.6	0.7	0.2	1.5	0.1	0.1	5.5	群 馬
…	…	…	…	…	0.1	0.6	1.3	0.2	…	0.1	0.5	2.4	3.3	0.2	1.2	0.1	0.0	2.2	埼 玉
…	…	…	…	…	0.2	2.5	2.1	0.1	…		0.5	1.7	3.8	0.2	1.8	0.2	0.1	4.1	千 葉
…	…	…	…	…	1.0	2.3	2.2	0.2	…		0.6	1.6	2.3	0.3	1.0	0.1	0.0	2.8	東 京
…	…	…	…	…	1.2	1.7	1.8	0.2	…		0.4	1.7	3.6	0.2	2.1	0.1	0.1	3.8	神 奈 川
…	…	…	…	…	0.2	0.5	2.9	0.2	…	-	1.2	3.3	1.9	0.2	0.8	0.1	0.0	5.8	新 潟
…	…	…	…	…	0.3	4.4	2.2	0.0	…	0.0	2.7	4.4	2.0	0.3	0.7	0.4	0.0	4.6	富 山
…	…	…	…	…	1.4	0.4	2.6	0.5	…	-	1.1	2.5	6.3	0.2	1.1	0.2	-	3.5	石 川
…	…	…	…	…	1.7	1.0	1.2	0.2	…	-	0.7	0.5	2.4	0.2	0.2	0.1	0.1	3.5	福 井
…	…	…	…	…	0.3	0.8	2.4	-	…	0.0	0.2	2.6	0.9	0.2	0.3	0.1	0.0	3.3	山 梨
…	…	…	…	…	0.1	1.7	2.0	0.1	…		0.8	2.8	0.5	0.1	1.2	0.1	0.0	3.4	長 野
…	…	…	…	…	0.3	3.8	1.9	0.1	…	-	1.0	3.4	2.6	0.1	0.9	0.4	0.1	4.2	岐 阜
…	…	…	…	…	0.4	1.4	1.2	0.1	…	0.0	0.7	2.3	2.6	0.2	0.7	0.2	0.0	4.1	静 岡
…	…	…	…	…	0.7	1.3	5.5	0.3	…	-	0.8	1.8	2.8	0.1	1.9	0.2	0.0	5.1	愛 知
…	…	…	…	…	1.0	0.4	2.7	-	…		1.2	2.2	2.8	0.2	2.2	0.1	0.0	2.9	三 重
…	…	…	…	…	0.1	1.2	1.2	0.0	…		2.1	2.6	2.2	0.2	0.4	0.1	-	1.7	滋 賀
…	…	…	…	…	1.8	2.7	2.6	0.3	…	0.0	1.0	3.9	3.6	0.3	2.1	0.2	0.0	7.9	京 都
…	…	…	…	…	0.1	1.2	2.8	0.4	…	-	0.6	2.4	3.9	0.3	1.2	0.2	0.0	4.7	大 阪
…	…	…	…	…	0.2	1.4	2.7	0.3	…	0.1	1.2	4.1	2.8	0.3	1.9	0.2	0.0	4.7	兵 庫
…	…	…	…	…	0.2	3.0	2.5	0.3	…	0.0	0.5	2.4	4.9	0.1	1.7	0.2	0.0	1.3	奈 良
…	…	…	…	…	0.1	1.0	1.7	0.2	…	-	0.3	3.0	4.8	0.2	1.1	-	0.3	3.4	和 歌 山
…	…	…	…	…	0.2	0.6	3.2	0.4	…		0.9	2.0	1.1	0.3	1.4	0.3	0.0	6.9	鳥 取
…	…	…	…	…	-	1.2	1.9	0.1	…		0.6	1.6	4.3	0.2	0.8	0.1	-	3.5	島 根
…	…	…	…	…	0.1	0.5	3.8	0.1	…	0.0	0.9	2.6	3.2	0.2	2.1	0.2	0.0	8.4	岡 山
…	…	…	…	…	0.1	1.4	2.4	0.2	…		0.4	3.6	5.6	0.2	1.3	0.2	0.0	2.9	広 島
…	…	…	…	…	0.1	1.4	1.0	0.1	…		1.0	1.2	0.5	0.2	1.1	0.6	0.0	3.7	山 口
…	…	…	…	…	2.3	0.1	1.5	-	…		0.6	3.0	1.5	0.1	1.3	0.2	0.0	4.4	徳 島
…	…	…	…	…	0.4	0.2	3.0	0.2	…	0.0	1.8	4.1	0.8	0.2	1.5	0.3	0.1	4.2	香 川
…	…	…	…	…	1.2	1.6	3.2	0.5	…	-	0.8	2.2	4.1	0.1	1.2	0.3	0.0	6.3	愛 媛
…	…	…	…	…	0.7	0.9	2.5	0.4	…	-	0.7	2.3	1.3	0.2	1.5	0.1	0.2	9.9	高 知
…	…	…	…	…	0.4	2.1	1.3	0.4	…	0.1	1.2	2.3	2.9	0.2	1.7	0.2	0.1	5.2	福 岡
…	…	…	…	…	1.1	1.4	2.1	0.6	…		0.4	1.8	1.0	0.2	0.9	0.2	-	3.9	佐 賀
…	…	…	…	…	0.2	0.8	2.4	0.1	…	0.1	0.5	1.7	1.7	0.1	2.1	0.2	0.0	5.1	長 崎
…	…	…	…	…	0.2	1.2	0.5	0.3	…	-	0.3	2.5	1.9	0.3	0.4	0.0	0.0	4.3	熊 本
…	…	…	…	…	0.1	1.8	1.3	0.1	…		0.8	1.7	5.5	0.2	1.2	0.1	0.0	2.4	大 分
…	…	…	…	…	0.2	2.2	1.3	0.4	…	0.1	1.1	3.7	1.7	0.3	1.2	0.1	0.0	4.8	宮 崎
…	…	…	…	…	0.3	0.2	2.4	0.1	…	0.1	1.2	1.9	2.7	0.3	1.6	0.5	0.2	2.8	鹿 児 島
…	…	…	…	…	0.6	0.9	1.5	0.4	…	0.0	0.3	2.4	3.3	0.1	0.6	0.2	0.1	2.8	沖 縄

1　16歳　(3)　女

区分	計	視力非矯正者の裸眼視力 1.0以上	1.0未満0.7以上	0.7未満0.3以上	0.3未満	視力矯正者の裸眼視力 1.0以上	1.0未満0.7以上	0.7未満0.3以上	0.3未満	裸眼視力 計	1.0未満0.7以上	0.7未満0.3以上	0.3未満	眼の疾病・異常	難聴	耳疾患	鼻疾・副鼻腔患	口腔咽喉頭疾患・異常	むし歯(う歯) 計	処置完了者	未処置歯のある者	歯列・咬合	顎関節	歯垢の状態	歯肉の状態	その他の疾病・異常
全国	100.00	35.18	6.83	7.17	4.49	0.44	1.17	5.98	38.74	64.38	8.00	13.15	43.23	2.85	…	1.76	7.80	0.33	39.92	25.95	13.97	4.74	0.66	3.12	2.81	1.15
北海道	100.0	17.1	X	X	X	0.3	X	X	X	82.7	X	X	X	3.1	…	0.0	7.2	0.2	52.4	31.5	21.0	5.3	0.6	2.8	3.3	0.8
青森	100.0	21.5	X	X	X	0.1	X	X	X	78.4	X	X	X	3.8	…	-	0.9	-	51.1	31.9	19.2	4.0	1.0	3.9	3.5	1.7
岩手	100.0	19.5	7.0	5.6	3.0	0.9	3.7	9.8	50.5	79.6	10.7	15.4	53.5	5.3	…	3.4	X	0.1	39.4	25.6	13.9	6.4	0.3	1.4	1.9	0.3
宮城	100.0	17.2	X	X	X	-	X	X	X	82.8	X	X	X	4.7	…	3.0	0.4		44.1	27.6	16.5	6.1	1.8	5.1	7.2	1.6
秋田	-	-	-	-	-	-	-	-	-	-	-	-	-	2.1	…	1.2	X	0.7	35.8	24.1	11.6	4.1	0.2	1.4	2.1	2.6
山形	100.0	X	X	X	X	X	X	X	X	X	X	X	X	2.0	…	1.5	6.6		33.0	20.9	12.2	3.3	0.8	2.5	2.0	0.2
福島	100.0	X	X	X	X	X	X	X	X	X	X	X	X	2.0	…	0.2	3.2		54.5	34.4	20.1	5.4	1.1	4.6	6.7	1.5
茨城	100.0	22.0	5.7	7.6	5.1	0.2	2.9	7.1	49.4	77.8	8.6	14.7	54.4	5.3	…	0.4	10.8	0.5	45.8	28.2	17.6	8.0	0.6	2.4	0.8	1.8
栃木	100.0	22.3	4.5	9.7	5.8	0.1	0.3	4.9	52.4	77.6	4.8	14.6	58.2	2.8	…	2.3	10.2	0.3	43.8	31.3	12.6	6.2	0.4	3.1	5.1	0.7
群馬	100.0	X	X	X	X	X	X	X	X	X	X	X	X	2.0	…	0.1	5.2		40.1	30.8	9.4	5.3	0.9	3.2	3.4	0.7
埼玉	100.0	X	X	X	X	X	X	X	X	X	X	X	X	1.9	…	1.0	5.8	0.4	36.4	20.5	15.9	6.4	0.8	4.1	2.1	1.3
千葉	100.0	X	X	X	X	X	X	X	X	X	X	X	X	1.4	…	-	3.7		34.0	21.7	12.3	5.4	0.8	3.2	2.6	1.2
東京	100.0	X	X	X	X	X	X	X	X	X	X	X	X	3.6	…	3.2	9.3	0.2	36.7	25.0	11.7	4.6	0.2	3.1	2.0	0.9
神奈川	-	-	-	-	-	-	-	-	-	-	-	-	-	2.1	…	4.8	X	0.4	34.4	23.7	10.7	2.3	0.2	1.3	1.4	1.3
新潟	100.0	28.5	10.8	7.0	3.3	-	0.9	7.9	41.6	71.5	11.7	15.0	44.9	0.4	…	-			20.4	13.8	6.6	1.5	-	2.1	2.4	2.0
富山														4.8	…	1.5	6.6	0.2	34.6	23.6	10.9	2.1	0.2	2.1	1.7	0.4
石川	100.0	X	X	X	X	X	X	X	X	X	X	X	X		…				39.6	23.7	15.9	5.6	1.3	5.6	3.2	0.7
福井	100.0	27.5	4.8	7.5	4.5	-	0.5	4.2	51.0	72.5	5.3	11.7	55.4		…	0.2	2.3	0.1	54.2	38.2	16.0	2.9	0.1	2.9	2.7	0.4
山梨	100.0	X	X	X	X	X	X	X	X	X	X	X	X	2.3	…	1.2	10.0		43.9	29.8	14.2	5.4	1.1	6.0	5.2	1.0
長野	100.0	X	X	X	X	X	X	X	X	X	X	X	X	2.1	…	2.9	3.1	-	37.8	25.6	12.2	6.5	0.0	3.4	4.0	0.4
岐阜	100.0	20.6	10.8	6.8	2.4	0.2	1.2	6.6	51.6	79.2	11.9	13.3	53.9	3.5	…		8.9	0.2	31.3	21.0	10.3	2.7	0.2	1.7	1.8	1.1
静岡	100.0	22.6	7.5	6.4	4.3	0.1	0.6	6.6	51.9	77.3	8.1	13.0	56.2	1.1	…	1.2	0.1	0.1	38.8	26.9	11.9	5.3	0.2	2.3	2.2	2.0
愛知	100.0	20.2	X	X	X	1.5	X	X	X	78.3	X	X	X	2.6	…	0.3	X	0.4	36.4	26.2	10.2	2.9	0.2	2.4	2.9	0.2
三重	-	-	-	-	-	-	-	-	-	-	-	-	-	3.1	…		11.0		42.6	23.0	19.6	5.0	0.7	4.0	2.6	0.4
滋賀	-	-	-	-	-	-	-	-	-	-	-	-	-	0.8	…	0.4	1.1	0.1	38.5	24.6	13.9	5.0	0.1	4.1	1.5	1.1
京都	100.0	36.1	7.1	10.1	5.0	-	2.1	6.0	33.6	63.9	9.2	16.1	38.7	4.2	…	4.4	4.7	0.7	34.9	24.9	10.1	7.5	0.3	4.6	4.2	1.1
大阪	100.0	X	X	X	X	X	X	X	X	X	X	X	X	2.4	…	3.3	X	1.2	38.0	26.1	11.9	4.1	0.6	3.6	2.1	0.9
兵庫	-	-	-	-	-	-	-	-	-	-	-	-	-	4.0	…	3.1	7.2	0.1	41.4	27.4	14.1	7.3	1.2	2.9	3.6	0.5
奈良	100.0	X	X	X	X	X	X	X	X	X	X	X	X	2.1	…	-	2.1		40.3	23.7	16.6	7.0	0.5	5.8	4.1	1.2
和歌山	100.0	X	X	X	X	X	X	X	X	X	X	X	X	5.2	…	0.2	4.6	0.3	40.3	24.9	15.4	2.8	0.4	2.6	2.5	1.6
鳥取	100.0	19.5	8.4	5.0	2.3	-	0.7	5.5	58.7	80.5	9.1	10.5	60.9	1.1	…	1.6	8.8		37.6	24.6	13.0	3.0		1.8	1.3	0.9
島根	100.0	24.2	6.7	7.9	X	0.2	2.3	7.9	X	75.6	9.0	15.9	50.7	6.4	…	5.3	7.0	0.6	46.2	28.1	18.1	2.6	0.9	1.1	1.1	1.5
岡山	100.0	16.7	X	X	X	0.2	X	X	X	83.1	X	X	X	13.0	…	0.8	X	0.2	35.2	22.3	13.0	3.0	0.3	1.1	3.1	1.8
広島	100.0	26.4	X	X	X	1.2	X	X	X	72.4	X	X	X	3.6	…	2.5	7.4	0.3	33.2	20.9	12.3	3.3	0.2	2.8	2.5	0.8
山口	100.0	X	X	X	X	X	X	X	X	X	X	X	X	3.7	…	2.3	12.0	0.6	40.8	24.0	16.8	5.6	0.5	9.5	8.5	0.9
徳島	100.0	19.0	4.6	5.9	2.7	0.3	2.3	10.9	54.2	80.7	6.9	16.8	56.9	3.7	…	0.7	1.7	0.1	43.1	28.9	14.3	2.4	0.4	1.5	1.0	1.0
香川	100.0	26.6	5.1	5.3	3.2	-	1.1	4.2	54.5	73.4	6.2	9.5	57.6	3.8	…	2.5	3.6	0.2	48.0	35.9	12.1	3.5	0.6	3.8	3.4	0.6
愛媛	100.0	26.9	4.6	3.9	1.9	-	2.1	13.3	47.3	73.1	6.8	17.1	49.2	1.5	…	0.2	9.8	0.2	34.4	22.5	11.9	1.6	0.9	1.3	1.5	0.0
高知	100.0	26.1	X	X	X	0.3	X	X	X	73.6	X	X	X	1.5	…	0.2	6.9	0.4	42.3	25.5	16.8	5.0	0.2	2.5	2.5	0.2
福岡	100.0	28.2	X	X	X	0.2	X	X	X	71.6	X	X	X	1.6	…	0.2	X	0.7	46.1	27.7	18.4	5.9	1.7	3.8	3.4	2.9
佐賀	100.0	X	X	X	X	X	X	X	X	X	X	X	X	1.9	…	0.9	4.3	0.1	42.2	24.4	17.8	7.0	0.9	5.4	4.9	4.2
長崎	100.0	X	X	X	X	X	X	X	X	X	X	X	X	1.0	…	-	4.9	1.7	46.2	33.2	12.9	5.0	1.4	1.1	2.2	1.3
熊本	100.0	17.5	X	X	X	X	X	X	X	82.4	X	X	X	2.2	…	0.5	4.8	1.1	43.3	29.9	13.4	0.7	0.3	3.1	2.8	0.7
大分	-	-	-	-	-	-	-	-	-	-	-	-	-	4.1	…	0.6	4.8	0.7	55.4	31.3	24.1	5.9	1.7	4.4	5.9	2.4
宮崎	100.0	X	X	X	X	X	X	X	X	X	X	X	X	3.6	…	4.2	7.5	0.2	51.3	33.0	18.3	4.6	0.3	3.2	3.6	2.6
鹿児島	100.0	X	X	X	X	X	X	X	X	X	X	X	X	4.4	…	0.5	X	-	51.7	31.8	19.9	6.1	0.6	1.8	2.2	1.1
沖縄	100.0	25.5	9.3	7.2	X	0.2	1.1	7.6	X	74.3	10.4	14.9	49.1	0.4	…	0.4	1.7	0.2	65.1	34.1	30.9	4.1	0.4	2.6	2.5	1.4

異常被患率等（各年齢ごと）（39-38）

単位　（％）

永久歯の1人当り平均むし歯（う歯）等数					栄養状態	せき柱・四肢の状態・胸郭・	皮膚疾患		結核の検査の対象の精密者	結核	心疾病臓・異常	心電図異常	蛋白検出の者	尿糖検出の者	その他の疾病・異常				区分
計(本)	喪失歯数(本)	むし歯(う歯)計(本)	処置歯数(本)	未処置歯数(本)			アトピー性皮膚炎	その他の皮膚疾患							ぜん息	腎臓疾患	言語障害	その他の疾病・異常	
...	...	...	...	...	0.51	1.19	2.47	0.21	...	...	0.62	...	2.31	0.21	1.52	0.18	0.03	4.28	全　国
...	...	...	...	...	0.3	0.5	4.3	0.1	...	...	0.3	...	1.8	0.3	2.0	0.0	0.0	6.2	北 海 道
...	...	...	...	...	0.2	0.4	1.7	0.0	...	...	0.5	...	1.4	0.2	0.8	0.2	-	3.7	青　森
...	...	...	...	...	0.6	0.9	2.1	-	...	...	0.7	...	5.5	0.2	0.8	0.2	-	3.6	岩　手
...	...	...	...	...	0.5	0.9	3.0	0.1	...	...	0.5	...	0.7	0.2	1.6	0.1	0.0	3.6	宮　城
...	...	...	...	...	0.1	1.1	3.1	0.2	...	...	0.4	...	0.7	0.1	1.4	0.0	0.1	6.6	秋　田
...	...	...	...	...	1.5	0.8	3.4	0.2	...	...	0.2	...	4.8	0.2	1.7	0.2	0.2	7.2	山　形
...	...	...	...	...	1.9	0.9	3.2	0.5	...	...	0.5	...	1.1	0.3	1.5	0.3	-	4.7	福　島
...	...	...	...	...	1.1	1.1	5.9	0.2	...	...	0.9	...	4.7	0.2	2.3	0.1	0.1	6.9	茨　城
...	...	...	...	...	0.2	2.2	2.3	0.0	...	...	1.4	...	2.5	0.1	2.0	0.2	-	2.6	栃　木
...	...	...	...	...	-	1.0	2.5	0.0	...	...	1.1	...	0.5	0.1	1.6	0.4	0.0	5.8	群　馬
...	...	...	...	...	0.1	0.7	1.1	0.1	...	...	0.6	...	2.2	0.1	1.2	0.2	0.0	2.4	埼　玉
...	...	...	...	...	0.2	1.8	2.3	0.1	...	...	0.5	...	3.0	0.3	2.6	0.2	0.1	4.1	千　葉
...	...	...	...	...	1.2	1.9	1.9	0.3	...	...	0.4	...	2.1	0.1	1.5	0.1	-	3.1	東　京
...	...	...	...	...	0.9	1.8	1.9	0.1	...	...	0.4	...	2.4	0.2	1.7	0.1	0.2	4.3	神 奈 川
...	...	...	...	...	0.3	0.2	2.5	0.0	...	...	1.0	...	1.5	0.3	0.8	0.2	0.2	6.1	新　潟
...	...	...	...	...	0.3	5.3	2.4	0.2	...	...	2.0	...	1.5	0.0	1.2	0.2	0.1	4.2	富　山
...	...	...	...	...	0.7	0.4	2.0	0.5	...	...	1.3	...	3.9	0.1	1.2	0.3	0.1	2.9	石　川
...	...	...	...	...	2.3	0.3	1.0	0.2	...	...	0.7	...	2.0	0.2	0.2	0.1	0.0	2.8	福　井
...	...	...	...	...	0.1	0.5	2.2	0.4	...	...	0.3	...	0.8	0.2	0.6	0.0	-	3.4	山　梨
...	...	...	...	...	0.2	1.0	1.4	0.1	...	...	1.2	...	0.3	0.1	1.1	0.1	0.0	4.2	長　野
...	...	...	...	...	0.4	2.2	2.3	0.2	...	...	1.2	...	2.1	0.2	0.7	0.6	0.1	4.2	岐　阜
...	...	...	...	...	0.3	0.5	1.4	0.1	...	...	0.3	...	1.9	0.2	1.3	0.1	-	3.2	静　岡
...	...	...	...	...	0.4	0.7	5.1	0.3	...	...	0.5	...	2.6	0.3	1.7	0.2	-	5.0	愛　知
...	...	...	...	...	0.9	0.2	4.5	-	...	...	0.8	...	2.8	0.6	2.6	0.0	0.1	3.2	三　重
...	...	...	...	...	0.2	0.6	1.1	0.1	...	...	1.5	...	2.5	0.2	0.3	0.1	-	1.7	滋　賀
...	...	...	...	...	1.5	2.0	2.0	0.1	...	...	1.0	...	2.8	0.1	2.1	0.2	0.1	8.5	京　都
...	...	...	...	...	0.0	0.8	2.8	0.4	...	...	0.2	...	2.9	0.1	1.4	0.2	-	5.3	大　阪
...	...	...	...	...	0.2	1.3	2.0	0.1	...	...	0.9	...	1.5	0.3	2.0	0.3	-	4.8	兵　庫
...	...	...	...	...	0.4	3.1	3.8	0.1	...	...	0.5	...	3.3	0.2	1.6	0.2	-	1.5	奈　良
...	...	...	...	...	0.2	0.8	1.2	0.1	...	...	0.9	...	4.0	0.3	0.8	0.1	0.1	2.9	和 歌 山
...	...	...	...	...	0.5	1.2	2.8	0.5	...	...	0.8	...	1.3	0.2	1.2	0.3	0.0	8.1	鳥　取
...	...	...	...	...	-	1.3	2.3	0.1	...	...	0.1	...	2.6	0.1	0.9	0.1	-	4.1	島　根
...	...	...	...	...	0.3	1.0	3.7	0.1	...	...	0.7	...	2.1	0.0	1.6	0.3	0.0	7.2	岡　山
...	...	...	...	...	0.51	1.5	2.7	0.21	...	...	0.4	...	4.2	0.5	1.2	0.2	-	2.6	広　島
...	...	...	...	...	0.1	1.0	1.4	0.0	...	...	0.9	...	0.5	0.1	1.7	0.1	-	2.6	山　口
...	...	...	...	...	2.3	0.1	1.3	-	...	...	1.0	...	0.8	0.3	0.7	0.3	0.0	3.1	徳　島
...	...	...	...	...	0.2	0.3	3.2	0.3	...	...	0.8	...	0.7	0.1	0.7	0.2	0.1	4.8	香　川
...	...	...	...	...	0.9	1.1	2.6	0.6	...	...	1.5	...	2.4	0.2	1.4	0.1	-	5.2	愛　媛
...	...	...	...	...	0.2	0.8	2.8	0.3	...	...	1.9	...	0.9	0.3	1.1	0.2	0.1	8.1	高　知
...	...	...	...	...	0.3	1.9	1.6	0.4	...	...	0.4	...	2.5	0.3	1.4	0.2	0.1	4.2	福　岡
...	...	...	...	...	0.6	1.0	1.4	0.5	...	...	0.2	...	1.1	0.2	1.1	0.4	-	2.8	佐　賀
...	...	...	...	...	0.0	0.5	2.1	0.4	...	...	0.4	...	1.6	0.1	1.5	0.1	0.1	4.9	長　崎
...	...	...	...	...	0.3	0.4	0.4	0.4	...	...	0.4	...	1.8	0.1	0.7	0.1	0.2	4.2	熊　本
...	...	...	...	...	0.0	2.4	0.9	0.1	...	...	0.6	...	4.1	0.1	1.9	0.2	-	2.8	大　分
...	...	...	...	...	0.1	0.9	1.4	0.6	...	...	1.3	...	1.9	0.1	1.2	0.3	-	3.5	宮　崎
...	...	...	...	...	0.7	0.3	2.9	0.3	...	...	0.9	...	2.1	0.2	1.4	0.2	-	3.0	鹿 児 島
...	...	...	...	...	0.3	0.8	1.4	0.2	...	...	0.3	...	2.7	0.2	0.8	0.3	-	3.1	沖　縄

都道府県表

1　17歳　(3)　女

区分	計	(非矯正)1.0以上	1.0未満0.7以上	0.7未満0.3以上	0.3未満	(矯正)1.0以上	1.0未満0.7以上	0.7未満0.3以上	0.3未満	裸眼視力 計	1.0未満0.7以上	0.7未満0.3以上	0.3未満	眼の疾病・異常	難聴	耳疾患	鼻疾患・副鼻腔患	口腔咽喉頭疾患異常	むし歯 計	処置完了者	未処置歯者	歯列・咬合	顎関節	歯垢の状態	歯肉の状態	その他の疾病・異常
全国	100.00	24.54	6.68	8.50	3.75	0.54	1.03	8.01	46.95	74.92	7.71	16.51	50.70	3.04	0.29	1.35	7.78	0.25	44.60	28.89	15.72	4.38	0.77	3.11	2.88	1.07
北海道	100.0	21.9	X	X	X	0.6	X	X	X	77.5	X	X	X	2.6	0.3	0.3	5.4	0.1	57.9	35.9	22.0	4.6	0.9	3.5	3.6	1.0
青森	100.0	21.3	14.4	10.0	1.4	0.4	0.9	5.1	46.5	78.3	15.3	15.1	47.9	2.1	0.1	-	2.1	-	54.7	32.4	22.3	3.0	0.7	4.3	4.0	1.7
岩手	100.0	18.6	5.7	5.2	2.2	0.7	1.5	9.7	56.4	80.7	7.2	14.9	58.6	4.4	0.1	6.1	X	-	45.1	25.6	19.5	5.0	0.4	1.4	2.1	0.8
宮城	100.0	18.4	5.8	7.6	5.7	0.2	0.1	5.8	56.3	81.4	5.9	13.4	62.1	5.3	0.2	2.0	7.9	0.1	49.7	31.2	18.5	4.8	3.4	5.1	5.9	0.9
秋田	-	-	-	-	-	-	-	-	-	-	-	-	-	2.1	0.2	1.7	X	-	41.9	29.9	11.9	3.5	0.4	1.3	0.8	2.6
山形	100.0	X	X	X	X	X	X	X	X	X	X	X	X	2.6	0.1	2.2	8.7	0.1	38.8	25.4	13.4	1.7	0.4	2.3	3.2	1.1
福島	100.0	X	X	X	X	X	X	X	X	X	X	X	X	0.6	0.2	-	4.0	-	64.9	39.6	25.3	5.7	1.5	3.9	7.8	1.0
茨城	100.0	21.9	6.5	9.1	4.5	0.2	3.1	6.6	48.1	77.9	9.6	15.7	52.6	6.8	0.3	0.9	14.6	0.8	51.7	32.6	19.2	4.1	0.3	2.7	1.4	1.4
栃木	100.0	23.2	X	X	X	0.2	X	X	X	76.6	X	X	X	3.0	0.1	1.8	9.0	0.2	47.0	33.0	14.0	7.1	0.5	3.5	4.1	0.8
群馬	100.0	X	X	X	X	X	X	X	X	X	X	X	X	1.5	0.2	-	5.7	-	46.3	34.1	12.2	6.0	1.2	4.8	4.4	0.7
埼玉	100.0	X	X	X	X	X	X	X	X	X	X	X	X	1.6	0.3	1.0	6.2	0.2	39.5	22.0	17.5	5.8	0.8	3.0	2.0	1.0
千葉	100.0	X	X	X	X	X	X	X	X	X	X	X	X	1.2	0.3	0.4	3.2	-	37.7	23.4	14.2	6.0	0.6	3.0	3.1	1.3
東京	-	-	-	-	-	-	-	-	-	-	-	-	-	3.6	0.4	2.3	11.2	0.1	40.0	25.2	14.8	3.8	0.3	3.4	1.8	0.5
神奈川	-	-	-	-	-	-	-	-	-	-	-	-	-	3.0	0.3	4.5	X	0.6	39.7	28.1	11.6	1.9	0.2	1.2	0.9	1.4
新潟	100.0	26.8	7.7	6.2	6.6	-	0.4	7.7	44.7	73.2	8.1	13.9	51.3	1.0	0.0	-			28.4	19.4	9.1	1.2	-	2.4	2.9	1.5
富山	-	-	-	-	-	-	-	-	-	-	-	-	-	4.0	0.4	1.3	7.6	0.1	41.6	28.9	12.7	1.8	0.1	1.7	2.1	0.5
石川	100.0	X	X	X	X	X	X	X	X	X	X	X	X	0.0	-				44.1	27.8	16.3	4.5	1.5	5.3	3.4	0.3
福井	100.0	29.4	3.3	X	3.9	-	-	X	45.0	70.6	3.3	18.4	48.9	0.0	0.0	0.0	0.4	0.0	60.6	40.9	19.8	4.0	0.2	2.8	2.8	0.9
山梨	100.0	X	X	X	X	X	X	X	X	X	X	X	X	2.1	0.3	0.3	7.9	0.2	48.7	31.0	17.6	6.5	0.7	7.1	7.7	0.8
長野	100.0	X	X	X	X	X	X	X	X	X	X	X	X	1.6	1.1	0.9	3.2	0.1	39.4	26.8	12.7	6.1	0.0	3.1	4.4	0.3
岐阜	100.0	25.6	4.7	4.8	3.6	0.1	0.2	4.8	56.3	74.3	4.8	9.6	59.9	4.0	0.1	-	X	-	38.7	27.6	11.1	2.8	0.2	1.3	2.4	1.3
静岡	100.0	23.0	6.9	5.5	3.4	0.1	0.8	6.6	53.7	76.9	7.7	12.1	57.1	1.0	0.3	0.4	1.9	-	41.4	29.9	11.5	4.1	0.1	2.4	2.1	1.1
愛知	100.0	18.6	X	X	X	1.4	X	X	X	80.0	X	X	X	3.4	0.1	0.1	X	-	41.1	30.6	10.5	2.0	0.3	2.4	2.9	0.2
三重	-	-	-	-	-	-	-	-	-	-	-	-	-	2.6	0.1		16.1		46.4	23.8	22.7	5.1	0.8	4.1	2.4	0.3
滋賀	-	-	-	-	-	-	-	-	-	-	-	-	-	0.3	0.2	0.1	1.2		41.3	29.4	12.0	5.4	0.2	3.7	0.8	0.6
京都	100.0	X	X	X	X	X	X	X	X	X	X	X	X	5.0	0.2	3.9	5.8	0.6	41.2	30.2	11.1	6.0	2.7	4.2	4.5	0.4
大阪	100.0	X	X	X	X	X	X	X	X	X	X	X	X	3.0	0.2	0.4	1.7	-	43.3	30.3	13.0	3.4	1.1	3.1	2.0	1.7
兵庫	-	-	-	-	-	-	-	-	-	-	-	-	-	4.4	0.4	2.8	8.1	0.1	44.3	29.5	14.8	7.4	1.3	3.3	4.0	0.3
奈良	100.0	X	X	X	X	X	X	X	X	X	X	X	X	2.0	0.4	-	-	-	44.6	25.6	19.0	7.3	0.6	3.0	1.9	0.3
和歌山	100.0	X	X	X	X	X	X	X	X	X	X	X	X	4.9	0.3	0.1	2.1	0.2	47.3	29.6	17.7	3.0	0.4	2.9	2.7	1.3
鳥取	100.0	14.1	X	X	X	X	X	X	X	85.9	X	X	X	1.9	0.2	-	9.5	-	41.8	28.3	13.5	0.5	0.5	2.0	0.7	1.3
島根	100.0	X	X	X	X	X	X	X	X	X	X	X	X	6.5	0.1	5.6	10.8	0.7	50.8	32.2	18.5	1.3	0.5	2.2	0.5	1.1
岡山	100.0	20.3	X	X	X	X	X	X	X	79.7	X	X	X	15.5	0.2	0.4	X	0.5	39.9	24.6	15.3	2.9	0.4	3.0	3.2	2.0
広島	100.0	X	X	X	X	X	X	X	X	X	X	X	X	3.5	0.1	1.6	9.0	0.2	39.8	25.6	14.1	2.7	0.5	3.5	3.4	0.3
山口	100.0	43.8	X	X	X	1.2	X	X	X	55.0	X	X	X	3.7	0.1	3.4	9.4	0.5	43.4	22.0	21.4	8.0	0.6	12.7	12.8	1.3
徳島	100.0	20.5	4.1	6.2	3.2	0.4	1.9	7.4	56.3	79.2	6.0	13.7	59.5	5.5	0.4	4.6	6.7	-	50.0	36.2	13.9	3.0	0.3	1.9	1.3	0.7
香川	100.0	27.1	6.2	5.5	3.3	-	0.9	6.4	50.6	72.9	7.2	11.9	53.9	3.5	0.0	1.4	4.5	-	53.7	40.0	13.7	2.7	0.5	3.4	3.4	1.3
愛媛	100.0	23.2	4.5	3.3	1.8	-	2.2	6.6	58.4	76.8	6.7	9.9	60.2	2.9	0.1	0.1	9.9	0.5	38.4	28.1	10.2	2.2	0.6	1.1	1.5	0.4
高知	100.0	26.9	5.1	6.1	5.2	-	0.4	4.1	52.2	73.1	5.5	10.2	57.4	2.9	0.1	0.3	5.9	0.2	46.4	28.1	18.3		0.4	2.9	3.2	1.0
福岡	100.0	24.5	7.1	7.0	X	0.2	0.9	5.4	X	75.3	8.0	12.5	54.9	2.0	0.3	0.3	X	1.3	50.3	27.8	22.4	6.3	2.6	3.4	3.6	3.3
佐賀	100.0	X	X	X	X	X	X	X	X	X	X	X	X	2.5	0.1	1.6	4.7	0.0	50.4	27.1	23.3	6.5	0.7	5.4	6.9	3.1
長崎	100.0	X	X	X	X	X	X	X	X	X	X	X	X	0.1	0.4	0.2	2.9	0.1	50.9	35.7	15.3	3.3	0.5	2.1	2.2	0.9
熊本	100.0	X	X	X	X	X	X	X	X	X	X	X	X	3.5	0.2	0.8	7.0	0.8	51.5	35.6	15.9	5.4	0.8	2.9	2.2	0.6
大分	-	-	-	-	-	-	-	-	-	-	-	-	-	1.9	0.3	-	4.6	0.8	61.6	35.6	26.0	7.9	1.3	5.7	5.7	2.9
宮崎	100.0	X	X	X	X	X	X	X	X	X	X	X	X	2.7	0.0	4.2	5.7	0.2	54.8	33.6	21.2	5.7	0.1	3.5	2.8	2.5
鹿児島	100.0	X	X	X	X	X	X	X	X	X	X	X	X	4.0	0.6	0.8	14.2	-	57.5	34.9	22.6	5.2	1.0	2.2	2.3	1.0
沖縄	100.0	23.5	6.8	7.1	4.4	-	0.7	8.7	48.9	76.5	7.4	15.8	53.3	0.5	0.3	0.1	3.1	0.6	67.0	35.5	31.5	4.2	0.4	2.3	2.0	0.9

異常被患率等（各年齢ごと）（39-39）

単位（%）

| 永久歯の1人当り平均むし歯（う歯）等数 | | | | | 栄養状態 | せき柱・四肢の状態・胸郭・ | 皮膚疾患 | | 結核検査の対象の精密者 | 結核 | 心疾病臓・異常 | 心電図異常 | 蛋白検出の者 | 尿糖検出の者 | その他の疾病・異常 | | | | 区分 |
計（本）	喪失歯数（本）	むし歯（う歯）計（本）	処置歯数（本）	未処置歯数（本）			アトピー性皮膚炎	その他の皮膚疾患							ぜん息	腎臓疾患	言語障害	その他の疾病・異常	
…	…	…	…	…	0.51	1.19	2.46	0.21	…	…	0.65	…	1.93	0.20	1.56	0.17	0.03	4.20	全　国
…	…	…	…	…	0.3	0.5	4.6	0.2	…	…	0.3	…	1.0	0.2	2.9	0.1	-	6.1	北 海 道
…	…	…	…	…	0.0	0.8	1.4	0.2	…	…	0.7	…	1.3	0.2	1.3	0.2	0.0	4.0	青　森
…	…	…	…	…	0.7	0.9	1.6	0.0	…	…	0.5	…	2.8	0.4	0.5	0.1	-	2.6	岩　手
…	…	…	…	…	0.4	1.0	3.3	0.3	…	…	0.4	…	0.4	0.3	1.4	0.0	0.1	4.4	宮　城
…	…	…	…	…	0.2	0.6	3.0	0.2	…	…	0.6	…	0.6	0.1	0.8	0.3	-	6.0	秋　田
…	…	…	…	…	0.7	0.5	3.3	0.3	…	…	0.4	…	4.5	0.2	1.5	0.2	-	6.0	山　形
…	…	…	…	…	1.7	1.3	3.9	0.3	…	…	0.8	…	1.3	0.2	1.9	0.1	-	3.2	福　島
…	…	…	…	…	1.3	0.7	5.8	0.2	…	…	1.0	…	4.5	0.2	2.3	0.1	0.0	5.8	茨　城
…	…	…	…	…	0.3	2.7	2.4	0.1	…	…	2.0	…	2.7	0.1	1.8	0.2	0.0	2.4	栃　木
…	…	…	…	…	0.2	0.9	1.9	0.1	…	…	1.3	…	0.4	0.2	1.9	0.3	0.1	3.9	群　馬
…	…	…	…	…	-	0.8	1.0	0.2	…	…	0.5	…	2.4	0.2	1.0	0.1	-	2.3	埼　玉
…	…	…	…	…	0.1	1.8	2.1	0.1	…	…	0.6	…	2.7	0.3	2.7	0.3	0.0	3.8	千　葉
…	…	…	…	…	1.1	2.1	2.4	0.4	…	…	0.5	…	1.4	0.1	1.4	0.1	0.0	2.9	東　京
…	…	…	…	…	1.2	1.8	1.8	0.2	…	…	0.3	…	2.0	0.3	1.8	0.1	0.1	4.0	神 奈 川
…	…	…	…	…	0.1	0.1	2.0	0.1	…	…	0.9	…	1.4	0.1	1.1	0.1	-	5.9	新　潟
…	…	…	…	…	0.3	4.3	1.6	0.1	…	…	1.7	…	1.2	0.5	0.9	0.1	0.1	4.1	富　山
…	…	…	…	…	0.6	0.7	2.3	0.2	…	…	0.9	…	3.8	0.1	0.8	0.4	0.0	3.5	石　川
…	…	…	…	…	1.5	0.7	1.0	0.1	…	…	0.5	…	1.2	0.1	0.3	0.1	-	3.1	福　井
…	…	…	…	…	0.4	0.5	2.4	0.0	…	…	0.2	…	0.5	0.1	0.9	0.2	-	3.7	山　梨
…	…	…	…	…	0.1	1.4	1.5	0.1	…	…	1.3	…	0.3	0.1	1.0	0.1	0.0	3.2	長　野
…	…	…	…	…	0.8	1.1	1.9	0.2	…	…	1.3	…	2.0	0.1	1.1	0.4	0.0	3.6	岐　阜
…	…	…	…	…	0.2	0.9	1.4	0.0	…	…	0.2	…	1.5	0.2	0.7	0.2	-	3.3	静　岡
…	…	…	…	…	0.5	0.5	4.8	0.3	…	…	0.5	…	1.8	0.2	1.9	0.2	0.0	4.7	愛　知
…	…	…	…	…	0.7	0.3	3.3	-	…	…	0.3	…	1.9	0.4	1.4	0.1	0.0	3.8	三　重
…	…	…	…	…	0.1	0.4	0.8	0.0	…	…	1.6	…	1.7	0.1	0.5	0.2	-	2.1	滋　賀
…	…	…	…	…	1.5	2.5	2.5	0.2	…	…	0.8	…	2.3	0.2	2.1	0.2	0.0	8.3	京　都
…	…	…	…	…	0.0	0.8	2.8	0.3	…	…	0.3	…	2.3	0.2	1.7	0.2	-	5.6	大　阪
…	…	…	…	…	0.3	1.1	1.9	0.1	…	…	1.4	…	1.5	0.2	1.7	0.1	-	4.5	兵　庫
…	…	…	…	…	0.1	2.0	3.1	0.1	…	…	0.4	…	3.4	0.0	1.0	-	-	1.6	奈　良
…	…	…	…	…	0.1	0.8	1.0	0.0	…	…	0.6	…	3.1	0.1	1.4	0.2	-	5.8	和 歌 山
…	…	…	…	…	0.2	1.0	2.6	0.4	…	…	1.3	…	0.8	0.0	1.4	0.4	0.0	7.8	鳥　取
…	…	…	…	…	-	1.6	2.1	0.1	…	…	0.2	…	2.5	0.2	1.6	0.2	-	5.1	島　根
…	…	…	…	…	0.4	1.1	3.9	0.1	…	…	0.9	…	1.9	0.2	1.8	0.4	0.1	7.5	岡　山
…	…	…	…	…	0.1	1.4	2.4	0.1	…	…	0.4	…	4.0	0.1	1.56	0.2	0.0	2.1	広　島
…	…	…	…	…	0.2	1.8	0.8	0.2	…	…	0.4	…	0.3	0.2	1.3	0.2	-	3.0	山　口
…	…	…	…	…	2.1	0.1	1.9	-	…	…	0.7	…	0.6	0.1	2.1	0.1	0.0	4.0	徳　島
…	…	…	…	…	0.3	0.2	4.3	0.3	…	…	0.8	…	0.7	0.1	2.4	0.4	-	4.6	香　川
…	…	…	…	…	1.2	1.4	2.6	0.5	…	…	1.6	…	1.9	0.1	1.1	0.1	-	6.7	愛　媛
…	…	…	…	…	0.6	1.3	2.6	0.6	…	…	0.7	…	0.4	0.1	2.6	0.1	-	6.6	高　知
…	…	…	…	…	0.3	1.5	1.9	0.6	…	…	0.6	…	2.5	0.2	1.5	0.2	0.1	4.8	福　岡
…	…	…	…	…	0.7	1.2	1.9	0.5	…	…	0.2	…	1.0	0.1	1.3	0.2	0.0	2.8	佐　賀
…	…	…	…	…	0.2	0.7	1.8	0.1	…	…	0.9	…	1.0	0.2	1.4	0.1	0.2	5.6	長　崎
…	…	…	…	…	0.6	0.3	0.5	0.0	…	…	0.4	…	1.4	0.3	0.5	0.3	-	3.9	熊　本
…	…	…	…	…	0.3	0.7	1.0	0.0	…	…	0.4	…	3.3	0.2	1.7	0.3	-	2.8	大　分
…	…	…	…	…	0.2	0.7	1.1	0.6	…	…	0.7	…	1.0	0.1	1.1	0.1	-	3.3	宮　崎
…	…	…	…	…	0.2	0.3	3.2	0.2	…	…	1.6	…	2.4	0.1	1.9	0.1	-	4.3	鹿 児 島
…	…	…	…	…	0.5	0.9	1.3	0.3	…	…	0.4	…	2.8	0.1	0.7	0.3	-	2.8	沖　縄

異常被患率等（各年齢ごと）

9 相談員・スクール

1. 相談員 単位 （%）

区　分	小　学　校 有 定期配置 週4時間以上	週4時間未満	不定期配置	無	中　学　校 有 定期配置 週4時間以上	週4時間未満	不定期配置	無	高　等　学　校 有 定期配置 週4時間以上	週4時間未満	不定期配置	無
全　国	11.3	4.7	14.4	69.7	24.7	2.8	7.2	65.3	6.9	1.7	5.5	86.0
北海道	11.9	14.9	8.0	65.2	23.5	8.1	3.0	65,4	3.1	-	-	96.9
青　森	2.4	4.2	1.6	91.8	29.3	8.2	-	62.5	3.6	4.3	1.7	90.3
岩　手	-	-	28.1	71.9	28.0	-	17.3	54.7	3.8	-	-	96.2
宮　城	27.0	7.1	2.7	63.2	28.5	1.5	1.5	68.5	18.2	-	-	81.8
秋　田	3.7	1.5	16.4	78.3	7.9	9.4	2.1	80.7	-	-	11.5	88.5
山　形	12.4	3.7	12.5	71.4	42.3	-	9.8	47.9	4.6	-	-	95.4
福　島	6.0	0.7	8.5	84.8	2.4	-	3.3	94.2	-	-	-	100.0
茨　城	9.2	2.0	20.1	68.7	31.9	2.8	8.3	56.9	7.2	-	-	92.8
栃　木	11.6	-	13.2	75.2	27.8	1.2	3.8	67.2	1.3	-	-	98.7
群　馬	22.7	3.4	2.4	71.5	45.8	-	-	54.2	1.7	-	4.1	94.2
埼　玉	26.7	13.7	16.8	42.8	87.6	-	-	12.4	13.7	2.2	-	84.1
千　葉	20.7	0.7	6.9	71.8	8.3	-	-	91.7	10.9	-	-	89.1
東　京	19.4	-	10.9	69.6	17.2	-	0.9	81.9	5.2	-	1.1	93.7
神奈川	11.2	7.9	7.1	73.8	22.8	-	10.7	66.5	11.2	-	-	88.8
新　潟	5.6	1.3	2.2	90.9	34.9	-	3.2	62.0	9.4	3.9	7.6	79.1
富　山	15.6	5.5	9.5	69.3	36.0	6.9	3.3	53.8	5.7	-	28.1	66.3
石　川	14.8	7.8	9.2	68.3	32.9	1.6	-	65.4	6.1	12.5	-	81.4
福　井	21.1	3.8	3.4	71.6	10.1	-	4.2	85.7	20.0	-	5.7	74.3
山　梨	-	7.6	4.2	88.2	3.6	3.6	13.4	79.4	12.1	2.3	3.7	81.9
長　野	24.4	11.0	6.7	57.9	60.3	-	4.0	35.7	-	10.3	-	89.7
岐　阜	39.3	13.3	6.9	40.5	69.8	4.4	12.5	13.3	31.3	2.1	-	66.7
静　岡	2.7	-	7.5	89.8	34.4	2.5	7.5	55.6	4.4	-	2.4	93.2
愛　知	8.5	6.4	19.4	65.7	23.5	-	4.7	71.8	2.2	-	-	97.8
三　重	6.2	1.4	9.7	82.7	20.4	32.7	9.4	37.5	3.3	7.2	5.8	83.7
滋　賀	12.3	8.8	10.7	68.1	20.6	8.2	10.5	60.7	9.8	-	-	90.2
京　都	7.1	1.5	9.2	82.2	16.3	-	3.2	80.5	1.3	3.0	-	95.7
大　阪	5.4	8.9	8.9	76.8	8.9	-	3.4	87.7	8.8	-	2.7	88.4
兵　庫	-	0.6	97.7	1.7	6.6	1.6	81.4	10.3	-	-	68.7	31.3
奈　良	10.9	3.4	5.0	80.8	9.9	1.3	4.8	84.1	-	13.4	-	86.6
和歌山	1.9	0.5	3.0	94.6	17.8	2.8	10.7	68.6	3.8	-	18.1	78.1
鳥　取	3.4	0.9	2.8	92.9	45.5	-	4.4	50.1	17.2	-	3.1	79.7
島　根	12.3	0.6	-	87.0	26.9	-	-	73.1	-	-	3.4	96.6
岡　山	1.1	4.1	3.1	91.7	15.7	3.1	0.8	80.4	2.3	2.1	8.9	86.8
広　島	5.5	2.4	13.2	78.9	17.7	-	1.7	80.6	5.5	-	-	94.5
山　口	0.6	-	5.2	94.2	5.1	-	4.4	90.5	4.0	-	5.1	90.9
徳　島	2.3	-	7.7	90.0	1.1	-	3.3	95.6	-	-	-	100.0
香　川	7.8	0.6	10.0	81.5	15.6	1.3	2.9	80.2	12.3	-	-	87.8
愛　媛	28.3	7.0	0.8	64.0	25.7	16.5	-	57.8	50.6	-	-	49.4
高　知	4.3	1.2	1.3	93.2	8.2	0.9	2.4	88.5	2.5	-	2.5	95.0
福　岡	1.6	2.4	10.7	85.3	9.4	5.5	1.3	83.7	-	5.4	16.1	78.5
佐　賀	3.7	5.1	18.1	73.1	23.5	5.1	19.2	52.2	-	4.4	3.1	92.4
長　崎	12.2	3.2	1.1	83.6	39.2	2.7	2.0	56.0	1.7	-	-	98.3
熊　本	8.9	3.6	14.2	73.3	35.3	3.7	1.9	59.1	4.4	3.0	9.0	83.6
大　分	7.9	9.7	7.2	75.2	11.1	-	-	88.9	10.1	-	15.6	74.3
宮　崎	1.2	2.0	17.2	79.5	10.1	8.4	0.7	80.8	10.4	-	3.1	86.5
鹿児島	4.1	4.0	64.4	27.5	19.0	7.4	18.0	55.6	12.8	3.7	-	83.4
沖　縄	38.5	7.0	9.6	44.9	34.6	5.4	-	60.0	17.8	21.6	4.1	56.5

カウンセラーの配置状況

２．スクールカウンセラー　　　　　　　　　　　　　　　　　　　　　　　　　　　　単位　（％）

小学校				中学校				高等学校				区　分
有				有				有				
定期配置		不定期配置	無	定期配置		不定期配置	無	定期配置		不定期配置	無	
週4時間以上	週4時間未満			週4時間以上	週4時間未満			週4時間以上	週4時間未満			
24.4	38.6	28.3	8.7	64.5	21.5	11.6	2.4	41.2	34.8	17.8	6.2	全　国
5.9	40.0	33.8	20.3	28.4	33.1	34.9	3.6	12.3	52.8	34.8	-	北海道
5.9	71.2	20.7	2.2	10.6	67.3	20.1	2.0	2.6	53.2	23.3	20.9	青　森
13.8	34.9	19.8	31.5	73.5	21.5	3.0	1.9	14.9	66.8	12.8	5.5	岩　手
61.9	18.3	19.8	-	94.6	1.5	1.9	1.9	66.0	20.0	14.1	-	宮　城
-	-	38.0	62.0	14.7	74.1	11.1	-	5.8	38.8	43.8	11.5	秋　田
0.6	0.9	29.3	69.2	60.5	19.4	13.2	6.9	3.3	62.3	29.2	5.2	山　形
20.5	19.5	21.9	38.0	74.7	22.9	2.4	-	67.0	20.1	10.5	2.5	福　島
7.7	69.4	22.8	-	39.2	45.0	15.8	-	15.0	74.2	10.8	-	茨　城
3.4	49.4	47.2	-	53.6	38.3	8.0	-	22.6	35.2	41.0	1.3	栃　木
30.7	37.6	24.4	7.2	60.6	19.0	13.6	6.8	40.9	43.1	8.1	7.8	群　馬
8.5	47.1	44.4	-	50.6	44.5	4.9	-	25.1	16.6	46.8	11.5	埼　玉
32.0	48.1	16.0	3.9	95.2	3.7	1.2	-	74.3	11.9	12.4	1.4	千　葉
98.1	1.9	-	-	89.1	0.9	-	9.9	91.4	1.3	1.1	6.1	東　京
42.8	28.9	24.7	3.5	96.7	-	2.0	1.4	64.3	27.4	2.7	5.6	神奈川
5.9	48.7	44.3	1.1	9.3	57.4	33.3	-	65.2	16.0	9.4	9.4	新　潟
32.0	38.5	29.5	-	70.9	27.5	1.7	-	14.0	29.3	54.8	·1.9	富　山
16.6	65.8	9.9	7.8	62.7	37.3	-	-	34.3	47.5	12.5	5.7	石　川
27.0	60.5	12.5	-	65.1	34.9	-	-	11.4	68.6	17.1	2.9	福　井
13.1	57.8	29.1	-	60.4	26.9	10.8	2.0	31.6	14.4	34.9	19.1	山　梨
3.4	44.5	48.8	3.4	14.9	53.6	31.5	-	10.3	31.7	54.2	3.8	長　野
4.1	52.6	40.8	2.5	33.9	26.2	37.2	2.7	25.2	37.0	37.8	-	岐　阜
15.8	60.8	23.4	-	82.4	4.4	7.2	5.9	29.6	33.1	30.5	6.8	静　岡
39.1	35.1	22.8	3.0	89.9	5.0	5.0	-	34.3	42.4	18.9	4.4	愛　知
23.3	36.8	37.0	3.0	71.9	13.5	14.6	-	84.4	15.6	-	-	三　重
7.5	40.5	28.3	23.7	61.5	22.2	16.4	-	18.2	50.9	30.9	-	滋　賀
40.2	30.4	29.4	-	94.2	5.8		-	70.7	13.4	15.9	-	京　都
22.6	32.0	26.4	19.0	95.2	-	4.8	-	23.3	53.5	15.0	8.2	大　阪
35.1	40.0	24.9	-	90.7	9.3	-	-	30.3	64.8	-	5.0	兵　庫
13.2	40.8	35.6	10.3	28.3	47.0	23.5	1.3	69.5	18.0	10.8	1.6	奈　良
17.4	52.7	29.9	-	67.6	11.0	8.9	12.5	95.3	-	-	4.7	和歌山
8.2	76.0	15.8	-	52.6	36.9	1.6	8.9	60.9	39.1	-	-	鳥　取
4.8	75.3	17.5	2.5	23.1	56.1	20.7	-	6.0	66.0	26.0	2.1	島　根
10.8	76.3	12.9	-	59.0	38.1	-	2.9	12.0	53.8	32.7	1.5	岡　山
27.0	45.1	19.7	8.3	64.9	17.7	17.4	-	18.9	51.2	25.3	4.7	広　島
3.2	44.9	51.9	-	18.9	30.4	50.7	-	13.2	70.0	16.8	-	山　口
11.5	27.7	60.8	-	68.0	13.1	18.9	-	27.4	47.6	25.0	-	徳　島
10.9	55.7	26.3	7.1	82.1	11.8	6.1	-	81.0	19.0	-	-	香　川
0.7	1.5	45.0	52.8	71.3	14.8	5.4	8.5	36.6	-	1.4	62.0	愛　媛
19.2	67.1	13.7	-	58.1	38.2	2.9	0.8	87.5	5.2	4.8	2.5	高　知
28.1	26.0	45.9	-	85.6	14.4	-	-	39.9	37.0	16.3	6.8	福　岡
5.7	73.1	21.2	-	42.9	28.6	28.6	-	13.8	55.9	30.3	-	佐　賀
3.5	29.5	29.1	37.8	77.6	13.7	-	8.8	46.4	13.0	9.5	31.1	長　崎
5.7	29.5	46.4	18.5	31.5	43.1	25.4	-	43.8	38.2	18.0	-	熊　本
37.5	49.8	6.9	5.7	89.8	10.2	-	-	84.4	4.4	-	11.3	大　分
3.1	2.6	43.2	51.1	49.0	10.2	22.1	18.7	8.4	22.9	25.3	43.3	宮　崎
3.3	42.0	53.6	1.1	10.7	44.0	42.8	2.5	10.1	71.5	17.3	1.1	鹿児島
11.2	54.7	34.1	-	42.0	29.1	28.9	-	55.1	38.9	6.0	-	沖　縄

Ⅲ 参 考 資 料

年 次 統 計

・平均身長（明治 33 年度～令和 4 年度）

・平均体重（明治 33 年度～令和 4 年度）

・平均座高（昭和 12 年度～平成 27 年度）

・肥満傾向児の出現率（昭和 52 年度～令和 4 年度）

・痩身傾向児の出現率（昭和 52 年度～令和 4 年度）

・疾病・異常被患率等（昭和 23 年度～令和 4 年度）

10 年齢別 平均身長の推移

1 男

区　分	幼稚園	小　　学　　校						中　学　校			高　等　学　校		
	5歳	6歳	7歳	8歳	9歳	10歳	11歳	12歳	13歳	14歳	15歳	16歳	17歳
明治33年度	…	107.0	110.9	116.1	120.0	123.9	127.9	133.9	140.0	147.0	152.1	156.1	157.9
34年	…	107.0	111.2	116.1	120.3	125.2	128.8	133.6	138.3	146.7	152.4	157.0	159.1
35年	…	107.0	111.5	116.1	120.6	124.5	129.1	133.6	139.1	145.5	151.8	156.4	158.2
36年	…	107.0	111.5	115.5	120.3	125.2	128.8	133.9	139.4	146.7	152.1	156.4	158.2
37年	…	106.7	110.6	115.2	119.7	124.5	127.9	133.3	139.7	147.9	152.4	157.0	158.5
38年	…	106.4	110.9	115.2	120.0	124.5	128.5	133.6	139.4	146.4	152.4	157.0	159.1
39年	…	106.4	110.9	115.4	120.0	124.8	128.8	133.9	140.0	146.7	152.7	156.7	159.1
40年	…	106.4	110.3	115.2	120.0	124.5	128.5	133.3	139.7	146.7	153.0	156.4	158.8
41年	…	106.7	111.2	116.1	120.3	124.2	128.5	133.6	139.4	146.1	152.4	157.3	159.1
42年	…	106.7	111.2	115.8	120.0	124.5	128.5	133.6	139.1	146.7	153.0	157.0	159.4
43年	…	107.0	111.2	115.8	120.3	124.5	128.5	133.6	139.1	146.4	152.7	157.3	159.1
44年	…	106.7	111.5	116.1	120.6	124.8	128.8	134.2	139.7	146.7	153.0	157.0	159.4
45年	…	107.0	111.2	116.4	120.6	125.2	129.4	134.2	140.0	147.3	153.3	157.6	159.4
大正 2年	…	106.7	111.2	116.1	120.3	125.2	129.1	133.9	140.0	147.3	153.6	157.6	159.4
3年	…	106.7	111.2	115.8	120.6	125.2	129.1	134.2	139.7	146.7	153.3	157.9	159.7
4年	…	107.0	111.5	116.1	120.6	125.2	129.1	134.2	139.7	147.0	153.6	157.9	159.7
5年	…	107.0	111.5	116.1	120.6	124.8	129.4	134.5	140.0	147.3	153.9	158.2	160.0
6年	…	107.0	111.8	116.4	121.2	125.2	129.7	134.5	140.6	147.6	154.5	158.5	160.0
7年	…	107.0	111.5	116.4	120.9	125.5	129.7	134.8	141.2	148.2	153.9	158.5	160.0
8年	…	107.0	111.5	116.4	120.9	125.2	129.7	134.8	140.6	147.9	154.2	157.9	160.0
9年	…	107.0	112.1	116.4	120.9	125.5	129.4	134.8	140.6	148.2	154.2	158.2	160.0
10年	…	…	…	…	…	…	…	…	…	…	…	…	…
11年	…	107.3	112.1	116.7	121.5	125.8	130.0	135.2	140.9	148.8	154.5	158.5	160.3
12年	…	107.3	112.1	117.0	121.5	126.1	130.3	136.1	141.8	148.8	154.8	158.2	160.6
13年	…	107.3	112.1	117.0	121.8	126.1	130.3	135.5	142.4	149.4	155.2	158.8	160.3
14年	…	107.6	112.1	117.3	121.8	126.4	130.3	135.8	142.1	149.7	155.2	158.8	160.6
15年	…	107.5	112.3	117.3	122.1	126.1	130.7	136.4	143.0	149.8	155.5	159.0	160.6
昭和 2年	…	108.0	112.8	117.8	122.4	126.8	131.1	136.8	143.4	150.1	155.5	158.4	160.7
3年	…	108.1	113.1	117.8	122.5	126.8	131.1	136.7	143.3	150.2	155.5	159.3	160.8
4年	…	108.1	113.1	117.9	122.5	127.0	131.2	136.9	143.2	150.6	157.0	159.6	160.1
5年	…	108.1	113.2	118.0	122.6	127.0	131.4	137.1	143.3	150.7	156.2	159.5	161.0
6年	…	108.3	113.4	118.2	122.8	127.2	131.6	137.3	143.6	151.1	156.6	159.9	161.3
7年	…	108.5	113.5	118.3	123.0	127.4	131.8	137.5	143.8	151.3	156.8	160.1	161.7
8年	…	108.7	113.7	118.5	123.1	127.6	131.6	137.8	144.0	151.8	156.0	160.3	161.7
9年	…	108.8	113.9	118.8	123.3	127.6	132.2	138.2	144.7	152.2	157.5	160.6	162.1
10年	…	108.9	114.0	118.9	123.5	127.9	132.3	138.2	144.7	152.4	157.6	160.6	161.8
11年	…	109.0	114.0	119.0	123.7	128.2	132.5	138.2	144.8	152.6	157.9	160.7	162.0
12年	…	108.8	114.2	119.1	123.6	128.2	132.8	137.7	143.9	152.0	157.2	160.1	161.0
13年	…	108.3	114.2	119.1	124.1	128.3	133.0	137.4	144.7	151.8	158.2	160.4	162.3
14年	…	109.1	113.9	119.3	125.0	128.2	132.9	137.8	144.0	152.1	158.1	160.9	162.5
23年	103.7	108.1	112.1	117.4	121.9	126.1	130.4	135.0	139.8	146.0	152.7	157.9	160.6
24年	104.2	108.6	113.5	118.1	122.4	126.6	130.6	135.6	140.7	146.7	154.2	158.7	161.2
25年	104.4	108.6	113.6	118.4	122.9	127.1	131.1	136.0	141.2	147.3	154.8	159.3	161.8
26年	105.0	109.1	114.1	118.9	123.4	127.7	131.8	136.2	142.2	148.4	156.1	159.8	162.2
27年	…	109.3	114.2	119.2	123.9	128.3	132.5	137.4	142.9	148.8	156.8	160.3	162.6
28年	…	109.5	114.8	119.7	124.2	128.7	133.1	137.9	143.5	149.9	157.6	160.9	162.9
29年	105.7	110.0	115.1	120.1	124.7	129.1	133.6	138.5	144.4	150.6	158.1	161.3	163.2
30年	106.0	110.3	115.6	120.3	125.1	129.6	133.9	139.2	145.3	151.7	158.5	161.6	163.4
31年	106.2	110.6	115.8	120.8	125.4	130.0	134.5	139.5	145.8	152.3	159.2	162.0	163.7
32年	106.4	110.7	116.0	121.0	125.8	130.1	135.0	140.2	146.3	153.0	159.8	162.4	163.9
33年	106.9	110.9	116.2	121.4	126.1	130.7	135.1	140.8	147.1	153.6	160.3	162.9	164.3
34年	107.0	111.3	116.6	121.6	126.5	131.2	135.9	141.0	147.9	154.3	160.6	163.2	164.5
35年	107.4	111.7	117.0	121.9	126.8	131.6	136.2	141.9	148.1	155.1	161.2	163.6	165.0
36年	107.6	112.0	117.3	122.4	127.2	131.9	136.8	142.3	149.2	155.5	161.8	164.0	165.2
37年	107.9	112.4	117.7	122.9	127.6	132.2	137.1	142.9	149.8	156.4	162.2	164.5	165.6
38年	108.1	112.6	118.0	123.2	128.0	132.7	137.5	143.4	150.7	157.1	162.8	164.8	165.9
39年	108.5	113.2	118.5	123.6	128.5	133.2	138.2	144.1	151.2	157.7	163.2	165.5	166.4
40年	108.7	113.3	118.8	124.0	128.8	133.6	138.5	144.7	151.7	158.3	163.6	165.7	166.8
41年	108.8	113.6	119.1	124.3	129.1	134.0	139.0	145.2	152.4	158.7	163.8	165.9	167.0
42年	108.9	113.8	119.3	124.5	129.6	134.3	139.5	145.7	152.8	159.2	164.1	166.2	167.2

（注）明治33年から昭和14年までは「生徒児童身体検査統計」として実施。
　　　昭和23年から統計法による「学校衛生統計」として実施し，昭和35年に「学校保健統計」に名称変更。
　　　以下の各表において同じ。

（明治33年度～令和4年度）（2－1）

単位（cm）

区分	幼稚園	小 学 校						中 学 校			高 等 学 校		
	5歳	6歳	7歳	8歳	9歳	10歳	11歳	12歳	13歳	14歳	15歳	16歳	17歳
昭和43年度	109.0	114.1	119.5	124.7	129.7	134.5	139.7	146.2	153.4	159.7	164.3	166.3	167.3
44年	109.2	114.2	119.8	125.1	130.0	134.9	140.0	146.5	153.6	160.0	164.7	166.7	167.6
45年	109.6	114.5	120.2	125.5	130.4	135.3	140.5	147.1	154.0	160.5	164.3	166.6	167.8
46年	110.1	114.8	120.1	125.5	130.6	135.5	140.8	147.3	154.4	160.9	165.1	167.3	168.3
47年	109.5	115.2	120.5	125.9	130.9	135.8	141.1	147.8	154.9	161.2	165.5	167.4	168.3
48年	109.7	114.8	120.8	125.9	131.1	136.0	141.5	148.1	155.4	161.5	165.6	167.5	168.4
49年	109.7	115.2	120.5	126.4	131.3	136.4	141.7	148.3	155.8	161.9	165.9	167.7	168.7
50年	109.7	115.1	120.9	126.0	131.6	136.4	142.0	148.6	156.1	162.2	166.1	167.9	168.8
51年	109.9	115.3	120.9	126.5	131.3	136.8	142.1	148.9	156.2	162.4	166.3	168.0	169.0
52年	110.3	115.5	121.2	126.6	131.7	136.5	142.6	149.1	156.6	162.7	166.4	168.2	169.1
53年	110.3	115.7	121.3	126.7	131.8	137.1	142.4	149.6	156.8	163.0	166.6	168.4	169.3
54年	110.0	115.5	121.2	126.6	131.8	137.0	142.7	148.9	157.2	163.0	166.7	168.6	169.4
55年	110.3	115.8	121.4	126.9	132.0	137.3	142.9	149.8	156.9	163.6	167.0	168.9	169.7
56年	110.3	115.9	121.4	126.8	132.1	137.2	142.8	149.8	157.3	163.2	167.3	169.0	169.7
57年	110.4	115.9	121.5	127.0	132.2	137.3	142.8	149.8	157.3	163.6	167.1	169.2	170.1
58年	110.5	116.2	121.8	127.2	132.3	137.4	143.1	150.0	157.5	163.6	167.3	169.1	170.2
59年	110.6	116.3	122.0	127.4	132.5	137.6	143.2	150.0	157.5	163.6	167.5	169.2	170.2
60年	110.6	116.4	122.1	127.5	132.6	137.7	143.2	150.0	157.7	163.8	167.5	169.2	170.2
61年	110.8	116.5	122.2	127.7	132.9	137.9	143.6	150.2	157.7	163.9	167.6	169.4	170.3
62年	110.8	116.6	122.3	127.8	133.0	138.2	143.8	150.7	158.1	164.0	167.7	169.4	170.3
63年	110.8	116.7	122.3	127.9	133.0	138.2	144.1	150.9	158.4	164.1	167.7	169.6	170.3
平成元年	110.8	116.7	122.5	127.9	133.3	138.3	144.3	151.3	158.6	164.4	167.8	169.6	170.5
2年	110.9	116.8	122.5	128.1	133.2	138.6	144.4	151.4	158.8	164.5	167.9	169.5	170.4
3年	110.8	116.8	122.5	128.0	133.4	138.6	144.5	151.8	159.2	164.8	168.1	169.7	170.6
4年	110.8	116.8	122.5	128.1	133.5	138.7	144.6	151.9	159.3	165.0	168.2	170.0	170.7
5年	110.9	116.8	122.5	128.1	133.3	138.8	144.7	151.8	159.4	165.0	168.4	170.0	170.7
6年	110.9	116.8	122.7	128.1	133.5	138.9	144.9	152.0	159.3	165.1	168.4	170.1	170.9
7年	111.0	116.8	122.5	128.1	133.4	138.9	144.9	152.0	159.6	165.1	168.5	170.0	170.8
8年	110.8	116.7	122.5	128.2	133.5	138.8	144.9	152.1	159.6	165.2	168.4	170.1	170.9
9年	110.8	116.7	122.6	128.3	133.5	139.0	145.0	152.3	159.7	165.3	168.5	170.0	170.9
10年	110.8	116.8	122.5	128.2	133.6	139.1	145.3	152.7	159.9	165.3	168.5	170.2	170.9
11年	110.8	116.6	122.4	128.0	133.5	139.1	145.3	152.7	160.0	165.5	168.5	170.2	170.9
12年	110.7	116.7	122.5	128.1	133.6	139.1	145.3	152.9	160.0	165.5	168.6	170.1	170.8
13年	110.7	116.7	122.4	128.2	133.5	138.9	145.3	152.9	160.2	165.5	168.6	170.0	170.9
14年	110.8	116.7	122.5	128.2	133.6	139.0	145.2	152.8	160.2	165.5	168.3	169.9	170.7
15年	110.8	116.7	122.5	128.2	133.7	139.0	145.2	152.6	160.0	165.4	168.6	170.0	170.7
16年	110.9	116.8	122.6	128.1	133.5	138.9	145.1	152.6	159.9	165.3	168.4	170.0	170.8
17年	110.7	116.6	122.5	128.2	133.6	139.0	145.1	152.5	159.9	165.4	168.4	170.0	170.8
18年	110.7	116.6	122.5	128.3	133.6	138.9	145.1	152.6	159.8	165.3	168.5	170.0	170.9
19年	110.7	116.6	122.5	128.3	133.6	139.0	145.1	152.5	159.8	165.2	168.5	170.0	170.8
20年	110.8	116.7	122.5	128.2	133.7	138.9	145.3	152.6	159.8	165.4	168.3	170.0	170.7
21年	110.7	116.7	122.6	128.3	133.6	138.9	145.1	152.5	159.7	165.2	168.5	169.9	170.8
22年	110.7	116.7	122.5	128.2	133.5	138.8	145.0	152.4	159.7	165.1	168.2	169.9	170.7
23年	110.5	116.6	122.6	128.2	133.5	138.8	145.0	152.3	159.6	165.1	168.3	169.9	170.7
24年	110.5	116.5	122.4	128.2	133.6	138.9	145.0	152.4	159.5	165.1	168.4	169.8	170.7
25年	110.4	116.6	122.4	128.2	133.6	139.0	145.0	152.3	159.5	165.0	168.3	169.9	170.7
26年	110.3	116.5	122.4	128.0	133.6	138.8	145.1	152.5	159.7	165.1	168.3	169.8	170.7
27年	110.4	116.5	122.5	128.1	133.5	138.9	145.2	152.6	159.8	165.1	168.3	169.8	170.7
28年	110.4	116.5	122.5	128.1	133.6	138.8	145.2	152.7	159.9	165.2	168.3	169.9	170.7
29年	110.3	116.5	122.5	128.2	133.5	139.0	145.0	152.8	160.0	165.3	168.2	169.9	170.6
30年	110.3	116.5	122.5	128.1	133.7	138.8	145.2	152.7	159.8	165.3	168.4	169.9	170.6
令和元年	110.3	116.5	122.6	128.1	133.5	139.0	145.2	152.8	160.0	165.4	168.3	169.9	170.6
2年	111.6	117.5	123.5	129.1	134.5	140.1	146.6	154.3	161.4	166.1	168.8	170.2	170.7
3年	111.0	116.7	122.6	128.3	133.8	139.3	145.9	153.6	160.6	165.7	168.6	169.8	170.8
4年	111.1	117.0	122.9	128.5	133.9	139.7	146.1	154.0	160.9	165.8	168.6	169.9	170.7

10　年齢別　平均身長の推移

2　女

区　分	幼稚園	小　　学　　校						中　学　校			高　等　学　校		
	5歳	6歳	7歳	8歳	9歳	10歳	11歳	12歳	13歳	14歳	15歳	16歳	17歳
明治33年度	…	104.8	110.0	113.9	119.1	123.9	127.9	133.0	137.9	143.0	144.8	146.1	147.0
34年	…	105.8	110.3	114.2	118.5	123.6	128.5	133.6	139.1	142.7	145.8	146.4	146.4
35年	…	105.8	110.0	114.5	119.1	123.9	128.8	133.9	138.5	142.7	145.5	146.7	147.6
36年	…	105.8	110.3	114.5	118.8	123.6	128.2	133.9	139.1	143.3	145.8	146.7	147.6
37年	…	105.5	109.7	114.2	118.5	123.3	128.5	133.6	139.1	143.3	146.1	147.3	147.9
38年	…	105.2	109.7	113.9	118.8	123.9	128.2	133.9	138.8	143.6	146.4	147.9	147.9
39年	…	105.2	109.4	114.2	118.5	123.3	128.2	133.6	138.8	143.3	146.7	147.3	147.6
40年	…	105.5	109.7	114.2	118.5	123.3	128.2	133.9	139.1	143.6	146.4	147.9	148.5
41年	…	105.5	110.0	114.5	118.8	123.3	128.5	133.9	139.1	143.6	146.7	147.9	149.1
42年	…	105.5	110.0	113.9	118.8	123.3	127.9	133.9	139.4	143.6	146.7	147.3	148.5
43年	…	105.8	110.0	114.5	118.8	123.6	128.5	133.6	139.1	143.6	147.0	148.2	148.8
44年	…	105.5	110.3	114.8	119.1	123.6	128.5	134.8	139.7	143.9	146.7	148.5	149.1
45年	…	105.5	110.3	114.8	119.4	123.9	128.8	135.2	140.3	144.5	147.3	148.2	148.5
大正 2年	…	105.2	110.0	114.5	119.1	123.6	128.8	134.8	140.0	144.5	147.0	148.2	148.5
3年	…	105.2	110.0	114.5	119.1	123.6	128.8	134.8	140.0	144.5	147.6	148.5	149.1
4年	…	105.5	110.3	114.5	119.4	123.9	128.8	135.2	140.3	145.8	147.6	148.5	149.1
5年	…	105.5	110.3	114.8	119.4	123.9	129.1	135.2	140.6	145.8	147.6	148.8	149.1
6年	…	105.5	110.3	114.8	120.0	123.0	129.4	135.5	141.2	145.2	147.9	149.1	149.1
7年	…	105.8	110.0	114.8	119.7	124.2	129.1	135.5	141.5	144.8	147.9	149.1	149.4
8年	…	105.8	110.3	114.8	119.4	124.2	129.1	135.2	141.2	144.8	148.5	149.1	149.4
9年	…	105.8	110.3	115.2	119.7	124.2	129.7	136.1	141.5	146.4	148.2	149.1	149.7
10年	…	…	…	…	…	…	…	…	…	…	…	…	…
11年	…	105.8	110.6	115.5	120.0	124.5	130.0	136.1	141.2	145.5	148.2	149.1	149.1
12年	…	106.1	110.6	115.5	120.3	125.2	130.0	136.7	140.9	146.4	148.8	149.4	149.7
13年	…	106.1	110.9	115.8	120.6	125.2	130.3	137.6	142.7	146.7	148.8	149.4	150.0
14年	…	106.1	110.9	116.1	120.3	125.2	130.6	137.3	142.7	146.7	148.2	149.7	150.3
15年	…	106.2	111.1	115.8	120.5	125.2	130.6	137.6	142.8	147.5	149.0	149.6	150.3
昭和 2年	…	106.9	111.3	116.2	120.9	125.7	131.1	138.0	143.3	147.1	148.9	149.8	150.6
3年	…	106.7	111.7	116.4	121.1	125.7	131.1	138.2	143.4	147.3	149.4	150.3	150.6
4年	…	106.8	111.7	116.5	121.2	125.8	131.2	138.2	143.5	147.5	149.5	150.8	150.6
5年	…	106.9	111.9	116.7	121.3	126.0	131.3	138.4	143.5	147.7	149.6	150.6	150.7
6年	…	107.1	112.1	116.9	121.5	126.3	131.7	138.7	143.6	147.9	149.7	150.7	151.2
7年	…	107.3	112.4	117.3	121.8	126.5	131.9	138.7	144.0	148.0	149.9	150.9	151.2
8年	…	107.6	112.4	117.3	121.9	126.6	132.1	139.5	144.1	148.2	150.1	150.9	151.1
9年	…	107.7	112.7	117.5	122.3	127.0	132.3	139.4	144.6	148.6	150.3	151.2	151.2
10年	…	108.0	112.9	117.8	122.5	127.3	132.7	139.5	144.8	148.7	150.7	151.6	151.2
11年	…	108.0	113.0	117.9	122.6	127.4	132.8	139.7	144.7	148.9	150.6	151.6	151.8
12年	…	107.9	112.9	118.0	122.7	128.1	132.8	139.7	143.8	148.4	150.2	151.0	150.9
13年	…	107.9	112.8	117.8	122.4	127.8	133.2	139.2	143.8	148.3	150.2	151.3	152.6
14年	…	108.1	112.9	117.7	123.1	127.7	132.7	138.8	144.0	148.7	150.7	152.1	152.5
23年	102.5	107.3	111.9	116.4	121.1	125.7	130.8	136.1	141.1	145.6	149.1	151.3	152.1
24年	103.5	107.7	112.7	117.3	121.8	126.2	131.0	136.8	141.8	146.0	149.8	151.5	152.3
25年	104.5	107.8	112.8	117.6	122.1	126.6	131.7	137.3	142.5	146.6	150.2	151.8	152.7
26年	104.4	108.8	113.0	118.0	122.7	127.3	132.4	138.2	143.3	147.3	151.0	151.9	152.5
27年	…	108.6	113.6	118.3	123.3	128.0	133.1	138.4	143.8	147.7	151.0	152.1	152.8
28年	…	108.6	114.0	118.8	123.5	128.3	133.6	139.4	144.2	148.0	151.3	152.3	153.0
29年	104.8	109.1	114.1	119.2	124.0	128.9	134.5	140.2	145.0	148.3	151.5	152.4	153.0
30年	104.9	109.3	114.6	119.4	124.5	129.5	134.9	141.0	145.7	148.9	151.7	152.6	153.2
31年	105.1	109.6	114.7	119.9	124.7	130.1	135.8	141.6	146.1	149.3	151.9	152.7	153.2
32年	105.3	109.7	115.0	120.1	125.2	130.2	136.3	142.2	146.6	149.6	152.1	152.8	153.3
33年	105.5	109.9	115.2	120.4	125.5	131.0	136.6	142.8	147.1	149.9	152.3	153.1	153.5
34年	105.8	110.3	115.6	120.8	126.0	131.5	137.6	143.1	147.6	150.3	152.5	153.2	153.5
35年	106.2	110.6	115.9	121.1	126.3	132.0	138.1	144.0	148.1	150.7	152.7	153.3	153.7
36年	106.5	111.0	116.3	121.5	126.7	132.4	138.6	144.3	148.8	151.1	153.0	153.5	154.0
37年	106.7	111.4	116.6	121.8	127.1	132.6	138.9	144.9	149.0	151.6	153.3	153.7	154.0
38年	107.0	111.6	117.0	122.2	127.4	133.3	139.3	145.4	149.5	151.8	153.9	154.2	154.4
39年	107.4	112.2	117.6	122.7	128.0	133.5	140.0	146.1	149.9	152.3	153.9	154.4	154.7
40年	107.7	112.5	117.8	123.0	128.4	134.1	140.4	146.3	150.0	152.5	154.0	154.6	154.8
41年	107.7	112.7	118.1	123.4	128.8	134.6	141.0	146.8	150.7	152.8	154.3	154.7	155.0
42年	107.9	112.9	118.3	123.7	129.1	135.0	141.4	147.2	151.0	153.1	154.5	155.0	155.2

（明治33年度～令和４年度）（２－２）

区　分	幼稚園	小　　学　　校						中　学　校			高　等　学　校		
	5歳	6歳	7歳	8歳	9歳	10歳	11歳	12歳	13歳	14歳	15歳	16歳	17歳
昭和43年度	108.1	113.1	118.6	123.9	129.3	135.3	141.7	147.6	151.4	153.4	154.7	155.1	155.3
44年	108.2	113.4	119.0	124.2	129.7	135.7	142.1	148.0	151.7	153.7	154.8	155.2	155.4
45年	108.5	113.6	119.3	124.6	130.1	136.2	142.9	148.4	152.1	154.2	155.1	155.4	155.6
46年	108.9	113.7	119.3	124.7	130.3	136.4	143.2	148.5	152.4	154.2	155.4	155.9	156.0
47年	108.7	114.3	119.7	125.2	130.6	136.8	143.2	149.0	152.6	154.5	155.3	155.6	155.8
48年	108.9	114.0	120.0	125.4	130.9	137.1	143.7	149.2	152.7	154.5	155.5	155.8	156.0
49年	108.9	114.5	119.8	125.8	131.1	137.4	143.9	149.5	153.0	154.7	155.6	156.1	156.2
50年	109.0	114.4	120.1	125.5	131.6	137.6	144.2	149.6	153.2	155.0	155.7	156.2	156.3
51年	109.1	114.6	120.2	125.8	131.2	138.0	144.4	149.9	153.3	155.1	155.9	156.3	156.5
52年	109.3	114.6	120.3	125.9	131.5	137.7	144.9	150.1	153.5	155.3	156.1	156.4	156.6
53年	109.4	114.6	120.4	125.8	131.6	138.2	144.4	150.4	153.8	155.5	156.1	156.5	156.6
54年	109.2	114.7	120.4	126.0	131.7	138.1	145.0	150.2	154.0	155.6	156.2	156.6	156.7
55年	109.4	114.9	120.6	126.2	131.9	138.3	144.9	150.6	154.0	156.0	156.6	156.9	157.0
56年	109.4	115.1	120.8	126.1	131.9	138.2	145.0	150.5	154.2	156.0	156.6	156.9	157.1
57年	109.6	115.2	120.8	126.3	132.0	138.3	145.0	150.6	154.2	156.0	156.6	157.3	157.3
58年	109.7	115.5	121.0	126.6	132.2	138.4	145.2	150.7	154.3	156.1	156.9	157.3	157.4
59年	109.8	115.6	121.2	126.8	132.4	138.7	145.4	150.8	154.4	156.2	156.8	157.4	157.6
60年	109.8	115.7	121.4	126.9	132.6	138.8	145.5	150.9	154.4	156.3	157.0	157.4	157.6
61年	109.9	115.8	121.5	127.1	132.8	138.9	145.6	151.0	154.4	156.3	157.1	157.5	157.7
62年	110.0	115.8	121.4	127.1	132.7	139.2	145.8	151.2	154.6	156.3	157.1	157.6	157.8
63年	110.1	115.9	121.6	127.2	132.9	139.3	145.9	151.2	154.6	156.3	157.0	157.5	157.8
平成元年	110.0	116.0	121.8	127.3	133.1	139.5	146.1	151.4	154.8	156.4	157.1	157.6	157.8
2年	110.1	116.0	121.8	127.4	133.1	139.5	146.3	151.5	154.7	156.4	157.2	157.6	157.9
3年	109.9	116.1	121.7	127.5	133.2	139.5	146.3	151.6	154.7	156.6	157.2	157.7	157.9
4年	109.9	115.9	121.7	127.4	133.2	139.8	146.4	151.7	155.0	156.6	157.2	157.8	157.9
5年	110.0	116.0	121.7	127.4	133.3	139.9	146.5	151.7	155.0	156.6	157.3	157.8	158.0
6年	110.0	116.1	121.8	127.6	133.4	140.1	146.7	151.8	155.0	156.6	157.3	157.7	158.1
7年	110.1	116.0	121.8	127.6	133.5	140.2	146.7	151.9	155.1	156.7	157.3	157.8	158.0
8年	110.1	115.9	121.7	127.6	133.5	140.2	146.9	152.0	155.1	156.7	157.4	157.9	158.1
9年	110.0	115.9	121.7	127.6	133.6	140.3	147.0	152.1	155.1	156.8	157.4	157.9	158.0
10年	110.0	115.9	121.7	127.5	133.5	140.4	147.0	152.1	155.3	156.8	157.4	157.9	158.1
11年	109.9	115.8	121.6	127.4	133.5	140.3	147.1	152.2	155.1	156.7	157.3	157.8	158.1
12年	109.9	115.8	121.7	127.5	133.5	140.3	147.1	152.1	155.1	156.8	157.3	157.7	158.1
13年	109.9	115.9	121.7	127.5	133.5	140.3	147.1	152.2	155.2	156.8	157.2	157.7	158.0
14年	110.0	115.8	121.8	127.5	133.5	140.2	146.8	152.1	155.2	156.7	157.3	157.7	157.9
15年	110.0	115.8	121.6	127.4	133.5	140.2	147.1	152.1	155.1	156.7	157.2	157.7	157.8
16年	110.0	115.8	121.6	127.5	133.5	140.2	146.9	152.1	155.2	156.7	157.3	157.7	157.9
17年	109.9	115.8	121.7	127.5	133.5	140.1	146.9	152.0	155.2	156.8	157.3	157.8	158.0
18年	109.8	115.7	121.7	127.4	133.5	140.2	147.0	152.0	155.1	156.7	157.3	157.8	158.0
19年	109.8	115.8	121.6	127.4	133.5	140.3	146.8	152.1	155.1	156.7	157.3	157.8	158.0
20年	109.8	115.8	121.7	127.5	133.6	140.3	146.8	152.1	155.1	156.6	157.3	157.7	158.0
21年	109.9	115.8	121.7	127.5	133.5	140.3	146.9	151.9	154.9	156.7	157.3	157.7	157.9
22年	109.8	115.8	121.7	127.4	133.5	140.2	146.8	151.9	155.0	156.5	157.1	157.7	158.0
23年	109.5	115.6	121.6	127.4	133.5	140.2	146.7	151.9	155.0	156.6	157.1	157.6	158.0
24年	109.5	115.6	121.6	127.4	133.4	140.1	146.7	151.9	155.0	156.5	157.2	157.6	158.0
25年	109.6	115.6	121.6	127.3	133.6	140.1	146.8	151.8	154.8	156.5	157.0	157.6	158.0
26年	109.5	115.5	121.5	127.4	133.4	140.1	146.8	151.8	154.8	156.4	157.0	157.6	157.9
27年	109.4	115.5	121.5	127.3	133.4	140.1	146.7	151.8	154.9	156.5	157.1	157.6	157.9
28年	109.4	115.6	121.5	127.2	133.4	140.2	146.8	151.9	154.8	156.5	157.1	157.5	157.8
29年	109.3	115.7	121.5	127.3	133.4	140.1	146.7	151.8	154.9	156.5	157.1	157.6	157.8
30年	109.4	115.6	121.5	127.3	133.4	140.1	146.8	151.9	154.9	156.6	157.1	157.6	157.8
令和元年	109.4	115.6	121.4	127.3	133.4	140.2	146.6	151.9	154.8	156.5	157.2	157.7	157.9
2年	110.6	116.7	122.6	128.5	134.8	141.5	148.0	152.6	155.2	156.7	157.3	157.7	157.9
3年	110.1	115.8	121.8	127.6	134.1	140.9	147.3	152.1	155.0	156.5	157.3	157.7	158.0
4年	110.2	116.0	122.0	128.1	134.5	141.4	147.9	152.2	154.9	156.5	157.2	157.7	158.0

11　年齢別　平均体重の推移

1　男

区　分	幼稚園	小　　学　　校						中　学　校			高　等　学　校		
	5歳	6歳	7歳	8歳	9歳	10歳	11歳	12歳	13歳	14歳	15歳	16歳	17歳
明治33年度	…	17.0	20.0	21.0	23.0	25.0	27.0	29.0	33.0	38.0	43.0	47.0	50.0
34年	…	17.5	19.0	21.0	23.9	25.3	27.2	30.1	33.8	39.1	43.6	47.7	49.8
35年	…	17.6	19.0	21.0	23.0	25.0	27.1	29.8	33.3	38.0	42.8	47.7	49.7
36年	…	17.5	19.4	20.9	22.8	25.0	27.0	29.8	33.6	38.5	43.4	47.6	50.6
37年	…	17.4	18.9	20.7	22.7	24.8	27.0	29.7	33.5	38.5	42.5	47.5	50.3
38年	…	17.5	19.0	20.8	22.7	24.7	26.9	29.6	33.4	38.6	43.6	47.9	50.3
39年	…	17.6	19.1	21.1	22.8	25.0	27.0	29.7	33.7	38.6	43.6	47.8	49.2
40年	…	17.4	19.0	20.9	22.9	24.7	27.0	29.8	33.6	39.0	44.0	47.9	50.5
41年	…	17.5	19.2	20.9	22.8	25.1	27.1	29.9	33.6	38.7	44.1	48.0	50.7
42年	…	17.6	19.2	21.0	22.9	24.5	27.0	29.9	33.4	38.5	44.0	48.3	50.9
43年	…	17.5	19.2	21.1	22.9	24.9	27.1	29.8	33.5	38.6	44.6	48.5	51.4
44年	…	17.6	19.2	20.8	23.0	24.7	27.1	29.8	33.8	38.8	44.3	48.3	50.9
45年	…	17.6	19.3	21.0	23.0	25.0	27.1	30.3	34.1	39.2	44.6	48.5	50.9
大正 2年	…	17.5	19.1	20.9	22.9	24.9	27.1	29.7	33.9	39.0	44.6	48.7	51.1
3年	…	17.5	19.2	21.0	22.9	25.0	27.1	30.1	33.7	38.9	44.7	48.8	51.3
4年	…	17.5	19.2	21.1	23.1	25.0	27.3	30.3	34.0	39.1	45.1	48.9	51.7
5年	…	17.6	19.3	21.2	23.2	25.1	27.5	30.3	34.1	39.4	45.8	49.2	51.8
6年	…	17.6	19.4	21.1	23.7	25.2	28.0	30.5	34.4	39.8	44.5	50.5	51.5
7年	…	17.5	19.3	21.1	23.2	25.2	27.5	30.5	34.6	40.7	45.2	49.2	51.9
8年	…	17.5	19.3	21.2	23.1	25.1	27.6	30.2	34.1	39.6	45.6	49.1	51.5
9年	…	17.6	19.4	21.2	23.2	25.3	27.5	30.5	34.6	39.9	45.2	49.1	51.8
10年	…	…	…	…	…	…	…	…	…	…	…	…	…
11年	…	17.6	19.4	21.3	23.4	25.4	27.7	30.6	34.8	40.1	45.2	49.3	51.7
12年	…	17.7	19.5	21.5	23.5	25.6	28.0	30.9	35.2	40.6	45.6	49.5	52.1
13年	…	17.7	19.5	21.4	23.5	25.6	27.9	31.1	35.3	41.0	46.2	49.8	52.2
14年	…	17.7	19.6	21.6	24.1	25.7	28.1	31.7	35.2	40.9	46.3	49.8	52.4
15年	…	17.7	19.6	21.6	23.6	25.7	27.7	31.7	35.6	41.5	46.6	50.2	52.5
昭和 2年	…	17.8	19.6	21.7	23.7	26.0	28.3	31.7	36.3	41.4	46.8	50.0	52.5
3年	…	17.8	19.7	21.6	23.7	25.9	28.3	31.7	36.1	41.6	46.8	50.3	52.7
4年	…	17.9	19.7	21.8	23.7	26.0	28.2	31.8	36.2	41.9	47.1	50.6	52.8
5年	…	17.9	19.8	21.8	23.8	25.9	28.4	31.8	36.2	42.0	47.1	50.6	53.0
6年	…	17.9	19.7	21.8	23.9	26.0	28.5	31.9	36.4	42.5	47.4	51.0	53.2
7年	…	18.0	19.8	21.9	24.0	26.1	28.6	32.2	36.7	42.7	47.6	51.2	53.3
8年	…	18.1	19.9	21.9	24.0	26.2	28.7	32.5	36.7	42.9	48.3	51.4	53.3
9年	…	18.2	20.1	22.1	24.1	26.4	28.9	32.5	37.2	43.4	48.4	51.9	53.8
10年	…	18.1	20.0	22.1	24.1	26.4	28.8	32.6	37.1	43.4	48.3	51.7	53.7
11年	…	18.1	20.0	22.1	24.3	26.5	29.0	32.5	37.2	43.5	48.5	51.7	53.6
12年	…	18.2	20.0	22.1	24.3	26.5	29.0	32.2	36.5	43.0	48.4	51.5	53.1
13年	…	18.5	20.1	22.3	24.5	26.8	29.2	32.5	37.0	43.7	48.5	52.3	54.5
14年	…	18.5	20.3	22.5	24.6	26.9	29.3	32.5	36.9	43.6	48.6	51.8	53.9
23年	17.5	18.4	20.1	22.0	24.0	26.0	28.2	31.4	34.5	38.9	44.0	48.7	51.7
24年	17.1	18.5	20.3	22.3	24.2	26.3	28.5	31.4	34.8	39.3	45.4	49.6	52.4
25年	17.3	18.5	20.4	22.4	24.4	26.4	28.7	31.5	35.1	39.7	45.7	49.9	52.6
26年	17.4	18.5	20.5	22.5	24.6	26.7	28.8	32.0	35.6	40.7	47.0	50.7	53.4
27年	…	18.6	20.6	22.6	24.7	26.9	29.2	32.0	36.1	41.1	47.4	50.7	53.6
28年	…	18.6	20.6	22.8	24.8	27.1	29.5	32.5	36.5	41.6	48.1	51.6	54.0
29年	17.4	18.6	20.5	22.7	24.8	27.0	29.5	32.8	36.9	41.9	48.2	51.7	54.0
30年	17.4	18.7	20.6	22.7	25.0	27.3	29.7	33.2	37.6	42.7	48.8	52.2	54.5
31年	17.4	18.8	20.7	22.8	25.0	27.4	30.0	33.5	38.1	43.5	49.7	52.9	55.1
32年	17.4	18.8	20.8	22.8	25.0	27.4	30.2	33.8	38.5	43.8	50.1	53.3	55.3
33年	17.6	18.9	20.9	23.1	25.3	27.6	30.2	34.0	38.8	44.2	50.4	53.6	55.7
34年	17.6	18.8	20.9	23.1	25.4	27.8	30.5	34.3	39.4	45.0	50.6	53.8	55.9
35年	17.7	19.1	21.0	23.2	25.5	28.0	30.7	34.6	39.3	45.3	51.0	54.1	56.1
36年	17.8	19.1	21.1	23.3	25.7	28.2	31.0	34.9	40.0	45.4	51.3	54.3	56.3
37年	17.9	19.3	21.3	23.5	25.8	28.4	31.2	35.2	40.4	46.1	51.4	54.7	56.5
38年	18.0	19.3	21.4	23.6	26.0	28.6	31.5	35.6	40.7	46.6	52.0	54.9	56.7
39年	18.0	19.4	21.4	23.8	26.3	28.9	31.8	36.0	41.4	47.0	52.1	55.4	57.1
40年	18.2	19.6	21.8	24.1	26.5	29.2	32.2	36.6	42.0	47.1	52.8	55.6	57.5
41年	18.2	19.7	21.9	24.3	26.7	29.5	32.6	37.0	42.5	48.0	53.0	55.9	57.6
42年	18.2	19.8	21.9	24.4	26.9	29.8	33.0	37.4	42.7	48.4	53.3	56.0	57.9

（明治33年度～令和４年度）（２－１）

単位（kg）

区　分	幼稚園	小　　学　　校						中　学　校			高　等　学　校		
	5歳	6歳	7歳	8歳	9歳	10歳	11歳	12歳	13歳	14歳	15歳	16歳	17歳
昭和43年度	18.3	19.9	22.1	24.6	27.1	30.0	33.2	37.9	43.3	48.8	53.5	56.2	57.9
44年	18.4	20.0	22.3	24.8	27.4	30.4	33.6	38.1	43.6	49.1	54.0	56.6	58.1
45年	18.5	20.1	22.4	25.0	27.6	30.5	33.8	38.5	43.7	49.6	53.7	56.7	58.7
46年	18.7	20.2	22.4	25.2	27.9	30.8	34.2	38.9	44.3	50.1	54.8	57.5	58.9
47年	18.5	20.4	22.8	25.3	28.0	31.3	34.7	39.5	44.9	50.4	55.0	57.5	59.1
48年	18.7	20.3	23.0	25.5	28.3	31.4	35.0	39.8	45.2	50.5	55.0	57.6	59.1
49年	18.7	20.5	22.8	25.7	28.4	31.6	35.0	39.9	45.3	50.7	55.1	57.6	59.1
50年	18.7	20.5	22.9	25.4	28.5	31.5	35.2	40.0	45.6	51.0	55.4	57.8	59.2
51年	18.7	20.6	23.0	25.8	28.5	32.0	35.4	40.4	45.9	51.4	55.7	58.0	59.4
52年	18.9	20.6	23.0	25.7	28.7	31.6	35.6	40.3	46.0	51.3	55.8	58.2	59.5
53年	18.9	20.7	23.1	25.7	28.7	32.0	35.6	41.0	46.3	51.8	56.2	58.5	59.9
54年	18.9	20.8	23.1	25.8	28.8	32.2	36.0	40.6	46.7	51.9	56.4	58.8	60.2
55年	19.0	20.8	23.2	26.0	28.9	32.4	36.2	41.4	46.7	52.4	56.9	59.2	60.6
56年	18.9	20.9	23.2	25.9	29.0	32.3	35.9	41.2	46.8	52.1	57.0	59.2	60.6
57年	19.0	20.9	23.3	26.1	29.1	32.3	36.1	41.4	47.1	52.6	57.1	59.4	60.9
58年	19.0	21.0	23.4	26.3	29.2	32.6	36.5	41.7	47.2	52.8	57.6	59.5	61.1
59年	19.1	21.1	23.5	26.3	29.4	32.7	36.4	41.7	47.3	52.8	57.9	60.0	61.5
60年	19.1	21.2	23.7	26.5	29.5	32.8	36.5	41.8	47.4	53.0	57.9	60.0	61.5
61年	19.2	21.2	23.8	26.7	29.7	33.1	37.0	42.2	47.7	53.3	58.3	60.4	61.8
62年	19.2	21.3	23.9	26.8	29.9	33.4	37.2	42.6	48.0	53.4	58.4	60.3	61.8
63年	19.2	21.4	23.9	26.9	30.0	33.5	37.4	42.9	48.3	53.6	58.5	60.6	61.8
平成元年	19.3	21.5	24.0	27.0	30.3	33.7	37.9	43.4	48.7	54.1	58.7	60.6	62.0
2年	19.3	21.5	24.0	27.2	30.3	33.9	38.0	43.5	49.0	54.2	59.0	60.7	62.0
3年	19.3	21.5	24.1	27.1	30.5	34.1	38.0	43.9	49.3	54.5	59.2	61.2	62.2
4年	19.3	21.6	24.2	27.2	30.6	34.2	38.2	44.0	49.4	54.7	59.3	61.4	62.8
5年	19.4	21.7	24.3	27.4	30.6	34.3	38.4	44.0	49.3	54.7	59.7	61.5	62.8
6年	19.3	21.6	24.3	27.3	30.7	34.2	38.4	44.0	49.3	54.6	59.5	61.5	62.9
7年	19.4	21.7	24.4	27.6	30.8	34.5	38.6	44.1	49.8	54.7	59.8	61.7	63.0
8年	19.3	21.8	24.4	27.7	31.1	34.8	39.0	44.5	49.9	54.9	59.7	61.5	63.1
9年	19.3	21.7	24.5	27.7	31.2	34.9	39.1	44.6	49.9	54.9	59.7	61.5	62.9
10年	19.2	21.7	24.4	27.7	31.3	35.0	39.4	44.9	50.2	55.2	59.7	61.3	62.7
11年	19.2	21.7	24.4	27.7	31.2	35.1	39.3	45.1	50.2	55.3	59.3	61.1	62.4
12年	19.2	21.8	24.4	27.7	31.2	35.1	39.4	45.4	50.4	55.4	59.7	61.2	62.6
13年	19.2	21.7	24.3	27.6	31.1	35.0	39.5	45.4	50.6	55.5	60.1	61.7	62.8
14年	19.2	21.7	24.3	27.7	31.2	34.9	39.4	45.2	50.6	55.5	60.3	61.9	63.2
15年	19.2	21.7	24.4	27.8	31.3	34.9	39.4	45.1	50.3	55.4	60.4	62.2	63.5
16年	19.1	21.6	24.3	27.5	31.0	34.7	39.0	44.9	50.1	55.2	60.1	62.2	63.5
17年	19.1	21.6	24.3	27.4	30.9	34.7	39.1	44.9	50.1	55.3	60.3	62.2	63.8
18年	19.1	21.6	24.2	27.4	30.9	34.5	38.8	44.9	49.9	55.1	60.1	62.0	63.9
19年	19.1	21.5	24.2	27.4	30.7	34.4	38.7	44.5	49.6	54.7	60.0	62.0	63.7
20年度	19.1	21.5	24.2	27.3	30.8	34.3	38.8	44.5	49.5	54.9	59.8	61.6	63.4
21年	19.0	21.5	24.1	27.2	30.6	34.2	38.4	44.2	49.1	54.3	59.5	61.3	63.1
22年	19.0	21.4	24.0	27.2	30.5	34.1	38.4	44.1	49.2	54.4	59.5	61.5	63.1
23年	18.9	21.3	24.0	27.0	30.3	33.8	38.0	43.8	49.0	54.2	59.4	61.3	63.1
24年	18.9	21.3	24.0	27.1	30.5	34.0	38.2	44.0	49.0	54.2	59.2	61.1	62.9
25年	18.9	21.3	23.9	27.1	30.4	34.3	38.3	43.9	48.8	54.0	58.9	61.0	62.8
26年	18.9	21.3	24.0	27.0	30.4	34.0	38.4	44.0	48.8	53.9	58.9	60.7	62.6
27年	18.9	21.3	23.9	26.9	30.4	34.0	38.2	43.9	48.8	53.9	59.0	60.6	62.5
28年	18.9	21.4	24.0	27.2	30.6	34.0	38.4	44.0	48.8	53.9	58.7	60.5	62.5
29年	18.9	21.4	24.1	27.2	30.5	34.2	38.2	44.0	49.0	53.9	58.9	60.6	62.6
30年	18.9	21.4	24.1	27.2	30.7	34.1	38.4	44.0	48.8	54.0	58.6	60.6	62.4
令和元年	18.9	21.4	24.2	27.3	30.7	34.4	38.7	44.2	49.2	54.1	58.8	60.7	62.5
2年	19.4	22.0	24.9	28.4	32.0	35.9	40.4	45.8	50.9	55.2	58.9	60.9	62.6
3年	19.3	21.7	24.5	27.7	31.3	35.1	39.6	45.2	50.0	54.7	59.0	60.5	62.4
4年	19.3	21.8	24.6	28.0	31.5	35.7	40.0	45.7	50.6	55.0	59.1	60.7	62.5

11 年齢別 平均体重の推移

2 女

区 分	幼稚園	小　　学　　校						中　学　校			高　等　学　校		
	5歳	6歳	7歳	8歳	9歳	10歳	11歳	12歳	13歳	14歳	15歳	16歳	17歳
明治33年度	…	17.0	19.0	20.0	22.0	25.0	27.0	30.0	33.0	39.0	42.0	45.0	47.0
34年	…	16.9	18.5	20.3	22.2	24.6	27.2	30.5	34.5	38.8	42.5	44.8	46.2
35年	…	16.9	18.4	20.2	22.3	24.4	27.1	30.4	34.1	38.4	42.1	44.4	46.4
36年	…	16.9	18.4	20.2	22.2	24.2	26.8	30.4	34.3	38.5	42.3	44.4	46.2
37年	…	16.7	18.0	19.9	21.9	24.1	26.7	30.0	34.2	38.8	43.3	44.8	46.7
38年	…	16.8	18.2	20.0	21.9	24.0	26.6	29.8	34.2	38.6	42.6	44.8	46.7
39年	…	16.7	18.4	20.0	21.9	24.5	26.8	30.3	34.1	38.3	42.5	45.5	46.9
40年	…	16.8	18.4	20.1	21.9	24.2	26.8	30.5	34.3	38.8	42.5	45.0	46.7
41年	…	16.8	18.1	20.1	22.1	24.0	26.9	30.4	34.4	38.6	42.3	45.1	46.8
42年	…	16.9	18.4	20.3	22.1	24.2	26.7	30.1	34.4	38.6	42.4	45.0	47.0
43年	…	17.0	18.4	20.3	22.2	24.3	27.0	31.2	34.2	38.8	42.9	45.1	46.8
44年	…	17.1	18.5	20.3	22.2	24.4	27.0	30.6	34.5	38.6	42.6	45.0	46.2
45年	…	16.9	18.5	20.1	22.2	24.4	27.2	30.9	35.3	39.3	43.2	45.2	47.0
大正 2年	…	16.8	18.4	20.1	22.2	24.3	27.0	30.7	35.2	39.3	42.9	45.1	46.3
3年	…	16.9	18.4	20.2	22.2	24.4	27.1	30.8	35.1	39.4	43.2	45.4	47.1
4年	…	17.1	18.5	19.7	22.3	24.5	27.2	31.0	35.4	39.8	43.2	45.4	47.1
5年	…	17.0	18.6	20.4	22.4	24.6	27.4	31.2	35.6	39.9	43.1	45.5	47.3
6年	…	16.6	18.5	20.0	21.9	24.3	27.3	31.5	36.1	40.2	42.8	45.7	47.7
7年	…	17.0	18.5	20.3	22.3	24.6	27.2	31.4	35.9	40.2	44.0	45.5	47.3
8年	…	16.9	18.5	20.3	22.2	24.4	27.2	31.0	35.6	39.9	43.3	45.3	47.0
9年	…	17.0	18.6	20.0	22.4	24.6	27.4	31.3	35.7	40.1	43.4	45.8	47.4
10年	…	…	…	…	…	…	…	…	…	…	…	…	…
11年	…	17.0	18.7	20.6	22.5	24.7	27.5	31.4	36.1	40.3	43.7	45.5	47.3
12年	…	17.1	18.8	20.7	22.7	25.0	27.8	32.1	36.7	41.2	44.2	46.2	47.5
13年	…	17.1	18.9	20.7	22.7	25.0	27.9	31.9	36.9	41.0	43.9	46.1	47.6
14年	…	17.3	18.9	20.7	22.8	25.0	27.9	32.1	36.8	40.8	44.8	46.4	47.3
15年	…	17.2	18.8	20.8	23.0	25.0	28.1	32.3	37.2	41.5	44.4	46.5	48.0
昭和 2年	…	17.2	18.9	20.8	23.0	25.2	28.3	32.6	37.5	41.7	44.8	46.7	48.5
3年	…	17.2	19.4	20.8	22.9	25.3	28.3	32.9	37.9	41.8	44.9	46.6	48.1
4年	…	17.3	18.9	20.9	23.0	25.4	28.5	33.1	37.9	42.1	45.0	46.8	48.5
5年	…	17.3	19.0	20.9	23.0	25.4	28.5	33.2	37.7	42.1	45.0	46.7	48.1
6年	…	17.2	19.0	21.0	23.2	25.6	28.6	33.4	38.0	42.4	45.2	46.9	48.4
7年	…	17.4	19.1	21.1	23.2	25.6	28.8	33.6	38.3	42.7	45.5	47.2	48.6
8年	…	17.4	19.2	21.2	23.3	25.8	28.9	33.9	38.5	42.7	44.8	47.3	48.4
9年	…	17.5	19.3	21.4	23.5	26.0	29.1	33.9	38.8	43.1	45.8	47.8	48.9
10年	…	17.5	19.3	21.4	23.5	26.0	29.2	33.9	38.7	43.2	45.9	47.4	48.5
11年	…	17.6	19.4	21.4	23.5	26.0	29.2	34.0	38.7	43.2	45.8	47.3	48.9
12年	…	17.6	19.4	21.4	23.6	26.1	29.4	33.7	38.3	43.2	45.6	47.2	48.5
13年	…	17.9	19.5	21.6	23.7	26.0	29.5	32.9	38.2	42.8	45.7	47.4	49.1
14年	…	17.7	19.4	21.7	23.7	26.5	29.5	33.7	38.2	43.3	45.0	47.5	48.8
23年	16.8	17.9	19.5	21.3	23.4	25.6	28.2	32.2	35.9	40.1	43.9	47.2	49.1
24年	16.7	17.9	19.7	21.5	23.6	25.8	28.6	32.4	36.5	40.8	45.0	47.6	49.2
25年	16.8	17.9	19.8	21.8	23.8	26.0	28.8	32.6	36.9	41.2	45.2	47.7	49.1
26年	16.8	18.0	19.8	21.9	24.0	26.2	29.2	33.3	37.7	41.9	45.9	48.1	49.4
27年	…	18.1	20.0	22.0	24.1	26.6	29.6	33.5	38.0	42.1	46.0	48.3	49.6
28年	…	18.0	20.1	22.1	24.3	26.8	29.9	34.1	38.3	42.5	46.3	48.4	49.5
29年	16.8	18.1	19.9	22.1	24.3	26.8	30.1	34.4	38.7	42.6	46.2	48.3	49.4
30年	16.9	18.1	20.0	22.1	24.5	27.1	30.5	34.9	39.4	43.2	46.8	48.7	49.8
31年	16.9	18.2	20.1	22.3	24.6	27.5	31.1	35.6	40.2	44.1	47.3	49.1	50.2
32年	16.9	18.2	20.2	22.4	24.7	27.4	31.3	36.0	40.4	44.3	47.3	49.1	50.1
33年	17.1	18.4	20.3	22.5	24.9	27.7	31.3	36.4	40.9	44.6	47.6	49.4	50.3
34年	17.1	18.4	20.4	22.5	25.1	28.0	31.9	36.5	41.4	45.1	47.8	49.5	50.4
35年	17.2	18.5	20.5	22.7	25.2	28.2	32.3	36.9	41.5	45.3	48.1	49.6	50.4
36年	17.3	18.6	20.6	22.9	25.4	28.4	32.5	37.3	41.9	45.3	48.1	49.8	50.6
37年	17.3	18.7	20.7	23.0	25.5	28.6	32.8	37.6	42.2	45.7	48.2	49.9	50.8
38年	17.4	18.8	20.8	23.1	25.7	28.8	32.9	37.8	42.4	45.8	48.3	49.9	50.8
39年	17.5	18.9	20.9	23.2	25.9	29.1	33.3	38.2	42.7	46.1	48.6	50.2	51.0
40年	17.7	19.1	21.2	23.5	26.2	29.4	33.7	38.6	43.2	46.5	48.9	50.5	51.2
41年	17.7	19.2	21.3	23.7	26.5	29.8	34.1	39.2	43.6	46.8	49.1	50.6	51.3
42年	17.8	19.3	21.4	23.9	26.7	30.1	34.5	39.5	43.9	47.2	49.5	51.0	51.6

（明治33年度～令和４年度）（２－２）

単位 （kg）

区 分	幼稚園 5歳	小 学 校						中 学 校			高 等 学 校		
		6歳	7歳	8歳	9歳	10歳	11歳	12歳	13歳	14歳	15歳	16歳	17歳
昭和43年度	17.9	19.4	21.6	24.1	26.8	30.4	34.8	39.9	44.3	47.6	49.8	51.1	51.7
44年	18.0	19.5	21.8	24.3	27.2	30.8	35.2	40.2	44.6	47.8	50.0	51.3	51.8
45年	18.0	19.5	21.8	24.4	27.2	31.0	35.7	40.6	44.9	48.3	50.5	51.7	52.1
46年	18.2	19.7	22.0	24.6	27.5	31.1	36.0	40.9	45.3	48.4	50.6	51.7	52.3
47年	18.1	20.1	22.2	24.9	27.9	31.7	36.3	41.5	45.7	48.8	50.8	51.9	52.3
48年	18.3	19.9	22.5	25.0	28.1	31.9	36.6	41.6	45.8	48.7	50.9	51.9	52.3
49年	18.4	20.1	22.3	25.2	28.2	32.0	36.7	41.6	45.7	48.8	50.8	52.0	52.3
50年	18.3	20.1	22.4	25.0	28.3	32.0	36.6	41.6	45.8	48.8	50.7	51.9	52.2
51年	18.3	20.1	22.5	25.3	28.2	32.4	36.8	41.9	45.9	48.9	50.8	51.9	52.3
52年	18.4	20.1	22.4	25.3	28.4	32.0	37.2	42.0	46.0	48.9	51.0	51.7	52.2
53年	18.4	20.1	22.6	25.2	28.4	32.4	36.8	42.2	46.3	48.9	51.0	51.9	52.0
54年	18.5	20.3	22.6	25.4	28.5	32.5	37.5	42.2	46.7	49.3	51.3	52.2	52.3
55年	18.5	20.3	22.6	25.5	28.5	32.6	37.3	42.6	46.5	49.6	51.4	52.2	52.1
56年	18.5	20.4	22.7	25.3	28.5	32.4	37.3	42.4	46.6	49.5	51.6	52.2	52.3
57年	18.6	20.5	22.8	25.6	28.8	32.6	37.4	42.5	46.5	49.5	51.7	52.5	52.4
58年	18.6	20.7	23.0	25.7	28.9	32.7	37.7	42.6	46.6	49.4	51.7	52.3	52.4
59年	18.7	20.7	23.0	25.8	29.1	33.0	37.7	42.9	46.8	49.7	51.8	52.7	52.7
60年	18.7	20.7	23.2	26.0	29.2	33.1	37.8	42.9	46.8	49.8	51.9	52.7	52.8
61年	18.8	20.8	23.3	26.2	29.4	33.3	38.2	43.4	47.1	50.0	52.1	52.8	52.8
62年	18.9	20.9	23.3	26.3	29.5	33.6	38.3	43.5	47.1	49.8	52.1	52.7	52.8
63年	18.9	20.9	23.3	26.3	29.6	33.6	38.5	43.6	47.3	49.9	52.0	52.7	52.7
平成元年	18.9	21.0	23.6	26.4	29.8	33.9	38.7	43.8	47.4	50.0	51.9	52.5	52.6
2年	19.0	21.1	23.6	26.6	29.9	34.0	38.9	43.9	47.5	50.2	52.1	52.6	52.8
3年	18.9	21.2	23.6	26.6	30.0	33.9	39.0	44.0	47.5	50.2	52.1	52.9	52.8
4年	19.0	21.1	23.6	26.6	30.1	34.2	39.1	44.3	47.8	50.5	52.2	53.0	52.9
5年	19.0	21.2	23.8	26.8	30.2	34.4	39.4	44.2	47.9	50.4	52.3	53.0	53.2
6年	18.9	21.2	23.7	26.8	30.3	34.6	39.4	44.4	47.8	50.5	52.2	52.8	53.1
7年	19.0	21.3	23.9	27.0	30.5	34.6	39.6	44.6	48.0	50.5	52.3	53.2	53.3
8年	19.0	21.3	23.9	27.1	30.6	34.9	40.0	44.7	48.1	50.6	52.3	53.3	53.2
9年	18.9	21.2	23.8	27.0	30.5	34.8	39.8	44.7	47.9	50.4	52.0	53.0	52.9
10年	18.9	21.3	23.8	27.0	30.6	35.0	40.1	44.9	48.3	50.6	52.1	53.1	53.1
11年	18.8	21.3	23.8	27.0	30.7	34.9	40.0	45.1	48.2	50.7	52.2	53.1	53.1
12年	18.8	21.3	23.8	27.0	30.7	34.9	40.1	45.0	48.3	50.7	52.1	53.0	53.1
13年	18.8	21.2	23.7	26.9	30.5	34.7	40.1	44.9	48.3	50.9	52.2	53.2	53.2
14年	18.9	21.1	23.8	26.9	30.4	34.8	39.8	44.9	48.3	50.9	52.4	53.3	53.5
15年	18.8	21.2	23.8	26.9	30.5	34.7	40.0	44.8	48.1	50.9	52.3	53.4	53.5
16年	18.7	21.1	23.6	26.7	30.3	34.5	39.6	44.5	48.0	50.7	52.5	53.4	53.5
17年	18.7	21.1	23.6	26.8	30.2	34.4	39.5	44.4	47.9	50.6	52.4	53.3	53.7
18年	18.7	21.1	23.6	26.6	30.1	34.2	39.5	44.4	47.9	50.6	52.3	53.4	53.7
19年	18.7	21.0	23.5	26.6	30.0	34.3	39.1	44.1	47.6	50.3	52.1	53.2	53.5
20年	18.6	21.0	23.6	26.6	30.1	34.4	39.3	44.2	47.7	50.4	52.0	53.0	53.2
21年	18.6	21.0	23.5	26.5	30.0	34.1	39.0	43.8	47.3	50.2	51.6	52.8	52.9
22年	18.6	21.0	23.5	26.5	30.0	34.1	39.0	43.8	47.3	50.0	51.6	52.7	52.9
23年	18.5	20.8	23.4	26.4	29.8	34.0	38.8	43.6	47.1	49.9	51.4	52.4	52.8
24年	18.5	20.9	23.5	26.3	29.9	34.0	38.9	43.7	47.4	49.9	51.6	52.5	52.9
25年	18.6	20.9	23.5	26.4	30.0	34.0	39.0	43.7	47.1	49.9	51.4	52.5	52.9
26年	18.5	20.8	23.4	26.4	29.8	34.0	39.0	43.6	47.2	50.0	51.4	52.4	52.9
27年	18.5	20.8	23.4	26.4	29.7	33.9	38.8	43.6	47.2	49.9	51.5	52.6	53.0
28年	18.5	20.9	23.5	26.4	29.8	34.0	39.0	43.7	47.2	50.0	51.7	52.6	52.9
29年	18.5	21.0	23.5	26.4	29.9	34.0	39.0	43.6	47.2	50.0	51.6	52.6	53.0
30年	18.5	20.9	23.5	26.4	30.0	34.1	39.1	43.7	47.2	49.9	51.6	52.5	52.9
令和元年	18.6	20.9	23.5	26.5	30.0	34.2	39.0	43.8	47.3	50.1	51.7	52.7	53.0
2年	19.0	21.5	24.3	27.4	31.1	35.4	40.3	44.5	47.9	50.2	51.2	51.9	52.3
3年	19.0	21.2	23.9	27.0	30.6	35.0	39.8	44.4	47.6	50.0	51.3	52.3	52.5
4年	19.0	21.3	24.0	27.3	31.1	35.5	40.5	44.5	47.7	49.9	51.2	52.1	52.5

12 年齢別 平均座高の推移

1 男

区 分	幼稚園	小 学 校						中 学 校			高 等 学 校		
	5歳	6歳	7歳	8歳	9歳	10歳	11歳	12歳	13歳	14歳	15歳	16歳	17歳
昭和12年度	…	62.4	64.6	66.8	69.0	70.8	72.8	75.0	77.9	82.0	85.1	87.0	87.8
13年	…	62.3	64.6	67.0	69.0	71.0	72.7	75.1	78.0	82.2	86.0	87.5	88.6
14年	…	62.1	64.8	67.2	69.2	71.0	72.9	…	…	…	…	…	…
24年	59.9	62.1	64.4	66.5	68.4	70.2	72.0	74.0	76.4	79.4	83.3	85.9	87.4
25年	60.1	62.0	64.4	66.6	68.6	70.3	72.1	74.2	76.5	79.6	83.5	86.1	87.7
26年	60.3	62.3	64.7	66.9	69.0	70.8	72.5	74.6	77.0	80.2	84.5	86.8	88.3
27年	…	62.4	64.8	67.0	69.0	71.0	72.7	74.8	77.5	80.7	84.8	87.0	88.4
28年	…	62.5	65.0	67.2	69.2	71.2	73.0	75.1	77.8	81.0	85.3	87.3	88.8
29年	60.6	62.6	65.0	67.3	69.3	71.2	73.1	75.3	78.2	81.4	85.6	87.6	88.8
30年	60.6	62.8	65.2	67.4	69.5	71.4	73.2	75.7	78.7	82.0	86.0	87.9	89.0
31年	60.7	62.9	65.4	67.7	69.7	71.6	73.5	75.9	78.9	82.4	86.4	88.1	89.2
32年	60.8	62.9	65.5	67.8	69.9	71.7	73.6	76.1	79.1	82.7	86.7	88.4	89.4
33年	61.0	63.1	65.7	68.0	70.0	72.0	73.8	76.4	79.6	83.0	87.0	88.7	89.7
34年	61.1	63.2	65.7	68.1	70.2	72.1	74.2	76.5	80.0	83.4	87.1	88.8	89.8
35年	61.2	63.3	65.8	68.2	70.3	72.4	74.3	77.0	80.0	83.8	87.3	88.9	89.8
36年	61.3	63.5	66.0	68.3	70.5	72.5	74.5	77.2	80.5	83.9	87.5	89.0	89.7
37年	61.4	63.6	66.1	68.4	70.6	72.6	74.6	77.7	80.9	84.3	87.6	89.2	89.9
38年	61.5	63.7	66.3	68.6	70.8	72.7	74.8	77.7	81.2	84.6	87.8	89.3	89.8
39年	61.6	63.9	66.5	68.8	71.0	73.0	75.1	78.0	81.6	85.0	87.9	89.3	89.9
40年	61.8	64.1	66.6	69.0	71.1	73.1	75.3	78.3	81.7	85.2	88.2	89.3	90.0
41年	61.8	64.2	66.7	69.1	71.2	73.3	75.4	78.5	82.0	85.4	88.2	89.5	90.0
42年	61.9	64.2	66.7	69.1	71.3	73.3	75.5	78.6	82.1	85.5	88.2	89.4	90.0
43年	61.8	64.2	66.8	69.1	71.3	73.3	75.6	78.7	82.2	85.7	88.4	89.5	90.1
44年	61.9	64.3	66.9	69.2	71.4	73.5	75.7	78.8	82.3	85.7	88.5	89.6	90.1
45年	62.0	64.4	67.0	69.4	71.8	73.7	75.9	79.0	82.4	85.8	88.4	89.6	90.2
46年	62.4	64.5	67.0	69.4	71.6	73.7	76.0	79.0	82.6	86.0	88.5	89.7	90.3
47年	62.0	64.6	67.2	69.5	71.7	73.8	76.1	79.3	82.8	86.1	88.6	89.6	90.1
48年	62.1	64.4	67.2	69.5	71.8	73.9	76.0	79.3	83.0	86.2	88.8	89.8	90.3
49年	62.1	64.7	67.1	69.8	71.8	73.9	76.2	79.4	83.0	86.3	88.8	89.9	90.4
50年	62.1	64.6	67.2	69.5	71.9	74.0	76.2	79.5	83.1	86.4	88.9	89.9	90.3
51年	62.2	64.7	67.3	69.8	71.9	74.2	76.3	79.5	83.1	86.4	88.9	89.9	90.4
52年	61.5	64.8	67.3	69.7	72.0	73.9	76.5	79.5	83.2	86.5	88.8	89.9	90.3
53年	61.7	64.8	67.4	69.8	72.0	74.1	76.4	79.8	83.3	86.6	89.0	90.0	90.4
54年	62.2	64.8	67.4	69.8	72.0	74.2	76.6	79.5	83.5	86.6	89.1	90.1	90.6
55年	62.4	64.9	67.4	69.8	72.0	74.2	76.6	79.9	83.3	86.8	89.1	90.1	90.6
56年	62.3	65.0	67.4	69.8	72.1	74.3	76.6	79.8	83.4	86.5	89.2	90.2	90.6
57年	62.5	65.0	67.5	69.9	72.1	74.2	76.5	79.8	83.5	86.8	89.1	90.2	90.8
58年	62.5	65.1	67.6	70.0	72.2	74.3	76.7	79.9	83.5	86.8	89.3	90.2	90.8
59年	62.6	65.2	67.7	70.1	72.3	74.4	76.7	79.9	83.6	86.8	89.3	90.3	90.8
60年	62.6	65.2	67.7	70.1	72.3	74.4	76.7	79.9	83.7	87.0	89.3	90.3	90.8
61年	62.7	65.3	67.8	70.2	72.4	74.6	77.0	80.1	83.7	87.1	89.5	90.4	90.9
62年	62.6	65.3	67.8	70.3	72.5	74.7	77.0	80.3	84.0	87.1	89.5	90.4	91.0
63年	62.6	65.3	67.8	70.3	72.5	74.7	77.2	80.5	84.1	87.2	89.5	90.5	90.9
平成元年	62.6	65.3	67.9	70.3	72.7	74.8	77.3	80.6	84.2	87.4	89.5	90.4	91.0
2年	62.6	65.3	67.9	70.4	72.6	74.9	77.4	80.7	84.3	87.5	89.7	90.5	91.0
3年	62.5	65.2	67.9	70.4	72.7	75.0	77.5	80.9	84.5	87.5	89.7	90.6	91.0
4年	62.5	65.2	67.9	70.4	72.7	75.0	77.5	80.9	84.5	87.6	89.6	90.7	91.2
5年	62.4	65.2	67.8	70.4	72.7	75.1	77.6	80.9	84.5	87.6	89.7	90.6	91.1
6年	62.4	65.2	67.9	70.4	72.8	75.1	77.6	81.0	84.5	87.6	89.8	90.7	91.2
7年	62.3	65.1	67.8	70.4	72.8	75.1	77.6	81.0	84.6	87.6	89.8	90.7	91.1
8年	62.3	65.2	67.8	70.4	72.9	75.1	77.7	81.1	84.6	87.6	89.8	90.7	91.2
9年	62.3	65.1	67.9	70.5	72.8	75.2	77.8	81.2	84.7	87.7	89.7	90.7	91.3
10年	62.2	65.1	67.8	70.4	72.8	75.2	77.9	81.4	84.9	87.8	89.8	90.8	91.3

（昭和12年度～平成27年度）（２－１）

単位 （cm）

区　分	幼稚園	小　　　学　　　校						中　学　校			高　等　学　校		
	5歳	6歳	7歳	8歳	9歳	10歳	11歳	12歳	13歳	14歳	15歳	16歳	17歳
平成11年度	62.2	65.0	67.7	70.4	72.8	75.2	78.0	81.5	85.0	88.0	89.8	90.8	91.3
12年	62.1	65.1	67.7	70.4	72.8	75.3	77.9	81.5	85.0	88.1	90.0	90.8	91.3
13年	62.1	64.9	67.7	70.4	72.8	75.1	77.9	81.6	85.1	88.1	90.1	90.9	91.5
14年	62.1	65.0	67.7	70.4	72.8	75.1	77.9	81.5	85.2	88.1	90.0	91.0	91.5
15年	62.1	65.0	67.7	70.4	72.8	75.1	77.9	81.3	85.0	88.1	90.1	91.0	91.5
16年	62.1	65.0	67.8	70.3	72.7	75.1	77.8	81.3	85.0	88.0	90.2	91.1	91.7
17年	62.0	64.9	67.7	70.3	72.7	75.1	77.7	81.3	85.0	88.1	90.2	91.1	91.7
18年	62.1	64.9	67.7	70.3	72.7	75.0	77.8	81.4	85.0	88.0	90.2	91.2	91.8
19年	62.0	64.8	67.7	70.4	72.7	75.1	77.7	81.3	85.0	88.0	90.2	91.3	91.8
20年	62.1	65.0	67.7	70.3	72.8	75.0	77.8	81.4	85.0	88.2	90.2	91.2	91.7
21年	61.9	64.9	67.7	70.3	72.7	75.0	77.6	81.3	84.9	88.1	90.3	91.2	91.8
22年	61.9	64.9	67.6	70.3	72.7	74.9	77.6	81.3	85.0	88.1	90.3	91.3	91.9
23年	62.0	64.9	67.7	70.2	72.6	74.9	77.6	81.2	84.9	88.1	90.3	91.3	91.9
24年	61.9	64.8	67.6	70.3	72.6	74.9	77.5	81.3	84.9	88.2	90.3	91.3	91.9
25年	62.0	64.8	67.6	70.2	72.6	75.0	77.6	81.2	84.8	88.1	90.3	91.4	92.0
26年	61.8	64.8	67.6	70.2	72.6	74.9	77.6	81.3	84.9	88.1	90.4	91.4	92.0
27年	61.8	64.8	67.6	70.2	72.6	74.9	77.7	81.4	85.1	88.2	90.4	91.4	92.1

12 年齢別 平均座高の推移

2 女

区 分	幼稚園	小　　学　　校						中　学　校			高 等 学 校		
	5歳	6歳	7歳	8歳	9歳	10歳	11歳	12歳	13歳	14歳	15歳	16歳	17歳
昭和12年度	…	61.8	64.2	66.4	68.4	70.6	73.3	76.0	79.0	81.8	82.9	83.5	83.8
13年	…	61.3	64.0	66.3	68.4	70.6	73.2	76.1	78.4	82.2	82.7	83.8	84.2
14年	…	61.5	64.2	66.6	68.8	70.6	73.4	…	…	…	…	…	…
24年	59.5	61.7	64.1	66.2	68.2	70.1	72.4	75.0	77.5	80.0	82.3	83.3	83.8
25年	59.6	61.6	64.0	66.2	68.2	70.2	72.7	75.1	78.0	80.4	82.4	83.5	84.0
26年	59.7	61.9	64.2	66.5	68.7	70.6	73.0	75.8	78.7	80.9	83.1	83.7	84.0
27年	…	62.0	64.3	66.6	68.8	70.9	73.2	76.0	78.8	81.1	83.2	83.8	84.2
28年	…	62.0	64.6	66.8	68.9	71.1	73.6	76.5	79.1	81.3	83.3	84.0	84.4
29年	60.0	62.2	64.6	67.0	69.1	71.3	73.9	76.9	79.5	81.5	83.3	84.0	84.3
30年	60.1	62.3	64.8	67.1	69.4	71.6	74.1	77.4	80.0	82.0	83.7	84.2	84.3
31年	60.1	62.5	65.0	67.3	69.5	72.0	74.6	77.8	80.4	82.3	83.8	84.0	84.4
32年	60.2	62.5	65.0	67.4	69.7	71.9	74.8	78.0	80.6	82.5	84.0	84.4	84.6
33年	60.4	62.6	65.2	67.6	69.9	72.3	75.0	78.5	80.9	82.7	84.1	84.5	84.7
34年	60.4	62.7	65.1	67.7	70.1	72.0	75.5	78.6	81.3	82.9	84.2	84.6	84.7
35年	60.6	62.8	65.3	67.8	70.2	72.8	75.9	79.1	81.5	83.2	84.4	84.7	84.9
36年	60.6	63.0	65.6	68.0	70.4	73.0	76.1	79.4	81.9	83.3	84.5	84.8	85.0
37年	60.8	63.1	65.6	68.0	70.4	73.0	76.1	79.5	82.1	83.8	84.6	84.9	84.9
38年	61.0	63.2	65.8	68.3	70.6	73.3	76.2	79.9	82.3	83.7	84.8	85.1	85.1
39年	61.0	63.4	66.0	68.4	70.8	73.5	76.6	80.0	82.5	83.9	84.7	85.1	85.1
40年	61.1	63.6	66.1	68.6	71.0	73.7	76.8	80.2	82.6	84.0	84.8	85.1	85.1
41年	61.1	63.6	66.2	68.7	71.1	73.8	77.0	80.4	82.7	84.0	84.8	85.1	85.1
42年	61.2	63.7	66.3	68.7	71.1	74.0	77.1	80.5	82.7	84.0	84.8	85.1	85.1
43年	61.3	63.7	66.3	68.8	71.3	74.0	77.2	80.6	82.8	84.0	84.8	85.0	85.0
44年	61.4	63.8	66.4	68.9	71.4	74.2	77.3	80.7	82.8	84.1	84.7	85.1	85.1
45年	61.4	63.8	66.5	69.0	71.5	74.4	77.7	80.8	83.0	84.4	84.9	85.0	85.1
46年	61.7	63.9	66.5	68.9	71.5	74.3	77.7	80.8	83.0	84.1	84.8	84.9	84.8
47年	61.4	64.2	66.7	69.2	71.6	74.4	77.6	81.0	83.1	84.2	84.7	85.0	85.0
48年	61.6	63.9	66.8	69.1	71.7	74.5	77.8	81.1	83.1	84.2	84.9	85.0	85.0
49年	61.5	64.3	66.7	69.4	71.7	74.6	77.8	81.1	83.0	84.2	84.9	85.1	85.1
50年	61.6	64.0	66.7	69.2	71.8	74.7	77.9	81.2	83.1	84.2	84.9	85.1	85.0
51年	61.7	64.2	66.8	69.3	71.7	74.9	78.0	81.2	83.1	84.2	84.9	85.0	85.1
52年	60.9	64.2	66.8	69.3	71.8	74.6	78.2	81.2	83.1	84.1	84.9	84.9	85.0
53年	61.2	64.2	66.8	69.3	71.8	74.9	77.9	81.3	83.2	84.2	84.9	85.0	84.9
54年	61.7	64.3	66.9	69.4	71.9	74.9	78.3	81.3	83.4	84.3	85.0	85.0	85.0
55年	61.8	64.4	66.9	69.5	71.9	74.9	78.2	81.5	83.3	84.4	84.9	85.0	85.0
56年	61.8	64.4	67.1	69.4	71.9	74.9	78.2	81.4	83.3	84.3	85.0	85.0	85.0
57年	62.0	64.5	67.1	69.5	72.0	74.9	78.2	81.4	83.3	84.3	85.0	85.1	85.0
58年	62.0	64.7	67.2	69.7	72.1	75.0	78.3	81.4	83.3	84.3	85.1	85.1	85.0
59年	62.1	64.8	67.3	69.8	72.2	75.2	78.4	81.5	83.4	84.4	85.0	85.2	85.1
60年	62.1	64.7	67.4	69.8	72.3	75.2	78.5	81.6	83.4	84.5	85.1	85.2	85.1
61年	62.2	64.8	67.4	69.9	72.4	75.2	78.6	81.7	83.5	84.5	85.1	85.1	85.1
62年	62.2	64.8	67.4	69.9	72.4	75.4	78.6	81.8	83.5	84.5	85.1	85.2	85.2
63年	62.2	64.8	67.4	70.0	72.5	75.4	78.7	81.7	83.5	84.5	85.1	85.2	85.2
平成元年	62.2	64.9	67.5	70.0	72.6	75.6	78.8	81.9	83.6	84.5	85.1	85.1	85.1
2年	62.1	64.9	67.5	70.0	72.6	75.6	79.0	81.9	83.6	84.6	85.2	85.3	85.3
3年	61.9	64.9	67.5	70.1	72.7	75.6	79.0	82.0	83.6	84.7	85.2	85.3	85.3
4年	62.0	64.7	67.4	70.0	72.7	75.8	79.0	82.0	83.7	84.7	85.3	85.4	85.4
5年	61.9	64.8	67.4	70.1	72.7	75.9	79.1	82.0	83.7	84.6	85.2	85.3	85.4
6年	62.0	64.8	67.5	70.1	72.8	76.0	79.3	82.1	83.7	84.7	85.2	85.2	85.3
7年	61.9	64.7	67.5	70.1	72.9	76.0	79.3	82.2	83.8	84.6	85.1	85.2	85.3
8年	61.8	64.8	67.5	70.2	73.0	76.1	79.5	82.2	83.8	84.6	85.1	85.3	85.3
9年	61.8	64.7	67.4	70.2	73.0	76.1	79.5	82.3	83.8	84.7	85.1	85.2	85.2
10年	61.7	64.7	67.4	70.1	72.9	76.2	79.5	82.3	83.9	84.7	85.1	85.2	85.2

（昭和12年度〜平成27年度）（2−2）

単位　（cm）

区　分	幼稚園	小　　学　　校						中　学　校			高　等　学　校		
	5歳	6歳	7歳	8歳	9歳	10歳	11歳	12歳	13歳	14歳	15歳	16歳	17歳
平成11年度	61.6	64.7	67.4	70.1	72.9	76.1	79.5	82.3	83.8	84.7	85.1	85.3	85.3
12年	61.7	64.6	67.4	70.1	72.9	76.1	79.5	82.3	83.8	84.7	85.1	85.3	85.4
13年	61.6	64.6	67.4	70.1	72.8	76.0	79.5	82.3	83.8	84.8	85.1	85.3	85.4
14年	61.7	64.6	67.4	70.1	72.9	76.0	79.3	82.2	83.8	84.8	85.3	85.4	85.4
15年	61.7	64.6	67.4	70.1	72.8	76.0	79.5	82.2	83.8	84.8	85.2	85.4	85.4
16年	61.6	64.6	67.3	70.1	72.8	75.9	79.4	82.2	83.9	84.8	85.4	85.5	85.5
17年	61.5	64.5	67.3	70.0	72.8	75.9	79.3	82.2	83.8	84.9	85.3	85.6	85.6
18年	61.6	64.5	67.3	70.0	72.8	76.0	79.4	82.2	83.9	84.9	85.4	85.7	85.7
19年	61.6	64.5	67.3	70.0	72.8	76.0	79.3	82.2	83.9	84.9	85.4	85.6	85.7
20年	61.6	64.6	67.3	70.0	72.8	76.0	79.3	82.2	83.8	84.7	85.4	85.6	85.8
21年	61.5	64.5	67.3	70.0	72.7	75.9	79.3	82.1	83.7	84.8	85.3	85.6	85.7
22年	61.5	64.5	67.3	70.0	72.7	75.9	79.2	82.1	83.8	84.8	85.3	85.6	85.8
23年	61.4	64.4	67.2	69.9	72.7	75.9	79.2	82.1	83.9	84.9	85.4	85.6	85.8
24年	61.4	64.4	67.3	69.9	72.6	75.8	79.2	82.2	83.9	84.9	85.4	85.7	85.8
25年	61.5	64.4	67.3	69.9	72.8	75.8	79.3	82.1	83.8	84.9	85.5	85.8	85.9
26年	61.3	64.4	67.2	69.9	72.6	75.8	79.3	82.1	83.8	84.9	85.4	85.7	85.9
27年	61.3	64.4	67.2	69.9	72.7	75.8	79.2	82.1	83.9	84.9	85.5	85.7	85.9

13 年齢別 肥満傾向児の出現率の推移（昭和52年度～令和4年度）（3－1）

1. 計　　単位（％）

区分	幼稚園	小 学 校						中 学 校			高 等 学 校		
	5歳	6歳	7歳	8歳	9歳	10歳	11歳	12歳	13歳	14歳	15歳	16歳	17歳
昭和52年度	…	2.62	3.13	4.27	5.26	5.86	6.46	6.64	5.63	4.91	…	…	…
53年	…	2.69	3.12	4.26	5.56	6.16	6.58	6.89	6.12	5.47	…	…	…
54年	…	2.81	3.41	4.90	5.69	6.69	7.29	7.00	6.38	5.87	…	…	…
55年	…	2.68	3.50	4.96	5.63	6.82	7.35	7.39	6.71	5.91	…	…	…
56年	…	2.65	3.25	4.35	5.75	6.77	7.01	7.02	6.53	5.84	…	…	…
57年	…	2.87	3.21	4.46	5.87	6.53	7.05	7.27	6.50	6.07	…	…	…
58年	…	2.83	3.52	4.88	6.13	6.71	7.47	7.72	6.88	6.47	…	…	…
59年	…	3.00	3.39	4.71	5.97	6.84	7.07	7.32	6.79	6.37	…	…	…
60年	…	3.12	3.83	4.95	6.20	7.27	7.39	7.68	7.05	6.61	…	…	…
61年	…	3.36	3.85	5.26	6.53	7.35	7.78	7.81	7.05	6.59	…	…	…
62年	…	3.33	4.22	5.66	6.87	7.76	8.05	8.08	7.38	6.81	…	…	…
63年	…	3.65	4.30	5.73	6.82	7.82	8.31	8.44	7.52	7.05	…	…	…
平成元年	…	3.86	4.60	5.87	7.25	8.16	8.44	8.51	7.89	7.41	…	…	…
2年	…	4.15	4.54	6.36	7.54	8.18	8.52	9.00	8.22	7.73	…	…	…
3年	…	3.87	4.73	6.19	7.55	8.38	8.81	9.29	8.36	7.71	…	…	…
4年	…	4.18	4.70	6.53	7.96	8.78	8.85	9.24	8.48	7.95	…	…	…
5年	…	4.25	4.99	6.52	7.82	9.11	9.30	9.08	8.40	7.92	…	…	…
6年	…	4.27	5.11	6.46	8.08	8.62	9.35	9.28	8.26	7.81	…	…	…
7年	…	4.45	5.37	7.09	8.26	8.81	9.32	9.72	8.77	8.01	…	…	…
8年	…	4.63	5.37	7.09	8.97	9.34	9.77	10.06	8.83	8.04	…	…	…
9年	…	4.81	5.59	7.43	8.88	9.77	10.06	10.25	8.94	8.36	…	…	…
10年	…	4.84	5.89	7.42	8.81	9.85	10.07	10.16	9.29	8.48	…	…	…
11年	…	4.74	5.84	7.62	9.22	9.86	10.42	10.37	9.28	8.86	…	…	…
12年	…	4.81	5.66	7.68	9.17	9.95	10.51	10.68	9.57	8.61	…	…	…
13年	…	4.75	5.47	7.76	9.33	9.99	10.61	11.03	9.73	8.85	…	…	…
14年	…	4.72	5.72	7.63	8.90	10.06	10.89	11.02	9.79	9.25	…	…	…
15年	…	4.64	5.58	7.87	9.00	10.11	10.75	10.76	9.64	8.79	…	…	…
16年	…	4.48	5.60	7.64	9.15	9.95	10.24	10.44	9.51	8.83	…	…	…
17年	…	4.68	5.52	7.36	8.83	9.48	10.23	10.42	9.25	8.64	…	…	…
18年	(2.72)	(4.76)	(5.24)	(7.18)	(8.34)	(9.46)	(9.85)	(10.26)	(9.16)	(8.78)	(9.63)	(8.41)	(8.54)
	2.78	5.34	6.03	8.03	9.70	10.20	10.91	11.73	10.36	10.22	11.98	10.98	11.30
19年	2.87	4.75	6.25	7.80	9.22	10.29	10.58	11.07	9.94	9.50	11.70	11.07	11.08
20年	2.82	4.55	6.04	7.62	9.17	10.39	10.45	10.93	9.68	9.29	11.54	10.15	10.51
21年	2.70	4.36	5.50	7.30	8.60	9.54	9.69	10.29	8.94	8.89	10.32	9.75	9.83
22年	2.81	4.34	5.38	7.05	8.30	9.28	9.98	9.98	8.70	8.65	10.52	9.71	9.74
23年	2.27	3.84	5.02	6.33	7.62	8.59	8.81	9.40	8.27	7.96	10.15	9.26	9.67
24年	2.39	4.22	5.41	6.62	8.26	8.82	9.32	9.68	8.44	7.90	9.98	9.00	9.55
25年	2.43	4.05	5.42	6.80	8.26	9.47	9.37	9.62	8.42	7.85	9.58	9.07	9.35
26年	2.62	4.25	5.43	6.92	8.14	9.07	9.44	9.38	8.42	7.93	9.90	8.81	9.48
27年	2.29	3.84	5.13	6.51	7.98	8.62	8.91	9.13	8.04	7.55	9.60	8.35	8.99
28年	2.56	4.30	5.47	7.15	8.32	8.96	9.22	9.52	7.88	7.88	9.72	8.40	9.30
29年	2.73	4.40	5.45	6.90	8.63	8.89	9.22	8.97	8.09	7.53	9.79	8.67	9.34
30年	2.64	4.49	5.89	7.10	8.63	9.00	9.41	9.55	8.06	7.81	9.70	8.77	9.22
令和元年	2.77	4.51	6.02	7.54	9.24	9.57	10.00	9.86	8.77	8.18	9.81	8.92	9.29
2年	3.51	5.51	8.03	10.31	11.50	11.91	11.38	10.84	10.40	9.64	9.72	9.09	10.08
3年	3.66	5.20	7.25	9.06	10.17	10.96	10.98	10.90	9.70	9.05	9.97	8.94	9.02
4年	3.64	5.62	7.63	10.13	11.41	12.48	12.25	11.43	10.68	9.55	10.13	9.09	9.46

（注）肥満傾向児とは以下の者である。以下の各表において同じ。
1. 昭和52年度から平成17年度は，性別・年齢別に身長別平均体重を求め，その平均体重の120％以上の者。
2. 平成18年度からは，以下の式により性別・年齢別・身長別標準体重から肥満度を求め，肥満度が20％以上の者。
　　肥満度＝（実測体重－身長別標準体重）／ 身長別標準体重 × 100（％）
3. 平成18年度上段（ ）内は，平成17年度以前の算出方法により算出した出現率である。

13 年齢別 肥満傾向児の出現率の推移（昭和52年度〜令和4年度）（3−2）

2. 男　　　　　　　　　　　　　　　　　　　　　　　　　　　　　　　　　　　　　単位（%）

区分	幼稚園 5歳	小学校 6歳	7歳	8歳	9歳	10歳	11歳	中学校 12歳	13歳	14歳	高等学校 15歳	16歳	17歳
昭和52年度	…	2.59	2.72	4.16	5.14	5.91	6.72	6.57	5.17	4.58	…	…	…
53年	…	2.66	3.31	4.15	5.62	6.60	7.10	6.86	5.94	5.54	…	…	…
54年	…	2.70	3.25	4.65	5.81	7.14	7.32	6.88	6.34	6.03	…	…	…
55年	…	2.64	3.55	4.90	5.71	6.86	7.65	7.48	6.93	6.07	…	…	…
56年	…	2.51	3.15	4.52	5.92	7.31	7.33	7.19	6.64	6.20	…	…	…
57年	…	2.64	3.06	4.47	5.72	6.97	7.49	7.53	6.69	6.53	…	…	…
58年	…	2.56	3.50	4.86	6.07	7.29	7.88	8.11	7.08	6.97	…	…	…
59年	…	2.81	3.28	4.66	6.02	6.92	7.45	7.57	6.97	6.89	…	…	…
60年	…	2.91	3.81	5.03	6.34	7.57	7.93	7.92	7.24	7.22	…	…	…
61年	…	3.36	3.71	4.92	6.60	7.76	8.35	7.88	7.15	7.23	…	…	…
62年	…	3.15	4.01	5.62	6.94	8.17	8.47	8.44	7.64	7.28	…	…	…
63年	…	3.40	4.12	6.18	6.90	8.13	8.59	8.90	7.83	7.84	…	…	…
平成元年	…	3.77	4.57	5.87	7.37	8.77	8.91	9.15	8.30	8.43	…	…	…
2年	…	3.98	4.65	6.46	7.74	8.93	9.43	9.64	8.80	8.64	…	…	…
3年	…	3.61	4.77	6.56	7.75	8.87	9.56	9.99	8.87	8.60	…	…	…
4年	…	4.11	4.60	6.97	8.64	9.43	9.74	9.80	8.87	8.82	…	…	…
5年	…	4.35	5.03	6.74	8.31	10.00	9.99	9.67	8.76	8.60	…	…	…
6年	…	4.16	5.13	6.55	8.28	9.45	10.08	9.94	8.99	8.60	…	…	…
7年	…	4.33	5.35	7.09	8.69	9.77	9.99	10.23	9.46	8.87	…	…	…
8年	…	4.60	5.27	7.30	9.20	9.87	10.62	10.79	9.50	8.77	…	…	…
9年	…	4.76	5.78	7.49	9.68	10.33	11.03	10.97	9.55	9.14	…	…	…
10年	…	5.01	6.10	7.53	9.35	10.52	10.99	10.71	9.84	9.24	…	…	…
11年	…	4.60	5.89	8.03	9.43	10.68	11.18	10.97	9.74	9.66	…	…	…
12年	…	5.04	5.83	8.08	9.54	10.43	11.21	11.28	10.36	9.33	…	…	…
13年	…	4.71	5.74	7.87	9.99	10.83	11.78	11.86	10.37	9.61	…	…	…
14年	…	4.81	5.99	7.92	9.32	10.60	11.68	11.44	10.28	9.90	…	…	…
15年	…	4.70	5.92	8.26	9.60	10.76	11.83	11.48	10.28	9.54	…	…	…
16年	…	4.58	5.70	8.08	9.54	10.59	11.09	11.12	10.07	9.58	…	…	…
17年	…	4.54	5.65	7.58	9.48	9.74	11.25	11.23	9.65	9.58	…	…	…
18年	(2.42) 2.59	(4.80) 5.70	(5.30) 6.21	(7.47) 8.63	(8.78) 10.81	(10.36) 11.70	(10.67) 11.82	(11.14) 13.26	(9.72) 11.23	(9.55) 11.20	(10.88) 13.76	(9.45) 12.45	(9.73) 12.90
19年	2.78	4.79	6.77	8.09	10.23	11.59	11.64	12.41	10.84	10.22	13.47	12.92	12.87
20年	2.87	4.52	6.19	8.03	10.36	11.32	11.18	11.97	10.28	9.99	13.45	11.85	12.33
21年	2.75	4.55	5.60	7.53	9.57	10.76	10.61	11.49	9.71	9.55	12.11	11.20	11.27
22年	2.80	4.46	5.62	7.20	9.06	10.37	11.09	10.99	9.41	9.37	12.40	11.57	11.30
23年	2.14	3.75	5.18	6.70	8.39	9.42	9.46	10.25	9.02	8.48	11.99	11.16	11.54
24年	2.41	4.09	5.58	7.13	9.24	9.86	9.98	10.67	8.96	8.43	11.41	10.25	10.91
25年	2.38	4.18	5.47	7.26	8.90	10.90	10.02	10.65	8.97	8.27	11.05	10.46	10.85
26年	2.55	4.34	5.45	7.57	8.89	9.72	10.28	10.72	8.94	8.16	11.42	10.16	10.69
27年	2.34	3.74	5.24	6.70	8.93	9.77	9.87	9.87	8.37	7.94	11.34	9.21	10.22
28年	2.68	4.35	5.74	7.65	9.41	10.01	10.08	10.42	8.28	8.04	10.95	9.43	10.64
29年	2.78	4.39	5.65	7.24	9.52	9.99	9.69	9.89	8.69	8.03	11.57	9.93	10.71
30年	2.58	4.51	6.23	7.76	9.53	10.11	10.01	10.60	8.73	8.36	11.01	10.57	10.48
令和元年	2.63	4.68	6.41	8.16	10.57	10.63	11.11	11.18	9.63	8.96	11.72	10.50	10.56
2年	3.65	5.85	8.77	11.67	13.58	14.24	13.31	12.71	12.18	10.94	12.07	11.54	12.48
3年	3.61	5.25	7.61	9.75	12.03	12.58	12.48	12.58	10.99	10.25	12.30	10.64	10.92
4年	3.56	5.74	8.02	11.14	13.17	15.11	13.95	13.27	12.25	11.31	12.51	11.13	11.42

13 年齢別 肥満傾向児の出現率の推移（昭和52年度～令和4年度）（3－3）

3. 女 　　単位 (%)

区分	幼稚園	小　学　校						中　学　校			高　等　学　校		
	5歳	6歳	7歳	8歳	9歳	10歳	11歳	12歳	13歳	14歳	15歳	16歳	17歳
昭和52年度	…	2.66	3.56	4.37	5.39	5.80	6.18	6.72	6.10	5.24	…	…	…
53年	…	2.73	2.92	4.37	5.51	5.69	6.04	6.93	6.30	5.39	…	…	…
54年	…	2.92	3.58	5.17	5.57	6.21	7.27	7.13	6.42	5.71	…	…	…
55年	…	2.73	3.45	5.03	5.54	6.78	7.03	7.30	6.48	5.75	…	…	…
56年	…	2.81	3.36	4.17	5.58	6.20	6.68	6.84	6.41	5.46	…	…	…
57年	…	3.11	3.37	4.44	6.03	6.07	6.59	7.00	6.29	5.58	…	…	…
58年	…	3.12	3.55	4.89	6.18	6.09	7.04	7.30	6.68	5.95	…	…	…
59年	…	3.21	3.51	4.77	5.91	6.76	6.66	7.06	6.60	5.83	…	…	…
60年	…	3.33	3.85	4.87	6.04	6.96	6.83	7.43	6.85	5.96	…	…	…
61年	…	3.37	3.99	5.63	6.45	6.92	7.18	7.73	6.94	5.92	…	…	…
62年	…	3.53	4.44	5.70	6.80	7.33	7.61	7.69	7.11	6.32	…	…	…
63年	…	3.92	4.49	5.26	6.73	7.51	8.01	7.95	7.19	6.22	…	…	…
平成元年	…	3.95	4.63	5.87	7.13	7.51	7.94	7.84	7.46	6.34	…	…	…
2年	…	4.32	4.43	6.26	7.33	7.38	7.57	8.34	7.61	6.77	…	…	…
3年	…	4.15	4.69	5.80	7.34	7.86	8.03	8.56	7.84	6.78	…	…	…
4年	…	4.25	4.80	6.08	7.25	8.10	7.91	8.65	8.07	7.04	…	…	…
5年	…	4.15	4.95	6.30	7.30	8.17	8.57	8.46	8.02	7.20	…	…	…
6年	…	4.38	5.08	6.38	7.88	7.76	8.58	8.60	7.50	6.99	…	…	…
7年	…	4.58	5.38	7.09	7.81	7.80	8.61	9.19	8.05	7.10	…	…	…
8年	…	4.67	5.48	6.86	8.74	8.78	8.88	9.30	8.13	7.28	…	…	…
9年	…	4.86	5.39	7.37	8.03	9.18	9.05	9.50	8.30	7.55	…	…	…
10年	…	4.65	5.67	7.32	8.23	9.14	9.10	9.58	8.72	7.70	…	…	…
11年	…	4.89	5.79	7.19	9.01	9.00	9.63	9.75	8.79	8.02	…	…	…
12年	…	4.57	5.48	7.27	8.79	9.45	9.78	10.05	8.74	7.86	…	…	…
13年	…	4.78	5.18	7.65	8.64	9.10	9.37	10.15	9.05	8.05	…	…	…
14年	…	4.61	5.43	7.33	8.46	9.48	10.07	10.58	9.28	8.58	…	…	…
15年	…	4.57	5.23	7.46	8.38	9.42	9.62	10.02	8.97	8.01	…	…	…
16年	…	4.38	5.49	7.19	8.74	9.27	9.35	9.73	8.92	8.03	…	…	…
17年	…	4.83	5.39	7.12	8.15	9.2	9.16	9.56	8.83	7.66	…	…	…
18年	(3.02)	(4.72)	(5.17)	(6.87)	(7.89)	(8.52)	(8.99)	(9.35)	(8.58)	(7.97)	(8.35)	(7.34)	(7.33)
	2.97	4.98	5.85	7.41	8.55	8.62	9.95	10.13	9.46	9.20	10.15	9.46	9.67
19年	2.96	4.70	5.71	7.50	8.16	8.92	9.47	9.67	8.99	8.75	9.87	9.18	9.23
20年	2.78	4.57	5.88	7.18	7.91	9.42	9.68	9.84	9.05	8.54	9.56	8.40	8.64
21年	2.65	4.17	5.40	7.05	7.58	8.26	8.74	9.04	8.13	8.21	8.47	8.27	8.35
22年	2.83	4.23	5.13	6.90	7.51	8.13	8.83	8.92	7.96	7.89	8.59	7.81	8.14
23年	2.40	3.93	4.86	5.94	6.82	7.71	8.12	8.51	7.49	7.43	8.26	7.33	7.76
24年	2.36	4.37	5.23	6.09	7.23	7.73	8.61	8.64	7.90	7.36	8.51	7.74	8.18
25年	2.49	3.91	5.38	6.31	7.58	7.96	8.69	8.54	7.83	7.42	8.08	7.66	7.83
26年	2.69	4.15	5.41	6.24	7.36	8.40	8.56	7.97	7.89	7.68	8.35	7.44	8.25
27年	2.24	3.93	5.00	6.31	6.99	7.42	7.92	8.36	7.69	7.14	7.82	7.48	7.75
28年	2.44	4.24	5.18	6.63	7.17	7.86	8.31	8.57	7.46	7.70	8.46	7.36	7.95
29年	2.67	4.42	5.24	6.55	7.70	7.74	8.72	8.01	7.45	7.01	7.96	7.38	7.95
30年	2.71	4.47	5.53	6.41	7.69	7.82	8.79	8.45	7.37	7.22	8.35	6.93	7.94
令和元年	2.93	4.33	5.61	6.88	7.85	8.46	8.84	8.48	7.88	7.37	7.84	7.30	7.99
2年	3.37	5.16	7.25	8.89	9.32	9.47	9.36	8.89	8.53	8.29	7.30	6.59	7.63
3年	3.73	5.15	6.87	8.34	8.24	9.26	9.42	9.15	8.35	7.80	7.57	7.20	7.07
4年	3.73	5.50	7.23	9.07	9.57	9.74	10.47	9.51	9.05	7.71	7.68	6.98	7.45

14 年齢別 痩身傾向児の出現率の推移（昭和52年度〜令和4年度）（3−1）

1.計　　単位　（％）

区分	幼稚園	小 学 校						中 学 校			高 等 学 校		
	5歳	6歳	7歳	8歳	9歳	10歳	11歳	12歳	13歳	14歳	15歳	16歳	17歳
昭和52年度	…	0.53	0.44	0.69	0.86	1.02	1.18	1.63	1.71	1.49	…	…	…
53年	…	0.57	0.43	0.45	1.05	1.23	1.36	1.59	1.76	1.57	…	…	…
54年	…	0.56	0.41	0.66	0.90	1.36	1.44	1.80	1.88	1.59	…	…	…
55年	…	0.53	0.52	0.86	0.87	1.29	1.39	1.86	1.74	1.82	…	…	…
56年	…	0.63	0.46	0.80	0.97	1.27	1.54	1.89	1.76	1.94	…	…	…
57年	…	0.46	0.32	0.60	0.89	1.23	1.43	1.73	1.71	1.53	…	…	…
58年	…	0.43	0.44	0.61	0.77	1.16	1.56	1.94	1.84	1.70	…	…	…
59年	…	0.44	0.35	0.61	0.88	1.15	1.17	1.86	1.65	1.80	…	…	…
60年	…	0.43	0.47	0.68	0.91	1.42	1.48	1.84	1.71	1.83	…	…	…
61年	…	0.55	0.57	0.77	1.16	1.41	1.83	2.07	1.86	1.79	…	…	…
62年	…	0.51	0.55	0.80	1.17	1.65	1.73	2.19	2.02	2.03	…	…	…
63年	…	0.48	0.55	0.85	1.32	1.74	1.95	2.29	2.13	1.99	…	…	…
平成元年	…	0.58	0.56	0.91	1.59	1.90	2.05	2.29	2.20	2.13	…	…	…
2年	…	0.59	0.71	1.16	1.55	2.19	2.23	2.83	2.31	2.23	…	…	…
3年	…	0.61	0.54	1.01	1.70	2.01	2.24	2.93	2.44	2.22	…	…	…
4年	…	0.67	0.64	1.02	1.69	2.15	2.37	2.87	2.41	2.53	…	…	…
5年	…	0.71	0.74	1.28	1.58	1.88	2.58	2.75	2.41	2.51	…	…	…
6年	…	0.51	0.73	1.16	1.90	2.26	2.68	2.88	2.60	2.52	…	…	…
7年	…	0.68	0.78	1.57	1.86	2.37	2.60	2.92	2.79	2.40	…	…	…
8年	…	0.72	0.75	1.68	2.19	2.83	2.92	3.14	2.61	2.49	…	…	…
9年	…	0.85	1.04	1.65	2.61	3.23	3.07	3.28	2.97	2.65	…	…	…
10年	…	0.84	0.94	1.66	2.56	3.33	3.49	3.41	3.14	3.00	…	…	…
11年	…	0.77	0.91	1.75	2.97	3.48	3.27	4.08	3.01	2.84	…	…	…
12年	…	0.96	0.89	1.75	2.82	3.58	3.57	3.84	3.25	2.95	…	…	…
13年	…	0.71	0.92	1.74	2.70	3.03	3.86	4.02	3.23	3.03	…	…	…
14年	…	0.75	0.95	1.90	2.67	3.46	3.38	4.48	3.55	3.24	…	…	…
15年	…	0.79	1.03	1.85	2.80	3.27	3.74	4.15	3.18	3.12	…	…	…
16年	…	0.77	0.80	1.59	2.60	3.27	3.56	4.09	3.57	3.36	…	…	…
17年	…	0.73	0.79	1.67	2.49	3.05	3.48	3.99	3.36	2.96	…	…	…
18年	(0.49)	(0.64)	(0.82)	(1.36)	(2.44)	(2.79)	(3.31)	(3.87)	(3.11)	(3.18)	(3.90)	(3.21)	(3.33)
	0.40	0.44	0.48	0.97	1.66	2.52	2.49	2.74	2.35	2.10	2.10	1.55	1.31
19年	0.34	0.47	0.52	0.96	1.66	2.71	3.10	3.18	2.59	2.15	2.38	1.76	1.40
20年	0.42	0.50	0.50	0.91	1.38	2.40	2.72	3.06	2.52	2.21	2.37	1.91	1.85
21年	0.42	0.52	0.47	1.12	1.74	2.68	3.00	3.35	2.64	2.44	2.50	1.86	1.73
22年	0.47	0.55	0.48	0.94	1.55	2.48	2.81	3.09	2.66	2.27	2.24	2.16	1.74
23年	0.37	0.52	0.55	1.10	1.73	2.67	3.02	3.35	2.70	2.16	2.62	2.02	1.71
24年	0.36	0.42	0.54	1.11	1.64	2.55	3.25	3.27	2.63	2.49	2.39	2.00	1.75
25年	0.35	0.50	0.53	1.02	1.84	2.68	2.82	3.27	2.45	2.11	2.70	1.93	1.78
26年	0.36	0.52	0.62	1.04	1.92	2.68	3.05	3.45	2.61	2.15	2.60	2.02	1.84
27年	0.43	0.45	0.50	0.88	1.81	2.76	3.07	3.51	2.62	2.31	2.51	2.07	1.82
28年	0.33	0.43	0.52	1.12	1.66	2.74	2.96	3.50	2.74	2.24	2.69	2.05	1.86
29年	0.31	0.55	0.57	1.01	1.71	2.55	2.90	3.64	2.95	2.39	2.63	2.19	1.89
30年	0.31	0.47	0.46	1.07	1.70	2.77	3.05	3.47	2.75	2.48	2.74	2.39	1.98
令和元年	0.32	0.49	0.41	0.91	1.60	2.66	2.97	3.59	2.92	2.50	2.99	2.25	2.20
2年	0.44	0.52	0.64	1.03	2.08	2.76	3.16	4.00	3.09	3.02	3.69	3.66	3.20
3年	0.33	0.38	0.43	0.84	1.54	2.34	2.51	3.29	2.97	2.59	3.57	2.84	2.63
4年	0.19	0.36	0.44	0.79	1.64	2.44	2.66	3.53	2.93	2.97	3.79	3.33	2.85

(注) 痩身傾向児とは以下の者である。以下の各表において同じ。
1．昭和52年度から平成17年度は，性別・年齢別に身長別平均体重を求め，その平均体重の80％以下の者。
2．平成18年度からは，以下の式により性別・年齢別・身長別標準体重から肥満度を求め，肥満度が−20％以下の者。
　　　肥満度＝（実測体重−身長別標準体重）/ 身長別標準体重 × 100（％）
3．平成18年度上段（ ）内は，平成17年度以前の算出方法により算出した出現率である。

14 年齢別 痩身傾向児の出現率の推移（昭和52年度～令和4年度）（3－2）

2. 男

単位 （%）

区　分	幼稚園 5歳	小　学　校 6歳	7歳	8歳	9歳	10歳	11歳	中　学　校 12歳	13歳	14歳	高　等　学　校 15歳	16歳	17歳
昭和 52年度	…	0.57	0.36	0.72	0.61	1.00	0.93	1.23	0.80	0.79	…	…	…
53年	…	0.62	0.36	0.32	0.83	1.04	1.26	1.08	1.12	0.89	…	…	…
54年	…	0.55	0.43	0.53	0.81	1.41	1.37	1.26	1.15	1.07	…	…	…
55年	…	0.50	0.49	0.75	0.76	1.36	1.23	1.35	1.08	1.03	…	…	…
56年	…	0.49	0.50	0.78	0.78	1.18	1.26	1.35	1.10	1.35	…	…	…
57年	…	0.47	0.31	0.47	0.88	1.12	1.34	1.26	0.99	1.08	…	…	…
58年	…	0.34	0.31	0.56	0.79	1.13	1.68	1.49	1.24	1.07	…	…	…
59年	…	0.41	0.26	0.67	0.93	1.13	1.14	1.33	1.07	1.16	…	…	…
60年	…	0.42	0.38	0.59	0.80	1.43	1.28	1.27	1.09	1.47	…	…	…
61年	…	0.44	0.53	0.76	1.21	1.37	1.70	1.56	1.29	1.27	…	…	…
62年	…	0.45	0.49	0.71	1.13	1.80	1.60	1.75	1.47	1.34	…	…	…
63年	…	0.47	0.53	0.93	1.39	1.89	1.99	1.91	1.55	1.56	…	…	…
平成元年	…	0.58	0.52	0.94	1.75	1.86	1.91	1.80	1.60	1.76	…	…	…
2年	…	0.53	0.66	1.12	1.52	2.12	2.26	2.50	1.86	2.00	…	…	…
3年	…	0.55	0.50	0.96	1.72	2.34	2.24	2.58	1.93	1.90	…	…	…
4年	…	0.59	0.59	0.99	1.82	2.46	2.40	2.35	1.73	2.08	…	…	…
5年	…	0.57	0.78	1.27	1.66	2.11	2.51	2.38	1.65	2.20	…	…	…
6年	…	0.44	0.67	1.09	1.92	2.48	2.70	2.53	2.01	2.17	…	…	…
7年	…	0.66	0.81	1.63	1.90	2.43	2.67	2.50	2.13	2.14	…	…	…
8年	…	0.71	0.66	1.85	2.47	3.10	2.98	2.79	2.02	2.19	…	…	…
9年	…	0.76	1.11	1.72	3.11	3.60	3.41	2.80	2.35	2.40	…	…	…
10年	…	0.79	0.91	1.76	2.90	3.75	3.67	2.80	2.51	2.59	…	…	…
11年	…	0.62	0.98	1.71	3.14	3.90	3.38	3.42	2.28	2.37	…	…	…
12年	…	1.01	0.83	1.75	3.10	4.07	3.80	3.53	2.55	2.52	…	…	…
13年	…	0.69	0.81	1.71	3.04	3.56	4.08	3.78	2.45	2.80	…	…	…
14年	…	0.81	1.03	2.20	2.96	3.72	3.68	4.05	2.75	2.74	…	…	…
15年	…	0.71	0.94	1.96	3.15	3.45	3.84	3.71	2.44	2.88	…	…	…
16年	…	0.67	0.81	1.67	2.90	3.65	3.71	3.78	2.92	2.78	…	…	…
17年	…	0.58	0.88	1.86	2.71	3.41	3.99	3.34	2.54	2.48	…	…	…
18年	(0.49) 0.39	(0.67) 0.35	(0.81) 0.39	(1.34) 0.87	(2.67) 1.51	(3.15) 2.33	(3.30) 2.48	(3.83) 1.99	(2.23) 1.37	(2.69) 1.46	(4.19) 1.98	(3.83) 1.61	(3.83) 1.39
19年	0.26	0.39	0.38	0.86	1.56	2.54	2.85	2.38	1.64	1.63	2.38	1.69	1.38
20年	0.35	0.46	0.43	0.80	1.25	2.39	2.75	2.25	1.68	1.75	2.24	1.75	1.96
21年	0.34	0.44	0.43	1.06	1.69	2.57	3.28	2.38	1.68	1.94	2.45	1.85	1.77
22年	0.42	0.48	0.42	0.95	1.59	2.36	2.55	2.30	1.53	1.48	2.11	1.91	1.67
23年	0.33	0.40	0.54	1.17	1.50	2.69	3.05	2.43	1.55	1.73	2.60	1.82	1.54
24年	0.36	0.27	0.49	1.06	1.44	2.49	3.38	2.40	1.66	1.79	2.35	1.89	1.64
25年	0.36	0.39	0.40	0.98	1.78	2.48	2.90	2.43	1.46	1.57	2.70	1.88	1.84
26年	0.34	0.41	0.50	0.98	1.79	2.85	3.24	2.77	1.75	1.79	2.66	2.19	1.99
27年	0.40	0.41	0.47	0.79	1.60	2.81	3.18	2.72	1.80	1.72	2.62	2.18	2.07
28年	0.24	0.45	0.41	1.16	1.48	2.49	2.94	2.75	2.04	1.84	3.07	2.25	2.21
29年	0.33	0.47	0.53	0.95	1.57	2.66	3.27	2.96	2.26	2.05	3.01	2.50	2.09
30年	0.27	0.31	0.39	0.95	1.71	2.87	3.16	2.79	2.21	2.18	3.24	2.78	2.38
令和元年	0.33	0.42	0.37	0.73	1.55	2.61	3.25	2.99	2.31	2.40	3.60	2.60	2.68
2年	0.50	0.42	0.62	0.97	1.83	2.76	3.45	3.65	2.99	3.24	4.24	4.07	3.57
3年	0.30	0.28	0.31	0.84	1.42	2.32	2.83	3.03	2.73	2.64	4.02	3.34	3.07
4年	0.15	0.28	0.41	0.58	1.41	2.36	2.91	3.21	2.59	2.87	4.43	3.71	3.32

14 年齢別 痩身傾向児の出現率の推移(昭和52年度～令和4年度)(3-3)

3. 女 単位 (%)

区分	幼稚園 5歳	小学校 6歳	7歳	8歳	9歳	10歳	11歳	中学校 12歳	13歳	14歳	高等学校 15歳	16歳	17歳
昭和 52年度	…	0.48	0.52	0.67	1.11	1.05	1.45	2.06	2.65	2.22	…	…	…
53年	…	0.52	0.51	0.58	1.29	1.42	1.47	2.12	2.44	2.30	…	…	…
54年	…	0.56	0.39	0.79	1.00	1.32	1.51	2.36	2.65	2.14	…	…	…
55年	…	0.56	0.55	0.97	0.98	1.22	1.55	2.38	2.44	2.64	…	…	…
56年	…	0.77	0.42	0.82	1.18	1.37	1.84	2.45	2.44	2.57	…	…	…
57年	…	0.46	0.32	0.73	0.90	1.35	1.53	2.22	2.47	2.00	…	…	…
58年	…	0.52	0.57	0.66	0.74	1.19	1.43	2.41	2.47	2.36	…	…	…
59年	…	0.47	0.45	0.54	0.84	1.16	1.21	2.42	2.26	2.48	…	…	…
60年	…	0.44	0.56	0.77	1.02	1.40	1.67	2.44	2.35	2.21	…	…	…
61年	…	0.66	0.61	0.78	1.11	1.46	1.97	2.61	2.46	2.33	…	…	…
62年	…	0.57	0.60	0.90	1.22	1.49	1.86	2.65	2.61	2.77	…	…	…
63年	…	0.49	0.57	0.78	1.25	1.59	1.90	2.69	2.73	2.44	…	…	…
平成元年	…	0.58	0.61	0.88	1.42	1.95	2.19	2.80	2.83	2.52	…	…	…
2年	…	0.64	0.77	1.20	1.58	2.26	2.20	3.16	2.78	2.47	…	…	…
3年	…	0.68	0.58	1.07	1.69	1.67	2.24	3.29	2.97	2.54	…	…	…
4年	…	0.76	0.70	1.05	1.55	1.82	2.34	3.42	3.11	2.99	…	…	…
5年	…	0.85	0.69	1.29	1.50	1.64	2.65	3.14	3.21	2.84	…	…	…
6年	…	0.58	0.78	1.23	1.87	2.03	2.66	3.24	3.22	2.89	…	…	…
7年	…	0.71	0.75	1.50	1.82	2.30	2.52	3.36	3.47	2.67	…	…	…
8年	…	0.73	0.84	1.49	1.88	2.54	2.86	3.50	3.24	2.81	…	…	…
9年	…	0.94	0.97	1.58	2.09	2.84	2.71	3.78	3.61	2.92	…	…	…
10年	…	0.89	0.97	1.55	2.21	2.88	3.31	4.05	3.80	3.42	…	…	…
11年	…	0.93	0.84	1.78	2.78	3.03	3.15	4.77	3.77	3.33	…	…	…
12年	…	0.91	0.95	1.74	2.52	3.07	3.33	4.15	3.99	3.39	…	…	…
13年	…	0.73	1.03	1.76	2.34	2.47	3.63	4.26	4.05	3.27	…	…	…
14年	…	0.70	0.87	1.59	2.36	3.18	3.08	4.94	4.38	3.76	…	…	…
15年	…	0.88	1.11	1.73	2.43	3.08	3.64	4.62	3.95	3.37	…	…	…
16年	…	0.87	0.80	1.51	2.29	2.88	3.41	4.41	4.24	3.97	…	…	…
17年	…	0.89	0.70	1.47	2.25	2.68	2.93	4.67	4.23	3.46	…	…	…
18年	(0.50)	(0.62)	(0.82)	(1.39)	(2.20)	(2.40)	(3.31)	(3.92)	(4.03)	(3.69)	(3.60)	(2.58)	(2.81)
	0.42	0.53	0.58	1.08	1.82	2.72	2.49	3.53	3.39	2.76	2.22	1.50	1.23
19年	0.43	0.55	0.66	1.06	1.77	2.88	3.36	4.01	3.57	2.69	2.38	1.83	1.42
20年	0.50	0.54	0.57	1.01	1.51	2.42	2.69	3.91	3.39	2.69	2.51	2.06	1.74
21年	0.51	0.60	0.52	1.18	1.79	2.80	2.70	4.37	3.64	2.95	2.55	1.86	1.69
22年	0.51	0.62	0.53	0.93	1.50	2.61	3.08	3.92	3.84	3.09	2.37	2.40	1.81
23年	0.40	0.65	0.55	1.03	1.96	2.64	2.98	4.32	3.91	2.61	2.65	2.22	1.89
24年	0.35	0.57	0.60	1.16	1.85	2.61	3.12	4.18	3.64	3.22	2.43	2.12	1.85
25年	0.34	0.62	0.66	1.06	1.90	2.89	2.74	4.16	3.48	2.68	2.69	1.98	1.72
26年	0.39	0.64	0.75	1.10	2.06	2.50	2.86	4.17	3.52	2.52	2.53	1.85	1.69
27年	0.47	0.48	0.53	0.98	2.02	2.71	2.97	4.33	3.49	2.93	2.40	1.96	1.57
28年	0.44	0.40	0.64	1.07	1.86	2.99	2.99	4.29	3.47	2.67	2.30	1.84	1.51
29年	0.29	0.64	0.61	1.07	1.86	2.43	2.52	4.36	3.69	2.74	2.24	1.87	1.69
30年	0.35	0.63	0.53	1.19	1.69	2.65	2.93	4.18	3.32	2.78	2.22	2.00	1.57
令和元年	0.31	0.56	0.45	1.09	1.65	2.71	2.67	4.22	3.56	2.59	2.36	1.89	1.71
2年	0.38	0.63	0.65	1.09	2.35	2.76	2.87	4.37	3.20	2.79	3.13	3.24	2.82
3年	0.36	0.49	0.56	0.83	1.66	2.36	2.18	3.55	3.22	2.55	3.10	2.33	2.19
4年	0.23	0.44	0.46	1.01	1.87	2.53	2.40	3.85	3.28	3.09	3.13	2.94	2.38

15 学校種別 疾病・異常被患率等の

1 幼稚園（1）計

区分	裸眼視力 計	視力非矯正者の裸眼視力 1.0以上	1.0未満0.7以上	0.7未満0.3以上	0.3未満	視力矯正者の裸眼視力 1.0以上	1.0未満0.7以上	0.7未満0.3以上	0.3未満	裸眼視力 計	1.0未満0.7以上	0.7未満0.3以上	0.3未満	眼の疾病・異常	耳疾患	鼻疾患・副鼻腔患	口腔咽喉頭疾患異常	むし歯（う歯）計	処完了者	未処置ある歯者
昭和23年度	...	...	...	...	...	...	...	...	...	...	...	...	...	...	...	...	...	...	...	...
24年	...	...	...	...	...	...	...	...	...	...	...	...	...	...	...	...	...	31.04	1.23	29.81
25年	...	...	...	...	...	...	...	...	...	...	...	...	...	...	...	...	...	45.36	2.36	43.00
26年	...	...	...	...	...	...	...	...	...	...	...	...	...	...	...	...	...	59.64	2.26	57.38
27年	...	...	...	...	...	...	...	...	...	...	...	...	...	...	...	...	...	...	...	...
28年	...	...	...	...	...	...	...	...	...	...	...	...	...	...	...	...	...	...	...	...
29年	...	...	...	...	...	...	...	...	...	...	...	...	...	...	...	...	...	...	...	...
30年	...	...	...	...	...	...	...	...	...	...	...	...	...	...	...	...	...	...	...	...
31年	...	...	...	...	...	...	...	...	...	...	...	...	...	...	...	...	...	71.98	2.38	69.60
32年	...	...	...	...	...	...	...	...	...	...	...	...	...	...	...	...	...	86.20	3.30	82.90
33年	...	...	...	...	...	...	...	...	...	...	...	...	...	...	...	...	...	87.20	3.50	83.70
34年	...	...	...	...	...	...	...	...	...	...	...	...	...	...	...	...	...	88.90	4.40	84.50
35年	...	...	...	...	...	...	...	...	...	...	...	...	...	...	...	...	...	88.16	3.97	84.19
36年	...	...	...	...	...	...	...	...	...	...	...	...	...	...	...	...	...	88.24	3.95	84.29
37年	...	...	...	...	...	...	...	...	...	...	...	...	...	...	...	...	...	88.18	5.30	82.88
38年	...	...	...	...	...	...	...	...	...	...	...	...	...	...	...	...	...	88.81	5.63	83.18
39年	...	...	...	...	...	...	...	...	...	...	...	...	...	...	...	...	...	90.51	6.15	84.36
40年	...	...	...	...	...	...	...	...	...	...	...	...	...	...	...	...	...	90.14	6.62	83.52
41年	...	...	...	...	...	...	...	...	...	...	...	...	...	...	...	...	...	91.01	5.11	85.90
42年	...	...	...	...	...	...	...	...	...	...	...	...	...	...	...	...	...	92.62	5.67	86.95
43年	...	...	...	...	...	...	...	...	...	...	...	...	...	...	...	...	...	91.41	6.21	85.20
44年	...	...	...	...	...	...	...	...	...	...	...	...	...	...	...	...	...	91.62	6.46	85.16
45年	...	...	...	...	...	...	...	...	...	...	...	...	...	...	...	...	...	95.40	3.70	91.70
46年	...	...	...	...	...	...	...	...	...	...	...	...	...	...	...	...	...	...	...	...
47年	...	...	...	...	...	...	...	...	...	...	...	...	...	...	...	...	...	93.82	9.47	84.34
48年	...	...	...	...	...	...	...	...	...	...	...	...	...	...	...	...	...	94.07	8.83	85.24
49年	...	...	...	...	...	...	...	...	...	...	...	...	...	...	...	...	...	94.00	9.13	84.87
50年	...	...	...	...	...	...	...	...	...	...	...	...	...	...	...	...	...	94.20	8.69	85.51
51年	...	...	...	...	...	...	...	...	...	...	...	...	...	...	...	...	...	93.86	9.68	84.18
52年	...	...	...	...	...	...	...	...	...	...	...	...	...	...	...	...	...	88.37	9.21	79.16
53年	...	...	...	...	...	...	...	...	...	...	...	...	...	...	...	...	...	87.53	10.38	77.15
54年	...	...	...	...	...	...	...	...	...	16.47	12.21	3.91	0.35	...	...	...	...	89.10	10.53	78.57
55年	...	...	...	...	...	...	...	...	...	19.84	14.85	4.36	0.63	...	...	...	...	86.54	13.48	73.06
56年	...	...	...	...	...	...	...	...	...	14.93	10.52	3.84	0.56	...	...	...	...	84.60	16.07	68.53
57年	...	...	...	...	...	...	...	...	...	16.64	12.76	3.45	0.43	...	...	...	...	82.42	15.71	66.71
58年	...	...	...	...	...	...	...	...	...	19.85	15.26	4.40	0.20	...	...	...	...	83.55	17.52	66.03
59年	...	...	...	...	...	...	...	...	...	21.45	15.72	5.31	0.42	...	...	...	...	83.86	23.58	60.28
60年	...	...	...	...	...	...	...	...	...	21.22	15.88	4.89	0.45	...	...	...	...	82.57	23.44	59.13
61年	...	...	...	...	...	...	...	...	...	21.59	15.67	5.46	0.45	...	...	...	...	83.04	24.88	58.17
62年	...	...	...	...	...	...	...	...	...	23.11	16.10	6.40	0.60	...	...	...	...	80.91	24.86	56.05
63年	...	...	...	...	...	...	...	...	...	23.21	16.65	6.09	0.48	...	...	...	...	81.23	26.76	54.47
平成元年	...	...	...	...	...	...	...	...	...	25.81	19.00	6.27	0.53	...	...	...	...	80.86	28.18	52.68
2年	...	...	...	...	...	...	...	...	...	18.63	13.79	4.46	0.38	...	...	...	...	80.41	27.98	52.44
3年	...	...	...	...	...	...	...	...	...	21.58	15.61	5.39	0.57	...	...	...	...	80.81	29.05	51.76
4年	...	...	...	...	...	...	...	...	...	20.16	14.36	5.17	0.63	...	...	...	...	78.72	28.44	50.28
5年	...	...	...	...	...	...	...	...	...	20.58	15.02	5.08	0.49	...	...	...	...	75.66	27.96	47.70
6年	...	...	...	...	...	...	...	...	...	23.83	17.62	5.83	0.38	...	...	...	...	76.96	28.21	48.75
7年	...	...	...	...	...	...	...	...	...	26.78	17.96	8.09	0.73	...	1.93	3.32	3.54	74.66	27.77	46.88
8年	...	...	...	...	...	...	...	...	...	21.38	15.36	5.55	0.46	...	1.65	2.65	3.60	73.72	28.03	45.69
9年	...	...	...	...	...	...	...	...	...	23.08	16.12	6.48	0.48	...	1.86	2.69	2.97	71.24	27.74	43.50
10年	...	...	...	...	...	...	...	...	...	25.84	18.15	7.18	0.51	...	1.49	2.86	3.50	67.73	25.71	42.02
11年	...	...	...	...	...	...	...	...	...	23.97	17.71	5.77	0.49	...	1.81	2.91	3.09	67.04	25.12	41.92
12年	...	...	...	...	...	...	...	...	...	28.69	21.47	6.77	0.46	...	1.90	3.29	3.06	64.43	25.06	39.37
13年	...	...	...	...	...	...	...	...	...	27.16	19.91	6.75	0.50	...	2.09	3.16	2.99	61.54	23.44	38.10
14年	...	...	...	...	...	...	...	...	...	26.54	19.28	6.82	0.44	...	2.02	3.46	2.41	61.46	24.06	37.40
15年	...	...	...	...	...	...	...	...	...	25.31	17.72	6.82	0.77	...	2.19	2.98	3.23	58.80	22.71	36.09
16年	...	...	...	...	...	...	...	...	...	20.78	14.64	5.55	0.59	...	1.79	2.67	2.32	56.92	23.02	33.90
17年	...	...	...	...	...	...	...	...	...	20.38	15.23	4.69	0.47	...	2.05	3.18	2.02	54.39	21.32	33.07
18年	...	...	...	...	...	...	...	...	...	24.07	17.99	5.60	0.47	2.16	2.93	3.40	1.96	55.20	21.67	33.53
19年	...	...	...	...	...	...	...	...	...	26.21	18.89	6.81	0.51	2.17	2.57	3.68	2.37	53.70	20.67	33.03
20年	...	...	...	...	...	...	...	...	...	28.93	22.03	6.11	0.78	1.92	2.80	3.78	1.74	50.25	20.34	29.91
21年	...	...	...	...	...	...	...	...	...	24.87	18.81	5.45	0.61	2.10	2.91	3.98	1.96	46.50	18.77	27.72
22年	...	...	...	...	...	...	...	...	...	26.43	19.83	5.81	0.79	2.15	3.34	3.39	1.86	46.07	18.36	27.71
23年	...	...	...	...	...	...	...	...	...	25.48	19.09	5.82	0.57	1.82	2.54	4.37	2.38	42.95	16.91	26.04
24年	100.00	72.27	20.58	5.66	0.34	0.22	0.29	0.49	0.16	27.52	20.86	6.15	0.50	1.83	2.60	3.50	1.46	42.86	17.31	25.55
25年	100.00	75.26	17.75	5.32	0.52	0.21	0.30	0.43	0.20	24.53	18.05	5.75	0.73	2.09	2.58	3.44	1.37	39.51	16.01	23.50
26年	100.00	73.15	17.20	7.42	0.81	0.32	0.35	0.59	0.16	26.53	17.55	8.01	0.97	1.76	2.27	3.13	1.74	38.46	15.68	22.78
27年	100.00	72.95	19.22	6.00	0.52	0.23	0.34	0.54	0.20	26.82	19.55	6.57	0.70	2.03	2.23	3.57	1.30	36.23	15.12	21.11
28年	100.00	71.80	19.74	6.68	0.59	0.26	0.28	0.40	0.25	27.94	20.01	7.08	0.85	1.87	2.83	3.58	1.14	35.64	14.53	21.11
29年	100.00	75.13	17.57	5.17	0.48	0.39	0.48	0.54	0.25	24.48	18.05	5.71	0.72	1.60	3.25	2.86	1.31	35.45	13.85	21.60
30年	100.00	73.01	18.63	6.11	0.56	0.31	0.40	0.67	0.31	26.68	19.04	6.78	0.86	1.55	2.31	2.91	1.45	35.10	13.60	21.50
令和元年	100.00	73.60	17.97	6.16	0.34	0.34	0.46	0.86	0.26	26.06	18.44	7.03	0.60	1.92	2.57	3.21	1.52	31.16	12.00	19.15
2年	100.00	71.53	20.67	5.44	0.48	0.57	0.45	0.66	0.20	27.90	21.12	6.10	0.68	1.36	1.97	2.38	1.04	30.34	12.68	17.66
3年	100.00	74.74	17.05	5.72	0.43	0.45	0.57	0.83	0.22	24.81	17.62	6.54	0.64	1.48	2.00	2.96	0.61	26.49	11.07	15.42
4年	100.00	74.61	17.40	5.02	0.56	0.44	0.73	0.83	0.41	24.95	18.13	5.85	0.97	1.27	2.36	3.03	0.65	24.93	10.05	14.88

推移（昭和23年度～令和4年度）（12-1）

単位　（%）

歯列・咬合	顎関節	歯垢の状態	歯肉の状態	栄養状態	せき柱・胸郭	四肢・せき柱・胸郭の状態	アトピー性皮膚炎	その他の皮膚疾患	心疾病臓・異常	蛋白検出の者	寄生虫卵保有者	ぜん息	腎臓疾患	言語障害	区分
...	...	...	...	...	...	...	...	...	...	...	...	...	...	...	昭和23年度
...	...	...	...	1.92	...	...	...	...	...	...	57.71	...	...	...	24年
...	...	...	...	1.71	...	...	...	...	...	...	54.21	...	...	...	25年
...	...	...	...	1.66	...	...	...	...	...	...	52.01	...	...	...	26年
...	...	...	...	...	...	...	...	...	...	...	...	...	...	...	27年
...	...	...	...	...	...	...	...	...	...	...	...	...	...	...	28年
...	...	...	...	...	...	...	...	...	...	...	...	...	...	...	29年
...	...	...	...	...	...	...	...	...	...	...	...	...	...	...	30年
...	...	...	...	0.94	...	...	...	...	0.26	...	26.62	...	...	...	31年
...	...	...	...	0.99	...	...	...	...	0.30	...	22.60	...	...	...	32年
...	...	...	...	0.95	...	...	...	...	0.30	...	19.00	...	...	...	33年
...	...	...	...	0.87	...	...	...	...	0.28	...	16.70	...	...	...	34年
...	...	...	...	0.68	...	...	...	...	0.28	...	...	...	...	...	35年
...	...	...	...	0.76	...	...	...	...	0.29	...	...	...	...	...	36年
...	...	...	...	0.50	...	...	...	...	0.24	...	...	...	...	...	37年
...	...	...	...	0.58	...	...	...	...	0.28	...	...	...	...	...	38年
...	...	...	...	0.55	...	...	...	...	0.26	...	...	...	...	...	39年
...	...	...	...	0.50	...	...	...	...	0.24	...	...	...	...	...	40年
...	...	...	...	0.49	...	...	...	...	0.27	...	...	...	...	...	41年
...	...	...	...	0.41	...	...	...	...	0.29	...	...	0.29	0.01	0.14	42年
...	...	...	...	0.42	...	...	...	...	0.25	...	...	0.28	0.02	0.13	43年
...	...	...	...	0.41	...	...	...	...	0.29	...	...	0.45	0.02	0.20	44年
...	...	...	...	0.40	1.00	...	...	...	0.30	...	...	0.50	-	0.30	45年
...	...	...	...	...	...	...	...	...	...	...	...	...	...	...	46年
...	...	...	...	0.30	0.86	...	...	...	0.33	...	...	0.38	0.03	0.17	47年
...	...	...	...	0.27	0.77	...	...	...	0.31	...	...	0.41	0.03	0.17	48年
...	...	...	...	...	0.69	...	...	...	0.38	1.82	5.19	0.36	0.04	0.14	49年
...	...	...	...	...	0.70	...	...	...	0.39	1.67	5.62	0.42	0.04	0.15	50年
...	...	...	...	...	0.68	...	...	...	0.37	2.10	6.33	0.42	0.03	0.17	51年
...	...	...	...	...	0.74	...	...	...	0.40	1.49	4.03	0.47	0.01	0.10	52年
...	...	...	...	...	0.76	...	...	...	0.39	1.26	4.06	0.39	0.01	0.08	53年
...	...	...	...	...	0.99	...	...	...	0.36	0.90	5.41	0.32	0.02	0.18	54年
...	...	...	...	...	1.08	...	...	...	0.44	1.77	4.06	0.68	0.02	0.14	55年
...	...	...	...	...	0.68	...	...	...	0.37	1.05	3.31	0.56	0.03	0.12	56年
...	...	...	...	...	...	...	...	...	0.52	0.66	3.51	0.49	0.03	0.13	57年
...	...	...	...	...	...	...	...	...	0.33	0.94	3.60	0.70	0.12	0.16	58年
...	...	...	...	...	...	...	...	...	0.50	0.57	3.73	0.59	0.02	0.19	59年
...	...	...	...	...	...	...	...	...	0.37	0.36	3.48	0.70	0.03	0.15	60年
...	...	...	...	...	...	...	...	...	0.39	0.52	3.58	0.67	0.02	0.18	61年
...	...	...	...	...	...	...	...	...	0.39	0.56	3.42	0.68	0.04	0.22	62年
...	...	...	...	...	...	...	...	...	0.47	0.95	2.78	0.67	0.01	0.18	63年
...	...	...	...	...	...	...	...	...	0.43	0.77	2.38	0.73	0.02	0.16	平成元年
...	...	...	...	...	...	...	...	...	0.36	0.54	2.13	0.70	0.02	0.16	2年
...	...	...	...	...	...	...	...	...	0.34	0.61	1.88	0.68	0.08	0.22	3年
...	...	...	...	...	...	...	...	...	0.50	0.76	2.02	0.67	0.02	0.11	4年
...	...	...	...	...	...	...	...	...	0.39	0.51	1.75	0.79	0.02	0.14	5年
...	...	...	...	...	...	...	...	...	0.38	0.71	1.85	0.84	0.02	0.14	6年
...	...	...	...	...	...	...	...	...	0.33	0.86	1.65	0.91	0.02	0.17	7年
...	...	...	...	...	...	...	...	...	0.40	0.50	1.29	1.02	0.02	0.20	8年
...	...	...	...	...	...	...	...	...	0.31	0.48	1.04	0.94	0.03	0.14	9年
...	...	...	...	...	...	...	...	...	0.27	0.61	0.96	1.32	0.02	0.18	10年
...	...	...	...	...	...	...	...	...	0.36	0.67	0.75	1.52	0.04	0.23	11年
...	...	...	...	...	...	...	...	...	0.32	0.42	0.75	1.33	0.03	0.18	12年
...	...	...	...	...	...	...	...	...	0.33	0.57	0.61	1.29	0.02	0.23	13年
...	...	...	...	...	...	...	...	...	0.36	0.37	0.41	1.26	0.01	0.15	14年
...	...	...	...	...	...	...	...	...	0.36	0.34	0.35	1.46	0.02	0.22	15年
...	...	...	...	...	...	...	...	...	0.27	0.58	0.28	1.29	0.03	0.19	16年
...	...	...	...	...	...	...	...	...	0.21	0.60	0.19	1.58	0.02	0.30	17年
2.46	0.09	0.27	0.13	0.27	0.23	...	3.77	1.10	0.38	0.54	0.17	2.36	0.03	0.37	18年
2.59	0.07	0.47	0.17	0.26	0.16	...	3.19	1.11	0.46	0.68	0.15	2.23	0.03	0.38	19年
3.01	0.07	0.54	0.22	0.24	0.15	...	3.54	1.12	0.41	0.49	0.12	2.65	0.05	0.52	20年
2.87	0.08	1.06	0.29	0.24	0.47	...	3.11	1.07	0.44	0.62	0.15	2.15	0.05	0.57	21年
3.19	0.06	0.53	0.20	0.21	0.17	...	3.28	1.05	0.45	1.01	0.09	2.74	0.06	0.41	22年
2.80	0.10	0.49	0.27	0.19	0.16	...	2.87	1.17	0.43	0.76	0.12	2.79	0.05	0.38	23年
3.20	0.07	0.84	0.23	0.19	0.18	...	2.88	1.10	0.43	0.58	0.07	2.33	0.03	0.43	24年
2.95	0.08	0.59	0.26	0.18	0.19	...	2.39	1.34	0.37	0.89	0.12	2.13	0.04	0.39	25年
3.50	0.12	0.91	0.17	0.26	0.16	...	2.37	1.32	0.38	0.74	0.08	1.85	0.05	0.44	26年
3.61	0.05	0.63	0.22	0.21	0.11	...	2.52	1.21	0.44	0.76	0.06	2.14	0.07	0.54	27年
3.64	0.06	0.60	0.21	0.20	...	0.28	2.39	1.25	0.40	0.65	...	2.30	0.05	0.52	28年
3.51	0.13	0.84	0.39	0.26	...	0.16	2.09	1.14	0.35	0.97	...	1.80	0.09	0.56	29年
3.81	0.04	0.69	0.29	0.22	...	0.23	2.04	1.57	0.31	1.03	...	1.56	0.05	0.42	30年
4.29	0.07	0.92	0.19	0.24	...	0.16	2.31	1.31	0.41	1.02	...	1.83	0.08	0.52	令和元年
4.22	0.10	1.11	0.32	0.30	...	0.35	1.90	1.11	0.37	1.00	...	1.64	0.07	0.32	2年
4.61	0.08	0.84	0.30	0.28	...	0.17	1.75	1.01	0.34	0.66	...	1.48	0.06	0.49	3年
4.30	0.09	1.06	0.28	0.38	...	0.24	1.62	0.78	0.28	0.87	...	1.11	0.03	0.29	4年

15 学校種別 疾病・異常被患率等の

1 幼稚園 (2) 男

区分	計	裸眼視力 視力非矯正者 1.0以上	1.0未満0.7以上	0.7未満0.3以上	0.3未満	視力矯正者 1.0以上	1.0未満0.7以上	0.7未満0.3以上	0.3未満	裸眼視力 計	1.0未満0.7以上	0.7未満0.3以上	0.3未満	眼の疾病・異常	耳疾患	鼻疾患・副鼻腔患	口腔咽喉頭異常	むし歯 計	処置完了者	未処置歯者
昭和23年度	...	...	...	...	...	...	...	...	...	...	...	...	...	...	...	...	...	...	...	...
24年	...	...	...	...	...	...	...	...	...	...	...	...	...	...	...	...	...	29.82	1.23	28.59
25年	...	...	...	...	...	...	...	...	...	...	...	...	...	...	...	...	...	45.08	2.24	42.84
26年	...	...	...	...	...	...	...	...	...	...	...	...	...	...	...	...	...	59.21	2.20	57.01
27年	...	...	...	...	...	...	...	...	...	...	...	...	...	...	...	...	...	...	...	...
28年	...	...	...	...	...	...	...	...	...	...	...	...	...	...	...	...	...	...	...	...
29年	...	...	...	...	...	...	...	...	...	...	...	...	...	...	...	...	...	...	...	...
30年	...	...	...	...	...	...	...	...	...	...	...	...	...	...	...	...	...	...	...	...
31年	...	...	...	...	...	...	...	...	...	...	...	...	...	...	...	...	...	71.66	2.40	69.26
32年	...	...	...	...	...	...	...	...	...	...	...	...	...	...	...	...	...	86.10	3.40	82.70
33年	...	...	...	...	...	...	...	...	...	...	...	...	...	...	...	...	...	87.10	3.50	83.60
34年	...	...	...	...	...	...	...	...	...	...	...	...	...	...	...	...	...	88.80	4.40	84.40
35年	...	...	...	...	...	...	...	...	...	...	...	...	...	...	...	...	...	88.37	4.17	84.20
36年	...	...	...	...	...	...	...	...	...	...	...	...	...	...	...	...	...	88.13	3.88	84.25
37年	...	...	...	...	...	...	...	...	...	...	...	...	...	...	...	...	...	88.05	5.26	82.79
38年	...	...	...	...	...	...	...	...	...	...	...	...	...	...	...	...	...	88.60	5.41	83.19
39年	...	...	...	...	...	...	...	...	...	...	...	...	...	...	...	...	...	91.95	6.01	85.94
40年	...	...	...	...	...	...	...	...	...	...	...	...	...	...	...	...	...	89.97	6.62	83.35
41年	...	...	...	...	...	...	...	...	...	...	...	...	...	...	...	...	...	90.84	5.05	85.79
42年	...	...	...	...	...	...	...	...	...	...	...	...	...	...	...	...	...	92.42	5.45	86.97
43年	...	...	...	...	...	...	...	...	...	...	...	...	...	...	...	...	...	91.02	6.00	85.02
44年	...	...	...	...	...	...	...	...	...	...	...	...	...	...	...	...	...	91.93	6.39	85.54
45年	...	...	...	...	...	...	...	...	...	...	...	...	...	...	...	...	...	95.50	4.10	91.40
46年	...	...	...	...	...	...	...	...	...	...	...	...	...	...	...	...	...	...	...	...
47年	...	...	...	...	...	...	...	...	...	...	...	...	...	...	...	...	...	93.51	9.15	84.36
48年	...	...	...	...	...	...	...	...	...	...	...	...	...	...	...	...	...	93.95	8.61	85.34
49年	...	...	...	...	...	...	...	...	...	...	...	...	...	...	...	...	...	93.96	8.93	85.03
50年	...	...	...	...	...	...	...	...	...	...	...	...	...	...	...	...	...	94.10	8.46	85.64
51年	...	...	...	...	...	...	...	...	...	...	...	...	...	...	...	...	...	93.66	9.47	84.19
52年	...	...	...	...	...	...	...	...	...	...	...	...	...	...	...	...	...	87.80	9.22	78.58
53年	...	...	...	...	...	...	...	...	...	...	...	...	...	...	...	...	...	87.47	10.50	76.97
54年	...	...	...	...	...	...	...	...	...	15.87	11.99	3.53	0.36	...	...	...	...	89.06	10.31	78.76
55年	...	...	...	...	...	...	...	...	...	19.14	13.67	4.47	1.00	...	...	...	...	86.71	13.38	73.33
56年	...	...	...	...	...	...	...	...	...	13.95	9.92	3.76	0.27	...	...	...	...	84.90	16.14	68.76
57年	...	...	...	...	...	...	...	...	...	15.81	12.48	3.04	0.29	...	...	...	...	82.37	15.78	66.59
58年	...	...	...	...	...	...	...	...	...	18.86	14.55	4.12	0.20	...	...	...	...	83.26	17.02	66.23
59年	...	...	...	...	...	...	...	...	...	20.52	14.99	5.11	0.41	...	...	...	...	84.24	23.50	60.74
60年	...	...	...	...	...	...	...	...	...	20.49	15.30	4.75	0.45	...	...	...	...	82.50	23.42	59.08
61年	...	...	...	...	...	...	...	...	...	20.75	15.47	4.79	0.48	...	...	...	...	83.04	24.60	58.44
62年	...	...	...	...	...	...	...	...	...	21.68	15.33	5.66	0.69	...	...	...	...	81.19	24.71	56.48
63年	...	...	...	...	...	...	...	...	...	22.19	16.05	5.61	0.52	...	...	...	...	81.42	26.64	54.79
平成元年	...	...	...	...	...	...	...	...	...	24.69	18.46	5.70	0.53	...	...	...	...	80.77	27.94	52.83
2年	...	...	...	...	...	...	...	...	...	17.51	13.20	3.90	0.40	...	...	...	...	81.00	28.40	52.60
3年	...	...	...	...	...	...	...	...	...	20.42	14.87	5.00	0.56	...	...	...	...	80.78	29.02	51.76
4年	...	...	...	...	...	...	...	...	...	19.44	13.98	4.87	0.59	...	...	...	...	78.84	28.48	50.35
5年	...	...	...	...	...	...	...	...	...	19.45	14.54	4.39	0.52	...	...	...	...	76.34	27.94	48.40
6年	...	...	...	...	...	...	...	...	...	22.48	16.59	5.50	0.38	...	...	...	...	77.44	28.13	49.31
7年	...	...	...	...	...	...	...	...	...	25.36	16.69	7.91	0.76	...	2.10	4.21	4.09	74.73	27.47	47.26
8年	...	...	...	...	...	...	...	...	...	20.35	14.69	5.16	0.50	...	1.70	3.38	4.05	73.79	27.90	45.89
9年	...	...	...	...	...	...	...	...	...	22.12	15.82	5.90	0.41	...	1.87	3.18	3.32	71.41	27.68	43.73
10年	...	...	...	...	...	...	...	...	...	24.82	17.45	6.85	0.52	...	1.46	3.37	3.91	68.44	25.43	43.01
11年	...	...	...	...	...	...	...	...	...	23.48	17.59	5.39	0.50	...	2.01	3.58	3.56	67.18	24.73	42.44
12年	...	...	...	...	...	...	...	...	...	26.70	20.10	6.18	0.42	...	2.00	3.56	3.57	65.19	25.21	39.97
13年	...	...	...	...	...	...	...	...	...	26.67	19.73	6.34	0.60	...	2.28	3.83	3.25	61.67	23.39	38.28
14年	...	...	...	...	...	...	...	...	...	25.44	18.94	6.17	0.33	...	2.00	4.33	2.79	61.88	23.48	38.40
15年	...	...	...	...	...	...	...	...	...	24.64	17.80	6.16	0.68	...	2.32	3.79	3.72	59.72	23.00	36.72
16年	...	...	...	...	...	...	...	...	...	19.70	14.01	5.06	0.64	...	1.87	3.36	2.72	57.24	23.08	34.16
17年	...	...	...	...	...	...	...	...	...	19.55	14.40	4.64	0.50	...	2.08	3.89	2.14	55.41	21.54	33.86
18年	...	...	...	...	...	...	...	...	...	23.65	17.38	5.73	0.55	2.20	3.00	4.25	2.19	56.41	21.99	34.42
19年	...	...	...	...	...	...	...	...	...	25.79	18.86	6.54	0.39	2.38	2.60	4.51	2.76	54.80	20.82	33.98
20年	...	...	...	...	...	...	...	...	...	28.16	21.78	5.93	0.45	1.98	3.04	4.59	2.05	51.25	20.55	30.69
21年	...	...	...	...	...	...	...	...	...	24.08	18.51	5.06	0.52	2.20	2.99	4.65	2.38	47.62	19.10	28.52
22年	...	...	...	...	...	...	...	...	...	25.38	19.10	5.36	0.93	2.22	3.52	4.14	2.17	47.22	18.88	28.34
23年	...	...	...	...	...	...	...	...	...	24.27	18.53	5.23	0.50	1.79	2.71	5.35	2.59	44.23	17.34	26.89
24年	100.00	72.59	20.47	5.59	0.28	0.18	0.25	0.49	0.15	27.23	20.72	6.08	0.43	1.93	2.89	4.27	1.67	43.89	17.81	26.09
25年	100.00	75.73	17.42	5.23	0.54	0.18	0.32	0.38	0.21	24.10	17.74	5.61	0.75	2.23	2.67	4.02	1.53	40.88	16.51	24.38
26年	100.00	74.83	16.56	6.18	1.18	0.30	0.22	0.57	0.16	24.87	16.79	6.74	1.34	1.94	2.33	3.74	2.06	39.66	16.21	23.44
27年	100.00	73.89	18.68	5.86	0.49	0.18	0.24	0.48	0.16	25.92	18.79	6.35	0.66	2.24	2.48	4.51	1.55	37.37	15.47	21.89
28年	100.00	72.44	19.45	6.47	0.60	0.22	0.19	0.38	0.25	27.34	19.64	6.85	0.85	2.06	2.91	4.22	1.19	36.89	15.16	21.73
29年	100.00	75.57	17.27	4.97	0.40	0.40	0.48	0.56	0.34	24.02	17.75	5.54	0.74	1.55	2.16	3.28	1.50	36.93	14.22	22.71
30年	100.00	73.71	18.12	6.01	0.64	0.26	0.39	0.55	0.32	26.03	18.51	6.56	0.95	1.60	2.50	3.56	1.69	36.17	14.00	22.17
令和元年	100.00	73.97	17.88	5.96	0.36	0.41	0.32	0.90	0.19	25.62	18.20	6.86	0.56	1.90	2.66	3.79	1.81	32.57	12.76	19.80
2年	100.00	72.18	20.30	5.09	0.51	0.59	0.45	0.64	0.24	27.24	20.75	5.73	0.76	1.32	2.18	2.91	1.04	30.92	12.77	18.15
3年	100.00	74.57	17.58	5.75	0.49	0.32	0.41	0.68	0.21	25.11	17.99	6.42	0.70	1.43	2.07	3.72	0.70	27.13	11.09	16.04
4年	100.00	74.55	17.60	5.10	0.45	0.41	0.54	0.94	0.40	25.03	18.14	6.04	0.85	1.30	2.39	3.55	0.70	25.88	10.32	15.56

推移（昭和23年度～令和4年度）（１２－２）

単位　（％）

歯列・咬合	口腔顎関節	歯垢の状態	歯肉の状態	栄養状態	せき柱・胸郭	四肢の状態（せき柱・胸郭・）	皮膚疾患 アトピー性皮膚炎	皮膚疾患 その他の皮膚疾患	心臓病・異常	蛋白検出の者	寄生虫卵保有者	その他の疾病・異常 ぜん息	その他の疾病・異常 腎臓疾患	その他の疾病・異常 言語障害	区分
…	…	…	…	…	…	…	…	…	…	…	…	…	…	…	昭和23年度
…	…	…	…	2.09	…	…	…	…	…	…	58.77	…	…	…	24年
…	…	…	…	1.86	…	…	…	…	…	…	54.33	…	…	…	25年
…	…	…	…	1.80	…	…	…	…	…	…	53.64	…	…	…	26年
…	…	…	…	…	…	…	…	…	…	…	…	…	…	…	27年
…	…	…	…	…	…	…	…	…	…	…	…	…	…	…	28年
…	…	…	…	…	…	…	…	…	…	…	…	…	…	…	29年
…	…	…	…	…	…	…	…	…	…	…	…	…	…	…	30年
…	…	…	…	1.04	…	…	…	…	0.27	…	27.09	…	…	…	31年
…	…	…	…	1.08	…	…	…	…	0.31	…	23.10	…	…	…	32年
…	…	…	…	1.05	…	…	…	…	0.33	…	18.10	…	…	…	33年
…	…	…	…	0.94	…	…	…	…	0.29	…	17.10	…	…	…	34年
…	…	…	…	0.74	…	…	…	…	0.30	…	…	…	…	…	35年
…	…	…	…	0.80	…	…	…	…	0.30	…	…	…	…	…	36年
…	…	…	…	0.49	…	…	…	…	0.25	…	…	…	…	…	37年
…	…	…	…	0.64	…	…	…	…	0.30	…	…	…	…	…	38年
…	…	…	…	0.60	…	…	…	…	0.26	…	…	…	…	…	39年
…	…	…	…	0.50	…	…	…	…	0.25	…	…	…	…	…	40年
…	…	…	…	0.52	…	…	…	…	0.28	…	…	…	…	…	41年
…	…	…	…	0.46	…	…	…	…	0.29	…	…	0.38	0.01	0.20	42年
…	…	…	…	0.44	…	…	…	…	0.27	…	…	0.36	0.02	0.19	43年
…	…	…	…	0.45	…	…	…	…	0.31	…	…	0.59	0.02	0.27	44年
…	…	…	…	0.40	1.40	…	…	…	0.40	…	…	0.60	－	0.40	45年
…	…	…	…	…	…	…	…	…	…	…	…	…	…	…	46年
…	…	…	…	0.33	1.17	…	…	…	0.35	…	…	0.48	0.03	0.22	47年
…	…	…	…	0.29	1.09	…	…	…	0.33	…	…	0.53	0.03	0.23	48年
…	…	…	…	…	0.97	…	…	…	0.41	1.73	5.39	0.48	0.04	0.18	49年
…	…	…	…	…	0.99	…	…	…	0.41	1.64	5.85	0.54	0.04	0.22	50年
…	…	…	…	…	0.91	…	…	…	0.39	2.15	6.75	0.52	0.04	0.25	51年
…	…	…	…	…	0.92	…	…	…	0.43	1.37	4.40	0.62	0.01	0.16	52年
…	…	…	…	…	0.94	…	…	…	0.41	1.26	4.09	0.39	0.01	0.10	53年
…	…	…	…	…	1.24	…	…	…	0.39	0.95	5.83	0.36	0.03	0.27	54年
…	…	…	…	…	1.34	…	…	…	0.54	2.29	4.25	0.77	0.02	0.14	55年
…	…	…	…	…	0.92	…	…	…	0.35	0.92	3.30	0.79	0.04	0.19	56年
…	…	…	…	…	…	…	…	…	0.50	0.62	3.94	0.53	0.06	0.21	57年
…	…	…	…	…	…	…	…	…	0.33	1.06	4.20	0.53	0.19	0.25	58年
…	…	…	…	…	…	…	…	…	0.52	0.58	3.99	0.75	0.04	0.28	59年
…	…	…	…	…	…	…	…	…	0.41	0.26	3.77	0.94	0.04	0.22	60年
…	…	…	…	…	…	…	…	…	0.47	0.54	3.97	0.78	0.01	0.28	61年
…	…	…	…	…	…	…	…	…	0.42	0.53	3.71	0.92	0.04	0.28	62年
…	…	…	…	…	…	…	…	…	0.46	0.95	3.10	0.85	0.01	0.29	63年
…	…	…	…	…	…	…	…	…	0.43	0.61	2.49	0.92	0.02	0.23	平成元年
…	…	…	…	…	…	…	…	…	0.37	0.49	2.26	0.85	0.03	0.22	2年
…	…	…	…	…	…	…	…	…	0.38	0.60	2.05	0.88	0.12	0.30	3年
…	…	…	…	…	…	…	…	…	0.50	0.68	2.09	0.85	0.03	0.15	4年
…	…	…	…	…	…	…	…	…	0.29	0.49	1.95	0.90	0.04	0.19	5年
…	…	…	…	…	…	…	…	…	0.37	0.52	1.92	1.06	0.02	0.21	6年
…	…	…	…	…	…	…	…	…	0.34	0.82	1.82	1.15	0.02	0.23	7年
…	…	…	…	…	…	…	…	…	0.39	0.51	1.39	1.30	0.01	0.29	8年
…	…	…	…	…	…	…	…	…	0.37	0.40	1.19	1.11	0.04	0.21	9年
…	…	…	…	…	…	…	…	…	0.31	0.51	1.10	1.58	0.04	0.23	10年
…	…	…	…	…	…	…	…	…	0.37	0.67	0.93	1.86	0.04	0.34	11年
…	…	…	…	…	…	…	…	…	0.30	0.42	0.73	1.69	0.03	0.26	12年
…	…	…	…	…	…	…	…	…	0.31	0.50	0.70	1.73	0.02	0.34	13年
…	…	…	…	…	…	…	…	…	0.39	0.28	0.46	1.49	0.02	0.18	14年
…	…	…	…	…	…	…	…	…	0.41	0.30	0.43	1.82	0.01	0.32	15年
…	…	…	…	…	…	…	…	…	0.26	0.43	0.33	1.64	0.05	0.28	16年
…	…	…	…	…	…	…	…	…	0.18	0.50	0.23	1.84	0.03	0.45	17年
2.31	0.09	0.34	0.16	0.29	0.29	…	4.13	1.20	0.40	0.43	0.18	2.89	0.03	0.49	18年
2.43	0.07	0.45	0.15	0.27	0.20	…	3.37	1.18	0.39	0.52	0.20	2.73	0.03	0.52	19年
2.98	0.04	0.61	0.25	0.29	0.20	…	3.92	1.24	0.49	0.43	0.15	3.35	0.07	0.80	20年
2.67	0.05	1.14	0.32	0.20	0.49	…	3.33	1.12	0.45	0.46	0.14	2.65	0.05	0.72	21年
2.82	0.06	0.60	0.22	0.23	0.23	…	3.51	1.13	0.48	0.90	0.10	3.35	0.08	0.60	22年
2.45	0.10	0.49	0.24	0.21	0.19	…	3.11	1.19	0.44	0.57	0.12	3.24	0.05	0.52	23年
3.15	0.07	0.88	0.24	0.20	0.20	…	3.04	1.20	0.44	0.52	0.08	2.91	0.04	0.66	24年
2.91	0.07	0.66	0.29	0.16	0.20	…	2.59	1.44	0.36	0.63	0.17	2.64	0.06	0.59	25年
3.28	0.15	0.97	0.16	0.24	0.17	…	2.49	1.39	0.38	0.68	0.09	2.15	0.04	0.58	26年
3.33	0.04	0.67	0.22	0.19	0.12	…	2.75	1.28	0.46	0.64	0.07	2.68	0.09	0.73	27年
3.28	0.05	0.65	0.20	0.23	…	0.32	2.60	1.35	0.37	0.51	…	2.67	0.07	0.72	28年
3.37	0.13	0.98	0.38	0.29	…	0.17	2.22	1.13	0.28	0.83	…	2.08	0.05	0.77	29年
3.57	0.03	0.70	0.30	0.21	…	0.22	2.21	1.69	0.29	0.92	…	1.86	0.06	0.58	30年
4.00	0.07	1.02	0.23	0.23	…	0.19	2.27	1.43	0.47	0.97	…	2.11	0.10	0.71	令和元年
3.76	0.11	1.27	0.35	0.30	…	0.43	2.05	1.13	0.35	0.99	…	1.86	0.09	0.48	2年
4.27	0.04	0.91	0.30	0.25	…	0.16	1.77	1.03	0.34	0.58	…	1.70	0.06	0.64	3年
4.06	0.09	1.06	0.31	0.36	…	0.27	1.75	0.87	0.29	0.72	…	1.41	0.02	0.39	4年

15　学校種別　疾病・異常被患率等の

1 幼稚園 (3) 女

区　分	計	視力非矯正者の裸眼視力 1.0以上	1.0未満0.7以上	0.7未満0.3以上	0.3未満	視力矯正者の裸眼視力 1.0以上	1.0未満0.7以上	0.7未満0.3以上	0.3未満	裸眼視力 計	1.0未満0.7以上	0.7未満0.3以上	0.3未満	眼の疾病・異常	耳疾患	鼻疾患・副鼻腔患	口腔咽喉頭疾患異常	むし歯(う歯) 計	処完了者	未処置歯のある歯者
昭和23年度	…	…	…	…	…	…	…	…	…	…	…	…	…	…	…	…	…	…	…	…
24年	…	…	…	…	…	…	…	…	…	…	…	…	…	…	…	…	…	31.63	1.23	30.40
25年	…	…	…	…	…	…	…	…	…	…	…	…	…	…	…	…	…	45.65	2.48	43.17
26年	…	…	…	…	…	…	…	…	…	…	…	…	…	…	…	…	…	60.09	2.33	57.76
27年	…	…	…	…	…	…	…	…	…	…	…	…	…	…	…	…	…	…	…	…
28年	…	…	…	…	…	…	…	…	…	…	…	…	…	…	…	…	…	…	…	…
29年	…	…	…	…	…	…	…	…	…	…	…	…	…	…	…	…	…	…	…	…
30年	…	…	…	…	…	…	…	…	…	…	…	…	…	…	…	…	…	…	…	…
31年	…	…	…	…	…	…	…	…	…	…	…	…	…	…	…	…	…	72.31	2.37	69.94
32年	…	…	…	…	…	…	…	…	…	…	…	…	…	…	…	…	…	86.10	3.30	82.80
33年	…	…	…	…	…	…	…	…	…	…	…	…	…	…	…	…	…	87.40	3.50	83.90
34年	…	…	…	…	…	…	…	…	…	…	…	…	…	…	…	…	…	89.00	4.40	84.60
35年	…	…	…	…	…	…	…	…	…	…	…	…	…	…	…	…	…	87.95	3.77	84.18
36年	…	…	…	…	…	…	…	…	…	…	…	…	…	…	…	…	…	88.36	4.02	84.34
37年	…	…	…	…	…	…	…	…	…	…	…	…	…	…	…	…	…	88.32	5.35	82.97
38年	…	…	…	…	…	…	…	…	…	…	…	…	…	…	…	…	…	89.05	5.87	83.18
39年	…	…	…	…	…	…	…	…	…	…	…	…	…	…	…	…	…	89.02	6.29	82.73
40年	…	…	…	…	…	…	…	…	…	…	…	…	…	…	…	…	…	90.32	6.61	83.71
41年	…	…	…	…	…	…	…	…	…	…	…	…	…	…	…	…	…	91.19	5.17	86.02
42年	…	…	…	…	…	…	…	…	…	…	…	…	…	…	…	…	…	92.85	5.91	86.94
43年	…	…	…	…	…	…	…	…	…	…	…	…	…	…	…	…	…	91.81	6.43	85.38
44年	…	…	…	…	…	…	…	…	…	…	…	…	…	…	…	…	…	91.27	6.52	84.75
45年	…	…	…	…	…	…	…	…	…	…	…	…	…	…	…	…	…	95.30	3.40	91.90
46年	…	…	…	…	…	…	…	…	…	…	…	…	…	…	…	…	…	…	…	…
47年	…	…	…	…	…	…	…	…	…	…	…	…	…	…	…	…	…	94.13	9.81	84.32
48年	…	…	…	…	…	…	…	…	…	…	…	…	…	…	…	…	…	94.19	9.06	85.13
49年	…	…	…	…	…	…	…	…	…	…	…	…	…	…	…	…	…	94.03	9.34	84.70
50年	…	…	…	…	…	…	…	…	…	…	…	…	…	…	…	…	…	94.31	8.92	85.39
51年	…	…	…	…	…	…	…	…	…	…	…	…	…	…	…	…	…	94.06	9.90	84.16
52年	…	…	…	…	…	…	…	…	…	…	…	…	…	…	…	…	…	88.97	9.20	79.77
53年	…	…	…	…	…	…	…	…	…	…	…	…	…	…	…	…	…	87.59	10.25	77.34
54年	…	…	…	…	…	…	…	…	…	17.11	12.44	4.32	0.35	…	…	…	…	89.13	10.76	78.37
55年	…	…	…	…	…	…	…	…	…	20.57	16.08	4.24	0.25	…	…	…	…	86.36	13.58	72.78
56年	…	…	…	…	…	…	…	…	…	15.94	11.16	3.91	0.87	…	…	…	…	84.28	16.00	68.28
57年	…	…	…	…	…	…	…	…	…	17.51	13.05	3.88	0.58	…	…	…	…	82.46	15.63	66.83
58年	…	…	…	…	…	…	…	…	…	20.87	15.99	4.68	0.19	…	…	…	…	83.85	18.04	65.81
59年	…	…	…	…	…	…	…	…	…	22.41	16.47	5.51	0.43	…	…	…	…	83.47	23.66	59.81
60年	…	…	…	…	…	…	…	…	…	21.98	16.49	5.04	0.45	…	…	…	…	82.63	23.45	59.18
61年	…	…	…	…	…	…	…	…	…	22.45	15.88	6.16	0.42	…	…	…	…	83.05	25.16	57.89
62年	…	…	…	…	…	…	…	…	…	24.58	16.89	7.17	0.52	…	…	…	…	80.62	25.01	55.61
63年	…	…	…	…	…	…	…	…	…	24.27	17.26	6.58	0.43	…	…	…	…	81.03	26.88	54.15
平成元年	…	…	…	…	…	…	…	…	…	26.96	19.56	6.87	0.54	…	…	…	…	80.96	28.42	52.54
2年	…	…	…	…	…	…	…	…	…	19.79	14.39	5.03	0.37	…	…	…	…	79.81	27.55	52.27
3年	…	…	…	…	…	…	…	…	…	22.76	16.38	5.81	0.58	…	…	…	…	80.84	29.08	51.76
4年	…	…	…	…	…	…	…	…	…	20.90	14.75	5.48	0.68	…	…	…	…	78.61	28.41	50.20
5年	…	…	…	…	…	…	…	…	…	21.75	15.50	5.79	0.46	…	…	…	…	74.96	27.97	46.99
6年	…	…	…	…	…	…	…	…	…	25.23	18.68	6.16	0.39	…	…	…	…	76.47	28.29	48.18
7年	…	…	…	…	…	…	…	…	…	28.24	19.26	8.27	0.71	…	1.76	2.41	2.97	74.58	28.08	46.50
8年	…	…	…	…	…	…	…	…	…	22.44	16.05	5.96	0.42	…	1.59	1.91	3.15	73.65	28.17	45.49
9年	…	…	…	…	…	…	…	…	…	24.06	16.43	7.08	0.55	…	1.86	2.19	2.61	71.07	27.81	43.26
10年	…	…	…	…	…	…	…	…	…	26.88	18.87	7.53	0.49	…	1.53	2.34	3.08	67.00	26.00	41.00
11年	…	…	…	…	…	…	…	…	…	24.47	17.84	6.16	0.48	…	1.60	2.23	2.60	66.91	25.52	41.39
12年	…	…	…	…	…	…	…	…	…	30.74	22.87	7.37	0.50	…	1.81	3.02	2.54	63.65	24.90	38.75
13年	…	…	…	…	…	…	…	…	…	27.65	20.08	7.17	0.39	…	1.88	2.49	2.71	61.41	23.49	37.92
14年	…	…	…	…	…	…	…	…	…	27.67	19.63	7.50	0.55	…	2.04	2.58	2.02	61.02	24.64	36.38
15年	…	…	…	…	…	…	…	…	…	25.99	17.64	7.49	0.86	…	2.06	2.16	2.73	57.86	22.41	35.45
16年	…	…	…	…	…	…	…	…	…	21.88	15.30	6.04	0.54	…	1.70	1.96	1.92	56.59	22.96	33.63
17年	…	…	…	…	…	…	…	…	…	21.25	16.08	4.74	0.43	…	2.02	2.45	1.91	53.34	21.08	32.26
18年	…	…	…	…	…	…	…	…	…	24.49	18.62	5.48	0.40	2.13	2.85	2.53	1.71	53.96	21.34	32.62
19年	…	…	…	…	…	…	…	…	…	26.64	18.92	7.07	0.65	1.96	2.54	2.82	1.97	52.58	20.51	32.07
20年	…	…	…	…	…	…	…	…	…	29.71	22.29	6.30	1.12	1.86	2.56	2.96	1.43	49.22	20.12	29.10
21年	…	…	…	…	…	…	…	…	…	25.68	19.12	5.86	0.70	2.01	2.84	3.29	1.52	45.34	18.43	26.91
22年	…	…	…	…	…	…	…	…	…	27.51	20.58	6.28	0.65	2.08	3.15	2.63	1.55	44.89	17.82	27.08
23年	…	…	…	…	…	…	…	…	…	26.71	19.66	6.41	0.64	1.86	2.37	3.36	2.17	41.63	16.46	25.17
24年	100.00	71.94	20.69	5.74	0.40	0.25	0.32	0.49	0.17	27.81	21.01	6.23	0.57	1.72	2.31	2.70	1.24	41.80	16.81	24.99
25年	100.00	74.78	18.10	5.42	0.51	0.24	0.27	0.48	0.20	24.97	18.37	5.90	0.70	1.94	2.48	2.84	1.20	38.09	15.50	22.59
26年	100.00	71.42	17.86	8.69	0.44	0.35	0.48	0.61	0.15	28.23	18.34	9.30	0.59	1.57	2.22	2.51	1.40	37.23	15.14	22.09
27年	100.00	71.98	19.77	6.14	0.54	0.29	0.43	0.65	0.20	27.74	20.21	6.79	0.74	1.81	1.98	2.62	1.04	35.06	14.77	20.30
28年	100.00	71.14	20.03	6.89	0.58	0.29	0.37	0.43	0.15	28.56	20.40	7.32	0.84	1.68	2.74	2.93	1.09	34.35	13.88	20.47
29年	100.00	74.67	17.89	5.37	0.55	0.38	0.48	0.52	0.15	24.95	18.36	5.88	0.70	1.66	2.33	2.43	1.11	33.93	13.47	20.47
30年	100.00	72.28	19.17	6.20	0.48	0.36	0.41	0.80	0.30	27.36	19.58	7.01	0.77	1.51	2.11	2.24	1.21	34.00	13.19	20.82
令和元年	100.00	73.22	18.07	6.37	0.31	0.26	0.61	0.82	0.33	26.52	18.68	7.20	0.64	1.94	2.47	2.61	1.22	29.70	11.22	18.48
2年	100.00	70.87	21.06	5.80	0.44	0.54	0.44	0.69	0.16	28.59	21.50	6.49	0.60	1.41	1.76	1.83	1.04	27.74	10.60	17.14
3年	100.00	74.91	16.51	5.68	0.37	0.59	0.73	0.98	0.22	24.50	17.24	6.67	0.59	1.52	1.93	2.19	0.51	25.84	11.05	14.79
4年	100.00	74.67	17.19	4.94	0.67	0.46	0.93	0.71	0.42	24.87	18.12	5.66	1.09	1.23	2.32	2.48	0.60	23.95	9.77	14.18

推移（昭和23年度～令和4年度）（12-3）

単位　（％）

| 口腔 | | | | 栄養状態 | せき柱・胸郭 | 四肢の状態・せき柱・胸郭・ | 皮膚疾患 | | 心臓病・異常の | 蛋白検出の者 | 寄生虫卵保有者 | その他の疾病・異常 | | | 区分 |
歯列・咬合	顎関節	歯垢の状態	歯肉の状態				アトピー性皮膚炎	その他の皮膚疾患				ぜん息	腎臓疾患	言語障害	
...	...	...	...	...	...	...	...	...	...	...	...	...	...	...	昭和23年度
...	...	...	...	1.75	...	...	...	...	...	...	56.69	...	...	...	24年
...	...	...	...	1.55	...	...	...	...	...	...	54.09	...	...	...	25年
...	...	...	...	1.51	...	...	...	...	...	...	50.32	...	...	...	26年
...	...	...	...	...	...	...	...	...	...	...	...	...	...	...	27年
...	...	...	...	...	...	...	...	...	...	...	...	...	...	...	28年
...	...	...	...	...	...	...	...	...	...	...	...	...	...	...	29年
...	...	...	...	...	...	...	...	...	...	...	...	...	...	...	30年
...	...	...	...	0.85	...	...	...	...	0.26	...	26.12	...	...	...	31年
...	...	...	...	0.89	...	...	...	...	0.30	...	22.10	...	...	...	32年
...	...	...	...	0.85	...	...	...	...	0.27	...	20.00	...	...	...	33年
...	...	...	...	0.79	...	...	...	...	0.27	...	16.00	...	...	...	34年
...	...	...	...	0.62	...	...	...	...	0.27	...	...	...	...	...	35年
...	...	...	...	0.72	...	...	...	...	0.27	...	...	...	...	...	36年
...	...	...	...	0.50	...	...	...	...	0.24	...	...	...	...	...	37年
...	...	...	...	0.52	...	...	...	...	0.26	...	...	...	...	...	38年
...	...	...	...	0.50	...	...	...	...	0.26	...	...	...	...	...	39年
...	...	...	...	0.50	...	...	...	...	0.23	...	...	...	...	...	40年
...	...	...	...	0.45	...	...	...	...	0.27	...	...	...	...	...	41年
...	...	...	...	0.36	...	...	...	...	0.29	...	...	0.19	0.01	0.09	42年
...	...	...	...	0.40	...	...	...	...	0.24	...	...	0.20	0.01	0.07	43年
...	...	...	...	0.36	...	...	...	...	0.27	...	...	0.31	0.02	0.12	44年
...	...	...	...	0.40	0.50	...	...	...	0.30	...	...	0.50	−	0.10	45年
...	...	...	...	...	...	...	...	...	...	...	...	...	...	...	46年
...	...	...	...	0.27	0.53	...	...	...	0.32	...	...	0.27	0.03	0.12	47年
...	...	...	...	0.24	0.43	...	...	...	0.29	...	...	0.30	0.03	0.10	48年
...	...	...	...	...	0.40	...	...	...	0.36	1.92	4.99	0.23	0.03	0.09	49年
...	...	...	...	...	0.41	...	...	...	0.36	1.69	5.38	0.30	0.04	0.09	50年
...	...	...	...	...	0.44	...	...	...	0.36	2.05	5.88	0.31	0.03	0.10	51年
...	...	...	...	...	0.55	...	...	...	0.36	1.62	3.64	0.32	0.01	0.03	52年
...	...	...	...	...	0.56	...	...	...	0.38	1.27	4.03	0.39	0.01	0.06	53年
...	...	...	...	...	0.72	...	...	...	0.34	0.86	4.97	0.28	0.02	0.08	54年
...	...	...	...	...	0.81	...	...	...	0.33	1.23	3.86	0.58	0.01	0.15	55年
...	...	...	...	...	0.44	...	...	...	0.39	1.19	3.32	0.33	0.01	0.05	56年
...	...	...	...	...	...	...	...	...	0.54	0.70	3.07	0.44	0.00	0.04	57年
...	...	...	...	...	...	...	...	...	0.33	0.81	2.98	0.88	0.05	0.06	58年
...	...	...	...	...	...	...	...	...	0.47	0.57	3.45	0.43	0.01	0.11	59年
...	...	...	...	...	...	...	...	...	0.32	0.46	3.18	0.45	0.03	0.09	60年
...	...	...	...	...	...	...	...	...	0.30	0.51	3.17	0.55	0.03	0.07	61年
...	...	...	...	...	...	...	...	...	0.36	0.60	3.13	0.43	0.04	0.15	62年
...	...	...	...	...	...	...	...	...	0.48	0.96	2.45	0.47	0.01	0.07	63年
...	...	...	...	...	...	...	...	...	0.44	0.94	2.27	0.52	0.02	0.10	平成元年
...	...	...	...	...	...	...	...	...	0.35	0.59	1.99	0.53	0.02	0.11	2年
...	...	...	...	...	...	...	...	...	0.31	0.63	1.71	0.48	0.03	0.13	3年
...	...	...	...	...	...	...	...	...	0.51	0.84	1.96	0.47	0.02	0.08	4年
...	...	...	...	...	...	...	...	...	0.48	0.53	1.55	0.68	0.01	0.09	5年
...	...	...	...	...	...	...	...	...	0.40	0.90	1.78	0.61	0.01	0.07	6年
...	...	...	...	...	...	...	...	...	0.33	0.91	1.48	0.67	0.03	0.11	7年
...	...	...	...	...	...	...	...	...	0.41	0.49	1.18	0.72	0.02	0.11	8年
...	...	...	...	...	...	...	...	...	0.25	0.57	0.88	0.77	0.02	0.08	9年
...	...	...	...	...	...	...	...	...	0.22	0.72	0.81	1.05	0.00	0.13	10年
...	...	...	...	...	...	...	...	...	0.35	0.67	0.56	1.17	0.05	0.13	11年
...	...	...	...	...	...	...	...	...	0.34	0.42	0.77	0.97	0.02	0.10	12年
...	...	...	...	...	...	...	...	...	0.34	0.64	0.51	0.83	0.02	0.11	13年
...	...	...	...	...	...	...	...	...	0.34	0.47	0.36	1.02	0.01	0.12	14年
...	...	...	...	...	...	...	...	...	0.31	0.37	0.27	1.09	0.03	0.13	15年
...	...	...	...	...	...	...	...	...	0.29	0.73	0.22	0.94	0.01	0.09	16年
...	...	...	...	...	...	...	...	...	0.25	0.71	0.15	1.31	0.01	0.15	17年
2.60	0.09	0.19	0.11	0.26	0.15	...	3.41	0.99	0.37	0.67	0.16	1.82	0.04	0.25	18年
2.74	0.07	0.49	0.19	0.25	0.11	...	3.00	1.03	0.54	0.84	0.11	1.72	0.02	0.24	19年
3.03	0.10	0.48	0.19	0.19	0.11	...	3.15	1.00	0.32	0.54	0.09	1.92	0.02	0.23	20年
3.06	0.12	0.97	0.27	0.29	0.45	...	2.88	1.02	0.43	0.78	0.15	1.64	0.06	0.42	21年
3.57	0.06	0.46	0.18	0.19	0.10	...	3.05	0.97	0.42	1.12	0.09	2.11	0.03	0.22	22年
3.17	0.11	0.49	0.31	0.17	0.12	...	2.63	1.14	0.42	0.96	0.13	2.32	0.04	0.25	23年
3.26	0.07	0.80	0.22	0.18	0.17	...	2.70	0.99	0.42	0.63	0.06	1.74	0.02	0.20	24年
2.99	0.08	0.52	0.23	0.21	0.17	...	2.19	1.23	0.38	1.17	0.07	1.61	0.03	0.19	25年
3.72	0.10	0.85	0.19	0.28	0.15	...	2.24	1.25	0.38	0.79	0.06	1.55	0.07	0.30	26年
3.89	0.06	0.60	0.21	0.24	0.10	...	2.28	1.14	0.42	0.87	0.05	1.58	0.06	0.35	27年
4.00	0.07	0.55	0.22	0.17	...	0.24	2.17	1.15	0.42	0.80	...	1.91	0.03	0.31	28年
3.65	0.12	0.71	0.40	0.24	...	0.15	1.96	1.14	0.42	1.12	...	1.52	0.14	0.34	29年
4.07	0.04	0.69	0.28	0.24	...	0.25	1.86	1.45	0.33	1.14	...	1.25	0.04	0.26	30年
4.58	0.08	0.81	0.14	0.25	...	0.13	2.35	1.18	0.35	1.08	...	1.55	0.05	0.33	令和元年
4.69	0.09	0.95	0.30	0.31	...	0.28	1.74	1.10	0.39	1.01	...	1.42	0.05	0.16	2年
4.96	0.12	0.78	0.30	0.32	...	0.18	1.74	0.98	0.34	0.74	...	1.26	0.05	0.33	3年
4.56	0.10	1.05	0.25	0.41	...	0.20	1.48	0.69	0.26	1.04	...	0.80	0.03	0.19	4年

15 学校種別 疾病・異常被患率等の

2 小学校（1）計

区分	計	視力非矯正者の裸眼視力 1.0以上	1.0未満0.7以上	0.7未満0.3以上	0.3未満	視力矯正者の裸眼視力 1.0以上	1.0未満0.7以上	0.7未満0.3以上	0.3未満	裸眼視力 計	1.0未満0.7以上	0.7未満0.3以上	0.3未満	眼の疾病・異常	難聴（聴）	耳疾患	鼻疾患・副鼻腔患	口腔咽喉頭疾患・咽喉頭異常	むし歯（う歯）計	処置完了者	未処置のある歯者
昭和23年度	…	…	…	…	…	…	…	…	…	…	…	…	…	…	0.56	…	…	…	…	…	45.16
24年	…	…	…	…	…	…	…	…	…	…	…	…	…	…	0.48	…	…	…	42.08	1.21	40.87
25年	…	…	…	…	…	…	…	…	…	…	…	…	…	…	0.44	…	…	…	42.25	1.51	40.74
26年	…	…	…	…	…	…	…	…	…	…	…	…	…	…	0.38	…	…	…	41.63	1.50	40.13
27年	…	…	…	…	…	…	…	…	…	…	…	…	…	…	0.54	…	…	…	45.45	2.66	42.79
28年	…	…	…	…	…	…	…	…	…	…	…	…	…	…	0.52	…	…	…	51.94	2.45	49.49
29年	…	…	…	…	…	…	…	…	…	…	…	…	…	…	0.47	…	…	…	59.78	2.41	57.37
30年	…	…	…	…	…	…	…	…	…	…	…	…	…	…	0.46	…	…	…	66.50	3.07	63.43
31年	…	…	…	…	…	…	…	…	…	…	…	…	…	…	0.32	…	…	…	70.47	3.11	67.36
32年	…	…	…	…	…	…	…	…	…	…	…	…	…	…	0.34	…	…	…	79.00	3.40	75.60
33年	…	…	…	…	…	…	…	…	…	…	…	…	…	…	0.33	…	…	…	80.00	4.20	75.80
34年	…	…	…	…	…	…	…	…	…	…	…	…	…	…	0.63	…	…	…	81.60	5.00	76.60
35年	…	…	…	…	…	…	…	…	…	…	…	…	…	…	0.53	…	…	…	84.19	5.00	79.19
36年	…	…	…	…	…	…	…	…	…	…	…	…	…	…	0.52	…	…	…	83.14	6.14	77.00
37年	…	…	…	…	…	…	…	…	…	…	…	…	…	…	0.48	…	…	…	85.54	6.22	79.32
38年	…	…	…	…	…	…	…	…	…	…	…	…	…	…	0.46	…	…	…	87.61	6.72	80.89
39年	…	…	…	…	…	…	…	…	…	…	…	…	…	…	0.43	…	…	…	87.89	8.03	79.86
40年	…	…	…	…	…	…	…	…	…	…	…	…	…	…	0.43	…	…	…	87.88	8.73	79.15
41年	…	…	…	…	…	…	…	…	…	…	…	…	…	…	0.37	…	…	…	88.67	9.33	79.34
42年	…	…	…	…	…	…	…	…	…	…	…	…	…	…	0.31	…	…	…	91.96	9.81	82.15
43年	…	…	…	…	…	…	…	…	…	…	…	…	…	…	0.32	…	…	…	91.50	10.97	80.53
44年	…	…	…	…	…	…	…	…	…	…	…	…	…	…	0.33	…	…	…	92.24	12.18	80.06
45年	…	…	…	…	…	…	…	…	…	…	…	…	…	…	0.50	…	…	…	93.60	12.10	81.50
46年	…	…	…	…	…	…	…	…	…	…	…	…	…	…	0.40	…	…	…	93.92	14.23	79.69
47年	…	…	…	…	…	…	…	…	…	…	…	…	…	…	0.45	…	…	…	93.16	14.54	78.62
48年	…	…	…	…	…	…	…	…	…	…	…	…	…	…	0.48	…	…	…	93.42	14.65	78.77
49年	…	…	…	…	…	…	…	…	…	…	…	…	…	…	0.82	…	…	…	94.26	14.31	79.95
50年	…	…	…	…	…	…	…	…	…	…	…	…	…	…	0.67	…	…	…	94.43	14.47	79.96
51年	…	…	…	…	…	…	…	…	…	…	…	…	…	…	0.74	…	…	…	94.46	15.04	79.42
52年	…	…	…	…	…	…	…	…	…	…	…	…	…	…	0.54	…	…	…	93.73	15.25	78.48
53年	…	…	…	…	…	…	…	…	…	…	…	…	…	…	0.52	…	…	…	94.17	20.20	73.97
54年	…	…	…	…	…	…	…	…	…	17.91	9.47	5.77	2.67	…	0.56	…	…	…	94.76	17.72	77.04
55年	…	…	…	…	…	…	…	…	…	19.74	10.54	6.27	2.93	…	0.65	…	…	…	93.98	22.24	71.74
56年	…	…	…	…	…	…	…	…	…	19.05	9.97	6.16	2.92	…	0.57	…	…	…	93.50	23.63	69.87
57年	…	…	…	…	…	…	…	…	…	18.23	9.08	6.09	3.07	…	0.67	…	…	…	93.06	25.45	67.61
58年	…	…	…	…	…	…	…	…	…	18.17	8.94	6.19	3.03	…	0.70	…	…	…	92.61	27.95	64.65
59年	…	…	…	…	…	…	…	…	…	18.98	9.23	6.36	3.39	…	0.82	…	…	…	91.52	30.04	61.49
60年	…	…	…	…	…	…	…	…	…	18.72	8.71	6.44	3.57	…	0.73	…	…	…	91.36	31.82	59.54
61年	…	…	…	…	…	…	…	…	…	19.10	8.66	6.63	3.81	…	0.77	…	…	…	91.22	32.80	58.43
62年	…	…	…	…	…	…	…	…	…	19.54	8.67	6.88	3.99	…	0.82	…	…	…	91.06	34.78	56.28
63年	…	…	…	…	…	…	…	…	…	19.59	8.34	7.12	4.13	…	0.80	…	…	…	90.05	34.74	55.31
平成元年	…	…	…	…	…	…	…	…	…	20.60	8.87	7.33	4.39	…	0.76	…	…	…	90.34	35.43	54.91
2年	…	…	…	…	…	…	…	…	…	21.22	8.62	7.75	4.85	…	0.83	…	…	…	89.54	36.26	53.28
3年	…	…	…	…	…	…	…	…	…	21.68	8.75	8.00	4.94	…	0.87	…	…	…	89.34	37.16	52.18
4年	…	…	…	…	…	…	…	…	…	22.50	9.18	8.27	5.05	…	0.87	…	…	…	89.09	37.57	51.52
5年	…	…	…	…	…	…	…	…	…	23.78	9.43	8.81	5.54	…	0.88	…	…	…	88.39	38.28	50.11
6年	…	…	…	…	…	…	…	…	…	24.72	9.66	9.14	5.91	…	0.91	…	…	…	88.01	39.31	48.70
7年	…	…	…	…	…	…	…	…	…	25.42	10.20	9.43	5.78	…	0.93	3.38	9.92	2.11	87.33	40.59	46.74
8年	…	…	…	…	…	…	…	…	…	25.81	10.33	9.64	5.84	…	1.00	3.58	10.03	2.33	85.73	41.08	44.65
9年	…	…	…	…	…	…	…	…	…	26.25	10.46	9.81	5.98	…	0.91	3.80	10.03	2.17	84.66	40.90	43.76
10年	…	…	…	…	…	…	…	…	…	26.34	10.49	9.91	5.94	…	0.97	3.65	10.18	2.23	82.07	40.08	41.99
11年	…	…	…	…	…	…	…	…	…	25.77	10.51	9.56	5.70	…	0.87	4.18	10.44	2.23	80.77	38.92	41.84
12年	…	…	…	…	…	…	…	…	…	25.33	10.13	9.67	5.54	…	0.78	4.12	11.28	2.17	77.87	37.84	40.03
13年	…	…	…	…	…	…	…	…	…	25.38	10.25	9.61	5.53	…	0.91	4.24	10.69	1.82	75.59	36.38	39.21
14年	…	…	…	…	…	…	…	…	…	25.67	10.48	9.70	5.49	…	0.86	4.31	11.21	2.21	73.85	35.38	38.47
15年	…	…	…	…	…	…	…	…	…	25.61	10.64	9.69	5.29	…	0.87	4.46	11.10	2.16	71.31	34.35	36.96
16年	…	…	…	…	…	…	…	…	…	25.55	10.19	9.86	5.50	…	0.77	4.32	10.40	1.87	70.43	33.73	36.70
17年	…	…	…	…	…	…	…	…	…	26.46	10.40	10.29	5.77	…	0.86	4.48	11.18	1.86	68.19	32.84	35.36
18年	…	…	…	…	…	…	…	…	…	28.36	10.44	11.19	6.73	4.72	1.11	4.87	11.94	1.93	67.80	32.87	34.93
19年	…	…	…	…	…	…	…	…	…	28.07	10.58	11.00	6.49	4.76	1.11	5.13	11.99	1.83	65.47	31.21	34.26
20年	…	…	…	…	…	…	…	…	…	29.87	11.23	11.60	7.05	5.10	1.09	5.23	11.86	1.75	63.79	30.89	32.90
21年	…	…	…	…	…	…	…	…	…	29.71	10.92	11.51	7.27	5.27	1.11	5.47	12.57	1.63	61.79	30.32	31.47
22年	…	…	…	…	…	…	…	…	…	29.91	10.88	11.49	7.55	4.83	1.08	5.43	11.66	1.52	59.63	29.20	30.44
23年	…	…	…	…	…	…	…	…	…	29.91	10.62	11.34	7.95	5.34	0.60	5.52	12.50	1.51	57.20	28.65	28.56
24年	100.00	68.91	10.05	9.22	3.47	0.41	0.63	2.19	5.11	30.68	10.68	11.41	8.58	5.44	0.53	5.39	12.19	1.27	55.76	28.36	27.41
25年	100.00	68.89	9.90	8.93	3.23	0.59	0.79	2.51	5.15	30.52	10.70	11.44	8.38	5.32	0.54	5.43	12.07	1.32	54.14	27.18	26.96
26年	100.00	69.21	9.97	8.94	3.31	0.64	0.75	2.35	4.83	30.16	10.72	11.29	8.14	5.24	0.53	5.70	12.31	1.50	52.54	26.23	26.30
27年	100.00	68.30	10.24	9.15	3.47	0.73	0.88	2.37	4.85	30.97	11.12	11.53	8.32	5.55	0.55	5.47	11.91	1.23	50.76	25.76	25.00
28年	100.00	67.88	10.29	9.33	3.65	0.66	0.87	2.35	4.97	31.46	11.16	11.68	8.62	5.38	0.57	6.09	12.91	1.38	48.89	24.73	24.16
29年	100.00	66.80	10.39	9.81	3.75	0.74	0.89	2.44	4.97	32.46	11.48	12.25	8.72	5.68	0.55	6.24	12.84	1.28	47.06	24.07	22.99
30年	100.00	65.10	11.03	10.21	4.01	0.80	0.98	2.60	5.27	34.10	12.01	12.81	9.28	5.70	0.59	6.47	13.04	1.34	45.30	23.07	22.23
令和元年	100.00	64.54	10.90	10.44	3.92	0.89	1.12	2.74	5.47	34.57	12.01	13.18	9.38	5.60	0.61	6.32	11.81	1.13	43.68	21.74	21.74
2年	100.00	61.67	11.66	11.16	4.80	0.81	1.05	2.73	6.12	37.52	12.71	13.89	10.92	4.78	0.65	6.14	11.02	0.96	40.21	20.58	19.62
3年	100.00	62.22	11.42	10.81	4.46	0.91	1.13	2.88	6.18	36.87	12.55	13.69	10.64	5.13	0.58	6.76	11.87	0.89	39.04	20.62	18.42
4年	100.00	61.22	10.92	10.80	5.03	0.90	1.06	3.10	6.96	37.88	11.98	13.90	11.99	5.28	0.49	6.60	11.44	0.71	37.02	19.32	17.70

（注）平成24年度以降の結核に関する検診の取扱いについては、「学校保健安全法施行規則」の一部改正にともない、平成24年4月から教育委員会に設置された結核対策委員会からの意見を聞かずに
精密検査を行うことができるようになったため、「結核の精密検査の対象者」には、学校医の診察の結果、精密検査が必要と認められた者も含まれる。

推移（昭和23年度～令和4年度）（12-4）

単位（％）

歯列・咬合	顎関節	歯垢の状態	歯肉の状態	栄養状態	せき柱・胸郭	四肢の状態	アトピー性皮膚炎	その他の皮膚疾患	委員会での検討者	結核検査の対象の精密者	結核	心疾病臓・異常	心電図異常	蛋白検出の者	尿糖検出の者	寄生虫卵保有者	ぜん息	腎臓疾患	言語障害	区分
…	…	…	…	1.57	…	…	…	…	…	…	…	…	…	…	…	…	…	…	…	昭和23年度
…	…	…	…	1.92	…	…	…	…	…	…	…	…	…	…	…	63.89	…	…	…	24年
…	…	…	…	1.75	…	…	…	…	…	…	…	…	…	…	…	63.42	…	…	…	25年
…	…	…	…	1.75	…	…	…	…	…	…	…	…	…	…	…	57.98	…	…	…	26年
…	…	…	…	1.53	…	…	…	…	…	…	…	…	…	…	…	55.14	…	…	…	27年
…	…	…	…	1.41	…	…	…	…	…	…	…	0.27	…	…	…	48.76	…	…	…	28年
…	…	…	…	1.47	…	…	…	…	…	…	…	0.30	…	…	…	42.21	…	…	…	29年
…	…	…	…	1.37	…	…	…	…	…	…	…	0.25	…	…	…	38.28	…	…	…	30年
…	…	…	…	1.31	…	…	…	…	…	…	0.94	0.28	…	…	…	32.48	…	…	…	31年
…	…	…	…	0.97	…	…	…	…	…	…	…	0.28	…	…	…	29.20	…	…	…	32年
…	…	…	…	0.94	…	…	…	…	…	…	…	0.32	…	…	…	25.40	…	…	…	33年
…	…	…	…	0.95	…	…	…	…	…	…	…	0.30	…	…	…	21.80	…	…	…	34年
…	…	…	…	0.83	…	…	…	…	…	…	…	0.33	…	…	…	…	…	…	…	35年
…	…	…	…	0.69	…	…	…	…	…	…	…	0.33	…	…	…	…	…	…	…	36年
…	…	…	…	0.64	…	…	…	…	…	…	…	0.40	…	…	…	…	…	…	…	37年
…	…	…	…	0.61	…	…	…	…	…	…	…	0.41	…	…	…	…	…	…	…	38年
…	…	…	…	0.53	…	…	…	…	…	…	…	0.35	…	…	…	…	…	…	…	39年
…	…	…	…	0.48	…	…	…	…	…	…	…	0.32	…	…	…	…	…	…	…	40年
…	…	…	…	0.48	…	…	…	…	…	…	…	0.32	…	…	…	…	…	…	…	41年
…	…	…	…	0.44	…	…	…	…	…	…	0.33	0.36	…	…	…	…	0.25	0.06	0.29	42年
…	…	…	…	0.40	…	…	…	…	…	…	0.33	0.33	…	…	…	…	0.25	0.07	0.25	43年
…	…	…	…	0.34	…	…	…	…	…	…	0.22	0.30	…	…	…	…	0.36	0.06	0.31	44年
…	…	…	…	0.40	1.30	…	…	…	…	…	0.20	0.40	…	…	…	…	0.40	0.10	0.30	45年
…	…	…	…	0.25	0.84	…	…	…	…	…	0.09	0.28	…	…	…	…	0.33	0.06	0.17	46年
…	…	…	…	0.28	0.83	…	…	…	…	…	0.08	0.27	…	…	…	…	0.46	0.08	0.18	47年
…	…	…	…	0.29	0.66	…	…	…	…	…	0.10	0.24	…	…	…	…	0.49	0.10	0.15	48年
…	…	…	…	…	0.67	…	…	…	…	…	0.10	0.38	…	1.42	…	4.64	0.52	0.11	0.20	49年
…	…	…	…	…	0.64	…	…	…	…	…	0.10	0.38	…	1.48	…	5.23	0.57	0.12	0.19	50年
…	…	…	…	…	0.60	…	…	…	…	…	0.10	0.33	…	1.86	…	5.40	0.60	0.13	0.18	51年
…	…	…	…	…	0.89	…	…	…	…	…	0.05	0.38	…	1.30	…	4.18	0.41	0.08	0.09	52年
…	…	…	…	…	0.79	…	…	…	…	…	0.06	0.34	…	1.12	…	4.27	0.38	0.08	0.09	53年
…	…	…	…	…	1.09	…	…	…	…	…	0.05	0.33	…	1.14	…	4.25	0.37	0.08	0.09	54年
…	…	…	…	…	0.93	…	…	…	…	…	0.03	0.35	…	0.90	…	3.35	0.44	0.10	0.13	55年
…	…	…	…	…	0.88	…	…	…	…	…	0.01	0.40	…	0.87	…	3.30	0.49	0.10	0.10	56年
…	…	…	…	…	…	…	…	…	…	…	0.01	0.46	…	0.82	…	3.16	0.53	0.11	0.09	57年
…	…	…	…	…	…	…	…	…	…	…	0.01	0.40	…	0.87	…	3.21	0.63	0.12	0.09	58年
…	…	…	…	…	…	…	…	…	…	…	0.02	0.42	…	0.87	…	3.36	0.85	0.13	0.10	59年
…	…	…	…	…	…	…	…	…	…	…	0.02	0.44	…	0.77	…	3.42	0.93	0.12	0.09	60年
…	…	…	…	…	…	…	…	…	…	…	0.02	0.46	…	0.79	…	3.44	0.98	0.10	0.09	61年
…	…	…	…	…	…	…	…	…	…	…	0.02	0.49	…	0.81	…	3.41	0.97	0.11	0.07	62年
…	…	…	…	…	…	…	…	…	…	…	0.01	0.46	…	0.82	…	3.02	1.05	0.10	0.08	63年
…	…	…	…	…	…	…	…	…	…	…	0.02	0.50	…	0.67	…	2.82	1.04	0.09	0.08	平成元年
…	…	…	…	…	…	…	…	…	…	…	0.03	0.48	…	0.67	…	2.51	1.05	0.13	0.07	2年
…	…	…	…	…	…	…	…	…	…	…	0.01	0.51	…	0.77	…	2.43	1.06	0.09	0.07	3年
…	…	…	…	…	…	…	…	…	…	…	0.02	0.55	…	0.73	0.08	2.51	1.16	0.11	0.08	4年
…	…	…	…	…	…	…	…	…	…	…	0.01	0.52	…	0.68	0.07	2.25	1.16	0.10	0.07	5年
…	…	…	…	…	…	…	…	…	…	…	0.02	0.53	…	0.78	0.06	2.32	1.35	0.10	0.07	6年
…	…	…	…	…	…	…	…	…	…	…	0.00	0.46	1.74	0.66	0.09	3.05	1.38	0.11	0.09	7年
…	…	…	…	…	…	…	…	…	…	…	0.01	0.50	2.03	0.64	0.08	2.55	1.59	0.10	0.09	8年
…	…	…	…	…	…	…	…	…	…	…	0.01	0.45	2.17	0.79	0.09	2.05	1.69	0.10	0.09	9年
…	…	…	…	…	…	…	…	…	…	…	0.00	0.51	2.05	0.78	0.07	1.98	2.26	0.13	0.14	10年
…	…	…	…	…	…	…	…	…	…	…	0.01	0.53	2.36	0.71	0.07	1.66	2.58	0.13	0.16	11年
…	…	…	…	…	…	…	…	…	…	…	0.01	0.52	2.08	0.63	0.06	1.44	2.45	0.14	0.15	12年
…	…	…	…	…	…	…	…	…	…	…	0.01	0.54	2.21	0.63	0.06	1.17	2.52	0.12	0.15	13年
…	…	…	…	…	…	…	…	…	…	…	0.00	0.60	2.17	0.58	0.07	0.94	2.67	0.13	0.15	14年
…	…	…	…	…	…	…	…	…	1.78	0.52	0.01	0.60	2.31	0.59	0.07	0.80	2.90	0.12	0.15	15年
…	…	…	…	…	…	…	…	…	1.03	0.26	0.01	0.61	2.53	0.61	0.05	0.67	3.07	0.12	0.14	16年
…	…	…	…	…	…	…	…	…	0.74	0.17	0.01	0.61	2.40	0.58	0.06	0.52	3.27	0.11	0.18	17年
4.40	0.18	3.51	2.49	2.14	0.42	…	3.62	0.37	0.62	0.14	0.00	0.72	2.32	0.67	0.08	0.47	3.74	0.18	0.30	18年
4.31	0.14	3.27	2.21	1.99	0.30	…	3.64	0.43	0.67	0.17	0.00	0.70	2.49	0.66	0.07	0.41	3.91	0.17	0.35	19年
4.33	0.09	3.32	2.19	1.84	0.33	…	3.49	0.40	0.63	0.17	0.01	0.74	2.67	0.69	0.06	0.33	3.89	0.16	0.32	20年
4.40	0.11	3.23	2.17	1.79	0.33	…	3.31	0.38	0.55	0.15	0.00	0.87	2.51	0.81	0.07	0.30	3.99	0.18	0.34	21年
4.69	0.18	3.53	2.17	1.61	0.32	…	3.38	0.41	0.50	0.14	0.01	0.71	2.48	0.75	0.07	0.27	4.19	0.17	0.34	22年
4.23	0.09	3.03	1.86	1.48	0.32	…	3.30	0.42	0.54	0.13	0.00	0.74	2.51	0.75	0.06	0.22	4.34	0.18	0.32	23年
4.40	0.10	3.23	2.07	1.47	0.36	…	3.25	0.44	0.39	0.11	0.00	0.70	2.30	0.75	0.06	0.20	4.22	0.16	0.33	24年
4.60	0.11	3.57	2.28	1.47	0.38	…	3.06	0.44	…	0.10	0.00	0.74	2.62	0.74	0.06	0.16	4.15	0.17	0.37	25年
4.29	0.10	3.12	1.96	1.50	0.46	…	3.22	0.43	…	0.13	0.00	0.73	2.34	0.84	0.07	0.13	3.88	0.18	0.39	26年
4.36	0.11	3.13	1.95	1.49	0.54	…	3.52	0.50	…	0.13	0.01	0.70	2.35	0.80	0.06	0.12	3.95	0.18	0.38	27年
4.76	0.13	3.15	1.99	1.53	…	1.83	3.18	0.52	…	0.13	0.00	0.71	2.44	0.76	0.07	…	3.69	0.17	0.43	28年
4.41	0.11	3.02	1.91	1.53	…	1.16	3.26	0.50	…	0.13	0.00	0.68	2.39	0.87	0.06	…	3.87	0.19	0.40	29年
4.70	0.10	3.11	1.91	1.60	…	1.14	3.40	0.56	…	0.12	0.00	0.81	2.40	0.80	0.07	…	3.51	0.21	0.43	30年
5.04	0.13	3.14	1.99	1.54	…	1.13	3.33	0.59	…	0.18	0.00	0.84	2.42	1.03	0.07	…	3.37	0.21	0.42	令和元年
4.88	0.10	3.45	2.17	2.03	…	0.94	3.18	0.40	…	0.17	0.00	0.80	2.52	0.93	0.07	…	3.31	0.20	0.41	2年
4.85	0.12	3.40	1.97	1.80	…	0.79	3.20	0.45	…	0.10	0.00	0.83	2.50	0.87	0.07	…	3.27	0.23	0.46	3年
4.63	0.10	3.15	1.80	2.07	…	0.84	3.14	0.39	…	0.10	0.00	0.85	2.55	0.86	0.08	…	2.85	0.21	0.45	4年

15　学校種別　疾病・異常被患率等の

2　小学校 (2) 男

区分	計	非矯正1.0以上	非矯正1.0未満0.7以上	非矯正0.7未満0.3以上	非矯正0.3未満	矯正1.0以上	矯正1.0未満0.7以上	矯正0.7未満0.3以上	矯正0.3未満	裸眼視力 計	1.0未満0.7以上	0.7未満0.3以上	0.3未満	眼の疾病・異常	難聴 聴	耳疾患	鼻疾患・副鼻腔患	口腔咽喉頭疾患・咽喉頭異常	むし歯(う歯) 計	処完了者	未の処置ある歯者
昭和23年度	…	…	…	…	…	…	…	…	…	…	…	…	…	…	0.65	…	…	…	…	…	45.32
24年	…	…	…	…	…	…	…	…	…	…	…	…	…	…	0.54	…	…	…	42.39	1.21	41.18
25年	…	…	…	…	…	…	…	…	…	…	…	…	…	…	0.52	…	…	…	42.32	1.45	40.87
26年	…	…	…	…	…	…	…	…	…	…	…	…	…	…	0.45	…	…	…	41.54	1.44	40.10
27年	…	…	…	…	…	…	…	…	…	…	…	…	…	…	0.64	…	…	…	44.88	2.47	42.41
28年	…	…	…	…	…	…	…	…	…	…	…	…	…	…	0.60	…	…	…	51.19	2.27	48.92
29年	…	…	…	…	…	…	…	…	…	…	…	…	…	…	0.53	…	…	…	58.77	2.16	56.61
30年	…	…	…	…	…	…	…	…	…	…	…	…	…	…	0.52	…	…	…	65.17	2.81	62.36
31年	…	…	…	…	…	…	…	…	…	…	…	…	…	…	0.36	…	…	…	69.48	2.76	66.72
32年	…	…	…	…	…	…	…	…	…	…	…	…	…	…	0.38	…	…	…	76.70	3.00	73.70
33年	…	…	…	…	…	…	…	…	…	…	…	…	…	…	0.37	…	…	…	79.00	3.70	75.30
34年	…	…	…	…	…	…	…	…	…	…	…	…	…	…	0.66	…	…	…	80.80	4.50	76.30
35年	…	…	…	…	…	…	…	…	…	…	…	…	…	…	0.54	…	…	…	83.33	4.45	78.88
36年	…	…	…	…	…	…	…	…	…	…	…	…	…	…	0.57	…	…	…	82.26	5.38	76.88
37年	…	…	…	…	…	…	…	…	…	…	…	…	…	…	0.50	…	…	…	84.73	5.53	79.20
38年	…	…	…	…	…	…	…	…	…	…	…	…	…	…	0.51	…	…	…	87.00	5.94	81.06
39年	…	…	…	…	…	…	…	…	…	…	…	…	…	…	0.47	…	…	…	87.50	7.21	80.29
40年	…	…	…	…	…	…	…	…	…	…	…	…	…	…	0.47	…	…	…	86.91	7.62	79.29
41年	…	…	…	…	…	…	…	…	…	…	…	…	…	…	0.40	…	…	…	87.97	8.27	79.70
42年	…	…	…	…	…	…	…	…	…	…	…	…	…	…	0.34	…	…	…	91.52	8.86	82.66
43年	…	…	…	…	…	…	…	…	…	…	…	…	…	…	0.33	…	…	…	90.90	9.85	81.05
44年	…	…	…	…	…	…	…	…	…	…	…	…	…	…	0.34	…	…	…	91.68	10.98	80.70
45年	…	…	…	…	…	…	…	…	…	…	…	…	…	…	0.50	…	…	…	93.10	10.80	82.30
46年	…	…	…	…	…	…	…	…	…	…	…	…	…	…	0.48	…	…	…	93.58	12.94	80.63
47年	…	…	…	…	…	…	…	…	…	…	…	…	…	…	0.52	…	…	…	92.62	13.37	79.26
48年	…	…	…	…	…	…	…	…	…	…	…	…	…	…	0.52	…	…	…	93.00	13.45	79.55
49年	…	…	…	…	…	…	…	…	…	…	…	…	…	…	0.90	…	…	…	93.94	13.07	80.87
50年	…	…	…	…	…	…	…	…	…	…	…	…	…	…	0.72	…	…	…	94.25	13.41	80.84
51年	…	…	…	…	…	…	…	…	…	…	…	…	…	…	0.80	…	…	…	94.11	13.85	80.26
52年	…	…	…	…	…	…	…	…	…	…	…	…	…	…	0.57	…	…	…	93.44	14.10	79.34
53年	…	…	…	…	…	…	…	…	…	…	…	…	…	…	0.58	…	…	…	93.93	18.69	75.24
54年	…	…	…	…	…	…	…	…	…	15.36	8.43	4.72	2.21	…	0.59	…	…	…	94.61	16.42	78.19
55年	…	…	…	…	…	…	…	…	…	16.89	9.28	5.18	2.43	…	0.65	…	…	…	93.71	21.06	72.65
56年	…	…	…	…	…	…	…	…	…	16.60	9.02	5.11	2.47	…	0.63	…	…	…	93.38	22.49	70.90
57年	…	…	…	…	…	…	…	…	…	15.40	7.96	4.89	2.55	…	0.77	…	…	…	92.88	24.18	68.70
58年	…	…	…	…	…	…	…	…	…	15.66	8.06	5.02	2.58	…	0.72	…	…	…	92.52	26.69	65.83
59年	…	…	…	…	…	…	…	…	…	16.59	8.32	5.37	2.89	…	0.87	…	…	…	91.21	28.95	62.27
60年	…	…	…	…	…	…	…	…	…	15.99	7.53	5.46	3.00	…	0.76	…	…	…	91.02	30.54	60.48
61年	…	…	…	…	…	…	…	…	…	16.17	7.47	5.49	3.21	…	0.79	…	…	…	91.00	31.86	59.13
62年	…	…	…	…	…	…	…	…	…	16.72	7.55	5.83	3.35	…	0.83	…	…	…	90.83	33.73	57.10
63年	…	…	…	…	…	…	…	…	…	16.98	7.22	6.15	3.61	…	0.79	…	…	…	89.84	33.78	56.06
平成元年	…	…	…	…	…	…	…	…	…	18.15	7.90	6.43	3.82	…	0.78	…	…	…	90.17	34.49	55.68
2年	…	…	…	…	…	…	…	…	…	18.62	7.65	6.75	4.23	…	0.82	…	…	…	89.25	35.45	53.80
3年	…	…	…	…	…	…	…	…	…	19.20	7.85	7.06	4.29	…	0.96	…	…	…	89.22	36.27	52.95
4年	…	…	…	…	…	…	…	…	…	20.09	8.30	7.41	4.38	…	0.92	…	…	…	88.91	36.49	52.43
5年	…	…	…	…	…	…	…	…	…	20.99	8.50	7.80	4.68	…	0.89	…	…	…	88.30	37.32	50.98
6年	…	…	…	…	…	…	…	…	…	21.85	8.80	8.11	4.94	…	0.87	…	…	…	87.91	38.25	49.67
7年	…	…	…	…	…	…	…	…	…	22.45	9.17	8.33	4.95	…	0.95	3.49	12.14	2.14	87.35	39.68	47.67
8年	…	…	…	…	…	…	…	…	…	23.00	9.55	8.55	4.90	…	0.99	3.72	12.20	2.49	85.86	40.00	45.85
9年	…	…	…	…	…	…	…	…	…	23.36	9.63	8.60	5.12	…	0.84	3.98	12.25	2.29	84.77	40.09	44.68
10年	…	…	…	…	…	…	…	…	…	23.28	9.55	8.75	4.98	…	0.91	3.79	12.43	2.42	82.28	39.23	43.05
11年	…	…	…	…	…	…	…	…	…	22.77	9.68	8.37	4.72	…	0.87	4.37	12.83	2.34	81.03	38.24	42.79
12年	…	…	…	…	…	…	…	…	…	22.51	9.28	8.61	4.63	…	0.74	4.30	13.82	2.27	78.39	37.27	41.12
13年	…	…	…	…	…	…	…	…	…	22.58	9.43	8.53	4.62	…	0.89	4.43	13.26	1.92	76.14	36.07	40.07
14年	…	…	…	…	…	…	…	…	…	23.16	9.63	8.83	4.70	…	0.86	4.51	13.72	2.33	74.57	35.10	39.47
15年	…	…	…	…	…	…	…	…	…	23.23	9.88	8.86	4.49	…	0.84	4.64	13.71	2.32	72.25	34.28	37.97
16年	…	…	…	…	…	…	…	…	…	23.00	9.36	8.92	4.73	…	0.72	4.36	12.82	1.96	71.48	33.61	37.87
17年	…	…	…	…	…	…	…	…	…	23.80	9.57	9.29	4.93	…	0.80	4.59	13.78	2.04	69.29	32.89	36.40
18年	…	…	…	…	…	…	…	…	…	25.28	9.66	9.98	5.64	5.00	1.07	5.11	14.70	2.10	69.16	33.21	35.95
19年	…	…	…	…	…	…	…	…	…	25.20	9.83	9.87	5.51	5.05	1.05	5.31	14.64	1.98	66.94	31.58	35.36
20年	…	…	…	…	…	…	…	…	…	26.94	10.38	10.55	5.98	5.51	1.04	5.31	14.65	1.84	65.23	31.14	34.09
21年	…	…	…	…	…	…	…	…	…	26.92	10.08	10.55	6.29	5.74	1.01	5.70	15.40	1.77	63.25	30.73	32.52
22年	…	…	…	…	…	…	…	…	…	27.15	10.07	10.51	6.57	5.21	1.00	5.58	14.46	1.63	61.28	29.51	31.77
23年	…	…	…	…	…	…	…	…	…	27.09	9.75	10.43	6.91	5.72	0.54	5.64	15.44	1.67	58.99	29.12	29.87
24年	100.00	72.18	9.18	8.34	3.11	0.39	0.57	1.96	4.25	27.42	9.76	10.30	7.37	5.82	0.48	5.60	15.04	1.39	57.44	28.98	28.45
25年	100.00	72.09	9.09	8.17	2.92	0.56	0.69	2.20	4.27	27.34	9.78	10.37	7.19	5.74	0.46	5.64	14.86	1.46	55.89	27.76	28.14
26年	100.00	72.30	9.05	8.15	3.04	0.58	0.69	2.08	4.10	27.12	9.74	10.23	7.14	5.67	0.46	5.89	15.20	1.62	54.23	26.84	27.38
27年	100.00	71.53	9.53	8.24	3.17	0.66	0.77	2.05	4.04	27.80	10.30	10.29	7.21	5.94	0.49	5.61	14.60	1.36	52.35	26.27	26.08
28年	100.00	71.12	9.43	8.49	3.33	0.60	0.79	2.03	4.21	28.28	10.22	10.53	7.53	5.75	0.50	6.25	15.79	1.49	50.55	25.32	25.23
29年	100.00	70.44	9.61	8.81	3.37	0.72	0.81	2.06	4.21	28.86	10.42	10.87	7.57	6.11	0.46	6.40	15.68	1.38	48.72	24.81	23.91
30年	100.00	68.67	10.13	9.21	3.65	0.72	0.86	2.28	4.48	30.61	10.99	11.50	8.12	6.02	0.51	6.63	15.78	1.49	46.89	23.75	23.14
令和元年	100.00	67.93	10.18	9.57	3.61	0.74	0.95	2.32	4.68	31.33	11.14	11.90	8.29	5.99	0.52	6.46	14.47	1.39	46.31	23.77	22.53
2年	100.00	64.62	11.13	10.44	4.48	0.77	0.91	2.40	5.24	34.61	12.04	12.84	9.73	5.07	0.58	6.13	13.28	1.14	41.54	21.19	20.35
3年	100.00	65.11	10.91	10.15	4.07	0.83	1.03	2.52	5.37	34.05	11.94	12.67	9.44	5.47	0.48	6.82	14.40	0.98	40.43	21.33	19.10
4年	100.00	64.05	10.59	10.37	4.41	0.85	0.97	2.68	6.09	35.10	11.55	13.05	10.49	5.65	0.43	6.67	14.08	0.79	38.32	20.05	18.27

(注) 平成24年度以降の結核に関する検診の取扱いについては、「学校保健安全法施行規則」の一部改正にともない、平成24年4月から教育委員会に設置された結核対策委員会からの意見を聞かずに
精密検査を行うことができるようになったため、「結核の精密検査の対象者」には、学校医の診察の結果、精密検査が必要と認められた者も含まれる。

推移（昭和23年度～令和4年度）（12-5）

単位（%）

歯列・咬合	顎関節	口腔		栄養状態	せき柱・胸郭・四肢の状態		皮膚疾患		結核に関する検診		結核	心臓・異常	心電図異常	蛋白検出の者	尿糖検出の者	寄生虫卵保有者	その他の疾病・異常			区分
		歯垢の状態	歯肉の状態		せき柱・胸郭	四肢の状態	アトピー性皮膚炎	その他の皮膚疾患	委員会での検討を必要とする者	結核の精密検査の対象者							ぜん息	腎臓疾患	言語障害	
…	…	…	…	1.55	…	…	…	…	…	…	…	…	…	…	…	…	…	…	…	昭和23年度
…	…	…	…	1.97	…	…	…	…	…	…	…	…	…	…	…	63.91	…	…	…	24年
…	…	…	…	1.79	…	…	…	…	…	…	…	…	…	…	…	63.54	…	…	…	25年
…	…	…	…	1.77	…	…	…	…	…	…	…	…	…	…	…	58.08	…	…	…	26年
…	…	…	…	1.55	…	…	…	…	…	…	…	…	…	…	…	55.34	…	…	…	27年
…	…	…	…	1.42	…	…	…	…	…	…	…	0.26	…	…	…	49.30	…	…	…	28年
…	…	…	…	2.19	…	…	…	…	…	…	…	0.29	…	…	…	42.92	…	…	…	29年
…	…	…	…	1.39	…	…	…	…	…	…	…	0.24	…	…	…	38.76	…	…	…	30年
…	…	…	…	1.31	…	…	…	…	…	…	0.97	0.26	…	…	…	33.06	…	…	…	31年
…	…	…	…	1.01	…	…	…	…	…	…	…	0.27	…	…	…	29.70	…	…	…	32年
…	…	…	…	0.94	…	…	…	…	…	…	…	0.32	…	…	…	26.00	…	…	…	33年
…	…	…	…	0.97	…	…	…	…	…	…	…	0.29	…	…	…	22.10	…	…	…	34年
…	…	…	…	0.86	…	…	…	…	…	…	…	0.32	…	…	…	…	…	…	…	35年
…	…	…	…	0.70	…	…	…	…	…	…	…	0.31	…	…	…	…	…	…	…	36年
…	…	…	…	0.66	…	…	…	…	…	…	…	0.37	…	…	…	…	…	…	…	37年
…	…	…	…	0.60	…	…	…	…	…	…	…	0.39	…	…	…	…	…	…	…	38年
…	…	…	…	0.54	…	…	…	…	…	…	…	0.35	…	…	…	…	…	…	…	39年
…	…	…	…	0.47	…	…	…	…	…	…	…	0.31	…	…	…	…	…	…	…	40年
…	…	…	…	0.48	…	…	…	…	…	…	…	0.30	…	…	…	…	…	…	…	41年
…	…	…	…	0.45	…	…	…	…	…	…	0.36	0.35	…	…	…	…	0.32	0.06	0.42	42年
…	…	…	…	0.39	…	…	…	…	…	…	0.33	0.31	…	…	…	…	0.33	0.07	0.34	43年
…	…	…	…	0.35	…	…	…	…	…	…	0.22	0.30	…	…	…	…	0.47	0.07	0.43	44年
…	…	…	…	0.40	1.50	…	…	…	…	…	0.20	0.40	…	…	…	…	0.50	0.10	0.40	45年
…	…	…	…	0.31	1.02	…	…	…	…	…	0.12	0.28	…	…	…	…	0.44	0.07	0.26	46年
…	…	…	…	0.32	1.02	…	…	…	…	…	0.10	0.27	…	…	…	…	0.60	0.08	0.25	47年
…	…	…	…	0.30	0.81	…	…	…	…	…	0.10	0.24	…	…	…	…	0.40	0.10	0.20	48年
…	…	…	…	…	0.86	…	…	…	…	…	0.11	0.39	…	1.27	…	4.96	0.66	0.11	0.27	49年
…	…	…	…	…	0.80	…	…	…	…	…	0.11	0.39	…	1.30	…	5.71	0.74	0.11	0.25	50年
…	…	…	…	…	0.75	…	…	…	…	…	0.11	0.34	…	1.69	…	5.98	0.75	0.12	0.24	51年
…	…	…	…	…	1.07	…	…	…	…	…	0.07	0.38	…	1.09	…	4.63	0.52	0.08	0.11	52年
…	…	…	…	…	0.97	…	…	…	…	…	0.06	0.35	…	0.94	…	4.84	0.52	0.07	0.12	53年
…	…	…	…	…	1.23	…	…	…	…	…	0.06	0.32	…	0.95	…	4.70	0.46	0.06	0.12	54年
…	…	…	…	…	1.10	…	…	…	…	…	0.04	0.34	…	0.75	…	3.83	0.56	0.07	0.18	55年
…	…	…	…	…	1.04	…	…	…	…	…	0.01	0.43	…	0.74	…	3.79	0.65	0.06	0.10	56年
…	…	…	…	…	…	…	…	…	…	…	0.02	0.47	…	0.69	…	3.65	0.68	0.08	0.13	57年
…	…	…	…	…	…	…	…	…	…	…	0.01	0.42	…	0.73	…	3.65	0.75	0.11	0.13	58年
…	…	…	…	…	…	…	…	…	…	…	0.01	0.47	…	0.71	…	3.83	1.02	0.11	0.13	59年
…	…	…	…	…	…	…	…	…	…	…	0.02	0.45	…	0.62	…	3.82	1.14	0.09	0.11	60年
…	…	…	…	…	…	…	…	…	…	…	0.03	0.46	…	0.66	…	3.97	1.08	0.08	0.14	61年
…	…	…	…	…	…	…	…	…	…	…	0.01	0.51	…	0.63	…	3.89	1.20	0.11	0.09	62年
…	…	…	…	…	…	…	…	…	…	…	0.02	0.45	…	0.66	…	3.43	1.26	0.10	0.09	63年
…	…	…	…	…	…	…	…	…	…	…	0.02	0.53	…	0.53	…	3.21	1.28	0.09	0.11	平成元年
…	…	…	…	…	…	…	…	…	…	…	0.03	0.50	…	0.50	…	2.83	1.27	0.12	0.09	2年
…	…	…	…	…	…	…	…	…	…	…	0.01	0.52	…	0.61	…	2.70	1.26	0.09	0.09	3年
…	…	…	…	…	…	…	…	…	…	…	0.02	0.55	…	0.58	0.07	2.80	1.40	0.10	0.11	4年
…	…	…	…	…	…	…	…	…	…	…	0.01	0.50	…	0.51	0.06	2.53	1.41	0.10	0.09	5年
…	…	…	…	…	…	…	…	…	…	…	0.04	0.57	…	0.57	0.06	2.60	1.62	0.10	0.09	6年
…	…	…	…	…	…	…	…	…	…	…	0.00	0.47	1.92	0.49	0.07	3.36	1.67	0.11	0.11	7年
…	…	…	…	…	…	…	…	…	…	…	0.01	0.50	2.33	0.47	0.07	2.81	1.91	0.11	0.11	8年
…	…	…	…	…	…	…	…	…	…	…	0.01	0.45	2.51	0.61	0.09	2.28	2.06	0.10	0.12	9年
…	…	…	…	…	…	…	…	…	…	…	0.00	0.54	2.32	0.64	0.06	2.14	2.77	0.14	0.19	10年
…	…	…	…	…	…	…	…	…	…	…	0.02	0.53	2.63	0.55	0.06	1.87	3.13	0.14	0.21	11年
…	…	…	…	…	…	…	…	…	…	…	0.01	0.54	2.33	0.49	0.05	1.60	3.04	0.13	0.19	12年
…	…	…	…	…	…	…	…	…	…	…	0.01	0.56	2.59	0.46	0.06	1.34	3.08	0.11	0.18	13年
…	…	…	…	…	…	…	…	…	…	…	0.01	0.61	2.55	0.45	0.06	1.04	3.21	0.12	0.20	14年
…	…	…	…	…	…	…	…	…	1.82	0.51	0.00	0.62	2.67	0.44	0.07	0.92	3.56	0.13	0.19	15年
…	…	…	…	…	…	…	…	…	1.08	0.26	0.01	0.63	2.84	0.41	0.04	0.75	3.77	0.13	0.18	16年
…	…	…	…	…	…	…	…	…	0.80	0.19	0.01	0.62	2.86	0.40	0.04	0.60	3.91	0.11	0.22	17年
4.10	0.16	4.02	2.79	2.63	0.42	…	3.89	0.40	0.65	0.14	0.00	0.75	2.62	0.44	0.08	0.54	4.57	0.17	0.38	18年
4.09	0.13	3.72	2.49	2.43	0.30	…	3.87	0.48	0.69	0.18	0.01	0.73	2.84	0.47	0.06	…	4.73	0.16	0.44	19年
4.08	0.08	3.79	2.45	2.21	0.33	…	3.81	0.41	0.64	0.16	0.01	0.74	2.99	0.46	0.06	0.40	4.75	0.15	0.42	20年
4.16	0.09	3.75	2.43	2.17	0.33	…	3.62	0.41	0.58	0.16	0.00	0.89	2.83	0.57	0.06	0.35	4.86	0.16	0.44	21年
4.49	0.16	4.05	2.46	1.91	0.31	…	3.69	0.44	0.50	0.14	0.01	0.72	2.81	0.53	0.05	0.34	5.09	0.16	0.45	22年
3.98	0.07	3.54	2.12	1.77	0.32	…	3.64	0.46	0.56	0.13	0.00	0.75	2.87	0.52	0.06	0.26	5.21	0.17	0.41	23年
4.11	0.09	3.72	2.32	1.77	0.33	…	3.56	0.48	0.41	0.12	0.00	0.73	2.68	0.53	0.04	0.24	5.09	0.16	0.43	24年
4.33	0.11	4.12	2.56	1.74	0.35	…	3.34	0.47	…	0.10	0.00	0.75	2.89	0.51	0.04	0.19	5.02	0.16	0.48	25年
4.00	0.09	3.59	2.25	1.80	0.43	…	3.56	0.47	…	0.13	0.00	0.75	2.76	0.57	0.05	0.14	4.65	0.18	0.50	26年
4.12	0.09	3.56	2.20	1.78	0.53	…	3.84	0.53	…	0.14	0.01	0.71	2.76	0.56	0.05	0.14	4.77	0.18	0.50	27年
4.53	0.13	3.63	2.20	1.81	…	1.91	3.47	0.54	…	0.13	0.00	0.72	2.82	0.52	0.06	…	4.40	0.18	0.57	28年
4.17	0.11	3.48	2.17	1.78	…	1.17	3.54	0.52	…	0.14	0.00	0.69	2.71	0.64	0.06	…	4.61	0.19	0.52	29年
4.49	0.10	3.53	2.14	1.91	…	1.15	3.65	0.56	…	0.13	0.00	0.84	2.83	0.56	0.06	…	4.19	0.21	0.56	30年
4.83	0.13	3.65	2.21	1.84	…	1.15	3.62	0.63	…	0.19	0.00	0.86	2.80	0.75	0.06	…	4.00	0.21	0.55	令和元年
4.74	0.10	3.96	2.44	2.55	…	0.92	3.35	0.41	…	0.18	0.00	0.82	2.94	0.68	0.07	…	3.92	0.20	0.53	2年
4.68	0.11	3.91	2.21	2.17	…	0.81	3.36	0.45	…	0.10	0.00	0.86	2.83	0.61	0.06	…	3.86	0.23	0.59	3年
4.43	0.09	3.55	1.97	2.46	…	0.83	3.33	0.41	…	0.10	0.00	0.80	2.97	0.60	0.06	…	3.43	0.20	0.58	4年

15　学校種別　疾病・異常被患率等の

2　小学校（3）女

区分	計	裸眼視力 視力非矯正者の裸眼視力 1.0以上	1.0未満0.7以上	0.7未満0.3以上	0.3未満	視力矯正者の裸眼視力 1.0以上	1.0未満0.7以上	0.7未満0.3以上	0.3未満	裸眼視力 計	1.0未満0.7以上	0.7未満0.3以上	0.3未満	眼の疾病・異常	難聴	耳疾患	鼻疾患・副鼻腔患	口腔咽喉頭異常	歯・むし歯（う歯）計	処完了者	未の処あ置る歯者
昭和23年度	…	…	…	…	…	…	…	…	…	…	…	…	…	…	0.46	…	…	…	…	…	45.00
24年	…	…	…	…	…	…	…	…	…	…	…	…	…	…	0.42	…	…	…	41.75	1.20	40.55
25年	…	…	…	…	…	…	…	…	…	…	…	…	…	…	0.38	…	…	…	42.17	1.56	40.61
26年	…	…	…	…	…	…	…	…	…	…	…	…	…	…	0.31	…	…	…	41.74	1.56	40.18
27年	…	…	…	…	…	…	…	…	…	…	…	…	…	…	0.43	…	…	…	46.03	2.85	43.18
28年	…	…	…	…	…	…	…	…	…	…	…	…	…	…	0.44	…	…	…	52.73	2.64	50.09
29年	…	…	…	…	…	…	…	…	…	…	…	…	…	…	0.41	…	…	…	60.83	2.69	58.14
30年	…	…	…	…	…	…	…	…	…	…	…	…	…	…	0.39	…	…	…	67.87	3.34	64.53
31年	…	…	…	…	…	…	…	…	…	…	…	…	…	…	0.28	…	…	…	71.50	3.47	68.03
32年	…	…	…	…	…	…	…	…	…	…	…	…	…	…	0.30	…	…	…	81.50	3.80	77.70
33年	…	…	…	…	…	…	…	…	…	…	…	…	…	…	0.29	…	…	…	81.10	4.70	76.40
34年	…	…	…	…	…	…	…	…	…	…	…	…	…	…	0.59	…	…	…	82.50	5.50	77.00
35年	…	…	…	…	…	…	…	…	…	…	…	…	…	…	0.53	…	…	…	85.08	5.57	79.51
36年	…	…	…	…	…	…	…	…	…	…	…	…	…	…	0.48	…	…	…	84.03	6.91	77.12
37年	…	…	…	…	…	…	…	…	…	…	…	…	…	…	0.46	…	…	…	86.37	6.93	79.44
38年	…	…	…	…	…	…	…	…	…	…	…	…	…	…	0.41	…	…	…	88.26	7.54	80.72
39年	…	…	…	…	…	…	…	…	…	…	…	…	…	…	0.39	…	…	…	88.31	8.88	79.43
40年	…	…	…	…	…	…	…	…	…	…	…	…	…	…	0.40	…	…	…	88.88	9.88	79.00
41年	…	…	…	…	…	…	…	…	…	…	…	…	…	…	0.34	…	…	…	89.40	10.44	78.96
42年	…	…	…	…	…	…	…	…	…	…	…	…	…	…	0.27	…	…	…	92.42	10.79	81.63
43年	…	…	…	…	…	…	…	…	…	…	…	…	…	…	0.31	…	…	…	92.11	12.13	79.98
44年	…	…	…	…	…	…	…	…	…	…	…	…	…	…	0.32	…	…	…	92.81	13.41	79.40
45年	…	…	…	…	…	…	…	…	…	…	…	…	…	…	0.40	…	…	…	94.20	13.50	80.70
46年	…	…	…	…	…	…	…	…	…	…	…	…	…	…	0.32	…	…	…	94.26	15.51	78.74
47年	…	…	…	…	…	…	…	…	…	…	…	…	…	…	0.40	…	…	…	93.72	15.77	77.95
48年	…	…	…	…	…	…	…	…	…	…	…	…	…	…	0.43	…	…	…	93.85	15.90	77.95
49年	…	…	…	…	…	…	…	…	…	…	…	…	…	…	0.74	…	…	…	94.60	15.61	78.99
50年	…	…	…	…	…	…	…	…	…	…	…	…	…	…	0.62	…	…	…	94.61	15.57	79.04
51年	…	…	…	…	…	…	…	…	…	…	…	…	…	…	0.68	…	…	…	94.83	16.27	78.56
52年	…	…	…	…	…	…	…	…	…	…	…	…	…	…	0.51	…	…	…	94.05	16.47	77.58
53年	…	…	…	…	…	…	…	…	…	…	…	…	…	…	0.45	…	…	…	94.42	21.78	72.64
54年	…	…	…	…	…	…	…	…	…	20.59	10.57	6.88	3.15	…	0.53	…	…	…	94.93	19.08	75.84
55年	…	…	…	…	…	…	…	…	…	22.73	11.86	7.41	3.45	…	0.65	…	…	…	94.26	23.48	70.78
56年	…	…	…	…	…	…	…	…	…	21.63	10.96	7.26	3.40	…	0.52	…	…	…	93.62	24.83	68.79
57年	…	…	…	…	…	…	…	…	…	21.21	10.25	7.34	3.62	…	0.58	…	…	…	93.25	26.79	66.46
58年	…	…	…	…	…	…	…	…	…	20.81	9.87	7.42	3.51	…	0.66	…	…	…	92.70	29.28	63.47
59年	…	…	…	…	…	…	…	…	…	21.49	10.19	7.39	3.91	…	0.76	…	…	…	91.85	31.18	60.67
60年	…	…	…	…	…	…	…	…	…	21.59	9.95	7.47	4.17	…	0.69	…	…	…	91.72	33.16	58.56
61年	…	…	…	…	…	…	…	…	…	22.17	9.91	7.83	4.43	…	0.76	…	…	…	91.46	33.78	57.69
62年	…	…	…	…	…	…	…	…	…	22.50	9.84	7.99	4.66	…	0.80	…	…	…	91.31	35.89	55.42
63年	…	…	…	…	…	…	…	…	…	22.33	9.51	8.15	4.67	…	0.81	…	…	…	90.28	35.75	54.53
平成元年	…	…	…	…	…	…	…	…	…	23.16	9.89	8.28	4.99	…	0.73	…	…	…	90.51	36.42	54.09
2年	…	…	…	…	…	…	…	…	…	23.94	9.64	8.80	5.51	…	0.85	…	…	…	89.84	37.11	52.73
3年	…	…	…	…	…	…	…	…	…	24.28	9.68	8.98	5.62	…	0.78	…	…	…	89.47	38.09	51.38
4年	…	…	…	…	…	…	…	…	…	25.02	10.10	9.17	5.75	…	0.81	…	…	…	89.27	38.71	50.56
5年	…	…	…	…	…	…	…	…	…	26.71	10.41	9.87	6.43	…	0.87	…	…	…	88.50	39.29	49.20
6年	…	…	…	…	…	…	…	…	…	27.72	10.57	10.22	6.93	…	0.96	…	…	…	88.11	40.42	47.70
7年	…	…	…	…	…	…	…	…	…	28.54	11.29	10.59	6.66	…	0.90	3.28	7.60	2.07	87.32	41.55	45.76
8年	…	…	…	…	…	…	…	…	…	28.75	11.15	10.79	6.82	…	1.01	3.42	7.76	2.16	85.60	42.20	43.39
9年	…	…	…	…	…	…	…	…	…	29.29	11.33	11.07	6.89	…	0.97	3.60	7.70	2.06	84.54	41.75	42.79
10年	…	…	…	…	…	…	…	…	…	29.55	11.48	11.13	6.95	…	1.02	3.51	7.83	2.04	81.84	40.97	40.87
11年	…	…	…	…	…	…	…	…	…	28.91	11.37	10.82	6.72	…	0.88	3.98	7.93	2.12	80.50	39.65	40.85
12年	…	…	…	…	…	…	…	…	…	28.29	11.02	10.78	6.49	…	0.82	3.93	8.62	2.06	77.32	38.44	38.88
13年	…	…	…	…	…	…	…	…	…	28.32	11.10	10.74	6.48	…	0.92	4.04	8.00	1.72	75.02	36.71	38.31
14年	…	…	…	…	…	…	…	…	…	28.30	11.36	10.62	6.32	…	0.86	4.11	8.58	2.09	73.11	35.69	37.42
15年	…	…	…	…	…	…	…	…	…	28.11	11.43	10.55	6.13	…	0.89	4.28	8.36	1.99	70.32	34.41	35.91
16年	…	…	…	…	…	…	…	…	…	28.21	11.06	10.85	6.31	…	0.83	4.28	7.86	1.78	69.32	33.85	35.48
17年	…	…	…	…	…	…	…	…	…	29.24	11.26	11.33	6.64	…	0.93	4.37	8.45	1.68	67.04	32.78	34.26
18年	…	…	…	…	…	…	…	…	…	31.58	11.26	12.46	7.86	4.42	1.15	4.63	9.05	1.76	66.39	32.52	33.86
19年	…	…	…	…	…	…	…	…	…	31.07	11.37	12.24	7.52	4.46	1.16	4.94	9.11	1.67	63.92	30.82	33.10
20年	…	…	…	…	…	…	…	…	…	32.94	12.12	12.66	8.16	4.67	1.14	5.14	8.94	1.66	60.28	30.62	31.66
21年	…	…	…	…	…	…	…	…	…	32.63	11.80	12.52	8.30	4.79	1.20	5.23	9.61	1.49	60.26	29.89	30.36
22年	…	…	…	…	…	…	…	…	…	32.81	11.74	12.50	8.57	4.42	1.16	5.27	8.73	1.40	57.90	28.87	29.04
23年	…	…	…	…	…	…	…	…	…	32.87	11.52	12.31	9.05	4.93	0.67	5.39	9.43	1.34	55.33	28.15	27.18
24年	100.00	65.47	10.97	10.14	3.84	0.44	0.69	2.44	6.01	34.09	11.66	12.60	9.85	5.05	0.58	5.17	9.20	1.14	54.01	27.71	26.31
25年	100.00	65.54	10.75	9.73	3.56	0.62	0.90	2.83	6.06	33.84	11.66	12.56	9.62	4.88	0.63	5.21	9.14	1.18	52.30	26.57	25.73
26年	100.00	65.96	10.93	9.77	3.60	0.70	0.81	2.63	5.59	33.34	11.74	12.40	9.20	4.79	0.60	5.50	9.29	1.37	50.76	25.59	25.17
27年	100.00	64.92	10.99	10.11	3.79	0.79	0.99	2.71	5.69	34.29	11.98	12.82	9.48	5.15	0.61	5.32	9.08	1.10	49.10	25.23	23.87
28年	100.00	64.48	11.18	10.20	3.98	0.73	0.96	2.69	5.78	34.79	11.76	12.89	9.76	4.99	0.64	5.92	9.89	1.27	47.15	24.12	23.03
29年	100.00	62.98	11.62	10.85	4.15	0.80	0.98	2.85	5.77	36.22	12.60	13.70	9.93	5.23	0.65	6.07	9.85	1.17	46.10	23.29	22.02
30年	100.00	61.36	11.98	11.26	4.39	0.89	1.10	2.93	6.09	37.75	13.08	14.19	10.49	5.36	0.67	6.31	10.17	1.20	43.63	22.35	21.28
令和元年	100.00	60.99	11.64	11.34	4.24	1.04	1.29	3.18	6.29	37.97	12.93	14.52	10.52	5.20	0.71	6.17	9.01	1.18	43.25	22.35	20.91
2年	100.00	58.58	12.21	11.91	5.12	0.85	1.20	3.08	7.04	40.56	13.41	14.99	12.16	4.49	0.72	6.15	8.65	0.77	38.81	19.95	18.86
3年	100.00	59.18	11.94	11.50	4.86	0.99	1.23	3.26	7.04	39.83	13.17	14.76	11.90	4.77	0.69	6.70	9.22	0.80	37.58	19.87	17.71
4年	100.00	58.27	11.28	11.25	5.67	0.96	1.15	3.54	7.88	40.78	12.43	14.79	13.55	4.88	0.55	6.52	8.68	0.64	35.67	18.56	17.11

（注）平成24年度以降の結核に関する検診の取扱いについては、「学校保健安全法施行規則」の一部改正にともない、平成24年4月から教育委員会に設置された結核対策委員会からの意見を聞かずに
精密検査を行うことができるようになったため、「結核の精密検査の対象者」には、学校医の診察の結果、精密検査が必要と認められた者も含まれる。

推移（昭和23年度～令和4年度）（12-6）

単位　（％）

歯列・咬合	口腔 顎関節	口腔 歯垢の状態	口腔 歯肉の状態	栄養状態	せき柱・胸郭	四肢の状態	皮膚疾患 アトピー性皮膚炎	皮膚疾患 その他の皮膚疾患	結核に関する検診 委員会での検討を必要とする者	結核に関する検診 結核検査の精密者	結核	心臓・異常	心電図異常	蛋白検出の者	尿糖検出の者	寄生虫卵保有者	その他の疾病・異常 ぜん息	その他の疾病・異常 腎臓疾患	その他の疾病・異常 言語障害	区分
…	…	…	…	1.58	…	…	…	…	…	…	…	…	…	…	…	…	…	…	…	昭和23年度
…	…	…	…	1.87	…	…	…	…	…	…	…	…	…	…	…	63.89	…	…	…	24年
…	…	…	…	1.71	…	…	…	…	…	…	…	…	…	…	…	63.31	…	…	…	25年
…	…	…	…	1.72	…	…	…	…	…	…	…	…	…	…	…	57.88	…	…	…	26年
…	…	…	…	1.51	…	…	…	…	…	…	…	…	…	…	…	54.94	…	…	…	27年
…	…	…	…	1.39	…	…	…	…	…	…	…	0.27	…	…	…	48.20	…	…	…	28年
…	…	…	…	1.42	…	…	…	…	…	…	…	0.31	…	…	…	41.48	…	…	…	29年
…	…	…	…	1.36	…	…	…	…	…	…	…	0.27	…	…	…	37.78	…	…	…	30年
…	…	…	…	1.32	…	…	…	…	…	…	0.91	0.29	…	…	…	31.88	…	…	…	31年
…	…	…	…	0.94	…	…	…	…	…	…	…	0.30	…	…	…	28.80	…	…	…	32年
…	…	…	…	0.93	…	…	…	…	…	…	…	0.33	…	…	…	24.80	…	…	…	33年
…	…	…	…	0.92	…	…	…	…	…	…	…	0.31	…	…	…	21.40	…	…	…	34年
…	…	…	…	0.80	…	…	…	…	…	…	…	0.34	…	…	…	…	…	…	…	35年
…	…	…	…	0.67	…	…	…	…	…	…	…	0.35	…	…	…	…	…	…	…	36年
…	…	…	…	0.62	…	…	…	…	…	…	…	0.43	…	…	…	…	…	…	…	37年
…	…	…	…	0.61	…	…	…	…	…	…	…	0.42	…	…	…	…	…	…	…	38年
…	…	…	…	0.53	…	…	…	…	…	…	…	0.36	…	…	…	…	…	…	…	39年
…	…	…	…	0.48	…	…	…	…	…	…	…	0.33	…	…	…	…	…	…	…	40年
…	…	…	…	0.48	…	…	…	…	…	…	…	0.33	…	…	…	…	…	…	…	41年
…	…	…	…	0.42	…	…	…	…	…	…	0.31	0.37	…	…	…	…	0.16	0.05	0.16	42年
…	…	…	…	0.40	…	…	…	…	…	…	0.30	0.34	…	…	…	…	0.17	0.06	0.14	43年
…	…	…	…	0.34	…	…	…	…	…	…	0.21	0.30	…	…	…	…	0.24	0.05	0.18	44年
…	…	…	…	0.40	1.00	…	…	…	…	…	0.10	0.40	…	…	…	…	0.20	0.10	0.20	45年
…	…	…	…	0.20	0.66	…	…	…	…	…	0.06	0.29	…	…	…	…	0.21	0.04	0.08	46年
…	…	…	…	0.25	0.63	…	…	…	…	…	0.07	0.27	…	…	…	…	0.32	0.09	0.11	47年
…	…	…	…	0.28	0.51	…	…	…	…	…	0.09	0.24	…	…	…	…	0.33	0.10	0.09	48年
…	…	…	…	…	0.48	…	…	…	…	…	0.09	0.37	…	1.57	…	4.31	0.36	0.11	0.13	49年
…	…	…	…	…	0.48	…	…	…	…	…	0.09	0.37	…	1.67	…	4.73	0.40	0.12	0.12	50年
…	…	…	…	…	0.44	…	…	…	…	…	0.09	0.32	…	2.04	…	4.79	0.43	0.14	0.12	51年
…	…	…	…	…	0.70	…	…	…	…	…	0.03	0.38	…	1.52	…	3.70	0.30	0.09	0.07	52年
…	…	…	…	…	0.60	…	…	…	…	…	0.06	0.32	…	1.31	…	3.69	0.24	0.09	0.06	53年
…	…	…	…	…	0.94	…	…	…	…	…	0.05	0.34	…	1.33	…	3.79	0.28	0.09	0.06	54年
…	…	…	…	…	0.75	…	…	…	…	…	0.02	0.36	…	1.06	…	2.85	0.31	0.13	0.08	55年
…	…	…	…	…	0.70	…	…	…	…	…	0.02	0.38	…	1.00	…	2.78	0.32	0.14	0.05	56年
…	…	…	…	…	…	…	…	…	…	…	0.01	0.45	…	0.95	…	2.64	0.37	0.13	0.06	57年
…	…	…	…	…	…	…	…	…	…	…	0.01	0.39	…	1.02	…	2.75	0.51	0.13	0.06	58年
…	…	…	…	…	…	…	…	…	…	…	0.03	0.37	…	1.04	…	2.87	0.68	0.15	0.07	59年
…	…	…	…	…	…	…	…	…	…	…	0.01	0.42	…	0.93	…	3.00	0.71	0.16	0.06	60年
…	…	…	…	…	…	…	…	…	…	…	0.01	0.46	…	0.94	…	2.89	0.67	0.12	0.05	61年
…	…	…	…	…	…	…	…	…	…	…	0.02	0.47	…	0.99	…	2.91	0.74	0.11	0.05	62年
…	…	…	…	…	…	…	…	…	…	…	0.01	0.46	…	1.00	…	2.58	0.83	0.11	0.06	63年
…	…	…	…	…	…	…	…	…	…	…	0.02	0.47	…	0.83	…	2.40	0.78	0.08	0.06	平成元年
…	…	…	…	…	…	…	…	…	…	…	0.03	0.46	…	0.84	…	2.18	0.82	0.13	0.05	2年
…	…	…	…	…	…	…	…	…	…	…	0.02	0.50	…	0.94	…	2.14	0.84	0.10	0.06	3年
…	…	…	…	…	…	…	…	…	…	…	0.03	0.55	…	0.89	0.09	2.21	0.91	0.12	0.05	4年
…	…	…	…	…	…	…	…	…	…	…	0.01	0.54	…	0.85	0.09	1.95	0.90	0.09	0.05	5年
…	…	…	…	…	…	…	…	…	…	…	0.01	0.50	…	1.01	0.07	2.03	1.05	0.11	0.05	6年
…	…	…	…	…	…	…	…	…	…	…	0.00	0.45	1.55	0.84	0.11	2.72	1.08	0.12	0.06	7年
…	…	…	…	…	…	…	…	…	…	…	0.01	0.49	1.72	0.82	0.09	2.29	1.25	0.09	0.07	8年
…	…	…	…	…	…	…	…	…	…	…	0.01	0.45	1.83	0.97	0.09	1.80	1.29	0.09	0.06	9年
…	…	…	…	…	…	…	…	…	…	…	－	0.48	1.78	0.92	0.08	1.81	1.73	0.12	0.09	10年
…	…	…	…	…	…	…	…	…	…	…	0.01	0.52	2.08	0.88	0.07	1.44	2.01	0.12	0.12	11年
…	…	…	…	…	…	…	…	…	…	…	0.01	0.49	1.82	0.78	0.06	1.27	1.83	0.16	0.12	12年
…	…	…	…	…	…	…	…	…	…	…	0.01	0.52	1.81	0.81	0.07	0.98	1.94	0.13	0.11	13年
…	…	…	…	…	…	…	…	…	…	…	0.00	0.58	1.79	0.73	0.08	0.82	2.11	0.14	0.10	14年
…	…	…	…	…	…	…	…	…	1.75	0.52	0.01	0.57	1.95	0.74	0.07	0.68	2.21	0.11	0.12	15年
…	…	…	…	…	…	…	…	…	0.98	0.25	0.00	0.58	2.20	0.82	0.06	0.58	2.33	0.12	0.10	16年
…	…	…	…	…	…	…	…	…	0.68	0.16	0.01	0.60	1.93	0.77	0.07	0.43	2.60	0.11	0.15	17年
4.70	0.19	2.98	2.18	1.63	0.43	…	3.33	0.35	0.60	0.14	0.00	0.70	2.03	0.87	0.08	0.40	2.87	0.19	0.20	18年
4.53	0.15	2.79	1.92	1.54	0.30	…	3.40	0.38	0.65	0.16	0.00	0.66	2.12	0.85	0.08	0.35	2.87	0.17	0.25	19年
4.59	0.09	2.83	1.92	1.44	0.33	…	3.15	0.39	0.61	0.18	0.00	0.75	2.33	0.93	0.07	0.27	3.00	0.16	0.22	20年
4.65	0.12	2.68	1.89	1.40	0.34	…	2.99	0.34	0.52	0.13	0.00	0.85	2.18	1.06	0.07	0.25	3.07	0.19	0.23	21年
4.90	0.20	2.99	1.87	1.29	0.32	…	3.05	0.38	0.50	0.15	0.01	0.69	2.12	0.99	0.08	0.20	3.26	0.18	0.23	22年
4.51	0.11	2.50	1.59	1.18	0.33	…	2.94	0.39	0.51	0.12	0.00	0.74	2.14	0.98	0.07	0.18	3.43	0.16	0.23	23年
4.70	0.11	2.73	1.81	1.16	0.39	…	2.92	0.40	0.38	0.11	0.00	0.68	1.91	0.98	0.07	0.17	3.30	0.16	0.23	24年
4.89	0.11	3.01	1.99	1.19	0.41	…	2.77	0.41	…	0.11	0.00	0.73	2.33	0.98	0.07	0.12	3.24	0.18	0.25	25年
4.59	0.11	2.62	1.66	1.19	0.50	…	2.87	0.39	…	0.13	0.00	0.71	1.90	1.11	0.08	0.11	3.07	0.17	0.27	26年
4.60	0.13	2.67	1.68	1.18	0.56	…	3.18	0.46	…	0.13	0.00	0.68	1.92	1.06	0.07	0.09	3.08	0.19	0.26	27年
5.00	0.14	2.64	1.64	1.24	…	1.75	2.88	0.51	…	0.13	0.00	0.70	2.04	1.00	0.08	…	2.95	0.19	0.29	28年
4.66	0.11	2.54	1.64	1.25	…	1.15	2.96	0.48	…	0.13	0.00	0.66	2.05	1.12	0.06	…	3.10	0.19	0.26	29年
4.91	0.10	2.67	1.67	1.29	…	1.13	3.13	0.55	…	0.12	0.01	0.78	1.96	1.06	0.07	…	2.80	0.21	0.30	30年
5.25	0.14	2.60	1.75	1.22	…	1.10	3.03	0.55	…	0.17	0.00	0.82	2.02	1.32	0.07	…	2.72	0.20	0.29	令和元年
5.04	0.10	2.91	1.90	1.48	…	0.96	3.00	0.38	…	0.17	0.00	0.79	2.08	1.19	0.07	…	2.67	0.20	0.28	2年
5.03	0.13	2.86	1.72	1.41	…	0.77	3.03	0.45	…	0.10	0.00	0.79	2.16	1.14	0.08	…	2.65	0.23	0.32	3年
4.84	0.11	2.73	1.63	1.66	…	0.85	2.95	0.37	…	0.10	0.00	0.79	2.11	1.30	0.09	…	2.23	0.23	0.31	4年

15　学校種別　疾病・異常被患率等の

3　中学校（1）計

区分	裸眼視力 計	視力非矯正者の裸眼視力 1.0以上	1.0未満 0.7以上	0.7未満 0.3以上	0.3未満	視力矯正者の裸眼視力 1.0以上	1.0未満 0.7以上	0.7未満 0.3以上	0.3未満	裸眼視力 計	1.0未満 0.7以上	0.7未満 0.3以上	0.3未満	眼の疾病・異常	難聴（聴）	耳疾患	鼻疾患・副鼻腔患	口腔咽喉頭疾患異常	むし歯（う歯）計	処置完了者	未処置歯ある者
昭和23年度	...	...	...	...	...	...	...	...	...	...	...	...	...	...	0.67	...	...	...	...	...	34.49
24年	...	...	...	...	...	...	...	...	...	...	...	...	...	...	0.60	...	...	...	39.37	4.53	34.84
25年	...	...	...	...	...	...	...	...	...	...	...	...	...	...	0.60	...	...	...	42.04	4.89	37.15
26年	...	...	...	...	...	...	...	...	...	...	...	...	...	...	0.63	...	...	...	39.35	4.66	34.69
27年	...	...	...	...	...	...	...	...	...	...	...	...	...	...	0.70	...	...	...	38.38	5.01	33.37
28年	...	...	...	...	...	...	...	...	...	...	...	...	...	...	0.74	...	...	...	38.34	4.51	33.83
29年	...	...	...	...	...	...	...	...	...	...	...	...	...	...	0.74	...	...	...	42.87	4.98	37.89
30年	...	...	...	...	...	...	...	...	...	...	...	...	...	...	0.79	...	...	...	47.31	6.69	40.62
31年	...	...	...	...	...	...	...	...	...	...	...	...	...	...	0.62	...	...	...	50.00	7.59	42.41
32年	...	...	...	...	...	...	...	...	...	...	...	...	...	...	0.65	...	...	...	58.80	8.80	50.00
33年	...	...	...	...	...	...	...	...	...	...	...	...	...	...	0.65	...	...	...	63.80	10.30	53.50
34年	...	...	...	...	...	...	...	...	...	...	...	...	...	...	0.76	...	...	...	70.40	11.10	59.30
35年	...	...	...	...	...	...	...	...	...	...	...	...	...	...	0.70	...	...	...	73.97	11.84	62.13
36年	...	...	...	...	...	...	...	...	...	...	...	...	...	...	0.60	...	...	...	75.50	13.24	62.26
37年	...	...	...	...	...	...	...	...	...	...	...	...	...	...	0.56	...	...	...	80.01	14.25	65.76
38年	...	...	...	...	...	...	...	...	...	...	...	...	...	...	0.49	...	...	...	81.74	15.18	66.56
39年	...	...	...	...	...	...	...	...	...	...	...	...	...	...	0.44	...	...	...	84.15	16.18	67.97
40年	...	...	...	...	...	...	...	...	...	...	...	...	...	...	0.42	...	...	...	85.65	17.28	68.37
41年	...	...	...	...	...	...	...	...	...	...	...	...	...	...	0.37	...	...	...	86.06	18.95	67.11
42年	...	...	...	...	...	...	...	...	...	...	...	...	...	...	0.40	...	...	...	87.44	20.50	66.94
43年	...	...	...	...	...	...	...	...	...	...	...	...	...	...	0.34	...	...	...	88.50	21.77	66.73
44年	...	...	...	...	...	...	...	...	...	...	...	...	...	...	0.36	...	...	...	89.67	24.14	65.53
45年	...	...	...	...	...	...	...	...	...	...	...	...	...	...	0.60	...	...	...	90.50	22.80	67.70
46年	...	...	...	...	...	...	...	...	...	...	...	...	...	...	0.34	...	...	...	90.85	25.97	64.87
47年	...	...	...	...	...	...	...	...	...	...	...	...	...	...	0.52	...	...	...	92.99	26.94	66.05
48年	...	...	...	...	...	...	...	...	...	...	...	...	...	...	0.45	...	...	...	93.23	26.54	66.69
49年	...	...	...	...	...	...	...	...	...	...	...	...	...	...	0.71	...	...	...	93.09	27.74	65.34
50年	...	...	...	...	...	...	...	...	...	...	...	...	...	...	0.62	...	...	...	93.68	28.04	65.64
51年	...	...	...	...	...	...	...	...	...	...	...	...	...	...	0.63	...	...	...	94.13	29.04	65.09
52年	...	...	...	...	...	...	...	...	...	...	...	...	...	...	0.53	...	...	...	93.45	29.44	64.01
53年	...	...	...	...	...	...	...	...	...	...	...	...	...	...	0.46	...	...	...	93.85	33.20	60.65
54年	...	...	...	...	...	...	...	...	...	35.19	9.65	12.47	13.06	...	0.44	...	...	...	94.52	31.68	62.84
55年	...	...	...	...	...	...	...	...	...	38.12	10.68	13.13	14.32	...	0.45	...	...	...	93.91	33.85	60.05
56年	...	...	...	...	...	...	...	...	...	36.87	10.66	12.47	13.74	...	0.43	...	...	...	93.68	34.38	59.30
57年	...	...	...	...	...	...	...	...	...	36.39	10.69	12.18	13.53	...	0.58	...	...	...	92.97	36.82	56.15
58年	...	...	...	...	...	...	...	...	...	35.49	10.07	12.06	13.36	...	0.47	...	...	...	93.03	37.69	55.34
59年	...	...	...	...	...	...	...	...	...	36.71	11.43	12.33	12.95	...	0.64	...	...	...	92.24	40.83	51.41
60年	...	...	...	...	...	...	...	...	...	36.58	10.17	12.64	13.77	...	0.59	...	...	...	92.34	41.19	51.15
61年	...	...	...	...	...	...	...	...	...	37.24	9.85	12.69	14.70	...	0.63	...	...	...	91.92	40.79	51.13
62年	...	...	...	...	...	...	...	...	...	38.42	10.15	13.08	15.20	...	0.62	...	...	...	91.36	41.51	49.86
63年	...	...	...	...	...	...	...	...	...	39.39	10.17	13.37	15.85	...	0.63	...	...	...	90.54	41.50	49.04
平成元年	...	...	...	...	...	...	...	...	...	40.90	10.29	13.50	17.11	...	0.62	...	...	...	90.43	41.43	49.00
2年	...	...	...	...	...	...	...	...	...	41.58	10.08	13.91	17.59	...	0.62	...	...	...	89.96	41.34	48.62
3年	...	...	...	...	...	...	...	...	...	43.60	10.26	14.29	19.05	...	0.63	...	...	...	89.64	41.40	48.25
4年	...	...	...	...	...	...	...	...	...	45.56	10.27	15.10	20.19	...	0.66	...	...	...	88.93	42.65	46.28
5年	...	...	...	...	...	...	...	...	...	47.27	10.94	15.91	20.42	...	0.66	...	...	...	87.78	42.19	45.58
6年	...	...	...	...	...	...	...	...	...	48.81	11.19	16.03	21.60	...	0.63	...	...	...	87.74	42.49	45.25
7年	...	...	...	...	...	...	...	...	...	49.06	11.72	16.57	20.77	...	0.66	1.68	8.13	1.08	86.62	46.23	40.39
8年	...	...	...	...	...	...	...	...	...	49.83	12.03	16.61	21.19	...	0.65	1.89	7.84	1.15	84.77	46.13	38.64
9年	...	...	...	...	...	...	...	...	...	49.66	11.42	16.55	21.69	...	0.60	1.98	8.86	1.18	83.67	45.79	37.88
10年	...	...	...	...	...	...	...	...	...	50.31	11.58	16.66	22.07	...	0.57	2.13	8.42	1.05	81.89	45.78	36.11
11年	...	...	...	...	...	...	...	...	...	49.69	11.20	16.34	22.15	...	0.60	2.28	8.97	1.11	80.07	44.53	35.54
12年	...	...	...	...	...	...	...	...	...	49.99	11.29	16.94	21.75	...	0.63	2.50	9.42	1.01	76.85	43.53	33.31
13年	...	...	...	...	...	...	...	...	...	48.17	11.18	16.30	20.68	...	0.54	2.35	8.98	1.10	73.81	41.19	32.63
14年	...	...	...	...	...	...	...	...	...	49.04	11.59	16.63	20.82	...	0.60	2.57	9.43	1.29	71.24	40.12	31.12
15年	...	...	...	...	...	...	...	...	...	47.80	12.02	16.07	19.71	...	0.62	2.71	10.10	1.24	67.68	38.17	29.50
16年	...	...	...	...	...	...	...	...	...	47.68	11.75	16.60	19.34	...	0.57	2.71	9.26	1.14	64.61	35.78	28.84
17年	...	...	...	...	...	...	...	...	...	47.77	11.63	16.47	19.67	...	0.65	2.77	10.59	1.24	62.72	34.73	27.99
18年	...	...	...	...	...	...	...	...	...	50.13	11.89	17.84	20.40	4.87	0.87	3.13	10.67	1.07	59.66	31.93	27.73
19年	...	...	...	...	...	...	...	...	...	51.17	13.26	17.57	20.34	4.25	0.75	3.33	11.14	1.14	58.06	30.96	27.10
20年	...	...	...	...	...	...	...	...	...	52.60	12.38	17.80	22.42	4.48	0.93	3.55	10.82	1.10	50.36	25.64	24.72
21年	...	...	...	...	...	...	...	...	...	52.54	12.54	18.03	21.97	4.90	0.89	3.35	10.83	0.81	52.88	28.79	24.09
22年	...	...	...	...	...	...	...	...	...	52.73	12.07	18.41	22.25	4.65	0.75	3.56	10.67	0.82	50.60	28.02	22.58
23年	...	...	...	...	...	...	...	...	...	51.59	11.81	17.54	22.25	5.39	0.45	3.28	11.75	0.80	48.31	26.75	21.56
24年	100.00	45.04	9.55	11.24	5.83	0.58	1.24	5.25	21.28	54.38	10.78	16.49	27.10	4.67	0.32	3.62	11.39	0.70	45.67	25.55	20.12
25年	100.00	46.52	9.77	11.26	5.60	0.69	1.32	5.29	19.55	52.79	11.09	16.55	25.15	4.63	0.32	3.89	11.11	0.67	44.59	24.92	19.66
26年	100.00	46.20	9.81	10.88	5.59	0.76	1.50	5.87	19.38	53.04	11.31	16.75	24.97	5.32	0.36	4.00	11.21	0.67	42.37	23.83	18.54
27年	100.00	44.99	9.91	11.77	5.89	0.96	1.77	5.30	19.42	54.05	11.68	17.07	25.31	4.87	0.31	3.63	10.61	0.58	40.49	22.38	18.11
28年	100.00	44.82	10.49	11.46	7.40	0.55	1.04	4.96	19.28	54.63	11.53	16.42	26.68	5.12	0.31	4.47	11.52	0.69	37.49	20.98	16.51
29年	100.00	42.72	10.00	12.83	6.61	0.95	1.50	5.54	19.85	56.33	11.50	18.37	26.46	5.66	0.37	4.48	11.27	0.64	37.32	21.12	16.21
30年	100.00	42.31	9.35	12.76	7.20	1.65	1.92	6.46	18.33	56.04	11.27	19.22	25.54	4.87	0.36	4.72	10.99	0.75	35.41	20.41	15.01
令和元年	100.00	41.44	10.89	12.53	7.05	1.08	1.84	5.14	20.01	57.47	12.73	17.67	27.07	5.38	0.32	4.71	12.10	0.66	34.00	19.78	14.22
2年	100.00	40.46	11.63	13.76	8.16	1.25	1.90	5.66	17.18	58.29	13.52	19.42	25.34	4.66	0.41	5.01	10.21	0.45	32.16	18.75	13.40
3年	100.00	38.14	11.43	13.97	7.04	1.20	1.87	6.40	21.82	60.56	11.43	20.37	28.86	4.84	0.30	4.89	10.06	0.49	30.38	18.04	12.33
4年	100.00	37.64	10.86	14.31	7.05	1.11	1.53	6.27	21.23	61.23	12.39	20.58	28.26	4.95	0.33	4.76	10.70	0.35	28.24	16.80	11.43

（注）平成24年度以降の結核に関する検診の取扱いについては、「学校保健安全法施行規則」の一部改正にともない、平成24年4月から教育委員会に設置された結核対策委員会からの意見を聞かずに
精密検査を行うことができるようになったため、「結核の精密検査の対象者」には、学校医の診察の結果、精密検査が必要と認められた者も含まれる。

推移（昭和23年度～令和４年度）（１２−７）

単位　（％）

歯列・咬合	顎関節	口腔 歯垢の状態	口腔 歯肉の状態	永久歯の1人当たり平均むし歯（う歯）等数（本）	栄養状態	せき柱・胸郭	四肢の状態・胸郭	皮膚疾患 アトピー性皮膚炎	皮膚疾患 その他の皮膚疾患	結核に関する検診 委員会を必要とする者での検討者	結核に関する検診 結核検査の対象者精密者	結核	心疾病臓・異常	心電図異常	蛋白検出の者	尿糖検出の者	その他の疾病・異常 ぜん息	その他の疾病・異常 腎臓疾患	その他の疾病・異常 言語障害	区分
…	…	…	…	…	1.12	…	…	…	…	…	…	…	…	…	…	…	…	…	…	昭和23年度
…	…	…	…	…	1.51	…	…	…	…	…	…	…	…	…	…	…	…	…	…	24年
…	…	…	…	…	1.38	…	…	…	…	…	…	…	…	…	…	…	…	…	…	25年
…	…	…	…	…	1.40	…	…	…	…	…	…	…	…	…	…	…	…	…	…	26年
…	…	…	…	…	1.11	…	…	…	…	…	…	…	…	…	…	…	…	…	…	27年
…	…	…	…	…	1.18	…	…	…	…	…	…	…	0.33	…	…	…	…	…	…	28年
…	…	…	…	…	0.99	…	…	…	…	…	…	…	0.32	…	…	…	…	…	…	29年
…	…	…	…	…	0.94	…	…	…	…	…	…	…	0.37	…	…	…	…	…	…	30年
…	…	…	…	…	0.75	…	…	…	…	…	…	0.60	0.35	…	…	…	…	…	…	31年
…	…	…	…	…	0.68	…	…	…	…	…	…	…	0.40	…	…	…	…	…	…	32年
…	…	…	…	…	0.67	…	…	…	…	…	…	…	0.37	…	…	…	…	…	…	33年
…	…	…	…	…	0.67	…	…	…	…	…	…	…	0.40	…	…	…	…	…	…	34年
…	…	…	…	…	0.60	…	…	…	…	…	…	…	0.39	…	…	…	…	…	…	35年
…	…	…	…	…	0.45	…	…	…	…	…	…	…	0.36	…	…	…	…	…	…	36年
…	…	…	…	…	0.43	…	…	…	…	…	…	…	0.38	…	…	…	…	…	…	37年
…	…	…	…	…	0.41	…	…	…	…	…	…	…	0.42	…	…	…	…	…	…	38年
…	…	…	…	…	0.34	…	…	…	…	…	…	…	0.42	…	…	…	…	…	…	39年
…	…	…	…	…	0.33	…	…	…	…	…	…	…	0.40	…	…	…	…	…	…	40年
…	…	…	…	…	0.30	…	…	…	…	…	…	…	0.44	…	…	…	…	…	…	41年
…	…	…	…	…	0.27	…	…	…	…	…	…	0.21	0.43	…	…	…	0.08	0.08	0.24	42年
…	…	…	…	…	0.30	…	…	…	…	…	…	0.20	0.40	…	…	…	0.12	0.10	0.20	43年
…	…	…	…	…	0.21	…	…	…	…	…	…	0.15	0.38	…	…	…	0.13	0.11	0.21	44年
…	…	…	…	…	0.20	0.60	…	…	…	…	…	0.20	0.40	…	…	…	0.10	0.10	0.09	45年
…	…	…	…	…	0.17	0.46	…	…	…	…	…	0.08	0.43	…	…	…	0.15	0.10	0.09	46年
…	…	…	…	…	0.13	0.50	…	…	…	…	…	0.07	0.34	…	…	…	0.19	0.14	0.10	47年
…	…	…	…	…	0.16	0.43	…	…	…	…	…	0.04	0.29	…	…	…	0.20	0.17	0.08	48年
…	…	…	…	…	…	0.47	…	…	…	…	…	0.04	0.45	…	2.65	…	0.28	0.20	0.12	49年
…	…	…	…	…	…	0.46	…	…	…	…	…	0.04	0.43	…	2.88	…	0.31	0.20	0.11	50年
…	…	…	…	…	…	0.52	…	…	…	…	…	0.05	0.43	…	3.72	…	0.34	0.19	0.10	51年
…	…	…	…	…	…	0.75	…	…	…	…	…	0.03	0.40	…	2.47	…	0.25	0.14	0.05	52年
…	…	…	…	…	…	0.65	…	…	…	…	…	0.03	0.39	…	2.63	…	0.26	0.14	0.04	53年
…	…	…	…	…	…	1.15	…	…	…	…	…	0.04	0.41	…	2.42	…	0.27	0.14	0.05	54年
…	…	…	…	…	…	1.23	…	…	…	…	…	0.02	0.45	…	2.15	…	0.40	0.16	0.05	55年
…	…	…	…	…	…	0.93	…	…	…	…	…	0.03	0.58	…	2.08	…	0.40	0.16	0.05	56年
…	…	…	…	…	…	…	…	…	…	…	…	0.01	0.40	…	2.19	…	0.36	0.14	0.03	57年
…	…	…	…	…	…	…	…	…	…	…	…	0.01	0.47	…	2.12	…	0.44	0.15	0.03	58年
…	…	…	…	4.75	…	…	…	…	…	…	…	0.01	0.53	…	2.16	…	0.67	0.20	0.04	59年
…	…	…	…	4.63	…	…	…	…	…	…	…	0.01	0.60	…	1.76	…	0.67	0.21	0.04	60年
…	…	…	…	4.58	…	…	…	…	…	…	…	0.03	0.52	…	1.95	…	0.72	0.20	0.04	61年
…	…	…	…	4.51	…	…	…	…	…	…	…	0.01	0.55	…	1.97	…	0.75	0.19	0.03	62年
…	…	…	…	4.35	…	…	…	…	…	…	…	0.01	0.60	…	1.84	…	0.77	0.15	0.03	63年
…	…	…	…	4.30	…	…	…	…	…	…	…	0.01	0.68	…	1.67	…	0.90	0.18	0.03	平成元年
…	…	…	…	4.30	…	…	…	…	…	…	…	0.02	0.70	…	1.76	…	0.96	0.17	0.03	2年
…	…	…	…	4.29	…	…	…	…	…	…	…	0.02	0.73	…	1.92	…	1.01	0.20	0.03	3年
…	…	…	…	4.17	…	…	…	…	…	…	…	0.04	0.72	…	2.04	0.13	1.12	0.15	0.03	4年
…	…	…	…	4.09	…	…	…	…	…	…	…	0.03	0.77	…	1.84	0.16	1.15	0.15	0.03	5年
…	…	…	…	4.00	…	…	…	…	…	…	…	0.01	0.85	…	1.91	0.14	1.30	0.17	0.04	6年
…	…	…	…	3.72	…	…	…	…	…	…	…	0.00	0.55	2.41	1.73	0.16	1.44	0.15	0.04	7年
…	…	…	…	3.51	…	…	…	…	…	…	…	0.02	0.54	2.60	1.90	0.16	1.48	0.17	0.04	8年
…	…	…	…	3.34	…	…	…	…	…	…	…	0.03	0.59	3.18	2.04	0.16	1.42	0.17	0.03	9年
…	…	…	…	3.10	…	…	…	…	…	…	…	0.03	0.56	2.75	2.26	0.14	1.63	0.17	0.04	10年
…	…	…	…	2.92	…	…	…	…	…	…	…	0.03	0.58	3.02	2.25	0.17	2.03	0.17	0.04	11年
…	…	…	…	2.65	…	…	…	…	…	…	…	0.01	0.59	3.11	1.99	0.13	1.81	0.18	0.03	12年
…	…	…	…	2.51	…	…	…	…	…	…	…	0.03	0.63	3.00	2.00	0.15	1.94	0.18	0.03	13年
…	…	…	…	2.28	…	…	…	…	…	…	…	0.02	0.67	3.13	2.07	0.16	2.18	0.20	0.05	14年
…	…	…	…	2.09	…	…	…	…	…	1.67	0.48	0.01	0.69	3.49	1.94	0.14	2.32	0.19	0.04	15年
…	…	…	…	1.91	…	…	…	…	…	0.95	0.19	0.01	0.74	3.28	1.95	0.14	2.40	0.20	0.05	16年
…	…	…	…	1.82	…	…	…	…	…	0.58	0.12	0.01	0.64	3.18	2.08	0.15	2.67	0.18	0.05	17年
5.19	0.54	5.54	5.71	1.71	1.27	0.63	…	2.76	0.20	0.49	0.11	0.00	0.76	3.34	2.27	0.16	2.95	0.24	0.09	18年
5.47	0.54	5.50	5.36	1.63	1.32	0.62	…	2.79	0.19	0.46	0.11	0.01	0.98	3.24	2.41	0.15	3.08	0.22	0.08	19年
5.49	0.57	5.81	5.86	1.54	1.48	0.94	…	2.66	0.17	0.40	0.08	0.00	0.92	3.45	2.49	0.15	3.00	0.22	0.07	20年
5.41	0.53	5.15	4.92	1.40	1.15	0.73	…	2.58	0.19	0.33	0.09	0.00	1.17	3.28	2.46	0.14	2.96	0.20	0.08	21年
5.49	0.52	5.52	5.15	1.29	1.22	0.78	…	2.56	0.21	0.27	0.06	0.00	0.78	3.36	2.61	0.14	3.02	0.20	0.07	22年
4.78	0.45	5.09	4.82	1.20	1.01	0.80	…	2.42	0.17	0.28	0.06	0.00	0.80	3.36	2.60	0.14	2.83	0.21	0.07	23年
4.75	0.41	4.84	4.26	1.10	1.13	0.80	…	2.47	0.22	0.24	0.08	0.00	0.85	3.32	2.50	0.13	2.95	0.20	0.07	24年
5.03	0.31	5.08	4.61	1.05	0.99	0.83	…	2.48	0.17	…	0.07	0.00	0.80	3.44	2.45	0.15	3.22	0.23	0.08	25年
5.09	0.36	5.21	4.61	1.00	1.00	1.04	…	2.52	0.26	…	0.06	0.00	0.90	3.33	3.00	0.14	3.03	0.19	0.08	26年
4.99	0.31	5.00	4.63	0.90	0.94	1.02	…	2.72	0.23	…	0.08	0.00	0.81	3.17	2.91	0.15	3.00	0.20	0.08	27年
5.37	0.44	5.41	4.57	0.84	0.96	…	3.43	2.65	0.22	…	0.08	0.00	0.84	3.30	2.57	0.14	2.90	0.22	0.08	28年
4.75	0.32	4.56	4.04	0.82	1.02	…	2.41	2.66	0.22	…	0.07	0.00	0.80	3.40	3.18	0.14	2.71	0.22	0.10	29年
5.14	0.38	4.73	4.14	0.74	1.17	…	2.40	2.85	0.34	…	0.08	0.00	0.99	3.27	2.91	0.13	2.71	0.23	0.10	30年
5.36	0.40	4.50	4.21	0.70	1.00	…	2.12	2.87	0.32	…	0.08	0.00	0.89	3.27	3.35	0.14	2.60	0.21	0.08	令和元年
5.18	0.36	4.64	3.91	0.68	1.12	…	1.65	2.86	0.24	…	0.11	0.00	1.00	3.33	3.25	0.19	2.59	0.25	0.09	2年
5.31	0.38	4.61	4.14	0.63	1.18	…	1.72	2.95	0.34	…	0.07	-	0.98	3.07	2.80	0.17	2.31	0.25	0.09	3年
5.30	0.35	3.97	3.45	0.56	1.42	…	1.54	2.96	0.24	…	0.04	-	0.85	3.15	2.90	0.17	2.23	0.24	0.09	4年

15 学校種別 疾病・異常被患率等の

3 中学校 (2) 男

区分	計	裸眼視力 視力非矯正者の裸眼視力 1.0以上	1.0未満0.7以上	0.7未満0.3以上	0.3未満	視力矯正者の裸眼視力 1.0以上	1.0未満0.7以上	0.7未満0.3以上	0.3未満	裸眼視力 計	1.0未満0.7以上	0.7未満0.3以上	0.3未満	眼の疾病・異常	難聴 聴	耳疾患	鼻・副鼻腔疾患	口腔咽喉頭異常	むし歯(う歯) 計	処置完了者	未処置歯のある者
昭和23年度	…	…	…	…	…	…	…	…	…	…	…	…	…	…	0.75	…	…	…	…	…	33.10
24年	…	…	…	…	…	…	…	…	…	…	…	…	…	…	0.71	…	…	…	37.71	4.17	33.54
25年	…	…	…	…	…	…	…	…	…	…	…	…	…	…	0.71	…	…	…	40.22	4.48	35.74
26年	…	…	…	…	…	…	…	…	…	…	…	…	…	…	0.75	…	…	…	37.95	4.26	33.69
27年	…	…	…	…	…	…	…	…	…	…	…	…	…	…	0.82	…	…	…	36.40	4.61	31.79
28年	…	…	…	…	…	…	…	…	…	…	…	…	…	…	0.86	…	…	…	36.49	4.03	32.46
29年	…	…	…	…	…	…	…	…	…	…	…	…	…	…	0.86	…	…	…	40.55	4.38	36.17
30年	…	…	…	…	…	…	…	…	…	…	…	…	…	…	0.92	…	…	…	44.76	5.98	38.78
31年	…	…	…	…	…	…	…	…	…	…	…	…	…	…	0.71	…	…	…	47.02	6.87	40.15
32年	…	…	…	…	…	…	…	…	…	…	…	…	…	…	0.75	…	…	…	57.20	7.80	49.40
33年	…	…	…	…	…	…	…	…	…	…	…	…	…	…	0.73	…	…	…	60.20	9.20	51.00
34年	…	…	…	…	…	…	…	…	…	…	…	…	…	…	0.82	…	…	…	67.30	9.90	57.40
35年	…	…	…	…	…	…	…	…	…	…	…	…	…	…	0.77	…	…	…	71.23	10.75	60.48
36年	…	…	…	…	…	…	…	…	…	…	…	…	…	…	0.66	…	…	…	74.72	12.28	62.44
37年	…	…	…	…	…	…	…	…	…	…	…	…	…	…	0.65	…	…	…	78.07	13.11	64.96
38年	…	…	…	…	…	…	…	…	…	…	…	…	…	…	0.53	…	…	…	78.95	13.96	64.99
39年	…	…	…	…	…	…	…	…	…	…	…	…	…	…	0.51	…	…	…	83.19	14.82	68.37
40年	…	…	…	…	…	…	…	…	…	…	…	…	…	…	0.47	…	…	…	83.44	15.89	67.55
41年	…	…	…	…	…	…	…	…	…	…	…	…	…	…	0.41	…	…	…	83.95	17.37	66.58
42年	…	…	…	…	…	…	…	…	…	…	…	…	…	…	0.42	…	…	…	85.33	18.71	66.62
43年	…	…	…	…	…	…	…	…	…	…	…	…	…	…	0.38	…	…	…	86.55	20.28	66.27
44年	…	…	…	…	…	…	…	…	…	…	…	…	…	…	0.42	…	…	…	87.89	22.57	65.32
45年	…	…	…	…	…	…	…	…	…	…	…	…	…	…	0.70	…	…	…	88.60	21.30	67.30
46年	…	…	…	…	…	…	…	…	…	…	…	…	…	…	0.40	…	…	…	89.01	24.41	64.59
47年	…	…	…	…	…	…	…	…	…	…	…	…	…	…	0.58	…	…	…	91.48	25.54	65.93
48年	…	…	…	…	…	…	…	…	…	…	…	…	…	…	0.52	…	…	…	92.12	25.42	66.70
49年	…	…	…	…	…	…	…	…	…	…	…	…	…	…	0.79	…	…	…	91.84	26.47	65.37
50年	…	…	…	…	…	…	…	…	…	…	…	…	…	…	0.70	…	…	…	92.49	26.90	65.59
51年	…	…	…	…	…	…	…	…	…	…	…	…	…	…	0.72	…	…	…	92.98	27.87	65.11
52年	…	…	…	…	…	…	…	…	…	…	…	…	…	…	0.61	…	…	…	92.55	28.60	63.95
53年	…	…	…	…	…	…	…	…	…	…	…	…	…	…	0.53	…	…	…	92.88	31.98	60.90
54年	…	…	…	…	…	…	…	…	…	30.35	8.66	10.96	10.73	…	0.50	…	…	…	93.45	30.65	62.79
55年	…	…	…	…	…	…	…	…	…	33.14	9.87	11.56	11.72	…	0.53	…	…	…	92.76	32.70	60.06
56年	…	…	…	…	…	…	…	…	…	31.91	9.79	11.05	11.07	…	0.43	…	…	…	92.60	33.43	59.17
57年	…	…	…	…	…	…	…	…	…	31.26	9.76	10.74	10.75	…	0.60	…	…	…	91.84	35.79	56.05
58年	…	…	…	…	…	…	…	…	…	30.65	9.07	10.58	10.99	…	0.55	…	…	…	91.90	36.75	55.15
59年	…	…	…	…	…	…	…	…	…	32.21	10.64	10.97	10.60	…	0.68	…	…	…	91.04	39.93	51.12
60年	…	…	…	…	…	…	…	…	…	31.89	9.24	11.32	11.33	…	0.63	…	…	…	91.16	40.44	50.72
61年	…	…	…	…	…	…	…	…	…	32.64	9.01	11.44	12.19	…	0.68	…	…	…	90.69	40.01	50.68
62年	…	…	…	…	…	…	…	…	…	34.05	9.47	11.84	12.74	…	0.71	…	…	…	90.12	40.57	49.55
63年	…	…	…	…	…	…	…	…	…	35.53	9.54	12.53	13.46	…	0.71	…	…	…	89.01	40.34	48.67
平成元年	…	…	…	…	…	…	…	…	…	37.34	9.69	12.75	14.90	…	0.64	…	…	…	88.98	40.22	48.77
2年	…	…	…	…	…	…	…	…	…	37.77	9.37	13.05	15.36	…	0.69	…	…	…	88.36	40.21	48.15
3年	…	…	…	…	…	…	…	…	…	40.07	9.60	13.59	16.88	…	0.73	…	…	…	87.98	40.05	47.93
4年	…	…	…	…	…	…	…	…	…	41.84	9.80	14.35	17.69	…	0.69	…	…	…	87.13	41.06	46.08
5年	…	…	…	…	…	…	…	…	…	43.14	10.48	15.17	17.48	…	0.71	…	…	…	86.30	40.84	45.46
6年	…	…	…	…	…	…	…	…	…	44.32	10.74	15.40	18.19	…	0.65	…	…	…	85.92	40.88	45.04
7年	…	…	…	…	…	…	…	…	…	44.99	11.51	15.81	17.67	…	0.67	2.05	9.57	1.16	85.08	44.47	40.61
8年	…	…	…	…	…	…	…	…	…	45.00	11.75	15.92	17.33	…	0.63	2.23	9.32	1.24	83.02	44.49	38.53
9年	…	…	…	…	…	…	…	…	…	45.16	11.11	15.76	18.29	…	0.60	2.33	10.36	1.27	81.88	44.02	37.86
10年	…	…	…	…	…	…	…	…	…	45.67	11.29	15.97	18.41	…	0.58	2.54	9.78	1.08	80.06	43.78	36.28
11年	…	…	…	…	…	…	…	…	…	45.70	11.05	15.93	18.74	…	0.62	2.71	10.51	1.20	78.06	42.62	35.44
12年	…	…	…	…	…	…	…	…	…	45.76	11.09	16.31	18.36	…	0.68	2.92	10.86	1.01	75.01	41.88	33.13
13年	…	…	…	…	…	…	…	…	…	44.04	10.61	16.05	17.38	…	0.55	2.80	10.62	1.18	71.79	39.29	32.50
14年	…	…	…	…	…	…	…	…	…	45.25	11.43	15.94	17.87	…	0.62	2.93	11.16	1.52	69.51	38.43	31.08
15年	…	…	…	…	…	…	…	…	…	44.69	11.09	15.53	17.07	…	0.60	3.22	11.84	1.32	65.88	36.45	29.44
16年	…	…	…	…	…	…	…	…	…	43.59	11.56	15.84	16.19	…	0.57	3.16	10.80	1.29	62.39	34.07	28.32
17年	…	…	…	…	…	…	…	…	…	44.28	11.73	15.86	16.69	…	0.62	3.23	12.12	1.44	60.61	32.95	27.66
18年	…	…	…	…	…	…	…	…	…	46.00	11.40	17.08	17.53	5.27	0.82	3.60	12.40	1.13	57.64	30.33	27.31
19年	…	…	…	…	…	…	…	…	…	47.38	13.18	16.83	17.37	4.64	0.72	3.90	12.98	1.04	56.22	29.52	26.70
20年	…	…	…	…	…	…	…	…	…	48.13	11.93	17.00	19.19	4.87	0.89	4.09	12.49	1.16	53.97	28.72	25.25
21年	…	…	…	…	…	…	…	…	…	48.34	12.51	17.48	18.35	5.38	0.84	3.93	12.67	0.86	51.01	26.96	24.04
22年	…	…	…	…	…	…	…	…	…	48.83	12.17	17.62	19.04	5.07	0.72	4.24	12.42	0.86	48.82	26.31	22.50
23年	…	…	…	…	…	…	…	…	…	47.33	11.84	16.72	18.78	5.81	0.42	3.80	13.45	0.91	46.53	24.89	21.64
24年	100.00	49.16	9.41	11.93	5.93	0.51	1.05	4.67	17.34	50.33	10.45	16.60	23.28	5.11	0.30	4.37	13.06	0.73	44.56	24.16	20.40
25年	100.00	51.72	9.70	11.31	5.37	0.72	0.98	4.50	15.69	47.56	10.68	15.82	21.06	5.10	0.29	4.61	12.90	0.74	43.61	24.12	19.49
26年	100.00	51.03	9.89	10.81	5.41	0.72	1.32	5.12	15.71	48.25	11.20	15.93	21.12	6.02	0.34	4.72	13.03	0.72	40.92	22.38	18.54
27年	100.00	49.94	10.13	11.60	5.66	0.62	1.89	4.59	15.56	49.44	12.03	16.19	21.22	5.42	0.29	4.36	12.42	0.67	38.99	20.93	18.06
28年	100.00	50.09	9.43	11.38	7.44	0.46	0.92	4.29	15.99	49.45	10.35	15.67	23.42	5.67	0.30	5.27	13.27	0.77	36.28	19.86	16.42
29年	100.00	46.55	10.04	12.94	6.97	0.89	1.26	4.56	16.81	52.57	11.30	17.49	23.77	6.22	0.33	5.23	13.05	0.73	35.99	19.82	16.17
30年	100.00	45.99	9.31	13.46	6.82	1.65	1.81	5.20	15.76	52.35	11.11	18.66	22.58	5.24	0.35	5.52	13.04	0.82	34.08	19.12	14.96
令和元年	100.00	46.13	9.83	12.72	7.27	0.94	1.77	4.59	16.74	52.93	11.60	17.31	24.02	5.84	0.29	5.48	14.05	0.70	32.74	18.51	14.23
2年	100.00	44.53	11.46	13.46	8.09	1.15	1.69	5.15	14.48	54.33	13.15	18.61	22.57	5.08	0.38	5.96	11.51	0.50	30.81	17.46	13.35
3年	100.00	42.61	10.28	13.68	6.76	1.09	1.67	5.04	18.87	56.30	11.84	18.72	25.63	5.23	0.27	5.45	11.39	0.51	29.05	16.99	12.06
4年	100.00	40.18	11.64	15.15	7.37	0.96	1.35	5.35	18.00	58.86	12.99	20.50	25.37	5.57	0.31	5.50	12.39	0.38	26.98	15.64	11.34

(注) 平成24年度以降の結核に関する検診の取扱いについては，「学校保健安全法施行規則」の一部改正にともない，平成24年4月から教育委員会に設置された結核対策委員会からの意見を聞かずに
精密検査を行うことができるようになったため，「結核の精密検査の対象者」には，学校医の診察の結果，精密検査が必要と認められた者も含まれる。

推移（昭和23年度～令和4年度）（12-8）

単位　（％）

	口腔							皮膚疾患		結核に関する検診							その他の疾病・異常			
歯列・咬合	顎関節	歯垢の状態	歯肉の状態	永久歯の1人当り平均むし歯（う歯）等数（本）	栄養状態	せき柱・胸郭	四肢・胸郭・の状態	アトピー性皮膚炎	その他の皮膚疾患	委員会での検討を必要とする者	結核検査の対象（精密検査の対象者）	結核	心疾病臓・異常	心電図異常	蛋白検出の者	尿糖検出の者	ぜん息	腎臓疾患	言語障害	区分
…	…	…	…	…	1.16	…	…	…	…	…	…	…	…	…	…	…	…	…	…	昭和23年度
…	…	…	…	…	1.58	…	…	…	…	…	…	…	…	…	…	…	…	…	…	24年
…	…	…	…	…	1.44	…	…	…	…	…	…	…	…	…	…	…	…	…	…	25年
…	…	…	…	…	1.35	…	…	…	…	…	…	…	…	…	…	…	…	…	…	26年
…	…	…	…	…	1.14	…	…	…	…	…	…	…	…	…	…	…	…	…	…	27年
…	…	…	…	…	1.18	…	…	…	…	…	…	…	0.31	…	…	…	…	…	…	28年
…	…	…	…	…	1.02	…	…	…	…	…	…	…	0.31	…	…	…	…	…	…	29年
…	…	…	…	…	0.98	…	…	…	…	…	…	…	0.35	…	…	…	…	…	…	30年
…	…	…	…	…	0.78	…	…	…	…	…	…	0.62	0.36	…	…	…	…	…	…	31年
…	…	…	…	…	0.72	…	…	…	…	…	…	…	0.36	…	…	…	…	…	…	32年
…	…	…	…	…	0.71	…	…	…	…	…	…	…	0.35	…	…	…	…	…	…	33年
…	…	…	…	…	0.73	…	…	…	…	…	…	…	0.37	…	…	…	…	…	…	34年
…	…	…	…	…	0.66	…	…	…	…	…	…	…	0.37	…	…	…	…	…	…	35年
…	…	…	…	…	0.50	…	…	…	…	…	…	…	0.35	…	…	…	…	…	…	36年
…	…	…	…	…	0.48	…	…	…	…	…	…	…	0.36	…	…	…	…	…	…	37年
…	…	…	…	…	0.43	…	…	…	…	…	…	…	0.39	…	…	…	…	…	…	38年
…	…	…	…	…	0.39	…	…	…	…	…	…	…	0.36	…	…	…	…	…	…	39年
…	…	…	…	…	0.36	…	…	…	…	…	…	…	0.38	…	…	…	…	…	…	40年
…	…	…	…	…	0.33	…	…	…	…	…	…	…	0.43	…	…	…	…	…	…	41年
…	…	…	…	…	0.31	…	…	…	…	…	…	0.24	0.42	…	…	…	0.10	0.09	0.34	42年
…	…	…	…	…	0.31	…	…	…	…	…	…	0.22	0.39	…	…	…	0.15	0.10	0.28	43年
…	…	…	…	…	0.23	…	…	…	…	…	…	0.16	0.37	…	…	…	0.16	0.11	0.29	44年
…	…	…	…	…	0.30	0.70	…	…	…	…	…	0.20	0.50	…	…	…	0.20	0.10	0.40	45年
…	…	…	…	…	0.21	0.57	…	…	…	…	…	0.08	0.41	…	…	…	0.20	0.10	0.11	46年
…	…	…	…	…	0.16	0.66	…	…	…	…	…	0.08	0.34	…	…	…	0.25	0.13	0.15	47年
…	…	…	…	…	0.17	0.58	…	…	…	…	…	0.05	0.30	…	…	…	0.25	0.17	0.11	48年
…	…	…	…	…	…	0.62	…	…	…	…	…	0.05	0.45	…	2.95	…	0.35	0.21	0.15	49年
…	…	…	…	…	…	0.60	…	…	…	…	…	0.03	0.43	…	3.16	…	0.40	0.20	0.14	50年
…	…	…	…	…	…	0.65	…	…	…	…	…	0.05	0.44	…	4.18	…	0.42	0.19	0.13	51年
…	…	…	…	…	…	0.82	…	…	…	…	…	0.02	0.39	…	2.82	…	0.31	0.13	0.05	52年
…	…	…	…	…	…	0.74	…	…	…	…	…	0.03	0.39	…	2.82	…	0.30	0.14	0.06	53年
…	…	…	…	…	…	1.25	…	…	…	…	…	0.05	0.40	…	2.66	…	0.34	0.14	0.06	54年
…	…	…	…	…	…	1.25	…	…	…	…	…	0.02	0.51	…	2.50	…	0.47	0.16	0.05	55年
…	…	…	…	…	…	0.90	…	…	…	…	…	0.02	0.60	…	2.46	…	0.49	0.14	0.04	56年
…	…	…	…	…	…	…	…	…	…	…	…	0.00	0.42	…	2.50	…	0.44	0.14	0.04	57年
…	…	…	…	…	…	…	…	…	…	…	…	0.01	0.50	…	2.30	…	0.53	0.14	0.03	58年
…	…	…	…	4.33	…	…	…	…	…	…	…	0.01	0.57	…	2.34	…	0.81	0.19	0.04	59年
…	…	…	…	4.25	…	…	…	…	…	…	…	0.02	0.70	…	1.90	…	0.78	0.22	0.04	60年
…	…	…	…	4.18	…	…	…	…	…	…	…	0.03	0.55	…	2.13	…	0.83	0.19	0.05	61年
…	…	…	…	4.15	…	…	…	…	…	…	…	0.01	0.58	…	2.16	…	0.91	0.16	0.04	62年
…	…	…	…	3.96	…	…	…	…	…	…	…	0.01	0.64	…	2.06	…	0.90	0.16	0.04	63年
…	…	…	…	3.93	…	…	…	…	…	…	…	0.01	0.70	…	1.75	…	1.04	0.16	0.04	平成元年
…	…	…	…	3.91	…	…	…	…	…	…	…	0.00	0.76	…	1.91	…	1.17	0.15	0.03	2年
…	…	…	…	3.91	…	…	…	…	…	…	…	0.03	0.75	…	2.16	…	1.19	0.18	0.03	3年
…	…	…	…	3.80	…	…	…	…	…	…	…	0.04	0.77	…	2.23	0.10	1.32	0.14	0.04	4年
…	…	…	…	3.75	…	…	…	…	…	…	…	0.03	0.80	…	1.92	0.15	1.19	0.16	0.04	5年
…	…	…	…	3.69	…	…	…	…	…	…	…	0.01	0.89	…	2.06	0.13	1.57	0.17	0.04	6年
…	…	…	…	3.41	…	…	…	…	…	…	…	0.00	0.57	2.57	1.86	0.15	1.70	0.15	0.04	7年
…	…	…	…	3.21	…	…	…	…	…	…	…	0.02	0.56	2.93	2.19	0.14	1.79	0.16	0.05	8年
…	…	…	…	3.08	…	…	…	…	…	…	…	0.03	0.65	3.43	2.42	0.14	1.73	0.17	0.03	9年
…	…	…	…	2.85	…	…	…	…	…	…	…	0.04	0.57	3.04	2.61	0.13	1.92	0.17	0.05	10年
…	…	…	…	2.68	…	…	…	…	…	…	…	0.03	0.60	3.33	2.68	0.14	2.50	0.15	0.05	11年
…	…	…	…	2.46	…	…	…	…	…	…	…	0.01	0.62	3.37	2.41	0.12	2.16	0.17	0.04	12年
…	…	…	…	2.29	…	…	…	…	…	…	…	0.03	0.64	3.36	2.42	0.12	2.36	0.18	0.04	13年
…	…	…	…	2.11	…	…	…	…	…	…	…	0.03	0.69	3.50	2.35	0.15	2.69	0.21	0.06	14年
…	…	…	…	1.92	…	…	…	…	…	1.65	0.47	0.01	0.71	3.88	2.31	0.12	2.85	0.19	0.04	15年
…	…	…	…	1.75	…	…	…	…	…	0.95	0.19	0.01	0.78	3.46	2.27	0.12	2.90	0.20	0.06	16年
…	…	…	…	1.64	…	…	…	…	…	0.59	0.13	0.01	0.66	3.54	2.39	0.14	3.15	0.16	0.06	17年
4.79	0.46	6.37	6.44	1.57	1.43	0.51	…	2.96	0.21	0.47	0.11	0.00	0.80	3.58	2.65	0.14	3.53	0.24	0.11	18年
5.27	0.49	6.44	6.28	1.50	1.47	0.48	…	3.00	0.19	0.48	0.11	0.01	1.04	3.56	2.78	0.13	3.65	0.22	0.11	19年
5.20	0.48	6.93	6.90	1.39	1.62	0.70	…	2.89	0.18	0.41	0.08	0.00	0.98	3.83	2.91	0.13	3.54	0.22	0.09	20年
5.13	0.46	6.24	6.05	1.27	1.30	0.56	…	2.76	0.19	0.36	0.09	0.00	1.25	3.60	2.82	0.14	3.52	0.20	0.09	21年
5.37	0.46	6.66	6.16	1.19	1.43	0.62	…	2.72	0.22	0.29	0.07	0.00	0.82	3.65	3.00	0.12	3.59	0.18	0.08	22年
4.64	0.35	6.16	5.85	1.10	1.10	0.63	…	2.66	0.18	0.29	0.06	0.00	0.82	3.74	2.83	0.12	3.43	0.20	0.09	23年
4.53	0.36	5.85	5.24	1.03	1.26	0.60	…	2.62	0.17	0.24	0.07	0.00	0.89	3.73	2.86	0.11	3.54	0.20	0.09	24年
4.72	0.24	6.05	5.56	0.98	1.18	0.60	…	2.70	0.18	…	0.06	0.00	0.85	3.68	2.75	0.11	3.90	0.22	0.10	25年
4.88	0.30	6.41	5.56	0.92	1.16	0.76	…	2.74	0.29	…	0.07	0.00	0.94	3.64	3.46	0.12	3.67	0.19	0.09	26年
4.90	0.25	6.07	5.55	0.83	1.05	0.72	…	2.99	0.23	…	0.08	0.00	0.84	3.56	3.21	0.13	3.68	0.21	0.10	27年
5.15	0.37	6.72	5.66	0.77	1.10	…	3.28	2.85	0.25	…	0.08	0.00	0.85	3.56	2.89	0.12	3.45	0.22	0.10	28年
4.51	0.27	5.51	4.88	0.76	1.16	…	2.20	2.88	0.23	…	0.07	0.00	0.82	3.71	3.60	0.11	3.28	0.20	0.12	29年
5.04	0.34	5.69	4.93	0.68	1.29	…	2.22	3.12	0.37	…	0.10	0.00	1.05	3.62	3.25	0.12	3.24	0.25	0.13	30年
5.21	0.33	5.61	5.17	0.63	1.17	…	1.89	3.09	0.32	…	0.07	0.00	0.93	3.54	3.81	0.13	3.07	0.21	0.10	令和元年
5.01	0.30	5.76	4.83	0.63	1.33	…	1.46	2.98	0.25	…	0.11	-	1.04	3.70	3.86	0.17	3.13	0.26	0.11	2年
5.20	0.34	5.67	5.07	0.58	1.40	…	1.53	3.16	0.28	…	0.06	-	1.00	3.34	3.23	0.15	2.82	0.25	0.11	3年
5.20	0.32	5.00	4.27	0.50	1.75	…	1.32	3.11	0.25	…	0.05	0.00	0.90	3.51	3.31	0.15	2.60	0.25	0.12	4年

3　中学校　(3) 女

区分	計	裸眼視力 視力非矯正者の裸眼視力				視力矯正者の裸眼視力				裸眼視力 計	1.0未満 0.7以上	0.7未満 0.3以上	0.3未満	眼の疾病・異常	難聴 (聴)	耳疾患	鼻疾・副鼻腔患	口腔咽喉頭異常	歯 むし歯(う歯) 計	処完了置者	未処置ある歯者
		1.0以上	1.0未満 0.7以上	0.7未満 0.3以上	0.3未満	1.0以上	1.0未満 0.7以上	0.7未満 0.3以上	0.3未満												
昭和23年度	...	...	...	...	...	...	...	...	...					...	0.59	...	...	...	...	...	35.88
24年	...	...	...	...	...	...	...	...	...					...	0.49	...	...	...	41.05	4.87	36.18
25年	...	...	...	...	...	...	...	...	...					...	0.49	...	...	...	43.91	5.31	38.60
26年	...	...	...	...	...	...	...	...	...					...	0.50	...	...	...	40.76	5.05	35.71
27年	...	...	...	...	...	...	...	...	...					...	0.57	...	...	...	40.43	5.43	35.00
28年	...	...	...	...	...	...	...	...	...					...	0.61	...	...	...	40.26	5.01	35.25
29年	...	...	...	...	...	...	...	...	...					...	0.62	...	...	...	45.21	5.59	39.62
30年	...	...	...	...	...	...	...	...	...					...	0.65	...	...	...	49.94	7.43	42.51
31年	...	...	...	...	...	...	...	...	...					...	0.52	...	...	...	53.04	8.32	44.72
32年	...	...	...	...	...	...	...	...	...					...	0.54	...	...	...	63.00	9.90	53.10
33年	...	...	...	...	...	...	...	...	...					...	0.56	...	...	...	67.60	11.50	56.10
34年	...	...	...	...	...	...	...	...	...					...	0.69	...	...	...	73.60	12.30	61.30
35年	...	...	...	...	...	...	...	...	...					...	0.64	...	...	...	76.84	12.97	63.87
36年	...	...	...	...	...	...	...	...	...					...	0.52	...	...	...	76.30	14.24	62.06
37年	...	...	...	...	...	...	...	...	...					...	0.47	...	...	...	82.28	15.48	66.80
38年	...	...	...	...	...	...	...	...	...					...	0.46	...	...	...	84.69	16.47	68.22
39年	...	...	...	...	...	...	...	...	...					...	0.38	...	...	...	85.13	17.56	67.57
40年	...	...	...	...	...	...	...	...	...					...	0.37	...	...	...	87.96	18.74	69.22
41年	...	...	...	...	...	...	...	...	...					...	0.32	...	...	...	88.26	20.60	67.66
42年	...	...	...	...	...	...	...	...	...					...	0.37	...	...	...	89.62	22.35	67.27
43年	...	...	...	...	...	...	...	...	...					...	0.30	...	...	...	90.54	23.34	67.20
44年	...	...	...	...	...	...	...	...	...					...	0.29	...	...	...	91.52	25.77	65.75
45年	...	...	...	...	...	...	...	...	...					...	0.50	...	...	...	92.50	24.30	68.10
46年	...	...	...	...	...	...	...	...	...					...	0.29	...	...	...	92.69	27.53	65.15
47年	...	...	...	...	...	...	...	...	...					...	0.46	...	...	...	94.56	28.39	66.16
48年	...	...	...	...	...	...	...	...	...					...	0.38	...	...	...	94.37	27.68	66.69
49年	...	...	...	...	...	...	...	...	...					...	0.63	...	...	...	94.39	29.07	65.31
50年	...	...	...	...	...	...	...	...	...					...	0.54	...	...	...	94.92	29.23	65.69
51年	...	...	...	...	...	...	...	...	...					...	0.55	...	...	...	95.32	30.25	65.07
52年	...	...	...	...	...	...	...	...	...					...	0.45	...	...	...	94.41	30.33	64.08
53年	...	...	...	...	...	...	...	...	...					...	0.39	...	...	...	94.88	34.50	60.38
54年	...	...	...	...	...	...	...	...	...	40.27	10.70	14.06	15.51	...	0.38	...	...	...	95.65	32.77	62.88
55年	...	...	...	...	...	...	...	...	...	43.34	11.53	14.77	17.04	...	0.38	...	...	...	95.11	35.06	60.05
56年	...	...	...	...	...	...	...	...	...	42.08	11.57	13.95	16.56	...	0.43	...	...	...	94.81	35.37	59.44
57年	...	...	...	...	...	...	...	...	...	41.79	11.66	13.68	16.45	...	0.56	...	...	...	94.16	37.90	56.25
58年	...	...	...	...	...	...	...	...	...	40.58	11.13	13.61	15.84	...	0.38	...	...	...	94.21	38.68	55.53
59年	...	...	...	...	...	...	...	...	...	41.43	12.25	13.76	15.42	...	0.60	...	...	...	93.50	41.79	51.71
60年	...	...	...	...	...	...	...	...	...	41.51	11.14	14.03	16.34	...	0.55	...	...	...	93.58	41.98	51.59
61年	...	...	...	...	...	...	...	...	...	42.05	10.73	14.00	17.32	...	0.59	...	...	...	93.20	41.61	51.59
62年	...	...	...	...	...	...	...	...	...	43.00	10.85	14.37	17.78	...	0.52	...	...	...	92.67	42.49	50.18
63年	...	...	...	...	...	...	...	...	...	43.43	10.83	14.24	18.36	...	0.54	...	...	...	92.15	42.73	49.42
平成元年	...	...	...	...	...	...	...	...	...	44.63	10.91	14.28	19.43	...	0.54	...	...	...	91.94	42.70	49.24
2年	...	...	...	...	...	...	...	...	...	45.56	10.82	14.81	19.93	...	0.55	...	...	...	91.64	42.53	49.11
3年	...	...	...	...	...	...	...	...	...	47.31	10.94	15.04	21.33	...	0.53	...	...	...	91.39	42.81	48.58
4年	...	...	...	...	...	...	...	...	...	49.46	10.75	15.89	22.82	...	0.63	...	...	...	90.81	44.32	46.50
5年	...	...	...	...	...	...	...	...	...	51.60	11.41	16.68	23.51	...	0.60	...	...	...	89.33	43.61	45.72
6年	...	...	...	...	...	...	...	...	...	53.51	11.65	16.69	25.17	...	0.61	...	...	...	89.64	44.17	45.47
7年	...	...	...	...	...	...	...	...	...	53.34	11.94	17.36	24.03	...	0.66	1.29	6.61	1.00	88.23	48.07	40.16
8年	...	...	...	...	...	...	...	...	...	54.88	12.32	17.33	25.23	...	0.67	1.54	6.30	1.06	86.60	47.85	38.75
9年	...	...	...	...	...	...	...	...	...	54.37	11.74	17.38	25.25	...	0.60	1.62	7.30	1.09	85.54	47.64	37.89
10年	...	...	...	...	...	...	...	...	...	55.16	11.88	17.38	25.90	...	0.58	1.71	7.00	1.03	83.80	47.86	35.94
11年	...	...	...	...	...	...	...	...	...	53.85	11.36	16.78	25.71	...	0.58	1.83	7.36	1.01	82.17	46.53	35.64
12年	...	...	...	...	...	...	...	...	...	54.41	11.51	17.60	25.30	...	0.58	2.06	7.92	1.01	78.76	45.26	33.50
13年	...	...	...	...	...	...	...	...	...	52.49	11.78	16.56	24.15	...	0.54	1.88	7.26	1.03	75.93	43.17	32.76
14年	...	...	...	...	...	...	...	...	...	53.01	11.77	17.35	23.90	...	0.59	2.19	7.63	1.05	73.05	41.90	31.16
15年	...	...	...	...	...	...	...	...	...	51.06	11.95	16.64	22.46	...	0.64	2.18	8.27	1.15	69.55	39.98	29.57
16年	...	...	...	...	...	...	...	...	...	51.96	11.94	17.39	22.63	...	0.57	2.23	7.65	1.00	66.93	37.55	29.38
17年	...	...	...	...	...	...	...	...	...	51.43	11.51	17.12	22.80	...	0.68	2.30	8.99	1.04	64.93	36.60	28.33
18年	...	...	...	...	...	...	...	...	...	54.45	12.42	18.63	23.40	4.45	0.92	2.63	8.86	1.01	61.77	33.59	28.17
19年	...	...	...	...	...	...	...	...	...	55.13	13.33	18.35	23.45	3.84	0.78	2.74	9.22	0.97	59.99	32.46	27.53
20年	...	...	...	...	...	...	...	...	...	57.27	12.85	18.63	25.80	4.07	0.97	2.99	9.07	1.03	57.08	31.07	26.06
21年	...	...	...	...	...	...	...	...	...	56.92	12.57	18.60	25.75	4.39	0.94	2.74	8.91	0.76	54.83	30.70	24.13
22年	...	...	...	...	...	...	...	...	...	56.80	11.96	19.23	25.61	4.21	0.78	2.84	8.84	0.79	52.46	29.81	22.65
23年	...	...	...	...	...	...	...	...	...	56.04	11.78	18.39	25.87	4.96	0.49	2.74	9.97	0.69	50.17	28.69	21.48
24年	100.00	40.66	9.69	10.51	5.71	0.65	1.44	5.87	25.46	58.69	11.13	16.38	31.18	4.22	0.35	2.84	9.65	0.66	46.83	27.00	19.83
25年	100.00	41.08	9.85	11.20	5.83	0.66	1.67	6.11	23.60	58.26	11.52	17.31	29.43	4.14	0.35	3.14	9.23	0.60	46.14	26.30	19.84
26年	100.00	41.15	9.74	10.95	5.78	0.81	1.69	6.66	23.23	58.05	11.43	17.61	29.01	4.59	0.38	3.24	9.31	0.62	43.90	25.35	18.55
27年	100.00	39.67	9.67	11.96	6.14	1.33	1.64	6.05	23.55	59.00	11.30	18.01	29.69	4.28	0.32	2.87	8.72	0.48	42.05	23.89	18.16
28年	100.00	39.30	11.60	11.72	7.36	0.64	1.16	5.67	22.73	60.27	12.76	17.21	30.09	4.54	0.32	3.63	9.68	0.61	38.75	22.15	16.60
29年	100.00	38.72	9.96	12.71	6.25	1.01	1.75	6.56	23.03	60.27	11.71	19.28	29.28	5.09	0.42	3.69	9.40	0.56	38.72	22.48	16.24
30年	100.00	38.46	9.40	12.04	7.60	1.65	2.04	7.78	21.03	59.89	11.44	19.81	28.63	4.48	0.37	3.89	8.84	0.67	36.81	21.75	15.06
令和元年	100.00	36.55	12.00	12.34	6.83	1.23	1.91	5.71	23.43	62.22	13.91	18.06	30.25	4.91	0.35	3.91	10.06	0.63	35.31	21.10	14.22
2年	100.00	36.20	11.80	14.08	8.23	1.37	2.12	6.19	20.01	62.43	13.92	20.27	28.24	4.22	0.44	4.01	8.85	0.39	33.57	20.11	13.46
3年	100.00	33.47	8.79	14.28	7.34	1.31	2.09	7.82	24.90	65.22	10.88	22.10	32.24	4.42	0.33	4.31	8.68	0.48	31.77	19.15	12.62
4年	100.00	34.98	10.04	13.42	6.70	1.27	1.72	7.23	24.62	63.72	11.77	20.65	31.30	4.29	0.36	3.99	8.94	0.31	29.56	18.02	11.54

(注) 平成24年度以降の結核に関する検診の取扱いについては、「学校保健安全法施行規則」の一部改正にともない、平成24年4月から教育委員会に設置された結核対策委員会からの意見を聞かずに
精密検査を行うことができるようになったため、「結核の精密検査の対象者」には、学校医の診察の結果、精密検査が必要と認められた者も含まれる。

推移（昭和23年度～令和4年度）（12-9）

単位 （%）

歯列・咬合	口腔 顎関節	口腔 歯垢の状態	口腔 歯肉の状態	永久歯の1人当り平均むし歯（う歯）等数（本）	栄養状態	せき柱・胸郭	四肢の状態・せき柱・胸郭・状態	皮膚疾患 アトピー性皮膚炎	皮膚疾患 その他の皮膚疾患	結核に関する検診 委員会での検討を必要とする者	結核に関する検診 結核の精密検査の対象者	結核	心臓・異常	心電図異常	蛋白検出の者	尿糖検出の者	ぜん息	腎臓疾患	言語障害	区分
...	...	...	...	...	1.09	...	...	...	...	...	...	...	...	...	...	...	...	...	...	昭和23年度
...	...	...	...	...	1.43	...	...	...	...	...	...	...	...	...	...	...	...	...	...	24年
...	...	...	...	...	1.32	...	...	...	...	...	...	...	...	...	...	...	...	...	...	25年
...	...	...	...	...	1.46	...	...	...	...	...	...	...	...	...	...	...	...	...	...	26年
...	...	...	...	...	1.07	...	...	...	...	...	...	...	...	...	...	...	...	...	...	27年
...	...	...	...	...	1.17	...	...	...	...	...	...	...	0.35	...	...	...	...	...	...	28年
...	...	...	...	...	0.95	...	...	...	...	...	...	...	0.33	...	...	...	...	...	...	29年
...	...	...	...	...	0.89	...	...	...	...	...	...	...	0.40	...	...	...	...	...	...	30年
...	...	...	...	...	0.72	...	...	...	...	...	...	0.57	0.34	...	...	...	...	...	...	31年
...	...	...	...	...	0.63	...	...	...	...	...	...	...	0.43	...	...	...	...	...	...	32年
...	...	...	...	...	0.62	...	...	...	...	...	...	...	0.39	...	...	...	...	...	...	33年
...	...	...	...	...	0.60	...	...	...	...	...	...	...	0.43	...	...	...	...	...	...	34年
...	...	...	...	...	0.53	...	...	...	...	...	...	...	0.42	...	...	...	...	...	...	35年
...	...	...	...	...	0.40	...	...	...	...	...	...	...	0.37	...	...	...	...	...	...	36年
...	...	...	...	...	0.39	...	...	...	...	...	...	...	0.41	...	...	...	...	...	...	37年
...	...	...	...	...	0.39	...	...	...	...	...	...	...	0.46	...	...	...	...	...	...	38年
...	...	...	...	...	0.32	...	...	...	...	...	...	...	0.49	...	...	...	...	...	...	39年
...	...	...	...	...	0.30	...	...	...	...	...	...	...	0.42	...	...	...	...	...	...	40年
...	...	...	...	...	0.26	...	...	...	...	...	...	...	0.44	...	...	...	...	...	...	41年
...	...	...	...	...	0.22	...	...	...	...	...	...	0.18	0.43	...	...	...	0.06	0.07	0.13	42年
...	...	...	...	...	0.28	...	...	...	...	...	...	0.18	0.40	...	...	...	0.08	0.09	0.11	43年
...	...	...	...	...	0.19	...	...	...	...	...	...	0.14	0.39	...	...	...	0.10	0.10	0.13	44年
...	...	...	...	...	0.20	0.40	...	...	...	...	...	0.20	0.40	...	...	...	0.10	0.10	0.10	45年
...	...	...	...	...	0.14	0.36	...	...	...	...	...	0.09	0.44	...	...	...	0.10	0.10	0.07	46年
...	...	...	...	...	0.10	0.34	...	...	...	...	...	0.05	0.34	...	...	...	0.12	0.14	0.06	47年
...	...	...	...	...	0.15	0.27	...	...	...	...	...	0.04	0.29	...	...	...	0.14	0.17	0.05	48年
...	...	...	...	...	...	0.31	...	...	...	...	...	0.04	0.44	...	2.32	...	0.21	0.18	0.08	49年
...	...	...	...	...	...	0.32	...	...	...	...	...	0.04	0.43	...	2.59	...	0.21	0.20	0.08	50年
...	...	...	...	...	...	0.39	...	...	...	...	...	0.05	0.42	...	3.25	...	0.26	0.20	0.07	51年
...	...	...	...	...	...	0.68	...	...	...	...	...	0.05	0.41	...	2.08	...	0.18	0.15	0.04	52年
...	...	...	...	...	...	0.56	...	...	...	...	...	0.03	0.38	...	2.42	...	0.21	0.15	0.02	53年
...	...	...	...	...	...	1.04	...	...	...	...	...	0.03	0.42	...	2.17	...	0.20	0.14	0.03	54年
...	...	...	...	...	...	1.20	...	...	...	...	...	0.02	0.39	...	1.78	...	0.33	0.16	0.05	55年
...	...	...	...	...	...	0.96	...	...	...	...	...	0.03	0.55	...	1.69	...	0.31	0.18	0.05	56年
...	...	...	...	...	...	...	...	...	...	...	...	0.02	0.37	...	1.87	...	0.27	0.15	0.02	57年
...	...	...	...	...	...	...	...	...	...	...	...	0.01	0.44	...	1.93	...	0.34	0.17	0.04	58年
...	...	...	...	5.19	...	...	...	...	...	...	...	0.01	0.48	...	1.97	...	0.53	0.21	0.04	59年
...	...	...	...	5.02	...	...	...	...	...	...	...	0.01	0.50	...	1.61	...	0.57	0.20	0.03	60年
...	...	...	...	4.99	...	...	...	...	...	...	...	0.03	0.49	...	1.76	...	0.61	0.22	0.03	61年
...	...	...	...	4.89	...	...	...	...	...	...	...	0.01	0.53	...	1.77	...	0.58	0.22	0.02	62年
...	...	...	...	4.75	...	...	...	...	...	...	...	0.01	0.54	...	1.61	...	0.64	0.14	0.02	63年
...	...	...	...	4.68	...	...	...	...	...	...	...	0.02	0.66	...	1.58	...	0.75	0.20	0.03	平成元年
...	...	...	...	4.71	...	...	...	...	...	...	...	0.03	0.65	...	1.61	...	0.77	0.19	0.03	2年
...	...	...	...	4.69	...	...	...	...	...	...	...	0.02	0.71	...	1.67	...	0.83	0.22	0.03	3年
...	...	...	...	4.56	...	...	...	...	...	...	...	0.04	0.67	...	1.85	0.16	0.92	0.16	0.03	4年
...	...	...	...	4.46	...	...	...	...	...	...	...	0.03	0.73	...	1.76	0.18	1.01	0.15	0.02	5年
...	...	...	...	4.32	...	...	...	...	...	...	...	0.01	0.82	...	1.74	0.15	1.01	0.17	0.04	6年
...	...	...	...	4.04	...	...	...	...	...	...	...	0.00	0.52	2.23	1.59	0.17	1.16	0.16	0.04	7年
...	...	...	...	3.81	...	...	...	...	...	...	...	0.01	0.52	2.25	1.61	0.17	1.15	0.18	0.03	8年
...	...	...	...	3.61	...	...	...	...	...	...	...	0.03	0.53	2.91	1.63	0.18	1.10	0.17	0.02	9年
...	...	...	...	3.35	...	...	...	...	...	...	...	0.02	0.56	2.45	1.89	0.18	1.33	0.18	0.02	10年
...	...	...	...	3.17	...	...	...	...	...	...	...	0.03	0.56	2.70	1.80	0.20	1.54	0.19	0.04	11年
...	...	...	...	2.85	...	...	...	...	...	...	...	0.01	0.57	2.83	1.54	0.14	1.44	0.19	0.03	12年
...	...	...	...	2.74	...	...	...	...	...	...	...	0.03	0.63	2.62	1.56	0.18	1.51	0.17	0.03	13年
...	...	...	...	2.46	...	...	...	...	...	...	...	0.00	0.66	2.74	1.78	0.17	1.65	0.19	0.04	14年
...	...	...	...	2.26	...	...	...	...	...	1.68	0.49	0.01	0.67	3.08	1.56	0.15	1.76	0.19	0.04	15年
...	...	...	...	2.08	...	...	...	...	...	0.95	0.20	0.01	0.71	3.10	1.62	0.16	1.87	0.20	0.05	16年
...	...	...	...	2.00	...	...	...	...	...	0.56	0.12	0.01	0.62	2.80	1.76	0.17	2.17	0.20	0.03	17年
5.62	0.63	4.67	4.95	1.85	1.10	0.75	...	2.55	0.20	0.51	0.12	0.00	0.71	3.09	1.88	0.18	2.35	0.24	0.06	18年
5.67	0.60	4.52	4.40	1.77	1.16	0.77	...	2.57	0.19	0.43	0.11	0.01	0.93	2.91	2.02	0.17	2.49	0.24	0.05	19年
5.80	0.66	4.64	4.77	1.68	1.33	1.20	...	2.43	0.16	0.39	0.08	0.01	0.86	3.05	2.06	0.18	2.43	0.22	0.05	20年
5.70	0.59	4.01	3.74	1.52	0.99	0.90	...	2.39	0.19	0.30	0.08	0.00	1.09	2.95	2.08	0.16	2.38	0.20	0.07	21年
5.62	0.57	4.33	4.09	1.39	0.99	0.96	...	2.40	0.21	0.25	0.05	0.00	0.74	3.06	2.21	0.15	2.43	0.21	0.06	22年
4.94	0.55	3.97	3.73	1.30	0.91	0.97	...	2.16	0.15	0.27	0.06	0.00	0.78	2.97	2.37	0.17	2.21	0.21	0.05	23年
4.97	0.46	3.78	3.23	1.17	0.98	1.02	...	2.32	0.27	0.24	0.09	0.00	0.80	2.90	2.13	0.14	2.34	0.20	0.06	24年
5.36	0.39	4.06	3.60	1.13	0.80	1.07	...	2.25	0.17	...	0.07	0.00	0.75	3.19	2.13	0.19	2.51	0.24	0.06	25年
5.30	0.42	3.95	3.62	1.09	0.84	1.33	...	2.28	0.23	...	0.06	0.00	0.87	3.02	2.52	0.17	2.37	0.20	0.06	26年
5.07	0.38	3.88	3.66	0.98	0.83	1.33	...	2.42	0.23	...	0.08	0.00	0.78	2.77	2.59	0.16	2.28	0.19	0.06	27年
5.60	0.50	4.03	3.43	0.92	0.81	...	3.58	2.44	0.19	...	0.07	0.00	0.83	3.03	2.25	0.13	2.32	0.22	0.07	28年
5.01	0.37	3.56	3.16	0.89	0.88	...	2.63	2.44	0.22	...	0.07	0.00	0.78	3.07	2.73	0.17	2.12	0.23	0.08	29年
5.25	0.42	3.72	3.32	0.81	1.04	...	2.58	2.58	0.31	...	0.07	0.00	0.93	2.91	2.54	0.13	2.16	0.21	0.07	30年
5.52	0.47	3.34	3.20	0.77	0.81	...	2.35	2.64	0.32	...	0.09	0.00	0.85	2.99	2.86	0.16	2.11	0.21	0.06	令和元年
5.37	0.41	3.46	2.94	0.75	0.90	...	1.86	2.73	0.23	...	0.10	0.00	0.96	2.94	2.61	0.21	2.03	0.24	0.06	2年
5.43	0.44	3.49	3.16	0.68	0.96	...	1.92	2.73	0.40	...	0.08	−	0.95	2.78	2.35	0.19	1.83	0.25	0.06	3年
5.40	0.38	2.90	2.59	0.61	1.07	...	1.77	2.81	0.24	...	0.04	0.00	0.80	2.77	2.48	0.17	1.83	0.23	0.06	4年

15　学校種別　疾病・異常被患率等の

4　高等学校（1）計

区分	計	裸眼視力 視力非矯正者の裸眼視力 1.0以上	1.0未満0.7以上	0.7未満0.3以上	0.3未満	視力矯正者の裸眼視力 1.0以上	1.0未満0.7以上	0.7未満0.3以上	0.3未満	裸眼視力 計	1.0未満0.7以上	0.7未満0.3以上	0.3未満	眼の疾病・異常	難聴	耳鼻咽頭 耳疾患	鼻疾・副鼻腔患	口腔咽喉頭疾患異常	歯・ むし歯（う歯）計	処完了者	未の処あ置る歯者
昭和23年度	…	…	…	…	…	…	…	…	…	…	…	…	…	…	0.39	…	…	…	…	…	39.13
24年	…	…	…	…	…	…	…	…	…	…	…	…	…	…	0.36	…	…	…	58.79	15.58	43.21
25年	…	…	…	…	…	…	…	…	…	…	…	…	…	…	0.35	…	…	…	62.25	16.42	45.83
26年	…	…	…	…	…	…	…	…	…	…	…	…	…	…	0.42	…	…	…	55.34	11.79	43.55
27年	…	…	…	…	…	…	…	…	…	…	…	…	…	…	0.36	…	…	…	55.62	13.17	42.45
28年	…	…	…	…	…	…	…	…	…	…	…	…	…	…	0.40	…	…	…	53.47	11.18	42.29
29年	…	…	…	…	…	…	…	…	…	…	…	…	…	…	0.44	…	…	…	52.64	11.12	41.52
30年	…	…	…	…	…	…	…	…	…	…	…	…	…	…	0.44	…	…	…	52.54	11.13	41.41
31年	…	…	…	…	…	…	…	…	…	…	…	…	…	…	0.42	…	…	…	55.80	11.84	43.96
32年	…	…	…	…	…	…	…	…	…	…	…	…	…	…	0.40	…	…	…	59.10	13.60	45.50
33年	…	…	…	…	…	…	…	…	…	…	…	…	…	…	0.39	…	…	…	63.00	15.50	47.50
34年	…	…	…	…	…	…	…	…	…	…	…	…	…	…	0.53	…	…	…	67.90	16.30	51.60
35年	…	…	…	…	…	…	…	…	…	…	…	…	…	…	0.46	…	…	…	71.77	17.71	54.06
36年	…	…	…	…	…	…	…	…	…	…	…	…	…	…	0.50	…	…	…	75.96	19.26	56.70
37年	…	…	…	…	…	…	…	…	…	…	…	…	…	…	0.44	…	…	…	80.96	19.96	61.00
38年	…	…	…	…	…	…	…	…	…	…	…	…	…	…	0.38	…	…	…	83.52	20.98	62.54
39年	…	…	…	…	…	…	…	…	…	…	…	…	…	…	0.29	…	…	…	85.23	21.80	63.43
40年	…	…	…	…	…	…	…	…	…	…	…	…	…	…	0.31	…	…	…	86.52	22.76	63.76
41年	…	…	…	…	…	…	…	…	…	…	…	…	…	…	0.26	…	…	…	87.41	22.57	64.84
42年	…	…	…	…	…	…	…	…	…	…	…	…	…	…	0.26	…	…	…	89.03	23.07	65.96
43年	…	…	…	…	…	…	…	…	…	…	…	…	…	…	0.31	…	…	…	90.40	25.36	65.04
44年	…	…	…	…	…	…	…	…	…	…	…	…	…	…	0.25	…	…	…	90.70	26.40	64.30
45年	…	…	…	…	…	…	…	…	…	…	…	…	…	…	0.50	…	…	…	92.80	23.50	69.40
46年	…	…	…	…	…	…	…	…	…	…	…	…	…	…	0.37	…	…	…	91.83	28.56	63.26
47年	…	…	…	…	…	…	…	…	…	…	…	…	…	…	0.46	…	…	…	93.03	28.32	64.71
48年	…	…	…	…	…	…	…	…	…	…	…	…	…	…	0.41	…	…	…	93.89	28.95	64.94
49年	…	…	…	…	…	…	…	…	…	…	…	…	…	…	0.69	…	…	…	94.46	28.79	65.67
50年	…	…	…	…	…	…	…	…	…	…	…	…	…	…	0.51	…	…	…	94.94	28.93	66.02
51年	…	…	…	…	…	…	…	…	…	…	…	…	…	…	0.60	…	…	…	95.26	29.38	65.88
52年	…	…	…	…	…	…	…	…	…	…	…	…	…	…	0.46	…	…	…	94.60	29.26	65.34
53年	…	…	…	…	…	…	…	…	…	…	…	…	…	…	0.49	…	…	…	95.11	31.07	64.04
54年	…	…	…	…	…	…	…	…	…	…	53.02	11.12	15.61	26.29	…	0.40	…	…	…	95.89	29.79	66.10
55年	…	…	…	…	…	…	…	…	…	…	55.46	11.38	15.56	28.52	…	0.52	…	…	…	95.90	32.58	63.31
56年	…	…	…	…	…	…	…	…	…	…	55.27	12.00	16.13	27.14	…	0.51	…	…	…	95.73	32.86	62.88
57年	…	…	…	…	…	…	…	…	…	…	53.49	11.45	15.81	26.23	…	0.62	…	…	…	95.73	34.96	60.77
58年	…	…	…	…	…	…	…	…	…	…	52.17	11.35	15.43	25.39	…	0.42	…	…	…	95.34	36.06	59.28
59年	…	…	…	…	…	…	…	…	…	…	51.93	11.85	15.41	24.66	…	0.50	…	…	…	94.30	41.29	53.02
60年	…	…	…	…	…	…	…	…	…	…	51.56	11.13	15.37	25.06	…	0.45	…	…	…	94.29	42.17	52.12
61年	…	…	…	…	…	…	…	…	…	…	52.98	10.41	15.53	27.04	…	0.45	…	…	…	94.23	44.21	50.02
62年	…	…	…	…	…	…	…	…	…	…	53.42	10.45	15.67	27.30	…	0.47	…	…	…	94.27	44.72	49.56
63年	…	…	…	…	…	…	…	…	…	…	54.54	10.49	15.84	28.22	…	0.46	…	…	…	94.45	45.26	49.19
平成元年	…	…	…	…	…	…	…	…	…	…	55.81	10.53	15.81	29.46	…	0.48	…	…	…	94.15	46.00	48.15
2年	…	…	…	…	…	…	…	…	…	…	56.38	10.22	16.18	29.98	…	0.56	…	…	…	93.65	45.82	47.83
3年	…	…	…	…	…	…	…	…	…	…	57.54	10.34	15.88	31.32	…	0.61	…	…	…	93.01	45.86	47.15
4年	…	…	…	…	…	…	…	…	…	…	59.20	10.45	16.58	32.18	…	0.60	…	…	…	92.56	46.34	46.22
5年	…	…	…	…	…	…	…	…	…	…	61.89	11.24	17.18	33.47	…	0.53	…	…	…	91.25	46.56	44.69
6年	…	…	…	…	…	…	…	…	…	…	62.31	10.69	17.12	34.50	…	0.53	…	…	…	91.97	47.46	44.51
7年	…	…	…	…	…	…	…	…	…	…	61.80	11.29	17.16	33.35	…	0.66	0.88	5.83	0.61	90.63	48.70	41.92
8年	…	…	…	…	…	…	…	…	…	…	62.67	11.87	16.97	33.83	…	0.54	0.85	5.88	0.76	90.08	50.63	39.45
9年	…	…	…	…	…	…	…	…	…	…	63.18	11.67	17.31	34.20	…	0.55	0.97	6.50	0.71	89.37	50.13	39.25
10年	…	…	…	…	…	…	…	…	…	…	62.51	11.71	17.03	33.77	…	0.46	0.79	5.84	0.67	88.18	50.00	38.18
11年	…	…	…	…	…	…	…	…	…	…	63.31	11.12	16.76	35.44	…	0.58	1.09	6.77	0.95	86.47	50.70	35.77
12年	…	…	…	…	…	…	…	…	…	…	62.45	11.93	15.66	34.86	…	0.58	1.17	7.10	0.79	85.03	49.73	35.30
13年	…	…	…	…	…	…	…	…	…	…	60.31	11.06	16.10	33.15	…	0.59	1.30	7.39	0.77	83.66	48.72	34.94
14年	…	…	…	…	…	…	…	…	…	…	63.84	13.58	16.63	33.63	…	0.52	1.68	7.66	0.83	82.25	48.45	33.80
15年	…	…	…	…	…	…	…	…	…	…	60.03	12.13	16.19	31.70	…	0.57	1.22	7.42	0.76	77.90	46.73	31.16
16年	…	…	…	…	…	…	…	…	…	…	59.33	12.19	16.69	30.46	…	0.49	1.29	6.84	0.65	75.97	43.73	32.24
17年	…	…	…	…	…	…	…	…	…	…	58.42	11.14	16.00	31.28	…	0.57	1.32	8.14	0.63	72.78	42.54	30.23
18年	…	…	…	…	…	…	…	…	…	…	58.65	14.26	17.56	26.83	3.10	0.86	1.67	8.18	0.74	70.06	39.43	30.63
19年	…	…	…	…	…	…	…	…	…	…	55.41	12.40	16.86	26.14	3.69	0.75	1.72	8.43	0.55	68.48	38.20	30.27
20年	…	…	…	…	…	…	…	…	…	…	57.98	12.55	17.07	28.36	3.70	0.79	2.02	8.81	0.59	65.48	35.99	29.49
21年	…	…	…	…	…	…	…	…	…	…	59.37	13.59	18.11	27.68	3.70	0.69	2.01	9.61	0.68	62.18	34.73	27.45
22年	…	…	…	…	…	…	…	…	…	…	55.64	12.98	16.75	25.90	3.44	0.70	1.61	8.45	0.58	59.95	34.21	25.74
23年	…	…	…	…	…	…	…	…	…	…	60.93	11.44	16.13	33.36	3.77	0.39	1.64	8.81	0.58	58.46	32.24	26.22
24年	100.00	34.48	9.68	11.53	7.65	1.05	1.10	5.43	29.09	64.47	10.78	16.95	36.74	3.70	0.33	1.88	8.63	0.46	57.60	32.34	25.26
25年	100.00	32.68	10.30	12.24	6.98	1.48	2.93	6.98	26.42	65.84	13.23	19.21	33.40	3.26	0.28	2.15	8.74	0.47	55.12	31.45	23.67
26年	100.00	35.45	9.72	9.93	7.01	1.66	1.81	5.60	28.82	62.89	11.53	15.52	35.84	3.76	0.26	2.05	8.72	0.54	53.08	30.45	22.63
27年	100.00	35.55	9.56	10.38	6.90	0.67	1.09	6.58	29.26	63.79	10.66	16.97	36.16	3.84	0.32	2.04	7.34	0.44	52.49	29.91	22.58
28年	100.00	33.43	11.06	12.03	7.77	0.57	0.77	4.56	29.81	65.99	11.83	16.59	37.58	3.43	0.26	2.30	9.41	0.42	49.18	28.35	20.84
29年	100.00	36.07	10.07	11.69	7.08	1.63	1.75	4.89	26.82	62.30	11.83	16.58	33.89	3.54	0.25	2.59	8.61	0.50	47.30	27.63	19.67
30年	100.00	32.53	10.43	11.09	6.80	0.24	0.88	5.48	32.54	67.23	11.31	16.57	39.34	3.94	0.23	2.45	9.85	0.31	45.36	27.11	18.25
令和元年	100.00	30.68	10.18	10.35	6.87	1.68	2.19	7.05	32.11	67.64	11.26	17.40	38.98	3.69	0.25	2.87	9.92	0.47	43.68	26.36	17.33
2年	100.00	35.58	11.79	13.15	8.46	1.26	1.74	4.97	23.07	63.17	13.52	18.12	31.53	3.56	0.32	2.47	6.88	0.25	41.66	24.50	16.62
3年	100.00	27.82	8.23	11.43	7.69	1.37	1.51	6.89	35.06	70.81	9.74	18.32	42.75	3.35	0.26	2.51	8.81	0.24	39.77	24.12	15.65
4年	100.00	28.01	10.38	11.62	6.68	0.43	1.01	6.44	35.43	71.56	11.39	18.06	42.11	3.58	0.26	2.25	8.51	0.28	38.30	23.79	14.51

推移（昭和23年度〜令和4年度）（12-10）

単位 （%）

歯列・咬合	顎関節	歯垢の状態	歯肉の状態	栄養状態	せき柱・胸郭	四肢の状態・せき柱・胸郭	アトピー性皮膚炎	その他の皮膚疾患	結核	心疾病・異常	心電図異常	蛋白検出の者	尿糖検出の者	ぜん息	腎臓疾患	言語障害	区分
…	…	…	…	0.61	…	…	…	…	…	…	…	…	…	…	…	…	昭和23年度
…	…	…	…	0.95	…	…	…	…	…	…	…	…	…	…	…	…	24年
…	…	…	…	0.82	…	…	…	…	…	…	…	…	…	…	…	…	25年
…	…	…	…	0.56	…	…	…	…	…	…	…	…	…	…	…	…	26年
…	…	…	…	0.58	…	…	…	…	…	…	…	…	…	…	…	…	27年
…	…	…	…	0.75	…	…	…	…	…	0.32	…	…	…	…	…	…	28年
…	…	…	…	0.59	…	…	…	…	…	0.37	…	…	…	…	…	…	29年
…	…	…	…	0.56	…	…	…	…	…	0.36	…	…	…	…	…	…	30年
…	…	…	…	0.44	…	…	…	…	…	0.37	…	…	…	…	…	…	31年
…	…	…	…	0.37	…	…	…	…	…	0.38	…	…	…	…	…	…	32年
…	…	…	…	0.30	…	…	…	…	…	0.35	…	…	…	…	…	…	33年
…	…	…	…	0.29	…	…	…	…	…	0.35	…	…	…	…	…	…	34年
…	…	…	…	0.28	…	…	…	…	…	0.35	…	…	…	…	…	…	35年
…	…	…	…	0.25	…	…	…	…	…	0.34	…	…	…	…	…	…	36年
…	…	…	…	0.26	…	…	…	…	…	0.35	…	…	…	…	…	…	37年
…	…	…	…	0.19	…	…	…	…	…	0.35	…	…	…	…	…	…	38年
…	…	…	…	0.20	…	…	…	…	…	0.34	…	…	…	…	…	…	39年
…	…	…	…	0.14	…	…	…	…	…	0.28	…	…	…	…	…	…	40年
…	…	…	…	0.13	…	…	…	…	…	0.32	…	…	…	…	…	…	41年
…	…	…	…	0.17	…	…	…	…	0.14	0.36	…	…	…	0.03	0.07	0.04	42年
…	…	…	…	0.11	…	…	…	…	0.14	0.39	…	…	…	0.03	0.09	0.04	43年
…	…	…	…	0.11	…	…	…	…	0.11	0.37	…	…	…	0.05	0.09	0.05	44年
…	…	…	…	0.10	0.40	…	…	…	0.10	0.30	…	…	…	0.10	0.10	0.10	45年
…	…	…	…	0.09	0.37	…	…	…	0.05	0.40	…	…	…	0.01	0.15	0.02	46年
…	…	…	…	0.08	0.35	…	…	…	0.06	0.40	…	…	…	0.06	0.17	0.03	47年
…	…	…	…	0.15	0.30	…	…	…	0.06	0.32	…	…	…	0.08	0.18	0.03	48年
…	…	…	…	…	0.41	…	…	…	0.06	0.52	…	2.77	…	0.11	0.25	0.03	49年
…	…	…	…	…	0.33	…	…	…	0.05	0.54	…	3.31	…	0.14	0.24	0.04	50年
…	…	…	…	…	0.32	…	…	…	0.06	0.54	…	3.73	…	0.15	0.23	0.04	51年
…	…	…	…	…	0.60	…	…	…	0.04	0.69	…	2.48	…	0.11	0.16	0.02	52年
…	…	…	…	…	0.61	…	…	…	0.03	0.68	…	2.44	…	0.14	0.17	0.03	53年
…	…	…	…	…	0.81	…	…	…	0.02	0.75	…	2.19	…	0.14	0.16	0.02	54年
…	…	…	…	…	0.59	…	…	…	0.03	0.76	…	1.77	…	0.19	0.21	0.02	55年
…	…	…	…	…	0.74	…	…	…	0.03	0.72	…	1.89	…	0.17	0.17	0.01	56年
…	…	…	…	…	…	…	…	…	0.03	0.68	…	1.79	…	0.18	0.15	0.01	57年
…	…	…	…	…	…	…	…	…	0.00	0.72	…	1.94	…	0.27	0.15	0.02	58年
…	…	…	…	…	…	…	…	…	0.02	0.84	…	1.93	…	0.28	0.17	0.01	59年
…	…	…	…	…	…	…	…	…	0.01	0.64	…	1.80	…	0.24	0.17	0.01	60年
…	…	…	…	…	…	…	…	…	0.02	0.70	…	1.71	…	0.30	0.17	0.01	61年
…	…	…	…	…	…	…	…	…	0.02	0.83	…	1.68	…	0.36	0.19	0.01	62年
…	…	…	…	…	…	…	…	…	0.02	0.79	…	1.75	…	0.40	0.19	0.01	63年
…	…	…	…	…	…	…	…	…	0.01	0.81	…	1.53	…	0.42	0.16	0.01	平成元年
…	…	…	…	…	…	…	…	…	0.01	0.90	…	1.72	…	0.45	0.21	0.03	2年
…	…	…	…	…	…	…	…	…	0.01	0.82	…	1.73	…	0.53	0.17	0.01	3年
…	…	…	…	…	…	…	…	…	0.02	0.92	…	1.83	0.20	0.63	0.19	0.01	4年
…	…	…	…	…	…	…	…	…	0.02	0.91	…	1.68	0.25	0.71	0.18	0.01	5年
…	…	…	…	…	…	…	…	…	0.01	0.98	…	1.83	0.23	0.77	0.18	0.01	6年
…	…	…	…	…	…	…	…	…	0.03	0.57	2.33	1.77	0.22	0.78	0.18	0.01	7年
…	…	…	…	…	…	…	…	…	0.02	0.55	2.64	1.78	0.24	0.83	0.14	0.01	8年
…	…	…	…	…	…	…	…	…	0.06	0.59	2.68	1.75	0.24	0.94	0.18	0.01	9年
…	…	…	…	…	…	…	…	…	0.01	0.64	3.02	1.95	0.19	1.10	0.19	0.01	10年
…	…	…	…	…	…	…	…	…	0.04	0.52	2.91	1.94	0.22	1.29	0.18	0.01	11年
…	…	…	…	…	…	…	…	…	0.03	0.57	2.85	1.81	0.21	1.32	0.18	0.00	12年
…	…	…	…	…	…	…	…	…	0.02	0.65	3.04	1.85	0.21	1.33	0.16	0.01	13年
…	…	…	…	…	…	…	…	…	0.02	0.54	3.12	1.82	0.25	1.36	0.18	0.02	14年
…	…	…	…	…	…	…	…	…	0.03	0.56	3.28	1.73	0.22	1.32	0.17	0.01	15年
…	…	…	…	…	…	…	…	…	0.04	0.56	3.28	1.90	0.19	1.45	0.14	0.01	16年
…	…	…	…	…	…	…	…	…	0.05	0.62	3.20	1.83	0.25	1.71	0.18	0.01	17年
4.03	0.62	5.58	5.46	1.03	0.46	…	2.25	0.18	0.05	0.67	3.51	2.43	0.26	1.71	0.23	0.02	18年
4.02	0.52	5.22	5.30	1.07	0.48	…	2.33	0.18	0.04	0.71	3.23	2.49	0.21	1.80	0.21	0.02	19年
4.59	0.64	6.17	6.09	1.14	0.58	…	2.32	0.21	0.04	0.88	3.10	2.82	0.21	1.82	0.20	0.02	20年
4.22	0.59	5.32	5.35	1.08	0.61	…	2.43	0.21	0.03	0.82	3.33	2.88	0.23	1.88	0.21	0.02	21年
4.12	0.60	5.16	5.07	0.92	0.56	…	2.23	0.20	0.00	0.69	3.16	2.84	0.24	2.08	0.21	0.02	22年
4.16	0.61	5.22	4.95	0.92	0.62	…	2.06	0.18	0.02	0.68	3.13	2.92	0.28	1.94	0.19	0.02	23年
4.50	0.55	5.51	5.29	0.81	0.62	…	2.07	0.20	0.02	0.71	3.02	2.67	0.22	1.91	0.20	0.02	24年
3.87	0.44	4.94	4.75	0.65	0.58	…	2.14	0.17	0.02	0.73	3.19	2.68	0.23	1.90	0.18	0.02	25年
3.95	0.46	4.88	4.44	0.72	0.70	…	2.14	0.21	0.03	0.69	3.25	3.14	0.24	1.93	0.20	0.03	26年
4.02	0.59	5.20	4.69	0.72	0.74	…	2.05	0.21	0.02	0.77	3.33	2.95	0.19	1.93	0.19	0.03	27年
4.39	0.67	5.14	4.69	0.70	…	2.46	2.32	0.24	0.03	0.68	3.39	3.29	0.19	1.91	0.22	0.04	28年
4.41	0.62	4.84	4.53	0.72	…	1.49	2.27	0.22	0.02	0.68	3.27	3.52	0.21	1.91	0.19	0.04	29年
4.43	0.64	4.57	4.26	0.88	…	1.40	2.58	0.26	0.03	0.86	3.34	2.94	0.19	1.78	0.20	0.04	30年
4.53	0.62	4.76	4.35	0.64	…	1.69	2.44	0.22	0.02	0.89	3.27	3.40	0.21	1.79	0.21	0.04	令和元年
4.44	0.49	4.58	4.16	0.63	…	1.19	2.44	0.18	0.03	0.86	3.30	3.19	0.23	1.75	0.21	0.04	2年
4.46	0.45	4.18	4.04	0.54	…	1.22	2.58	0.23	0.04	0.89	3.16	2.80	0.21	1.70	0.20	0.05	3年
4.57	0.63	4.23	3.88	0.66	…	1.12	2.68	0.21	0.03	0.76	3.03	2.83	0.21	1.71	0.20	0.06	4年

15 学校種別 疾病・異常被患率等の

4 高等学校 (2) 男

区分	計	非矯正1.0以上	非矯正1.0未満0.7以上	非矯正0.7未満0.3以上	非矯正0.3未満	矯正1.0以上	矯正1.0未満0.7以上	矯正0.7未満0.3以上	矯正0.3未満	裸眼計	裸眼1.0未満0.7以上	裸眼0.7未満0.3以上	裸眼0.3未満	眼の疾病・異常	難聴	耳疾患	鼻疾患・副鼻腔患	口腔咽喉頭疾患異常	むし歯計	処置完了者	未処置歯ある者
昭和23年度	…	…	…	…	…	…	…	…	…	…	…	…	…	…	0.49	…	…	…	…	…	36.42
24年	…	…	…	…	…	…	…	…	…	…	…	…	…	…	0.42	…	…	…	55.80	14.79	41.01
25年	…	…	…	…	…	…	…	…	…	…	…	…	…	…	0.42	…	…	…	59.68	15.70	43.98
26年	…	…	…	…	…	…	…	…	…	…	…	…	…	…	0.50	…	…	…	52.77	10.35	42.42
27年	…	…	…	…	…	…	…	…	…	…	…	…	…	…	0.42	…	…	…	52.45	12.47	39.98
28年	…	…	…	…	…	…	…	…	…	…	…	…	…	…	0.46	…	…	…	51.46	10.76	40.70
29年	…	…	…	…	…	…	…	…	…	…	…	…	…	…	0.51	…	…	…	49.75	10.33	39.42
30年	…	…	…	…	…	…	…	…	…	…	…	…	…	…	0.48	…	…	…	49.82	10.09	39.73
31年	…	…	…	…	…	…	…	…	…	…	…	…	…	…	0.48	…	…	…	52.52	10.34	42.18
32年	…	…	…	…	…	…	…	…	…	…	…	…	…	…	0.44	…	…	…	55.70	12.30	43.40
33年	…	…	…	…	…	…	…	…	…	…	…	…	…	…	0.43	…	…	…	59.90	13.90	46.00
34年	…	…	…	…	…	…	…	…	…	…	…	…	…	…	0.55	…	…	…	63.90	14.70	49.20
35年	…	…	…	…	…	…	…	…	…	…	…	…	…	…	0.50	…	…	…	68.48	15.91	52.57
36年	…	…	…	…	…	…	…	…	…	…	…	…	…	…	0.58	…	…	…	72.36	18.00	54.36
37年	…	…	…	…	…	…	…	…	…	…	…	…	…	…	0.51	…	…	…	77.91	18.66	59.25
38年	…	…	…	…	…	…	…	…	…	…	…	…	…	…	0.46	…	…	…	79.93	19.33	60.60
39年	…	…	…	…	…	…	…	…	…	…	…	…	…	…	0.32	…	…	…	82.45	19.55	62.90
40年	…	…	…	…	…	…	…	…	…	…	…	…	…	…	0.37	…	…	…	83.57	20.90	62.67
41年	…	…	…	…	…	…	…	…	…	…	…	…	…	…	0.30	…	…	…	85.18	21.09	64.09
42年	…	…	…	…	…	…	…	…	…	…	…	…	…	…	0.31	…	…	…	86.84	21.00	65.84
43年	…	…	…	…	…	…	…	…	…	…	…	…	…	…	0.36	…	…	…	88.12	23.31	64.81
44年	…	…	…	…	…	…	…	…	…	…	…	…	…	…	0.31	…	…	…	88.85	23.77	65.08
45年	…	…	…	…	…	…	…	…	…	…	…	…	…	…	0.70	…	…	…	90.90	23.40	67.50
46年	…	…	…	…	…	…	…	…	…	…	…	…	…	…	0.48	…	…	…	89.39	25.77	63.60
47年	…	…	…	…	…	…	…	…	…	…	…	…	…	…	0.55	…	…	…	91.55	27.11	64.44
48年	…	…	…	…	…	…	…	…	…	…	…	…	…	…	0.48	…	…	…	92.50	26.84	65.66
49年	…	…	…	…	…	…	…	…	…	…	…	…	…	…	0.73	…	…	…	94.42	26.65	67.77
50年	…	…	…	…	…	…	…	…	…	…	…	…	…	…	0.57	…	…	…	93.51	27.19	66.32
51年	…	…	…	…	…	…	…	…	…	…	…	…	…	…	0.71	…	…	…	93.79	27.61	66.18
52年	…	…	…	…	…	…	…	…	…	…	…	…	…	…	0.58	…	…	…	93.66	27.74	65.92
53年	…	…	…	…	…	…	…	…	…	…	…	…	…	…	0.55	…	…	…	94.09	29.07	65.01
54年	…	…	…	…	…	…	…	…	…	49.65	10.73	15.24	23.68	…	0.46	…	…	…	94.78	27.69	67.09
55年	…	…	…	…	…	…	…	…	…	51.94	11.22	15.23	25.48	…	0.52	…	…	…	94.51	31.05	63.46
56年	…	…	…	…	…	…	…	…	…	51.54	11.35	16.03	24.15	…	0.64	…	…	…	94.74	31.63	63.11
57年	…	…	…	…	…	…	…	…	…	49.59	11.11	15.21	23.26	…	0.51	…	…	…	94.43	34.51	59.92
58年	…	…	…	…	…	…	…	…	…	47.95	10.86	15.25	21.84	…	0.45	…	…	…	94.21	34.55	59.65
59年	…	…	…	…	…	…	…	…	…	48.43	11.79	15.24	21.40	…	0.65	…	…	…	93.09	39.29	53.80
60年	…	…	…	…	…	…	…	…	…	47.79	11.05	15.12	21.62	…	0.56	…	…	…	93.14	40.16	52.98
61年	…	…	…	…	…	…	…	…	…	49.38	10.07	15.30	24.01	…	0.58	…	…	…	92.84	42.39	50.45
62年	…	…	…	…	…	…	…	…	…	50.25	10.20	15.60	24.45	…	0.52	…	…	…	92.99	41.66	51.33
63年	…	…	…	…	…	…	…	…	…	52.12	10.32	16.31	25.49	…	0.57	…	…	…	93.51	43.11	50.40
平成元年	…	…	…	…	…	…	…	…	…	53.66	10.46	16.44	26.76	…	0.57	…	…	…	93.04	42.75	50.29
2年	…	…	…	…	…	…	…	…	…	54.36	10.24	16.60	27.52	…	0.69	…	…	…	92.06	42.47	49.59
3年	…	…	…	…	…	…	…	…	…	55.91	10.22	16.56	29.13	…	0.64	…	…	…	92.01	42.88	49.12
4年	…	…	…	…	…	…	…	…	…	57.02	10.49	17.44	29.09	…	0.60	…	…	…	91.06	43.76	47.29
5年	…	…	…	…	…	…	…	…	…	59.96	11.53	18.18	30.25	…	0.56	…	…	…	90.01	43.50	46.51
6年	…	…	…	…	…	…	…	…	…	59.55	11.07	17.72	30.75	…	0.60	…	…	…	90.03	43.96	46.08
7年	…	…	…	…	…	…	…	…	…	59.07	11.95	18.05	29.07	…	0.68	1.03	6.44	0.62	89.61	45.72	43.89
8年	…	…	…	…	…	…	…	…	…	59.41	12.01	17.69	29.71	…	0.60	0.94	6.59	0.79	88.19	46.78	41.41
9年	…	…	…	…	…	…	…	…	…	58.65	12.29	18.03	28.34	…	0.57	1.22	7.21	0.70	87.71	47.28	40.43
10年	…	…	…	…	…	…	…	…	…	59.96	11.93	18.10	29.93	…	0.51	0.94	6.58	0.61	86.23	47.14	39.09
11年	…	…	…	…	…	…	…	…	…	59.79	11.16	18.01	30.61	…	0.57	1.38	7.70	1.07	84.81	47.78	37.02
12年	…	…	…	…	…	…	…	…	…	59.03	11.69	16.50	30.84	…	0.61	1.27	7.26	0.81	82.17	46.91	36.26
13年	…	…	…	…	…	…	…	…	…	59.10	12.14	18.02	28.94	…	0.62	1.49	7.87	0.73	81.49	45.17	36.31
14年	…	…	…	…	…	…	…	…	…	59.21	13.23	16.68	29.30	…	0.56	2.36	8.38	0.93	80.58	45.39	35.18
15年	…	…	…	…	…	…	…	…	…	57.91	12.87	16.29	28.76	…	0.58	1.62	8.81	0.73	75.75	44.01	31.75
16年	…	…	…	…	…	…	…	…	…	56.22	13.22	16.38	26.62	…	0.52	1.51	8.14	0.71	73.97	40.54	33.43
17年	…	…	…	…	…	…	…	…	…	55.62	12.04	15.90	27.68	…	0.54	1.65	9.42	0.68	70.46	39.19	31.27
18年	…	…	…	…	…	…	…	…	…	54.86	13.81	17.57	23.48	3.50	0.89	2.03	9.03	0.68	67.64	36.79	30.85
19年	…	…	…	…	…	…	…	…	…	52.27	12.49	16.49	23.28	4.30	0.71	2.01	9.05	0.57	66.36	35.40	30.97
20年	…	…	…	…	…	…	…	…	…	53.69	13.12	17.41	23.16	4.16	0.80	2.51	10.02	0.55	63.35	33.40	29.95
21年	…	…	…	…	…	…	…	…	…	58.12	14.51	18.01	25.60	3.93	0.68	2.40	10.52	0.61	59.62	31.85	27.77
22年	…	…	…	…	…	…	…	…	…	54.51	13.12	17.05	24.34	3.57	0.68	1.93	9.36	0.54	56.33	31.32	26.16
23年	…	…	…	…	…	…	…	…	…	60.22	11.95	17.20	31.07	4.35	0.36	1.91	9.74	0.62	56.33	29.55	26.78
24年	100.00	38.38	10.88	12.91	7.33	0.50	0.96	4.93	24.11	61.12	11.84	17.85	31.44	3.91	0.32	2.28	9.48	0.50	55.61	29.89	25.72
25年	100.00	37.50	10.16	12.71	7.24	1.25	1.72	5.50	23.92	61.25	11.88	18.21	31.16	3.55	0.25	2.66	9.62	0.46	53.08	28.97	24.11
26年	100.00	38.81	10.16	10.66	8.22	1.26	1.41	4.79	24.70	59.93	11.57	15.45	32.91	4.20	0.24	2.56	9.38	0.59	51.05	28.11	22.94
27年	100.00	38.20	10.04	11.50	6.68	0.58	0.85	6.25	25.90	61.22	10.90	17.75	32.58	4.21	0.30	2.39	8.05	0.48	50.69	27.69	23.00
28年	100.00	37.50	10.81	12.09	8.45	0.51	0.68	4.29	25.67	61.99	11.49	16.38	34.12	3.84	0.24	2.77	10.55	0.48	47.28	25.87	21.42
29年	100.00	37.95	10.50	12.31	6.88	1.91	2.03	4.79	23.63	60.14	12.53	17.10	30.51	3.88	0.24	3.19	9.39	0.50	45.94	25.47	20.47
30年	100.00	35.12	10.20	11.86	6.72	0.30	0.78	5.71	29.32	64.59	10.98	17.58	36.03	4.16	0.22	2.95	10.38	0.33	43.37	24.71	18.66
令和元年	100.00	33.78	9.59	11.34	7.62	0.86	1.33	6.36	29.11	65.36	10.92	17.70	36.73	4.18	0.24	3.46	10.94	0.48	41.91	24.16	17.75
2年	100.00	39.06	12.75	13.55	8.94	1.06	1.33	4.31	18.99	59.88	14.08	17.86	27.94	3.68	0.31	2.86	7.34	0.25	39.82	22.91	16.91
3年	100.00	28.86	9.41	13.96	8.13	1.09	1.36	6.73	30.47	70.06	10.78	20.68	38.59	3.83	0.23	2.91	9.41	0.26	38.07	22.21	15.85
4年	100.00	28.78	9.20	15.12	8.52	0.41	0.90	6.26	30.80	70.81	10.10	21.38	39.33	3.97	0.24	2.59	9.06	0.29	36.69	21.80	14.88

推移（昭和23年度～令和4年度）（１２-１１）

単位　（%）

歯列・咬合	口腔 顎関節	口腔 歯垢の状態	口腔 歯肉の状態	栄養状態	せき柱・胸郭	四肢の状態	皮膚疾患 アトピー性皮膚炎	皮膚疾患 その他の皮膚疾患	結核	心臓・異常	心電図異常	蛋白検出の者	尿糖検出の者	その他の疾病・異常 ぜん息	腎臓疾患	言語障害	区分
…	…	…	…	0.69	…	…	…	…	…	…	…	…	…	…	…	…	昭和23年度
…	…	…	…	1.04	…	…	…	…	…	…	…	…	…	…	…	…	24年
…	…	…	…	0.90	…	…	…	…	…	…	…	…	…	…	…	…	25年
…	…	…	…	0.63	…	…	…	…	…	…	…	…	…	…	…	…	26年
…	…	…	…	0.68	…	…	…	…	…	…	…	…	…	…	…	…	27年
…	…	…	…	0.85	…	…	…	…	…	0.32	…	…	…	…	…	…	28年
…	…	…	…	0.65	…	…	…	…	…	0.34	…	…	…	…	…	…	29年
…	…	…	…	0.67	…	…	…	…	…	0.35	…	…	…	…	…	…	30年
…	…	…	…	0.48	…	…	…	…	…	0.35	…	…	…	…	…	…	31年
…	…	…	…	0.40	…	…	…	…	…	0.38	…	…	…	…	…	…	32年
…	…	…	…	0.32	…	…	…	…	…	0.32	…	…	…	…	…	…	33年
…	…	…	…	0.31	…	…	…	…	…	0.34	…	…	…	…	…	…	34年
…	…	…	…	0.33	…	…	…	…	…	0.34	…	…	…	…	…	…	35年
…	…	…	…	0.27	…	…	…	…	…	0.34	…	…	…	…	…	…	36年
…	…	…	…	0.28	…	…	…	…	…	0.35	…	…	…	…	…	…	37年
…	…	…	…	0.22	…	…	…	…	…	0.34	…	…	…	…	…	…	38年
…	…	…	…	0.20	…	…	…	…	…	0.32	…	…	…	…	…	…	39年
…	…	…	…	0.16	…	…	…	…	…	0.26	…	…	…	…	…	…	40年
…	…	…	…	0.16	…	…	…	…	…	0.32	…	…	…	…	…	…	41年
…	…	…	…	0.15	…	…	…	…	0.15	0.35	…	…	…	0.04	0.08	0.06	42年
…	…	…	…	0.13	…	…	…	…	0.15	0.38	…	…	…	0.03	0.10	0.05	43年
…	…	…	…	0.12	…	…	…	…	0.11	0.37	…	…	…	0.05	0.10	0.07	44年
…	…	…	…	0.10	0.60	…	…	…	0.10	0.30	…	…	…	0.10	0.10	0.10	45年
…	…	…	…	0.16	0.60	…	…	…	0.05	0.52	…	…	…	0.01	0.18	0.05	46年
…	…	…	…	0.10	0.50	…	…	…	0.06	0.39	…	…	…	0.07	0.19	0.05	47年
…	…	…	…	0.21	0.42	…	…	…	0.06	0.32	…	…	…	0.09	0.20	0.04	48年
…	…	…	…	…	0.58	…	…	…	0.07	0.60	…	3.29	…	0.14	0.28	0.04	49年
…	…	…	…	…	0.51	…	…	…	0.05	0.57	…	4.01	…	0.17	0.27	0.05	50年
…	…	…	…	…	0.45	…	…	…	0.05	0.58	…	4.59	…	0.18	0.26	0.03	51年
…	…	…	…	…	0.78	…	…	…	0.03	0.72	…	2.93	…	0.09	0.16	0.02	52年
…	…	…	…	…	0.77	…	…	…	0.03	0.75	…	2.94	…	0.16	0.19	0.04	53年
…	…	…	…	…	0.89	…	…	…	0.02	0.81	…	2.64	…	0.15	0.16	0.03	54年
…	…	…	…	…	0.60	…	…	…	0.04	0.80	…	2.14	…	0.15	0.15	0.02	55年
…	…	…	…	…	0.68	…	…	…	0.02	0.78	…	2.17	…	0.14	0.17	0.01	56年
…	…	…	…	…	…	…	…	…	0.04	0.75	…	1.95	…	0.20	0.13	0.01	57年
…	…	…	…	…	…	…	…	…	0.00	0.72	…	2.19	…	0.28	0.11	0.02	58年
…	…	…	…	…	…	…	…	…	0.00	1.13	…	2.28	…	0.32	0.17	0.01	59年
…	…	…	…	…	…	…	…	…	0.01	0.72	…	2.03	…	0.24	0.16	0.01	60年
…	…	…	…	…	…	…	…	…	0.03	0.75	…	2.09	…	0.33	0.17	0.01	61年
…	…	…	…	…	…	…	…	…	0.04	0.95	…	1.90	…	0.43	0.18	0.01	62年
…	…	…	…	…	…	…	…	…	0.01	0.85	…	2.01	…	0.43	0.17	0.01	63年
…	…	…	…	…	…	…	…	…	0.01	0.88	…	1.86	…	0.39	0.16	0.01	平成元年
…	…	…	…	…	…	…	…	…	0.01	0.99	…	1.77	…	0.47	0.16	0.03	2年
…	…	…	…	…	…	…	…	…	0.01	0.92	…	1.97	…	0.53	0.14	0.01	3年
…	…	…	…	…	…	…	…	…	0.00	0.97	…	1.94	0.22	0.61	0.15	0.01	4年
…	…	…	…	…	…	…	…	…	0.00	1.00	…	1.85	0.27	0.80	0.18	0.02	5年
…	…	…	…	…	…	…	…	…	0.01	1.00	…	1.97	0.26	0.88	0.16	0.01	6年
…	…	…	…	…	…	…	…	…	0.05	0.55	2.70	2.08	0.25	0.87	0.14	0.01	7年
…	…	…	…	…	…	…	…	…	0.03	0.57	3.10	2.01	0.22	0.88	0.15	0.01	8年
…	…	…	…	…	…	…	…	…	0.04	0.61	3.25	2.04	0.27	0.99	0.17	0.01	9年
…	…	…	…	…	…	…	…	…	0.01	0.60	3.17	2.21	0.21	1.15	0.17	0.01	10年
…	…	…	…	…	…	…	…	…	0.02	0.54	3.38	2.14	0.18	1.40	0.17	0.01	11年
…	…	…	…	…	…	…	…	…	0.04	0.58	3.24	2.17	0.22	1.45	0.15	0.01	12年
…	…	…	…	…	…	…	…	…	0.02	0.76	3.67	2.11	0.21	1.51	0.17	0.00	13年
…	…	…	…	…	…	…	…	…	0.01	0.57	3.80	2.13	0.24	1.53	0.19	0.02	14年
…	…	…	…	…	…	…	…	…	0.04	0.60	4.02	1.98	0.25	1.35	0.14	0.01	15年
…	…	…	…	…	…	…	…	…	0.05	0.62	4.14	2.30	0.20	1.64	0.13	0.01	16年
…	…	…	…	…	…	…	…	…	0.09	0.66	3.62	2.21	0.24	1.80	0.17	0.02	17年
3.81	0.52	6.65	6.41	1.24	0.38	…	2.26	0.19	0.06	0.69	4.05	3.02	0.27	1.86	0.24	0.02	18年
3.91	0.43	6.28	6.32	1.27	0.41	…	2.47	0.17	0.03	0.77	3.83	3.04	0.22	1.95	0.22	0.03	19年
4.40	0.59	7.16	7.00	1.54	0.47	…	2.38	0.25	0.04	0.96	3.83	3.55	0.22	2.01	0.21	0.02	20年
4.01	0.49	6.28	6.27	1.39	0.47	…	2.50	0.21	0.04	0.84	4.08	3.41	0.25	2.08	0.22	0.02	21年
3.81	0.52	6.03	5.92	1.11	0.43	…	2.44	0.21	0.00	0.74	3.69	3.31	0.24	2.37	0.21	0.03	22年
4.07	0.54	6.22	5.98	1.07	0.49	…	2.27	0.20	0.02	0.71	3.78	3.35	0.35	2.16	0.21	0.03	23年
4.47	0.38	6.61	6.56	0.93	0.44	…	2.27	0.19	0.01	0.78	3.64	3.17	0.23	2.22	0.21	0.03	24年
3.66	0.34	5.95	5.55	0.79	0.44	…	2.38	0.18	0.03	0.79	3.90	3.19	0.24	2.18	0.20	0.02	25年
3.56	0.38	5.65	5.29	0.82	0.49	…	2.31	0.22	0.04	0.75	3.89	3.70	0.27	2.13	0.21	0.04	26年
3.80	0.43	6.20	5.70	0.87	0.50	…	2.20	0.20	0.03	0.81	4.05	3.37	0.22	2.13	0.20	0.04	27年
4.13	0.50	6.15	5.70	0.85	…	2.26	2.49	0.28	0.03	0.73	4.08	3.85	0.21	2.10	0.22	0.03	28年
4.25	0.49	5.82	5.44	0.86	…	1.20	2.48	0.22	0.02	0.68	3.99	4.08	0.22	2.17	0.20	0.05	29年
4.30	0.55	5.68	5.34	1.02	…	1.20	2.78	0.27	0.04	0.93	4.10	3.41	0.20	2.01	0.21	0.04	30年
4.45	0.51	5.95	5.29	0.84	…	1.40	2.68	0.29	0.02	0.97	3.94	3.85	0.24	2.01	0.23	0.05	令和元年
4.42	0.45	5.55	5.05	0.72	…	1.00	2.56	0.17	0.03	0.90	4.01	3.81	0.27	1.94	0.23	0.06	2年
4.29	0.35	5.06	4.93	0.65	…	0.99	2.86	0.23	0.04	0.95	3.78	3.32	0.22	1.93	0.22	0.07	3年
4.55	0.56	5.30	4.87	0.80	…	0.96	2.87	0.21	0.03	0.82	3.66	3.24	0.22	1.91	0.22	0.08	4年

15　学校種別　疾病・異常被患率等の

4　高等学校（3）女

区分	計	視力非矯正者の裸眼視力 1.0以上	1.0未満 0.7以上	0.7未満 0.3以上	0.3未満	視力矯正者の裸眼視力 1.0以上	1.0未満 0.7以上	0.7未満 0.3以上	0.3未満	裸眼視力 計	1.0未満 0.7以上	0.7未満 0.3以上	0.3未満	眼の疾病・異常	難聴	耳疾患	鼻・副鼻腔疾患	口腔咽喉頭疾患・異常	むし歯（う歯）計	処置完了者	未処置歯のある者
昭和23年度	…	…	…	…	…	…	…	…	…	…	…	…	…	…	0.28	…	…	…	…	…	41.84
24年	…	…	…	…	…	…	…	…	…	…	…	…	…	…	0.27	…	…	…	63.94	16.94	47.00
25年	…	…	…	…	…	…	…	…	…	…	…	…	…	…	0.26	…	…	…	66.34	17.55	48.79
26年	…	…	…	…	…	…	…	…	…	…	…	…	…	…	0.31	…	…	…	58.85	13.75	45.10
27年	…	…	…	…	…	…	…	…	…	…	…	…	…	…	0.27	…	…	…	60.39	14.23	46.16
28年	…	…	…	…	…	…	…	…	…	…	…	…	…	…	0.32	…	…	…	56.31	11.77	44.54
29年	…	…	…	…	…	…	…	…	…	…	…	…	…	…	0.35	…	…	…	56.57	12.19	44.38
30年	…	…	…	…	…	…	…	…	…	…	…	…	…	…	0.40	…	…	…	55.96	12.43	43.53
31年	…	…	…	…	…	…	…	…	…	…	…	…	…	…	0.35	…	…	…	59.97	13.75	46.22
32年	…	…	…	…	…	…	…	…	…	…	…	…	…	…	0.35	…	…	…	63.50	15.20	48.30
33年	…	…	…	…	…	…	…	…	…	…	…	…	…	…	0.35	…	…	…	66.50	17.30	49.20
34年	…	…	…	…	…	…	…	…	…	…	…	…	…	…	0.50	…	…	…	72.60	18.20	54.40
35年	…	…	…	…	…	…	…	…	…	…	…	…	…	…	0.42	…	…	…	75.67	19.84	55.83
36年	…	…	…	…	…	…	…	…	…	…	…	…	…	…	0.40	…	…	…	80.23	20.75	59.48
37年	…	…	…	…	…	…	…	…	…	…	…	…	…	…	0.36	…	…	…	84.43	21.44	62.99
38年	…	…	…	…	…	…	…	…	…	…	…	…	…	…	0.29	…	…	…	87.40	22.77	64.63
39年	…	…	…	…	…	…	…	…	…	…	…	…	…	…	0.27	…	…	…	88.34	24.29	64.05
40年	…	…	…	…	…	…	…	…	…	…	…	…	…	…	0.24	…	…	…	89.66	24.74	64.92
41年	…	…	…	…	…	…	…	…	…	…	…	…	…	…	0.21	…	…	…	89.75	24.13	65.62
42年	…	…	…	…	…	…	…	…	…	…	…	…	…	…	0.21	…	…	…	91.43	25.34	66.09
43年	…	…	…	…	…	…	…	…	…	…	…	…	…	…	0.27	…	…	…	92.62	27.36	65.26
44年	…	…	…	…	…	…	…	…	…	…	…	…	…	…	0.19	…	…	…	92.55	29.02	63.53
45年	…	…	…	…	…	…	…	…	…	…	…	…	…	…	0.40	…	…	…	94.50	23.50	71.00
46年	…	…	…	…	…	…	…	…	…	…	…	…	…	…	0.25	…	…	…	94.25	31.32	62.92
47年	…	…	…	…	…	…	…	…	…	…	…	…	…	…	0.37	…	…	…	94.55	29.56	64.99
48年	…	…	…	…	…	…	…	…	…	…	…	…	…	…	0.33	…	…	…	95.30	31.10	64.20
49年	…	…	…	…	…	…	…	…	…	…	…	…	…	…	0.66	…	…	…	94.50	30.86	63.64
50年	…	…	…	…	…	…	…	…	…	…	…	…	…	…	0.45	…	…	…	96.39	30.67	65.72
51年	…	…	…	…	…	…	…	…	…	…	…	…	…	…	0.49	…	…	…	96.74	31.15	65.59
52年	…	…	…	…	…	…	…	…	…	…	…	…	…	…	0.35	…	…	…	95.54	30.77	64.77
53年	…	…	…	…	…	…	…	…	…	…	…	…	…	…	0.43	…	…	…	96.15	33.11	63.04
54年	…	…	…	…	…	…	…	…	…	56.39	11.51	15.98	28.90	…	0.34	…	…	…	97.01	31.88	65.12
55年	…	…	…	…	…	…	…	…	…	59.03	11.53	15.90	31.60	…	0.51	…	…	…	97.30	34.14	63.16
56年	…	…	…	…	…	…	…	…	…	59.06	12.66	16.23	30.16	…	0.38	…	…	…	96.74	34.11	62.64
57年	…	…	…	…	…	…	…	…	…	57.44	11.80	16.41	29.23	…	0.74	…	…	…	97.03	35.41	61.63
58年	…	…	…	…	…	…	…	…	…	56.45	11.85	15.61	28.99	…	0.39	…	…	…	96.49	37.58	58.91
59年	…	…	…	…	…	…	…	…	…	55.47	11.91	15.59	27.97	…	0.34	…	…	…	95.54	43.31	52.22
60年	…	…	…	…	…	…	…	…	…	55.38	11.22	15.63	28.54	…	0.34	…	…	…	95.46	44.21	51.25
61年	…	…	…	…	…	…	…	…	…	56.64	10.77	15.75	30.11	…	0.31	…	…	…	95.64	46.06	49.58
62年	…	…	…	…	…	…	…	…	…	56.63	10.70	15.74	30.19	…	0.41	…	…	…	95.58	47.82	47.76
63年	…	…	…	…	…	…	…	…	…	57.00	10.65	15.36	30.98	…	0.35	…	…	…	95.39	47.43	47.96
平成元年	…	…	…	…	…	…	…	…	…	57.98	10.60	15.18	32.20	…	0.40	…	…	…	95.27	49.29	45.99
2年	…	…	…	…	…	…	…	…	…	58.41	10.20	15.76	32.46	…	0.43	…	…	…	95.25	49.21	46.04
3年	…	…	…	…	…	…	…	…	…	59.19	10.46	15.20	33.54	…	0.58	…	…	…	94.02	48.85	45.16
4年	…	…	…	…	…	…	…	…	…	61.40	10.41	15.70	35.29	…	0.60	…	…	…	94.07	48.94	45.13
5年	…	…	…	…	…	…	…	…	…	63.83	10.94	16.18	36.71	…	0.49	…	…	…	92.50	49.64	42.86
6年	…	…	…	…	…	…	…	…	…	65.09	10.31	16.51	38.27	…	0.47	…	…	…	93.92	51.00	42.92
7年	…	…	…	…	…	…	…	…	…	64.56	10.63	16.26	37.67	…	0.64	0.73	5.22	0.60	91.66	51.71	39.95
8年	…	…	…	…	…	…	…	…	…	65.95	11.72	16.24	37.98	…	0.49	0.75	5.17	0.74	91.98	54.51	37.47
9年	…	…	…	…	…	…	…	…	…	67.74	11.05	16.59	40.10	…	0.52	0.72	5.79	0.73	91.05	52.99	38.06
10年	…	…	…	…	…	…	…	…	…	65.07	11.49	15.95	37.63	…	0.42	0.64	5.09	0.73	90.14	52.88	37.26
11年	…	…	…	…	…	…	…	…	…	66.86	11.08	15.50	40.28	…	0.59	0.80	5.84	0.83	88.14	53.63	34.51
12年	…	…	…	…	…	…	…	…	…	65.89	12.17	14.81	38.91	…	0.56	1.07	6.92	0.76	86.91	52.57	34.34
13年	…	…	…	…	…	…	…	…	…	61.54	9.97	14.17	37.40	…	0.57	1.10	6.90	0.81	85.85	52.31	33.55
14年	…	…	…	…	…	…	…	…	…	68.53	13.94	16.58	38.02	…	0.48	0.99	6.94	0.72	83.95	51.56	32.39
15年	…	…	…	…	…	…	…	…	…	62.19	11.37	16.10	34.72	…	0.55	0.80	6.01	0.80	80.09	49.53	30.57
16年	…	…	…	…	…	…	…	…	…	62.53	11.12	17.01	34.40	…	0.46	1.05	5.51	0.58	78.03	47.01	31.02
17年	…	…	…	…	…	…	…	…	…	61.29	11.16	16.10	34.98	…	0.61	0.98	6.83	0.58	75.16	45.99	29.17
18年	…	…	…	…	…	…	…	…	…	62.52	14.72	17.54	30.26	2.68	0.82	1.31	7.31	0.80	72.54	42.13	30.41
19年	…	…	…	…	…	…	…	…	…	58.63	12.31	17.24	29.08	3.06	0.79	1.42	7.79	0.54	70.65	41.09	29.56
20年	…	…	…	…	…	…	…	…	…	62.39	11.96	16.73	33.70	3.21	0.78	1.53	7.56	0.64	67.66	38.64	29.02
21年	…	…	…	…	…	…	…	…	…	60.67	12.62	18.21	29.84	3.47	0.70	1.61	8.69	0.77	64.82	37.69	27.13
22年	…	…	…	…	…	…	…	…	…	56.79	12.84	16.45	27.50	3.31	0.72	1.29	7.52	0.61	62.48	37.17	25.31
23年	…	…	…	…	…	…	…	…	…	61.61	10.95	15.10	35.57	3.18	0.42	1.36	7.86	0.55	60.64	34.99	25.65
24年	100.00	30.33	8.40	10.05	8.00	1.63	1.26	5.95	34.39	68.05	9.66	16.00	42.39	3.49	0.33	1.48	7.77	0.42	59.62	34.83	24.79
25年	100.00	27.76	10.43	11.76	6.71	1.71	4.17	8.48	28.97	70.53	14.61	20.24	35.68	2.97	0.30	1.62	7.86	0.48	57.20	33.97	23.23
26年	100.00	31.99	9.28	9.17	5.77	2.07	2.22	6.43	33.08	65.95	11.50	15.60	38.85	3.32	0.29	1.53	8.05	0.49	55.14	32.82	22.32
27年	100.00	32.92	9.09	9.28	7.13	0.75	1.33	6.91	32.60	66.33	10.42	16.19	39.72	3.46	0.34	1.69	6.62	0.41	54.32	32.17	22.15
28年	100.00	29.35	11.32	11.96	7.08	0.63	0.86	4.83	33.97	70.02	12.17	16.79	41.05	3.00	0.29	1.81	8.26	0.36	51.12	30.87	20.25
29年	100.00	34.21	9.66	11.08	7.27	1.37	1.48	4.98	29.95	64.42	11.13	16.06	37.23	3.19	0.27	1.98	7.81	0.49	48.69	29.84	18.85
30年	100.00	30.10	10.66	10.36	6.89	0.18	0.97	5.27	35.58	69.72	11.63	15.62	42.47	3.72	0.24	1.94	9.32	0.30	47.39	29.56	17.83
令和元年	100.00	27.50	8.55	9.34	6.09	2.52	3.06	7.75	35.18	69.97	11.61	17.09	41.27	3.19	0.26	2.28	8.88	0.46	45.50	28.60	16.90
2年	100.00	32.05	10.81	12.75	7.97	1.46	2.14	5.63	27.19	66.49	12.17	14.81	39.50	3.44	0.32	2.07	6.41	0.26	43.55	27.15	16.40
3年	100.00	26.76	7.01	8.84	7.24	1.67	1.66	7.06	39.76	71.58	8.67	15.90	47.00	2.87	0.30	2.10	8.19	0.22	41.51	26.06	15.45
4年	100.00	27.23	11.61	8.00	4.76	0.44	1.12	6.62	40.22	72.33	12.73	14.62	44.98	3.19	0.27	1.89	7.94	0.28	39.96	25.84	14.12

推移（昭和23年度～令和４年度）（12-12）

単位　（％）

歯列・咬合	顎関節	歯垢の状態	歯肉の状態	栄養状態	せき柱・胸郭	四肢の状態・せき柱・胸郭	アトピー性皮膚炎	その他の皮膚疾患	結核	心臓病・異常	心電図異常	蛋白検出の者	尿糖検出の者	ぜん息	腎臓疾患	言語障害	区分
…	…	…	…	0.53	…	…	…	…	…	…	…	…	…	…	…	…	昭和23年度
…	…	…	…	0.81	…	…	…	…	…	…	…	…	…	…	…	…	24年
…	…	…	…	0.68	…	…	…	…	…	…	…	…	…	…	…	…	25年
…	…	…	…	0.48	…	…	…	…	…	…	…	…	…	…	…	…	26年
…	…	…	…	0.43	…	…	…	…	…	…	…	…	…	…	…	…	27年
…	…	…	…	0.62	…	…	…	…	…	0.33	…	…	…	…	…	…	28年
…	…	…	…	0.50	…	…	…	…	…	0.40	…	…	…	…	…	…	29年
…	…	…	…	0.43	…	…	…	…	…	0.38	…	…	…	…	…	…	30年
…	…	…	…	0.39	…	…	…	…	…	0.40	…	…	…	…	…	…	31年
…	…	…	…	0.33	…	…	…	…	…	0.38	…	…	…	…	…	…	32年
…	…	…	…	0.28	…	…	…	…	…	0.38	…	…	…	…	…	…	33年
…	…	…	…	0.28	…	…	…	…	…	0.37	…	…	…	…	…	…	34年
…	…	…	…	0.23	…	…	…	…	…	0.36	…	…	…	…	…	…	35年
…	…	…	…	0.22	…	…	…	…	…	0.35	…	…	…	…	…	…	36年
…	…	…	…	0.23	…	…	…	…	…	0.36	…	…	…	…	…	…	37年
…	…	…	…	0.15	…	…	…	…	…	0.35	…	…	…	…	…	…	38年
…	…	…	…	0.20	…	…	…	…	…	0.37	…	…	…	…	…	…	39年
…	…	…	…	0.13	…	…	…	…	…	0.31	…	…	…	…	…	…	40年
…	…	…	…	0.11	…	…	…	…	…	0.32	…	…	…	…	…	…	41年
…	…	…	…	0.18	…	…	…	…	0.13	0.36	…	…	…	0.03	0.07	0.02	42年
…	…	…	…	0.09	…	…	…	…	0.13	0.39	…	…	…	0.03	0.08	0.02	43年
…	…	…	…	0.09	…	…	…	…	0.12	0.38	…	…	…	0.04	0.08	0.02	44年
…	…	…	…	0.20	0.20	…	…	…	0.10	0.30	…	…	…	0.10	0.10	0.00	45年
…	…	…	…	0.03	0.15	…	…	…	0.06	0.27	…	…	…	0.01	0.12	0.01	46年
…	…	…	…	0.06	0.19	…	…	…	0.05	0.41	…	…	…	0.06	0.16	0.02	47年
…	…	…	…	0.08	0.18	…	…	…	0.06	0.32	…	…	…	0.08	0.15	0.02	48年
…	…	…	…	…	0.24	…	…	…	0.06	0.45	…	2.27	…	0.09	0.21	0.02	49年
…	…	…	…	…	0.14	…	…	…	0.05	0.50	…	2.63	…	0.11	0.21	0.02	50年
…	…	…	…	…	0.18	…	…	…	0.06	0.49	…	2.89	…	0.12	0.21	0.02	51年
…	…	…	…	…	0.43	…	…	…	0.06	0.65	…	2.04	…	0.14	0.16	0.02	52年
…	…	…	…	…	0.45	…	…	…	0.03	0.62	…	1.93	…	0.13	0.15	0.01	53年
…	…	…	…	…	0.73	…	…	…	0.02	0.70	…	1.75	…	0.13	0.15	0.01	54年
…	…	…	…	…	0.58	…	…	…	0.02	0.73	…	1.39	…	0.23	0.27	0.02	55年
…	…	…	…	…	0.81	…	…	…	0.03	0.66	…	1.60	…	0.20	0.17	0.01	56年
…	…	…	…	…	…	…	…	…	0.02	0.61	…	1.63	…	0.16	0.17	0.01	57年
…	…	…	…	…	…	…	…	…	0.01	0.72	…	1.69	…	0.25	0.19	0.02	58年
…	…	…	…	…	…	…	…	…	0.04	0.55	…	1.57	…	0.24	0.16	0.01	59年
…	…	…	…	…	…	…	…	…	0.02	0.56	…	1.57	…	0.24	0.17	0.01	60年
…	…	…	…	…	…	…	…	…	0.01	0.65	…	1.33	…	0.28	0.18	0.00	61年
…	…	…	…	…	…	…	…	…	0.01	0.71	…	1.46	…	0.29	0.21	0.01	62年
…	…	…	…	…	…	…	…	…	0.02	0.73	…	1.49	…	0.37	0.22	0.01	63年
…	…	…	…	…	…	…	…	…	0.01	0.74	…	1.20	…	0.45	0.16	0.01	平成元年
…	…	…	…	…	…	…	…	…	0.00	0.82	…	1.66	…	0.44	0.26	0.03	2年
…	…	…	…	…	…	…	…	…	0.01	0.71	…	1.47	…	0.54	0.19	0.01	3年
…	…	…	…	…	…	…	…	…	0.03	0.88	…	1.73	0.19	0.66	0.23	0.01	4年
…	…	…	…	…	…	…	…	…	*0.03	0.81	…	1.51	0.23	0.62	0.19	0.01	5年
…	…	…	…	…	…	…	…	…	0.02	0.96	…	1.69	0.20	0.67	0.21	0.00	6年
…	…	…	…	…	…	…	…	…	0.01	0.59	1.95	1.45	0.19	0.69	0.22	0.01	7年
…	…	…	…	…	…	…	…	…	0.02	0.54	2.17	1.55	0.26	0.78	0.12	0.01	8年
…	…	…	…	…	…	…	…	…	0.07	0.57	2.10	1.45	0.20	0.90	0.19	0.01	9年
…	…	…	…	…	…	…	…	…	0.02	0.67	2.88	1.68	0.17	1.04	0.21	0.01	10年
…	…	…	…	…	…	…	…	…	0.07	0.50	2.43	1.74	0.27	1.17	0.19	0.01	11年
…	…	…	…	…	…	…	…	…	0.03	0.55	2.44	1.45	0.19	1.19	0.20	－	12年
…	…	…	…	…	…	…	…	…	0.01	0.54	2.39	1.58	0.22	1.14	0.15	0.01	13年
…	…	…	…	…	…	…	…	…	0.03	0.50	2.41	1.50	0.25	1.20	0.17	0.01	14年
…	…	…	…	…	…	…	…	…	0.01	0.52	2.52	1.48	0.20	1.29	0.20	0.00	15年
…	…	…	…	…	…	…	…	…	0.03	0.50	2.39	1.49	0.26	1.26	0.14	0.00	16年
…	…	…	…	…	…	…	…	…	0.01	0.58	2.77	1.44	0.26	1.62	0.19	0.01	17年
4.25	0.73	4.48	4.48	0.82	0.54	…	2.23	0.18	0.03	0.66	2.96	1.82	0.25	1.56	0.22	0.02	18年
4.14	0.61	4.13	4.25	0.87	0.55	…	2.20	0.20	0.05	0.65	2.60	1.92	0.20	1.64	0.21	0.02	19年
4.79	0.68	5.16	5.16	0.72	0.69	…	2.25	0.16	0.04	0.80	2.36	2.07	0.21	1.63	0.20	0.02	20年
4.44	0.70	4.34	4.41	0.76	0.76	…	2.34	0.21	0.03	0.79	2.56	2.33	0.21	1.68	0.21	0.01	21年
4.44	0.68	4.26	4.20	0.73	0.69	…	2.01	0.20	0.00	0.65	2.60	2.36	0.24	1.79	0.21	0.02	22年
4.25	0.68	4.21	3.90	0.77	0.76	…	1.85	0.16	0.01	0.66	2.47	2.48	0.21	1.71	0.18	0.02	23年
4.54	0.71	4.39	3.99	0.69	0.81	…	1.87	0.20	0.02	0.64	2.40	2.15	0.21	1.59	0.18	0.02	24年
4.08	0.54	3.90	3.95	0.50	0.72	…	1.90	0.16	0.02	0.67	2.45	2.16	0.23	1.62	0.17	0.02	25年
4.35	0.55	4.10	3.57	0.61	0.91	…	1.96	0.19	0.02	0.64	2.60	2.58	0.21	1.72	0.19	0.02	26年
4.24	0.75	4.18	3.67	0.57	0.99	…	1.90	0.21	0.02	0.72	2.60	2.52	0.21	1.73	0.18	0.02	27年
4.65	0.83	4.11	3.67	0.55	…	2.65	2.15	0.21	0.02	0.63	2.68	2.71	0.18	1.72	0.21	0.03	28年
4.58	0.75	3.85	3.60	0.57	…	1.79	2.05	0.21	0.02	0.68	2.55	2.94	0.20	1.66	0.18	0.03	29年
4.56	0.73	3.44	3.17	0.73	…	1.60	2.36	0.25	0.02	0.78	2.56	2.47	0.18	1.55	0.19	0.03	30年
4.61	0.73	3.55	3.12	0.45	…	1.99	2.19	0.27	0.02	0.81	2.57	2.93	0.19	1.57	0.19	0.03	令和元年
4.47	0.53	3.59	3.24	0.54	…	1.38	2.31	0.18	0.04	0.82	2.58	2.56	0.19	1.56	0.18	0.03	2年
4.64	0.55	3.27	3.13	0.42	…	1.45	2.30	0.22	0.04	0.83	2.52	2.27	0.20	1.46	0.18	0.03	3年
4.59	0.70	3.11	2.86	0.53	…	1.29	2.49	0.21	0.03	0.69	2.38	2.40	0.21	1.50	0.18	0.03	4年

Ⅳ 附 属 資 料

1. 調査票の様式

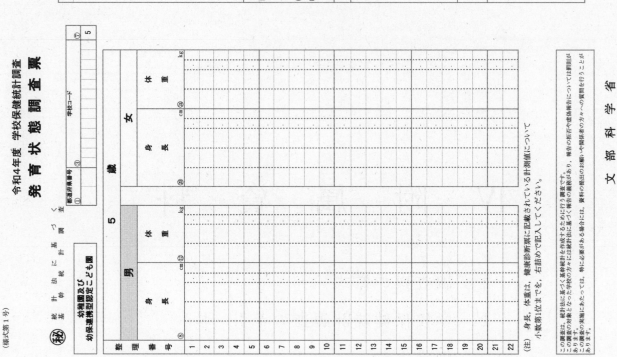

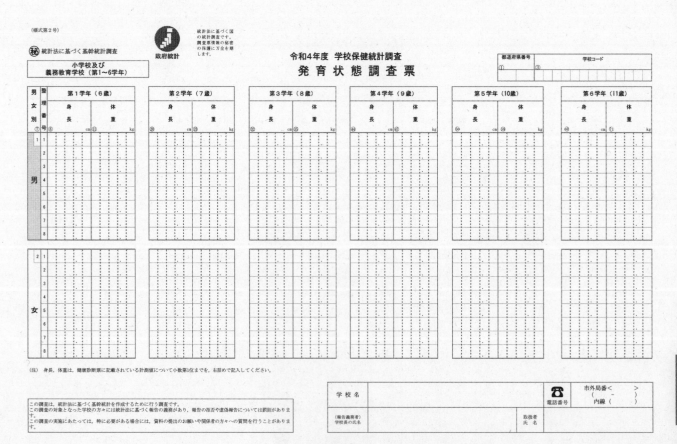

㊙ 統計法に基づく基幹統計調査

政府統計

統計法に基づく国の統計調査です。調査票情報の秘密の保護に万全を期します。

中学校，中等教育学校の前期課程
及び義務教育学校（第7〜9学年）

令和4年度 学校保健統計調査
発育状態調査票

都道府県番号	学校コード
① ③	⑦ 3

第1（7）学年（12歳）

整理番号	男		女	
	身長 ⑧ cm ⑪	体重 kg	身長 ⑫ cm ⑮	体重 kg
1				
2				
3				
4				
5				
6				
7				
8				
9				
10				
11				
12				
13				
14				
15				
16				
17				
18				
19				
20				

第2（8）学年（13歳）

男		女	
身長 cm	体重 kg	身長 cm	体重 kg

第3（9）学年（14歳）

男		女	
身長 cm	体重 kg	身長 cm	体重 kg

（注1）「区分」の各学年において（ ）は義務教育学校の学年です。

（注2）身長，体重は，健康診断票に記載されている計測値について小数第1位までを，右詰めで記入してください。

この調査は，統計法に基づく基幹統計を作成するために行う調査です。
この調査の対象となった学校の方々には統計法に基づく報告の義務があり，報告の拒否や虚偽報告については罰則があります。
この調査の実施にあたっては，特に必要がある場合には，資料の提出のお願いや関係者の方々への質問を行うことがあります。

学校名		☎ 電話番号	市外局番＜　　＞（　　−　　）内線（　　）
（報告義務者）学校長の氏名		取扱者氏名	

文 部 科 学 省

中学校

㊙ 統計法に基づく基幹統計調査

政府統計

統計法に基づく国の統計調査です。調査票情報の秘密の保護に万全を期します。

高等学校及び中等教育学校の後期課程

令和4年度 学校保健統計調査
発 育 状 態 調 査 票

都道府県番号	学校コード
① ③	⑦ 4

男

整理番号	第1学年（15歳）		第2学年（16歳）		第3学年（17歳）	
	身長 ⑧ cm ⑪	体重 kg	身長 ⑳ cm ㉓	体重 kg	身長 ㉜ cm ㉟	体重 kg
1						
2						
3						
4						
5						
6						
7						
8						
9						
10						
11						
12						
13						
14						
15						

女

第1学年（15歳）		第2学年（16歳）		第3学年（17歳）	
身長 ㊹ cm ㊼	体重 kg	身長 cm	体重 kg	身長 ⑰ cm ⑰	体重 kg

（注）身長，体重は，健康診断票に記載されている計測値について小数第1位までを，右詰めで記入してください。

この調査は，統計法に基づく基幹統計を作成するために行う調査です。
この調査の対象となった学校の方々には統計法に基づく報告の義務があり，報告の拒否や虚偽報告については罰則があります。
この調査の実施にあたっては，特に必要がある場合には，資料の提出のお願いや関係者の方々への質問を行うことがあります。

学校名		☎ 電話番号	市外局番＜　　＞（　　−　　）内線（　　）
（報告義務者）学校長の氏名		取扱者氏名	

文 部 科 学 省

高等学校

幼稚園及び
幼保連携型認定こども園

政府統計

統計法に基づく
国の統計調査です。調査票情報の秘密の保護に万全を期します。

令和4年度　学校保健統計調査
健 康 状 態 調 査 票

都道府県番号	学校コード	
		4

区分	性別	調査対象者数 (人)	栄養状態 受検者数 (人)	栄養状態 疾病・異常者数 (人)	脊柱・胸郭・四肢の状態 受検者数 (人)	脊柱・胸郭・四肢の状態 疾病・異常者数 (人)	裸眼視力 受検者数 (a+b+c) (人)	視力非矯正者の裸眼視力(a) 1.0以上 (人)	視力非矯正者の裸眼視力(a) 1.0未満 0.7以上 (人)	視力非矯正者の裸眼視力(a) 0.7未満 0.3以上 (人)	視力非矯正者の裸眼視力(a) 0.3未満 (人)	視力矯正者の裸眼視力(b) 1.0以上 (人)	視力矯正者の裸眼視力(b) 1.0未満 0.7以上 (人)	視力矯正者の裸眼視力(b) 0.7未満 0.3以上 (人)	視力矯正者の裸眼視力(b) 0.3未満 (人)	矯正視力のみを測定した人 (c) (人)
5歳	男 1 1															0
	女 1 2															0

区分	性別	眼の疾病・異常 受検者数 (人)	眼の疾病・異常 疾病・異常者数 (人)	耳鼻咽頭疾患 受検者数 (人)	耳鼻咽頭疾患 疾病・異常者数 耳疾患 (人)	耳鼻咽頭疾患 疾病・異常者数 鼻・副鼻腔疾患 (人)	耳鼻咽頭疾患 疾病・異常者数 口腔咽喉頭疾病・異常 (人)	皮膚疾患 受検者数 (人)	皮膚疾患 疾病・異常者数 アトピー性皮膚炎 (人)	皮膚疾患 疾病・異常者数 その他の皮膚疾患 (人)	心臓 受検者数 (人)	心臓 疾病・異常者数 (人)
5歳	男 1 1											
	女 1 2											

区分	性別	蛋白検出 受検者数 (人)	蛋白検出 疾病・異常者数 (人)	その他の疾病・異常 受検者数 (人)	その他の疾病・異常 疾病・異常者数 ぜん息 (人)	その他の疾病・異常 疾病・異常者数 腎臓疾患 (人)	その他の疾病・異常 疾病・異常者数 言語障害 (人)	その他の疾病・異常 疾病・異常者数 その他の疾病・異常 (人)	歯・口腔 受検者数 (人)	歯・口腔 疾病・異常者数 う歯 処置完了者 (人)	歯・口腔 疾病・異常者数 う歯 未処置歯のある者 (人)	歯・口腔 疾病・異常者数 歯列・咬合 (人)	歯・口腔 疾病・異常者数 顎関節 (人)	歯・口腔 疾病・異常者数 歯垢の状態 (人)	歯・口腔 疾病・異常者数 歯肉の状態 (人)	歯・口腔 疾病・異常者数 その他の疾病・異常 (人)
5歳	男 1 1															
	女 1 2															

この調査は、統計法に基づく基幹統計を作成するために行う調査です。
この調査の対象となった学校の方々には統計法に基づく報告の義務があり、報告の拒否や虚偽報告については罰則があります。
この調査の実施にあたっては、特に必要がある場合には、資料の提出のお願いや関係者の方々への質問を行うことがあります。

学校名		☎ 電話番号	市外局番＜　　　＞ （　　－　　） 内線（　　）	（報告義務者） 園長の氏名	取扱者氏名	

文 部 科 学 省

幼稚園

政府統計

令和4年度 学校保健統計調査
健康状態調査票

都道府県番号		学校コード	
			1

上段表

区分	性別	調査対象者数 (人)	栄養状態		脊柱・胸郭・四肢の状態		裸眼視力									矯正視力のみを測定した人 (c) (人)
			受検者数 (人)	疾病・異常者数 (人)	受検者数 (人)	疾病・異常者数 (人)	受検者数 (a+b+c) (人)	視力非矯正者の裸眼視力 (a)				視力矯正者の裸眼視力 (b)				
									疾病・異常者数				疾病・異常者数			
								1.0以上	1.0未満 0.7以上	0.7未満 0.3以上	0.3未満	1.0以上	1.0未満 0.7以上	0.7未満 0.3以上	0.3未満	
第1学年（6歳）	男															
	女															
第2学年（7歳）	男															
	女															
第3学年（8歳）	男															
	女															
第4学年（9歳）	男															
	女															
第5学年（10歳）	男															
	女															
第6学年（11歳）	男															
	女															

中段表

区分	性別	眼の疾病・異常		難聴（両耳とも）		耳鼻咽頭疾患				皮膚疾患		
		受検者数 (人)	疾病・異常者数 (人)	受検者数 (人)	疾病・異常者数 (人)	受検者数 (人)	疾病・異常者数			受検者数 (人)	疾病・異常者数	
							耳疾患	鼻・副鼻腔疾患	口腔咽喉頭疾患・異常 (人)		アトピー性皮膚炎 (人)	その他の皮膚疾患 (人)
第1学年（6歳）	男											
	女											
第2学年（7歳）	男											
	女											
第3学年（8歳）	男											
	女											
第4学年（9歳）	男											
	女											
第5学年（10歳）	男											
	女											
第6学年（11歳）	男											
	女											

裏面に続く

学校名		☎電話番号	市外局番（　） 内線（　）	（報告責任者） 学校長の氏名	取扱者氏名

文 部 科 学 省

小学校

下段表1

区分	性別	結核に関する検診		結核		心電図異常		心臓		蛋白検出		尿糖検出	
		受検者数 (人)	結核の精密検査の対象者 (人)	受検者数 (人)	疾病・異常者数 (人)	受検者数 (人)	疾病・異常者数 (人)	受検者数 (人)	疾病・異常者数 (人)	受検者数 (人)	疾病・異常者数 (人)	受検者数 (人)	疾病・異常者数 (人)
第1学年（6歳）	男												
	女												
第2学年（7歳）	男												
	女												
第3学年（8歳）	男												
	女												
第4学年（9歳）	男												
	女												
第5学年（10歳）	男												
	女												
第6学年（11歳）	男												
	女												

下段表2

区分	性別	その他の疾病・異常					歯・口腔								相談員・スクールカウンセラーの配置状況	
		受検者数 (人)	疾病・異常者数				受検者数 (人)	疾病・異常者数							相談員	スクールカウンセラー
			ぜん息	腎臓疾患	言語障害	その他の疾病・異常 (人)		う歯		歯列・咬合 (人)	顎関節 (人)	歯垢の状態 (人)	歯肉の状態 (人)	その他の疾病・異常 (人)		
			(人)	(人)	(人)			処置完了者 (人)	未処置歯のある者 (人)							
第1学年（6歳）	男															
	女															
第2学年（7歳）	男															
	女															
第3学年（8歳）	男															
	女															
第4学年（9歳）	男															
	女															
第5学年（10歳）	男															
	女															
第6学年（11歳）	男															
	女															

相談員
1. 定期配置（週4時間以上）
2. 定期配置（週4時間未満）
3. 不定期配置
4. 無

スクールカウンセラー
1. 定期配置（週4時間以上）
2. 定期配置（週4時間未満）
3. 不定期配置
4. 無

該当する選択肢の番号に○を一つけてください。

[様式第7号]　統計法に基づく基幹統計調査

　統計法に基づく国の統計調査です。調査票情報の秘密の保護に万全を期します。

中学校、中等教育学校の前期課程及び義務教育学校（第7〜9学年）

政府統計

令和4年度　学校保健統計調査
健　康　状　態　調　査　票

都道府県番号	学校コード

2

区分	性別	栄養状態			脊柱・胸郭・四肢の状態		裸眼視力										
								視力非矯正者の裸眼視力(a)				視力矯正者の裸眼視力(b)				矯正視力のみを測定した人(c)
		概査対象者数	受検者数	疾病・異常者数	受検者数	疾病・異常者数	受検者数(a+b+c)		疾病・異常者数				疾病・異常者数				
							1.0以上	1.0未満 0.7以上	0.7未満 0.3以上	0.3未満	1.0以上	1.0未満 0.7以上	0.7未満 0.3以上	0.3未満			
		(人)	(人)	(人)	(人)	(人)											(人)
第1(7)学年 12歳	男	1 1															0
	女	1 2															0
第2(8)学年 13歳	男	2 1															0
	女	2 2															0
第3(9)学年 14歳	男	3 1															0
	女	3 2															0

(注)「区分」の各学年において（ ）は義務教育学校の学年です。

区分	性別	眼の疾病・異常		難聴〔両耳とも〕		耳鼻咽頭疾患				皮膚疾患		
							疾病・異常者数				疾病・異常者数	
		受検者数	疾病・異常者数	受検者数	疾病・異常者数	受検者数	耳疾患	鼻・副鼻腔疾患	口腔咽喉頭疾病・異常	受検者数	アトピー性皮膚炎	その他の皮膚疾患
		(人)	(人)	(人)	(人)	(人)	(人)	(人)	(人)	(人)	(人)	(人)
第1(7)学年 12歳	男	1 1										
	女	1 2										
第2(8)学年 13歳	男	2 1										
	女	2 2										
第3(9)学年 14歳	男	3 1										
	女	3 2										

裏面に続く

学校名	電話番号 市外局番( )　内線( )	学校長の氏名 〔都道府県名〕	取扱者氏名

文　部　科　学　省

区分	性別	結核に関する検診		結核		心電図異常		心臓		蛋白検出		尿糖検出	
		受検者数	結核の精密検査の対象者	受検者数	疾病・異常者数	受検者数	疾病・異常者数	受検者数	疾病・異常者数	受検者数	疾病・異常者数	受検者数	疾病・異常者数
		(人)	(人)	(人)	(人)	(人)	(人)	(人)	(人)	(人)	(人)	(人)	(人)
第1(7)学年 12歳	男	1 1											
	女	1 2											
第2(8)学年 13歳	男	2 1											
	女	2 2											
第3(9)学年 14歳	男	3 1											
	女	3 2											

区分	性別	その他の疾病・異常					歯・口腔						
			疾病・異常者数					疾病・異常者数					
		受検者数	ぜん息	腎臓疾患	言語障害	その他の疾病・異常	受検者数	う歯		歯列・咬合	顎関節	歯垢の状態	歯肉の状態	その他の疾病・異常
								処置完了者	未処置歯のある者				
		(人)	(人)	(人)	(人)	(人)	(人)	(人)	(人)	(人)	(人)	(人)	(人)
第1(7)学年 12歳	男	1 1											
	女	1 2											
第2(8)学年 13歳	男	2 1											
	女	2 2											
第3(9)学年 14歳	男	3 1											
	女	3 2											

区分	性別	永久歯のう歯等数				相談員・スクールカウンセラーの配置状況	
		受検者数	喪失歯数	う歯		相談員	スクールカウンセラー
				処置歯数	未処置歯数		
		(本)	(本)	(本)	(本)		
第1(7)学年 12歳	男	1 1				1. 定期配置（週4時間以上）	1. 定期配置（週4時間以上）
	女	1 2				2. 定期配置（週4時間未満）	2. 定期配置（週4時間未満）
第2(8)学年 13歳	男	2 1				3. 不定期配置	3. 不定期配置
	女	2 2				4. 無	4. 無
第3(9)学年 14歳	男	3 1					
	女	3 2					

※該当する選択欄の番号に〇をつけてください

（様式第5号）　統計法に基づく
基幹統計調査

高等学校及び中等教育学校の後期課程

政府統計

統計法に基づく
国の統計調査で
す。調査票情報
の秘密の保護に
万全を期します。

令和4年度　学校保健統計調査
健 康 状 態 調 査 票

都道府県番号	学校コード	
		3

区分	性別	調査対象者数（人）	栄養状態		脊柱・胸郭・四肢の状態		受検者数（a+b+c）（人）	裸眼視力									矯正視力のみを測定した人（c）（人）
								視力非矯正者の裸眼視力（a）				視力矯正者の裸眼視力（b）				
			受検者数（人）	疾病・異常者数（人）	受検者数（人）	疾病・異常者数（人）		1.0以上	疾病・異常者数			1.0以上	疾病・異常者数			
									1.0未満0.7以上	0.7未満0.3以上	0.3未満		1.0未満0.7以上	0.7未満0.3以上	0.3未満	
第1学年（15歳）	男 1 1															0
	女 1 2															0
第2学年（16歳）	男 2 1															0
	女 2 2															0
第3学年（17歳）	男 3 1															0
	女 3 2															0

区分	性別	眼の疾病・異常		難聴（両耳とも）		耳鼻咽頭疾患				皮膚疾患			
						受検者数（人）	疾病・異常者数			受検者数（人）	疾病・異常者数		
		受検者数（人）	疾病・異常者数（人）	受検者数（人）	疾病・異常者数（人）		耳疾患（人）	鼻・副鼻腔疾患（人）	口腔咽喉頭疾病・異常（人）		アトピー性皮膚炎（人）	その他の皮膚疾患（人）	
第1学年（15歳）	男 1 1												
	女 1 2												
第2学年（16歳）	男 2 1												
	女 2 2												
第3学年（17歳）	男 3 1												
	女 3 2												

裏面に続く

学校名	電話番号	市外局番＜　　＞（　　−　　）内線（　　）	〔都道府県〕学校長の氏名	取扱者氏名

文 部 科 学 省

区分	性別	結核		心電図異常		心臓		蛋白検出		尿糖検出			その他の疾病・異常			
												受検者数（人）	疾病・異常者数			
		受検者数（人）	疾病・異常者数（人）	受検者数（人）	疾病・異常者数（人）	受検者数（人）	疾病・異常者数（人）	受検者数（人）	疾病・異常者数（人）	受検者数（人）	疾病・異常者数（人）		ぜん息（人）	腎臓疾患（人）	言語障害（人）	その他の疾病・異常（人）
第1学年（15歳）	男 1 1															
	女 1 2															
第2学年（16歳）	男 2 1															
	女 2 2															
第3学年（17歳）	男 3 1															
	女 3 2															

区分	性別	歯・口腔								相談員・スクールカウンセラーの配置状況	
		受検者数（人）	疾病・異常者数							相談員	スクールカウンセラー
			う歯		歯列・咬合（人）	顎関節（人）	歯垢の状態（人）	歯肉の状態（人）	その他の疾病・異常（人）		
			処置完了者（人）	未処置歯のある者（人）							
第1学年（15歳）	男 1 1									1．定期配置（週4時間以上）2．定期配置（週4時間未満）3．不定期配置4．無	1．定期配置（週4時間以上）2．定期配置（週4時間未満）3．不定期配置4．無
	女 1 2										
第2学年（16歳）	男 2 1										
	女 2 2									該当する選択肢の番号に○をつけてください。	
第3学年（17歳）	男 3 1										
	女 3 2										

2．学校保健統計調査の手引（抄）

1　発育状態調査

1　健康診断票の検査項目と調査票の調査項目との対応関係

　調査票は，健康診断票を基に作成します。
　健康診断票の検査項目と発育状態調査票の調査項目との対応関係は，以下の図に示すとおりです。
ここでは，健康診断票（一般）と発育状態調査票の対応する項目には，同一の番号（○印）を付してあります。

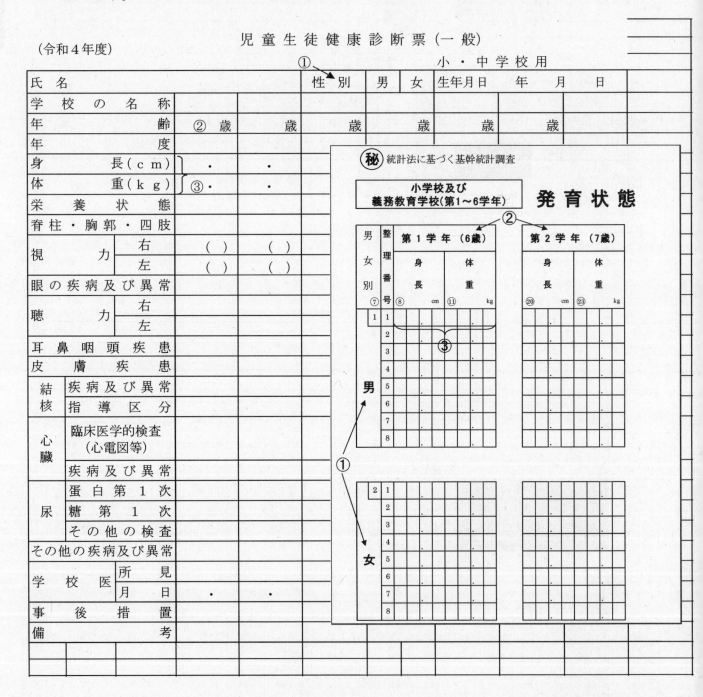

2 調査票の作成方法

（1）「都道府県番号」，「学校コード」

電子調査票は，プレプリントしてありますので，入力不要です。

紙の調査票により提出する場合は「都道府県番号」は都道府県から通知された番号を，「学校コード」は文科省ホームページを確認の上右詰めで記入してください。（例 ☐ ☐ 2 4 ）

（2）「身長」，「体重」

健康診断票に記載されている計測値を，少数第1位までを右詰めで入力して下さい。

（3）範囲チェック

身長及び体重が下記チェック表の範囲内となっているか確認し，範囲外の数値があった場合（ワーニング）は間違いないか確認し，許容範囲を超える若しくは下回るもの（エラー）は修正してください。

※1 ワーニングとは，入力数値が誤りの可能性がある回答をいい，報告義務者において回答に問題がないと判断した場合は，正しい値として取り扱う。

※2 エラーとは，誤った回答をいい，報告義務者において必ず修正しなければならない。

発育状態範囲チェック表

区　分		身　長（cm）		体　重（kg）	
		最　低	最　高	最　低	最　高
	歳	以上	以下	以上	以下
男	5	90	130	10	45
	6	95	135	12	50
	7	100	145	14	55
	8	105	155	16	65
	9	105	160	16	70
	10	110	165	18	75
	11	115	170	20	85
	12	120	180	22	95
	13	125	185	24	105
	14	130	190	26	110
	15	135	190	30	110
	16	140	195	35	115
	17	145	195	40	115
女	5	90	130	10	40
	6	95	135	12	45
	7	100	145	14	50
	8	105	155	16	55
	9	105	160	16	65
	10	110	165	18	75
	11	115	170	20	80
	12	120	175	22	95
	13	125	180	24	98
	14	130	180	26	98
	15	135	185	30	98
	16	135	185	32	98
	17	135	185	34	98
許容範囲		50	250	5	250

※3 チェック表の許容範囲外であっても，間違いのない場合は，電子調査票のメモ欄に年齢，男女の別，整理番号を記載してください。（紙の調査票の場合は，欄外の余白に同様の記載をしてください。）

2 健康状態調査

1 健康診断票の検査項目と調査票の調査項目との対応関係

調査票は，健康診断票を基に作成します。
健康診断票の検査項目と健康状態調査票の調査項目との対応関係は，以下の図に示すとおりです。
ここでは，健康診断票（一般及び歯・口腔）（13ページ）と健康状態調査票（9～12ページ）の対応する項目には，同一の番号（〇印）を付してあります。

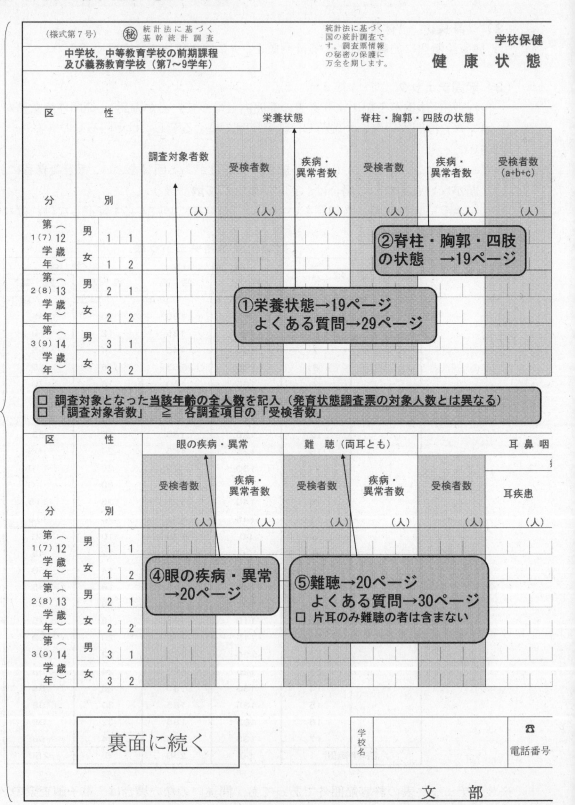

受検者の取扱い→17ページ
「疾病・異常者」の取扱い→19ページ

〔健康状態調査票の作成例〕
※ 中学校の調査票により例示していますが，各学校種に共通する事項です。

統計調査
調 査 票

都道府県番号	学校コード	
		2

裸 眼 視 力

視力非矯正者の裸眼視力（a）				視力矯正者の裸眼視力（b）				矯正視力のみを測定した人（c）
	疾病・異常者数				疾病・異常者数			
1.0以上	1.0未満 0.7以上	0.7未満 0.3以上	0.3未満	1.0以上	1.0未満 0.7以上	0.7未満 0.3以上	0.3未満	
（人）	（人）	（人）	（人）	（人）	（人）	（人）	（人）	（人）
								0
								0
								0
								0
								0
								0

③裸眼視力→19ページ
　受検者の取扱い→17ページ
　記入例→24ページ
　よくある質問→29，30ページ
□ 視力を矯正している者で裸眼視力検査を省略した者の所属する学級は対象外

頭疾患		皮膚疾患		
疾病・異常者数			疾病・異常者数	
鼻・副鼻腔疾患	口腔咽喉頭疾病・異常	受検者数	アトピー性皮膚炎	その他の皮膚疾患
（人）	（人）	（人）	（人）	（人）

⑥耳鼻咽頭疾患→20ページ
　受検者の取扱い→17ページ
　よくある質問→30，31ページ
□ インフルエンザ又はかぜによる鼻炎，咽頭炎等の一時的な疾患・異常と判定された者は含まない。

⑦皮膚疾患→21ページ
　受検者の取扱い→17ページ

市外局番＜　　＞ （　－　） 内線（　　）	（報告義務者） 学校長の氏名		取扱者氏名	

科　学　省

中学校

206

⑨結核→21ページ
　結核検診の流れ→15ページ
　受検者の取扱い→17ページ／よくある質問→27，28ページ
□ 「結核に関する検診」を受けた者を受検者とする。

区		性		結核に関する検診		結核		心電図異常	
				受検者数	結核の精密検査の対象者	受検者数	疾病・異常者数	受検者数	疾病・異常者数
分		別		（人）	（人）	（人）	（人）	（人）	（人）
第1(7)学年	12歳	男	1　1		通常は等しくなる。				

⑧結核に関する検診→21ページ
　結核検診の流れ→15ページ
　受検者の取扱い→17ページ
　よくある質問→27，28ページ
□ 定められた内容の問診（15ページの問診。同内容の問診票による把握も含む）を受けた者を受検者とする。

⑩心電図異常→21ページ
　受検者の取扱い→17ページ
　よくある質問→32ページ
□ 心電図所見を見て異常と判断した者又は精密検査を要する者（一時検診）を疾病・異常者とする。

受検者数	その他の疾病・異常				受検者数
	疾病・異常者数				
	ぜん息	腎臓疾患	言語障害	その他の疾病・異常	
		（人）	（人）	（人）	（人）

⑭その他の疾病・異常→21ページ
　受検者の取扱い→17ページ
　よくある質問→32，33ページ

⑯永久歯のう歯等数
　よくある質問→31ページ
中学校及び中等教育学校の前期課程第1学年（12歳），義務教育学校の第7学年（12歳）のみ
□ 調査対象となった当該年齢の全員の永久歯のう歯等の本数を記入（人数ではないので注意）。
□ 未処置歯数で要観察歯(CO)は含まない。

区		性		永久歯のう歯等数				相談員・スクールカウンセラーの配置状況	
						う 歯			
				受検者数	喪失歯数	処置歯数	未処置歯数	相談員	スクールカウンセラー
分		別		（人）	（本）	（本）	（本）		
第1(7)学年	12歳	男	1　1					1．定期配置（週4時間以上）	1．定期配置（週4時間以上）
		女	1　2					2．定期配置（週4時間未満）	2．定期配置（週4時間未満）
第2(8)学年	13歳	男	2　1					3．不定期配置	3．不定期配置
		女	2　2					4．無	4．無
第3(9)学年	14歳	男	3　1					※該当する選択肢の番号に〇をつけてください。	
		女	3　2						

⑯（b）処置歯数
　　→23ページ

⑯（c）未処置歯数
　　→23ページ

この調査は，統計法に基づく基幹統計を作成するために
この調査の対象となった学校の方々には統計法に基づく報告の義務があり，報告の拒否や虚偽報告については罰則があります。
この調査の実施にあたっては，特に必要がある場合には，資料の提出のお願いや関係者の方々への質問を行うことがあります。

⑯（a）喪失歯数→22ページ
　よくある質問→31ページ

裏面

207

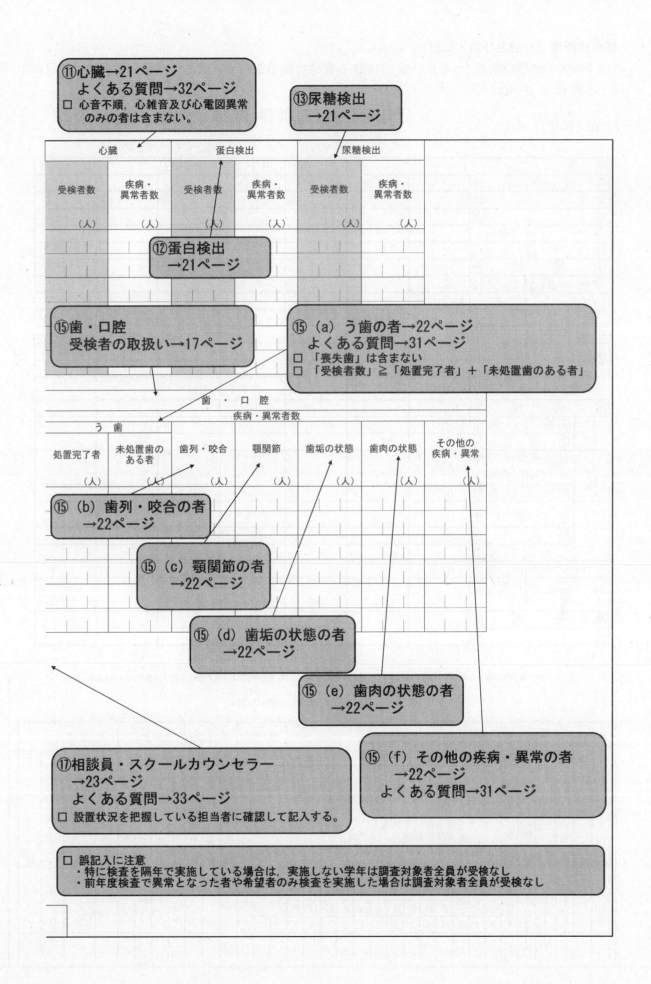

⑪心臓→21ページ
よくある質問→32ページ
□ 心音不順，心雑音及び心電図異常
　のみの者は含まない。

⑬尿糖検出
　→21ページ

心臓		蛋白検出		尿糖検出	
受検者数	疾病・異常者数	受検者数	疾病・異常者数	受検者数	疾病・異常者数
(人)	(人)	(人)	(人)	(人)	(人)

⑫蛋白検出
　→21ページ

⑮歯・口腔
受検者の取扱い→17ページ

⑮（a）う歯の者→22ページ
　　よくある質問→31ページ
□ 「喪失歯」は含まない
□ 「受検者数」≧「処置完了者」＋「未処置歯のある者」

歯・口腔
疾病・異常者数

う歯						
処置完了者	未処置歯のある者	歯列・咬合	顎関節	歯垢の状態	歯肉の状態	その他の疾病・異常
(人)	(人)	(人)	(人)	(人)	(人)	(人)

⑮（b）歯列・咬合の者
　　→22ページ

⑮（c）顎関節の者
　　→22ページ

⑮（d）歯垢の状態の者
　　→22ページ

⑮（e）歯肉の状態の者
　　→22ページ

⑰相談員・スクールカウンセラー
　　→23ページ
　　よくある質問→33ページ
□ 設置状況を把握している担当者に確認して記入する。

⑮（f）その他の疾病・異常の者
　　→22ページ
　　よくある質問→31ページ

□ 誤記入に注意
　・特に検査を隔年で実施している場合は，実施しない学年は調査対象者全員が受検なし
　・前年度検査で異常となった者や希望者のみ検査を実施した場合は調査対象者全員が受検なし

健康診断票（一般及び歯・口腔）

以下の図の健康診断票（一般及び歯・口腔）と健康状態調査票（9〜12 ページ）の対応する項目には，同一の番号（○印）を付してあります。

（令和4年度）

児童生徒健康診断票（一般）

小・中学校用

氏　名			性　別	男	女	生年月日	年	月	日
学　校　の　名　称									
年　　　　　　　齢			歳	歳	歳	歳	歳		
年　　　　　　　度									
身　　　重（ｃｍ）		・	・	・					
体　　　重（ｋｇ）		・	・	・					
栄　養　状　態	①								
脊柱・胸郭・四肢	②								
視　力　右	③		（ ）	（ ）					
左		（ ）	（ ）	（ ）					
眼の疾病及び異常	④								
聴　力　右	⑤								
左									
耳鼻咽頭疾患	⑥								
皮　膚　疾　患	⑦								
結核　疾病及び異常	⑨								
核　　指導区分									
心臓　臨床医学的検査（心電図等）	⑩								
疾病及び異常	⑪								
尿　蛋白第1次	⑫								
糖第1次	⑬								
その他の検査									
その他の疾病及び異常	⑭								
学校医　所見									
月日		・	・	・					
事　後　措　置									
備　　　　　　　考									

「永久歯のう歯等数」の調査項目は，中学校及び中等教育学校の前期課程第1学年(12歳)，義務教育学校の第7学年(12歳)の生徒についてのみ記入します。

（令和4年度）

児童生徒健康診断票（歯・口腔）

小・中学校用

| 氏　名 | | | | | | 性　別 | 男 | 女 | 生年月日 | 年 | 月 | 日 |

年齢	年度	歯列・咬合	顎関節	歯垢の状態	歯肉の状態	歯　　式		歯　の　状　態							その他の疾病及び異常	学校歯科医		事後措置

歯　式
・現在歯　　　　　　　　（列 А 6）
・う歯　　　未処置歯　　C
　　　　　　処置歯　　　○
・喪失歯（永久歯）　　　△
・要注意乳歯　　　　　　×
・要観察歯　　　　　　　CO

歯の状態　乳歯：現在歯数／未処置歯数／処置歯数　　永久歯：現在歯数／未処置歯数／処置歯数／喪失歯数

| 12歳 | | 0 1 2 (b) | 0 1 2 (c) | 0 1 2 (d) | 0 1 2 (e) | 8 7 6 5 4 3 2 1　上　右　下　ＥＤＣＢＡ　ＡＢＣＤＥ　1 2 3 4 5 6 7 8 | | ⑮(a) | | ⑯(c) | ⑯(b) | ⑯(a) | ⑮(f) | | 月 日 | |

上下　右　ＥＤＣＢＡ　ＡＢＣＤＥ　左　上下
8 7 6 5 4 3 2 1　1 2 3 4 5 6 7 8

⑮ (b)(c)(d)(e)

209

(2020年度改訂)

学 校 生 活 管 理 指 導 表 （中学・高校生用）

年 月 日

氏名 ＿＿＿＿＿＿＿＿ 男・女 ＿＿＿ 年 月 日生（ ）才　　　中学校／高等学校 ＿＿ 年 ＿＿ 組

①診断名（所見名）	②指導区分　要管理：A・B・C・D・E　管理不要	③運動部活動　（　　　　　）部　可（ただし，　　　）禁	④次回受診　（　）年（　）ヵ月後　または異常があるとき	医療機関 ＿＿＿＿＿＿　医師 ＿＿＿＿＿　印

【指導区分：A・・・在宅医療・入院が必要　B・・・登校はできるが運動は不可　C・・・軽い運動は可　D・・・中等度の運動まで可　E・・・強い運動も可】

体育活動	運動強度			軽い運動（C・D・Eは"可"）	中等度の運動（D・Eは"可"）	強い運動（Eのみ"可"）
運動領域等	*体つくり運動	体ほぐしの運動／体力を高める運動		仲間と交流するための手軽な運動，律動的な運動／基本の運動（投げる，打つ，捕る，蹴る，跳ぶ）	体の柔らかさおよび巧みな動きを高める運動，力強い動きを高める運動，動きを持続する能力を高める運動	最大限の持久運動，最大限のスピードでの運動，最大筋力での運動
	器械運動	（マット，跳び箱，鉄棒，平均台）		準備運動，簡単なマット運動，バランス運動，簡単な跳躍	簡単な技の練習，助走からの支持，ジャンプ・基本的な技（回転系の技を含む）	演技，競技会，発展的な技
	陸上競技	（競走，跳躍，投てき）		基本動作，立ち幅跳び，負荷の少ない投てき，軽いジャンピング（走ることは不可）	ジョギング，短い助走での跳躍	長距離走，短距離走の競走，競技，タイムレース
	水泳	（クロール，平泳ぎ，背泳ぎ，バタフライ）		水慣れ，浮く，伏し浮き，け伸びなど	ゆっくり泳ぎ	競泳，遠泳（長く泳ぐ），タイムレース，スタート・ターン
	球技	ゴール型	バスケットボール／ハンドボール／サッカー／ラグビー	基本動作（パス，シュート，ドリブル，フェイント，リフティング，トラッピング，スローイング，キッキング，ハンドリングなど）	基本動作を生かした簡易ゲーム（ゲーム時間，コートの広さ，用具の工夫などを取り入れた連携プレー，攻撃・防御）	試合・競技
		ネット型	バレーボール／卓球／テニス／バドミントン	基本動作（パス，サービス，レシーブ，トス，フェイント，ストローク，ショットなど）		
		ベースボール型	ソフトボール／野球	基本動作（投球，捕球，打撃など）		
		ゴルフ		基本動作（軽いスイングなど）	クラブで球を打つ練習	
	武道	柔道，剣道，相撲		礼儀作法，基本動作（受け身，素振り，さばきなど）	基本動作を生かした簡単な技・形の練習	応用練習，試合
	ダンス	創作ダンス，フォークダンス／現代的なリズムのダンス		基本動作（手ぶり，ステップ，表現など）	基本動作を生かした動きの激しさを伴わないダンスなど	各種のダンス発表会など
	野外活動	雪遊び，氷上遊び，スキー，スケート，キャンプ，登山，遠泳，水辺活動		水・雪・氷上遊び	スキー，スケートの歩行やゆっくりした滑走平地歩きのハイキング，水に浸かり遊ぶなど	登山，遠泳，潜水，カヌー，ボート，サーフィン，ウインドサーフィンなど
	文化的活動			体力の必要な長時間の活動を除く文化活動	右の強い活動を除くほとんどの文化活動	体力を相当使って吹く楽器（トランペット，トロンボーン，オーボエ，バスーン，ホルンなど），リズムのかなり速い曲の演奏や指揮，行進を伴うマーチングバンドなど
	学校行事，その他の活動			▼運動会，体育祭，球技大会，新体力テスト などは上記の運動強度に準ずる。▼指導区分，"E"以外の生徒の遠足，宿泊学習，修学旅行，林間学校，臨海学校などの参加について不明な場合は学校医・主治医と相談する。		

その他注意すること

※ランニングのないゆっくりな運動／（身体の強い接触を伴わないもの）フットワークを伴う運動／簡易ゲーム・応用練習・競技／タイムレース・ゲーム・競技

《軽い運動》同年齢の平均的生徒にとって，ほとんど息がはずまない程度の運動。
定義　《中等度の運動》同年齢の平均的生徒にとって，少し息がはずむが息苦しくない程度の運動。パートナーがいれば楽に会話ができる程度の運動。
《強い運動》同年齢の平均的生徒にとって，息がはずみ息苦しさを感じるほどの運動。心疾患では等尺運動の場合は，動作時に歯を食いしばったり，大きな掛け声を伴ったり，動作中や動作後に顔面の紅潮，呼吸促迫を伴うほどの運動。
* 新体力テストで行われるシャトルラン・持久走は強い運動に属することがある。

（注）結核に関する検診の結果の名簿と健康状態調査票の調査項目との対応関係

（1）結核対策委員会が設置されている場合

　　健康状態調査票「結核に関する検診」の「結核の精密検査の対象者」欄（11ページ⑧参照）に，各学校で作成する精密検査検討者名簿の対応する項目（⑧）の「必要」に該当する者の人数を入力してください。

精密検査検討者名簿

NO	学年組	児童（生徒）名	精密検査必要の有無	備考
			必要・不要	

⑧「必要」に該当の者の人数

（2）結核対策委員会での検討を行わない場合

　　結核対策委員会での検討を行わずに，学校医の診察の結果により，精密検査を行うこととした場合（次ページ参照）は，精密検査が必要と認められた者の人数を調査票の「結核の精密検査の対象者」欄（⑧）に入力してください。

2 調査票の作成方法

（1）「都道府県番号」「学校コード」

電子調査票は，プレプリントしてありますので，入力不要です。

紙の調査票について，「都道府県番号」は都道府県から通知された番号を，「学校コード」は文科省ホームページを確認の上右詰めで記入してください。

（例 | 2 | 4 | ）

（2）健康診断票の集計

当該年齢（学年）別，男女別の在学者全員（調査対象年齢と学年が対応しない児童等を除く。）の健康診断票を集計し入力します。該当者がいない調査項目は空欄のままにします。

ただし，12歳児が調査対象の「永久歯のう歯等数」は，疾病異常者の人数ではなく，生徒全員の喪失歯及びう歯の本数を合計して入力します。

（3）調査対象年齢

調査対象年齢は次表のとおりです。

区　　　分	幼稚園及び幼保連携型認定こども園	小学校及び義務教育学校（第1～6学年)						中学校，中等教育学校の前期課程及び義務教育学校（第7～9学年)			高等学校及び中等教育学校の後期課程		
	5歳	6	7	8	9	10	11	12	13	14	15	16	17
聴　力　検　査	－	○	○	○	－	○	－	○	－	○	○	－	○
結核に関する検診	－	○	○	○	○	○	○	○	○	○	－	－	－
結　核　検　査	－	○	○	○	○	○	○	○	○	○	－	－	－
心　電　図　検　査	－	○	－	－	－	－	－	○	－	－	○	－	－
尿　糖　検　査	－	○	○	○	○	○	○	○	○	○	○	○	○
永久歯のう歯等数	－	－	－	－	－	－	－	○	－	－	－	－	－
上記以外の検査	○	○	○	○	○	○	○	○	○	○	○	○	○

注1　○印は調査対象となる年齢です。

　2　－印については，調査票に記入しないでください。

　3　本調査における調査項目と調査対象年齢は学校保健安全法に定められた健康診断に基づきます。また健康診断を行うことになっている検査項目（視力矯正者の裸眼視力は含まない）・対象年齢から選択的に調査しています。

受検者の取扱い

　調査対象者のうち，学校の健康診断を受検した者を受検者として取り扱います。医療機関等で受検をしていても，学校の健康診断で未受検の項目があれば，その項目については「未受検者（当該検査項目を受けなかった者）」として取り扱い，「受検者」欄には計上しません。

（例外）
- ・「皮膚疾患」・・・自覚症状から客観的に判定できるため，**調査対象者学年の全員を受検者**として取り扱う（ただし，長期欠席等で保健調査票も提出されていないような場合には，判定しようがないため未受検者として取り扱う。）。
- ・「結核」・・・個人的に医師の検査を受けて結核と判定された者，以前から結核で休養している者についても受検者として取り扱う。
- ・「その他の疾病・異常（ぜん息，腎臓疾患，言語障害，その他）」・・・学校における健康診断のうち，いずれかの項目を受検していれば受検者として取り扱う。

なお，次の場合は当該検査項目を受検した者がいたとしても，学年全員を未受検者として取り扱います。

- ・前年度検査で異常と判定された者
- ・前年度検査を受けなかった者
- ・希望者
- ・問診票の結果により，疾病・異常が疑われる者※

のみを当該学年で受検させている場合。

　　※ただし「結核に関する検診」については，定められた問診（問診票の使用も含む）を受けた者を受検者として取り扱う。

個別の項目についての，受検者の取扱いについては下記のとおりです。

調査項目	受検者の取扱い
②脊柱・胸郭・四肢の状態	「脊柱・胸郭・四肢」の検査のうち，全ての項目を受検した者を受検者とする。
③裸眼視力	視力矯正者に対して，裸眼視力検査を省略した場合には，**その者が在籍する学級の全員を未受検者**とする。※
⑥耳鼻咽頭疾患	「耳・鼻・咽頭」の検査のうち，全ての項目を受検した者を受検者とする。
⑦皮膚疾患	自覚症状から客観的に判定できるため，**調査対象者学年の全員を受検者**とする。ただし，長期欠席等で保健調査票も提出されていないような場合には，判定しようがないため未受検者として取り扱う。
⑧結核に関する検診	定められた内容の問診（15ページの問診。同内容の問診票による把握も含む。）を受けた者を受検者とする。ただし，結核対策委員会の検討により精密検査を必要とする者を判定する場合に，結核対策委員会での検討結果が調査票提出期限までに判明しなかった者は未受検者とする。
⑨結核	「結核に関する検診」を受けた者を受検者とする。ただし，精密検査の対象となった者で，その結果が調査票提出期日までに判明しなかった者については「結核に関する検診」は受検者とするが，「結核」は未受検者とする。（27ページ質問12参照）。また，個人的に医師の検査を受けて結核と判定された者，以前から結核で休養している者についても受検者として取り扱う。
⑪心臓	心臓検診調査票，学校医の診察所見などによる一次検診を受診した者（二次検診ではない）を受検者とする。問診票の使用及び二次検診のみで判定している場合は，**調査対象学年の全員を未受検者**とする。また，二次検診の対象となった者で，その結果が調査票提出期日までに判明しなかった者については未受検者とする。
⑭その他の疾病・異常	学校における健康診断のうち，いずれかの項目を受検した者を受検者とする。
⑮歯・口腔	「う歯・歯列咬合・顎関節・歯垢の状態・歯肉の状態」のうち，全ての項目を受検した者を受検者とする。

※裸眼視力の受検者の取扱い

　視力を矯正している者（眼鏡又はコンタクトレンズ装着者）に対して，裸眼視力検査を省略した場合は，計上値が視力非矯正者に偏る（平均裸眼視力が上がる）ことを防ぐため，<u>その者が在籍する学級の全員（**男女とも全員**）を未受検者として取り扱います</u>（24 ページ裸眼視力の記入例，29 ページ質問 17 参照）。

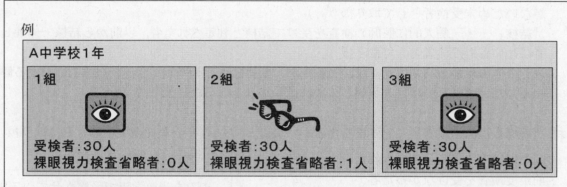

例

A中学校1年

1組	2組	3組
受検者：30人	受検者：30人	受検者：30人
裸眼視力検査省略者：0人	裸眼視力検査省略者：1人	裸眼視力検査省略者：0人

　　2組の裸眼視力検査省略者（1人）が男であっても女であっても，2組全員（男女とも）を未受検者として取り扱います。
　　よって，「裸眼視力」の受検者数は，
　1組（30人）＋2組（0人）＋3組（30人）＝<u>60人</u>　となります。

○　複数学年で編成している学級（特別支援学級や複式学級など）の場合は，当該学級のうち，裸眼視力検査省略者と同学年の男女のみを未受検者として取り扱います。

・「健康診断の方法及び技術的基準の補足的事項」において，「コンタクトレンズを使用しているものに裸眼視力検査を行う場合には，検査を始める 30 分前までにコンタクトを外させておくこと」とされていますが，当該調査に回答するための視力矯正者の裸眼視力の計測にあたっては，30 分待たずとも，ある程度の時間をおいて計測した結果を記載することで問題ありませんので，調査回答に御協力願います。
　なお，医療機関など，<u>学校の健康診断以外で測定した結果については，計上しません</u>。

3 調査項目の説明

「疾病・異常者」の取扱い

「疾病・異常者」の各欄には，学校における健康診断で実施された検査項目で学校医又は学校歯科医が疾病・異常と判定した者の人数を入力します。

なお，健康診断の結果，疾病・異常と判定されなかったが，医療機関において，医師から疾病・異常と診断されており，その旨を学校で把握している者も「疾病・異常者」として取り扱います（29ページ質問15参照）。

ただし，治療後など，疾病・異常の疑いがなく，単に「経過観察」と判定された場合には，疾病・異常者には計上しません（29ページ質問14参照）。

① 栄養状態 ▷ よくある質問（P29）

学校医により，栄養不良又は肥満傾向で特に注意を要すると判定された者である。

② 脊柱・胸郭・四肢の状態 ▷ 受検者の取扱い（P17）

脊柱側わん症，腰椎分離，野球肘，歩行異常，ペルテス病，大腿骨頭すべり症，発育性股関節形成不全，オスグッド病等の疾病・異常と判定された者で，学校医により，脊柱・胸郭・四肢のいずれかが，学業を行うのに支障のある状態と判定された者である。経過観察の者は計上しない。

③ 裸眼視力 ▷ 受検者の取扱い（P17.18） ▷ 記入例（P24） ▷ よくある質問（P29.30）

視力検査の結果について，両眼とも1.0以上及び両眼又は片眼の視力が1.0未満と判定された者について，左右のうち低い方の視力を下記の区分により記載する。

（例）右眼が1.0，左眼が0.5の場合，「0.7未満0.3以上」に計上。
右眼が0.5，左眼が0.2の場合，「0.3未満」に計上。

なお，裸眼視力検査を省略した者が在籍する学級の場合は，その学級全員（男女とも全員）を調査対象外（未受検者）として取り扱います。

● **視力非矯正者の裸眼視力（a）**…眼鏡やコンタクトレンズを使用していない者について，次の区分により記載する。

（a-1）1.0 以 上 の 者…裸眼視力が両眼とも1.0以上と判定された者である。
（a-2）1.0未満0.7以上の者…裸眼視力が0.9～0.7と判定された者である。
（a-3）0.7未満0.3以上の者…裸眼視力が0.6～0.3と判定された者である。
（a-4）0.3 未 満 の 者…裸眼視力が0.2以下と判定された者である。

● **視力矯正者の裸眼視力（b）**…眼鏡やコンタクトレンズを使用している者について，次の区分により記載する。

（b-1）1.0 以 上 の 者…裸眼視力が両眼とも1.0以上と判定された者である。
（b-2）1.0未満0.7以上の者…裸眼視力が0.9～0.7と判定された者である。
（b-3）0.7未満0.3以上の者…裸眼視力が0.6～0.3と判定された者である。
（b-4）0.3 未 満 の 者…裸眼視力が0.2以下と判定された者である。

● **矯正視力のみを測定した人（c）**…記入不要（確認用）の項目。
（視力矯正者が裸眼視力検査を省略した場合，その者が在籍する学級は男女とも全員を調査対象外とすることになっているため，0人となる。）

※上記（a）＋（b）＋（c）の合計は，全員が裸眼視力検査を行った学級の児童等の合計と一致する。

※裸眼視力1.0未満の者について，後日，病院や診療所等の医療機関で裸眼視力検査を行い，その結果が1.0以上であると判定された者は「裸眼視力1.0未満の者」としては取り扱わない。

④ 眼の疾病・異常

　トラコーマ，流行性角結膜炎，流行性結膜炎，伝染性結膜炎，細菌性結膜炎，ウイルス性結膜炎，その他「伝染性」又は「感染症」と明記のある疾患と判定された者，若しくは伝染性眼疾患以外の眼疾患・異常の者(疑似トラコーマ，麦粒腫(ものもらい)，眼炎，眼瞼緑炎，斜視，睫毛内反，先天性色素網膜症（白眼児），片眼失明，アレルギー性結膜炎（花粉症等）等の疾患・異常と判定された者）である。

　また，視力低下の原因が明らかな眼疾患・異常（例えば，網膜変性や緑内障等によるものをいい，近視，遠視，乱視等の屈折異常の者は含まない。）による者も含む。

　なお，眼瞼皮膚炎は「皮膚疾患のアトピー性皮膚炎の者」へ計上する。

⑤ 難聴　　よくある質問（P30）

　オージオメータを使用して検査をした場合，1,000ヘルツ（低い音）において30デシベル又は4,000ヘルツ（高い音）において25デシベル（聴力レベル表示による。）相当の音（両方の音又はどちらか片方の音）が聴取できない者である。なお，片方の耳のみが異常の者は含まず，両耳とも異常の者を計上する。

⑥ 耳鼻咽頭疾患　　受検者の取扱い（P17）　　よくある質問（P30.31）

(a) 耳疾患の者

　難聴以外の耳疾患・異常の者である。例えば，急性又は慢性中耳炎，内耳炎，外耳炎，メニエール病，耳介の欠損，耳垢栓塞，小耳症等の耳疾患・異常と判定された者である。

(b) 鼻・副鼻腔疾患の者

　鼻・副鼻腔疾患・異常の者である。例えば，慢性副鼻腔炎（蓄膿症），慢性的症状の鼻炎（乾燥性前鼻炎等），鼻ポリープ，鼻中隔彎曲，アレルギー性鼻炎（花粉症等）等の疾患・異常と判定された者である。なお，インフルエンザ又はかぜによる鼻炎等の一時的な疾患・異常と判定された者は含まない。

(c) 口腔咽喉頭疾患・異常の者

　口腔咽喉頭疾患・異常の者である。口腔の疾患・異常（例えば，口角炎，口唇炎，口内炎，唇裂，口蓋裂，舌小帯異常，唾石等のある者），アデノイド，扁桃肥大（軽微な扁桃肥大も含む。），咽頭炎，急性又は慢性的症状の喉頭炎，扁桃炎，音声言語異常等の疾患・異常をいう。なお，インフルエンザ又はかぜによる咽頭炎等の一時的な疾患・異常と判定された者は含まない。

　ここでいう口腔の疾患・異常とは，耳・鼻・咽頭の健康診断を担当した学校医が，健康診断票の「耳鼻咽頭疾患」の欄に記入した口腔の疾患・異常をいう。なお，小学校，中学校，高等学校及び中等教育学校の歯・口腔の健康診断票，又は幼児健康診断票の「口腔の疾病及び異常」の欄

に口腔の疾患・異常として「耳鼻咽頭疾患」の欄に書かれた病名と同じ病名が書かれている時には，「耳鼻咽頭疾患」の欄には計上せずに「歯・口腔」の疾病・異常の欄で計上する。

⑦ 皮膚疾患　受検者の取扱い（P17）

(a) アトピー性皮膚炎の者
　　アトピー性皮膚炎（眼瞼皮膚炎等）と判定された者である。
(b) その他の皮膚疾患の者
　　伝染性皮膚疾患，毛髪疾患，尋常性白斑，みずいぼ（伝染性軟属腫）等上記以外の皮膚疾患と判定された者である。

⑧ 結核に関する検診　受検者の取扱い（P17）　よくある質問（P27. 28, 31）

　　結核に関する検診の中で，学校医の診察等の結果，精密検査（エックス線直接撮影や喀痰検査等）の対象となった者である。なお，平成24年度以降も結核対策委員会での検討により，精密検査を要する者を判定している場合は，その検討の結果，精密検査の対象となった者である。

⑨ 結核　受検者の取扱い（P17）　よくある質問（P27. 28, 31）

　　精密検査（エックス線直接撮影，喀痰検査等）の結果，結核患者（肺結核，その他の結核性患者で学校保健安全法施行規則別表第1に示されている指導区分A1，A2，B1，B2，C1，C2に該当する者）として判定された者である。また，個人的に医師の診断を受けて結核と診断された者及び以前から結核で休養している者を含む。

⑩ 心電図異常　よくある質問（P32）

　　心電図検査の結果，異常と判定された者である。ここでいう異常とは医師が心電図所見を見て，異常と判断した者，又は精密検査を要する者を指し（一次検診），単に心電図所見を記入してある者で，特に医師が問題を指摘しなければ，正常として取り扱う。

⑪ 心臓　受検者の取扱い（P17）　よくある質問（P32）

　　心膜炎，心包炎，心内膜炎，弁膜炎，狭心症，心臓肥大，その他の心臓の疾病・異常の者である。心音不順，心雑音及び心電図異常のみの者は含まない。

⑫ 蛋白検出

　　尿検査のうち，蛋白第1次検査の結果，尿中に蛋白が検出（陽性（＋以上）又は擬陽性（±）と判定）された者である。

⑬ 尿糖検出

　　尿検査のうち，糖第1次検査の結果，尿中に糖が検出（陽性（＋以上）と判定）された者である。

⑭ その他の疾病・異常　受検者の取扱い（P17）　よくある質問（P32. 33）

(a) ぜん息の者
　　気管支ぜん息と判定された者である。
(b) 腎臓疾患の者
　　急性及び慢性腎炎，ネフローゼ等の腎臓疾患と判定された者である。
(c) 言語障害の者
　　話し言葉の働きに障害のある者をいい，例えば，吃音（どもり），発音の異常，発声の異常（聞き手が理解しにくい程度の発音や声の障害），口蓋裂，脳性麻痺等に伴う言葉の異常，難聴による発音の異常，その他情緒的原因による緘黙症，自閉症や言語中枢に障害のある失語症である。

(d) その他の疾病・異常の者

　この調査のいずれの調査項目にも該当しない疾病及び異常の者である。

【症状例】

　貧血，てんかん，ダウン症，筋ジストロフィー，多発性硬化症，起立性調節障害，卵巣膿腫，うつ病，無脾症候群（脾臓無），糖尿病，食物アレルギー，非骨仮性線維腫，脳波異常，発達障害（自閉症，アスペルガー症候群その他の広汎性発達障害，学習障害，注意欠陥多動性障害その他これに類する脳機能の障害），痙攣（けいれん），周期嘔吐症，好中球減少症，チック　など医師の診断があり長期にわたって継続するものを計上する。

⑮ 歯・口腔　┃受検者の取扱い（P17）┃＞　┃よくある質問（P31）┃＞

(a) う歯の者（検査時点でむし歯や処置済みの歯が１本もない者は，(ア)(イ)のいずれにも計上しない。）

　乳歯又は永久歯がむし歯の者である（要観察歯（CO）は含まない。）。

(ア) 処置完了者

　乳歯，永久歯を問わず，全てのう歯の処置が完了している者である。
　未処置歯が１本でもあれば，「未処置歯のある者」として取り扱う。

(イ) 未処置歯のある者

　乳歯・永久歯を問わず，う歯の処置を完了していない歯が１本以上ある者である。

(b) 歯列・咬合の者

　歯列異常（叢生等），不正咬合の疑いがあり，専門医（歯科医師）による診断が必要とされた者をいう。小学校，中学校，義務教育学校，高等学校及び中等教育学校については，各学校種の歯・口腔の健康診断票において，「歯列・咬合」が「２」（専門医による診断が必要）と判定された者。

(c) 顎関節の者

　顎関節症の疑いがあり，専門医（歯科医師）による診断が必要とされた者をいう。小学校，中学校，義務教育学校，高等学校及び中等教育学校については，各学校種の歯・口腔の健康診断票において，「顎関節」が「２」（専門医による診断が必要）と判定された者。

(d) 歯垢の状態の者

　歯に相当の付着がある者をいう。小学校，中学校，義務教育学校，高等学校及び中等教育学校については，各学校種の歯・口腔の健康診断票において，「歯垢の状態」が「２」（相当の付着がある）と判定された者。

(e) 歯肉の状態の者

　歯肉に炎症があり，専門医（歯科医師）による診断が必要とされた者をいう。小学校，中学校，義務教育学校，高等学校及び中等教育学校については，各学校種の歯・口腔の健康診断票において，「歯肉の状態」が「２」（専門医による診断が必要）と判定された者。

(f) その他の疾病・異常の者

　上記以外の歯・口腔の疾患・異常（例えば，口角炎，口唇炎，口内炎，唇裂，口蓋裂（こうがいれつ），舌小帯異常，唾石，癒合歯（ゆごうし），要注意乳歯）のある者をいう（歯石のみ及び歯周疾患要観察者（GO）は含まない。）。

⑯ 永久歯のう歯等数（喪失歯及びう歯の本数）12歳（中学１年）のみ　┃受検者の取扱い（P17）┃＞

　永久歯のうち喪失歯及びう歯（処置歯，未処置歯）があると判定された者の全員の喪失歯，処置歯，未処置歯別に本数を合計し，それぞれの該当調査項目ごとに計上する。

(a) 喪失歯数

　永久歯が，う歯によって，脱落したり抜去したりして歯がない状態の本数。

(b) 処置歯数

　　う歯を充填，補綴（金冠，継続歯，架工義歯の支台歯等）によって歯の機能を営むことができると認められる状態の永久歯の本数。ただし，う歯の治療中のもの及び処置は完了しているが，再発等によって処置を要するようになったものは未処置歯として取り扱う。

(c) 未処置歯数

　　う歯（C）と判定された永久歯の本数。要観察歯（CO）は含まない。

⑰ 相談員・スクールカウンセラー　※記入漏れに御注意ください。　よくある質問（P33）

設置状況を確認の上，記入をお願いします。

（幼稚園は記入欄なし）

　　教育委員会，教育事務所，学校が委嘱した相談員・スクールカウンセラー（スクールソーシャルワーカーは含みません）の別に配置状況を下記の選択肢の中から選択し，該当する番号に〇をつける。

　　定期配置とは，あらかじめ決められたスケジュールに沿って定期的に配置されている状態を指し，その時間数が週の時間に換算して週4時間以上か未満かを区別する（複数人配置されている場合には，それぞれの時間数を合計する）。

　　教育委員会，教育事務所に配置され，必要に応じ学校に派遣されている場合は不定期配置とする。

1　相談員

　　退職教員，保育士，民生児童委員など地域の人材であり，児童が悩みや不安を気軽に相談できる話し相手として，また学校と保護者・地域のパイプ役として，不登校・問題行動等の未然防止や早期発見・早期対応にあたる者。

2　スクールカウンセラー

　　臨床心理士，精神科医，心理学系の大学の常勤教員など，臨床心理に関し高度に専門的な知識・経験を有する者であり，心の専門家として，専門性を有しつつ，児童生徒へのカウンセリング，教職員及び保護者に対する助言・援助を行う者。

〇配置状況の選択肢

1　定期配置（週4時間以上）	2　定期配置（週4時間未満）
3　不定期配置	4　無

週の時間の換算例：①年間の総時間数÷35週（年間の週数）

②月の勤務時間数÷4週

３．推定方法

ある学校種の発育状態調査における平均または健康状態調査における被患率等の推定量は次式のとおりである。

$$\hat{\mu}_{\delta\lambda} = \frac{1}{\hat{N}_{\delta\lambda}} \sum_{k=1}^{47} \sum_{h=1}^{H} \sum_{i=1}^{m_{kh}} \sum_{g=1}^{G} \delta_{kg} w_{khig} y_{khig} \tag{1}$$

発育状態調査における標準偏差の推定量は次式のとおりである。

$$\hat{\psi}_{\delta\lambda} = \left\{ \frac{1}{\hat{N}_{\delta\lambda}-1} \left(\sum_{k=1}^{47} \sum_{h=1}^{H} \sum_{i=1}^{m_{kh}} \sum_{g=1}^{G} \delta_{kg} w_{khig} s_{khig}^2 - \hat{N}_{\delta\lambda} \hat{\mu}_{\delta\lambda}^2 \right) \right\}^{1/2} \tag{2}$$

発育状態調査におけるある測定値区分の出現率の推定量は次式のとおりである。

$$\hat{\pi}_{\delta\lambda} = \hat{N}_{\delta\lambda} \left/ \sum_{k=1}^{47} \sum_{g=1}^{G} \delta_{kg} N_{kg} \right. \tag{3}$$

相談員・スクールカウンセラーの配置状況の推定量は次式のとおりである。

$$\hat{\xi} = \sum_{k=1}^{47} \sum_{h=1}^{H} \sum_{i=1}^{m_{kh}} \frac{M_{kh}}{m_{kh}} z_{khi} \left/ \sum_{k=1}^{47} \sum_{h=1}^{H} M_{kh} \right. \tag{4}$$

ただし学校種別に、

M_{kh} ： 都道府県 k の層 h の全学校数

m_{kh} ： 都道府県 k の層 h の調査対象校数

N_{kg} ： 都道府県 k の集計対象である都市規模・設置者の全学校の性・年齢 g の在学者数

N_{khig} ： 都道府県 k の層 h の調査対象校 i の性・年齢 g の在学者数

n_{khig} ： 都道府県 k の層 h の調査対象校 i の性・年齢 g の受検者数

n_{khig}^* ： 都道府県 k の層 h の調査対象校 i の性・年齢 g の集計対象である測定値区分に該当する受検者数

δ_{kg} ： $\begin{cases} 1 & \text{都道府県 } k \text{ の性・年齢 } g \text{ が集計対象の場合} \\ 0 & \text{それ以外の場合} \end{cases}$

λ_{khi} ： $\begin{cases} 1 & \text{都道府県 } k \text{ の層 } h \text{ の調査対象校 } i \text{ が集計対象の都市規模・設置者である場合} \\ 0 & \text{それ以外の場合} \end{cases}$

w_{khig} ： $N_{kg} \lambda_{khi} \dfrac{M_{kh}}{m_{kh}} \dfrac{N_{khig}}{n_{khig}} \left/ \left(\sum_{h=1}^{H} \sum_{i=1}^{m_{kh}} \lambda_{khi} \dfrac{M_{kh}}{m_{kh}} N_{khig} \right) \right.$

$\hat{N}_{\delta\lambda}$ ： $\displaystyle\sum_{k=1}^{47} \sum_{h=1}^{H} \sum_{i=1}^{m_{kh}} \sum_{g=1}^{G} \delta_{kg} w_{khig} n_{khig}^*$

y_{khig} ： 都道府県 k の層 h の調査対象校 i の性・年齢 g の集計対象である測定値区分に該当する受検者の測定値の合計 (発育状態調査)
あるいは疾病・異常に該当する受検者の数・永久歯のう歯等数 (健康状態調査)

s_{khig}^2 ： 都道府県 k の層 h の調査対象校 i の性・年齢 g の集計対象である測定値区分に該当する受検者の測定値の二乗和 (発育状態調査)
あるいは疾病・異常に該当する受検者の数 (健康状態調査)

z_{khi} ： $\begin{cases} 1 & \text{都道府県 } k \text{ の層 } h \text{ の調査対象校 } i \text{ の相談員・スクールカウンセラーが} \\ & \text{集計対象の配置状況である場合} \\ 0 & \text{それ以外の場合} \end{cases}$

である。

標準誤差の推定方法

　ある学校種の発育状態調査における平均または健康状態調査における被患率の推定量の分散は次式のとおりである。

$$\hat{V}(\hat{\mu}_{\delta\lambda}) \approx \sum_{k=1}^{47}\sum_{h=1}^{H}\left\{\left(1-\frac{m_{kh}}{M_{kh}}\right)\frac{m_{kh}}{m_{kh}-1}\sum_{i=1}^{m_{kh}}\left(e_{khi}-\frac{1}{m_{kh}}\sum_{i=1}^{m_{kh}}e_{khi}\right)^2\right.$$

$$\left.+\frac{m_{kh}}{M_{kh}}\sum_{i=1}^{m_{kh}}\sum_{g=1}^{G}\delta_{kg}\left(1-\frac{n_{khig}}{N_{khig}}\right)w_{khig}^2\frac{n_{khig}s_{khig}^2-y_{khig}^2}{n_{khig}-1}\right\}\bigg/\left(\sum_{k=1}^{47}\sum_{g=1}^{G}\delta_{kg}N_{kg}\right)^2 \quad (5)$$

ただし、

$$e_{khi}=\sum_{g=1}^{G}\delta_{kg}w_{khig}\left(y_{khig}-\frac{n_{khig}}{N_{kg}}\sum_{h=1}^{H}\sum_{i=1}^{m_{kh}}w_{khig}y_{khig}\right)$$

である。

4　肥満・痩身傾向児の算出方法について

　平成 17 年度まで，性別・年齢別に身長別平均体重を求め，その平均体重の 120% 以上の体重の者を肥満傾向児，80%以下の者を痩身傾向児としていたが，18 年度から，性別，年齢別，身長別標準体重から肥満度（過体重度）を算出し，肥満度が 20 ％以上の者を肥満傾向児，-20%以下の者を痩身傾向児としている。

　肥満度の求め方は次のとおりである。

肥満度（過体重度）

　＝〔実測体重(kg) －身長別標準体重(kg)〕／身長別標準体重(kg) ×100（%）

※　身長別標準体重（kg）　＝ a × 実測身長（cm）　－ b

係数＼年齢	男		女	
	a	b	a	b
5	0.386	23.699	0.377	22.750
6	0.461	32.382	0.458	32.079
7	0.513	38.878	0.508	38.367
8	0.592	48.804	0.561	45.006
9	0.687	61.390	0.652	56.992
10	0.752	70.461	0.730	68.091
11	0.782	75.106	0.803	78.846
12	0.783	75.642	0.796	76.934
13	0.815	81.348	0.655	54.234
14	0.832	83.695	0.594	43.264
15	0.766	70.989	0.560	37.002
16	0.656	51.822	0.578	39.057
17	0.672	53.642	0.598	42.339

出典：公益財団法人日本学校保健会「児童生徒の健康診断マニュアル（平成 27 年度改訂版）」

（参考）令和 4 年度調査の平均身長の場合の標準体重

年齢	男			女		
	平均身長 (cm)	平均身長時の標準体重 (kg)	平均体重 (kg)	平均身長 (cm)	平均身長時の標準体重 (kg)	平均体重 (kg)
5	111.1	19.2	19.3	110.2	18.8	19.0
6	117.0	21.6	21.8	116.0	21.0	21.3
7	122.9	24.2	24.6	122.0	23.6	24.0
8	128.5	27.3	28.0	128.1	26.9	27.3
9	133.9	30.6	31.5	134.5	30.7	31.1
10	139.7	34.6	35.7	141.4	35.1	35.5
11	146.1	39.1	40.0	147.9	39.9	40.5
12	154.0	44.9	45.7	152.2	44.2	44.5
13	160.9	49.8	50.6	154.9	47.2	47.7
14	165.8	54.3	55.0	156.5	49.7	49.9
15	168.6	58.2	59.1	157.2	51.0	51.2
16	169.9	59.6	60.7	157.7	52.1	52.1
17	170.7	61.1	62.5	158.0	52.1	52.5

令和4年度 学校保健統計
（学校保健統計調査報告書）

2023年12月20日発行　　　　　定価は表紙に表示してあります。

著作権所有　　**文 部 科 学 省**
〒100-8959
東京都千代田区霞が関3－2－2
電　話 (03)5253-4 1 1 1

発　行　　**株式会社双葉レイアウト**
〒106-0041
東京都港区麻布台2-2-12 三貴ビル
電　話 (03)3586-9 4 2 2

落丁，乱丁本はお取り替えします。

ISBN978-4-9913027-1-8

政府刊行物販売所一覧

政府刊行物のお求めは、下記の政府刊行物サービス・ステーション（官報販売所）
または、政府刊行物センターをご利用ください。

（令和5年3月1日現在）

◎政府刊行物サービス・ステーション（官報販売所）

	〈名　称〉	〈電話番号〉	〈FAX番号〉		〈名　称〉	〈電話番号〉	〈FAX番号〉
札　幌	北海道官報販売所 （北海道官書普及）	011-231-0975	271-0904	名古屋駅前	愛知県第二官報販売所 （共同新聞販売）	052-561-3578	571-7450
青　森	青森県官報販売所 （成田本店）	017-723-2431	723-2438	津	三重県官報販売所 （別所書店）	059-226-0200	253-4478
盛　岡	岩手県官報販売所	019-622-2984	622-2990	大　津	滋賀県官報販売所 （澤五車堂）	077-524-2683	525-3789
仙　台	宮城県官報販売所 （仙台政府刊行物センター内）	022-261-8320	261-8321	京　都	京都府官報販売所 （大垣書店）	075-746-2211	746-2288
秋　田	秋田県官報販売所 （石川書店）	018-862-2129	862-2178	大　阪	大阪府官報販売所 （かんぽう）	06-6443-2171	6443-2175
山　形	山形県官報販売所 （八文字屋）	023-622-2150	622-6736	神　戸	兵庫県官報販売所	078-341-0637	382-1275
福　島	福島県官報販売所 （西沢書店）	024-522-0161	522-4139	奈　良	奈良県官報販売所 （啓林堂書店）	0742-20-8001	20-8002
水　戸	茨城県官報販売所	029-291-5676	302-3885	和歌山	和歌山県官報販売所 （宮井平安堂内）	073-431-1331	431-7938
宇都宮	栃木県官報販売所 （亀田書店）	028-651-0050	651-0051	鳥　取	鳥取県官報販売所 （鳥取今井書店）	0857-51-1950	53-4395
前　橋	群馬県官報販売所 （煥平堂）	027-235-8111	235-9119	松　江	島根県官報販売所 （今井書店）	0852-24-2230	27-8191
さいたま	埼玉県官報販売所 （須原屋）	048-822-5321	822-5328	岡　山	岡山県官報販売所 （有文堂）	086-222-2646	225-7704
千　葉	千葉県官報販売所	043-222-7635	222-6045	広　島	広島県官報販売所	082-962-3590	511-1590
横　浜	神奈川県官報販売所 （横浜日経社）	045-681-2661	664-6736	山　口	山口県官報販売所 （文栄堂）	083-922-5611	922-5658
東　京	東京都官報販売所 （東京官書普及）	03-3292-3701	3292-1604	徳　島	徳島県官報販売所 （小山助学館）	088-654-2135	623-3744
新　潟	新潟県官報販売所 （北越書館）	025-271-2188	271-1990	高　松	香川県官報販売所	087-851-6055	851-6059
富　山	富山県官報販売所 （Booksなかだ掛尾本店）	076-492-1192	492-1195	松　山	愛媛県官報販売所	089-941-7879	941-3969
金　沢	石川県官報販売所 （うつのみや）	076-234-8111	234-8131	高　知	高知県官報販売所	088-872-5866	872-6813
福　井	福井県官報販売所 （勝木書店）	0776-27-4678	27-3133	福　岡	福岡県官報販売所	092-721-4846	751-0385
甲　府	山梨県官報販売所 （柳正堂書店）	055-268-2213	268-2214		・福岡県庁内	092-641-7838	641-7838
長　野	長野県官報販売所 （長野西沢書店）	026-233-3187	233-3186		・福岡市役所内	092-722-4861	722-4861
岐　阜	岐阜県官報販売所 （郁文堂書店）	058-262-9897	262-9895	佐　賀	佐賀県官報販売所	0952-23-3722	23-3733
静　岡	静岡県官報販売所	054-253-2661	255-6311	長　崎	長崎県官報販売所	095-822-1413	822-1749
名古屋	愛知県第一官報販売所	052-961-9011	961-9022	熊　本	熊本県官報販売所	096-277-9600	344-5420
豊　橋	・豊川堂内	0532-54-6688	54-6691	大　分	大分県官報販売所 （大分図書）	097-532-4308 097-553-1220	536-3416 551-0711
				宮　崎	宮崎県官報販売所 （田中書店）	0985-24-0386	22-9056
				鹿児島	鹿児島県官報販売所	099-285-0015	285-0017
				那　覇	沖縄県官報販売所 （リウボウ）	098-867-1726	869-4831

◎政府刊行物センター（全国官報販売協同組合）

	〈電話番号〉	〈FAX番号〉
霞が関	03-3504-3885	3504-3889
仙　台	022-261-8320	261-8321

各販売所の所在地は、コチラから→ https://www.gov-book.or.jp/portal/shop/